Handbuch Lokale Integrationspolitik

Frank Gesemann · Roland Roth
(Hrsg.)

Handbuch Lokale Integrationspolitik

Springer VS

Herausgeber
Frank Gesemann
Berlin, Deutschland

Roland Roth
Magdeburg, Deutschland

ISBN 978-3-658-13408-2   ISBN 978-3-658-13409-9 (eBook)
https://doi.org/10.1007/978-3-658-13409-9

Die Deutsche Nationalbibliothek verzeichnet diese Publikation in der Deutschen Nationalbibliografie; detaillierte bibliografische Daten sind im Internet über http://dnb.d-nb.de abrufbar.

Springer VS
© Springer Fachmedien Wiesbaden 2018
Das Werk einschließlich aller seiner Teile ist urheberrechtlich geschützt. Jede Verwertung, die nicht ausdrücklich vom Urheberrechtsgesetz zugelassen ist, bedarf der vorherigen Zustimmung des Verlags. Das gilt insbesondere für Vervielfältigungen, Bearbeitungen, Übersetzungen, Mikroverfilmungen und die Einspeicherung und Verarbeitung in elektronischen Systemen.
Die Wiedergabe von Gebrauchsnamen, Handelsnamen, Warenbezeichnungen usw. in diesem Werk berechtigt auch ohne besondere Kennzeichnung nicht zu der Annahme, dass solche Namen im Sinne der Warenzeichen- und Markenschutz-Gesetzgebung als frei zu betrachten wären und daher von jedermann benutzt werden dürften.
Der Verlag, die Autoren und die Herausgeber gehen davon aus, dass die Angaben und Informationen in diesem Werk zum Zeitpunkt der Veröffentlichung vollständig und korrekt sind. Weder der Verlag noch die Autoren oder die Herausgeber übernehmen, ausdrücklich oder implizit, Gewähr für den Inhalt des Werkes, etwaige Fehler oder Äußerungen. Der Verlag bleibt im Hinblick auf geografische Zuordnung und Gebietsbezeichnungen in veröffentlichten Karten und Institutionsadressen neutral.

Gedruckt auf säurefreiem und chlorfrei gebleichtem Papier

Springer VS ist Teil von Springer Nature
Die eingetragene Gesellschaft ist Springer Fachmedien Wiesbaden GmbH
Die Anschrift der Gesellschaft ist: Abraham-Lincoln-Str. 46, 65189 Wiesbaden, Germany

Inhalt

Handbuch Lokale Integrationspolitik in der Einwanderungsgesellschaft.
Einleitung 1
Frank Gesemann und Roland Roth

I   Kommunen zwischen Globalisierung und Lokalisierung

Migration und Migrationspolitik in Europa 11
Paul Gans und Andreas Pott

Deutsche Migrationsverhältnisse im europäischen Kontext seit dem
Zweiten Weltkrieg 57
Jochen Oltmer

Politische Steuerung in der Stadt 75
Heinz-Jürgen Dahme und Norbert Wohlfahrt

II   Migration und Integration als Herausforderung für Staat und Gesellschaft

Die Rolle der Kommunen in der bundesdeutschen Migrations-
und Integrationspolitik 99
Michael Bommes †

Zuwanderung und Integration in den neuen Bundesländern 125
Karin Weiss

Auswirkungen von Zuwanderung auf die ökonomische Entwicklung
von Kommunen 145
Hans Dietrich von Loeffelholz

Die kommunale Integration von Flüchtlingen 173
Jutta Aumüller

III Konzepte und Handlungsstrategien

Leitbilder in der politischen Debatte: Integration, Multikulturalismus
und Diversity 201
Albert Scherr und Çiğdem Inan

Vielfalt als kommunale Gestaltungsaufgabe. Interkulturelle Öffnung
und Diversity Management als strategische Antworten 227
Hubertus Schröer

Soziale Arbeit in der Einwanderungsgesellschaft – ihr (möglicher) Beitrag
zu Integration und Partizipation 261
Stefan Gaitanides

Transnationale Soziale Arbeit vor Ort 293
David H. Gehne und Sebastian Kurtenbach

IV Migration und Integration in Kommunen

Entwicklung, Konzepte und Strategien der kommunalen Integrationspolitik 315
Dieter Filsinger

Integrationspolitik in Deutschland zwischen Markt und Plan:
Bund, Länder und Kommunen 345
Dietrich Thränhardt

Vielfalt als alltägliche Normalität: Interaktionen und Einstellungen
in deutschen Städten 359
Karen Schönwälder und Sören Petermann

„Quartiersentwicklung für alle"? Von Integrationsdiskursen
und Quartierspolitiken 373
Olaf Schnur

Behindern ‚Migrantenviertel' die Integration? 393
Hartmut Häußermann †

Integration in ländlichen Räumen – die Rolle der Landkreise 407
Klaus Ritgen

V Handlungsfelder der kommunalen Integrationspolitik

Wenn der Staat mit seinem Deutsch (fast) am Ende ist... Chancen und Grenzen
der neudeutschen Mehrsprachigkeit bei der Überwindung der Politik zur
einsprachigen Assimilierung 435
Helmuth Schweitzer

Kommunale Bildungs- und Integrationspolitik im Kontext regionaler, sozialer
und migrationsbedingter Disparitäten 461
Frank Gesemann

Lokale Willkommenskulturen für ausländische Studierende 489
Roland Roth

Von der Verwaltung von Arbeitslosigkeit zur Fachkräftegewinnung:
(Neue) Perspektiven kommunaler Arbeitsmarkt- und Integrationspolitik 509
Caroline Schultz und Holger Kolb

Die Bedeutung von Migrantenunternehmen für die Integrations-
und Wirtschaftspolitik in den Kommunen 525
René Leicht

Wohnsituation und Wohneigentumserwerb von Migrantinnen und Migranten ... 549
Bettina Reimann

Gesundheitliche Chancen und Risiken von MigrantInnen:
Handlungsmöglichkeiten einer kommunalen Gesundheitspolitik 565
Oliver Razum, Jeffrey Butler und Jacob Spallek

Gesundheit für Flüchtlinge – das Bremer Modell 585
Zahra Mohammadzadeh, Felicitas Jung und Monika Lelgemann

Kultur, Kunst und Kulturpolitik in der Einwanderungsgesellschaft 601
Olaf Zimmermann

Religion als Hemmnis und Medium lokaler Integration 609
Hansjörg Schmid und Claus Leggewie

Integration durch politische Partizipation 629
Roland Roth

Kommunale Antidiskriminierungspolitik. Wege zu mehr Gleichbehandlung,
Vielfalt und Inklusion in Kommunen 659
Andreas Merx und Timon Perabo

VI Instrumente und strategische Zugänge der kommunalen Integrationspolitik

Kommunales Integrationsmanagement. Ansätze für eine strategische Steuerung
der Integrationsarbeit 693
Alfred Reichwein

Integrationsmonitoring 705
Dieter Filsinger

Die Entwicklung des strategischen Integrations- und Migrationsmanagements
im Landkreis Osnabrück 723
Michael Fedler, Frederike Heinke und Werner Hülsmann

Wi(e)der die Verführung zur Projektitis. Die Grenzen strategischer
Steuerung interkultureller Stadtpolitik am Beispiel von 20 Jahren Praxis
des Essener Modells 735
Helmuth Schweitzer

Interkulturelle Öffnung und Willkommenskultur in Kommunen.
Erfolgsfaktoren und Herausforderungen 765
Bülent Arslan

Stuttgart. Die Interkulturelle Stadt. ANKOMMEN.BLEIBEN.MITGESTALTEN.
Integrations- und Diversitätspolitik in Stuttgart 775
Ayşe Özbabacan und Gari Pavkovic

Schwäbisch Gmünd – keine Insel der Seligen, doch zeigt es Flagge.
„Der Gmünder Weg" der Integration und Migration in einer Mittelstadt 787
Dieter Lehmann

Der Kommunale Qualitätszirkel zur Integrationspolitik 805
Gari Pavkovic und Ayşe Özbabacan

Erfahrungen aus der Beratung von Kommunen bei der Entwicklung von
Integrationskonzepten 823
Claudia Walther

VII Internationale Perspektiven

Integrationspolitik in europäischen Städten: strukturelle Konvergenz und
substanzielle Differenzierung 837
Rinus Penninx und Blanca Garcés-Mascareñas

Sanctuary Cities – Zufluchts-Städte 869
Albert Scherr und Rebecca Hofmann

Cities of Migration – Erfahrungen mit einem internationalen Netzwerk 883
Claudia Walther und Kim Turner

Autrinnen und Autoren 891

Handbuch Lokale Integrationspolitik in der Einwanderungsgesellschaft
Einleitung

Frank Gesemann und Roland Roth

Flüchtlingszuwanderung als aktuelle kommunale Herausforderung

Mit der Zuwanderung von mehr als einer Million geflüchteter Menschen seit dem Herbst 2015 steht die kommunale Integrationspolitik im Zentrum des politischen Interesses. Bürgerschaft, Kommunal-, Landes- und Bundespolitik sehen in der Integration der Geflüchteten *die* zentrale gesellschaftspolitische Herausforderung der nächsten Jahre. In den Kontroversen um das zum geflügelten Wort gewordene Motto der Kanzlerin „Wir schaffen das" kommt eine erhebliche Unsicherheit zum Ausdruck, die auch noch die kommenden Jahre prägen dürfte.

Dennoch geben die jüngsten Erfahrungen mit der Flüchtlingszuwanderung Anlass zur Hoffnung auf eine gelingende Integrationspolitik. Zahlreiche Studien und Befragungen strafen zumindest jene Beobachter Lügen, die von Notstand, Behörden- oder gar Staatsversagen angesichts der „Flüchtlingskrise" gesprochen haben. Nach anfänglichen Schwierigkeiten bei der Erstversorgung und Unterbringung hat sich die Situation vielerorts entspannt. Eine zu zwei Zeitpunkten (Anfang und Ende 2016) durchgeführte Studie lässt den Schluss zu, dass Kommunen ihre Bewährungsprobe bestanden haben (Gesemann/Roth 2016; 2017). Städte, Landkreise und Gemeinden haben die mit der Aufnahme und Integration von Flüchtlingen verbundenen Aufgaben und Herausforderungen nach eigener Einschätzung bisher sehr gut oder gut gemeistert. Zentrale Erfolgsfaktoren sind aus ihrer Sicht die Anpassungs- und Leistungsfähigkeit der Kommunalverwaltung, die positive Grundstimmung und Offenheit in der Bevölkerung, das große freiwillige Engagement für Flüchtlinge sowie die gute Vernetzung der relevanten integrationspolitischen Akteure in Kommunen. So wird die Einstellung der lokalen Bevölkerung zur Aufnahme und Integration von Asylbewerbern und Flüchtlingen von einer Mehrheit der Kommunen als sehr positiv oder positiv eingeschätzt, ein Drittel bezeichnet sie als neutral und weniger als zehn Prozent als eher negativ. Die positive bzw. zumindest neutrale Haltung der Bevölkerung scheint dabei überwiegend stabil zu sein. In drei von vier Kommunen hat sich die Einstellung der Bevölkerung im Laufe des Jahres 2016 nicht verändert.

Das Engagement für Flüchtlinge in der lokalen Bevölkerung wird von 60 Prozent der Kommunen Ende 2016 immer noch als sehr hoch oder hoch eingeschätzt (Anfang 2016 waren es 80 Prozent). Angesichts des starken Rückgangs der Flüchtlingszahlen im Jahr

2016 deuten die Ergebnisse darauf hin, dass ein erheblicher Teil der Engagierten den Schritt von der Aufnahme und Grundversorgung hin zur Begleitung und Unterstützung der Geflüchteten in der Phase der Integration mitträgt. Die überwiegend positive oder zumindest neutrale Grundstimmung in der Bevölkerung gegenüber der Aufnahme und Integration von Flüchtlingen sowie das starke zivilgesellschaftliche Engagement für Flüchtlinge haben offenbar den sozialen Zusammenhalt vor Ort eher verbessert als verschlechtert. Eine Mehrheit der Kommunen bewertet ihn als sehr hoch oder hoch. Dazu haben aus Sicht der befragten Kommunen eine frühzeitige und umfassende Informationspolitik, die Einbindung der Bevölkerung, der lokalen Zivilgesellschaft und von Unternehmen in eine aktive Flüchtlings- und Integrationspolitik, die kommunale Unterstützung von Willkommensinitiativen sowie Lotsen-, Mentoren- und Patenprogramme beigetragen.

Diese positive Grundstimmung dürfte eine wichtige Ressource sein, wenn es nun verstärkt um die klassischen integrationspolitischen Aufgaben geht, insbesondere Bildung und Ausbildung zu stärken sowie schnelle Wege in den Arbeitsmarkt zu eröffnen. Deutlich wird in den Befragungen auch, dass die Kommunen dabei auch die Unterstützung von Bund und Ländern benötigen. Mehrheitlich sprechen sie sich zum Beispiel für eine kommunale Pflichtaufgabe Integration aus, um eine angemessene finanzielle Ausstattung zu erreichen. Die Kommunen lassen jedoch keinen Zweifel daran aufkommen, dass sie im Prinzip ‚Integration können'.

Trends zur Institutionalisierung kommunaler Integrationspolitik

Als wir vor acht Jahren einen ersten Sammelband zum Thema lokale Integrationspolitik herausgegeben haben, mussten wir noch einige Energie darauf verwenden, die Bedeutung dieses kommunalen Handlungsfeldes zu begründen (Gesemann/Roth 2009). Dieser Aufwand scheint heute überflüssig. Der Anteil der Menschen mit Migrationshintergrund hat im letzten Jahrzehnt weiter zugenommen. Im Jahr 2015 hatte nach Angaben des Mikrozensus des Statistischen Bundesamts gut jede fünfte Person (21 Prozent) in Deutschland einen Migrationshintergrund. Unter den Schülerinnen und Schülern an allgemeinbildenden Schulen war es bereits jede/jeder Dritte (in Westdeutschland und Berlin 36 Prozent, in Ostdeutschland jedoch nur 10 Prozent). Immer häufiger bilden sie die Mehrheit der Kinder in Kitas und Grundschulklassen, zumindest in den bunteren Stadtteilen der Großstädte in Westdeutschland. Die Vielfalt der Bevölkerung wird somit auf natürliche Weise zunehmen, selbst wenn keine weitere Zuwanderung stattfinden sollte.

Viele, vor allem größere Kommunen verfügen heute über strategisch orientierte Integrationskonzepte, haben das Thema als Querschnittsaufgabe institutionell verankert, investieren in die interkulturelle Öffnung ihrer Verwaltungen und Einrichtungen, richten konsultative Migrations- und Integrations(bei)räte ein, fördern das Engagement von und mit Zugewanderten, unterstützen lokale Migrantenorganisationen sowie Initiativen gegen Diskriminierung und Fremdenfeindlichkeit. Dass es sich bei der kommunalen Integrationspolitik um ein Handlungsfeld mit eigenem Gewicht und zunehmend professioneller Fundierung handelt, ist auf allen Ebenen föderaler Politik weithin anerkannt. Dem wohlfeilen Bekenntnis, Integration finde „vor Ort" statt, entsprechen jedoch nicht immer die kommunalen Finanzzuweisungen von Bund und Ländern oder die Handlungsspielräume, die das immer wieder veränderte Ausländer- und Aufenthaltsrecht den Kommunen zubilligt.

Zur Konsolidierung und Profilierung lokaler Integrationspolitik haben unterschiedliche Entwicklungen und Akteure beigetragen. An erster Stelle sind die Kommunen selbst sowie ihre für Integration zuständigen Mitarbeiterinnen und Mitarbeiter zu nennen. Was mit dem Wettbewerb „Erfolgreiche Integration ist kein Zufall" von Bundesinnenministerium und Bertelsmann Stiftung 2004 in größerer Zahl einsetzte (Bertelsmann Stiftung/Bundesministerium des Innern 2005), hat sich seither als Modell bewährt. Kommunen lernen in erster Linie voneinander, wie Integration funktionieren kann. Ein entsprechendes „Integrationsgesetz", das Standards für die unterschiedlichen Handlungsfelder festlegen würde, gibt es – vermutlich zum Glück – bis heute nicht, auch wenn die Forderung, Integration möge doch endlich zur kommunalen Pflichtaufgabe geadelt werden, immer wieder aus der kommunalen Familie zu hören ist – nicht zuletzt mit der Hoffnung, damit die finanziellen Spielräume zu vergrößern. Von der guten Praxis vergleichbarer Kommunen zu lernen, dürfte wohl der erfolgreichste Lernimpuls sein. Um ihn zu verstetigen, hat sich in Deutschland u. a. der Kommunale Qualitätszirkel zur Integrationspolitik besonders aktiver Städte und Landkreise gebildet, der zahlreiche Empfehlungen guter Praxis in zentralen Integrationsbereichen herausgegeben hat. Kommunale Spitzenverbände, ihnen nahestehende Forschungseinrichtungen (Deutsches Institut für Urbanistik, Kommunale Gemeinschaftsstelle für Verwaltungsmanagement) und verschiedene Stiftungen haben mit ihren Projekten, die kommunalen Wissensbestände erweitert. Mit ihren Empfehlungen für den Nationalen Integrationsplan von 2007 und den Nationalen Aktionsplan Integration von 2011 haben die Kommunalen Spitzenverbände zehn Schwerpunkte benannt (Integration als kommunale Querschnittsaufgabe, Unterstützung lokaler Netzwerke, Interkulturelle Öffnung der Verwaltung, gesellschaftliche Integration durch Partizipation und bürgerschaftliches Engagement, Sprache und Bildung, sozialräumliche Integration, Förderung lokaler ethnischer Ökonomie, Stärkung des Engagements gegen Fremdenfeindlichkeit, Information und Evaluation), die heute zum integrationspolitischen Standard gehören (zum Stand der Umsetzung vgl. Gesemann/Roth/Aumüller 2012; Gesemann/Roth 2017).

Eine weitere Besonderheit ist, dass die Lernprozesse „vor Ort" schon früh durch horizontale europäische oder internationale kommunale Netzwerke unterstützt wurde. So hat die Europäische Union einige Themennetzwerke gefördert, wie z. B. CLIP (Cities for Local Integration Policies) oder KING (Knowledge for Integration Governance). Verschiedene Stiftungen unterstützen bis heute das internationale Netzwerk „Cities of Migration" (über Praxis und Empfehlungen dieser Netzwerke informieren Penninx/Garcés-Mascarenas und weitere Beiträge dieses Handbuchs).

Im letzten Jahrzehnt haben auch die Bundesländer verstärkt das Thema Integration entdeckt. Inzwischen verfügen drei der sechzehn Bundesländer (Nordrhein-Westfalen, Berlin und Baden-Württemberg) über eigene Gesetzestexte, mit denen die Integration und Partizipation von Zugewanderten gefördert werden soll. In der Regel geht es dabei um die Förderung der kommunalen Integrationspraxis. Dies ist auch das Ziel zahlreicher

Modell- und Förderprogramme, mit denen die Bundesländer „ihre" Kommunen integrationspolitisch fördern. Freilich fallen Intensität und Reichweite der Landesprogramme sehr unterschiedlich aus (zu den föderalen Schwerpunkten vgl. Gesemann/Roth 2015). Aber auch für Nordrhein-Westfalen mit den wohl umfassendsten institutionellen Absicherungen (kommunale Integrationszentren, Integrationsagenturen, pflichtige Integrationsräte etc.) kann nicht von einer landespolitischen Machtübernahme auf Kosten der kommunalen Ebene gesprochen werden. Ohne dass hierfür genügend einschlägige Evaluationen vorlägen, dürfen wir davon ausgehen, dass die Kommunen mit dem zunehmenden integrationspolitischen Engagement der Landespolitik insgesamt eher gestärkt wurden. Programme und Förderrichtlinien haben kommunale Innovationen ermöglicht, die ohne solche Programmmittel nur schwer möglich gewesen wären.[1]

Auch wenn die integrationspolitischen Initiativen des Bundes im Vergleich mit der Landesebene deutlich schwächer ausgefallen sind, hat auch die Bundespolitik in der letzten Dekade dazu beigetragen, das Thema kommunale Integrationspolitik voranzubringen. Diese Feststellung mag überraschen, hat sich der Bund nicht nur zentrale gesetzliche Regelungskompetenzen (Ausländerrecht, Aufenthaltsrecht, Staatsbürgerschaftsregelungen etc.) vorbehalten, sondern mit dem Bundesamt für Migration und Flüchtlinge (BAMF) auch eine Bundesbehörde mit regionalen Zweigstellen ausgebaut, die zentrale Aufgaben unabhängig von den Kommunen erfüllt (z. B. Durchführung der obligatorischen Integrationskurse, Anerkennung von Asylsuchenden). Zudem ist das BAMF im Bereich von Forschung und Politikentwicklung (z. B. in der Förderung der Vernetzung von Migrantenorganisationen oder von dienstleistungsorientierten Ausländerbehörden) aktiv geworden. Große umfassende politische Entwürfe (Einwanderungsgesetz, Integrationsgesetz etc.) sind zwar ausgeblieben, und Gesetze, die diesen Titel tragen (wie das Integrationsgesetz von 2016) können diesen Ansprüchen nicht genügen.

Dennoch vollzieht sich eine allmähliche Abkehr vom lange gültigen Diktum „Deutschland ist kein Einwanderungsland". Im internationalen Vergleich gilt Deutschland heute als Land mit vergleichsweise niedrigen rechtlichen Zuwanderungsbarrieren. Internationale Studierende werden aktuell mit der Erwartung „Study and Stay" begrüßt, nachdem über Jahre die Weichen eher in Richtung „Study and Go" gestellt worden waren (Roth 2015). Die zentralen Gründe für diesen Wechsel in Richtung Willkommenskultur, der in vielen Bereichen zu beobachten ist, liegen auf der Hand und sie dürften für einen anhaltenden Trend sorgen. Zur migrationspolitischen Öffnung haben an erster Stelle demografische Herausforderungen beigetragen. Anhaltend niedrige Geburtenraten der Einheimischen, eine älter werdende Gesellschaft, Bevölkerungsverluste in ländlichen und strukturschwachen Regionen, wachsende regionale Disparitäten bedrohen das bestehende gesellschaftliche Gefüge und verdüstern die Zukunftsperspektiven.

---

1 Zu Nordrhein-Westfalen siehe die Ergebnisse der wissenschaftlichen Begleitung der Kommunalen Integrationszentren und der Landesweiten Koordinierungsstelle (Stiftung Zentrum für Türkeistudien/Institut für Politikwissenschaften der Universität Münster 2016).

Während prosperierende Großstadtregionen die mit verstärkten Zuwanderungen verbundenen Herausforderungen bewältigen müssen, versuchen periphere und strukturschwache Regionen neue Zukunftsperspektiven zu erschließen. Rund zwei Drittel der von uns Anfang 2016 befragten Städte, Landkreise und Gemeinden, die der Integrationsarbeit in ihrer Kommune eine sehr hohe oder hohe Bedeutung beigemessen haben, nennen als Gründe hierfür kommunale Zukunftsperspektiven und demografische Entwicklung, wobei diese Werte besonders hoch in Landkreisen, Kleinstädten und Gemeinden ausfallen (vgl. Gesemann/Roth 2016: 25ff.).

Gezielte Zuwanderung ist deshalb zu einem Element der „Demografiestrategie" der Bundesregierung („Jedes Alter zählt") geworden (BMI 2017). Eng damit verknüpft ist eine regional sehr unterschiedliche, aber wachsende Fachkräftelücke auf dem Arbeitsmarkt, die eine „Fachkräfte-Offensive" des Bundes ausgelöst hat. Unter der Überschrift „Qualifizierte Zuwanderung" heißt es dort 2011 programmatisch: „Die Nutzung und Förderung inländischer Potenziale hat Vorrang in der Fachkräftesicherungspolitik, wird aber mit Blick auf die Folgen des demografischen Wandels nicht ausreichen. Wir müssen und werden deshalb auch verstärkt auf qualifizierte Zuwanderung setzen" (BMAS 2011: 32). Da die große Mehrzahl der OECD-Länder vor ähnlichen demografischen Herausforderungen steht und der Trend in Richtung Industrie 4.0 anhält, dürfte sich die internationale Konkurrenz um die Zuwanderung von Hochqualifizierten aus IT- und MINT-Berufen noch verschärfen.

Allerdings gibt es auch gegenläufige Entwicklungen, die im weltweiten Aufschwung rechtspopulistischer Politik besonders sichtbar werden. Statt auf eine weitere Öffnung für Zuwanderung zu setzen, vertreten ihre Protagonisten eine Politik nationaler Schließung. Die Wahlerfolge der „Alternative für Deutschland" (AfD) sprechen dafür, dass diese Konfliktlinie in Zukunft auch in der lokalen Integrationspolitik an Bedeutung gewinnen dürfte.

Zur Struktur des Handbuchs

Ziel des Handbuchs ist eine breite und umfassende, aktuelle und wissenschaftliche fundierte Darstellung des Themas „Kommunale Integrationspolitik" in all seinen Facetten und Rahmungen. „Handbuch" bedeutet für uns auch, dass der Gebrauchswert der Beiträge für die unterschiedlichen Akteursgruppen des Feldes (kommunale Praxis, zivilgesellschaftliche Gruppen, wissenschaftliches Fachpublikum etc.) im Vordergrund steht. Die Darstellung bewegt sich vom Allgemeinen zum Besonderen. Im ersten Kapitel *„Kommunen zwischen Globalisierung und Lokalisierung"* werden zentrale europäische, demografische und stadtpolitische Rahmenbedingungen kommunaler Integrationspolitik beleuchtet. Der zweite Abschnitt *„Migration als Herausforderung für Staat und Gesellschaft"* thematisiert zentrale zuwanderungsbedingte Chancen und Probleme, für die kommunale Antworten gefragt sind. Sie resultieren aus der Zuwanderungsgeschichte des Nachkriegsdeutschlands ebenso wie aus der aktuellen Fluchtmigration. Dabei sind die Unterschiede in den Handlungsbedingungen zwischen west- und ostdeutschen Kommunen noch immer erheblich. Im dritten Kapitel *„Leitbilder, Konzepte, Handlungsstrategien"* geht es um das konzeptionell strategische Wissen, dass heute für die Gestaltung erfolgreicher kommunaler Integrationspolitik zur Verfügung steht. Im vierten Abschnitt „*Migration und Integration in Kommunen*" widmen sich die Autorinnen und Autoren den Besonderheiten der unterschiedlichen Sozialräume (Quartiere, Städte, Landkreise etc.), in denen Integrationspolitik angesiedelt ist. Das umfangreichste fünfte Kapitel beleuchtet die verschiedenen „*Handlungsfelder der kommunalen Integrationspolitik*" von der Sprachförderung bis zur politischen Partizipation, von der Arbeitsmarktintegration bis zur Antidiskriminierungspolitik. In den einzelnen Handlungsfeldern und im folgenden sechsten Abschnitt „*Instrumente und strategische Zugänge kommunaler Integrationspolitik*" werden die Wachstumsringe kommunaler Integrationspolitik des letzten Jahrzehnts besonders deutlich. Im siebten Kapitel widmen sich die Beiträge „*Internationalen Perspektiven*", von denen sich die deutsche Debatte bereits inspirieren lässt oder die es noch zu entdecken gilt. Das gilt nicht zuletzt für integrative Konzepte für den Umgang mit Geflüchteten.

Im Unterschied zur Ausgabe von 2009 haben wir dieses Mal weitgehend auf lokale Portraits verzichtet und nur einzelne Beispiele für die unterschiedlichen kommunalen Kontexte versammelt. Dies hat nicht zuletzt mit dem beachtlichen Zuwachs von kommunalem Integrationswissen zu tun, das in der letzten Dekade gewonnen werden konnte. Dennoch haben wir einige wenige anregende Beiträge des Vorgängerbandes mit aktuellen Einleitungen versehen erneut aufgenommen, andere stehen auf der Netzseite des Verlages weiterhin zur Verfügung.

Am Ende dieser Einleitung bleibt uns nur ein vielstimmiges Dankeschön an die Autorinnen und Autoren dieses Handbuchs. Wir hoffen mit ihnen, dass es für die nächsten Jahre ein guter wissenschaftlich fundierter Begleiter der kommunalen Praxis sein wird.

Literatur

Bertelsmann Stiftung/Bundesministerium des Innern 2005: Erfolgreiche Integration ist kein Zufall. Strategien kommunaler Integrationspolitik. Gütersloh: Bertelsmann Stiftung

Bundesministerium für Arbeit und Soziales (BMAS) 2011: Fachkräftesicherung. Ziele und Maßnahmen der Bundesregierung. Berlin: Bundesministerium für Arbeit und Soziales

Bundesministerium des Innern (BMI) 2017: Jedes Alter zählt. Eine demografiepolitische Bilanz der Bundesregierung zum Ende der 18. Legislaturperiode. Berlin: BMI

Gesemann, Frank/Roth, Roland 2015: Integration ist (auch) Ländersache! Schritte zur politischen Inklusion von Migrantinnen und Migranten in den Bundesländern. Zweite, überarbeitete Auflage. Berlin: Friedrich-Ebert-Stiftung

Gesemann, Frank/Roth, Roland (Hrsg.) 2009: Lokale Integrationspolitik in der Einwanderungsgesellschaft. Migration und Integration als Herausforderung von Kommunen. Wiesbaden: VS Verlag für Sozialwissenschaften.

Gesemann, Frank 2016: Kommunale Integrationspolitik. In: Brinkmann, Heinz Ulrich (Hrsg.): Einwanderungsgesellschaft Deutschland. Entwicklung und Stand der Integration. Wiesbaden: Springer VS, S. 281–309

Gesemann, Frank/ Roth, Roland 2016: Kommunale Flüchtlings- und Integrationspolitik. Ergebnisse einer Umfrage in Städten, Landkreisen und Gemeinden. Berlin: DESI – Institut für Demokratische Entwicklung und Soziale Integration

Gesemann, Frank/Roth, Roland 2017: Erfolgsfaktoren der kommunalen Integration von Geflüchteten. Berlin: Friedrich-Ebert-Stiftung

Gesemann, Frank/Roth, Roland/Aumüller, Jutta 2012: Stand der kommunalen Integrationspolitik in Deutschland. Eine Studie des Instituts für Demokratische Entwicklung und Soziale Integration (DESI) im Rahmen des ExWoSt-Forschungsfeldes „Integration und Stadtteilpolitik" des Bundesministeriums für Verkehr, Bau und Stadtentwicklung, betreut durch das Bundesinstitut für Bau-, Stadt- und Raumforschung. Berlin: Bundesministerium für Verkehr, Bau und Stadtentwicklung/ Beauftragte der Bundesregierung für Migration, Flüchtlinge und Integration

Kommunale Spitzenverbände 2007: Beitrag der Bundesvereinigung der kommunalen Spitzenverbände. In: Bundesregierung (Hrsg.): Der Nationale Integrationsplan. Neue Wege – Neue Chancen. S. 31–33. Berlin: Presse- und Informationsamt der Bundesregierung/ Die Beauftragte der Bundesregierung für Migration, Flüchtlinge und Integration

Kommunale Spitzenverbände 2011: Erklärung der Bundesvereinigung der kommunalen Spitzenverbände zum Nationalen Aktionsplan Integration. In: Bundesregierung (Hrsg.): Nationaler Aktionsplan Integration. Zusammenhalt stärken – Teilhabe verwirklichen. Berlin: Presse- und Informationsamt der Bundesregierung/ Die Beauftragte der Bundesregierung für Migration, Flüchtlinge und Integration, S. 26–30

Roth, Roland 2015: Willkommensregionen für ausländische Studierende. Gütersloh: Bertelsmann Stiftung

Stiftung Zentrum für Türkeistudien/Institut für Politikwissenschaften der Universität Münster 2016: Wissenschaftliche Begleitung der Kommunalen Integrationszentren und der Landesweiten Koordinierungsstelle NRW. Autoren: Yunus Ulusoy/Dirk Halm/Martina Sauer/Norbert Kersting. Essen: Stiftung Zentrum für Türkeistudien

I
Kommunen zwischen Globalisierung und Lokalisierung

Migration und Migrationspolitik in Europa

Paul Gans und Andreas Pott

Zusammenfassung

Der Beitrag zeichnet die vielschichtige Entwicklung internationaler Migrationen in, aus und nach Europa von den 1940er Jahren bis heute sowie die mit ihnen verknüpften demografischen und politischen Veränderungen nach. Besonderes Augenmerk wird auf die räumlichen Muster von Migration und Migrationspolitik gelegt, die als Produkte und Medium sich wandelnder Migrationsregime verstanden werden.

Schlüsselbegriffe

Neue Geographien der Migration, Pluralisierung der Wanderungsformen, Diversifizierung der Wohnbevölkerung, EU-Außengrenze, Migrations- und Asylpolitik

Die Entwicklung der europäischen Gesellschaften ist untrennbar mit internationalen Migrationen verknüpft. Wanderungen in, aus und nach Europa nahmen im Verlauf der Geschichte viele Formen an: Auf der Suche nach Arbeit und besseren Lebensbedingungen wanderten Menschen von agrarischen Peripherien in wirtschaftlich prosperierende Räume, erschlossen neue Siedlungsgebiete oder von Kriegen verwüstete Landstriche. In den Zielländern wurde die Bevölkerung vielfältiger; es wurden soziale Grenzen überschritten und entwickelten sich neue ethnische Identitäten, die bis heute, nicht nur in politischen Krisen, nachwirken (vgl. Bade et al. 2010; de Lange et al. 2014).

Lange Zeit war Europa, insgesamt betrachtet, ein Auswanderungskontinent. Von der Mitte des 19. Jahrhunderts bis zum frühen 20. Jahrhundert verließen über 50 Millionen Menschen Europa in Richtung Übersee, davon ca. 30 Millionen in die Vereinigten Staaten (vgl. Fassmann/Münz 1996: 13). In der ersten Hälfte des 20. Jahrhunderts, im Kontext der beiden Weltkriege, bestimmten Flucht und Vertreibung die Wanderungen in Europa. Schätzungen gehen von über 50 Millionen Menschen aus, die während des Zweiten

Weltkrieges und in der unmittelbaren Nachkriegszeit fliehen mussten (vgl. Oltmer 2011; Santel 1995: 53).

In den 1950er Jahren veränderte sich das Migrationsgeschehen in Europa (vgl. Oltmer 2015). Im Zuge postkolonialer Rück- und Zuwanderungen nach dem Ende des europäischen Kolonialzeitalters (vgl. Kap. 1) sowie infolge der gezielten Anwerbung von „Gastarbeitern" aus der südeuropäischen Peripherie wurden die Staaten nördlich der Alpen und Pyrenäen zu Einwanderungsländern (vgl. Kap. 2), sie überschritten den „Tipping Point" von einem negativem zu einem positivem Wanderungssaldo (vgl. Fassmann 2009). In Ost-West- bzw. West-Ost-Richtung behinderte dagegen die Konfrontation der politischen Systeme Migrationen weitgehend.

Diese erste Phase der europäischen Nachkriegsmigration endete Anfang der 1970er Jahre mit dem Anwerbestopp für „Gastarbeiter" und der Einführung restriktiver Zuwanderungspolitiken. In der Folge veränderten sich auch die geographischen Muster der Migration. Die bis dahin deutliche Zweiteilung innerhalb Europas zwischen Einwanderungsländern im Norden und Auswanderungsländern im Süden löste sich auf, als ab dem Ende der 1970er Jahre die südeuropäischen Staaten Zuzugsüberschüsse verzeichneten. Im Laufe der 1980er und 1990er Jahre durchliefen auch sie die Transition zu Einwanderungsländern (vgl. Kap. 3.2).

Seit den 1980er Jahren pluralisierte sich das Migrationsgeschehen in Europa. Eine neue Phase der europäischen Migration, die häufig als „new migration" (vgl. Koser/Lutz 1998) bezeichnet wird, begann. Die Entwicklung hin zu einer Pluralisierung und „Globalisierung der Migration" (vgl. Castles et al. 2014: 10) gewann ab den 1990er Jahren deutlich an Dynamik. Folgenreich waren der Fall des Eisernen Vorhangs und die damit einhergehenden geopolitischen und ökonomischen Transformationen (vgl. Kap. 3.1). Neben den ehemaligen „Ostblock"-Ländern kamen neue Herkunftsregionen hinzu oder gewannen an Bedeutung, beispielsweise Lateinamerika, Süd- oder Ostasien. Auch die Zielrichtungen der Wanderungen veränderten sich: Migranten aus mittel- und osteuropäischen Ländern wanderten seit Mitte der 1990er Jahre häufig in südeuropäische Länder, während einige der ehemaligen „Ostblock"-Staaten selbst zu Zielen internationaler Migrationen wurden. Die traditionelle und simple Unterscheidung zwischen Einwanderungs- und Auswanderungsländern ist auch angesichts der neuen Wohlstandsmigrationen von Ruheständlern aus den Ländern nördlich der Alpen und Pyrenäen an die Küsten Spaniens, Italiens oder der Türkei nicht mehr zutreffend. Vielfältiger werden in den letzten beiden Jahrzehnten außerdem die Formen der Migration sowie die sozioökonomischen Profile der Migranten (vgl. Kap. 5). Die vielschichtigen Veränderungen seit den 1990er Jahren brachten insgesamt eine qualitativ „neue Karte der europäischen Migration" (vgl. King 2002) hervor, die als Resultat eines komplexen Zusammenspiels (geo-)politischer, ökonomischer, sozialer und demografischer Faktoren weit weniger klar und übersichtlich ist als die „alte" Geographie der Migration in den Nachkriegsjahrzehnten (vgl. Abb. 1; Kap. 4). Die Heterogenität der Wanderungsbewegungen erhöht sich in jüngster Zeit noch einmal deutlich infolge zunehmender studentischer Mobilität in und nach Europa, der europäischen Finanz- und Wirtschaftskrise seit 2008/09 sowie der kriegerischen Auseinandersetzungen und politischen Instabilitäten im Nahen Osten, in Afrika und in Osteuropa.

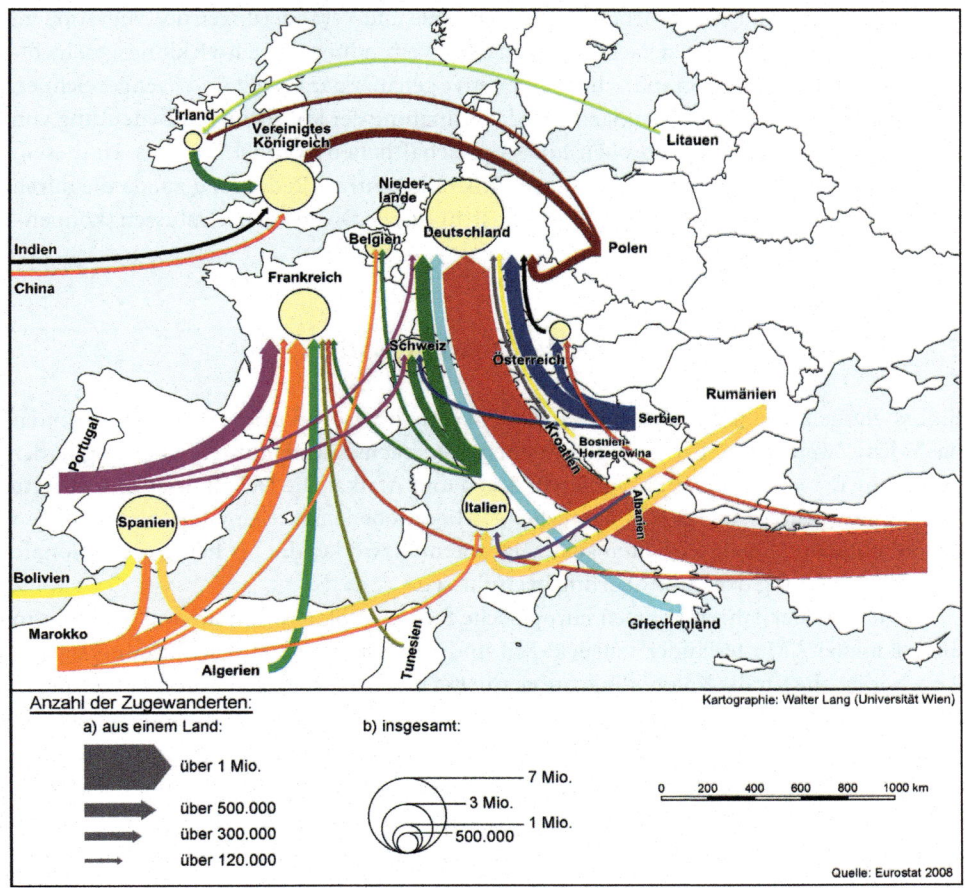

Abb. 1 Die wichtigsten europäischen Migrationen von der „Gastarbeiter"-Migration bis heute, differenziert nach Herkunfts- und Zielgebieten

Quelle: verändert nach Fassmann (2009: 22)

Auch Europa selbst wandelte sich im Zuge der Europäischen Integration und der Schaffung eines gemeinsamen EU-Binnenraumes. Die Grenzen des Migrationsraums Europa werden immer deutlicher durch die politischen Grenzen der EU markiert. Die Konstruktion der EU-Außengrenzen produziert eine historisch neue Trennlinie zwischen europäischer „Binnenmigration", von der Europäischen Kommission oft als „Mobilität" bezeichnet, und der internationalen Migration von „Drittstaatsangehörigen" nach Europa. Um diese Grenze mit ihrer definitorischen Differenzierung von EU-Binnen- und EU-Außenwanderungen geht es im Kern bei den Diskussionen um eine gemeinsame Migrations- und Asylpolitik sowie die Sicherung der EU-Außengrenze (vgl. Kap. 6).

Die hier einleitend zusammengefassten Merkmale und Veränderungen der Migration in, aus und nach Europa werden nachfolgend in einer Verbindung von entwicklungsgeschichtlicher und migrationsgeographischer Perspektive genauer dargestellt und nachgezeichnet. Getragen werden die Ausführungen von der Annahme der konstitutiven Bedeutung von Migration für den demografischen *und* gesellschaftlichen Wandel Europas. In diesem Zusammenhang kommt der Migrationspolitik eine zentrale Bedeutung zu, da die durch sie festgelegten Regelungen die bevölkerungsstrukturelle Diversität beeinflussen (können).

1 Wanderungen infolge der Dekolonisation

Eine wichtige Dynamik, welche die Migrationsverhältnisse in Europa in den Jahrzehnten nach dem Zweiten Weltkrieg prägte und bis heute nachwirkt, hat ihren Ursprung in der Auflösung der europäischen Kolonien in Asien und Afrika. Die Dekolonisation initiierte und rahmte mehrere, ineinander übergehende Migrationen in die ehemaligen europäischen Kolonialmächte. Es entwickelten sich Migrantennetzwerke, die bis heute die nationale Zusammensetzung der Zuwanderung beeinflussen.

Ab den 1940er Jahren kehrten europäische Siedler, Kolonialbeamte und Soldaten in die kolonialen „Mutterländer" zurück. Mit und nach ihnen folgten „nicht-europäische" Angehörige, die für die Kolonialmächte gearbeitet hatten. Die größten Rückwanderungen fanden in den 1950er und 1960er Jahren statt und führten beispielsweise aus Indien, Kenia und Malaysia nach Großbritannien, aus Nordafrika nach Frankreich und Italien, aus Indonesien in die Niederlande und aus dem Kongo nach Belgien. Mitte der 1970er Jahre erreichte die postkoloniale Rückwanderungswelle auch Portugal. Schätzungen gehen von 5,5 bis 8,5 Millionen Menschen aus, die im Zuge der kolonialen Rückwanderungen in Europa eintrafen. Mehr als eine Million Personen umfasste allein die Gruppe von Algerien-Franzosen („pieds noirs"), algerischen Kollaborateuren („harkis") und algerischen Juden, die nach Frankreich wanderten (vgl. Bade 2000: 308).

Auch nach der Dekolonisation setzten sich die Wanderungen aus den früheren Kolonialgebieten fort. Die große Nachfrage der ehemaligen „Mutterländer" nach billigen Arbeitskräften in den Zeiten des wirtschaftlichen Aufschwungs einerseits sowie Armut und prekäre Lebensbedingungen in den Herkunftsländern in Asien und Afrika andererseits gaben den Anstoß für die postkoloniale Arbeitsmigration. Unterstützt wurde die Zuwanderung durch soziale Netzwerke der Migranten, die gemeinsame Sprache sowie die bestehenden Verkehrsverbindungen zwischen ehemaligen Kolonien und europäischen „Mutterländern". Zu Beginn erleichterten zudem recht offene politische und rechtliche Rahmenbedingungen die Migration. So besaßen die kolonialen Zuwanderer zum Teil die Staatsbürgerschaft der „Mutterländer" oder erfuhren bevorzugte Behandlung bei der Erteilung von Aufenthaltsgenehmigungen, zudem gab es Eingliederungsprogramme für koloniale Rückwanderer (vgl. Fassmann/Münz 1996: 19; Bade 2000: 309). Für die postkolonialen Migrationen spielten neben den wirtschaftlichen auch die politischen Interessen der ehemaligen Kolonialmächte eine Rolle, welche die Verbindungen zu ihren früheren Kolonien nicht verlieren wollten (vgl. Bonifazi 2008: 115).

Erste Versuche der europäischen Länder, die Zuwanderung aus den ehemaligen Kolonialgebieten zu beschränken, wurden bereits in den 1960er Jahren unternommen (so in Großbritannien mit dem „Commonwealth Immigrants Act" von 1962). Anfang der 1970er Jahre, als in den nord- und westeuropäischen Ländern generell restriktive Einwanderungspolitiken eingeführt wurden, verschärften sich auch die Zuwanderungsbestimmungen für Bürger der ehemaligen Kolonien. Die postkolonialen Migrationen setzten sich jedoch über andere Zuwanderungsformen wie Familiennachzug, Asylmigration oder auch irreguläre Zuwanderung fort. Im Laufe der Jahrzehnte veränderte sich dadurch die Bevölkerungsstruktur in den europäischen Ländern mit Kolonialgeschichte deutlich. Es entstanden erstmals in größerem Umfang „sichtbare Minderheiten". Die Ergebnisse des Zensus 2011 für England und Wales sind ein Beleg für diese Migrationsgeschichte und veranschaulichen zugleich die wachsende Diversität und die Schwierigkeit der angemessenen Erfassung der Wohnbevölkerung eines Landes nach ethnischen Merkmalen (vgl. Supik 2014).

Seit 1991 wird zum Zensus von Großbritannien eine Frage nach der Ethnizität gestellt. Eine solche Erhebung, die auf der Selbsteinschätzung der Befragten nach vorgegebenen Herkunfts- und Identitätskategorien basiert, ist umstritten, da das Verständnis von Ethnizität sowohl individuell als auch ideologisch geprägt und außerdem Änderungen im Zeitverlauf unterworfen ist. 1991 lautete die Frage: „Which ethnicity group do you descent from: White; Black-Caribbean; Black-African; Black-Other; Indian; Pakistani and Chinese?" 2001 wurde nach „your ethnic group in terms of cultural background" gefragt und wurden Herkunfts- und Identitätskategorien ergänzt. 2011 wurde „your ethnic group or background" erfragt und wiederum die Vorgaben ergänzt (vgl. Tab. 1):

- 2011 lag der Anteil der weißen Bevölkerung mit britischer Staatsangehörigkeit bei 80,5 Prozent (2001: 87,5 %).
- Die aus Indien stammenden Einwohner ersetzten 2011 die Iren als zahlenmäßig stärkste Minderheit, zweitstärkste Gruppe waren die Polen, deren Zahl sich seit 2001 von 58 000 auf 579 000 verzehnfachte.
- Der Anteil der im Ausland geborenen Personen erhöhte sich von 9,0 (2001) auf 13,4 Prozent (2011).
- Die Bevölkerung, die 2011 als Herkunft ehemalige britische Kolonien wie Indien, Pakistan, Bangladesch oder die Karibik nennt, weist einen relativ niedrigen Anteil von Personen auf, die im Ausland geboren sind. Im Vergleich dazu ist dieser Anteil für die Gruppe „other white", Chinesen, „other Asian", „African" sowie nicht genauer spezifizierte Gruppen („other ethnic groups", z. B. Personen aus dem arabisch geprägten Raum) deutlich höher, was für eine rezente Zuwanderung eines großen Teils der Personen aus diesen Gruppen spricht.
- 2011 ist die Bevölkerungsstruktur, vor allem in den städtischen Zentren, ethnisch diversifiziert, am stärksten in London. Von den dort lebenden 8,2 Millionen Einwohnern zählen nur 45 Prozent zur Gruppe „British white", es handelt sich also um eine „majority

minority city" (Crul 2015), in der die Bevölkerungsmehrheit aus Minderheiten besteht. In den ländlichen Gebieten Großbritanniens sind die ethnischen Minderheiten unterrepräsentiert. Allerdings erfolgte dort wie im suburbanen Umland der Städte seit 2001 ein überdurchschnittliches Wachstum dieser Bevölkerungsgruppen.

Unabhängig von der zukünftigen Zuwanderung wird sich die Diversität der Bevölkerungsstruktur in Großbritannien ähnlich wie in anderen europäischen Ländern in Zukunft weiter erhöhen. Dieser Trend folgt aus der unterschiedlichen Altersstruktur und dem Nebeneinander verschiedener demografischer Regime der einzelnen ethnischen Gruppen (vgl. Coleman 2010).

Tab. 1 Die Bevölkerung in England und Wales nach Herkunftskategorien des britischen Zensus (2011)

ethnic goups	Anzahl in Tausend	Anteil in Prozent an der	
		Gesamtbevölkerung	im Ausland geborenen Personen der jeweiligen ethnischen Gruppe
white	48 211	86,0	7,1
British white	45 135	80,5	2,1
other white (z. B. Irish, Gypsy)	3 076	5,5	80,9
mixed or multiple ethnic groups	1 224	2,2	19,5
Asian or Asian British	4 212	7,5	58,0
Indian	1 413	2,5	57,1
Pakistani	1 124	2,0	43,9
Bangladeshi	447	0,8	48,1
Chinese	393	0,7	76,3
other Asian	835	1,5	75,2
Black/African/Caribbean/Black British	1 865	3,3	53,2
African	989	1,8	67,3
Caribbean	595	1,1	39,8
other Black	281	0,5	31,7
other ethnic groups	563	1,0	70,2
all minority ethnic population	7 864	14,0	51,7
all population	56 076	100,0	13,4

Quelle: http://www.ons.gov.uk/dcp171776_407038.pdf (Zugriff: 25.11.15)

Die kolonialen und postkolonialen wirtschaftlichen, politischen, kulturellen und sozialen Beziehungen sind in den jeweiligen Ländern Europas bis heute in der Struktur der Wohnbevölkerung zu erkennen (vgl. Abb. 6; 7). So kommen beispielsweise Pakistaner und Inder zum Studium nach Großbritannien, da sie dort nicht nur die Sprache beherrschen und das Bildungssystem kennen, sondern oft auch Verwandte und Freunde haben. Senegalesen oder Algerier zieht es aus vergleichbaren Gründen häufig nach Frankreich, Kapverdier und Angolaner nach Portugal.

2 „Gastarbeiter"-Migration in den Nachkriegsjahrzehnten

Die nach dem Zweiten Weltkrieg umfangreichsten Migrationen in Europa wurden durch die Anwerbung von so genannten „Gastarbeitern" ausgelöst. Aufgrund der schnell wachsenden Wirtschaft und der fordistischen Industrieproduktion entstand ein hoher Bedarf an billigen und niedrig qualifizierten Arbeitskräften in den west- und nordeuropäischen Industrieländern, ein Bedarf, der über die nationalen Arbeitsmärkte nicht gedeckt werden konnte. Dem stand ein Überschuss an Arbeitskräften in der geografischen und wirtschaftlichen Peripherie Europas, vor allem in den Ländern des Mittelmeerraums, gegenüber, den die dortigen Arbeitsmärkte aufgrund der wirtschaftlichen Schwäche nicht aufnehmen konnten. Die Rekrutierung von Arbeitskräften über bilaterale Anwerbeabkommen fand somit in beiderseitigem Interesse statt.

Bereits in den ersten Nachkriegsjahren begannen Belgien, Frankreich, Luxemburg, die Schweiz und die Niederlande, Arbeitskräfte aus Italien anzuwerben. Österreich, Schweden und Deutschland kamen zu den anwerbenden Ländern hinzu. In der ersten Phase der Gastarbeitermigration war Italien das wichtigste Herkunftsland von Arbeitskräften. Weitere Anwerbeabkommen wurden in der Folge mit Spanien, Griechenland, Portugal, dem ehemaligen Jugoslawien, der Türkei, mit Marokko und Tunesien geschlossen. Auf diesem Netz von bilateralen Anwerbeverträgen aufbauend entstand innerhalb der 1950er und 1960er Jahre ein Arbeitsmigrationsregime mit dem Zentrum West- und Mitteleuropa (vgl. Abb. 1), in das ein Kern von 18 Staaten involviert war, zeitweise gar mehr als 20 (vgl. Rass 2010: 9; Abb. 2). Die geographische Ausdehnung des Migrationsregimes wie die Wanderungsintensität erreichten zwischen 1967 und 1972 ihren Höhepunkt (vgl. Rass 2010: 23). Die Herkunftsländer der Arbeitsmigranten variierten in ihrer Bedeutung für die verschiedenen europäischen Aufnahmeländer. Neben historisch bedingten Migrationsbeziehungen spielten dabei auch der jeweilige Zeitpunkt der Anwerbung und die verfügbaren Kontingente an Arbeitskräften in den Entsendeländern eine Rolle. Nach Frankreich beispielsweise kamen die größten Zuwanderergruppen aus Portugal, Spanien und Italien sowie aus den nordafrikanischen Maghreb-Staaten, nach Deutschland zunächst aus Italien und ab Ende der 1960er Jahre vor allem aus der Türkei und dem ehemaligen Jugoslawien, während in den Niederlanden Zuwanderungen aus der Türkei und Marokko dominierten (vgl. Bade 2000: 333ff.). Besondere Fälle unter den Aufnahmeländern waren Schweden, das in erster Linie finnische Arbeitskräfte anwarb, und Großbritannien, das seinen Arbeitskräftebedarf, neben der postkolonialen Migration, durch die traditionelle Arbeitsmigration aus Irland deckte. Die damals prägenden Migrationsbeziehungen spiegeln sich heute noch in der Zusammensetzung der ausländischen Bevölkerung nach Staatsangehörigkeit dieser Länder wider (vgl. Abb. 7).

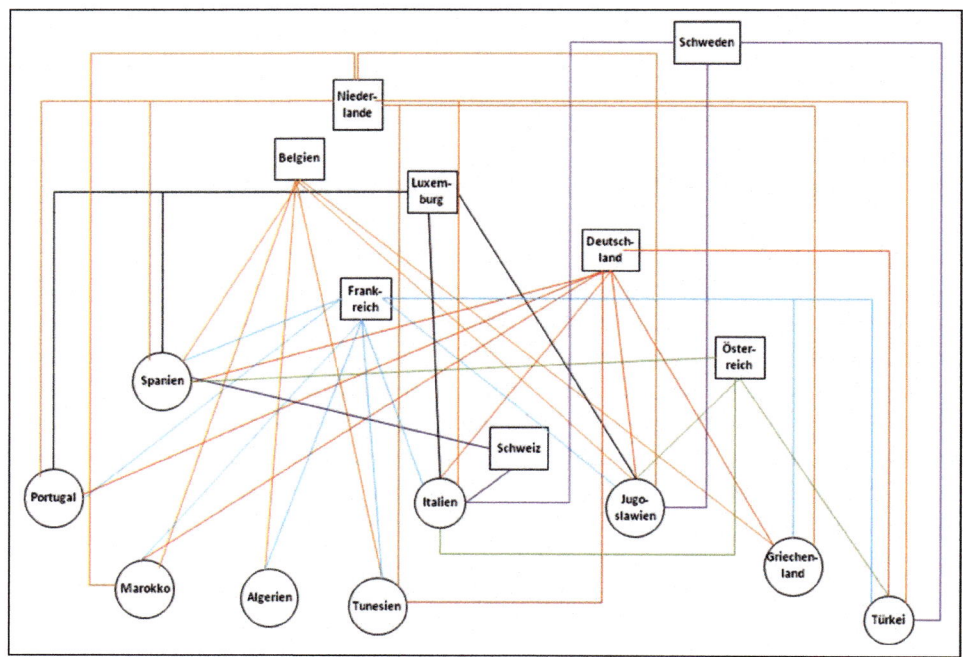

Abb. 2 Die wichtigsten Anwerbeabkommen (1948–1973)* und das darauf aufbauende europäische Arbeitsmigrationsregime

* Die Grafik zeigt die Anwerbeabkommen unabhängig von ihrem Zeitpunkt und ihrer Gültigkeitsdauer.
Quelle: nach Rass (2010: 492)

Innerhalb der Entsendeländer stammten die Arbeitsmigranten zumeist aus armen, ländlichen Regionen, beispielsweise aus Süditalien, dem westlichen und südlichen Spanien oder dem nördlichen Griechenland (vgl. Bade 2000: 315). Sie verließen ihre Regionen in erster Linie in der Hoffnung auf bessere ökonomische Perspektiven in den nördlichen Industrieländern. Auf der Suche nach Arbeit und höheren Verdienstmöglichkeiten zog es auch innerhalb der Auswanderungsländer viele Menschen von der agrarisch geprägten Peripherie in die urbanen Zentren, und so kam es zeitgleich mit den internationalen Wanderungen zu umfänglichen Binnen- und Land-Stadt-Wanderungen (vgl. King 2000: 5).

Die Gruppe der Arbeitsmigranten bestand mehrheitlich aus jungen, formal gering oder gar nicht qualifizierten Männern, die in den Industrieländern die „harten", „dreckigen" und für einheimische Arbeitskräfte immer weniger attraktiven Tätigkeiten ausübten, wie Fließbandmontage, Arbeiten in der Textil- und Schwerindustrie, in der Landwirtschaft, am Bau oder im Reinigungssektor. Es gab auch weibliche „Gastarbeiter", wenn sie auch zahlenmäßig klar in der Minderheit blieben. So waren nach 1967 etwa ein Drittel der aus der Türkei in die Bundesrepublik Deutschland zuwandernden Arbeitskräfte Frauen (vgl. Bade 2000: 334). Neben der durch bilaterale Abkommen ermöglichten institutionalisierten

Anwerbung einer „Reservearmee" von Arbeitskräften fand auch unregulierte Arbeitsmigration statt. Beispielsweise reiste die Mehrheit der spanischen und portugiesischen Arbeiter in Frankreich spontan mit Touristenvisum ein und „regularisierte" den Aufenthalt erst nach der Aufnahme einer Beschäftigung (vgl. Bade 2000: 342f.). In Deutschland konnten Türken über den Flughafen Schönefeld in der DDR ohne Kontrollen nach Berlin-West einreisen (vgl. Gans/Schlömer 2014: 133).

Ausländische Arbeitskräfte wurden nicht nur in den westeuropäischen Ländern rekrutiert. Der Blick auf die Arbeitsmigrationen der Nachkriegsjahrzehnte vernachlässigt häufig, dass in der DDR ab den 1960er Jahren ebenfalls mehrere zehntausend sogenannte „Vertragsarbeiter", unter anderem aus Vietnam, Mosambik und Kuba, beschäftigt waren. Ein striktes Rotationsprinzip verhinderte längere Aufenthalte und schloss den Nachzug von Familien aus (vgl. Gruner-Domić 2007; Gans/Schlömer 2014: 135f.). Im Gegensatz zur mehrheitlich dauerhaften Zuwanderung aus den ehemaligen Kolonien und Überseegebieten war die westeuropäische Gastarbeitermigration über Anwerbeabkommen auf Zeit angelegt. Nicht nur die Zielländer gingen davon aus, dass die „Gastarbeiter" nach einigen Jahren wieder in ihre Herkunftsländer zurückkehren würden, auch die Migranten selbst verfolgten zunächst eher kurzfristige Migrationsprojekte.

In den 1950er und 1960er Jahren war das politische Klima gegenüber internationalen Zuwanderern in den Ländern des europäischen Arbeitsmigrationsregimes noch positiv. Die Migration von Arbeitskräften lag im Interesse sowohl der Aufnahme- als auch der Entsendeländer: Die prosperierenden europäischen Industrieländer nördlich von Alpen und Pyrenäen profitierten von den billigen Arbeitskräften, die ihnen weiteres Wirtschaftswachstum ermöglichten, während die südeuropäischen Staaten ihr überschüssiges Arbeitskräftekontingent „exportieren" konnten und durch die Rücküberweisungen der migrierten Arbeiter Devisen ins Land kamen. Jenseits der jeweiligen nationalen Interessen erhoffte man sich von den Migrationsbeziehungen außerdem eine Förderung des wirtschaftlichen Zusammenwachsens Europas – eine Intention, die sich auch in der Einführung des Freizügigkeitsprinzips für Arbeitnehmer der EWG-Staaten 1957 und dessen sukzessiver Ausweitung widerspiegelte (vgl. Bonifazi 2008: 116; Kap. 6).

Die Phase des breiten politischen Interesses an den Arbeitskräftewanderungen endete Anfang der 1970er Jahre. 1973/74 beschlossen die Anwerbeländer einen Anwerbestopp für ausländische Arbeitskräfte, welcher der umfangreichen institutionalisierten Arbeitsmigration in Europa ein abruptes Ende setzte. Nach mehr als zwei Jahrzehnten der Gastarbeitermigration war die Zahl internationaler Migranten in den Staaten West-, Mittel- und Nordeuropas bis 1975 auf über 15 Millionen angestiegen (vgl. Bonifazi 2008: 112). Im Zeitraum zwischen 1960 bis 1973 waren insgesamt ca. 30 Millionen Menschen vom Regime der Arbeitsmigration erfasst (vgl. Rass 2010: 9).

Als Anlass für die Einführung restriktiver Einwanderungspolitiken wird häufig die „Ölkrise" 1973/74 genannt. Zum Teil waren die Einwanderungsmöglichkeiten allerdings auch schon früher beschränkt worden – in Großbritannien ab 1962, in der Schweiz ab 1970 und in Schweden ab 1972. Die Ursache für den Anwerbestopp lag vor allem in zwei Entwicklungen: Zum einen kam es seit den 1970er Jahren zu weitreichenden Transformationen der globalen Wirtschaft (vgl. Castles et al. 2014). 1973 wurde das Bretton-Woods-System aufgegeben, die dadurch bewirkten Aufwertungen europäischer Währungen gegenüber dem US-Dollar lösten in den europäischen Industrieländern in Verbindung mit Lohnsteigerungen, die höher als die Produktivitätsfortschritte waren, eine De-Industrialisierung und Verlangsamung des Wirtschaftswachstums aus. In der Folge sank der Bedarf an niedrig qualifizierten Arbeitskräften für die industrielle Produktion. Zum anderen zeichnete sich gegen Ende der 1960er Jahre ab, dass die als kurzfristig gedachten Arbeitsaufenthalte sich zunehmend zu längerfristigen Aufenthalten verfestigten und die „Gastarbeiter" begannen, ihre Familien nachzuholen. Dies nährte die Befürchtung, dass sich die als temporär geplante Arbeitsmigration in eine dauerhafte Einwanderungssituation verwandeln und langfristige soziale Folgen haben könnte (vgl. Bade 2000: 320).

Trotz des generellen Anwerbestopps für Arbeitsmigranten kam es nicht zu dem politisch erhofften Ende der Zuwanderung. Migrationen fanden weiterhin, nun in veränderter Form statt. Eine Hauptquelle der Zuwanderung ab Mitte der 1970er Jahre war der noch mögliche und durch Gesetzesänderungen faktisch forcierte Familiennachzug (z. B. wurde in Deutschland ab 1975 das Kindergeld für im Herkunftsland lebende Kinder ausländischer Arbeitnehmer deutlich reduziert; Hunn 2005: 374ff.). Das vor den 1970er Jahren etablierte europäische Arbeitsmigrationsregime beeinflusste durch die Wirkung von Migrantennetzwerken weiterhin die Pfade der internationalen Wanderungen in und nach Europa. Dies galt auch für die entgegengesetzte Richtung, denn gleichzeitig kehrten hunderttausende Migranten, die von der wirtschaftlichen Rezession betroffen waren, in ihre Herkunftsländer zurück (vgl. Santel 1995: 66), allerdings nicht in dem Ausmaß, wie von den politisch Verantwortlichen erhofft. Denn zum einen lehnten die einheimischen Arbeitssuchenden die ihnen angebotenen Stellen aus finanziellen und sozialen Gründen ab, sie waren zudem oftmals weniger mobil als die ausländischen Arbeitnehmer. Zum anderen änderte sich deren Migrationsverhalten. Wären sie nach dem Anwerbestopp freiwillig in ihr jeweiliges Herkunftsland außerhalb der Europäischen Gemeinschaft zurückgekehrt – in den 1970er Jahren zählte von den Entsendeländern nur Italien zur EG –, hätten sie ihr Aufenthaltsrecht verloren und davon ausgehen müssen, dass sie nach ihrer Rückkehr keine Arbeitserlaubnis in einem Anwerbeland mehr erhalten würden. Die ausländischen Arbeitnehmer aus Nicht-EG-Staaten stellten sich auf einen dauerhaften Verbleib ein und holten ihre Familienangehörigen nach. Diese Umorientierung hatte zur Folge, dass die Frage der Integration der zu- bzw. eingewanderten Bevölkerungsgruppen an politischer Bedeutung gewann.

Die Wanderungsintensität zurück in die Herkunftsländer war auch abhängig von der dortigen politischen wie wirtschaftlichen Lage. In Griechenland, Portugal und Spanien lösten Mitte der 1970er Jahre demokratisch gewählte Regierungen diktatorische Regime ab. Beispielsweise kehrte die Hälfte der ca. eine Million griechischen „Gastarbeiter" nach Griechenland zurück (vgl. Bade 2000: 330). In der Türkei beförderten die schwierigen innenpolitischen und wirtschaftlichen Verhältnisse, die 1980 in einem Militärputsch mündeten, noch den Verbleib der türkischstämmigen Bevölkerung in den Anwerbeländern und hatten zum Beispiel in Deutschland einen markanten Anstieg von Asylsuchenden zur Folge (vgl.

Gans/Schlömer 2014: 140). Die Bürger der südeuropäischen Staaten wurden infolge der Europäischen Integration sukzessive von Zuwanderungsbeschränkungen ausgenommen; dies vereinfachte Wanderungen in beide Richtungen.

Durch die Familien- und Rückwanderungen veränderte sich die Zusammensetzung der ausländischen Bevölkerung in den Anwerbeländern. War die Gastarbeitermigration deutlich männlich dominiert gewesen, stieg nun die Anzahl der Frauen und Kinder. Der Anteil der erwerbstätigen Personen dagegen ging sukzessive zurück (vgl. Santel 1995: 66). Spätestens mit der Familienmigration wurde sichtbar, dass die nord-, mittel- und westeuropäischen Länder durch die ursprünglich als zeitlich begrenzt konzipierte Gastarbeitermigration faktisch zu Einwanderungsländern geworden waren. Trotz restriktiver Zuwanderungspolitiken nahm die ausländische Bevölkerung in den europäischen Ländern infolge von Geburtenüberschüssen und Migrationsgewinnen zu (vgl. Tab. 2). Paradoxerweise hatte für diese Verfestigung der Einwanderungssituation gerade der Anwerbestopp eine entscheidende Rolle gespielt.

Waren in den 1950er bis 1970er Jahren die Migrationen in Europa in ihren Richtungen und Formen noch klar zu bestimmen – primär als Arbeitsmigrationen von der europäischen Peripherie und den ehemaligen Kolonien ins Zentrum –, so wurde das Bild nach dem Anwerbestopp 1973/74 komplexer. Neben dem Familiennachzug stieg auch die Zuwanderung von Asylsuchenden und irregulären Migranten, unter anderem deshalb, weil andere Einwanderungsmöglichkeiten radikal beschränkt worden waren. Teilweise folgten diese Migrationen den mit der Gastarbeitermigration etablierten Migrationspfaden und wurden durch schon bestehende Netzwerke kanalisiert. Insgesamt beginnt Mitte der 1970er Jahre eine unverkennbare Diversifizierung der Herkunfts- und Zielländer sowie der Bevölkerungsstruktur der Migranten.

Tab. 2 Die ausländische Bevölkerung in verschiedenen europäischen Ländern, 1950–2014*

Länder	1950		1975		1990		2000		2014	
	absolute Zahlen	%	absolute Zahlen	%	absolute Zahlen	%	absolute Zahlen	%	absolute Zahlen	%
Belgien	368 000	4,3	835 000	8,5	905 000	9,1	862 000	8,4	1 264 427	11,3
Dänemark	-	-	91 000	1,8	161 000	3,1	259 000	4,9	397 221	7,1
Deutschland[1]	532 000	1,1	4 090 000	6,6	5 242 000	8,2	7 297 000	8,9	*7 696 413	*9,4
Finnland	11 000	0,3	13 000	0,3	26 000	0,5	91 000	1,8	206 651	3,8
Frankreich	1 737 000	4,2	3 442 000	6,5	3 608 000	6,3	3 263 000	5,6	4 157 478	6,3
Griechenland	31 000	0,4	-	-	229 000	2,3	797 000	7,3	854 998	7,8
Großbritannien	392 000	0,8	1 436 000	2,6	1 875 000	3,2	2 301 000	3,9	5 047 653	7,8
Irland	-	-	69 000	2,2	81 000	2,3	127 000	3,3	545 512	11,8
Italien	47 000	0,1	186 000	0,3	781 000	1,4	1 380 000	2,4	4 922 085	8,1
Luxemburg	29 000	9,8	86 000	23,9	110 000	28,6	159 000	36,8	248 914	45,3
Niederlande	104 000	1,0	350 000	2,6	692 000	4,6	668 000	4,2	735 354	4,4
Norwegen	16 000	0,5	71 000	1,8	143 000	3,4	184 000	4,1	482 054	9,4
Österreich	323 000	4,7	271 000	3,6	456 000	5,9	699 000	8,7	1 056 782	12,4
Portugal	21 000	0,2	-	-	108 000	1,1	208 000	2,0	401 320	3,8
Schweden	124 000	1,8	411 000	5,0	484 000	5,6	477 000	5,4	687 192	7,1
Schweiz	285 000	6,1	1 039 000	16,4	1 100 000	16,3	1 384 000	19,3	1 936 412	23,8
Spanien	93 000	0,3	165 000	0,5	408 000	1,0	896 000	2,2	4 677 059	10,1
gesamt[2]	4 113 000	1,5	12 555 000	3,9	16 409 000	4,6	21 052 000	5,4	35 317 525	8,5

* Die Unterschiede zwischen den Ländern müssen auch vor dem Hintergrund verschiedener Staatsangehörigkeits- und Einbürgerungsregime betrachtet werden.

[1] bis 1990 nur Westdeutschland

[2] 2013 aufgrund eines Zeitreihenbruchs (Zensus 2011)

[3] Schätzung

Quelle: Bonifazi (2008: 114); aktualisiert durch Daten von Eurostat

3 Neue Geographien der Migration in den 1980er und 1990er Jahren

Das Ende des Kalten Krieges war eine Zäsur für Europa. In den sozialistischen Staaten kam es zu tiefgreifenden gesellschaftlichen Umbrüchen. Die Grenzen zwischen „Ost" und „West" wurden durchlässiger. Die Abwanderung aus zuvor unbedeutenden Herkunftsländern veränderten die bestehenden Migrationsverflechtungen in Europa beträchtlich. Zudem setzte sich die in den 1980er Jahren beginnende Transformation der südeuropäischen Staaten von Aus- zu Einwanderungsländern fort. Beide Entwicklungen beeinflussten das europäische Migrationsregime erheblich, insbesondere intensivierten sie eine Diversifizierung der migrierten Bevölkerung und damit der Wohnbevölkerung nach nationaler Herkunft sowie demografischen und sozioökonomischen Merkmalen.

3.1 Der Fall des Eisernen Vorhangs: Migration in und aus Mittel- und Osteuropa

Auf das Migrationsgeschehen in Europa nach dem Zweiten Weltkrieg hatte die politische Trennung durch den Eisernen Vorhang deutliche Auswirkungen. Traditionelle europäische Binnenwanderungen – wie die Migration polnischer Arbeitskräfte zur Arbeit in der Kohle- und Stahlindustrie ins Ruhrgebiet, nach Lothringen oder Nordfrankreich im 19. und frühen 20. Jahrhundert (vgl. Praszałowicz 2007: 260ff.) – waren bis 1990, abgesehen von einzelnen, räumlich und zeitlich klar begrenzten Migrationswellen, massiv eingeschränkt: In der politischen und medialen Öffentlichkeit besonders präsent war die Auswanderung politischer Flüchtlinge, die im Zusammenhang mit den politischen Krisen in Ungarn 1956/57, in der Tschechoslowakei 1968 und in Polen Anfang der 1980er Jahre Asyl im „Westen" suchten. Zudem verließen etwa 5,2 Millionen Einwohner die DDR in Richtung Bundesrepublik Deutschland, und vor 1987 migrierten etwa eine Million Aussiedler, vor allem aus Polen und Rumänien, in die Bundesrepublik Deutschland (vgl. Fassmann/Münz 2000: 21ff.; Abb. 3). Das Ausmaß der Zuwanderung zwischen 1950 und 1987 hing sowohl von der innenpolitischen Situation als auch von den zwischenstaatlichen Beziehungen der Bundesrepublik Deutschland mit den jeweiligen Herkunftsstaaten ab (vgl. Mammey/Swiaczny 2001). Dass die Grenze für Migrationen zwischen „Ost" und „West" nicht überall gleich undurchlässig war, zeigt die Arbeitsmigration aus Jugoslawien, das als kommunistisches, aber von der Sowjetunion unabhängiges Land die Anwerbung von Arbeitskräften zugelassen hatte. Mit dem Ende des Kalten Krieges lösten sich die ideologischen und geopolitischen Grenzen zwischen „West" und „Ost" zwar auf, die politische, ökonomische und imaginierte Trennung zwischen „Westeuropa" und „Osteuropa" blieb jedoch bestehen und prägte sowohl die Wanderungen als auch die diesbezüglichen Erwartungen und Vorstellungen.

Nach der Öffnung des Eisernen Vorhangs und dem Zusammenbruch der Sowjetunion 1990/91 wurden in den westeuropäischen Ländern massenhafte Auswanderungen aus den politisch wie wirtschaftlich destabilisierten Ländern Osteuropas befürchtet. Kurzzeitig kam es tatsächlich zu einem starken Anstieg von Migrationen aus Mittel- und Osteuropa. Die Zahlen gingen jedoch ab 1992/93 im Kontext weiterer Restriktionen der Zuwanderungs- und Asylgesetze und neuer, temporärer Wanderungsformen deutlich zurück.

Seit Mitte der 1990er Jahre erweiterte sich die „Karte" der Migrationen in und aus den ehemaligen Staaten jenseits des Eisernen Vorhangs. Die Wanderungsziele waren nun nicht mehr nur die traditionellen, geographisch näher gelegenen Länder wie Deutschland oder Österreich, sondern verlagerten sich im Laufe der Zeit zunehmend in Richtung der südeuropäischen Staaten Italien, Spanien, Griechenland und Portugal. Dabei spielte auch eine Rolle, dass sich diese Länder gegenüber irregulären Aufenthalten und Arbeitsformen toleranter als andere EU-Länder zeigten (vgl. Kap. 3.2). Das Problem der irregulären Arbeitsmigration versuchten wiederum unter anderem Deutschland, Frankreich, Großbritannien, Belgien oder die Schweiz, über bilaterale Abkommen mit mittel- und osteuropäischen Ländern zu regulieren und zu kontrollieren. Spezielle Programme betrafen insbesondere die Beschäftigung von Saisonarbeitern, die als flexible Arbeitskräfte für arbeitsintensive Bereiche wie die heimische Landwirtschaft unverzichtbar geworden waren (vgl. Becker 2010).

In Deutschland stieg beispielsweise die Vermittlung von Saisonarbeitnehmern für drei Monate von knapp 130 000 (1991) auf über 330 000 (2004) und verringerte sich bis 2010 auf gut 290 000. Diese Arbeitskräfte waren – wie in Italien, Österreich, Frankreich oder Spanien – in Branchen mit saisonal schwankendem Arbeitsangebot (z. B. Landwirtschaft, Tourismus, Gastronomie, Hotelgewerbe) tätig. 2010 kamen in Deutschland 60 Prozent von ihnen aus Polen und 30 Prozent aus Rumänien. Seit Einführung der vollständigen Freizügigkeit zum 1. Januar 2011 unterliegen Staatsangehörige aus den zum 1. Mai 2004 der Europäischen Union beigetretenen Ländern für die Ausübung einer Saisonbeschäftigung keiner Arbeitserlaubnispflicht mehr. Diese Regelung gilt seit 2012 auch für Bulgaren und Rumänen. Die Zahl der Zuzüge von Saisonarbeitnehmern sank 2011 auf etwa 208 000, von denen mehr als 90 Prozent aus Rumänien einreisten. Die Freizügigkeit ab 2012 führte dazu, dass die statistische Erfassung von Saisonarbeitnehmern entfiel und die amtliche Statistik seit 2012 nur noch sehr geringe Zahlen ausweist.

Einen großen Anteil am europäischen Migrationsgeschehen hatten die Wanderungen „ethnischer Minderheiten". Teilweise freiwillig, teilweise vertrieben und verdrängt, verließen zwischen 1989 und 1992 insgesamt über vier Millionen Angehörige kultureller oder religiöser Minderheiten das Gebiet der früheren Sowjetunion und die früheren „Ostblock"-Staaten (vgl. Fassmann/Münz 1996: 13). Zwar dominierte bei diesen Wanderungen die Ost-West-Richtung, doch gab es auch gegenläufige Bewegungen wie die Migration bisheriger sowjetischer Staatsbürger aus den nun unabhängig gewordenen ehemaligen sowjetischen Teilrepubliken nach Russland oder in die Ukraine (vgl. Abb. 6).

Die mit Abstand größte Minderheitengruppe machten die „ethnischen Deutschen" aus Polen, Rumänien und der UdSSR bzw. ihren Nachfolgestaaten aus. Bereits seit Mitte der 1980er Jahre waren die Zahlen der „Aussiedler", die in die Bundesrepublik Deutschland einwanderten, jährlich gestiegen – bis auf den Höchststand von fast 400 000 im Jahr 1990. Der starke Rückgang der Auswanderung in den Folgejahren war hauptsächlich das Ergebnis politischer Maßnahmen: Das am 1. Januar 1993 in Kraft getretene Kriegsfolgenbereinigungsgesetz begrenzte den Status „Aussiedler" fast ausschließlich auf Personen aus den Nachfolgestaaten der Sowjetunion, Verträge mit den Herkunftsländern sollten die Situation der Minderheiten verbessern – auch mit finanzieller Unterstützung aus Deutschland; außerdem wurden ab 1993 strengere Anerkennungskriterien für den „Aussiedler"- bzw. „Spätaussiedler"-Status und eine jährliche Obergrenze der Anerkennungen eingeführt (vgl. Bade 2000: 414; Abb. 3).

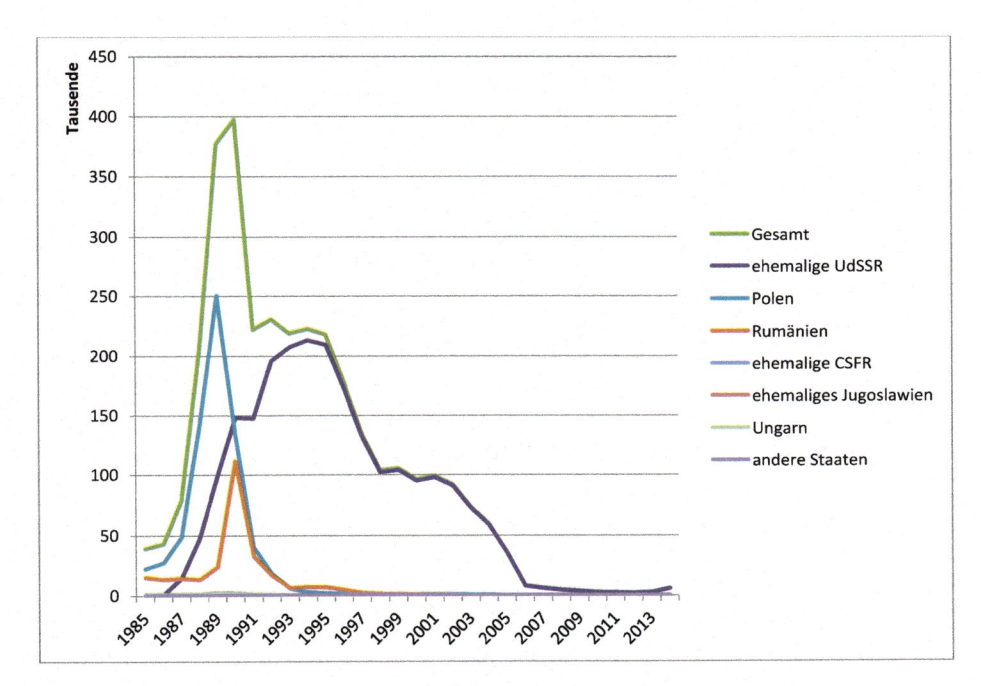

Abb. 3 Zuwanderung von (Spät-)Aussiedlerxn nach Deutschland, 1950 bis 2014

Quelle: Bundesverwaltungsamt (Internet: www.bva.bund.de/SharedDocs/Downloads/DE/ BVA/ Staatsangeh%C3%B6rigkeit/Aussiedler/Statistik/Zeitreihe_1950_2014.pdf?__blob=publicationFile&v=2; Zugriff 23.11.2015)

Nicht nur für ethnische Minderheiten, auch für andere Migranten schlossen sich die Grenzen Anfang der 1990er Jahre nach einer kurzen Phase der Öffnung wieder stärker. Galten Zuwanderer aus den ehemaligen Ländern des „Ostblocks" zunächst noch als politische Flüchtlinge, so wurde bis 1992/93 das Asylrecht in Deutschland, der Schweiz und Österreich – den Hauptzielländern der Zuwanderung – erheblich verschärft (vgl. Bade 2000: 392) und die meisten Staaten in Ost- und Ostmitteleuropa als „sichere Herkunftsländer" deklariert (vgl. Fassmann/Münz 2000: 29f.). Diese Maßnahmen sollten die sogenannte „Asylkrise" beenden. Seit den späten 1980er Jahren waren die Zahlen von Asylsuchenden in den westeuropäischen Ländern vor allem durch Zuwanderung aus Osteuropa stark angestiegen. So stammten in Deutschland 1986 noch fast drei Viertel der knapp 200 000 Asylsuchenden aus weniger entwickelten Ländern, 1992 kamen ca. 70 Prozent der etwa 438 000 Asylsuchenden aus ehemals sozialistischen Staaten in Europa.

Während der 1990er Jahre setzten sich die großen Flüchtlingswanderungen in und aus den Ländern „Osteuropas" fort. Der Zerfall Jugoslawiens und die dadurch ausgelösten Bürgerkriege, Vertreibungen und „ethnischen Säuberungen" in Kroatien, Bosnien und schließlich im Kosovo zwangen Millionen von Menschen zur Flucht. Der Großteil der Flüchtlinge blieb in der Region und von den mehreren Hunderttausend Menschen, die in andere europäische Staaten flohen, wurden viele nur temporär aufgenommen (vgl. Fassmann/Münz 2000: 30). Substantielle Fluchtbewegungen stammten auch aus Albanien. Nach jahrzehntelanger hermetischer Abriegelung und wirtschaftlichem Niedergang hatte die Öffnung des Landes eine massive Auswanderung zur Folge. In mehreren Wellen kamen während der 1990er Jahre Hunderttausende Albaner über den Seeweg nach Italien oder über Land nach Griechenland. Anfang der 2000er Jahre lebten ca. 600 000 Albaner, ein Fünftel der gesamten Bevölkerung, außerhalb ihres Landes (vgl. King/Vullnetari 2003: 5; Abb. 8). Während die ersten Flüchtlinge noch bereitwillig aufgenommen worden waren, bemühte sich die Politik Italiens und Griechenlands – auch unter dem politischen Druck der Europäischen Union – bald um die Abwehr der unerwünschten „Wirtschaftsflüchtlinge".

3.2   Die neue Anziehungskraft Südeuropas

Die Transformation der südeuropäischen Länder von Auswanderungs- zu Einwanderungsländern ist ein weiteres Zeugnis für den Wandel des europäischen Migrationsregimes nach der „Gastarbeiterzeit". Nach dem Anwerbestopp 1973/74 nahm die Auswanderung deutlich ab, und viele der ehemaligen „Gastarbeiter" kehrten in die südeuropäischen Herkunftsländer zurück. Beide Trends wurden durch die politischen Umbrüche in Spanien, Portugal und Griechenland zusätzlich befördert. So sank in Spanien nach der Ölkrise und Francos Tod die Zahl der Auswanderer von etwa 410 000 (1971/76) auf 80 000 (1976/80) und fiel bis Anfang der 1990er Jahre auf 20 000. Hinzu trat ein neuer Trend: Zunächst Italien, dann Spanien und Portugal, etwas später auch Griechenland (sowie Zypern und Malta) zogen in zunehmendem Maße selbst Zuwanderer an. Diese Tendenz begann nach King (1996) bereits in den 1960er Jahren auf Sizilien, wo tunesische Arbeitskräfte in der Fischerei, im Baugewerbe sowie zur Erntezeit in der Landwirtschaft Arbeitsengpässe, die infolge der Auswanderung Einheimischer entstanden waren, ausglichen. Eine weitere Ursache für diesen Wandel war die restriktive Zuwanderungspolitik der traditionellen Einwanderungsländer im nördlichen Europa, die einen „Ablenkungseffekt" zur Folge hatte. Statt nach Frankreich, Deutschland oder in die Niederlande kamen zum Beispiel Migranten aus Nordafrika nun nach Italien oder Spanien, deren Grenzen noch offen waren. Aus Transitländern auf der Migrationsroute Richtung Norden wurden die südeuropäischen Länder so zu „Warteräumen" und schließlich, auch bedingt durch ihre Mitgliedschaft in der Europäischen Union, selbst zu angestrebten Wanderungszielen. Dazu kamen starke ökonomische Einflussfaktoren: Seit den 1980er Jahren erlebten die südeuropäischen Länder ein eindrucksvolles Wirtschaftswachstum, das die Kluft ökonomischer Entwicklung und damit einhergehender Migrationsanreize weiter Richtung Süden verschob – von den Gebieten nördlich der Alpen und Pyrenäen zum Mittelmeer (vgl. Klepp 2008). Da das südliche Europa und Nordafrika Regionen mit sehr unterschiedlichem gesellschaftlichem Kontext (in politischer, demografischer wie soziokultureller Hinsicht) repräsentierten, bezeichneten Montanari/Cortese (1993) das Mittelmeer in Anlehnung an die Grenzbefestigungen zwischen den USA und Mexiko als den „Rio Grande" Europas.

Die Migration aus Nordafrika nach Südeuropa lag im Interesse von Regierungen, Unternehmen sowie Privathaushalten beiderseits des Mittelmeers. Dies lässt sich beispielhaft für Marokko und Spanien illustrieren (vgl. Gans/West 2004: 35ff.):

- Bestehende Lohnunterschiede motivierten die Abwanderung von Marokkanern.
- Marokko erhoffte sich – ähnlich wie seinerzeit die südeuropäischen Staaten durch die Gastarbeiterwanderung – eine Entspannung auf dem Arbeitsmarkt (de Haas 2007).
- Die Geldüberweisungen der Migranten entlasteten die Leistungsbilanz.
- Die marokkanische Landwirtschaft verlor mit dem EU-Beitritt von Portugal und Spanien Absatzmärkte für ihre Produkte in der Europäischen Union, was die Lage auf dem Arbeitsmarkt Marokkos noch verschärfte.
- In Spanien erhöhte sich in den 1990er Jahren die Nachfrage nach Arbeitskräften in Branchen mit niedrigen Löhnen, z. B. im Tourismus, in der Landwirtschaft oder im Baugewerbe. Die Zuwanderung billiger Arbeitskräfte war im Interesse der nationalen Ökonomie und der Betriebe in den jeweiligen Branchen.
- Für Spanier war trotz einer Arbeitslosenquote von etwa elf Prozent im Jahre 2000 eine Beschäftigung z. B. in der Landwirtschaft wegen der schlechten Bezahlung, der zeitlichen Befristung sowie des negativen Images dieser Tätigkeit nicht attraktiv.
- Zudem wären für Betriebe in der arbeitsintensiven Landwirtschaft Südspaniens reguläre Beschäftigungsverhältnisse aufgrund von Sozialabgaben und Steuern ein gravierender Wettbewerbsnachteil in der Europäischen Union gewesen (vgl. Geiger 2006).

Das spezifische „südeuropäische Modell der Arbeitsmigration" (vgl. King 2000: 12) unterschied sich durch die hohe Bedeutung informeller Beschäftigungsverhältnisse deutlich von der fordistisch geprägten Gastarbeitermigration in die europäischen Industrieländer nördlich von Alpen und Pyrenäen. Auch die physische Geographie Südeuropas begünstigt Zuwanderungen: Die langen Küstenlinien, die vielen Inseln und bergigen Grenzregionen erleichtern irreguläre Grenzübertritte (vgl. Kap. 6). Zwar wanderte der Großteil „illegaler" Migranten „legal" mit Touristenvisum ein und verblieb nach der erlaubten Aufenthaltsdauer einfach im Lande. Doch spielen für Wanderungsentscheidungen die geographische Nähe und Zugänglichkeit zu Migrationsrouten stets ebenfalls eine Rolle – dies zeigt die Emigration aus Albanien nach Griechenland und Italien Anfang der 1990er Jahre ebenso wie die Flucht aus Syrien in die Türkei und nach Europa in den Jahren 2013 bis 2016. Schließlich folgte die neue Zuwanderung nach Südeuropa historischen, kulturellen und sprachlichen Verbindungen zwischen den Herkunfts- und Zielländern: Lateinamerikanische Migranten wanderten vornehmlich nach Spanien und Portugal, Angehörige ehemaliger afrikanischer Kolonien nach Portugal und Italien sowie Rumänen nach Italien und Spanien (vgl. Abb. 6).

4   Fortschreitende Diversifizierung des Migrationsregimes seit Ende der 1990er Jahre

Die Europäische Union gewann als Wanderungsziel seit etwa dem Jahr 2000 für Personen aus europäischen Nicht-EU-Mitgliedstaaten sowie zunehmend auch für Menschen aus Afrika, Asien und Lateinamerika an Attraktivität. *Vier* Ursachenkomplexe beeinflussen die Veränderung des europäischen Migrationsregimes:

1. Die Einführung des Euro als Buchgeld zum 1. Januar 1999 löste insbesondere in den teilnehmenden Ländern Südeuropas sowie in Irland aufgrund sinkender Kapitalzinsen positive wirtschaftliche Impulse aus. Zu Beginn des 21. Jahrhunderts weiteten sich die Wanderungsgewinne von Italien, Spanien, Portugal und Irland beträchtlich aus (vgl. Abb. 4). Im Vergleich dazu profitierten die Volkswirtschaften von Deutschland und den Niederlanden kaum von diesen zinsinduzierten Impulsen. Die Zahl der Zuzüge verringerte sich, in Deutschland überdurchschnittlich, so dass bei stabilen Wegzugszahlen die Wanderungsgewinne rückläufig und in den Jahren 2008/09 sogar negativ waren. Auch in Großbritannien, Frankreich oder Schweden waren die Nettowanderungen im Vergleich zu denen der südeuropäischen Länder stabil.

Migration und Migrationspolitik in Europa

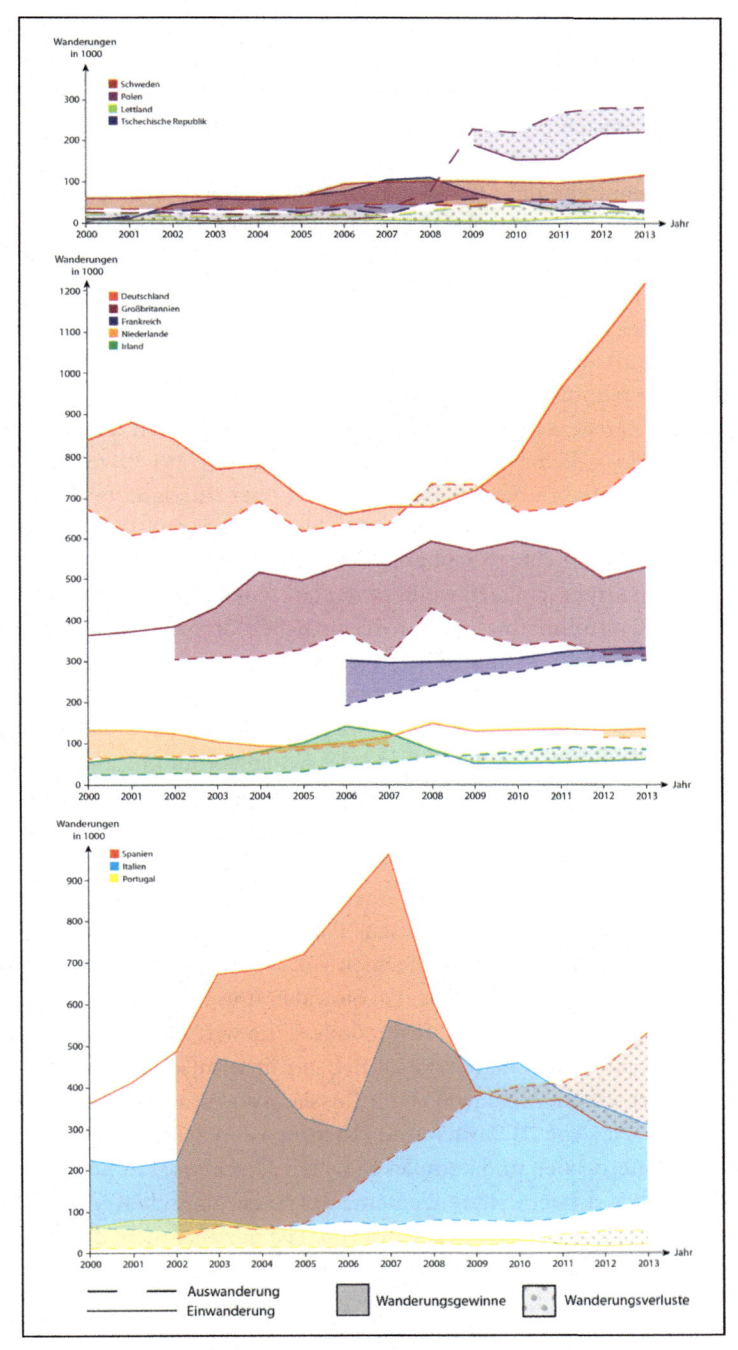

Abb. 4 Wanderungsbilanzen ausgewählter EU-Mitgliedstaaten, 2000 bis 2013
Quelle: Eurostat/Indikatoren: migr_immSprv,migr_emi3nxt (Zugriff: 16.07.2015)

2. Mit den Erweiterungen der Europäischen Union in den Jahren 2004 und 2007 wurden die politischen Grenzen zwischen den Räumen „Westeuropas" und „Osteuropas" aufgehoben. Die bisherigen Regulierungen, die die Mobilität zwischen den Beitrittsländern von 2004 und der EU-15 erschwerten, wurden sukzessive abgebaut (vgl. Kap. 3.1). Die transnationale Arbeitsmobilität ist nun eine nicht unübliche Form der EU-Binnenmigration.

Eine „‚neue' Geographie der Ost-West-Wanderung" (vgl. Fassmann/Münz 2000: 32) entstand, die nicht durch den einstigen Verlauf des Eisernen Vorhangs bzw. die über Jahrzehnte hinweg etablierte Grenze zwischen „Ost" und „West" strukturiert war. Die Migrationsdynamiken verschoben sich vielmehr ostwärts: Tschechien, Ungarn, Slowakei und Polen wurden zu Zielen der internationalen Zuwanderung (vgl. Tab. 3; Abb. 7) – zum Teil zeitgleich mit einer anhaltend hohen Auswanderungsrate wie im Falle von Polen (vgl. Abb. 4). Einen Teil der neuen Zuwanderung machten Transitmigranten aus Osteuropa, Afrika und Asien aus, die versuchten, nach Westeuropa zu gelangen und dann vorübergehend oder dauerhaft in den östlichen Nachbarländern ‚strandeten'. Wichtige Wanderungsrouten irregulärer Migranten in den „Westen" führten über Russland und die mittel- und osteuropäischen Länder (vgl. Okólski 2004: 40; Abb. 9). Unter politischem Druck und mit finanzieller Hilfe der westlichen Nachbarländer, welche sich vor der unerwünschten Zuwanderung aus dem Osten schützen wollten, verstärkten die mittel- und osteuropäischen Transitländer ihre Kontrollmaßnahmen an den östlichen Grenzen. Sie übernahmen damit die Funktion eines „Cordon sanitaire" für Westeuropa (vgl. Fassmann/Münz 2000: 32). Diese politisch strukturierten Wanderungsgeographien sind in einem ständigen Wandel begriffen. Neue politische Grenzziehungen durch veränderte Visabestimmungen und die Erweiterungen der Europäischen Union und des Schengen-Raums 2004 und 2007 (vgl. Kap. 6) verschoben die Grenzen des Ost-West-Migrationsgeschehens weiter in Richtung Osten, an die Außengrenzen der neuen EU-Mitgliedstaaten.

Die veränderten Geographien der Wanderungen in den ehemaligen „Ostblock"-Staaten sind jedoch nicht nur politischen Rahmenbedingungen und der räumlichen Nähe zum „Westen" geschuldet. Auch ökonomische Faktoren spielten eine wichtige Rolle, wie die hohen Wanderungsgewinne für Tschechien vor 2009 belegen (Abb. 4). Als regionale Wachstumspole waren Tschechien, Ungarn, Slowakei und Polen inzwischen selbst zum Ziel von Arbeitsmigranten geworden. Insbesondere die wirtschaftlichen Zentren dieser mittel- und osteuropäischen Staaten zogen neben Einheimischen auch Migranten aus der Ukraine, Weißrussland, Moldawien oder Russland sowie aus asiatischen Ländern an (vgl. Okólski 2004: 42ff.; Abb. 7). Mittel- und Osteuropa entwickelten sich deshalb seit den 1990er Jahren zu heterogenen und komplexen neuen Migrationsräumen.

Tabelle 3 verweist auf zwei weitere Elemente des osteuropäischen Migrationsregimes, die dessen Komplexität noch steigerten: Zum einen ist anzunehmen, dass die Bedeutung der Migranten aus Vietnam auf Netzwerke von ehemaligen Vertragsarbeitern in den sozialistischen Staaten zurückgeht. Zum andern ist in Polen ein hoher Anteil von Zuwanderern mit deutscher Staatsangehörigkeit auffällig. Die Vermutung liegt nahe, dass es sich bei diesem Personenkreis um ehemalige Aussiedler handelt, die vor allem nach der Krise 2009 in ihr Geburtsland zurückkehrten.

Tab. 3 Die vier wichtigsten Herkunftsländer von Zuwanderern nach Polen, Slowakei, Tschechien und Ungarn nach Staatsangehörigkeit, 1999 bis 2012

Polen		Slowakei	
Staatsangehörigkeit	Angabe in Prozent	Staatsangehörigkeit	Angabe in Prozent
Ukraine	24,7	Tschechien	11,4
Deutschland	7,5	Ukraine	9,6
Weißrussland	6,7	Rumänien	8,5
Vietnam	5,9	Ungarn	7,1
insges. (in 1 000)	478,1	insges. (in 1 000)	101,0
Tschechien		**Ungarn**	
Staatsangehörigkeit	Angabe in Prozent	Staatsangehörigkeit	Angabe in Prozent
Ukraine	30,3	Rumänien	36,5
Slowakei	18,3	Ukraine	10,6
Vietnam	9,7	Serbien	7,4
Russ. Föderation	7,0	Deutschland	6,7
insges. (in 1 000)	558,9	insges. (in 1 000)	319,8

Quelle: eigene Auswertung nach Daten von OECD 2010; 2014

3. Die Auswirkungen, die die Finanz- und Wirtschaftskrise seit 2008/2009 auf das Migrationsregime der EU-Staaten hat, zeigen sich in der Gegenüberstellung von Deutschland und Spanien (vgl. Abb. 4). Für Deutschland gehen die Zuzugszahlen bis 2006 kontinuierlich zurück, bleiben dann bis 2009 etwa konstant, so dass die Außenwanderungsbilanz bei erhöhten Fortzügen aufgrund der Wirtschaftskrise vorübergehend negativ wird. Doch kehrt sich der Migrationsverlust ab 2010 in einen Gewinn um, der sich in den folgenden Jahren aufgrund steigender Zuzugszahlen bei kaum veränderten Wegzügen kontinuierlich ausweitet. Ausschlaggebend für diese Entwicklung ist die rasche wirtschaftliche Erholung, die mit einer kräftig sinkenden Arbeitslosenquote auf 6,0 Prozent im Oktober 2015 einhergeht. Im Vergleich zu Deutschland sind die Länder, die zunächst von der Einführung des Euro profitierten, von der Wirtschafts- und Finanzkrise besonders schwer betroffen. So erhöht sich in Spanien die Arbeitslosenquote von ca. acht Prozent im Jahre 2007 auf fast 25 Prozent Ende 2012. Zeitgleich verringert sich die Zuwanderung nach Spanien innerhalb von zwei Jahren um 60 Prozent auf fast 400 000 Personen (2009), bis 2013 sinkt sie – bezogen auf die Zahl der Zuzüge im Jahr 2007 – weiter auf ein Niveau von 30 Prozent (vgl. Abb. 4). Vor allem Personen mit spanischer Staatsangehörigkeit, die nicht in Spanien geboren sind, verlassen das Land jetzt wieder (vgl. Alba Monteserin et al. 2013). Eine vergleichbare Entwicklung zeichnet sich für Irland und Portugal ab, während für Italien bei rückläufigem Wanderungsvolumen nach wie vor Wanderungsgewinne zu beobachten sind.

4. Die sich ausweitenden politischen Auseinandersetzungen und kriegerischen Konflikte im Nahen Osten, in Zentralasien und Afrika sind Quelle einer steigenden oder auch zahlenmäßig schwankenden gewaltinduzierten Wanderung von Flüchtlingen und Asyl-

suchenden in die EU-Mitgliedstaaten. Wurden im Jahr 2000 gut 400 000 Asylbewerber in der Europäischen Union registriert, verringerte sich deren Zahl bis 2006 zunächst auf knapp 200 000 und erhöhte sich anschließend bis 2012 allmählich 335 000. Bis 2014 nahm die Zahl der Antragstellungen deutlich auf 627 000 zu, und diese Dynamik verstärkte sich nochmals: 2015 wurden gut 1,33 Mio. und 2016 rund 1,26 Mio. Asylbewerber registriert, davon knapp 60 Prozent in Deutschland. Seit 2013 bilden Syrer die größte Gruppe. 2015 stammten 363 000 oder fast 29 Prozent der Antragsteller aus Syrien, 14 Prozent aus Afghanistan und 10 Prozent aus dem Irak. Die Herkunftsländer jener Asylbewerber, deren Zahl sich seit 2013 deutlich erhöhte, sind ein Spiegel gegenwärtiger Konflikte, politischer Unterdrückung, innerer Zerrissenheit, Verfolgung von Minderheiten und Armut: Afghanistan, Irak, Eritrea, Gambia, Mali, Nigeria, Senegal, Somalia, Sudan/Albanien, Bosnien und Herzegowina, Kosovo und Ukraine (vgl. Internet: ec.europa.eu/eurostat/statistics-explained/index.php/Asylum_statistics; Zugriff: 21.03.2016).

In Deutschland gehörten zu den zehn wichtigsten Herkunftsländern von Asylbewerbern in den Jahren 2000 und 2010 Irak, Afghanistan und Serbien bzw. die ehemalige Republik Jugoslawien (vgl. Abb. 5). Auch Iran, die Russische Föderation sowie Syrien zählten in beiden Jahren dazu. 2015 standen Asyl-Erstantragsteller aus Syrien mit großem Abstand an erster Stelle. Auch fällt der hohe Bedeutungszuwachs der Erstanträge von Menschen aus Albanien, Kosovo, Serbien sowie Mazedonien auf. Ihr Gesamtanteil von 31,5 Prozent übertrifft 2015 den der Syrer. 2016 werden aus dem Balkanraum nur Antragsteller aus Albanien registriert (2,5 %), während Syrer mit 44,2 Prozent die mit Abstand größte Gruppe stellen, gefolgt von Afghanen (21,1 %) und Irakern (16,0 %; BAMF 2017).

Migration und Migrationspolitik in Europa 33

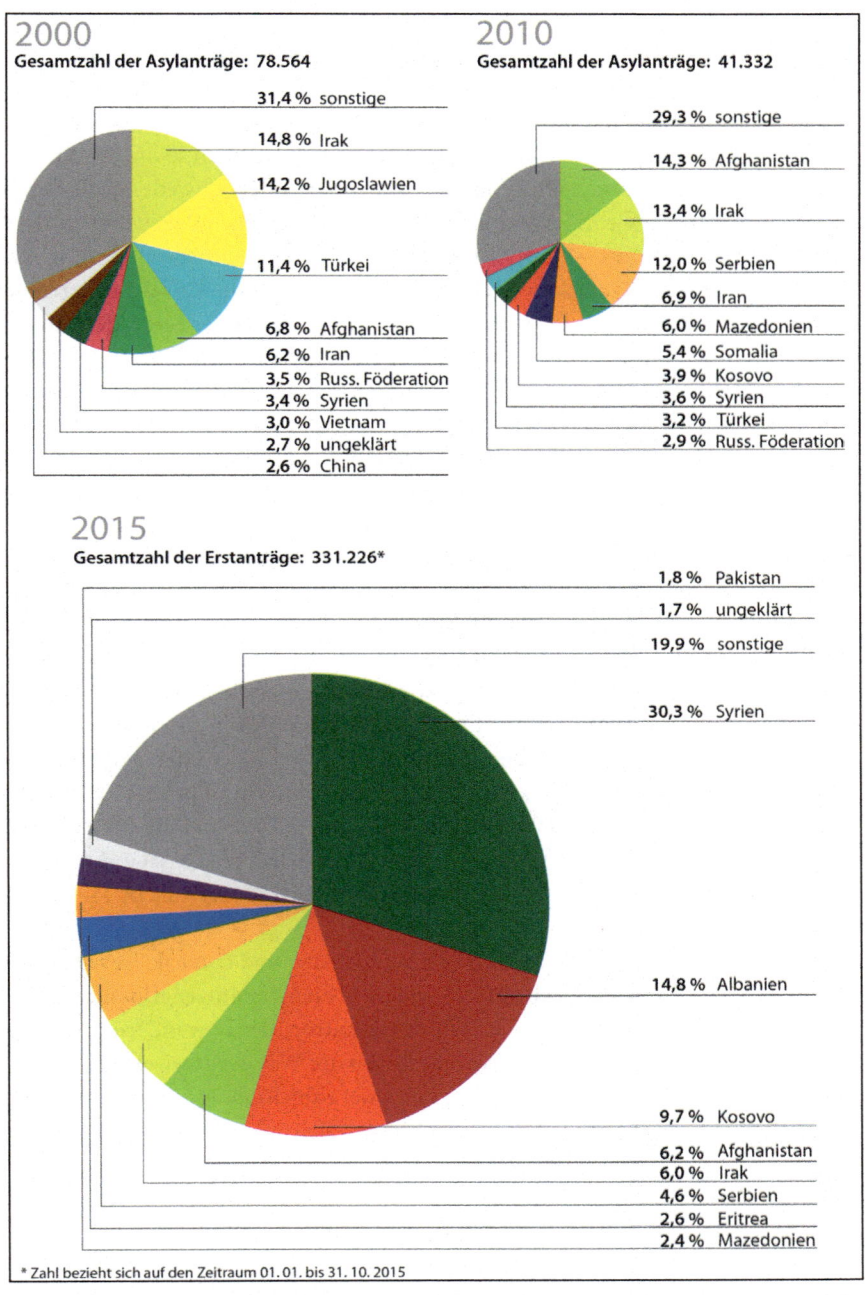

2000
Gesamtzahl der Asylanträge: 78.564
- 31,4 % sonstige
- 14,8 % Irak
- 14,2 % Jugoslawien
- 11,4 % Türkei
- 6,8 % Afghanistan
- 6,2 % Iran
- 3,5 % Russ. Föderation
- 3,4 % Syrien
- 3,0 % Vietnam
- 2,7 % ungeklärt
- 2,6 % China

2010
Gesamtzahl der Asylanträge: 41.332
- 29,3 % sonstige
- 14,3 % Afghanistan
- 13,4 % Irak
- 12,0 % Serbien
- 6,9 % Iran
- 6,0 % Mazedonien
- 5,4 % Somalia
- 3,9 % Kosovo
- 3,6 % Syrien
- 3,2 % Türkei
- 2,9 % Russ. Föderation

2015
Gesamtzahl der Erstanträge: 331.226*
- 1,8 % Pakistan
- 1,7 % ungeklärt
- 19,9 % sonstige
- 30,3 % Syrien
- 14,8 % Albanien
- 9,7 % Kosovo
- 6,2 % Afghanistan
- 6,0 % Irak
- 4,6 % Serbien
- 2,6 % Eritrea
- 2,4 % Mazedonien

* Zahl bezieht sich auf den Zeitraum 01.01. bis 31.10.2015

Abb. 5 Erstanträge von Asylbewerbern in Deutschland aus den jeweils zehn zugangsstärksten Herkunftsländern (2000, 2010, 2015)

Quelle: BAMF 2015a: 20; BAMF 2015b: 7

Die zeitliche Volatilität der nationalen Zusammensetzung von Asylbewerbern wird zugleich überlagert von einer hohen räumlichen Variabilität. Zwar zählt Syrien in der jüngsten Vergangenheit in fast allen EU-Staaten zu den fünf wichtigsten Herkunftsländern von Asylsuchenden, doch erreichen die syrischen Asylbewerber besonders hohe Anteile in Staaten entlang des Migrationskorridors von Griechenland nach Slowenien sowie nördlich davon in Österreich, Deutschland, den Niederlanden, Dänemark oder Schweden (vgl. Abb. 9). In den baltischen Staaten sowie in Polen und Tschechien überwiegen dagegen Asylbewerber aus Osteuropa (Ukraine, Russland, Georgien), in Südeuropa, insbesondere in Italien, Staatsangehörige aus afrikanischen Ländern. Zur Erklärung dieser sehr differenzierten Verteilung spielen Faktoren wie die Nähe zu Herkunftsländern oder Migrationskorridore, historische Bindungen und schon bestehende soziale Netzwerke, Migrationspolitik der Europäischen Union mit ihrem Vorgehen bei der Grenzsicherung oder der Festlegung „sicherer Drittstaaten", aber sicherlich auch Zufälle eine Rolle.

Die räumliche Ungleichverteilung trifft auch auf die Aufnahme von Flüchtlingen in Europa zu, die angesichts der sehr stark gewachsenen Zahlen im Fluchtjahr 2015 zu einem der zentralen politischen Diskussions- und Streitthemen in der Europäischen Union wurde. Die fünf EU-Mitgliedstaaten, in denen 2016 die meisten Erstanträge gestellt wurden, sind Deutschland (722 265), Italien (121 185), Frankreich (75 990), Griechenland (49 875) und Österreich (39 860), bezogen auf 1 000 Einwohner sind es Deutschland (8,79), Griechenland (4,63), Österreich (4,59), Malta (3,99) und Luxemburg (3,58; Internet: de.statista.com/statistik/daten/studie/156549/umfrage/asylbewerber-in-europa-2010/). Die Änderung der Rangfolge zu 2014 verdeutlicht den Einfluss der nationalen Migrationspolitik sowie die Lage der aufnehmenden Staaten zu den Herkunftsländern bzw. zu den Migrationskorridoren: So rangiert im Jahr 2014 Schweden mit 8,41 Asylbewerbern pro 1 000 Einwohnern vor Ungarn (4,33), Österreich (3,33), Dänemark (2,61) und Deutschland (2,51; eigene Berechnung nach Daten von Eurostat und bezogen auf den Bevölkerungsstand am 1. Januar 2014; Internet: ec.europa.eu/eurostat/documents/4168041/6742650/KS-QA-15-003-EN-N.pdf; Zugriff: 03.11.2015).

Die EU-Osterweiterung im Jahr 2004 und die Wirtschafts- und Finanzkrise seit 2008/2009 hatten weitreichende Auswirkungen auf Volumen wie Bilanzen internationaler Migration mit Zielen in Europa (vgl. Abb. 4). Die „Gravitationszentren" der Zuwanderung verlagerten sich erneut. Einen Überblick über die Veränderungen der Wanderungsverflechtungen von 2002 bis 2012 gibt Abbildung 6 durch den Vergleich der zahlenmäßig bedeutendsten Migrationen zwischen Herkunfts- und Zielländern für drei Zeiträume von jeweils drei Jahren:

- vor der Ost-Erweiterung der Europäischen Union (2002–2004),
- vor Ausbruch der Wirtschafts- und Finanzkrise (2006–2008) und
- nach bzw. während dieser Krise (2010–2012).

Grundlage für Abbildung 6 sind Daten zur Zuwanderung in die einzelnen OECD-Mitgliedstaaten und Angaben zu den 15 wichtigsten Herkunftsländern der Migranten (OECD 2014). Die Komplexität aller erfassbaren Wanderungsverflechtungen erfordert für ihre

Darstellung eine Informationsreduktion. Daher sind in Abbildung 6 auf Basis einer Häufigkeitsauszählung zum einen nur europäische Zielländer berücksichtigt, die in einem der drei festgelegten Zeiträume mindestens 400 000 Zuzüge registrierten: Deutschland, Frankreich, Großbritannien, Italien, Russland, Schweiz und Spanien. Zum anderen werden nur Herkunftsländer einbezogen, die in einem Zeitraum Abwanderungen von mindestens 30 000 Personen bzgl. eines dieser Zielländer verzeichnen.

Das erfasste Wanderungsvolumen erhöhte sich im Zeitraum von 2006 bis 2008 beträchtlich (vgl. Abb. 6). Die politische Erweiterung der Europäischen Union führte auch zu einer geographischen Ausweitung des europäischen Migrationsregimes. Diese Expansion wurde durch die konjunkturelle Entwicklung bis 2008 gestützt, die die Anziehungskraft der EU, insbesondere Südeuropas, als Ziel von Migranten vor allem aus Nordafrika und Lateinamerika stärkte. Im Vergleich zu den bevorzugten Ländern Italien und Spanien (vgl. Abb. 4) verlor Deutschland zunächst an Bedeutung, während die Attraktivität von Frankreich und Großbritannien in etwa konstant blieb. Im Zeitraum von 2010 bis 2012 geht das Wanderungsvolumen leicht zurück. Deutschland wird zum Zielland mit den meisten Zuwanderern, während Spanien und Italien merklich an Wichtigkeit verlieren.

Über die drei Zeiträume hinweg fallen bzgl. der Wanderungsverflechtungen Konstanten, aber auch deutliche Wandlungen auf. So gewinnt Russland als Ziel von Migranten aus den Nachfolgestaaten der Sowjetunion zunehmend an Anziehungskraft. Herkunftsländer von Personen, die nach Großbritannien ziehen, stammen zu einem hohen Anteil aus Süd- und Ostasien. Seit 2006 hat die Zahl von Zuwanderern aus Polen, seit 2010 aus Lettland deutlich zugenommen (vgl. Kap. 1; Abb. 7). Ähnlich wie für Großbritannien stellen auch für Frankreich ehemalige Kolonien die wichtigsten Herkunftsländer dar. Briten verlassen Großbritannien bevorzugt für ihren Altersruhesitz in Spanien, während Franzosen – vermutlich überwiegend wegen der höheren Löhne – nach Deutschland, Großbritannien oder in die Schweiz ziehen. Migrationen nach Deutschland haben ihren Ausgangspunkt in Ost- (z. B. Polen) und Südosteuropa (z. B. Rumänien, Bulgarien, Serbien). Die Türkei mit hohen wirtschaftlichen Wachstumsraten bis 2013 verliert als Herkunftsland an Bedeutung, Indien und China verzeichnen Zuwächse, wahrscheinlich infolge ihrer wachsenden Einbindung in die Weltwirtschaft. Die konjunkturelle Entwicklung in Verbindung mit einem steigenden Arbeitsangebot in Deutschland nach Beginn der Finanz- und Wirtschaftskrise 2008/09 führt dazu, dass in den Jahren 2010 bis 2012 Italien, Spanien, Portugal und Griechenland als Herkunftsländer wieder zu finden sind, dass sich also die Zuwanderung aus Südeuropa deutlich erhöht hat, nicht zuletzt in Verbindung mit Push-Faktoren wie der dortigen schlechten Arbeitsmarktsituation. Abwanderer aus Deutschland bevorzugen die benachbarte Schweiz mit ihren deutlich höheren Löhnen, was durch die Wechselkursentwicklung zugunsten des Franken noch verstärkt wird.

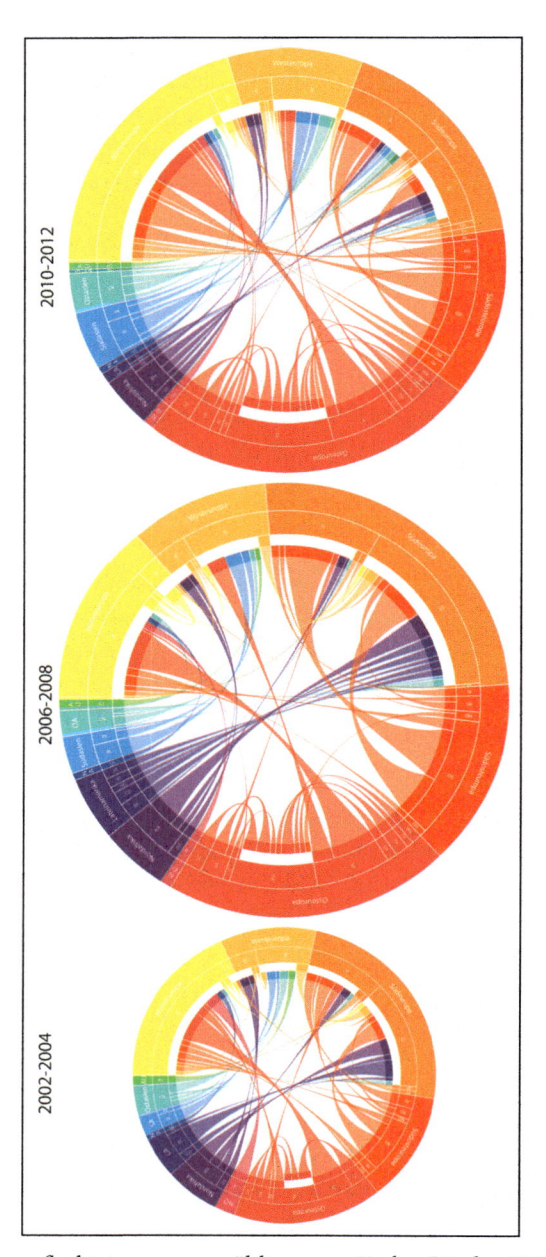

Abb. 6 Wanderungsverflechtungen ausgewählter europäischer Länder, 2002 bis 2012*

* Die Zuordnung der Länder zu Teilräumen Europas orientiert sich an der Entwicklung der Migrationsregime seit 1950. Daher ist Deutschland ein Teil von Mittel-, Polen ein Teil von Osteuropa. Die Kennzeichnung der Länder entspricht den Ländercodes nach ISO-3166-1 und erklären sich von selbst (Ausnahme: DZ steht für Algerien).

Quelle: eigene Auswertung nach Daten der OECD (2014); Kartografie: Manuela Cretu

Südeuropa nimmt im Zeitraum von 2006 bis 2008 eine dominante Position im europäischen Migrationsregime ein (vgl. Abb. 4; 6). Spanien zieht Zuwanderer vor allem aus Marokko und einer Vielzahl lateinamerikanischer Länder an und entwickelte sich wie Italien zu einem Hauptzielland von Migranten aus Rumänien. Seit der Krise 2008/09 verliert Spanien jedoch deutlich an Anziehungskraft, vor allem für Personen aus Lateinamerika. Für Italien hat sich die Situation in den Jahren 2010 bis 2012 nur wenig im Vergleich zur vorherigen Phase geändert. Spanien und Italien ist gemeinsam, dass die Zuwanderung aus Asien an Bedeutung gewonnen hat und dass Rumänen nach wie vor die größte Zuwanderergruppe sind. Interessanterweise hatte die Osterweiterung der Europäischen Union keinen nennenswerten Einfluss auf die Migration aus Rumänien. Schon im Zeitraum 2002 bis 2004 bevorzugten Rumänen Spanien und Italien als Migrationsziel. Obwohl einige Länder ihren Arbeitsmarkt schon direkt im Jahr 2007 für Rumänien geöffnet hatten, setzten sich die Wanderungen weiterhin unvermindert in diejenigen Länder fort, die bereits zuvor die Hauptzielländer darstellten, insbesondere Spanien und Italien (vgl. Abb. 6).

Am Beispiel der Bewegungen zwischen Rumänien und Spanien lässt sich daher der Einfluss von Migrationsnetzwerken gut illustrieren – und zugleich die mitunter nur begrenzte Wirkungskraft migrationspolitischer Maßnahmen (Elrick 2008). Seit dem Ende der 1990er Jahre hatte sich in Spanien mit dem stetigen Anwachsen rumänischer Migranten ein enges Migrationsnetzwerk herausgebildet, das durch Regularisierungen „illegaler" Migranten und durch die 2002 erfolgte Aufhebung der für rumänische Staatsbürger bestehenden Visumspflicht für den Schengen-Raum weiter gefestigt wurde. Mehr rumänische Migranten hatten nun einen festen Aufenthaltsstatus, die Einreisebarrieren fielen weg und die transnationalen Verbindungen zwischen Herkunftsorten oder -regionen und den Zielgebieten in Spanien verdichteten sich. Aufgrund dieser starken Vernetzungen bleibt Spanien weiterhin ein attraktives Wanderungsziel in Europa; ähnliches gilt im Falle rumänischer Migranten wohl auch für Italien.

Abbildung 6 veranschaulicht trotz aller Vereinfachungen der Darstellung die zunehmende Diversität in der nationalen Zusammensetzung der internationalen Migrationen nach und in Europa seit den 1990er Jahren (vgl. dazu auch Vertovec 2007). Zugleich werden *fünf* Charakteristika des europäischen Migrationsgeschehens sichtbar, die die gegenwärtige Verteilung der ausländischen Bevölkerung beeinflussen (vgl. Abb. 7):

1. *Geographisch verdichtete Teilnetze*
Sie sind z. B. in den skandinavischen Ländern, in Polen, Tschechien, der Slowakei sowie in Österreich daran zu erkennen, dass die dort am stärksten vorkommenden Nationalitäten oftmals benachbarten oder nahe gelegenen Staaten zuzurechnen sind. Geographische Clusterungen der Verteilung lassen sich auch bei der jüngsten Flüchtlingszuwanderung erkennen.

2. *Verflechtungen, die seit den 1950er Jahren vergleichsweise stabil sind*
Hierzu zählen insbesondere die Zuwanderungen aus ehemaligen Kolonien europäischer Länder. Beispielhaft dafür stehen Großbritannien und Frankreich.

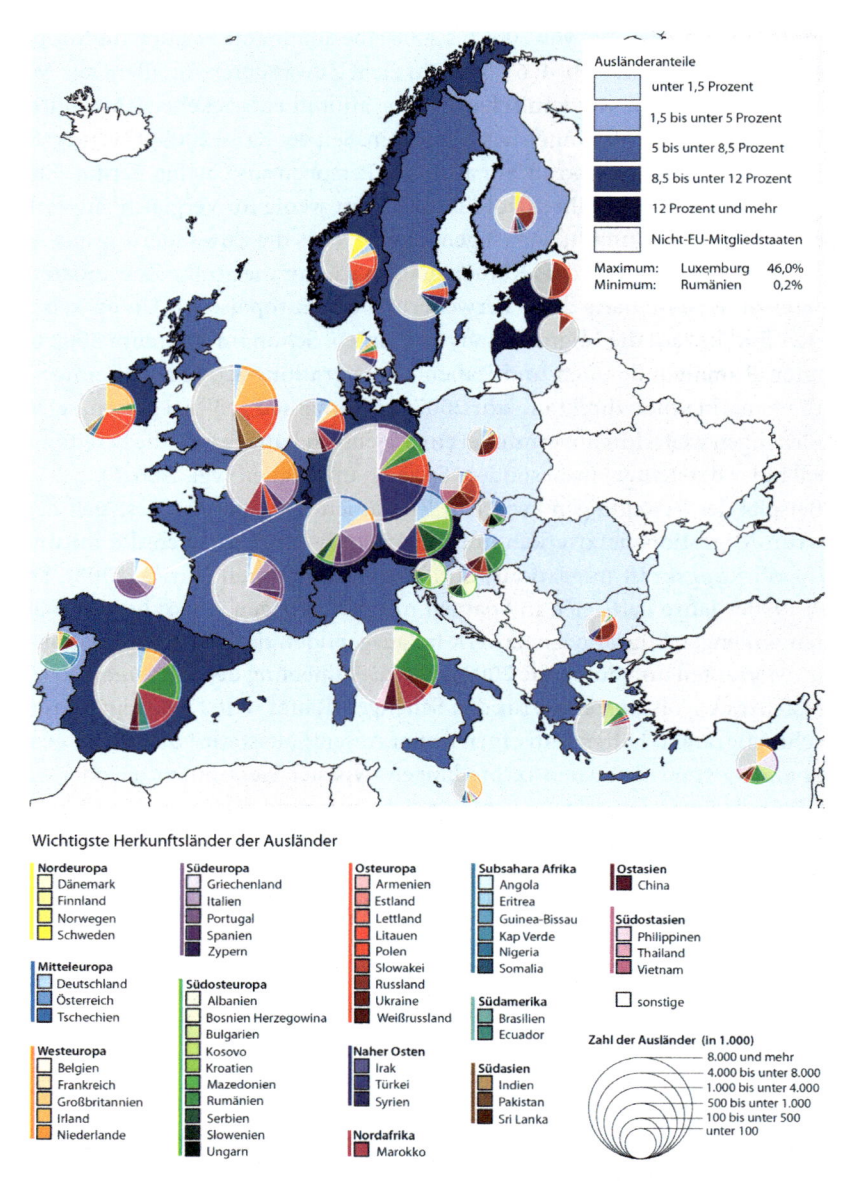

Abb. 7 Ausländische Bevölkerung nach den jeweils sieben größten nationalen Gruppen in den EU-Mitgliedstaaten (1. Januar 2015)*

* Für die Länder Belgien, Bulgarien, Estland, Irland, Griechenland, Kroatien, Zypern, Lettland, Litauen, Luxemburg, Ungarn, Malta, Polen, Portugal, Rumänien, Slowenien und Finnland musste auf den Zensus 2011 zurückgegriffen werden. Alle anderen Länder haben auf den Web-Seiten ihrer nationalen Statistikämter aktuelle Angaben für den 1. Januar 2015. Für Rumänien und Litauen gibt es keine Informationen.

Quelle: Europäische Union, nationale Statistikämter; Kartografie: Manuela Cretu

3. *Migrantennetzwerke, die sich im Verlauf der Gastarbeitermigration geformt und als Folge des Familiennachzuges gefestigt haben*
Die nationalen Zusammensetzungen der ausländischen Bevölkerung in der Schweiz, in Deutschland, Belgien oder den Niederlanden spiegeln mit ihrem hohen Anteil von Türken, Italienern, Portugiesen oder Marokkanern diese Wanderungen wider.

4. *Die Überformung des vor 1990 entstandenen räumlichen Musters durch neue und sich ausweitende Migrationen nach dem Fall des Eisernen Vorhangs und noch intensiviert seit den EU-Osterweiterungen 2004 und 2007*
In Großbritannien haben Polen Anfang 2015 Inder als stärkste ausländische Gruppe abgelöst, Rumänen und Litauer sind häufiger als Bangladeschi vertreten. In Deutschland sind Polen die zweitstärkste Gruppe, noch vor Italienern. Insgesamt sind Polen in den meisten Ländern Mittel-, West- und Nordeuropas unter den zahlenmäßig sieben stärksten Nationalitäten anzutreffen. Im Vergleich dazu sind Rumänen vor allem nach Italien und Spanien migriert.

5. *Die Transformation der südeuropäischen Länder zu Einwanderungsländern*
Die nationale Zusammensetzung der ausländischen bzw. migrantischen Bevölkerung in Südeuropa unterscheidet sich in Heterogenität und Herkunft deutlich von der Struktur in den früheren Zielländern der Gastarbeitermigration. In Italien stammen die größten Migrantengruppen aus südost- und osteuropäischen Ländern, aus Nordafrika wie aus Subsahara-Afrika, aus Ost- wie aus Südasien (vgl. Abb. 8). Eine vergleichbar heterogene Bevölkerungsstruktur hinsichtlich der Nationalität – allerdings mit einer Vielzahl lateinamerikanischer Staatsangehöriger – weist die ausländische Bevölkerung in Spanien auf. In Portugal kommen die meisten der etwa 395 000 Ausländer aus ehemaligen Kolonien (u. a. Brasilien: 27,8 %, Kapverden: 9,8 %, Angola: 6,8 %), gefolgt von Angehörigen aus Osteuropa (u. a. Rumänien: 6,2 %, Ukraine: 5,5 %), während in Griechenland die zahlenmäßig größten Migrantengruppen (insgesamt 905 000 Personen) aus südost- und osteuropäischen Ländern stammen (Albanien: 53,1 %, Bulgarien: 8,4 %, Rumänien: 5,1 %, Georgien: 3,0 %). Schließlich tragen auch die Flüchtlinge zur Transformation der südeuropäischen Länder (wie auch der Türkei) bei. Auch wenn die Mehrheit der in jüngster Vergangenheit und wohl auch in näherer Zukunft gerade in Südeuropa – und hier vor allem in Griechenland und in Italien – eintreffenden Flüchtlinge in nördlich gelegene Länder weiterwandert, ist zu vermuten, dass aus unterschiedlichen Gründen (z. B. Dublin-System, Eintritt in den lokalen Arbeitsmarkt, soziale Netzwerke; Kap. 6) doch stets auch ein gewisser Teil der Flüchtlingsgruppen mittel- und längerfristig in den EU-Mitgliedstaaten, in die sie als erstes eingereist sind, verbleibt.

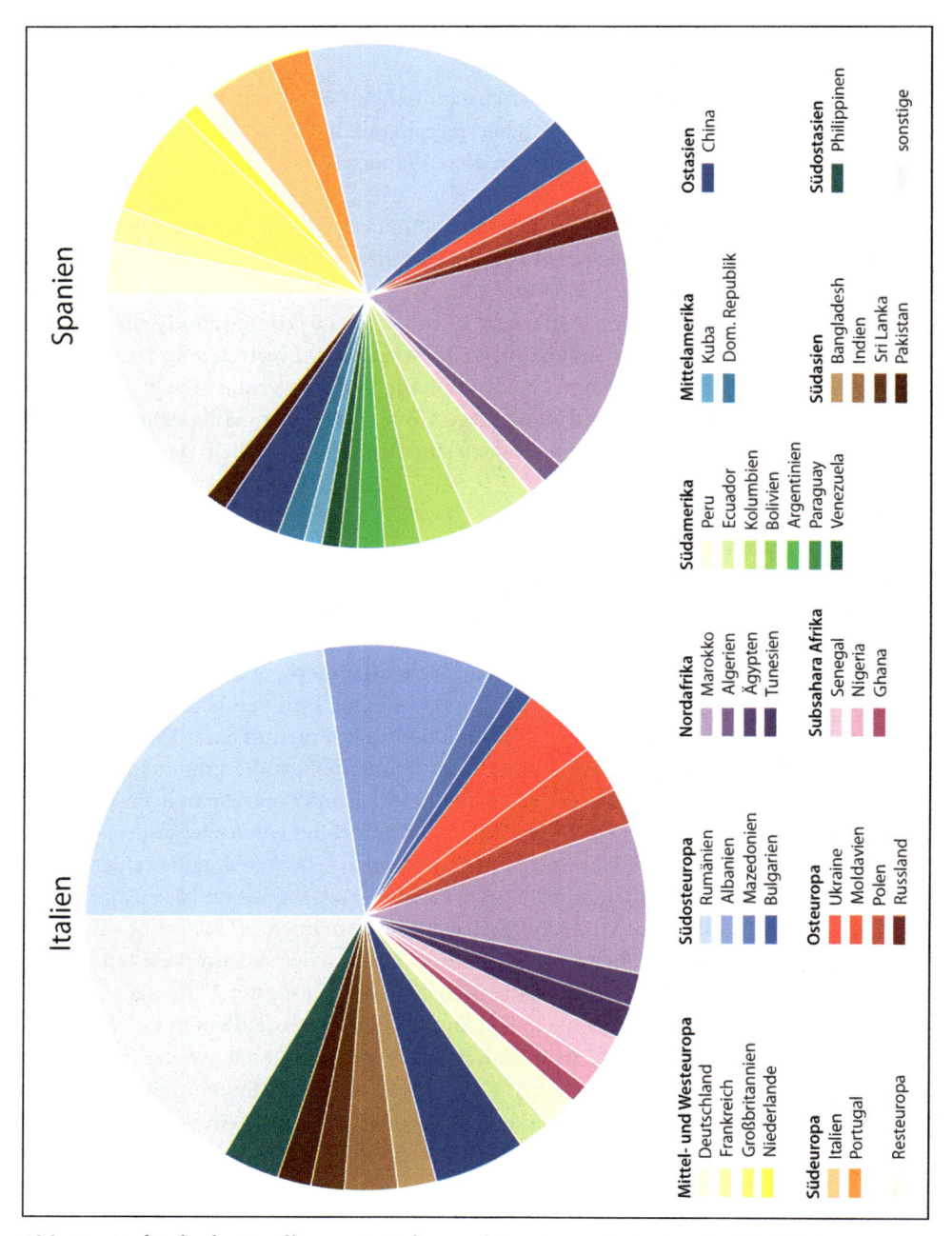

Abb. 8 Ausländische Bevölkerung in Italien und Spanien nach den jeweils 15 stärksten Nationalitäten (2015)

Quelle: Istituto Nazionale di Statistica; Instituto Nacional de Estadística

5 Pluralisierung des europäischen Migrationsgeschehens

Die beschriebenen Entwicklungen der Migrationen in den verschiedenen Regionen Europas seit dem Zweiten Weltkrieg zeigen viele Elemente einer Pluralisierung der Wanderungen in, aus und nach Europa und die europäischen Staaten. Die relative Eindeutigkeit der „Karte" europäischer Migration in der Epoche der Gastarbeitermigration (vgl. Abb. 1) löste sich seit den 1980er Jahren und insbesondere seit dem Fall des Eisernen Vorhangs allmählich auf (King 2002). Die Zunahme und Diversifizierung der Herkunfts- und Zielländer hatte neue Geographien der Migration zur Folge (vgl. Abb. 6).

Die veränderten Geographien der europäischen Migration sind eng mit der Erweiterung der Europäischen Union, der Konstruktion von Freizügigkeit und der sich wandelnden Migrationspolitik verbunden (vgl. Kap. 6). Zum einen decken die Staaten der EU geographisch heute einen großen Teil des Kontinentes Europa ab. Zum anderen beeinflusst die EU als wichtiger politischer Akteur der Regulierung und Steuerung von Migration in und nach Europa die geographischen Muster der Migrationen bzw. bringt sie mit hervor: Während auf der einen Seite durch den Abbau von Grenzkontrollen und Freizügigkeitseinschränkungen Wanderungen von EU-Bürgern innerhalb des Gebiets der Europäischen Union erleichtert werden, führen auf der anderen Seite die territoriale Erweiterung der EU und die zunehmenden Bemühungen um die Sicherung der EU-Außengrenzen zur Entstehung neuer Migrationsrouten.

Parallel zur Pluralisierung der Geographien der europäischen Migration wurden auch die Wanderungsformen, die sozio-ökonomischen und demografischen Charakteristika sowie der rechtliche Status der Migranten heterogener. Die fordistische Arbeitsmigration, welche die Wanderungen in Europa in den ersten Nachkriegsjahrzehnten hauptsächlich geprägt hatte, wurde nach dem Zuwanderungsstopp für „Gastarbeiter" Anfang der 1970er Jahre von Familiennachzügen, Rückwanderungen, (semi-)irregulärer Arbeitsmigration, der Zuwanderung von Flüchtlingen und Asylsuchenden sowie temporären Wanderungen und Pendelmobilitäten abgelöst. Migrantennetzwerke und transnationale soziale Räume bildeten sich heraus (vgl. Wehrhahn 2016: 60f.), verfestigten und perpetuierten die Migrationsbeziehungen zwischen verschiedenen Ländern und machten damit Wanderungen in verschiedene Richtungen wahrscheinlicher. Im Kontext veränderter Wanderungsformen und -bedingungen verwischen die Dichotomien zwischen temporärer und dauerhafter Migration sowie zwischen Migration und anderen Formen räumlicher Mobilität (King 2002: 91ff.). Auffallend ist beispielsweise in Italien oder Spanien die männlich geprägte Zuwanderung aus muslimischen Ländern wie Marokko, Senegal oder Bangladesch, im Gegensatz zu der überwiegend weiblichen Zuwanderung von den Philippinen, den Kapverden oder der Dominikanischen Republik – eher katholisch geprägten Ländern (King 2000: 12f.). Die Gender-Asymmetrie geht mit einer Konzentration von Frauen in bestimmten Arbeitsmarktsegmenten einher: Während Frauen häufiger in Privathaushalten als Haushaltshilfen, Reinigungs- oder Pflegekräfte beschäftigt sind (Anthias/Lazaridis 2000), wird z. B. die senegalesische Zuwanderung in Italien und Spanien von Männern geprägt, die häufig in Städten oder Touristenzentren als Straßenhändler arbeiten. Im Vergleich sind

Albaner und Rumänen geographisch stärker dispers und eher in verschiedenen Arbeitsmarktsektoren zu finden (King et al. 2010: 44f.).

Im Zuge der vielfältiger werdenden Wanderungen in und nach Europa hat sich die Bevölkerung der europäischen Gesellschaften verändert. Insbesondere für westeuropäische Städte kann heute von einer „Super-Diversity" (Vertovec 2007) gesprochen werden: Zur wachsenden Diversität der nationalen und ethnischen Herkünfte der städtischen Bevölkerungen kommt die allgemeine Tendenz der Heterogenisierung der rechtlichen und sozioökonomischen Status, der Alters- und Gender-Profile, der Religionszugehörigkeiten und der räumlichen Verteilungsmuster hinzu. Die seit 2011 gewachsenen Fluchtbewegungen mit dem Ziel Europa tragen zu einer weiteren Diversifizierung der Bevölkerungen bei.

Sucht man nach den großen Entwicklungslinien des europäischen Migrationsgeschehens und regionaler Migrationsräume, verdeckt dieser Blick leicht Migrationsformen, die nicht in die gängigen Beobachtungsschemata passen, die aber ebenfalls zur Pluralisierung der europäischen Migration beitragen. Ein Beispiel dafür sind Wohlstands-, Ruhestands- und „Lifestyle"-Wanderungen, zumeist von Menschen aus Nordeuropa in die wärmeren Regionen im Süden Europas. Sie sind zum Teil saisonal begrenzt und damit eine Form transnationaler Mobilität mit fließenden Grenzen zum Tourismus, zum Teil sind sie auch mit längerfristigen Aufenthalten verbunden.

Die internationale Mobilität von Studierenden trägt heute ebenfalls zur Vielfalt der europäischen Migration bei. Die mit Abstand wichtigsten europäischen Zielländer dieser von der Politik im Rahmen des globalen „Wettbewerbs um die besten Köpfe" mit Hilfe verschiedener Mobilitätsprogramme stark geförderten Bildungsmigration aus Staaten innerhalb und zunehmend auch außerhalb der EU sind Großbritannien, Frankreich und Deutschland (vgl. Barthelt et al. 2015).

Eine weitere Migrationsform, deren quantitative Bedeutung zunimmt, sind die Wanderungen Hochqualifizierter (Ette/Sauer 2010). In der Regel werden darunter Menschen mit einem höheren tertiären Bildungsabschluss oder gleichwertiger Expertise in einem spezifischen Berufsbereich gefasst. Ein Teil dieser Hochqualifizierten-Migration bzw. -Mobilität – häufig handelt es sich um temporär begrenzte Wanderungen – findet im Rahmen multinationaler Unternehmen sowie innerhalb internationaler und supranationaler Organisationen statt. In den letzten Jahren wuchs das wirtschaftliche und politische Interesse an der Migration Hochqualifizierter als einer „erwünschten" Form von Arbeitsmigration, der eine zentrale Rolle für die Zukunftsfähigkeit der europäischen Ökonomien zugeschrieben wird (vgl. Kap. 6).

Die Wanderungen von Hochqualifizierten, Studierenden und Rentnern verweisen schließlich auf ein weiteres aktuelles Element der Pluralisierung der europäischen Migration: auf spezifische Formen der intra-europäischen Migration, d.h. der Migration zwischen den EU-Mitgliedstaaten. Während die internationale Migration aus so genannten „Drittstaaten" nationalen und supranationalen Regulierungen und Einschränkungen unterliegt, gilt für die ebenfalls internationalen Wanderungen innerhalb der Europäischen Union das Freizügigkeitsprinzip. Sie nehmen damit den Charakter einer Binnenmigration an. Diese Umdeutung wird von der Europäischen Union unterstützt, die politisch, begrifflich-rhetorisch und rechtlich zwischen der „Migration" von „Drittstaaten-Angehörigen" und der „Mobilität" von EU-Bürgern unterscheidet (Boswell/Geddes 2010). Die Konstruktion eines „EU-Migrationsraums" generiert und verfestigt daher Hierarchisierungen zwischen Migrationen und Migranten hinsichtlich des Herkunftslandes, der Qualifikation und des Status – das gegenwärtige Ungleichheitsspektrum reicht von Hochqualifizierten aus EU-Mitgliedstaaten bis zu Flüchtlingen aus armen „Drittstaaten" (King 2002: 98). Hierarchisierungen von Migranten sind freilich nicht statisch, sondern verändern sich mit politischen Grenzziehungen, ökonomischen Interessen oder demografischen Entwicklungen. Auch die Pluralisierung der Migrationen in, aus und nach Europa wird erst im Kontext politischer, ökonomischer und gesellschaftlicher Dynamiken verständlich.

6 Migrations- und Asylpolitik der Europäischen Union

Seit Mitte der 1980er Jahre übertreffen die Außenwanderungsgewinne der jeweiligen EU-Staaten den Saldo aus Geburten- und Sterbeziffern. Die Nettowanderungen sind die entscheidende Größe für die Bevölkerungsentwicklung, und sie führten zugleich zu einer zunehmenden Diversifizierung der Wohnbevölkerung (vgl. Kap. 5). Die Ursachen hierfür liegen in sich zeitlich ändernden und räumlich ausdifferenzierenden Migrationstrends als Folge politischer Umbrüche, ökonomischer Bedingungen und Krisen, kriegerischer Auseinandersetzungen sowie von Armut und Verfolgung aus politischen, ethnischen oder religiösen Gründen. Auch die schrittweise Erweiterung sowie der fortschreitende Einigungsprozess der Europäischen Union tragen zu der wachsenden Komplexität bei. Die Realisierung von Zielen der EU-Integration, z. B. bei der Umsetzung des freien Personenverkehrs oder der Freizügigkeit von Arbeitnehmern gemäß Artikel 45 des Vertrags über die Arbeitsweise der EU, erfordert eine engere Kooperation in der Migrations- und Asylpolitik, der allerdings häufig die unterschiedlichen Interessen der Mitgliedstaaten entgegenstehen – wie sich in der „Flüchtlingskrise" und im „Brexit" nachdrücklich zeigt.

Zu Beginn der 1980er Jahre hatte die Europäische Union noch keine Befugnisse im Bereich der Migrations- und Asylpolitik. Entscheidungen dazu gingen von den Innen- und Justizministern der Mitgliedstaaten aus. Ausgangspunkt der Vergemeinschaftung in diesem Politikfeld war die Schaffung eines EU-Binnenmarktes, wie 1985 von der Europäischen Kommission im „Weißbuch zur Vollendung des Binnenmarktes" vorgelegt (Jahn et al. 2006: 6). Im selben Jahr hoben Frankreich, Deutschland sowie die Benelux-Länder die stationären Personenkontrollen an ihren Binnengrenzen auf (Schengen-I-Abkommen), um den freien Personenverkehr als ein zentrales Element des Binnenmarktes zu verwirklichen. Damit ergab sich „(...) gleichzeitig die Dringlichkeit einer kompensatorischen Zusammenarbeit bei der gemeinsamen Sicherung ihrer Außengrenzen und beim Zugang von Drittstaatsangehörigen zu den Hoheitsgebieten der Mitgliedstaaten" (vgl. Jahn et al. 2006: 6).

In „Schengen II" oder im Schengener Durchführungsübereinkommen (SDÜ) wurde dann 1990 die Umsetzung der politischen Vereinbarungen festgehalten (vgl. Lavenex 2009: 5, 6; Jahn et al. 2006: 6f.):

1. Das einheitliche Schengenvisum regelt die Bestimmungen für die Einreise und den kurzfristigen Aufenthalt von Ausländern im Schengen-Raum.
2. Die asylpolitischen Festlegungen, die 1990 in der Vereinbarung von Dublin fixiert wurden (Dublin I), bezogen sich auf drei Herausforderungen:
    - Unterbindung der Migration von Asylsuchenden zwischen Ländern des Schengen-Raumes (Asylsuchende sollten in dem Mitgliedstaat, in den sie als erstes eingereist sind, verbleiben, damit Länder mit überdurchschnittlichen Sozialleistungen nicht übermäßig belastet werden),
    - Verhinderung von Anträgen in mehreren Ländern durch Asylsuchende („Asyl-Shopping"), auch zur
    - Vermeidung des Risikos für Asylsuchende, von einem Staat zum anderen abgeschoben zu werden („Refugee-in-orbit"-Phänomen).

Das SDÜ trat 1995 in Kraft, 1997 dann Dublin I. Dieser so genannte Schengener Besitzstand ging 1997 im Vertrag von Amsterdam in Europäisches Recht über. Damit wurde die Migrations-, Asyl- und Visumspolitik dem „(...) vergemeinschafteten Bereich der EG zugeordnet (...)" (vgl. Jahn et al. 2006: 7). Dem Schengen-Raum traten von den EU-Mitgliedsländern bis heute nur Großbritannien, Irland und Zypern nicht bei. Bulgarien, Rumänien und Kroatien wenden das SDÜ nur in Teilen an.

Der 1999 in Kraft getretene Amsterdamer Vertrag zielte auf die Schaffung eines „(...) Raums der Freiheit, der Sicherheit und des Rechts ohne Binnengrenzen (...)" (EU-Vertrag, Art. 3, Abs. 2 und 3; Jahn et al. 2006: 8). Ziel von Dublin I war die Harmonisierung der Asylverfahren in der Europäischen Union. Doch eine gemeinsame Migrations- und Asylpolitik war nicht durchsetzbar, da deren Auswirkungen auf die nationalen Arbeitsmärkte, die Integration von Immigranten oder die Rückführung von Flüchtlingen von den Mitgliedstaaten politisch sehr unterschiedlich bewertet wurden, obwohl Dublin II (2003) und Dublin III (2013) regeln, welcher Mitgliedstaat unter welchen Kriterien für die Prüfung eines Asylantrags, den ein Drittstaatsangehöriger in einem EU-Land stellt, zuständig ist (vgl. Internet: http://eur-lex.europa.eu/legal-content/DE/TXT/?uri=URISERV%3Al33153. Zugriff: 22.03.2017). Die Mitgliedstaaten bleiben weiterhin für die Verfahren zur Einreise von Immigranten in ihr Hoheitsgebiet und die Steuerung der Arbeitsmigration zuständig (vgl. Europäische Kommission 2014). Die Folge dieser ‚stecken gebliebenen' Reformen ist ein migrationspolitischer „Flickenteppich" (Geiger 2011: 21), der die Migrationspolitik bis heute kennzeichnet. Die EU kann nach wie vor nur den rechtlichen Rahmen bestimmen – wie zum Beispiel vereinfachte Zulassungsverfahren für bestimmte Gruppen von Migranten, die aus Gründen des Studiums, der Forschung, der Beschäftigung (Blue Card, Saisonarbeitskräfte, Fach- und Führungskräfte international tätiger Unternehmen) oder der Familienzusammenführung zuwandern (vgl. Europäische Kommission 2014). Diese

Limitation dokumentiert den leidigen Kompromiss zwischen der restriktiven Einwanderungspolitik der Mitgliedstaaten seit Mitte der 1970er Jahre und den Bestrebungen der Europäischen Union zur Harmonisierung der Migrations- und Asylpolitik seit dem Schengener Abkommen. Beide Positionen unterstützen die Sicherung und Kontrolle der EU-Außengrenzen (vgl. Kasparek 2010), um beispielsweise irreguläre Zuwanderungen zu unterbinden. Doch stieß der Vorschlag der Europäischen Union von 2002, eine gemeinsame Grenzkontrolle unter ihrer Aufsicht zu institutionalisieren, auf wenig Zustimmung der Mitgliedstaaten, da diese Souveränitätsverluste befürchteten. Die 2004 gegründete Grenzschutzagentur Frontex (Europäische Agentur für die operative Zusammenarbeit an den Außengrenzen) nimmt daher nur die Koordination vielfältiger Aktivitäten zur Sicherung der EU-Außengrenzen wahr und verfolgt zur Verhinderung irregulärer Zuwanderung ein Konzept mit vier unterschiedlichen geographischen Komponenten (vgl. Kasparek 2010: 128):

- „Beyond the borders" steht für Maßnahmen in den Herkunftsräumen von potentiellen Zuwanderern und in Transitstaaten im Vorfeld der Europäischen Union.
- „Across the border" umfasst die Kooperation von zuständigen staatlichen Institutionen beiderseits der Grenze.
- „At the border" bezieht sich auf Kontrollen direkt an der Grenze.
- „Entire interior of the European Union" fordert gemeinsame Aktivitäten der Mitgliedstaaten zur Kontrolle von Migration und Rückführung von Migranten ohne Aufenthaltserlaubnis.

Von Beginn an bildet die südeuropäische Außengrenze den räumlichen Schwerpunkt der Aktivitäten von Frontex (vgl. Abb. 9). Die Nähe zu Nordafrika und dem Nahen Osten, das ökonomische Gefälle, die gegensätzlichen politischen Strukturen sowie soziale und demografische Unterschiede prädestinieren die EU-Länder Portugal, Spanien, Italien und Griechenland als Ziel von Migranten aus dem globalen Süden (vgl. Kap. 3.2). Zunächst entwickelte sich Marokko – seit den 1960er Jahren Auswanderungsland – aufgrund seiner Nähe zu Europa zum wichtigsten Transitraum Richtung Norden. Diese Funktion wurde durch den Beitritt Spaniens zur Europäischen Union 1986 und zum Schengen-Raum 1990 noch gestärkt. So querten seit Ende der 1980er Jahre zunehmend Einwanderer aus dem Maghreb und Subsahara-Afrika in kleinen Booten heimlich die Straße von Gibraltar, um auf diese Weise die Hürden des Schengen-Abkommens zu umgehen (West-Mittelmeer-Route; vgl. Abb. 9). 1990 schätzte das spanische Innenministerium die Zahl der Personen ohne rechtmäßigen Aufenthalt auf etwa 300 000 (El País, 08.12.1990: 15), bei offiziell 407 000 registrierten Ausländern. In den folgenden Jahren erhöhte sich die Zahl irregulärer Zuwanderer. So griff die Guardia Civil Anfang Oktober 2000 an nur einem Tag 452 Migranten an der andalusischen Küste auf (Revista de la Prensa, Nov. 2000: 1).

Bereits 1990 war die spanische Regierung bestrebt, die unübersichtliche Mittelmeerküste undurchlässig zu machen – allerdings ohne großen Erfolg (vgl. Abb. 9). 1993 ließ sie in der Enklave Ceuta einen 8,4 km langen Zaun an der Grenze zu Marokko errichten („At the border"). Bis heute hat Spanien mit Hilfe der Europäischen Union auch um Melilla ein

Bollwerk gezogen („Beyond the borders"): drei Zäune in geringem Abstand zueinander, zwölf Kilometer lang, sechs Meter hoch, gesichert mit NATO-Draht, kontrolliert durch Infrarot- und Videokameras, bewacht von marokkanischer auf der einen und spanischer Polizei auf der anderen Seite der Grenze (Popp 2014: 50). Trotzdem gelingt es bis heute immer wieder Menschen, die Anlagen zu überwinden oder die Straße von Gibraltar zu queren – trotz des Einsatzes von Drohnen, Satelliten, Küstenradarstationen und Aufklärungsflugzeugen seit 1999 (Gans et al. 2015: 90). 2016 erreichten laut Frontex gut 10 000 Migranten Spanien via Marokko (vgl. Frontex 2016).

In Reaktion auf sich verändernde Grenzen und Grenzschutzmaßnahmen suchten sich Migranten, die Europa erreichen wollten, neue Wege: Ausgehend von Mauretanien und Senegal kamen im Jahr 2000 etwa 2 500 Flüchtlinge auf den rund 1 500 km nördlich gelegenen Kanaren an (Westafrikanische Route; vgl. Abb. 9), 2006 waren es knapp 32 000; in den Folgejahren fielen die Zahlen dann bis 2014 auf unter 300 Flüchtlinge und stiegen 2015/16 auf jeweils weniger als 900 an, während sie auf der Zentral- und der Ost-Mittelmeer-Route deutlich zunahmen (Frontex 2016). Die Hintergründe für den markanten Rückgang der Flüchtlingszahlen auf der Westafrikanischen Route lassen sich im Vorgehen von Frontex – und damit der Europäischen Union – erkennen, insbesondere in der Kombination von „fencing" und „gate-keeping" (vgl. Triandafyllidou 2010: 2). Sie spiegeln die räumliche Dimension der Grenzsicherung wider („Across the border"; vgl. Kasparek 2010: 129; Abb. 9):

1. die Überwachung des Meeresgebiets zwischen den Kanaren und der afrikanischen Küste bis Dakar im Senegal durch Frontex;
2. die Vereinbarung von Spanien und der Europäischen Union mit Mauretanien, Senegal und Kapverden, die Operationen von Frontex mit Schiffen aus verschiedenen EU-Ländern erlaubt; so konnte Frontex Schleuserboote bereits nahe der afrikanischen Küste stoppen: „(…) the European border has been externalized and pushed south by several thousand kilometres" (vgl. Kasparek 2010: 130);
3. gemeinsame Patrouillen mauretanischer und spanischer Polizei in Mauretanien seit Mai 2006 sowie die Einrichtung eines Transitzentrums in Nouadhibou (vgl. Poutignat/Streiff-Fénart 2010: 208).

Migration und Migrationspolitik in Europa 47

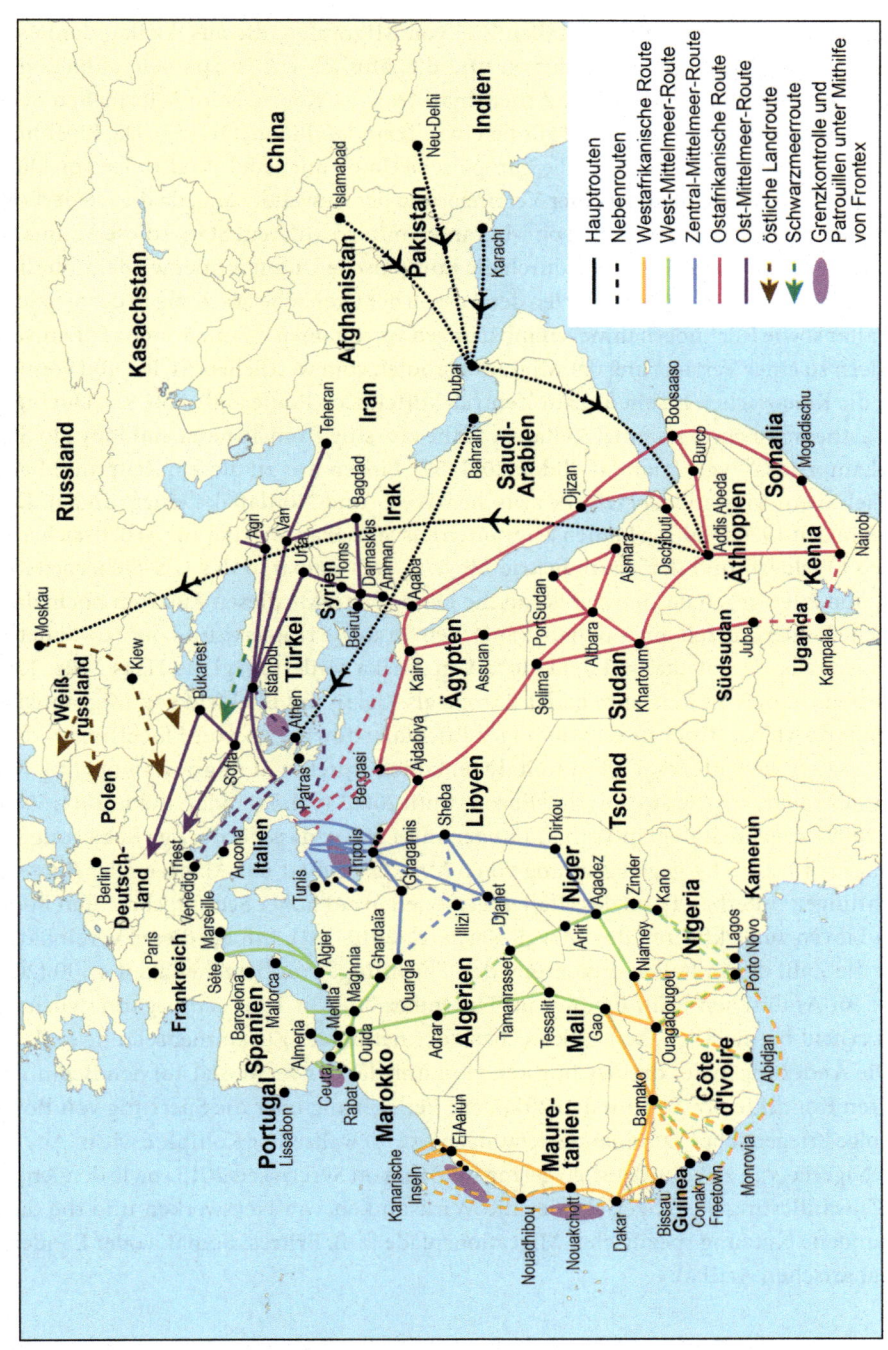

Abb. 9 Wichtigste Migrationsrouten aus Afrika und Nahem Osten nach Europa bis 2015
Quelle: Gans et al. 2015: 91; Entwurf: Christina West

Seit den 1980er Jahren ist auch Italien Ziel von Migranten, die aus Afrika, damals vor allem aus dem Maghreb, zuwanderten und die, ähnlich wie in Spanien, aufgrund des stark segmentierten italienischen Arbeitsmarktes (vgl. Kap. 3.2) im informellen Sektor Einkommen erzielen konnten und können (vgl. Triandafyllidou 2011: 55). Die Einführung der Visapflicht für Einreisende in die Europäische Union mit dem Inkrafttreten von Dublin I im Jahr 1997 führte nicht zu einer Verringerung der Zuwanderung, da die wiederholten Legalisierungen der Aufenthalte von Migranten mit irregulärem Status diese Maßnahme bis zu ihrem Verbot im Jahr 2000 durch die Europäische Union immer wieder unterliefen (vgl. Carling 2007: 13). Zudem führten der Ausbau der Grenzüberwachung in der Straße von Gibraltar sowie Rückübernahmevereinbarungen von Spanien mit mehreren afrikanischen Ländern zu einer Verlagerung der Migrationsrouten vom westlichen Afrika und vom Weg über die Kanarischen Inseln hin zur Zentral-Mittelmeer-Route (vgl. Abb. 9). „During the 2000s, the main entry channel to Italy was the crossing from Tunesia and Libya to Sicily and Lampedusa" (vgl. Triandafyllidou 2011: 59). Libyen war zu diesem Zeitpunkt bereits als Ziel in ein Migrationsnetzwerk zwischen West- und Nordafrika eingebunden. Denn schon in den 1970er Jahren kamen Migranten aus Subsahara-Afrika zur Arbeitsaufnahme in den Ölfeldern und der Bauindustrie Libyens. Das Embargo des UN-Sicherheitsrates 1992 und 2000 gegen das nordafrikanische Land verstärkte diesen Zustrom noch, da die libysche Regierung mit einer panafrikanischen Strategie reagierte und die Zuwanderung vor allem aus Westafrika und dem Horn von Afrika förderte (vgl. de Haas 2008: 1309). Spätestens in diesem Zeitraum geriet Europa als Ziel in das Blickfeld von Migranten aus Subsahara-Afrika, trotz unrechtmäßiger Rücküberführungen von Flüchtlingen durch Italien, „(…) the path from Libya to Italy remained a preferred migrant smuggling route from sub-saharan Africa to Italy and Europe until 2009" (vgl. Triandafyllidou 2011: 59). Im Mai 2009 erreichte Italien in Verhandlungen mit Libyen, dass die dortige Regierung – bis zu ihrem Sturz 2011 – gegen Zahlung von 5 Mrd. US-Dollar das Ablegen aller Boote mit Flüchtlingen unterband und dass Italien Personen in auf hoher See aufgebrachten Booten nach Libyen zurückführen durfte (vgl. Kasparek 2010: 131). Infolge dieser Vereinbarung sank die Zahl der in Italien ankommenden Flüchtlinge vorübergehend auf 4 400 (2010). Seit dem Arabischen Frühling, der im Dezember 2010 in Tunesien begann, wuchs die Zahl erneut beträchtlich, bei stark wechselnder nationaler Zusammensetzung (vgl. Tab. 4). Die Änderungen der drei wichtigsten Herkunftsländer verweisen auf den Beginn von inneren Konflikten (z. B. Tunesien 2011), die Verlagerung oder die Sperrung von Routen als Folge kriegerischer Auseinandersetzungen bzw. gewaltsamer Konflikte wie in Ägypten oder Nigeria (vgl. z. B. die deutlich geringere Zahl von Syrern seit 2015 sowie den Anstieg der Zuwanderung aus Nigeria) oder die Wirksamkeit von Netzwerken und die damit verbundene Nutzung spezifischer Migrationspfade (z. B. Eritrea, Somalia oder Länder im subsaharischen Afrika).

Tab. 4 Registrierte Flüchtlingsankünfte in Italien nach den drei wichtigsten Herkunftsländer (2010–2016)

Jahr	Länder geordnet nach Bedeutung (Rang 1 bis 3)			Ankünfte insgesamt
2010	Afghanistan 38,6 %	Tunesien 14,8 %	Ägypten 12,5 %	4 400
2011	Tunesien 44,9 %	Nigeria 8,8 %	Horn von Afrika 6,7 %	62 500
2012	Tunesien 20,3 %	Somalia 16,4 %	Afghanistan 13,1 %	13 300
2013	Syrien 26,3 %	Eritrea 22,9 %	Somalia 7,6 %	43 000
2014	Syrien 42,9 %	Eritrea 20,2 %	Mali 5,8 %	170 000
2015	Eritrea 26,8 %	Nigeria 13,9 %	Somalia 7,8 %	153 842
2016	Nigeria 20,7 %	Eritrea 11,7 %	Guinea 7,8 %	181 436

Quelle: http://unhcr.it/risorse/statistiche/sea-arrivals-to-italy#_ga=1.42935589.1688783250.1429520441:cb: Zugriff: 28.12.15; Frontex 2016: Zugriff: 22.03.17

Die Ost-Mittelmeer-Route von der Türkei über die Ägäis oder den Grenzfluss Evros nach Griechenland war bis 2014 der am zweithäufigsten genutzte Migrationskorridor. Von 2008 bis 2014 querten pro Jahr 25 000 bis 60 000 Menschen irregulär die Grenze zu Griechenland. Die große Mehrheit der ankommenden Flüchtlinge nutzte Griechenland als Zwischenstation auf dem Weg nach Italien oder in andere EU-Staaten (vgl. Triandafyllidou 2010: 4).

2015 stieg die Zahl der Flüchtlinge, die über die Ost-Mittelmeer-Route Europa erreichten, im Vergleich zu 2014 um das 17fache auf etwa 855 000 enorm an (vgl. Frontex 2016). Die große Mehrheit stammte aus Syrien, gefolgt von Menschen aus Afghanistan und Somalia. Die West-Balkan-Route wurde mit deutlichem Abstand zum wichtigsten Migrationskorridor Richtung Norden, dessen Ausgangspunkt sich nach dem Bau von Grenzzäunen entlang der griechisch-türkischen Grenze seit 2012 und der bulgarisch-türkischen Grenze seit 2014 auf die griechischen Inseln in der Ägäis verlagerte (vgl. European Commission 2015a: 14). Griechenland wie auch Italien, die in der EU mit der Grenzsicherung bzw. Flüchtlingsaufnahme weitgehend alleingelassen wurden, waren von dieser Größenordnung der Flüchtlingszuwanderung überfordert und ließen die Geflüchteten entgegen der Vereinbarungen von Dublin III teilweise ohne Registrierung weiterziehen (vgl. Angenendt 2015: 15). Diese Notsituation offenbart zugleich, dass das Dublin-System in der politischen Wirklichkeit außer Kraft gesetzt oder sogar bereits gescheitert war. Die Situation in Griechenland eskalierte, als zuerst Ungarn und später weitere Länder in Südost- und Mitteleuropa ihre Grenzen durch den Bau von Zäunen weitgehend undurchlässig machten.

In dieser politischen Krisensituation der EU, die von Überforderung im Umgang mit der großen Zahl von Flüchtlingen, von Uneinigkeit und von mangelnder Solidarität zwischen den Mitgliedstaaten geprägt war, handelten Vertreter der EU mit der Türkei das EU-Türkei-Abkommen aus, das am 20. März 2016 in Kraft trat. Darin wurde im Wesentlichen „(…) vereinbart, die irreguläre Migration aus der Türkei in die EU zu beenden und sie stattdessen durch legale Wege der Neuansiedlung von Flüchtlingen in der EU zu ersetzen" (vgl. Internet: https://ec.europa.eu/germany/news/umsetzung-des-eu-t%C3%BCrkei-abkommens-r%C3%BCckf%C3%BChrungen-und-neuansiedlungen-haben-begonnen_de; Zugriff: 24.03.17). Ziel war, die Aktivitäten von Schleusern u. a. durch Maßnahmen wie die Rückführung von Asylbewerbern in die Türkei als sicherer Drittstaat bei gleichzeitiger Aufnahme einer entsprechenden Anzahl von Syrern aus türkischen Flüchtlingslagern zu unterbinden und derart auch das Entstehen neuer Migrationsrouten durch die Türkei zu verhindern. Im Gegenzug sagte die EU eine Beschleunigung der Visaliberalisierung für türkische Einwohner zu, die Neubelebung des Beitrittsprozesses der Türkei zur EU sowie Mittel von insgesamt 6 Mrd. Euro zur Unterstützung von Projekten in der Türkei zugunsten von Personen, die vorrübergehenden Schutz genießen (vgl. Internet: http://www.consilium.europa.eu/de/press/press-releases/2016/03/18-eu-turkey-statement/; Zugriff: 24.03.17).

In der Folge dieses Abkommens verringerte sich 2016 die Zahl der aus der Türkei in Griechenland ankommenden Flüchtlinge auf gut 180 000 (vgl. Frontex 2016), von denen mehr als 80 Prozent Griechenland vor dem 20. März 2016 erreichten. Quantitativ gesehen war das Abkommen also sicherlich ein Erfolg. Aber der Preis ist hoch: Abgesehen von der Abhängigkeit von der Türkei und der unter humanitären Gesichtspunkten fragwürdigen Praxis des Flüchtlings-Tausches bzw. der Selektion bleiben auch die Fluchtursachen vollkommen ungelöst. Dies kommt nicht zuletzt in den mehr als 500 000 irregulären Grenzübertritten in die EU im Jahr 2016 zum Ausdruck (vgl. Internet: http://www.epochtimes.de/politik/welt/frontex-2016-weniger-fluechtlinge-in-griechenland-dafuer-mehr-in-italien-insgesamt-503-700-illegale-grenzuebertritte-in-die-eu-a2017253.html; Zugriff: 24.03.17).

Die Beispiele zeigen, dass die Sicherung der Außengrenze die irreguläre Zuwanderung nicht unterbinden kann. Die diesbezügliche Wirksamkeit hängt beispielsweise zum einen von der Kooperationsbereitschaft der benachbarten Drittstaaten (z. B. der Türkei) sowie dem jeweiligen politischen und rechtlichen System ab. Zum andern mindert Grenzsicherung nicht die vielfältigen Ursachen von Flucht und Vertreibung. Die steigende Zahl von Flüchtlingen auf der Zentral-Mittelmeer-Route Richtung Italien verweist auf die instabile Lage in Afrika: Armut, politische Unterdrückung, kriegerische Auseinandersetzungen, Hungersnot. Zur Vermeidung einer neuerlichen Situation wie 2015 fordert daher der EU-Parlamentspräsident Tajani im Februar 2017, in Libyen Sammelzentren mit einer Grundausstattung und medizinischen Versorgung in Libyen einzurichten sowie einen milliardenschweren Marshallplan für Afrika aufzulegen (vgl. Internet: http://www.tagesschau.de/ausland/afrika-marshallplan-101.html; Zugriff: 24.03.17). Die Fragen der Durchsetzbarkeit sowie der rechtlichen, politischen, finanziellen und humanitären Bedingungen dieser Pläne bleiben allerdings weitgehend offen.

Derweil bemüht sich die Europäische Union unter dem Druck der Verhältnisse um konkrete Maßnahmen. Ein Schritt in diese Richtung stellt die im Mai 2015 von der EU-Kommission vorgelegte europäische Migrationsagenda dar (vgl. Europäische Kommision 2015; Bendel 2015). Mit ihr werden zum einen Sofortmaßnahmen und zum anderen strukturelle Schwerpunkte beschlossen bzw. vorgeschlagen.

Die sechs Sofortmaßnahmen haben zum Ziel, möglichst rasch auf krisenhafte Ereignisse reagieren zu können:

1. Die Mittel für Frontex wurden verdreifacht, um sowohl die Sicherung der Grenzen von Mitgliedstaaten als auch die Rettung von Menschenleben auf hoher See zu unterstützen.
2. Zur Bekämpfung krimineller Schleusernetze wurde eine engere Zusammenarbeit von EU-Behörden forciert.
3. Zur Bewältigung der Aufnahme und Betreuung von Personen, die eindeutig internationalen Schutzes bedürfen, schlug die EU-Kommssion einen bis heute von mehreren Mitgliedstaaten abgelehnten Schlüssel zu ihrer räumlichen Verteilung auf die Mitgliedstaaten vor. Er berücksichtigt vier Kriterien: die wirtschaftliche Leistungskraft der aufnehmenden Staaten, ihre Einwohnerzahl, die Arbeitslosenquote und die bereits erfolgte Aufnahme von Asylsuchenden.
4. Menschen, die sich nicht in der Europäischen Union aufhalten, aber eindeutig Schutz benötigen, sollen ebenfalls nach diesem Schlüssel auf die EU-Staaten verteilt werden. Die Kommission schlägt hierzu in Abstimmung mit dem UNHCR die Schaffung von 20 000 Plätzen bis 2020 vor.
5. Die Zusammenarbeit mit Drittstaaten hat zum Ziel, Ursachen für Vertreibung und irreguläre Migration zu bekämpfen. Sie umfasst mehrere Projekte: regionale Entwicklungsprogramme, ein multifunktionales, in Kooperation mit IOM und UNHCR betriebenes Zentrum in Niger sowie 3,6 Mrd. Euro, die für humanitäre Zwecke in Syrien wie in den Flüchtlingslagern in den Nachbarstaaten ausgegeben werden sollen.
6. „Hotspots" an den Außengrenzen von Mitgliedstaaten, die einem hohen Zuwanderungsdruck ausgesetzt sind, sollen der raschen erkennungsdienstlichen Erfassung von Flüchtlingen dienen (vgl. European Commisssion 2015b).

Die vier von der EU-Kommission definierten strukturellen Schwerpunkte entsprechen im Grundsatz Leitlinien einer gemeinschaftlichen Migrations- und Asylpolitik:

1. Anreize für irreguläre Migration sollen durch die Bekämpfung ihrer Ursachen in den Herkunftsländern sowie von Schleusern und Menschenhändlern reduziert werden. Zudem sollen abgelehnte Asylbewerber in ihre Herkunftsländer zurückgeführt werden. Dazu werden Vereinbarungen mit Drittstaaten getroffen.
2. Das Grenzmanagement soll weiter ausgebaut werden. Dem dienen beispielsweise die Stärkung der Rolle und der Kapazitäten von Frontex sowie die Einführung EU-weiter Standards der Grenzsicherung.

3. Ein einheitliches Asylsystem ist in der Europäischen Union trotz der Regelungen durch Dublin I-III nicht gegeben. Ziel der angestrebten gemeinsamen Asylpolitik ist daher die Einführung von Kontrollmechanismen zur Umsetzung von einheitlichen Asylvorschriften sowie die Stärkung des Prinzips sicherer Drittstaaten, um den Missbrauch des Asylrechts zu erschweren.
4. Die Steuerung der regulären Migration soll verbessert werden. Diesem Ziel dienen u. a. die Überarbeitung der Richtlinien zur Blue Card sowie zur Visaerteilung.

Die neuen Vorschläge der EU-Kommssion zielen auf „(…) eine kohärentere Migrationspolitik unter Verknüpfung der Innen- und Außen-/Entwicklungspolitik (…)" (vgl. Bendel 2015: 6). Insgesamt zieht sich die Kontrolle der Außengrenzen und die Stärkung von Frontex wie ein roter Faden durch die Vorschläge. Für ein gemeinsames Grenzmanagement scheint unabdingbar, dass die Mitgliedstaaten auch auf einen Teil ihrer Souveränität verzichten. Doch Grenzmanagement allein beseitigt weder die Ursachen von Flucht noch die drängenden Fragen der Verteilung und Integration von Flüchtlingen innerhalb der Europäischen Union. Für die Beantwortung dieser Fragen und Herausforderungen wird eine weitere Exterritorialisierung der europäischen Migrations- und Asylpolitik, wie sie in Form einer „(…) systematische(n) Koppelung mit entwicklungspolitischen Maßnahmen (…)" (vgl. Bendel 2015: 7) in den Leitaktionen zum Schwerpunkt „Reduzierung der Anreize für irreguläre Migration" vorgeschlagen wird (vgl. Europäische Kommission 2015: 13), selbstverständlich bei weitem nicht ausreichen. Vielmehr ist eine gemeinsame und langfristig angelegte europäische Einwanderungs-, Asyl- und Integrationspolitik erforderlich. Dies den politisch Verantwortlichen in aller Deutlichkeit vor Augen zu führen, ist das große Veränderungspotential, das die „Flüchtlingskrise" für die überfällige Weiterentwicklung der Migrationspolitik birgt.

Bereits heute bietet das europäische Recht genug Handlungsspielraum, um die Verteilung von Asylbewerbern innerhalb der Europäischen Union zu koordinieren: Die Europäische Union hat „(…) im Amsterdam- und Lissabon-Vertrag ausdrücklich gemeinschaftliche Kompetenzen im Bereich Grenzkontrollen, Asyl und Einwanderung verankert. Sie liefern der Union ein starkes Mandat für ein gemeinschaftliches Asylsystem, eine gemeinsame Grenzschutzpolitik und eine gemeinsame Einwanderungspolitik" (vgl. Weber 2016: 1). Dies kam bei den politischen Verhandlungen, die 2015 fast ausschließlich im Krisenmodus und meist nur um nationale Befindlichkeiten kreisten, zu kurz. Das abwehrende und die Flüchtlingsaufnahme verweigernde Vorgehen einzelner Mitgliedstaaten gefährdet nach Auffassung des Europarechtlers Albrecht Weber zentrale Werte der Europäischen Union, es sei mit dem europäischen Grundprinzip solidarischen Handelns und „der gerechten Aufteilung der Verantwortlichkeiten unter den Mitgliedstaaten (Art. 80 AEUV)" nicht vereinbar (vgl. Weber 2016: 3). Das Dublin-System weise ein fundamentales Defizit auf, „(…) das zwangsläufig zu einer asymmetrischen Kontrolle und Belastung einiger weniger Mittelmeerländer führt (…). Will man diesen permanenten Druck verringern (…), wird dies nur mit der (…) Umverteilung nach Quoten bzw. europäischen humanitären Aufnahmeprogrammen und massiver finanzieller und logistischer Unterstützung vor Ort zu machen sein" (vgl. Weber 2016: 5). Mittelfristig scheint kein Weg daran vorbei zu führen, ein europäisches System von Aufnahme- und Verteilungsquoten zu entwickeln, das eine faire Lastenverteilung für alle Mitgliedstaaten vorsieht.

Eine solche Weiterentwicklung der Migrations- und Asylpolitik wird durch die gegenwärtig noch sehr uneinheitlichen Standards bei der Unterbringung und Integration der Flüchtlinge in den Mitgliedstaaten sowie durch unterschiedliche Wirtschaftslagen erschwert (vgl. Kap. 4). Angenendt (2015: 15) bezweifelt die Wirksamkeit eines schematischen Verteilungsmechanismus, wie ihn die EU-Kommission vorgeschlagen hat (vgl. Europäische Kommission 2015), auch deshalb, weil für Flüchtlinge oft keine Anreize bestehen, an den zugewiesenen Orten zu verbleiben. Sein Vorschlag basiert daher auf einem Finanzausgleich: Länder, die überproportional viele Flüchtlinge aufnehmen, sollten einen Zuschuss aus einem zu bildenen EU-Fonds erhalten.

Wie immer die Aushandlung und Neustrukturierung der europäischen Migrations- und Asylpolitik in den kommenden Jahren aussehen wird: Sie dürfte auch weiterhin nicht unerhebliche Auswirkungen auf die europäische Geographie der Migration haben.

Literatur

Alba Monteserin, Susana/Fernández Asperilla, Ana/Martínez Vega, Ubaldo 2013: Crisis económico y nuevo panorama migratorio en España. Collección Estudios 65. Madrid: Centro de la Documentación de las Migraciones de la Fundación 1º de Mayo.
Angenendt, Steffen 2015; Politische Steuerung der Zuwanderung. Nachrichten. Magazin der Akademie für Raumforscung und Landesplanung. 45.3, S. 11–17
Anthias, Floya/Lazaridis, Gabriella (Hrsg.) 2000: Gender and migration in southern Europe: Women on the move. Oxford/New York: Berg
Bade, Klaus J. 2000: Europa in Bewegung: Migration vom späten 18. Jahrhundert bis zur Gegenwart. München: Beck
Bade, Klaus J./Emmer, Pieter C./Lucassen, Leo/Oltmer, Jochen (Hrsg.) 2010: Enzyklopädie Migration in Europa: vom 17. Jahrhundert bis zur Gegenwart. 3. Aufl. Paderborn/München/Zürich: Ferdinand Schöningh/Wilhelm Fink/Verlag der Neuen Zürcher Zeitung
BAMF, Bundesamt für Migration und Flüchtlinge (Hrsg.) (2015a): Das Bundesamt in Zahlen 2014. Asyl, Migration und Integration. Nürnberg: Bundesamt für Migration und Flüchtlinge
BAMF, Bundesamt für Migration und Flüchtlinge (Hrsg.) (2015b): Aktuelle Zahlen zu Asyl. Nürnberg: Bundesamt für Migration und Flüchtlinge
BAMF, Bundesamt für Migration und Flüchtlinge (Hrsg.) 2017: Das Bundesamt in Zahlen 2016. Asyl. Nürnberg: Bundesamt für Migration und Flüchtlinge. Internet: http://www.bamf.de/DE/Infothek/Publikationen/publikationen-node.html. Zugriff 21.03.2017
Barthelt, Franziska/Meschter, Diana/Meyer zu Schwabedissen, Friederike/Pott, Andreas 2015: Internationale Studierende – aktuelle Entwicklungen und Potenziale der globalen Bildungsmigration. Focus Migration. Kurzdossier, September 2015. Internet: http://www.bpb.de/gesellschaft/migration/kurzdossiers/212090/internationale-studierende. Zugriff 21.12.2015

Becker, Jörg 2010: Erdbeerpflücker, Spargelstecher, Erntehelfer: polnische Saisonarbeiter in Deutschland – temporäre Arbeitsmigration im neuen Europa. Bielefeld: Transcript

Bendel, Petra 2015: Flüchtlingspolitik der Europäischen Union. Menschenrechte wahren. WISO DISKURS 18

Bonifazi, Corrado 2008: Evolution of regional patterns of international migration in Europe. In: Corrado Bonifazi/Marek Okólski/Jeannette Schoorl/Patrick Simon (Hrsg.): International Migration in Europe: New Trends and New Methods of Analysis. Amsterdam: Amsterdam University Press, S. 107–128

Boswell, Christina/Geddes, Andrew 2011: Migration and mobility in the European Union. Basingstoke: Palgrave Macmillan

Carling, Jørgen 2007: Unauthorized migration from Africa to Spain. International Migration. 45.4, S. 3–37

Castles, Stephen/de Haas, Hein/Miller, Mark J. 2014: Age of migration: International population movements in the modern world. 5. Aufl. Basingstoke: Palgrave Macmillan

Coleman, David 2010: Projections of the Ethnic Minority Populations of the United Kingdom 2006–2056. Population and Development Review. 36.3, S. 441–486

Crul, Maurice 2015: Super-diversity vs. assimilation: How complex diversity in majority–minority cities challenges the assumptions of assimilation. Journal of Ethnic and Migration Studies, (online first), S. 1–15

de Haas, Hein 2007: Morocco's migration experience: A transitional perspective. International Migration. 45.4, S. 39–69

de Haas, Hein 2008: The myth of invasion. The inconvenient realities of migration to Europe. Third World Quarterley. 29.7, S. 1305–1322

de Lange, Norbert/Geiger, Martin/Hanewinkel, Vera/Pott, Andreas 2014: Bevölkerungsgeographie. Paderborn: Ferdinand Schöningh

El País 1990: España fijará un cupo annual de immigrantes y exigerá garantías laborales a los extranjeros. 8.12.1990, S. 15

Elrick, Tim 2008: Netzwerke und ihr Einfluss auf Migrationspolitik. Focus Migration. Kurzdossier 11. Internet: http://www.bpb.de/files/88CQZA.pdf. Zugriff 01.12.2011

Ette, Andreas/Sauer, Leonore 2010: Auswanderung aus Deutschland. Daten und Analysen zur internationalen Migration deutscher Staatsbürger. Wiesbaden: Springer VS

Europäische Kommission 2014: Migrations- und Asylpolitik. Ein offenes und sicheres Europa. Luxemburg: Amt für Veröffentlichungen der Europäischen Union. Internet: http://europa.eu/pol/pdf/flipbook/de/migration_de.pdf. Zugriff: 15.11.2015

Europäische Kommission 2015: Die europäische Migrationsagenda. Brüssel: Amt für Veröffentlichungen der Europäischen Union. Internet: http://ec.europa.eu/dgs/home-affairs/what-we-do/policies/european-agenda-migration/background-information/docs/ communication_on_the_european_agenda_on_migration_de.pdf. Zugriff: 5.12.2015

European Commission (2015a): A European agenda on migration. Luxemburg: Amt für Veröffentlichungen der Europäischen Union

European Commission (2015b): The hotspot approach to managing exceptional migration flows. Internet: htttp://ec.europa.eu/dgs/home-affairs/what-we-do/policies/european-agenda-migration/background-information/docs/2_hotspots_en.pdf. Zugriff: 15.12.2015

Fassmann, Heinz 2009: Von jungen und alten Einwanderungsländern: Die Geographie der Europäischen Migration. Mitteilungen der Österreichischen Geographischen Gesellschaft 151. 9–32

Fassmann, Heinz/Münz, Rainer (Hrsg.) 1996: Migration in Europa: historische Entwicklung, aktuelle Trends und politische Reaktionen. Frankfurt/New York: Campus

Fassmann, Heinz/Münz, Rainer 2000: Vergangenheit und Zukunft der europäischen Ost-West-Wanderung. In: Heinz Fassmann/Rainer Münz (Hrsg.): Ost-West-Wanderung in Europa. Wien: Böhlau, S. 11–45

Frontex 2016: Migratory routes map. Internet: http://frontex.europa.eu/trends-and-routes/migratory-routes-map. Zugriff: 21.03.2017

Gans, Paul/Schlömer, Claus 2014: Phasen internationaler Migration und ihre Auswirkungen auf Raum- und Siedlungsentwicklung in Deutschland seit 1945. In: Paul Gans (Hrsg.): Räumliche Auswirkungen der internationalen Migration. Forschungsberichte der ARL. Hannover: Akademie für Raumforschung und Landesplanung, S. 127–161

Gans, Paul/Schmitz-Veltin, Ansgar/West, Christina 2015: Bevölkerungsgeographie. Braunschweig: Bildungshaus Schulbuchverlage Westermann, Schroedel, Diesterweg, Schönigh, Winklers. 2. aktualisierte und neu bearbeitete Auflage

Gans, Paul/West, Christina 2004: Bevölkerungsentwicklung und Migration: „re"-Reconquista Spaniens? In: Rolf Monheim (Hrsg.): Transkontinentale Migration im Mittelmeerraum. Bayreuther Geowissenschaftliche Arbeiten 24. Bayreuth: Naturwissenschaftliche Gesellschaft Bayreuth e. V., S. 27–44

Geiger, Martin 2006: The Province of Alemeria (Spain) – Mirror and migratory laboratory of Europe. Migration online. Internet: http://aa.ecn.cz/img_upload/f76c21488a048c95 bc0a5f12deece153/MGeiger_Province_of_Almeria.pdf. Zugriff 24.11.2015

Geiger, Martin 2011: Europäische Migrationspolitik und Raumproduktion. Internationale Regierungsorganisationen im Management von Migration in Albanien, Bosnien-Herzegowina und der Ukraine. Baden-Baden: Nomos

Gruner-Domić, Sandra 2007: Vietnamesische, mosambikanische und kubanische Arbeitswanderer in der DDR seit den 1970er Jahren. In: Klaus J. Bade/Pieter C. Emmer/Leo Lucassen/Jochen Oltmer (Hrsg.): Enzyklopädie Migration in Europa: vom 17. Jahrhundert bis zur Gegenwart. Paderborn/München: Ferdinand Schöningh/Wilhelm Fink, S. 1078–1081

Hunn, Karin 2005: „Nächstes Jahr kehren wir zurück...": Die Geschichte der türkischen „Gastarbeiter" in der Bundesrepublik. Göttingen: Wallstein

International Organization for Migration 2010: World Migration Report 2010. Geneva: IOM

Jahn, Daniela/Maurer, Andreas/Oetzmann, Verena/Riesch, Andrea 2006: Asyl- und Migrationspolitik der EU. Ein Kräftespiel zwischen Freiheit, Recht und Sicherheit. Diskussionspapier der FG1. 2006/9. Berlin: Stiftung Wissenschaft und Politik

Kasparek, Bernd 2010: Borders and population in flux. Frontex's place in the European Union's migration management. In: Martin Geiger/Antoine Pécoud (Hrsg.): The politics of international migration management. London: Palgrave Macmillan, S. 119–140

King, Russell 1996: Migration and development in the Mediterranean region. Geography 81. 1, S. 89–106

King, Russell 2000: Southern Europe in the changing global map of migration. In: Russell King (Hrsg.): Eldorado or fortress? Migration in Southern Europe. Basingstoke: Macmillan, S. 3–26

King, Russell 2002: Towards a new map of European migration. International Journal of Population Geography 8. 2, S. 89–106

King, Russell/Vullnetari, Julie 2003: Migration and Development in Albania. Working Paper. Sussex: Sussex Centre for Migration Research

King, Russell/Black, Richard/Collyer, Michael/Fielding, Anthony/Skeldon, Ronald 2010: The atlas of human migration: Global patterns of people on the move. London: Earthscan

Klepp, Silja 2008: Zwischen Skylla und Charybdis. Der Weg der Flüchtlinge von Lybien nach Europa. Geographische Rundschau 60. 6, S. 48–52

Koser, Khalid/Lutz, Helma 1998: The new migration in Europe: Social constructions and social realities. Basingstoke: Macmillan

Lavenex, S. 2009 Europäische Union. Focus MIGRATION. Länderprofil Europäische Union 17. Internet: http:// focus-migration.hwwi.de/typo3_upload/groups/3/focus_ Migration_Publikationen/Laenderprofile/LP_17_EU.pdf

Mammey, Ulrich/Swiaczny, Frank 2001: Aussiedler. In: Institut für Länderkunde (Hrsg.): Nationalatlas Bundesrepublik Deutschland. Bevölkerung. Heidelberg/Berlin: Spektrum Akademischer Verlag, S. 132–135

Montaneri, Armando/Cortese, Antonio 1993: South to north migration in a Mediterranean perspective. In: Russell King (Hrsg.): Mass migrations in Europe: The legacy and the future. London: Belhaven, S. 212–233

OECD 2010: International Migration Outlook: Sopemi 2010. Paris: OECD Publishing

OECD 2014: Internationaler Migrationsausblick 2014. Gekürzte Ausgabe. Paris: OECD Publishing

Okólski, Marek 2004: The effects of political and economic transition on international migration in Central and Eastern Europe. In: Douglas S. Massey/Edward J. Taylor (Hrsg.): International migration: Prospects and policies in a global market. Oxford: Oxford University Press, S. 35–58

Oltmer, Jochen 2011: Deutschland als Einwanderungsland. Historische Perspektiven und aktuelle Problemlagen. In: Roland Löffler (Hrsg.): Nationale Identität und Integration. Herausforderungen an Politik und Medien in Frankreich und Deutschland. 14. Konferenz ›Trialog der Kulturen‹. Freiburg i.Br.: Herder, S. 31–47

Oltmer, Jochen 2015: Einführung: Migrationskontinent Europa. In: Deutsches Kulturforum östliches Europa (Hrsg.): Nach Übersee. Deutschsprachige Auswanderer aus dem östlichen Europa um 1900 (Potsdamer Bibliothek östliches Europa: Geschichte). Potsdam: Deutsches Kulturforum östliches Europa, S. 8–25

Popp, Maximilian 2014: Europas tödliche Grenzen. Der Spiegel 36.2014. 49–56. Internet: http://www.spiegel.de/spiegel/print/d-129086809.html. Zugriff: 20.12.2015

Poutignat, Philippe/Streif-Fénart, Jocelyn 2010: Migration policy development in Mauretania: Process, issues and actors. In: Martin Geiger/Antoine Pécoud (Hrsg.): The politics of international migration management. London: Palgrave Macmillan, S. 202–219

Praszałowicz, Dorota 2007: Polen. In: Klaus J. Bade/Pieter C. Emmer/Leo Lucassen/Jochen Oltmer (Hrsg.): Enzyklopädie Migration in Europa: vom 17. Jahrhundert bis zur Gegenwart. Paderborn/München: Ferdinand Schöningh/Wilhelm Fink, S. 258–271

Rass, Christoph 2010: Institutionalisierungsprozesse auf einem internationalen Arbeitsmarkt: bilaterale Wanderungsverträge in Europa zwischen 1919 und 1974. Paderborn: Schöningh

Revista de la Prensa 2000: Detenidos 452 immigrantes en la mayor avalancha registrada en sólo un día. Nov. de 2000.1

Santel, Bernhard 1995: Migration in und nach Europa: Erfahrungen, Strukturen, Politik. Opladen: Leske+Budrich

Supik, Linda 2014: Statistik und Rassismus. Das Dilemma der Erfassung von Ethnizität. Frankfurt am Main: Campus

Triandafyllidou, Anna 2010: Controlling migration in southern Europe (Part 1): Fencing strategies. Area: Demography, population and international migrations. ARI 7/2010. 1–6

Triandafylliou, Anna 2011: Migration policy in Southern Europe: Challenges, constraints and prospects. In: A strategy for Southern Europe. Special Report. London: LSE-Ideas. 54–63

Vertovec, Steven 2007: Super-diversity and its implications. Ethnic and Racial Studies 30. 6, S. 1024–1054

Weber, A. 2016: Die rechtlichen Grenzen der Steuerung von Flüchtlingszuwanderung in der Europäischen Union. Stellungnahme für den Rat für Migration (Januar 2016). 1–9. Internet: http://rat-fuer-migration.de. Zugriff: 09.01.2016

Wehrhahn, R. 2016: Bevölkerung und Migration. In: Tim Freytag/Hans Gebhardt/Ulrike Gerhard/Doris Wast-Walter (Hrsg.): Humangeographie kompakt. Berlin/Heidelberg: Springer Spektrum, S. 39–66

Deutsche Migrationsverhältnisse im europäischen Kontext seit dem Zweiten Weltkrieg

Jochen Oltmer

Zusammenfassung

Die folgenden Ausführungen streben danach, Grundlinien der (bundes)deutschen Migrationsgeschichte seit dem Zweiten Weltkrieg zu skizzieren und sie einzubetten in die Genese der europäischen Migrationsverhältnisse. Der Beitrag konzentriert sich auf die Bedingungen, Formen und Folgen der Etablierung eines europäischen Arbeitsmigrationsregimes seit den späten 1940er Jahren, geht aber auch auf neue Migrationsmuster nach dem Ende des „Kalten Krieges" ein. Ziel ist es, durch die Auseinandersetzung mit langen, Jahrzehnte überblickenden Linien des historischen Wandels einen Beitrag zu leisten, die migratorischen Prozesse und Strukturen der Gegenwart in Deutschland und Europa verstehen und erklären zu können.

Schlüsselbegriffe

Arbeitsmigrationsregime, Anwerbestopp und seine Folgen, Arbeitsmigration in der Europäischen Union, Fluchtbewegungen

1   Arbeitsmigration in Europa seit dem Zweiten Weltkrieg

Nach der Überwindung unmittelbarer Kriegsfolgen etablierte sich in der Bundesrepublik Deutschland ein neues Migrationsregime (zum Begriff: Oltmer 2009): Eine weitreichende Zulassung von aus dem Ausland zugewanderten Arbeitskräften mit Hilfe zwischenstaatlicher Anwerbeabkommen in einer Situation ausgesprochen hoher wirtschaftlicher Wachstumsraten korrespondierte bei zunehmender Aufenthaltsdauer mit einer sukzessiven Verfestigung des Aufenthaltsstatus der Zuwanderer. Mit dem Anwerbestopp 1973 endete dieses Regime, in der Folge bestimmten Familiennachzug und Asylzuwanderung die Bewegungen in die Bundesrepublik. Nach den Grenzöffnungen 1989/90 gewann die im ‚Kalten Krieg' auf ein Minimum beschränkte Ost-West-Wanderung erneut erheblich an Bedeutung. Das zeigte sich in Deutschland vor allem bei den sehr umfangreichen Zuwanderungen von Asylsuchenden, von Aussiedlern sowie von jüdischen Migrantinnen und Migranten aus der UdSSR und ihren Nachfolgestaaten. Seit Beginn des 21. Jahrhunderts standen in der Bundesrepublik erleichterte Einbürgerung, die Entwicklung eines Zuwanderungsgesetzes und die Etablierung umfassender Integrationsprogramme auf der Agenda. Die Reform des Staatsangehörigkeitsrechts im Jahre 2000 brachte den Abschied von der Orientierung am Prinzip der Vererbung der Staatsangehörigkeit und dessen – beschränkte – Ergänzung um das Prinzip des Erwerbs der Staatsangehörigkeit durch Geburt im Land. Vor dem Hintergrund der Diskussion um die Steuerung eines in einigen Wirtschaftssegmenten ausgemachten Mangels an qualifizierten Arbeitskräften hat zudem die Debatte um die Erleichterung von Einwanderung nach Deutschland an Bedeutung gewonnen. Seit 2011 ist – mit dem Höhepunkt im Jahr 2015 – zunehmend intensiver über die Aufnahme von Asylsuchenden und die bundesdeutsche Schutzpolitik diskutiert worden. Nachfolgend werden zentrale Etappen und Weichenstellungen herausgearbeitet.

1.1   Rekonstruktion: die Initialphase des Arbeitsmigrationsregimes Ende der 1940er Jahre

Im Kontext der wirtschaftlichen Rekonstruktionsperiode nach dem Ende des Zweiten Weltkriegs etablierte sich die Vorstellung von einem hohen Bedarf an zusätzlichen Arbeitskräften bereits in den späten 1940er Jahren in einigen Staaten wie Belgien, der Schweiz, Großbritannien und Frankreich. Die industriellen Kapazitäten und die Infrastruktur waren in Belgien vom Krieg nur in relativ geringem Maße, in der Schweiz gar nicht betroffen gewesen. Vor diesem Hintergrund setzte in beiden Fällen beinahe unmittelbar nach Kriegsende die Zuwanderung von Arbeitskräften aus dem Ausland ein. Demgegenüber wuchs der über die Kapazitäten der nationalen Arbeitsmärkte hinausgehende Bedarf in Frankreich, in den Niederlanden und in Großbritannien erst etwas später: In Frankreich behinderten Kriegsschäden und veraltete Produktionsanlagen zunächst die Wiederaufnahme der industriellen Produktion. Sie gewann aber ab Ende der 1940er Jahre an Fahrt angesichts einer unter erheblicher staatlicher Einflussnahme (bis hin zu weitreichenden Verstaatlichungen) und zum Teil mit Marshallplan-Mitteln durchgeführten Modernisierung der Industrie.

In Großbritannien blieb demgegenüber die Wachstumsdynamik der arbeitskräfteintensiven industriellen Produktion von Beginn an geringer, während in den Niederlanden wegen der geburtenstarken Jahrgänge, die auf den Arbeitsmarkt strömten, zukünftig noch genügend Arbeitskräfte vorhanden zu sein schienen. Ohnehin verfügten die Niederlande aufgrund eines schwächeren Industrie- und eines stärkeren Dienstleistungssektors über einen geringeren Bedarf an unqualifizierten Arbeitskräften. Wie bereits in der Vorkriegszeit erwies sich – neben der Landwirtschaft sowie dem Hotel- und Gaststättengewerbe – die Montanindustrie als Hauptattraktorin für zugewanderte Arbeitskräfte. Vornehmlich montanindustrielle Arbeitgeber und ihre Interessenverbände drängten in den späten 1940er

Jahren allenthalben auf die Anwerbung und Zulassung von Arbeitskräften im Ausland. In der Schweiz, wo der Bergbau keine Bedeutung hatte, zeigten sich demgegenüber vor allem das Baugewerbe und die Industrie an der Beschäftigung ausländischer Arbeitskräfte interessiert (vgl. Caestecker/Vanhaute 2012, S. 39–42).

In dieser frühen Phase wurden Anwerbungen vor allem in Italien forciert – während die in der Zwischenkriegszeit zentralen Arbeitskräftepotentiale in Mittelost- und Südosteuropa wegen der Kriegszerstörungen, der sehr hohen Zahl an Kriegstoten und der allfälligen Grenzsperren in der Folge des Krieges und im Zeichen des beginnenden Kalten Krieges nicht mehr zur Verfügung standen.

Die Formen der Rekrutierung orientierten sich an Mustern der Zwischenkriegszeit. Die Anwerbung italienischer Arbeitskräfte erfolgte auf der Basis bilateraler Wanderungsabkommen, die in den späten 1940er Jahren von Italien mit der Schweiz (1948), Belgien (1946 und 1948) und Frankreich (1947 und 1948) abgeschlossen wurden. Hinzu kamen bis 1951 Verträge Italiens mit Luxemburg, den Niederlanden, Österreich und Schweden. Der italienische Anwerbevertrag mit der Bundesrepublik Deutschland 1955 bildete dann den Abschluss der Rekonstruktion des Anwerbevertragssystems der Zwischenkriegszeit, mit dem Italien die Arbeitswanderung in die wichtigsten (potentiellen) Zuwanderungsländer absicherte (vgl. Sala 2007). Allein die Schweiz warb bereits zwischen 1946 und 1948 rund 250.000 Arbeitskräfte in Italien an, im gleichen Zeitraum rekrutierte Frankreich ca. 100.000 Italiener, die Montanindustrie in Belgien allein weitere etwa 80.000.

Diese wenigen Bemerkungen lassen deutlich werden, dass bereits die Initialphase des neuen europäischen Migrationsregimes nach dem Zweiten Weltkrieg durch ein hohes Steuerungsinteresse der Staaten gegenüber den grenzüberschreitenden räumlichen Bevölkerungsbewegungen geprägt war – und zwar sowohl der Ab- als auch der Zuwanderungsländer. Gefördert wurde die ohnehin bereits seit dem Ersten Weltkrieg erweiterte Einflussnahme staatlicher Akteure auf die Ausländerbeschäftigungspolitik durch das Anwachsen der staatlichen Gestaltungskapazitäten mit der erfolgreichen Durchsetzung des wirtschaftlichen Lenkungsinteresses der Staaten in den ersten Nachkriegsjahren. Der befristete Import von Arbeitskräften galt als Garant für die Erhöhung der Leistungsfähigkeit der Volkswirtschaften. Das bereits in der Vorkriegszeit entwickelte System der zwischenstaatlichen Anwerbevereinbarungen wurde weiter verfeinert, es ermöglichte sowohl Herkunfts- als auch Zuwanderungsländern eine so weitreichende Kontrolle über Umfang und Zusammensetzung der Migration, wie es sie im „langen" 19. Jahrhundert nie gegeben hatte (zu den langen Linien: Oltmer 2016).

Anwerbeabkommen bildeten unmittelbar nach dem Ende des Zweiten Weltkriegs ein zentrales migrationspolitisches Instrument und blieben es in den folgenden drei Jahrzehnten. Um Arbeitskräfte stetig und in der für nötig erachteten großen Zahl ins Land holen zu können, gab es von den späten 1940er bis zu den frühen 1970er Jahren faktisch nur den Weg über den Abschluss eines Wanderungsvertrags mit einem Herkunftsland; denn der Siegeszug des Instruments des bilateralen Vertrags zwischen einem Abwanderungs- und einem Zielland bildete auch einen Ausdruck der enormen Konkurrenz zwischen den anwerbenden Ländern um neue Arbeitskräfte. In den mehr als fünf Jahrzehnten zwischen dem Ende des Ersten Weltkriegs und den Anwerbestoppmaßnahmen der europäischen Zuwanderungsländer Anfang der 1970er Jahre wurden rund 120 solcher bilateraler Anwerbeverträge geschlossen, die Mehrzahl davon nach dem Zweiten Weltkrieg (vgl. C.A. Rass 2010). Die Wanderungsabkommen garantierten zum einen den anwerbenden Ländern den Zugang zum Arbeitsmarkt eines Abwanderungslandes zu genau geregelten Konditionen und gaben zum andern den Abwanderungsländern die Möglichkeit, Einfluss auf die Zusammensetzung der Abwanderung sowie auf die Arbeits- und Lebensbedingungen der Migranten im Zielland zu nehmen. Anwerbeverträge wahrten sowohl die Interessen des Herkunfts- als auch jene des Ziellandes.

Zu berücksichtigen gilt dabei, dass Großbritannien kein Element des Systems der Wanderungsabkommen bildete, vor allem weil traditionsreiche und exklusive Migrationsbeziehungen bestanden, die starke Kettenwanderungen beinhalteten und weil private Nachfrager Arbeitskräfte in den Kolonien bzw. in den ehemaligen abhängigen Gebieten anwerben konnten, ohne auf zwischenstaatliche Abkommen zurückgreifen zu müssen. Der größte Teil der Neuzuwanderer in Großbritannien kam dementsprechend zunächst aus Irland: 1946 bis 1950 wurden 100.000 bis 150.000 neue weibliche und männliche Arbeitskräfte aus Irland in der britischen Wirtschaft angestellt. Neben die im besetzten Nachkriegsdeutschland angeworbenen „Displaced Persons" (DPs), wie die Westalliierten die Überlebenden der nationalsozialistischen Arbeits- und Konzentrationslagern nannten, die in erster Linie im Bergbau (Männer) und in der Textilindustrie bzw. in privaten Haushalten (Frauen) beschäftigt wurden, traten in den 1950er Jahren Italiener, bald auch Malteser, Zyprioten und Türken (vgl. Hansen 2000).

Großbritannien bot seit dem British Nationality Act von 1948 allen Bewohnern der Kolonien bzw. des Commonwealth eine einheitliche Staatsangehörigkeit sowie freie Einreise und Arbeitsaufnahme in Großbritannien. Vor diesem Hintergrund wuchs zunächst vor allem die Zuwanderung aus der Karibik nach Großbritannien: Bis 1960 stieg die Zahl der Westinder auf 200.000 an (vgl. Lucassen 2005, S. 113–143). Seit den späten 1950er Jahren dominierte dann die Zuwanderung vom indischen Subkontinent. Mitte der 1960er Jahre betrug die Zahl der Zuwanderer aus dem Commonwealth, die als „Coloured Immigrants" angesehen wurden, ca. 680.000: rund 270.000 aus der Karibik, 240.000 aus Indien, 93.000 aus Afrika und 75.000 aus Pakistan. 1971 hielten sich 480.000 Menschen in Großbritannien auf, die in Indien oder Pakistan geboren worden waren; bis 2001 stieg ihre Zahl auf rund eine Mio. an.

Die Öffnung des nationalen Arbeitsmarkts für Zuwanderer aus (ehemaligen) überseeischen Besitzungen ließ nicht nur in Großbritannien die Zahl der Arbeitsmigranten in den Jahrzehnten nach dem Zweiten Weltkrieg wachsen: Nachdem Frankreich den muslimischen Algeriern 1947 die französische Staatsangehörigkeit eingeräumt hatte und ihnen damit die ungehinderte Zuwanderung in das Mutterland sowie den dortigen unbeschränkten Aufenthalt ermöglichte (vgl. I. Sturm-Martin 2001, S. 81 f., 87, 140), stieg der Umfang der algerischen Arbeitsmigration nach Frankreich rasch: Zwischen 1946 und 1949 kamen mehr als 260.000 Menschen – allerdings bei einer hohen Rückwanderungsrate, die fast ein Drittel erreichte. 1968 bildeten Algerier nach Italienern und Spaniern die drittgrößte

Zuwanderergruppe; seit den späten 1960er Jahren wuchs auch die Zuwanderung aus Marokko und Tunesien sowie aus den ehemaligen französischen Kolonien in Indochina, im subsaharischen Afrika und in der Karibik (vgl. Amar/Milza 1990).

1.2 Konkurrenz und Konflikt: die Konsolidierung des Arbeitsmigrationsregimes von den späten 1950er bis zu den frühen 1970er Jahren

Auch die Staaten, die erst in den 1950er und 1960er Jahren ihre Arbeitsmärkte für Zuwanderer aus dem Ausland öffneten (z. B. die Bundesrepublik Deutschland, Österreich oder Schweden), nutzten das Instrument der Anwerbeverträge – bzw. präziser: sahen sich genötigt, das Instrument in der Konkurrenz um Arbeitskräfte zu nutzen: Neben Frankreich zählte Westdeutschland zu den internationalen Akteuren, die besonders viele bilaterale Wanderungsverträge schlossen. Im Zeitraum von 1946 bis 1959 waren insgesamt 15 Anwerbeverträge in Europa vereinbart worden. Für die folgenden 13 Jahre bis 1973 ergibt sich demgegenüber eine Zahl von 45 Verträgen, berücksichtigt man auch Folgeverträge bereits abgeschlossener Abkommen. Allein 37 davon wurden zwischen 1960 und 1969 unterzeichnet. Blickt man also auf die formale Seite der Migrationsbeziehungen in Europa, lässt sich für die anderthalb Jahrzehnte ab dem Ende der 1950er Jahre von einer beschleunigten Expansion sprechen (vgl. Rass 2010, S. 492 f.). Ein wesentliches Element bildete dabei, dass seit Anfang der 1960er Jahre mit der Bundesrepublik Deutschland ein gewichtiger neuer Akteur auf den europäischen Arbeitsmärkten auftrat: Im westlichen deutschen Teilstaat war zu diesem Zeitpunkt die Erwerbslosigkeit auf ein Minimum abgesunken, die massive Zuwanderung aus der DDR verfügte nicht mehr über genügend Potential, um die Lücken in einigen Segmenten des Arbeitsmarkts zu füllen bzw. fiel mit dem Bau der Berliner Mauer im August 1961 ganz aus. Und der westdeutsche Anwerbevertrag mit Italien von 1955 bot nur ein begrenztes Arbeitskräfteangebot angesichts der hohen Nachfrage nach italienischen Arbeitskräften in Westeuropa seit dem Ende des Zweiten Weltkriegs und wegen des raschen Ausbaus der Industrie Norditaliens.

Mit den Anwerbeabkommen der Bundesrepublik mit Spanien und Griechenland im Jahre 1960 konnten zwei zentrale neue Anwerbemärkte für die expandierende bundesdeutsche Wirtschaft erschlossen werden. Bereits 1961 folgte eine weitere Expansion des bundesdeutschen Systems mit dem Abschluss des Vertrags mit der Türkei (vgl. Hunn 2005, S. 39–70). Die daraus resultierende rasche Zunahme der Arbeitsmigration in die Bundesrepublik dokumentieren einige wenige Zahlen: In der Bundesrepublik wuchs die aus dem Ausland zugewanderte Erwerbsbevölkerung von 1961 bis zum Anwerbestopp 1973 – als die Ausländerbeschäftigung den Gipfelpunkt erreichte – von ca. 550.000 auf rund 2,6 Mio. an.

Die Staaten, in denen Arbeitskräfte angeworben wurden, verbanden weitreichende Erwartungen mit der Arbeitsmigration: Die für temporär erachtete Abwanderung galt als gewichtiger Beitrag zur Entwicklung der eigenen Volkswirtschaft. In diesen Kontext gehörte der Zuwachs der Deviseneinnahmen durch die Überweisung von Lohnersparnissen der

Arbeitsmigranten an zurückbleibende Familienmitglieder. Darüber hinaus verbuchten die Regierungen in den Abwanderungsländern die Arbeitsmigration als Möglichkeit, den eigenen Arbeitsmarkt zu entlasten; zugleich hofften sie auf einen Wissenstransfer durch zurückkehrende Arbeitsmigranten und die Nutzung von deren Erfahrungen bzw. Qualifikationen für die Entwicklung der eigenen Wirtschaft. Die Förderung der Arbeitsmigration erschien mithin als ein Entwicklungsprojekt, mithilfe dessen sich soziale Konflikte entschärfen und eine politische Befriedung herbeiführen ließ – alle Staaten, mit denen beispielsweise die Bundesrepublik Deutschland in den 1960er Jahren Wanderungsverträge abschloss, waren autoritäre Systeme, die ihre Legitimitätsprobleme durch die Verbesserung der sozialen Situation und durch die Garantie innenpolitischer Sicherheit zu lösen bestrebt waren.

Je intensiver sich die Migrationsbeziehungen zwischen Herkunfts- und Zielländern ausprägten, desto stärker wirkten verwandtschaftlich-bekanntschaftliche Netzwerke unter den Migranten: Diese hielten für (potentielle) Neuzuwanderer vertrauenswürdiges Wissen über Chancen der Arbeitsaufnahme im Zielland bereit und boten nach der Ankunft Hilfestellungen bei der Suche nach Arbeit und Unterkunft sowie zur Bewältigung des Alltags. Da diese Migrantennetzwerke häufig nicht nur verschiedene Unternehmen oder Orte in einem Zielland überspannten, sondern europaweit konstituiert sein konnten, standen (potentiellen) Migranten für vertrauenswürdig erachtete Informationen über Arbeits-, Verdienst- und Lebenschancen für mehrere mögliche Zielländer zur Verfügung. Die über die Anwerbeabkommen vorgesehene „begleitete Migration" durch amtliche Stellen verlor damit aus Sicht vieler Migranten immer weiter an Gewicht für ihre persönlichen Entscheidungen und für die Aufnahme spezifischer Pfade der Migration. Darüber hinaus erleichterte die Netzwerkbildung den Wechsel des Unternehmens, des Aufenthaltsortes oder des Aufenthaltslandes im Bestreben, die Arbeits-, Erwerbs- und Lebensbedingungen zu verbessern.

1.3 Regimewechsel: die Anwerbestoppmaßnahmen Anfang der 1970er Jahre

In allen Zielländern übernehmen die Arbeitsmigranten meist un- und angelernte Tätigkeiten in der industriellen Produktion mit hoher körperlicher Beanspruchung, gesundheitlicher Belastung und Lohnbedingungen, die viele Einheimische nicht mehr akzeptieren wollten. Als Arbeitskräftepotenzial mit hohen Fluktuationsraten hatten sie eine konjunkturelle Pufferfunktion. Das zeigte sich für die Bundesrepublik Deutschland in der ersten Rezession 1966/67 ebenso wie in der Krise seit 1973/74: 1966/67 ging die Ausländerbeschäftigung in der Bundesrepublik um ca. 30 Prozent von 1,3 Mio. auf 0,9 Mio. (Januar 1968) zurück. Sie stieg dann wieder erheblich an, um 1973 bis 1977 abermals um ca. 29 Prozent zu schrumpfen – besonders augenfällig in stark konjunkturabhängigen Erwerbsbereichen wie im Baugewerbe: Die Zahl einheimischer Bauarbeiter nahm von 1973 bis 1976 um 15 Prozent, die der ausländischen hingegen um 41 Prozent ab (vgl. Bade 1983, S. 59–95).

Die frühen 1970er Jahre brachten den Niedergang alter Industrien (Eisen- und Stahlindustrie, Textilindustrie, Bergbau), die viele un- und angelernte Arbeitskräfte beschäftigt hatten. Der Stopp der Anwerbung ausländischer Arbeitskräfte in den europäischen Industriestaaten zwischen 1970 und 1974 steht sinnbildlich für den Strukturwandel am Arbeitsmarkt. Rationalisierung und Automatisierung der Produktion ließen in den 1970er und 1980er Jahren die Nachfrage nach unqualifizierten Beschäftigten beschleunigt absinken. Die digitale Revolution seit den 1980er Jahren, die alle Erwerbsbereiche betraf, forcierte diese Entwicklung.

Mit der Beendigung der Anwerbung aber ließ sich die Zuwanderung nicht aufhalten; in vielerlei Hinsicht erwiesen sich die politischen und gesellschaftlichen Vorstellungen über die Steuerbarkeit von räumlichen Bevölkerungsbewegungen als Illusion: In den vorangegangenen zwei Jahrzehnten waren viele neue Migrationskanäle geöffnet worden, die sich durch einen Stopp der Anwerbung nicht schließen ließen: Das galt für den Familiennachzug und für die Asylzuwanderung (vgl. Poutrus 2009), bezog sich aber auch auf die Zuwanderung von Hochqualifizierten und Arbeitskräften aus den Staaten der Europäischen Wirtschaftsgemeinschaft (EWG). Die Anwerbestoppmaßnahmen der europäischen Hauptzuwanderungsländer Anfang der 1970er Jahre führten nicht zu der vielfach erwünschten Rückwanderung der Angeworbenen, vielmehr verfestigten sich ihre Bleibeabsichten weiter – denn ausländische Staatsangehörige, die ihre Arbeitsverhältnisse beendeten, um für einige Zeit in ihre Heimat zurückzukehren, hatten meist keine Chance mehr, erneut als Arbeitswanderer zugelassen zu werden. Wollten sie nicht auf Dauer von ihren Familien im Herkunftsland getrennt leben, standen sie vor der Alternative einer endgültigen Rückkehr oder eines Familiennachzugs. Die Folgen für die Zusammensetzung der Migrantenbevölkerung zeigt das Beispiel der Bundesrepublik Deutschland: Obgleich die Zahl der ausländischen Erwerbstätigen von 2,6 Mio. 1973 über ca. 1,8 Mio. 1977 und 1,6 Mio. 1989 sank, blieb die ausländische Wohnbevölkerung 1973 (3,97 Mio.) wie 1979 (4,14 Mio.) in etwa konstant und stieg bis 1989 auf knapp 4,9 Mio. an. 1980 hielt sich ein Drittel der ausländischen Staatsangehörigen bereits zehn oder mehr Jahre in Deutschland auf, 1985 lag dieser Anteil schon bei 55 Prozent. Die zunehmende Dauer des Aufenthalts führte zu einer sukzessiven Verfestigung des rechtlichen Status der Zuwanderer und mündete schließlich immer häufiger in die Annahme der Staatsangehörigkeit des Ziellandes.

Dabei gilt es zu differenzieren, vor allem im Blick auf Italien als Mitunterzeichner der Römischen Verträge 1957. Für italienische Arbeitskräfte galten bald besondere Bedingungen in den fünf anderen Staaten, die sich entschlossen hatten, die europäische Integration voranzutreiben. Zunächst gab es zwar noch keine konkreten Regelungen über die Möglichkeiten der freien Bewegung von Arbeitskräften in der EWG. Drei Schritte aber manifestierte die als Ziel schon 1957 formulierte Freizügigkeit: Eine Verordnung der EWG gab 1961 die Arbeitsaufnahme in einem anderen Mitgliedsstaat grundsätzlich frei und hob die Visumpflicht auf. 1964 folgte die Aufhebung des „Inländervorrangs", womit eine wesentliche Barriere für die Arbeitsmigration beseitigt wurde. Seit 1968 schließlich war für Arbeitsmigranten innerhalb der EWG keine Arbeitserlaubnis mehr nötig (vgl. Goedings 2005).

In allen europäischen Zielländern der grenzüberschreitenden Arbeitsmigration wurden in der zweiten Hälfte der 1960er Jahre Einwanderungsprozesse beobachtet. Zwar hielten Politik und Administration an der Vorstellung fest, die Arbeitsmigration sei temporär. Dennoch entbrannten nunmehr Diskussionen über die Zunahme der Konkurrenz um Wohnraum in Großstädten (weil immer seltener die Wohnheime der Unternehmen in Anspruch genommen wurden), über die „Überlastung" der kommunalen Infrastruktur (vor allem Schulen, Kindergärten), über die Inanspruchnahme von Leistungen der sozialen Sicherungssysteme oder über die Repräsentation von Migranten insbesondere im politischen Raum der Kommunen. Während in den Zielländern auf kommunaler Ebene zunehmend intensiver über die Erfordernisse und Möglichkeiten der Förderung bzw. Begleitung der Integration diskutiert wurde, gewannen die vordringlich von den Innen- und Sicherheitsbehörden vertretenen Auffassungen die Oberhand, die nach einer verstärkten Kontrolle, Steuerung bzw. Verminderung der Zuwanderung strebten. Die Verbindung zwischen beiden Elementen bildete die seit Anfang der 1970er Jahre in den europäischen Zielländern zunehmend verbreitete Vorstellung, die Begrenzung des Zuzugs und die strikte Kontrolle der Migration sei eine unabdingbare Voraussetzung für die erfolgreiche Integration der bereits im Lande lebenden Zuwanderer (vgl. Berlinghoff 2013).

Das allenthalben diskutierte „Problem der ausländischen Arbeitnehmer" markierte vornehmlich die materiellen und immateriellen Kosten der grenzüberschreitenden Arbeitsmigration: Materielle Kosten entstanden für die Aufrechterhaltung des Anwerbeapparates, für die Entwicklung der (kommunalen) Infrastruktur, für die Sozialsysteme und sogar gesamtwirtschaftlicher Art (weil Ausländerbeschäftigung Rationalisierungserfordernisse in der industriellen Produktion überdecke, woraus sich dauerhaft ein Wettbewerbsnachteil ergebe). Immaterielle bzw. gesellschaftliche Kosten wurden insofern gesehen, als die Zunahme der Zahl der Zuwanderer den Homogenitätsvorstellungen in weiten Kreisen der Bevölkerungen zuwiderlief, was letztlich ausländerfeindliche Einstellungen und rechtspopulistische bzw. -extreme politische Positionierungen zu verstärken schien; außerdem wurden Spannungen und Konflikte insbesondere zwischen zugewanderten und einheimischen Jugendlichen befürchtet. Nicht zuletzt ging es um die perzipierten Kosten für die Aufrechterhaltung der Sicherheit der Bevölkerung und für die Stabilität des politischen Systems – weil sich vor allem aus der Sicht der Innenbehörden mit der Zuwanderung nicht nur die Gefahr der Unterwanderung durch kommunistische Aktivisten in Zeiten des Kalten Krieges verband, sondern auch eine Zunahme der Aktivitäten international agierender Terroristen.

Der Stopp der Anwerbung in den verschiedenen europäischen Zuwanderungsländern Anfang der 1970er Jahre ist ein zentrales Ergebnis der seit den späten 1960er Jahren laufenden Debatten um die Kosten der Integration von lange als nur temporär anwesend betrachteten Arbeitsmigranten. Den Anfang einer erheblichen Beschränkung der Zuwanderung machte die Schweiz bereits 1970: Neuzuwanderungen wurden nur noch in dem Umfang zugelassen, in dem andere ausländische Staatsangehörige aus der Schweiz abgewandert waren bzw. diesen eine Genehmigung zur unbefristeten Niederlassung erteilt worden war. 1971 beschloss die britische Regierung, dass nur noch jene Commonwealth-Bürger ungehindert nach Großbritannien einreisen durften, die nachweisen konnten, dass ihre Eltern oder Großeltern in Großbritannien geboren worden waren. Diese Regelung trat mit dem Beitritt Großbritanniens zur EWG am 1. Januar 1973 in Kraft und war eine Vorbedingung für die Aufnahme, denn die anderen EWG-Mitgliedsstaaten wollten die freie Arbeitsaufnahme nicht-europäischer „British Subjects" in ihren Ländern ausschließen (vgl. Z. Layton-Henry 1992). 1972 folgten weitere Staaten, jetzt in der Form des Stopps der Aufnahme ausländischer Arbeitsmigranten: Schweden und Dänemark ließen nur noch Skandinavier zu. 1973 stoppte nicht nur die Bundesrepublik die Anwerbung von Arbeitskräften im Ausland, auch die Niederlande und Belgien ließen keine Zuwanderung von Arbeitskräften von außerhalb der EWG mehr zu. Den Abschluss bildete im Sommer 1974 Frankreich.

Die Anwerbestopps beruhten zwar auf nationalen Entscheidungen und resultierten aus einer je spezifischen nationalen Debatte um Aspekte der Zuwanderung, die als Probleme konzeptualisiert wurden. Dass die Anwerbestoppmaßnahmen in den west-, mittel- und nordeuropäischen Zielländern der Arbeitsmigration in relativ kurzer Frist aufeinanderfolgten, war aber auch einer „Europäisierung der Debatte um das ‚Problem der ausländischen Arbeitnehmer'" (Berlinghoff 2012, S. 163) geschuldet. Medien, Politik und Administration blickten sehr bewusst auf die Debatten über Zuwanderung und Integration in anderen europäischen Ländern, darüber hinaus gab es auf verschiedenen Ebenen – zwischenstaatlichen und supranationalen, hier insbesondere über die EWG/EG – immer häufiger genutzte Möglichkeiten des politischen Austauschs über die Wahrnehmung der Zuwanderung und über die jeweiligen Maßnahmen zur Bewältigung der als Probleme wahrgenommenen Aspekte. Die bei der Begründung auch des bundesdeutschen Anwerbestopps vom 23. November 1973 in den Vordergrund geschobene Ölpreiskrise und der Einbruch in der wirtschaftlichen Entwicklung bildete dabei nur einen Anlass, nicht aber einen Grund für die Maßnahmen: Das allenthalben für tragfähig erachtete Argument „Ölkrise" schloss mehr oder minder vollständig jeden Protest gegen die Beendigung der Anwerbepolitik aus – und zwar sowohl von Seiten der relevanten binnenstaatlichen Akteure als auch von Seiten der Staaten, mit denen Anwerbeabkommen geschlossen worden waren. Damit endete nach fast dreißig Jahren das spezifische Arbeitsmigrationsregime in Europa, das ein Kennzeichen der Phase des starken Wirtschaftswachstums nach dem Zweiten Weltkrieg darstellte.

1.4 Folgen des Anwerbestopps

Es lässt sich ausmachen, dass bis Anfang der 1990er Jahre die Zuwanderungen in der politischen und publizistischen Diskussion in der Bundesrepublik zumeist zwei Formen zugeordnet wurden: Räumliche Bewegungen von ethnischen Deutschen (vor allem als Flüchtlinge und Vertriebene der unmittelbaren Nachkriegszeit, als Aussiedler ab 1950 bzw. als Spätaussiedler ab etwa 1990 sowie als Zuwanderer aus der Sowjetischen Besatzungszone bzw. DDR) wurden in Westdeutschland meist als politisch bedingte bzw. politisch motivierte Bewegungen verstanden und rechtlich als Zwangswanderungen eingeordnet. Zuwanderungen von Nicht-Deutschen galten in der politischen und publizistischen Diskussion demgegenüber meist strikt als wirtschaftlich motivierte Bewegungen – mochten auch politische Motive ihren Stellenwert haben, besaßen doch (wie geschildert) alle Herkunftsländer der „Gastarbeiter" zum Zeitpunkt des Abschlusses der Anwerbeverträge autoritäre politische Systeme (wenn man von Italien absieht).

Trotz der intensiven politischen Diskussionen zwischen Bundesministerien sowie zwischen Bund und Ländern um die Gestaltung von Daueraufenthalten in den 1960er und frühen 1970er Jahren ignorierten die Bundesregierungen nach dem Anwerbestopp die klar sichtbaren Integrationstendenzen und die Verfestigung des Aufenthaltsstatus. Die „Ausländerpolitik" wurde zusehends restriktiver, was sich in immer zahlreicheren und unübersichtlichen Verwaltungsanordnungen niederschlug. Normen des sozialen Rechtsstaats und Rücksichtnahmen auf die Herkunftsländer der „Gastarbeiter" verhinderten aber die Durchsetzung der in den 1960er Jahren noch diskutierten Blockade des Familiennachzugs oder der vermehrten Einführung „aufenthaltsbeendender Maßnahmen".

Diese Entwicklung der 1970er und 1980er Jahre resultierte in erster Linie aus der Herausbildung starker aufenthalts- und sozialrechtlicher Bindungen der ausländischen Zuwanderer in der Bundesrepublik: Je länger der Aufenthalt dauerte, desto gefestigter wurde der Aufenthaltsstatus. Mit der Aufenthaltsdauer wuchsen die Rechtsansprüche an den Wohlfahrtsstaat beziehungsweise dessen Leistungsverpflichtung gegenüber der zugewanderten Bevölkerung. Vornehmlich Gerichte, nicht aber die Politik, setzten damit Regeln für die Integration (vgl. Bade/Bommes 2000).

2 Zuwanderung und Integration in Europa und in Deutschland nach dem Ende des Kalten Krieges

Mit der Öffnung des Eisernen Vorhangs 1989/90 gewann die über Jahrzehnte stark beschränkte Ost-West-Wanderung erneut erheblich an Bedeutung. Zum Teil knüpften nunmehr die europäischen Migrationsverhältnisse an die Situation vor dem Zweiten Weltkrieg an. Strukturelle Voraussetzung dafür waren einerseits die weitreichenden politischen Krisen im Prozess der Systemtransformation in den Staaten Mittelost-, Südost- und Osteuropas, andererseits das das gesamte 20. Jahrhundert kennzeichnende Ost-West-Ungleichgewicht in der Wirtschaftsleistung sowie das daraus resultierende erhebliche Einkommensgefälle. Im Jahre 2000 – also zehn Jahre nach der weltpolitischen Wende 1989/90 – erreichte beispielsweise das Bruttosozialprodukt pro Kopf in Mittelosteuropa lediglich 36 Prozent des für West- und Mitteleuropa ermittelten Wertes. Das war im Vergleich zum Jahr 1910, als dieser bei 28 Prozent lag, eine nur relativ geringe Steigerung. Das Verhältnis der Durchschnittslöhne hatte sich in diesen beiden Teilen des Kontinents sogar noch mehr zu Ungunsten Mittelosteuropas verschoben: von ein zu vier im Jahr 1910 auf eins zu sechs im Jahr 2000.

Während des Kalten Krieges bildete die menschenrechtlich begründete Forderung nach einer Aufhebung der Freizügigkeitsbeschränkungen der osteuropäischen Bevölkerung ein Kernelement der Argumentation des Westens. Zuwanderer aus Mittelost-, Südost- und

Osteuropa konnten in der Regel mit einer offenen Aufnahme im Kontext von Asylverfahren in West- und Mitteleuropa rechnen, weil eine Abwanderung aus dem Osten als politisch motivierte „Abstimmung mit den Füßen" zugunsten des Westens verstanden wurde. Auf die Grenzöffnungen 1989/90 und den starken Anstieg der Zuwanderung reagierten die west- und mitteleuropäischen Staaten rasch mit Restriktionen und Abwehrmaßnahmen: Nicht nur die Stabilität der Arbeitsmärkte galt als gefährdet, vielmehr schien mit zunehmender Fremdenfeindlichkeit auch ein Anstieg gesellschaftlicher Konflikte zu drohen. Die vor diesem Hintergrund entwickelten Maßnahmen begrenzten den Umfang der Ost-West-Migration und pressten sie in erwünschte Bahnen, indem beispielsweise der Aufenthalt zeitlich befristet wurde. Das aber konnte nicht verhindern, dass die Ost-West-Migration die europäischen Migrationsverhältnisse im Jahrzehnt vor und nach der Jahrtausendwende nachhaltig prägten (vgl. Morawska 2000).

Nach den Grenzöffnungen 1989/90 sowie den Anfang der 1990er Jahre im Westen entwickelten Restriktionen zur Begrenzung und Kanalisierung der Migrationsbewegungen aus dem Osten Europas, bildete schließlich die Osterweiterung der Europäischen Union 2004 und 2007 – aufgrund der Freizügigkeit, die allen Unionsbürgern gewährt wird – die dritte zentrale Wegmarke für die Entwicklung der Ost-West-Migration im späten 20. und frühen 21. Jahrhundert. Bevor diese Freizügigkeit einen größeren Teil der Bevölkerung Mittelost- und Südosteuropas erreichte, gab es vor allem drei zentrale Wege des Zugangs für Migranten aus dem Osten Europas in die west- und mitteleuropäischen Staaten: 1. legale und irreguläre Arbeitswanderung, 2. Flucht, 3. konnationale Migration – Bewegungen also von Migranten, die als der eigenen Nation zugehörig verstanden wurden. Der Blick auf diese drei gates of entry lässt nicht nur die Dimensionen der Ost-West-Wanderung deutlich werden, sondern zeigt zugleich die Genese der politischen Bemühungen in West- und Mitteleuropa auf, die Ost-West-Migration zu kontrollieren, zu begrenzen und zu steuern. Die folgende Skizze konzentriert sich dabei auf Wanderungsbewegungen von Ost nach West. Die in weitaus geringeren Dimensionen aufgetretenen Wanderungen von West nach Ost, interregionalen Bewegungen in den Staaten Mittelost-, Südost- und Osteuropas sowie Migrationen zwischen diesen Ländern werden demgegenüber vernachlässigt.

2.1 Arbeitsmigration

Ein Großteil der neuen Ost-West-Arbeitsmigration nach 1989 war zunächst ausgerichtet auf die westlichen Nachbarstaaten jenseits des ehemaligen Eisernen Vorhangs: Italien oder Griechenland wurden vornehmlich zum Ziel südosteuropäischer Zuwanderung, bei der insbesondere die albanische Migration ein hohes Gewicht hatte. Die Zuwanderung nach Österreich speiste sich vor allem aus Bewegungen aus Jugoslawien bzw. dessen Nachfolgestaaten, während in der Bundesrepublik Deutschland vornehmlich polnische Arbeitsmigranten beschäftigt wurden. Ein guter Teil der grenzüberschreitenden Arbeitsmigration blieb in den Bahnen von Pendelbewegungen oder saisonalen Wanderungen: In Grenznähe handelte es sich zum Teil um Tagespendler, in weiterer Entfernung um Wochenpendler –

wobei die Distanzen auch viele hundert Kilometer betragen konnten wie im Falle polnischer Bauarbeiter oder polnischer Frauen im Bereich der haushaltsnahen Dienstleistungen, die in Belgien beschäftigt waren. Saisonarbeit bezog sich vor allem auf witterungsabhängige Beschäftigungen im Baugewerbe, in der Landwirtschaft und im Hotelgewerbe.

Migratorische Netzwerke beeinflussten die Wahl der Ziele und die Entwicklung von Schwerpunkten der Zuwanderung: Neuzuwanderer aus Mittelost- und Südosteuropa gingen vielfach dorthin, wo sie auf Verwandte oder Bekannte trafen. Beispielsweise ist ermittelt worden, dass 56 Prozent der Zuwanderer aus dem Ausland, die insbesondere aus Südosteuropa 1989 bis 1991 nach Wien kamen, hier über verwandtschaftlich-bekanntschaftliche Verbindungen verfügten und deshalb auf Hilfe bei den ersten Schritten nach der Ankunft (Arbeit, Wohnung) zählen konnten (vgl. Dietz 2005).

Unter den Ost-West-Migrationen dominierten zunächst die Bewegungen von Polen. Die registrierten polnischen Arbeitswanderer arbeiteten in den 1990er Jahren zu drei Vierteln in Deutschland. Um dauerhafte Einwanderung zu verhindern, irreguläre Arbeitswanderung zu bekämpfen und die Zuwanderung in die Arbeitsmarktbereiche zu lenken, in denen der Bedarf besonders hoch zu sein schien, vereinbarte die Bundesrepublik Deutschland (die das Hauptziel der Ost-West-Bewegungen Anfang der 1990er Jahre war) mit einem Großteil der Staaten Mittelost- und Südosteuropas Abkommen zur Regelung der Arbeitsmigration – von Bosnien-Herzegowina und Bulgarien über Kroatien, die Tschechische Republik, Slowakei, Serbien, Lettland, Mazedonien, Polen, Rumänien bis hin zu Slowenien und Ungarn. Zentrale Elemente waren dabei die Beschränkung einerseits des Umfangs der Zuwanderung auf der Basis von Bedarfsanalysen der bundesdeutschen Arbeitsverwaltung sowie andererseits auf saisonale bzw. kurzfristige Tätigkeiten (meist ein bis drei Monate). Auch andere west- und mitteleuropäische Staaten schlossen in den 1990er Jahre und zu Beginn des 21. Jahrhunderts solche bilateralen Verträge, wenngleich sie nie das Gewicht der bundesdeutschen Regelungen erreichten. Im Jahre 2003 wurden im Rahmen bilateraler Verträge insgesamt 320.000 polnische Arbeitsmigranten beschäftigt, 95 Prozent davon in Deutschland.

Die restriktive Steuerung der Arbeitsmigration durch die Bundesrepublik trug mit dazu bei, dass andere Ziele in West- und Mitteleuropa an Attraktivität für polnische Zuwanderer gewannen. Seit Mitte der 1990er Jahre wuchs der Umfang der Bewegungen nach Spanien, Großbritannien, Belgien, Frankreich, Italien und schließlich auch nach Irland. Dass die Erwerbsbereiche in Deutschland, die besonders häufig polnische Arbeitskräfte nachfragten, seit Ende der 1990er Jahre zunehmend Beschäftigte in weiter entfernt liegenden Gebieten Osteuropas rekrutieren mussten, lag auch an der wirtschaftlichen Entwicklung in Polen selbst: Polen entwickelte sich zum Zuwanderungsland – sogar polnische Arbeitswanderer (darunter viele hochqualifizierte Kräfte) kehrten wegen der verbesserten Erwerbsmöglichkeiten in ihr Herkunftsland zurück. Das war schließlich ein Grund dafür, dass der vielfach erwartete starke Anstieg der Abwanderung aus Polen nach Mittel- und Westeuropa nach dem Beitritt Polens zur EU 2004 ausblieb – wie im Falle der anderen Beitrittsländer auch.

2.2 Fluchtbewegungen

Der Zusammenbruch des Ostblocks bildete ein Konglomerat vielfältiger politischer Spannungen und Konflikte, die zum Teil in Bürgerkriegssituationen mündeten. Krisenbedingte Migration war eine der Folgen. Ende der 1980er Jahre und Anfang der 1990er Jahre wuchs zunächst die Zahl jener Polen, Ungarn und Tschechoslowaken rasch an, die Asyl in Mittel- und Westeuropa beantragten. Bald folgten Rumänen, Bulgaren und Albaner. In West- und Mitteleuropa bildeten weitreichende politische Diskussionen um die „Grenzen der Aufnahmebereitschaft" und um den Missbrauch von Asylrechtsregelungen eine erste Reaktion, auf die bald Einschränkungen des Grenzübertritts und des Zugangs zu den Asylverfahren folgten.

Millionenfache Fluchtbewegungen hatten in den 1990er Jahren vor allem das Zerbrechen Jugoslawiens zur Folge, das in die Kriege in und um Slowenien im Sommer 1991, Kroatien in der zweiten Jahreshälfte 1991 bzw. im Frühjahr und Sommer 1995, Bosnien-Herzegowina 1992 bis 1995 sowie den Kosovo 1998/99 mündete. Nach Angaben des Flüchtlingshochkommissars der Vereinten Nationen gab es 1995 nicht weniger als 3,7 Mio. Flüchtlinge im Kontext des Jugoslawien-Konflikts, die innerhalb der Region ausgewichen waren. Hinzu traten mehrere hunderttausend Flüchtlinge, die andere Staaten Europas für unterschiedlich lange Zeiträume aufnahmen.

Vor allem im Krieg um Bosnien-Herzegowina stieg die Zahl der Flüchtlinge in West- und Mitteleuropa stark an, während diese im Falle der anderen Konflikte vornehmlich in der Region blieben. Schätzungen gehen davon aus, dass wegen der kriegerischen Auseinandersetzung in und um Bosnien-Herzegowina rund 2,5 Mio. Menschen flohen. Etwa 600.000 von ihnen wichen innerhalb Bosnien-Herzegowinas aus, eine ähnlich hohe Zahl blieb in den Staaten der ehemaligen Bundesrepublik Jugoslawien. Etwa 1,3 Mio. Menschen flohen in andere Staaten, von denen wahrscheinlich rund die Hälfte EU-Staaten erreichte.

1997, also bereits nach dem Ende des Krieges, hielten sich noch rund 580.000 Flüchtlinge aus Bosnien-Herzegowina in EU-Staaten auf – darunter mit 340.000 der größte Teil in der Bundesrepublik Deutschland. Die massiven Zerstörungen – insbesondere von Wohnraum und Infrastruktur – behinderten die Rückwanderungen, die in den späten 1990er Jahren allerdings rasch zunahmen. Vor allem Deutschland setzte dabei auf eine Politik des erhöhten Drucks zur Rückkehr: Ein prekärer Aufenthaltsstatus und Abschiebungen wirkten zusammen, weshalb sich die Zahl der Flüchtlinge aus Bosnien-Herzegowina in Deutschland bis 2003 auf ein Zehntel des Wertes von 1997 verringerte (hierzu und zum Folgenden: Oltmer 2014).

Im letzten Staatenbildungskonflikt in Südosteuropa – dem Krieg im und um den Kosovo – blieben die Flüchtlinge demgegenüber vornehmlich in der Region selbst: Sie überschritten die Grenzen der Nachbarstaaten, um nach dem Ende des Konflikts sogleich wieder zurückzukehren – erreichten aber nur selten Mittel- und Westeuropa: Von den rund 900.000 Flüchtlingen, die den Kosovo im Frühling und Sommer 1999 verließen, nahm allein der Nachbarstaat Albanien 500.000 auf, Mazedonien weitere über 200.000, Montenegro wahrscheinlich 70.000. Demgegenüber nahm sich die Zahl von ca. 43.000

Asylanträgen in West- und Mitteleuropa zwischen April und Juni 1999 gering aus. Die Rückkehr des größten Teils der Kosovo-Flüchtlinge dauerte nur einige Wochen. Bereits einen Monat nach dem Ende der Kampfhandlungen sollen 80 Prozent aller Flüchtlinge in den Kosovo zurückgekehrt sein.

2.3 Konnationale Migrationen

Ein Element des Anstiegs der Ost-West-Wanderungen nach den Grenzöffnungen 1989/90 bildete die Zunahme der Migration von Minderheiten, die zum Teil Staaten des Westens erreichten, wenn sich dort im Kalten Krieg eine privilegierende Politik gegenüber solchen konnationalen Gruppen etabliert hatte. Der Zerfall des sowjetischen Imperiums 1990/91 führte dazu, dass Millionen Russen und Ukrainer – die in den Nachfolgestaaten der UdSSR zur Minderheit geworden waren – nach Russland bzw. in die Ukraine abwanderten. Schätzungen zufolge sollen außerdem die vier Mio. Menschen, die allein zwischen 1989 und 1992 Mittelost-, Südost- und Osteuropa verließen, überwiegend Angehörige von Minderheiten gewesen sein. Zu den konnationalen Gruppen, die relativ günstige Aufnahmebedingungen vorfanden, zählten die rund 70.000 Pontos-Griechen, die vor allem seit 1987 aus der UdSSR bzw. aus deren Nachfolgestaaten nach Griechenland zuwanderten. Mehrere Hunderttausend polnische „Repatrianten" aus der UdSSR bzw. aus der Ukraine und aus Kasachstan kamen nach Polen. Hunderttausende Juden aus Osteuropa wanderten zudem nach Israel aus oder fanden Aufnahme in der Bundesrepublik Deutschland. Karelier strebten nach Finnland, Tschechen aus Wolhynien (Ukraine) und Serbien in die Tschechische Republik, Slowaken aus Ungarn und der Ukraine in die Slowakei. Den größten Umfang erreichte die Zuwanderung von (Spät)Aussiedlern, die als Angehörige deutscher Minderheiten in Mittelost-, Südost- und Osteuropa in der Bundesrepublik aufgenommen wurden.

Die Kategorie des (Spät-)Aussiedlers und deren privilegierte Aufnahme waren bereits mit dem westdeutschen Bundesvertriebenengesetz von 1953 etabliert worden. Von 1950 bis 1987 erreichten fast 1,5 Mio. Aussiedler die Bundesrepublik Deutschland. Sie kamen überwiegend aus Polen und aus Rumänien. Mit der Öffnung des Eisernen Vorhangs begann die Massenzuwanderung der (Spät-)Aussiedler: Von 1987 an gingen die Zahlen vor dem Hintergrund von Glasnost und Perestroika in der UdSSR rasch nach oben; seither kamen etwa drei Mio. (Spät)Aussiedler in die Bundesrepublik Deutschland, mit einem Schwerpunkt in den späten 1980er und in den frühen 1990er Jahren. Insgesamt wanderten in den sechs Jahrzehnten von 1950 bis heute mehr als 4,5 Mio. Aussiedler zu. Damit sind die Aussiedler die zweitgrößte Zuwandererkategorie in der Geschichte der Bundesrepublik Deutschland. Anfang der 1990er Jahre führte ein ganzes Bündel von Maßnahmen zu einer weitreichenden Begrenzung und Steuerung der Spätaussiedlerzuwanderung – zusammen mit Regelungen zur Förderung der deutschen Minderheiten in den Herkunftsgebieten und dem Nachlassen der Wanderungsdynamik angesichts der starken Abnahme des Kreises der Personen, die eine deutsche Herkunft geltend machen konnten. Seit Mitte der 1990er

Jahre sank deshalb die Spätaussiedlerzuwanderung massiv ab und ist heute in der bundesdeutschen Wanderungsbilanz ein zu vernachlässigender Faktor (Panagiotidis 2016).

2.4 Gegenwärtige Situation

Mit der Osterweiterung der EU haben sich die Rahmenbedingungen der europäischen Ost-West-Migrationsverhältnisse aufgrund der Freizügigkeit des EU-Binnenmarktes grundlegend verändert. Seit den 1990er Jahren ist die EU bestrebt, ein spezifisches EU-Migrationsregime zu entwickeln, das nicht nur eine weitreichende Kontrolle der EU-Außengrenzen ermöglicht, sondern auch Einfluss auf die Migrations- und Grenzpolitik der Nachbarstaaten nimmt; hierdurch soll verhindert werden, dass die EU-Außengrenzen überhaupt erreicht werden können. Fluchtbewegungen vor dem Hintergrund politischer Krisen beispielsweise in Nachfolgestaaten der UdSSR, die schwierige Situation von Minderheiten (insbesondere Roma) im Osten Europas, aber auch das mit Blick auf viele Regionen Südost- und Osteuropas ausgeprägte Ost-West-Gefälle in der Wirtschaftsleistung und in den Einkommen werden dazu beitragen, dass Ost-West-Migration von außerhalb der EU weiterhin die migratorische Entwicklung Europas mitprägen wird.

Migration bildete im zweiten Jahrzehnt des 21. Jahrhundert ein zentrales Thema politischer und medialer Diskussionen in Deutschland sowie in ganz Europa. Trotz der hohen und konstanten Aufmerksamkeit blieb die Wahrnehmung räumlicher Bevölkerungsbewegungen – wie schon in den Vorjahren – extrem selektiv: Im Vordergrund standen die Aufnahme und Unterbringung von Flüchtlingen sowie die Bedingungen und Folgen der Gewährung von Asyl angesichts eines deutlichen Anstiegs der Zahl der Schutzsuchenden. Zwischenzeitlich wurde außerdem die Zuwanderung aus den neuen EU-Staaten Rumänien und Bulgarien unter dem Stichwort „Armutsmigration" ein Schwerpunkt von Berichterstattung und politischen Debatten. Immer wieder ging es um Bewegungen, die als (potentielle) Gefahr für Sozialsysteme, innere und äußere Sicherheit, aber auch gesellschaftlichen Frieden in Bundesrepublik und EU eingeschätzt wurden. Dass Europa nur ein sehr kleiner Teil der umfangreichen Fluchtbewegungen aus und in den Kriegs- und Krisenzonen der Welt erreichte, geriet demgegenüber ebenso wenig in den Fokus wie die Normalität der europäischen Migrationssituation mit ihren millionenfachen räumlichen Bewegungen zur Wahrnehmung von Chancen andernorts.

Literatur

Amar, Marianne, und Pierre Milza. 1990. *L'immigration en France au XXe siècle*. Paris: Colin.
Bade, Klaus J. 1983. *Vom Auswanderungsland zum Einwanderungsland? Deutschland 1980–1980*. Berlin: Colloquium Verlag.
Bade, Klaus J., und Michael Bommes. 2000. Migration und politische Kultur im „Nicht-Einwanderungsland". In *Migrationsreport 2000. Fakten – Analysen – Perspektiven*, hrsg. von Klaus J. Bade und Rainer Münz, 163–204. Frankfurt a. M.: Campus Verlag.
Berlinghoff, Marcel. 2013. *Das Ende der „Gastarbeit". Europäische Anwerbestopps 1970–1974*. Paderborn: Ferdinand Schöningh Verlag.
Berlinghoff, Marcel. 2012. Der europäisierte Anwerbestopp. In: Oltmer, Kreienbrink und Sanz Díaz 2012: 149–164.
Caestecker, Frank, und Eric Vanhaute. 2012. Zuwanderung von Arbeitskräften in die Industriestaaten Westeuropas. Eine vergleichende Analyse der Muster von Arbeitsmarktintegration und Rückkehr 1945–1960. In: Oltmer, Kreienbrink, und Sanz Díaz 2012: 39–52.
Dietz, Barbara. 2005. *Europäische Integration von unten? Mittel- und osteuropäische Migranten in Deutschland und die Rolle transnationaler Netzwerke im EU-Erweiterungsprozess* (Forschungsverbund Ost- und Südosteuropa: forost Arbeitspapier Nr. 34). München.
Frevert, Ute, und Jochen Oltmer (Hrsg.). 2009. *Europäische Migrationsregime*. Göttingen: Vandenhoeck & Ruprecht
Goedings, Simone. 2005. *Labor Migration in an Integrating Europe. National Migration Policies and the Free Movement of Workers 1950–1968*. Den Haag (Niederlande): Sdu Uitgevers.
Hansen, Randall. 2000. *Citizenship and Immigration in Post-War Britain*. Oxford (England): Oxford University Press.
Hunn, Karin. 2005. *»Nächstes Jahr kehren wir zurück...«. Die Geschichte der türkischen »Gastarbeiter« in der Bundesrepublik*. Göttingen: Wallstein Verlag.
Layton-Henry, Zig. 1992. *The Politics of Immigration: Immigration, Race and Race Relations in Post-War Britain*. Oxford (England): Wiley-Blackwell.
Lucassen, Leo. 2005. *The Immigrant Threat: The Integration of Old and New Migrants in Western Europe since 1850*. Urbana, Ill./Chicago: University of Illinois Press.
Morawska, Ewa. 2000. *Transnational Migrations in the Enlarged European Union: A Perspective from East Central Europe*. San Domenico (FI, Italien): European University Institute.
Oltmer, Jochen. 2009. Einführung: Europäische Migrationsverhältnisse und Migrationsregime in der Neuzeit. In: Frevert und Oltmer 2009: 5–27.
Oltmer, Jochen. 2014). Politisch verfolgt? Asylrecht und Flüchtlingsaufnahme in der Bundesrepublik. In: Immer bunter. Einwanderungsland Deutschland. Begleitbuch zur Ausstellung im Haus der Geschichte der Bundesrepublik Deutschland, Bonn, hg.v.d. Stiftung Haus der Geschichte der Bundesrepublik Deutschland Bonn: Stiftung Haus der Geschichte der Bundesrepublik Deutschland Bonn, S. 106–123.
Oltmer, Jochen. 2016. *Migration vom 19. bis zum 21. Jahrhundert*. Berlin/Boston: de Gruyter.
Oltmer, Jochen, Axel Kreienbrink, und Carlos Sanz Díaz (Hrsg.). 2012. *Das „Gastarbeiter"-System. Arbeitsmigration und ihre Folgen in der Bundesrepublik Deutschland und Westeuropa*. München: R. Oldenbourg Verlag.
Panagiotidis, Jannis. 2016. Staat, Zivilgesellschaft und Aussiedlermigration 1950–1989. In: Oltmer, Jochen (Hrsg.): Handbuch Staat und Migration vom 17. Jahrhundert bis zur Gegenwart. Berlin/Boston: de Gruyter, S. 895–930.
Poutrus, Patrice G. 2009. Zuflucht im Nachkriegsdeutschland. Politik und Praxis der Flüchtlingsaufnahme in Bundesrepublik und DDR von den späten 1940er bis zu den 1970er Jahren. In: Frevert und Oltmer 2009: 135–175.

Rass, Christoph A. 2010. Institutionalisierungsprozesse auf einem internationalen Arbeitsmarkt: Bilaterale Wanderungsverträge in Europa zwischen 1919 und 1974. Paderborn: Ferdinand Schöningh Verlag.
Sala, Roberto. 2007. Vom „Fremdarbeiter" zum „Gastarbeiter". Die Anwerbung italienischer Arbeitskräfte für die deutsche Wirtschaft (1938–1973). *Vierteljahrshefte für Zeitgeschichte* 55 (1): 93–122.
Schönwälder, Karen. 2001. *Einwanderung und ethnische Pluralität. Politische Entscheidungen und öffentliche Debatten in Großbritannien und der Bundesrepublik von den 1950er bis zu den 1970er Jahren.* Essen: Klartext Verlag.
Sturm-Martin, Imke. 2001. *Zuwanderungspolitik in Großbritannien und Frankreich. Ein historischer Vergleich.* Frankfurt a. M.: Campus Verlag.

Politische Steuerung in der Stadt

Heinz-Jürgen Dahme und Norbert Wohlfahrt

Zusammenfassung

Die kommunale Selbstverwaltung beinhaltet eine Vielzahl von Rechten und Pflichten für die Städte und Landkreise. Die politische Steuerung in den Kommunen ist Folge des Rechts der eigenverantwortlichen Gestaltung kommunaler Angelegenheiten, der staatlich gewährten Planungs- und der daraus folgenden Finanzierungsverantwortung. Politische Steuerung ließ sich lange Zeit als kommunale Umsetzung (Implementierung) und Finanzierung wie als Optimierung staatlicher Vorgaben beschreiben. Seit einiger Zeit ist ein Wandel zu beobachten, der zu einer Renaissance politischer Steuerung in der Stadt beiträgt. Dieser Wandel lässt sich ursächlich mit den Umbauarbeiten am Sozialstaat in Verbindung bringen, da ein wichtiges Prinzip der sozialstaatlichen Neujustierung die *Dezentralisierungspolitik* darstellt, die von den Kommunen verstärkte Anstrengungen im Bereich der Inklusion benachteiligter Bevölkerungsgruppen mit sich bringt. Die Dezentralisierungspolitik hat eine Diskussion über eine neue Verantwortungsteilung zwischen Politik und Bürger/innen ausgelöst. Die neuen kommunalen Leitbilder (wie bspw. Bürgerkommune, Zivilgesellschaft, bürgerschaftliches Engagements, Inklusion, Verwaltungsmodernisierung, Strategische Steuerung) sehen den Bürger nicht nur als Kunden kommunaler Leistungen oder als politischen Auftraggeber (im Rahmen von Wahlen und andern Partizipationsgremien), sondern neuerdings vor allem auch als Mitgestalter, als Durchführungsakteuer kommunaler (Sozial)Politik. Diese Entwicklung führt zu einer (nicht unproblematischen) Aufwertung und Neuausrichtung des freiwilligen, ehrenamtlichen Engagements der Bürger und Bürgerinnen sowie ihrer zivilgesellschaftlichen Vereinigungen.

Schlüsselbegriffe

Bürgerschaftliches Engagement, Bürgerkommune, Dezentralisierung, Kommunalisierung, Local Governance, Inklusion, Netzwerkmanagement, Sozialarbeit, Strategisches Management, Verwaltungsmodernisierung/-management, Zivilgesellschaft

Vorbemerkung

Die kommunale Selbstverwaltung wird in der Bundesrepublik Deutschland durch das Grundgesetz und die Landesverfassungen garantiert und in den Gemeindeordnungen der Bundesländer inhaltlich näher ausgeformt. Selbstverwaltung heißt nach Artikel 28 des Grundgesetzes, alle Angelegenheiten der örtlichen Gemeinschaft im Rahmen der Gesetze in eigener Verantwortung zu regeln. Selbstverwaltung gehört zum Wesen der Gemeinden. In den Gemeindeordnungen heißt es vielfach: „Die Gemeinden sind die Grundlage des demokratischen Staatsaufbaues. Sie fördern das Wohl der Einwohner in freier Selbstverwaltung durch ihre von der Bürgerschaft gewählten Organe" (§ 1 Gemeindeordnung NRW).

Die kommunale Selbstverwaltung, bestehend aus Gemeindevertretung und Verwaltung, gilt als ein hehres und unverzichtbares demokratisches Gut. Es gibt keine politische Partei, die nicht in ihrem Programm ein Bekenntnis zur Aufrechterhaltung und zum Ausbau der kommunalen Selbstverwaltung ablegt. Auch die aktuelle gesellschaftspolitische Diskussion über Relevanz und Funktion der Zivilgesellschaft (auch unter Stichworten wie Bürgerkommune, bürgerschaftliches Engagement, aktive Nachbarschaft, integrierte Versorgung, Local Governance, lokale Verantwortungsgemeinschaft, sorgende Gemeinschaften, aktiver Sozialstaat u. ä. verhandelt) spricht der kommunalen Selbstverwaltung einen zentralen Stellenwert zu, insbesondere als Initiator, Organisator, Koordinator oder Moderator einer Politik, die den Bürger nicht nur stärker an kommunalpolitischen Entscheidungen partizipieren lässt, sondern ihn auch motivieren und aktivieren will, sich an der Leistungserbringung zu beteiligen. Kommunale Selbstverwaltung gilt als Inbegriff volksnaher Demokratie, in der sich der politische Gestaltungswille der Bürger und ihrer zivilgesellschaftlichen Vereinigungen unmittelbar äußert. Die kommunale Selbstverwaltung und damit die demokratische Selbstbestimmung und Selbststeuerung der kommunalen Entwicklung scheinen für alle Zukunft fraglos anerkannt zu sein. Betrachtet man etwas genauer die Funktionsprinzipien der kommunalen Selbstverwaltung, dann lassen sich in den beiden letzten Jahrzehnte entscheidende Veränderungen in der Gestalt kommunaler Selbstverwaltung und ihrer Steuerungsfunktion feststellen.

Der Begriff *Politische Steuerung* bezeichnet zwei zentrale Kernleistungen in der Kommunalverwaltung: zum Einen die *politische Führung*, ausgehend vom Bürger über die Politik zur Verwaltung und zum Anderen das *strategische Management*, ausgehend von der Politik über die Verwaltung zum Bürger. Alle Reformen der kommunalen Selbstverwaltung zeichnen sich schon seit längerem dadurch aus, diese beiden Kernleistungsprozesse stärker zu verzahnen, um die Ergebnissteuerung des strategischen Managements mit der politischen Führung besser zu koordinieren (Naschold 1997). Während in den 1970er Jahren (als Auswirkung der u. a. von „keynesianischen" Konzepten beeinflussten Globalsteuerung auf die Kommunen) die Einführung komplexer Planungs- und Budgetierungssysteme im Mittelpunkt kommunaler Reformüberlegungen stand, wurde in den 1990er Jahren mit der Diskussion um ein „Neues Steuerungsmodell" (in Anlehnung an das New Public Management) auch der Blick auf die Neugestaltung des Verhältnisses von (politischer) Ratsarbeit und (bürokratischer) Verwaltungstätigkeit gelenkt. Im Mittelpunkt aller diesbezüglichen

Reformüberlegungen steht dabei der Versuch einer Stärkung der strategischen Führung auf politischer Ebene und ein Abbau der (der Bürokratie zugeschriebenen) Übersteuerung im operativen Bereich. Die Notwendigkeit einer Abgrenzung der Verantwortungssphären von Politik und Verwaltung ergab sich aus Sicht der Kommunalen Gemeinschaftsstelle für Verwaltungsmanagement (KGSt) dabei aus zwei Beobachtungen:

> „Die Beschäftigung mit Einzelproblemen und Einzelentscheidungen führt zum einen zur Übersteuerung, zum anderen bringt sich das Ehrenamt um die Möglichkeit, seine umfassende Steuerungs- und Kontrollfunktion gegenüber der Verwaltung wahrzunehmen. Man sieht den Wald vor lauter Bäumen nicht (Untersteuerung). Wichtige Zukunftsfragen kommen in vielen Kommunen zu kurz. – Die ständigen Interventionen der Politik in das Alltagsgeschäft der Verwaltung behindern deren Leistungsfähigkeit und verwischen die Verantwortlichkeiten der Politik und Verwaltung. Das erschwert die Kontrolle" (KGSt 1996: 16).

Inzwischen sind in den Kommunen in Deutschland flächendeckend Modelle einer neuen politischen Steuerung etabliert worden, die – im Unterschied zu früheren Reformüberlegungen – allesamt von dem Versuch geprägt sind, den politischen Entscheidungsprozess ergebnisorientierter auszurichten und damit die politische Steuerung insgesamt effektiver und effizienter zu machen. Diese Entwicklung wird auch als „Ökonomisierung der kommunalen Selbstverwaltung" (Wohlfahrt/Zühlke 2006) bezeichnet, weil sie im Ergebnis eine einseitige Ausrichtung der kommunalen Entscheidungsprozesse an kommunalwirtschaftlichen Erfordernissen beinhaltet, die durch den Standortwettbewerb hervorgerufen werden. Wir wollen im Folgenden einige zentrale Reformansätze in der kommunalen Praxis skizzieren und deren Auswirkungen auf die politische Steuerung in den Kommunen aufzeigen.

1 Die „Renaissance" politischer Steuerung in den Kommunen als Auswirkung der Dezentralisierungspolitik

Politische Steuerung auf kommunaler Ebene war zu Beginn der 1970er Jahre (in ihrem Selbstverständnis und in der Attribuierung durch die Wissenschaft) Bestandteil der Globalsteuerung in einem organisierten Wohlfahrtskapitalismus (mixed economy), in dem Staat, Unternehmen und Gewerkschaften eng kooperierten (Nützenadel 2005, Schanetzky 2007). Die durch die Weltwirtschaftskrise Ende der 1920er Jahre verursachte Destabilisierung des Wirtschafts- und Gesellschaftssystems (Rückgang von Produktion und Welthandel, Bankenkrise, Deflation, Massenarbeitslosigkeit, Faschismus) war allen Akteuren noch präsent und beförderte den Konsens, durch politische Steuerung und Sozialpartnerschaft (Korporatismus) die Krisenanfälligkeit des kapitalistischen Systems überwinden zu wollen. Der Wohlfahrtsstaat der Nachkriegsjahrzehnte verstand sich zu Zeiten der Globalsteuerung (Große Koalition unter Bundeskanzler Kiesinger) nicht nur als ein Sozialleistungen produzierender Umverteilungsstaat; der Globalsteuerung ging es vor allem um die Förderung der gesamtgesellschaftlichen Wohlfahrt, wenn auch mehr konzeptionell als real. Die Globalsteuerung versprach, mittels marktkonformer Steuerungsinstrumente Konjunkturpolitik betreiben zu können und deshalb waren auch konservativ geführte Regierungen geneigt, um Stabilität und Wirtschaftswachstum zu fördern (oft entgegen ihren wirtschaftsliberalen Leitbildern), staatliche Planungs- und Steuerungsinstrumente zu implementieren (z. B. mittelfristige Finanzplanung, gesamtwirtschaftliche Nachfragesteuerung, zentralbankliche Geldwertsteuerung, Konzertierte Aktion, Koordinierung der öffentlichen Ausgaben u. ä.). Globalsteuerung war dem Anspruch nach eine Mischung aus Konjunktur-, Wachstums- und Strukturpolitik, eine gesamtwirtschaftliche Prozesssteuerung mit marktkonformen Mitteln. Die Entwicklung kommunaler Planungs- und Budgetierungssysteme zu Beginn der 1970er Jahre sollte Teil der Globalsteuerung sein, Bestandteil der Koordinierung der öffentlichen Ausgabenwirtschaft, angesichts der kommunalen Selbstverwaltung und der daraus resultierenden Fragmentierung und Selektivität kommunaler Politik und Praxis ein damals schon idealistisch anmutendes Ansinnen, was bekanntlich misslang und mit dem Ende der Globalsteuerung auch beerdigt wurde.

Die gegenwärtige Renaissance der Politischen Steuerung in den Kommunen hat andere Zielsetzungen und ist vor allem gesellschaftspolitisch neu bestimmt. Die Kommunalverwaltungen sehen sich mit Steuerungsaufgaben konfrontiert, die konzeptionell immer schon zu ihren genuinen Aufgaben im Rahmen der kommunalen Selbstverwaltung (Stichwort Allzuständigkeit, Planungshoheit) gehörten, faktisch aber auf Grund der seit Jahrzehnten praktizierten Höherzonung von Aufgaben nur in Ansätzen wahrgenommen wurden. Eine eigenständige kommunale Sozialpolitik oder soziale Kommunalpolitik wurde in Sonntagsreden zwar immer beschworen, empirische Untersuchungen (Mayntz 1980, 1983) zeigten aber, dass es in der Vergangenheit mit der viel beschworenen kommunalen Eigenständigkeit auf diesem Sektor nicht weit her war, da politische Steuerung in den Kommunen eher eine „Optimierungsfunktion" als eine Gestaltungsfunktion besaß (Bogumil/Holtkamp 2006, S. 218). Eigenständige gesellschaftspolitische Konzepte gab es kaum, denn die sozialpolitische Praxis war eingespannt in staatliche Gesetzgebung und Vorschriften einerseits und Umsetzungsempfehlungen der KGSt andererseits, die mancherorts wie Anweisungen vollzogen wurden. Kommunale Sozialpolitik war gewöhnlich (und ist es bis heute vielfach noch) Implementationspolitik. Variationen vor Ort waren nicht Folge kommunalpolitischer Steuerung, sondern Zufälle der Implementierung und der dabei beteiligten Akteurskonstellationen.

Seit einiger Zeit ist jedoch ein Wandel zu beobachten, der sich primär mit den (immer noch laufenden) Umbauarbeiten am Sozialstaat in Verbindung bringen lässt. Ein wichtiges Prinzip der sozialstaatlichen Neujustierung ist die *Dezentralisierungspolitik* (Dahme/Wohlfahrt 2010). Dezentralisierungprozesse werden unter verschiedenen Stichworten thematisiert: In der *Sozialarbeit* (insbesondere der Jugendhilfe) gibt es seit einiger Zeit eine Renaissance der sog. *Sozialraumorientierung*, hier werden Träger kommunal beauftragt im Rahmen von jährlichen Budgets auf bestimmten Interventionsfeldern alle im Sozialraum anfallenden Fälle zu bearbeiten und dabei die Prävention im Feld auch noch mit abzudecken. In der *Behindertenhilfe* wird im Namen der neuen *Inklusionspolitik* die stationäre Versorgung zugunsten ambulanter Hilfen, die mit bürgerschaftlichem Engagement und sozialen Netzwerken zusammen wirken, zurück gefahren. In der *Bildungspolitik* lässt sich ein Trend der Verlagerung zentraler Entscheidungen auf die regionale und lokale Ebene registrieren, mit der Zielsetzung, *lokale „Bildungslandschaften"* zu schaffen und die gesamte individuelle Lernbiographie („Lebensbegleitendes Lernen") dezentral zu steuern. Einbezogen werden dabei nicht nur die nachschulische Bildung, sondern auch das (berufsbezogene) Lernen von Anfang an: von der Schule und im Übergang von der Schule in Ausbildung bis hinein in das Arbeits- und Berufsleben (Bertelsmann Stiftung 2007, Kühnlein 2010). Die kommunalpolitische Aktivierung und Steuerung der Bürger und ihrer Vereinigungen in den Stadtteilen soll ferner auch zur Aufrechterhaltung von *Infrastruktureinrichtungen* beitragen (Schwimmbäder, Sportstätten, Parks), die auf Grund der schlechten städtischen Finanzlage gefährdet sind und sonst geschlossen werden müssten. Auch in der Politik der *Inneren Sicherheit* lassen sich Dezentralisierungstendenzen beobachten, die den Bürgern und zivilgesellschaftlichen Vereinigungen Aufgaben zusprechen, die vorsehen, *ordnungs- und sicherheitspolitische Aufgaben* dezentral zu planen und zu steuern: das reicht von der Straffälligenarbeit (Marks u. Steffen 2008) bis hin zu lokalen Sicherheitspartnerschaften und Präventionsräten oder die sozialräumliche Bekämpfung von sog. „incivilities" (Häfele 2005; Lüdemann 2006), die Bürger und Bürgerinnen in die Pflicht nehmen wollen, bspw. durch Aufgaben wie Green Cops, Platzmeister, Gebietswachen (Eick 2009, 2011). – Insgesamt muss man feststellen, dass durch die Dezentralisierungspolitik, die fast immer mit der Aktivierung der Zivilgesellschaft und deren Integration in kommunalpolitische Leistungsprozesse einhergeht, anspruchsvolle Steuerungsstrukturen entstehen, die häufig aus einem Mix von bildungs-, beschäftigungs- und ordnungspolitischen Aufgaben mit zusätzlich präventiver Orientierung bestehen.

Eine Reihe von Stiftungen hat sich mittlerweile der Propagierung des Gedankens der Zivilgesellschaft und deren Einbeziehung in die Erledigung von Aufgaben der Daseinsvorsorge angenommen: Mit dem staatlich finanzierten „BBE: Bundesnetzwerk Bürgerschaftliches Engagement" ist eine Institution, bestehend aus staatlichen, wirtschaftlichen und zivilgesellschaftlichen Akteuren, zur Propagierung wie zur Steuerung des bürgerschaftlichen Engagements, geschaffen worden, die sich eine Zeitlang selbstbewusst als Zentralakteur der bundesdeutschen Engagementpolitik definierte (Dahme/Wohlfahrt 2010a). Der Diskurs über die Zusammenarbeit von Öffentlicher Verwaltung und Zivilgesellschaft ist mittlerweile einer breiteren Öffentlichkeit vertraut und erfreut sich einer dementsprechenden publizistischen Aufmerksamkeit. Wenn dann noch publikumswirksam Soziologen fordern: „Warum nicht Schulen, Sozialarbeit, Verwaltungsdienste (…) in einem klar definierten und staatlich kontrollierten Rahmen in die Eigeninitiativen zivilcouragierter Bürger legen?" (Beck 2000), dann sollte man dem weit verbreiteten Gerede von der Zivilgesellschaft und der ihr zudachten neuen Aufgabe (vgl. z. B. Hurrelmann 2001) Aufmerksamkeit schenken.

In vielen Bundesländern ist eine explizite Politik der Kommunalisierung staatlicher Aufgaben (Grunow 2010, Kuhlmann 2011) registrierbar: bislang genuin staatlich wahrgenommene Aufgaben (der Länder) werden auf die Kommunen delegiert und die Verteilung der weiterhin von den Ländern bereit gestellten Finanzmittel für diese Aufgaben an die örtlichen Träger und deren Kontrolle wird in diesem Zusammenhang ebenfalls den Kommunen übertragen. In der Arbeitsmarktpolitik hat sich dieser Dezentralisierungsgedanke und die dazu gehörige dezentrale Verteilung zentral bereit gestellter Ressourcen schon seit längerem durchgesetzt und zu einer ausgeprägten kommunalen Beschäftigungsförderung beigetragen (lange schon vor der sog. Hartz-Gesetzgebung). In der Arbeitsmarktpolitik wird besonders gut deutlich, dass Dezentralisierung und der Umbau der Sozialstaatlichkeit eng miteinander verbunden sind: denn durch Dezentralisierung der Arbeitsmarktpolitik (das gilt für die anderen genannten Fälle auch) soll die Rolle der Kommunen (z. B. in sog. territorialen Beschäftigungspakten) bei der Bearbeitung von Problemen neu gestaltet werden. Das Prinzip der lokalen Verantwortung scheint immer gleich: die Kommunalverwaltung aktiviert auf den jeweiligen Interventionsbereich bezogen die lokale Stakeholdergesellschaft, die lösen soll, was die Sharholdergesellschaft schon seit längerem nicht mehr schaffen oder nicht angehen will. Nicht zufällig wird diese Entwicklung deshalb auch als fortschreitende De-Parlamentarisierung wahrgenommen.

Dezentralisierungsprozesse sind zuerst in der Arbeitsmarktpolitik von der Europäischen Union ins Spiel gebracht und später auch als Strategie für andere Handlungsfelder propagiert worden. Im Lissabon-Vertrag der EU wird das bekräftigt: „Im Einklang mit dem Subsidiaritätsprinzip wird nach einem völlig dezentralen Ansatz vorgegangen werden, so dass die Union, die Mitgliedstaaten, die regionalen und lokalen Ebenen sowie die Sozialpartner und die Bürgergesellschaften im Rahmen unterschiedlicher Formen von Partnerschaften aktiv mitwirken." Offene Koordinierung, experimentelle Governance, Regieren durch „Soft Law" (vgl. Lamping 2008, Szyszczak 2006), so werden dezentralisierte Politikstrategien in der Wissenschaft umschrieben: die EU (oder ein sonstiger zentraler politischer Akteur) schafft nach diesem Politikmodell ‚Gelegenheitsstrukturen' und ermöglicht Koproduktionsprozesse für innovative Lösungen. Allerdings ist diese Form des *Regierens durch Dezentralität* immer damit verbunden, dass der das Netzwerk steuernde Staatenbund oder Nationalstaat (die EU und auf nationaler Ebene der Zentralstaat, auf lokaler Ebene die Kommune) Leitlinien, Ziele und einen Fahrplan zusammen mit den anderen Netzwerkakteuren erarbeitet, diese dann verbindlich vorgibt und auf dieser Grundlage die Umsetzung der dezentralen Aktionspläne einem zentralen Monitoring sowie einer Evaluation unterzieht, ein Sachverhalt der aus der Wirtschaft schon bekannt ist und dort Steuerung eines Zuliefernetzwerkes durch einen fokalen Akteur genannt wird.

Zusammenfassend könnte man schlussfolgern, dass die aktuellen Dezentralisierungstendenzen in der Sozial- und Gesellschaftspolitik davon getragen sind, die lokalen Institutionen sowie den Bürger und seine lokalen Vereinigungen (Zivilgesellschaft) zur Bearbeitung gesellschaftlicher Probleme zu aktivieren. Das geschieht gewöhnlich mit dem Hinweis auf das vor Ort vorhandene Wissen und die sich daraus ergebenden lokalen Problemlösungskompetenzen, die den staatlichen Ebenen auf Grund der räumlichen Entfernung und mangelnder (globaler) Statistiken wie auch Planungs- und Steuerungsinstrumenten fehle. Ein anderes Argument scheint jedoch noch gewichtiger: politische Dezentralisierungsprozesse sind auch immer mit dem Hinweis verbunden, dass die Aktivierung der lokalen Stakeholdergesellschaft dazu beitragen soll, den als „überbordend" bzw. „überfordert" deklarierten (zentralen) Wohlfahrtsstaat zu entlasten (auch ein erklärtes Ziel der gegenwärtigen Umbauarbeiten am Sozialstaat, dessen Logik hier wie auch in anderen Bereichen den sozialstaatsskeptischen Empfehlungen der Ökonomen der Chicago-School und ihres Lehrmeisters Milton Friedman folgt). Spricht man über Dezentralisierung (sei es in der Jugendhilfe oder in der Arbeitsmarktpolitik) dann schwingt darin auch immer (mal mehr, mal weniger manifest) der Verweis auf die Bedeutung der (lokalen) Zivilgesellschaft mit. Dezentralisierung und die Aktivierung der Bürger/innen wie der Zivilgesellschaft zur Mitarbeit an der Beseitigung oder Linderung sozialer Probleme (die aber gewöhnlich staatlich gesetzten Zielen folgt), das sind zwei Seiten der gleichen Medaille.

Die in allen OECD-Staaten beobachtbaren Dezentralisierungstendenzen in der nationalen Politik (vgl. Grell 2008, Dingeldey/Rothgang 2009, Wollmann 2010, Kuhlmann u. a. 2011) führen notwendigerweise zum Aufbau managerieller Steuerungssysteme, denn wenn den Kommunen im Rahmen der Dezentralisierungspolitik neue Aufgaben gestellt werden, zu deren Bearbeitung lokales Wissen wie aber auch die Aktivierung lokaler Bündnisse und sozialer Netzwerke notwendig sind, dann wächst der Kommune eine qualitativ neue Steuerungsfunktion zu. Neben den Aufgaben der Informationsbeschaffung und -verarbeitung sowie der Neuordnung der Verwaltung zur Wahrnehmung von Gestaltungs- und weniger Verwaltungsaufgaben, umfasst politische Steuerung auch Aufgaben der Netzwerksteuerung (Dahme/Wohlfahrt 2000, Schubert 2011), in der es um die Schaffung einer lokalen Governance geht. Durch das mittlerweile weit verbreitete New Public Management (NPM) sind die Kommunen schon seit einiger Zeit mit diesen Aufgaben konfrontiert. Das von der KGSt entwickelte Konzept des Strategischen Managements impliziert diese neue, auf kommunaler Ebene angesiedelte Steuerungsfunktion. „Steuern statt rudern", mit dieser Zielvorstellung ist das NPM angetreten. Der Umbau des Sozialstaates stellt neue Anforderungen an die Kommunalverwaltung. Aktivierende Sozialpolitik, Bürgergesellschaft und Bürgerkommune, sorgende Gemeinschaften, Kommunalisierung von Aufgaben, all diese Konzepte und Prozesse konfrontieren die Kommunalverwaltung nicht nur mit ökonomisch-betriebswirtschaftlichen Fragen, sondern fordern sie auch heraus, neue sozial-, gesellschafts- wie gerechtigkeitspolitische Antworten auf die durch globale Entwicklungen verursachten lokalen Veränderungen und Transformationsprozesse zu entwickeln. Dass diese Probleme lokal bearbeitet und deren „Lösung" nicht mehr zentralstaatlich normiert werden, das ist eine politische Entscheidung, die mit dem sich neu entwickelnden Sozialstaatstypus zu tun hat. Dessen durchgehendes Credo, dass der Markt und die Eigenverantwortung zur Bearbeitung sozial- und gesellschaftspolitischer Probleme Vorrang genießen (sollen), spiegelt sich auch als Herausforderung lokaler politischer Steuerung wider. Eines zeichnet sich deutlich ab: in dem Maße, wie sich ein parteiübergreifender Konsens zum Um- und Abbau des Sozialstaates auf Bundesebene entwickelt, werden notwendig auf kommunaler Ebene (auf der Ebene der Lebenswelt des Bürgers) eigene, lokale sozial- und gesellschaftspolitische Leitbilder und Programme entwickelt und implementiert.

2 Reformkonzepte politischer Steuerung in den Kommunen

2.1 Ergebnisorientierte Steuerung

Ausgangspunkt aller Reformen einer politischen Steuerung auf lokaler Ebene ist eine veränderte Verzahnung von Politik und Verwaltung. Kennzeichnend dafür ist das Ersetzen der für Behörden typischen Inputsteuerung (die jährliche durch den Haushaltsplan erfolgte Zuteilung von Personal, Finanz- und Sachmitteln) durch eine outputorientierte (ergebnisbezogene) Steuerung auf der Basis strategischer Ziele und Produktkataloge, eines Berichtswesen mit Leistungsindikatoren und vorgegebenen Budgets auf der Basis von Vereinbarungen (Kontrakten). Das Konzept der Outputsteuerung geht davon aus, dass im „Dienstleistungsunternehmen Stadt" die Leistungen und Ergebnisse des Verwaltungshandelns, die Produkte, im Mittelpunkt stehen; deshalb kommt der Produktbeschreibung ein zentraler Stellenwert zu. Produktbeschreibungen bestehen aus Produktdefinition, Leistungsumfang, Finanzen sowie insbesondere der Quantität und Qualität der damit verbundenen Zielerreichung. Produkte sollen zu einer überschaubaren Anzahl von Leistungspaketen zusammengefasst werden (Produktgruppen); Produkte sind die Leistungen, die sich vorrangig durch Leistungsmerkmale an der Schnittstelle zum Kunden definieren. Nach dem Neuen Steuerungsmodell sind Produkte in einer dezentralisierten Organisationsstruktur alle Leistungen oder Gruppen von Leistungen, die von anderen außerhalb des Fachbereichs (z. B. anderen Fachbereichen, Kunden, Bürgern) bzw. der Betriebseinheit selbst benötigt und nachgefragt werden. Jedem Produkt müssen eindeutig Kosten zurechenbar sein und die Produkte müssen einem Verantwortungsbereich zugeordnet werden können. Damit Produkte und damit zusammenhängende Leistungen erfasst, verglichen und bewertet werden können, bedarf es eines auf Produkte abgestimmten Berichtswesens und einer entsprechende Kostenrechnung; die Kosten- und Leistungsrechnung, ein Teilgebiet des innerbetrieblichen Rechnungswesens, wird auch zunehmend von Öffentlichen Verwaltungen benutzt, um Daten zu Kosten und Leistungen zu erfassen. Ziel der Kosten-Leistungs-Rechnung ist die Gewinnung von Informationen zur Steuerung der Produkt-, Preis- und Absatzpolitik; Kosten-Leistungs-Rechnungen dienen der Evaluation und helfen bei der Frage, ob die richtigen Produkte für potenzielle Nutzer angeboten werden.

Das strategische Ziel, die Mitarbeiter durch mehr Wettbewerb und Kundenorientierung zu aktivieren, soll durch die Implementierung verschiedener wettbewerblicher Instrumente wie Leistungsvergleiche, Leistungsvereinbarungen und Verantwortungsdelegation, Ausschreibungen und Kundenorientierung erreicht werden (Schedler/Proeller 2009, Blanke u. a. 2011). Nicht-marktlicher Wettbewerb findet insbesondere durch Leistungsvergleiche statt. Da die Verwaltung gewöhnlich eine Monopolstellung einnimmt, weil entweder hoheitliche Aufgaben wahrgenommen werden oder eine privatwirtschaftliche Leistungserstellung nicht lohnt, soll die Simulation von Wettbewerb durch Instrumente wie interkommunales Benchmarking, Preisvergleiche, Kennzahlsysteme, Kosten-Leistungs-Rechnung, Prämierung von Best Practice-Beispielen u. ä. Anreize für effizientes Verhalten schaffen; nicht-marktliche Wettbewerbsformen (auch virtueller oder Wettbewerb durch Vergleich genannt) sollen Ineffizienzen aufdecken und zusätzliche Transparenz schaffen; die Verwaltung soll sich durch solche Instrumente zur „lernenden Organisation" weiterentwickeln.

Quasi-marktlicher Wettbewerb soll durch die Schaffung so genannter Wettbewerbssurrogate entstehen; Kontraktmanagement mittels Leistungsvereinbarungen und Verantwortungsdelegation ist das wichtigste innerbetriebliche Instrument zur Inszenierung von Wettbewerb; diese Form des Wettbewerbes kann auch dazu genutzt werden, wie Bespiele aus anderen Ländern zeigen, dass durch interne Ausschreibung von Leistungen, Einrichtungen, die bislang regionale, quartiers- bzw. stadtteilbedingte Monopolstellungen einnahmen (z. B. öffentliche Schulen, Krankenhäuser) untereinander in Wettbewerb gesetzt werden.

Marktlicher Wettbewerb liegt dort vor, wo die Verwaltung durch öffentliche Ausschreibungen „Geschäftspartner" sucht, die Leistungen für den Eigenverbrauch der Verwaltung oder für deren Kunden erstellen; Geschäftspartner können private wie öffentliche Anbieter werden (bei öffentlichen Anbietern handelt es sich meistens um ausgegründete Unternehmen der Verwaltung); zur Ermittlung des wirtschaftlich günstigsten Angebotes können Kriterien wie Liefertermin, Preis, Qualität, Wirtschaftlichkeit, Betriebskosten, Kundenorientierung u. ä. in Anwendung kommen. Wenn die Leistungserstellung für den Bürger im Anschluss an eine Ausschreibung an Dritte vergeben wird, spricht man von contracting out; werden Leistungen durch Dritte (durch Ausgründung von Verwaltungsaufgaben) für den Eigenverbrauch der Verwaltung erstellt, spricht man von outsourcing, was verwaltungsrechtlich auch als formelle Privatisierung bezeichnet wird; contracting out und outsourcing werden in der Literatur manchmal sogar synonym verwendet (Schedler/Proeller 2009).

Das neue Steuerungsmodell wurde auf kommunaler Ebene insbesondere dahingehend kritisiert, dass die strikte Aufgabenteilung von Politik und Verwaltung im Modell des Kontraktmanagements häufig zu einem Politik- und Demokratiedefizit bei der Festlegung und Umsetzung von Zielen führt; Verwaltungsmodernisierung reduziert sich so leicht zu einer managerialistischen Reform im Interesse der Verwaltungsführung. Die Dominanz technokratischer Instrumente im Neuen Steuerungsmodell wie Controlling, Berichtswesen, Kennziffern u. ä. zeitigt neo-tayloristische Folgen und führen dazu, nur mess- und abrechenbare Verwaltungsleistungen in Zielvereinbarungen festzuschreiben und komplexere Probleme zu vernachlässigen

Die KGSt hat angesichts realer Umsetzungsdefizite wie auch zunehmender Kritik am Neuen Steuerungsmodell das „Strategische Management" zum neuen Ankerpunkt ihrer Reformbemühungen gemacht. Strategisches Management soll die dysfunktionalen Folgen outputorientierter Steuerung (Verselbstständigungstendenzen, Qualitätsprobleme, Verlust des Gemeinwohlbezugs, Vernachlässigung „bösartiger" Probleme u. ä.) dadurch überwinden, dass auf der Basis eines normativen Managements Visionen und ein verbindliches Organisationsleitbild entwickelt werden, durch die sowohl strategische wie operative Ziele und eine langfristige Ergebnis- und Wirkungsorientierung gesteuert werden. Ergebnissteuerung im Rahmen eines strategischen Managements geschieht auch durch begleitende (indirekte) Kontextsteuerung, die sich durch produkt- und bereichsübergreifendes Handeln innerhalb der Verwaltung wie durch strategische Kooperationen zwischen öffentlichen und privaten Akteuren auszeichnet. Zentrale Aufgabenstellung des strategischen Managements ist die Beantwortung der Frage, welche Aufgaben öffentlich überhaupt wahrgenommen werden sollen und welche davon prioritär unter Berücksichtigung zur Verfügung stehender Ressourcen bearbeitet werden sollen. Strategisches Management setzt ein gut ausgebautes Planungs- und Analysepotenzial voraus, durch welches das strategische Controlling erst in die Lage versetzt wird, Zielbildung, Entwicklungsplanung, Programmformulierung, mittelfristige Fach- und Ressourcenplanung u. ä. auf der operativen Ebene zu steuern.

Für das Neue Steuerungsmodell und das Strategische Management gelten: „Die neuen Strategien der Verwaltungsmodernisierung koppeln das Verwaltungshandeln sehr viel direkter als bisher an ökonomische Prozesse" (Felder 2001: 141). Durch das New Public Management wird „die Definitionsmacht über staatliche Aufgabenerfüllung von den Entscheidungsstrukturen parlamentarischer Instanzen hin auf die betriebswirtschaftliche Finanzkontrolle übertragen, womit die finanzpolitischen Entscheide zunehmend an eine scheinbar unpolitische Legitimationsquelle gebunden werden. Diese allgemeine Entpolitisierung des Verwaltungshandelns erfolgt also durch den Übergang von einer primär rechtlichen Steuerung des Verwaltungshandelns zu einer Steuerung durch ökonomische Kennziffern" (Pelizzari 2001: 67). Pelizzari spricht in seinem gleichnamigen Buch von einer „Ökonomisierung des Politischen".

2.2 Bürgerschaftliche Kommunalpolitik und „sorgende" kommunale Sozialpolitik

Ein zweiter wesentlicher Reformansatz der politischen Steuerung zielt auf die Aufwertung des bürgerschaftlichen Engagements und anderer Formen zivilgesellschaftlicher Aufgabenerfüllung im Sinne einer kooperativen lokalen Demokratie (Dahme/Wohlfahrt 2015). Den ideologischen Hintergrund bilden die Konzepte eines aktivierenden Staates, der Zivilgesellschaft bzw. Bürgergesellschaft, nach denen die Bürgerinnen und Bürger eigenverantwortlich ihre Angelegenheiten selbst in die Hand nehmen sollen. Diese Politik wird durch das aus der rot-grünen Schröder Regierung herstammende Leitbild des Aktivierenden Staates gestützt (Wolfrum 2013), der u. a. eine stärkere Ko-Produktion zwischen Staat und Bürgern zum Ziel hat. Mit diesem Leitbild wird über den bisherigen Ansatz der Binnenmodernisierung hinaus eine neue politische Ausrichtung für die Modernisierung der Gesamtgesellschaft entworfen, mit dem Ziel, die Übernahme gesellschaftlicher Verantwortung durch den Einzelnen zu fördern. Diesem Leitbild folgt auch die Merkel-Regierung, nur die Namen haben sich geändert: die sozialdemokratische Bürgergesellschaft wird – bei Verschiebung des Begründungszusammenhanges – gegenwärtig durch die „sorgenden Gemeinschaften" ersetzt (Heinze 2014).

Den institutionellen Kern der Zivilgesellschaft bilden nach Habermas „jene nicht-staatlichen und nicht-ökonomischen Zusammenschlüsse und Assoziationen auf freiwilliger Basis, die die Kommunikationsstrukturen der Öffentlichkeit in der Gesellschaftskomponente der Lebenswelt verankern. Die Zivilgesellschaft setzt sich aus jenen mehr oder weniger spontan entstandenen Vereinigungen, Organisationen und Bewegungen zusammen, welche die

Resonanz, die die gesellschaftlichen Problemlagen in den privaten Lebensbereichen finden, aufnehmen, kondensieren und lautverstärkend an die politische Öffentlichkeit weiterleiten" (Habermas 1992: 443). Während für Habermas die auf die institutionelle Meinungs- und Willensbildung Einfluss nehmende Öffentlichkeit den Begriff der Zivilgesellschaft zentral bestimmt, stellen aktuelle Begriffsbildungen auf das gemeinwohlzentrierte und eigenverantwortliche Handeln von Bürgern und Bürgergruppen ab und lassen die Zivilgesellschaft so in einen anderen, zumeist kommunitaristischen und gleichzeitig steuerungstheoretischen Kontext rücken: Selbstorganisation, soziales Kapital, Engagementpotenzial, soziale Netzwerke u. ä., gilt es neuerdings zu bergen und politisch zu steuern. Überlegungen wie die von Herfried Münkler, das Konzept der Zivilgesellschaft als sozio-moralisches Konstrukt zu deuten, helfen der politischen Steuerung und der politisch gewollten Rekontextuierung der Zivilgesellschaftsidee, da Engagement und Sorge so als bürgerschaftliche Pflichten bestimmt werden: „Von einer funktionierenden Zivilgesellschaft nämlich kann nur die Rede sein, wenn die ihr Angehörenden ihre Zugehörigkeit nicht bloß als formelle Mitgliedschaft verstehen, sondern damit die Bereitschaft zu Engagement und zur Übernahme von Aufgaben und Ämtern verbinden ... Es ist das Kennzeichen einer funktionierenden Zivilgesellschaft, dass sich in ihr eine kooperative Verantwortungs- und Arbeitsteilung der klassischen Bürokratie und der neuen gesellschaftlichen Akteure entwickelt, die am Ziel der Gemeinwohloptimierung orientiert ist" (Münkler 2001: 20).

Im sozialpolitisch neuen Konzept der „sorgenden Gemeinschaften", dessen Ausarbeitung und Verbreitung von der Bundesregierung gefördert wird, wird das Engagement nicht mehr als bürgerschaftliche Tugend gedeutet (wie noch bei Gerhard Schröder 2000), sondern neuerdings in einen *anthropologischen Begründungszusammenhang* gerückt und somit der Historizität und Kritik enthoben. Eine steuerungstheoretisch begründete Zivilgesellschaft impliziert für den Bürger den Zwang zur Vergemeinschaftung. Definiert man Engagement als Sorge, wird es zu etwas Natürlichem und Ursprünglichem umgedeutet. Das löst dann auch den dem Begriff „Sorge" anhaftende „semantische(n) Rückschritt in Richtung Familiarismus, Deprofessionalisierung und Romantisierung gegenseitiger Solidarität" (Klie 2014, S. 13) auf. „Sorge" zur anthropologischen Kategorie zu verklären, wird schon im 6. Altenbericht von 2010 (Kap. 4.1 „Zivilgesellschaft als Kontext zur Generierung neuer Altersbilder und Rollenmodelle des Alters") vorgeführt. Zum einen wird die Zivilgesellschaft weiterhin vor dem Hintergrund des geltenden Subsidiaritätsprinzips als sozialpolitisches Gestaltungsprinzip behauptet: „Ein auf Subsidiarität gründendes Staatsverständnis baut auf die Selbstorganisations- und Gestaltungsbereitschaft der Individuen und der kleineren Gemeinschaften ebenso wie auf das Miteinander der Sektoren; dabei sind die individuellen und kollektiven Akteure aufeinander verwiesen. Hierin liegt die Grundlage von gesellschaftlicher Stabilität und Wohlfahrt ... Der Staat kann jedoch nicht verordnen, dass sich die Akteure untereinander ihrer *Verwiesenheit* (Hervorhebung durch die Autoren) bewusst werden und in Aushandlungsprozesse eintreten. Es liegt in der Natur von ,Zivilgesellschaft', dass die Initiative und die Vertretung der Interessen in entscheidender Weise aus der Bürgerschaft kommen. Der Staat kann durch Strukturen und Anreize ermöglichen, dass diese für die Gesellschaft fruchtbaren Aushandlungs- und Gestaltungsprozesse in Gang kommen und verstetigt werden" (6. Altenbericht 2010, S. 114–115). Zivilgesellschaft und Bürger/innen sind in diesem Konzept Koproduzenten staatlicher Leistungen, Teile des Wohlfahrtspluralismus, haben auch die Einsicht in diese Notwendigkeit, weil sie sich als „Projekt einer guten Gesellschaftsordnung" begreifen, was sich naturnotwendig aus der anthropologischen „Verwiesenheit" auf den anderen ergibt. Sollte diese Einsicht nicht greifen, lässt sich dem steuerungstheoretisch durch Aktivierungspolitik nachhelfen. – Erstaunlich ist, das sich die Sozialpolitik neuerdings quasi existentialphilosophisch begründet, kann man doch so aktuellen sozialpolitischen Begriffen wie ‚Gemeinschaft' und ‚Sorge' ihre negativen Konnotationen und ihre reaktionären Implikationen scheinbar wegzaubern. Die im Modell des aktivierenden Sozialstaates durchgesetzte Pflicht zur Selbstsorge und Fremdsorge bekommt durch ihre vermeintlich anthropologische Begründung höhere Weihen und lässt sich so auch bestens gegen Kritik immunisieren, allerdings mit der Folge, dass Sozialpolitik immer mehr zu einer Glaubensfrage wird.

Das sozialdemokratische Konzept der Bürgergesellschaft wie das christdemokratische der sorgenden Gemeinschaften ist nicht nur mit Partizipationsversprechen verbunden, sondern soll auch dazu führen, den Bürger als „öffentliche Ressource" wahrzunehmen, deren Nutzung vernünftige Kommunalpolitik erst ermöglicht. Beide Konzepte sind anschlussfähig an das Konzept Bürger- rsp. Zivilgesellschaft. In der Leipziger Resolution des Deutschen Städtetages von 2001 heißt es dazu beispielsweise schon: „Auch der Bürger selbst muss zukünftig zu mehr Eigenleistung und Eigenbeteiligung motiviert und befähigt werden (‚aktive Bürgerkommune')" (Deutscher Städtetag 2001: 6). Mit Ehrenämtern, Selbsthilfeaktivitäten, freiwilliger Übernahme gemeinwesenorientierter Aufgaben, Eigenverantwortung und Selbstorganisation, mit Beteiligung an Partizipationszirkeln (Zukunftswerkstätten, Planungszellen, Einwohnerversammlungen, Stadtteilkonferenzen usw.), in Beteiligungsverfahren (Einwohnerantrag, Bürgerbegehren und Bürgerentscheid, Mitwirkung in Gremien, Beiräten und Ausschüssen), in Stiftungen, Freiwilligenzentren und Vereinen sollen engagierte Bürgerinnen und Bürger Aktiv- und Verantwortungsrollen übernehmen (Bogumil u.a 2003, Jakob u. a. 2008, Nationales Forum für Engagement und Partizipation 2010).

Obwohl nach Auffassung der Enquetekommission „Zukunft der Städte in NRW" bürgerschaftliches Engagement mehr sein soll als ein Ersatz für ausgebliebene öffentliche Leistungen, stellt sie doch folgendes fest: "Gerade in Zeiten finanzieller Restriktionen der öffentlichen Kassen gewinnt die aktive Mithilfe der Bürger eine neue Qualität. Es zeichnet sich zunehmend ab, dass das Gemeinwesen ohne die Hilfe des Einzelnen keine Zukunft mehr hat. Dies kann mit dem Leitbild der Bürgerkommune beschrieben werden. Für die Kommunen gilt, das freiwillige Engagement zu fördern, zu pflegen und zu honorieren" (Enquetekommission NRW 2004: 264).

Ziel der auf den Bürger oder die lokalen Gemeinschaften setzenden Ansätze ist es, einerseits Ressourcen einzusparen, andererseits brachliegende Ressourcen zu aktivieren. Die durch das Managementkonzept in der Verwaltungsreform anvisierte Kontextsteuerung erweitert sich damit programmatisch um ein bürgerschaftliches Co-Management, um „Gemeinsinn zu wecken und sonst nicht mehr finanzierbare Leistungen zu ermöglichen und aufrechtzuerhalten" (KGSt 1999: 16). Private Stiftungen, Freiwilligenzentren, ehrenamtlich tätige Bürger usw. sollen nicht nur ergänzende oder zusätzliche Aufgaben übernehmen, sondern auch Leistungen, die normalerweise von den Kommunen selbst erbracht werden müssten, z. B. Spielplatzpflege, Grünpflege im Stadtteil, unterstützende Arbeiten in der städtischen Bibliothek, Betrieb eines Schwimmbades oder einer Sportanlage, Organisation von Theateraufführungen und Konzerten durch Vereine, Mithilfe bei der Altenpflege, in Beschäftigungsgesellschaften usw. Die Aktivierung der Bürger und ihrer Vereinigungen soll zur Aufrechterhaltung von Infrastruktureinrichtungen dienen, die auf Grund der schlechten städtischen Finanzlage gefährdet sind und sonst geschlossen werden müssten (Dahme/ Wohlfahrt 2013: 255–264).

2.3 Local Governance

In den Kommunen hat es in der Vergangenheit schon immer eine ausgeprägte Zusammenarbeit zwischen dem politisch-administrativen System und lokalen Unternehmen, Institutionen, Initiativen, Verbänden und Vereinen gegeben, z. B. mit Sportvereinen, Umweltinitiativen, Kirchen, Gewerkschaften, Wohlfahrtsverbänden, Einzelhandelsverbänden, Handwerkskammern usw. Diese Kooperation war und ist fester Bestandteil der Kommunalpolitik und ist vielfach Voraussetzung und Basis für kommunale Planungen und die Steuerung der Aufgabenerledigung. Die durch das Strategische Management und das Leitbild einer bürgerschaftlich-sorgenden Sozialpolitik verursachten Veränderungen führen zu einer neuen Qualität der lokalen Kooperationsstrukturen und Kooperationskultur, denn neuerdings geht es weniger um die Steuerung einzelner Probleme oder Politikfelder, sondern vielmehr um die Entwicklung von Strategien einer kommunalen Gesamtsteuerung, die gesellschaftliche Interessengruppen und Akteure strategisch in die kommunalen Entscheidungsprozesse einbindet und dadurch als multilaterale Netzwerkpolitik gekennzeichnet werden kann. Der Begriff Local Governance steht „für eine Steuerungs- und Regelungsstruktur, die staatliche wie gesellschaftliche Akteure zusammenführt, formelle wie informelle Elemente beinhaltet und durch hierarchische, kompetitive und kooperative Akteursbeziehungen geprägt wird" (Benz 2001: 56). Local Governance ist anschlussfähig an den von Weltbank 1989 geprägten Begriff „Good Governance", der die Kooperation aller staatlichen Ebenen im Zusammenspiel mit gesellschaftlich relevanten Akteursgruppen im Rahmen eines abgestimmten Gesamtkonzepts zum normativen Leitbild von guter Staatlichkeit erklärt, was der IWF und die US-Regierung in den 1990er Jahren, ausgehend vom *Washington Consensus* (1990), weiterentwickelt haben (Dolzer 2004): Good Governance besteht seitdem nicht nur aus gut funktionierenden staatlichen Institutionen und ihrem kooperativen Zusammenspiel, sondern basiert vor allem auf Handeln, das die Effizienz im Auge behält. – Dieser ökonomisierte Governancebegriff ist auch Bestandteil des Strategischen Managements bzw. des New Public Managements geworden, was dazu beigetragen hat, einen effizienztheoretischen Zivilgesellschaftsbegriff zu entwickeln.

Local Governance ist die Steuerungsform der kooperativen Kommune, bei der sich die Stadt selbst als Akteur unter Akteuren versteht und eine planende und koordinierende Funktion oder eine bloß moderierende und makelnde Funktion ausübt. Derartige Kooperationen, die durch mehr oder weniger feste Regelungen und Beziehungsmuster strukturiert sind, sollen nicht nur die Kommune entlasten, sondern auch neue Produktivitätspotenziale erschließen. Die sich hier entwickelnde neue Rolle der Stadt wird vom Deutschen Städtetag begrüßt. Insbesondere im Hinblick auf Bereiche wie Kultur, Sport, Beschäftigungsförderung, Ausbildung und Integration bedarf es nach seiner Ansicht neuer Antworten auf die Frage, „wie Städte diese Rolle des Moderators, des Förderers und des Vernetzers gesellschaftlicher Initiativen und Leistungen weiter entwickeln können" (Deutscher Städtetag 2001: 4).

In den vergangenen Jahren sind auf Länder- und kommunaler Ebene eine Reihe von Reformen initiiert worden, die sich als Versuch der Etablierung einer lokalen Governance interpretieren lassen. So wurden auf kommunaler und Landesebene direktdemokratische Elemente bei Sachentscheidungen (Bürgerbegehren, Bürgerentscheide bzw. Volksbegehren und -entscheide) gestärkt. Durch die Einführung der Direktwahl von Bürgermeistern bzw. Landräten in den Kommunalverfassungen haben sich die kommunalen Entscheidungsstrukturen nachhaltig verändert, da hiermit eine deutliche Stärkung der Verwaltungsführung einhergeht. In einer Reihe von Kommunen sind die Beteiligungsmöglichkeiten der Bürger am kommunalen Haushalt durch den sog. Bürgerhaushalt verbessert worden. Dabei sollen die Bürger in verständlicher Form über den kommunalen Haushalt informiert werden, eigene Vorschläge einbringen und der Rat ist aufgefordert, seine Haushaltsentscheidungen gegenüber dem Bürger zu begründen.

Local Governance lässt sich als kommunalpolitischer Steuerungsansatz charakterisieren, in dem es darum geht, die traditionellen korporatistischen Einflussmöglichkeiten aufzubrechen und kontextbezogene Lösungsansätze durchzusetzen. Erwartet wird eine Steigerung der Effektivität und Effizienz lokalen Regierens und eine Mobilisierung zivilgesellschaftlicher Ressourcen für kommunale Aufgaben: „Zivilgesellschaft ist kein Name für die Übernahme der Regierung durch die Bürger (deren repräsentatorische Form die Demokratie ist und bleibt), sondern ein Name für einen Prozess der Interrelation von Staat und NGOs, Bürgergesellschaften und -organisationen diverser Arten, virtual communities etc. Die Governancegesellschaft ist dann ein präziserer Name für die Intention der Zivilgesellschaft, nämlich um Verfahren präzisiert, die Zivilgesellschaft jenseits rousseauischer Romantik in effigie einzuführen, um die Kooperationschancen zu erhöhen" (Priddat 2004: 82). Die Zivilgesellschaft wird als Teil der lokalen Governance verstanden, die eine neue Verantwortungsteilung zum Ziel hat und die Zivilgesellschaft als Koproduzenten öffentlicher Güter betrachtet und den Staat dabei in der Rolle des Leistungsaktivierers sieht, der nur noch Gewährleistungsfunktionen ausübt (vgl. Jann/Wegrich 2004). Die von der Politik und den Politikberatern geäußerte Hoffnung, mittels der neuen Governance weniger Staat und Bürokratie und stattdessen mehr diskursive Politik bei mehr gesellschaftlicher Beteiligung und Eigenverantwortung schaffen zu können, ist die idealistische Verkehrung eines zunehmend staatlichen Anspruchs an die Funktionalität seiner Bürgerinnen und Bürger und die Organisationen der Zivilgesellschaft, die nur noch als Leistungsproduzenten in den Blick genommen werden. Die neue Governance hat instrumentellen Charakter, da sie entgegen ihrer Selbstbeschreibung der Umsetzung und Steuerung strikter politischer Ziele dient. Was der Soziologe Ralf Dahrendorf generell zur Aushöhlung der klassischen Institutionen der parlamentarischen Demokratie sagt, gilt auch für die Kommunen: „Parlamente existieren in Nationalstaaten und in ihren Teilen wie Ländern und Kommunen. Indes sind die Räume, in denen politische Entscheidungen heute getroffen werden, diffuser geworden. Aus gutem Grund ist zunehmend von governance statt von government die Rede. Wir werden regiert, ohne dass man mit dem Finger auf Regierungen zeigen könnte, die das bewerkstelligen. Die Diffusion der Macht reicht zudem vom Globalen bis zum Lokalen" (Dahrendorf 2003: 320 f.).

3 Zentrale Steuerung und Local Governance: zur neuen Rolle der Kommunen im Standortwettbewerb und die Folgen für die politische Steuerung in den Kommunen

Im Verlauf der Modernisierung der kommunalen Selbstverwaltung sind – unterstützt von den kommunalen Spitzenverbänden – mit Leitbildern wie „Konzern Stadt", „Bürgerkommune", „bürgerschaftliches Engagement" und „sorgende Gemeinschaften" Reformmodelle politischer Steuerung entwickelt worden, die versuchen, scheinbar konträre Zielsetzungen wie z. B. die Aufwertung der Kommune im Standortwettbewerb und die Stärkung von bürgerschaftlicher Partizipation miteinander zu verbinden. Obwohl sie (oberflächlich gesehen) inhaltlich verschiedene Aspekte betonen, haben diese Modelle doch eines gemeinsam: Sie enthalten alle eine Neudefinition des Öffentlichen und propagieren offensiv eine Fragmentierung der politischen Steuerung. Die Dezentralisierungstendenzen in der Bundes- und Landespolitik setzen sich als Fragmentierung in der lokalen Politik fort. Sie sind darauf ausgerichtet, den Bereich des Privaten zu erweitern und den politischen Raum demokratischer Einflussnahme neu zu definieren. Es wäre falsch, dies als zwangsläufige Folge einer durchgängigen Ökonomisierung der Selbstverwaltung zu interpretieren. Das Modell einer durch gewählte (ehrenamtliche) Räte gesteuerten, wesentlich durch Verwaltungspolitik gekennzeichneten kommunalen Selbstverwaltung, stößt an seine Grenzen, wenn es darum geht, die Kommunen zu attraktiven Wirtschaftsstandorten weiter zu entwickeln, die zugleich die sozialen Folgen der damit einhergehenden Segregation und Desintegration abzuarbeiten haben.

Besonders deutlich wird dies an Leitbildern wie *Konzern Stadt* oder *Strategisches Management*. Wesentliche Merkmale dieser Leitbilder entstammen dem betriebswirtschaftlichen Management und propagieren die Ausgliederung und Privatisierung öffentlicher Aufgaben und Dienste. Das kommunale Handeln ist dadurch aufgespalten worden in viele selbstständig agierende Beteiligungsunternehmen, die nach privatwirtschaftlichen Regeln agieren, und in wenige der Verwaltung unterliegende Restaufgaben, in denen ebenfalls ökonomische Maßstäbe das Handeln dominieren. Ein Prozess der angesichts der Rechtslage (bzw. durch Investorenschutzregelungen) kaum rückgängig zu machen ist. Das politische Gremium, der Gemeinderat, hat in diesem Fall nur noch über Grundsätze der Stadtentwicklung und abstrakte Oberziele zu entscheiden, deren Konkretisierung der Fachverwaltung aufgrund der Dezentralisierung operativer Aufgaben vorbehalten ist. Die Möglichkeiten des Rates, als politische Gesamtheit Einfluss auf das betriebswirtschaftliche Geschehen in den Einzelunternehmen des städtischen Konzerns oder die privatisierten Betriebe zu vormals gemeinnützigen Aufgabenstellungen zu nehmen, schwinden bzw. sind nicht vorhanden. Durch die Bildung selbstständiger Unternehmen schrumpft der Bereich öffentlicher Einflussnahme und Gestaltung. Im Konzern Stadt verliert der Rat als politisches Organ der Selbstverwaltung somit zunehmend seine normsetzende Funktion in einer wachsenden Zahl kommunaler Handlungsfelder.

Die Leitbild *Bürgerkommune* oder „sorgende Gemeinschaften" zeichnen sich noch durch zwei weitere Modernisierungsaspekte aus: bürgerschaftliche Politik will zum einen Bürger, Bürgerstiftungen, Bürgervereine eigenverantwortlich – und meist ehrenamtlich – Aufgaben übertragen, die bisher (meistens) als öffentliche Angelegenheiten angesehen wurden. Dadurch entlastet sich die Kommune von bestimmten Aufgaben und Kosten. Die Einflussnahme des Rates auf die Erledigung der von Bürgern und von Bürgerassoziationen übernommenen Aufgaben ist dabei ebenso gering wie die bei den ausgelagerten Unternehmen im Rahmen betriebswirtschaftlicher Leitbilder. Leitbilder, die den Bürger rsp. lokale Gemeinschaften in den Mittelpunkt stellen, versprechen formell die Stärkung partizipativer Strukturen in der Kommune durch Instrumente wie Planungszellen, Zukunftsforen, Bürgerinitiativen u. ä., eröffnen aber auch den Fachverwaltungen die Möglichkeit, diese partizipativen Strukturen aufgrund ihres Wissensvorsprungs zu dominieren, u. U. sogar noch viel mehr als den auf ihre Steuerungskompetenz insistierenden kommunalen Räten.

Die neuen Leitbilder für das kommunale Handeln implizieren alle eine neue *Verantwortungsteilung zwischen Politik und Bürger* und generieren (mal mehr, mal weniger) einen neuen politischen Koordinationsmodus, der sich als Local Governance beschreiben lässt. Entwicklungsprobleme und Entwicklungsperspektiven der Stadt werden zu einer Aufgabe, die mittels eines Netzwerks aus Verbänden, Vereinen, Unternehmen und öffentlichen und privaten Institutionen gelöst werden soll. Die Rolle der kommunalen Selbstverwaltung reduziert sich – so die Implikationen dieses Leitbilds – auf die Funktion des Netzwerkmanagements, das Management unterschiedlicher Akteurskonstellationen. Folge dieses Leitbildes ist, dass sich die politische Willensbildung von der gewählten repräsentativen Vertretung auf die in den Netzwerken Beteiligten verlagert (z. B. die Einzelhandelsverbände, die freien Träger, die Sportvereine). Politische Entscheidungsfindung – auch wenn es sich dabei nur um Vorentscheidungen handelt, die letztlich noch durch die legitimierten Organe bestätigt werden müssen – verlagert sich dadurch in eher nicht öffentliche Gremien und auf einen Kreis privilegierter Netzwerkakteure, die primär keine öffentlichen Interessen vertreten. Da nicht alle Akteure der Zivilgesellschaft gleichermaßen Zugang zu den Netzwerken gewährt wird (Netzwerke zeichnen sich durch den Ausschluss unerwünschter Positionen aus), kommt es zur *Selektion* von privaten und politischen Ansichten und letztendlich zu Vorentscheidungen über die zu findende ‚best practice'. Die Zukunft ist dadurch nicht mehr offen, nicht zuletzt auch wegen des Effizienzprimats. Die Tendenz, themenzentrierte Netzwerke zu etablieren (in der kommunalen Sicherheitsdiskussion sind andere Akteure als in der Integrations- oder Arbeitsmarktpolitik beteiligt) führt wiederum zur Fragmentierung politischer Entscheidungsfindung und Steuerung, die meist nur noch von der moderierenden Verwaltung zusammen gehalten wird.

Dieser neue Politiktypus, der in verschiedenen Reformkonzepten und Leitbildern enthalten ist, hat sich mittlerweile schon in einer Vielzahl von Kommunen etabliert und zeitigt Folgen: die Technokratisierung und Managerialisierung der Verwaltungssteuerung (die den ökonomischen Reformkonzepten zugrunde liegt) dehnt sich aus auf die politische Steuerung insgesamt und beeinflusst letztlich auch den Prozess politischer Willensbildung in den Kommunen. Die gegenwärtig diskutierten und favorisierten Leitbilder und Reformkonzepte für eine neue Kommunalpolitik verschaffen der Verwaltung ein Übergewicht gegenüber der Politik und führen dazu, dass die verschiedensten lokalen Politiknetzwerke (tendenziell) durch die Interessen der Verwaltung dominiert werden, vor allem durch Fragen der Haushaltskonsolidierung wie des kommunalen Standortwettbewerbs. Diese Handlungslogik findet man auch in den Bereichen wieder, in denen der Kommunalpolitik die Aufgabe zugewachsen ist, lokale Bewältigungsstrategien für überlokal erzeugte Formen sozialer Ausschließung zu schaffen (so z. B. in der Arbeitsmarkt- und Integrationspolitik oder auf dem Gebiet der Inneren Sicherheit), für deren Bewältigung in den Kommunen und Regionen kaum geeignete Instrumente zur Verfügung stehen. Dieser Tatbestand bildet den Ausgangspunkt zweier, wiederum nur scheinbar, konträrer Entwicklungen: der Dezentralisierung auf lokaler Ebene wie der gleichzeitigen Höherzonung und Zentralisierung politischer Steuerungsaufgaben von den Kommunen auf regionale Gremien oder die Länderebene.

Seit längerem ist beobachtbar, dass z. B. Grundsätze und Ziele der Stadtentwicklungspolitik, der kommunalen Wirtschafts-, Bildungs-, Sozial- und Gesundheitspolitik von den Landesparlamenten diskutiert und beschlossen werden; dass auf Länderebene konkrete Leistungsziele formuliert, Regeln aufgestellt, Förderinhalte entwickelt und Modellprojekte durchgeführt werden, deren Umsetzung in den Kommunen dann verwaltungsmäßig ablaufen kann. Ein Großteil von politischen Programmen, insbesondere Maßnahmen zur Sozialintegration, lassen sich besser auf der Landesebene entwickeln und planerisch formulieren als auf der weitgehend entmachteten Ebene der Gemeindevertretungen. Die *Höherzonung* von Entscheidungen hat Gründe: Die meisten der von den Kommunen zu bearbeitenden Aufgaben sind mittlerweile nur noch selten auf den Stadtraum begrenzte Angelegenheiten und auf der Landesebene lässt sich das für die Steuerung komplexer Probleme erforderliche Wissen besser akkumulieren als in den Kommunen. Die Kommunen sind jedoch weiterhin aufgefordert, die jeweiligen Konzepte vor dem Hintergrund der lokalen Gegebenheiten und Besonderheiten anzupassen und entsprechend zu implementieren. Dieses Implementationsmanagement nimmt konsequenterweise technokratische Züge an, weil die strategische „quo-vadis"-Frage durch die (scheinbaren) lokalen Modernisierungszwänge einerseits wie ihrer überlokal definierten Rahmenbedingungen andererseits politisch längst entschieden ist. Trotzdem wird vor Ort häufig so gehandelt, als könnten die lokalen Netzwerke noch strategische Entscheidungen treffen: Ziele werden formuliert und vereinbart, gesellschaftliche Gruppen eingebunden, Allianzen geschmiedet, Indikatoren spiegeln die Maßstäbe des Umsetzungsmanagements, Evaluierungen prüfen die Wirksamkeit der verfolgten Maßnahmen und das Ganze wird begleitet durch Konferenzen und sozialräumliche Begegnungsrituale, welche die beteiligten Akteure zuverlässig darüber informieren, dass Probleme gelöst werden. Die Felder für diese im Grunde technokratische Handhabung von Kommunalaufgaben sind relativ beliebig und reichen von der Jugendhilfe, über die Umwelt- bis hin zur Ausländerpolitik.

Die von den Bundesländern neuerdings favorisierte Dezentralisierung der staatlichen Förderpolitik ist ein weiterer Ausdruck dieser Entwicklung: „Zentrales Ziel einer grundlegenden Veränderung der Förderpolitik des Landes sollte die stärkere Dezentralisierung von konkreten Förderentscheidungen auf die kommunale bzw. auf die regionale Ebene sein" (Enquetekommission des Landes NRW 2004, S. 331). Diese Dezentralisierung der Förderpolitik ist aber eingebettet in einer parallel dazu verlaufenden Zentralisierung von Steuerungsmöglichkeiten auf Länderebene: gesteuert wird über Zielvereinbarungen zwischen Land und Kommunen auf der Grundlage von integrierten Entwicklungskonzepten der Kommunen, ferner durch Einführung eines Städte- und Regionalmonitorings, d. h. eines landesweiten Monitoring- und Controllingsystems. Steuerung durch das Land setzt voraus, dass auf Landesebene klare politische Leitbilder und konkrete Entwicklungsziele für das Land insgesamt und seine Teilräume entwickelt werden. Diese in den Ländern registrierbare Strategie einer Gleichzeitigkeit von Zentralisierungs- und Dezentralisierungsprozessen wird verständlich, wenn man sie als Ausdruck eines vom Land beanspruchten Strategischen Managements versteht, durch das den Kommunen der operative Part zufällt.

Die gegenwärtig zu beobachtenden Kommunalisierungs- bzw. Dezentralisierungsprozesse haben für die Kommunen und ihre Bürger/innen noch eine andere, weiter gehende Konsequenz. Da diese Reformen nicht eingebunden sind in eine Reform der Gemeindefinanzen, können die von den Kommunen vor Ort zu erarbeitenden Problemlösungen nur so weit gehen, wie es die kommunale Haushaltslage zulässt. Das Machbare bestimmt der Kämmerer. Da die Kommunen unterschiedlich finanzstark bzw. finanzschwach sind, führt die Dezentralisierungspolitik zu einem Auseinanderdriften der Lebensverhältnisse in den Kommunen. Hier reproduziert sich, was sich auf der Ebene der Bundesländer schon länger abzeichnet (z. B. als Ost-West-Gefälle). Das Grundgesetzziel der „Gleichheit der Lebensverhältnisse" in der Bundesrepublik wurde schon vor längerem (1994) durch das Ziel der „Herstellung gleichwertiger Lebensverhältnisse" ersetzt. Der Bundespräsident hatte 2004 mit seiner Infragestellung des Grundsatzes der *Gleichwertigkeit der Lebensverhältnisse* (Art. 72 GG) eine Debatte über die Notwendigkeit des Sozialausgleichs eröffnet, in der er und andere auch noch die Gleichwertigkeit der Lebensverhältnisse als übergreifendes politisches Ziel infrage gestellt haben. Es bedarf keiner großen prognostischen Fähigkeiten, um auch für die kommunale Ebene eine wachsende ungleiche Entwicklung der infrastrukturellen Daseinsvorsorge wie der Lebensverhältnisse vorauszusehen.

4 Schlussbemerkung: Kontingenz der Daseinsvorsorge

Kommunalisierungs- und Dezentralisierungspolitik verstärken die kommunal schon ausgeprägten materiellen und sonstigen Ungleichheitsentwicklung. Käme es zu einer offenen Debatte über sog. „Mindeststandards" der Daseinsvorsorge, die es ansatzweise in einigen Politikbereichen schon gibt (Sozialhilfe, Gesundheitspolitik), würde das grundgesetzliche Ziel der Gleichwertigkeit der Lebensverhältnisse sicherlich noch einmal eine Stufe niedriger gezont. Welche Ressourcen in welchem Umfang die kommunale Ebene in den Sozialräumen für sozial- und bildungspolitische, sozialintegrative, entwicklungs- oder sicherheitspolitische Maßnahmen aufwendet, bestimmt jetzt schon zunehmend die Zufälligkeit vorhandener lokaler Budgets und der aktivierbare Anteil an bürgerschaftlichen Ressourcen (sozialem Kapital). Diese Entwicklung lässt sich nur schwerlich als politische Steuerung begreifen. Vielleicht sind die sorgenden Gemeinschaften (das Gleiche gilt für das sozialdemokratische Konzept der Bürgergesellschaft und Bürgerkommune) ja als das gedacht, was sie heute schon sind, zufällige lokale Konstellationen, durch die bestimmt wird, welches Versorgungsniveau in den jeweiligen Stadtteilen und Wohngebieten gewährleistet werden kann. Dezentralisierungpolitik produziert *Kontingenz* (in den Ländern wie in den Kommunen), und das ist politisch gewollt. Dezentralisierungspolitik und Local Governance folgen dem zentralstaatlichen Willen, das Ideal der „Herstellung gleichwertiger Lebensverhältnisse" zugunsten dezentraler, heterogener Lösungen aufzugeben. Dezentralisierung ist zudem vereinbar mit dem vorherrschenden Modell kommunaler Standortkonkurrenz, dessen notwendige Ergänzung, weil sie die „Lösung" sozialer Probleme dorthin zurückverweist, wo sie ihren sichtbaren Ausdruck finden: in den Kommunen und letztlich bei den Betroffenen, die neben den immer zahlreicher werdenden Suppenküchen (Tafeln) auf ihre Selbstaktivierung verwiesen werden und so die zentralstaatlich gewollte Kontingenz selber produzieren.

Eine auf *Kontingenz* setzende kommunale (Sozial)Politik führt dazu, dass die Qualität der kommunalen Daseinsvorsorge in den Kommunen (noch stärker als bisher) auseinanderdriftet und die Gegensätze zwischen reichen und armen Gebietskörperschaften und Regionen sich verstärken. Das Ideal, durch *Steuerung* die Zufälligkeiten örtlich oder regional aktivierbarer Ressourcen zu beeinflussen und damit handlungsfähig zu bleiben, bekommt nicht nur ein neues Gewicht, es wird auch in Form des neuen Leitbilds Inklusion formuliert: *Inklusion* ist (gegenüber älteren sozialpolitischen Integrations-, Gleichheits- und Umverteilungsvorstellungen) das neue Ideal der Gestaltung von Sozialpolitik, kommt im Inklusionskonzept doch zum Ausdruck, dass „Teilhabe" und „Teil-Sein" (so das Motto des Deutschen Fürsorgetages 2015) an den jeweils *vor Ort* gestalteten und in der Verantwortung der gesellschaftlichen Akteure ausgestalteten Lebensbedingungen oberstes Ziel kommunaler sozialpolitischer Interventionen ist und weitergehende Ansprüche, wie die auf einen Ausgleich defizitärer Lebenssituationen, nicht mehr realistisch behauptet werden können. Die lokale Sozialpolitik, die traditionell mit immer weniger Mitteln immer größere gesellschaftliche „Integrationsaufgaben" zu bewältigen hat, setzt deshalb konsequent darauf, dass durch stärkere „Vernetzung", „Integration und Bündelung" von Ressourcen, stärkere

„Aktivierung" der lokalen Bevölkerung usw. eine kompensatorische Bewältigung sozialer und materieller Problemlagen möglich ist. Inklusion ist im Gegensatz zu Integration (die gesamtgesellschaftliche und nationalstaatliche Bezüge enthält und auf der Ausdifferenzierung von Hilfesystemen basiert) eine Strategie, die die Diversität lokaler Lebensverhältnisse und Problemlösungen akzeptiert, wenn nicht gar unter Wettbewerbsgesichtspunkten anstrebt, da man darin einen Motor sozialen Aufstiegs durch Anstrengung sieht. Wenn es im Rahmen von Dezentralisierungs- und Inklusionsstrategien verschiedene lokale, kontingente Lösungen gibt, ist das nicht Folge der Politik sondern Folge mangelnder Sorge, ungenügendem Engagements der Bürger oder unterschiedlich ausgepräger Sorgekompetenz. Das „Dorf in der Stadt" (Heidelberger Modell sorgender Gemeinschaften) ist nur so gut wie die sorgende Gemeinschaft im „Dorf" – so die Subbotschaft der Dezentralisierungspolitik.

Literatur

Beck, Ulrich 2000, Mehr Zivilcourage bitte. *Die Zeit, 25.5.2000.*
Benz, Arthur 2001, Vom Stadt-Umland-Verband zu „regional governance". In: Deutsche Zeitschrift für Kommunalwissenschaften (DfK), 2001/II
Bertelsmann Stiftung 2007, Leitfaden lokales Übergangsmanagement. Von der Problemdiagnose zur praktischen Umsetzung, Gütersloh: Bertelsmann
Blanke, Bernhard/Reichard, Christoph/Nullmeier, Frank/Wewer, Göttrik 2011, Handbuch zur Verwaltungsreform (4. Auflage), Wiesbaden: VS
Bogumil, Jörg/Holtkamp, Lars 2006, Kommunalpolitik und Kommunalverwaltung. Wiesbaden: VS
Bogumil, Jörg/Holtkamp, Lars,/Schwarz, Gudrun 2003, Das Reformmodell Bürgerkommune, Berlin: edition sigma
Dahme, Heinz-Jürgen/Wohlfahrt, Norbert 2000, Netzwerkökonomie im Wohlfahrtsstaat. Wettbewerb und Kooperation im Sozial- und Gesundheitssektor, Berlin: sigma
Dahme, Heinz-Jürgen/Wohlfahrt, Norbert 2010, Regiert das Lokale das Soziale? Die Kommunalisierung und Dezentralisierung sozialer Dienste als sozialpolitische Reformstrategie, Baltmannsweiler: Schneider
Dahme, Heinz-Jürgen/ Wohlfahrt, Norbert (2010a), Gemeinsinn in der Wettbewerbsgesellschaft? In: neue praxis 40. Jg. H. 1, S. 38–55
Dahme, Heinz-Jürgen/Wohlfahrt, Norbert 2013, Lehrbuch Kommunale Sozialverwaltung und Soziale Dienste (2. Auflage), Weinheim: Beltz-Juventa
Dahme, Heinz-Jürgen/Wohlfahrt, Norbert 2015, Soziale Dienstleistungspolitik. Eine kritische Bestandsaufnahme, Wiesbaden: VS
Demografischen Wandel gestalten. Sorgende Gemeinschaft in der Kommune. Eine Informationsbroschüre des Behörden Spiegel, gefördert durch das Bundesministerium für Familie, Senioren, Frauen und Jugend, Bonn o.J.
Dahrendorf, Ralf 2003, Auf der Suche nach einer neuen Ordnung, München: Beck
Deutscher Städtetag 2001, Leipziger Resolution für die Stadt der Zukunft, verabschiedet während der 31. Hauptversammlung vom 8. Bis 10.5. 2001
Dingeldey, Irene/Rothgang, Heinz 2009, Governance Of Welfare State Reform. A Cross National and Cross Sectoral Comparison of Policy and Politics. Cheltenham: Edward Elgar

Dolzer, Rudolf 2004, „Good Governance": neues transnationales Leitbild der Staatlichkeit. In: Zeitschrift für ausländisches öffentliches Recht und Völkerrecht 64, S. 535–546

Eick, Volker 2009, Neue lokale Sicherheitsregimes. Neokommunitäre Nüchternheit und punitiver Paternalismus. In: Kurswechsel H. 3, S. 47–56

Eick, V. 2011: Lokale Kriminal- und Sicherheitspolitik. In: Dahme, Heinz-Jürgen/ Wohlfahrt, Norbert, Handbuch Kommunale Sozialpolitik, Wiesbaden: VS, S. 294–305

Enquetekommission NRW 2004, Zukunft der Städte. Bericht der Enquetekommission an den Landtag, Drucksachen 13/5500

Felder, Michael 2001, Die Transformation von Staatlichkeit. Europäisierung und Bürokratisierung in der Organisationsgesellschaft, Wiesbaden: Westdeutscher

Grell, Britta. 2008. Workfare in den USA. Das Elend der US-amerikanischen Sozialhilfepolitik. Bielefeld: transcript

Grunow, Dieter 2010, Kommunalisierung der Sozialpolitik. In: Regiert das Lokale das Soziale? Die Kommunalisierung und Dezentralisierung sozialer Dienste als sozialpolitische Reformstrategie, hrsg. Dahme, H.-J. u. N. Wohlfahrt, Baltmannsweiler: Schneider, S. 10–25

Habermas, Jürgen 1992, Faktizität und Geltung. Beiträge zur Diskurstheorie des Rechts und des demokratischen Rechtsstaats, Frankfurt a. M.: Suhrkamp

Häfele, J. 2005 „Incivilities", Kriminalität und Kriminalpolitik. Aktuelle Tendenzen und Forschungsergebnisse. In: Neue Kriminalpolitik 18, 3, S. 104–109

Heinze, Rolf G. 2014, Thesen zur Neufassung des Subsidiaritätsprinzips, der „Sorgenden Gemeinschaft" und der Rolle der Wohlfahrtsverbände. Workshop der BAGFW zum 2. Engagementbericht und 7. Altenbericht der Bundesregierung, 23. September in Berlin

Hurrelmann, Klaus 2001, Von der volkseigenen zur bürgerschaftlichen Schule. In: Pädagogik, H. 07/08, S. 44–46

Jakob, Gisela/Koch, Claudia/Schüppler, Nicole 2008, Leitfaden für die lokale Engagementförderung. Akteure, Infrastruktur, Instrumente. Hrsg. vom Hessischen Landkreistag, Hessischen Städtetag u. Hessischen Städte- und Gemeindebund, Wiesbaden

Jann, Werner/Wegrich, Kai 2004, Governance und Verwaltungspolitik. In: A. Benz (Hrsg.). Governance – Regieren in komplexen Regelsystemen. Eine Einführung, Wiesbaden: Westdeutscher, 193–214.

KGSt 1996, Das Verhältnis von Politik und Verwaltung im Neuen Steuerungsmodell, Bericht 10/1996, Köln

KGSt 1999, Bürgerengagement – Chance für Kommunen, Bericht 6/1999, Köln

Klie, Thomas 2014, Caring Community – leitbildfähiger Begriff für eine generationenübergreifende Sorgekultur? In: Sorgende Gemeinschaften – vom Leitbild zu Handlungsansätzen, hrsg. vom Institut für Sozialarbeit und Sozialpädagogik, Frankfurt/M., S. 10–23

Kuhlmann, Sabine 2011, Dezentralisierung, Kommunalisierung, Regionalisierung. In: Blanke, B. u. a., Handbuch zur Verwaltungsreform (4. Auflage), Wiesbaden: VS, S. 118–126

Kuhlmann, Sabine/Bogumil, Jörg/Ebinger, Falk/Grohs, Stefan/Reiter, Renate 2011, Dezentralisierung des Staates in Europa. Auswirkungen auf die kommunale Aufgabenerfüllung in Deutschland, Frankreich und Großbritannien, Wiesbaden: VS.

Kühnlein, Gertrud 2010, Die Regionalisierung der Bildungspolitik. In:

Dahme, H.-J./Wohlfahrt, N., Regiert das Lokale das Soziale? Die Kommunalisierung und Dezentralisierung sozialer Dienste als sozialpolitische Reformstrategie. Baltmannsweiler: Schneider, S. 101–112

Lamping, Wolfram 2008, Grenzverschiebungen. Das Verhältnis von Sozialpolitik und Wirtschaftspolitik auf EU-Ebene und die Neubestimmungen des „Sozialen". In: Evers, A./ Heinze, R.G Sozialpolitik. Ökonomisierung und Entgrenzung, Wiesbaden: VS, S. 115–137

Marks, Erich/ Steffen Wiebke 2008, Engagierte Bürger – sichere Gesellschaft. Ausgewählte Beiträge des 13. Deutschen Präventionstages 2008, Bad Godesberg
Mayntz, Renate 1980, Implementation politischer Programme. Empirische Forschungsberichte. Königstein/Ts.: Athenäum
Mayntz, Renate 1983, Implementation politischer Programme II. Ansätze zur Theoriebildung. Opladen: Westdeutscher Verlag
Münkler, Herfried 2001, Selbstbindung und Selbstverpflichtung. Gemeinwohl, Bürgerschaft und Republik – eine Ortsbestimmung in zivilgesellschaftlicher Absicht. In: Frankfurter Rundschau vom 16.1.2001
Naschold, Frieder 1997, Umstrukturierung der Gemeindeverwaltung: eine international vergleichende Zwischenbilanz. In: Naschold, Frieder/Oppen, Maria/Wegener, Alexander, Innovative Kommunen – Internationale Trends und deutsche Erfahrungen, Stuttgart: Kohlhammer
Nationales Forum für Engagement und Partizipation (BBE) 2010. Engagement ermöglichen – Strukturen gestalten. Empfehlungen für eine nationale Engagementstrategie. Berlin,
Nützenadel, Alexander 2005, Stunde der Ökonomen. Wissenschaft, Politik und Expertenkultur in der Bundesrepublik 1949 -1965, Göttingen: Vandenhoek & Ruprecht
Pelizzari, Alessandro 2001, Die Ökonomisierung des Politischen, Konstanz: Universitätsverlag
Priddat, Birger P. 2004, Zivilgesellschaft – zwischen Wirtschaft und Staat. Eine institutionenökonomische Interpretation. In: Intervention. Zeitschrift für Ökonomie, Heft 1/2004
Schanetzky, Tim 2007, Die große Ernüchterung. Wirtschaftspolitik, Expertise und Gesellschaft in der Bundesrepublik 1966 bis 1982. Berlin: Akademie Verlag
Schedler, Kuno/Proeller, Isabella 2009, New Public Management, Bern: UTB
Schröder, Gerhard 2000, Die zivile Bürgergesellschaft. Anregungen zu einer Neubestimmung der Aufgaben von Staat und Gesellschaft. In: Süddeutsche Zeitung vom 24.3.2000
Schubert, Herbert 2011, Netzwerkmanagement und kommunales Versorgungsmanagement. In: Dahme, H.-J./Wohlfahrt, N., Handbuch Kommunale Sozialpolitik. Wiesbaden: VS, S. 347–359
Szyszczak, Erika 2006, Experimental Governance. The Open Method of Coordination. In: European Law Journal, 12, S. 486–502
Wohlfahrt, Norbert/Zühlke, Werner 2006, Ende der kommunalen Selbstverwaltung. Zur politischen Steuerung im „Konzern Stadt", Hamburg: VSA-Verlag
Wolfrum. Edgar 2013, Rot Grün an der Macht. Deutschland 1998–2005, München: Beck
Wollmann, Hellmut 2010, Die subnationale Ebenen in Deutschland, Frankreich, UK/England, Italien und Schweden im Vergleich: zwischen institutioneller Beharrung und Dynamik. In: Dahme, H.-J./Wohlfahrt, N., Systemanalyse als politische Reformstrategie. Festschrift für Dieter Grunow, Wiesbaden: VS, S. 137–162

II
Migration und Integration als Herausforderung für Staat und Gesellschaft

Die Rolle der Kommunen in der bundesdeutschen Migrations- und Integrationspolitik

Michael Bommes †

Zusammenfassung

Der Beitrag diskutiert die strukturelle Stellung der Kommunen im Migrations- und Integrationsprozess vor dem Hintergrund ihrer Position im föderalen System in Deutschland. Mit den Reformen des Wohlfahrtsstaates und dem Wandel der bundesdeutschen Migrations- und Integrationspolitik ist den Kommunen eine veränderte Rolle für die Gestaltung einer aktiven und zielgerichteten Integrationspolitik zugefallen, die sie als Moderatoren der sozialen Integration von Migranten zur Steigerung lokaler Integrationspotenziale ausgestalten können. Der für die Erstauflage des Handbuchs im Jahr 2009 verfasste Beitrag ist nach wie vor aktuell und konzeptionell anregend. Wir haben ihn für die Neuausgabe dieses Handbuchs nur durch einige Anmerkungen und Literaturhinweise ergänzt [Die Herausgeber].[1]

Schlüsselbegriffe

Integration – Migrations- und Integrationspolitik – Reformen des Wohlfahrtsstaates – Kommunen als Moderatoren der Integration

---

1 Michael Bommes ist am 26. Dezember 2010 verstorben; siehe auch den Nachruf des Instituts für Migrationsforschung und Interkulturelle Studien (IMIS) https://www.imis.uni-osnabrueck.de/fileadmin/2_Personen/Dateien_zu_Personen/Bommes-Nachruf_IMIS-Homepage.pdf. Das Themenheft „Migration und Migrationsforschung in der modernen Gesellschaft" der IMIS-Beiträge beinhaltet den Nachruf, eine Aufsatzsammlung von Michael Bommes und ein Schriftenverzeichnis (Bommes 2011).

Einleitung

Migrationspolitik im engeren Sinne fällt nicht in die Zuständigkeit der Kommunen, sie sind eher Betroffene unter dem Gesichtspunkt der Integration. Eben darum sind die Folgen von Migrationen in Städten und Gemeinden ein Bezugspunkt jeder Migrationspolitik, wie dies umgekehrt die Kommunen direkt oder vermittelt über ihre Verbände, sei es den Städte- und Gemeindetag oder den Landkreistag, wiederkehrend motiviert hat, migrations- und integrationspolitische Entscheidungen anzumahnen, reichend von Regelungen zur Zuzugsbegrenzung für Migranten in als überlastet geltende Stadtteile (Herbert 2001) über die Forderung zur Reform des Asylparagraphen im Grundgesetz (Bade 1994) bis zur Forderung nach Freizügigkeitsbeschränkungen für neu zugewanderte Aussiedler, die sich im Wohnortzuweisungsgesetz von 1996 niederschlugen (Bommes 1996a). Die Anwerbung von Migranten stand demgegenüber bislang kaum auf der Liste der Forderung der Kommunen in Deutschland.

Ein solcher Hinweis trifft die Tonlage der gegenwärtigen Diskussion zur Rolle der Kommunen in der Migrations- und Integrationspolitik nicht. Nicht nur in Deutschland wird Städten und Gemeinden eine Schlüsselrolle für die Integration von Migranten zugewiesen.[2] Es ist zum Topos des Integrationsdiskurses geworden, dass die soziale Integration von Migranten ‚vor Ort' stattfindet und gemeint ist dann: in Städten oder Gemeinden. Integration findet gewiss ‚vor Ort' statt, wie eben alles, was geschieht, stets irgendwo ‚vor Ort' stattfindet. Aber dies bedeutet nicht, dass die Bedingungen der Integration auch vor Ort kontrolliert werden können – sinnfällig daran, dass Arbeitnehmer von Bedingungen der Beschäftigung in ihrem Unternehmen abhängig sind, die durch globale und eben nicht lokale Konstellationen bestimmt sind. Daher müssen auch Kommunen, wie nur zu bekannt, global denken, um lokal handeln zu können.

Für ein Verständnis, wie sie dies machen, bedarf es einer geklärten Begrifflichkeit, die Städte und Gemeinden als politische Gebietskörperschaften hinreichend von dem unterscheidet, was sich hinter einer meist unaufgelösten Rede von der zentralen Rolle der Städte oder ‚cities' verbirgt. Wir sparen im Rahmen dieses Aufsatzes das sachliche Problem aus, das sich hinter der Verwendung von Ausdrücken wie Stadt, Gemeinde, Kommune verbirgt, indem wir diese Ausdrücke synonym zur Bezeichnung des Organisationsverbundes verwenden, der im politischen System als die Gebietskörperschaft der ‚Gemeinde' definiert ist. Wir vermeiden damit, klären zu müssen, was ‚Stadt' darüber hinaus bezeichnet – im Wissen um die Untiefen entsprechender Diskussionen in der Stadtsoziologie und Sozialgeographie. Migration und ihre Folgen in Städten und Gemeinden referieren nämlich immer eine Vielzahl von Ereignissen, die auf den Bildschirmen der Kommunen als politischen Organisationsformen gar nicht vorkommen und für diese bedeutungslos sind: Migranten arbeiten, nehmen Kredite auf, führen Prozesse, spielen Fußball, heiraten, besuchen Schulen usw. Städte oder Gemeinden bezeichnen daher in unserem Verständnis, ohne dies weiter

---

2   Siehe dazu den Beitrag von Penninx und Garces-Mascarenas in diesem Band mit Hinweisen auf den europäischen Diskussionsstand sowie den Band von Penninx et al. 2004.

aufzuschlüsseln, eine lokale Kumulation von parallelen ökonomischen, rechtlichen, politischen, sportlichen, familiären, erzieherischen usw. Geschehnissen, und diese betreffen eben nicht in allen Hinsichten Kommunen als politische Gebietskörperschaften und ihre Organisationen und diese werden auch nicht weiter spezifiziert thematisiert. Kommen sie aber vor, so ist dies und der Modus ihres Vorkommens immer auch abhängig von den Strukturen, in denen politische Verwaltungen einer Kommune solche Ereignisse registrieren, ihnen einen kommunalen Sinn zuweisen und daraus Schlüsse für kommunalpolitisches Handeln ziehen. Mit anderen Worten: Wir vermeiden hier die ganz unplausible Vorstellung, dass die Bedeutung von Städten oder Gemeinden für Migration und Integration ihre Begründung darin hat, dass diese überschaubare und gemeinschaftliche Einheiten des Handelns bezeichnen, weil das, was geschieht, ‚vor Ort' geschieht. Es kommt darauf an zu verstehen, welche Rolle Städten und Gemeinden als Entscheidungsebenen mit den Mitteln kommunaler Politik in der Handhabung von gesellschaftlichen Bedingungen zukommt, die in sich differenziert und dabei in je unterschiedlicher Weise ineinander geschachtelt lokal, regional, national, europäisch oder global bestimmt sind.

Für eine Klärung kommunalpolitischer Perspektiven bedarf es daher einiger Klarstellungen. Die Aufgabenstellung eines, wie es inzwischen in der politischen Sprache der Kommunen genannt wird, ‚lokalen Integrationsmanagements', die sich aus dauerhafter Zuwanderung ergibt, wird oftmals missverständlich in der Weise formuliert, dass Integration primär eine Aufgabe der Kommunen sei. Dies führt dazu, dass die Möglichkeiten von Kommunen mal über- und mal unterschätzt werden: Überschätzt werden sie, wenn übersehen wird, dass die Bedingungen sozialer Integration – betreffend die ökonomischen, rechtlichen, politischen, schulischen, gesundheitlichen, religiösen oder familiären Verhältnisse – eben in vielen Hinsichten in überlokale Horizonte eingebettet sind, die sich der Reichweite (nicht nur) lokaler Politik entziehen. Unterschätzt werden sie – und der Verweis auf solche übergreifenden Zusammenhänge kann dann schnell zur politischen Ohnmachtsausrede werden –, wenn das beträchtliche und von zahlreichen Kommunen auch genutzte[3] kommunale Moderationspotenzial von Integrationsprozessen übersehen wird. Im Folgenden wird daher das hier zugrunde gelegte Integrationsverständnis knapp erläutert, um im Anschluss daran darauf einzugehen, welche Rolle die Kommunen im föderalen Staat der Bundesrepublik Deutschland in der Gestaltung von Integrationsprozessen spielen.[4]

---

3   Wie im Rahmen des Wettbewerbs der Bertelsmann Stiftung deutlich geworden ist: vgl. Bertelsmann Stiftung/Bundesministerium des Innern 2005.
4   Dem Text liegt die Überarbeitung verschiedener Textabschnitte und -bausteine zugrunde, die der Verfasser in mehr als 15 Jahren an verschiedenen Stellen zur Rolle der Kommunen in der Migrations- und Integrationspolitik veröffentlicht hat und auf die entsprechend im Text verwiesen wird.

1 Integration

Der Grad der gesellschaftlichen Integration von Migranten bezeichnet, soziologisch gesehen, im Kern die Frage, in welchem Ausmaß es ihnen gelingt, an den für die Lebensführung bedeutsamen gesellschaftlichen Bereichen teilzunehmen, also Zugang zu Arbeit, Erziehung und Ausbildung, Wohnung, Gesundheit, Recht, Politik, Massenmedien und Religion zu finden.[5] Integration, ihre Verläufe, ihre Erfolge und Misserfolge gehen als Resultat in erster Linie hervor aus dem Zusammenspiel der Anstrengungen der Migranten, sich an den sozialen Bedingungen der Teilnahme auszurichten, und den dort je gültigen Anforderungen und Bereitschaften. Den Migranten und ihren Familien werden daher trotz und wegen der Freiheit der kulturellen Lebensgestaltung erhebliche Anpassungsleistungen abverlangt. Zugleich sind ihre Erfolgsaussichten durch Hürden eingeschränkt, die weniger funktionalen Erfordernissen von Unternehmen, Schulen, Verwaltungen oder Krankenhäusern geschuldet sind als etwa der Kontrolle der Arbeitsplatzinhaber über den Zugang zu Arbeits- und Ausbildungsplätzen, den organisatorischen Alltagsroutinen in Verwaltungen und Schulen oder der Durchsetzungsfähigkeit der Mittel- und Oberschichten in der Konkurrenz um Bildung. Integration heißt auch Konkurrenz um knappe Güter und Irritation organisatorischer Alltagsroutinen durch ein sich wandelndes Publikum. Sie kann nur durch beides hindurch gelingen – und sie kann, weil sie in Unternehmen, Schulen, Krankenhäusern und lokalen Verwaltungen sowie in Familien gelingen muss, weder allein oder auch nur vorwiegend politisch verordnet noch politisch bewirkt werden.

Der Fokus einer Integrationspolitik liegt daher meist auf der Beförderung der Chancen von Migranten in den Bereichen von Bildung und Arbeit sowie der Stabilisierung und Mobilisierung der Familien. Jede Forschung zu sozialer Ungleichheit und sozialen Lebenslagen zeigt, dass dies die Kernbereiche der sozialen Integration in der modernen Gesellschaft nicht nur für Migranten sind: Wer Zugang zu Bildung, regelmäßiger Beschäftigung und Einkommen hat und zudem in stabilen Familien lebt, hat auch bessere Chancen seine Rechte wahrzunehmen, politisch Einfluss zu nehmen, weniger krank zu sein und in befriedigenden sozialen Alltagsbeziehungen zu leben. Zusätzlich richtet sich gegenwärtig die Aufmerksamkeit auf die Wege der Integration des Islam bzw. der moslemischen Migranten. Es geht darum, entsprechend orientierten Migranten den Aufbau einer religiösen Infrastruktur zu ermöglichen, die ihnen die Wahrnehmung ihres Glaubens und eine entsprechend ausgerichtete Lebensführung erlaubt. Damit ist zugleich die Zielsetzung

---

5   Bommes 2004; es sei in diesem Zusammenhang nur darauf hingewiesen, dass diese begrifflichen Festlegungen sich dem etablierten Sprachgebrauch anpassen. Es gibt gute Gründe, das hier zugrunde gelegte Verständnis, das die holistischen Konnotationen des Integrationsbegriffs und die damit verbundenen Einheitsvorstellungen von Gesellschaft zu vermeiden sucht, auch terminologisch durch Aufgabe des Integrationsbegriffs zu verdeutlichen (siehe Bommes 1999). Dagegen spricht aber nicht nur der benannte Sprachgebrauch, sondern auch dass alternative Termini wie Inklusion/Exklusion ihrerseits durch normative Lesarten belegt sind und daher andere Folgeprobleme nach sich ziehen.

verbunden, sowohl den Islam zu europäisieren als auch die islamische Orientierung von Migranten in dem doppelten Sinne zu normalisieren, dass sie zu einer selbstverständlichen Option im pluralen Spektrum religiöser Überzeugungen wird und damit die Konnotation einer Entfremdungs- oder Distanzüberzeugung sukzessive entfällt.

Jede Integrationspolitik ist in den Rahmen von drei Bezugsgrößen gestellt. Diese sind:

1. die Verfassung der Individuen, der Migranten, selbst, d. h. ihre Fertigkeiten, Verhaltensmuster, Sprache(n), ihre Normenkenntnisse, Mobilitätsorientierungen usw. Sie bezeichnen die individuellen kognitiven Voraussetzungen für die Teilnahme an sozialen Zusammenhängen des wirtschaftlichen, politischen, erzieherischen oder rechtlichen Handelns. Dabei sind ihre Handlungsmöglichkeiten und Kompetenzen stark geprägt durch die ihnen verfügbaren sozialen Zugangs- und Zugriffsmöglichkeiten auf soziale Ressourcen wie Einkommen, Bildung, Prestige und soziale Netzwerke. Sie sind aufgrund der langen Migrations- und Niederlassungsgeschichte der Bundesrepublik insbesondere bei den zweiten und dritten Generationen als Resultat bereits abgelaufener Integrationsprozesse zugleich die Voraussetzung zukünftiger Integration.
2. die sozialen Bedingungen in den Bereichen Arbeit, Bildung und Familie, die unter dem Gesichtspunkt relevant sind, was sie den Individuen abverlangen und ob sie Zugang und Teilnahme eher befördern oder behindern.
3. die Möglichkeiten von Politik selbst; denn diese kann Integration in Bildung, Arbeit und Familie nicht selbst gewährleisten, sondern nur mit ihren Mitteln – der Verabschiedung von Gesetzen, der Ermöglichung von Programmen und Maßnahmen durch Geldbereitstellung und symbolische Politik – die entsprechenden Rahmenbezüge gestalten. Politik kann daher mit ihren Möglichkeiten Individuen ggf. nur bei ihrem eigenen Versuch unterstützen, sich an den Bedingungen moderner Lebensführung auszurichten, indem sie Familien subventioniert, Ressourcen für die Organisation erfolgreichen Lernens bereit stellt sowie auf ihre integrationsorientierte Ausgestaltung dringt und Zugänge zu Arbeit und Einkommen fördert.

2   Migration und Integration in kommunalpolitischer Perspektive

In der politischen Gestaltung sozialer Integrationsprozesse kommen den verschiedenen föderalen Ebenen im Staat entsprechend den ihnen übertragenen politischen Kompetenzen unterschiedliche Aufgaben zu: Der Bund interveniert auf der Grundlage seiner allgemeinen Gesetzgebungskompetenz in Fragen von Zuwanderung, Aufenthalt und Niederlassung, wie sie im Zuwanderungsgesetz festgelegt sind, sowie insbesondere mit seiner Wirtschafts-, Arbeits- und Sozialpolitik sowie seiner Familien-, Jugend- und Frauenpolitik in wesentliche Bedingungen der Integration in den Bereichen Arbeit, Familie und – trotz der Zuständigkeit der Länder – auch der Bildung, zuletzt insbesondere in den Bereichen der vorschulischen wie der beruflichen Bildung. Den Ländern fallen zentrale Kompetenzen insbesondere mit Bezug auf die Bildung und Kultur zu. In diesem Beitrag geht es um die Frage, welche Rolle den Kommunen im Rahmen von Migrations- und Integrationspolitik zufällt bzw. zufallen kann.

Kommunen können Ressourcen der Integration auf Seiten von Migranten ebenso wie auf Seiten der gesellschaftlichen Integrationsbereiche (dem Arbeitsmarkt, dem Wohnungsmarkt/Stadtteile, Schulen, religiöse Gemeinden, Familien) mobilisieren. Wo dies getragen von lokalen Schlüsselfiguren in Politik, Wirtschaft, Bildung und Wissenschaft über längere, generationenübergreifende Zeithorizonte angegangen worden ist (z. B. in Stuttgart, Essen, Berlin, aber auch in mittleren Städten oder Landkreisen), reklamieren die entsprechenden Kommunen, dass auf dieser Grundlage Erfolge der Integration auch gegen widrige Umstände möglich seien.

Die Möglichkeiten einer kommunalen Integrationspolitik und eines entsprechenden ‚lokalen Integrationsmanagements' sind bislang empirisch und theoretisch nicht zureichend erforscht. Die Städte und Gemeinden in Deutschland haben eine heterogene Geschichte der sozialen Integration von Migranten und der kommunalpolitischen Gestaltung. Es gibt nicht sehr viel systematisches Wissen darüber, wie sich diese aus praktischer Erfahrung resultierenden Handlungspraktiken lokal je unterschiedlich herausgebildet haben, wie sie organisatorisch ausgestaltet sind, wie ihre Leistungsfähigkeit beschaffen ist, worin ihre Grenzen liegen[6] und wie aktuelle Versuche des Aufbaus eines kommunalen Integrationsmanagements daran anschließen können. Dies hat seinen Grund auch darin, dass sich die Stellung der Kommunen im Migrations- und Integrationsprozess selbst gewandelt und erst seit Ende der 1990er Jahre mehr und mehr an Konturen gewonnen hat. Dies ist aber bislang kaum systematisch aufgearbeitet worden.

Für eine Einschätzung der strukturellen Stellung der Kommunen im Migrations- und Integrationsprozess ist zunächst ihre Position im politischen Staatsgefüge Deutschlands in Erinnerung zu rufen: Kommunen bezeichnen die territorial definierten Einheiten des politischen Systems, denen in der Verfassung die Regelung der „Angelegenheiten der örtlichen Gemeinschaft im Rahmen der Gesetze in eigener Verantwortung" (Art. 28 (2) GG) übertragen ist. Kommunale Parlamente und politische Verwaltungen sind die zuständigen formalen politischen Organisationen für die Aufgabe der Gestaltung der lokalen Lebensverhältnisse. Die politisch-rechtlich umschriebenen Einheiten ‚Gemeinden' sind als politische Organisationsform nicht deckungsgleich mit dem, worauf sich im sozialen Alltag als Lokales bezogen wird. Kommunen sind vielmehr Teil des alltäglichen Herstellungsprozesses sozialer Lokalität,[7] in dem sie u. a. in Kooperationen mit lokalen Akteuren wie Unternehmen, Schulen, Hochschulen, Vereinen die mehr oder weniger restriktiven oder offenen allgemeinen politischen, ökonomischen, rechtlichen, erzieherischen etc. Randbedingungen lokalspezifisch zur Geltung bringen und ausgestalten. Betreffen Bundespolitik

---

6   Siehe aber Filsinger 1992; Lamura 1998; Bukow et al. 2001a, 2001b; Gesemann 2001; Bommes 2003a; Bommes 2008.
7   Vgl. dazu bereits Wolff/Bonß 1985, allgemein die Handbücher Kösters 2001 und Wollmann/Roth 1999 sowie Bogumil/Holtkamp 2006.

und Länderpolitiken die Herstellung von politischen Entscheidungen in rechtlicher und/ oder finanzieller und/oder symbolischer Form, so setzen diese damit den Kommunen in der Bestimmung ihrer formalen wie materiellen Möglichkeiten einen Rahmen, der von diesen auszufüllen ist in Gestalt von lokaler Sozial-, Kultur-, Wirtschafts-, Gesundheits-, Wohnungsbau-, Raumordnungs- und Verkehrspolitik.[8]

Der verfassungsmäßig garantierten Selbständigkeit der Gemeinden steht ihre immer wieder thematisierte Abhängigkeit von zentralstaatlichen Entscheidungen und Festlegungen gegenüber.[9] Die Relevanz bundes- und länderpolitischer Entscheidungen für die Kommunen insbesondere bezüglich der Problemstellungen von Migration und Integration liegt auf der Hand. Ihre lokalen Konsequenzen sind aber weniger offensichtlich und eindeutig als oftmals angenommen wird. Denn die Gemeinden waren und sind der zentrale Träger der öffentlichen Verwaltungen im föderalen Staatsaufbau der Bundesrepublik und sie bilden damit den politischen Organisationszusammenhang, in dessen Verantwortung der größte Teil der administrativen Bearbeitung der Problemstellung von Migration und Integration erfolgt und in dem Migranten zugleich politische bzw. administrative Publikumsrollen einnehmen. Hier erfahren und lernen sie, wie sie in politisch-administrativer Perspektive definiert werden, wer sie demzufolge hier sind und welche Verpflichtungen und Leistungsansprüche daraus gegenüber den Verwaltungen und dem Staat für sie erwachsen.

Gleichgültig also, ob man die verfassungsmäßig garantierte Selbständigkeit der Gemeinden im Verhältnis zu ihrer Abhängigkeit von zentralstaatlichen Entscheidungen gering oder hoch veranschlagt, gibt es historische und systematische Gründe, davon auszugehen, dass den Gemeinden bei der Gestaltung von Migration und Integration immer schon eine bedeutende eigenständige Rolle zugekommen ist. Die Gemeinden haben aufgrund ihrer Stellung in der föderalen Struktur der Bundesrepublik als politische Gebietskörperschaften sowohl bei der sog. eigenverantwortlichen Regelung der Angelegenheiten der örtlichen Gemeinschaft als auch in der Erledigung ihnen durch den Bund und die Länder übertragener Aufgaben einen Ermessensspielraum bei der organisatorischen Ausgestaltung und füllen diesen auf dem Hintergrund ihrer je eigenen kommunalen Verwaltungs- und Politikgeschichte aus.

Für die Lösungen, die kommunal für die aus dem eingeräumten Ermessensspielraum resultierenden Entscheidungsprobleme je gefunden worden sind, war und ist dabei als weitere Rahmenbedingung bedeutsam, dass die Gemeinden in der Bundesrepublik Deutschland

---

8   Bestimmungen der Stellung von Kommunen im institutionellen Rahmen der Bundesrepublik knüpfen üblicherweise an die staatsrechtlichen Selbstbeschreibungen des politischen Systems als föderaler Bundesstaat an. In verfassungsrechtlicher Perspektive sind die Kommunen Bestandteil der Länder. Das Grundgesetz unterscheidet nur die beiden staatlichen Ebenen Bund und Länder. Gleichwohl bezeichnen Kommunen auch politische Entscheidungsinstanzen, die für die von ihnen umfassten Gebiete kollektiv verbindliche Entscheidungen in den weiter oben genannten Bereichen treffen, selbst wenn sie in staatsrechtlicher Perspektive damit keine eigene staatliche Ebene konstituieren. Vgl. dazu sowie zur politischen Diskussion über die Kommunen als ‚dritte Säule' Oebbecke 1992 und Falk 2006.

9   Zur Diskussion vgl. bereits Häußermann 1991 sowie Bogumil/Holtkamp 2006.

legale Zuwanderer nicht abweisen dürfen. Die Gemeindeordnungen der Länder definieren regelmäßig *Einwohner* in Erweiterung zur Bürgerschaft als Bezugspunkt der kommunalen Selbstverwaltung.[10] Daraus ergibt sich für die Gemeinden, dass sie die Inanspruchnahme kommunaler Möglichkeiten durch Migranten nicht ablehnen können.[11] Dies verweist auf ein dahinter liegendes Strukturproblem der Kommunen, das lange Zeit die Grundlage für föderale Konflikte über die Zulassung und Gestaltung der Zuwanderung nach Deutschland bildete. Abhängig von einer bundesstaatlich wenig koordinierten Migrationspolitik und entsprechenden Bestimmungen (Bade 1994) konnten die Kommunen öffentlich appellieren, Migration zu begrenzen und dabei Zuwanderergruppen ins Auge fassen, für die solche Appelle Aussicht auf Erfolg versprachen. Im Verlaufe der Wanderungsgeschichte der Bundesrepublik waren solche Appelle von Kommunen, die sich sowohl auf die Arbeitsmigranten und ihre nachwandernden Familien, die Asylbewerber sowie die Aussiedler richteten, jeweils durch den Versuch motiviert, die Inanspruchnahme kommunaler Ressourcen zu limitieren. Denn waren Migranten erst einmal da, so war es für die Kommunen schwierig, sie auszuschließen. Die Regelung der örtlichen Angelegenheiten umfasst die Bereitstellung der erforderlichen öffentlichen Einrichtungen für alle Einwohner, also auch für Migranten. Kommunale Migrationspolitiken bewegten sich daher in ihrer unterschiedlichen Ausgestaltung stets zwischen den Polen der versuchten Abwehr von Migration und der Integration von Migranten (Bommes/Rotthoff 1994).

3 Die veränderte Stellung der Kommunen und ihre Bedeutung für die Integrationspolitik

Mit den arbeitsmarktpolitischen Reformen (Hartz I bis IV) sowie mit der Verabschiedung des Zuwanderungsgesetzes haben sich grundsätzliche Veränderungen ergeben, die eine Reihe struktureller Spannungen zwischen dem Bund und den Kommunen aufgehoben und damit den Kommunen eine systematisch veränderte Rolle bei der Gestaltung der Integration von Migranten zugewiesen haben. Dies kann man durch einen Rückblick auf kommunale Integrationspolitiken im unerklärten Einwanderungsland Deutschland verdeutlichen.

---

10 In der hessischen Gemeindeordnung sind die Kommunen z. B. gehalten, zum „Wohl ihrer Einwohner [...] in den Grenzen ihrer Leistungsfähigkeit die erforderlichen wirtschaftlichen, sozialen und kulturellen öffentlichen Einrichtungen bereitzustellen" (Hessische Gemeindeordnung in der Fassung vom 1. April 2005, § 1 (1) bzw. § 19 (1)). Ähnlich die Niedersächsische Gemeindeordnung in der Fassung vom 28. Oktober 2006 § 2, die nordrhein-westfälische Gemeindeordnung in der Fassung vom 14. Juli 1994, 1. Teil § 8 Abs. 1 usw.

11 Neben dem Sachverhalt, dass Zuwanderer ggf. soziale Risikogruppen mit erschwertem Zugang zu Arbeit und Einkommen darstellen können, waren in kommunalpolitischer Perspektive insbesondere in den 1990er Jahren die im Gefolge von starken Zuwanderungsprozessen in kurzen Fristen erforderlichen Bereitstellungen von Wohnungen, Kindergarten-, Schul- und Arbeitsplätzen eine Herausforderung; vgl. dazu Bommes 1996.

Diese Politiken sind im wesentlichen im Bezugsrahmen historisch gewissermaßen von Zuwanderungsfall zu Zuwanderungsfall – von den ‚Gastarbeitern' über die Asylbewerber zu den Aussiedlern – kumulierter unübersichtlicher migrations- und integrationspolitischer Regelungen entstanden und brachten eine Reihe unbeabsichtigter Effekte hervor. Von diesen greifen wir hier zur Verdeutlichung nur zwei auf: 1. die Entstehung der heterogenen Landschaft kommunaler Integrationspolitik im Gefolge der ‚Gastarbeiterzuwanderung' und 2. die föderalen Auseinandersetzungen in den 1990er Jahren über Zuständigkeiten und Kosten der Zuwanderung der Aussiedler, Asylbewerber und Flüchtlinge.[12]

1. Zur Zeit des ‚Anwerbestopps' von 1973, der seit den 1950er Jahren erstmaligen Konfrontation der Kommunen mit größerer Arbeitslosigkeit, gab es angesichts der faktisch einsetzenden dauerhaften Niederlassung der Arbeitsmigranten und ihrer Familien keine klar formulierten migrations- und integrationspolitischen Rahmensetzungen des Bundes und der Länder. Daraus resultierte eine große kommunalpolitische und administrative Unsicherheit darüber, welche politischen Probleme auf die Gemeinden zukommen würden (Stang 1982; Herbert 2001). Die von Gemeinde zu Gemeinde dann recht unterschiedlich ausgefallenen kommunalpolitischen Entscheidungen mit Bezug auf Problemstellungen von Migration und Integration seit den späten 1960er und frühen 1970er Jahren sowie die darin entwickelten Perspektiven und getroffenen Festlegungen blieben lange Zeit traditionsbildend und haben je unterschiedliche Pfade der Entwicklung kommunaler Integrationspolitik in unterschiedlichen Bereichen gelegt: in der kommunalen Unterstützung bei der Versorgung mit Wohnraum; beim Anschluss an die und den Ausbau der bis dahin existierenden Formen der Sozialberatung, organisiert durch die Wohlfahrtsverbände (Puskeppeleit/Thränhardt 1990); bei der Einrichtung von politischen Beratungsgremien wie den Ausländerbeiräten (Bommes 1992) und der Einsetzung von Ausländer-, später dann Integrationsbeauftragten (Bommes 1997); bei der Förderung von Migrantenselbstorganisationen in der Form von Vereinen und bei der sog. Kulturförderung; bei den Integrationsprogrammen für Kinder und Jugendliche; bei der Öffnung von Kindergärten und dem Anstoßen von schulischen Förderprogrammen; in den Programmen zur Integration von Jugendlichen und jungen Erwachsenen der zweiten Generation in den Arbeitsmarkt in Zusammenarbeit mit den örtlichen Arbeitsämtern und bei kommunalen Aufklärungsprogrammen über bestehende Möglichkeiten der Verfestigung des Aufenthaltsstatus usw.[13]

Wer sich vor diesem Hintergrund mit der Integrationspolitik von Kommunen seit den 1970er Jahren beschäftigt, wird zuallererst ihren vielfach bis in die Gegenwart hinein fortbestehenden ‚gebastelten' und heterogenen Charakter registrieren.[14] Damit ist nicht

---

12 Zur Analyse verschiedener Phasen der bundesdeutschen Migrations- und Integrationspolitik im föderalen System siehe Bommes/Kolb 2012 [Anmerkung der Herausgeber].
13 Vgl. als Fallstudie dazu Bommes 2003a.
14 Zu diesem Ergebnis kommen auch die frühen Arbeiten von Schuleri-Hartje et al. (1982–1989), der jüngste Bericht des Kulturpolitischen Instituts (Institut für Kulturpolitik 2007) sowie die Untersuchungen zu Ausländerbeiräten und Ausländerbeauftragten (Bommes 1992; 1997).

nur ein Problem angezeigt, sondern auch darauf hingewiesen, dass Lösungen kontextsensitiv ausgerichtet worden sind. Diese kommunalen, lokalspezifisch zugeschnittenen Integrationspolitiken waren aber lange Zeit und sind vielfach noch immer gewissermaßen neben oder unterhalb einer Sozialpolitik und ihren Administrationen platziert, in die Arbeitsmigranten, vermittelt über ihre Einbindung in die allgemeine Sozialversicherungspflicht, einbezogen waren, also insbesondere Arbeitslosen-, Kranken-, Unfall- und Rentenversicherung. Ähnliches gilt für Fördermaßnahmen für Kinder und Jugendliche, die als ‚ausländerspezifische' Zusatzleistungen konzipiert waren, nicht aber als Teil eines allgemeinen, in seiner kommunalpolitischen Bedeutung mittlerweile unbestrittenen kommunalen Bildungsmanagements begriffen wurden. Wenn sich dies gegenwärtig ändert, wenn Kommunen – in sicherlich erneut unterschiedlichem Ausmaß – seit einigen Jahren damit beschäftigt sind, ihre kommunale Integrationspolitik zu sichten und zu reorganisieren, dann hat dies auch mit ihrer veränderten Stellung im Wohlfahrtsstaat zu tun, die ihnen zugleich in der Kombination von Hartz-Gesetzgebung und Zuwanderungsgesetz neue Aufgaben bei der Integration von Migranten zuweist.

2. In den frühen 1990er Jahren wurde mit der seit dem Ende der 1980er Jahre stark ansteigenden Zuwanderung der Aussiedler und der damit verbundenen Neuregelung ihrer Zuwanderungs- und Integrationsbedingungen aus Gründen der Kostenentlastung des Bundes diese Gruppe weitgehend aus der Zuständigkeit der damaligen Bundesanstalt für Arbeit herausgenommen und in die Zuständigkeit der Kommunen verwiesen. In zahlreichen Kommunen und Landkreisen, die sich zu Zuwanderungsschwerpunkten der Aussiedler entwickelt hatten, führte dies zu einer abrupt ansteigenden Beanspruchung der Sozialhaushalte aufgrund der wachsenden Schwierigkeiten, Aussiedler angesichts eines allgemein rapide schrumpfenden Arbeitsmarktes in Arbeit zu vermitteln.[15]

Zeitlich weitgehend parallel kam es im Kontext der Zuwanderung von Asylbewerbern und Bürgerkriegsflüchtlingen zu einer administrativ ausgetragenen Auseinandersetzung über die Kostenzuständigkeit zwischen Ländern und Kommunen. Da sich Bund und Länder lange Zeit – nicht zuletzt aus Gründen der strittigen Kostenzuständigkeit – nicht auf eine gesetzliche Regelung für die Zulassung von Bürgerkriegsflüchtlingen einigen konnten, fielen die zahlreich im Gefolge der Bürgerkriege im zerfallenden Jugoslawien nach Deutschland kommenden Flüchtlinge, die hier bei den Familien der jugoslawischen Arbeitsmigranten Zuflucht fanden, im Falle der Bedürftigkeit ebenfalls in die Zuständigkeit der Kommunen.

---

15 Diese Entwicklung veranlasste damals sieben Landkreise zur Verabschiedung der so genannten Gifhorner Erklärung, in der sie auf die für sie mit dieser Entwicklung verbundenen Probleme hinwiesen und eine Entlastung durch den Bund mit dem Argument einklagten, dass Zuwanderung und ihre Folgen in bundespolitischer Verantwortung lägen. Das wenig später verabschiedete Wohnortzuweisungsgesetz, das Aussiedler, sofern sie Sozialhilfeleistungen beziehen, seit dem 01. März 1996 an die ihnen zugewiesene Gemeinde für drei Jahre seit dem Zeitpunkt ihrer Zuwanderung bindet, war eine erste Reaktion darauf. Sie beließ die Aussiedler in der Zuständigkeit der Kommunen und sollte primär ihre gleichmäßigere Verteilung über die Kommunen sicherstellen; zu Details vgl. Bommes/Rotthoff 1994 und Bommes 1996.

Diese drängten daher in Reaktion darauf und zu ihrer eigenen Entlastung zahlreiche der Flüchtlingsfamilien trotz rechtlicher Aussichtslosigkeit dazu, einen Asylantrag zu stellen, denn mit der Eröffnung eines Asylverfahrens fielen die Versorgungskosten für diese Flüchtlinge als Asylbewerber in die Zuständigkeit der Länder.

Beide Fälle verdeutlichen, dass die Bundesrepublik Deutschland sich migrationspolitisch in den 1990er Jahren noch ‚durchwurstelte': Erste Schritte hin zu einer stärker koordinierten Migrations- und Integrationspolitik wurden bereits mit der Reform des Ausländergesetzes von 1990 und insbesondere dem sog. Asylkompromiss, der besser als der erste ‚Migrationskompromiss' bezeichnet ist, vollzogen, denn in diesem Kompromiss wurden parallel Beschlüsse gefasst, die alle relevanten Zuwanderungsbewegungen einbezogen: die Arbeitsmigranten, die Aussiedler und die Asylbewerber und Flüchtlinge.[16] Diese Beschlüsse betrafen in erster Linie Fragen der Zuwanderungsberechtigung und des Aufenthalts: die Einbürgerungsansprüche der Arbeitsmigranten, die Schließung der Kategorie der Spätaussiedler im Kriegsfolgenbereinigungsgesetz (s. u.) und die Kontingentierung ihrer Zuwanderung sowie die Einschränkung der Asylbewerberzuwanderung durch Änderung des Grundgesetzes (s. u.). Darin zeichnete sich die Transformation der verschiedenen Zuwanderungen, die bis dahin kontrafaktisch als je spezifische und vorübergehende Sonderfälle behandelt worden waren, zu der allgemeinen und zunehmend europäisierten politischen Problemstellung internationale Migration bereits ab, die entsprechend einer darauf als solche gerichteten Politik bedurfte. Die Frage der sozialen Integration und ihrer Kosten blieb jedoch noch ausgeklammert – und damit auch im Spannungsfeld des föderalen ‚Fingerhakelns' zum Zweck der Überwälzung von Kosten auf je andere Träger. Dies hat sich durch das Zusammentreten zweier zunächst voneinander unabhängiger Entwicklungen grundlegend geändert: die Reformen des Wohlfahrtsstaates und die Umstellungen in der Migrations- und Integrationspolitik, die ihren Ausdruck zunächst in der Veränderung des Staatsangehörigkeitsrechts und dann in der Verabschiedung des Zuwanderungsgesetzes fanden. Mit diesen Veränderungen ist den Kommunen systematisch ein anderer Platz (nicht nur) bei der Integration von Migranten zugewiesen. In diesem Kontext stehen die seit einiger Zeit laufenden Revisionen der kommunalen Integrationspolitiken in den Gemeinden und die wachsende Aufmerksamkeit für die Kommune als die Instanz, die für die ‚Integration vor Ort' zuständig ist.

Die Bundesrepublik hat in diesem Prozess, so kann man zusammenfassend formulieren, ihre Migrationsverhältnisse seit dem Fall des Eisernen Vorhangs sukzessive politisch-rechtlich normalisiert:[17] Bereits 1990 wurden in der Neufassung des Ausländergesetzes den Arbeitsmigranten erstmalig Rechtsansprüche auf Einbürgerung eingeräumt. Die zunächst vorgesehene zeitliche Befristung dieser Ansprüche wurde im Rahmen des so genannten ‚Asylkompromisses' von 1993 aufgehoben, und die Reform des Staatsbürgerschaftsgesetzes

---

16 Bade 1994: 122f; der zweite und dritte Kompromiss sind dann die Reform des Staatsangehörigkeitsrechts im Jahr 2000 und die Verabschiedung des Zuwanderungsgesetzes im Jahre 2004.
17 In diesem Sinne genauer Bade/Bommes 2000; Bommes 2001.

von 2000 durch die rot-grüne Bundesregierung war in vielerlei Hinsicht die konsequente Übertragung der Resultate des Migrationskompromisses von 1993 in das Staatsangehörigkeitsgesetz, das damit in seinem Kern um *ius soli*-Elemente ergänzt wurde, die in der vormaligen Fassung von 1913, die 1949 von der Bundesrepublik übernommen wurde, ausgeschlossen waren.

Auch die Grundgesetzänderung von 1993, die den Kern des ersten Migrationskompromisses bildete, war, unabhängig von einer moralischen Bewertung in international vergleichender Perspektive betrachtet, ein weiterer Schritt zur rechtlich-institutionellen Normalisierung von Migration in der Bundesrepublik, die ihren Anlass in der Europäisierung des Asylrechts fand.

Im gleichen Kontext wurde der Sonderfall der Aussiedlerzuwanderung im Rahmen des Kriegsfolgenbereinigungsgesetzes abschließend geregelt. Die Zuwanderung der Aussiedler nach Deutschland war und ist eine der Spätfolgen der konfliktreichen Staatsbildungsprozesse in Mittel- und Osteuropa seit dem 19. Jahrhundert. Die erneute Basierung der Staatsbürgerschaft 1949 auf das *jus sanguinis* war eine Reaktion auf die Konstellation der Nachkriegszeit und die Folgen des Zweiten Weltkrieges. Aussiedler wurden als deutsche ‚Volkszugehörige' definiert, die vom Schicksal der Vertreibung aufgrund der Auswirkungen des Dritten Reiches und des Weltkriegs betroffen waren (Heinelt/Lohmann 1992). Die stark wachsende Zuwanderung der Aussiedler seit 1987 war Teil eines Kontextwandels, in dem dieser Typ von ethnischer Zuwanderung situiert war. Der Zusammenbruch der sozialistischen Regime und die Durchsetzung der Freizügigkeit in Osteuropa stellte den dort ansässigen Deutschen mit einem Mal die Ausreise frei. Die ‚deutsche Volkszugehörigkeit' wurde zu einer privilegierten Wanderungsoption in den Herkunftsländern, die in großem Umfang genutzt – und schon bald mit Einwanderungsbeschränkungen beantwortet wurde. 1990 wurde gesetzlich ein Verfahren zur Regulation der Zuwanderung eingeführt. Ende 1992 wurde die Zuwanderung kontingentiert, und der im Kriegsfolgenbereinigungsgesetz geschaffene neue Rechtsstatus des ‚Spätaussiedlers' beschränkt diesen Status auf Personen, die vor dem 01. Januar 1993 geboren wurden und aus den Nachfolgestaaten der ehemaligen Sowjetunion stammen. Diese Umstellung ist zentraler Teil der Neuanpassung der deutschen Staatsbürgerschaft. Die 1990, 1993 und 1999 installierten Ergänzungen zum Ausländer- und Staatsbürgerschaftsgesetz öffnen dauerhaft legal im Lande lebenden Ausländern den Zugang zur deutschen Staatsbürgerschaft. Die Einschränkungen des Rechtsstatus von Aussiedlern waren Teil dieser Stärkung von Territorialität als Kriterium für den Zugang zur Staatsbürgerschaft sowie der Schwächung der Tradition des *jus sanguinis*.[18] Vor diesem Hintergrund ist es dann nur konsequent, dass die im seit dem 1.1.2005 gültigen Zuwanderungsgesetz – dem dritten Migrationskompromiss – vorgesehenen Integrationskurse als Adressaten alle Migrantengruppen haben, die neu einreisen, sich dauerhaft in Deutschland aufhalten und absehbar niederlassen werden. Die Förderzuständigkeit des Bundes gilt in diesem Zusammenhang auch für die sog. Bestandsausländer, die länger im Land leben,

---

18 Siehe dazu Bommes 2000 sowie allgemein zu den Aussiedlern Bade/Oltmer 2003.

ohne bisher die erst mit dem Zuwanderungsgesetz sich eröffnenden Leistungen erhalten zu haben.[19]

Diese Veränderungen stehen im Kontext eines europäischen Angleichungsprozesses, in dem die meisten europäischen Zuwanderungsländer ihre Staatsbürgerschaften für sich dauerhaft rechtmäßig auf ihrem Territorium befindliche Migranten geöffnet haben. Und auch das Auflegen einer Integrationspolitik, wie sie im Zuwanderungsgesetz ihren Niederschlag gefunden hat, ist keine spezifisch deutsche Entwicklung. Vieles ist in der Grundidee anderen Ländern, insbesondere den Niederlanden, abgeschaut (Michalowski 2006; 2008; Schönwälder et al. 2005) und steht in einem Zusammenhang, in dem die europäischen Wohlfahrtsstaaten parallel seit den 1990er Jahren nach angemessenen Migrations- und Integrationspolitiken suchen, weil sie sich alle damit konfrontiert sehen, dass Europa zu einer Weltzuwanderungsregion geworden ist und die problematischen Resultate ihrer mehr oder weniger inkrementalen Migrations- und Integrationspolitiken nur sehr lose mit politischen Absichten gekoppelt sind. Diese Suche ist öffentlich bestimmt von Fragen nach den Kosten und dem Nutzen von Zuwanderung, nach Chancen, Grenzen und Kosten einer „nachholenden Integrationspolitik" (Bade 2005), danach wie weit Erfahrungen der Vergangenheit in die Zukunft extrapoliert werden können, welche Anforderungen an zukünftige Zuwanderer gestellt werden sollen, welche Zuwanderer überhaupt gewollt werden, wie dies erfolgreich gesteuert werden kann, wie in diesem Zusammenhang die andauernde und absehbar kontinuierliche Familien-, Flucht-, Asyl- und Illegalenzuwanderung geregelt und soziale Integration gewährleistet werden kann und wie die Etablierung entsprechender regulativer Programme, insbesondere zu Zeiten fortbestehender relativ hoher Arbeitslosigkeit und knapper Kassen, politisch vermittelt werden kann.

Für die Einschätzung der Rolle der Kommunen ist es bedeutsam, diese veränderte Integrationspolitik in den Zusammenhang mit anderen Reformen des Wohlfahrtsstaates zu stellen, die ebenfalls erhebliche Auswirkungen auf die Stellung der Kommunen haben. Zunächst fällt auf, dass soziale Integration als Programm, wie dies im Zuwanderungsgesetz formuliert ist, einen Zugriff auf sich niederlassenden Migranten intendiert, der diese in gleicher Weise in Relation zum Wohlfahrtsstaat bringt wie die übrige potenzielle Klientel: ‚Fördern und Fordern', ‚Rights and Duties' – die Leitformeln des ‚aktivierenden Wohlfahrtsstaats' implizieren den Umbau der Relation zwischen wohlfahrtsstaatlichen Leistungsorganisationen und ihrem Publikum in dem Sinne, dass allen Leistungsempfängern als Individuen weitgehend unabhängig von ihrer Staatsangehörigkeit abverlangt wird, eine Gegenleistung zu erbringen: nämlich ihr Handeln eigenverantwortlich, markt-

---

19 Die Nutzung dieser Möglichkeiten setzt allerdings in der Regel eine Teilnahmeverpflichtung durch die Ausländerbehörde voraus, die meist nur im Kontext des Bezugs von Leistungen nach dem SGB II erfolgt und daher solche Migranten nicht erreicht, die als Familienangehörige ohne Leistungsbezug, aber auch ohne Integrationshilfen in Deutschland leben oder die sich in Beschäftigungsverhältnissen befinden, die ihrer Qualifikation in keiner Weise entsprechen. Integrationspolitisch wird daher gegenwärtig die Frage diskutiert, ob man solche Potenziale der Migranten weiterhin verfallen lassen will oder sie nicht als Ressourcen durch auch fern des Zuwanderungszeitpunkts liegende Integrationsangebote besser erschließen sollte.

orientiert und an einer möglichst selbständigen, von sozialen Subventionen unabhängigen Lebensführung auszurichten.

Die Differenz zwischen Ausländern und Staatsangehörigen verliert vor diesem Hintergrund in zweifacher Weise an Bedeutung: Staatsangehörigkeit verliert an Bedeutung als sozialer Platzanweiser; Deutsche und Ausländer werden in der Perspektive der Wohlfahrtsstaaten, die unter Bedingungen eingeschränkter Leistungsfähigkeit ihre innere Struktur der Leistungserbringung umbauen, gleichermaßen entlang der Differenz leistungsfähig/kompetitiv vs. leistungsunfähig/non-kompetitiv beobachtet (Bommes 2003b). Leistungsberechtigung im Wohlfahrtsstaat muss von allen Individuen erworben werden und in dieser Logik erfolgt umgekehrt die Öffnung und Erwerbbarkeit der Staatsangehörigkeit auf der Grundlage gelingender sozialer Integration:

> „Integration ist ein gesellschaftlicher Prozess, in den alle in einer Gesellschaft Lebenden jederzeit einbezogen sind. Unverzichtbar ist der Integrationswille. Dieser Integrationswille äußert sich darin, dass sich jeder Einzelne aus eigener Initiative darum bemüht, sich sozial zu integrieren. Dies gilt für Einheimische wie Zugewanderte" (Unabhängige Kommission „Zuwanderung" 2001: 200).

Diese Gleichbehandlung von Migranten und Einheimischen in der Perspektive des Wohlfahrtsstaates wird deutlich, wenn man die Integrationskurse in Relation setzt zu den systematischen Veränderungen, die sich aus den Hartz-Reformen ergeben haben. Die Ersetzung der vormaligen Arbeitslosenhilfe durch das Arbeitslosengeld II und der Einbezug aller vorherigen Sozialhilfeempfänger, die als erwerbsfähige Personen dem Arbeitsmarkt zur Verfügung stehen, bringen alle Individuen, die Leistungen beziehen und keine Arbeitslosengeldberechtigung mehr besitzen, in die gleiche Relation zum Staat: Die Formel ‚Fördern und Fordern' meint die Einschränkung ihrer Berechtigung, die Forderung nach der Aufnahme einer Arbeit, sofern diese vermittelt werden kann, unter Gesichtspunkten von Status, also mit Verweis auf Ausbildung, vormalige berufliche Stellung und Einkommenserwartungen, abzulehnen.[20] Ein Recht auf Förderung wird also nur noch anerkannt, so weit der Forderung nach Arbeitsaufnahme losgelöst von vormalig erworbenem Status nachgekommen wird. Der Sinn von Integrationskursen besteht vor diesem Hintergrund primär darin, Neuzuwanderer und auch die Migranten, die als ‚nachholend integrationsbedürftig' gelten, frühzeitig sprachlich und wissensbezogen in die Lage zu versetzen, sich an den Erfordernissen der Lebensführung im Einwanderungskontext, und dabei insbesondere des Arbeitsmarktes, aber auch des Bildungssystems, auszurichten, um so möglichst bald zu einer selbständigen Lebensführung in der Lage zu sein. Das wird auch strukturell an der Verschränkung der Integrationsprogramme mit der Agentur für Arbeit bzw. den ARGEn ersichtlich.

---

20 Diese Möglichkeit war eines der Strukturelemente des deutschen Wohlfahrtsstaates, die Esping-Anderson (1990) veranlassten, diesen der Gruppe der kontinentalen korporatitisch-konservativen Wohlfahrtsstaaten zuzuschlagen.

In dieser Konstellation ist nunmehr den Kommunen eine veränderte Rolle für die Gestaltung einer nachholenden Integrationspolitik zugefallen: Denn mit der Ersetzung der vormaligen Arbeitslosenhilfe durch das Arbeitslosengeld II und mit dem Einbezug aller vorherigen Sozialhilfeempfänger, die als erwerbsfähige Personen dem Arbeitsmarkt zur Verfügung stehen, in diese durch die Bundesagentur für Arbeit zu erbringende Leistung ist die kommunale Ebene nicht nur allgemein entlastet und damit die Kommunalisierung der Arbeitslosenproblematik, wie sie von den Kommunen seit den 1980er Jahren beklagt worden war (Benzler/Heinelt 1991), beendet worden. Damit fällt auch die Mehrzahl der Migranten, die nicht arbeitslosengeldbezugsberechtigt sind, in die Zuständigkeit der Bundesagentur – die Kommunalisierung der Folgekosten der Zuwanderung, wie sie noch im Zusammenhang mit der Aussiedlerzuwanderung in den 1990er Jahren von den Kommunen angesichts ihres ansteigenden Sozialhilfebezugs beklagt worden war (s. o.), ist also weitgehend korrigiert worden. Zugleich werden die Kosten für die Integrationskurse, wie sie das Zuwanderungsgesetz vorsieht, ebenso wie für die Migrationserstberatung vom Bund getragen.

Man muss die substanziellen Veränderungen, die mit dem Zuwanderungsgesetz verbunden sind, nicht überschätzen. Die Einführung der Integrationskurse mit dem Zuwanderungsgesetz und die organisatorisch neue Zuständigkeit des mit dem Gesetz eingerichteten Bundesamtes für Migration und Flüchtlinge (BAMF) stellen keinen vollständigen Bruch gegenüber den zuvor praktizierten Formen einer Integrationspolitik betreffend Angebote wie Sprachkurse, Sozialberatung u. ä. dar (Bommes 2006). Es ist an Vorläuferstrukturen angeschlossen worden und diese sind im Zusammenhang mit der Neukonzipierung der Migrations- und Integrationspolitik im bundesdeutschen Wohlfahrtsstaat organisatorisch umgebaut worden. Ähnlich wie das Zuwanderungsgesetz insgesamt bestehende Regelungen zusammengeführt, nur wenige neue Elemente der Eröffnung von Zuwanderungsoptionen eingeführt und nur moderate Änderungen im Aufenthaltsgesetz, bei der Regelung von sog. Altfällen sowie bei der Handhabung von Flucht- und Asylmigrationen vorgesehen hat, so handelt es sich auch jenseits der Neuzuschneidung organisatorischer Zuständigkeiten und des rechtlichen Einbezugs der Neuzuwanderer in die Integrationsprogramme um keinen radikalen Bruch, sondern um den Aus- und Umbau der bisher praktizierten Integrationspolitik.

Trotz einer symbolischen Politik, mit der insbesondere bei der Selbstpräsentation neu zuständiger Ämter nahe gelegt wird, dass nunmehr alles ganz anders und besser werde, braucht man keinen ‚Paradigmenwechsel' auszurufen. Aber in einer Hinsicht ist doch ein nicht zu unterschätzender Wandel zu registrieren, und dieser betrifft die strukturelle Stellung der Kommunen: Integrationsprogramme für Neuzuwanderer ebenso wie für schon länger im Lande lebende Migranten werden unter organisatorischer Verantwortung des Bundesamtes für Migration und Flüchtlinge (BAMF) und finanziert durch den Bund mittlerweile bundesweit von anerkannten Trägern angeboten. Zudem sind dauerhaft rechtmäßig in Deutschland lebende Zuwanderer in die zweifelsohne in den letzten Jahren für alle darauf angewiesenen Personen reduzierten sozialstaatlichen Programme, betreffend insbesondere den Bezug von Lohnersatzleistungen und die Arbeitsvermittlung, einbezogen.

Die Neuregelungen des Zuwanderungsgesetzes sowie die davon weitgehend unabhängig durchgeführten Hartz-Reformen haben damit den Kommunen neue Möglichkeiten der Gestaltung lokaler Integrationspolitik in drei Hinsichten verschafft:

1. Im Rückgriff auf die Integrationskursangebote des BAMF, in Abstimmung mit den von ihnen getragenen Ausländerbehörden und ausgehend von ihrem neu gewonnen Einfluss in den ARGEn können sie Einfluss darauf nehmen, welche Träger in ihrer Reichweite anerkannt bzw. den Migranten empfohlen werden, welche Migranten in Integrationskurse einbezogen und wie die nunmehr ebenfalls dauerhaft vorgesehenen Migrationserstberatungen im Anschluss an die bisherigen Sozialberatungen gestaltet werden.
2. Im Rahmen der zu bildenden Arbeitsgemeinschaften (ARGEn) und auch in den sog. Optionskommunen sind ihnen Kompetenzen und Möglichkeiten der kommunalspezifischen Ausgestaltung einer Beschäftigungsvermittlung auch im Rahmen ihrer Wirtschaftsförderpolitik zugefallen, in die Zuwanderer ggf. unter Berücksichtigung integrationsspezifischer Gesichtspunkte einbezogen werden können.[21]
3. Damit resultiert aus den unter 1 und 2 benannten Möglichkeiten – wie unzureichend sie auch immer im Einzelnen sein mögen – eine auf den bundespolitischen Festlegungen basierte veränderte Einbettung künftiger kommunalpolitischer Integrationspolitik, die nicht nur das migrationspolitische Problem der 1990er Jahre zusammen mit dem arbeitsmarktpolitischen Problem der fortschreitenden Kommunalisierung der Arbeitslosenproblematik löst: nämlich die Überantwortung von Migrantengruppen mit reduzierten Beschäftigungschancen oder ohne Zugang zum Arbeitsmarkt in die Zuständigkeit der Kommunen, wie dies bei Aussiedlern und Bürgerkriegsflüchtlingen der Fall war. Diese bundespolitische Einbettung erlaubt es den Kommunen zudem, einhergehend mit ihrer Entlastung auf der Kostenseite in bemerkenswerter Weise ihren Einfluss zu steigern und in diesem Zusammenhang ihre kommunale Integrationspolitik der 1980er Jahre neu zu sichten und zu reorganisieren. Dies begründet die neue Bedeutung der Kommunen, die sich damit eine wichtige Stellung als *Moderatoren im Prozess der sozialen Integration von Migranten* erarbeiten können.

4   Kommunen als Moderatoren der Integration

Prozesse der sozialen Integration erfolgen genauso wenig in ‚die Kommune' hinein wie in ‚die Gesellschaft', sondern stets nur in ihre differenzierten, lokal je spezifisch kombinierten Zusammenhänge, also in den Arbeitsmarkt, die Erziehung und Ausbildung, die Familie,

---

21 Zu den integrationspolitischen Folgen dieser Reformen einschließlich eines Leistungsvergleichs zwischen Arbeitsgemeinschaften (ARGEn) und Optionskommunen siehe auch das nach Fertigstellung dieses Beitrags vorgelegte Jahresgutachten 2012 des Sachverständigenrats deutscher Stiftungen für Integration und Migration (SVR 2012: 95–100) [Anmerkung der Herausgeber].

die Gesundheit, das Recht und die Politik und die darum herum gebauten sozialen und kulturellen Lebenssituationen und Wohnverhältnisse. Kommunen fällt in diesem Prozess mit ihrer veränderten integrationspolitischen Stellung die Rolle von Moderatoren zu, verstanden in dem Sinne, dass sie primär Prozesse der sozialen Integration in die bezeichneten gesellschaftlichen Bereiche durch lokalspezifisch zugeschnittene Arbeits- und Wirtschaftsförderungspolitik, kommunales Bildungs- und Ausbildungsmanagement unter Nutzung der bundes- und länderspezifisch angebotenen Programme, adressatenspezifische Wohn- und Stadtteilpolitik und Familienförderung sowie durch ihre Bürger und Einwohner engagierende Formen der politischen Beteiligung vermitteln und fördern können. In diesen Zusammenhang gehören auch ihre Bemühungen um die Reform der sog. Migrationsdienste sowie der sog. interkulturellen Öffnung der Verwaltungen. Hierher gehören auch die sog. Integrationslotsenprojekte, wie sie mittlerweile in zahlreichen Kommunen zu finden sind, die – mit gemischtem Erfolg – auf den aktiven, engagierenden wie engagierten Einbezug von Migranten in die kommunalen Anstrengungen der Erhöhung des lokalen Integrationspotenzials zielen.

Die in vielen Städten und Gemeinden begonnene Neusichtung ihrer in den 1980er und 1990er Jahren kumulativ und oftmals unkoordiniert aufgebauten kommunalpolitischen Integrationsinfrastruktur eröffnet ihnen die Möglichkeit, diese mit den politisch neu hinzugewonnenen finanziellen und rechtlichen Optionen zu verknüpfen und entsprechend mit der Zielsetzung der Steigerung des lokalen Integrationspotenzials zu reorganisieren. Anstöße dazu, dass zahlreiche Kommunen tatsächlich begonnen haben, sich die Problemstellung einer eigens erforderlichen lokalen Integrationspolitik zueigen zu machen, sind sicher von Wettbewerben wie „Erfolgreiche Integration ist kein Zufall" der Bertelsmann Stiftung und des Bundesministerium des Innern ausgegangen. Zahlreiche große, mittlere und kleine Städte sowie Landkreise haben sich mobilisieren lassen, für die Zwecke ihrer Darstellung nach außen ihre inneren Verhältnisse zu sichten und Bestand aufzunehmen, ob und in welcher Weise Problemstellungen der Integration der Migranten und ihrer Familien in ihrer Gemeinde aufgegriffen und bearbeitet worden sind. Man kann heute konstatieren, dass sich nur selten noch eine Gemeinde in Deutschland findet, in der Zuwanderungs- und Niederlassungsprozesse stattgefunden haben und dennoch Integration nicht als regulärer Gegenstand auch kommunaler Politik begriffen wird. Aber angesichts der langen Zeitperspektiven, die eine nachhaltige, d.h. generationenübergreifende Integrationspolitik unvermeidlich impliziert, sind die Wirkungen solcher mobilisierenden Wettbewerbe nicht zu überschätzen, denn mit ihnen sind mindestens zwei Folgeprobleme verbunden:

1. Gewinner solcher Wettbewerbe wie die Stadt Stuttgart üben oftmals, wie man anlässlich von Beratungsgesprächen mit Kommunalvertretern[22] insbesondere in weniger exponierten Städten vermuten muss, eine Art demobilisierenden Effekt des Rückzugs aus, da man sich dort angesichts verfügbarer Ressourcen und dem Niveau der Differenzierung der

---

22 Der Verfasser war im Rahmen seiner Arbeit mehr als 15 Jahre regelmäßig in Versuche von Kommunen eingebunden, eine lokale Integrationspolitik zu konzipieren.

integrationspolitischen Konzeptionen in den ‚best practice'-Kommunen uneinholbar im Hintertreffen wähnt.

2. Das allfällige Benchmarking, wie es auch im Bereich der Integrationspolitik um sich greift, zeigt den Kommunen häufig keine Wege auf, wie sie sich ausgehend von ihren je vorfindlichen etablierten Integrationspolitiken, die das kumulative und oftmals inkrementelle Resultat der letzten ca. 20 bis 30 Jahre und entsprechender kommunaler Struktur- und Traditionsbildungen sind, hin zu einer kommunalen Politik bewegen können, die konzeptionell und kontinuierlich an den Problemstellungen einer Integrationspolitik ausgerichtet und im Rahmen der zur Verfügung stehenden Mittel bewältigbar ist. Es erweist sich dann als weit schwieriger, den Kommunen allgemeine Modelle, wie eine solche Umstellung bewerkstelligt werden kann, anzubieten, die so verfasst sind, dass sie es ihnen ermöglichen, diese Modelle auf den je spezifischen Kontext der Gemeinden hin zuzuschneiden.[23] Abschließend dazu einige Hinweise.

Kommunen können sich wie kaum eine andere politische Instanz ein sehr detailliertes Bild über die Integration von Migranten und ihren Familien in dem oben erläuterten Sinne verschaffen. Dies betrifft die Wanderungsgeschichte und die Generationenverhältnisse in den Familien, ihre Verteilung in der Gemeinde, die Wohn- und sozialen Infrastrukturverhältnisse, die Beteiligung in Vorschule, Schule und beruflicher Ausbildung, Erwerbslosigkeit und Beschäftigung, die Zahl und Struktur von Vereinen, ihre sei es kulturelle, sportliche oder religiöse Ausrichtung usw. Voraussetzung und Grundlage jeder Integrationspolitik ist der Aufbau und die Pflege einer entsprechenden regelmäßigen Integrationsberichterstattung in den Kommunen. Dies erst erlaubt die kontinuierliche Erfassung eben jener Konstellationen der mehrfachen Überlagerung von differenten Integrationsherausforderungen, die sich in den Familien ihren Mitgliedern stellen, ihr Zusammenspiel zu begreifen und je ressortspezifisch, also in den Bereichen der vorschulischen Erziehung, der Familienarbeit, der Schule, der beruflichen Aus- und Weiterbildung sowie der Beschäftigung zur Geltung zu bringen. Die veränderte Stellung der Kommunen erlaubt ihnen nunmehr, die Frage der Integration auch dort wirksam zum Thema zu machen, wo sie keine unmittelbare Zuständigkeit haben, aber dennoch Einfluss ausüben können.

Der Bereich der *vorschulischen Erziehung* liegt aus historischen Gründen in kommunaler Zuständigkeit. In diesem Bereich sind in der gegenwärtigen Bildungsdiskussion zahlreiche Reformbestrebungen in der Diskussion und es ist ein Konsens darüber entstanden, dass der vormalige Kindergarten zu einer regulären und obligatorischen vorschulischen Erziehungseinrichtung ausgebaut werden sollte.[24] Parallel bemühen sich Kommunen

---

23 Diesen Versuch hat in den 2000er Jahren vor allem die Kommunale Gemeinschaftsstelle für Verwaltungsmanagement (KGSt) unternommen; vgl. KGST 2005; 2006; 2008.

24 Siehe dazu die Handlungsempfehlungen im Schlussbericht der AG 3 „Gute Bildung und Ausbildung sichern, Arbeitsmarktchancen erhöhen" zur Vorbereitung des Nationalen Integrationsplans (Bundesministerium für Arbeit und Soziales 2007a) und die Dokumentation des Beratungsprozesses (Bundesministerium für Arbeit und Soziales 2007b).

und Länder um die verstärkte Fortbildung der Erzieherinnen für Problemstellungen der Sprachvermittlung sowie der interkulturellen Erziehung. So weit diese Bestrebungen die künftige Veränderung der Randbedingungen vorschulischer Erziehung betreffen, kommt den Kommunen insbesondere in Kooperation mit den freien Trägern die Rolle zu, in der Neuausrichtung dieses Bereichs die Frage der Integration, des frühzeitigen und an ihren Bedürfnissen orientierten Einbezugs von Migrantenkindern zur Geltung zu bringen; denn die Kommunen haben das hierzu unabdingbare lokalspezifische Wissen und sind die Träger oder Auftraggeber der Einrichtungen. Die Gewährleistung des frühzeitigen Besuchs vorschulischer Erziehung scheint eine der wichtigsten Voraussetzungen für den späteren Bildungserfolg von Migrantenkindern zu sein. Dies kann jedoch nur gelingen, wenn zugleich die Eltern dafür durch ihre frühzeitige Adressierung gewonnen werden. Damit werden zugleich Möglichkeiten des Zugangs zu den Familien eröffnet, die, wie dies in zahlreichen Kommunen auch praktiziert wird, den Anschluss von Sprach- und Integrationskursen für Elternteile erlauben, die als Ehegatten zugewandert sind. Dennoch muss man sich über die Aussichten solcher Reformversuche in diesem Bereich keine Illusionen machen, denn eine äußerst heterogene Trägerlandschaft der Kindergärten, die komplexen Finanzierungsmodelle sowie die mit höherwertiger, ggf. an Fachhochschulen anzusiedelnder Ausbildung von Erzieherinnen verbundenen Tariffragen machen es nicht unwahrscheinlich, dass sich im Prozessverlauf der Neuformierung vorschulischer Erziehung integrationspolitische Zielsetzungen im Subsidiaritätsdschungel verlaufen.

Die *Schule* liegt in der Zuständigkeit der Länder; dennoch besitzen die Kommunen als Schulverwaltungsträger auch hier Einfluss, zumal in der allgemeinen pädagogischen Diskussion mittlerweile als ausgemacht gilt, dass Schulen der stärkeren Einbettung in das kommunale soziale Umfeld wie Elternhaus, kulturelle Angebote freier Träger oder den Stadtteil bedürfen. In diesem Zusammenhang können Kommunen nicht nur durch die Bereitstellung von Angeboten für Schulen deren Arbeit mit Blick auf die Verbesserung des Bildungserfolgs von Migrantenkindern unterstützen. Sie haben auch die Möglichkeit, parallel durch ein regelmäßiges Bildungsmonitoring Trends zu beobachten, um damit Möglichkeiten zu gewinnen, sich abzeichnende Abwärtsdynamiken zu unterbrechen, verfestigte Problemlagen zu identifizieren und nach Auswegen zu suchen. Bildungserfolg und -misserfolg, so viel geht aus der einschlägigen Forschung hervor (Bade/Bommes 2004), gehen ganz wesentlich aus den nicht-intendierten Effekten des Zusammenspiels zwischen Elternhaus, Schule und den Kommunen als Schulträgern hervor und führen vielfach zu sich stabilisierenden Konstellationen und Arbeitsteilungen zwischen Schulen, in denen faktisch die einen für die Bildung der Erfolgreichen und die anderen für die quasi-sozialarbeiterische Betreuung der Bildungsversager zuständig sind. Kommunen als Moderatoren der Integration können solche integrationspolitisch betrachtet kontraproduktiven Arrangements in ihrer Integrationsberichterstattung regelmäßig zum Thema machen und versuchen, für die Suche nach Auswegen sowohl die Schulen als auch die Eltern zu mobilisieren. Dabei liegt schon in der Regelmäßigkeit der Thematisierung und dem Insistieren auf der Bedeutung des Themas durch die politisch bedeutsamen Repräsentanten einer Kommune die Chance, dass Arrangements aufgebrochen werden können. Erfahrungen in verschiedenen Kommunen weisen zugleich darauf hin, dass es dabei in der Tat auf die Langfristigkeit eines solchen integrationspolitisch ausgerichteten Bildungsmanagements ankommt; denn erst dies schafft die Grundlage für eine sich ggf. einspielende Kooperation zwischen Organisationen, für die unterschiedliche politische Ebenen zuständig sind, und für den Aufbau von Vertrauen der zu mobilisierenden Eltern.

Die *berufliche Ausbildung* bezeichnet eines der Felder, auf dem Migrantenjugendliche seit Mitte der 1990er Jahre sukzessive an Boden verloren haben. Dabei ist die Bedeutung der beruflichen Ausbildung für soziale Integrationsprozesse kaum zu überschätzen (Bommes et al. 2005). So weit ihnen dabei der Zugang zu diesen Ausbildungen nicht gelingt, weil sie die entsprechenden schulischen Voraussetzungen nicht mitbringen, handelt es sich um ein Folgeproblem misslungener schulischer Integration. Jedoch lässt sich der eingeschränkte Zugang von Migrantenjugendlichen zu beruflicher Ausbildung nicht ausschließlich darauf zurückführen; denn auch die Jugendlichen unter ihnen mit den erforderlichen Abschlüssen haben geringere Zugangschancen. Es weist vieles darauf hin, dass neben einer nicht hinreichend differenzierten Berufsorientierung aufgrund fehlenden Wissens der Jugendlichen und ihrer Eltern insbesondere ihr mangelnder Zugang zu den sozialen Entscheidernetzwerken ebenso wie ihre mangelnde Berücksichtigung im Relevanzhorizont von Entscheidern wie auch einschlägige Vorurteile ausschlaggebend sind (Granato 2005; 2007; Bommes 1996b). Kommunen können diesen Sachverhalt nicht nur transparent machen; sie können auch in runden Tischen oder Bündnissen für Beschäftigung und Ausbildung regelmäßig auf lokale Unternehmen einwirken, bei ihren Einstellungen Migrantenjugendliche und junge Erwachsene stärker zu berücksichtigen. Kommunen können die erforderliche Aufmerksamkeit in den Unternehmen für dieses Anliegen gewinnen, wenn sie diese durch ihre hochrangigen Repräsentanten einklagen. Und dies wird umso überzeugender gelingen, wenn eine solche Aufmerksamkeit zur Grundlage der eigenen Einstellungspraxis in einer Kommune gemacht wird. Die Geschichte der Frauengleichstellungspolitik zeigt dabei, dass Hartnäckigkeit und Ausdauer eine gute Voraussetzung dafür sind, dass tatsächlich Erfolge erzielt werden können. Zugleich muss man registrieren, dass es sich um ein konfliktträchtiges Feld handelt – solange Ausbildungsplätze knapp sind und die Konkurrenz entsprechend hoch ist.

Vergleichbare kommunale Möglichkeiten bestehen im Bereich von *Weiterbildung und Beschäftigung*, nicht zuletzt aufgrund der jüngsten Selbstverpflichtungen der Bundesagentur für Arbeit, in ihren Förderprogrammen der Berücksichtigung von Migranten erhöhte Aufmerksamkeit zu schenken.[25] Mit Bezug auf die zweite Generation können Kommunen aufgrund ihres über die ARGEn gewonnenen Einflusses insbesondere das Augenmerk auf den Bedarf einer beruflichen (Nach-) Qualifizierung junger Erwachsener richten und auf entsprechende Anstrengungen drängen, um in dieser Weise eine Stabilisierung ihrer Beschäftigungssituation zu befördern.

---

25 Siehe Fußnote 22.

Schließlich gibt es inzwischen in einigen Ländern und Kommunen Bestrebungen, die Beziehungen zu *islamischen Gemeinden* zu verstetigen und diese in das kommunale Geschehen einzubeziehen.[26] Diese Arbeit der Kommunen und der Länder, hier vor allem der Schulen und der Hochschulen, hat mehrere Zielsetzungen: Sie soll muslimisch orientierten Migranten den Aufbau einer religiösen Infrastruktur ermöglichen, die ihnen die Wahrnehmung ihres Glaubens und eine entsprechend ausgerichtete Lebensführung erlaubt. Dies trägt ggf. zur Normalisierung ihrer Situation in dem Sinne bei, dass der Islam und seine Gemeinden sich als selbstverständlicher Teil im religiös pluralen Spektrum einer Kommune begreifen und aus ihrer bislang vielfach gegebenen Randstellung herausfinden können.[27] Kommunen und ihre Schulen sind die Instanzen, die eine solche Einbindung und die Ingangsetzung entsprechender Kommunikationen initiativ vorantreiben können. Zugleich ist dies ein Weg, auf dem eine weitere Grundlage bei den Migrantenfamilien dafür geschaffen werden kann, dass sie sich mehr und mehr als Einwohner und Bürger ihrer Kommunen begreifen lernen.[28]

Soziale Integration bezeichnet eine Problemstellung, zu der Politik mit ihren Mitteln beitragen kann, die sie indes nicht selbst stellvertretend gewährleisten kann. Aber in langfristiger und realistischer Ausrichtung kann sie zur Normalisierung beitragen, verstanden in dem Sinne, dass die soziale Integration von Migranten und ihren Familien genauso einer regelmäßigen und routinierten politischen Gestaltung bedarf wie auch andere Problemstellungen von der Wirtschafts-, Rechts-, Kultur-, Gesundheits-, Umwelt- und Wissenschaftspolitik bis zur Familien-, Jugend- und Altenpolitik. Kommunen können dazu, wie hier gezeigt werden sollte, als Moderatoren der Integration vor Ort im Rahmen der ihnen zur Verfügung stehenden eingeschränkten, aber doch bedeutsamen Möglichkeiten beitragen. Dies impliziert kein Argument für die *ausschließliche* oder *primäre* Zuständigkeit der Kommunen für Integration, sondern für eine angemessene Einschätzung ihrer neu gewonnenen Rolle. Kommunen können nur dann Moderatoren der Integration vor Ort in dem dargelegten Sinne sein, wenn Bund und Länder einen entsprechenden Rahmen und die dafür erforderlichen Ressourcen bereit stellen, wo diese lokal aus sachlichen (wie etwa im Fall von allgemeinen Bildungs- und Integrationsprogrammen) und kapazitären Gründen (wie im Fall von Lohnersatzleistungen aufgrund allgemeiner Arbeitslosigkeit) nicht aufgebracht werden können. Sofern dies gegeben ist, kann in der föderalen Arbeitsteilung

---

26 Siehe dazu das von der Robert Bosch Stiftung geförderte Projekt zur Stellung islamischer Gemeinden in den Kommunen Baden-Württembergs (Schmid et al. 2008); Länder wie Niedersachsen und Nordrhein-Westfalen betreiben intensiv den Aufbau islamischen Religionsunterrichts an den Schulen und die Ausbildung islamischer Religionslehrer an den Universitäten.

27 Der Integrationsbeauftragte der Stadt Mannheim sieht darin den wesentlichen Effekt der großen repräsentativen DITIB-Moschee im Zentrum der Stadt: Der Islam wird damit aus seiner Sicht Bestandteil des alltäglichen sozialen Verkehrs in einer Kommune; mündliche Mitteilung auf einer Tagung in der Akademie Rotenburg in Stuttgart Hohenheim.

28 Dies kann jedoch nur in dem Maße gelingen, indem nicht parallel primär eine auch durch manche Kommunen geförderte Politik des Verdachts gegenüber Muslimen und ihren Gemeinden durch Polizei und Verfassungsschutz betrieben wird; dazu (Schiffauer 2006).

und der daraus resultierenden und hier erläuterten Funktion der Kommunen als Moderatoren auch eine Chance für eine zukünftige Migrations- und Integrationspolitik liegen.

Literatur

Bade, Klaus J. 1994: Ausländer – Aussiedler – Asyl. Eine Bestandsaufnahme. München: C.H. Beck
Bade, Klaus J. 2005: Nachholende Integrationspolitik. ZAR, Zeitschrift für Ausländerrecht, 7, S. 217–222
Bade, Klaus J./ Bommes, Michael 2000: Politische Kultur im „Nicht-Einwanderungsland": Appellative Verweigerung und pragmatische Integration. In: Bade, Klaus J./ Münz, Rainer (Hrsg.): Migrationsreport 2000. Fakten – Analysen – Perspektiven. Frankfurt/ New York: Campus, S. 163–204
Bade, Klaus J./ Bommes, Michael (Hrsg.) 2004: Migration – Integration – Bildung. Grundfragen und Problembereiche. Hrsg. für den Rat für Migration, IMIS-Beiträge 23. Osnabrück: Institut für Migrationsforschung und Interkulturelle Studien (IMIS)
Bade, Klaus J./ Oltmer, Jochen 2003: Aussiedler: deutsche Einwanderer aus Osteuropa. 2. Auflage. Göttingen: V&R unipress
Benzler, Susanne/ Heinelt, Hubert 1991: Stadt und Arbeitslosigkeit. Örtliche Arbeitsmarktpolitik im Vergleich. Opladen: Leske und Budrich
Bertelsmann Stiftung/ Bundesministerium des Innern (Hrsg.) 2005: Erfolgreiche Integration ist kein Zufall. Strategien kommunaler Integrationspolitik. Gütersloh: Bertelsmann Stiftung
Bogumil, Jörg/ Holtkamp, Lars 2006: Kommunalpolitik und Kommunalverwaltung. Eine policyorientierte Einführung. Wiesbaden: Verlag für Sozialwissenschaften
Bommes, Michael 1992: Interessenvertretung durch Einfluss. Ausländervertretungen in Niedersachsen. Osnabrück: AG KAN
Bommes, Michael (1996a): Migration, Nationalstaat und Wohlfahrtsstaat – kommunale Probleme in föderalen Systemen. In: Bade, Klaus J. (Hrsg.): Migration – Ethnizität – Konflikt. Systemfragen und Fallstudien. Osnabrück: Rasch, S. 213–248
Bommes, Michael (1996b): Ausbildung in Großbetrieben: Einige Gründe, warum ausländische Jugendliche weniger Berücksichtigung finden. In: Kersten, Ralph/ Kiesel, Doron/ Sargut, Sener (Hrsg): Ausbilden statt Ausgrenzen. Jugendliche ausländischer Herkunft in Schule, Ausbildung und Beruf. Frankfurt/Main: Haag und Herchen, S. 31–44
Bommes, Michael 1997: Ausländerbeauftragte in den Kommunen. Eine Untersuchung zu ihrer Funktion, ihren Aufgaben und ihrer Stellung in den kommunalen Verwaltungen. Studie im Auftrag der Beauftragten der Bundesregierung für die Belange der Ausländer. Universität Osnabrück: Unveröffentlichter Abschlussbericht
Bommes, Michael 1999: Migration und nationaler Wohlfahrtsstaat. Ein differenzierungstheoretischer Entwurf. Wiesbaden: Westdeutscher Verlag
Bommes, Michael 2000: National Welfare State, Biography and Migration: Labour Migrants, Ethnic Germans and the Re-Ascription of Welfare State Membership. In: Bommes, Michael/ Geddes, Andrew (Hrsg.): Immigration and Welfare. Challenging the Borders of the Welfare State. London: Routledge, S. 90–108
Bommes, Michael 2001: Bundesrepublik Deutschland: Die Normalisierung der Migrationserfahrung. In: Bade, Klaus J. (Hrsg.): Einwanderungskontinent Europa. Migration und Integration am Beginn des 21. Jahrhunderts. Osnabrück: Rasch, S. 49–60

Bommes, Michael (2003a): Die politische „Verwaltung" von Migration in Gemeinden. In: Oltmer, Jochen (Hrsg.): Migration steuern und verwalten. Deutschland vom späten 19. Jahrhundert bis zur Gegenwart. Göttingen: V&R unipress, S. 459–480

Bommes, Michael (2003b): The Shrinking Inclusive Capacity of the National Welfare State: International Migration and the Deregulation of Identity Formation. In: Brochmann, Grete (Hrsg.): The Multicultural Challenge. Amsterdam: Elsevier JAI, S. 43–67

Bommes, Michael 2004: Erarbeitung eines operationalen Konzepts zur Einschätzung von Integrationsprozessen und Integrationsmaßnahmen. Gutachten für den Zuwanderungsrat. Osnabrück: http://www.bamf.de/SharedDocs/Anlagen/DE/Downloads/Infothek/Zuwanderungsrat/exp-bommes-zuwanderungsrat.pdf?__blob=publicationFile

Bommes, Michael 2006: Integration durch Sprache als politisches Konzept. In: Davy, Ulrike/ Weber, Albrecht (Hrsg.): Paradigmenwechsel in Einwanderungsfragen? Überlegungen zum neuen Zuwanderungsgesetz. Baden-Baden: Nomos, S. 59–87

Bommes, Michael 2008: „Integration findet vor Ort statt" – über die Neugestaltung kommunaler Integrationspolitik. In: Bommes, Michael/ Krüger-Potratz, Marianne (Hrsg.): Fakten – Analysen – Perspektiven. Frankfurt a. M./ New York: Campus, S. 159–194

Bommes, Michael 2011: Migration und Migrationsforschung in der modernen Gesellschaft. Eine Aufsatzsammlung. IMIS-Beiträge, 38. Osnabrück: Institut für Migrationsforschung und Interkulturelle Studien (IMIS)

Bommes, Michael/ Guter, Jochen/ Kolb, Holger/ Wilmes, Maren 2005: Die Bedeutung der beruflichen Ausbildung für die soziale Integration von Migranten und ihren Nachkommen – Forschungsstand und Ausblick. Gutachten für die RAG Aktiengesellschaft. Osnabrück: Institut für Migrationsforschung und Interkulturelle Studien (IMIS)

Bommes, Michael/ Kolb, Holger 2012: Germany. In: Joppke, Christian/ Seidle, F. Leslie (Hrsg.): Immigrant Integration in Federal Countries. Montreal & Kingston u. a.: McGill-Queens University Press, S. 114–133

Bommes, Michael/ Rotthoff, Ulrich 1994: Europäische Migrationsbewegungen im kommunalen Kontext. In: Konrad Adenauer Stiftung (Hrsg.): Kommunen vor neuen sozialen Herausforderungen. Interne Studien Nr. 100. St. Augustin: Konrad Adenauer Stiftung, S. 93–148

Bukow, Wolf-Dietrich/ Nikodem, Claudia/ Schulze, Erika/ Yildiz, Erol (2001a): Die multikulturelle Stadt. Von der Selbstverständlichkeit im städtischen Alltag. Opladen: Leske und Budrich

Bukow, Wolf-Dietrich/ Nikodem, Claudia/ Schulze, Erika/ Yildiz, Erol (Hrsg.) (2001b): Auf dem Weg zur Stadtgesellschaft. Die multikulturelle Stadt zwischen globaler Neuorientierung und Restauration. Opladen: Leske und Budrich

Bundesministerium für Arbeit und Soziales (Hrsg.) (2007a): Nationaler Integrationsplan. Arbeitsgruppe 3. „Gute Ausbildung und Ausbildung sichern. Abschlussbericht der Arbeitsgruppe. Berlin. Verfügbar unter: http://www.bmas.de/SharedDocs/Downloads/DE/PDF-Publikationen/a362-nationaler-integrationsplan-abschlussbericht.pdf?__blob=publicationFile

Bundesministerium für Arbeit und Soziales (Hrsg.) (2007b): Nationaler Integrationsplan. Arbeitsgruppe 3. „Gute Ausbildung und Ausbildung sichern". Dokumentation des Beratungsprozesses. Verfügbar unter: http://www.bmas.de/SharedDocs/Downloads/DE/PDF-Publikationen/a361-nationaler-integrationsplan-dokumentation.pdf?__blob=publicationFile

Esping-Andersen, Gøsta 1990: The Three Worlds of Welfare Capitalism. Cambridge: Polity Press

Falk, Matthias 2006: Die kommunalen Aufgaben unter dem Grundgesetz. Eine Untersuchung der rechtlichen Stellung der Aufgaben der kommunalen Körperschaften in der Staatsorganisation der Bundesrepublik Deutschland. Baden-Baden: Nomos

Filsinger, Dieter 1992: Ausländer im kommunalen Handlungskontext. Eine empirische Fallstudie zur Bearbeitung des „Ausländerproblems". Berlin: Verlag für Wissen und Bildung

Gesemann, Frank (Hrsg.) 2001: Migration und Integration in Berlin. Wissenschaftliche Analysen und politische Perspektiven. Opladen: Leske und Budrich

Granato, Mona 2005: Junge Frauen und Männer mit Migrationshintergrund: Ausbildung adé? In: INBAS (Hrsg.): Werkstattbericht 2005. Frankfurt/ Berlin

Granato, Mona 2007: Berufliche Ausbildung und Lehrstellenmarkt: Chancengerechtigkeit für Jugendliche mit Migrationshintergrund verwirklichen. WISO-direkt September 2007. Bonn: Friedrich-Ebert-Stiftung

Häußermann, Hartmut 1991: Die Bedeutung „lokaler Politik". Neue Forschung zu einem alten Thema. In: Blanke, Bernhard (Hrsg.): Staat und Stadt. Systematische, vergleichende und problemorientierte Analysen „dezentraler" Politik. Opladen: Leske und Budrich, S. 35–50

Heinelt, Hubert/ Lohmann, Anne 1992: Immigranten im Wohlfahrtstaat. Rechtspositionen und Lebensverhältnisse. Opladen: Leske und Budrich

Herbert, Ulrich 2001: Geschichte der Ausländerpolitik in Deutschland. Saisonarbeiter, Zwangsarbeiter, Gastarbeiter, Flüchtlinge. München: C.H. Beck

Institut für Kulturpolitik der kulturpolitischen Gesellschaft (2007): Jahresbericht 2006. Bonn: Kulturpolitische Gesellschaft.

KGSt [Kommunale Gemeinschaftsstelle für Verwaltungsvereinfachung] 2005: Management kommunaler Integrationspolitik. Strategie und Organisation. Bericht Nr. 7. Köln: Kommunale Gemeinschaftsstelle für Verwaltungsvereinfachung

KGSt [Kommunale Gemeinschaftsstelle für Verwaltungsvereinfachung] 2006: Materialien Integrationsmonitoring. Materialien 2/2006. Köln: Kommunale Gemeinschaftsstelle für Verwaltungsvereinfachung

KGSt [Kommunale Gemeinschaftsstelle für Verwaltungsmanagement] 2008: Interkulturelle Öffnung. In sieben Schritten zur interkulturellen Öffnung der Verwaltung. Materialien 5/2008. Köln: Kommunale Gemeinschaftsstelle für Verwaltungsmanagement

Kösters, Winfried (Hrsg.) 2001: Erfolgreiche Kommunalpolitik. Berlin: Raabe

Lamura, Giovanni 1998: Migration und kommunale Integrationspolitik. Vergleich der Städte Bremen und Bologna. Wiesbaden: Deutscher Universitäts Verlag

Michalowski, Ines 2006: Qualifizierung oder Selektion? Die Dynamiken der Neuformulierung einer Integrationspolitik. In: Walter, Anne/ de Carlo, Sabina/ Menz, Margarete (Hrsg.): Grenzen der Gesellschaft? Migration und sozialstruktureller Wandel in der Zuwanderungsregion Europa. Göttingen: V&R unipress

Michalowski, Ines 2008: Integration als Staatsprogramm. Deutschland, Frankreich und die Niederlande im Vergleich. Münster: LIT

Oebbecke, Janbernd 1992: Föderalismus und Kommunalverfassung. In: Huhn, Jochen/ Witt, Peter-Christian (Hrsg.): Föderalismus in Deutschland. Traditionen und gegenwärtige Probleme. Baden-Baden: Nomos, S. 185–215

Penninx, Rinus/ Kraal, Karen/ Martiniello, Marco/ Vertovec, Steven (Hrsg.) 2004: Citizenship in European Cities. Immigrants, Local Politics, and Integration Policies. Aldershot: Ashgate

Puskeppeleit, Jürgen/ Thränhardt, Dietrich 1990: Vom betreuten Ausländer zum gleichberechtigten Bürger. Freiburg i. Br.: Lambertus

Schiffauer, Werner 2006: Verwaltete Sicherheit – Präventionspolitik und Integration. In: Bommes, Michael/ Schiffauer, Werner für den Rat für Migration (Hrsg.): Migrationsreport 2006. Fakten – Analysen – Perspektiven. Frankfurt/ New York: Campus, S. 113–164

Schmid, Hansjörg/ Akca, Ayşe Almıla/ Barwig, Klaus 2008: Gesellschaft gemeinsam gestalten. Islamische Vereinigungen als Partner in Baden-Württemberg. Baden-Baden: Nomos

Schönwälder, Karen/ Söhn, Janina/ Michalowski, Ines 2005: Sprach- und Integrationskurse für MigrantInnen. Erkenntnisse über ihre Wirkungen aus den Niederlanden, Schweden und Deutschland. AKI-Forschungsbilanz 3. Berlin: Wissenschaftszentrum Berlin für Sozialforschung (WZB)

Schuleri-Hartje, Ulla-Kristina/ Kodolitsch, Paul von/ Schulz zur Wiesch, Jochen (1982–1989): Ausländische Arbeitnehmer und ihre Familien (Teil 1 bis 5). Deutsches Institut für Urbanistik. Berlin: Deutsches Institut für Urbanistik

Stang, Helmut 1982: Ausländerintegration in der kommunalen Praxis. Ein Leitfaden für Kommunalpolitiker und Verwaltungsbehörden. Köln: Deutscher Gemeindeverlag

SVR [Sachverständigenrat deutscher Stiftungen für Integration und Migration] (Hrsg.) 2012: Integration im föderalen System: Bund, Länder und die Rolle der Kommunen. Jahresgutachten 2012 mit Integrationsbarometer: Sachverständigenrat deutscher Stiftungen für Integration und Migration (SVR)

Unabhängige Kommission „Zuwanderung" 2001: Zuwanderung gestalten – Integration fördern. Bericht der Unabhängigen Kommission „Zuwanderung". Berlin

Wolff, Stephan/ Bonß, Wolfgang 1985: Kommunalität als Instrument und Ergebnis von Sozialpolitik. In: Krüger, Jürgen/ Pankoke, Eckardt (Hrsg.): Kommunale Sozialpolitik. München: Oldenbourg, S. 98–128

Wollmann, Helmut/ Roth, Roland (Hrsg.) 1999: Kommunalpolitik. Politisches Handeln in den Gemeinden. 2. Auflage. Opladen: Leske und Budrich

Zuwanderung und Integration in den neuen Bundesländern

Karin Weiss

Zusammenfassung

War die Bundesrepublik von der ersten Stunde an ein Zuwanderungsgebiet, so war die DDR von Anfang an von Abwanderung geprägt. Zuwanderung unterlag so von Anfang an anderen Bedingungen, und diese Unterschiedlichkeit setzte sich auch nach der Wende fort. Der Beitrag zeichnet die Geschichte der Zuwanderung in die DDR und nach der Wende in die neuen Bundesländer nach und stellt die unterschiedliche Form dieser Zuwanderung als auch die unterschiedlichen Rahmenbedingungen vor. Dabei hat diese spezifische Geschichte und Form der Zuwanderung auch besondere Integrationshürden, aber auch Integrationschancen hervorgebracht.

Viel wird derzeit über Migration und Integration in der Bundesrepublik Deutschland geredet. Längst hat sich das Thema Integration institutionalisiert. Was mit einem Integrationsgipfel 2006 begann, hat feste institutionelle Bahnen bekommen. Im März 2015 kam die Integrationsministerkonferenz zum zehnten Mal zusammen, regelmäßige Landesintegrationskonferenzen sind fast überall fester Bestandteil der Politik. In Baden-Württemberg gibt es ein eigenständiges Integrationsministerien, und in vielen Bundesländern hat der Bereich Integration eigene große Fachabteilungen bekommen. Integration ist zu einem wichtigen und dauerhaften Thema geworden.

Betrachtet man allerdings die zahlreichen Publikationen dazu, so stellt man schnell fest, dass die bei weitem überwiegende Mehrheit der Texte, Analysen, Studien und Kommentare sich auf Zuwanderung und Integration in den alten Bundesländern bezieht. Auch die Debatten um die prekären Schulerfolge von Kindern und Jugendlichen im deutschen Schulsystem beziehen sich ausschließlich auf die alten Bundesländer – auch wenn dies meist nur am Rande oder in Fußnoten beiläufig erwähnt wird. In der bundesdeutschen Debatte um Zuwanderung und Migration, so scheint es, existieren die ostdeutschen Bundesländer nicht. Mit dem Hinweis auf die geringe Quantität wird dabei die besondere Qualität der ostdeutschen Zuwanderung übersehen.

Mit dem Zusammenbruch der DDR und der Vereinigung der beiden deutschen Staaten begann nicht nur für die deutschen Bürger der DDR eine Phase des Umbruchs des gesamten Lebens, sondern auch für die Ausländer, die in der DDR gelebt hatten. Obwohl die DDR allgemein als monokulturelle Gesellschaft gesehen wird, in der es keine größeren ausländischen Minderheiten gegeben habe, lebten doch zum Zeitpunkt der Wende mehr als 190.000 Ausländer in der DDR (Stoll 1994: 3). Allerdings bestehen bis heute deutliche Differenzen in der Zuwanderung zwischen alten und neuen Bundesländern (vgl. auch Redaktionsgruppe Memorandum 2002).

1   Zuwanderung in die DDR

War die Bundesrepublik von der ersten Stunde an ein Zuwanderungsgebiet, so war die DDR von Anfang an von Abwanderung geprägt. Die Attraktivität der Bundesrepublik ebenso wie die Politik der DDR-Führung und der sowjetischen Besatzungsmacht führten in den Nachkriegsjahren zu einer massiven Abwanderung. Mehr als drei Millionen Menschen verließen die DDR, um sich ‚im Westen' anzusiedeln. Insgesamt kam es zu einer sozialen, politischen und kulturellen Entpluralisierung in der DDR und zur gesellschaftlichen Homogenisierung, in denen Gegenkulturen ausgegrenzt und Anderssein nur begrenzt zugelassen wurde (Thränhardt 2007). Von Anfang an also war das Leben in der DDR nicht von Zuwanderung und Vielfalt, sondern von Abwanderung und Homogenität geprägt.

War die Hauptsäule der Zuwanderung in die Bundesrepublik die ökonomisch bedingte Arbeitskräftemigration, die zunächst von einem breiten gesellschaftlichen Konsens getragen wurde, gab es eine Arbeitsmigration in größeren Zahlen in die DDR erst relativ kurz vor ihrem Ende. Während im Kontext der europäischen Integration die Freizügigkeit innerhalb der Mitgliedsstaaten der Europäischen Union nicht mehr zur Disposition gestellt und politisch, kulturell und gesellschaftlich eine Öffnung hin zu einem gemeinsamen Europa gefördert wurde, öffnete sich die DDR zwar zeitweilig nach Osteuropa, jedoch blieb diese Öffnung begrenzt und hatte kaum Folgen für die innergesellschaftliche Entwicklung bzw. eine Pluralisierung innerhalb der DDR-Gesellschaft (Thränhardt 2007).

Migration in die DDR war hauptsächlich politisch bedingt, zum einen durch die Aufnahme von politischen Flüchtlingen, zum anderen durch die Aufnahme von Studenten und Lehrlingen, die in der DDR qualifiziert wurden. Die Herkunftsländer dieser Schüler und Studierenden waren nach politischen Gesichtspunkten ausgesucht, die Qualifizierung wurde als Mittel der politischen Unterstützung der Herkunftsstaaten gesehen. Zuwanderung war ein politisches Instrument und kein ökonomisches.

Die Aufnahme von politischen Flüchtlingen war sehr begrenzt. Die DDR gewährte keinen Rechtsanspruch auf Asyl, sondern die Anerkennung als politischer Flüchtling erfolgte nach rein politischen Entscheidungen. So wurden auch nur Flüchtlinge aus den Ländern aufgenommen, in denen die DDR sozialistische Strömungen unterstützte (wie z. B. in Chile oder in Griechenland zu Zeiten des Bürgerkrieges). Nach Elsner/Elsner (1992: 15

ff.) kamen ab Mitte 1949 politische Flüchtlinge aus Griechenland in die DDR. 1961 lebten davon noch ca. 2.600 in der DDR. Spanier wurden seit 1950 aufgenommen, allerdings lag die Gesamtzahl unter 100 Personen. Aus Chile reisten seit 1974 945 Personen als Flüchtlinge ein, von denen 1989 noch 334 in der DDR lebten. Andere politische Flüchtlinge kamen z. B. auch aus Nicaragua.

Zahlenmäßig weitaus bedeutsamer war die Zuwanderung zu Lehr- und Ausbildungszwecken. Auch hier bestimmten politische Gründe die Herkunftsländer. Es wurden ausschließlich Schüler und Studierende aus ‚sozialistischen Bruderstaaten' oder Bewegungen aufgenommen. So kamen viele der Studierenden aus Angola und Mozambique, aus Kuba, aus Nicaragua oder auch aus Vietnam.[1]

Bis 1988 absolvierten insgesamt 42.000 Personen ein Studium in der DDR. Weitere 29.000 waren bis 1989 als Lehrlinge in der DDR. Dazu kamen Praktikanten und Personen, die Facharbeiterprogramme durchliefen. Facharbeiterqualifikationen wurden – insbesondere im Rahmen der Solidaritätsbewegung mit Vietnam – Mitte der Sechziger bis Mitte der Siebziger Jahre durchgeführt (Elsner/Elsner 1992).

Bis auf die – sehr wenigen – anerkannten politischen Flüchtlinge wurden Migranten meist von den DDR-Bürgern separiert. Private Kontakte zu Deutschen gab es selten. Zwar gab es gemeinsame offizielle Veranstaltungen und sogar auch Patenschaften, insbesondere bei den Studierenden, doch standen die meisten dieser Kontakte unter offizieller Kontrolle. Ergebnis war ein weitgehender Rückzug der wenigen Migranten in die Privatheit bei weitgehender Anpassung nach außen: „Insgesamt betrieb die DDR eine restriktive Ausländerpolitik. Der Aufenthalt der Ausländer hing weitestgehend von Gunst und Ermessen der Staatsbehörden ab; die Ausländer besaßen hinsichtlich ihres Aufenthalts keine einklagbaren Rechte: Es gab sogar Rechtsverschlechterungen" (Elsner/Elsner 1992: 27). Zuwanderung war immer als temporärer Aufenthalt konzipiert: Ein öffentlicher Diskurs darüber fand nicht statt. Eine Bleibeperspektive gab es nicht. Die Integration von Zuwanderern wurde nie als gesellschaftliche Aufgabe gesehen. Eine Auseinandersetzung mit fremden Kulturen im alltäglichen Umgang der Gesellschaft der DDR hat folglich nicht existiert (vgl. auch Behrends et al. 2003). Eine längerfristige Migrationsgeschichte mit dem Ziel einer Integration der Zuwanderer hat es in der DDR in diesem Sinne nie gegeben.

1.1 Vertragsarbeiter in der DDR

Die einzige größere homogene Zuwanderungsgruppe in der DDR war die Gruppe der Vietnamesen, die fast alle als so genannte Vertragsarbeiter in die DDR kamen. Vertrags-

---

1 Die wohl bekannteste Gruppe waren die Schüler in Moritzburg bei Dresden, Kinder aus Vietnam, die bereits 1956 (als zweite Schülergruppe nach einer Gruppe koreanischer Kinder im Jahr 1955) in der DDR aufgenommen wurden, um eine schulische und in vielen Fällen auch eine universitäre Qualifizierung zu erhalten (Freytag 1998; Weiss 2005).

arbeiter wurden überwiegend seit Beginn der achtziger Jahre[2] im Rahmen von Staatsverträgen zwischen der DDR und Vietnam, Kuba, Algerien, Angola und Mosambik in der DDR aufgenommen, als der Arbeitskräftemangel zu massiven Engpässen in der Produktion führte.[3] Noch bis in die Wendezeit wurden aus Vietnam relativ große Gruppen von Vertragsarbeiterinnen und Vertragsarbeitern aufgenommen. Tabelle 2 zeigt die Anzahl ausländischer Arbeitskräfte in der DDR zum Zeitpunkt der Wende:

Tab. 1   Anzahl ausländischer Arbeitskräfte in der DDR

Stand vom:	**31.12.89**	**31.12.90***
Vietnam	59.000	21.000
Mosambik	15.100	2.800
Kuba	8.300	60
Angola	1.300	200
Polen		
Nichtpendler	3.500	1.900
Pendler	2.500	2.000
China	900	40
Gesamt	**90.600**	**28.000**

* Angaben geschätzt
Quelle: Regina Stoll: Ausländerbeschäftigung vor und nach der Wiedervereinigung. IAB Werkstattbericht 10/1994. Nürnberg: Institut für Arbeitsmarkt- und Berufsforschung, S. 7

Ein offener Diskurs aber über Ursachen und Ziele dieser Migration wurde nicht geführt. Im Gegenteil: Es lag nicht im Interesse der Regierung der DDR, über die Hintergründe des Arbeitskräftemangels und die wirtschaftlichen Schwierigkeiten öffentlich zu diskutieren. So blieben für die Mehrheit der Bevölkerung die Gründe der Zuwanderung im Dunkeln, ebenso wie die Regelungen und Einzelheiten der Staatsverträge, im Rahmen derer die Arbeitskräfte im Lande lebten. Dieses Unwissen selbst über die grundlegenden Fakten führte zu einer Perzeption der Zuwanderung als Zumutung, als Ausnutzen der Erfolge der DDR-Wirtschaft, als – ungewollte und ungeliebte – Sozialleistung für andere. Die Arbeitszuwanderung war begleitet von Konkurrenzgefühlen, Ablehnung und Unverständnis. Da die Vietnamesen ihren in DDR-Mark erworbenen Lohn in Vietnam nicht konvertieren konnten, war ihnen in den Staatsverträgen zugesichert, dass sie Waren einkaufen konnten, um diese an die Familien in Vietnam zu senden. Die DDR-Bürger erlebten diese Käufe

---

2   Erste Arbeitskräfte kamen bereits Anfang der 1970er Jahre aus Algerien, allerdings nur in geringen Zahlen. Erst ab Anfang der 80er kann deshalb von Arbeitsmigration im größeren Umfang geredet werden.

3   Zur Geschichte der Vertragsarbeiter und Vertragsarbeiterinnen vgl. auch z. B. Müggenberg 1996; Sextro 1996; Marburger 1993; Raendchen 2000; Weiss/Dennis 2005.

jedoch als Hamsterkäufe, als Konkurrenz um knappe Waren, als Einschränkung der eigenen Chancen und Bedürfnisse. So breiteten sich Gerüchte über angebliche Privilegierungen der ausländischen Arbeitskräfte aus, die auch Anlass zu fremdenfeindlichen Aktionen wurden. Aber auch über ausländerfeindliche Handlungen wurde kein offener Diskurs geführt. „Der von der Partei verbreiteten These von der entwickelten sozialistischen Gesellschaft hätten Informationen über ausländerfeindliche Handlungen widersprochen" (Elsner/Elsner 1992: 8).

Die Arbeitsmigration im Westen wurde „als Ausbeutung im imperialistischen Zusammenhang denunziert, insofern war es schwer möglich, dieses Phänomen im Rahmen des ‚wissenschaftlichen Sozialismus' zu erklären" (Thränhardt 2007). Da weder die Gründe der Arbeitszuwanderung offen diskutiert wurden noch der ökonomische Nutzen, den man sich von dieser Arbeitszuwanderung erhoffte, bezog sich der öffentliche Diskurs – soweit er überhaupt stattfand – auf die Zuwanderung, bei der die DDR eher als Geber denn als Nehmer wirkte, denn die politischen Flüchtlinge und die Schüler, Studierenden und Auszubildenden wurden häufig aus Mitteln des Staatshaushaltes bzw. der Betriebe gefördert. Zuwanderung, soweit sie also überhaupt wahrgenommen wurde, war eine Zuwanderung, die keinen ökonomischen Mehrwert brachte, sondern Kosten verursachte. Sie wurde als Beitrag der DDR zur Entwicklung der Herkunftsländer interpretiert, von der alle anderen profitierten, aber nicht man selbst.

Mit der Wende wurde das bundesdeutsche Ausländerrecht auf die neuen Bundesländer übertragen. Wie in allen anderen Lebensbereichen erfolgten auch hier eine Zäsur und ein Neubeginn. Aufgrund bundesdeutscher Regelungen kamen nun auch neue Zuwanderergruppen in die neuen Bundesländer.

2   Nach der Wende: Zuwanderung per Zuweisung

Zuwanderung in die neuen Bundesländer erfolgte und erfolgt bis heute fast ausschließlich als Zuwanderung per Zuweisung. Arbeitsmigration gibt es nur wenig. Zuwanderung zum Zwecke der Arbeitsaufnahme findet nur in wenigen Fällen – und aus Drittstaaten fast ausschließlich im Bereich der Höherqualifizierten – statt. Nur gut 3.300 Menschen aus Drittstaaten besitzen z. B. derzeit in Brandenburg eine Aufenthaltserlaubnis zum Zwecke einer Ausbildung, eines Studiums oder einer Erwerbstätigkeit.[4] Ostdeutschland war lange ein Land der Abwanderung, erst in letzter Zeit nimmt die Abwanderung langsam ab. Zuwanderung nach der Wende fand statt in eine Region, die lange ökonomisch nur wenig Chancen bieten konnte und auch heute kaum zu den wirtschaftsstarken Regionen zählt. Zuwanderung hatte damit lange Zeit keine „produktive Perspektive" (Thränhardt 2007).

Per Zuweisung nach dem Wohnortzuweisungsgesetz reisten nach der Wende vor allem drei Gruppen von Zuwanderern ein, die nach dem so genannten Königsteiner Schlüssel zu

---

4   Ausländerzentralregister, Stand 31.03.2015.

einem bestimmten Prozentsatz entsprechend der regionalen Gesamtbevölkerung auf alle Bundesländer verteilt werden: die Spätaussiedlerinnen und Spätaussiedler, die jüdischen Kontingentflüchtlinge aus den Nachfolgestaaten der Sowjetunion und Asylbewerberinnen und Asylbewerber sowie politische Flüchtlinge. Alle drei Gruppen waren verpflichtet, solange in dem ihnen zugewiesenen Wohnort zu verbleiben, wie sie von öffentlichen Transfergeldern abhängig sind.[5] Für die neuen Bundesländer bedeutete das, dass sie vorwiegend die Zuwanderergruppen aufnahmen, die auf öffentliche Transfergelder angewiesen waren. Diese Zuwanderer blieben tendenziell langfristig abhängig von dieser ökonomischen Unterstützung, da – bedingt durch den Arbeitsmarkt – die Chance auf Erwerbstätigkeit sehr gering war. Für die heute wieder stark steigende Gruppe der Asylsuchenden gilt dies bis heute.

Diese Zuwanderer selbst nahmen nicht freiwillig ihren Wohnort in einem der neuen Bundesländer, sondern kamen und kommen, weil sie keine freie Wahl haben. Viele wandern weiter in die alten Bundesländer, sobald es ihre rechtliche und ökonomische Situation erlaubt, da die alten Bundesländer mehr Chancen auf dem Arbeitsmarkt eröffnen. Für die neuen Bundesländer bedeutet dies eine hohe Fluktuation der Zuwanderer und eine erneute Abwanderung gerade derer, denen sich aufgrund persönlicher Ressourcen, in der Regel besserer beruflicher Qualifikationen oder auch Sprachkenntnisse, mehr Chancen auf dem (westdeutschen) Arbeitsmarkt eröffnen.

Insgesamt sind die Zahlen dieser Zuwanderungsgruppen stetig zurückgegangen, nicht zuletzt aufgrund der erschwerten Zuwanderungsbedingungen, wie sie im Zuwanderungsgesetz 2005 formuliert wurden. Die Anzahl der Neuaufgenommenen belief sich z. B. in Thüringen genauso wie auch in Brandenburg im Jahr 2006 auf unter tausend Personen.[6] Eine Neuzuwanderung fand also kaum noch statt. Mit der steigenden Zahl der Asylsuchenden und den neuen Migrationsbewegungen innerhalb der Europäischen Union hat sich dies wieder geändert. So verzeichnete Brandenburg 2013 einen Zuwanderungsüberschuss von 6.361 Menschen aus dem Ausland. Allerdings hält sich fast die Hälfte der Ausländerinnen und Ausländer, die heute in Brandenburg leben, weniger als vier Jahre hier auf.[7]

2.1   Geringe Zahlen

Vergleicht man die Zahlen zwischen den alten und den neuen Bundesländern, so wird deutlich, dass Zuwanderung in den neuen Bundesländern weit weniger ausgeprägt ist als in den alten. Haben die ostdeutschen Bundesländer einen ausländischen Bevölkerungsanteil von 2,5 Prozent (Thüringen) bis 2,9 Prozent (Sachsen) im Jahr 2014, so liegt der Anteil der ausländischen Wohnbevölkerung in den westlichen Bundesländern zwischen 5,3 Prozent (Schleswig-Holstein), und 12,6 Prozent (Baden-Württemberg; in den drei

---

5   Für Asylbewerber und Flüchtlinge gilt dies für die Zeit des Verfahrens, nicht nach einer Anerkennung als Flüchtling oder Asylberechtigter.
6   Thüringer Landtag, Drucksache 4/3243, 06.08.2007.
7   Ausländerzentralregister, Stand: 31.03.2015.

Stadtstaaten liegt er sogar noch höher. Spitzenreiter ist Berlin mit 14,3 Prozent.[8] Daraus folgend gibt es auch keine ethnischen Ballungszentren. Die Zahl der Migrantinnen und Migranten ist dazu einfach viel zu gering und auch die Möglichkeit zum Aufbau ethnisch homogener Netzwerke ist kaum vorhanden. Dennoch gibt es Konzentrationen. Wie in den alten Bundesländern auch, wohnen viele Zuwanderer eher in Städten denn in ländlichen Gemeinden. Andererseits werden gerade in ländlichen Gegenden Zuwanderer in kleineren Ballungszentren untergebracht, weil bei einer zu großen Streuung über alle Landkreise hinweg eine effektive Betreuungsstruktur nicht aufrechterhalten werden könnte. Auch wenn es keine großen ethnischen Ballungszentren gibt, so gibt es doch Konzentrationen von Menschen aus sehr unterschiedlichen Herkunftsländern – und eben auch Landkreise, in denen bis heute so gut wie kein einziger ausländischer Mitbürger anzutreffen ist.

Die Zahlen der Ausländerinnen und Ausländer geben jedoch nur einen Teil der Zuwanderinnen und Zuwanderer wieder. Spätaussiedlerinnen und Spätaussiedler sind in diesen Zahlen nicht enthalten. Gerade diese bilden aber die größte Gruppe der Zuwanderer in den neuen Bundesländern. So lebten z. B. in Brandenburg laut Ausländerzentralregister im Jahr 2006 48.509 Ausländer. Seit 1991 sind insgesamt mehr als 55.000 Spätaussiedlerinnen und Spätaussiedler nach Brandenburg zugewiesen worden. Ähnliches gilt für Thüringen, dort wurden seit 1991 66.204 Spätaussiedlerinnen und Spätaussiedler zugewiesen.[9] Die Zahl der Personen mit Migrationshintergrund ist also höher als es die Angaben zu Ausländern vermuten lassen. Dennoch ist der Umfang der Zuwanderung in die neuen Bundesländer wesentlich kleiner als in die alten. Laut Mikrozensus 2013[10] liegt der Anteil der Bevölkerung mit Migrationshintergrund in den neuen Bundesländern bei unter fünf Prozent, der Bundesdurchschnitt liegt bei 20 Prozent.

2.2 Spezifische Herkunftsländer und qualifizierte Zuwanderung

Aber nicht nur die Zahl der Personen mit Migrationshintergrund weist deutliche Unterschiede zwischen den alten und den neuen Bundesländern auf, auch die Herkunftsländer sind unterschiedlich. Am Beispiel Brandenburg soll die spezifische Zusammensetzung der Zuwanderer verdeutlicht werden. Tabelle 2 zeigt die Hauptherkunftsländer der ausländischen Wohnbevölkerung in Brandenburg und in Deutschland insgesamt:

---

8   Statistische Ämter des Bundes und der Länder (Webseite): Ergebnisse auf Grundlage des Zensus 2011. Stand: 11.11.2015.
9   Quellen: Ausländerzentralregister bzw. Thüringer Landtag, Drucksachen 4/3243 bzw. 4/3232 sowie Angaben des Ministeriums für Arbeit, Soziales, Gesundheit, Frauen und Familie, Referat Zuwanderung.
10 Statistisches Bundesamt: Fachserie 1, Reihe 2.2.: Bevölkerung und Erwerbstätigkeit. Bevölkerung mit Migrationshintergrund. Mikrozensus 2013. Wiesbaden 2014.

Tab. 2 Hauptherkunftsländer der ausländischen Wohnbevölkerung in Brandenburg 2015 und ihr Anteil in Deutschland zum Vergleich[11]

	Brandenburg	Deutschland
Polen	18,5 %	8,3 %
Russische Föderation	9,0 %	2,6 %
Ukraine	5,0 %	1,5 %
Vietnam	4,7 %	1,0 %
Türkei	3,5 %	18,0 %

Tabelle 2 zeigt deutlich, dass kaum Staatsangehörige der klassischen Anwerbeländer der alten Bundesrepublik in den neuen Bundesländern leben. Dagegen kamen große Gruppen aus den Nachfolgestaaten der Sowjetunion. Diese Gruppe nimmt wiederum in den alten Bundesländern nur einen geringen Stellenwert ein. Ein beträchtlicher Anteil kommt aus Vietnam. Dies sind die ehemaligen vietnamesischen Vertragsarbeiter und ihre inzwischen nachgezogenen oder nachgeborenen Familienangehörigen oder auch nach der Wende eingereiste Asylbewerber. Auch die Spätaussiedlerinnen und Spätaussiedler, die als deutsche Staatsangehörige nicht in diesen Statistiken aufgenommen werden, jedoch auch Zuwanderer mit entsprechenden Integrationsproblemen sind, kommen überwiegend aus der Russischen Föderation oder aus Kasachstan. Seit 1991 sind in Brandenburg 55.000 Spätaussiedler aufgenommen worden, allerdings gibt es keinerlei gesicherten Daten darüber, wie viele von diesen sich noch in Brandenburg aufhalten. Schätzungen der verschiedensten Experten gehen von einem Drittel bis zur Hälfte dieser Zuwanderer aus, die aufgrund der schwierigen Situation auf dem Arbeitsmarkt in die alten Bundesländer weitergewandert sind (vgl. Holzmann/Kliemann 2007).

Bisher wurde in den neuen Bundesländern meist nur die erste Generation von Zuwanderinnen und Zuwanderern wahrgenommen, die noch selbst eingewandert ist. Allerdings wächst seit der Wende auch eine zweite Generation heran. Die Bevölkerung mit Migrationshintergrund – auch in den neuen Bundesländern – vergrößert sich also mit dem Heranwachsen der zweiten Generation. Bisher wird diese Generation in der öffentlichen Debatte jedoch fast nicht wahrgenommen.

Wir finden also in den neuen Bundesländern andere Gruppen von Zuwanderinnen und Zuwanderern, die wiederum spezifische Merkmale aufweisen. Die jüdischen Kontingentflüchtlinge brachten aus ihrem Herkunftsland hohe berufliche Qualifikationen mit. Ungefähr drei Viertel dieser Zuwanderer verfügten mindestens über einen Fachhochschulabschluss (Schoeps et al. 1999; Glöckner 2007). Auch von den Spätaussiedlerinnen und Spätaussiedlern verfügten viele über relativ hohe Qualifikationen. Mehr als zwei Drittel von ihnen verfügen über einen Fachschul- oder Technikum-Abschluss.[12] Zuwanderung in

---

11 Ausländerzentralregister, Stand: 31.03.2015.
12 Aufzeichnungen zur Verteilung in die Landkreise und kreisfreien Städte des Ministeriums für Arbeit, Soziales, Gesundheit und Familie, 2004–2005.

die neuen Bundesländer war also lange eine qualifizierte Zuwanderung. Die Vietnamesen haben meist eine hohe Bildungsaspiration. Bildung stellt in Vietnam traditionell einen hohen Wert dar. Eine ganze Reihe von Studien bestätigen generell die hohen Bildungsaspirationen von Ost- und Südostasiaten (vgl. z. B. Prügel 1985; Nakanishi/Nishida 1995). Auch die Gruppe der Asylbewerberinnen und Asylbewerber ebenso wie die Flüchtlinge weisen oft hohe Qualifikationen auf. Es sind in der Regel nicht die bildungsfernen Schichten, die über solche Ressourcen sowohl sozialer als auch materieller Art verfügen, die es ihnen ermöglicht, den Weg in ein Land der Europäischen Union zu finden. So weisen z. B. Asylsuchende aus Syrien zu hohen Anteilen akademische Abschlüsse auf. Allein in Brandenburg hielten sich im Jahr 2015 2.498 syrische Staatsangehörige auf; die Mehrheit von ihnen ist als Flüchtling gekommen.[13] Auch wenn aufgrund der Schwierigkeiten in der Anerkennung der mitgebrachten Qualifikationen die Verwertbarkeit dieser Abschlüsse auf dem Arbeitsmarkt begrenzt ist, sind hohe Qualifikationen und Bildungsaspirationen doch ein bedeutendes kulturelles Kapital, das Integration erleichtert und sich vor allem auch auf die nachwachsende Generation auswirkt.

3 Rahmenbedingungen: Schrumpfende Städte, hohe Arbeitslosigkeit und Fremdenfeindlichkeit

Auch die Rahmenbedingungen, unter denen sich Zuwanderer und Zuwanderinnen in den neuen Bundesländern integrieren, sind spezifisch. Sie sind gekennzeichnet durch hohe Arbeitslosigkeit, eine nach wie vor kontinuierliche, wenn sich auch abschwächende Abwanderung der deutschen Bevölkerung, und eine im Vergleich zu westdeutschen Ländern konstant hohe Fremdenfeindlichkeit.

Alle ostdeutschen Bundesländer hatten eine hohe Abwanderung zu verzeichnen. Hauptgrund für diese Abwanderung war die anhaltende hohe Arbeitslosigkeit, die in den ostdeutschen Bundesländern im Jahr 2006 mit 17,3 Prozent doppelt so hoch lag wie in den westdeutschen Bundesländern mit 9,1 Prozent.[14] Auch wenn sich die Zahlen inzwischen deutlich verbessert haben (Mai 2015: Ostdeutschland 9,1 %; Westdeutschland 5,6 %[15]), sind die Unterschiede nach wie vor deutlich und Ausländer besonders betroffen. Lag die Erwerbslosenquote von Menschen mit Migrationshintergrund 2013 in den alten Bundesländern (ohne Berlin) bei 5,5 Prozent in Bayern und 12,5 Prozent im Saarland, so ist sie in den neuen Bundesländern deutlich höher, und schwankt zwischen 16,1 Prozent in Sachsen und 20,6 Prozent in Sachsen-Anhalt (vgl. IntMK 2015: 69). Auch die Quote der geringfügig Beschäftigten ist in den neuen Bundesländern höher als in den alten, z. B. in Sachsen 21,4 Prozent, in Bayern lediglich 9,9 Prozent (ebd.: 67). Dies ist sicherlich zum einen der

---

13 Ausländerzentralregister, Stand: 31.03.2015
14 Amtliche Nachrichten der Bundesagentur für Arbeit, Jahrgang 55, Sondernummer 1, S. 20.
15 Statista, Webseite 27.06.2015.

nach wie vor teilweise schwierigen Arbeitsmarktlage geschuldet, genauso jedoch auch den Schwierigkeiten in der Anerkennung der mitgebrachten Berufsabschlüsse bzw. den bestehenden Sprachschwierigkeiten, da sich die arbeitslosen Ausländer fast ausschließlich aus der ersten Generation von Zuwanderinnen und Zuwanderern zusammensetzen. Integration in Arbeit, einer der wichtigsten Integrationsbereiche, ist damit mit sehr hohen Hürden verbunden. So bleibt eine große Zahl der Zuwanderer von öffentlichen Transferzahlungen abhängig – und die Wahrnehmung, Zuwanderer seien ökonomisch gesehen kein Nutzen, sondern eine Belastung, wird in gewisser Weise durch diese Situation bestätigt. Über die Ursachen für diese Situation wird dabei kaum öffentlich debattiert.

Die relativ hohe Fremdenfeindlichkeit in den neuen Bundesländern prägt nach wie vor auch die Integrationsbemühungen. Der Verfassungsschutzbericht 2013 zeigt deutlich, dass die ostdeutschen Bundesländer in der Anzahl von Gewalttaten mit rechtsextremistischem Hintergrund im Verhältnis zur Größe der Länder in der Gesamtrepublik nach wie vor überrepräsentiert sind. So entfielen 2013 mehr als 30 Prozent aller Gewalttaten mit rechtsextremistischem Hintergrund auf die ostdeutschen Länder, davon allein 67 auf Sachsen, 58 auf Sachsen-Anhalt, je 44 auf Brandenburg und Thüringen sowie 31 auf Mecklenburg-Vorpommern.[16]

Nach der Wende fielen die neuen Bundesländer insbesondere durch eine hohe Anzahl von gewalttätigen Übergriffen auf Ausländer auf. Die Ereignisse von Rostock-Lichtenhagen waren ein Extrembeispiel für Übergriffe, die in ihren Auswirkungen die Lebenssituation der Zuwanderinnen und Zuwanderer bis heute prägen. Für die Zuwanderer sind Ablehnung und Fremdenfeindlichkeit durchaus Alltagserlebnisse, auch wenn die direkte Gewalttätigkeit in den letzten Jahren abgenommen hat. So berichteten in einer Befragung von Teilnehmern an Qualifizierungskursen in Brandenburg im Jahr 2005/2006 zwei Drittel von mehrfachen alltäglichen Diskriminierungserfahrungen, insbesondere im Freizeitbereich, z. B. bei Vereinen und beim Diskothekenbesuch, in der Nachbarschaft, beim Einkaufen, in Restaurants – aber vor allem auch im Kontakt mit Behörden und bei Arztbesuchen.[17] Lexow (2007) berichtet im Zusammenhang mit Existenzgründungen von kontinuierlicher Fremdenfeindlichkeit, mit der sich Zuwanderer in den neuen Ländern auseinandersetzen müssen. Obwohl es vielerlei Maßnahmen gegen Rechtsextremismus, Fremdenfeindlichkeit und Antisemitismus gibt – das Land Brandenburg ist hier zweifelsohne federführend und das ‚Brandenburger Modell' des ‚Toleranten Brandenburgs' hat nicht zuletzt sogar die Ausgestaltung der derzeitigen Rechtsextremismusprogramme des Bundesministeriums für Familie, Senioren, Frauen und Jugend mitgeprägt –, sind Alltagsdiskriminierung und Ausgrenzungserfahrungen oft Teil des Lebens von vielen Zuwanderinnen und Zuwandern in den neuen Bundesländern. Dabei ist die alltägliche Ausgrenzung nicht notwendigerweise mit rechtsextremistischem Gedankengut verbunden. Nicht zufällig entwickelte sich die Pegida-Bewegung zuerst in den ostdeutschen Bundesländern. So stellte der Religionsmo-

---

16 Verfassungsschutzbericht 2013, S. 42
17 Aus Daten der Evaluation der Qualifizierungskurse im Rahmen der EQUAL Partnerschaft INCLUSION II.

nitor der Bertelsmann Stiftung (2015) fest, dass z. B. die Ablehnung des Islam in den neuen Bundesländern deutlich stärker ausgeprägt ist als in den alten, obwohl dort nur wenige Muslime leben. Die mangelnde Alltagserfahrung mit anderen Kulturen und Sprachen führen zu Rückzug und mangelnder Akzeptanz seitens der Mehrheitsbevölkerung. Behrends et al. (2003) wiesen schon früh auch auf die mangelnde Auseinandersetzung mit anderen Kulturen und eine Homogenisierung der Gesellschaft zu Zeiten der DDR hin, die Vielfalt in der Geschichte der DDR nie als Normalität und positiven Wert ansah. Auch nach der Wende erfolgte hier kaum eine Korrektur.

Auch die Notwendigkeit interkultureller Öffnung ist nach wie vor nur wenig im öffentlichen Bewusstsein verankert. Zwar ist die Forderung nach interkultureller Öffnung z. B. Teil des Brandenburger Integrationskonzeptes, das in der ersten Fassung bereits 2002 verabschiedet wurde, die Umsetzung ist jedoch noch nicht sehr weit vorangeschritten. Ähnliches gilt für andere ostdeutsche Bundesländer. Aufgrund der relativ geringen Zuwanderungszahlen werden Forderungen nach interkultureller Öffnung kaum erhoben. Erst in letzter Zeit werden solche Fragen im Zusammenhang mit Stichworten wie demografischer Wandel und zunehmender Fachkräftebedarf thematisiert.

Die Rahmenbedingungen der Zuwanderung sind damit tendenziell integrationshinderlicher als in den alten Bundesländern. Neben dem beschränkten ökonomischen Mehrwert, dem Gefühl der Konkurrenz durch Zuwanderung um sowieso begrenzte Arbeitsplätze und der relativ hohen Fremdenfeindlichkeit als Rahmenbedingungen von Integration ist in diesem Zusammenhang auf einen weiteren Punkt hinzuweisen: Ein öffentlicher Diskurs, der Zuwanderung als Teil einer modernen Gesellschaft und als gesellschaftliche Normalität ausgewiesen und der die Fähigkeit zum Umgang mit Differenz als zukunftsweisend und produktiv in den Blick genommen hätte, blieb auch nach der Wende weitgehend aus. Die neuen Bundesländer setzten aufgrund der massiven und umfassenden Transformationsprozesse andere Schwerpunkte und Prioritäten. Die geringe Zahl der Zuwanderer ließ Fragen von Integration nicht so drängend erscheinen, als dass sie in das Zentrum der öffentlichen Diskussion gerückt wären. An dieser Situation hat sich bis heute nichts Wesentliches geändert. So stellte z. B. der Verein Diêng Hông in Rostock fest: „Weder auf der politischen Ebene noch in der Öffentlichkeit wird die Integration von Migrantinnen und Migranten als prioritäre Aufgabe betrachtet (zitiert nach Henschel 2007: 8).

4   Integrationsleistungen und Ressourcen

Dennoch sind Integrationsleistungen festzustellen. Auch wenn kein breiter öffentlicher Diskurs geführt wurde, so wurden inzwischen auch in den neuen Bundesländern Konzepte zur Integration verabschiedet, die Integration und interkulturelle Öffnung als gesellschaftliche Aufgabe ausweisen. Es gibt eine Vielzahl von ‚Best-Practice'-Modellen, die sich um die Integration von Zuwanderern und den Abbau von Fremdenfeindlichkeit und Rassismus bemühen. Und es gibt eine zunehmende Zahl von Migrantenorganisationen, die – oft in Zusammenarbeit mit Einheimischen – die Integrationsbemühungen unterstützen und dabei eigenständige (und durchaus andere) Wege beschreiten als in den alten Bundesländern (Kindelberger 2005; 2007). Die hohe Zahl der Selbständigen unter den Migranten, die produktiv und kreativ auf die schwierige Wirtschaftslage reagieren (Lexow 2007), ist ein weiterer positiver Faktor. Eine andere Erfolgsgeschichte sind die Schulerfolge ausländischer Kinder und Jugendlichen, die in den neuen Bundesländern deutlich besser sind als in den alten Bundesländern (vgl. auch Weiss 2006).

4.1 Institutionalisierung der Integration

„In jüngster Zeit", so Gesemann und Roth (2015: 5) „sehen die Bundesländer die Integration von Zugewanderten zunehmend als ein zentrales Handlungsfeld der Landespolitik." Für die ostdeutschen Bundesländer gilt dies nur bedingt. Die geringen Zahlen führen hier auch zu einer geringeren Institutionalisierung auf Landesebene. Zwar gibt es in allen ostdeutschen Bundesländern zuständige Fachreferate, aber eben nirgendwo eine Integrationsabteilung. Sachsen hat als einziges ostdeutsches Bundesland die Integrationspolitik insofern stärker institutionalisiert, als dass in 2015 eine Integrationsministerin installiert wurde, allerdings mit einem sehr begrenzten Zuständigkeitsbereich. Dennoch haben inzwischen alle ostdeutschen Bundesländer landesweite Integrationskonzepte oder Leitlinien und unterstützen strategisch die Integrationsarbeit vor Ort und in den Kommunen. Dabei wird vor allem der Bedarf an qualifizierter Zuwanderung betont. Eine stärkere Institutionalisierung ist aber vor allem auf der kommunalen Ebene zu spüren. So Gesemann (2012: 4): „Die kommunale Integrationspolitik wird von den Kommunen in den neuen Ländern als zentrales Thema bewertet. 76,2 % der befragten Kommunen messen der Integration von Menschen mit Migrationshintergrund eine sehr hohe oder hohe Bedeutung bei. In 85,7 % der befragten Kommunen ist Integrationspolitik nach eigenen Angaben als ressortübergreifende Querschnittsaufgabe in der Kommunalverwaltung verankert, und 52,4 % der Kommunen verfugen über eine eigene, den örtlichen Bedürfnissen angepasste Gesamtstrategie zur Integration von Menschen mit Migrationshintergrund." Fast alle ostdeutschen Bundesländer unterstützen die kommunale Integrationspolitik durch die Förderung von Projekten und Initiativen, aber auch durch strukturelle Förderung von Zusammenschlüsse, (z. B. Sachsen-Anhalt, Brandenburg).

4.2 Existenzgründung und Unternehmertum

Nicht zuletzt aufgrund der hohen Abhängigkeit von Transferleistungen bestand und besteht eine relativ hohe Bereitschaft, der Arbeitslosigkeit durch die Gründung einer selbständigen Existenz zu entkommen. Gerade die vietnamesische Bevölkerung ist z. B. durch die 1993 und 1997 durchgesetzte Bleiberechtsregelung stark in eine berufliche Selbständigkeit gedrängt worden, da in der damaligen wirtschaftlichen Situation nur durch ein selbständiges

Gewerbe die notwendige finanzielle Grundabsicherung für das Bleiberecht nachgewiesen werden konnte (vgl. auch Weiss/Dennis 2005). 2006 hatten z. B. in Leipzig vietnamesische Staatsangehörige von allen Ausländern mit Abstand die meisten Gewerbe angemeldet, allein 6,3 Prozent der ausländischen Gewerbetreibenden in Leipzig sind Vietnamesen.[18] Auch Lexow (2007) wies bereits früh auf die hohe Bedeutung der Existenzsicherung durch Selbständigkeit für Personen mit Migrationshintergrund in den neuen Bundesländern hin. Allein im Jahr 2005 wurden über 500 Gewerbe mit ausländischen Betreibern in Brandenburg angemeldet. Lexow unterstreicht dabei die hohe Qualifikation der Existenzgründungswilligen, 60 Prozent der beim Lotsendienst Potsdam beratenen Existenzgründer verfügten z. B. über einen Hochschulabschluss. Auffallend war dabei auch die hohe Zahl der weiblichen Existenzgründungen. Laut dem Drittem Bericht zum Integrationsmonitoring der Länder lag der Anteil der Selbständigen mit Migrationshintergrund auch 2013 in den neuen Ländern deutlich höher als in den alten, z. B. bei 19,0 Prozent in Brandenburg oder 20,1 Prozent in Sachsen; in den alten Ländern bei 12,7 Prozent in Hamburg oder 8,5 Prozent in Baden-Württemberg (IntMK 2015: 65).

4.3   Ausländische Schüler in den neuen Bundesländern

Verfolgt man die Publikationen in den Medien über die Bildungserfolge ausländischer Kinder und Jugendlicher, so verkünden diese Veröffentlichungen fast unisono, ausländische Kinder und Jugendliche verließen das deutsche Schulsystem mit deutlich schlechteren Bildungsabschlüssen als deutsche Kinder und Jugendliche, auch wenn sich der Abstand zwischen den Gruppen teilweise verringert.[19] Dies ist für die westdeutschen Bundesländer generell sicherlich auch richtig. Ein Blick auf die Schulabschlüsse in den ostdeutschen Bundesländern zeigt jedoch ein anderes Bild.[20]

Aufgrund unterschiedlicher Schulsysteme können die Bundesländer nicht direkt miteinander verglichen werden. Innerhalb der einzelnen Bundesländer zeigen die Daten aber eindeutige Ergebnisse: Der Anteil nicht-deutscher Jugendlicher an den Schulen, die einen hohen Bildungsabschluss ermöglichen, ist im Vergleich mit ihrem Anteil in den alten Bundesländern durchschnittlich höher. Der Dritte Bericht zum Integrationsmonitoring der Länder weist für das Jahr 2013 z. B. für Mecklenburg-Vorpommern aus, dass zwar 46,8 Prozent der deutschen Schülerinnen und Schüler in der achten Klasse ein Gymnasium besuchen, aber auch 43,8 Prozent der ausländischen. Ähnliches gilt für Sachsen, hier liegen die Anteile fast gleichauf mit jeweils über 43 Prozent. Auch in Thüringen besuchen 42,2 Prozent der deutschen Schülerinnen und Schüler ein Gymnasium, und 35,7 Prozent

---

18   Stadt Leipzig: Ausländer in der Stadt Leipzig 2006, S. 34.
19   Zu den Bildungserfolgen ausländischer Kinder und Jugendlicher siehe auch Weiss (2006).
20   Die folgenden Berechnungen beziehen sich *ausschließlich auf Kinder mit ausländischem Pass*. Kinder mit deutscher Staatsangehörigkeit und Migrationshintergrund, wie z. B. Spätaussiedler, sind in den Angaben der Statistischen Landesämter nicht enthalten.

der ausländischen. Der Abstand zwischen den Gruppen ist in den meisten westdeutschen Ländern deutlich größer: Spitzenreiter ist Nordrhein-Westfalen mit 20 Prozentpunkten Unterschied bei 45,7 Prozent der deutschen, aber nur 25,0 Prozent der ausländischen Schülerinnen und Schüler, ein fast ebenso großer Abstand ist in Bayern mit 34,9 Prozent und 17,4 Prozent oder in Baden-Württemberg mit 38,7 Prozent der deutschen und nur 15,6 Prozent der ausländischen Schülerinnen und Schüler festzustellen (IntMK 2015: 45).

Über die Gründe für diese guten Schulerfolge kann man derzeit nur Hypothesen bilden. Als ein möglicher Faktor muss die unterschiedliche ethnisch-soziale Herkunft der Einwanderergruppen in Betracht gezogen werden. Der hohe Bildungsstand der Eltern wird an die Kinder weitergegeben. Und: Die Gruppe der ehemaligen vietnamesischen Vertragsarbeiter ist eine Gruppe von Zuwanderern, die traditionell einen besonderen Schwerpunkt in der Bildung der Kinder sieht. Darüber hinaus sind vietnamesische Kinder in den neuen Bundesländern zum großen Teil Kinder der ehemaligen Vertragsarbeiter in der DDR. Fast alle dieser Kinder, zumindest die, die bereits in Deutschland geboren wurden, waren von klein auf in deutschen Betreuungsinstitutionen untergebracht, da ihre Eltern aufgrund der extrem schwierigen ökonomischen Situation in der Regel beide voll erwerbstätig waren (siehe auch Weiss/Dennis 2005). Sie sind also von klein auf in deutschsprachigen Institutionen groß geworden und haben die deutsche Sprache erlernt (vgl. auch Hentschel 2003). Der relativ geringe Anteil von Migrantenkindern an den Schulen könnte außerdem die Möglichkeiten der individuellen Förderung verbessert haben.

Bis heute werden jedoch diese Bildungserfolge und ihre Bedingungen von der Forschung nicht wahrgenommen. So geht z. B. selbst der Bericht „Bildung in Berlin und Brandenburg 2013", der ein ausführliches Kapitel zur Bildungssituation von Kindern mit Migrationshintergrund in Berlin umfasst, mit keinem Wort auf die Bildungsabschlüsse der Kinder von Migrantinnen und Migranten in Brandenburg ein (ISQ 2013).

4.4 Neue religiöse Vielfalt

Die Zuwanderung in die neuen Bundesländer hat zu einer neuen Vielfalt religiöser Strömungen geführt, wie sie in der DDR nicht vorhanden war. Bis heute tun sich die neuen Bundesländer jedoch schwer, mit dieser neuen Vielfalt umzugehen oder diese sogar nur wahrzunehmen. Mit dem Zuzug der jüdischen Kontingentflüchtlinge gründeten sich neue jüdische Gemeinden, die bis heute fast ausschließlich aus Zuwanderinnen und Zuwanderern bestehen. Genauso gibt es jetzt große russisch-orthodoxe Gemeinden ebenso wie Mennoniten und Baptisten, afrikanische Pfingstgemeinden ebenso wie auch islamische Vereinigungen. Allein die Stadt Leipzig listet für das Jahr 2005 21 verschiedene Religionsgemeinschaften auf, die sich fast ausschließlich aus Zuwanderinnen und Zuwanderern zusammensetzen.[21]

---

21 Interkulturelles Forum e. V.: Glaubenswelten in Leipzig. Religionen von Zuwanderern. Leipzig 2005.

Der Organisationsgrad der Religionsgemeinschaften ist sehr unterschiedlich. Neben eingetragenen Vereinen gibt es informelle Organisationen, die regelmäßige Treffen durchführen und über feste Strukturen verfügen. Allerdings sind diese Gemeinden oft relativ klein. Alle leiden unter starkem finanziellem Druck. Außer den jüdischen Gemeinden, die zumindest in Brandenburg über einen Staatsvertrag mit der Landesregierung eine, wenn auch beschränkte, finanzielle Grundsicherung haben, sind fast alle Religionsgemeinschaften auf Spenden und Mitgliedsbeiträge angewiesen. Wegen der relativ hohen Arbeitslosigkeit unter den Zuwanderern sind diese finanziellen Mittel jedoch sehr begrenzt. Dies schränkt die Arbeit der Religionsgemeinschaften ein.

Die öffentliche Wahrnehmung und Unterstützung für diese Religionsgemeinschaften ist beschränkt. Aufgrund der eigenen begrenzten religiösen Bindung – so sind in Brandenburg z. B. nur ca. 20 Prozent der Bevölkerung religiös gebunden – wird auch den Religionsgemeinschaften der Zuwanderinnen und Zuwanderer nur begrenzte Wertschätzung zuteil. Eine Ausnahme bilden hier die jüdischen Gemeinden, deren Wiederansiedlung in allen ostdeutschen Bundesländern ausdrücklich gewollt war und ist. Dieser politische Wille hat sich jedoch nur begrenzt in materielle Unterstützung umgesetzt.

Dabei ist der Beitrag der Religionsgemeinschaften zur Integration der Zuwanderinnen und Zuwanderer von großer Bedeutung. Fast alle Gemeinschaften bieten neben den grundlegenden religiösen Dienstleistungen Beratung und Betreuung für ihre Mitglieder an, viele übernehmen dabei Integrationsleistungen, die sonst über andere abgedeckt werden müssten, ohne jedoch die entsprechende Förderung zu erhalten.

4.5 Selbstorganisationen der Zuwanderinnen und Zuwanderer

Auch in den neuen Bundesländern gibt es eine zunehmende Zahl von Migrantenorganisationen, die – oft in Zusammenarbeit mit Einheimischen – kreativ die Integrationsbemühungen unterstützen und dabei eigenständige und durchaus andere Wege beschreiten als in den alten Bundesländern (vgl. auch Kindelberger 2007). Von Anfang an waren diese Organisationen gemeinsam mit Deutschen gegründet worden, nicht zuletzt aufgrund der Situation, dass im Zuge der Wende auch viele Einheimische ihre Arbeit verloren, die bisherigen Wertigkeiten des Lebens ungültig wurden und nicht nur die Ausländer, die nach der Wende in Ostdeutschland verblieben, sondern auch viele Deutsche einen neuen Lebensweg finden mussten. Für manche der in der DDR beschäftigten Betreuer von Ausländern oder auch Mitglieder der internationalen Freundschaftsgruppen war z. B. die Gründung eines Vereins, der dann die Betreuung und Beratung von Zuwanderinnen und Zuwanderern nach der Wende übernahm, eine Möglichkeit, über solche Projektarbeit selbst einen Arbeitsplatz zu erhalten. So kam es zu gemeinsamen Organisationen und zu einem von Anfang an eher partnerschaftlichem und gemeinsamem Arbeiten, das für beide Gruppen neue Perspektiven eröffnete. Es ist dann auch nicht verwunderlich, dass das Zentralregister für die neuen Bundesländer ganze zwölf ausländische Vereine auflistet, jedoch fast 16.000 für die alten Bundesländer.[22] Wenn es zu formalen Vereinsgründungen kam, waren diese aufgrund der deutsch-ausländischen Partnerschaften meist in deutsche Dachorganisationen eingebettet und tauchten demzufolge in diesem Verzeichnis nicht auf.

Die großen Wohlfahrtsverbände, die lange Jahre in den alten Bundesländern die Betreuung der Zuwanderinnen und Zuwanderer übernommen hatten und von denen sich Selbstorganisationen zunächst ein Stück weit emanzipieren mussten, hat es in der DDR nicht gegeben. Sie kamen erst mit der Wende nach Ostdeutschland und waren Neugründungen, die den eigenen Weg erst suchen mussten (vgl. auch Weller 2007).

Die ersten Selbstorganisationen waren vorwiegend deutsch-vietnamesische Vereine, deren Ziel zunächst nicht eine kulturelle und beratende Tätigkeit war, sondern die Durchsetzung eines Bleiberechts für die ehemaligen Vertragsarbeiter der DDR und die Absicherung minimaler Lebenssicherheiten, da mit der Wende fast alle Vertragsarbeiterinnen und Vertragsarbeiter Arbeit und Wohnung verloren und, zunächst ohne jede Hilfe, auf sich selbst angewiesen waren. Erst mit der Konsolidierung der Lebensbedingungen veränderten sich auch die Ziele und Funktionen der Selbstorganisationen (vgl. auch Weiss 2005b). Sie nehmen heute neben Beratungs- und Betreuungsaufgaben vor allem auch die Pflege kultureller Traditionen war, sehen sich aber nach wie vor auch als politische Vertreter der Zuwanderinnen und Zuwanderer. Bis heute sind viele Vereine an deutsche Organisationen gekoppelt. Es gibt nur wenige Vereine, die ethnisch homogen arbeiten. Da die Gesamtzahl der Zuwanderinnen und Zuwanderer in den neuen Bundesländern begrenzt ist, kommt es eher zu heterogenen Zusammenschlüssen: Nicht die gemeinsame Herkunft ist das Verbindende, sondern die gemeinsame Lebenssituation.

Auch in den neuen Bundesländern haben sich inzwischen neue Dachorganisationen gebildet. War die bereits vor vielen Jahren gegründete Arbeitsgemeinschaft der Ausländerbeiräte (AGAB e. V.) in Brandenburg lange Zeit die einzige Dachorganisation von Selbstorganisationen in den ostdeutschen Bundesländern (dann aufgegangen im Migrations- und Integrationsrat Land Brandenburg e. V.), so gibt es inzwischen weitere solche Dachverbände, wie z. B. das Landesnetzwerk Migrantenorganisationen in Sachsen-Anhalt (LAMSA), das 2009 gegründet wurde. Das Spezifische ist auch hier die herkunftsübergreifende Form, auch wenn mehr und mehr eigenethnische Netzwerke dazu kommen, wie z. B. die Vereinigung der Vietnamesen in Berlin & Brandenburg. Dies führt jedoch nicht zu Abgrenzungen, da diese herkunftsspezifischen Zusammenschlüsse oft auch Mitglied in landesweiten Dachorganisationen sind.

Diese andere Form der Organisation bietet auch neue Chancen. Abgrenzungen zwischen den Gruppen treten nur selten auf, die enge Zusammenarbeit mit Einheimischen ermöglicht andere Netzwerke, die wiederum andere Wege der Integrationsarbeit erlauben.

---

22 Nach unveröffentlichten Auswertungen von Uwe Hunger, Westfälische Wilhelms-Universität Münster 2004.

5 Schlussbemerkungen

Zuwanderung in den neuen Bundesländern gestaltet sich deutlich anders als Zuwanderung in den alten Bundesländern. Nicht nur die Geschichte der Zuwanderung ist, geprägt durch die DDR, eine andere Geschichte, auch nach der Wende und bis heute verläuft Zuwanderung in Ostdeutschland anders als in Westdeutschland. Es kommen weniger Zuwanderer, und diese haben besondere Merkmale. Sie kommen mit einer hohen Bildungsqualifikation und aus anderen Herkunftsländern, die aufgrund ihrer kulturellen Muster und Traditionen wiederum spezifische Integrationsvoraussetzungen schaffen. Auf der anderen Seite treffen Zuwanderinnen und Zuwanderer in den ostdeutschen Bundesländern auf besonders schwierige Bedingungen für Integration, wie z. B. auf eine verhältnismäßig hohe Ablehnung und Berührungsängste, und – bis auf die Zentren – eine relativ hohe Arbeitslosigkeit ausländischer Arbeitnehmer.

Auf der anderen Seite haben sich in den neuen Bundesländern, nicht zuletzt aufgrund dieser Rahmenbedingungen, aber auch aufgrund der anderen Ressourcen der Zuwanderer, Wege der Integration entwickelt, die möglicherweise richtungsweisend auch für die alten Bundesländer werden könnten. Die hohe Bildungsbeteiligung und die außerordentlich guten Bildungserfolge ausländischer Kinder und Jugendlicher können und müssen angesichts der demografischen Entwicklung in Ostdeutschland als Zukunftschance gesehen werden. Es haben sich besondere Formen der Selbstorganisationen entwickelt, die neue Wege der gemeinsamen Integrationsbestrebungen beschritten haben, ebenso wie die Arbeitslosigkeit auch dazu geführt hat, dass Zuwanderer neue und kreative Wege in die Selbständigkeit gegangen sind. Es gilt, die spezifischen Wege der Integration in den neuen Bundesländern zukünftig stärker in den Blick zu nehmen, um daraus – angesichts der auch in einigen der alten Bundesländer inzwischen vorherrschenden ökonomischen Stagnation und demografischen Krise – Lösungen abzuleiten.

Voraussetzung dafür ist aber ein offensiver öffentlicher Diskurs, der Zuwanderung als Chance und Integration als gesellschaftliche Aufgabe sieht. Nicht die Quantität der Zuwanderung darf hier im Vordergrund stehen, sondern die besondere Qualität, die gerade angesichts der anhaltenden Abwanderung aus den ostdeutschen Ländern und dem steigendem Fachkräftebedarf als besondere Ressource zu sehen ist, die genutzt statt verschwendet werden sollte. Zuwanderung und Integration als Normalität in einer weltoffenen Gesellschaft wahrzunehmen und entsprechend im Alltagshandeln umzusetzen ist nach wie vor eine Herausforderung für alle neuen Bundesländer.

Literatur

Behrends, Jan C./ Lindenberger, Thomas/ Poutrus, Patrice G. 2003: Fremde und Fremdsein in der DDR. Berlin: Metropol

Bertelsmann Stiftung 2015: Religionsmonitor – verstehen was verbindet. Sonderauswertung Islam 2015. Gütersloh: Bertelsmann Stiftung

Elsner, Eva-Maria/ Elsner, Lothar 1992: Ausländer und Ausländerpolitik in der DDR. Berlin: Gesellschaftswissenschaftliches Forum

Elsner, Eva-Maria/ Elsner, Lothar 1994: Zwischen Nationalismus und Internationalismus: über Ausländer und Ausländerpolitik in der DDR 1949–1990. Rostock: Norddeutsche Hochschulschriften

Freytag, Mirjam 1998: Die „Moritzburger" in Vietnam: Lebenswege nach einem Schul- und Ausbildungsaufenthalt in der DDR. Frankfurt/Main: IKO – Verlag für Interkulturelle Kommunikation

Gesemann, Frank 2012: Stand der kommunalen Integrationspolitik in den neuen Bundesländern. Verschriftlichung eines Vortrags zum Thema „Integration und Teilhabe: Chancen und Herausforderungen in den neuen Bundesländern", Regionales Integrationsforum Ost der Otto Benecke Stiftung, 29. Juni 2012. Magdeburg

Gesemann, Frank/ Roth, Roland 2015: Integration ist (auch) Ländersache! Schritte zur politischen Inklusion von Migrantinnen und Migranten in den Bundesländern. 2. vollständig überarbeitete, korrigierte und erweiterte Auflage. Berlin: Friedrich-Ebert Stiftung

Glöckner, Olaf 2007: Zuwanderung und Integration russischer Juden in Ostdeutschland. In: Weiss, Karin/ Kindelberger, Hala (Hrsg.): Zuwanderung und Integration in den neuen Bundesländern. Freiburg: Lambertus, S. 114–126

Hentschel, Tamara 2003: Das soziale Leben vietnamesischer Migranten in Berlin. In: odak e. V. (Hrsg.): Sie sind auch ein Teil von uns. Zur Situation der vietnamesischen Migranten in Berlin. Berlin: odak e. V., S. 10–12

Holzmann Irina/ Kliemann, Joachim 2007: Spätaussiedler/innen in den neuen Bundesländern. In: Weiss, Karin/ Kindelberger, Hala (Hrsg.): Zuwanderung und Integration in den neuen Bundesländern. Freiburg: Lambertus, S. 96–113

IntMK [Konferenz der für Integration zuständigen Ministerinnen und Minister/ Senatorinnen und Senatoren der Länder (Hrsg.) 2015: Dritter Bericht zum Integrationsmonitoring der Länder 2011–2013. Berlin/ Düsseldorf

ISQ Institut für Schulqualität der Länder Berlin und Brandenburg 2013: Bildung in Berlin und Brandenburg 2013. Bericht im Auftrag der Senatsverwaltung für Bildung, Jugend und Wissenschaft Berlin und des Ministeriums für Bildung, Jugend und Sport Brandenburg

Kindelberger, Hala 2005: Selbsthilfe und Ausländerbeiräte in den neuen Bundesländern. In: Weiss, Karin/ Thränhardt, Dietrich (Hrsg.): SelbstHilfe. Wie Migranten Netzwerke bilden und soziales Kapital schaffen. Freiburg: Lambertus, S. 164–183

Kindelberger, Hala 2007: Probleme und Perspektiven der politischen Partizipation und Selbstorganisationen von MigrantInnen in den neuen Bundesländern. In: Weiss, Karin/ Kindelberger, Hala (Hrsg.): Zuwanderung und Integration in den neuen Bundesländern. Freiburg: Lambertus, S. 197–216

Lexow, Julia 2007: Unternehmensgründungen von Migranten in Brandenburg In: Weiss, Karin/ Kindelberger, Hala (Hrsg.): Zuwanderung und Integration in den neuen Bundesländern. Freiburg: Lambertus, S. 234–249

Marburger, Helga (Hrsg.) 1993: „und wir haben unseren Beitrag zur Volkswirtschaft geleistet": eine aktuelle Bestandsaufnahme der Situation der Vertragsarbeitnehmer der ehemaligen DDR vor und nach der Wende. Frankfurt/Main: Verlag für Interkulturelle Kommunikation

Müggenberg, Andreas 1996: Die ausländischen Vertragsarbeitnehmer in der ehemaligen DDR. Darstellung und Dokumentation 1996. Berlin: Der Beauftragte der Bundesregierung für die Belange der Ausländer

Nakanishi, Don T./Nishida, Tina Yamano (Hrsg.) 1995: The Asian-American Educational Experience: A sourcebook for Teachers and Students. New York: Routledge

Prügel, P. 1985: Aspekte der schulischen Eingliederung von Kindern und Jugendlichen. In: Blume, Michael (Hrsg.): Fünf Jahre danach – Fallstudien zur Situation der Südostasien-Flüchtlinge in der Bundesrepublik Deutschland heute. Zwischenbericht. Konstanz: Universität Konstanz, S. 191–234

Raendchen, Oliver 2000: Fremde in Deutschland. Vietnamesen in der DDR. In Hinz, Hans-Martin (Hrsg.): Zuwanderungen – Auswanderungen: Integration und Desintegration nach 1945. Wolfratshausen: Edition Minerva, S. 78–101

Redaktionsgruppe memorandum 2002: Zuwanderung und Integration in den neuen Bundesländern. Chancen. Risiken. Aufgaben. Unveröffentlichtes Papier der Redaktionsgruppe memorandum „Zuwanderung und Integration in den Neuen Bundesländern" beim Ausländerbeauftragten Sachsen-Anhalt. Magdeburg [Kurzfassung veröffentlicht im Internet 2003]

Schoeps, Julius H./ Jasper, Willy / Vogt, Bernhard 1999: Jüdische Zuwanderer aus der GUS. Zur Problematik von sozio-kultureller und generationsspezifischer Integration. In: Schoeps, Julius H./ Jasper, Willi/ Vogt, Bernhard (Hrsg.): Ein neues Judentum in Deutschland? Fremd- und Eigenbilder der russisch-jüdischen Einwanderer. Potsdam: Verlag für Berlin-Brandenburg, S. 13–128

Sextro, Uli 1996: Gestern gebraucht – heute abgeschoben. Die innenpolitische Kontroverse um die Vertragsarbeiter der ehemaligen DDR. Dresden: Sächsische Landeszentrale für Politische Bildung

Statistisches Bundesamt 2007: Bevölkerung mit Migrationshintergrund. Ergebnisse des Mikrozensus 2005. Wiesbaden

Stoll, Regina 1994: Ausländerbeschäftigung vor und nach der Wiedervereinigung. IAB Werkstattbericht 10/1994. Nürnberg: Institut für Arbeitsmarkt- und Berufsforschung

Thränhardt, Dietrich 2007: Zuwanderung in Ost und West – ein Vergleich In: Weiss / Kindelberger: (Hrsg) 2007: Zuwanderung und Integration in den neuen Bundesländern. Freiburg: Lambertus, S. 15–32

Weiss, Karin (2005a): Vietnam: Netzwerke zwischen Sozialismus und Kapitalismus. In: Aus Politik und Zeitgeschichte, 27, S. 24–30

Weiss, Karin (2005b); Erfolg in der Nische: Die Vietnamesen in der DDR und in Ostdeutschland. In: Weiss, Karin/ Thränhardt, Dietrich (Hrsg) : Selbsthilfe. Wie Migranten netzwerke knüpfen und soziales Kapital schaffen. Freiburg: Lambertus, S. 69–92

Weiss, Karin 2006: Ausländische Schüler in den neuen Bundesländern – eine Erfolgsstory. In: Auernheimer, Georg (Hrsg.): Schieflagen im Bildungssystem. Wiesbaden: VS Verlag für Sozialwissenschaften, S. 179–191

Weiss, Karin/ Dennis, Mike (Hrsg.) 2005: Erfolg in der Nische? Vietnamesen in der DDR und in Ostdeutschland. Münster: LIT

Weiss, Karin/ Kindelberger, Hala (Hrsg.) 2007: Zuwanderung und Integration in den neuen Bundesländern. Zwischen Transferexistenz und Bildungserfolg. Freiburg: Lambertus

Weller, Susanne 2007: Soziale Arbeit mit Migrantinnen und Migranten im Land Brandenburg aus Sicht eines Wohlfahrtsverbandes. In: Weiss, Karin/ Kindelberger, Hala (Hrsg.): Zuwanderung und Integration in den neuen Bundesländern. Freiburg: Lambertus, S. 217–227

Auswirkungen von Zuwanderung auf die ökonomische Entwicklung von Kommunen

Hans Dietrich von Loeffelholz

Zusammenfassung

Die Zunahme der Migration nach Deutschland stellt erhebliche Anforderungen gerade an die Metropolregionen und ihre Städte. Damit sich auch diese Zuwanderung, wie ähnliche in der Vergangenheit, für die Kommunen und alle ihre Bürger wirtschaftlich positiv auswirkt, sind nachhaltige Integrationsanstrengungen der Migranten selbst sowie der örtlichen Aufnahmegesellschaft erforderlich. Durch diese Investitionen werden nicht nur die städtische Wirtschafts- und Finanzkraft sowie der örtliche Arbeitsmarkt gestärkt, sondern auch hohe ökonomische und gesellschaftliche Kosten der Nicht-Integration vermieden.

Schlüsselbegriffe

Metropolregionen, Großstädte, Impulse (für die kommunale Wirtschaft), Kosten (der Integration und der Nicht-Integration), Demografie, Migration *und* Integration zwei Seiten einer Medaille

1 Einleitung

In den wenigen Jahren seit der Erstauflage des vorliegenden Sammelbandes haben sich sowohl die Migrationsbewegungen nach Deutschland sowie dessen wirtschaftliche Situation grundlegend gewandelt. Beide Entwicklungen sind nicht unabhängig voneinander, sondern bedingen und verstärken sich gegenseitig: Einerseits hat sich die Migration nach Deutschland von einer annähernd ausgeglichenen Bilanz von Zu- und Abwanderungen zwischen 2004 und 2010 hin zu einem seit Beginn dieser Dekade schnell steigenden Wanderungssaldo entwickelt. Er hat 2015 und 2016 mit insgesamt 1,2 Mio. Flüchtlinge und Asylbewerber, also ohne EU-Binnenwanderung, Größenordnungen erreicht, wie sie das gerade vereinte Deutschland Anfang der 1990er Jahre registriert hatte. Der ‚arabische Frühling' und die anschließenden Hegemonial- und Glaubenskämpfe in der islamischen

Welt haben sich mittlerweile zu einem Flächenbrand rund ums Mittelmeer entwickelt. Vor allem Fluchtbewegungen aus dem Nahen Osten und auch aus Afrika nach Europa haben seit Mitte 2015 sprunghaft zugenommen. Überall auch in Deutschland kommen nun Tag für Tag Flüchtlinge vor allem aus Syrien an, die Medien berichten beinahe täglich aus kleineren und größeren Städten über überfüllte Aufnahmeeinrichtungen und wachsende Zeltlager und Containeranlagen. Mit Blick darauf ist der Untertitel des Sammelbandes ‚Migration und Integration als Herausforderungen von Kommunen' so aktuell wie seit zwanzig Jahren nicht mehr.

Die Herausforderungen stellen sich andererseits aus gesamtwirtschaftlicher Sicht für eine Bundesrepublik, die noch vor zehn Jahren als ‚Kranker Mann Europas' mit niedrigem Wirtschaftwachstum und hoher Arbeitslosigkeit galt und inzwischen zum wirtschaftlichen Zentrum der Union und mit dieser *soft power* zum Anziehungspunkt für Migranten[1] geworden ist. Gerade unter diesen ist via Internet und soziale Medien bekannt und auch durch öffentliche Kampagnen im Rahmen der Fachkräfteinitiative der Bundesregierung durch ‚make it in Germany' im Ausland propagiert worden, dass hierzulande bei annähernder Vollbeschäftigung mit auch international betrachtet recht niedriger Arbeitslosigkeit – vor allem gerade bei Jugendlichen – ‚Fachkräftemangel' herrscht. Unterstützt wird diese Signalwirkung durch das Inkrafttreten des Anerkennungsgesetzes des Bundes für im Ausland erworbene Berufsabschlüsse am 1. April 2012 einerseits und durch die *Blaue Karte EU* andrerseits, die ab 1. August dieses Jahres erteilt wurde.[2]

Die in Europa sehr unterschiedliche Bewältigung der weltweiten Finanzkrise von 2008 und 2009 und der daraus resultierenden Wirtschafts- und Staatsschuldenkrisen durch die einzelnen EU-Mitgliedsstaaten hat die Richtung vor allem auch der ökonomischen push- und pull-Faktoren der aktuellen Migration wesentlich vom Süden nach Norden und zum Westen der Union hin verlagert. Diese Umlenkeffekte (von Loeffelholz 2013a) betreffen aus den genannten Gründen insbesondere auch Deutschland. Die Flüchtlinge und Asylbewerber[3] suchen insbesondere in der Bundesrepublik den ‚Raum der Freiheit, der Sicherheit und des Rechts' der EU, der im Artikel 1 des Vertrags von Amsterdam 1997 erstmals von den damaligen Staatschefs proklamiert wurde.

Auf allen nationalen Ebenen, aber auch in der EU insgesamt sowie europa- und weltweit ist das politische, wirtschaftliche und gesellschaftliche Thema von Einwanderung und Integration von Flüchtlingen und Asylbewerbern ins Zentrum der medialen Aufmerksamkeit

---

1   In diese Formulierung sind auch die weiblichen Migranten mit einbezogen; dies gilt auch für die entsprechende Personenbegriffe im gesamten Text dieses Aufsatzes.
2   Siehe im Einzelnen unter die Web-Seite http://www.anerkennung-in-deutschland.de/html/de/ anerkennungsgesetz_des_bundes.php (Zugriff am 27.8.2015) bzw. Hanganu/Heß 2016.
3   Flüchtlinge sind solche zugewanderten und von außerhalb der EU stammende Personen, die wegen der Belastung der Behörden mit der Asyl-Antragsbearbeitung und der Aufnahmeeinrichtungen mit der Unterbringung (noch) keinen Asyl-Antrag stellen konnten oder als sog. Kontingentflüchtlinge aus dem Irak oder Syrien nach Deutschland als EU-Gemeinschaftsprojekt insgesamt geholt werden. Asylbewerber sind darunter Personen, für die die zuständigen Stellen unabhängig vom Ergebnis schon einen Erst- oder Folge-Asylantrag entgegennehmen konnten.

und politischen Agenda gerückt. Stärker als jemals in den vergangenen Jahren stehen die humanitäre Verpflichtung und Verantwortung im Vordergrund. Besondere Herausforderungen bestehen in der kurzfristigen Bereitstellung einer angemessenen Versorgungs- und Unterbringungsinfrastruktur in den Gemeinden, längerfristig in der Integration derer, die auf Dauer in Deutschland bleiben werden und deren Ressourcen und Potenziale von Anfang an ausgeschöpft werden sollten.

Dieser Ressourcenorientierung hat der Bundesgesetzgeber mit dem Zuwanderungsgesetz 2004[4] vor allem mit der flächendeckenden Einführung von Integrationskursen ab 2005 für Neuzuwanderer im Lauf der vergangenen zehn Jahren besonderen, auch international beispielhaften Ausdruck verliehen.[5] Das Zuwanderungsgesetz von 2004 sowie seine Novellierungen durch Richtlinienumsetzungsgesetze ermöglichen seit 2005 nach Maßgabe des § 1 des Aufenthaltsgesetzes eine Immigration,[6] die unter Berücksichtigung der Aufnahme- und Integrationsfähigkeit sowie der wirtschaftlichen und arbeitsmarktpolitischen Interessen der Bundesrepublik gestaltet wird. Diese Interessen richten sie sich immer stärker auch auf die Unterstützung des schon heute je nach Region und Wirtschaftszweig mehr oder weniger spürbaren demografischen Wandels auch durch Immigration, vor allem durch qualifizierte Arbeitskräfte. Ob mit der verstärkten Zuwanderung von Flüchtlingen und Asylbewerbern eine neue Migrationsphase einsetzt und die lange ‚Konsolidierungsphase' (Schmid 2006: 42; von Loeffelholz 2006: 77ff.) definitiv endet,[7] die mit dem Asylkompromiss von 1992/1993[8] einsetzte und zu einem stetigen Rückgang der Einwanderung nach Deutschland bzw. zur Abwanderung fast bis zum Ende der 2000er Jahre geführt hatte, muss an dieser Stelle offen bleiben.

---

4   Zur Entwicklung des Ausländerrechts bei der Arbeitsmigration unter dem Einfluss der wirtschaftlichen Entwicklung und Notwendigkeiten bis zur Blauen Karte EU vgl. von Loeffelholz 2013b: 202ff.
5   Vgl. die Bilanz des Bundesamtes für Migration und Flüchtlinge (BAMF) nach zehn Jahren Integrationsarbeit unter http://www.bamf.de/DE/DasBAMF/-10JahreIntegrationsarbeit/10jahreintegrationsarbeit-node.html (Zugriff am 23.08.2015).
6   In begrifflicher Hinsicht wird im Folgenden dann von ‚Immigration' und ‚Einwanderung' gesprochen, wenn der Zuzug aus der Sicht des Gesetzgebers eindeutig auf Dauer, wie seit 2005, angelegt ist und deshalb aus nationalem Interesse heraus angestrebt wird; auch dann liegt faktisch ‚Immigration' vor, wenn sie entgegen der politischen Zielsetzung, wie vielfach im Asylbereich, nach aller Erfahrung auf Dauer zu erwarten ist; alle anderen Zuzüge über die nationalen Grenzen hinweg werden als temporär angesehen und mit ‚Migration' bzw. ‚Zuwanderung' bezeichnet, wobei die Entscheidung für den einen oder anderen Begriff im Einzelfall naturgemäß wegen der oft unklaren Motivlage und der sich rasch verändernden Rahmenbedingungen schwierig und nicht abschließend zu treffen ist.
7   Zu den einzelnen, inzwischen sieben Zu- und Einwanderungsphasen aus dem Ausland nach Deutschland seit dem Ende des Zweiten Weltkrieges vgl. von Loeffelholz/Köpp 1998, Schmid 2006 und von Loeffelholz 2015.
8   Im Einzelnen vgl. Luft/Schimany 2013. Der Asylkompromiss von 1992/93 gilt als höchst kontroverse Entscheidung, die bis heute, mehr als 20 Jahre später, Auswirkungen auf die Asylmigration hat.

In vertikaler und horizontaler Sicht stellen sich die migrationsspezifischen Raumbewegungen je nach Betrachtungsebene und regionaler Bezugseinheit ganz unterschiedlich dar. Naturgemäß werden Zu- und noch mehr Einwanderungen – zumal aus anderen Kulturkreisen – in Kommunen in Abhängigkeit von der eigenen Migrationsgeschichte in der früheren Bundesrepublik oder in Ostdeutschland sehr unterschiedlich wahrgenommen. Jedenfalls werden Niveau und Strukturen der örtlichen Gesellschaft, Verwaltung und Infrastruktur und nicht zuletzt der lokalen Wirtschaft mehr oder weniger nachhaltig durch Migration und Integration beeinflusst.

In wirtschaftlicher Hinsicht ist nach den Wachstums- und Arbeitsmarkteffekten sowie damit verbundenen fiskalischen Implikationen von internationalen Wanderungen gerade auch von Flüchtlingen und Asylbewerbern auf lokaler Ebene zu fragen. Die Zielsetzung dieses Beitrags ist es nicht, definitive Antworten auf die aufgeworfenen Fragen zu liefern und abschließende Aussagen zu treffen. Er ist wie folgt gegliedert: Im nächsten Abschnitt (2.) wird der theoretische Rahmen der ökonomischen Wirkungen von Immigration auf lokale Arbeitsmärkte und Ökonomien skizziert. Anschließend werden die betrachteten Einwanderergruppen nach Migrationsstatus und Herkunft unterschieden sowie die verwendeten Datengrundlagen für die empirische Analyse angesprochen (3.). Danach folgt ein Überblick über die längerfristige Migration nach Deutschland im Allgemeinen und nach Berlin sowie in die Stadtstaaten Hamburg und Bremen und in die Landeshaupt- und Großstädte in den Flächenländern der alten Bundesrepublik, d. h. der (west-) deutschen Kommunen mit mindestens 500.000 Einwohnern, im Besonderen (4.). Dabei wird nach den kurz- und längerfristigen ökonomischen Wirkungen der Zuwanderung auf die betreffenden Kommunen unterschieden. Der Beitrag endet mit einer zusammenfassenden Bewertung der wichtigsten Ergebnisse und mit daraus abgeleiteten Schlussfolgerungen für die Migrations- und Integrationspolitik vor Ort. Er nimmt aber schließlich auch die damit interdependent verbundene anderen Politikbereiche, wie besonders die Bildungs- und Arbeitsmarktpolitik in den Blick; diese Bereiche stellen wichtige Rahmenbedingungen für das Gelingen der Integration in die Kommune dar (5.).

2 Theoretischer Rahmen: Das Modell

Zuwanderung erhöht das Arbeitsangebot auf dem lokalen Arbeitsmarkt. Da die Zuwanderer als Verbraucher auch die Güternachfrage erhöhen, ergibt sich auch eine Ausweitung der Arbeitsnachfrage.[9] Generell gilt aus arbeitsmarkttheoretischer Sicht: Bei Zuwanderung verlieren diejenigen Einheimischen, für die die Zuwanderer substitutiv sind, die also durch Immigranten ersetzt werden (von Loeffelholz/Köpp 1998; Bauer 2000; Brücker 2013). Es gewinnen aber diejenigen heimischen Produktionsfaktoren, deren Produktivkräfte durch Einwanderer ergänzt und gestärkt werden, d. h. zu denen die Einwanderer also

---

9 Vgl. die stilisierte Darstellung in von Loeffelholz 2008.

komplementär sind. In diesem Fall kommt es für die Volkswirtschaft insgesamt zu einem Wohlfahrtsgewinn, der sich auch in den Kassen der Gemeinden niederschlägt.[10] Wenn die einheimischen Gewinner die ansässigen Verlierer über das Steuer- und Transfersystem kompensieren, kann es zu einer gleichmäßigeren Verteilungssituation kommen (OECD 1997: 126f.), andernfalls differenziert sich die Einkommensverteilung weiter, wie das ohnehin aufgrund der Globalisierung und des technologischen Fortschritts beobachtet und diskutiert wird.

‚Ungelernte' Zuwanderer, wie sie nach hiesigen Bildungsmaßstäben trotz hoher formaler Abschlüsse im Herkunftsland auch bei den aktuellen Flüchtlingen und Asylbewerbern oder bei nachziehenden Familienangehörigen allein schon wegen der fehlenden Berufserfahrung in einer hochtechnisierten und exportorientierten Wirtschaft wie der der Bundesrepublik dominieren, können sowohl Substitute zu einheimischen Arbeitskräften mit geringer Qualifikation als auch komplementär zu solchen mit höherer Qualifikation sein. Sie vermindern daher tendenziell das Lohnniveau von ansässigen un- und angelernten Arbeitskräften. Dazu gehören nach neueren Forschungen vor allem auch die früheren Immigranten und ihre Kinder (Brücker 2013: 85ff.). Das Lohnniveau der ansässigen Arbeitskräfte ohne Migrationsbezug wird positiv beeinflusst (Zimmermann 1993; De New/Zimmermann 1994; Brücker 2013). Insoweit findet bei Zuwanderung relativ ‚unqualifizierter' Erwerbstätiger, wie von Asylbewerbern und Flüchtlingen mit Arbeitsplatz, eine Umverteilung zu Lasten früherer Immigranten als einheimische ‚Substitute' statt, deren Lohnniveau tendenziell sinkt bzw. die bei mangelnder Lohnflexibilität nach unten arbeitslos werden.[11] Die Immigration verläuft zu Gunsten der Mehrzahl aller Arbeitskräfte als ‚Komplemente' durch ein höheres Lohnniveau und eine verbesserte Beschäftigungssituation.

Im Falle von gut ausgebildeten Immigranten, wie sie für den IT-Sektor mit der *Green-Card* vom 1. August 2000 bis Ende 2004, ab 1. Januar 2005 mit spezifischen Regelungen des Zuwanderungsgesetzes und ab 1. August 2012 im Zuge der Umsetzung der EU-Hochqualifiziertenrichtlinie mit der o. g. *Blauen Karte EU*[12] für die Unternehmen vor Ort angeworben werden, gelten die gleichen Zusammenhänge: Auch hier sind die Immigranten im Allgemeinen Substitute für ansässige ‚Spezialisten' *und* potenziell Komplemente für solche mit anderen Qualifikationen, mit denen sie sich ergänzen. Für erstere verschlechtern sich die Verwertungsbedingungen für ihr Humankapital, d.h. die ‚Rendite' ihrer Bildungsin-

---

10 In Bezug auf Deutschland vgl. im Einzelnen dazu von Loeffelholz/Rappen 2004: 24ff., und Lenk 2005: 125ff.

11 Brücker 2013: 85, verweist auf die Zuwanderung nach Deutschland im Zuge der deutschen Einheit, durch die zwei Drittel des Zuwachses der Arbeitslosenquote unter den in Deutschland lebenden Ausländern auf die damalige Migration zurückzuführen ist, während die einheimische, deutsche Bevölkerung von der Zuwanderung profitiert hat, wie auch Gieseck et al. schon 1995 (704) feststellten.

12 Zu den damaligen positiven Wirkungen für die deutsche Volkswirtschaft, die auch tendenziell in Bezug auf die jetzige Immigration von ‚Spezialisten' (MINT-Beschäftigte und Ärzte) auf der Basis der Blauen Karte EU seit 2012 unterstellt werden können, vgl. Heilemann/von Loeffelholz 2000: 22.

vestitionen sinkt, für letztere verbessern sie sich – vor allem wenn Arbeitsplätze besetzt werden können, die aus Mangel an entsprechend qualifizierten Bewerbern bisher nicht besetzt werden konnten. Dies seit 2010 aus konjunkturellen und wegen der schon spürbaren demografischen Schrumpfung immer stärker der Fall. Die Einkommensgewinne der ausländischen ‚Spezialisten' gehen zu Lasten der heimischen Konkurrenten, und es findet – wie im o. g. Fall der Immigration von ungelernten Arbeitskräften – eine Umverteilung von den Ansässigen zu den Eingewanderten statt. Aber auch hier erfahren alle Einheimischen zusammen einen (Netto-)Wohlstandsgewinn, das Sozialprodukt steigt, die öffentlichen Finanzen bis hinunter zu den Gemeinden verzeichnen zusätzliche Einnahmen.

Werden über die lokalen und regionalen Arbeitsmarkteffekte hinaus auch die expansiven gesamtwirtschaftlichen Effekte der Zuwanderung (die sogenannten Multiplikator- und Akzeleratoreffekte sowie Kapazitätserweiterungen[13]) in Gestalt von zusätzlichem Verbrauch und mehr Sparen und Investieren sowie erhöhtem Außenhandel und stärkerer Input-Output-Verflechtung mit dem Umland der Kommune mit ihren jeweiligen Rückwirkungen auf die Arbeitsnachfrage berücksichtigt, kommt es insgesamt zu einer Vergrößerung und Diversifizierung der volkswirtschaftlichen Wertschöpfung. Die Kapital- und Arbeitseinkommen nehmen zu, der jährlich in der Kommune ‚gebackene Kuchen' der Wirtschaftsleistung wird größer, aber auch diverser (Gieseck et al. 1995: 701f.).

3   Empirischer Rahmen und Datengrundlagen

Im Folgenden betrachten wir nur diejenigen Immigranten, die selbst oder deren Eltern im Zuge *internationaler* Wanderungsbewegungen, d. h. über die jeweiligen Grenzen des deutschen Staatsgebietes hinweg, in inzwischen sieben Einwanderungsphasen nach Deutschland gekommen sind (von Loeffelholz 2015). Solche Einwohner und ihre hier geborenen Nachkommen werden zunächst unabhängig von ihrer Staatsbürgerschaft http://www.vgrdl.de/Arbeitskreis_VGR/von der amtlichen Statistik seit 2005 mit dem Oberbegriff ‚Menschen mit Migrationshintergrund' bezeichnet.[14] Diese Personen, deren Zahl sich bundesweit im Jahr 2015 auf 17,1 Mio. beläuft, werden noch danach unterschieden, ob sie via Wanderungsentscheidung eigene Migrationserfahrung und damit einen erhöhten Integrationsbedarf aufweisen. Die Zahl der *Ausländer* unter ihnen hat sich im Bundesgebiet nach Angaben des Ausländerzentralregisters zwischen dem 31.12.2006 und dem 31.12.2015 von 6,75 auf 9,11 Mio. Personen erhöht[15]; unter den 5,09 Mio. Nicht-EU-

---

13   Vgl. im Einzelnen Mankiw/Taylor 2008: 871.
14   Das Statistische Bundesamt 2017:4, definiert den Begriff wie folgt: „Eine Person hat einen Migrationshintergrund, wenn sie selbst oder mindestens ein Elternteil die deutsche Staatsbürgerschaft nicht durch Geburt besitzt".
15   Vgl. Bundesamt (Hrsg.) 2015: 103. Dabei ist zu beachten, dass für den statistischen Nachweis der ausländischen Bevölkerung in Deutschland neben dem Ausländerzentralregister (AZR) noch

Ausländern („Drittstaatsangehörige' mit 56 % an allen Ausländern in der Bundesrepublik) befinden sich vor allem türkische und russische Staatsangehörige, unter dem 44 %-Anteil an EU-Ausländern sind polnische, italienische, rumänische und griechische Mitbürger die größten Gruppen; die meisten sind jeweils in ihrem Herkunftsland geboren. Der Ausländeranteil an der Bevölkerung ist im Betrachtungszeitraum bundesweit von 8,1 % auf 11 % gestiegen. Mehr als die Hälfte aller Ausländer lebt seit mindestens zehn Jahren in Deutschland – die durchschnittliche bisherige Aufenthaltsdauer beträgt rund 16 Jahre; außerdem sind die ausländischen Männer mit 38,1 Jahren mehr als fünf Jahre jünger als die deutschen Männer (43,2), bei den Frauen beträgt der Abstand sogar mehr als sieben Jahre (38,8 gegenüber 46,1 Jahre). Auch durch diese demografischen Komponenten hat ihre Einwanderung erhebliche Wirkungen auf diejenigen west- und süddeutschen Städte und Gemeinden entfaltet, auf die sie sich – historisch durch die Anwerbevereinbarungen für die jeweiligen Industrien der 1950er und 60er Jahre bedingt – regional verteilen. In den ostdeutschen Ländern hingegen beträgt der Anteil von Personen mit einer ausländischen Staatsangehörigkeit durchschnittlich nur 3 %.[16]

Es interessieren im Folgenden aber nicht nur die Ausländer in den Kommunen auf dem Gebiet der früheren Bundesrepublik, sondern auch die deutsche Personen mit Migrationshintergrund mit und ohne eigene Wanderungserfahrung. Hierbei handelt es sich in erster Linie um (Spät-)Aussiedler und ihre Kinder, die in großer Zahl vor allem in den 1990er Jahre in die Metropolregionen Deutschlands gekommen[17] bzw. dort geboren sind.

Wegen dieser pull-Funktion von Ballungsräumen mit ihren ethnischen Netzwerken[18] fokussieren sich die folgenden Betrachtungen und Analysen auf die Bundeshauptstadt Berlin und die Stadtstaaten Hamburg und Bremen sowie auf die Landeshaupt- und Großstädte mit mehr als 500.000 Einwohnern. Im Einzelnen handelt es sich um folgende Kommunen: München, Köln, Frankfurt am Main, Essen, Dortmund, Stuttgart, Düsseldorf, Duisburg und Hannover. Alle diese Ballungsgebiete und ihre Bewohner sahen und sehen sich durch

---

die Bevölkerungsfortschreibung als weitere Datenquelle zur Verfügung steht. Während in die Bevölkerungsfortschreibung alle ausländischen Staatsangehörigen Eingang finden, die sich in Deutschland an- bzw. abmelden, werden im AZR alle Ausländer erfasst, die sich in der Regel länger als drei Monate im Bundesgebiet aufhalten. Insofern liegen die Zahlen aus dem AZR höher als in der Bevölkerungsfortschreibung. Bei den Daten der Bevölkerungsfortschreibung handelt es sich um auf der Basis des Zensus 2011 fortgeschriebene vorläufige Ergebnisse. Danach befanden sich 2015 insgesamt 8,65 Mio. ‚Nichtdeutsche' in der Bundesrepublik. Im Einzelnen siehe https://www.destatis.de/DE/Publikationen/Thematisch/Bevoelkerung/Bevoelkerungsstand/ VorlBevoelkerungsfortschreibung5124103139004.pdf;jsessionid=B682B8345EF32BCA76C1BD 96F3EF88BD.cae3?__blob=publicationFile (Zugriff am 19.6.2017)

16 Die *Zuwanderungen* in die ehemalige DDR, die ja vorrangig als Abwanderungsregion in Erscheinung trat und tritt, werden im Weiteren vernachlässigt. (Vgl. hierzu den Beitrag von Karin Weiß in diesem Band).
17 Seit 1950 sind 4,5 Mio. Menschen nach Worbs et al. (2013: 28) als (Spät-)Aussiedler in Deutschland eingewandert, der größere Teil darunter mit 2,5 Mio. seit 1990.
18 Zu ihrer Bedeutung als pull-Faktor vgl. Scholz 2013.

die vergangene Einwanderung (McCann 2001: 208ff.; O'Sullivan 2003: 119ff.) wie durch die gegenwärtige Immigration einem vielfältigen wirtschaftlichen, sozialen, gesellschaftlichen und kulturellen Wandel gegenüber und stehen aktuell durch Flüchtlinge und Asylbewerber – ähnlich wie zu Beginn der 1990er Jahre – vor vielfältigen Herausforderungen.

Diese Städte zählten 2005 mit 12,0 Mio. Einwohner mehr als ein Siebtel (fast 15 %) der Gesamtbevölkerung Deutschlands; bis 2015 stieg dieser Anteil mit 13,2 Mio. Stadtbewohnern auf 16,1 %. 2005 befanden sich darunter insgesamt mit 3,37 Mio. Personen 28 % mit Migrationshintergrund, bis 2011 nahm diese Zahl auf 3,69 Mio. bzw. der Anteil auf 30 % zu[19]. Die Bewohner der betrachteten Städte machten 2005 22 % aller von der amtlichen Statistik erstmals ausgewiesenen 15,3 Mio. Personen in Deutschland mit Migrationshintergrund aus, im Jahr 2011 waren es bei fast 16 Mio. im Bundesgebiet 23 %. Darunter befanden sich in Berlin und den betrachteten Stadtstaaten, Landeshaupt- und Großstädten im Jahr 2005 zusammen 1,99 Mio. Ausländer, bis 2011 stieg die Zahl auf 2,03 Mio. Personen. Der jeweilige städtische Ausländeranteil blieb dort zwischen 2005 und 2011 mit 16,5 % ebenso stabil ebenso wie der fast halb so hohe bundesweite Anteil (8,8 %). Bis zum aktuellen Rand dürften sich Anzahl und Anteilswerte weiter erhöht haben.

Die Attraktivität dieser großen Städte und Ballungsgebiete wird schon daran deutlich, dass dort, wo in den Jahren 2005 und 2011 jeweils 15 % und 2015 sogar 16 % aller Einwohner Deutschlands wohnten, jeweils 27 % aller in der Bundesrepublik lebenden Ausländer ansässig waren bzw. 22 % aller Personen mit Migrationshintergrund in Deutschland.

Abbildung 1 zeigt die migrationsspezifischen Profile der Städte im Vergleich der Jahre 2005 mit 2011. Berlin und Hamburg sowie München und Köln stechen erwartungsgemäß hervor mit beachtlichen Bevölkerungsgruppen von Immigranten, deren Anzahl im Betrachtungszeitraum noch gestiegen ist. In der Regel sind beide Gruppen – deutsche Bevölkerung mit Migrationshintergrund und Ausländer gleich groß, mit deutlicher Ausnahme von München, Frankfurt und Stuttgart sowie Düsseldorf, wo jeweils die ausländische Gruppe deutlich größer ist als die vergleichbare deutsche und zwischen 2005 und 2011 noch gewachsen ist.

Differenziert man danach, wer Migrationserfahrung durch eigene Wanderungen aufweist und wer nicht, bietet die amtliche Statistik den Vergleich der jeweiligen Bundesländer sogar im Zeitraum von 2005 bis 2014 (Abbildung 2). Es zeigt sich deutlich, dass unter den deutschen Personen mit Migrationshintergrund, bei denen es sich, wie gesagt, vor allem um (Spät-)Aussiedler und Eingebürgerte mit ihren Kindern sowie von Ausländern seit 2000 in Deutschland (auch) mit deutscher Staatsbürgerschaft geborene Kinder handelt, ca. die Hälfte entsprechende Erfahrung hat; dies dürfte strukturell auch für die oben ausgewiesenen Städte in 2014 zutreffen. Im Unterschied dazu hat der überwiegende Anteil der Ausländer in der Bundesrepublik Migrationserfahrung, bei den ausländischen Mitbürgern ohne diese Erfahrung dürfte es sich vorwiegend um die 1. Generation von Kinder der angeworbenen Arbeitskräfte handeln, die in den 1970er bis 1990er Jahre geboren wurden.

---

19 Dabei ist zu berücksichtigen, dass die Anteile für die Jugendbevölkerung bis unter 15 Jahre, wie die Mikrozensen zeigen, noch viel höhere Relationen aufweisen.

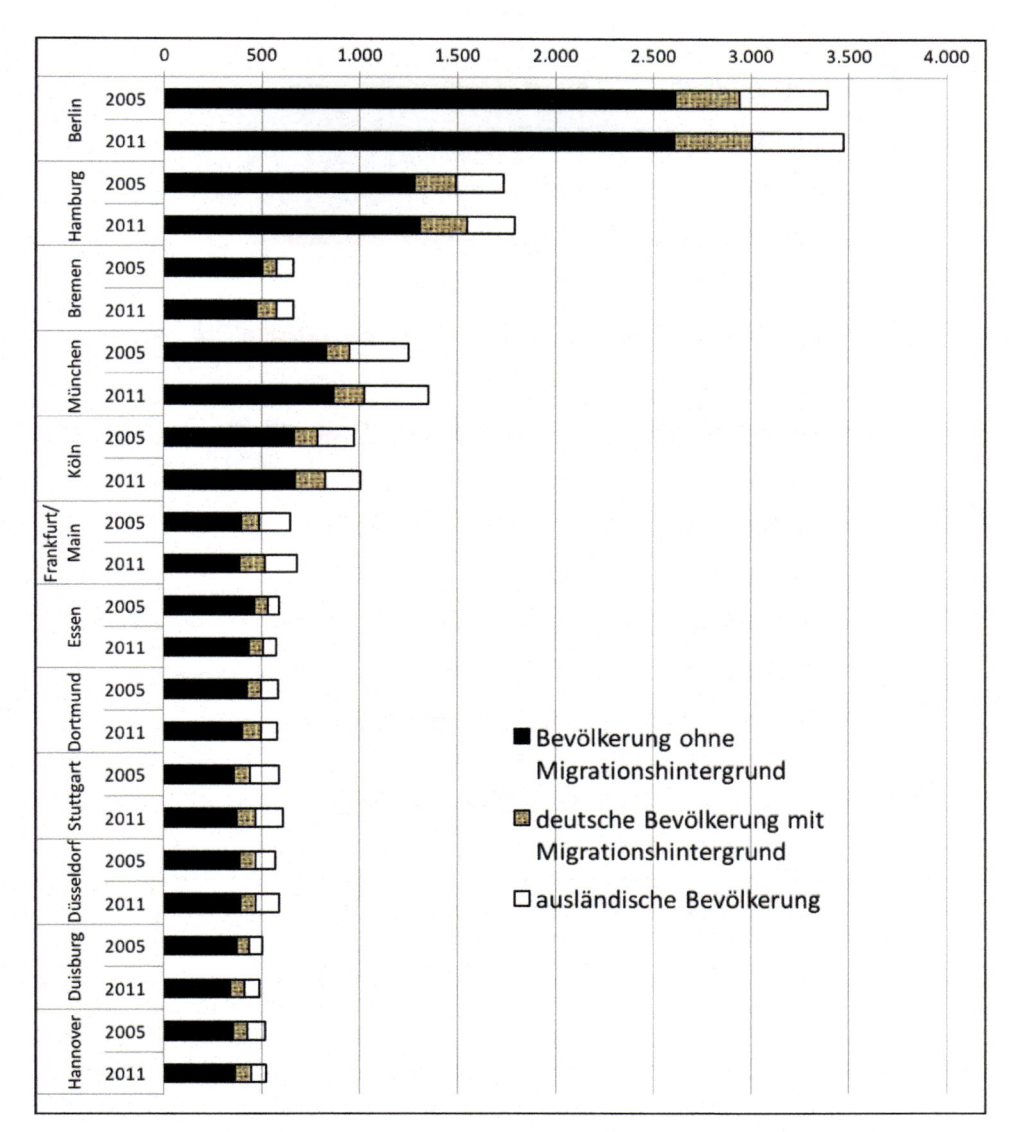

Auswirkungen von Zuwanderung auf die ökonomische Entwicklung

Abb. 1 Einwohner mit und ohne Migrationshintergrund in der Bundeshauptstadt, in Hamburg und Bremen sowie den Landeshaupt- und Großstädten in Deutschland 2005 und 2011 in 1.000 Personen

Quelle: Eigene Darstellung auf der Basis der regionalisierten Mikrozensus 2005 und 2011 des Statistischen Bundesamtes

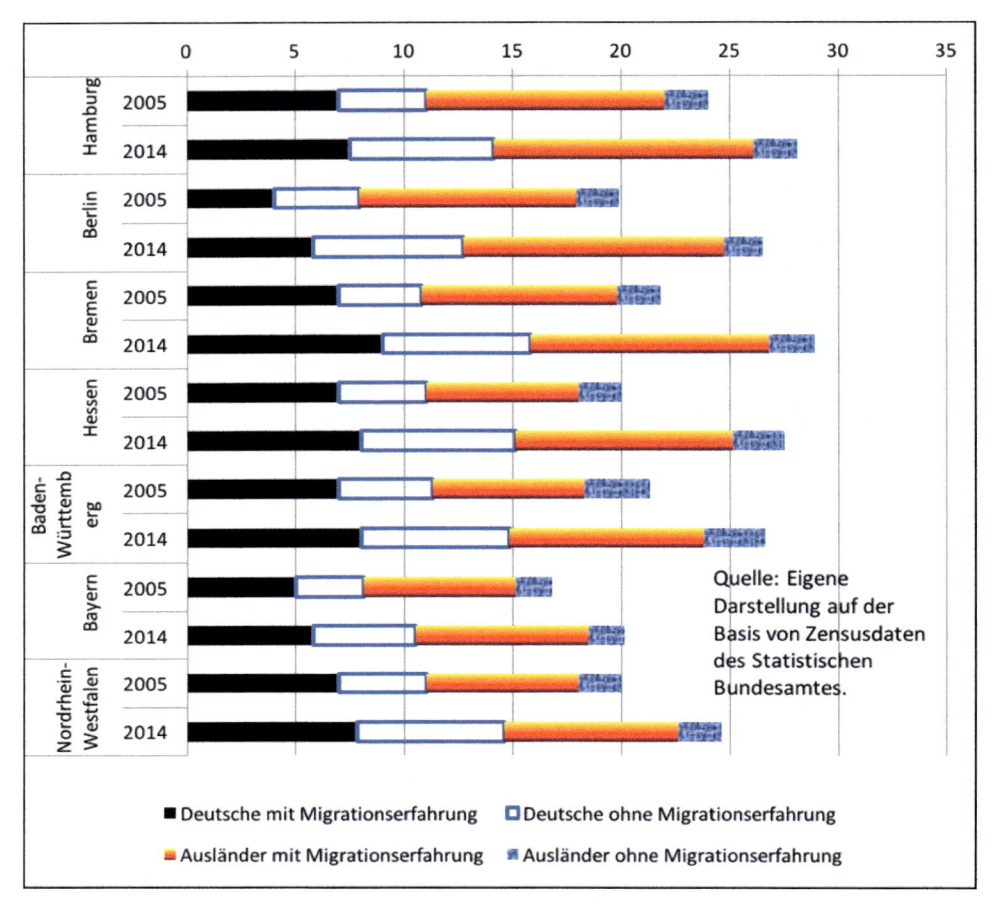

Abb. 2 Deutsche und ausländische Bevölkerung mit Migrationshintergrund nach Migrationserfahrung 2005 in % der jeweiligen Gesamtbevölkerung

Weitere Einblicke in die bevölkerungsspezifischen Stadtstrukturen nach den Herkunftsregionen von Ausländern von innerhalb der in den vergangenen zehn Jahren wesentlich erweiterten Union im Vergleich zu den Immigranten von außerhalb eröffnet eine aktuelle Graphik des Bundesinstituts für Bau-, Stadt- und Raumforschung (BBSR 2015). Sie gibt die Verteilung der Nationalitäten bei Ausländern im Jahr 2013 wieder (Abbildung 3). Auf den ersten Blick fallen die stark vertretenen türkischen Bevölkerungsgruppen im altindustrialisierten Westen auf, im relativ wenig Ausländer aufweisenden Osten die Ausländer aus Asien und entlang des Rheins sowie im Süden die EU-Bürger aus den ursprünglich bis 2003 zusammen 14 EU-Ländern. Gut zu erkennen sind aber auch die Immigranten der Erweiterungsrunden von 2004 und 2007, die Osteuropa, vor allem Polen, bzw. Rumänien und Bulgarien in die EU einbezogen.

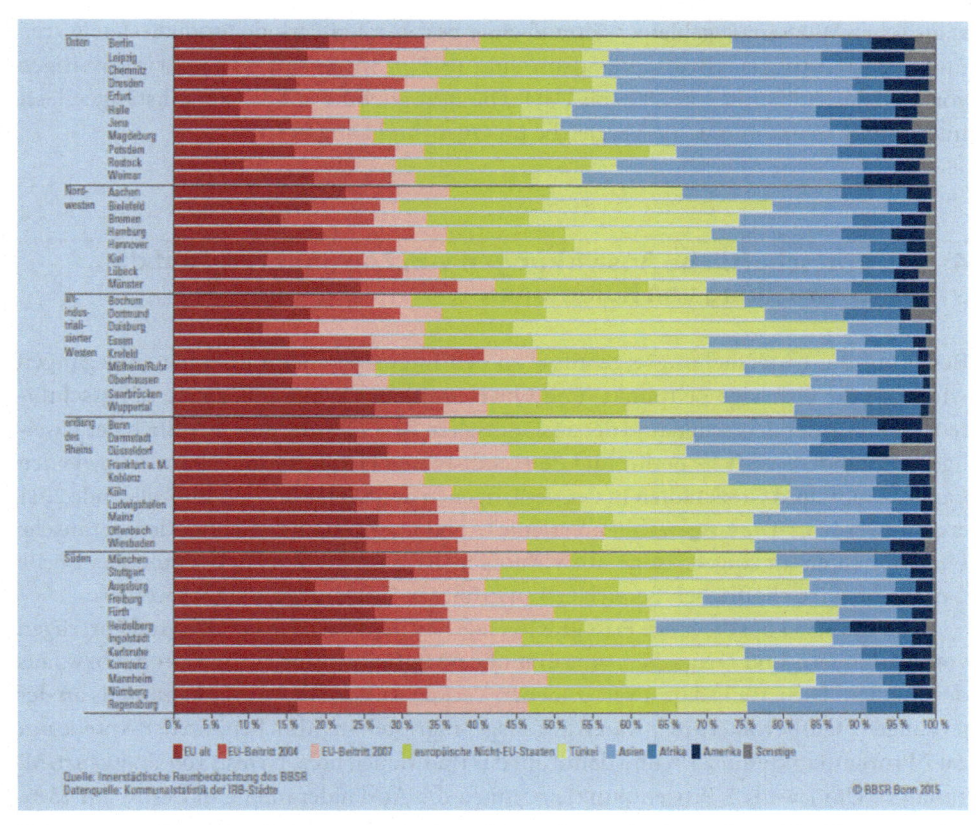

Abb. 3 Anteile der häufigsten Staatsangehörigkeiten der Ausländer in deutschland in 50, nach Regionen gruppierten IRB-Städten, 2013 in %

Als Datengrundlagen für die folgenden wirtschaftlichen Analysen dienen auch Informationen des BBSR auf der Basis der regelmäßigen Indikatoren und Karten zur Raum- und Stadtentwicklung; hier wird die Ausgabe von 2017 (INKAR 2017) verwendet, die für Berlin und die betrachteten Stadtstaaten, Landeshaupt- und Großstädte jeweils Ausländeranteile an der Bevölkerung, kommunale Arbeitslosenquoten[20] und Wirtschaftskraftindikatoren liefern. Zusätzlich werden nationale amtliche Bevölkerungsstatistiken und Quellen sowie die jeweiligen Arbeitsmarkt- und Sozialstatistiken verwendet. Die schon oben verwendeten regionalisierten Mikrozensen 2005 und 2011 stehen dabei im Vordergrund. Die laufenden Volkswirtschaftlichen Gesamtrechnungen der Länder liefern bis einschließlich 2014 wichtige Informationen über die längerfristige wirtschaftliche Entwicklung in den Kommunen. Als Maßgrößen dafür dienen das Wachstum des Werts aller innerhalb des

---

20 Bisher liegen für diese Indikatoren auf der kommunalen Ebene keine veröffentlichten Angaben nach dem o. g., Migrationsstatus wie im Mikrozensus vor.

städtischen Wirtschaftsgebietes während einer bestimmten Periode produzierten Waren und Dienstleistungen (Bruttoinlandsprodukt [BIP][21]) insgesamt und je Erwerbstätigen von 1992 bis 2005 und von 2006 bis 2014. Die Bezugnahme auf die Erwerbstätigen lässt interessante interkommunale Vergleiche im Quer- und Längsschnitt zu.

4 Wirtschaftliche Auswirkungen von Zuwanderung auf die Entwicklung von Kommunen

Bevor auf die Untersuchungsergebnisse zu den interessierenden Effekten eingegangen wird, soll die bisherige Zeitpunkt- und Querschnittsbetrachtung um eine Längsschnittentwicklung der deutschen und der ausländischen Bevölkerung einschließlich des jeweiligen Ausländeranteils in Berlin und den Stadtstaaten Hamburg und Bremen sowie den Landeshaupt- und Großstädten in den vergangenen dreißig Jahren von 1982 bis Ende 2011 ergänzt werden.[22] Die ausgewählten Verläufe (Abbildung 4) stellen wichtige demografische Determinanten für längerfristige Auswirkungen der Immigration auf kommunaler Ebene dar, die im wirtschaftlichen Bereich erst in größeren Zeiträumen sichtbar werden.

Es zeigen sich über die lange Frist gravierende Diskrepanzen bei den Zu- und Fortzügen von Ausländern und Deutschen (mit und ohne Migrationshintergrund) in die bzw. aus den Städten. Die jeweils damit verbundenen Veränderungen des Ausländeranteils an der jeweiligen Stadtbevölkerung[23] waren am ausgeprägtesten in München, wo der Anteile um ca. 7 Prozentpunkte auf 24 % und damit auf das traditionell hohe Niveau von Frankfurt/M. zunahm. Um jeweils 5 Prozentpunkte nahmen die Ausländeranteile in Berlin auf 13 %, in Dortmund auf 14 % und in Düsseldorf auf 20 % zu. Nur eine vergleichsweise geringe Anteilserhöhung um einen Prozentpunkt auf 15 % verzeichnete zwischen 1982 und 2011 Duisburg als Folge der Schrumpfung der Stahlindustrie.

Die gezeigten Wanderungsbewegungen schlugen sich nicht zuletzt in der wirtschaftlichen Entwicklung der Kommunen nieder, wie sie in der folgenden Tabelle enthalten ist. Sie reicht aus Datengründen allerdings nur bis 1992 zurück. Die 22 Jahre bis 2014 werden unterteilt in die Zeit bis 2005, in der die wirtschaftliche Entwicklung im Bund und in den

---

21 Das kommunale BIP entspricht der Bruttowertschöpfung aller städtischen Wirtschaftsbereiche zuzüglich der Gütersteuern und abzüglich der Gütersubventionen. Die Bruttowertschöpfung, die zu Herstellungspreisen bewertet wird, ergibt sich für jeden Wirtschaftsbereich aus dem örtlichen Bruttoproduktionswert zu Herstellungspreisen abzüglich der Vorleistungen zu Anschaffungspreisen. Die Bruttowertschöpfung fließt den Kapitaleignern und den Arbeitskräften als Kapital- bzw. Arbeitseinkommen zu.

22 Über diese lange Zeit ist auf der Basis der amtlichen Statistik naturgemäß nur die lange gebräuchliche Unterscheidung zwischen Deutschen und Ausländern möglich, da erst seit zehn Jahren die Unterscheidung nach dem Migrationsstatus vorgenommen wird.

23 Es muss hier offen bleiben, welche Rolle dabei Einbürgerungen, Geburten in Ehen von Ausländern nach dem neuen Staatsbürgerschaftsrecht seit 2000, Sterbefälle oder Wegzüge spielten.

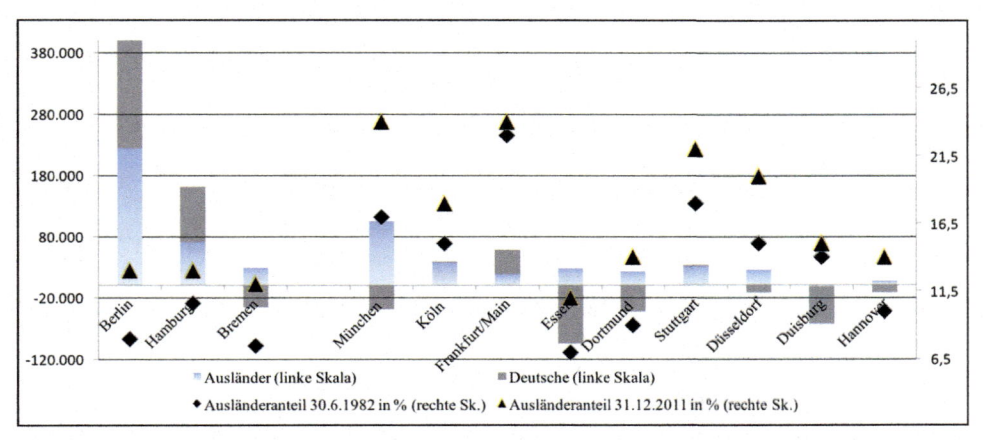

Abb. 4 Veränderung der deutschen und ausländischen Bevölkerung sowie Ausländeranteile an der Bevölkerung in Berlin, Hamburg und Bremen sowie den Landeshaupt- und Großstädten Deutschlands zwischen dem 30.06.1982 und dem 31.12.2011

Quelle: Eigene Berechnungen nach Angaben der Statistischen Jahrbücher des Statistischen Bundesamts und der Jahrbücher der deutschen Gemeinden

Ländern nach Auslaufen des Einigungsboom ab 1996 wegen der zunehmenden Arbeitsmarktprobleme immer gedämpfter verlief, und in die Zeit von 2006 bis 2014, in der nach der schnellen Überwindung des weltwirtschaftlich bedingten Konjunktureinbruchs als Folge der Lehman-Pleite von 2008 die ökonomische Entwicklung in den Städten – auch unter dem Einfluss der Arbeitsmarkt- und Sozialreformen sowie von im Zuge der EU-Erweiterungen steigender Immigration in die Kommunen – wieder aufwärts gerichtet war.

Das BIP je Erwerbstätigen, das als Indikator für die Steigerung der Produktivität und des Lebensstandards der Arbeitskräfte bzw. aller Stadtbewohner dient, hat sich in beiden Betrachtungsphasen sehr unterschiedlich entwickelt. Hamburg lag zwischen 1992 und 2005 mit Bremen, München, Duisburg und Frankfurt an der Spitze mit Steigerungsraten zwischen fast 40 und 33 %, Köln und Essen bilden die Schlusslichter mit nur etwas über 14 % bzw. 13 %. Dazwischen bewegen sich – vielleicht überraschend – Düsseldorf, Dortmund, Hannover und Stuttgart. Seit Mitte des vergangenen Jahrzehnts liegen indes Essen als EU-Kulturhauptstadt 2010 sowie Duisburg und Hannover vorne, Frankfurt bilden mit Hamburg und Bremen nun die „Schlusslichter".

Die am BIP insgesamt gemessene Wertschöpfung der Städte hat nicht zuletzt unter dem Einfluss der mehr oder weniger starken Zu- und Abwanderungen, die sich auch in der Zu- und Abnahme von Erwerbstätigen in den einzelnen Kommunen auswirkte, zugenommen. Durch den Rückgang der Zahl der Erwerbstätigen in Berlin, Bremen, München, Duisburg und Stuttgart im ersten Teil der Betrachtungszeitraums erhöhte sich die Wertschöpfung weniger als die Produktivität der Arbeitskräfte (BIP je Erwerbstätigen), in Hamburg, Düsseldorf, Köln, Essen, Dortmund, Hannover und Frankfurt, wo jeweils die

Tab. 1 Wirtschaftliche Entwicklung in Berlin, Hamburg und Bremen sowie den Landeshaupt- und Großstädten[24] sowie in den übrigen Städten und Gemeinden der jeweiligen Länder[25]; Veränderungen 1992–2005 und 2006–2014 jeweils in %

	Bruttoinlandsprodukt (BIP) insgesamt		Erwerbstätige (ET)		BIP je ET	
	1992–2005	2006–2014	1992–2005	2006–2014	1992–2005	2006–2014
Berlin	13,1	30,2	-7,6	14,4	20,7	15,8
Hamburg	41,2	18,0	1,8	12,6	39,4	5,4
Bremen	31,5	14,6	-7,0	5,1	38,5	9,5
München	32,5	26,6	-2,2	14,5	34,7	12,1
Düsseldorf	25,6	20,8	1,3	9,7	24,3	11,1
Köln	22,5	20,9	7,9	12,2	14,6	8,7
Essen	13,6	30,3	0,3	6,9	13,3	23,4
Dortmund	24,7	22,5	0,8	8,1	23,9	14,4
Duisburg	30,3	16,1	-6,4	3,7	36,7	12,4
Statistische Region Hannover	25,4	15,1	2,1	7,1	23,3	8,0
Stuttgart	21,7	16,8	-5,0	6,8	26,7	10,0
Frankfurt am Main	36	16,3	2,8	9,9	33,2	6,4

Quelle: Eigene Berechnungen nach Angaben in Volkswirtschaftliche Gesamtrechnungen der Länder (VGR der Länder) 2017

die Erwerbstätigenzahl expandierte, erhöhte sich die kommunale Wertschöpfung mehr als die Produktivität. Im zweiten Teil der Betrachtungszeitraums bis 2014 stieg überall die Zahl der Erwerbstätigen, am stärksten in Berlin und in München, am geringsten in Bremen und Duisburg, so dass dort die lokale Erhöhung des BIP jeweils weitgehend den länger ansässigen Arbeitskräften zugutekam.

In dem skizzierten demografischen und wirtschaftlichen Rahmen haben sich in den Betrachtungszeiträumen ökonomische Wirkungen von Zuwanderungen auf die Entwicklung der Städte entfaltet. In der deutschen empirischen Literatur immer noch liegen keine einschlägigen migrationsspezifischen Untersuchungsergebnisse, auch nicht für einzelne Agglomerationsräume, vor. Auf eine Ausnahmeuntersuchung in Bezug auf Miami (Florida) von 1980 wird weiter unten verwiesen.

Gesamtwirtschaftliche Untersuchungsergebnisse zeigen, dass aufgrund der Zuwanderung, wie oben abgeleitet, die komplementären ansässigen Arbeitskräfte stärker profitieren als die substitutiven verlieren; es verbleibt ein positiver Saldo für die ansässigen Arbeitskräfte (Smith/Edmonston 1997) und damit auch für die öffentlichen Kassen bis zur Gemeindeebene entsprechend den föderalen Verteilungsregelungen im Rahmen des Finanzausgleichs. Die bisher ermittelten Lohneinbußen für die substitutiven Arbeitskräfte sind schon unter

---

24 Städte mit mehr als 500.000 Einwohnern zum Beginn des Betrachtungszeitraums.
25 Ohne die aufgeführten Städte.

den spezifischen Arbeitsmarktbedingungen bis zu den Arbeitsmarkt- und Sozialreformen Mitte des vorigen Jahrzehnts volkswirtschaftlich betrachtet gering (Bauer et al. 2004). In dieser Hinsicht konnte nicht von einem nennenswerten Einfluss der Zuwanderer auf das Lohnniveau Einheimischer und insgesamt auf die Lohnstruktur gesprochen werden. Zu ähnlichem Ergebnissen kommt auch Glitz (2012) unter dem Einfluss der genannten Reformen. Diese jeweils geringen Wirkungen gelten umso mehr, wenn man zusätzlich zu den angebotsspezifischen Effekten die o. g. nachfragebedingten Expansionswirkungen und ihre Rückkopplungseffekte im Ort, in der Region und darüber hinaus berücksichtigt. Dabei sind kurzfristige direkte und indirekte Wirkungen von längerfristigen Implikationen zu unterscheiden.

4.1 Kurzfristige direkte Auswirkungen von Zuwanderung

Nach Berechnungen von Gieseck et al. (1995: 704), Bauer (2000: 329) und Brücker (2013: 82) hat die Immigration erhebliche Auswirkungen auf die Einkommensverteilung. Die örtlichen Unternehmer gewinnen stets durch die Einwanderung von Arbeitskräften. Demgegenüber können die einheimischen Arbeitskräfte in Abhängigkeit von der Qualifikationsstruktur der Einwanderer spürbare Einkommensverluste erleiden. Für die 1990er Jahr galt: Damit die Arbeitslosigkeit der einheimischen Bevölkerung bei einer Einwanderung von jährlich durchschnittlich 500.000 Personen bundesweit nicht steigt, mussten die Löhne gering qualifizierter einheimischer Arbeitnehmer um etwa 3 % sinken und die Einkommen qualifizierter einheimischer Arbeitskräfte um 0,5 % zunehmen. Bauer (2000) kam damals – anders als zuvor De New und Zimmermann (1994)[26] – insgesamt zum Ergebnis vergleichsweise vernachlässigbarer Lohnsenkungs- und Verdrängungseffekte. Dies galt auch in Bezug auf die Verteilung von Asylbewerbern über deutsche Regionen in den frühen 1990er Jahren, wie Glitz (2012: 175ff.) gezeigt hat. Inwieweit dies auch für die jetzige Asyleinwanderung vor dem Hintergrund der Deregulierung des Arbeitsmarktes und der sie begleitenden Sozialreformen vor zehn Jahren angenommen werden darf, die die Flexibilität, aber auch die Aufnahmefähigkeit des Arbeitsmarktes spürbar gesteigert haben, ist zukünftigen Forschungen vorbehalten[27].

Dies gilt auch hinsichtlich der Frage, ob das Ergebnis für die USA, nach der eine Zunahme des Anteils der im Ausland geborenen Erwerbstätigen an der Bevölkerung um

---

26 Vgl. die Kritik an der Methodik der Untersuchung bei von Loeffelholz et al. (2004) für den Zuwanderungsrat.
27 Vgl. zur Beschäftigungssituation von Ausländern im Vergleich zu den Deutschen vor den entsprechenden Arbeitsmarkt- und Sozialmaßnahmen siehe von Loeffelholz 2002: 631ff. Es wäre interessant zu untersuchen, inwieweit sich durch die Deregulierung des Arbeitsmarktes und der Zusammenführung von Arbeitslosen- und Sozialhilfe für Erwerbsfähige die Beschäftigungsschwellen für Ausländer bzw. Immigranten und ihre Betroffenheit von Arbeitslosigkeit gerade auch in den Metropolen verringert haben. Die seither rasch gefallene Arbeitslosenquote bei Ausländern deutet auf eine entsprechende expansive Wirkung hin.

10 %, zu einer Verringerung der Löhne der einheimischen Arbeitskräfte um 1 % führt, wie Friedberg/Hunt (1995)[28] ermittelt haben. Nimmt man diese Relation trotz aller Vorbehalte als Orientierung für das Ausmaß der Reduktion der lokalen Lohnsteigerungen als Folge von Einwanderung in die Kommunen, wären in Berlin, Bremen, Essen und Dortmund, wo der jeweilige Ausländeranteil (als *Proxy* für den ausländischen Erwerbstätigenanteil) in den fast 30 Jahre von 1982 und 2011 um ca. 63, 60, 57 und 56 % gestiegen ist, die Steigerungen der Löhne um 6,3, 6,0, 5,7 und 5,6 % abgeflacht worden. In allen anderen untersuchten Städten lagen die Zunahme des Ausländeranteils unterhalb von 50 % und damit auch die Einschränkung der Lohnsteigerungen der Einheimischen unterhalb von jeweils 5 % in Duisburg bei 0,7 % und in Frankfurt nur bei 0,4 %. Bei diesen ‚Verlusten' für die dort ansässigen Lohnempfänger, die gegenwärtig monatlich bis maximal brutto 250 € betragen, ist zu berücksichtigen, dass die (gesamtwirtschaftlichen) Brutto-Einkommenssteigerungen im Betrachtungszeitraum im Produzierenden und im Dienstleistungsgewerbe, in denen die Immigranten überwiegend tätig sind, bei den Männern fast 100 % auf monatlich 2.970 € und bei den Frauen um 120 % auf 2.200 € betrugen.

Nach einer Studie zu den ökonomischen Auswirkungen der EU-Osterweiterungen 2004 und 2007, die volle Arbeitnehmerfreizügigkeit von Anfang an unterstellte, was in Deutschland indes erst 2011 bzw. 2013 realisiert wurde, führt eine Erhöhung des Ausländeranteils in Deutschland insgesamt um einen Prozentpunkt innerhalb eines Zeitraums von fünf Jahren, also bis 2016 bzw. 2018, zu einer Verringerung das Lohnwachstum der einheimischen Beschäftigten um 0,6 % (Boeri/Brücker 2001). Dies entspräche einer monatlichen Einbuße bei den durchschnittlichen Arbeitnehmereinkommen von 20–30 € bei den Männern und von 12–15 € bei den Frauen. Die Analyse unterstrich, dass gering qualifizierte Beschäftigte tendenziell mit höheren Einkommenseinbußen zu rechnen haben als qualifizierte Beschäftigte (siehe auch GEFRA et al. 2007). Darüber hinaus sind auf lange Sicht Anpassungsprozesse bei den Betroffenen wirksam, die die Wirkungen tendenziell dämpfen.

Was die *Beschäftigungseffekte von Zuwanderungen* angeht, gibt es keine Hinweise darauf, dass Immigranten (länger) ansässige Arbeitskräfte in großem Maße von ihren Arbeitsplätzen verdrängen (Mühleisen/Zimmermann 1994; Pischke/Velling 1997; GEFRA et al. 2007); meist sind diese Kräfte komplementär zu den ansässigen Arbeitskräften, die sich aus ungeliebten Beschäftigungen zurückziehen. In Einzelfällen mag es Verdrängungseffekte vor Ort, in einzelnen Branchen, Sektoren, Berufen oder Beschäftigungen kurzfristig aber durchaus geben (von Loeffelholz/Köpp 1998).

Velling (1995) zeigt, dass die Gesamtzuwanderung von Erwerbspersonen von 1988 bis 1993 – eine Phase ungewöhnlich hoher Migration, als in Gesamt-Deutschland fast 5 Mio. Personen immigrierten und die Bevölkerung in (West-)Deutschland um 8 % zunahm

---

28 Eine Studie von Bodvarssson et al. (2007) liefert eine empirische Erklärung für die geringen Effekte, die auch in der Analyse von Card (1990) und in der von Barabas et al. (1992) gefunden wurden: die niedrigeren Löhne aufgrund des erhöhten Arbeitsangebots werden durch zunehmende Löhne aufgrund der erhöhten Arbeitsnachfrage kompensiert.

(Gieseck et al. 1995: 693ff.) – nur einen Anstieg der (westdeutschen) Arbeitslosenquote um durchschnittlich einen viertel Prozentpunkt zur Folge hatte; in den betrachteten Städten hätten sich danach die Quoten z. B. im Jahr 2005 aufgrund von Zuwanderung im Durchschnitt von 11,7 auf 12 % erhöht, was zusammen genommen weniger als 20.000 zusätzlichen Arbeitslosen in den Städten entspricht; für das Jahr 2011 wäre dadurch die örtliche Arbeitslosenquote von durchschnittlich 8,4 auf 8,6 % gewachsen, was ca. 18.000 Personen entspricht. Ähnlich gering stellen sich diese Effekte bei einer Erhöhung des Ausländeranteils an der Gesamtbeschäftigung um einen Prozentpunkt dar; dadurch erhöht sich die Wahrscheinlichkeit für einheimische Arbeitskräfte, arbeitslos zu werden, um etwa 0,2 Prozentpunkte (Boeri/Brücker 2001); dies kann zu einer entsprechend geringen Erhöhung der Arbeitslosenquote führen.

Vor diesem Hintergrund erscheinen auch örtliche Gegenüberstellungen von Ausländeranteilen an der jeweiligen Stadtbevölkerung und den jeweiligen Arbeitslosenquoten interessant. Dabei findet die weit verbreitete Erwartung schon durch den Augenschein für das Jahr 2011 wie auch für zurückliegende Jahre keine Bestätigung, dass es hier einen gleichgerichteten Zusammenhang geben könnte. Im Gegenteil (siehe Trendlinie in Abbildung 5): je höher der Ausländeranteil, umso geringer ist die Arbeitslosigkeit, was für die Attraktivität von Städten mit geringen Beschäftigungsproblemen als Pull-Faktor für Immigranten und gegen spürbare Verdrängungseffekte durch diese Einwanderer spricht.[29] Entsprechend nimmt die Wirtschaftskraft der Städte mit Zunahme der Ausländer in ihren Mauern zu, wie in Abbildung 6 ebenfalls für das Jahr 2011 zu erkennen ist.

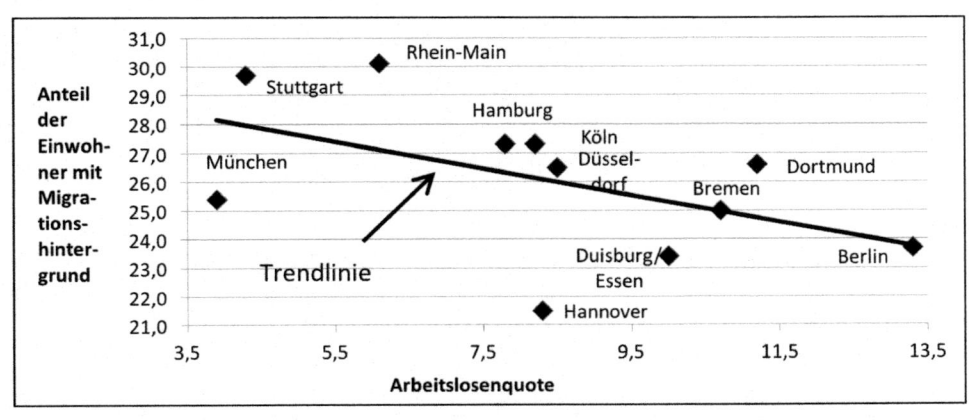

Abb. 5 Arbeitslosenquote in Prozent und Anteile der Einwohner mit Migrationshintergrund in Prozent der Bevölkerung in den Stadtstaaten, Landeshaupt- und Großstädten in Deutschland 2011

---

29 Siehe auch Card (1990: 245ff.) in Bezug auf den sogenannten *Mariel Boatlift*, als im Mai 1980 ca. 120.000 Kubaner nach Miami (Florida) zuwanderten.

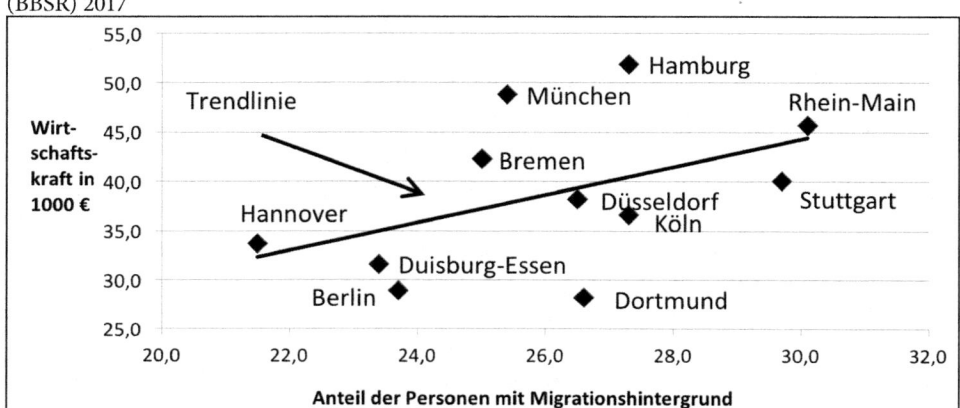

Quelle: Eigene Darstellung nach Angaben des Bundesinstituts für Bau-, Stadt- und Raumforschung (BBSR) 2017

[Streudiagramm: Wirtschaftskraft in 1.000 € gegen Anteil der Personen mit Migrationshintergrund, mit Trendlinie und folgenden Städten: Hamburg, München, Rhein-Main, Bremen, Düsseldorf, Stuttgart, Hannover, Köln, Duisburg-Essen, Berlin, Dortmund]

Abb. 6 Bruttoinlandsprodukt je Erwerbstätigen in 1.000 € (BIP) und Anteile der Einwohner mit Migrationshintergrund in Prozent der Bevölkerung in den Stadtstaaten, Landeshauptund Großstädten in Deutschland 2011

Quelle: Eigene Darstellung nach Bundesinstitut für Bau-, Stadt- und Raumforschung (BBSR) 2013.

Alle genannten Lohn- und Beschäftigungsstudien vernachlässigen indes *indirekte* Effekte der Zuwanderung für die lokalen Ökonomien bzw. Gemeindehaushalte. Sie resultieren aus den Impulsen der Immigration für den örtlichen Verbrauch, die Investitionen, das Sparen und den Außenhandel. Barabas et al. (1992: 133ff.), Gieseck et al. (1995: 703ff.), GEFRA et al. (2007: 145ff.) Bodvarsson et al. (2007) und D'Auria et al. (2008), letztere für die EU insgesamt, zeigen, dass diese Impulse tendenziell zu einer Erhöhung der wirtschaftlichen und fiskalischen Migrationsgewinne führen. Es ist davon auszugehen, dass davon gerade auch die großen Städte in der Bundesrepublik profitieren.

4.2 Kurzfristige indirekte Auswirkungen von Zuwanderung

In der Zeit von 1988 bis 1991 führte der sogenannte Einigungsboom zu einer starken Expansion der Konjunktur mit einer Reduktion der Zahl der (registrierten) Arbeitslosen. Die Beschäftigung von Einwanderern in Westdeutschland (einschließlich Übersiedler aus den neuen Bundesländern) stieg im Durchschnitt um 1,1 Mio. Personen (4,1 % der Erwerbstätigen). Als Folge davon lag das Bruttosozialprodukt (Bruttonationaleinkommen)[30] in Deutschland und damit auch die Wirtschaftsleistung der Städte insgesamt 1991 um 5 % höher als es

---

30 Das Bruttosozialprodukt (Bruttonationaleinkommen) unterscheidet sich vom heute gebräuchlicheren Bruttoinlandsprodukt nur geringfügig durch den Saldo aus den vom Ausland zugeflossenen und ins Ausland abgeflossenen Einkommen.

ohne die Einwanderung der Fall gewesen wäre. In den Kommunen expandierte die Wirtschaftsleistung nach Maßgabe der zusätzlichen deutschen und ausländischen Arbeitskräfte.

Das mit der aktuellen Einwanderung kräftigere wirtschaftliche Wachstum – in 2016 bis zu einem viertel Prozentpunkt des 2 % BIP-Anstiegs – ist, wie damals, mit entsprechend höheren Einkommen verbunden. Daraus resultieren zusätzliche Steuer- und Beitragseinnahmen. Insgesamt bedeutet auch die heutige Zuwanderung zunächst eine fiskalische Belastung vor allem auf kommunaler Ebene, mittel- und längerfristig indes eine Entlastung der öffentlichen Haushalte auch der Gemeinden. Inwieweit im Einzelnen davon die Gemeindehaushalte entsprechend ihrer Stellung im aktiven und passiven Finanzausgleich der Bundesrepublik profitieren, kommt auf die länderspezifischen kommunalen Finanzausgleichsregelungen an. Tendenziell profitierten rein fiskalisch betrachtet insbesondere der Bund[31] und die Länder mehr von den Steuer- und (indirekt) den Beitragseinahmen aufgrund der Migration, als sie von den zuwanderungsbedingten Ausgabenzuwächsen im Sozialbereich und von den Belastungen ihrer Infrastruktur betroffen waren. In vielen Kommunen dürfte es umgekehrt sein, was auch durch die diversen horizontalen und vertikalen Ausgleichsmechanismen des Fiskalföderalismus in Deutschland nicht voll kompensiert wird.[32] Ein Artikel im Handelsblatt (2015: 45) vom 7.8.2015 thematisiert die kommunalen Belastungen unter dem Titel ‚Den Kommunen bleibt der Schwarze Peter'.[33]

---

31 Vor dem Hintergrund der aktuell gestiegenen fiskalischen Herausforderungen für die Kommunen stellt der Bund den Ländern für ihre Gemeinden zusätzliche Mittel bereit. Bei bis zu 476.000 Asylbewerbern in Deutschland 2015 und 745.000 in 2016 wird in der Öffentlichkeit von schätzungsweise 10 bis 20 Mrd. € gesprochen, die für die Unterbringung und Versorgung der neuen Immigranten pro Jahr bundesweit aufgewendet werden müssten. Die Größenordnung entspricht einem viertel bis dreiviertel Prozent der gesamten Wirtschaftsleistung der Bundesrepublik und einem dreiviertel bis eineinhalb Prozent aller Staatsausgaben in Deutschland, die für die Bewältigung dieser humanitären Krise aufgewendet werden müssen. Dem stehen auf kommunaler Ebene grob geschätzt 2–3 Mrd. € p.a. an zusätzlichen, konjunkturbedingten Steuereinnahmen gegenüber.

32 Im bundesstaatlichen Länderfinanzausgleich sowie in den kommunalen Finanzausgleichsregelungen der Bundesländer stellen die Einwohnerzahlen einen wichtigen Parameter für die Umverteilung von Finanzmitteln dar. Mit Zunahme der Einwohnerzahlen in den Städten durch Migration schlägt sich in Anlehnung an das sogenannte Brecht'sche Gesetz die Einwohnergewichtung in Abhängigkeit von Gemeindegröße und Bevölkerungsdichte bei der Berechnung der Ausgleichsmesszahl für die Gemeindesteuern im Rahmen des Länderfinanzausgleichs nieder. Auch der Kommunale Finanzausgleich unterstellt mit wachsender Einwohnerzahl überproportional steigende Finanzbedarfe, die durch die Einwohnergewichtung (Hauptansätze) berücksichtigt werden. Vgl. im Einzelnen von Loeffelholz/Rappen 2004.

33 Der Artikel zeigt die sehr unterschiedlichen Ausgaben für Flüchtlinge bzw. Asylbewerber nach Ländern und auch, dass die Bundesmittel nicht vollständig bei den Gemeinden ankommen, weil die Länder, insbesondere auch NRW, die (laufend aufgestockten) Mittel des Bundes nicht komplett zweckgebunden an ihre Kommunen weiterleiten. Der Deutsche Städtetag kritisiert dies unter dem Stichwort der ‚Klebrigen Finger' der Länder bei diesen Bundesmitteln. Siehe http://www.lokalkompass.de/muelheim/politik/thema-fluechtlinge-praesidium-des-deutschen-staedtetages-kritisiert-bund-und-laender-d538477.html (Zugriff am 27.8.2015):

Seit 2011 nahm wie gesagt die Zahl neuer Immigranten stetig zu, so dass sich die makroökonomischen und damit auch fiskalischen Effekte der Einwanderungen seither auf die Städte – ebenso wie auf das Land – immer weiter verstärken dürften. Inwieweit damit die kurzfristigen makroökonomischen Impulse und Effekte mit den oben für die 1990er Jahre dargestellten vergleichbar sind, müssen zukünftige Forschungen zeigen.

4.3 Längerfristige Implikationen von Zuwanderung

Langfristig, d. h. über fünf und mehr Jahre führen demografische Expansionen wie die Zuwanderung global, regional und lokal zu größeren und differenzierteren Märkten,[34] zu höheren Investitionen und zu größerer Arbeitsteilung. Sie verbessern nachfrageseitig die jeweiligen Voraussetzungen für Produktivitätssteigerungen (von Loeffelholz 1988; Bauer et al. 2004). Umgekehrt implizieren Abwanderungen wie andere demografische Kontraktionen entsprechende negative ökonomische Folgen und erfordern zusätzliche investive Anstrengungen, um diese Effekte zu vermeiden.

Insbesondere verändern sich Struktur und Intensität des privaten Verbrauchs sowie der öffentlichen und privaten Investitionen. Dies galt in der Vergangenheit insbesondere nach dem Fall des ‚Eisernen Vorhangs' und gilt heute angesichts einer erweiterten und vertieften EU,[35] was die Absatzaussichten und somit die Gewinn- und Investitionsperspektiven der Unternehmen vor Ort in einem günstigeren Licht erscheinen lässt.

Inwieweit der sektorale Strukturwandel der lokalen Wirtschaft in den Städten durch die Beschäftigung von Einwanderern beeinflusst wird, kann nicht abschließend beurteilt werden. Auf der einen Seite spricht einiges dafür, dass das Angebot von - gemessen an den heutigen hohen Anforderungen z. B. der Industrie 4.0 – wenig qualifizierten Arbeitskräften aus dem Ausland zwar kurzfristig den Strukturwandel weg von der lokalen Industrie hin zu qualifizierten Dienstleistungen verlangsamen könnte (Lamberts 1976; Wehrmann 1989); mit Immigration erscheinen arbeitssparende, produktivitätsfördernde Produkt- und Prozessinnovationen bis hin zur Automatisierung vieler Prozesse weniger drängend. Das entsprechende ‚japanische Modell', das bis heute auf Abschottung gegenüber Immigranten und auf die eigene Technologie und Produktivität setzt und trotzdem – oder gerade deswegen – von lang andauernder Stagnation in den vergangenen zwanzig Jahren gekennzeichnet ist, spricht aber gegen die These einer Verlangsamung des Produktivitätsfortschritts durch Migration. Längerfristig wirken die durch Einwanderung gestiegene Diversität und die durch Interkulturalität unterstützte höhere Wirtschaftskraft. Sie generieren zusätzliche Einkommen und beschleunigen den Wandel.

---

34 Es ergeben sich sogenannte economies of scale (Größenvorteile) und of scope (Vorteile der Reichhaltigkeit und größeren Auswahlmöglichkeiten für den Verbraucher).
35 Zu Prognosen und Ergebnissen der Ost-West-Migration in der EU vgl. Fertig/Schmidt 2000a und 2000b; Fertig 2001; Casanova et al. 2003; GEFRA et al. 2007, sowie D'Auria et al. 2008.

Auch hinsichtlich der angebotsseitigen ökonomischen Wirkungen der Einwanderungen, d. h. ihrer Effekte auf Höhe und Struktur des Arbeitsangebots, auf die Forschungs- und Innovationsaktivitäten und somit auf den technischen Fortschritt oder auf das unternehmerische Potenzial, sind definitive Aussagen weder gesamtwirtschaftlich noch regional oder lokal möglich. In weiteren Forschungsarbeiten wären diesbezüglich qualitative Indikatoren, wie die Entwicklung der Anzahl der in die Stadt zuwandernden Erwerbspersonen mit Hochschulabschluss, das Ausmaß der lokalen Forschungsaktivitäten oder die örtliche Selbständigenquote unter Ausländern und anderen Zuwanderern sowie die sektorale Verteilung und die Schwerpunkte der ausländischen Selbständigkeit, einzubeziehen. Dies gilt mit Blick auf die expansive Entwicklung der sogenannten ethnischen Ökonomien in den Städten in den vergangenen 35 Jahren, in denen sich die Zahl der ausländischen Selbständigen bzw. der Selbständigen mit Migrationshintergrund insgesamt in Deutschland auf über 450.000 bzw. 737.000 (2015) mehr als vervierfacht hat (von Loeffelholz et al. 1994 und Statistisches Bundesamt 2017).[36] Dadurch ist das Güter- und Leistungsangebot in den Städten sehr viel reichhaltiger geworden, die Wahlmöglichkeiten haben für den Verbraucher nicht nur im Gastgewerbe, sondern auch im Handwerksbereich oder bei vielen qualifizierten Dienstleistungen spürbar zugenommen. Die Preise sind dadurch niedrig gehalten und das Realeinkommen der Stadtbewohner erhöht worden. Abgesehen davon, dass die Selbständigen unter den Migranten auch über ihre Steuerzahlungen die Gemeindehaushalte mitfinanzieren, stellen sie als Arbeitgeber einen wichtigen Teil des örtlichen Arbeitsmarktes – nicht nur für die eigene Ethnie, sondern zunehmend auch für Deutsche – und als Investoren auch wichtige Auftraggeber für das örtliche Handwerk und für den Mittelstand dar.

Niebuhr (2007) zeigt in einer Studie des IAB die Wirkungen kultureller Vielfalt (,Diversität') auf die Wirtschaft der Einwanderungsländer. Für Deutschland werden interessante Auswirkungen der Diversität auf Produktivität, Wachstum und Innovationen in regionaler Hinsicht festgestellt. Die kulturelle Vielfalt der Beschäftigung hat einen signifikanten Einfluss auf die wirtschaftliche Entwicklung, die oben anhand der Abbildung 6 für 2011 jeweils für die ausgewählten Städte dargestellt wurde. Die Ergebnisse der IAB-Analyse deuten darauf hin, dass von der kulturellen Vielfalt ein positiver Impuls auf die Innovationsfähigkeit ausgeht und die Patentanmeldungen durch den Zuzug von Immigranten in die Städte einen Schub erhalten.[37] Im Hinblick auf die Produktivität des Innovationsprozesses überwiegt der Nutzen der Diversität die Kosten. Der positive Einfluss sei für alle Qualifikationsniveaus festzustellen. Zusammenfassend legten die Analyseergebnisse nach Niebuhr nahe,

---

36 Siehe den Beitrag von René Leicht in diesem Band.
37 Ähnlich argumentiert auch Legrain (2007: 68) in Bezug auf die Bedeutung der Zuwanderer in die USA als Auslöser des IT-Booms und vieler Innovationen. Er nennt z. B. den Mitbegründer von Google, *Sergey Brin*, einen russischstämmigen Einwanderer von 1979, als bestes Beispiel; weitere sind die Einwanderer im Silicon Valley in Kalifornien. Als Folge dieser Einwanderung sind 2005 unter den promovierten Arbeitskräften im Allgemeinen und den wissenschaftlichen Beschäftigten im Besonderen in den USA 26 % bzw. 41 % solche Personen gewesen, die nicht in den Staaten geboren sind. Über alle Qualifikationsstufen betrachtet, betrug der Anteil der *foreign born* an allen Beschäftigten in den USA 15 %. Vgl. Economic Report of the President (2007: 200).

dass die kulturelle Vielfalt der Arbeitskräfte in der Tat für Innovationsprozesse auf der kommunalen Ebene besonders wegen der täglichen ‚Fühlungsvorteile' relevant ist.[38] Das Wissen und die Fähigkeiten von Menschen mit unterschiedlichem kulturellem Hintergrund ergänzen sich demnach bei Forschung und Entwicklung. Der positive Effekt, der von dieser Komplementarität ausgeht, fällt offenbar stärker aus als negative Impulse, die beispielsweise auf Sprachbarrieren zwischen Arbeitskräften unterschiedlicher Nationalität basieren können. Festzustellen ist weiterhin, dass die Ausbildung der Arbeitskräfte in diesem Zusammenhang von Bedeutung ist. Vor allem von der Diversität unter Beschäftigten mit Hochschulabschluss gehen günstige Effekte aus. Im Hinblick auf die Integrationspolitik in Deutschland unterstreichen die Ergebnisse die Bedeutung des Bildungssystems für die Umsetzung der wirtschaftlichen Vorteile von Einwanderung.

In längerfristiger Perspektive sind aber gerade für Deutschland, aber auch für andere EU-Länder, besonders in Osteuropa, die demografischen Herausforderungen relevant, denen auch mit einer Steuerung der Einwanderung als einer von vielen Handlungsfeldern begegnet werden kann.[39] Diese Herausforderungen bestehen darin, dass schon innerhalb der nächsten fünfzehn Jahre die Zahl der Erwerbspersonen in Deutschland insgesamt auch bei hoher Zuwanderung zurückgehen wird (Bundesagentur 2011: 7, Fuchs et al. 2017: 1ff.). Gerade in den betrachteten Metropolen der Bundesrepublik machen sich die Alterung der Gesamtbevölkerung, aber vor allem die Schrumpfung der aktiven, in der Ausbildung bzw. im Erwerbsleben stehenden Gruppen, d. h. im Alter zwischen 15 und 65 Jahren, besonders bemerkbar; dies betrifft gerade auch die Städte in Nordrhein-Westfalen (IT-NRW 2015). So nimmt nach jüngsten Vorausberechnungen der Landesstatistik Nordrhein-Westfalen der Anteil dieser Gruppe an der gesamten (wachsenden) Stadtbevölkerung in Köln von 2014 bis 2040 von 34,1 auf 33,4 % ab, in Düsseldorf von 35 auf 32,8 %, in Duisburg von 35,9 auf 32,7 %, in Essen von 35,6 auf 33,1 % und in Dortmund sogar von 35,4 auf 32,5 %.[40]

---

38 Interessant ist die eindeutige Wirkungsrichtung, die von der Zuwanderung auf die wissenschaftliche und wirtschaftliche Entwicklung ausgeht, und nicht umgekehrt, wie Niebuhr (2007: 5) mit Hinweis auf die Lösung des Ursache-/Wirkungs- oder, ökonometrisch ausgedrückt, des Endogenitätsproblems betont. Diese Ergebnisse könnten Hinweise darauf liefern, dass auch die o. g. besonders hohen Einkommenssteigerungen und die relativ geringe Arbeitslosigkeit in den Stadtstaaten sowie in den Landeshaupt- und Großstädten tatsächlich mit in den hohen Ausländer- und Immigrantenzuzügen begründet werden können, wie mit Blick auf die obigen Abbildungen 5 und 6 geschehen, und die dortigen hohen Niveaus und der günstigen Strukturen als eigenständige Pull-Faktoren nicht überbewertet werden sollte.

39 Dabei ist freilich zu berücksichtigen, dass die neuen EU-Mitgliedsländer, die wie Deutschland einem ebenso starken demografischen Wandel der Schrumpfung und Alterung ihrer Bevölkerungen unterliegen, aus historischen Gründen aber kaum Einwanderungserfahrungen und deshalb große Vorbehalte gegenüber Migration und Integration aufweisen; solche Erfahrungen und deshalb weniger Vorbehalte sind in der jeweiligen Bundesrepublik Deutschland erkennbar. Die demografische Option der Zuwanderung steht insoweit den osteuropäischen Mitgliedsländern der EU nur sehr begrenzt zur Verfügung.

40 Siehe https://www.it.nrw.de/presse/pressemitteilungen/2015/pdf/101_15.pdf (Zugriff am 26. 8.2015).

Mit Blick darauf erscheinen die kommunalen Perspektiven und v. a. die neun Handlungsfelder, die die Bundesagentur (2011:12–13) für die Gesamtwirtschaft entworfen hat, interessant. Darunter kommt dem ‚Handlungsfeld 6: Zuwanderung – Fachkräfte steuern' einschlägige Bedeutung zu. Wenn dabei bis 2025 insgesamt 400.000–800.000 Einwanderer, d. h. ein Zehntel des Gesamtbedarfs[41] aus dem Ausland zu gewinnen wären, bedeutete dies nach den oben aufgezeigten, bisherigen Anteilsrelationen von Ausländern in den betrachteten Metropolen zum Bundesgebiet insgesamt von 28 % (2015; siehe oben Kapitel 3), dass darunter 115.000–230.000 Personen aus dem Ausland insgesamt in die betrachteten Städte zuziehen müssten, davon 65.000–130.000 Nicht-EU-Ausländer (‚Drittstaatsangehörige' 56 %), unter denen sich vor allem türkische und russische Staatsangehörige befinden, und 50.-100.000 EU-Bürger (44 %), viele mit polnischer, italienischer, rumänischer und griechischer Staatsbürgerschaft, die in die vorhandenen Netzwerke immigrieren. Davon würden bei interregionaler Konstanz der Verteilung der Ausländer wie 2015 auf Berlin bis 2025 15.000–30.000 Immigranten entfallen, auf Hamburg 7.500–15.000 und auf Bremen 2.500–5.000. Auf München würden 10.000–20.000 Fachkräfte, auf Köln 6.000–12.000, auf Frankfurt/M. und Hannover 5.000–10.000, auf Stuttgart 4.000–8.000, auf Düsseldorf 3.500–7.000, auf Duisburg wie auf Dortmund jeweils 2.500–5.000 und auf Essen 2.000–4.000 kommen, die sich in den Städten als qualifizierte Arbeitskräfte zusammen mit ihren Familien dauerhaft ansiedeln müssten.

Dass sich unter den gegenwärtigen Asylbewerbern und Flüchtlingen, wie früher auch, potenzielle Erwerbstätige (Arbeitnehmer und Selbständige) befinden, durchaus mit besseren Abschlüssen aus ihrer Heimat als frühere Einwanderer, steht außer Frage. Inwieweit und in welcher Frist sie als die im demografischen und technologischen Wandel in den Kommunen von der lokalen Wirtschaft gesuchten zukünftige Arbeitskräfte in Betracht kommen, hängt von einer Vielzahl von örtlichen Einflussfaktoren ab, die heute kaum pauschal und abschließend einzuschätzen sind. Jedenfalls hat man sich hier auf längere Zeiträume, die in Jahren bemessen werden müssen, einzustellen. Und es heißt gerade auch hier ‚Integrieren gleich Investieren' (von Loeffelholz/Köpp 1997), um auch die wirtschaftlichen Vorteile gegenwärtiger und zukünftiger Einwanderung für die Kommunen voll zum Tragen zu bringen und keine ökonomischen und gesellschaftlich-politische Kosten der Nicht-Integration von Zuwanderern zu riskieren (von Loeffelholz/Thränhardt 1996).

5 Zusammenfassung und Schlussfolgerungen

Zusammengenommen wurde zunächst betont, dass sich seit der Erstauflage des vorliegenden Sammelbandes die immigrationsspezifischen und wirtschaftlichen Rahmenbedingungen in Deutschland vom Grunde auf geändert und sich gegenseitig stark beeinflusst haben: Wesentlich

---

41 Also sollen neun Zehntel durch interne Anstrengungen, wie Verlängerung der Lebensarbeitszeit, Erhöhung der Frauenerwerbstätigkeit und Verringerung der Ausbildungsabbrecher, gedeckt werden (Bundesagentur 2011: 12–13).

mehr Immigranten als noch vor zehn Jahren, nicht nur als Flüchtlinge und Asylbewerber, sondern auch von innerhalb und außerhalb der EU, kommen heute in die Bundesrepublik und stellen, ähnlich wie Anfang der 1990er Jahre, erhebliche Herausforderungen gerade auch für die Metropolen und große Städte dar, die traditionell wegen bereits bestehender Netzwerke besondere Anziehungspunkte darstellen. Sie treffen dort auf eine wesentlich bessere ökonomische Situation mit bundesweit annähernder Vollbeschäftigung bzw. zunehmendem Fachkräftemangel bei weiter rückläufiger Arbeitslosigkeit. Sie nehmen die Aufforderung der Politik ‚make it in Germany' ernst und suchen v. a. als Bürgerkriegsflüchtlinge hier den ‚Raum der Freiheit, der Sicherheit und des Rechts', den die EU schon 1997 propagiert hat.

Schon die Einwanderungen der Vergangenheit – trotz aller jeweils kurzfristigen Anspannungen und Herausforderungen bei der Unterbringung und Versorgung von Flüchtlingen – haben sich längerfristig in ökonomischer und gerade auch in arbeitsmarktpolitischer Hinsicht im Saldo für die Kommunen und auch für ihre Gemeindehaushalte positiv ausgewirkt. Es spricht vieles dafür, dass entsprechende günstige Effekte auch von gegenwärtigen und zukünftigen Immigrationen nach Deutschland ausgehen werden. Problematisch erscheinen nicht nur in ökonomischer, sondern auch in gesellschaftlicher Hinsicht die erheblichen Integrationsdefizite, die bei den ansässigen Einwanderern früherer Wanderungsphasen auch noch bei der zweiten und dritten Generation bestehen. Die Mängel sind – trotz spürbarer Fortschritte in der jüngeren Vergangenheit – immer noch im Bildungssystem und daraus folgend auf den lokalen Arbeitsmärkten relevant. Hier sind nachhaltigere Integrationsanstrengungen aller Beteiligten und Akteure als bisher erforderlich, um die Integration jetziger und zukünftiger Einwanderern nicht erst in ein oder zwei Generationen zu vollenden. Längere und auch weiter berufsspezifisch differenziertere Integrationskurse auf allen Ebenen und gerade mehr Angebote in den Metropolen Deutschlands sollten dafür den institutionellen Rahmen bieten.[42]

Um Zuwandernde, wie in der Vergangenheit auch, auf Dauer zu Einwanderern werden zu lassen, ist – neben einem attraktiven rechtlichen und institutionellen Regelwerk – noch stärker als in der Vergangenheit eine Willkommenskultur zur nachhaltigen Integration erforderlich. Weil Migration und Integration seit zehn Jahren auch von der Politik als „zwei Seiten einer Medaille" (Schäuble 2005) begriffen werden, sollten vor allem die Wirtschaft, die Industrie und die Unternehmen insgesamt den Neubürgern auch attraktive Arbeits- und Bildungsbedingungen bieten (von Loeffelholz 2011).

Des Weiteren bedarf es attraktiver Standort- und Lebensbedingungen vor Ort in Gestalt einer entsprechenden materiellen und immateriellen Infrastruktur, zu der neben der Leistungsfähigkeit des jeweiligen Bildungssystems für junge Zuwandernde und ihre Kinder angesichts einer immer vielfältigeren Jugendbevölkerung gerade auch die Entwicklung und Etablierung einer umfassenden Anerkennungs- und Willkommenskultur in den relevanten öffentlichen und privaten Einrichtungen gehört, damit sich eine gesunde Bleibekultur in

---

42 Zu Einzelheiten vgl. BAMF (2015): 10 Jahre Integrationsarbeit und zum Integrationsreport auf http://www.bamf.de/SharedDocs/Projekte/DE/DasBAMF/Forschung/Integration/integrationsreport.html?nn=1367556 (Zugriff am 27.8.2015).

den Städten zum Vorteil aller entwickeln kann. Die Ausländerbehörden spielen dabei als zentrale Anlaufstellen (‚one-stop-government') für Migranten seit 2005 eine bedeutende Rolle. Eine solche spielen besonders für jüngere Einwanderer auch die örtlichen Arbeitsmarkt-, Sozial- und Bildungspolitiken, die konsistent mit der lokalen Migrations- und Integrationspolitik abgestimmt werden müssen, um nachhaltige Integrationserfolge zu zeitigen (von Loeffelholz 2008: 356).

Der Stärkung des gesellschaftlichen Zusammenhalts in einer zunehmend interkulturell strukturierten Metropol-, Stadt- und Regionengesellschaft kommt schließlich eine wichtige Bedeutung zu. Die neu Einwandernden sollten als wichtiger Teil der Gesellschaft anerkannt und geschätzt werden. Notwendige Vorbedingungen dafür sind schließlich die Erarbeitung, Verbreitung und Vertiefung von einschlägigen migrations- und integrationsspezifischen Informationen und Forschungsergebnissen, wie sie die Universitäten, unabhängige Forschungsinstitute, die Migrations- und Integrationsforschung des Bundesamtes für Migration und Flüchtlinge sowie des IAB und auch dieser aktuelle Sammelband bereitstellen. Auch damit ist den zunehmenden populistischen Parolen und wieder allfälligen Vorurteilen gegen ‚Ausländer', ‚Asylanten', ‚Migranten' und überhaupt gegen alles ‚Fremde' entgegenzutreten.

Literatur

Barabas, György/Gieseck, Arne/Heilemann, Ullrich/Loeffelholz, Hans Dietrich von 1992: Gesamtwirtschaftliche Effekte der Zuwanderung 1988 bis 1991. In: RWI-Mitteilungen 43. 133–153

Bauer, Thomas K. 2000: Arbeitsmarkteffekte der Zuwanderung nach Deutschland. Wochenbericht des DIW Berlin 21. Berlin: DIW, 327–332

Bauer, Thomas K./Haisken-DeNew, John P./Schmidt, Christoph M. 2004: International Labour Migration, Economic Growth and Labour Markets. The Current State of Affair. Essen: RWI

Bodvarsson, Örm B./Lewer, Josua J./Van den Berg, Hendrik 2007: Measuring Immigration's Effects on Labor Demand: A Reexamination of the Mariel Boatlift. Bonn: IZA

Boeri, Tito/Brücker, Herbert 2001: The Impact of Eastern Enlargement on Employment and Wages in the EU Member States. Berlin/Mailand

Brücker, Herbert 2013: Stand und Perspektiven der Migrationsforschung. In: Schimany, Peter /von Loeffelholz, Hans Dietrich (Hrsg.) 2013: Beiträge zur Migrations- und Integrationsforschung. Aus Anlass des 60-jährigen Bestehens des Bundesamtes für Migration und Flüchtlinge, Nürnberg, Bundesamt für Migration und Flüchtlinge. 64–106

Bundesagentur für Arbeit 2011: Perspektive 2025, Fachkräfte für Deutschland. Nürnberg: Bundesagentur für Arbeit

Bundesamt für Migration und Flüchtlinge (Hrsg.) 2015: Das Bundesamt in Zahlen 2014. Asyl, Migration und Integration. Nürnberg: Bundesamt für Migration und Flüchtlinge

Bundesinstitut für Bau-, Stadt- und Raumforschung (BBSR) im Bundesamt für Bauwesen und Raumordnung (BBR) (Hrsg.) 2013: Indikatoren und Karten zur Raum- und Stadtentwicklung. INKAR. Ausgabe 2013. Bonn: BBSR

Bundesinstitut für Bau-, Stadt- und Raumforschung (BBSR) im Bundesamt für Bauwesen und Raumordnung (BBR) 2015: Internationale Migration in deutsche Großstädte. Informationen aus der vergleichenden Stadtbeobachtung. BBSR-Analysen KOMPAKT 11/2015. Bonn: BBSR

Card, David 1990: The Impact of the Mariel Boatlift on the Miami Labor Market. In: Industrial and Labor Relations Review 43. 245–257

Casanova, Martin/Dustmann, Christian/Fertig, Michael/Preston, Irvin/Schmidt, Christoph M 2003: The Impact of EU Enlargement on Migration Flows. London: Home Office. Verfügbar unter: http://www.homeoffice.gov.uk/rds/pdfs2/rdsolr2503.pdf

D'Auria, Francesca/ Mc Morrow/Kieran/Pichelmann, Karl 2008: Economic impact of migration flows following the 2004 EU enlargement process - A model based analysis, European Economy - Economic Papers 349, Directorate General Economic and Financial Affairs (DG ECFIN), European Commission. http://ec.europa.eu/economy_finance/publications/publication13389_en.pdf (Zugriff am 26.8.2015)

De New, John P./Zimmermann, Klaus F. 1994: Native Wage Impacts of Foreign Labor. A Random Effects Panel Analysis. In: Journal of Population Economics 7. 177–192

Economic Report of the President 2007: Transmitted to the Congress February 2007 together with the Annual Report of the Council of Economic Advisers. Washington D.C: United States Government Printing Office

Fertig, Michael 2001: The Economic Impact of EU-Enlargement. Assessing the Migration Potential. In: Empirical Economics 26. 707–720

Fertig, Michael/Schmidt, Christoph M. (2000a): Aggregate Level Migration Studies as a Tool for Forecasting Future Migration Streams. In: Djajic, Slobodan (Hrsg.): International Migration: Trends, Policy and Economic Impact. London: Routledge. 110–136

Fertig, Michael/Schmidt, Christoph M. (2000b): Der „Wettlauf nach Westen" und die „Goldene Prognoseregel" – Das Zuwanderungspotential aus Osteuropa. ifo-Schnelldienst 34/2000. München: Ifo

Friedberg, Reynold M./Hunt, John 1995: The Impact of Immigrants on Host Country Wages, Employment and Growth. In: Journal of Economic Perspectives 9. 23–44

Fuchs, Johann/Söhnlein, Doris/Weber, Brigitte 2017: Arbeitskräfteangebot sinkt auch bei hoher Zuwanderung. IAB-Kurzbericht 6/2017. 1–8

GEFRA – Gesellschaft für Finanz- und Regionalanalysen GbR Münster/CE – Cambridge Econometrics, Cambridge UK/IAB – Institut für Arbeitsmarkt- und Berufsforschung, Nürnberg/WIFO – Österreichisches Institut für Wirtschaftsforschung, Wien 2007: Auswirkungen der EU-Erweiterung auf Wachstum und Beschäftigung in Deutschland und ausgewählten EU-Mitgliedsstaaten. Bisherige Erfahrungen und zukünftige Entwicklungen unter besonderer Berücksichtigung der EU-Beitritte Bulgariens und Rumäniens. Berlin: Bundesministerium für Wirtschaft und Technologie

Gieseck, Arne/Heilemann, Ullrich/Loeffelholz, Hans Dietrich von 1995: Economic Implications of Migration into the Federal Republic of Germany, 1988–1992. In: International Migration Review 29. 693–711

Glitz, Albrecht 2012: The Labor Market Impact of Immigration: Quasi-Experimental Evidence Exploiting Immigrant Location Rules in Germany, Journal of Labor Economics. Vol. 30, No. 1, 175–213

Handelsblatt 2015: Den Kommunen bleibt der Schwarze Peter. Ausgabe vom 7.8.2015. 45.

Hanganu, Elisa/Heß, Barbara 2016: Die Blaue Karte EU in Deutschland. Kontext und Ergebnisse einer BAMF-Befragung. Forschungsbericht 27: Nürnberg: Bundesamt für Migration und Flüchtlinge

Heilemann, Ullrich/Loeffelholz, Hans Dietrich von 2000: Beträchtliche Rendite. In: Wirtschaftswoche 22 vom 25.05.2000: 22

IT-NRW 2015 legt für Städte und Gemeinden des Landes Modellrechnung zur zukünftigen Entwicklung der Bevölkerung vor https://www.it.nrw.de/presse/pressemitteilungen/2015/pdf/101_15.pdf (Zugriff 25.8.2015)

Lamberts, Willi 1976: Wachstum und Strukturbildung bei Ausländerbeschäftigung. Berlin: Duncker&Humblot

Legrain, Philippe 2007: Immigrants. Your Country Needs Them. London: Little, Brown
Lenk, Thomas 2005: Zur pauschalen Berücksichtigung des kommunalen Finanzbedarfs bei der Berechnung der Finanzkraft im Länderfinanzausgleich. In: Junkernheinrich, Martin (Hrsg.): Sonderbedarfe im bundesstaatlichen Finanzausgleich. Theorie – Methodik – Instrumente. Berlin: Analytika. 125–137
Loeffelholz, Hans Dietrich von 1988: Bevölkerungsentwicklung, Wirtschaftswachstum und staatliche Leistungen. In: RWI-Mitteilungen 39. 215–230
Loeffelholz, Hans Dietrich von 2002: Beschäftigung von Ausländern – Chance zur Erschließung von Personal- und Qualifikationsreserven. Mitteilungen aus der Arbeitsmarkt- und Berufsforschung. 35.Jg., H 4. 628–644
Loeffelholz, Hans Dietrich von 2006: Ökonomische Auswirkungen von Migration in Deutschland. In: Thüringische Staatskanzlei/Europäisches Informations-Zentrum (Hrsg.): Internationales Symposium „Migration im Zuge der EU-Erweiterung und Globalisierung: Chancen und Herausforderungen für die Europäische Union" am 7. und 8.5.2006 in Weimar. 77–89
Loeffelholz, Hans Dietrich von 2008: Offenheit der Arbeitsmärkte und Sozialsysteme für Einwanderer im internationalen Vergleich. In: Fischer, Thomas/Gossel, Daniel (Hrsg.): Migration in Geschichte und Gegenwart. Schriftenreihe des Zentralinstituts für Regionalforschung an der Friedrich-Alexander-Universität Erlangen-Nürnberg. Band 5. 352–369.
Loeffelholz, Hans Dietrich von 2011: Internationalisierung des Arbeitsmarktes. Wirtschaftliche Chancen und Erfordernisse durch Migration und Integration ausländischer Fach- und Führungskräfte. In: Charta der Vielfalt: Dossier Weltoffen = Zukunftsfähig?! Diversity Management und Internationalität, verfügbar unter http://www.charta-der-vielfalt.de/service/publikationen/weltoffen-zukunftsfaehig/stand-und-perspektiven/internationalisierung-des-arbeitsmarktes.html (Zugriff am 27.8.2015).
Loeffelholz, Hans Dietrich von (2013a): Arbeitsmigration nach und aus Deutschland im Zuge der Finanzkrise in Südeuropa sowie der wirtschaftlichen Transformation und Erweiterung der EU in Osteuropa. Situation, Möglichkeiten, Probleme, Perspektiven. Ethik und Gesellschaft Online-Zeitschrift unter https://open-journals.uni-tuebingen.de/ojs/index.php/eug/article/view/198/52 (Zugriff am 25. 8.2015)
Loeffelholz, Hans Dietrich von (2013b): Ausländerrecht und Erwerbsmigration in konjunktureller und struktureller Perspektive. In: Fritzemeyer, Wolfgang/ Jochum, Georg/Kau, Marcel (Hrsg.): Grenzüberschreitendes Recht – Crossing Borders. Festschrift für Kay Hailbronner zu seinem 70. Geburtstag. Heidelberg u. a. 2013, S. 201–216.
Loeffelholz, Hans Dietrich von 2015: Wirtschaftliche Bedeutung von Migration *und* Integration in Franken seit Ende des Zweiten Weltkrieges. In: Bezirk Mittelfranken (Hrsg.): Fremde in Franken. Migration und Kulturtransfer. Erscheint demnächst
Loeffelholz, Hans Dietrich von/Gieseck, Arne/Buch, Holger 1994: Ausländische Selbständige in der Bundesrepublik unter besonderer Berücksichtigung von Entwicklungsperspektiven in den neuen Bundesländern. RWI-Schriftenreihe 56. Berlin: Duncker & Humblot
Loeffelholz, Hans Dietrich von/Thränhardt, Dietrich 1996: Kosten der Nicht-Integration ausländischer Zuwanderer. Gutachten im Auftrag des Ministeriums für Arbeit, Gesundheit und Soziales des Landes NRW. Düsseldorf: MAGS
Loeffelholz, Hans Dietrich von/Köpp, Günter 1997: Integrieren heißt Investieren: Ökonomische Bedeutung der ausländischen Bevölkerung in Rheinland-Pfalz unter besonderer Berücksichtigung arbeitsmarkt- und finanzpolitischer Aspekte. Mainz: Landesbeauftragte für Ausländerfragen bei der Staatskanzlei Rheinland-Pfalz
Loeffelholz, Hans Dietrich von/Köpp, Günter 1998: Ökonomische Auswirkungen der Zuwanderungen in die Bundesrepublik Deutschland. Berlin: Duncker & Humblot
Loeffelholz, Hans Dietrich von/Rappen, Herrmann 2004: Bevölkerungsentwicklung und kommunale Finanzkrise. Ver- oder Entschärfung durch die Schrumpfung und Alterung der Bevölkerung in Deutschland. In: Junkernheinrich, Martin/Zierold, Horst (Hrsg.): Bevölkerungsentwicklung, Finanzkrise und Gemeindefinanzreform..Berlin: Analytika. 21–28

Loeffelholz, Hans Dietrich von/Bauer, Thomas/Haisken-DeNew, John/Schmidt, Christoph M. 2004: Fiskalische Kosten der Zuwanderer. Endbericht zum Forschungsvorhaben des Sachverständigenrates für Zuwanderung und Integration. Essen: RWI

Luft, Stefan/Schimany, Peter (Hrsg.) 2014: 20 Jahre Asylkompromiss. Bilanz und Perspektiven. Bielefeld: transcript Verlag

Mankiw, Gregory N./Taylor, Mark P. 2008: Grundzüge der Volkswirtschaftslehre. 4. überarbeitete und erweiterte Auflage. Stuttgart: Schäffer-Poeschel

McCann, Philip 2001: Urban and Regionale Economics. New York: Oxford University Press

Mühleisen, Martin/Zimmermann, Klaus F. 1994: A Panel Analysis of Job Changes and Unemployment. In: European Economic Review 38. 793–801

Niebuhr, Annekatrin 2007: Zuzug Hochqualifizierter stärkt Innovationskraft der Regionen. Kulturelle Vielfalt in der Erwerbsbevölkerung wirkt positiv auf die Zahl der Patentanmeldungen. IAB-Kurzbericht 12 vom 30.05.2007.. Nürnberg: IAB

O'Sullivan, Arthur 2003: Urban Economics. 5. Auflage. Boston, MA: McGraw-Hill

OECD (Hrsg.) 1997: OECD Economic Survey. United States. Paris: OECD

Pischke, Jörn-Steffen/Velling, Johannes 1997: Employment Effects of Immigration to Germany. An Analysis Based on Local Labor Markets. In: Review of Economics and Statistics 79. 594–604.

Schäuble, Wolfgang 2005: Pressemitteilung des Bundesinnenministeriums vom 19. Dez. 2005: Schäuble: Integration ist eine große Aufgabe für Politik und Gesellschaft – aber auch für die Zuwanderer selbst. Abrufbar unter http://www.bmi.bund.de/SharedDocs/Pressemitteilungen/DE/2005/12/integrationsseminar.html (Zugriff 27.8.2015).

Schimany, Peter /von Loeffelholz, Hans Dietrich (Hrsg.) 2013: Beiträge zur Migrations- und Integrationsforschung. Aus Anlass des 60-jährigen Bestehens des Bundesamtes für Migration und Flüchtlinge, Nürnberg, Bundesamt für Migration und Flüchtlinge

Schmid, Albert M. 2006: Weltweite Migrationsströme im Zuge der Globalisierung. In: Thüringische Staatskanzlei/Europäisches Informations-Zentrum (Hrsg.): Internationales Symposium „Migration im Zuge der EU-Erweiterung und Globalisierung: Chancen und Herausforderungen für die Europäische Union" am 7. und 8.5.2006 in Weimar. 37–55

Scholz, Antonia 2013: Warum Deutschland? Einflussfaktoren bei der Zielstaatssuche von Asylbewerbern. Forschungsbericht 19. Nürnberg: Bundesamt für Migration und Flüchtlinge

Smith, John P./Edmonston, Barry (Hrsg.) 1997: The New Americans: Economic, Demographic, and Fiscal Effects of Immigration. Washington D.C.: National Research Council,

Statistisches Bundesamt 2017: Bevölkerung und Erwerbstätigkeit. Bevölkerung mit Migrationshintergrund – Ergebnisse des Mikrozensus 2015. Fachserie 1 Reihe 2.2: Wiesbaden: Statistisches Bundesamt

Velling, Johannes 1995: Immigration und Arbeitsmarkt. Baden-Baden: Nomos

Volkswirtschaftliche Gesamtrechnungen der Länder 2017: Bruttoinlandsprodukt, Bruttowertschöpfung in den kreisfreien Städten und Landkreisen der Bundesrepublik Deutschland. Internetzugriff am 19.6.2017 unter https://www.destatis.de/DE/Publikationen/Thematisch/VolkswirtschaftlicheGesamtrechnungen/VGRderLaender/VGR_LaenderergebnisseBand1.html

Wehrmann, Martin 1989: Auswirkungen der Ausländerbeschäftigung auf die Volkswirtschaft der Bundesrepublik Deutschland in Vergangenheit und Zukunft. Baden-Baden: Nomos

Worbs, Susanne/Bund, Eva/Kohls, Martin/Babka von Gostomski, Christian 2013: (Spät-)Aussiedler in Deutschland: Eine Analyse aktueller Daten und Forschungsergebnisse. Forschungsbericht 20. Nürnberg: Bundesamt für Migration und Flüchtlinge

Zimmermann, Klaus F. 1993: Ökonomische Konsequenzen der Migration für den heimischen Arbeitsmarkt..München: LMU

Die kommunale Integration von Flüchtlingen

Jutta Aumüller

Zusammenfassung

Der Artikel beschreibt die rechtlichen Rahmenbedingungen der Integration von Asylbewerbern und geduldeten Flüchtlingen sowie die Rolle der Kommunen im föderalen System der Flüchtlingsaufnahme. Untersucht werden zudem die verschiedenen Handlungsfelder einer kommunalen Flüchtlingspolitik. Am meisten herausgefordert sind Kommunen derzeit durch die Aufgabe der Wohnunterbringung. Die Gestaltungsmöglichkeiten variieren hier je nach Größe der Kommune und dem Zustand der kommunalen Wohnungsbaupolitik. Wichtige Handlungsfelder sind zudem die Integration von Geflüchteten durch Sprache und Bildung, die Unterstützung des ehrenamtlichen Engagements sowie die Unterstützung beim Zugang zu Ausbildung und Beschäftigung. Noch am Anfang stehen die Bemühungen, die Flüchtlingsaufnahme zu einem kohärenten und strukturierten kommunalen Politikfeld auszubauen, in das neben den klassischen Akteuren der Ausländerbehörde und des Sozialreferats auch weitere Ressorts und kommunalpolitische Akteure einbezogen werden.

Schlüsselbegriffe

Asylbewerber und geduldete Flüchtlinge – Flüchtlingsaufnahme im föderalen System – kommunale Handlungsmöglichkeiten in der Flüchtlingsaufnahme – Handlungsfelder der kommunalen Flüchtlingspolitik – demografische Entwicklung

Lange Zeit an den Rand der öffentlichen Wahrnehmung gedrängt, bestimmen Flüchtlinge die gesellschaftliche Debatte des Jahres 2016. Seit jeher aber bilden Flüchtlinge einen beträchtlichen Teil der in Deutschland lebenden Menschen mit Migrationshintergrund. Ende 2014 verfügten 531.622 Ausländer in Deutschland entweder über eine Aufenthaltserlaubnis aus völkerrechtlichen, humanitären und politischen Gründen, eine Aufenthaltsgestattung oder eine Duldung.¹ Nicht einberechnet sind hierbei eingebürgerte Personen, die einstmals als Asylsuchende nach Deutschland gekommen sind. Auch in der Migrations- und Integrationsforschung blieben Flüchtlinge eher am Rande des Interesses. Im letzten Jahrzehnt ist zwar das Forschungsinteresse zu Flucht und Asyl wieder deutlich gestiegen, doch zeigt sich erst neuerdings eine beginnende Nachfrage nach einem systematischen Wissen über die kommunale Dimension in der Integration von Flüchtlingen.

Bis vor wenigen Jahren dominierte in der Bundespolitik die Auffassung, dass für Asylbewerber und geduldete Flüchtlinge keine integrationsfördernden Maßnahmen vorzusehen sind. Die lange Zeit vorherrschende integrationspolitische Ausgrenzung von Asylsuchenden kollidierte jedoch mit der realen Präsenz dieser Menschen vor Ort. Von jeher haben viele Kommunen einen pragmatischen Umgang mit den Integrationserfordernissen geflüchteter Menschen praktiziert – ungeachtet einer restriktiven Gesetzgebung durch Bund und Länder. Angesichts der enorm gestiegenen Asylantragszahlen setzen Bund und Länder mittlerweile aber auch in der Frage der Flüchtlingsaufnahme auf die integrationspolitische Kompetenz der Kommunen.

Die folgende Darstellung konzentriert sich insbesondere auf neuere Entwicklungen in der kommunalen Flüchtlingspolitik. Im Zentrum steht dabei die Frage, über welchen Handlungsspielraum Kommunen in diesem Politikfeld verfügen und wie dieser in der kommunalen Praxis ausgestaltet wird. Die Darstellung beruht zu einem großen Teil auf empirischen Erhebungen in Kommunen, an denen die Autorin seit 2012 beteiligt war (Aumüller/Gesemann 2014; Aumüller/Daphi/Biesenkamp 2015; Aumüller 2016b). Im ersten Teil werden die Rahmenbedingungen der Flüchtlingsaufnahme in den Kommunen geklärt. Dargestellt werden verfügbare demografische Daten, rechtliche Kategorisierungen von geflüchteten Menschen und damit verbundene Ansprüche auf Integrationsleistungen sowie die Verteilung von Flüchtlingen auf Städte und Gemeinden. Im zweiten Teil wird die kommunale Praxis der Flüchtlingsaufnahme anhand mehrerer Handlungsfelder näher beleuchtet. Dabei zeigt sich, dass die Flüchtlingsaufnahme zunehmend einen integralen Bereich kommunaler Integrationspolitik konstituiert.

1 Rahmenbedingungen der Flüchtlingsaufnahme und -integration

1.1 Rechtliche Definitionen und Zahlen

Hinter dem Begriff „Flüchtling" verbergen sich unterschiedliche rechtliche Kategorisierungen von Menschen mit einem Fluchthintergrund. Im juristischen Sinn sind Flüchtlinge

---

1 https://www.destatis.de/DE/ZahlenFakten/GesellschaftStaat/Bevoelkerung/MigrationIntegration/AuslaendischeBevoelkerung/Tabellen/AufenthaltsrechtlicherStatus.html

solche Personen, die eine Asylanerkennung oder einen Flüchtlingsschutz erhalten haben. Das Asylrecht definiert hierfür mehrere Gründe:

- Eine Asylanerkennung nach § 16a GG erhalten Menschen, die im Herkunftsland politisch verfolgt werden.
- So genannte Konventionsflüchtlinge erhalten einen Flüchtlingsschutz, wenn sie befürchten müssen, in ihrem Herkunftsland aufgrund ihrer Rasse, ihrer Religion, ihrer Nationalität, ihrer politischen Überzeugung oder ihrer Zugehörigkeit zu einer bestimmten sozialen Gruppe verfolgt zu werden (§ 3 Abs. 1 AsylG).
- Einen subsidiären Schutz (nach Artikel 15 der EU-Qualifikationsrichtlinie) erhalten Menschen, die vor allgemeinen Notsituationen wie Bürgerkriegen, Hungersnöten oder Naturkatastrophen in ihrem Herkunftsland flüchten. Sie brauchen keinen Asylantrag zu stellen und erhalten eine Aufenthaltserlaubnis für zunächst ein Jahr, die nochmals um zwei Jahre verlängert werden kann. Anders als Asylbewerber dürfen sie in Deutschland arbeiten und einen kostenfreien Integrationskurs besuchen.

Eine nicht zu vernachlässigende Gruppe bilden darüber hinaus auch Menschen, deren Asylantrag abgelehnt wurde, deren Abschiebung aber aus verschiedenen Gründen ausgesetzt wird. Sie unterliegen einem Abschiebungsverbot nach § 60 Abs. 5 und 7 AufenthG und erhalten von der Ausländerbehörde eine Duldung, die in der Regel auf drei bis maximal sechs Monate befristet ist. Im Durchschnitt der Jahre 2008 bis 2013 lebten knapp 100.000 Menschen als geduldete Flüchtlinge in Deutschland (Wendel 2014a). Seitdem steigt diese Zahl wieder an; zum Stichtag 31.12.2014 verzeichnete das Ausländerzentralregister 112.767 Personen mit einer Duldung.[2]

In einem sozialwissenschaftlichen Verständnis soll im Folgenden ungeachtet dieser rechtlichen Differenzierungen allgemein von Flüchtlingen gesprochen werden – als ein Oberbegriff für Menschen, die ihr Herkunftsland aufgrund einer besonderen Notsituation unfreiwillig verlassen haben (vgl. Zetter 2007). Kommunale Flüchtlingspolitik bezieht sich dabei vor allem auf Asylbewerber und geduldete Flüchtlinge, da für diese Gruppe besondere Bestimmungen im Aufenthalt und im Zugang zu Integrationsmaßnahmen gelten. Aber auch Flüchtlinge mit einem subsidiären Schutzstatus, die neu in die Kommunen kommen und deren Lebensumstände sich – abgesehen von der Aufenthaltserlaubnis – materiell kaum von denen anderer Asylbewerber unterscheiden, fallen in diesen Handlungsbereich. Sobald Flüchtlinge eine Asylanerkennung erhalten haben, steht ihnen rechtlich der Zugang zu allen verfügbaren Integrationsmaßnahmen offen. Da anerkannte Flüchtlinge in der Sozialstatistik nicht gesondert ausgewiesen werden, verliert sich in der Integrationsforschung weitgehend ihre Spur. Es ist daher schwer festzustellen, ob Menschen mit einem Fluchthintergrund auch längerfristig auf größere Integrationsschwierigkeiten treffen, als dies bei anderen Migrantengruppen der Fall ist.

---

2 https://www.destatis.de/DE/ZahlenFakten/GesellschaftStaat/Bevoelkerung/MigrationIntegration/AuslaendischeBevoelkerung/Tabellen/AufenthaltsrechtlicherStatus.html

Über Jahre hinweg war nach der Verschärfung des Asylrechts im Jahr 1993 die Zahl der neu einreisenden Asylbewerber kontinuierlich gesunken. Das Jahr 2008 markiert eine Kehrtwende in diesem Trend; seitdem ist die Zahl der Asylantragsstellungen stetig gestiegen. 2015 wurden im EASY-System (Erstverteilung von Asylsuchenden) 1,1 Millionen Flüchtlingsregistrierungen vorgenommen. Seitdem im September 2015 die deutsche Grenze für Flüchtlinge geöffnet wurde, arbeiten die deutschen Aufnahmebehörden an der Grenze ihrer Belastungsfähigkeit. Zwischen der Registrierung bei der Einreise und der formalen Asylantragsstellung vergehen gegenwärtig (Anfang 2016) in der Regel mehrere Monate Wartezeit.

Tab. 1 Entwicklung der Asylantragszahlen seit 2008

2008	2009	2010	2011	2012	2013	2014	2015
28.018	33.033	48.589	53.347	77.651	127.023	202.834	476.649

Quelle: Bundesamt für Migration und Flüchtlinge 2016

Die Zahl der Asylanträge besagt jedoch wenig über die Zahl der Flüchtlinge, die tatsächlich in den Städten und Landkreisen der Bundesrepublik leben. Das Bundesamt für Migration und Flüchtlinge (BAMF) veröffentlicht jährliche Geschäftsstatistiken mit der Zahl der Asylneuanträge, den Herkunftsländern der Antragsteller, der Anzahl der Entscheidungen und Anerkennungsquoten. In diesen Angaben sind allerdings weder Familienmitglieder, die keinen eigenständigen Antrag auf Asyl stellen, enthalten, noch wird darin die Tatsache berücksichtigt, dass sich ein beträchtlicher Teil der Antragsteller manchmal mehrere Jahre in Deutschland aufhält, bevor es zu einer abschließenden Asylentscheidung kommt. Einen besseren Anhaltspunkt zur Quantifizierung von Asylbewerbern und geduldeten Flüchtlingen bilden Angaben über die Zahl der Personen, die Leistungen nach dem Asylbewerbergesetz erhalten. Ende 2014 waren dies 363.000 Personen, wobei die von ihnen finanziell abhängigen Personen (Ehegatten, Kinder) nicht mitgezählt sind.

Tab. 2 Empfänger von Regelleistungen nach dem Asylbewerberleistungsgesetz 2008 bis 2014

2008	2009	2010	2011	2012	2013	2014
128.000	121.000	130.000	144.000	165.000	225.000	363.000

Quelle: Statistisches Bundesamt 2015

Die durchschnittliche Dauer eines Asylverfahrens konnte im Jahr 2015 auf durchschnittlich 5,3 Monate gesenkt werden. Dieser gesunkene Durchschnittswert wird jedoch durch mehrere Aspekte relativiert: Zum einen wird lediglich die Zeitspanne zwischen der formellen Asylantragsstellung und dem Entscheid berücksichtigt, wohingegen von der Einreise bis zur Asylantragsstellung mehrere Monate vergehen können. Zum anderen beruht dieser Wert auf einer Selektion der Asylverfahren, wobei Anträge von Flüchtlingen aus so definierten sicheren Herkunftsstaaten mit einer geringen Wahrscheinlichkeit auf Asylanerkennung in einem Schnellverfahren beschieden werden.[3] 2015 wurden auch Asylanträge von Syrern mit einer Anerkennungswahrscheinlichkeit von weit über 90 Prozent in einem schnell zu erledigenden Verfahren bearbeitet. In den meisten anderen Fällen aber dauert das Asylverfahren deutlich länger als sechs Monate und bisweilen mehrere Jahre. Drittens kann bis zu einer rechtskräftigen Entscheidung des Antrags weitere Zeit verstreichen, da gegen den Erstentscheid Rechtsmittel eingelegt werden können. Für die Kommunen bedeutet die Ungewissheit der Verfahrensdauer, dass sie bis zur Statusklärung zur Zahlung von Leistungen nach dem Asylbewerberleistungsgesetz verpflichtet sind und zudem die Anspruchsberechtigung der betreffenden Personen mit Blick auf Integrationsleistungen ungeklärt bleibt.

Die Gesamtschutzquote, die in den Asylentscheidungen ausgesprochen wurde, betrug 2015 unter Berücksichtigung aller Herkunftsländer 49,8 Prozent und erreichte damit eine seit den 1970er Jahren beispiellose Höhe. Für einzelne Herkunftsnationalitäten betrug sie weit über 50 Prozent, so für Syrer (96,0 %), Eritreer (92,1 %), Iraker (88,6 %) und Iraner (59,6 %) (Bundesamt für Migration und Flüchtlinge 2015). Über die Aufnahme von neu ankommenden Asylsuchenden hinaus wird in den Kommunen also auch eine enorme Zahl an bleibeberechtigten Personen aus dem Ausland integriert werden müssen.

1.2 Gesetzliche Maßnahmen der Flüchtlingsintegration

Nach den Verfolgungserfahrungen unter der nationalsozialistischen Herrschaft war das Asylrecht in Deutschland von einem Gnadenrecht des Souveräns in ein subjektives Recht des Flüchtlings transformiert worden – so in der Allgemeinen Erklärung der Menschenrechte der Vereinten Nationen von 1948, im Grundgesetz 1949 und in der Genfer Flüchtlingskonvention von 1951. Zugleich fand eine Bürokratisierung des Asylrechts statt, die ihren Ausdruck in einer vielfältigen Kategorisierung von Flüchtlingen in verschiedenen Aufenthaltstiteln fand. Die Ansprüche, die ein Flüchtling in Deutschland an den Staat stellen kann, hängen vom jeweiligen Aufenthaltstitel ab. Sowohl anerkannte Flüchtlinge als auch Flüchtlinge mit einem subsidiären Schutz erhalten eine auf maximal drei Jahre befristete Aufenthaltserlaubnis, die später in eine unbefristete Niederlassungserlaubnis umgewandelt werden kann. Ebenso erhalten sie Zugang zu Sozialleistungen nach SGB II (Grundsicherung für Arbeitsuchende) oder SGB XII (Sozialhilfe). Eine Integration dieser beiden Gruppen findet dann im Rahmen der geltenden Regelförderung für Zuwanderer statt.

---

3   Als sichere Herkunftsstaaten gelten die Westbalkanstaaten Albanien, Bosnien-Herzegowina, Kosovo, Mazedonien, Montenegro und Serbien sowie Ghana und Senegal. Im Februar 2016 beschloss die Bundesregierung im Rahmen des Asylpakets II, künftig auch Algerien, Marokko und Tunesien zu sicheren Herkunftsstaaten zu deklarieren.

In den vergangenen Jahren wurden verschiedene gesetzliche Restriktionen gelockert, die bis dahin einer Integration von Flüchtlingen ohne Asylanerkennung entgegenstanden. Nachdem das Bundesverfassungsgericht in einem Urteil 2012 die Grundleistungen nach dem Asylbewerberleistungsgesetz als unzureichend erklärt hat, trat im März 2015 eine novellierte Fassung des Gesetzes in Kraft. Das Leistungsniveau orientiert sich seitdem an der Höhe der Sozialhilfe nach SGB XII beziehungsweise der Leistungen nach SGB II. Allerdings erhalten Asylbewerber weiterhin keine Mehrbedarfszuschläge; auch die medizinische Versorgung liegt unter dem Niveau der gesetzlichen Krankenkassen. Waren in den vergangenen Jahren fast alle Bundesländer vom Sachleistungs- hin zu einem Geldleistungsprinzip übergegangen, so legt das Asylverfahrensgesetz vom 24. Oktober 2015 erneut nahe, Flüchtlingen aus so genannten sicheren Herkunftsländern Sachleistungen anstelle von Geld auszugeben. Die Residenzpflicht, die die Mobilität von Asylbewerbern und geduldeten Flüchtlingen lange Zeit auf das Wirkungsgebiet der örtlichen Ausländerbehörde beschränkt hatte, wurde zunächst liberalisiert, aber mit dem Integrationsgesetz des Bundes 2016 wieder in Form einer temporären Wohnsitzauflage eingeführt.

Seit 2014 wurde der Zugang von nicht anerkannten und geduldeten Flüchtlingen zum Arbeitsmarkt schrittweise gelockert. Diese können nunmehr nach drei Monaten Aufenthalt eine Erwerbstätigkeit aufnehmen, sofern eine Erlaubnis der Arbeitsagentur vorliegt. Vor der Beschäftigungszusage erfolgen eine Vorrangprüfung und eine Arbeitsbedingungsprüfung, wobei festgestellt wird, ob die angestrebte Arbeitsstelle mit einer bevorrechtigten Person besetzt werden kann und ob für das Beschäftigungsverhältnis eine marktübliche Entlohnung gezahlt wird. Vorrangprüfung und Arbeitsbedingungsprüfung entfallen erst nach einem Aufenthalt von 15 beziehungsweise 48 Monaten. Eine Vielzahl von Detailregeln aber macht die Integration von Asylbewerbern und Geduldeten in eine Ausbildung oder reguläre Beschäftigung weiterhin zu einer komplizierten Angelegenheit, die auf potenzielle Arbeitgeber abschreckend wirkt.

Mit dem Asylverfahrensbeschleunigungsgesetz vom 24. Oktober 2015 wurde eine Trennung zwischen Personen mit hoher und solchen ohne eine Bleibeperspektive vorgenommen, die für Erstere integrationserleichternd, für Letztere integrationserschwerend wirkt. Als Personen mit einer hohen Bleibeperspektive gelten seitdem Asylsuchende aus Eritrea, Irak, Iran und Syrien. Ihnen wurde ein Zugangsrecht zu den Integrationskursen des Bundes sowie zu den berufsbezogenen ESF-BAMF-Sprachkursen eingeräumt. Weiterhin verfügen sie über einen unumschränkten Zugang zum Arbeitsmarkt ohne Wartefrist und über einen Anspruch auf unterstützende Leistungen der aktiven Arbeitsförderung nach SGB III und SGB II. Auch wurden Verbesserungen in der gesundheitlichen Versorgung dieser Personengruppe beschlossen.

Geflüchtete Menschen werden also einer Vielzahl rechtlicher Kategorisierungen und Prozeduren unterzogen, mit denen der Nationalstaat die Kontrolle über das Zuwanderungsgeschehen auszuüben versucht (Zetter 2007). Sobald Asylsuchende in den Kommunen untergebracht sind, spielen rechtliche Unterscheidungen in deren Perspektive jedoch eine untergeordnete Rolle. Vielmehr gilt auch mit Blick auf Flüchtlinge, dass Integration „vor Ort" stattfindet. Praktisch bedeutet dies für die Kommunen, dass auch Asylsuchende in kommunale Wohnungsfragen, in die Einrichtung von Kita- und Schulplätzen, in Angebote der Ausbildungsförderung, lokale Kulturaktivitäten u. v. m. einzubeziehen sind. Die genannten asylrechtliche Erleichterungen bedeuten, dass rechtliche Normierungen und die soziale Realität der Flüchtlingsaufnahme in den Kommunen jedoch nicht mehr in einem derart harschen Widerspruch zueinander stehen, wie dies jahrzehntelang der Fall gewesen war (vgl. Aumüller 2009).

2 Die Kommunen im föderalen System der Flüchtlingsaufnahme

2.1 Das föderale System der Flüchtlingsaufnahme

Die Flüchtlingsaufnahme erfolgt in Deutschland im Rahmen eines Systems geteilter Zuständigkeiten zwischen dem Bund, den Ländern und den Kommunen, das sich seit den 1950-er Jahren in mehreren Etappen herausgebildet hat (siehe Flüchtlingsrat NRW 2013). Bis in die 1970-er Jahre hinein hielt sich die Zuwanderung von Asylsuchenden zahlenmäßig auf einem niedrigen Niveau. In Westdeutschland erfolgte die Unterbringung zunächst in einem „Bundessammellager für Ausländer" in Nürnberg-Langwasser und ab den 1960-er Jahren in einer zentralen Aufnahmeeinrichtung in Zirndorf bei Nürnberg. In den 1970-er Jahren überforderten steigende Asylantragszahlen die Kapazität dieser zentralen Aufnahmeeinrichtung, und seit Ende der siebziger Jahre wurden asylsuchende Menschen nach einem Quotensystem auf die Bundesländer verteilt. Im Jahr 1982 trat das Asylverfahrensgesetz[4] in Kraft, mit dem das Verteilungsverfahren auf die Bundesländer auf eine verbindliche rechtliche Grundlage gestellt wurde. In diesem Gesetz, das seitdem mehrfach novelliert wurde, sind die Zuständigkeiten der verschiedenen Ebenen im föderalen System geregelt. Die Aufgabe des Bundes ist es dabei, das Asylverfahren durchzuführen. Die Bundesländer sind für die Unterbringung Asylsuchender und die Gewährung existenzsichernder Leistungen zuständig.

Die Verteilung neu einreisender Asylbewerber auf die Bundesländer erfolgt nach dem so genannten Königsteiner Schlüssel. Die Verteilungsquoten an aufzunehmenden Flüchtlingen werden für die einzelnen Länder jährlich neu berechnet. Grundlage der Berechnung bilden zwei Faktoren: die Höhe der Steuereinnahmen und die Bevölkerungszahl in einem Bundesland. In den Bundesländern werden Asylsuchende zunächst in einer Erstaufnahmeeinrichtung des Landes aufgenommen, wo die Erstanhörung im Asylverfahren stattfindet. Die zeitliche Dauer dieser Unterbringung soll sechs bis maximal zwölf Wochen betragen. Von dort werden Asylbewerber auf die Kommunen (Landkreise und kreisfreie Städte) weiter verteilt. Auch innerhalb der einzelnen Bundesländer erfolgt die Anschlussunterbringung in den Kommunen zumeist nach einem vorab festgelegten Verteilungsschlüssel. Um die Kommunen bei der gegenwärtig hohen Flüchtlingszuwanderung zu entlasten, wurde mit

---

4   Seit dem 24.10.2015 umbenannt in Asylgesetz (AsylG).

dem Asylverfahrensbeschleunigungsgesetz im Oktober 2015 festgelegt, dass Asylsuchende aus so genannten sicheren Herkunftsstaaten bis zum Ende des Asylverfahrens in den Erstaufnahmeeinrichtungen der Länder verbleiben sollen, jedoch maximal sechs Monate.

In den einzelnen Bundesländern wird die Weiterverteilung und Versorgung durch ein landeseigenes Flüchtlingsaufnahmegesetz geregelt. Darin festgelegt sind

- die landesinternen behördlichen Zuständigkeiten für die Aufnahme und Unterbringung,
- das Verfahren zur Verteilung der Asylsuchenden innerhalb des Bundeslandes sowie
- das Verfahren zur Refinanzierung der Kommunen für die bei der Flüchtlingsunterbringung entstehenden Aufwendungen.

Die Vorgaben über die Trägerschaft, den Betrieb und die politisch-administrative Ausgestaltung der so genannten Anschlussunterbringung in den Kommunen sind von Bundesland zu Bundesland unterschiedlich. In den meisten Bundesländern wird ein Verfahren praktiziert, bei dem die Flüchtlinge direkt aus der vom Land betriebenen Erstaufnahmeeinrichtung auf die Kommunen (Landkreise und kreisfreie Städte) verteilt werden. Diese sind für die Bereitstellung der Wohnunterbringung vor Ort zuständig. Der Freistaat Bayern bildet insofern eine Ausnahme, als dort die Regierungsbezirke für die Anschlussunterbringung von Asylbewerbern zuständig sind; laut der bayerischen Asyldurchführungsverordnung findet keine Aufgabenübertragung an die Kommunen statt. Ausnahmen bilden auch die Stadtstaaten Berlin, Bremen und Hamburg. Dort liegt die Verantwortlichkeit für die Erstaufnahme und die weitere Unterbringung bei der Landesregierung, die direkt für die Kosten aufkommt.

Bislang konzentrieren sich die Flüchtlingsaufnahmegesetze der Länder auf die Gestaltung der Wohnunterbringung. Weitergehende Richtlinien, die auch eine psychosoziale Begleitung von Flüchtlingen vorsehen, existieren in kaum einem Aufnahmegesetz. Eine Ausnahme bildet das novellierte Flüchtlingsaufnahmegesetz in Baden-Württemberg (FlüAG), das 2014 in Kraft getreten ist. Hier wird in den Richtlinien zur Erstaufnahme festgeschrieben, dass neu eintreffende Asylsuchende einen Anspruch auf eine qualifizierte Sozial- und Verfahrensberatung haben und besonders schutzbedürftige Personen bei der Erstaufnahme zu identifizieren sind. Weiterhin schreibt das Gesetz den „unteren Aufnahmebehörden" vor, eine angemessene Flüchtlingssozialarbeit zu gewährleisten, den Schulbesuch von Kindern zu garantieren sowie sicherzustellen, „dass unentgeltlich Grundkenntnisse der deutschen Sprache erworben werden können" (FlüAG § 13). Dies stellt ein Novum in der Ländergesetzgebung zur Flüchtlingsaufnahme dar: Waren die Kommunen bis dahin dazu angehalten, integrationsfördernde Maßnahmen für Asylbewerber und geduldete Flüchtlinge zu vermeiden, so werden nun auch psychosoziale und integrative Angebote als verpflichtende Maßnahmen festgeschrieben.

2.2 Finanzielle Kompensation für die Flüchtlingsaufnahme

In der Unterbringung von Flüchtlingen übernehmen die Kommunen eine ausführende Funktion. Sie sind zuständig für die Bereitstellung von Wohnraum, zahlen die Leistungen nach dem Asylbewerberleistungsgesetz aus und übernehmen die Kosten für medizinische Behandlungen. In den meisten Bundesländern erhalten sie dafür eine Kompensation in Form von Fallpauschalen, die von Land zu Land unterschiedlich ausfallen. Gemeinsam aber ist allen diesen Kompensationsmodi, dass bislang die tatsächlich anfallenden kommunalen Kosten für die Flüchtlingsaufnahme nicht ausreichend abgedeckt wurden. Eine Ausnahme bilden die Länder Bayern, Mecklenburg-Vorpommern, Saarland und Sachsen sowie die Stadtstaaten Berlin, Bremen und Hamburg, wo eine Spitzabrechnung der tatsächlich entstehenden Kosten erfolgt.

Die rasant gestiegenen Asylbewerberzahlen haben Ende 2014 zu einer ersten Vereinbarung von Bund und Ländern geführt, wonach nunmehr auch der Bund einen pauschalen finanziellen Beitrag zur Aufnahme und Unterbringung der Flüchtlinge leistet. Die dabei vereinbarte pauschale Kostenbeteiligung von 500 Millionen Euro für das Jahr 2015 wurde angesichts der unerwartet hohen Flüchtlingszuwanderung zweimal erhöht: Im September 2015 einigten sich Bund und Länder darauf, dass die Kommunen für das laufende Jahr 2015 eine Kostenbeteiligung des Bundes in Höhe von zwei Milliarden Euro erhalten. Im Asylverfahrensbeschleunigungsgesetz, das im Oktober 2015 beschlossen wurde, wurde festgelegt, dass sich der Bund beginnend mit dem Jahr 2016 mit einem monatlichen Betrag von 670 Euro pro Asylbewerber an den Kosten der Aufnahme und Unterbringung beteiligt. Bei einer veranschlagten Neuaufnahme von 800.000 Asylbewerbern 2016 und einer durchschnittlichen Verfahrensdauer von fünf Monaten wurde ein Betrag von 2,68 Milliarden Euro errechnet, den die Länder als Abschlagszahlung erhalten. Da der Konnexitätsgrundsatz eine direkte Beteiligung des Bundes an den Ausgaben der Länder verbietet, erfolgt diese Finanzierung mittelbar über eine Umverteilung der Umsatzsteueranteile zugunsten der Länder. Weiterhin wurde im Asylverfahrensgesetz eine Erhöhung des Förderanteils des Bundes beim Neubau von Wohnungen und bei der Ausweitung des Bestands an Sozialwohnungen beschlossen; die Kompensationsmittel des Bundes im Bereich Wohnraumförderung wurden für die Jahre 2016 bis 2019 um jeweils 500 Millionen Euro aufgestockt.

In welcher Weise die Bundesmittel über die Länder an die Kommunen weitergereicht werden, war zu Beginn des Jahres 2016 noch nicht klar. Die Kommunen forderten indes von den Landesregierungen, die vom Bund bewilligte Pro-Kopf-Pauschale in Höhe der real anfallenden Kosten weiterzureichen (Deutscher Städtetag 2016).

2.3 Flüchtlingspolitische Handlungsspielräume der Kommunen

Bis in die jüngste Vergangenheit galt in der deutschen Aufnahmepolitik die offizielle Richtlinie, dass für Flüchtlinge keine Integrationsmaßnahmen vorgesehen sind. Erst seit etwa 2014, mit der bundesgesetzlichen Erleichterung einer Arbeitsaufnahme, der zeitlichen

Beschränkung der Residenzpflicht und weiteren Erleichterungen, lässt sich tatsächlich von einer Integrationspolitik des Bundes für Asylbewerber sprechen. Viele Kommunen haben sich aber bereits in früheren Jahren über das offizielle Integrationsverbot hinweg gesetzt und kommunale Integrationsmaßnahmen auch für Flüchtlinge geöffnet. Im Wesentlichen verfügen Kommunen über folgende Möglichkeiten, um eine eigenständige Integrationspolitik für Asylbewerber und Geduldete zu realisieren:

1. Kommunen können Fördermittel in Anspruch nehmen, die ausdrücklich für diese Zielgruppe vorgesehen sind: Mittel aus dem Europäischen Flüchtlingsfonds und dem Europäischen Sozialfonds (seit 2014: Asyl-, Migrations- und Integrationsfonds der EU), Mittel im Rahmen der IQ-Netzwerke und der Bleiberechtsnetzwerke, die seit Sommer 2015 als IvAF-Förderung (Integration von Asylbewerbern und Flüchtlingen) im Rahmen des ESF-Bundesprogramms laufen. Seit 2015 wurden diese Fördermöglichkeiten beträchtlich ausgeweitet. Hinzugekommen sind verschiedene Bundes- und Landesprogramme, wie beispielsweise „Willkommen bei Freunden" des Bundesministeriums für Familie, Senioren, Frauen und Jugend zur Förderung von jungen Flüchtlingen. Auf Bundesebene findet in den Ministerien seit 2015 ein Mainstreaming bestehender Programme statt, um auch Asylbewerber mit einer hohen Bleibewahrscheinlichkeit bereits im laufenden Asylverfahren in die Maßnahmen einzubeziehen (Aumüller 2016b, S. 21f.). Auch in den Bundesländern wurden und werden Programme zur Sprachförderung von Asylbewerbern, zur Ehrenamtskoordination in der kommunalen Flüchtlingsaufnahme, zur Erleichterung einer Arbeitsaufnahme u. a. aufgelegt. Anders als in früheren Jahren wird die Integrationsfähigkeit der Kommunen im Hinblick auf Flüchtlinge durch Bund und Länder grundsätzlich gestärkt.
2. Kommunen können Flüchtlinge in die allgemeinen integrationspolitischen Maßnahmen vor Ort einbeziehen, z. B. in Unterstützungsangebote für Schüler, Freizeitangebote für Kinder und Jugendliche, kommunal organisierte Sprachkurse, Berufspraktika, allgemeine Begegnungsangebote. Mit solchen statusunabhängigen Maßnahmen für zugewanderte Menschen haben die Kommunen bereits in früheren Jahren Integrationsangebote auch für nichtanerkannte Flüchtlinge geschaffen. Hier hängt es von der grundsätzlichen Bereitschaft und den kommunalen Finanzen ab, in welchem Maß sich Kommunen für die Integration von Flüchtlingen engagieren.
3. Kommunen können Flüchtlinge im Rahmen von Maßnahmen erreichen, die nicht auf eine bestimmte Statusgruppe zugeschnitten sind. Darunter fallen z. B. allgemeine Quartiersaufwertungen im Rahmen von „Soziale Stadt".
4. Kommunen können die ihnen verfügbaren Möglichkeiten nutzen, um auch Asylbewerber und Geduldete in die Regelförderung der Integration zu überführen. Bislang war dies vor allem im Rahmen der so genannten Altfallregelung für langjährig geduldete Flüchtlinge der Fall. Kommunen konnten hierbei unter bestimmten Umständen auf eine Aufenthaltsgenehmigung für diese Gruppe hinarbeiten, vor allem indem die Vermittlung in eine Arbeit und bei Jugendlichen die Integration in eine Ausbildung mit kommunalen Mitteln unterstützt wurde.

5. Mit dem Asylverfahrensbeschleunigungsgesetz, das am 24.10.2015 in Kraft trat, wird nunmehr Asylbewerbern mit einer hohen Bleibeperspektive (Eritreer, Iraker, Iraner, Syrer) kurzfristig die Teilnahme an den Sprach- und Integrationskursen des Bundes ermöglicht. Aus kommunaler Sicht bedeutet dies eine erhebliche Erleichterung bei der Integration von Flüchtlingen, sofern die erforderlichen Kapazitäten aus Bundesmitteln aufgebaut werden können. Mit der Beschränkung auf die vier genannten Nationalitäten bleiben aber andere Herkunftsgruppen weiterhin davon ausgeschlossen. Die bisherige Erfahrung zeigt, dass die Kommunen auch weiterhin mit einer enormen Zahl von Personen vor Ort rechnen müssen, deren Asylantrag abgelehnt wurde, die aber trotz anders lautender Absicht dennoch nicht in das Herkunftsland abgeschoben werden können.
6. Kommunale Ermessensspielräume in der Flüchtlingsaufnahme ergeben sich auch dadurch, dass in den meisten Bundesländern die Kommunen selbst entscheiden können, ob Geld- oder Sachleistungen an Asylbewerber ausgezahlt werden. So lässt das Asylbewerberleistungsgesetz beträchtliche Spielräume für Interpretation und Varianz der darin kodifizierten Vorschriften zu (vgl. Schammann 2015). Außerdem schreiben nicht alle Bundesländer die Unterbringung von Asylbewerbern in Gemeinschaftsunterkünften zwingend vor, so dass in der Gestaltung der Unterbringung freie Hand bleibt. Dafür wie einzelne Kommunen diese Ermessensspielräume nutzen, scheint die Bundeslandzugehörigkeit einen gewissen, aber begrenzten Einfluss auszuüben (siehe Aumüller/Daphi/Biesenkamp 2015, S. 38ff.).
7. Anders als in manchen anderen Staaten gibt es in Deutschland bislang kaum Ansätze für eine eigenständige kommunale Akzentsetzung in der Asylpolitik. Das Konzept der Sanctuary City besitzt im deutschen Kontext kaum Relevanz (siehe den Beitrag von Scherr und Hofmann in diesem Band). Eine Ausnahme bildet die Kampagne „Save Me", die 2008 auf eine Initiative des Bayerischen Flüchtlingsrats hin ins Leben gerufen wurde, um für eine verstärkte Aufnahme von Resettlement-Flüchtlingen in deutschen Städten zu werben. Im Rahmen dieser Kampagne haben mehr als 50 Städte durch Ratsbeschlüsse ihre Bereitschaft zur Flüchtlingsaufnahme erklärt. Konkret geht es um die dauerhafte Neuansiedlung von jährlich 500 Flüchtlingen in Deutschland, die in Zusammenarbeit mit dem UNHCR aus weltweiten Krisenregionen nach Deutschland umgesiedelt werden.[5]

3 Handlungsfelder der kommunalen Flüchtlingsintegration

Die Integration von Flüchtlingen findet in verschiedenen Handlungsfeldern kommunaler Politik statt. In diesem Kapitel sollen Entwicklungen in der kommunalen Flüchtlingspolitik beispielhaft anhand mehrerer Politikbereiche aufgezeigt werden. Gewisse Überschneidungen mit anderen Handlungsfeldern kommunaler Integrationspolitik, die in diesem Band analysiert werden, sind dabei nicht immer zu vermeiden.

---

5 http://www.save-me-kampagne.de/

3.1 Wohnunterbringung

Kommunen, die zur Bereitstellung von Wohnraum für nicht-anerkannte Flüchtlinge verpflichtet sind, haben in diesem Zusammenhang mehrere Herausforderungen zu berücksichtigen. Zunächst geht es darum, welche Anforderungen durch die Landesaufnahmegesetze an die örtliche Wohnunterbringung gestellt werden. Zweitens müssen die kommunal Verantwortlichen darum bemüht sein, in der lokalen Bevölkerung eine Akzeptanz für die Aufnahme von Asylbewerbern herzustellen. Drittens tangiert die Flüchtlingsunterbringung auch generelle Fragen der kommunalen Wohnungspolitik.

Die Unterbringung von Asylsuchenden erfolgt faktisch noch immer weitgehend in Gemeinschaftsunterkünften. Das Asylgesetz legt zwar die Unterbringung von Flüchtlingen in Gemeinschaftsunterkünften nahe, doch leitet sich hieraus keine zwingende Verpflichtung für die Länder und Kommunen ab, da diese Regelung als Sollvorschrift formuliert ist (§ 53 Abs. 1 AsylG). Seit den 2000-er Jahren lässt sich dennoch eine zunehmende Tendenz ausmachen, Asylbewerber im Anschluss an die Landeserstaufnahmeeinrichtung in Einzelwohnungen vor Ort unterzubringen. Die Wohnungsquote von Asylbewerbern differiert dabei beträchtlich zwischen den Bundesländern und auch die Vorschriften in den Flüchtlingsaufnahmegesetzen der Länder hierzu sind unterschiedlich (vergleiche dazu Wendel 2014b, S. 59ff.). So waren im Jahr 2013 90,6 Prozent der Asylbewerber in Rheinland-Pfalz dezentral untergebracht, gefolgt von Niedersachsen (83,6 %), Schleswig-Holstein (71,6 %) und Bremen (71,6 %). Die Schlusslichter in dieser Reihe bildeten Sachsen (34,2 %), Brandenburg (34,1 %) und Baden-Württemberg (33,5 %). Im Bundesdurchschnitt lebten damals 55 Prozent der Asylbewerber in Einzelwohnungen (Wendel 2014b, S. 69, S. 70, Anm. 39). Aufgrund der starken Flüchtlingszuwanderung dürfte sich diese Quote seit 2014 deutlich zugunsten einer stärkeren zentralen Unterbringung verschoben haben; allerdings existieren hierzu aufgrund des äußerst dynamischen Aufnahmegeschehens seit 2015 keine aktuellen Zahlen.

Die Auseinandersetzung um ein humanitär vertretbares Wohnen für Flüchtlinge wird häufig an der Unterscheidung zwischen einer zentralen Unterbringung in einer Gemeinschaftsunterkunft und der dezentralen Unterbringung in einer Einzelwohnung oder kleinen Wohneinheit festgemacht. Die Unterbringung in großen Gemeinschaftsunterkünften mit ungünstigen Wohnbedingungen – keine abgeschlossenen Wohneinheiten, gemeinschaftliche Nutzung von Koch- und Sanitärräumen, stark heterogene Zusammensetzung der Bewohner – wirkt sich ganz offensichtlich belastend auf die davon betroffenen Personen aus. Ob die dezentrale Unterbringung zugleich die günstigere Kostenvariante bildet, hängt unter anderem davon ab, wie hoch das allgemeine Preisniveau auf dem örtlichen Wohnungsmarkt ist und welche zusätzlichen Kosten für die Verwaltung, soziale Betreuung, Bewirtschaftung und Bewachung einer Gemeinschaftsunterkunft entstehen. Die wenigen verfügbaren Vergleichsaufstellungen weisen darauf hin, dass die dezentrale Wohnunterbringung von Flüchtlingen gegenüber der Gemeinschaftsunterkunft dennoch die kostengünstigere Variante bilden dürfte (vergleiche Aumüller/Daphi/Biesenkamp 2015, S. 41ff.).

Aumüller et al. (2015) untersuchen in ihrer Studie, wie sich die Aufnahmepraxis und Wohnunterbringung von Asylsuchenden auf deren Akzeptanz in der örtlichen Bevölkerung auswirkt. Die Ergebnisse legen nahe, dass stärker als sozialstrukturelle Faktoren – wie Wohlstand und Bildung – der politische Prozess, in dem die Einrichtung einer Unterkunft durch- und umgesetzt wird, die Einstellung der örtlichen Bevölkerung gegenüber der Aufnahme von Asylsuchenden bestimmt. Günstig auf die Akzeptanz wirkt sich eine transparente Planung aus, in die die Bevölkerung vor Ort einbezogen wird. Eine frühzeitige und umfassende Kommunikationspolitik, die auch über die Hintergründe und Risiken der Flucht sowie über die Schwierigkeiten des Lebens als Flüchtling in Deutschland informiert, zeigt sich als ein zentraler Faktor, um Vorurteile abzubauen und das Vertrauen der Bewohner in das Verwaltungshandeln zu steigern. Eine Schlüsselfunktion kommt dabei zivilgesellschaftlichen Initiativen zu: Diese leisten nicht nur einen erheblichen Beitrag zu einem verbesserten Betreuungs- und Integrationsangebot für Flüchtlinge, sondern können die Reaktionen der lokalen Bevölkerung auf die Einrichtung einer Flüchtlingsunterkunft direkt positiv beeinflussen. Bei den untersuchten Fallbeispielen spielte die Gemeindegröße (Großstadt, kleinere Gemeinde) sowie die Lage (Westdeutschland, Ostdeutschland) hingegen keine Rolle hinsichtlich der Reaktionen in der örtlichen Bevölkerung.

Zugleich beeinflusst auch die Art der Unterbringung Haltungen der Akzeptanz oder Ablehnung in der örtlichen Bevölkerung. Gemeinschaftsunterkünfte, die eine gewisse, im Einzelnen lokal zu definierende Größe überschreiten, forcieren tendenziell ablehnende Haltungen, da die Integration der Bewohner in die Nachbarschaft blockiert wird und da durch Großunterkünfte leichter einer fremdenfeindlichen und rechtsextremen Mobilisierung Vorschub geleistet wird. Hingegen sind Anwohnerproteste gegen Flüchtlinge in Einzelwohnungen weitgehend unbekannt. Auch die bauliche Ausstattung von Gemeinschaftsunterkünften beeinflusst die Akzeptanz. Behelfsunterkünfte in Containerbauweise oder eine Unterbringung in optisch desolaten Immobilien fördern eine Stigmatisierung ihrer Bewohner (Aumüller/Daphi/Biesenkamp 2015, S. 61f.). Einzelne kleinstädtische Beispiele zeigen hingegen, dass mit der Flüchtlingsunterbringung sogar eine Wohnaufwertung erzeugt werden kann, indem innerstädtischem Wohnungsleerstand begegnet und eine positive Quartiersaufwertung initiiert wird (Busch 2015).

Die enorme Flüchtlingszuwanderung erzeugt gegenwärtig einen hohen Druck auf die lokalen Wohnungsmärkte. Zum einen sind Gemeinschafts- oder Einzelunterkünfte für geflüchtete Personen zu stellen, die noch nicht über eine Asylanerkennung verfügen. Um die Kommunen zu entlasten, wurde im Asylverfahrensbeschleunigungsgesetz vom Oktober 2015 festgelegt, dass Asylsuchende aus so genannten sicheren Herkunftsstaaten möglichst bis zum Ende ihres Verfahrens in der Erstaufnahmeeinrichtung des Landes verbleiben sollen. Bereits im November 2014 war eine Änderung des Bauplanungsrechts beschlossen worden, das die Wohnunterbringung von Flüchtlingen erleichtern soll, beispielsweise dadurch, dass die Einrichtung von Flüchtlingsunterkünften nunmehr auch in Gewerbegebieten zulässig ist. Zum anderen aber entfällt die Wohnpflicht in der zugewiesenen Unterkunft, sobald eine Asylanerkennung vorhanden ist. Damit erhalten anerkannte Flüchtlinge einen Zugang zum regulären Wohnungsmarkt und werden zu Nachfragern vor allem im Segment preisgünstiger Mietwohnungen. Die gestiegene Flüchtlingszuwanderung wird hiermit zum Indikator für die Defizite einer öffentlichen Wohnungsbauförderung, die es in der

Vergangenheit vernachlässigt hat, ausreichend bezahlbaren Wohnraum für die gesamte Bevölkerung zu schaffen. Gegenwärtig wird in Deutschland von einem Bedarf von bis zu 350.000 jährlich neu zu schaffenden Wohnungen ausgegangen.

Für die Kommunen selbst existieren unterschiedliche Gestaltungsspielräume bei der Bereitstellung von Wohnraum für Geflüchtete. Hierbei spielt die kommunale Liegenschafts- und Wohnungsbaupolitik eine nicht unwesentliche Rolle: Sofern Kommunen über Grundstücke und Wohnungen im Eigenbesitz verfügen oder auf Kooperationen mit öffentlichen Wohnungsbaugesellschaften zurückgreifen können, sind die eigenständigen Handlungsmöglichkeiten größer und schwindet die Abhängigkeit von privaten Anbietern. Zugleich aber verfügen kleinere Kommunen und ländliche Regionen in der Regel über weitaus bessere Möglichkeiten einer dezentralen Unterbringung von Asylsuchenden, als dies in Großstädten der Fall ist (Aumüller/Daphi/Biesenkamp 2015, S. 59).

3.2 Kommunale Konzepte zur Flüchtlingsunterbringung

Die zunehmende Tendenz in den Kommunen, die Flüchtlingsaufnahme zu einem eigenständigen Handlungsbereich auszugestalten, schlägt sich auch in den kommunalen Leitlinien für die Unterbringung von Flüchtlingen nieder, die inzwischen zahlreiche Städte und auch einzelne Landkreise entwickelt haben. Ausgearbeitete kommunale Leitlinien zur Wohnunterbringung von Asylbewerbern tauchten erstmals um das Jahr 2000 auf, beispielsweise in Leverkusen (2000), Berlin (2003) und Köln (2004). Zu Beginn der 2000-er Jahre ging es dabei meistens um einen Wechsel von einer zentralen hin zu einer dezentralen Unterbringung von Asylbewerbern in Einzelwohnungen. Häufig bildete die Einsicht, dass die Unterbringung einer – zur damaligen Zeit – überschaubaren Zahl von Asylbewerbern und Geduldeten in Einzelwohnungen wesentlich kostengünstiger war als das Vorhalten von Gemeinschaftsunterkünften, den Ausgangspunkt für diese Konzepte. Aber auch seit dem erneuten Anstieg der Flüchtlingszahlen haben in den letzten Jahren immer mehr Kommunen eigenständige Leitlinien für diesen Handlungsbereich entwickelt. In dieser neueren Generation von Unterbringungsleitlinien geht es nicht immer um eine ausschließlich dezentrale Wohnunterbringung von Asylbewerbern. Häufig werden mehrstufige Unterbringungsmodelle konzipiert, die von einer Orientierungsphase in einer städtischen Erstaufnahmeeinrichtung ausgehen und in einem weiteren Schritt hin zum eigenverantwortlichen Einzelwohnen führen. Verbunden sind diese Konzepte mit weiterführenden Angeboten einer psychosozialen Betreuung.

Beispielhaft veranschaulichen lässt sich dies am Konzept „Wohnen für Berechtigte nach dem Asylbewerberleistungsgesetz" der Stadt Leipzig. Entwickelt wurde das Konzept im Jahr 2012; die Entwicklung erfolgte im Austausch mit lokalen Akteuren der Flüchtlingsarbeit und Interessensvertretungen von Flüchtlingen. Verbunden war damit die Absicht, die Unterbringung vor allem in humanitärer Hinsicht zu verbessern – entgegen der Vorgabe des Freistaates Sachsen, Flüchtlinge grundsätzlich in Gemeinschaftsunterkünfte unterzubringen. Die Unterbringung führt von einer der größeren Gemeinschaftsunterkünfte der

Stadt entweder direkt oder über die Station einer kleineren Gemeinschaftsunterkunft in das dezentrale Wohnen. Für die psychosoziale Begleitung der Asylbewerber ist ein sozialer Betreuungsschlüssel verbindlich vorgeschrieben.

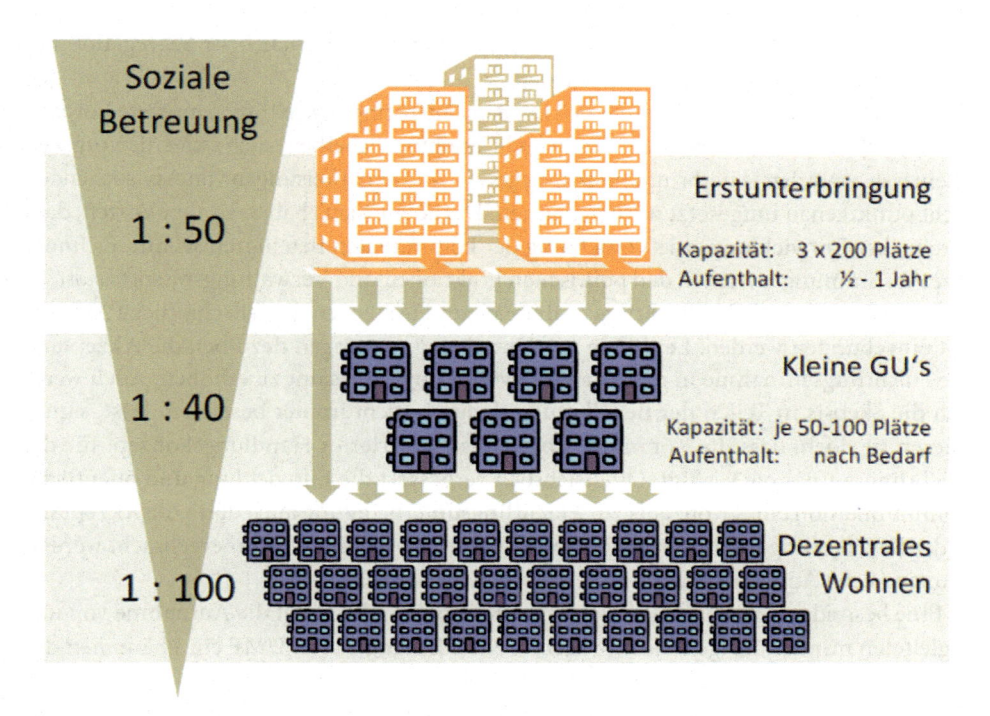

Abb. 1 Unterbringungskonzept der Stadt Leipzig
Quelle: Fortschreibung des Konzeptes „Wohnen für Berechtigte nach dem Asylbewerberleistungsgesetz", Stadt Leipzig, 2013

Kommunale Aufnahmekonzepte für Flüchtlinge können auch einen umfassenden Charakter annehmen und über das Wohnen und die psychosoziale Begleitung hinaus weitere Dimensionen der Integration berücksichtigen. Beispielhaft hierfür steht das Willkommenskonzept der Stadt Schwäbisch Gmünd.[6] Es umfasst einen 5-Stufen-Plan zur Eingliederung von Flüchtlingen. Neuankommende Flüchtlinge erhalten möglichst zeitnah nach ihrer Ankunft die Möglichkeit, an einem öffentlichen Willkommensempfang teilzunehmen und Kontakte zur Aufnahmegesellschaft zu knüpfen. Eingebunden werden dabei so genannte Willkommenslotsen, haupt- oder ehrenamtlich in der Flüchtlingsaufnahme beschäftigte Personen, die über Teilhabemöglichkeiten informieren. Realisiert wird diese Teilhabe

---

6 Im Internet unter: http://bi.schwaebisch-gmuend.de/vo0050.php?__kvonr=4175&voselect=4327

über eine Sprachförderung, die die Kommune auf verschiedenen Niveaus anbietet, über die Einbeziehung von Flüchtlingen in ehrenamtliche Betätigungsmöglichkeiten, in verschiedene Maßnahmen der beruflichen Qualifizierung und der Arbeitsmarktintegration. Parallel dazu wird die Vermittlung in privaten Wohnraum angestrebt. Das Konzept wurde einvernehmlich zwischen der Stadtverwaltung und der für die Aufnahme zuständigen Kreisverwaltung abgestimmt und zielt darauf ab, eine gesellschaftliche Segregation der aufgenommenen Flüchtlinge zu vermeiden.

Aus kommunaler Sicht verbinden sich mit den Unterbringungsleitlinien mehrere Vorteile: Sie bieten ein hohes Maß an Orientierung und Handlungssicherheit, auch wenn die Vorgaben zu einer dezentralen Unterbringung angesichts der Massenzuweisungen von Asylsuchenden nicht punktgenau umgesetzt werden können. Darüber hinaus haben sie den Vorteil, dass bereits ihre Entwicklung eine Vernetzung der kommunalen Beteiligten schafft. Es findet eine Abstimmung zwischen den politischen Fraktionen und Verwaltungsressorts statt, in die zumeist auch örtliche Flüchtlingsinitiativen und weitere zivilgesellschaftliche Akteure mit eingebunden werden. Leitlinien zur Unterbringung tragen dazu bei, die Akzeptanz der Flüchtlingsaufnahme in der lokalen Bevölkerung insgesamt zu erhöhen. Auch wenn sich die Skepsis in Teilen der Bevölkerung dadurch nicht immer beseitigen lässt, signalisieren sie doch, dass die Kommune über ein strukturiertes Handlungskonzept für die Flüchtlingsaufnahme verfügt. Offensichtlich verbessert die Entwicklung und öffentliche Kommunikation eines Konzepts zur Flüchtlingsunterbringung auch dann die Akzeptanz in der Bevölkerung, wenn Asylbewerber nicht durchweg dezentral untergebracht werden können (siehe Aumüller/Daphi/Biesenkamp 2015, S. 59ff.).

Eine besondere Herausforderung für die Kommunen bedeutet die Aufnahme von unbegleiteten minderjährigen Flüchtlingen (UMF). Bislang waren UMF ein Phänomen der Großstädte in den geografischen Randlagen Deutschlands. Der Grund hierfür ist, dass UMF bis 2015 ein automatisches Bleiberecht in der Kommune ihrer Ersteinreise hatten. Meist von Schleppern ins Land gebracht, wurden sie von diesen häufig in einer grenznahen Großstadt abgesetzt. Für die Unterbringung von UMF ist die kommunale Jugendhilfe zuständig. In Bremen beispielsweise wurde bislang versucht, UMF in Pflegefamilien unterzubringen. In der Stadt München wurde ein Konzept für die Unterbringung von UMF in Einrichtungen der Jugendhilfe entwickelt. Darüber hinaus wurde die Unterbringung von unbegleiteten heranwachsenden Flüchtlingen im Alter von 18 bis 25 Jahren in Wohngemeinschaften außerhalb der Jugendhilfe organisiert (Landeshauptstadt München 2015). Seit November 2015 erfolgt auch bei UMF eine bundesweite Umverteilung gemäß dem im Königsteiner Schlüssel festgelegten Quotensystem. Da die meisten Kommunen bislang über keine Erfahrung mit UMF verfügen, müssen nunmehr die entsprechenden Voraussetzungen für die Aufnahme geschaffen werden. Dies bedeutet, für Kinder und Jugendliche angemessene Unterbringungsmöglichkeiten, Therapieangebote und Bildungsmöglichkeiten zu schaffen sowie die Mitarbeitenden in der kommunalen Jugendhilfe auf diese Zielgruppe hin zu schulen.

3.3 Integration durch Sprache und Bildung

Jede Form der Integration setzt eine zumindest elementare Beherrschung der deutschen Sprache voraus. Einen Anspruch auf die Teilnahme an den regulären Integrationskursen des Bundes besaßen bislang nur Flüchtlinge mit einem gesicherten Aufenthaltstitel. Mit der Verabschiedung des Asylverfahrensbeschleunigungsgesetzes sind auch Asylbewerber mit einer hohen Bleibewahrscheinlichkeit zur Teilnahme an den Integrationskursen berechtigt. Im Rahmen des Asylpakets II (verabschiedet im Februar 2016) wurde jedoch beschlossen, dass Asylbewerber mit einem Kostenbeitrag zum Integrationskurs in Höhe von 10 Euro monatlich belastet werden.

Unabhängig von der bundespolitischen Regulierung des Zugangs zu den Integrationskursen haben sich aber viele Kommunen auch mit eigenen Angeboten zur Sprachvermittlung engagiert, sei es über zusätzliche Angebote an den Volkshochschulen, durch niedrigschwellig angelegte Deutschkurse für bestimmte Zielgruppen (z. B. Analphabeten, Frauen mit häuslicher Bindung, Senioren), als Anbieter besonderer qualifizierungs- oder berufsrelevanter Sprachangebote o. ä. Viele Kommunen haben inzwischen ein besonderes Engagement entwickelt, um auch Asylbewerbern zumindest minimale Deutschkenntnisse zu vermitteln und ihnen dadurch die Teilnahme am öffentlichen Leben zu ermöglichen. Hierfür stellen sie Mittel zur Verfügung, um über erfahrene Träger, z. B. die örtlichen Volkshochschulen, ein eigenständiges Sprach- und Orientierungsangebot bereitzuhalten. Häufig werden erste Sprachkenntnisse durch ehrenamtlich engagierte Personen vermittelt. Manche Kommunen unterstützen dieses zivilgesellschaftliche Engagement durch eine Qualifizierung der Ehrenamtlichen oder durch die Finanzierung von Sachmitteln. Der Bedarf an Sprachangeboten dürfte dennoch die in den Kommunen vorhandenen Lernmöglichkeiten übersteigen. Inwieweit die Öffnung der Integrationskurse zumindest für einen Teil der Asylbewerber diesem Druck abhelfen kann, lässt sich im Frühjahr 2016 noch nicht beurteilen.

Die Aufnahme von Flüchtlingen beeinflusst auch die Ausgestaltung der Bildungsangebote, die von den Kommunen bereitgestellt werden. Dies betrifft beispielsweise die Kindertagesbetreuung, die Entwicklung niedrigschwelliger Angebote zur Förderung von Kindern und zur Unterstützung von Familien, den Zugang zu Volkshochschulen und Bibliotheken etc. Nach § 24 SGB VIII besitzen Flüchtlingskinder denselben Rechtsanspruch auf einen Kitaplatz ab dem vollendeten ersten Lebensjahr wie deutsche Kinder. Bezogen auf die Flüchtlingszuwanderung 2015 wird geschätzt, dass sich darunter mindestens 94.000 Kinder im Krippen- und Kindergartenalter (1 bis 6 Jahre) befinden. Für die Betreuung in Kitas und Tagesbetreuung würde dies einen erforderlichen Zuwachs von 3,5 % mehr Plätzen bedeuten. Da Flüchtlingseltern ihre Kinder allerdings weitaus seltener als deutsche Eltern in eine Kita schicken, dürfte die Zahl der benötigten Kitaplätze darunter liegen (Robert Bosch Expertenkommission 2015, S. 7). Im Schulbereich müssen ausreichend Plätze für Seiteneinsteiger vorgehalten werden und die räumliche Platzkapazität muss in der Schulentwicklungsplanung berücksichtigt werden.

3.4 Bürgerschaftliches Engagement

Zivilgesellschaftliches Engagement hat in der Flüchtlingshilfe eine lange Tradition. In den Jahren nach dem Asylkompromiss von 1993, als es gesellschaftlich sehr still um das Flüchtlingsthema wurde, waren es besonders lokale Flüchtlingsinitiativen und kirchliche Gruppen, die sich – oftmals in Kooperation mit den örtlichen Niederlassungen der Wohlfahrtsverbände – um die (wenigen) Asylbewerber und vor allem um die langzeitgeduldeten Flüchtlinge vor Ort kümmerten. Typischerweise handelte es sich dabei um Helferkreise mit einem langjährig stabilen Kern und einer starken humanitären Überzeugung, die die Flüchtlinge in ihren oft langwierigen Verfahren und multiplen Problemlagen begleiteten (Aumüller/Bretl 2008). Zu den Schwerpunkten dieses Engagements gehörte besonders die Begleitung traumatisierter Flüchtlinge sowie von unbegleiteten minderjährigen Flüchtlingen (vgl. Stiftung Mitarbeit 2010).

In der Flüchtlingszuwanderung seit 2014 bilden sich neue, markante Formen des Engagements für Geflüchtete aus. Kennzeichnend hierfür ist, dass es zu einem großen Teil außerhalb der traditionellen Vereins- und wohlfahrtsverbandlichen Strukturen stattfindet und dass viele Freiwillige zuvor noch nie mit dem Asylthema befasst waren. Anhaltspunkte, die diese neue Struktur und Dynamik zu erfassen, liefert eine – allerdings nicht repräsentative – Freiwilligenbefragung, die Anfang 2015 von Forschern der Humboldt-Universität in Berlin durchgeführt wurde. Dabei erscheinen folgende Ergebnisse bemerkenswert:

- Der überwiegende Teil freiwillig engagierter Menschen, etwa 70 Prozent der Respondenten in der Umfrage, ist weiblich. Zudem verfügen freiwillig Engagierte in der Flüchtlingshilfe über besonders hohe Bildungsabschlüsse. Dieser Befund deckt sich mit Beobachtungen zum Engagement vor Ort, das sich vielfach aus „gutbürgerlichen Kreisen" rekrutiert. Auch ist der Anteil der Menschen mit Migrationshintergrund unter den Freiwilligen höher, als es ihrem Bevölkerungsanteil entspricht.
- Das enorme freiwillige Engagement ist ein Phänomen jüngsten Datums. Befragte Vereine und andere Organisationen gaben an, dass sich in den letzten Jahren durchschnittlich 70 Prozent mehr Ehrenamtliche engagieren. Fast die Hälfte der Engagierten hat erst vor kurzem begonnen, sich für Flüchtlinge zu interessieren.
- Ein Großteil des Engagements dreht sich darum, Lücken in der strukturellen Versorgung der Geflüchteten zu schließen. Beispielsweise sind Freiwillige besonders häufig in der Begleitung von Behördengängen gefordert. Eine hohe Priorität nehmen zudem Übersetzungsarbeiten sowie die die Organisation der ehrenamtlichen Arbeit selbst ein.
- Das Engagement erfolgt in vielen Fällen (zu etwa 40 Prozent) spontan und selbstorganisiert, jenseits der bereits bestehenden Strukturen des bürgerschaftlichen Engagements.
- Hilfe für die Geflüchteten ist nicht die einzige Motivation für das Engagement, sondern die überwiegende Mehrheit der Befragten möchte damit auch politisch tätig werden und ein Zeichen gegen die gesellschaftliche Ausgrenzung von Flüchtlingen setzen (Karakayali/Kleist 2015, S. 5f.)

In kommunaler Sicht ist das ehrenamtliche Engagement unverzichtbar, um die vielfältigen Aufgaben, die mit der Neuaufnahme von Flüchtlingen verbunden sind, leisten zu können. Durch verschiedene Ansätze unterstützen die Kommunen dieses Engagement. Beispiele hierfür sind die Koordinierung von Runden Tischen für Ehrenamtliche und die finanzielle Ermöglichung einer Qualifizierung und Supervision für die Engagierten. Ein häufiges Format bilden Patenschafts- oder Lotsenprojekte, bei denen Ehrenamtliche die Asylsuchenden in ihrer Integration vor Ort begleiten und beraten. Die Funktion der Kommune liegt hierbei häufig in der hauptamtlichen Organisation und Koordination der Patenschaften (Aumüller/Daphi/Biesenkamp 2015, S. 91ff.). Zwischen dem Interesse der kommunalen Verwaltungen, durch das bürgerschaftliche Engagement von eigenen Aufgaben entlastet zu werden, und den selbstbestimmten Intentionen der Ehrenamtlichen entsteht dabei bisweilen ein Spannungsfeld, in dem praktische Konflikte auftreten. So sind kommunale Patenschaftsprogramme für Flüchtlinge tendenziell verwaltungsnah aufgestellt. Sie werden oft in der Absicht initiiert, Hilfestellungen, für die keine professionelle Sozialarbeit erforderlich ist, an Freiwillige zu delegieren (z. B. Begleitung bei Einkäufen, Arztbesuchen, Behördengängen). Auch geraten freiwillige Helfer bisweilen in die Rolle von Improvisatoren dort, wo die kommunale Flüchtlingsaufnahme chaotisch verläuft. Viele Freiwillige jedoch möchten sich nicht für Tätigkeiten vereinnahmen lassen, die als Regelaufgaben von Verwaltung gelten. Stattdessen wird eine interkulturelle Öffnung der Verwaltung gefordert, so dass deren Dienstleistungen auch ohne freiwillige Mediatoren von Asylsuchenden in Anspruch genommen werden können (Aumüller 2016a, S. 8).

Alternativ zu diesem utilitaristischen Ansatz kann das ehrenamtliche Engagement hingegen auch als eine Möglichkeit ausgestaltet werden, um die Begegnung zwischen Einheimischen und Asylsuchenden zu fördern. Ein Beispiel hierfür bildet das in Bremen praktizierte Modell eines Stadtteilfonds für Flüchtlinge. Es handelt sich dabei um ein niedrigschwelliges Instrument, mit dem Begegnungsprojekte aller Art zwischen Bürgern und Flüchtlingen unterstützt werden. Ausdrücklich wird der Stadtteilfonds des Bremer Senats nicht als ein Steuerungsinstrument verstanden, der Lücken in den strukturellen Integrationsangeboten (Sprachförderung, Integration in Kita und Schule, Angebote zur Ausbildungs- und Arbeitsförderung) schließen soll. Vielmehr wird sein Erfolg daran bemessen, ob es gelingt, tragfähige Kontakte zwischen den asylsuchenden Menschen und der Stadtgesellschaft herzustellen (Aumüller/Daphi/Biesenkamp 2015, S. 89ff.).

Wenig bekannt ist über das Engagement und die zivilgesellschaftliche Partizipation geflüchteter Menschen selbst. In der Forschung besteht hierzu ein ausgesprochenes Vakuum. Lange Zeit von der gesellschaftlichen Integration ausgeschlossen, unterlagen Flüchtlinge bis vor kurzem auch im eigenen ehrenamtlichen Engagement einer starken Reglementierung (Boettcher 2010). Mittlerweile benötigen Asylbewerber und geduldete Flüchtlinge keine Zustimmung der Ausländerbehörde mehr, wenn sie unbezahlt in Vereinen oder Verbänden mitarbeiten möchten. Für Menschen ohne einen gesicherten Aufenthaltsstatus, die dennoch auch langfristig eine nicht unwesentliche Bevölkerungsgruppe in den Kommunen bilden werden, müssen geeignete Formen der Partizipation und Selbstvertretung ihrer Interessen erst noch entwickelt werden. Beispielsweise existieren bislang noch kaum Erfahrungen mit der Einrichtung von Heimbeiräten in Gemeinschaftsunterkünften, die versuchsweise in einigen Bundesländern, so in Sachsen und Sachsen-Anhalt, in einer Reihe von Unterkünften installiert werden (Aumüller/Daphi/Biesenkamp 2015, S. 46). Auch hinsichtlich der Partizipation in der Kommune bestehen Hürden. So erlauben nur manche kommunalen Ausländer- oder Integrationsbeiräte, dass Flüchtlinge ohne geregelten Aufenthaltsstatus in den Beirat gewählt werden können (Dialog Global 2015, S. 27). Im Bereich des Engagements und der Partizipation von Asylsuchenden besteht ein demokratisches Defizit, das einer dringenden Bearbeitung bedarf – mit der Perspektive, „ein Verständnis der Stadt als politische und soziale Gemeinschaft aller Bewohner/innen" zu entwickeln (Scherr/Hofmann, in diesem Band). Interessante Impulsgeber für eine umfassende gesellschaftliche Teilhabe von Asylsuchenden können beispielsweise experimentelle Wohn- und Lebensformen von geflüchteten und nicht-geflüchteten Bewohnern sein, wie sie das Grandhotel Cosmopolis in Augsburg praktiziert. Hier wird die Unterbringung von Flüchtlingen mit der Gestaltung eines gemeinschaftlich genutzten urbanen Kulturzentrums verbunden und die Mitgestaltung und Teilhabe am städtischen Leben durch alle den Ort nutzenden Menschen realisiert.

3.5   Integration in Ausbildung und Beschäftigung

Bei den gegenwärtig zuwandernden Flüchtlingen handelt es sich um eine sehr junge und überwiegend männliche Gruppe. Im Schnitt des Jahres 2015 waren etwas mehr als 70 Prozent der Asylantragsteller jünger als 30 Jahre; zwei Drittel der Erstanträge wurden von Männern gestellt. Nach Berechnungen des Instituts für Arbeitsmarkt- und Berufsforschung werden bis 2018 mindestens 600.000 erwerbsfähige Flüchtlinge in den Arbeitsmarkt einzugliedern sein (Fuchs/Weber 2015). Es fällt derzeit schwer, die schulische und berufliche Qualifizierungsstruktur dieser Asylsuchenden präzise zu bewerten. Auf der Grundlage sporadischer und nicht-repräsentativer Stichproben lässt sich annehmen, dass etwa 20 Prozent von ihnen im Herkunftsland eine Berufsausbildung oder ein Studium absolviert haben und insgesamt 30 bis 40 Prozent über Berufserfahrungen besitzen, die auf dem hiesigen Arbeitsmarkt verwertbar sind (Aumüller 2016b, S. 15). Im Umkehrschluss bedeutet dies, dass der Eingliederung in eine Ausbildung oder Beschäftigung ein immenser Qualifizierungsbedarf vorausgeht.

Aus kommunaler Sicht besitzt die Arbeitsmarktintegration von Flüchtlingen seit jeher eine hohe Relevanz, da sie soziale Transferleistungen vermindern hilft. Nicht zuletzt vor dem Hintergrund des demografischen Wandels wird die Arbeitsmarktintegration verstärkt als eine kommunale Aufgabe wahrgenommen. Flüchtlinge gelten nicht mehr als eine unerwünschte Konkurrenz, sondern als eine willkommene Ressource auf den lokalen Arbeitsmärkten. In der Ausrichtung der kommunalen Arbeitsmarktförderung sind daher mit Bezug auf Asylbewerber und Flüchtlinge wichtige Veränderungen im Gange, die im Folgenden skizziert werden sollen.

Seit den Arbeitsmarktreformen der 2000-er Jahre konzentriert sich kommunale Arbeitsmarktpolitik vor allem auf die Jobcenter, die entweder in einer gemeinsamen Einrichtung mit der Arbeitsagentur oder in alleiniger Trägerschaft der Kommunen (so genannte Optionskommune) geführt werden. In ihrer Verantwortung liegen Maßnahmen nach dem SGB II. Flüchtlinge werden zu Jobcenter-Kunden, sobald sie eine Aufenthaltserlaubnis oder einen subsidiären Schutzstatus erlangt haben. Die Aufgabe der Jobcenter ist es zunächst, diese Gruppe von Kunden in die Regelangebote der Arbeitsvermittlung einzugliedern, wozu verschiedene Eingliederungsleistungen und Fördermöglichkeiten nach SGB II gehören. Um Arbeitsagenturen wie auch die kommunalen Jobcenter auf diese „neue" Kundengruppe vorzubereiten, bieten die regionalen IQ- und IvAF-Netzwerke[7] bundesweit Schulungen an, in denen den Mitarbeitern der Bundesagentur die erforderlichen interkulturellen und rechtlichen Kompetenzen für die Arbeitsvermittlung von Flüchtlingen vermittelt werden. Im Jahr 2015 wurden bereits 3.000 Mitarbeitende der kommunalen Jobcenter entsprechend geschult; für das Jahr 2016 wird eine Zielgröße von mindestens 5.000 zu schulenden Mitarbeitern avisiert (Aumüller 2016b, S. 25).

Eine zentrale Schwierigkeit in der Arbeitsmarktintegration von Asylbewerbern und anerkannten Flüchtlingen besteht im so genannten Rechtskreiswechsel von SGB III nach SGB II nach der Asylanerkennung. Während Asylbewerber während der Dauer des Asylverfahrens in die Zuständigkeit der Arbeitsagenturen und in den Adressatenkreis des SGB III fallen, werden sie mit der Asylanerkennung zu Kunden der Jobcenter und Adressaten des SGB II. Bislang sind die Kooperationen von Arbeitsagenturen und Jobcenter mit Blick auf diese Kundengruppe häufig sehr ineffektiv; begonnene Arbeitsfördermaßnahmen nach SGB III können nach der Asylanerkennung nicht weitergeführt werden, da im kommunalen Jobcenter die Kostenübernahme verweigert wird. Zunehmend reagieren Kommunen auf diese Herausforderung, indem sie spezielle Anlaufstellen für die Integration von Flüchtlingen in Ausbildung und Arbeit einrichten. Aufgabe dieser Anlaufstellen ist die rechtskreisübergreifende Beratung und Vermittlung sowohl von Asylbewerbern und geduldeten Flüchtlingen wie auch von anerkannten Flüchtlingen. Kommunale Anlaufstellen funktionieren nach dem Prinzip eines One-Stop-Shop: Neben Arbeitsagentur und Jobcenter bieten auch die Ausländerbehörde und das Sozialamt ihre Dienstleistungen ab. Bisweilen sind in diese Anlaufstellen auch eine Beratungs- und Kontaktstelle für potenzielle Arbeitgeber und die Angebote lokaler Wohlfahrtsverbände und Flüchtlingsinitiativen integriert. Der Vorteil der Anlaufstellen liegt vor allem darin, dass die beruflichen Kompetenzen von Flüchtlingen systematisch erfasst und zwischen den einzelnen Akteuren abgestimmte individuelle Maßnahmenpläne für die berufliche Eingliederung erarbeitet werden können. Ein Beispiel hierfür ist die im Oktober 2015 in Hamburg eröffnete Anlaufstelle „W.I.R. – Work and Integration for Refugees". In Nordrhein-Westfalen wurden mit den „Integration Points" seit Anfang 2016 in allen Bezirken der Arbeitsagentur insgesamt 47 institutionenübergreifende Anlaufstellen eingerichtet. In Hessen wurden bis Anfang 2016 in mehreren Kreisen kommunale Arbeitsmarktbüros für

---

7 Mit den beiden Netzwerkprogrammen „Integration durch Qualifizierung" (IQ) und „Integration von Asylbewerber/-innen und Flüchtlingen" (IvAF) finanziert der Bund ergänzende Maßnahmen einer Arbeitsmarktförderung speziell für Migranten und Flüchtlinge.

die gezielte Beschäftigungsförderung von Flüchtlingen eingerichtet. Das Modell befindet sich in mehreren Bundesländern in der weiteren Expansion.

Zahlreiche Kommunen beteiligen sich an Projektkooperationen mit Wirtschaftsverbänden, den regionalen Industrie- und Handelskammern und Handwerkskammern, mit denen die Ausbildung und Beschäftigung von Flüchtlingen gefördert werden soll. Der kommunale Beitrag kann hierbei unterschiedlicher Art sein: Häufig übernimmt die Kommune die Kosten für einzelne Teilmodule von Qualifizierungsprojekten (z. B. für die sozialpädagogische Betreuung oder berufsbezogenen Sprachunterricht). In Mittelfranken unterstützen mehrere Landkreise die duale Berufsausbildung junger Flüchtlinge, indem sich die zuständigen lokalen Ausländerbehörden bereit erklären, für die Dauer der Ausbildung keine Abschiebung zu veranlassen und somit einen regulären Ausbildungsabschluss zu ermöglichen.

Kommunen können zur Beschäftigung von Asylsuchenden beitragen, indem sie Arbeitsgelegenheiten nach dem Asylbewerberleistungsgesetz einrichten. Vergleichbar mit MAE-Stellen werden diese mit 1,05 Euro pro Stunde entlohnt. Bisweilen legen Kommunen einen besonderen eigenständigen Schwerpunkt auf die Beschäftigungsförderung von Asylbewerbern und Geduldeten. Allerdings existiert keine empirische Grundlage, um deren Umfang einschätzen zu können. Ein Beispiel hierfür ist die Stadt Schwäbisch Gmünd, deren Verwaltung intensiv darum bemüht ist, Flüchtlinge in ein ehrenamtliches Engagement oder in gemeinnützige Arbeitsgelegenheiten zu vermitteln (Aumüller/Daphi/Biesenkamp 2015, S. 83f., 95ff.). Durch einen niedrigschwelligen Zugang zu Beschäftigung sollen Flüchtlinge an eine Ausbildung oder ein reguläres Arbeitsverhältnis herangeführt werden.

Gegenwärtig dominiert in der Arbeitsmarktpolitik des Bundes die Strategie, Asylbewerber und anerkannte Flüchtlinge über die Instrumente der regulären Beschäftigungsförderung in eine Erwerbstätigkeit zu integrieren. Angesichts der großen Zahl neu zu integrierender Erwerbstätiger mit Fluchthintergrund und dem im Vergleich hierzu eher bescheidenen Umfang an verfügbaren Instrumenten der Regelförderung wird mittelfristig über die Schaffung eines Sozialen Arbeitsmarkts für Flüchtlinge nachzudenken sein, um Langzeitarbeitslosigkeit und ihre negativen psychischen und sozialen Folgen unter den überwiegend jungen erwerbsfähigen Flüchtlingen zu vermeiden. Hier wird den Kommunen als potenzielle Trägerinstitutionen eine wichtige Rolle in der Arbeitsmarktförderung zufallen: Verbunden mit qualifizierenden Anteilen (Sprachförderung, Bewerbungstrainings etc.) können Arbeitsgelegenheiten ein sinnvoller Weg sein, um eine Brücke in die reguläre Erwerbstätigkeit zu bauen.

3.6   Flüchtlinge und kommunale Bevölkerungsentwicklung

Sobald Flüchtlinge über eine Asylanerkennung oder einen subsidiären Schutzstatus verfügen, sind sie in der Wahl ihres Wohnortes frei. Die Aufschlüsselung verfügbarer statistischer Daten zeigt, dass anerkannte Flüchtlinge bei der Wahl ihres Wohnortes westdeutsche Großstädte, insbesondere mit einer hohen Präsenz migrantischer Communities, bevorzugen (Institut der deutschen Wirtschaft 2016, S. 15). Bei der regionalen Verteilung zeigt sich ein ausgeprägtes regionales Gefälle zwischen den nordwestlichen Bundesländern mit relativ hohen Anteilen anerkannter Flüchtlinge und den ostdeutschen Bundesländern sowie Bayern mit geringen Anteilen. Landkreise mit besonders niedrigen Anteilen anerkannter Flüchtlinge befinden sich in Bayern und Thüringen andererseits (ebd., S. 17). Die Unterbringung von Asylbewerbern und Flüchtlingen im ländlichen Raum erweist sich erfahrungsgemäß in mehreren Aspekten als nachteilig: Der fehlende Anschluss an Mitglieder aus der Herkunfts-Community und die daraus resultierende soziale Isolation machen es tendenziell schwerer, die traumatisierenden Folgen von Flucht und Verfolgung psychisch zu verarbeiten. Zudem fehlen Therapieangebote für traumatisierte Personen; weitere Beratungsangebote beschränken sich im Allgemeinen auf einige zentrale Orte. Und gerade in ländlichen Regionen ist die Abwehr gegenüber der Aufnahme von Flüchtlingen oftmals hoch (Aumüller/Gesemann 2014, S. 140f.).

Gegenwärtig werden demografische Chancen, die aus der Flüchtlingsaufnahme resultieren können, kaum diskutiert – oder allenfalls in einer repressiven Form unter dem Stichwort „Wohnsitzauflage". Am deutlichsten wird diese Debatte von Arbeitgeberverbänden und Unternehmen mit Blick auf künftige Fachkräftebedarfe geführt. In den Kommunen selbst geht man davon aus, dass ein großer, wenn nicht der überwiegende Teil der gegenwärtigen Asylbewerber langfristig als Bewohner bleiben wird (siehe Aumüller/Daphi/Biesenkamp 2015, S. 109). Im Rahmen einer Studie zur Aufnahme von Flüchtlingen befragte kommunal verantwortliche Personen (aus insgesamt 16 Kommunen unterschiedlicher Größe) erklärten, dass es ihre Absicht sei, möglichst viele Flüchtlinge nach der Anerkennung in der Stadt beziehungsweise im Landkreis zu halten (ebd.). Die Aufnahme von Asylbewerbern wurde vor allem (aber nicht ausschließlich) in ländlich geprägten Kommunen auch mit örtlichen Gegebenheiten wie Fachkräftemangel, Leerstand und demografischem Rückgang in Verbindung gebracht. Bislang fehlt es noch an lokalen Konzepten, wie auch für Flüchtlinge eine attraktive Ansiedlungsperspektive in Kleinstädten und ländlichen Regionen entstehen kann. Eine offene demografische Debatte über das Thema, die über kommunale Gedankenspiele hinausreicht, findet nicht statt. Aber auch wenn das Asylrecht ein bedingungsloses Grundrecht mit einer eigenständigen Gültigkeit bildet, sollten Kommunen eine stärkere Unterstützung darin erhalten, die Aufnahme und Ansiedlung von Flüchtlingen mit Strategien der lokalen Fachkräfteentwicklung und Regionalplanung zu verbinden.

4 Fazit

In den vergangenen Jahren hat sich der rechtliche und gesellschaftspolitische Rahmen hinsichtlich der Gestaltungsmöglichkeiten in der kommunalen Flüchtlingsaufnahme stark erweitert. Während in früheren Jahrzehnten Asylbewerber und geduldete Flüchtlinge in den Kommunen eher „unter der Hand" integriert wurden, sind die Kommunen nunmehr aufgefordert, einen aktiven Beitrag zur Flüchtlingsintegration zu leisten. Noch am Anfang stehen die Bemühungen, die Flüchtlingsaufnahme als ein strukturiertes und umfassendes

Handlungsfeld in der Kommune auszubauen, in das neben den klassischen Akteuren der Ausländerbehörde und des Sozialreferats auch weitere Ressorts und kommunalpolitische Akteure einbezogen werden.

Die Herausforderung für die Kommunen besteht darin, nach der großen Flüchtlingszuwanderung des Jahres 2015 Strukturen zu schaffen, durch die eine systematische Integration über die Unterbringung hinaus unterstützt werden kann. Eine ressortübergreifende, strategische Gestaltung ist ein zentraler Schritt in diese Richtung. Ähnlich wie in der kommunalen Integrationspolitik müssen Themen der Flüchtlingsaufnahme mit Blick auf vielfältige Handlungsfelder – von der Sozialraumentwicklung und Wohnungsförderung über frühkindliche Bildung und Kitabetreuung bis hin zur Förderung des zivilgesellschaftlichen Engagements – als ein integraler Bestandteil von Kommunalpolitik bearbeitet werden. Ob die Eingliederung des Flüchtlingsthemas in das kommunale Integrationsressort hierbei strategisch der erfolgversprechende Weg ist oder, im Gegenteil, der Gefahr läuft, Flüchtlingspolitik zum kommunalen Nischenthema zu machen, muss dabei anhand der Gegebenheiten vor Ort entschieden werden. Deutlich aber zeichnet sich ab, dass bei der Integration der Flüchtlinge Professionalität gefragt ist: Ein koordinierter Prozess der Integration, der neben der Wohnunterbringung auch den Spracherwerb, die Eingliederung in eine Ausbildung oder Beschäftigung, die Durchführung des Asylverfahrens und gegebenenfalls die Organisation des Familiennachzugs sowie die Verarbeitung posttraumatischer Belastungsstörungen aufgrund von Kriegs- und Fluchterfahrung berücksichtigt, kann zwar ehrenamtlich unterstützt werden, benötigt aber im Grunde die Begleitung durch professionelle Integrations-Coaches.

Stärker als noch vor wenigen Jahren können Kommunen nunmehr auch in der Flüchtlingsaufnahme auf Integrationsmaßnahmen des Bundes und der Länder zurückgreifen. Die Öffnung der Bundesintegrationskurse und der erleichterte Zugang zum Arbeitsmarkt bleiben jedoch auf eine Selektion von Asylbewerbern mit einer hohen Bleibewahrscheinlichkeit beschränkt. Gerade die Kommunen aber haben in der Vergangenheit als ein Auffangbecken für geduldete Flüchtlinge agieren müssen, die weder über eine Perspektive der Asylanerkennung noch die einer tatsächlichen Rückführung ins Herkunftsland verfügten, da vielfältige Hindernisse, insbesondere auch von Seiten der Herkunftsländer, die Abschiebung unmöglich machten. Es ist nicht ersichtlich, dass die im Oktober 2015 beschlossene Änderung des § 59 AufenthG an diesem Faktum künftig viel ändern und es zu einer entsprechenden Erleichterung der Kommunen in der Flüchtlingsaufnahme kommen wird. Vielmehr erscheinen die Kommunen immer stärker als die Endabnehmer von Geflüchteten in einem globalen Zeitalter erzwungener Migration und sozialer Transformation, in dem politischer und ökonomischer Zwang häufig zu einer Fluchtursache verschmelzen (Castles 2003). Lange Zeit sind die Kommunen in die Funktion der Erfüllungsgehilfen in einer hochbürokratisierten nationalen Abwehrpolitik gegen Geflüchtete gedrängt worden. Sinnvoller als eine modifizierte Fortsetzung dieser Strategie erschiene es, im politischen Raum einen umfassenden Diskurs über die Rolle der Kommunen im internationalen System erzwungener Migration zu eröffnen und Handlungsmöglichkeiten im kommunalen Umgang mit geduldeten Flüchtlingen und undokumentierten Migranten – als Folgeerscheinung einer gescheiterten Rückführungspraxis – offen zu diskutieren.

Literatur

Aumüller, Jutta 2009: Die kommunale Integration von Flüchtlingen. In: Frank Gesemann/Roland Roth (Hrsg.), Lokale Integrationspolitik in der Einwanderungsgesellschaft. Wiesbaden: VS Verlag, S. 111–130.

Aumüller, Jutta/Gesemann, Frank 2014: Integrationspotenziale ländlicher Regionen im Strukturwandel (mit einem Beitrag von Bülent Arslan und Derya Can). Abschlussbericht des Forschungs-Praxis-Projekts. Darmstadt 2014: Schader-Stiftung. http://www.integrationspotenziale.de/wp-content/uploads/2012/04/Abschlussbericht_Integrationspotenziale-l%C3%A4ndlicher-Regionen-im-Strukturwandel.pdf

Aumüller, Jutta/Daphi, Priska/Biesenkamp, Celine 2015: Die Aufnahme von Flüchtlingen in den Bundesländern und Kommunen – Behördliche Praxis und zivilgesellschaftliches Engagement. Stuttgart: Robert Bosch Stiftung. http://www.bosch-stiftung.de/content/language1/downloads/Studie_Aufnahme_Fluechtlinge_2015.pdf

Aumüller, Jutta 2016a: Flüchtlingszuwanderung und bürgerschaftliches Engagement. Betrifft: Bürgergesellschaft 42, Februar 2016. Berlin: Friedrich-Ebert-Stiftung.

Aumüller, Jutta 2016b: Arbeitsmarktintegration von Flüchtlingen: bestehende Praxisansätze und weiterführende Empfehlungen. Expertise im Auftrag der Bertelsmann Stiftung. Gütersloh: Bertelsmann.

Boettcher, Johanna 2010: Ehrenamtliches Engagement – aber bitte nicht von Flüchtlingen? In: Stiftung Mitarbeit (Hrsg.), Freiwilliges Engagement für Flüchtlinge und von Flüchtlingen. Bonn: Verlag Stiftung Mitarbeit, S. 40–47.

Bundesamt für Migration und Flüchtlinge 2015: Asylgeschäftsstatistik für den Monat Dezember 2015, http://www.bamf.de/SharedDocs/Anlagen/DE/Downloads/Infothek/Statistik/Asyl/201512-statistik-anlage-asyl-geschaeftsbericht.html?nn=1694460

Bundesamt für Migration und Flüchtlinge 2016: Aktuelle Zahlen zu Asyl. Ausgabe Januar 2016. Nürnberg. Internet: http://www.bamf.de/SharedDocs/Anlagen/DE/Downloads/Infothek/Statistik/Asyl/statistik-anlage-teil-4-aktuelle-zahlen-zu-asyl.pdf?__blob=publicationFile

Busch, Christine 2015: Versorgung von Flüchtlingen in der Stadt Bergkamen. In: Städte- und Gemeindebund Nordrhein-Westfalen (Hrsg.), Städte- und Gemeinderat, 69. Jg., Heft 1–2, S. 8–10.

Castles, Stephen 2003: Towards a Sociology of Forced Migration and Social Transformation. In: Sociology, Bd. 77, Nr. 1, S. 13–34.

Deutscher Städtetag 2016: Positionen des Deutschen Städtetages zur Flüchtlingspolitik, 05.01.2016. http://www.staedtetag.de/imperia/md/content/dst/positionspapier_fluechtlingspolitik_160105.pdf

Dialog Global 2015: Partizipation von Flüchtlingen in der kommunalen Entwicklungspolitik. Gutachten. Bonn.

Flüchtlingsrat NRW e. V. 2013: Flüchtlingsunterkünfte in NRW. Ergebnisse einer Fragebogenerhebung des Flüchtlingsrats NRW. Bochum.

Fuchs, Johann/Weber, Enzo 2015: Flüchtlingseffekte auf das Erwerbspersonenpotenzial. IAB Aktuelle Berichte, Nr. 17/2015. Nürnberg: Institut für Arbeitsmarkt- und Berufsforschung.

Institut der deutschen Wirtschaft Köln 2016: Flüchtlinge regional besser verteilen. Gutachten für die Robert Bosch Stiftung. Köln: IW.

Karakayali, Serhat/Kleist J. Olaf 2015: EFA-Studie: Strukturen und Motive der Flüchtlingsarbeit in Deutschland, 1. Forschungsbericht: Ergebnisse einer explorativen Umfrage vom November/Dezember 2014. Berlin: Berliner Institut für empirische Integrations- und Migrationsforschung (BIM), Humboldt-Universität zu Berlin.

Landeshauptstadt München, Amt für Wohnen und Migration 2015: Konzept für unbegleitete heranwachsende Flüchtlinge von 18–25 Jahren in dezentralen Wohnformen des Fachbereichs S-III-MF/UF, München.

Robert Bosch Expertenkommission zur Neuausrichtung der Flüchtlingspolitik 2015: Themendossier Zugang zu Bildungseinrichtungen für Flüchtlinge: Kindertagesstätten, Schulen und Hochschulen. Stuttgart: Robert Bosch Stiftung.

Schammann, Hannes 2015: Wenn Variationen den Alltag bestimmen. Unterschiede lokaler Politikgestaltung in der Leistungsgewährung für Asylsuchende. In: Zeitschrift für Vergleichende Politikwissenschaft, Bd. 9, Nr. 3, S. 161–182.

Scherr, Albert/Hofmann, Rebecca 2016: Sanctuary Cities – Zufluchts-Städte. In diesem Band.

Stiftung Mitarbeit 2010 Stiftung Mitarbeit (Hrsg.), Freiwilliges Engagement für Flüchtlinge und von Flüchtlingen. Bonn: Verlag Stiftung Mitarbeit.

Wendel, Kay 2014a: Kettenduldung. Bleiberechtsregelungen und parlamentarische Initiativen 2000–2014. Potsdam: Flüchtlingsrat Brandenburg.

Wendel, Kay 2014a: Unterbringung von Flüchtlingen in Deutschland. Regelungen und Praxis der Bundesländer im Vergleich. Frankfurt am Main: Pro Asyl.

Zetter, Roger 2007: More Labels, Fewer Refugees – Remaking the Refugee Label in an Era of Globalization. In: Journal of Refugee Studies, Bd. 20, Nr. 2, S. 172–192.

III
Konzepte und Handlungsstrategien

Leitbilder in der politischen Debatte: Integration, Multikulturalismus und Diversity

Albert Scherr und Çiğdem Inan

Zusammenfassung

Die Integration von Zugewanderten wird im politischen Diskurs inzwischen als unabweisbares Erfordernis der Gesellschaftspolitik anerkannt. Der Integrationsbegriff benennt jedoch keine präzise Zielsetzung, sondern verweist auf heterogene Sichtweisen der Herausforderung, die mit Zuwanderung einhergehen sowie uneinheitliche Vorstellungen darüber, wie Zusammenleben und Zusammenhalt in der Einwanderungsgesellschaft gestaltet werden können und sollen. Im vorliegenden Beitrag wird eine Klärung der unterschiedlichen Dimensionen vorgenommen, die der Integrationsbegriff umfasst. Zudem werden komplementäre und konkurrierende Konzepte in der Integrationsdebatte, ihre Voraussetzungen und Implikationen diskutiert.

1 Einleitung

Die Preisgabe der Illusion, dass Deutschland kein Einwanderungsland sei, hat seit Beginn des 21. Jahrhunderts zu einem gesellschaftspolitischen Paradigmenwechsel geführt: Die ‚Tatsache Einwanderungsgesellschaft' wird politisch als ein nicht länger zu ignorierendes Faktum anerkannt. Zudem wird mit dem Verweis auf die demographische und ökonomische Entwicklung argumentiert, dass Einwanderung nicht nur unvermeidbar, sondern auch erforderlich ist. Entsprechend wurde eine Reihe gesetzlicher Änderungen vorgenommen, die Arbeitsmigration erleichtern und die gesellschaftliche Teilhabe von Zugewanderten mit einem legalen Aufenthaltsstatus fördern sollen.

Durch den einwanderungspolitischen Paradigmenwechsel ist es möglich geworden, in eine offensive Auseinandersetzung über die Erfordernisse der politischen Gestaltung des Zusammenlebens von Einheimischen und Zugewanderten einzutreten. Dies wird politisch u. a. in der Einsetzung einer Beauftragten der Bundesregierung für Migration, Flüchtlinge und Integration' sowie in der wiederkehrenden Durchführung von ‚Integrationsgipfeln' sichtbar, wissenschaftlich in Projekten des ‚Integrationsmonitoring' (siehe Berlin Institut 2009 und 2014; Beauftrage der Bundesregierung 2012; Sachverständigenrat 2015).

Dass kommunaler Politik eine eigenständige integrationspolitische Bedeutung zukommt, ist weitgehend anerkannt. Dies hat in zahlreichen Städten, zur Entwicklung unterschiedlich akzentuierter integrationspolitischer Konzepte geführt.[1] Im Nationalen Integrationsplan sind eigenständige Empfehlungen für die kommunale Ebene enthalten (Bundesregierung 2007: 199ff.). Unter dem Motto „Städte schaffen Integration" hat der Städtetag eigene Empfehlungen veröffentlicht (siehe Articus 2010) und bei der Kommunalen Gemeinschaftsstelle für Verwaltungsmanagement (KGSt) wurde ein ‚Innovationszirkel Integration' etabliert, dessen Ziel die Entwicklung von Instrumenten des ‚Integrationsmonitoring', also der empirisch fundierten Bestimmung von Erfordernissen und Wirkungen kommunaler Integrationspolitik, ist. Obwohl die integrationspolitischen Gestaltungsmöglichkeiten der Städte und Gemeinden in Deutschland weitgehend durch gesetzliche Regelungen auf Bundes- und Landesebene bestimmt sind, wird Städten eine zentrale Rolle zugesprochen: „Ob und in welchem Maß Integration in unserer Gesellschaft misslingt oder gelingt, entscheidet sich zu einem überdurchschnittlich großen Anteil in den Städten", formulierte der Geschäftsführer des Städtetags (Articus 2010: 159).

2 Integration als Konsensformel

Dass Integration von Zugewanderten – im Gegensatz zu Desintegration, Benachteiligung, Ausgrenzung, Randständigkeit usw. – einen anstrebenswerten Zustand bezeichnet, ist inzwischen[2] politisch weitgehend unstrittig. Dieser Konsens wird jedoch nur dadurch ermöglicht, dass vielfach unklar bleibt, was genau unter Integration zu verstehen sei sowie wie unterschiedliche Dimensionen (Bildung, Erwerbsarbeit, politische Teilhabe, soziale Kontakte usw.) zu gewichten sind und miteinander zusammenhängen. Es handelt sich insofern um eine inhaltlich unterbestimmte Konsensformel. Deren Verwendung als Leitbegriff ist gleichwohl folgenreich:

- Wenn von Integration die Rede ist, dann wird damit *erstens* ein *Minimalkonsens* darüber etabliert, dass die gesellschaftliche Eingliederung und Teilhabe derjenigen Migranten anstrebenswert ist, die über einen legalen Aufenthaltsstatus verfügen. Dieser Minimalkonsens schließt Geduldete sowie Undokumentierte ebenso aus, wie er eine

---

1 Siehe dazu die Beiträge im Abschnitt IV. dieses Handbuchs.
2 Die Thematisierung von Integrationserfordernissen hat den Migrationsdiskurs zwar seit den 1970er Jahren begleitet; so wurden diesbezüglich weitreichende Forderungen bereits im 1979 veröffentlichten Memorandum „Stand und Weiterentwicklung der Integration der ausländischen Arbeitnehmer und ihrer Familien in der Bundesrepublik Deutschland" des damaligen Ausländerbeauftragten Heinz Kühn formuliert. Integration wurde jedoch erst mit der Anerkennung der Bundesrepublik als Einwanderungsgesellschaft zur weitgehend konsensfähigen Zielformel staatlicher Politik.

forcierte Abschottungspolitik der EU gegen unerwünschte Migrant/innen sowie restriktive Festlegungen der Bedingungen, unter denen die deutsche Staatsbürgerschaft erworben werden kann, einschließt. Nur diese Eingrenzung derjenigen, die als Adressaten von Integrationspolitik gelten sollen, ermöglichte es, in der Verständigung auf einen Nationalen Integrationsplan gesellschaftliche Kontroversen über den Umgang mit Flüchtlingen und Asylsuchenden sowie die Regulierung weiterer Zuwanderung weitgehend auszuklammern.

- *Zweitens* kann eine dezidert auf die „Steuerung und Begrenzung der Zuwanderung" – so die programmatische Formulierung des sogenannten Zuwanderungsgesetzes – ausgerichtete Politik unter Bedingungen fortschreitender Globalisierung sowie bei Anerkennung elementarer Menschenrechte faktisch nicht zu einer tatsächlich umfassenden Verhinderung von als unerwünscht geltender Zuwanderung führen (siehe dazu Castles 2005; Ellermann 2009; Zetter 2014). Folglich wird die Frage der migrationspolitischen Gestaltungserfordernisse durch die die Verständigung auf Integration als Leitlinie der Migrationspolitik auch nicht umfassend, d. h. im Hinblick auf alle Teilgruppen der Migranten beantwortet. Dies betrifft, wie in Folge der EU-Osterweiterung deutlich wurde, auch Fragen der gesellschaftlichen Teilhabe von Migrant/innen aus der EU.
- *Drittens* wirft die Verwendung von Integration als politischer Leitbegriff die Frage auf, von welchen Grundannahmen über die *Integrationserfordernisse* einer Einwanderungsgesellschaft sowie von welchen gesellschaftspolitischen Zielvorstellungen auszugehen ist. Denn die Frage, was Möglichkeiten und Erfordernisse der Integration sind, lässt sich ersichtlich nur auf der Grundlage von Annahmen darüber beantworten, was die Gesellschaft gegenwärtig charakterisiert und künftig kennzeichnen soll, in die Individuen oder Gruppen integriert werden sollen. In Integrationsdebatten wird folglich immer auch die Frage nach der anzustrebenden Gestaltung der Gesellschaft mitverhandelt. Dabei wird Migration auch als eine Ursache soziokultureller Veränderungen zum Thema und in Integrationsdebatten gehen auch Annahmen darüber ein, ob erwartete Veränderungen als anstrebenswert oder als problematisch zu betrachten sind. Deutlich wurde und wird die damit angesprochene Problematik u. a. in den wiederkehrenden Auseinandersetzungen über Konzepte der multikulturellen Gesellschaft, über die Bedeutung einer menschenrechtlich, national, europäisch oder christlich-abendländisch verstandenen ‚Leitkultur' sowie über die angemessene Rolle von Religionen, insbesondere des Islam, in der Gegenwartsgesellschaft. Diesbezügliche Kontroversen betreffen nicht zuletzt die Frage, welcher Stellenwert kulturellen Unterschieden de facto zukommt und wie diese angemessen, d. h. jenseits tradierter Stereotype, in den Blick zu nehmen sind. So wurde im politischen Diskurs z. B. die Annahme formuliert, dass die Integration von Menschen „aus fremden Kulturkreisen" besondere Schwierigkeiten bereite[3]. Im Unterschied dazu geht z. B. das kommunale Stuttgarter Integrationskonzept davon aus, dass „stereotype Einteilungen der Zuwanderer in nationale oder religiöse Kategorien"

---

3 So prominent von Horst Seehofer; s. http://www.abendblatt.de/politik/deutschland/article107866959/CSU-provoziert-Koalition-Integration-fremder-Kulturkreise-stoppen.html

keine angemessene Grundlage politischen Handelns sind und von einem Prozess der Differenzierung der „sozialen und kulturellen Lebenswelten" bei den Zugewanderten ebenso wie bei der einheimischen Bevölkerung auszugehen sei (Stuttgarter Bündnis für Integration 2006: 3).
- *Viertens* verdecken gängige Verwendungsweisen des Integrationsbegriffs seine zentrale Problematik. Denn tatsächlich geht es in integrationspolitischen Debatten nicht darum, ob Eingewanderte in die Gesellschaft integriert sind oder nicht, denn sie nehmen ja zweifellos bereits an der Gesellschaft (Arbeitsmarkt, Bildung, Recht, Gesundheitsversorgung usw.) teil. Vielmehr ist diese Debatte um die Frage zentriert, welche *soziale Platzierung* und *welche Formen der gesellschaftlichen (ökonomischen, politischen, kulturellen) Teilhabe* als problematisch und welche als anstrebenswert gelten.
- Zudem ist *fünftens* nicht zu übersehen, dass die als Integrationsproblematik diskutierten Sachverhalte in einem grundlegenden Zusammenhang mit gesellschaftlicher Diskriminierung, Strukturen sozialer Benachteiligung und damit zusammenhängenden Tendenzen der sozialräumlichen Segregation stehen. Soziale Benachteiligung und Ausgrenzung werden in Städten und Gemeinden nicht zuletzt als Platzierung in benachteiligten Wohngebieten sichtbar und erfahrbar (siehe den Beitrag von Häußermann in diesem Handbuch).

Die Rede von Integration etabliert damit eine Perspektive, in der sich analytische und normative sowie wissenschaftliche und politische Aspekte überlagern. Wenn Integrationserfordernisse und Integrationsprobleme thematisiert werden, dann geschieht dies vor dem Hintergrund mehr oder weniger expliziter Annahmen darüber, welcher Zustand der Gesellschaft, insbesondere welche Machtverhältnisse und welche Strukturen sozialer Ungleichheit verteidigt oder angestrebt bzw. überwunden werden sollen. Integrationskonzepte nehmen entsprechend auch Vorstellungen über wünschenswerte und bedrohliche gesellschaftliche Entwicklungstendenzen in Anspruch und bewegen sich folglich nicht auf einem normativ und gesellschaftspolitisch neutralen Terrain.[4]

Im Interesse einer Klärung begrifflicher und gesellschaftspolitischer Grundannahmen, die auch für kommunalpolitische Programme bedeutsam sind, werden im Folgenden sozial- und politikwissenschaftliche Analysen zu den Voraussetzungen und Implikationen unterschiedlicher gesellschaftspolitischer Leitbilder der Migrations- und Integrationspolitik dargestellt. Dies geschieht auch in der Absicht, allzu vereinfachende Annahmen über gesellschaftliche Integrations- und Desintegrationsprozesse zu hinterfragen, die zwar politische Vereindeutigungen ermöglichen, aber der realen Komplexität moderner Einwanderungsgesellschaften nicht gerecht werden.

---

4   Dies wird etwa schon daran deutlich, dass ein Konsens über die anzuerkennende Gleichheit der Geschlechter, wie er gegenwärtig in integrationspolitischen Debatten als selbstverständliche Grundlage beansprucht wird, auch in der Bundesrepublik keineswegs immer schon gegeben war und auch gegenwärtig keineswegs nur von bestimmten Teilgruppen der Migrationsbevölkerung nicht umfassend geteilt wird.

3 Integration als politische und wissenschaftliche Kategorie

Für ein angemessenes Verständnis der Themen und Problematiken, die mit dem Begriff Integration angesprochen sind, ist die klassische soziologische *Unterscheidung von Gemeinschaft und Gesellschaft* von zentraler Bedeutung. Denn mediale und politische Verwendungen des Integrationsbegriffs legen die Vorstellung nahe, man könne und solle sich in eine Gesellschaft in gleicher Weise einfügen wie in kleine Gemeinschaften, also z. B. wie in Familien, Verwandtschaften oder in politische oder religiöse Gesinnungsgemeinschaften. Moderne Gesellschaften können jedoch gerade nicht als Gemeinschaften verstanden werden, deren Zusammenhalt auf weitreichender Übereinstimmung ihrer Mitglieder in Bezug auf Lebensstile, Interessen, Werte und Normen beruht oder die Zugehörigkeit über Prinzipien der Abstammung regulieren.

Moderne Gesellschaften sind in verschiedenen Hinsichten vielmehr heterogene und „differenzierte Einheiten" (Nassehi 1997: 113), die ein Zusammenleben von Menschen ermöglichen, die sich in zahlreichen Hinsichten unterscheiden. Gesellschaftstheorien akzentuieren in je spezifischer Weise die Untergliederung in unterschiedliche kulturelle Wertsphären wie Moral, Recht, Kunst, Wissenschaft und Religion, in sozioökonomische Lebenslagen von Klassen und Schichten, in Teilbereiche und Funktionssysteme (Familien, Ökonomie, Politik, Recht, Massenmedien usw.) sowie in sozialmoralische Milieus, Teil- und Subkulturen. Entsprechend lässt sich kein singulärer und einheitlicher Bezugspunkt oder Zusammenhang angeben, in Hinblick auf den von der Integration oder Nicht-Integration eines Individuums in ‚die Gesellschaft' gesprochen werden kann.[5] Die Gesellschaft ist keine kompakte, in sich homogene Einheit und es gibt für die Gesellschaft keinen singulären Ort der Einfügung, sondern nur multiple Formen der Teilnahme und Nicht-Teilnahme. So werden Zuwanderer z. B. durch den Erwerb der Staatsangehörigkeit zu Staatsbürgern. Dadurch ist ihre angemessene Teilnahme an Erwerbsarbeit und Bildung aber ersichtlich noch nicht gewährleistet. Modernisierung geht zudem mit der Auflösung obligatorischer Integrationsformen einer, also z. B. mit der Durchsetzung negativer Religionsfreiheit (siehe Münch 1997). Umfassende soziale Teilhabe an allen sozialen Zusammenhängen wird Individuen nicht abverlangt – niemand ist etwa gezwungen, eine Familie zu gründen oder

---

5   So wird in Hinblick auf Migranten im bundesdeutschen Diskurs ihre (Über-)Integration in ethnisch konturierte Verwandtschaften und Netzwerke problematisiert, während zugleich in Hinblick auf Deutsche gerade die Erosion solcher Netzwerke im Zuge von Individualisierungsprozessen als Moment von Desintegrationsdynamiken zum Problem erklärt wird (siehe etwa Heitmeyer 1997). Folglich erscheint die von Sabine Mannitz (2006: 9) formulierte These plausibel, dass eine „Integrationsleistungen bewertende Perspektive dazu [tendiere], doppelte Standards anzulegen, durch die Immigranten und ihre Nachkommen sozusagen ‚beobachtungsstrukturell' diskriminiert werden." Denn, so Mannitz (ebd.) weiter, „kein Mitglied der deutschen Mehrheitsgesellschaft hat je zu befürchten, auf Grund … selektiver Teilnahme an kulturellen Veranstaltungen oder einer Beschränkung seiner Freizeitkontakte auf den eigenen Familienkreis unter den Verdacht unzureichender Integration gestellt zu werden. Im Blick auf Immigranten … sind solche Schlussfolgerungen jedoch eingeführte Deutungsroutinen."

einem Verein anzugehören – aber auch nicht immer ermöglicht, wie am Fall unfreiwilliger Arbeitslosigkeit deutlich wird.

Vor diesem Hintergrund ist eine differenzierte Betrachtung der unterschiedlichen Dimensionen erforderlich, die zusammenfassend als Integrationsprozess oder -problematik von Migranten thematisiert werden.

Dabei sind drei unterschiedliche Sichtweisen der Integrationsthematik zu unterscheiden:

- *Erstens* eine Sichtweise, die die gesellschaftliche Konturierung der Lebensbedingungen von Migranten und auch von nicht-migrantischen Minderheiten in den Blick rückt sowie darauf bezogen nach den Bedingungen fragt, die eine gleichberechtigte Teilhabe an gesellschaftlichen Prozessen, insbesondere an Bildung, Erwerbsarbeit und Politik, ermöglichen bzw. behindern. Erfolgreiche Integration ist in einer solchen Perspektive zentral nicht an der Anpassung an gesellschaftlich dominante Normen und Werten, sondern an der Überwindung von sozialer Ausgrenzung, Benachteiligung und Diskriminierung zu bemessen. So definiert Klaus J. Bade Integration „die möglichst chancengleiche Teilhabe an den zentralen Bereichen des gesellschaftlichen Lebens" (zitiert nach Pries 2015: 27). Vor dem Hintergrund der Betonung eines Verständnisses von Zugewanderten als gleichberechtigte Mitbürger, die aktiv an der Gestaltung der Gesellschaft mitwirken, wird die Tauglichkeit des Integrationsbegriffs auch grundsätzlich hinterfragt und diskutiert, ob dieser durch Begriffe wie Teilhabe und Partizipation ersetzt werden kann und soll (siehe Hess 2014; Mannitz 2009; Scherr 2013; Pries 2015).[6]
- Dagegen wird Integration in einer Perspektive, die von national gefassten Eigeninteressen ausgeht bzw. Migration primär als vermeintliche Ursache gesellschaftlicher Probleme und Ursache sozialer Konflikte in den Blick rückt, als eine ordnungs- und sicherheitspolitische Fragestellung betrachtet. Durch Integration sollen Gefährdungen des gesellschaftlichen Zusammenhalts vermieden werden; dies wird mit der Forderung der kulturellen Anpassung und der Entwicklung positiver Einstellungen zur Aufnahmegesellschaft verbunden. Integration wird in einem solchen Verständnis weitgehend mit Assimilation gleichgesetzt (siehe Pries 2014: 51ff.). Im Gegensatz zur Annahme, dass Integration weitgehende Anpassung an die dominante Kultur der Aufnahmegesellschaft erfordert, wird in der neueren Integrationsforschung argumentiert, dass die Beibehaltung kultureller Merkmale keineswegs notwendig als Integrationshindernis zu verstehen ist. Pries (2015: 26) fasst den Stand der internationalen Forschung zu der These zusammen, dass Integration angemessener im Sinne einer „Sowohl-als-auch-Logik" charakterisiert werden kann: Soziale Integration und gesellschaftliche Teilhabe können demnach dadurch ermöglicht wird, dass Zugewanderten gerade keine umfassende Anpassung abverlangt wird, sondern kulturelle Unterschiede respektiert werden.

---

6 In diesem Zusammenhang wird eine Beschreibung des deutschen Gesellschaft als „postmigrantisch" vorgeschlagen, mit der akzentuiert wird, dass die Unterscheidungen von Menschen mit und ohne Migrationshintergrund zunehmend an Bedeutung und Erklärungskraft für das soziale Zusammenleben verliert (siehe Foroutan 2014).

3.1 Systemintegration und Sozialintegration

Die Aufnahme von Migranten ist in der Bundesrepublik seit den 1960er Jahren überwiegend in der Form der Anwerbung gering qualifizierter Arbeitskräfte und ihrer Platzierung auf relativ benachteiligte Positionen im Schichtungsgefüge erfolgt. Zudem war eine dauerhafte Eingliederung nicht angestrebt; Bestandteil des Rotationsmodells der Gastarbeiterpolitik war entsprechend auch der Versuch, eine Verfestigung von Aufenthaltsrechten zu vermeiden und Migranten staatsbürgerliche Rechte zu verweigern. Die Situation eines Teils der Migranten aus den ehemaligen Anwerbeländern sowie von Flüchtlingen und Asylsuchenden ist auch gegenwärtig noch durch eine Verbindung von sozioökonomischer „Unterschichtung" (Heckmann 1992) und Bildungsbenachteiligung sowie den weitgehendem Ausschluss von politischen Mitwirkungsrechten derjenigen Teilgruppe gekennzeichnet, die keine deutsche Staatsbürgerschaft erworben hat.

Auf kommunaler Ebene verbindet sich dies mit Tendenzen zu einer sozialräumlichen Segregation, die in deutschen Städten aber nicht das Ausmaß französischer Banlieus oder gar amerikanischer Ghettos angenommen haben. Loic Waquant (1997: 170ff.) charakterisiert Ghettos als weitgehend „homogene soziale Einheiten, die sich an eine dualistische ... Rassentrennung anlehnen" und er analysiert ihre Entstehung als Folge einer Verschränkung rassistischer Diskriminierung mit einer „urbanen Politik der geplanten Verwahrlosung", die zum Zerfall der Infrastruktur geführt hat, „die für das Funktionieren jeder komplexen urbanen Gesellschaft unabdinglich ist". Wenn in den Medien und im politischen Diskurs im Hinblick auf deutsche Städte von ‚Migrantenghettos' und ‚Parallelgesellschaften' die Rede ist, dann werden nicht nur bedeutsame Unterschiede ausgeblendet. Diese dramatisierende Rhetorik verbindet sich vielmehr zudem wiederkehrend mit einer Sichtweise, die nicht dazu auffordert, die Effekte sozioökonomischer Strukturen und staatlicher Politik in den Blick zu nehmen, sondern die vermeintliche Ghettobildung als Folge eines freiwilligen Rückzugs auf eigenethnische Zusammenhänge missversteht. Demgegenüber argumentiert Wolf-Dieter Bukow (Bukow et al. 2001; Bukow et al. 2007), dass Einwandererquartiere in deutschen Städten sozial differenzierte Wohngebiete darstellen, in denen sich eine unspektakuläre Praxis der postmodernen Lebensführung realisiert.

Die mit struktureller Benachteiligung und Diskriminierung einhergehende Integration der Mehrheit der Migranten hat jedoch nicht zu einer Krise der *Systemintegration*[7] geführt, das heißt einer generellen Gefährdung der Struktur und des Zusammenhaltes der deutschen Gesellschaft durch ethnisch konturierte Konflikte zwischen Einheimischen und Migranten,

---

7 Das in den Sozialwissenschaften gängige Verständnis von Systemintegration erläutert Esser (2006: 30) wie folgt: „Die Systemintegration bezieht sich auf den Zusammenhalt ganzer sozialer Systeme, speziell auf (nationalstaatliche oder sonst wie abgrenzbare) Gesellschaften. Die Frage danach entsteht mit der sozialen Differenzierung einer Gesellschaft: die Unterteilung der Gesellschaft in verschiedene Teil-Systeme ... und die Herstellung der Einheit in der Vielfalt der Unter-Systeme." Ethnische Differenzierung fasst Esser (ebd: 31) als einen Spezialfall der Differenzierung in abgrenzbare Bevölkerungsteile.

und auch nicht zu politischen Artikulationen, die für das politische System nicht bewältigbar waren oder sind. Dass – anders als in Frankreich – massive soziale Proteste im Sinne gewalttätiger urbaner Revolten gegen Benachteiligung, Ausgrenzung und Rassismus seitens der Migranten ausgeblieben sind, ist u. a. auch in Zusammenhang damit zu sehen, dass die deutsche Migrations- und Integrationspolitik kein starkes Gleichheits- und Gerechtigkeitsversprechen etabliert hat, das einen Bezugspunkt für Proteste und Skandalisierung bietet (siehe Lapeyronnie 2006). Die soziale Positionierung der Migrationsbevölkerung erfolgte als Zuweisung benachteiligter Positionen vor dem Hintergrund einer „Dominanzkultur" (Rommelspacher 1995), in der Migranten zunächst als geduldete Minderheit, nicht aber als gleichberechtigte Mitbürger wahrgenommen wurden.

Während mit dem Begriff der Systemintegration gesellschaftliche Strukturen akzentuiert werden, die bestimmte Positionszuweisungen und damit Abhängigkeiten, Kooperationsbeziehungen und Konfliktpotentiale zwischen sozialen Klassen und Schichten und ggf. zwischen sich national, ethnisch oder religiös definierenden Gruppen hervorbringen, rückt der Begriff der *Sozialintegration* die Frage nach der Einfügung von Individuen in einen sozialen Zusammenhang in den Blick (siehe Esser 2000: 268–282). Dabei sind in Hinblick auf Prozesse der Sozialintegration zumindest vier Aspekte zu unterscheiden (vgl. Heckmann 2004 und 2005; siehe auch Pries 2014: 51ff.):

- Als „*strukturelle Integration*" kann im Anschluss an Heckmann (2004: 20) der „Erwerb eines Mitgliedschaftsstatus in den Kerninstitutionen der Aufnahmegesellschaft" bezeichnet werden – die strukturelle Integration steht in Zusammenhang mit *integrativer Adaption*, d. h. hier den Lernprozessen, durch die Migranten sich befähigen, gesellschaftlichen Vorgaben, Zwängen und Normen zu entsprechen, also etwa den Erfordernissen der Kommunikation in der nationalen Verkehrssprache, ökonomischen Qualifikationsanforderungen und Leistungsnormen sowie rechtlichen Festlegungen, aber auch informellen Normen der Kommunikation und Selbstpräsentation im öffentlichen Raum.
- Integrative Adaption fällt, anders als etwa bei Heckmann (ebd.) implizit angenommen wird, nicht mit *kultureller Integration* zusammen, da gesellschaftlich einflussreiche kulturelle Festlegungen über die funktional erforderlichen Lern- und Sozialisationsprozesse hinausreichen; dies betrifft etwa Affinität und Distanz auf der Ebene von Essgewohnheiten, Kleidungsstilen, Literatur, Musik, Medienkonsum usw.
- Die Identifikation oder Distanzierung von Individuen und sozialen Gruppen im Verhältnis zum politischen und gesellschaftlichen System, ihre Selbstdefinition in Hinblick auf national, politisch, religiös und ethnisch gefasste Konstruktionen kollektiver Identität – und damit zusammenhängend ihr Selbstverständnis in Bezug auf Loyalitätserwartungen – kann als „*identifikatorische Integration*" (ebd.) bezeichnet werden.
- Die *lebensweltliche Integration*, d. h. die Einbindung in Familien-, Verwandtschafts-, Freundschafts- und Nachbarschaftsbeziehungen stellt eine damit zwar zusammenhängende, aber eigenständige Dimension von Integrationsprozessen dar.

Diese analytische Differenzierung verweist auf unterschiedliche gesellschafts- und kommunalpolitische Gestaltungsebenen, die bei Integrationsprogrammen zu berücksichtigen sind und denen in Abhängigkeit von integrationspolitischen Leitideen eine je spezifische Bedeutung zugewiesen wird. So verzichten Programmatiken des Multikulturalismus – im Unterschied zu republikanisch-universalistisch konturierten Gesellschaftsmodellen – auf die Annahme einer gesellschaftseinheitlichen Kultur als Bezugspunkt von Integrationsprozessen sowie auf eine Negativbewertung lebensweltlicher Abgrenzungen von sich ethnisch oder religiös definierenden Gruppen. Zugleich betonen multikulturelle und republikanisch-universalistische Gesellschaftsmodelle, anders als das tradierte deutsche Modell, die Zielsetzung einer nicht nur unter funktionalen Gesichtspunkten der Ökonomie und Demografie, sondern auch an Kriterien der Gerechtigkeit und Gleichheit auszurichtenden Integrationspolitik (s. u.).

3.2 Integration und Desintegration

Wenn in gegenwärtigen sozialwissenschaftlichen Analysen Integrations- und Desintegrationsprozesse thematisiert werden (siehe u. a. Heitmeyer 1997; Heitmeyer/Imbusch 2005), bezieht sich dies keineswegs exklusiv auf Problemlagen, die in einem Zusammenhang mit Einwanderung stehen. Denn die sog. Integrationsprobleme moderner Gesellschaften sind keineswegs primär durch Zuwanderung verursacht. Es stellt folglich eine hoch problematische Verschiebung dar, wenn Integration in migrationsbezogenen Debatten als ein Sonderproblem von und mit Eingewanderten diskutiert wird. Denn damit wird suggeriert, dass schon allein daraus, dass es sich bei einem Teil der Bevölkerung um Migrant/innen handelt, zwangsläufig Probleme resultieren. Dem entspricht die korrespondierende Suggestion, dass die Verhinderung von Zuwanderung oder die umfassende Assimilation der Zugewanderten ein Mittel zur Auflösung der Integrationsprobleme sei.

Gefährdungen des gesellschaftlichen Zusammenhaltes und Prozesse der sozialen Spaltung werden sozialwissenschaftlich jedoch nicht primär in Bezug auf Migration, sondern mit dem Blick auf einen weitreichenden gesellschaftlichen Wandel diskutiert, auf den Stichworte wie Krise und Strukturwandel der Arbeitsgesellschaft, neue Armut, soziale Ausgrenzung, Wissens- und Informationsgesellschaft, Individualisierung, kulturelle Pluralisierung, Postmoderne, Globalisierung usw. hinweisen. Als Elemente von Desintegrationsdynamiken werden dabei u. a. folgende Aspekte thematisiert (siehe u. a. Beck et al. 2001; Brinkmann/Röbenack 2006; Lessenich/ Nullmeier 2006; Heitmeyer/ Imbusch 2005; Stichweh/Windolf 2009):

- Probleme der nationalstaatlichen politischen Steuerung in Folge von ökonomischer Globalisierung und ein damit einhergehender Vertrauensverlust in das politische System;
- sich verfestigende soziale Ungleichheiten und damit verbundene soziale Spaltungen, insbesondere Prozesse der sozialen Ausgrenzung und Marginalisierung in Folge von Einkommensarmut, Bildungsarmut und Arbeitslosigkeit;

- die Ausweitung sozialer Unsicherheit in Folge des Abbaus von Normalarbeitsverhältnissen und der Zunahme prekärer Beschäftigungsformen;
- regionale sozioökonomische Ungleichheiten, insbesondere zwischen den alten und neuen Bundesländern sowie prosperierenden und wirtschaftlich weniger erfolgreichen Städten und Regionen;
- die Erosion sozialer und kultureller Verbindlichkeiten in Folge von Individualisierungsprozessen, deren negative Seite eine Schwächung sozialer Bindungen, ein gesellschaftlicher Werteverlust und individuelle Sinn- und Orientierungskrisen seien.

Die Kontroversen über Reichweite und empirische Fundierung der einschlägigen Krisendiagnosen sind hier nicht darzustellen. *Entscheidend ist im vorliegenden Zusammenhang, dass die sozialwissenschaftliche Diskussion es keineswegs nahe legt, Integrationsprozesse und Desintegrationsdynamiken exklusiv im Zusammenhang mit Migration zu thematisieren, sondern als ein gesamtgesellschaftliches Phänomen, das auch Einheimische ohne Migrationshintergrund betrifft. Folglich ist es durchaus nicht von vornherein evident, sondern klärungsbedürftig, in welcher Hinsicht es angemessen ist, von einer eigenständigen bzw. abgrenzbaren Integrationsproblematik der Migranten auszugehen, die über den Erwerb der nationalen Verkehrssprache und ggf. die psychosoziale Bearbeitung belastender Erfahrungen im Kontext von Flucht und Migration hinausreichen.*

Diesbezügliche Skepsis legen *erstens* Untersuchungen der sozialwissenschaftlichen Migrationsforschung nahe, die darauf hinweisen, dass die in politischen und medialen Diskursen als Integrationsprobleme von Migranten thematisierten Sachverhalte in einem engen Zusammenhang a) mit der gesellschaftlichen Positionierung von Migranten in Gefüge der sozioökonomischen Ungleichheiten, b) ihrer politischen, rechtlichen und institutionellen Diskriminierung sowie c) nationalistischen, ethnisierenden und rassistischen Diskursen und Vorurteilen stehen (siehe dazu etwa Esser 2001; Flam 2007; Gomolla/Radtke 2009; Hormel/Scherr 2004 und 2012; Scherr 2000 und 2014).

Das heißt: Integrationsprobleme von Migranten – etwa Arbeitslosigkeit, Bildungsbenachteiligung oder Schwierigkeiten des Spracherwerbs – sind kein direkter Effekt von Migration, sondern wesentlich bedingt durch die den Migrant/innen in der Aufnahmegesellschaft zugemuteten Lebensbedingungen, insbesondere durch soziale Benachteiligung und Abgrenzungen seitens der Mehrheitsgesellschaft. Hartmut Esser (2001: 10) formuliert diesbezüglich pointiert: „Die Platzierung auf den (möglichst auch: zentralen) Positionen einer Gesellschaft ist der Schlüssel für jede nachhaltige Sozialintegration".[8] Das heißt nicht zuletzt: Auch die Frage nach der kulturellen (Des-)Integration, also nach den Ursachen und Ausprägungen ethnisch oder religiös konturierter Abgrenzungen, ist zentral im Zusammenhang damit zu sehen, welche Chancen der ökonomischen und politischen Teilhabe sich Migranten eröffnen bzw. verschließen.

---

8 Auf die damit angesprochene Thematik wird im Weiteren noch näher eingegangen.

Zweitens hat eine Betonung vermeintlich spezifischer und gravierender Integrationsprobleme von Migrant/innen durchaus problematische Folgen und ist vor dem Hintergrund vorliegender Ergebnisse der historischen und gegenwartsbezogenen Migrationsforschung (siehe Lucassen 2004; Thränhardt 2006) begründet in Frage zu stellen.[9] Denn wie vermeintliche oder tatsächliche Integrationsprobleme in politischen und medialen Diskursen thematisiert werden, ist nicht folgenlos, sondern führt zu gesellschaftlichen Problemwahrnehmungen, die – unabhängig von der Sachhaltigkeit ihrer Begründung – als durch politische Repräsentanten und mediale Verbreitung autorisiertes ‚Wissen' gesellschafts- und migrationspolitische Auswirkungen haben. Deutlich wurde dies Anfang der 1990er Jahre in einem Asyldiskurs, dessen dramatisierende Beschwörung von ‚Asylantenfluten' als Legitimationshintergrund für die massiven Einschränkungen des Asylrechts bedeutsam geworden ist sowie in einen nachweisbaren Zusammenhang mit der Zunahme fremdenfeindlicher Gewalt steht (siehe Ohlemacher 1993). Inzwischen zeichnet sich in vergleichbarer Weise ein Diskurs mit ungewissen Folgen ab, in dem ‚der Islam' als gesellschaftliche Bedrohung und als Integrationshemmnis thematisiert wird – ein Diskurs, der in den Medien weitgehend ohne eine gesicherte empirische Grundlage auskommt und dazu tendiert, die Möglichkeit eines integrationspolitischen Bündnisses mit anti-islamistischen Strömungen innerhalb des Islams zu verstellen (siehe Bade 2013; Schiffauer 2006). Mit den jüngsten Flüchtlingsbewegungen haben Bedrohungsdiskurse erneut an gesellschaftspolitischer Bedeutung gewonnen.

Folglich steht eine rationale Migrations- und Integrationspolitik vor der Aufgabe, von einer differenzierten und sachlich-nüchternen Einschätzung auszugehen und die möglichen Folgen jeweiliger Thematisierungsweisen mit zu bedenken. Dabei ist zu berücksichtigen, dass Diskurse, in denen Migranten und Minderheiten als Ursache gesellschaftlicher Problemlagen und Krisen dargestellt wurden, immer wieder mit ideologisch aufgeladenen Feindbildern und Projektionen verbunden wurden und werden, die im kollektiven Gedächtnis verfügbar und aktualisierbar sind.

3.3 Integration und Zugehörigkeit

Das etablierte Verständnis von Migration setzt nationalstaatliche Grenzziehungen voraus, die sich mit ungleichen Lebensbedingungen verbinden, und steht in Zusammenhang mit der Vorstellung einer stabilen und eindeutigen Bindung von Individuen an einen nationalstaatlich konturierten Vergesellschaftungszusammenhang. Wenn Integrationsfragen thematisiert werden, dann verbindet sich dies in der Folge regelmäßig mit den Fragen, was legitime Zugehörigkeit zum nationalstaatlichen Vergesellschaftungszusammenhang

---

9 Diese legen die Einschätzung eines im historischen Vergleich tendenziell eher unproblematisch verlaufenden Einwanderungsprozesses und einer durchaus auch erfolgreichen Bewältigung damit einhergehender Problemlagen, zumindest in einigen gesellschaftlichen Teilbereichen, nahe (siehe auch Bommes 2006).

begründet bzw. begründen soll, wem der Aufenthalt auf dem staatlichen Territorium gestattet oder verweigert werden soll sowie welche Privilegien Staatsbürgern gegenüber Nicht-Staatsbürgern zukommen sollen (siehe Bommes 1999). Diesbezüglich sind rechtliche Regulierungen, aber auch politische Diskurse, Mentalitäten und Ideologien in den Blick zu nehmen, die in unterschiedlicher Weise als Ermöglichung und Behinderung von Einwanderung und Integrationsprozessen wirksam werden.[10]

Ersichtlich stellt die Regulierung des Zugangs zur Staatsbürgerschaft eine integrationspolitisch zentral bedeutsame Festlegung dar. Denn erst der Erwerb der Staatsbürgerschaft setzt nicht ‚nur' Unsicherheiten des Aufenthalts, des Arbeitsmarktzuganges und Begrenzungen des Zugangs zu Sozialleistungen außer Kraft, die an jeweilige aufenthaltsrechtliche Titel gebunden waren, noch sind oder möglicherweise künftig sein werden. Für politische Integration, also die Eingliederung in eine demokratisch verfasste Gesellschaft, stellt die mit der Staatsbürgerschaft eng verbundene Zuweisung politischer Teilhaberechte zweifellos eine entscheidende Integrationsdimension dar. Deren auch kommunalpolitische Bedeutung resultiert nicht zuletzt daraus, dass Migranten mit dem Wahlrecht auch eine Möglichkeit zur Identifikation mit dem politischen System angeboten wird und sie als Adressat politischer Programme an Relevanz gewinnen. Die Reformen des Einbürgerungsrechts und die Überwindung einer strikten Bindung von Staatsbürgerschaft an Abstammung stellen folglich integrationspolitisch eine hoch bedeutsame Entwicklung dar, bleiben aber insbesondere aufgrund restriktiven Regelungen für den Erwerb einer doppelten Staatsbürgerschaft hinter dem zurück, was unter integrationspolitischen Gesichtspunkten wünschenswert wäre. Bommes (2006: 11) formuliert diesbezüglich die Einschätzung, dass von einer widersprüchlichen Gemengelage auszugehen sei: Einerseits sei eine „institutionelle Normalisierung" von Migration und Integration im Sinne von Schritten in Richtung auf ihre „angemessene rechtliche, politische, wissenschaftliche und erzieherische Bearbeitung" und andererseits jedoch eine „Gegenbewegung" zu beobachten. Parallel zur pragmatischen Anerkennung integrationspolitischer Erfordernisse wurde eine „Perspektive von Gefahr und Bedrohung entworfen und mit Forderungen verknüpft, die in verschiedenen Hinsichten die Anpassungsfähigkeit und politische Loyalität von Migranten unter Verdacht stellen und diesen Demonstrationen des Gegenteils ... abverlangen" (ebd.).

Ähnlich gelagerte Widersprüche werden in der diesbezüglich einschlägigen Forschung über Ethnozentrismus, Nationalismus und Rassismus sowie in Analysen medialer und politischer Diskurse (siehe dazu u. a. Lynen van Berg 2000; Decker/Brähler 2006; Heitmeyer 2007; Decker u. a. 2015) deutlich: Unterschiedliche Ausprägungen von Distanz und Feindseligkeit gegenüber Migranten sind erheblich über die Teilgruppe derjenigen hinaus verbreitet, die ein geschlossenes rechtsextremes Weltbild aufweisen. Festzustellen ist aber auch, dass entsprechende Aussagen von einer in der Regel größeren Teilgruppe abgelehnt

---

10 Zwar entfalten letztere keine direkte Wirkung qua Rechtssprechung und -durchsetzung; gleichwohl sind sie für die Gestaltung alltäglicher sozialer Beziehungen zwischen Einheimischen und Migranten folgenreich und sie stellen zudem einen Begründungs- und Legitimationshorizont für migrations- und integrationspolitische Entscheidungen dar.

werden. So findet etwa die Aussage „Wenn Arbeitsplätze knapp werden, sollte man die Ausländer wieder in ihre Heimat zurückschicken" bei 24,1 % Prozent der Befragten Zustimmung, wird aber von 49,5Prozent abgelehnt (vgl. Decker et al. 2015: 40).

Die einschlägigen Analysen können hier nicht differenziert dargestellt werden. Hinzuweisen ist jedoch darauf, dass Integrationspolitik auch auf die aktive Auseinandersetzung mit fremdenfeindlichen, nationalistischen und rassistischen Mentalitäten, Diskursen und Ideologien verwiesen ist, wenn angestrebt ist, Integrationshemmnisse abzubauen. Insofern sind auch die schulische Bildung und die außerschulische Jugend- und Erwachsenenbildung von integrationspolitischer Bedeutung. Auch kommunalpolitisch – nicht zuletzt für die Kinder- und Jugendhilfe – folgenreich ist in diesem Zusammenhang, dass die Ungleichverteilung von Einheimischen und Migranten auf die unterschiedlichen Schultypen alltägliche Begegnungen und sich in diesen potentiell vollziehende Lernprozesse blockiert sowie eine institutionelle Einübung in die ‚Normalität' von Ungleichheit darstellt. Damit stellt sich auch für die offene und verbandliche Jugendarbeit die Aufgabe, institutionell vorgegebene Abgrenzungen aufzubrechen, damit interkulturelles und antirassistisches Lernen möglich wird.

3.4 Integration als politische Chiffre

Wer unter welchen Bedingungen legitime Zugehörigkeit zum staatlich-politischen Vergesellschaftungszusammenhang und welche Rechte reklamieren kann, war und ist politisch anhaltend ebenso strittig wie die korrespondierende Frage, welche Anpassungsleistungen und Loyalitätsnachweise Migranten politisch abverlangt werden können. In Hinblick darauf etabliert die Beanspruchung von Integration als Leitbegriff politischer Diskurse keineswegs einen neutralen Bezugspunkt, sondern reproduziert einschlägige Kontroversen als Debatten über ein angemessenes Verständnis des Integrationsbegriffs bzw. integrationspolitische Erfordernisse.

Wenn in politischen Dokumenten von Integration die Rede ist, dann werden unterschiedliche Aspekte der gesellschaftlichen Situation von Migranten verhandelt. Angesprochen sind in den programmatischen Textteilen des Nationalen Integrationsplanes (Bundesregierung 2007) insbesondere Sprach- und Bildungsdefizite, die auch als Ursache überdurchschnittlich hoher Arbeitslosigkeit und „gesellschaftlicher Abschottung" (ebd.: Vorwort der Bundeskanzlerin: 2) gelten. Neben dem Verweis auf solche „Integrationsdefizite" (ebd.) wird das zu Grunde liegende Verständnis von Integration zunächst mit der Erwähnung „der Rechtsordnung Deutschlands und der grundgesetzlich geschützten Werte" (ebd.) konkretisiert, also mit der impliziten Annahme verbunden, dass deren Kenntnis und Anerkennung bei Migranten nicht selbstverständlich vorausgesetzt werden könne. Vor diesem Hintergrund werden die Verbesserung der Integrationskurse und bildungspolitische Maßnahmen als zentrale Aufgabenstellung staatlicher Integrationspolitik bestimmt. Dies verbindet sich mit dem Hinweis auf Probleme des deutschen Bildungssystems, in Bezug auf das eingeräumt wird, dass die „Abhängigkeit des Bildungserfolges von sozialer Herkunft und Migrationshintergrund in Deutschland ... im internationalen Vergleich besonders ausgeprägt" sei (ebd.: Erklärung des Bundes: 12). Darüber hinausgehend wird Integrationspolitik als „gesamtgesellschaftliche Aufgabe" gefasst, deren Ziel ein gesellschaftliches „Klima" sein soll, „das Migrantinnen und Migranten ermutigt, sich ganz selbstverständlich als Teil unserer Gesellschaft zu verstehen" (ebd.: Einleitung der Staatsministerin: 10). Neben den vielfältigen staatlichen und zivilgesellschaftlichen Maßnahmen, die als Element einer darauf ausgerichteten „aktivierenden und nachhaltigen Integrationspolitik" (ebd.: Erklärung des Bundes: 13) ausgewiesen werden, enthält das dargelegte Integrationsverständnis auch eine repressive Dimension: Ausgehend von dem Postulat, dass ein friedliches Zusammenleben „von Menschen aus unterschiedlichen Kulturen" nicht problemlos sei, sondern „große Anstrengungen" erfordere, wird formuliert, dass „Migrantinnen und Migranten, die sich einer Integration dauerhaft verweigern, ... auch mit Sanktionen rechnen" müssen (ebd.).

Der Verzicht auf eine analytische und begriffliche Vereindeutigung ist in einem solchen Kontext insofern durchaus funktional, als er politische Kompromissbildungen zwischen heterogenen Positionen dadurch ermöglicht, dass gerade keine Konsensbildung über ein gemeinsames Integrationsverständnis vorausgesetzt wird. Der Terminus Integration wird entsprechend als eine eher diffuse Chiffre verwendet, die mit unterschiedlichen Annahmen über gesellschaftliche Bedingungen sowie politische Erfordernisse und Zielsetzungen verbunden werden kann. Problematisch ist dies zumindest in Hinblick auf folgende Aspekte:

- Auf eine klare Abgrenzung von einem problematischen Verständnis von Integration als Assimilation, als Anpassung von Migranten an die Kultur der Aufnahmegesellschaft, wird verzichtet. (siehe dazu Aumüller 2009)
- Es erfolgt keine Explikation des Gesellschaftsbildes, an dem sich Integrationspolitik orientiert, und entsprechend bleibt der Bezug auf ‚unsere' Werte und Normen eher abstrakt; spezifiziert wird er vor allem für das Prinzip der Gleichberechtigung der Geschlechter, nicht aber in Hinblick auf weitere menschenrechtliche und grundgesetzliche Prinzipien und ihre gesellschaftspolitischen Implikationen, also etwa für den Zusammenhang von Integration und demokratischer Partizipation sowie den von Integration, Chancengleichheit und sozialer Gerechtigkeit.
- Die Benennung von Integrationsdefiziten und Integrationsproblemen lässt weitgehend offen, welche gesellschaftlichen Ursachen diesbezüglich in Rechnung zu stellen sind und folglich auch, welcher gesellschaftspolitische Bedarf an strukturellen, über eigenständige Maßnahmen der Integrationspolitik hinausreichenden Reformen, etwa im Bildungsbereich, besteht.
- Das Verständnis von Integration wird nicht rückgebunden an die sozialwissenschaftliche Diskussion über den Zusammenhang von (Des-)Integration, sozialer Ungleichheit und Diskriminierung und es erfolgt auch nur punktuell eine Verknüpfung mit den einschlägigen Richtlinien und Programmen der EU zur Überwindung von Diskriminierung.

4 Integration und Inklusion

Moderne Gesellschaften sind in einer gesellschaftstheoretischen Perspektive als in sich in verschiedenen Hinsichten differenzierte Gebilde zu charakterisieren (s. o.). Sie können nicht angemessen als durch geteilte sowie stabile Werte und Normen integrierte Gemeinschaften mit einer sozial und kulturell homogenen Bevölkerung verstanden werden. Die integrationspolitische Beanspruchung übergreifender und verbindlicher Normen und Werte ‚der Gesellschaft' kann sich folglich nicht auf einen Konsens beziehen, der über den Verweis auf die menschenrechtlich und grundgesetzlich vorgenommen Festlegungen hinausgeht; aber selbst für diese gilt, dass deren Interpretation und Relevanz umstritten ist. Damit ist ein durchaus ambivalenter Sachverhalt beschrieben: Einerseits ermöglicht die soziale, funktionale und kulturelle Differenzierung ein Zusammenleben von Individuen und sozialen Gruppen, die sich in vielfältigen Aspekten insofern fremd bleiben können, als sie nicht darauf angewiesen sind, eine über für jeweilige Kooperations- und Austauschbeziehungen hinausgehende Übereinstimmung in Anspruch nehmen zu können (siehe dazu Bukow/Llaryora 1988; Nassehi 1999; Scherr 2000). Auf gesellschaftseinheitliche und dichte Festlegungen in Hinblick auf religiöse Fragen und Aspekte der privaten Lebensführung kann – jedenfalls im Prinzip – verzichtet werden. Daraus folgt zwar nicht, – worauf im Weiteren in Auseinandersetzung mit den Leitbegriffen Multikulturalismus und Diversity noch einzugehen sein wird – dass moderne Gesellschaften zureichend als funktionale Gebilde beschrieben werden können, die kulturell gänzlich neutral sind. Gleichwohl zeigen insbesondere Analysen aus dem Kontext der systemtheoretischen Soziologie Luhmann'scher Prägung auf, dass die gesellschaftliche Integration von Individuen zentral als je spezifischer Einbezug in funktional differenzierte Teilsysteme (Wirtschaft, Politik, Recht, Erziehung, Massenmedien usw.) und Organisationen (Betriebe, Schulen, Universitäten, Parteien, Sozialverwaltungen) erfolgt, die mit je eigenen Festlegungen von Teilnahmebedingungen und Rollenerwartungen operieren (siehe dazu Bommes/Scherr 2012: 201–251). Individuen steht in modernen Gesellschaften also vor der Anforderung, sich an Vorgaben auszurichten, die gerade nicht gesellschaftseinheitlich ausgerichtet sind und deren Unterschiede auch nicht primär aus nationalen, religiösen oder ethnischen Traditionen resultieren. Zwar gibt es durchaus beschreibbare Unterschiede zwischen Kommunikationsstilen etwa in französischen, deutschen und britischen Schulen (siehe Schiffauer et al. 2002). Die Grundstrukturen schulischen Lernens, betrieblicher Erwerbsarbeit, wissenschaftlicher Forschung usw. sind jedoch ähnlich. Wer in einem Kontext also gelernt hat, sich als Schüler, Lehrer, Angestellter, Arzt, Patient, Forscher etc. angemessen zu verhalten, für den stellen national konturierte Unterschiede gewöhnlich keine gravierende Hürde, sondern eine begrenzte und bewältigbare Lernherausforderung dar.

Inklusionsprobleme resultieren entsprechend primär aus je teilsystemischen und organisatorischen Anforderungen und Festlegungen sowie aus den Begrenzungen, die Organisationen als Sozialsysteme mit Mitgliedschaftsregulierungen vornehmen. Gelingende oder misslingende Integration kann also nicht als singulärer Prozess der Einfügungen oder des Ausschlusses aus einem sozialen Zusammenhang verstanden werden: Integration bzw.

Desintegration resultiert vielmehr aus dem Zusammenspiel teilsystemischer Inklusionen und Exklusionen, die lebensgeschichtlich und je aktuell in komplexer und mehr oder weniger enger Weise miteinander verschränkt sind. Politische und pädagogische Programme der Integrationsförderung sind folglich auf ein differenziertes Verständnis der je spezifischen Inklusions- und Exklusionsmechanismen der gesellschaftlichen Teilsysteme und Organisationen, ihrer Voraussetzungen und ihrer Folgen verwiesen. Demgegenüber sind generalisierte Annahmen und Appelle an die Bereitschaft, sich in ‚die Gesellschaft' und ‚die Kultur' zu integrieren, unterkomplex. Denn ersichtlich verschaffen z. B. Kenntnisse dessen, was als ‚deutsche Kultur' gilt, oder eine Identifikation mit der Werteordnung des Grundgesetzes gewöhnlich keine Ausbildungsstelle und keinen Arbeitsplatz, sondern es werden berufspezifische Interessen, Kompetenzen und Qualifikationen vorausgesetzt, die sich nicht auf die Beherrschung der nationalen Verkehrsprache beschränken. Zugleich gilt, dass die Betonung vermeintlich gesellschaftseinheitlicher und national konturierter Integrationsbedingungen eine symbolische Grenzziehung und eine Legitimationsgrundlage für Ausgrenzung und Benachteiligung darstellen kann: Dies ist der Fall, wenn unzureichende Anpassung und Identifikation in Bezug auf ein in der Regel allgemein gehaltenes Verständnis der vermeintlich identitätsstiftenden Merkmale der Aufnahmegesellschaft Migranten als mehr oder weniger selbstverschuldete Ursache ihres Scheiterns zugeschrieben werden.

5   Integration und Kultur: Multikulturalismus und Diversity

Eine die gesellschaftsstrukturellen Aspekte von Integration ins Zentrum stellende Perspektive legt eine differenzierte Betrachtung der politischen Programmatiken nahe, für die der Leitbegriff Multikulturalismus steht (siehe Kymlicka 1999; Taylor 1993): Integrationspolitik steht primär vor der Aufgabe, sich mit den strukturellen Bedingungen auseinanderzusetzen, die zur Benachteiligung von Migranten im Bildungssystem, im Bereich der beruflichen Bildung, auf dem Arbeitsmarkt sowie in Hinblick auf ihre politische Partizipation führen sowie zur Überwindung fremdenfeindlicher und rassistischer Vorurteile und Ideologien beizutragen, die Migranten die Anerkennung als gleichberechtigte Gesellschaftsmitglieder bestreiten. Eine solche Orientierung schließt zwar die Kritik von Vorurteilen sowie von Benachteiligungen ein, denen Annahmen über vermeintliche und tatsächliche kulturelle oder religiöse Merkmale von Migrantengruppen zu Grunde liegen. Unumgänglich ist auch die Kritik eines Kulturnationalismus, der die Existenz einer homogenen nationalen Kultur postuliert und dies mit der Annahme verbindet, dass kulturelle Pluralität die gesellschaftliche Ordnung gefährde. Ein solches Verständnis von Multikulturalität, das Gesellschaft als Zusammenleben ethnisch definierter und voneinander klar abgegrenzter Gruppen konzipiert, ist jedoch keineswegs die zwingende und problemlose Alternative zu einem nationalistisch konturierten Gesellschaftsverständnis.

Auf die Anerkennung kultureller Unterschiede und Traditionen gerichtete Politikkonzepte sind u. a. in Kanada, Großbritannien und den USA politisch hoch einflussreich und auch anerkannte Grundlage staatlicher Politik. Sie stellen unterschiedlich ausgerichtete Reaktionen auf die Besonderheiten der historischen und aktuellen Situation in diesen Einwanderungsgesellschaften dar, in den USA nicht zuletzt auf das Scheitern der Idee des ‚melting pot', d. h. eines Integrationsmodells, das davon ausgeht, dass sich mit sozialen Positionierungen und Ungleichheiten verschränkte Abgrenzungen von Migranten- und Minderheitengruppen auflösen.

Gemeinsame Grundlage der unterschiedlichen Varianten des Multikulturalismus ist die Annahme, dass Gesellschaften – ganz im Gegensatz zur republikanisch-universalistischen Tradition französischer Prägung – nicht als ein Zusammenschluss freier und gleicher Individuen konzipiert werden können, die sich an einer universalistische Prinzipien repräsentierenden Kultur orientieren. Vielmehr werden Gesellschaften als sich aus ethnisch-kulturellen Gruppierungen zusammengesetzte Gebilde gedacht, die nicht über eine einheitliche nationale oder universelle Kultur verfügen, in die Minderheiten- und Migrantenkulturen eingefügt werden oder der sie untergeordnet werden sollen. Im Sinne einer „Politik der Differenz" wird demgegenüber gefordert, „den verschiedenen Kulturen, so wie sich entwickelt haben, gleich viel Respekt" entgegenzubringen sowie Ansprüche einer „europäischen oder weißen Vorherrschaft" zurückzuweisen (Taylor 1993: 32). Daraus wird u. a. die Konsequenz gezogen, unterschiedliche kulturelle Traditionen in entnationalisierten schulischen Curricula als gleichberechtigt zu berücksichtigen, Minderheiten- und Migrantenorganisationen in den politischen Prozess einzubeziehen sowie Migranten und Minderheitenangehörigen ein Recht auf Symbolisierung ihrer kulturellen Zugehörigkeit zuzuerkennen.

Die Vorstellung einer aus heterogenen ethnisch-kulturellen Gruppen zusammengesetzten Gesellschaft, denen Individuen dauerhaft angehören und die sie als Träger von Gruppenidentitäten und Gruppenrechten definieren, ist aus unterschiedlichen Perspektiven und mit guten Gründe vehement kritisiert worden (siehe etwa Brubaker 2007; Finkielkraut 1991; Radtke 1991; Sen 2007; Wieviorka 1998). Denn sie steht nicht zuletzt in einem Widerspruchs- und Spannungsverhältnis zu einer Subjektkonzeption, die Individuen als autonomiefähige Einzelne und Rechtspersonen begreift, die ihr Selbstverständnis und ihre Interessen vor dem Hintergrund heterogener Zugehörigkeiten und in Bezug auf vielfältige soziale und kulturelle Zusammenhänge entwickeln und artikulieren. Einer in solchen Überlegungen begründeten Kritik, die darauf hinweist, dass ethnische „Zugehörigkeiten" weder exklusiv noch unüberschreitbar sind, versucht ein „kosmopolitisches Modell des Multikulturalismus" gerecht zu werden, das „veränderliche Gruppengrenzen, vielfältige Zugehörigkeiten der Individuen und hybride Identitäten akzeptiert und auf individuelle Rechte gegründet ist" (Kymlicka 1999: 86; siehe als Kritik Benhabib 1999).

Mit dem Leitbegriff Diversity arbeitende Konzepte (siehe Allemann-Ghionda/Bukow 2011; Cushner et al. 1996; Hormel/Scherr 2004: 203ff.; Perko/Czollek 2007) gehen von einer ähnlichen Überlegung aus und betonen die Bedeutung vielfältiger sozialer Differenzierungslinien und Identifikationen in sozialen Auseinandersetzungen bzw. als möglichen Bezugspunkt für Diskriminierung oder Privilegierung. Dabei wird kritische Distanz zu der Annahme eingenommen, dass die nationale oder ethnische Zuordnung das für soziale

Prozesse sowie die individuelle Identifikation primär bestimmende und andere Aspekte überlagernde Merkmal sei. Vielmehr werden darüber hinaus v. a. Alter, Geschlecht, sexuelle Orientierung, physische und psychische Gesundheit, Religion, Sprache und soziale Klasse als relevante soziale Kategorien verstanden und es wird davon ausgegangen, dass diese sich überlagern und wechselseitig beeinflussen. Im Interesse einer Auseinandersetzung mit Diskriminierung wird in kritischen Diversity-Konzepten entsprechend zu einer offensiven und die Selbstwahrnehmung der Betroffenen zu Grunde legenden Auseinandersetzung mit Stereotypen und sozialen Positionszuweisungen aufgefordert. Konzepte der Diversity-Pädagogik und des Diversity-Managements sind dabei ganz generell auf einen konstruktiven Umgang mit soziokultureller Differenzen ausgerichtet; für sie ist z. B. die sexuelle Orientierung ein ebenso bedeutsames Unterscheidungsmerkmal wie der Migrationshintergrund.

Der Ansatz der Superdiversität (siehe Vertovec 2007; 2012) betont dagegen spezifischer die interne Differenzierung innerhalb der Bevölkerung mit Migrationshintergrund. Dabei wird davon ausgegangen, dass es unzureichend ist, allein Herkunftsland und (zugeschriebene) Ethnizität als Differenzlinien in den Blick zu nehmen:

„Um die komplexe Natur der gegenwärtigen, von Migration bestimmten Diversität besser zu verstehen und umfassender anzugehen, müssen Sozialwissenschaftler, politische Entscheidungsträger, die Praktiker im Feld und die Öffentlichkeit zusätzliche Variablen berücksichtigen. Dazu gehören Unterschiede im Einwanderungsstatus und die damit einhergehenden Rechtsansprüche und Einschränkungen von Rechten, divergierende Arbeitsmarkterfahrungen, unterschiedliche Geschlechter- und Altersprofile, welche die Einwandererströme kennzeichnen, spezifische räumliche Verteilungsmuster in den Aufnahmekontexten sowie lokal uneinheitliche Reaktionen von Dienstleistern und Ortsansässigen. Es ist das Zusammenspiel dieser Faktoren, das mit dem Begriff der ‚Superdiversität' bezeichnet wird." (Vertovec 2012)

Der Superdiversitätsansatz geht von einem Wandel der Migrationsbewegungen in den letzten drei Jahrzehnten aus, die nicht mehr angemessen in Analogie zum Anwerberegime vor allem industrieller Arbeitskräfte verstanden werden können. Angenommen wird, dass Migrationsprozesse gegenwärtig aus „kleineren, kurzlebigeren, gesellschaftlich stärker geschichteten, weniger organisierten und rechtlich differenzierteren Einwanderergruppen" bestehen (Vertovec 2012). In dieser Perspektive nimmt der Superdiversitätsansatz die Überlagerungen von Merkmalen in und zwischen den unterschiedlichen Einwanderungstypen, die Arbeitsmarkterfahrungen, Rechtsansprüche, Geschlechter- und Altersprofile von Einwanderergruppen in den Blick und betont damit deren interne Differenzen. Damit werden auch die vielfältigen Konflikt- und Auseinandersetzungslinien Gegenstand der Analyse, die durch geschlechtliche, soziale, politische und herkunftsbezogene Positionen von Migrant/innen bedingt sind (siehe etwa Römhild 2014).

Die Konzepte Diversität und Superdiversität stellen Varianten eines Multikulturalismus in Frage, der mit nationalen, ethnischen und kulturellen Kategorisierungen arbeitet und damit der tatsächlichen Heterogenität der sozialen Positionen und Identitäten nicht gerecht wird.

Vor diesem Hintergrund kann kommunale Integrationspolitik nicht sinnvoll davon ausgehen, dass allein ethnisch, national oder religiös konturierte kulturelle Unterschiede relevant und Lernherausforderung, etwa für Konzepte der interkulturellen Öffnung der Verwaltung, zu begreifen sind. Kommunale Integrationspolitik steht vielmehr vor der Aufgabe, sich mit den vielfältigen Gemengelagen von strukturellen Benachteiligungen, Identifikationen und gruppenbezogenen Stereotypen in einer Weise auseinander zu setzen, die sich an der Leitidee orientiert, „dass alle Personen das gleiche Recht haben, unter fairen Bedingungen der Chancengleichheit nach gesellschaftlicher Achtung zu streben" (Fraser 2003: 49). Anzustreben ist also die Überwindung unterschiedlicher Formen von Diskriminierung, wobei nicht sinnvoll die Annahme klar abzugrenzender Kulturen, denen Personen ‚angehören', als Ausgangspunkt gesetzt werden kann.

Multikulturelle Programmatiken waren, trotz ihrer keineswegs unproblematischen Prämissen, im deutschen Diskussionszusammenhang in einer spezifischen Weise bedeutsam: Ihnen kam die Funktion zu, eine wichtige Gegenposition zu einem tradierten und nach wie vor einflussreichen Gesellschaftsbild markiert zu haben, das legitime Zugehörigkeit an Kriterien der Abstammung bindet und/oder von dem Postulat ausgeht, dass der gesellschaftliche Zusammenhalt notwendig auf den Werten und Normen einer einheitlichen und homogenen nationalen Kultur beruht. Die politischen, pädagogischen und sozialphilosophischen Aspekte der Diskussion um die Tragfähigkeit und die Implikationen des politischen und pädagogischen Multikulturalismus sind hier nicht ausführlich darzustellen (siehe dazu etwa Bienfait 2006; Brubaker 2007; Hall 2004; Hauck 2006). Hinzuweisen ist jedoch zum einen darauf, dass ein als politische und pädagogische Programmatik etablierter Multikulturalismus dazu führen kann, die soziale Wahrnehmung und die politische Artikulation von Individuen auf ethnisch-kulturell gefasste Gruppenzugehörigkeiten festzulegen und diesen damit Möglichkeiten der Distanzierung von realer oder zugeschriebener Herkunft zu verstellen. Zum anderen tendiert die Betonung der anzuerkennenden Vielfalt der Kulturen tendenziell dazu, die repressive und beschränkende Seite von kulturellen Systemen sowie ethnischen und religiösen Zugehörigkeiten auszublenden – und in Zusammenhang damit zu einer romantisierenden und exotisierenden Verklärung von Minderheitenkulturen, deren spiegelbildliche Entsprechung solche Sichtweisen sind, die von einer fraglosen Überlegenheit der europäischen Moderne gegenüber außereuropäischen Kulturen und Gesellschaften ausgehen (siehe Eagleton 2001).

Von der skizzierten sozialwissenschaftlichen Kritik zu unterscheiden sind die neuren medialen und politischen Diskussionen, die unter dem Stichwort „Scheitern des Multikulturalismus" geführt wurden. Mehrere Strömungen umfassend, fanden diese um die Jahrtausendwende einsetzenden Debatten einen diffusen Nenner in der Befürchtung, dass der Multikulturalismus zu einem Verlust sozialer Kohäsion führe und die Bedrohung offener Gesellschaften durch fundamentalistische Strömungen verkenne. Selbst in Ländern, in denen das Multikulturalismus-Konzept politisch nur von begrenzter Bedeutung war, sind die nach 9/11 anlaufenden Diskussionen zum Teil von offen anti-multikulturalistischen Positionen geprägt, die urbane Segregation und soziale Desintegration unabhängig von ihren sozio-ökonomischen und rechtlichen Ursachen auf ein „Zuviel an kultureller

Toleranz" zurückführen (siehe Hess et al. 2009; Stemmler 2011; Vertovec/Wessendorf 2010). Einflussreich waren in diesen Debatten die Stimmen liberaler Feministinnen, die dem Multikulturalismus vorhielten, tradierte patriarchale Strukturen in Einwanderungscommunities zu stärken. In der postkolonialen Forschung wurde als Problematiken dieser feministischen Kritiken vor allem generalisierte Annahmen über das Verhältnis von Islam und Patriarchat, die Gleichsetzung politischer Religiösität mit dem Islam und die Betrachtung von Frauen als hilflose Opfer patriarchalischer Unterdrückung benannt und argumentiert, dass diese Kritik der Herausbildung eines populären Antiislamismus Vorschub leistete (siehe Castro Varela/ Dhawan 2006; Gutiérrez Rodríguez 2006; Ahmed 2010).

In der deutschen Migrationspolitik ist im Zusammenhang mit den Debatten zum Ende des Multikulturalismus eine zweifache Veränderung zu verzeichnen: Auf der einen Seite wird, was u. a. in der Reform des Zuwanderungsgesetzes zum Ausdruck kommt, die Realität der Einwanderungsgesellschaft und die strukturellen Integrationshindernisse, insbesondere im Bereich von Bildung und Arbeitsmarkt politisch zunehmend als Problem anerkannt (siehe Filsinger 2014; Karakayali 2009). Auf der anderen Seite aber bleiben Kulturalisierungs- und Defizitannahmen gegenüber der Migrationsbevölkerung in veränderter Weise intakt. Definierte sich in der „Gastarbeiter-Ära" die Dominanzgesellschaft vor allem über ihre nationalstaatliche und ethno-kulturelle Homogenität, wird das Eigene nun als plural und heterogen bestimmt und schließt eine gewisse Affirmation sexueller und sozialer Subkulturen ein. Dadurch aber, dass die Leitdifferenz Wir /Andere im Integrationsdiskurs beibehalten worden ist, kommt es durch die Selbstbeschreibung als plurale und offene Gesellschaft zu neuen Othering-Prozessen, indem Migrant/innen als tendenziell nicht pluralitätsfähig dargestellt werden. Lentin u. a. betonen deshalb, dass die „postmultikulturelle" Gesellschaft die ethno-kulturelle Logik nicht überwindet, sondern „sets itself up as race-neutral while racing others" (Lentin 2014: 1277). Man kann in diesem Zusammenhang davon ausgehen, dass der Integrationsdiskurs mit einer Modernisierung des sozialen Selbstbildes verbunden ist, das nun eine „flexible und integrationsfördernde Gesellschaft" präsentiert, „in der Vielfalt und Anerkennung Priorität" (Çil 2001: 198) haben. In der Folge sind es nicht die Migrant/innen, die für gesellschaftliche Heterogenität stehen, sondern die Aufnahmegesellschaft selbst, die nun umgekehrt die Anderen in abgestuften Verfahren auf ihre Heterogenitätskompetenz überprüft (vgl. Çil 2001; siehe auch Ahmed 2012; Castro Varela/Dhawan 2011).

So betrachtet besteht eine Ambivalenz des Integrationsdiskurses darin, dass die Akzeptanz ethnischer Differenzen und die Betonung von gleichberechtigter Teilhabe ein liberales Selbstbild begründen, das aber durch die fortgesetzt einseitige Adressierung von Integrationsforderung an die Einwander/innen konterkariert wird (siehe Hess et al. 2009). Darauf bezogen ist der Begriff des „postliberalen Rassismus" geprägt worden, der nicht mehr primär auf der Annahme der Unvereinbarkeit von Kulturen, sondern auf dem Selbstbild einer demokratischen westlichen Wertegemeinschaft basiert, die als gültige Beschreibung der gesellschaftlichen Realität beansprucht wird (siehe Pieper et al. 2011). Ausgehend von der Überzeugung der Überlegenheit des pluralen und individualistischen

Gesellschaftsmodells werden Migrant/innen auch hier als Andere dargestellt, denen Anpassung abverlangt werden kann.

Wie vielfach festgestellt wurde, tendiert der gestaffelte Katalog von Integrationsforderungen (Sprachtests, Integrationsvereinbarungen, restringierte Familienzusammenführung usw.) darüber hinaus dazu, dass liberale Positionen mit flexiblen Grenzziehungen einhergehen und durch nichtliberale Maßnahmen verteidigt werden sollen (siehe Pieper et al. 2011; Strasser 2014).

6 Integration als Leitbegriff?

Vor diesem Hintergrund ist u. E. von einem nicht einseitig auflösbaren Spannungsverhältnis von Individualität und sozialen Zugehörigkeiten auszugehen und ist es erforderlich, die Anerkennung kultureller Unterschiede mit einer Antidiskriminierungsperspektive zu verbinden, die auch Benachteiligungen und Machtverhältnisse innerhalb ethnisch-kultureller Kontexte in den Blick nimmt (siehe Hormel/ Scherr 2004; Scherr 2007; Scherr/ El-Mafaalani/Yüksel 2017).

Entsprechend wird inzwischen unter Bezug auf Eingewanderte der zweiten und dritten Generation eine postmigrantische Perspektive auf das gesellschaftliche Zusammenleben eingefordert (siehe Foroutan 2014). Zentral ist hier die Kritik an der Fortschreibung der Unterscheidung Einheimische / Zugewanderte unter Bedingungen, in denen ein familialer Migrationshintergrund kein Sondermerkmal einer abgrenzbaren Teilgruppe, sondern – wie in klassischen Einwanderungsländern – gesellschaftlicher Normalfall ist (siehe Scherr 2013):

> „Die postmigrantische Perspektive bedeutet somit, eine Position und einen Blick auf die Gesellschaft und Subjekte einzunehmen, die mit hegemonialen Markierungen, Strukturen und Prozessen (Dichotomien, Kulturalisierungen, Ethnisierungen, Rassismen, Stereotypen oder dominante Fremdwahrnehmungen) brechen." (Foroutan 2014: 43)

Angemessen ist vor diesem Hintergrund eine migrationspolitische Perspektive, die eine Kritik diskriminierender Strukturen und Praktiken mit einer entdramatisierenden Betrachtung der Bedeutung des Migrationshintergrunds verbindet, das Recht auf Bestimmung der eigenen Identität bei allen Gesellschaftsmitgliedern anerkennt und auf ihre gleichberechtigte soziale Teilhabe ausgerichtet ist.

Ob der Integrationsbegriff sich als Leitformel hierfür eignet, ist anhaltend umstritten (siehe Filsinger 2014: Pries 2015). Wie gezeigt stellt er eine verdichtete Konsensformel dar, die politische Kommunikation ermöglicht und die mangels zustimmungsfähiger Alternativen schwer verzichtbar ist. Die Verwendung des Integrationsbegriffs als Leitbegriff ist aber nur dann angemessen, wenn er als Aufforderung dazu verstanden wird, die heterogenen Dimensionen gesellschaftlicher (politischer, ökonomischer, rechtlicher, soziokultureller usw.) Teilhabe und ihren Zusammenhang mit Prozessen der Zuweisung von ungleichen Positionen in den gesellschaftlichen Einkommens-, Macht – und Prestigehierarchien genauer zu analysieren. Denn in einer Gesellschaft, die komplexe Strukturen der Differenzierung in Funktionssysteme und Teilbereiche aufweist, ist ein Verständnis von Integration irreführend, das davon ausgeht, dass die Gesellschaft wie eine Gemeinschaft mit klar definierten Mitgliedschaften, Werten und Normen verfasst ist. Moderne Gesellschaften verfügen über keine geschlossene, widerspruchs- und konfliktfreie Ordnung, in denen Einzelne und soziale Gruppen sich einfügen oder eingefügt werden können. Von zentraler Bedeutung für die gesellschaftliche Teilhabe von Zugewanderten ist es deshalb, Chancen der gleichberechtigen Mitwirkung in allen Teilbereichen zu schaffen, ein Denken in ethnischen, nationalen oder religiösen Gruppenkategorien zu überwinden und das Recht auf eine selbstbestimmte Lebensführung jedes und jeder Einzelnen anzuerkennen.

Literatur

Ahmed, Sara (2010): The Promise of Happiness. Durham / London: Duke
Ahmed, Sara (2012): On Being Included. Racism and Diversity in
Institutional Life. Durham / London: Duke
Allemann-Gionda, Cristina / Bukow, Wolf-Dietrich (Hrsg.) (2011): Orte der Diversität. Wiesbaden: Springer VS
Articus, Stephan (2010): Herausforderungen kommunaler Integrationspolitik. In: Luft, Stefan / Schimany, Peter (Hrsg.): Integration von Zuwanderern. Bielefeld: Transcript. 159–186
Aumüller, Jutta (2009): Assimilation. Kontroversen um ein migrationspolitisches Konzept. Bielefeld: Transcript
Bade, Klaus (2013): Kritik und Gewalt. Bad Schwalbach: Wochenschau Verlag
Beck, Ulrich / Giddens, Anthony / Lash, Scott (Hrsg.) (2001): Reflexive Modernisierung. Frankfurt/Main: Suhrkamp
Benhabib, Seyla (1999): Kulturelle Vielfalt und demokratische Gleichheit. Frankfurt: Suhrkamp
Beauftragte der Bundesregierung für Migration, Flüchtlinge und Integration (2011): Zweiter Integrationsindikatorenbericht. Berlin
Berger, Hartwig (1990): Vom Klassenkampf zum Kulturkonflikt – Wandlungen und Wendungen der westdeutschen Migrationsforschung. In: Dittrich, Eckhard / Radtke, Frank-Olaf (Hrsg.): Ethnizität. Wissenschaft und Minderheiten. Opladen: Westdeutscher Verlag. 110–140
Berlin-Institut für Bevölkerung und Entwicklung (2009): Ungenutzte Potenziale. Zur Lage der Integration in Deutschland. Berlin: Berlin-Institut
Berlin-Institut für Bevölkerung und Entwicklung (2014): Neue Potenziale. Zur Lage der Integration in Deutschland. Berlin: Berlin-Institut
Bienfait, Agathe (2006): Im Gehäuse der Zugehörigkeit. Wiesbaden: VS-Verlag
Boos-Nünning, Ursula / Karakasoglu, Yasemin (2005): Viele Welten leben. Zur Lebenssituation von Mädchen und jungen Frauen mit Migrationshintergrund. Münster: Waxmann-Verlag
Bommes, Michael / Scherr, Albert (1991): Der Gebrauchswert von Fremd- und Selbstethnisierung in Strukturen sozialer Ungleichheit. In: Prokla 21. 83. 291–316
Bommes, Michael / Scherr, Albert (2012): Soziologie der Sozialen Arbeit. 2. Auflage. Weinheim / München: Juventa

Bommes, Michael (1999): Migration und nationaler Wohlfahrtsstaat. Ein differenzierungstheoretischer Entwurf. Opladen / Wiesbaden: Westdeutscher Verlag

Bommes, Michael (2006): Einleitung: Migrations- und Integrationspolitik zwischen institutioneller Anpassung und Abwehr. In: Bommes, Michael / Schiffauer, Werner (Hrsg.): Migrationsreport 2006. Frankfurt / New York: Campus. 9–29

Brinkmann, Ulrich / Röbenack, Silke (2006): Prekäre Arbeit. Bonn: Friedrich-Ebert-Stiftung

Broden, Anne / Mecheril, Paul (2007): Migrationsgesellschaftliche Re-Präsentationen. In: Dies. (Hrsg.): Re-Präsentationen. Dynamiken der Migrationsgesellschaft. Düsseldorf: IDA-NRW. 7–28

Brubaker, Rogers (2007): Ethnizität ohne Gruppen. Hamburg: Hamburger Edition

Brumlik, Micha (1999): Selbstachtung und nationale Kultur. Zur politischen Ethik multikultureller Gesellschaften. In: Kiesel, Doron / Messerschmidt, Astrid / Scherr, Albert (Hrsg.): Die Erfindung der Fremdheit. Frankfurt: Brandes & Apsel. 17–3

Bukow, Wolf-Dieter / Llayora, Roberto (1988): Mitbürger aus der Fremde. Soziogenese ethnischer Minoritäten. Opladen: Westdeutscher Verlag

Bukow, Wolf-Dieter / Nikodem, Claudia / Schulze, Erika (2001): Die multikulturelle Stadt. Opladen: Leske + Budrich

Bukow, Wolf-Dieter / Nikodem, Claudia / Schulze, Erika/Yildiz, Erol (2007): Was heißt hier Parallelgesellschaft? Wiesbaden: VS-Verlag für Sozialwissenschaften

Bundesamt für Migration und Flüchtlinge (BAMF) (2008): Integration. www.bamf.de/cln_092/nn_442016/DE/Integration/integration-node. html?__nnn=true (aufgerufen am 28.6.2008)

Bundesregierung (2007): Nationaler Integrationsplan. Neue Wege – neue Chancen. Berlin

Castles, Stephen (2005): Warum Migrationspolitiken scheitern. In: Peripherie 25. 97/98. 10–34

Castro Varela, María do Mar / Dhawan, Nikita (2006): Das Dilemma der Gerechtigkeit. Migration, Religion und Gender. In: Das Argument 266/48.3. Berlin: Argument Verlag. 427–440

Castro Varela, María do Mar / Dhawan, Nikita (Hrsg.) (2011): Soziale (Un)Gerechtigkeit. Kritische Perspektiven auf Diversity, Intersektionalität und Antidiskriminierung. Münster: Lit-Verlag

Çil, Nevim (2011): *Diversity* und Multikulturalität: Macht und
Ausgrenzung in modernen Gesellschaften. In: Stemmler, Susanne (Hrsg.) (2011): Multikultur 2.0. Willkommen im Einwanderungsland Deutschland. Göttingen: Wallstein. 192–201

Cushner, Kenneth / McClelland, Averil / Safford, Philip (1996): Human Diversity in Education. New York: McGraw- Hills Education

Dangschat, Jens S. (1998): Warum ziehen sich Gegensätze nicht an? Zu einer Mehrebenen-Theorie ethnischer und rassistischer Konflikte um den städtischen Raum. In: Heitmeyer, Wilhelm / Dollase, Rainer / Backes, Otto, (Hrsg.): Die Krise der Städte. Frankfurt: Suhrkamp. 9–20

Decker, Oliver / Brähler, Elmar (2006): Vom Rand zur Mitte. Rechtsextreme Einstellungen und ihre Einflussfaktoren in Deutschland. Berlin: Friedrich-Ebert-Stiftung

Decker, Oliver / Kiess, Johannes / Brähler, Elmar (Hrsg.) (2015): Rechtsextremismus der Mitte und sekundärer Autoritarismus. Giessen: Psychosozial Verlag

Dollase, Rainer / Koch, Kai-Christian (2006): Die Integration der Muslime. In: Aus Politik und Zeitgeschichte. 40–41. 22–26

Eagleton, Terry (2001): Was ist Kultur? München: C. H. Beck

Ellermann, Antje (2009): States against Migrants. Cambridge: Cambridge University Press

Elias, Norbert / Scotson, John L. (1993): Etablierte und Außenseiter. Frankfurt: Suhrkamp

Esser, Hartmut (2000): Soziologie. Spezielle Grundlagen. Band 2: Die Konstruktion der Gesellschaft. Frankfurt / New York: Campus

Esser, Hartmut (2001): Integration und ethnische Schichtung. Mannheim (MZES Arbeitspapier Nr. 40)

Esser, Hartmut (2006): Sprache und Integration. Frankfurt / New York: Campus

Filsinger, Dieter (2014): Integration – ein Paradigma ohne Alternative? In: Alisch, Monika (Hrsg.): Älter werden im Quartier. Kassel: Kassel University Press, S. 169–195

Finkielkraut, Alain (1991): Die Niederlage des Denkens. Reinbek: Rowohlt
Flam, Helena (Hrsg.) (2007): Migranten in Deutschland. Statistiken – Fakten – Diskurse. Konstanz: UVK Verlagsanstalt
Foroutan, Naika (2014): Beyond Integration? Postmigrantische Perspektiven in Deutschland. In: Rat für Migration (Hrsg.): Dokumentation der Tagung „Migrations- und Integrationspolitik heute". Berlin: Rat für Migration, S. 35–45
Fraser, Nancy (2003): Soziale Gerechtigkeit im Zeitalter der Identitätspolitik. In: Fraser, Nancy / Honneth, Axel (Hrsg.): Umverteilung oder Anerkennung? Frankfurt: Suhrkamp. 13–128
Friedrichs, Jürgen (Hrsg.) (1999): Die Individualisierungs-These. Opladen: Leske + Budrich
Gutiérrez Rodríguez, Encarnación (2006): Ethnisierung und Vergeschlechtlichung Revisited oder über Rassismus im neoliberalen Zeitalter. Beitrag zum virtuellen Seminar ‚Interdependenzen – Geschlecht, Ethnizität und Klasse'. www.academia.edu/3174402/Ethnisierung_und_Vergeschlechtlichung_Revisi_ted_oder_über_Rassismus_im_neoliberalen_Zeitalter true (aufgerufen am 22.12.2015)
Gomolla, Mechthild / Radtke, Frank-Olaf (2009): Institutionelle Diskriminierung. Die Herstellung ethnischer Differenz in der Schule. 3. Auflage. Wiesbaden: Springer VS
Häußermann, Hartmut (2006): Stadt – Land. In: Lessenich, Stephan / Nullmeier, Frank (Hrsg.): Deutschland – eine gespaltene Gesellschaft. Frankfurt / New York: Campus. 256–272
Hauck, Gerhard (2006): Multikulturalismus, Umverteilung, Anerkennung. Vom Unbehagen in der Vielfalt der Kulturen. In: Peripherie 26/104, www.zeitschrift-peripherie.de/Hauck_Multikulturalismus.pdf (aufgerufen am 19.12.2015)
Heckmann, Friedrich (1992): Ethnische Minderheiten, Volk und Nation. Stuttgart: Enke
Heckmann, Friedrich (1998): Ethnische Kolonien: Schonraum für Integration oder Verstärker für Abgrenzung? In: Forschungsinstitut der Friedrich-Ebert-Stiftung (Hrsg.): Ghettos oder ethnische Kolonien? Bonn. 29–42
Heckmann, Friedrich (2004): Integration von Migranten in europäischen Gesellschaften. In: Jehle, Bernhard / Kammerer, Bernd / Unbehaun, Horst (Hrsg.): Migration – Integration – Interkulturelle Arbeit. Chancen und Perspektiven der pädagogischen Arbeit mit Kindern und Jugendlichen. Nürnberg: emwe-Verlag. 19–30
Heckmann, Friedrich (2005): Bedingungen erfolgreicher Integration. Bamberg. www.efms.de
Heitmeyer, Wilhelm (1996): Ethnisch-kulturelle Konfliktdynamiken in gesellschaftlichen Desintegrationsprozessen. In: Ders. (Hrsg.): Die bedrängte Toleranz. Frankfurt: Suhrkamp. 31–63
Heitmeyer, Wilhelm (1997): Einleitung: Sind individualisierte und ethnisch-kulturell vielfältige Gesellschaften noch integrierbar? In: Ders. (Hrsg.): Was hält die Gesellschaft zusammen? Frankfurt: Suhrkamp. 9–22
Heitmeyer, Wilhelm / Dollase, Rainer / Backes, Otto (1998): Einleitung: Die städtische Dimension ethnischer und kultureller Konflikte. In: Dies. (Hrsg.): Die Krise der Städte. Frankfurt: Suhrkamp. S. 9–20
Heitmeyer, Wilhelm / Imbusch, Peter (Hrsg.) (2005): Integrationspotenziale einer modernen Gesellschaft. Wiesbaden: VS-Verlag
Heitmeyer, Wilhelm (Hrsg.) (2007): Deutsche Zustände 5. Frankfurt: Suhrkamp
Hess, Sabine / Binder, Jana / Moser, Johannes (Hrsg.) (2009): no integration?! Kulturwissenschaftliche Beiträge zur Integrationsdebatte in Europa. Bielefeld: transcript
Hess, Sabine (2014): Für eine Migrationsforschung jenseits des Integrationsparadigmas. In: Rat für Migration (Hrsg.): Dokumentation der Tagung „Migrations- und Integrationspolitik heute". Berlin: Rat für Migration. S. 25–34
Hormel, Ulrike / Scherr, Albert (2004): Bildung für die Einwanderungsgesellschaft. Wiesbaden: VS-Verlag
Hormel, Ulrike / Scherr, Albert (Hrsg.) (2010): Diskriminierung. Grundlagen und Forschungsergebnisse. Wiesbaden: VS-Verlag
Kühn, Heinz (1979): Stand und Weiterentwicklung der Integration der ausländischen Arbeiternehmer und ihrer Familien in Deutschland. Bonn (www.migrationonline.de/data/khnmemorandum_1.pdf)

Kymlika, Will (1999): Multikulturalismus und Demokratie. Berlin: Rotbuch Verlag
Lapyeronnie, Didier (2006): ,Primitive Revolte' in den französischen Vorstädten. In: Soziale Probleme 17. 1. 63–89
Lentin, Alana (2014): Post-race, post politics: the paradoxical rise of culture after multiculturalism. In: Ethnic and Racial Studies, 37:8. 1268–1285
Lessenich, Stephan / Nullmeier Frank (Hrsg.) (2006): Deutschland – eine gespaltene Gesellschaft. Frankfurt/New York: Campus
Lucassen, Leo (2004): Assimilation in Westeuropa seit Mitte des 19. Jahrhunderts. In: Bade, Klaus J. / Bommes, Michael / Münz, Rainer (Hrsg.): Migrationsreport 2004. Frankfurt / New York: Campus. 43–66
Lynen van Berg, Heinz (2000): Politische Mitte und Rechtsextremismus. Opladen: Leske + Budrich
Mannitz, Sabine (2006): Die verkannte Integration. Eine Langzeitstudie unter Heranwachsenden aus Migrantenfamilien. Bielefeld: transcript
Münch, Richard (1997): Elemente einer Theorie der Integration moderner Gesellschaften. In: Heitmeyer, Wilhelm (Hrsg.): Was hält die Gesellschaft zusammen? Frankfurt: Suhrkamp. 66–108
Nassehi, Armin (1997): Inklusion, Exklusion, Integration, Desintegration. In: Heitmeyer, Wilhelm (Hrsg.): Was hält die Gesellschaft zusammen? Frankfurt: Suhrkamp. 113-148
Nassehi, Armin (1999): Differenzierungsfolgen. Opladen: Westdeutscher Verlag
Ohlemacher, Thomas (1993): Bevölkerungsmeinung und Gewalt gegen Ausländer im wiedervereinigten Deutschland. Berlin: Wissenschaftszentrum Berlin
Perko, Gudrun / Czollek, Leah Carola (2007): „Diversity" in außerökonomischen Kontexten: Bedingungen und Möglichkeiten der Umsetzung. In: Broden, Anna / Mecheril, Paul (Hrsg.): Re-Präsentationen. Dynamiken der Migrationsgesellschaft. Düsseldorf IDA-NRW. 161–180
Pieper, Marianne / Panagiotidis, Efthimia / Tsianos, Vassilis (2011): Konjunkturen der egalitären Exklusion. Postliberaler Rassismus und verkörperte Erfahrungen der Prekarität. In: Pieper, Marianne / Atzert, Thomas / Karakayali, Serhat / Tsianos, Vassilis (Hrsg.): Biopolitik in der Debatte. Wiesbaden: VS-Verlag. 193–226
Pries, Ludger (1998): Transnationale soziale Räume. In: Beck, Ulrich (Hrsg.): Perspektiven der Weltgesellschaft. Frankfurt: Suhrkamp. 55–86
Pries, Ludger (2014): Integration als Eröffnung gesamtgesellschaftlicher Teilhabechancen. In: Rat für Migration (Hrsg.): Dokumentation der Tagung „Migrations- und Integrationspolitik heute". Berlin: Rat für Migration, S. 46–60
Pries, Ludger (2015): Teilhabe in der Migrationsgesellschaft. In: Institut für Migrationsforschung und Interkulturelle Studien. IMIS-Beiträge 47. Osnabrück: IMIS. 7–36
Radtke, Frank-Olaf (1991): Lob der Gleich-Gültigkeit. Die Konstruktion des Fremden im Diskurs des Multikulturalismus. In: Bielefeld, Uli (Hrsg.): Das Eigene und das Fremde. Hamburg: Junius. 79–96
Rommelspacher, Birgit (1995): Dominanzkultur. Texte zu Fremdheit und Macht. Berlin: Orlanda Frauenverlag
Römhild, Regina (2014): Diversität?! Postethnische Perspektiven für eine reflexive Migrationsforschung. In: Nieswand, Boris / Drotbohm, Heike (Hrsg.): Kultur, Gesellschaft, Migration. Die reflexive Wende in der Migrationsforschung. Wiesbaden: VS-Verlag. 255–271
Sachverständigenrat deutscher Stiftungen für Integration und Migration (2015): Unter Einwanderungsländern: Deutschland im internationalen Vergleich. Jahresgutachten 2015. Berlin: SVR
Scherr, Albert (1999): Die Konstruktion von Fremdheit in sozialen Prozessen. In: Kiesel, Doron / Messerschmidt, Astrid / Scherr, Albert (Hrsg.): Die Erfindung der Fremdheit. Frankfurt: Brandes & Apsel. 49–66
Scherr, Albert (2000): Ethnisierung als Ressource und Praxis. In: Prokla. 120. 399–414
Scherr, Albert (2007): Diversity im Kontext von Machtbeziehungen und sozialer Ungleichheit. In: GPJE (Hrsg.): Diversity Studies und Politische Bildung. Bad Schwalbach: Wochenschau-Verlag. 53–66

Scherr, Albert (2013): The Construction of National Identity in Germany: "Migration Background" as a Political and Scientific Category. Toronto: RCIS Working Paper No. 2013/2 (www.ryerson.ca/.../RCIS_WP_Scherr_No_2013_2)

Scherr, Albert (Hrsg.) (2014): Diskriminierung migrantischer Jugendlicher in der beruflichen Bildung. Weinheim und Basel: Beltz Juventa

Scherr, Albert/El-Mafaalani, Aladin/Yüksel, Gökçen (Hrsg.) (2017): Handbuch Diskriminierung. Wiesbaden: Springer

Schiffauer, Werner (1997): Die civil society und der Fremde. In: Ders.: Fremde in der Stadt: Frankfurt: Suhrkamp. 35-49

Schiffauer, Werner / Baumann, Gerd / Kastoryano, Riva / Vertovec, Steven (Hrsg.) (2002): Staat, Schule, Ethnizität. Münster / New York / München / Berlin: Waxmann

Schiffauer, Werner (2006): Verwaltete Sicherheit – Präventionspolitik und Integration. In: Bommes, Michael / Schiffauer, Werner (Hrsg.): Migrationsreport 2006. Frankfurt / New York: Campus. 113-164

Sen, Amartaya (2007): Die Identitätsfalle. Warum es keinen Krieg der Kulturen gibt. München: C. H. Beck

Sennett, Richard (1998): Der flexible Mensch. Die Kultur des neuen Kapitalismus. Berlin: Berlin Verlag

Stemmler, Susanne (Hrsg.) (2011): Multikultur 2.0. Willkommen im Einwanderungsland Deutschland. Göttingen: Wallstein

Strasser, Sabine (2014): Post-Multikulturalismus und „repressive Autonomie": sozialanthropologische Perspektiven zur Integrationsdebatte. In: Nieswand, Boris / Drotbohm, Heike (Hrsg.): Kultur, Gesellschaft, Migration. Die reflexive Wende in der Migrationsforschung. Wiesbaden: VS-Verlag. 41-69

Stichweh, Rudolf / Windolf, Paul (Hrsg.) (2009): Inklusion und Exklusion. Wiesbaden: Springer VS

Stuttgarter Bündnis für Integration (2006): Grundlagen der Integrationspolitik in der Landeshauptstadt Stuttgart. Stuttgart

Sutterlüty, Ferdinand (2006): Wer ist was in deutsch-türkischen Nachbarschaften? In: Aus Politik und Zeitgeschichte. 40-41. 27-34

Taylor, Charles (1993): Multikulturalismus und die Politik der Anerkennung. Frankfurt: Suhrkamp

Thränhardt, Dietrich (1999): Integrationsprozesse in der Bundesrepublik Deutschland. In: Forschungsinstitut der Friedrich-Ebert-Stiftung (Hrsg.): Integration und Integrationsförderung in der Einwanderungsgesellschaft. Bonn. 13-46

Vertovec, Steven (2007): Super-diversity and its implications. In: Ethnic and Racial Studies, 30:6. London: Routledge. 1024-1054

Vertovec, Steven / Wessendorf, Susanne (2010): The Multiculturalism Backlash: European Discourses, Policies and Practices. London: Routledge

Vertovec, Steven (2012): Superdiversität. In: Heimatkunde. Migrationspolitisches Portal. Berlin: Heinrich Böll Stiftung. https://heimatkunde.boell.de/2012/11/18/superdiversitaet (aufgerufen am 18.12.2015)

Thränhardt, Dietrich (2006): Deutsche – Ausländer. In: Lessenich, Stephan / Nullmeier, Frank (Hrsg.): Deutschland – eine gespaltene Gesellschaft. Frankfurt / New York: Campus. 273-294

Wacquant, Loic (1997): Über Amerika als verkehrte Utopie. In: Bourdieu, Pierre et al.: Das Elend der Welt. Konstanz: UVK. 169-178

Wieviorka, Michel (1998): Kritik des Multikulturalismus. In: Heitmeyer, Wilhelm / Dollase, Rainer / Backes, Otto (Hrsg.): Die Krise der Städte. Frankfurt: Suhrkamp. 97-122

Zetter, R. (2014): Schutz für Vertriebene. Konzepte, Herausforderungen und neue Wege. Bern: Bundespublikationen

Vielfalt als kommunale Gestaltungsaufgabe
Interkulturelle Öffnung und Diversity Management als strategische Antworten

Hubertus Schröer

Zusammenfassung

Langfristige gesellschaftliche Veränderungsprozesse und aktuelle Globalisierungsfolgen führen zu weltweiten Wanderungsprozessen. Migrantinnen und Migranten sowie Flüchtlinge erweitern die bunte Vielfalt deutscher Kommunen um eine weitere Komponente. Deutschland hat sich Jahrzehnte lang schwer getan mit der Anerkennung, ein Einwanderungsland zu sein und damit Einwanderung gezielt zu gestalten. Aus der Kritik an der deshalb unzureichenden und ungleichen Behandlung der Eingewanderten in den kommunalen Versorgungssystemen hat sich der Ansatz der interkulturellen Orientierung und Öffnung entwickelt. Parallel haben die Kommunen beziehungsweise ihre sozialen, pädagogischen oder gesundheitsbezogenen Dienste auch für andere Zielgruppen wie Frauen oder Behinderte Gleichstellungsstrategien übernommen. In einem breiten Verständnis von Vielfalt wird mit dem Diversity-Konzept und dessen strategischer Umsetzung im Diversity Management die Verengung der bisherigen Arbeitsansätze auf einzelne Zielgruppen kritisiert. Im Folgenden werden die Ansätze Interkulturelle Öffnung und Diversity Management in ihrer Entstehungsgeschichte vorgestellt und miteinander verglichen. Es wird vorgeschlagen, beide Strategien zu verbinden: Einerseits kann so der ganzheitliche Ansatz des Diversity Managements mit seinen Erfahrungen und Instrumenten fruchtbar gemacht werden, andererseits darf auch der gesellschaftspolitische Gehalt der Querschnittspolitiken wie Interkulturelle Öffnung, Gender Mainstreaming oder Inklusion nicht verloren gehen. In der Zusammenschau der unterschiedlichen Strategien und erweitert um den Analyseansatzes der Intersektionalität werden die gegenseitigen Abhängigkeiten und Überschneidungen der Vielfaltsdimensionen deutlich. Es sollen abschließend Konturen einer kommunalen Diversitätspolitik skizziert und Vorschläge für deren Umsetzung gemacht werden.

Schlüsselbegriffe

Vielfalt, Kultur und Interkulturalität, interkulturelle Orientierung und Öffnung, Diversity und Diversity Management, Intersektionalität, kommunale Umsetzungsstrategien

1 Vielfalt als kommunale Herausforderung

Vielfalt und Verschiedenheit haben schon immer das Leben der Kommunen bestimmt. Die Notwendigkeit, Vielfalt zu gestalten, mit Verschiedenheit politisch umzugehen, das gesellschaftliche Auseinanderdriften, Diskriminierung oder gar Ausgrenzung zu verhindern und Chancengleichheit zu verwirklichen, erscheint daher nicht als gänzlich neue Herausforderung für kommunale Politik und Verwaltung. Mit Themen wie interkulturelle Öffnung oder Diversity Management haben wir öffentliche Auseinandersetzungen darüber, wie mit Vielfalt strategisch umgegangen werden sollte und was getan werden muss, um Zusammenleben zu ermöglichen und soziale Gerechtigkeit verwirklichen zu helfen. Eine wesentliche Erklärung für diese aktuellen Diskussionen dürften die historischen Umwälzungen der jüngeren Vergangenheit sowie die Globalisierung und die damit verbundenen radikalen und zunehmend sich beschleunigenden Veränderungen sein. Dazu nur ein paar Schlaglichter, um den Rahmen abzustecken und die Grundlagen für den weiteren Gedankengang zu legen.

1.1 Vielfalt wird vielfältiger

Die gesellschaftlichen Entwicklungen und Veränderungen der vergangenen Jahrzehnte fordern eine neue Sicht auf Vielfalt und Verschiedenheit (vgl. für das Folgende Schröer 2012: 5). Nur einige Stichworte sollen den historischen, gesellschaftlichen und kulturellen Wandel beleuchten, der unseren Vielfaltsdiskurs bestimmt: Die Befreiungsbewegungen der Dritten Welt, die Krise des Eurozentrismus und dessen theoretische Aufarbeitung im Postkolonialismus haben Ethnizität als Folge früherer Kolonialisierung bewusst gemacht. Emanzipationsbewegungen von der Frauen- bis zur Studentenbewegung mit ihrer Patriarchats- und Autoritätskritik haben zur Krise des Androzentrismus beigetragen und das Verhältnis der Geschlechter neu bestimmt. Durch Individualisierung und Pluralisierung sind traditionelle homogene Milieus zerfallen, wurde der Druck auf konformes Verhalten verringert. Der damit verbundene Wertewandel, wie er sich etwa in einem veränderten Bild von Kind und Kindheit niederschlägt, setzt Selbständigkeit und Selbstverwirklichung gegen Gehorsam und Anpassung. Der demografische Wandel droht zu Auseinandersetzungen zwischen den Generationen im Kampf um knapper werdende Ressourcen zu führen. Zuwanderung, ethnische Auseinandersetzungen und religiös aufgeladene Konflikte stellen moderne Gesellschaften vor neue Herausforderungen. In der Wissenschaft wird das Thema Diversität in Differenztheorien, konstruktivistischen bzw. dekonstruktivistischen Ansätzen und aktuell Intersektionalitäts-Analysen aufgegriffen. Diskriminierung und Rassismus werden enttabuisiert und zu gesellschaftlichen und politischen Themen. Im Recht wurden mit EU-Richtlinien und dem Allgemeinen Gleichstellungsgesetz in Deutschland Antidiskriminierungsmaßnahmen kodifiziert. Vor diesem Hintergrund müssen Perspektiven für einen neuen Umgang mit Vielfalt gefunden werden. Anpassung und Assimilation an vermeintliche Normalitätsvorstellungen werden zunehmend dysfunktional.

Aus dem Vielfalt-Paradigma ergeben sich neue Kompetenz-Anforderungen an Organisationen und an Menschen mit – im weitesten Sinn – gesellschaftlicher Verantwortung, was gerade für die kommunale Arbeit gilt. Diese neue Kompetenz kann als „Vielfaltskompetenz" bezeichnet werden, also als Fähigkeit der organisatorischen und individuellen Bewältigung von sich ständig wandelnden Anforderungen und Aufgaben. Elemente dieser Kompetenz sind etwa der Umgang mit Ambivalenz, mit Uneindeutigkeiten, die Ambiguitätstoleranz, also das Aushalten von Ungewissheit und Fremdheit, die Fähigkeit zum Perspektivenwechsel und zur Flexibilität, die Einsicht in die Notwendigkeit reflexiven Handelns, das Denken in Zusammenhängen und eine ausgeprägte Analysefähigkeit.

Auch die kommunalen Handlungsfelder haben sich gegenüber der vielfältiger werdenden Vielfalt geöffnet und in den letzten Jahren unterschiedliche Strategien im Umgang mit ihr entwickelt. Im Gegensatz zu Diversity Management handelt es sich aber nicht um einen ganzheitlichen Ansatz. Vielmehr verdankt sich die unterschiedliche Aufmerksamkeit für die Vielfaltsdimensionen ebenso unterschiedlichen Herkünften, Herausforderungen und gesellschaftlichen Entwicklungen.

Die Auseinandersetzung mit Geschlechterverhältnissen und Geschlechterhierarchien hat zum Gender Mainstreaming-Ansatz geführt. Er ist Ergebnis des Kampfes der internationalen Frauenbewegung und hat damit einen bewegungspolitischen Hintergrund. Er versteht sich als politisch-strategischer Ansatz zur Organisationsveränderung mit dem Ziel der Herstellung von Chancengleichheit und der Gleichstellung der Geschlechter. Dafür ist inzwischen ein differenziertes Instrumentarium ausgearbeitet worden. Gender Mainstreaming ist überdies rechtlich EU-weit verankert.

Eine noch relativ neue Bewegung zur Inklusion Behinderter geht davon aus, dass Behinderung (auch) sozial hergestellt wird und dass alle Planungen und Maßnahmen auf ihre jeweilige Barrierepotenziale kritisch zu überprüfen sind. Es geht deshalb nicht mehr um Integration, also die Eingliederung in bestehende gesellschaftliche Verhältnisse. Es geht vielmehr um Inklusion, also um Zugehörigkeit von Anfang an und damit um die Umgestaltung der sozialen Umwelt für eine gemeinsame und gleichberechtigte Nutzung sowie um eine Förderung je nach den individuellen Bedürfnissen. Diese neue Orientierung hat auch bewegungspolitische Wurzeln, etwa in der Krüppelbewegung der 1970er Jahre und in diversen Elterninitiativen.

In vergleichbarer Weise hat es die Schwulen- und Lesben-Bewegung erreicht, dass gleichgeschlechtliche Lebensweisen durch eine offensive Öffentlichkeitsarbeit zunehmend enttabuisiert werden, dass Diskriminierungen auch rechtlich entgegengewirkt und die Integration in das gesellschaftliche Leben aktiv gefördert wird. Koordinierungsstellen für gleichgeschlechtliche Lebensweisen sind in ersten Kommunen der sichtbare Ausdruck einer erfolgreichen Emanzipation und Diversitätspolitik.

Und schließlich, hier das Thema, geht es um die Inklusion und Integration von Menschen mit Migrationshintergrund und den Abbau von Barrieren und Hindernissen bei der Nutzung gesellschaftlicher Angebote durch eine interkulturelle Orientierung und Öffnung. Es wird im Folgenden weiterhin von „Menschen mit Migrationshintergrund" die Rede sein. An dieser Stelle soll aber wenigstens erwähnt werden, dass diese Terminologie nicht ohne

Problematisierung und Widerspruch genutzt werden kann. Thomas Kunz hat aktuell zum zehnjährigen amtlichen Bestehen dieser Kategorie die Kritik zusammengefasst. Wichtig ist es, sich in der Praxis immer wieder bewusst zu machen, dass Migrationshintergrund als „eine Kategorie der *Fremdbeschreibung*" (Kunz 2015:258, Hervorhebung im Original) ein soziales Konstrukt ist. „Die mittels dieses Etiketts zu einer scheinbar homogenen Bevölkerungsgruppe aggregierten Einzelpersonen unterscheiden sich untereinander jedoch vielfältig und weisen eine große Heterogenität auf" (ebd.). Zudem hat die Begrifflichkeit „eine ebenso ab- wie ausgrenzende Funktion entfaltet" (ebd.: 260) und trägt damit immer wieder dazu bei, die Dichotomie von „wir" und „ihr" aufrecht zu erhalten.

1.2 Globalisierung und demografischer Wandel

Globalisierung bedeutet weltweite Arbeitsteilung, Kontinente übergreifender Wirtschaftsaustausch, das Ausnützen unterschiedlicher Produktions-, Sozial- oder Steuersysteme. Der reiche Teil der Welt profitiert dabei auf Kosten der ärmeren Länder: durch die gezielte Ausbeutung der jeweils billigsten Ware Arbeitskraft, durch Zerstörung sozialer, kultureller und ökologischer Systeme, durch kriegerische Auseinandersetzungen sowohl als Folge kolonial gesetzter willkürlicher Grenzziehungen wie auch als Kampf um wertvolle Ressourcen. Das sind wesentliche Ursachen für weltweite Wanderungsbewegungen. Menschen machen sich auf den Weg – auf der Flucht vor Bürgerkriegen und Terrorsystemen, ökologischen Katastrophen, unzureichenden Arbeitsmöglichkeiten und damit fehlenden Zukunftsperspektiven.

Diese Push-Faktoren treffen in einer gewissen Parallele zu den 1950er bis 1970er Jahren auf Pull-Faktoren in den kapitalistischen Ländern des Westens. Wie schon zu Zeiten der „Gastarbeiteranwerbung" werden Arbeitskräfte gebraucht, allerdings mit anderen Qualifikationen als seinerzeit. Der demografische Wandel beispielsweise in Deutschland führt zu einem ansteigenden Bedarf an Arbeits- und insbesondere an Fachkräften, der von der Großindustrie über kleine und mittlere Unternehmen bis zu den öffentlichen Verwaltungen die Verantwortlichen vor die Aufgabe stellt, im „Kampf um die besten Köpfe" nicht auf der Strecke zu bleiben und sich im Blick auf die wachsende Vielfalt in der Gesellschaft personalstrategisch rechtzeitig zu positionieren. Die Schlagworte dafür lauten: „weniger, älter, weiblicher, bunter". Diese Entwicklung hat Konsequenzen für den Arbeitsmarkt wie für die sozialen Sicherungssysteme.

Das Statistische Bundesamt hat im April 2015 seine 13. koordinierte Bevölkerungsberechnung vorgestellt. Danach werde die Bevölkerung in Deutschland zwar wegen der Einwanderung zunächst noch wachsen. Langfristig wird sie jedoch zurückgehen und „bei gleichbleibender Geburtenhäufigkeit und einer moderaten Erhöhung der Lebenserwartung bis 2060 auf 77 bis 67 Mio. Menschen schrumpfen, je nachdem ob jährlich 300.000, 200.000 beziehungsweise 100.000 Menschen mehr ein- als auswandern" (Alscher/Hummitzsch 2015: 4). Hingewiesen wird darauf, dass die aktuelle Zuwanderung aus der Europäischen Union sowie aus Ost- und Südosteuropa so nicht anhalten wird, so dass neben der besseren

Ausschöpfung der vorhandenen Arbeitskräftepotenziale bei Frauen, Menschen mit Migrationshintergrund und zum Teil auch älteren Menschen es vor allem auf die Einwanderung aus Drittstaaten ankommen wird (ebd.: 5).

Die wenigen Daten machen die Herausforderungen deutlich: Der produktive Umgang mit Vielfalt wird zum entscheidenden Erfolgsfaktor für fast alle gesellschaftlichen Institutionen. Die Verantwortlichen werden mit einer zunehmenden Zahl von Menschen zu tun haben, die eine Vielfalt an Sprachen, Kulturen, Eigenarten auszeichnen. Zugleich gibt es keine statischen kulturellen Gruppen. Vielmehr sind diese differenziert in einer Vielfalt von Milieus mit verbindenden Gemeinsamkeiten und trennenden Verschiedenheiten. Diese Unterschiedlichkeit findet sich sowohl auf Seiten der Mitarbeiterinnen und Mitarbeiter in den Institutionen wie auf Seiten der Kundinnen und Kunden beziehungsweise Nutzerinnen und Nutzer z. B. öffentlicher Dienstleistungen. Das muss Folgen haben für die Kommunikation nach innen und außen und bietet zugleich Chancen für neue Möglichkeiten der Innovation und Kreativität in diversen Arbeitsteams. In Abwandlung der berühmten Feststellung von Watzlawick über Kommunikation formuliert Schwarz-Wölzl (2002: 4) die These: „Wir können nicht nicht divers sein".

1.3 Ethnische Vielfalt durch Einwanderung und Flucht

Das Thema dieses Buches und dieses Beitrages ist die zunehmende ethnische Vielfalt in unseren Kommunen und die sich daraus ergebende politische Gestaltungsaufgabe. Auch dazu einige wesentliche Daten und Fakten, die Gestaltungsnotwendigkeit und Gestaltungsspielräume deutlich werden lassen.

„Großstädte sind Zuwanderungsmagnete" überschreibt Stefan Alscher (2015: 5) seine Zusammenfassung der Daten des Mikrozensus 2013. Inzwischen leben in Deutschland mehr als 17 Mio. Menschen mit Migrationshintergrund, davon ein Viertel in den 15 größten Städten. Der durchschnittliche Anteil der Bevölkerung mit Migrationshintergrund in diesen Städten lag bei über 30 %. Im Städtevergleich verzeichnet Frankfurt am Main (51,2 %) den höchsten Anteil von Bewohnern mit Migrationshintergrund, gefolgt von Stuttgart (44 %), Nürnberg (43,4 %) und München (41,6 %). Dabei sind die Entwicklungen in den Städten jedoch sehr unterschiedlich. Städten mit hohen Wachstumsraten der Bevölkerung – wie Berlin, München, Köln oder Düsseldorf – stehen andere Städte mit geringem Wachstum oder gar Rückgang gegenüber (z. B. Duisburg, Leipzig, Stuttgart). Dass gilt insbesondere für das Wachstum der Bevölkerung ohne Migrationshintergrund.

Auch wenn die Daten zeigen, dass die Bevölkerung mit Migrationshintergrund überwiegend in den städtischen Regionen lebt, fällt gerade im europäischen Vergleich auf, dass „dass (sie) sich (…) in den alten Bundesländern auf eine Vielzahl von Städten auch kleinerer und mittlerer Größenordnung verteilt" (Gesemann 2015: 265). „Mehr als die Hälfte der Bevölkerung mit Migrationshintergrund (55,8 %) lebt in Städten und Gemeinden mit weniger als 100.00 Einwohnern" (ebd.).

Insgesamt verzeichnet Deutschland nach Zeiten des Rückgangs in den Jahren 2013 und 2014 wieder einen Wanderungsüberschuss von jeweils über 400.000 Menschen. Dieser Trend wird anhalten. 2015 war der Zuwanderungsgewinn in Folge der Flüchtlingszahlen 1,14 Mio. Es lebten insgesamt 17,1 Mio. Menschen mit Migrationshintergrund in Deutschland. Jeder Fünfte ist also von einer Wanderungsgeschichte geprägt. Vor dem Hintergrund des eingangs geschilderten demografischen Wandels und der aktuellen Diskussion um die Notwendigkeit weiterer Einwanderung und einer neuen Willkommenskultur werden intensive Anstrengungen unternommen werden (müssen), um den Wirtschaftsstandort Deutschland attraktiv und wettbewerbsfähig zu erhalten. Die sich daraus ergebenden Konsequenzen, die Minimierung von Risiken und die Nutzung der darin enthaltenen Chancen sollten auf kommunaler Ebene rechtzeitig aufgegriffen und zukunftsorientiert gestaltet werden.

Dieser Prozess wird noch überlagert und kompliziert durch die weltweiten Fluchtbewegungen, die zunehmend Europa und besonders auch Deutschland erreichen. Dabei soll daran erinnert werden, dass im reichen Westen „nur" ein kleiner Teil ankommt, die meisten verbleiben als Binnenflüchtlinge in ihrem Land. Es waren fast 41 Mio. Menschen innerhalb ihres eigenen Staatsgebietes auf der Flucht, weltweit sind es 65. Mio. In Deutschland sind 2015 etwa 890.000 Schutzsuchende registriert worden, 476.000 haben einen Asylantrag gestellt, 2016 sogar 745.000 Geflüchtete (vgl. BAMF 2017).

Diese Zahlen sollen verdeutlichen, dass es keine kommunale Handlungsperspektive sein kann, nichts zu tun. Die Einwanderung von insbesondere qualifizierten Arbeitskräften wird gezielt und verstärkt bundespolitisch gefördert werden. Die Zahlen der Flüchtlinge werden auf lange Zeit hoch bleiben. Auch bei ihnen wird über die Herausforderungen durch Registrierung, Verteilung, Unterbringung usw. hinaus die Chance gesehen, ihre mitgebrachten Qualifikationen und hohe Motivation positiv zu nutzen. Im Ergebnis wird die wachsende Vielfalt unterschiedlicher Herkunft die deutschen Kommunen kennzeichnen. Das gilt zwar in höherem Maße für die großen, attraktiven und ökonomisch starken Städte. Aber diese Entwicklung geht letztlich an keiner deutschen Gemeinde vorbei. Sich darauf einzustellen und den Prozess für die Kommune und ihre alte und neue Bevölkerung gedeihlich und friedlich zu gestalten, ist zu einer der großen Aufgaben für kommunale Politik und Verwaltung geworden und wird es auf Dauer bleiben. Politik als Notwendigkeit der Lösung gegenwärtiger Herausforderungen und der Gestaltung zukünftiger Entwicklungen bedarf dafür Strategien der Steuerung und Umsetzung. Die strategischen Ansätze interkulturelle Orientierung und Öffnung sowie des Diversity Managements geben Antworten auf die neuen Fragen.

2 Interkulturelle Orientierung und Öffnung

Die Forderung nach der interkultureller Öffnung von Organisationen hat sich vor etwa 20 Jahren aus einer selbstkritischen Reflexion der Sozialen Arbeit und Pädagogik über ihren professionellen Umgang mit eingewanderten Familien, Kindern und Jugendlichen entwickelt. Dabei standen die fachlichen Inhalte der Profession ebenso in der Kritik wie die institutionalisierte Form der sozialen Versorgung durch exklusive Sonderdienste der Wohlfahrtsverbände statt durch die kommunale Regelversorgung. Als Ergebnis hat sich das Paradigma der interkulturellen Arbeit herausgebildet mit der Forderung nach interkultureller Kompetenz der handelnden Personen und der interkulturellen Öffnung der dieses Handeln bestimmenden Institutionen. Wenige Jahre später sah sich die interkulturelle Arbeit mit dem Diversity-Ansatz konfrontiert. Mit Blick auf die gesellschaftliche Vielfalt rezipierte insbesondere die Personal- und Organisationsentwicklung Erfahrungen US-amerikanischer Unternehmensstrategien zum produktiven Umgang mit Vielfalt und kritisierte die kategoriale Verengung auf einzelne Zielgruppen wie Eingewanderte, Frauen oder Behinderte. In welchem Verhältnis diese beiden Ansätze zur Öffnung und Veränderung von Organisationen zueinander stehen, soll im Folgenden diskutiert werden.

2.1 Entwicklungslinien interkultureller Öffnung

Die Beschäftigung ausländischer Arbeitnehmerinnen und Arbeitnehmer in Deutschland seit 1955 war – auf beiden Seiten – von der Illusion begleitet, es würde sich nur um einen vorübergehenden Aufenthalt handeln (Vgl. für das Folgende ausführlich Schröer 2007: 80). Soziale Beratung und Betreuung wurden – nach Religionszugehörigkeit beziehungsweise nationaler Herkunft – unhinterfragt den Wohlfahrtsverbänden überantwortet. Die (kommunale) Regelversorgung wusste mit dieser Situation gut zu leben, weil sie sich damit schwieriger Herausforderungen entledigen konnte. Fragen der interkulturellen Orientierung und Öffnung haben sich seinerzeit nicht gestellt. Erst in den 1980er Jahren, lange nach der Verfestigung der Einwanderungssituation, werden die Sonderdienste für Ausländer kritisch analysiert. Vorgeworfen wird dieser Sonderbehandlung die paternalistischen Betreuungssituation und die Ungleichbehandlung gegenüber der Mehrheitsbevölkerung. Interkulturell orientierte Arbeitsansätze entwickeln sich aus der Forderung nach „Interkultureller Kompetenz" als einem neuen Anforderungsprofil für Mitarbeiterinnen und Mitarbeiter sozialer Dienstleistungseinrichtungen (Hinz-Rommel 1994). Die Ergebnisse dieses Diskurses hat sich die damalige Beauftragte der Bundesregierung für die Belange der Ausländer, Cornelia Schmalz-Jacobsen, in den „Empfehlungen zur interkulturellen Öffnung sozialer Dienste" (Bundesausländerbeauftragte der Bundesregierung 1994) zu Eigen gemacht. Seitdem ging die Fachdiskussion von einer „faktischen Einwanderungssituation" aus (ebd. 1994: 13), kritisierte die bestehende Angebotsstruktur als nicht ausreichend und forderte die Integration von Zuwanderern in die allgemeinen Angebote. Und schon damals betonte die Beauftragte: „Die interkulturelle Öffnung ist keine Aufgabe allein für die sozialen Dienste, sondern eine Herausforderung für die gesamte Gesellschaft" (ebd.: 9). Was als Kritik an der Effektivität und Effizienz der sozialen Dienste und pädagogischen Institutionen und daran anschließend mit einem professionsbezogenen fachlichen Diskurs begonnen hat, ist inzwischen als Postulat der sozialen Gerechtigkeit zu einer Forderung an die Gesellschaft insgesamt und damit an alle Institutionen, insbesondere die Kommunen geworden.

2.2 Exkurs: Kulturverständnis und Interkulturalität

Der Begriff des „Inter-Kulturellen" in der Forderung nach interkultureller Öffnung, interkultureller Kompetenz oder auch nach interkultureller Sozialarbeit und Pädagogik ist in Theorie und Praxis nicht unumstritten. Es werden vielfältige Versuche unternommen, den Aspekt der kulturellen Differenz zu vermeiden und durch andere Anknüpfungspunkte zu ersetzen. Einige Konzepte bleiben dabei begrifflich der interkulturellen Arbeit verbunden und versuchen mit Vorschlägen wie Soziale Arbeit in der Einwanderungsgesellschaft, migrationspolitische Öffnung oder migrations- und kultursensibles Handeln die Offenheit für die Realitäten und Herausforderungen einer diversen Einwanderungsgesellschaft zu betonen. Andere Konzepte grenzen sich begrifflich ausdrücklich von interkulturellen Ansätzen ab und firmieren als Diversity-, Antidiskriminierungs- beziehungsweise antirassistische Pädagogik (vgl. von Oppen 2015: 216).

In einem kurzen Exkurs soll das hier vertretene Verständnis von Kultur und Interkulturalität umrissen und dargestellt werden, warum trotz der Kritik gegenüber Gefahren der Kulturalisierung für die Praxis von Politik und Verwaltung an den mittlerweile gewohnten Begrifflichkeiten festgehalten werden kann und sollte.

Kritik kommt von zwei Seiten: Zum einen von Vertretern des „Transkulturalismus", die sich vor allem im Gesundheitsbereich, aber auch beispielsweise in der Schweiz finden. Sie beziehen sich auf den Kulturphilosophien Wolfgang Welsch (1995) und kritisieren am Interkulturalismus, dass damit – vor allem in der Praxis – ein enges, statisches Verständnis von unveränderbaren und in sich homogenen Kulturen verbunden sei. Der Transkulturalismus geht von sich verändernden und miteinander sich vermischenden Kulturen aus mit dem Ergebnis von etwas Neuem jenseits des Gegensatzes von Eigen- und Fremdkultur. Das Präfix „trans" (lat.: über, hinaus) verweist auf diese Grenzüberschreitung.

Eine weitere, grundsätzliche Kritik wirft dem interkulturellen Ansatz einen naiven Kulturalismus und die Essentialisierung von Kultur vor, die überhaupt erst kulturelle Differenz hervorheben und damit Probleme und Herausforderungen konstruierten, die in der Regel nicht kulturell bedingt sind, sondern rechtliche, soziale, ökonomische und politische Benachteiligungen als Ursache haben. In seiner radikalen Variante behauptet diese Kritik die völlige Irrelevanz kultureller Differenzen (Einen guten Überblick über die unterschiedlichen Kritikpunkte gibt von Oppen 2015).

Der hier vertretene Begriff der Interkulturalität geht von einem weit gefassten, dynamischen Kulturverständnis aus. Es ist nicht beschränkt auf künstlerische Produkte als

Ergebnis ästhetischer Auseinandersetzungen. Es umfasst vielmehr das alltägliche Leben und Arbeiten. Kultur ist gesellschaftliche Konstruktion, ist historisch zu verstehen und somit ständigen Veränderungen unterworfen (Vgl. zum Folgenden Handschuck/Schröer 2012: 33 ff.)

Im Interkulturellen enthalten ist die Vorstellung von Begegnung, Austausch, Aushandlung und Verständigung. Das Präfix „inter" (lat.: zwischen) betont die Beziehungen zwischen verschiedenen Personen und Gruppen, nicht nur zwischen Mehrheit und Minderheiten, Einheimischen und Eingewanderten. Es hebt Interdependenzen und Interaktionen sowie Veränderungsprozesse hervor und bezeichnet insoweit die in interkulturellen Prozessen enthaltene Dynamik. In diesem weiten Verständnis reduziert sich Interkulturalität nicht allein auf das Verhältnis von Alteingesessenen und Eingewanderten, sondern gilt ganz umfassend für das Verhältnis zwischen unterschiedlichen Lebensformen und umfasst Unterschiede des Geschlechtes, des Alters, der Religion, der sexuellen Orientierung, der körperlichen Ausstattung, der sozioökonomischen Lage, aber auch Unterschiede zwischen verschiedenen Betriebs- oder Verwaltungskulturen.

Gleichwohl besteht die Gefahr, Interkulturalität bezogen auf das Verhältnis von Alteingesessenen und Eingewanderten als nationale, ethnische oder religiöse Zugehörigkeiten zu konstruieren. Gesellschaftspolitische Ursachen von Benachteiligungen werden damit auf kulturelle Unterschiede reduziert und entpolitisiert. Deshalb ist es von entscheidender Bedeutung, sich in interkulturellen Öffnungsprozessen mit den zentralen Begriffen auseinander zu setzen, sich auf ein gemeinsames Verständnis etwa des Kulturbegriffs zu verständigen und zu begründen, warum trotz der genannten Kritik an einer interkulturellen Orientierung festgehalten wird.

Schon früh gab es eine „Kritik an der Kritik des naiven Kulturalismus" (Scherr 2001: 347). Es ist für die soziale oder pädagogische Arbeit, aber auch insgesamt für eine kommunale Integrationsarbeit nicht zu leugnen, dass die kulturellen Einbettungen der Menschen eine wesentliche Bedeutung haben und deshalb in den kommunalen Handlungsfeldern wie Bildung, Erziehung, Soziales, Gesundheit, Kultur usw. zu berücksichtigen sind. Kultur stellt sich als ein zentrales Konzept der Alltagsbewältigung dar, in dem sich Menschen selbst beschreiben, gegenseitig identifizieren und Anerkennung erhalten. Kommunikation, Lebensführung, Prozesse der Identitätsbildung und -umbildung sind von kulturellen Mustern geprägt (vgl. Scherr 2001: 349).

Mit diesen Anmerkungen wird schon in Umrissen deutlich, welches Verständnis von Kultur den Überlegungen zu Grunde liegt. Der Erziehungswissenschaftler Georg Auernheimer hat herausgearbeitet, dass es trotz der Vielfalt von Definitionen für den Begriff Kultur zwei übereinstimmende Aspekte gibt, den symbolischen Charakter und die Orientierungsfunktion von Kultur. Er definiert Kultur „als das Orientierungssystem, das unser Wahrnehmen, Bewerten und Handeln steuert, das Repertoire an Kommunikations- und Repräsentationsmitteln, mit denen wir uns verständigen, uns darstellen, Vorstellungen bilden" (Auernheimer 1999: 28). Kultur bedeutet demnach einem ständigen Aushandlungsprozess der unterschiedlichen Orientierungen in einer Gesellschaft. Das Verständnis von Kultur als Orientierungssystem beinhaltet, dass es sich mit der Veränderung der Lebensverhältnisse selbst verändern muss, will es seine Orientierungsfunktion behalten.

Kultur als Grundlage für Konzepte der Alltagsbewältigung stellt also so etwas wie die Spielregeln einer Gesellschaft dar. Wir müssen in der interkulturellen Arbeit unsere eigenen Konzepte kritisch reflektieren. Wir müssen Kenntnis haben von den uns unbekannten Konzepten der Eingewanderten. Wir müssen versuchen, in der gemeinsamen Arbeit, in der interkulturellen Begegnung diese Konzepte aufeinander zu beziehen und sie so miteinander zu verbinden, dass Verständigung möglich wird.

Kultur als ein System von Konzepten zur Bewältigung struktureller Herausforderungen überwölbt alle Vielfaltsdimensionen und hat insoweit auch Relevanz für eine kritische Reflexion des Diversity Managements. Unterschiedliche Sichtweisen bestehen nicht nur zwischen Deutschen und Eingewanderten. Sie prägen ebenso das Verhältnis der Geschlechter, der Generationen oder das zwischen Menschen mit unterschiedlichen Ausstattungen. Mit dem Diskurs um Vielfalt und deren Anerkennung werden die einzelnen Dimensionen sichtbarer (Behinderte werden weniger ignoriert, Einwanderer weniger assimiliert, Schwule und Lesben weniger diskriminiert). Es werden Gemeinsamkeiten, Differenzen und Überschneidungen deutlicher. Wer teilt welche Konzepte mit wem? Laufen Differenzlinien zwischen Männern und Frauen oder eher zwischen Einheimischen und Eingewanderten oder zwischen verschiedenen Milieus?

Diese Veränderungen sind Folgen kultureller Transformationsprozesse. Gesellschaftliche Veränderungen durch Erschließung neuer Technologien, durch ökonomische Krisen, durch politische Umbrüche oder durch rechtliche Veränderungen, aber auch durch gesellschaftliche Emanzipationsbewegungen, durch Einwanderung oder durch neue Organisationsabläufe gehen mit einer Veränderung von Alltagsregeln und Lebensentwürfen der Individuen sowie der normativen Grundlagen und der gesellschaftlichen Wertsysteme einher.

In diesem Verständnis bedeutet der Prozess der Migration eine besonders radikale Veränderung von Lebenslagen und Lebensweisen der davon Betroffenen. Sie leben als ethnische, kulturelle und religiöse Minderheit in einer Diasporasituation. Sie sind überwiegend sozial, ökonomisch und politisch marginalisiert. In dieser Situation wird die Transformation kultureller Bedeutungen besonders notwendig. Ihr Gelingen beziehungsweise Misslingen entscheidet über eine neue Orientierung oder individuelle Desorientierung, über lebensweltliche Integration oder Desintegration (Handschuck/Schröer 2012: 35).

2.3 Interkulturelle Orientierung

Interkulturelle Orientierung nimmt dieses Verständnis auf und soll als „eine sozialpolitische Haltung von Personen beziehungsweise Institutionen verstanden werden, die anerkennt, dass unterschiedliche Gruppen mit unterschiedlichen Interessen in einer Stadtgesellschaft leben und dass diese Gruppen sich in ihren Kommunikations- und Repräsentationsmittels unterscheiden" (Handschuck und Schröer 2002: 512). Interkulturelle Orientierung zielt also auf Anerkennung und bildet damit die Grundlage dafür, dass Gruppen und Individuen ihre jeweiligen Interessen vertreten, dass die Beteiligten eine selbstreflexive Haltung gegenüber der eigenen Kultur einnehmen können und dass dadurch eine gleichberechtigte Begegnung ermöglicht wird. Auf dieser Basis bietet interkulturelle Orientierung die Chance, das Verhältnis zwischen Mehrheit und Minderheit und die damit verbundene Definitionsmacht und die ungleiche Verteilung von Ressourcen zum Thema zu machen. Interkulturelle Orientierung kann zusammenfassend als Organisationsphilosophie und strategische Ausrichtung verstanden werden, die sich in der Vision einer Organisation, im Leitbild einer Kommune niederschlägt, die sich in den jeweiligen Zielen konkretisiert und die die Organisation auf die Querschnittsaufgabe interkultureller Öffnung verbindlich verpflichtet.

2.4 Interkulturelle Öffnung

Interkulturelle Öffnung ist dann die Konsequenz einer solchen neuen Orientierung, die handelnde Umsetzung der strategischen Ausrichtung einer Organisation durch Organisations-, Personal- und Qualitätsentwicklung. Öffnung richtet sich gegen Geschlossenheit, gegen bewusste oder unbewusste Ausgrenzungsmechanismen. Das berührt Interessen und Machtstrukturen, provoziert Konflikte mit Gewinnern und Verlierern. Wenn man sich die Dienste und Einrichtungen, die für die Versorgung der Bürgerinnen und Bürger zuständig sind, kritisch anschaut, lassen sich vielfältige Barrieren (von Sprachproblemen über fehlendes muttersprachliches Personal bis zu den Routinen deutscher Institutionen) für die Zugänglichkeit zu diesen Dienstleistungen für Menschen mit Migrationshintergrund analysieren.

Interkulturelle Öffnung soll diese Strukturen mit ihren Ausschließungen verändern. Dazu gehört die interkulturelle Qualifizierung des Personals durch Aus-, Fort- und Weiterbildung und die Einstellung von Fachkräften mit Migrationshintergrund. Diese Veränderungsprozesse sind als kontinuierliche Aufgabe zu verstehen.

> „Interkulturelle Öffnung kann zusammenfassend verstanden werden als ein bewusst gestalteter Prozess, der (selbst-)reflexive Lern- und Veränderungsprozesse von und zwischen unterschiedlichen Menschen, Lebensweisen und Organisationsformen ermöglicht, wodurch Zugangsbarrieren und Abgrenzungsmechanismen in den zu öffnenden Organisationen abgebaut werden und Anerkennung ermöglicht wird" (Schröer 2007: 83).

Ein wichtiges Element dieser kritischen Reflexion ist es auch, in den kommunalen Handlungsfeldern nicht nationale, ethnische oder religiöse Zugehörigkeiten zu konstruieren und damit soziale Probleme oder ökonomische Benachteiligung zu ethnisieren und zu kulturalisieren. Vor einer solchen Gefahr warnt Hamburger (1999: 38), weil sie „kulturelle Identifikationen in einem Maße verstärkt, dass neue Probleme entstehen und Konflikte verschärft werden". Er fordert, nicht beabsichtigte Wirkungen und Folgen einer interkulturell orientierten Arbeit zu berücksichtigen und damit zu einer „reflexiven Interkulturalität" zu kommen.

2.5 Veränderungsperspektiven

Interkulturelle Öffnung ist damit als ein Ansatz der Organisations- und Personalentwicklung zu verstehen und umzusetzen. Mit dieser neuen Strategie sind grundlegende Paradigmenwechsel verbunden.

Von der Defizit- zu Ressourcenorientierung

Die alte Ausländer- beziehungsweise Migrationssozialarbeit offenbarte schon begrifflich ihre paternalistische Grundhaltung. Der Ausländerstatus machte Eingewanderte per se zu Objekten Sozialer Arbeit, als ob ausländische Familien von vornherein hilfebedürftig seien. Menschen mit Migrationshintergrund werden jetzt nicht mehr als vorwiegend defizitäre Wesen gesehen, denen mit kompensatorischen Maßnahmen geholfen werden muss. Stattdessen wird wahrgenommen, dass sie durch den herausfordernden Prozess der Wanderung und durch ihre zum Teil erfolgreiche Platzierung in der neuen Gesellschaft ihre Fähigkeiten, Stärken und Ressourcen unter Beweis gestellt haben. Sie und ihre Organisationen sind gleichberechtigter Partnerinnen und Partner in den Prozessen interkulturelle Verständigung.

Von der Fokussierung auf Minderheiten zum Blick auf die Mehrheitsgesellschaft

Die jahrzehntelange Ausländerpolitik in Deutschland war vorwiegend Arbeitsmarkt- und kaum Integrationspolitik. Selbst wenn von Integration die Rede war, standen vorwiegend die Eingewanderten in der Verantwortung. In der interkulturellen Orientierung bleibt der Blick nicht allein auf irgendwie zu integrierende Eingewanderte gerichtet. Er nimmt im Rahmen einer gemeinsamen gesellschaftlichen Verantwortung die autochthone Mehrheitsgesellschaft in den Fokus. Alle interkulturellen Maßnahmen richten sich in gleicher Weise an alle Bürgerinnen und Bürger.

Von der Integration zur Inklusion

Mit der interkulturellen Orientierung gerät der Integrationsbegriff zunehmend in Kritik. Das herkömmliche Integrationsverständnis zielt darauf ab, Eingliederung in erster Linie als Anpassungsleistung und als Erwartung der Gesellschaft an die Eingewanderten zu verstehen. Mit dem Inklusionsbegriff ist eine neue Haltung verbunden, die Zugehörigkeit zur Gesellschaft von Anfang an postuliert und mit ihrer menschenrechtlichen Verankerung auch eine besondere normative Qualität aufweist (vgl. Schröer 2013).

Von der Orientierung auf Personen zur Veränderung von Strukturen

Interkulturelle Sensibilisierung wurde bisher weitgehend als Maßnahme der Personalentwicklung gesehen. Mit der interkulturellen Öffnung wird die Perspektive erweitert. Es geht nicht allein um die Kompetenzen der handelnden Personen. Entscheidend ist eine Auseinandersetzung mit den Strukturen von Organisationen, die nicht nur mögliche Zugangshindernisse für Menschen mit Migrationshintergrund beseitigt, sondern auch fördernde Rahmenbedingungen für interkulturell sensibles Handeln der Mitarbeitenden schafft.

Von der Organisationsentwicklung zur Veränderung von Gesellschaft

Mit dem Paradigma der interkulturellen Öffnung waren zunächst nur wichtige gesellschaftliche Institutionen wie die Verwaltung angesprochen. Das belegen die vielfältigen (Selbst-)Verpflichtungen im Nationalen Integrationsplan (Bundesregierung 2007: 111) und im Nationalen Aktionsplan Integration (Bundesregierung 2012: 142 ff.). Im politischen Feld scheint allmählich deutlich zu werden, dass interkulturelle Orientierung als grundlegende Haltung der Anerkennung eine gesamtgesellschaftliche Perspektive umfasst. Interkulturelle Orientierung und Öffnung werden zu einem Gesellschaft verändernden Ansatz.

Hier dürfte eine Verbindung zum neuen Diskurs um Willkommens- und Anerkennungskultur gegeben sein, der zunächst unverbunden neben dem Öffnungsdiskurs geführt wurde. Wenn Anerkennungskultur wirklich gewollt wird, dann sind die interkulturelle Orientierung und Öffnung der Strukturen aller einschlägigen Institutionen und Organisationen Voraussetzung und Gelingensbedingung. Für den Prozess der interkulturellen Öffnung kann die zunehmende Diskussion um eine Anerkennungskultur hilfreich sein, weil darauf verwiesen werden kann, dass Anerkennungskultur eine Kulturveränderung der herrschenden Strukturen bedeutet und dass Kulturveränderung nur durch einen Prozess der Organisationsentwicklung angestoßen werden kann (Schröer 2014).

2.6 Zwischenresümee

Interkulturelle Öffnung ist also ein querschnittspolitischer Ansatz, der sich gegen bewusste und unbewusste Ausgrenzungsmechanismen von Organisationen richtet. In der Praxis geht es um die subjektiven und objektiven Zugangsbarrieren für Menschen mit Migrationshintergrund. Im Kern handelt es sich um ein Prinzip, das sich – im weitesten Sinn – an politische Institutionen richtet, also kommunale, Länder- und Bundesverwaltungen, aber auch Verbände, Vereine, Gewerkschaften oder Bildungsinstitutionen. Hier finden sich deutliche Parallelen zum vergleichbaren Prinzip des Gender Mainstreaming.

Mit dieser Parallele wird zugleich deutlich, dass Veränderungs- und Öffnungsprozesse für den Zugang zu öffentlichen Dienstleistungen, für Chancengleichheit im Bildungssystem, für den Einstieg in Arbeitsverhältnisse oder für Chancen des beruflichen Aufstiegs sich auch auf die anderen Vielfaltsdimensionen beziehen müssen. Es ist eine Frage der sozialen Gerechtigkeit und Chancengleichheit ebenso wie eine Frage der Herausforderung durch Vielfalt und Verschiedenheit bei der Mitarbeiterschaft und bei den Kundinnen und Kunden, allen Dimensionen von Diversität die gebührende Aufmerksamkeit zu schenken. Aus der kategorialen Verengung auf jeweils eine Zielgruppe hinauszukommen, ist für die kommunalpolitische Arbeit in dieser Form neu. Kann dazu Diversity Management beitragen? Wie lassen sich interkulturelle Öffnung und Managing Diversity voneinander abgrenzen oder aufeinander beziehen?

3 Diversity und Diversity Management

Auch die Wirtschaft hat in der Vergangenheit einerseits auf maximale Vereinheitlichung durch Anpassung an die Organisation gesetzt, hat zugleich aber mit der Arbeitsteilung Unterschiede in den Fähigkeiten der Arbeitskräfte wahrgenommen und effizient genutzt. (Vgl. für das Folgende Schröer 2012: 9.) Im „Fordismus" ist jene kapitalistische Entwicklungsphase auf den Begriff gebracht, die auf eine maximale Vereinheitlichung durch Anpassung an die Organisation, konkret: das Förderband gesetzt hat. Es ging (in den USA) um die Schaffung einer monolithischen und monokulturellen Organisation entsprechend der dominanten Bevölkerungsgruppe: amerikanisch, weiß, männlich, protestantisch, heterosexuell.

3.1 Entwicklungslinien von Diversity Management

In den 1950er Jahren erfuhr diese Orientierung in den USA eine grundsätzliche Erschütterung. Der neue Managementansatz wurzelt in der Civil Rights Bewegung. „Martin Luther King als der namhafteste Vertreter forderte, dass alle Menschen nach ihrem Charakter und ihren Fähigkeiten und nicht nach Hautfarbe, Herkunft, Geschlecht, Religion oder sozialer Schicht eingeschätzt werden sollten" (Schwarz-Wölzl/Maad 2002: 25) Diverse soziale Bewegungen organisierten sich und machten gesellschaftlichen Druck, dem sich weder Politik noch Unternehmen entziehen konnten. Bürgerrechtsbewegungen, Frauenbewegung, Schwarzenbewegung und andere soziale Strömungen skandalisierten Benachteiligung und Diskriminierung und forderten Anerkennung und Gleichbehandlung ein. In der Folge wurde im „Civil Right Act" 1964 gesetzlich festgeschrieben, niemanden wegen seiner Hautfarbe, seines Geschlecht, seiner Herkunft oder Religion zu diskriminieren, was auch Sanktionen bei diskriminierendem Verhalten impliziert. Im Rahmen von „affirmative action" wurden positive Maßnahmen entwickelt, um Minderheiten gezielt zu fördern oder sogar zu bevorzugen. Im Vordergrund stand aber zunächst nur eine rein *quantitative* Widerspiegelung gesellschaftlicher Vielfalt und die entsprechende Repräsentanz der bis dahin Benachteiligten, also deren Assimilation an bestehende Verhältnisse statt eine Veränderung dieser Verhältnisse.

Der Wert von Vielfalt, die Entdeckung der vielfältigen Persönlichkeiten waren dann Erkenntnisse, die in Unternehmen früher wahrgenommen und zielgerichteter eingesetzt worden sind als in kommunalen, also etwa in sozialen oder pädagogischen Arbeitsfeldern. Das „Human Resources Management" als eine neue Managementorientierung der 1980er Jahre nahm die gesellschaftlichen Forderungen und gesetzlichen Verpflichtungen auf und stellte sich der Aufgabe, die sozialen, kulturellen, geschlechtsbedingten und sonstigen Unterschiede der Mitarbeiterinnen und Mitarbeiter zu nutzen. Damit ging es auch um eine *qualitative* Sicht auf Vielfalt: Es ging nicht mehr um Homogenisierung sondern um Vielfalt als Chance. Die Mitarbeiterschaft wurde nicht mehr nur als Kostenfaktor sondern wesentlich als Erfolgsfaktor gesehen. Vielfalt und Verschiedenheit der Mitarbeiterinnen und Mitarbeiter ebenso wie bei Kundinnen und Kunden sollten zum Vorteil aller Beteiligten fruchtbar gemacht werden. Nicht mehr Angleichung und Einebnung von Unterschieden sondern deren Wertschätzung und Förderung stehen im Fokus von Diversity Management. Für Stuber (2004: 15) „beschreibt Diversity die bewusste Anerkennung, Berücksichtigung und konsistente Wertschätzung von Unterschiedlichkeit sowie die aktive Nutzung und Förderung von Vielfalt zur Steigerung des Erfolges". Letzteres macht noch einmal den betriebswirtschaftlichen Ursprung deutlich mit seiner Zweckorientierung auf Wettbewerbsvorteile, Unternehmenserfolg und Gewinnerzielung.

3.2 Diversity

„Diversity und Inclusion" kann wie interkulturelle Orientierung als Haltung verstanden werden. Sie beschreiben das Bewusstsein für Unterschiede und Verschiedenheit, deren Anerkennung und Berücksichtigung in einer Organisation sowie deren Einbeziehung, Zugehörigkeit und Beteiligung. Es geht dabei um Gleichstellung, soziale Gerechtigkeit, Förderung personaler Vielfalt und ein diskriminierungsfreies Umfeld (vgl. Stuber 2004: 21; Merx 2013: 237). Vielfalt wird dabei als Summe der Individualitäten Einzelner in ihren Unterschieden und Gemeinsamkeiten gesehen.

3.3 Diversity Management

Als Diversity Management wird daraus eine Strategie, die in erster Linie auf (ökonomischen) Nutzen zielt. „Unterschiedlichkeit und Vielfalt werden in einem potenzialorientierten Ansatz als Chance für organisatorische Vorteile oder wirtschaftlichen Gewinn betrachtet" (Merx 2013: 237). Diversity Management verfolgt als Ziel nicht lediglich die Hinnahme von Vielfalt sondern deren produktive Bearbeitung. Das bedeutet Akzeptanz von Diversität, deren Integration in die Organisation und eine aktive Förderung. Als innovatives Konzept der Organisations- und Personalentwicklung zielt es darauf, auf allen Ebenen und in allen Entscheidungsprozessen darauf zu achten, die Vielfalt und die Kompetenzen aller Beschäftigten optimal in den Leistungsprozess zu integrieren. „Diversity Management ist ein Gesamtkonzept zur Förderung personaler Vielfalt sowie zur Schaffung eines diskriminierungsfreien Arbeitsumfeldes" (ebd.).

3.4 Veränderungsperspektiven

Diversity Management zielt also auf eine Veränderung der Organisationsstrukturen von einer monokulturellen und homogenen hin zu einer multikulturellen und heterogenen Organisation. Mit dem Paradigmenwechsel im Verständnis von Vielfalt werden insbesondere drei Veränderungsperspektiven verbunden, die unterschiedliche Entwicklungsstände auch in einer zeitlichen Abfolge kennzeichnen, die sich häufig aber überlappen (Thomas/ Ely 1996, zitiert nach Watrinet 2008: 41 ff.):

Fairness- und Diskriminierungsperspektive

Diese Orientierung geht davon aus, dass Benachteiligungen in der Organisation Probleme bereiten können und dass – auch aus sozialen und ethischen Gründen – eine Gleichstellungs- und Antidiskriminierungspolitik betrieben werden müsse. Ökonomische Überlegungen stehen nicht in erster Linie im Vordergrund. Die Zielrichtung besteht in der Gleichbehandlung und Assimilierung von Minderheiten.

Marktzugangs- und Legitimationsperspektive

Dieser Ansatz ist ökonomisch und marktorientiert. Es geht um die Erschließung neuer Absatzmärkte, dafür sollen die Strukturen der Mitarbeitenden der Zusammensetzung der Kundinnen und Kunden weitgehend entsprechen. Vielfalt wird also durch Marktbedürfnisse definiert.

Lern- und Effektivitätsperspektive

Hier fließen moralische und ökonomische Überlegungen zusammen. Es werden die Marktzugangs- mit den Fairnessansätzen verbunden. Vielfalt erfährt Wertschätzung generell, aus den vielfältigen Strukturen der Mitarbeiterschaft ergeben sich Lerneffekte, Innovationschancen und dauerhafte Wirkungen. Das Organisationshandeln wird effektiver und ermöglicht Wettbewerbsvorteile auf allen Ebenen.

3.5 Diversity Management und Verwaltung

Öffentliche Verwaltungen sind gekennzeichnet vom bürokratischen Organisationsmodell, das vom Prinzip der formalen Gleichbehandlung ausgeht und damit erst einmal wenig Raum sieht für die Beachtung individueller Unterschiede (von Dippel 2007: 82). Zudem ist Verwaltungshandeln sehr viel weniger ökonomischer Rationalität verpflichtet als marktorientierte Wirtschaftstätigkeit. Es geht also bei Überlegungen zur Übernahme einer Diversity-Orientierung nicht um Wettbewerbsvorteile am Markt, wohl aber um Konkurrenzfähigkeit im Wettbewerb um qualifizierte Arbeitskräfte. Im Vordergrund für öffentliche Verwaltungen stehen Fragen der Beschäftigtenstruktur, des Personalmanagements, der Nutzerorientierung, aber auch Chancen für Innovation und höhere Problemlösungskompetenz (ebd.: 70). Unter normativen Gesichtspunkten bedeutet der Ansatz für die öffentliche Verwaltung ein umfassendes gleichstellungspolitisches Konzept, das überdies rechtliche EU- und nationale Regeln in praktisches Handeln umsetzt.

3.6 Zwischenresümee

Die Entstehungsgeschichte von Diversity Management erinnert daran, dass der Ansatz auch gerechtigkeitsorientierte Wurzeln hat. Die Stärke des Diversity-Konzeptes liegt darin, dass es die gesamte Vielfalt einer pluralistischen Gesellschaft umfassend beschreibt und dafür einen ganzheitlichen Ansatz mit einer festen Verankerung in allen Bereichen der Organisation festgelegt, auch wenn die Praxis im Profit-Bereich häufig noch nicht so weit ist. Managing Diversity macht nachweisbar ökonomisch Sinn.

4 Zum Verhältnis von Interkultureller Öffnung und Diversity Management

Diversity Management in seiner ökonomischen Logik folgt einem zweckrationalen Ansatz (vgl. Schröer 2012: 10). Die Gestaltung von Vielfalt ist Mittel zum Zweck: Sie hat die Funktion, mit der Berücksichtigung von Unterschieden zum Erfolg des Unternehmens beizutragen, den Prozess der Wertschöpfung zu verbessern, höhere Gewinne zu erzielen, Wettbewerbsvorteile beim Kampf um qualifizierte Fachkräfte ebenso zu erreichen wie bei der Gewinnung von Kundinnen und Kunden. Für eine kommunalpolitische Arbeit mit interkultureller Orientierung dagegen ist die Gestaltung von Vielfalt schon selbst ein Zweck. Die sensible Berücksichtigung von Unterschieden trägt bei zum Erhalt des sozialen Friedens, zur Gleichbehandlung und sozialen Gerechtigkeit, zur gleichberechtigten Teilhabe sowie zur Integration und Inklusion.

Macht wird im betriebswirtschaftlichen Diversity-Ansatz eher tabuisiert, und zwar „der Machtaspekt in seiner für jede Gruppe spezifischen Art", wie Auernheimer (2011a: 168) zu Recht hervorhebt. Es wird kaum analysiert, dass es um Menschen geht, die als Vorgesetzte gegenüber Mitarbeiterinnen und Mitarbeiter, als Mitarbeiterinnen und Mitarbeiter gegenüber Klientinnen und Klienten, als Männer gegenüber Frauen, als Junge gegenüber Alten oder als Vertreter der Mehrheitsgesellschaft (Heteros, Deutsche) gegenüber Minderheiten (Schwule, Lesben, Ausländer) Macht haben, ausüben und einzubüßen fürchten (zu Machtverhältnissen speziell in der Verwaltung Sorg 2014: 151 ff.) „Interkulturelle Beziehungen sind fast durchwegs durch Machtasymmetrie – Status-, Rechtsungleichheit, Wohlstandsgefälle – gekennzeichnet" (Auernheimer 2011a: 172). Denn Geschlechterhierarchie wie dominante Mehrheitskultur sind Bestandteile einer umfassenden Dominanzkultur: „Das bedeutet, dass unsere ganze Lebensweise, unsere Selbstinterpretation sowie die Bilder, die wir vom Anderen entwerfen, in Kategorien der Über- und Unterordnung gefasst sind. Eben das ist mit dem Begriff der *Dominanzkultur* gemeint" (Rommelspacher 1995: 22. Hervorhebung im Original).

Wenig Interesse hat ein Unternehmenskonzept auch für Fragen danach, wie Unterschiede sozial und kulturell hergestellt werden (doing difference, z. B. durch doing gender, doing ethnicity, doing disability). In diesen Konstruktionsprozessen sind aber gesellschaftliche Machtverhältnisse (Geschlechterordnung, Verhältnis Mehrheit – Minderheit) eingewoben. Wenn die Herstellung von Differenz und die dahinter liegenden Machtverhältnisse nicht dekonstruiert werden, wird Diversity Management zu einer Strategie, die die sozialpolitisch zu verändernden Ausgrenzungsmechanismen gerade nicht angeht.

Trotz dieser Kritikpunkte lösen sich die einstigen Vorbehalte in der interkulturellen Arbeit gegenüber dem eher auf Unternehmen orientierten Ansatz Diversity Management auf. Aus den unterschiedlichen Blickwinkeln und Erfahrungen der Ansätze wird in einer synergetischen Zusammenschau zunehmend Gewinn gezogen. Es können so die blinden Flecken und Auslassungen der jeweiligen Sichtweisen aufgedeckt, ergänzt und zu einem immer differenzierteren strategischen Ansatz zusammen geführt werden.

Diversity betont die Notwendigkeit, für die Entwicklung von Organisationen im Sinne einer lernenden Organisation die gesamte Vielfalt in allen ihren relevanten Dimensionen in den Blick zu nehmen. Mit Diversity Management wird ein strategischer Ansatz für den Umgang mit dieser Vielfalt angeboten, der im Laufe der Jahre ein breites Spektrum an Instrumenten der Organisations-, Personal- und Qualitätsentwicklung hervor gebracht hat. Was im Diversity Management zu wenig Beachtung findet, ist jenes Verständnis von Kultur, das in der interkulturellen Orientierung seinen Ausdruck findet. Mit dem interkulturellen Ansatz verbindet sich ja eine Vorstellung von Kultur, die betont, dass kulturelle Einbettungen auch Orientierung geben, Regeln vorgeben, Kommunikation ermöglichen. Damit wird auf interkulturelle Überschneidungssituationen aufmerksam gemacht, die Machtasymmetrien deutlich werden lassen, die Befremdung und Verunsicherung bewirken können und die für ein gedeihliches Zusammenleben und eine erfolgreiche Zusammenarbeitet gestaltet werden müssen. Zugleich wird auf die Notwendigkeit individueller kultureller Transformationsprozesse verwiesen, die als Folge einer sich dynamisch verändernden Kultur von den einzelnen Subjekten geleistet werden müssen. Das gilt nicht nur für das Verhältnis zwischen Alteingesessenen und Eingewanderten sondern in gleicher Weise für das Verhältnis der Geschlechter, der Generationen oder anderer Differenzverhältnisse. Auch wenn in dem hier vertretenen weiten Verständnis von Kultur und Interkulturalität alle Vielfaltsdimensionen mitgedacht sind, muss doch eingeräumt werden, dass in der Praxis der interkulturellen Arbeit meist nur das Verhältnis von Einheimischen und Migrantinnen und Migranten bearbeitet wird. Diversity Management und interkulturelle Öffnung ergänzen sich also insoweit, als Diversity Management dazu auffordert, alle oder doch wenigstens alle für eine Organisation besonders relevanten Vielfaltsdimensionen zu sehen, zu fördern und zu nutzen.

Der interkulturelle Ansatz richtet den Fokus darauf, im Prozess der Organisations- und Personalentwicklung die unterschiedlichen Orientierungen, Kommunikationsformen oder Symbolsysteme der beteiligten Individuen und Gruppen und die sich daraus ergebenden potenziellen Missverständnisse und Chancen zu berücksichtigen.

5 Intersektionalität

Das reicht aber noch nicht. In der Praxis ist immer wieder zu beobachten, dass Diversity „identitätspolitisch" (Schwarz-Wölzl/Maad 2002: 12) verstanden wird und Gefahr läuft, mit jeweilgen Spezialisierungen (wie gender diversity, cultural diversity, sexual diversity) die alte Zielgruppen-Politik fortzusetzen. Der Diversity- und interkulturelle Ansatz muss ergänzt werden um Intersektionalität als einem Analyseraster für Benachteiligungen, Diskriminierungen und Exklusionsmechanismen. Diese ergeben und verstärken sich durch die Überschneidung einzelner Vielfaltsdimensionen und nehmen durch die Berücksichtigung der sozialen Lage eine weitere wichtige Dimension auf.

Ein intersektionaler Ansatz ermöglicht, „die Verwobenheit von verschiedenen Formen von Differenzkonstruktionen (*gender, race, class*) in den Blick zu nehmen" (Hasenjürgen 2011: 141; Hervorhebung im Original) und zu analysieren, wie verschiedene Dimensionen sozialer Gruppenzugehörigkeit sich überschneiden und in Wechselwirkung zueinander stehen. Intersektionalität lässt den Umgang mit wechselseitigen Wirkungen zu und verhindert, dass Menschen trotz vielfältiger Zugehörigkeiten auf eine einzige hin klassifiziert werden. Intersektionalität liefert damit einen guten Analyserahmen für Exklusionsmechanismen und trägt dazu bei, Kulturalisierungen und Kategorisierungen zu vermeiden Der Ansatz gibt Hinweise auf weitere Zugangsbarrieren zu gesellschaftlichen (Macht-) Positionen, die über ethnische Herkunft hinausgehen (z. B. Geschlecht, Behinderung), und fordert dazu auf, verschiedene Formen von Unterlegenheit, Diskriminierung, Marginalisierung, Machtlosigkeit und Gewalt in ihrem Zusammenspiel zu berücksichtigen (Auernheimer 2011b: 421).

Intersektionalität ermöglicht und erleichtert, immer auch die soziale Lage mitzudenken, sich mit überkreuzenden Formen sozialer Benachteiligung (z. B. männlich – arbeitslos – libanesischer Herkunft) oder mit Formen multipler Diskriminierung (z. B. weiblich – schwarz – lesbisch) auseinander zu setzen. Die Tatsache der gleichzeitigen Wirksamkeit unterschiedlicher Ungleichheitsdimensionen ist für die Praxis der interkulturellen Arbeit von großer Bedeutung. Besonders fruchtbar ist der Ansatz für individuelle Fallanalysen, d. h. für die Lebenssituation einer Person und die Auseinandersetzung mit dieser Situation unter der Frageperspektive: Wie kann die Situation verändert werden?

Erst im Dreiklang von Diversity und interkultureller Orientierung als wertschätzende Haltungen gegenüber Vielfalt, Managing Diversity und interkultureller Öffnung als Umsetzungs-Strategien der Organisations- und Personalentwicklung und Intersektionalität als Analyseinstrument für Interdependenzen und Überschneidungen von Differenzlinien mit Folgen für Diskriminierung und Exklusion eröffnet sich das ganze Potenzial der drei Ansätze für Veränderungsprozesse. Was bedeutet das für die Umsetzung von Strategien zum Umgang mit Vielfalt in die konkrete kommunale Praxis?

6 Konsequenzen für eine interkulturell orientierte Kommunalpolitik

Diversity Management ist eine Strategie der Organisations- und Personalentwicklung, die mit Instrumenten der strategischen Steuerung auch in kommunalen Handlungsfeldern umgesetzt werden kann. Sie entspricht einem weit gefassten Verständnis von Interkulturalität, das die verschiedenen Dimensionen sozial bedeutsamer Unterschiede umfasst. Das, was über Gender Mainstreaming oder interkulturelle Orientierung hinausreicht, sind folgende Elemente: der kategorial verengte Blick auf nur eine Dimension und Zielgruppe wird erweitert und ein intersektionaler Ansatz ermöglicht; es wird daran erinnert, dass Vielfalt und Verschiedenheit keine neuen Herausforderungen sind, sondern Menschen beständig an Aushandlungsprozessen zwischen unterschiedlichen kulturellen Orientierungen beteiligt sind; es wird eingefordert, dass es um einen bewussten und reflektierten Umgang mit Vielfalt, um die Förderung einer differenz- und dominanzsensiblen Haltung und insoweit um eine in der Organisation geteilte Vision und Mission geht.

Dafür stellt Diversity Management Instrumente, Methoden und Erfahrungen zur Verfügung, die hilfreich für die Umsetzung sind. Dabei sollte genau überlegt werden, ob tatsächlich alle Vielfaltsdimensionen bearbeitet werden können. Das ist je nach kommunaler Situation zu entscheiden. Es empfiehlt sich, Überkomplexität und daraus resultierende Widerstände zu vermeiden. In der Regel werden es Geschlecht, Ethnizität und Behinderung sein, die als Dimensionen und spezifische Benachteiligungs- und Diskriminierungserfahrungen im organisatorischen Kontext von besonderer Bedeutung sind.

6.1 Konturen einer zukunftsorientierten kommunalen Diversitätspolitik

Die Unternehmensstrategie Diversity Management sollte als kommunalpolitische Organisationsphilosophie adaptiert werden und als „Vielfalt gestalten" ihre je eigene und örtlich spezifische Diversity-Orientierung neu formulieren. Das markiert einen querschnittspolitischen Gesamtansatz zur synergetischen Verbindung von Gender Mainstreaming, Interkultureller Orientierung und Öffnung, Inklusion behinderter Menschen, Berücksichtigung von Alter und Akzeptanz unterschiedlicher sexueller Identitäten. Eine solche Gesamtstrategie bedarf aber der Ergänzung durch differenzierte und profilierte Einzelstrategien für die jeweiligen Dimensionen von Vielfalt, die einander ergänzen, aber nicht ersetzen. Das heißt, unter einem gemeinsamen organisatorischen Dach „Vielfalt gestalten" wird ein einheitliches

Vorgehen, nicht aber ein gleichmacherisches Einheitskonzept verfolgt. Mit „Ämtern für Gleichstellung oder Chancengleichheit" oder ähnlichen Organisationseinheiten, die über die Geschlechterfrage hinausgehen, machen erste Kommunen schon gute Erfahrungen.

Als ein positives Beispiel soll hier Heidelberg genannt werden. Das dortige Amt für Chancengleichheit signalisiert schon im Titel, das es jenseits der klassischen Zielgruppenorientierung einen umfassenden Auftrag zur Gleichstellung und zur Realisierung von Chancengleichheit hat. Diesen Auftrag hat es dezidiert gegenüber Frauen und Männern sowie Menschen mit Migrationshintergrund, es bezieht aber auch Menschen mit unterschiedlichen Fähigkeiten in die eigenen Zielsetzungen ein. In einer groß angelegten Fortschreibung der gleichstellungspolitischen Planungsgrundlagen und Handlungskonzepte auf der Basis aktueller Monitoring-Berichte kann deshalb eine Zusammenschau der unterschiedlichen Vielfaltsdimensionen und gesellschaftlichen Handlungsthemen erfolgen. Die Themen Bildung, Arbeitswelt, Migranten- und Frauen-Ökonomie, Personalmanagement und Alltagsdiskriminierung werden im Zusammenhang diskutiert, Ziele und Maßnahmen können mit Blick auf die Auswirkungen auf Männer und Frauen unterschiedlicher Herkunft, unterschiedlichen Alters und unterschiedlicher Ausstattung diskutiert werden (vgl. Stadt Heidelberg 2017). Auch wenn das in der Praxis zunächst ein mühsamer Prozess ist, so zeigt doch der organisatorische und gleichstellungspolitische Ansatz mit seiner Diversity-Orientierung in eine richtige Richtung.

Im Juli 2015 hat auch die Stadt Erlangen (2015) beschlossen, ein Büro für Chancengleichheit und Vielfalt/Internationale Beziehungen zu schaffen. Als Ziele werden formuliert, die bisherigen Vielfaltpolitiken und deren Organisationsformen zu verknüpfen, Grundlagen für einen Perspektivenwechsel zu legen und eine dezidierte Diversity-Orientierung zu verfolgen. Dafür werden in einer bemerkenswerten Konsequenz die Bereiche Integration und internationale Beziehungen, die Gleichstellungsstelle, die Bereiche Inklusion und sexuelle Orientierung/geschlechtliche Identität und Antidiskriminierungsberatung für ein Diversity Management zusammengelegt.

Eine interessante Konzeption hat der Landkreis München entwickelt und – offensichtlich erstmals für eine deutsche Kreisverwaltung – eine Fachstelle „Diversitäts- und Regionalmanagement" beschlossen. Hintergrund ist die selbstkritische Analyse, dass die bisherigen Diversitäts-Fachstellen Integration, Gleichstellung und Behinderung nebeneinander organisiert und verschiedenen Abteilungen zugeordnet sind. Sie sind überdies nicht verbunden mit weiteren Fachstellen mit querschnittspolitischen Planungs- und Zukunftsaufgaben. Der Landkreis will deshalb die Fachstellen Gleichstellung, Integration, Behinderung, Wirtschaftsangelegenheiten, Schule und Wissenschaft, Sozialplanung und Bürgerschaftliches Engagement zusammenführen. Als Ziele werden formuliert: Wahrnehmung übergreifender Aufgaben; Antizipation gesellschaftlicher Entwicklungen; Formulierung von Konzepten und Lösungsansätzen für wirtschafts-, struktur- und diversitätspolitische Maßnahmen; Abstimmung, Abwägung und Koordination von Konzepten und Initiativen; Beurteilung von Fördermaßnahmen und Erzielung von Synergieeffekten. Die Stelle soll direkt dem Landrat unterstehen (Landkreis München 2015). Hier zeichnet sich eine ressortübergreifende Planungs- und Managementperspektive ab, wie sie bisher in deutschen Kommunen noch kaum realisiert ist. Das könnte ein umfassendes „Zukunftsbüro" werden. Einen ähnlichen Ansatz verfolgt Kassel, wo das Zukunftsbüro mit den Arbeitsfeldern Kommunale Gesamtentwicklung, Geschäftsstellen der Beiräte, Demografischer Wandel, Bürgerschaftliches Engagement und Integration eine Scharnierfunktion zwischen Verwaltung, Organisationen und Bürgerschaft übernehmen soll. Die Stelle ist beim Hauptamt im Verantwortungsbereich des Oberbürgermeisters angesiedelt (Stadt Kassel 2015).

Ansatzweise hat auch Tübingen die Gleichstellungsarbeit gegenüber Frauen und Menschen mit Migrationshintergrund in einer Organisationseinheit zusammengefasst, Mannheim bekennt sich zu einer kommunalen Diversity-Orientierung. Andere Städte wie Dortmund oder München koordinieren wenigstens ihre unterschiedlichen, Zielgruppen orientierten Gleichstellungsstellen.

Generell kann für solche Strukturen festgehalten werden: Synergieeffekte werden durch eine einheitliche Organisation, durch gemeinsame Strategieentwicklung, durch abgestimmte Fortbildungskonzepte, durch Diversity-Trainings und durch spezielle Förderung von interkultureller, Inklusions- oder Gender-Kompetenz, durch den Austausch methodischer Erfahrungen und durch die Entwicklung geeigneter Instrumente sowie durch eine konzentrierte und konzertierte Interessenvertretung der Querschnittpolitiken erzielt. Diversity-Orientierung wird sich auch im Personalmanagement niederschlagen müssen. Die Vorgabe zielgruppenspezifischer Quoten, die gezielte Ansprache von Menschen unterschiedlichen Geschlechts, unterschiedlicher Herkünfte und Fähigkeiten im Personalmarketing, die Auswahl, Förderung und Entwicklung der diversen Mitarbeiterinnen und Mitarbeiter in der Personalentwicklung werden von Diversity als Philosophie der Anerkennung und Gleichstellung geprägt sein müssen.

Zugleich werden aber weiterhin Gender Mainstreaming oder interkulturelle Orientierung und Öffnung sowie die anderen Ansätze als profilierte, an ihrer jeweiligen Zweckbestimmung, Zielsetzungen und Adressatengruppen ausgerichtete Strategien umgesetzt. Der gemeinsame Ansatz ist geeignet, die fragmentierten Politiken zusammenzuführen und eine konsistente Diversitätspolitik in den Kommunen zu gewährleisten. Die Verbindung mit den Einzelstrategien erhält den bewegungspolitischen Impetus und verhindert die Entpolitisierung eines zutiefst politischen Vorhabens: die Veränderung von Gesellschaft und ihrer Institutionen durch wertschätzende Anerkennung und produktive Nutzung von Vielfalt.

6.2 Schritte zur Umsetzung

Es gibt inzwischen viele Erfahrungen mit der Umsetzung von interkultureller Öffnung in Kommunen. Als allgemeine Erfolgsfaktoren lassen sich identifizieren:

- Interkulturelle Orientierung und Öffnung sind als kommunale Veränderungsprozesse politisch – möglichst einmütig – gewollt.

- Der Prozess der interkulturellen Öffnung wird als Führungsaufgabe wahrgenommen und ist Teil einer langfristigen Strategie.
- Interkulturelle Öffnung als Querschnittsaufgabe bezieht alle Bereiche und Ebenen der Kommune ein.
- Die Mitarbeiterinnen und Mitarbeiter sind durch Transparenz und Kommunikation in den Prozess einbezogen.
- Strukturen und Maßnahmen werden auf ihre Zugangsbarrieren und auf Mechanismen struktureller Diskriminierung und institutionellen Rassismus hin überprüft.
- Menschen mit Migrationshintergrund werden offensiv durch geeignete Maßnahmen als Mitarbeiterinnen und Mitarbeiter gewonnen.
- Qualifizierungsmaßnahmen tragen zu einem migrations-, kultur- und dominanzsensiblen Handeln der Mitarbeitenden bei.
- Es existieren interne und externe Kooperations- und Netzwerkstrukturen, die insbesondere Migrantenorganisationen einbeziehen.

Dabei werden je nach Größe der Kommunen, ihrer Ressourcen und Strukturen sowie der jeweiligen Herausforderungen und Möglichkeiten individuelle Vorgehensweisen entwickelt werden müssen. Dort, wo es spezielle Strukturen wie Integrationsbeauftragte oder interkulturelle Büros gibt, werden diese federführend den Prozess unterstützen. In anderen Kommunen wird der Öffnungsprozess von Stabsstellen oder Führungskräften im Sozialbereich begleitet. Entscheidend ist, dass die interkulturelle Öffnung politisch gewollt ist und die Verwaltung entsprechend beauftragt wird. Der Öffnungsprozess kann als großes Projekt für die gesamte Verwaltung konzipiert werden, wie es in den großen Städten mit entsprechenden Strukturen häufig organisiert wird. Er kann aber auch erst einmal exemplarisch für einzelne Bereiche in Gang gesetzt werden, wobei sich entweder Schlüsseldezernate wie das Personal- und Organisationswesen anbieten oder exemplarische Felder wie die Jugendhilfe, wo der Praxisdruck und die Engagementbereitschaft hoch sind. Ausgewählt werden sollten jedenfalls Bereiche, die sich dafür offen und aufgeschlossen zeigen. Die positiven Ergebnisse werden dann intensiv kommuniziert und sind Grundlage für die Ausdehnung des Veränderungsprozesses auf weitere Bereiche.

Es gibt erstaunlicherweise bisher keine Forschung zur Implementation und zu Ergebnissen und Wirkungen von interkulturellen Öffnungsprozessen in deutschen Kommunen. Bekannt sind lediglich zwei Studien zum „Stand der kommunalen Integrationspolitik in Deutschland" (Gesemann et. al. 2012) beziehungsweise zur „Interkulturellen Öffnung von kommunaler Verwaltung" (imap Institut 2012). Aus der ersten Studie wird deutlich, dass ein Großteil der befragten Städte (63,2 %) Maßnahmen zur interkulturellen Öffnung ergreift, dass aber eine hohe Variabilität im Grad der Umsetzung besteht, abhängig etwa von der Größe der Kommunen, dem Anteil der Beschäftigten mit Migrationshintergrund und der Lage in Ost oder West (ebd.: 52). Die höchste Priorität messen dem Thema Großstädte (66,1 %) und Städte mit einem Migrantenanteil von über 20 Prozent (53,8 %) bei (ebd.: 53). Im Vordergrund des Engagements von Kommunen mit besonderen Anstrengungen (40 %) stehen die Erhöhung der Beschäftigten mit Migrationshintergrund und die Steigerung interkultureller Kompetenz (63,2 % der Kommunen verfolgen mindestens ein Ziel, 32,5 % beide Ziele) (ebd.: 54). Insgesamt wird kritisch festgestellt, dass es vielfach keine umfassende Strategie gebe und dass das Thema interkulturelle Öffnung ein zentrales Erfordernis in kommunalen Leitbildern sein müsse (ebd.: 56). Das wird von der imap-Studie bestätigt, wonach die strategische Entscheidung für interkulturelle Öffnung und damit die Implementation in das kommunale Leitbild ein wesentlicher Erfolgsfaktor für die Umsetzung eines Öffnungsprozesses ist (imap 2012:4).

Ein besonders positives Beispiel und geradezu lehrbuchmäßiges Vorgehen bei der Umsetzung der interkulturellen Orientierung und Öffnung stellt die Landeshauptstadt München dar. Die Stadt hat eine lange und positive Tradition in kommunaler Integrationsarbeit, hat aber erst 2008 nach intensiver verwaltungsinterner und öffentlicher Diskussion ihr „Interkulturelles Integrationskonzept" (Landeshauptstadt München 2008) verabschiedet. Darin sind u. a. fünf Leitprojekte formuliert, deren wichtigstes die interkulturelle Orientierung und Öffnung der Verwaltung ist. Das Integrationskonzept mit seiner Vision und seinen Leitorientierungen hat in bemerkenswerter Weise einen Impuls für den Veränderungsprozess gegeben.

Federführend für die Umsetzung des Konzeptes ist die Stelle für interkulturelle Arbeit. Sie hat nach dessen einstimmiger Verabschiedung im Stadtrat mit allen städtischen Referaten (= Dezernate) Informationsveranstaltungen für die Leitungsebenen durchgeführt, um das Konzept vorzustellen. Dem schlossen sich Strategie-Workshops an, in denen eine erste Bestandsaufnahme und eine Ist-Analyse der Angebote vorgenommen wurden. Grundlage ist ein Indikatorenset, das im ersten Integrationsbericht veröffentlicht wurde (vgl. Landeshauptstadt München 2010: 25). Ergebnisse der Workshops sind konkrete Handlungsziele und ein Umsetzungsfahrplan. Vereinbart werden in der Regel gezielte Qualifizierungsmaßnahmen und neue oder modifizierte Angebote und Dienstleistungen. Hervorzuheben sind ferner interkulturelle Fortbildungen für die jeweiligen Referatsspitzen, also die Dezernentinnen und Dezernenten sowie ihre Führungsebenen, damit der Prozess von oben auf der Grundlage eigenen Wissens und eigener Sensibilisierung unterstützt wird. Dieser Prozess ist noch nicht abgeschlossen, weil die einzelnen Verwaltungseinheiten sich nach und nach öffnen. In einigen Referaten finden regelmäßige Jahresgespräche statt, in denen das vergangene Jahr kritisch reflektiert und für das kommende Jahr Zielvereinbarungen abgeschlossen werden.

Begleitet werden Integrationsarbeit und interkulturelle Öffnung von Vernetzungsstrukturen. Ein „Arbeitsgremium Interkulturelle Integration", in dem alle Referate vertreten sind, koordiniert und realisiert das Integrationskonzept. Eine Stadtratskommission gewährleistet die Verbindung zur politischen Ebene. Controlling und Monitoring finden in einer dreijährigen Berichterstattung an Stadtrat und Öffentlichkeit statt (Landeshauptstadt München 2010 und 2013) (vgl. dazu Schröer/Szoldatits 2010, Szoldatits 2012, für Klein- und Mittelstädte Gesemann 2015).

Vor dem Hintergrund des Münchner Beispiels soll im Folgenden das Vorgehen noch einmal systematisch dargestellt werden: Interkulturelle Öffnung bedeutet Organisationsveränderung. In Managementtheorien und Qualitätsmanagement ist das Vorgehen als ein Kreislauf dargestellt, der die wesentlichen Elemente für einen erfolgreichen Prozess des organisatorischen Wandels benennt (vgl. für das Folgende ausführlicher Handschuck/ Schröer 2012: 71 ff.).

Erarbeitung eines Leitbildes

Leitbilder schienen ihre Zeit hinter sich zu haben. Die Erfahrungen, dass Leitbilder von oben veranlasst, manchmal in Projektgruppen erarbeitet, dann aber ohne große Beteiligung verabschiedet wurden und in der Schublade verschwunden sind, haben ihrem Ruf geschadet. Zu Unrecht, wie Erfahrungen mit lernenden Organisationen und mit der Erarbeitung durch geeignete Methoden belegen. Die Entwicklung einer Vision für die Kommune und ihre jeweiligen Organisationseinheiten, das gemeinsame Ringen um ein Leitbild, der Prozess der gemeinsamen Erarbeitung also und damit der partizipativen Vergewisserung über Zukunftsvorstellungen, strategische Ziele und die kollektiv zu erbringenden Aufgaben sind die entscheidenden Elemente des Einstieges in einen Veränderungsprozess. Für unser Thema bedeutet es, dass sich eine Kommune Klarheit verschafft über ihren Umgang mit Vielfalt, dass in der Stadtentwicklungsplanung und dem darauf basierenden kommunalen Integrationskonzept interkulturelle Orientierung als Haltung und interkulturelle Öffnung der eigenen Struktur als Ziel eindeutig formuliert sind. Das kann sehr erfolgreich mit Großgruppen-Methoden erfolgen, was positive Erfahrungen mit Zukunftswerkstätten und World Cafés belegen.

Orientierende Einstiegsfragen können sein: Haben wir in unserer Organisation jemals eine Vision kommuniziert? Gibt es in unserer Kommune bereits ein Leitbild? Macht das Leitbild Aussagen zur interkulturellen Öffnung? Wie steigen wir in den Prozess der (Weiter-)Entwicklung des Leitbildes ein? Was könnten zündende Metaphern und Slogans sein?

Analyse der Situation

Aus der Erfahrung in der Arbeit mit Kommunen, mit Gruppen und Teams hat sich als konstruktiv und zielorientiert herausgestellt, bei der Analyse der Ist-Situation sich zunächst die Stärken und Ressourcen bewusst zu machen, über die die Institution verfügt. Eine Defizit-Analyse, eine reine Kritikphase demotiviert. Als Fragen stellen sich: Wo bin ich persönlich als Führungskraft, als Mitarbeiterin und Mitarbeiter in meinem Verantwortungsbereich gut? Welche Erfahrungen und Kenntnisse bringen wir als Team, als Institution schon mit? Haben wir bereits Mitarbeitende mit Migrationserfahrung, welcher Art auch immer? Gibt es Urlaubs-, Praktika-, Berufs- oder andere Erfahrungen, die zu Befremdungen und Lernprozessen geführt haben? Haben wir in unseren Netzwerken Kontakte zu Organisationen der Migrationsarbeit, vielleicht sogar zu Migrantenorganisationen und Selbsthilfeinitiativen? Die Überraschung ist immer wieder groß und der Stolz darauf, schon viel erreicht zu haben und nicht bei null anfangen zu müssen. Dann erst sollte die kritische Analyse folgen.

Eine solche Analyse der Organisationsstruktur der kommunalen Einrichtungen und Angebote ergibt vielfältige Barrieren für die Zugänglichkeit zu den Dienstleistungen für

Menschen mit Migrationshintergrund, die diese von der Nutzung der Angebote abhalten (vgl. Gaitanides 2003: 45). Als Zugangshindernisse für Migranten lassen sich identifizieren: Sprachbarrieren und das Fehlen muttersprachlicher Fachkräfte; fehlende Informationen über die vorhandenen Angebote; kulturell geprägte Vorurteile und Einstellungen wie Stolz, Scham, Zurückhaltung, Skepsis und Leidensbereitschaft; Vorbehalte gegenüber deutschen Ämtern und Angst vor ausländerrechtlichen Konsequenzen; die bürokratische, spezialisierte und unüberschaubare Komm-Struktur deutscher Behörden. Und zu den Angeboten und Diensten gibt es selbst zu verantwortende Zugangsbarrieren: durch ethnozentristische Beratungssituationen mit Missverständnissen und Vorurteilen, Stereotypisierungen und Ethnisierungen; durch Fremdheitsängste und Verunsicherungen; durch fehlende interkulturelle Kommunikationskompetenz; durch Überforderungsgefühle, Kompetenzverlustängste; durch Beharren auf eingespielten Wissens- und Handlungsroutinen.

Auch dazu einige konkretisierende hilfreiche Fragen: Welches Bild der Migrantin, des Migranten prägt die Mitarbeiterinnen und Mitarbeiter der Einrichtung? Werden der kulturelle Wandel und die kulturellen Transformationsprozesse der Familien reflektiert? Werden traditionelle Mittelschichtsorientierung und relative Hochschwelligkeit von Beratungseinrichtungen kritisch analysiert? Werden aktivierende und aufsuchende Maßnahmen genutzt? Sind sprach- und milieukundige Mitarbeiterinnen und Mitarbeiter Teil eines interkulturellen Teams? Gibt es aufsuchende Beratungsangebote? Werden Orte genutzt, die von Migrantenfamilien vertrauensvoll aufgesucht werden wie Kindergärten, Schulen, Ärzte, Gesundheitseinrichtungen? Gibt es Kontakte zu Einrichtungen der migrantischen Selbsthilfe wie Kulturvereine, Moscheen, Elternvereine? Werden deren Schlüsselpersonen als Multiplikatoren genutzt? Aus der Beantwortung dieser und anderer Fragen ergeben sich Ziele und Maßnahmen.

Festlegung von Zielen

Es ist immer wieder erstaunlich, wie schwer sich kommunale Einrichtungen mit der Erarbeitung von Zielen tun, wie viele Workshop-Erfahrungen zeigen. Wie man Ziele formuliert, dafür hat z. B. Maja Heiner (1996) sehr hilfreiche Kriterien vorgeschlagen. Es ist oft hilfreich, für sich erst einmal als Fragen zu formulieren, was in Zielen umgesetzt werden soll. Also: Wie sichern wir einen wertschätzenden Umgang mit Menschen mit Migrationshintergrund in unseren Diensten und Maßnahmen? Wie erhöhen wir deren Anteil an unseren Nutzerinnen und Nutzern? Wie fördern wir die Sensibilität der Mitarbeiterschaft, wie deren kulturelle und interkulturelle Kompetenz? Wie gelingt es, Ambiguitätstoleranz, also die Fähigkeit mit Mehrdeutigkeiten umzugehen, zu verankern? Welche Instrumente der Evaluation und der Nutzerbefragung sind für unsere Einrichtung geeignet?

Identifizierung von Schlüsselprozessen und Festlegung von Standards

Anknüpfend an die Ressourcen und Fähigkeiten der Organisation geht es nach der Analyse der Zugangsbarrieren um die Frage, was denn Schlüsselprozesse für eine erfolgreiche interkulturelle Orientierung und Öffnung sein können. Ein Schlüsselprozess lässt sich definieren als mehrere, aufeinander folgende und sich wiederholende Aktivitäten, die für die Zielerreichung unabdingbar sind, wobei verschiedene Menschen, Ressourcen und Methoden systematisch zusammen wirken. Diese Prozesse zu identifizieren und zum Hebel für den Öffnungsprozess zu machen, ist ein wesentlicher Erfolgsfaktor für gelingende Veränderungen. Klassische Schlüsselprozesse sind beispielsweise die Erstkontakte in der Beratung. Gelingt der Kontakt, entsteht Kommunikation, wird Vertrauen hergestellt, ist die Beratungsarbeit schon halb gelungen. Ähnlich wichtige Schlüsselsituationen können sein: eine sprach- und migrationssensible Öffentlichkeitsarbeit; kultursensible Beratungssettings, die auf unterschiedliche Zeit- und Kommunikationsstrukturen Rücksicht nehmen; ein Kommunikationsverhalten, das um Unterschiede der direkten und indirekten Kommunikation weiß; die behutsame Beteiligung bei der Vorbereitung von Aktivitäten; eine Programmplanung, die von den Interessen, Bedürfnissen und Gewohnheiten nicht deutscher Familien ausgeht; die Festlegung der Feste und ihrer jeweiligen Ausgestaltung im Kindergarten.

Nach der Festlegung der wichtigsten Schlüsselprozesse geht es um die Formulierung von Standards, die nicht nur die zu erwartende Fachlichkeit spiegeln, sondern die in besonderem Maße darauf gerichtet sind, die Nutzererwartungen von Menschen mit Migrationshintergrund aufzugreifen. Standards beschreiben die Beschaffenheit einer Leistung. Bei Dienstleistungen sind dies Merkmale, Regeln oder Verhaltensnormen. Standards gewährleisten, dass eine zuvor festgelegte Beschaffenheit erwartet werden kann. Standards garantieren die Qualität einer Leistung in Bezug auf die Struktur-, Prozess- und Ergebnisqualität. In unserem Zusammenhang geht es vor allem darum, interkulturelle Aspekte zu berücksichtigen. Für die gemeinsame und damit verbindliche Erarbeitung bieten sich Großgruppen-Methoden an. Solche Standards können sein: Es gibt mehrsprachiges Informationsmaterial; der Eingangsbereich der Beratungsstelle ist für Menschen unterschiedlicher Herkunft attraktiv gestaltet; die Mitarbeiterinnen und Mitarbeiter sind erkennbar, Namensschilder erleichtern den Kontakt; die korrekte Aussprache und Schreibweise der Namen der Klientel ist sicher gestellt; das Beratungspersonal verfügt über ausreichend Zeit für eine gelingende interkulturelle Kommunikation; die Programmplanung der Einrichtung wird gemeinsam mit Betroffenen bzw. deren Repräsentanten wie ausländischen Elternvereinen vorgenommen; für eine auf Verständigung angelegte Kommunikation stehen Sprach- und Kulturmittler zur Verfügung.

Planung und Umsetzung der Maßnahmen

Die Vergewisserung über die vorhandenen Ressourcen, die Analyse der Zugangsbarrieren, die Identifizierung von Schlüsselprozessen und die Festlegung von Standards sind dann die Basis für die Planung weiterer, konkreter Maßnahmen. Der Prozess der interkulturellen Orientierung und Öffnung hat schon erfolgreich begonnen, wenn es gelingt, die Organisation und ihre Mitarbeiterschaft bei der Erarbeitung des Leitbildes, bei der Formulierung von Zielen oder bei der Festlegung von Standards umfassend zu beteiligen. Die angesprochenen Methoden sind geeignet, Organisationskommunikation herzustellen.

Diesen Organisationsdialog aufrecht zu erhalten, d. h. immer wieder das ganze System methodisch zu aktivieren und damit das Erlebnis der Gemeinsamkeit bei der Entscheidungsfindung auf Dauer zu gewährleisten, führt zu nachhaltigen Ergebnissen im Sinne von Organisationslernen.

Es geht über die schon aus der Ist-Analyse und den Standards ersichtlichen Konsequenzen hinaus um folgende Maßnahmen. Überprüfung der Organisationsstruktur: Sind die Abläufe und Schnittstellen funktional? Braucht es eine institutionell festgelegte Verantwortung für den Öffnungsprozess? Überprüfung der Netzwerke: Sind die innerorganisatorischen Informations- und Austauschstrukturen für die interkulturelle Arbeit angemessen? Sind die wichtigsten Stakeholder deutscher wie nicht deutscher Institutionen eingebunden? Überprüfung der Handreichungen: Gibt es für wichtige Schlüsselprozesse qualifizierte Handreichungen, z. B. hilfreiche Fragen für die Kommunikation oder für den Einsatz von Sprach- und Kulturmittlern? Werden alle wichtigen Angebote und Weichenstellungen der Hilfegestaltung, z. B. Unterschriften leisten, sprachlich so vermittelt, dass sie verstanden werden können? Überprüfung der Ausstattung: Sind Verwaltungswege verständlich gekennzeichnet, z. B. durch Piktogramme? Ist erkennbar, wer für wen zuständig ist und wie die Mitarbeitenden heißen und angesprochen werden wollen? Sind die Besprechungsräume so ausgestaltet, dass eine angemessene Kommunikation möglich wird, z. B. durch Über-Eck-Gespräch?

Neben den organisationsbezogenen Überlegungen sind es natürlich Maßnahmen der Personalentwicklung, die für die interkulturelle Orientierung und Öffnung maßgebend sind: Wird bei der Personalrekrutierung darauf geachtet, interkulturelle Teams zu fördern? Werden Mitarbeitende mit Migrationshintergrund wertschätzend aufgenommen und ausreichend unterstützt? Gibt es Supervision und Coaching für die einzelnen Mitarbeiterinnen und Mitarbeiter sowie die Teams? Gibt es gezielte Maßnahmen der interkulturellen Teamentwicklung? Werden durch regelmäßige Fortbildungsveranstaltungen Grundlagen für ein kultur- und migrationssensibles Handeln gelegt, wird die kulturelle Kompetenz gefördert und interkulturelle Kompetenz vermittelt?

Um noch einmal an die Eingangs-Überlegungen zum Umgang mit und zu den Herausforderungen durch Vielfalt in einer sich rasant verändernden Welt anzuknüpfen: „Interkulturelle Kompetenz" wird zu einer Schlüsselkompetenz für effektives und effizientes Handeln in fast jeder Situation. Es geht also um der Erwerb von Vielfaltskompetenz als Fähigkeit, mit den unterschiedlichen Herausforderungen einer von Vielfalt gekennzeichneten Gesellschaft angemessen umzugehen und die stich ständig wandelnden Aufgaben und Herausforderungen organisatorisch zu bewältigen.

6.3 Hindernisse und Widerstände

Komplementär zu den genannten Erfolgsfaktoren lassen sich Faktoren benennen, die eine nachhaltige Umsetzung der interkulturellen Öffnung behindern. Dabei lassen sich objektive Hindernisse und subjektive, bei den Mitarbeitenden verankerte Widerstände unterscheiden (vgl. für das Folgende Schröer 2007: 89 f.).

- Interkulturelle Öffnung wird nicht als gesamtgesellschaftliche Querschnittsaufgabe verstanden. Interkulturelle Fragen werden noch zu oft auf Soziales und Bildung reduziert. Stadtentwicklungsplanung, Finanzpolitik und häufig auch Personalpolitik fühlen sich nicht angesprochen. Kommunale Wirtschaftsbetriebe nehmen ihre mögliche Vorbildfunktion dem gewerblichen Bereich gegenüber nicht wahr.
- Interkulturelle Öffnung wird nicht als Führungsaufgabe „top-down" wahrgenommen. Betroffene Organisationseinheiten und Mitarbeiterinnen und Mitarbeiter verkämpfen sich „bottom up" und erreichen wenig, jedenfalls keine Organisationsveränderung.
- Interkulturelle Öffnung ist nicht als Gesamtstrategie angelegt. Positive Ansätze bleiben vereinzelt. Häufig beschränken sie sich auf Fortbildungsmaßnahmen, die zwar eine individuelle Qualifizierung, aber kein Organisationslernen zur Folge haben.
- Interkulturelle Öffnung wird nicht als unabdingbares Merkmal guter professioneller Arbeit in der multikulturellen Gesellschaft verstanden. Interkulturelle Öffnung und interkulturelle Kompetenzvermittlung werden häufig als zusätzliche, freiwillige Qualifizierungen gesehen und mit dem Hinweis auf Überlastung abgelehnt.
- Interkulturelle Öffnung wird nicht als partizipativer Prozess gestaltet. Das gilt nach innen in die Organisation, die Mitarbeiterinnen und Mitarbeiter werden nicht (bottom up) einbezogen. Und das gilt vor allem nach außen, Migrantinnen und Migranten und ihre Organisationen werden nicht beteiligt,

Prozesse interkultureller Öffnung bedeuten Veränderung, Unruhe und neue Herausforderungen und rufen Widerstände bei den Betroffenen hervor. Immer wiederkehrende abwehrende Mantras sind beispielsweise:

- „Wir behandeln alle gleich."
  Diese Einstellung ist weit verbreitet und besonders gefährlich, weil sie sich angesichts des Gleichheitspostulats moralisch unangreifbar glaubt. Sie übersieht, dass Ungleiches nicht gleich behandelt werden darf und dass damit Machtverhältnisse und Diskriminierungen verschleiert werden.
- „Wir wollen nicht ethnisieren."
  Diese Position kann als reflexive Variante der zuvor genannten verstanden werden, nimmt sie doch scheinbar kritisch interkulturelle Aspekte auf. Aus Sorge vor einer ausgrenzenden, auf die Ethnie reduzierenden Wahrnehmung werden Differenz und Diversität einfach geleugnet. In der Alltagspraxis sind dann aber spezifische Unterschiede vorhanden, die unverstanden und unreflektiert häufig kulturalistisch uminterpretiert werden.
- „Wir arbeiten problemorientiert."
  Im Vordergrund steht scheinbar ausschließlich ein zu lösendes Problem, das bei Deutschen und Menschen mit Migrationshintergrund ähnlich ist und lediglich problemspezifische Herangehensweisen erfordert, nicht aber interkulturell sensible Strategien, die die in-

terkulturelle Identität, die Ressourcen und sozialen Benachteiligungen der Zielgruppe angemessen berücksichtigen.
- „Wir haben schon immer mit Ausländern gearbeitet."
Dieser Abwehrreflex gilt einer interkulturellen Qualifizierung als neuer Herausforderung und leugnet den Paradigmenwechsel von der Migrationssozialarbeit zur interkulturellen Arbeit. Die Position ist von der alten Ausländerpädagogik geprägt und geht einher mit einer Defizitorientierung und paternalistischen Haltung gegenüber den Klientinnen und Klienten.
- „Instrumente sind farbenblind."
Die Verfahren und Methoden werden als bloße Instrumente gesehen, um die notwendige und geeignete Hilfe zu finden. Instrumente und Verfahren werden als objektive Möglichkeiten missverstanden, die scheinbar wertfrei und neutral zu Ergebnissen kommen. Interkulturelle und geschlechtsreflexive Fragen ergeben sich erst beispielsweise bei der Hilfedurchführung.
- „Ihr könnt das nicht."
Kolleginnen und Kollegen mit Migrationshintergrund werden noch immer von der deutschen Kollegenschaft als fachlich nicht kompetent angesehen, selbst dann, wenn sie ihre Ausbildung in Deutschland gemacht haben. Es werden auch Zweifel geäußert, ob Mitarbeiterinnen und Mitarbeiter mit Migrationshintergrund von der deutschen Kundschaft in gleichem Maße akzeptiert werden wie Deutsche.
- „Wir sind ohnehin überbelastet."
Personalabbau und Sparmaßnahmen haben in der öffentlichen Verwaltung dazu geführt, dass die Mitarbeiterinnen und Mitarbeiter mit einer großen Arbeitsverdichtung zu kämpfen haben. In dieser Situation entsteht die Furcht vor Mehrbelastung durch eine besonders „schwierige und belastete" Klientel bzw. Kundschaft. Die Delegation solcher Menschen an bestehende Sonderdienste kommt damit gelegen.

Diese Hindernisse und Widerstände verweisen darauf, dass eine klare Top-down-Vorgabe durch die Führungsebene für die Implementierung von interkultureller Öffnung Voraussetzung für den Einstieg in erfolgreiche Veränderungsprozesse ist. Zugleich bedarf es Bottom-up-Strukturen, die geeignet sind, die Mitarbeiterinnen und Mitarbeiter mitzunehmen und aktiv in den Veränderungsprozess einzubeziehen. In der Praxis zeigt sich, dass die Transparenz des Vorgehens und eine gut geplante Kommunikation des Prozesses unabdingbare Elemente für die erfolgreiche Mitnahme der Mitarbeiterschaft sind.

Fazit

Nach der hier vertretenen Position stehen Diversity Management und die Einzelstrategien zur Berücksichtigung der jeweiligen Vielfaltsdimensionen nicht gegeneinander. Die einstigen kritischen Vorbehalte gegenüber einer profitorientierten Unternehmensstrategie

Diversity Management lösen sich auf, nicht zuletzt, weil deren bewegungspolitische Wurzeln in Erinnerung gebracht wurden. Letztlich aber auch, weil aus einer zunächst lediglich quantitativen Berücksichtigung nach den gleichstellungsorientierten sozialen Kämpfen im Human Resources Management eine qualitative Anerkennung und Wertschätzung von Vielfalt und deren Verwobenheit geworden ist. Die Erfahrungen, Methoden und Instrumente aus der Organisations- und Personalentwicklung können für kommunale Politik und Verwaltung fruchtbar gemacht werden.

Aber Diversity Management ist auch kein Ansatz, der die bisherigen Vielfaltsstrategien aufheben und überflüssig machen könnte, wie viele Befürworter behaupten. Fragen kultureller Einbettung, der Macht in Dominanzverhältnissen wie in Geschlechterverhältnissen oder im Verhältnis von Mehrheit und Minderheiten werden nicht gestellt und beantwortet. Die profilierten Einzelstrategien machen weiterhin Sinn, auch um Komplexität zu reduzieren, da ein Gesamtansatz zu überfordern droht. Ein intersektionales Handeln verhindert, in die alte Zielgruppenorientierung zurückzufallen. Dieser inhaltliche Ansatz muss durch entsprechende organisatorische Lösungen unterstützt werden.

Eine kommunale Herausforderung bleiben das häufig anzutreffende Nebeneinander und manchmal gar Gegeneinander der für Gender, Interkult, Inklusion oder sexuelle Identitäten zuständigen Organisationseinheiten. Hier fordern Diversity Management und Intersektionalität dazu auf, die für die jeweilige Kommune relevanten Dimensionen in einer Organisation zu bündeln und überwölbend und produktiv Vielfalt zu gestalten.

Literatur

Alscher, Stefan 2015: Großstädte sind Zuwanderungsmagnete. In: Migration und Bevölkerung, 4, S. 5–6
Alscher, Stefan, Hummitzsch, Thomas 2015: Deutsche Bevölkerung schrumpft und altert trotz Zuwanderung. In: Migration und Bevölkerung, 3, S. 4–5
Auernheimer, Georg 1999. Notizen zum Kulturbegriff unter dem Aspekt interkultureller Bildung. In: Gemende, Marion, Schröer, Wolfgang, Sting, Stephan (Hrsg.), Zwischen den Kulturen. Pädagogische und sozialpädagogische Zugänge zur Interkulturalität. (S. 27–36). Weinheim und München: Juventa
Auernheimer, Georg (2011a): Diversity und interkulturelle Kompetenz. In: Kunz, Thomas, Puhl, Ria (Hrsg.), Arbeitsfeld Interkulturalität. Grundlagen, Methoden und Praxisansätze der Sozialen Arbeit in der Zuwanderungsgesellschaft. Weinheim und München: Juventa, S. 167–181
Auernheimer, Georg (2011b). Diversity und Intersektionalität – neue Perspektiven für die Sozialarbeit? In: neue praxis, 4, S. 409–424
Bundesamt für Migration und Flüchtlinge 2017: Schlüsselzahlen Asyl 2016.Nürnberg. https://www.bamf.de/SharedDocs/Anlagen/DE/Publikationen/Flyer/flyer-schluesselzahlen-asyl-2016.pdf;jsessionid=488DCBCA099510509AE1AC2BE4E63686.1_cid286?__blob=publicationFile (Zugegriffen 4. Juni 2017.)
Bundesausländerbeauftragte (Hrsg.) 1994: Empfehlungen zur interkulturellen Öffnung sozialer Dienste. Bonn: Eigenverlag: Beauftragte der Bundesregierung für die Belange der Ausländer

Bundesregierung 2007: Der Nationale Integrationsplan. Neue Wege – Neue Chancen. Berlin. http://www.bundesregierung.de/Content/Infomaterial/BPA/Bestellservice/2009-02-05-der-nationale-integrationsplan-langfassung.pdf?__blob=publicationFile&v=5 (Zugegriffen 20. August 2015.)

Bundesregierung 2012: Nationaler Aktionsplan Integration. Zusammenhalt stärken – Teilhabe verwirklichen. Berlin .http://www.bundesregierung.de/Content/DE/_Anlagen/IB/2012-01-31-nap-gesamt-barrierefrei.pdf?__blob=publicationFile (Zugegriffen 20. August 2015.)

Gaitanides, Stefan 2003: Interkulturelle Kompetenz als Anforderungsprofil in der Jugend- und Sozialarbeit. In: Migration und Soziale Arbeit , 1, S. 44–50

Gesemann, Frank 2015: Migration und Vielfalt.: Chance und Herausforderung für ländliche Regionen. In: Migration und Soziale Arbeit, 3, S. 265–273

Gesemann, Frank, Roth, Roland, Aumüller, Jutta 2012: Stand der kommunalen Integrationspolitik in Deutschland. Studie erstellt für das Bundesministerium für Verkehr, Bau und Stadtentwicklung und die Beauftragte der Bundesregierung für Migration, Flüchtlinge und Integration. Berlin http://www.bundesregierung.de/Content/DE/_Anlagen/IB/2012-05-04-kommunalstudie.pdf?__blob=publicationFile (Zugegriffen 22. Oktober 2015)

Hamburger, Franz 1999: Von der Gastarbeiterbetreuung zur Reflexiven Interkulturalität. In: Migration und Soziale Arbeit, 3–4, S. 33–39

Handschuck, Sabine, Schröer, Hubertus 2002: Interkulturelle Orientierung und Öffnung von Organisationen. Strategische Ansätze und Beispiele der Umsetzung. In: neue praxis, 5, S. 511–521

Handschuck, Sabine, Schröer, Hubertus 2012: Interkulturelle Orientierung und Öffnung. Theoretische Grundlagen und 50 Aktivitäten zur Umsetzung. Augsburg: Ziel.

Hasenjürgen, Brigitte 2011: Wozu Gender? Wider die Gewissheiten über Frauen und Männer in der Einwanderungsgesellschaft. In: Kunz, Thomas, Puhl, Ria (Hrsg.), Arbeitsfeld Interkulturalität. Grundlagen, Methoden und Praxisansätze der Sozialen Arbeit in der Zuwanderungsgesellschaft. Weinheim und München: Juventa, S. 140–148

Heiner, Maja 1996: Qualitätsentwicklung durch Evaluation. Freiburg: Lambertus

Hinz-Rommel, Wolfgang 1994: Interkulturelle Kompetenz. Ein neues Anforderungsprofil für die soziale Arbeit. Münster/ New York: Waxmann

Imap Institut (Hrsg.) 2012: Interkulturelle Öffnung von kommunaler Verwaltung. Bearbeitung: Evelyn Caccio, Merlin Evelyn. Düsseldorf. http://imap-institut.de/fileadmin/bilder/Sonstige/imap_Studie_IK%C3%96_09_09_13.pdf (Zugegriffen 22. Oktober 2015)

Kunz, Thomas 2015: Happy Birthday, Migrationshintergrund? Überlegungen zum 10. Geburtstag einer Fremdbeschreibung. In: Migration und Soziale Arbeit, 3, S. 258–264

Landeshauptstadt München, Sozialreferat/ Stelle für interkulturelle Arbeit 2008: Interkulturelles Integrationskonzept. Grundsätze und Strukturen der Integrationspolitik der Landeshauptstadt München. München http://www.muenchen.de/rathaus/Stadtverwaltung/Sozialreferat/Wohnungsamt/Interkult/integrationspolitik.html (Zugegriffen 23. November 2015)

Landeshauptstadt München, Sozialreferat/ Stelle für interkulturelle Arbeit 2010: Interkultureller Integrationsbericht. München lebt Vielfalt. München http://www.muenchen.info/soz/pub/pdf/422_integrationsbericht.pdf (Zugegriffen 23. November 2015)

Landeshauptstadt München, Sozialreferat/ Stelle für interkulturelle Arbeit 2013: Interkultureller Integrationsbericht. München lebt Vielfalt. München http://www.muenchen.info/soz/pub/pdf/483_integrationsbericht_2013.pdf (Zugegriffen 23. November 2015)

Landkreis München 2015: Diversitäts- und Regionalmanagement. http://www.landkreis-muenchen.de/no_cache/service/news/nachrichtenbeitrag/artikel/kreis-schafft-planstellen-im-bereich-asyl-und-beschliesst-neues-diversitaets-und-regionalmanagement/ (Zugegriffen 23. November 2015)

Landkreis München 2015: Konzept „Diversitäts- und Regionalmanagement – Zukunftsaufgaben für den Landkreis München. Unveröffentlichtes Manuskript

Merx, Andreas 2013: Diversity – Umsetzung oder Proklamation? In: Migration und Soziale Arbeit, 3, S. 236–242

Rommelspacher, Birgit 1995: Dominanzkultur. Texte zur Fremdheit und Macht. Berlin: Orlando Frauenverlag

Scherr, Alfred 2001: Interkulturelle Bildung als Befähigung zu einem reflexiven Umgang mit kulturellen Einbettungen. In: neue praxis, 4, S. 347–357

Schröer, Hubertus 2007: Interkulturelle Orientierung und Öffnung: ein neues Paradigma für die soziale Arbeit. In: Archiv für Wissenschaft und Praxis der sozialen Arbeit, 3, S. 80–91

Schröer, Hubertus 2009: Interkulturelle Öffnung und Diversity Management – Ein Vergleich der Strategien. Migration und Soziale Arbeit, 3/4, S. 203–211

Schröer, Hubertus 2012: Diversity Management und Soziale Arbeit. Archiv für Wissenschaft und Praxis der sozialen Arbeit, 1, S. 4–16

Schröer, Hubertus 2013: Inklusion versus Integration – Zauberformel oder neues Paradigma? In: Migration und Soziale Arbeit, 3, S. 249–255

Schröer, Hubertus 2014: Interkulturelle Öffnung und Anerkennungskultur in Verwaltungen. In: IQ Fachstelle Diversity Management (Hrsg.): Inklusiv, offen und gerecht? Deutschlands langer Weg zu einer Willkommenskultur. München, S. 47–50 http://www.fachstelle-diversity.de/images/Download/fs_dim_broschuere_dossier_final.pdf (Zugegriffen 22. Oktober 2015.)

Schröer, Hubertus, Szoldatits, Franziska 2010: Interkulturelle Öffnung des Personalmanagements: Beispiel Landeshauptstadt München http://www.migration-boell.de/web/diversity/48_2628.asp (zugegriffen 22. Oktober 2015)

Schwarz-Wölzl, Maria, Maad, Christa 2004: Diversity und Managing Diversity. Teil 1: Theoretische Grundlagen. Wien https://zsi.at/attach/Diversity_Teil1_Theorie.pdf (Zugegriffen 22. Oktober 2015.)

Sorg, Uschi 2014: Interkulturelle Interaktion in der Sozialverwaltung. Studie und Handlungsempfehlungen. Augsburg: Ziel.

Stadt Erlangen 2015: Ratsbeschluss zur Einrichtung eines Büros für Chancengleichheit und Vielfalt. http://ratsinfo.erlangen.de/bi/vo0050.php?__kvonr=2127709 (Zugegriffen 09.11.2015)

Stadt Heidelberg, Amt für Chancengleichheit 2017: Aktionsplan „Offen für Vielfalt und Chancengleichheit - Ansporn für alle" http://www.heidelberg.de/site/Heidelberg_ROOT/get/documents_E-517634644/heidelberg/Objektdatenbank/16/PDF/Aktionsplan/Kommunaler%20Aktionsplan%20Offen%20f%C3%BCr%20Vielfalt%20und%20Chancengleichheit.pdf (Zugegriffen 4. Juni 2017)

Stadt Kassel 2015: Zukunftsbüro der Stadt Kasse – Bedingungen für Möglichkeiten schaffen. http://www.kassel.de/miniwebs/zukunftsbuero/21073/index.html (Zugegriffen 23. November 2015)

Stuber, Martin 2004: Diversity. Das Potenzial von Vielfalt nutzen – den Erfolg durch Offenheit steigern. München: Luchterhand.

Szoldatits, Franziska 2012: Interkulturelle Öffnung im Rahmen lokaler Integrationspolitik. In: Griese, Marburger (Hrsg.). Interkulturelle Öffnung. Ein Lehrbuch. München: Oldenbourg, S. 161–180

Thomas, D.A., Ely, R.J. 1996: Making differences matter: a new paradigm for managing diversity. Harvard Business Review, S. 79–89

Von Dippel, Alexander 2007: Diversity Management aus Sicht von Führungskräften in öffentlichen Verwaltungen. In: Koal, Iris, Bruchhagen, Verena, Höher, Friederike (Hrsg.). Diversity Outlooks. Managing Diversity zwischen Ethik, Profit und Antidiskriminierung. Hamburg: LIT, S. 66–81

Von Oppen, Julian 2015: Welches Problem wird hier eigentlich bearbeitet? Empirische Fragen an die Praxis einer interkulturellen Sozialen Arbeit. neue praxis, 3, S. 209–223

Watrinet, Christine 2008: Indikatoren einer diverisity-gerechten Unternehmenskultur. Karlsruhe: Universitätsverlag Karlsruhe. http://www.google.de/url?sa=t&rct=j&q=&esrc=s&source=web&cd=25&ved=0CDcQFjAEOBQ&url=http%3A%2F%2Fdigbib.ubka.uni-karlsruhe.de%2Fvolltexte%2Fdocuments%2F184332&ei=REiSVZvbPKHIyAPd5ba4CA&usg=AFQjCNF9bEEle-FE-ZCfqQ9x5pzPxjxQdCw (Zugegriffen 22. Oktober 2015)

Welsch, Wolfgang 1995: Transkulturalität. www.forum-interkultur.net/fileadmin/user_upload/pdf/27.pdf (Zugegriffen 22. Oktober 2015)

Soziale Arbeit in der Einwanderungsgesellschaft – ihr (möglicher) Beitrag zu Integration und Partizipation

Stefan Gaitanides

Zusammenfassung

Der Beitrag skizziert den überproportionalen Bedarf von Zuwandererfamilien an der Versorgung mit sozialen Dienstleistungen. Neben einer Auswertung der Kinder- und Jugendhilfestatistik werden in einem qualitativ typisierenden Verfahren kommunikationsbedingte wie strukturelle Zugangsbarrieren erörtert. Die Absenkung dieser Barrieren hat sich das Organisations- und Personalentwicklungsprogramm der „Interkulturellen Öffnung" und „interkulturellen Kompetenzvermittlung" zur Aufgabe gemacht. Der Artikel rekonstruiert Konzept und (Vor) Geschichte dieses Reformvorhabens und analysiert den Stand der Umsetzung exemplarisch an den Wohlfahrtsverbänden.

1 Bedarfsanalyse: überproportionaler und wachsender Bedarf von Menschen mit Migrationshintergrund an sozialen Diensten

Die mit der globalen wirtschaftlichen Entwicklung einhergehenden sozialen Verwerfungen treffen mit besonderer Härte diejenigen Bevölkerungsgruppen, die mit einem geringeren kulturellen und ökonomischen sowie sozialen Kapital (Bourdieu) ausgestattet sind. Zu ihnen gehören überproportional viele Menschen mit Migrationsgeschichte. Wenn Soziale Arbeit als soziale ‚Inklusionsförderung' und ‚Exklusionsverwaltung' für diejenigen, die wegen Krankheit und Alter nicht mehr in das Erwerbssystem integriert werden können, definiert werden kann (Scherr 2001), dann sieht sie sich mit der unumkehrbaren Tatsache der Einwanderungsgesellschaft vor eine ihrer größten Herausforderungen gestellt. Dabei geht es nicht nur um ‚nachholende Integration' in das Subsystem der sozialen Dienste, sondern auch um deren Umgestaltung im Sinne lernender Organisationen, die die veränderten Umweltbedingungen in sich integrieren unter dem Label ‚interkulturelle, migrationssensible und gleichberechtigte Teilhabe ermöglichende Öffnung'.

Die Arbeitslosenquote von Menschen mit Migrationshintergrund ist seit vielen Jahren doppelt so hoch wie beim Durchschnitt der Erwerbstätigen – nicht gerechnet die überproportionale Zahl stiller (weiblicher) Reserven und die in die Heimatländer abgedrängten Arbeitslosen – mit allen negativen Folgen für die materielle Lebenssituation, die psychosoziale Befindlichkeit und die Psychodynamik der Familien. Die hohe Armutsquote und fehlende familiäre Leistungsvorbilder begünstigen den Rückgriff auf anomische Bewältigungsstrategien und Verhaltensmuster bei Teilen der nachwachsenden Generationen, durch die ihre Zukunftschancen zusätzlich verbaut werden. Sie werden in den Ballungszentren weit überproportional zu ihrem Bevölkerungsanteil von den letzten Auffangstationen der Sozialen Arbeit betreut – von der Straßensozialarbeit, der Jugendgerichtshilfe, den Zufluchtsstätten für Mädchen, der niedrigschwelligen Drogennothilfe usw. Familien zerbrechen nicht nur unter dem Stress materieller Überlebensprobleme, Familienkonflikte eskalieren auch unter dem Druck der im Zeitraffer vollzogenen Erfahrung sozialen Wandels, der von den Geschlechtern und Generationen ungleich verarbeitet wird. Alleinerziehende, sofern sie über den Familiennachzug nach Deutschland gekommen sind, werden von traditionsverwurzelten angeheirateten Familien ausgeschlossen und von deren informellen Netzwerken gemieden, so dass sie besonders auf professionelle Hilfen angewiesen sind.

Die häufig niedrige Schulbildung der Eltern, geringe Deutschkenntnisse, dysfunktionale, von der Tradition und/oder sozialer Desintegration geprägte Erziehungsstile sowie die geringen Anregungspotenziale benachteiligter Wohnquartiere bedingen einen überdurchschnittlichen Bedarf an präventiven Maßnahmen zur Stärkung der Erziehungskompetenz (niedrigschwellige Elternbildung und Erziehungsberatung, Schulsozialarbeit). Hinzu kommen Belastungen durch den Minderheitenstatus und den ‚alltäglichen Rassismus'. Die Stigmatisierung der Herkunftskulturen und ausgrenzende Zugehörigkeitsdefinitionen beeinträchtigen durch negative Zuschreibungen (stereotyp threat) nicht nur die Bildungs-, Ausbildungs- und Beschäftigungschancen, sondern begünstigten auch ethnische und kulturelle Rückzugstendenzen, die Individualisierungsprozesse verzögern und Gruppenspannungen zusätzlich verstärken können – komplementär zu parallelen Entwicklungen bei den in der Nachbarschaft lebenden, um knappe Ressourcen konkurrierenden und ebenfalls unter Anerkennungsdefiziten leidenden ‚Modernisierungsverlierern' der Mehrheitsgesellschaft.

Die negative Etikettierung der Zuwanderer beschleunigt den sozialen Entmischungsprozess ohnehin benachteiligter Quartiere. Hier tut sich ein weites Feld auf für eine partizipative, sozialräumlich orientierte Soziale Arbeit (lebensortnahe Kommunikations-, Beratungs- und Bildungszentren für Familien / Quartiersmanagement / Beteiligung der sozialen Dienste an Netzen für Integration / Jugendkulturarbeit / Projekte ‚Integration durch Sport'/ Qualifizierung von Multiplikatoren als Mittler und Streitschlichter usw.). Eine sozialraumorientierte interkulturelle Soziale Arbeit entlang der Gemeinsamkeiten der Lebenslagen und lebensweltlichen Bezüge kann helfen, durch gemeinsame Aktivitäten und Intensivierung der Intergruppenkontakte wechselseitige Vorurteile abzubauen und das gemeinsame partizipative Engagement der Bewohner zu stärken (Straßburger/ Bestmann 2007; 2013).

2 Defizitäre Versorgungslage – vor allem im präventiven Bereich

In Anbetracht der aufgeführten vielfältigen Belastungen und nicht hinreichend aktivierten Selbsthilfepotenziale müssten MigrantInnen eigentlich überdurchschnittlich in den sozialen Diensten der Regelversorgung in Erscheinung treten. Eine differenzierte Betrachtung kommt zu dem Ergebnis, dass Menschen mit Migrationshintergrund in den eingreifenden und kurativen Diensten – wie den durch das Jugendamt vermittelten ambulanten und stationären Erziehungshilfen – annähernd entsprechend ihres Bevölkerungsanteils repräsentiert sind. In manchen „Endstationen" der Sozialen Arbeit wie beispielsweise Streetwork und Drogennothilfe sind sie oft sogar überrepräsentiert, ebenso bei Angeboten, die äußerster Not gehorchend oder unter Zwang in Anspruch genommen werden, wie Frauenhäuser, Jugendgerichtshilfe, Anti-Aggressionstrainings, Berufsvorbereitungskurse für arbeitslose Jugendliche. Dagegen hat sich die schon Anfang der 1990er Jahre von Fachleuten konstatierte Unterrepräsentation bei den präventiven Hilfen – wie Erziehungsberatung (vgl. Tabelle 1) und Eltern-Familienbildung – (für NRW: MGFFI 2007; Fischer 2011: 428) – nicht wesentlich verändert.

Während in der Vergangenheit einschlägige Forschungen auf lokale Stichproben und Expertenbefragungen angewiesen waren, hat sich die Datenlage seit 2007 – zumindest für den bedeutsamen Bereich der Kinder- und Jugendhilfe (SGB VIII) – insoweit verbessert, als nunmehr repräsentative Aussagen über die relative Inanspruchnahme-Entwicklung nach Migrationshintergrund gemacht werden können. Die von den Statistischen Ämtern ausgewerteten Erhebungsbögen der vom Jugendamt veranlassten Erziehungshilfen und Erziehungsberatungen in freier Trägerschaft definieren den Migrationshintergrund durch das komplexe Kriterium „ausländische Staatsangehörigkeit" oder Deutsch aber „mindestens ein Elternteil im Ausland geboren" und/oder „Familiensprache vorwiegen nicht Deutsch".

Aus der Statistik lässt sich nicht nur die unterdurchschnittliche Inanspruchnahme der Erziehungsberatung als eines primär präventiven Dienstes ablesen, sie enthält auch einen Hinweis auf deutsche Sprachkenntnisse als Zugangsvoraussetzung. Die herkömmliche Erziehungsberatung setzt ein Niveau der Artikulations- und Reflexionsfähigkeit in der deutschen Sprache voraus, das viele überfordert. Dies gilt jedenfalls für die vielen Einrichtungen, die über keine oder zu wenige muttersprachlichen Fachkräfte verfügen. Auf die hohe Schwelle ausreichender Deutschkenntnisse verweist die Unterrepräsentanz der NutzerInnen der Erziehungsberatung mit Migrationshintergrund, die in der Familie vorrangig ihre Muttersprache sprechen (39,4 %, Tabelle 1). Eine Auswertung der Daten des Statistischen Bundesamtes über die familiäre Sprachpraxis von Kita-Kindern 2013 ergab einen Anteil von 53 Prozent der Kinder, bei denen in der Familie überwiegend nicht deutsch gesprochen wird. Dabei ergab sich kein signifikanter Unterschied nach dem Alter der Vorschulkinder (Ländermonitor 2013). Als zusätzliche Schwellen treten bei der Erziehungsberatung häufig ein wohnortferner Standort und die stationäre Komm-Struktur hinzu. Besonders hoch ist die Schwelle für nachgereiste Ehegattinnen, die kaum Deutsch sprechen und in ihrer räumlichen Mobilität eingeschränkt sind.

Tab. 1 Anteile von Kindern und Jugendlichen mit Migrationshintergrund an ausgewählten Leistungen der Kinder- und Jugendhilfe 2008 bis 2013 in Prozent der Leistungsbezieher insgesamt

Inanspruchnahmequoten Kinder und Jugendliche mit Migrationshintergrund (mindestens ein Elternteil ausländischer Herkunft)	2008	2012	2013
Zum Vergleich: Anteil der bis unter 25-Jährigen mit Migrationshintergrund an den bis unter 25Jährigen insgesamt (Mikrozensus)	27,9 %	28,3 %	29,4 %
Erziehungsberatung (begonnene Beratungen)	19,5 %	22,6 %	22,6 %
Davon: Familiensprache vorrangig nicht deutsch	. / .	38,6 %	39,4 %
Soziale Gruppenarbeit	36,0 %	28,1 %	37,0 %
Davon: Familiensprache vorrangig nicht deutsch	59,4 %	45,4 %	57,6 %
Sozialpädagogische Familienhilfe	29,0 %	31,3 %	29,3 %
Davon: Familiensprache vorrangig nicht deutsch	52,4 %	44,0 %	47,3 %
Intensive Einzelfallbetreuung	27,1 %	31,4 %	34,9 %
Davon: Familiensprache vorrangig nicht deutsch	52,7 %	75,1 %	85,0 %
Inobhutnahme (*nichtdeutsche Staatsangehörigkeit – ohne Leistungsnehmer mit Migrationshintergrund und deutscher Staatsangehörigkeit*)	24,0 %	26,7 %	31,4 %
Heimerziehung und betreutes Wohnen	24,6 %	30,5 %	32,7 %
Davon: Familiensprache vorrangig nicht deutsch	49,6 %	52,8 %	57,2 %

Eigene Berechnungen, Quellen: Statistisches Bundesamt Fachserien (2010a, b, 2014, 2015): Statistiken der Kinder und Jugendhilfe: Erzieherische Hilfe, Eingliederungshilfe für seelisch behinderte junge Menschen, Hilfen für Volljährige. Stand: 2008, 2012, 2013; Statistisches Bundesamt (2010, 2014, 2015): Bevölkerung und Erwerbstätigkeit. Bevölkerung mit Migrationshintergrund, Stand: 2008, 2012, 2013.

Wenngleich inzwischen viele Bemühungen unternommen wurden, die Sprachbarrieren punktuell durch Einstellung von mehrsprachigem Personal und engere Vernetzung mit lebensortnahen Bildungseinrichtungen wie Schulen und Kindertagesstätten abzubauen, kann angesichts der Zahlen nicht von einer in der Fläche durchgreifenden Trendwende bei der Erziehungsberatung gesprochen werden.

Bei den in der Tabelle angeführten ambulanten aufsuchenden Diensten ist der Anteil der Familien, die vornehmlich in ihrer Herkunftssprache kommunizieren signifikant höher. Im Bereich der aufsuchenden Sozialpädagogischen Familienhilfe wurde bisher auch bei weitem mehr mehrsprachiges Personal eingestellt. Die vergleichsweise hohe Inanspruchnahmequote dürfte allerdings auch der kurativen Funktion dieser Dienste geschuldet sein, deren Angebote trotz rechtlich garantierter Freiwilligkeit faktisch nicht immer freiwillig in Anspruch genommen werden, wenn als Alternative Zwangsmaßnahmen drohen – wie z. B. Herausnahme des Kindes aus der Familie oder aus der Kita wegen starker Verhaltensauffälligkeit. Eine hohe Inanspruchnahme-Quote ist mithin noch kein hinreichender Indikator für überdurchschnittliche interkulturelle Qualitätsstandards und

Ergebnisqualität. Dagegen spricht auch der hohe Anteil der Hilfen bei der Heimerziehung und beim betreuten Wohnen, die ohne Erreichung der Hilfeziele abgebrochen wurden.

Tab. 2 Beendigungen von Hilfen „abweichend von Beratungszielen" durch junge Menschen selbst und Erziehungsberechtigte in ausgewählten Bereichen der Kinder und Jugendhilfen nach Kindern in Familien mit und ohne Migrationshintergrund 2008/2013, in Prozent der Beendigungen gemäß/abweichend der Beratungsziele insgesamt

Beendigung von Hilfen abweichend von Beratungszielen	2008 Ohne Migrationshintergrund	2008 Mit Migrationshintergrund	2013 Ohne Migrationshintergrund	2013 Mit Migrationshintergrund
Erziehungsberatung	16,0 %	20,0 %	16,2 %	18,2 %
Heimerziehung/ betreutes Wohnen	47,0 %	52,0 %	46,4 %	46,3 %

Eigene Berechnungen, Quellen: Statistisches Bundesamt (2010, 2015): Fachserie Statistiken der Kinder und Jugendhilfe: Erzieherische Hilfe, Eingliederungshilfe für seelisch behinderte junge Menschen, Hilfen für Volljährige, Stand: 2008/2013

Umgekehrt dürfte der geringere Anteil der Abbrüche bei der Erziehungsberatung auch auf die erwähnten strukturellen Ausleseprozesse zurückzuführen sein. Bei den ambulanten und stationären Kinder- und Jugendhilfeangeboten hat sich der Anteil der Beendigungen ohne Erreichung der Beratungs- und Hilfeziele an die der NutzerInnen ohne Migrationshintergrund angenähert. Bei der Heimerziehung liegt er inzwischen unterhalb der Rate der NutzerInnen ohne Migrationshintergrund. Allerdings ist diese teuerste und häufig in einem Zwangskontext angewendete Erziehungshilfe die mit Abstand am wenigsten erfolgreiche geblieben – gemessen an der Nichterreichung der sozialpädagogischen Ziele. Was sich hinter diesen quantitativen Angaben verbirgt, ist bisher nicht hinreichend durch qualitative Studien erforscht. Hohe Inanspruchnahme-Quoten im Sektor der „Exklusionsverwaltung" (Albert Scherr) können auch als ein Symptom für das Versagen der vorbeugenden inkludierenden Maßnahmen gedeutet werden (vgl. JULE-Studie; Finkel 2000: 60).

Die wenigen qualitativen Studien (u. a. Santen et al. 2003; Melter 2006), Expertisen (u. a. Gaitanides 2000; Kappel et al. 2004), lokalen Erhebungen (Schepker et al. 2000; Jagusch et al. 2012) und spezifischen Evaluationen einzelner Träger (LebensWelt 2012) auf dem Gebiet der Kinder- und Jugendhilfe leisten zwar einen wichtigen heuristischen Beitrag zu weiterer Forschung, eine systematische und repräsentative Erforschung und Analyse der Defizite und der Entwicklungstendenzen steht aber noch aus.

Der Verfasser selbst hat im Laufe seiner langjährigen qualitativen Forschungstätigkeit einen Katalog von auftretenden Zugangsbarrieren entwickelt. Empirische Hinweise hierzu lieferten Interviews mit Fachkräften, die Auswertung von ‚grauen Materialien' von Einrichtungen, eine systematische Nutzerbefragung im Rahmen eines Forschungsprojektes,

Fortbildungsworkshops, in denen die Zugangsbarrieren gezielt ermittelt wurden, und Projekte forschenden Lernens mit Studierenden (vgl. Gaitanides 1992; 1998; 2003; 2006a; 2006b; 2011a; 2011b). Das Ergebnis dieser iterativen Suche nach Mustern der beiderseitigen Kommunikationsbarrieren ist eine heuristische Typologie, die an dieser Stelle nur zusammengefasst und erläutert werden kann. Sie kann als sondierendes Instrument zur reflexiven Beobachtung der eigenen Praxis dienen. Die Typologie erhebt auch keinen Anspruch auf Repräsentativität und Vollständigkeit. Sie kann aber zur Fortschreibung und gegebenenfalls Modifizierung anregen.

Zugangsbarrieren von Menschen mit Migrationsgeschichte zu sozialen Diensten

Wenn schon Personen ohne Migrationshintergrund Informationsdefizite über das Vorhandensein, die Struktur und den Nutzen der stark ausdifferenzierten Angebote der sozialen Dienste haben, dann verwundert es nicht, wenn Zuwandererfamilien mit niedrigem Bildungsstatus und mangelhaften Deutschkenntnissen ein noch geringeres Wissen darüber haben.

Hinzu kommt ein mangelhaftes Vertrauen in die interkulturelle Verständigungsmöglichkeit. Erwartet werden auch Vorurteile gegenüber MigrantInnen und ein Mangel an kultureller Akzeptanz. Besonders bei den traditionsverbundenen Familien begünstigen verinnerlichte kulturelle Erwartungen die Tabuisierung von Themen, die nicht an die Öffentlichkeit dringen sollen (Scham, Familienehre, Angst vor Stigmatisierung). Des Weiteren können nicht immer introspektive Fähigkeiten bei der Reflexion psychosozialer Konfliktlagen vorausgesetzt werden. Es überwiegt häufig – wie auch allgemein bei Milieus mit niedrigem sozio-ökonomischen Status – eine vorwiegend externalisierende Deutung der Leidens-Symptome (Unfälle, Schicksalsschläge, Trennungen, sozialer Stress usw.), wenn sie nicht sogar ganz aus dem Bewusstsein verbannt werden (soziokulturell vermittelte hohe Leidensbereitschaft und Stolz). Vorbehalte kann es auch gegenüber der Familien- und Erziehungsberatung und intervenierenden Hilfen geben, die auf Stärkung der individuellen Autonomie der Familienmitglieder hinzielen. Dies gilt vor allem für die noch stark in der Tradition verwurzelten Familien.

> „Um ihre Mitwirkung und Unterstützung zu gewinnen, muss eine weitere Stigmatisierung vermieden werden. Traditionell gefestigte familiäre Strukturen und Erziehungsmethoden werden als Privatangelegenheit betrachtet. ‚Andere, Außenstehende' haben da nichts verloren und dürfen sich nicht einmischen. Die Angst vor dem Verlust der eigenen, ‚noch übrig gebliebenen' Identität und vor der Aufweichung der traditionell übernommenen Machtstrukturen ist groß. Denn die Folgen sind weniger Einflussmöglichkeiten auf die Kinder und die Gefahr, sie an die Mehrheitsgesellschaft mit ihren ‚individualistischen' Lebensformen zu verlieren" (Poyraz 2001: 8).

Vorbehalte kann es auch bezüglich mittelschichtorientierter Beratungsansätze wie nondirektive Gesprächsführung geben. Die Erarbeitung von Lösungen durch Selbstreflexion erscheinen womöglich als Inkompetenz oder Mangel an Engagement (‚Strengen sich nicht an, weil wir Ausländer sind'). Entsprechend gering können die Erwartungen in eine rein psychologisch-personalisierende Beratung sein (folgenlose ‚Labertherapie', wenig lebenspraktische Hilfe), wodurch es zu frühen Abbrüchen kommen kann. Erwartet werden eher klare Positionen und Ratschläge sowie eine ganzheitliche Beratung und Hilfe. Die Delegation von Teilproblemen an andere Einrichtungen kann als Zurückweisung aufgefasst werden.

Viele MigrantInnen haben schlechte Erfahrungen – tatsächliche oder subjektiv wahrgenommene – mit Behörden gemacht. Sie übertragen ihre Behördenangst auch auf die Einrichtungen der sozialen Dienste und haben wenig Vertrauen in die Nicht-Weitergabe von familiären oder aufenthaltsrechtlich relevanten Informationen an sanktionsbewehrte Behörden. Die Trennung des Mandats der Sozialarbeit in Regie der freien Träger und der Kontroll- und Eingriffsfunktion des Jugendamtes ist ihnen nicht geläufig. Letzteres ist in weiten Kreisen des sozialen Netzes gefürchtet (‚Nehmen uns die Kinder weg!').

Nicht unerheblich dürfte sich auch die christliche Trägerschaft eines gerade bei der Kinder- und Jugendhilfe besonders großen Teils der Dienste auswirken, vor allem wegen der Einstellungsbarriere von Angehörigen nicht-christlicher Religionen und damit dem Fehlen von Brückenpersonen nicht-christlich konnotierter ethnischer Herkunft (christliche ‚Tendenzbetriebe').

Es gibt aber auch strukturelle Zugangsbarrieren wie Wohnortferne, Komm-Strukturen, Öffnungszeiten, die mit der Lebenswirklichkeit belasteter Familien mit Migrationsgeschichte kollidieren, keine Kinderbetreuung/Gebühren (teilweise in der Familienbildung) und nicht zuletzt Fehlen muttersprachlichen MitarbeiterInnen.

Für eine kleine aber wachsende Gruppe von MigrantInnen mit ungesichertem Aufenthalt gibt es auch rechtliche Inanspruchnahmebarrieren bzw. Ängste bezüglich der Folgen für die Aufenthaltsgenehmigung. Gleichzeitig werden Rechtsansprüche oft nicht in Anspruch genommen, weil sie nicht bekannt sind, ihre Bewilligung häufig restriktiv gehandhabt wird und die Durchsetzungsmacht gering ist.

Zugangsbarrieren der MitarbeiterInnen ohne Migrationshintergrund zu AdressatInnen mit Migrationsgeschichte

Bei der Analyse der Zugangsprobleme müssen auch Einstellungen und Verhaltensmuster von MitarbeiterInnen ohne Migrationshintergrund in den Blick genommen werden sowie Zugangsschwellen der institutionellen Arrangements und interkulturelle Qualifizierungsdefizite. Nicht-Inanspruchnahme oder vergleichsweise geringerer Erfolg der Hilfeleistung sind immer auch das Ergebnis eines Interaktionsprozesses.

Von Seiten der MitarbeiterInnen konnte der Verfasser bei seinen Forschungen und Recherchen folgende Zugangsbarrieren, die wohlgemerkt keinen Anspruch auf Repräsentativität erheben, identifizieren:

Auch bei den sozialen Diensten – und da vor allem bei der behördlichen Sozialarbeit – finden sich ‚schwarze Schafe' – mit deren politischem Weltbild die Zahlung von Transferleistungen und teuren Erziehungshilfen an ‚Ausländer' nicht vereinbar ist (Pochen auf neo-feudale Etabliertenvorrechte angestammter Deutscher). Diese ablehnende Haltung wird dann – häufig implizit – mit „selber schuld" und „Schmarotzertum"-Argumenten legitimiert. Immer wieder wird von der Klientel der Migrationsdienste von solchen ethno- und soziozentrischen Ressentiments berichtet.

Noch häufiger aber fühlen sich MigrantInnen durch die Überbetonung und klischeehafte Generalisierung kultureller Unterschiede etikettiert und in ihrer Individualität verkannt. Kulturalistisches Schubladendenken blockiert die Bereitschaft sich zu öffnen – vor allem in der sensiblen psychosozialen Beziehungsarbeit. Gleichzeitig wird durch stereotype Zuschreibungen der eigene professionelle Handlungsspielraum eingeschränkt, da ja das Gegenüber in die eigene Kultur eingeschlossen zu sein scheint. Die Probleme können dann scheinbar nur kulturimmanent, durch kulturkompetente MitarbeiterInnen bearbeitet werden und werden dann vorschnell an die Migrationsdienste weitergeleitet, auch wenn diese nicht zuständig sind.

Aber auch das Gegenteil, die Ignorierung der lebensweltlich verankerten und verinnerlichten kulturellen Differenz unter dem Motto „wir behandeln alle gleich!" kann den Aufbau eines tragfähigen Arbeitsbündnisses beeinträchtigen.

Als Verstehensbarriere und mangelhafte Einfühlung kann die Ignorierung struktureller Benachteiligung empfunden werdenv oder wenn berichtete Diskriminierungs- und Rassismuserfahrungen nicht ernst genommen oder als übertriebene, einseitige Sichtweise umgedeutet werden. Letzteres mag auch dadurch begründet sein, dass man/frau sich in der nationalen Gruppenidentität angegriffen fühlt ohne dass diese Abwehr selbstreflexiv ins Bewusstsein gerückt wird (Melter 2006: 369).

Bei vielen sozialen Helferinnen und Helfern löst der Umgang mit der ‚fremden' Klientel Verunsicherung und Ängste aus, die durch eine Reihe von Abwehrmechanismen verarbeitet werden (Rückzug, Rückgriff auf die – gleichwohl ineffektive – Routine, Aggression usw.). Zu diesen individuellen Abwehrmechanismen können kollektive hinzutreten. Durch den Kontakt mit Repräsentanten benachteiligter ethnischer Minderheiten können – insbesondere in Deutschland – verdrängte kollektive Schuldgefühle aktiviert werden – vor allem wenn die „Ausländerfeind!" oder „Rassismus!"-Vorwurfs-Karte gezogen wird.

Abwehrhaltungen können auch durch berufliche Kompetenzverlustängste aktiviert werden (Annahme, dass im Umgang mit der Migrantenklientel die erworbenen Qualifikationen entwertet werden und dass die erlernten Methoden versagen) oder auch durch die Furcht vor Mehrbelastung durch eine besonders ‚schwierige' und ‚belastete' Klientel.

Schließlich sind sich viele MitarbeiterInnen sozialer Dienste der ‚unsichtbaren' Zugangsbarrieren von MigrantInnen nicht bewusst und sehen keinen Handlungsbedarf zu einer interkulturellen Öffnung.

Hinzu kommt die allgemeine Verdichtung der Arbeit durch Sparmaßnahmen, die immer weniger Raum für berufliche Selbstreflexion und Fortbildung – aber auch zeitaufwändigere Verständigungsprozesse mit der Klientel – lässt, sowie eine Innovationsmüdigkeit durch permanente Veränderungszumutungen.

Die angeführten Zugangsbarrieren stellen nur eine Auswahl dar. Je nach Kontext und unterschiedlichen Voraussetzungen der NutzerInnen (Rechtsstatus, Bildungsstand, Aufenthaltsdauer, Lebensstilmilieu, Anliegen usw.), je nach Art des Arbeitsauftrages und des institutionellen Settings werden unterschiedliche Barrieren in den Vordergrund rücken und andere in den Hintergrund treten. Für jedes Praxisfeld müssen die konkreten Zugangsbarrieren eigens erforscht und laufend überprüft werden. Zudem hat der dargestellte Katalog eine Aussagekraft ‚mittlerer Reichweite'. Er muss immer wieder auf dem Hintergrund veränderter zeitgeschichtlicher Kontextbedingungen konkretisiert und fortgeschrieben werden. Beispielsweise hat der Islamdiskurs seit dem 11. September 2001 einen starken Einfluss auf die wechselseitigen Zuschreibungen in der Kommunikation mit ZuwanderInnen muslimischer Provenienz. Dies belastet die Arbeitsbeziehung zunehmend bzw. erhöht die Zugangsschwellen. Auch wenn sich die MitarbeiterInnen nicht vom ‚Islam-Bashing' und islamophoben Wellen beeindrucken lassen, müssen sie doch gewahr sein, dass Ihnen islamophobe Zuschreibungen erst einmal von vielen AdressatInnen mit muslimischem Herkunft unterstellt werden (Metavorurteil). Auernheimer hat die Reflexion der projektiven Übertragungsphänomene generalisierter interethnischer ‚Kollektiverfahrung' in seinem vierdimensionalen Schema interkultureller Kommunikationsprobleme als ein wichtiges Analysekriterium für verhinderte oder entgleiste interkulturelle Kommunikation mit aufgenommen (Auernheimer 2008: 45f).

Wie oben erwähnt ist das Bewusstmachen der oft schwer erkennbaren oder aber verdrängten Zugangsbarrieren die Voraussetzung dafür, dass überhaupt ein Handlungsbedarf gesehen wird. So ergab eine verbandsinterne Befragung im Auftrag der Caritas über den „Stand des Gleichbehandlungsgrundsatzes ohne Unterschied der ‚Rasse' oder ethnischen Herkunft", die 2002 abgeschlossen wurde, dass – jedenfalls zum Befragungszeitpunkt – einem Großteil der mittleren Leitungskräfte und der MitarbeiterInnen der Handlungsbedarf zur interkulturellen Öffnung ihrer Einrichtungen nicht dringlich erschien, weil die Zugangsbarrieren nicht erkannt oder bestritten wurden (Czock/Brinkmann 2003: 53). Dieser Vorgang kann auch als ein Verdrängungsproblem interpretiert werden. Würde man die Defizite wahrnehmen, geriete die berufliche Identität ins Wanken. Das Bewusstwerden des Veränderungsbedarfs muss aber nicht zwangsläufig eine professionelle Identitätskrise auslösen. ‚Fehlerbewusstsein' gehört zu den Grundprinzipien qualitätsbewusster Einrichtungen. So könnte für die Inklusionsagenda geworben werden. Die Ausbreitung des Qualitätsmanagements in den sozialen Berufen hat wesentlich zur Verbesserung des Ansehens der Profession beigetragen. Die zyklische Bestandsaufnahme des ‚Ist-Zustandes', die Identifizierung von Schwachstellen, die Überprüfung der Eignung von Konzepten, Methoden und Techniken zur Zielerreichung auf dem Hintergrund von Ergebnisanalysen sind heute als Regulativ effektiven professionellen Handelns in der Sozialen Arbeit nicht mehr wegzudenken (siehe Veränderung der Wahrnehmung durch Qualifizierungsschübe der Wohlfahrtsverbände weiter unten).

3   Paradigmenwechsel in der Sozialen Arbeit mit MigrantInnen: Von der ‚Ausländerberatung' zur interkulturellen Öffnung

Bevor wir die heutigen ausgereiften Konzepte einer Sozialen Arbeit erörtern, die auf die Anforderungen der Einwanderungsgesellschaft eine Antwort zu geben versuchen, wollen wir auf deren wechselhafte Vorgeschichte eingehen.

Die ‚Sozialbetreuung' der Zuwanderer der ‚Wirtschaftswunder-Ära' der 1960er und 1970er Jahre war – wie auch die tarifliche Bezahlung – ein auf Drängen der Gewerkschaften ausgehandelter Bestandteil der Anwerbeverträge mit den ‚Gastarbeiter'-Staaten. Dabei wurden die Nationalitäten unter den Wohlfahrtsverbänden aufgeteilt. Die katholischen Nationalitäten (Italiener, Spanier, Portugiesen) wurden der Caritas zugeordnet, die orthodoxen Griechen deren Partnern in der Ökumene, dem Diakonischen Werk, die muslimischen und sozialistischen Herkunftsgruppen (Jugoslawen, Türken, Marokkaner, Tunesier) der säkularen Arbeiterwohlfahrt. Da zu Beginn noch vom ‚Rotationsprinzip' ausgegangen wurde, war die Arbeit der ‚Ausländerberatungsdienste' auf das Ziel der Eingliederung während ihres transitorischen Aufenthaltes in der Bundesrepublik Deutschland ausgerichtet. Qualifikationsnachweise für den Berufseinstieg waren Deutsch- und Muttersprachenkenntnisse, Migrationserfahrung und weiterführende Bildungsabschlüsse. Die Beratungsdienste der Arbeitsmigranten, Aussiedler und Flüchtlinge wurden voneinander unabhängig verwaltet.

Den rasch wachsenden Anforderungen durch die Verstetigung des Aufenthaltes bzw. des Familiennachzugs und die veränderte Zusammensetzung der Zuwanderer (immer mehr Arbeitsmigranten aus muslimischen Ländern, Aussiedler aus der ehemaligen Sowjetunion, Flüchtlinge) begegneten die Wohlfahrtsverbände zunächst durch die Qualifizierung des Personals, durch die Ausdifferenzierung der Sonderdienste und zuletzt auch durch die Zusammenlegung der Betreuung der verschiedenen Zuwanderergruppen. Dieser Zustand ließ sich auf Dauer nicht halten, da die Versorgung in der Fläche nicht ausreichend war – insbesondere bei den später zugewanderten Türken und Maghrebinern. Die generalistisch ausgerichteten Dienste waren zudem bei der Bearbeitung fachlich spezialisierter Problemlagen überfordert.

Ende der 1980er Jahre wurden die Stimmen in der wissenschaftlichen Fachwelt immer lauter, die Aufgaben der Ausländerberatung auf die Betreuung von Neuzuwanderern und die Vermittlungstätigkeit zu reduzieren und gleichzeitig die Öffnung der Regeldienste in Angriff zu nehmen. Einen Schub erfuhr die Debatte durch die kritischen ‚Tiedt-Gutachten' von 1985 und 1988 (Tiedt 1985; Nestmann/Tiedt 1988) und durch die von der Robert-Bosch-Stiftung geförderten Projekte im Rahmen des Förderschwerpunktes ‚Zusammenleben von Deutschen und Ausländern' (1976 bis 1988). In München, Stuttgart und auch in Berlin förderte die Stiftung gezielt auch Projekte zur engeren Vernetzung von Migrations- und Regeldiensten bzw. zur interkulturellen Öffnung letzterer (1989 bis 1993) (Walter 1995).

Anfang der 1990er Jahre initiierte eben diese Stiftung eine Expertenrunde zum wissenschaftlichen Austausch und Entwicklung von Standards zur interkulturellen Öffnung, die ihre Ergebnisse auf einem Kongress 1994 einer größeren Öffentlichkeit vorstellte (Barwig/Hinz-Rommel 1995). Diese Konzepte flossen dann in die Empfehlungen der damaligen Bundesausländerbeauftragten Schmalz-Jakobsen zur interkulturellen Öffnung der sozialen Dienste von 1995 ein (Bundesausländerbeauftragte 1995). Das Experten-Know-how und die Modellprojekte zur interkulturellen Öffnung stießen aber noch auf keine breite Resonanz. Auch hatten es die an Modellprojekten beteiligten Träger oft versäumt durch entsprechende Organisations- und Personalentwicklungsmaßnahmen die innovativen Impulse institutionell abzusichern, so dass die Wirkung der Modellprojekte verpuffte und wenig nachhaltige Spuren zurück ließen (Jakubeit/Schröer 1994). Rückenwind bekam die Reformperspektive der interkulturellen Orientierung und Öffnung erst seit der Jahrtausendwende, seit der bis zur politischen Wende 1998 hegemoniale Diskurs – Deutschland sei kein Einwanderungsland – abgelöst wurde durch die späte Erkenntnis, dass Deutschland auf Dauer ein Einwanderungsland bleibe und dass Maßnahmen zur Integration von Einwanderern unumgänglich sind. Eine vom Bund kooptierte Unabhängige Kommission „Zuwanderung" unter der Moderation von Rita Süssmuth und die Debatte um das Zuwanderungsgesetz haben das Thema Integration in die breitere politische Öffentlichkeit getragen. Der ‚PISA-Schock' und die Sozialberichterstattung hatten die Integrationsdefizite deutlich sichtbar gemacht und den Handlungsdruck auf Politik und Verwaltung erhöht.

Auf Empfehlung der Zuwanderungskommission wurden die Aufgaben der Migrationsdienste im Sinne der revidierten Rahmenrichtlinien der Bund-Länder-Kommission ‚Ausländerpolitik' von 1998 für die Arbeit der Migrationsberatung leicht abgewandelt und im neuen Zuwanderungsrecht als ‚Sollbestimmung' verankert. Die Zuständigkeit für die Auftragsvergabe liegt nunmehr beim Bundesamt für Migration und Flüchtlinge, das dem Bundesministerium des Innern (BMI) zugeordnet ist. Bis zum Auslaufen der Anwerbung im Zuge des Ausländerstopps 1974 war die Finanzierung rechtlich ungesichert, weil in den Haushalten als freiwillige, jährlich zu beantragenden Leistungen eingestuft. Die „Migrationsberatung für erwachsene Zuwanderer" (MBE) ist nunmehr primär zuständig für die „Bedarfsorientierte Einzelfallbegleitung (Case-Management)" von über 27-jährigen Neuzuwanderern für einen Zeitraum von maximal drei Jahren (individuelle Sozial- und Kompetenzanalyse, Erstellung eines Förderplans, Sicherstellung der Umsetzung des Förderplans, Abschluss und Kontrolle einer Integrationsvereinbarung). Zum Aufgabenkatalog gehören auch die „Durchführung der sozialpädagogischen Betreuung während der Integrationskurse bei individuellem Bedarf" und die „aktive Mitarbeit in kommunalen Netzwerken (ggf. auch Aktivierung von Netzwerken) sowie die Mitwirkung bei der interkulturellen Öffnung/Vernetzung der Regeldienste und Verwaltungsbehörden" (BMI 2004: 10).

Gleichzeitig wurden in Zuständigkeit des Bundesministeriums für Familie, Senioren, Frauen und Jugend (BMFSFJ) die Struktur und die Aufgaben der bisherigen Jugendmigrationsdienste neu geordnet. „Für die Jugendmigrationsdienste ist die Arbeit mit nicht mehr schulpflichtigen neu zugewanderten jungen Menschen vorrangig. Darüber hinaus werden auch junge Menschen mit Migrationshintergrund im Alter von 12 bis 27 Jahren beraten, die bereits einige Zeit in Deutschland leben und wegen integrationsbedingter Probleme oder Krisensituationen der besonderen Förderung bedürfen" (BMFSFJ 2005: 6). Stärker als in der Vergangenheit betont werden neben der Professionalisierung der Einzelfallberatung zum Case-Work-Management auch die Vernetzung mit zivilgesellschaftlichen Aktivitäten und den sozialen Regeldiensten – nicht nur zum Zwecke der Vermittlung sondern auch als Co-Berater und Impulsgeber für die migrationssensible Öffnung der Dienste (ebd.).

Für die Regeldienste ist es wichtig, um dieses Angebot zu wissen, aber sie können sich nicht auf die Impulse und die Brückenbauer aus den Migrationsdiensten verlassen. Wenn auch im Jahresbericht 2013 von den beachtlichen Erfolgen der mobilen Kooperations- und

Vernetzungsarbeit in Einzelfällen berichtet wird, setzen die beschränkten Ressourcen klare Grenzen für eine flächendeckende enge Kooperation (2013: Finanzierung von 800 Beraterinnen und Berater, verteilt auf 481 Vollzeitstellen) (Integrationsbeauftragte der Bundesregierung 2014: 327, 326). Zwischen 2005 und 2013 wurden die Mittel nicht aufgestockt, obwohl die Beratungszahlen von 2011 bis 2013 um 57 Prozent gestiegen sind (ebd.: 326). Neben den steigenden Beratungsanfragen und des im Jahr 2013 erneut positiven Wanderungssaldos in Deutschland hat sich auch das Aufgabenspektrum für die MBE-Beratenden seit 2005 verändert: „Komplexer werdende gesetzliche Grundlagen und veränderte Bedürfnisse der Ratsuchenden – von Hochqualifizierten genauso wie von Menschen in prekären Lebensumständen und Armut – stellen immer höhere Anforderungen an die Weiterqualifizierung der Fachkräfte" (Bundesarbeitsgemeinschaft der freien Wohlfahrtspflege 2014: 3; unveröffentlicht). Hinzu kommt die eigentlich aufgabenrechtliche nicht zulässige, aber den Berichten von MigrationsberaterInnen immer wieder zu entnehmende Instrumentalisierung für Übersetzungsarbeiten durch überforderte, weil interkulturell wenig geöffnete Regeldienste, die u. a. nach wie vor zu wenig muttersprachliches Personal eingestellt haben. Von ihrem Auftrag her ist die Migrationsberatung als maximal dreijähriges Übergangsmanagement für Neuzuwanderer konzipiert, dennoch hielten sich 2013 zwei Drittel der Ratsuchenden schon länger in Deutschland auf mit der Zielsetzung nachholender Integration (Integrationsbeauftragte der Bundesregierung 2014: 326). Die Verstetigung dieses Trends blockiert nicht nur Kapazitäten für Neuzuwanderer, sondern vermindert den Druck auf die Regeldienste, ihre Struktur- und Prozessqualität an die Anforderungen der Einwanderungsgesellschaft besser anzupassen.

An der interkulturellen Öffnung der sozialen Regeldienste geht demnach kein Weg vorbei, wenn die gleichberechtigte und bedarfsgerechte Teilnahme an öffentlichen Dienstleistungen für Zuwanderer erreicht werden soll – wie es die sozialstaatlichen Leitlinien und der Antidiskriminierungsgrundsatz des Artikel 3 GG vorgeben, der im Gleichbehandlungsgesetz von 2006 (Art. 2, Abs. 8 AGG) noch einmal stärker in der Gesetzgebung konkretisiert wurde. Die interkulturelle Öffnung der sozialen Dienste kann zudem einen erheblichen Beitrag zur Annäherung an die Ziele einer Integrationspolitik leisten, die sich Teilhabe und friedliches Zusammenleben auf ihre Fahnen geschrieben hat.

4 Interkulturelle Kompetenz als Schlüsselkompetenz!?

Bevor in diesem Beitrag Konzepte zur interkulturellen Öffnung vorgestellt werden, muss ein wenigstens flüchtiger Exkurs über die durchaus kontrovers geführte wissenschaftliche Debatte über das interkulturelle Paradigma unternommen werden. Der sozialwissenschaftliche Diskurs zu den Herausforderungen der Einwanderungsgesellschaft für Sozialarbeit und Pädagogik hat sich in der Vergangenheit in verschiedene Diskurslager gespalten, die eher um Abgrenzung bemüht waren, als dass sie sich auf einen fruchtbaren kritischen Dialog eingelassen hätten.

Auf der einen Seite finden sich Autorinnen und Autoren, die sich auf das interkulturelle Paradigma eingelassen haben. Sie entstammen häufig den erziehungswissenschaftlichen und sozialpädagogischen Fachbereichen, deren Metier die Beschäftigung mit individuellen Bildungsprozessen im Rahmen intersubjektiv vermittelter Verstehens- und Lernprozesse ist. Im Unterschied dazu betonen Soziologen – darunter auch soziologisch vor allem durch die Luhmann'sche Systemtheorie inspirierte Erziehungswissenschaftler – eher die gesellschaftsstrukturellen Rahmenbedingungen von Inklusion und Exklusion von Zuwanderern. Aus ihrer Sicht hat vor allem der Abbau der ausgrenzenden strukturellen (rechtlichen, institutionellen, organisatorischen) Barrieren der gesellschaftlichen Teilsysteme integrationsstrategische Relevanz (u. a. Radtke, Czock, Gomolla, Scherr, Bommes). Dazwischen positioniert sich eine von der französischen Postmoderne und den angelsächsischen Cultural Studies stark beeinflussten jüngere Generation von ErziehungswissenschaftlerInnen und SoziologInnen (u. a. Kalpaka, Mecheril, Castro Varela, Räthzel, Lutz, Leiprecht). Sie fokussieren auf die Dekonstruktion ethnisierender Zuschreibungen und ideologiekritische Machtanalyse. Sie setzen mehr auf eine antirassistische, antidiskriminierende Gleichstellungspolitik denn auf interkulturelle Pädagogik, von der sie – wie auch die soziologisch-strukturell ausgerichteten Sozialwissenschaftler – eher kontraproduktive Wirkungen erwarten (monokausale Fixierung auf Kultur, Typisierungsgefahr, Ablenkung von der Kritik des institutionellem Rassismus und der diskursiven Praxis des „Othering", des zum Fremden machen). Um kulturalistische Konnotationen zu vermeiden, greifen sie zu anderen Begrifflichkeiten wie „kompetentes sozialpädagogisches Handeln in der Einwanderungsgesellschaft" (Kalpaka 1998), „antidiskriminierende", „inkludierende" Pädadogik/Sozialarbeit (Diehm/ Radtke 1999), „rassismuskritische pädagogische Perspektive" (Mecheril 2004) oder „migrationssensible" Jugendhilfe (Teuber 2004).

Mittlerweile scheint sich die Debatte zu entideologisieren – auch weil die Theorie verstärkt von der Praxis gefordert wird, wodurch dogmatische Positionen aufgeweicht werden. Autoren, die immer noch an dem paradigmatischen Begriffspaar ‚interkulturelle Kompetenz' und ‚interkulturelle Öffnung' festhalten, betonen bei der Definition von Kompetenzzielen neben der Reflexion der kulturellen Ebene heute deutlicher als in der Vergangenheit die Bewusstmachung und Ergründung von Vorurteilen und die Notwendigkeit der Reflexion der asymmetrischen Machtverhältnisse in den interkulturellen Kommunikationsbeziehungen (u. a. Auernheimer 2008; Leenen et al. 2008; Simon-Hohm 2002; Fischer 2005; Handschuck/Schröer 2012; Gaitanides 2006a, 2011a). Um den Kulturalismusverdacht nicht aufkommen zu lassen, hat sich der Begriff ‚reflexive' interkulturelle Kompetenz durchgesetzt (vgl. Hamburger 1999). Das Prädikat ‚reflexiv' will zum Ausdruck bringen, dass zur interkulturellen Kompetenz auch das Bewusstsein der Fallstricke des ‚Kulturalismus' gehört, der eher zur Verfestigung ethnisierender Vorurteile beiträgt als zu deren Abbau.

Der Verfasser hat – im synoptischen Blick auf die fachliche Debatte und geleitet von den eigenen Praxisforschungs- und Fortbildungserfahrungen – den Versuch unternommen, die wesentlichen Ziele einer solchen ‚reflexiven' interkulturellen Kompetenz stichwortartig herauszuarbeiten.

Anforderungsprofil einer ‚reflexiven' interkulturellen Kompetenz – Zehn Lernziele

1. Theoretische Auseinandersetzung mit der *Kritik an einem statischen, kollektivistischen Kulturbegriff* und Erarbeitung eines *dynamischen* (individuell differenzierenden und historisch-gesellschaftichen relativierenden) *Verständnisses von Mustern kultureller Orientierung;*
2. *Kenntnisse* über *Kulturstandards,* die in der Interaktion – auf beiden Seiten – wirksam sein könnten, und Wissen um den *hypothetischen* und *idealtypischen* Charakter *kultureller Deutungsmuster;*
3. *Vorurteilsbewusstheit*: selbstkritische *Reflexion* und *Dekonstruktion* ethnozentrischer, psychodynamischer, identitätspolitischer und interessengeleiteter Fremd- und Selbstbildkonstruktionen;
4. *Reflexion* des Einflusses des institutionellen, gesellschaftlichen sowie durch ausgrenzende Zugehörigkeitsdefinitionen („Wir"-„Die"-Beziehungen, Mehrheit – Minderheit) bedingten *Machtgefälles* auf die Interaktion;
5. *Multiperspektivische Sichtweise* (Kultur als ein Deutungs-Aspekt neben Schicht/Lebensstilmilieu, Geschlecht, Generation, Rechtsstatus, Minderheitenstatus, Sozialraum, individuelle/ familiäre Biographie – insbesondere Migrationsbiografie, institutioneller Kontext usw.);
6. *Spezifisches Wissensmanagement* – wo, durch wen kann ich mir einschlägiges Wissen aneignen, mich des Wissens anderer bedienen?;
7. *Sokratische Einstellung* zum Stand des Wissens über den/die Andere(n) („Ich weiß, dass ich nichts weiß");
8. *Ambiguitätstoleranz*: Unsicherheit, Nichtwissen, Mehrdeutigkeit aushalten, Nicht-Verstehen auch stehen lassen können („kompetenter Umgang mit Inkompetenz" – Mecheril); *Akzeptanz kultureller Verschiedenheit* und von *Mehrfachzugehörigkeit;*
9. *Praktische Fantasie* und *Aushandlungs-/Mediationskompetenz, Ressourcenorientierung,* Erarbeitung von intelligenten und kreativen Lösungen bei Wertekonflikten – ohne dass Kernidentitäten aufgegeben werden müssten, die schwer verhandelbar sind;
10. *Konflikt-* und *Dialogfähigkeit*: sprachliche Verständigungsfähigkeit/-bereitschaft, Befolgung mit guten – möglichst transkulturellen – Argumenten; Position beziehen können zu den „Grenzen kultureller Toleranz" (Grundgesetz, Menschenrechte, Demokratie, Diskursethik, „Weltethos") und respektvolle Einlassung auf die Argumente des Gegenübers.

Leicht ist ersichtlich, dass viele dieser Ziele anschlussfähig sind an die allgemeinen Handlungskompetenzen, die in der Sozialarbeitswissenschaft angeführt werden und dort vor allem von Autoren, die den lebensweltlich orientierten Ansatz vertreten. Dieser respektiert den ‚Eigensinn der Lebenswelt' und knüpft Veränderungsstrategien daran an. Schnittmengen ergeben sich auch mit der systemtheoretischen Perspektive in der Familienarbeit, die versucht – unter strikter Vermeidung von Wertungen – die immanente Systemlogik verfestigter Interaktionsmuster in der Familie bzw. in ihrem Umfeld zu „irritieren". Auch die Vertreter des ‚Empowerment'-Ansatzes und der klientenzentrierten Gesprächsführung werden auf Bekanntes stoßen, genauso wie die Anhänger der Diskursethik.

Interkulturelle Handlungskompetenz ist keine spezifische Kompetenz, sondern eine auf den Kontext der Einwanderungsgesellschaft und internationaler Begegnung bezogene Ausgestaltung von Handlungskompetenz. Ausgehend von einem dynamischen kontextualisierten Kompetenzbegriff (Handlungskompetenzen sind nicht ubiquitär und für immer verfügbar) bedeutet das, dass man sich auf die einmal erworbenen – scheinbar allgemein verfügbaren – Kompetenzen nicht verlassen kann (vgl. Kalpaka 1998). In neuen Kontexten müssen sie neu erarbeitet werden. Abgesehen davon können sie auch im Verlaufe des Berufslebens auf Grund schwindender Bereitschaft, sich auf Neues einzulassen, verfallen.

Spezifisches Hintergrundwissen über die Lebenslagen und Lebenswelten von Zuwanderern sind unabdingbare Voraussetzung für kompetentes professionelles Handeln in der Einwanderungsgesellschaft. Wer sich mit dem lebensweltorientierten Ansatz in der Sozialen Arbeit identifiziert, für den müsste dies auch eine Selbstverständlichkeit sein. In diesem Zusammenhang ist es wichtig, auch an die enge Beziehung von Wissens- und Handlungskompetenzen zu erinnern. Es mag sein, dass ich durch die Aneignung differenzierten Wissens und viele Kontakte meine Klischees über die Zuwanderer aus der Türkei revidiert und gelernt habe, ihnen akzeptierend und wertschätzend zu begegnen. Die in diesem Lernprozess entwickelte Einstellung lässt sich aber nicht umstandslos auf andere Zuwanderergruppen übertragen. Mit anderen Worten: Der Erwerb interkultureller Kompetenz ist ein lebenslanger Prozess mit ungewissem Ausgang.

5 Interkulturelle Orientierung und Öffnung der sozialen Dienste

Unter den oben genannten Autorinnen und Autoren, die sich mit der Umsetzung des Ziels der interkulturellen Öffnung der sozialen Dienste befassen, herrscht weitestgehender Konsens bezüglich der Kernpunkte eines Reformkonzeptes und der Implementationsstrategie. Dabei orientieren sich die meisten von ihnen an der Systematik des Qualitätsmanagements bzw. an etablierten Organisations- und Personalentwicklungskonzepten (Fischer 2005; Simon-Hohm 2004b; Lima Curvello 2005; Gaitanides 2006a; Handschuck/Schröer 2012)

Anpassung des Leitbildes an die Imperative der Einwanderungsgesellschaft

Die im Leitbild zu verankernde ‚interkulturelle Orientierung' (Handschuck/ Schröer 2012) schließt an den Gleichbehandlungsgrundsatz an genauso wie an das Prinzip des kulturellen Pluralismus des liberalen demokratischen Verfassungsstaates. Alle haben ein Recht auf gleiche Teilhabe an öffentlichen Gütern – so auch auf die Versorgung mit staatlich finanzierten, personenbezogenen sozialen Dienstleistungen. Keine partikulare kulturelle Gemeinschaft darf die staatlichen Institutionen usurpieren (vgl. Habermas 1993). Die homogene Nationalkultur ist eine Fiktion in einer durch Pluralisierung der Lebensstile gekennzeichneten und individualisierten Gesellschaft. Kulturelle Vielfalt ist ein Motor des gesellschaftlichen Wandels. Insofern müssen soziale Dienstleister Abstand nehmen von dem Versuch, ihr Lebensmodell den (sozio-)kulturell Anderen aufzuoktroyieren. Das im Grundgesetz verankerte Sozialstaatsgebot, das über die bloß formale Chancengleichheit hinausgeht, legitimiert zudem eine Daseinsfürsorge, die auf die ungleichen Voraussetzungen zur Realisierung der formalen Leistungsansprüche Rücksicht nimmt. Ungleiches gleich zu behandeln läuft auf eine faktische Diskriminierung hinaus, wenn dadurch die Leistung nicht in Anspruch genommen werden kann. Der liberale demokratische Verfassungsstaat steckt auch die Grenzen kultureller Toleranz ab. Das sind die auf den universalistischen Menschenrechten basierenden Prinzipien des Grundgesetzes. Individuelle Freiheitsrechte haben einen höheren Rang als partikulare Gruppenrechte (Religionsfreiheit, Elternrecht).

Entwicklung von Zielen und Umsetzung durch Organisations- und Personalentwicklung

Aus dem oben skizzierten normativen und gesellschaftstheoretischen Orientierungsrahmen ergeben sich folgende Ziele, Umsetzungsstrategien und Konzepte:

- Repräsentation der Migrationsbevölkerung auf der Nutzer- wie auf der Mitarbeiterebene;
- Gleichberechtigter Zugang zu allen Ebenen der Hierarchie und Gleichstellungsförderung;
- Akzeptanz unterschiedlicher kultureller Orientierungen, keine Dominanzkultur und Nutzung der Synergie-Effekte kultureller Heterogenität;
- Abbau der Zugangsbarrieren zu den Leistungen durch Entwicklung (sozio-) kultur-, diskriminierungs- und migrationssensibler, bedarfsgerechter und die Lebensrealität berücksichtigender Angebotsstrukturen.
- Einig sind sich die genannten AutorInnen auch darüber, dass die interkulturelle Öffnung eine Querschnittsaufgabe ist und nicht an interkulturell spezialisierte Fachkräfte delegiert werden darf.
- Die Leitung muss sich mit der Vision interkultureller Öffnung identifizieren und die Verantwortung für das Change-Management übernehmen. Das Veränderungsmanagement beinhaltet eine umfassende Organisationsentwicklung im Geiste einer „lernenden Organisation" (Senge 1996).
- Durchführung eines auf Dauer gestellten Qualitätsmanagements zum Abbau von Zugangsbarrieren (Identifikation der Zugangsbarrieren, Einrichtung von Qualitätszirkeln zu Schlüsselprozessen, Realisierung machbarer Ziele, Evaluation);
- Nutzerbefragungen und Einrichtung eines migrationssensiblen Dokumentationssystems;
- Entwicklung von niedrigschwelligen Angebotsstrukturen
- Niedrigschwellige Öffentlichkeitsarbeit;
- Vernetzung mit spezialisierten Migrationsdiensten, kommunalen/interkulturellen Integrationsbeauftragten, Ausländer-/Integrationsbeiräten, sozialräumlichen Netzen für Integration, Migrantenselbstorganisationen.

Entsprechend komplex sollte die Personalentwicklung betrieben werden, die sich im Wesentlichen aus nachstehenden Komponenten zusammensetzt:

- Einstellung von Fachkräften mit Migrationshintergrund, Eröffnung von Aufstiegschancen für MitarbeiterInnen mit Migrationshintergrund. Nach wie vor finden sie sich selten in Leitungsfunktionen. Aufstiegschancen in den Wohlfahrtsverbänden bestanden bis auf Ausnahmen bisher lediglich bei den migrantenspezifischen Diensten auf der Ebene der Einrichtungsleitung;
- Qualifizierung *aller* MitarbeiterInnen zur interkulturellen Kompetenz. Biografische Betroffenheit und spezifische Kulturkenntnisse ersetzen nicht eine Kompetenz, die durch systematische selbstreflexive und theoretisch abstrahierende Bildungsprozesse erworben werden muss – vor allem auch durch interne, verpflichtende, berufsfeldbezogene Fortbildungen, da externe Fortbildungen allein zu keiner nachhaltigen Veränderung der Arbeitsansätze im Gesamtteam führen (vgl. Lima Curvello 2005). Hierfür müssen allerdings auch entsprechende zeitliche Ressourcen und Mittel für externe FortbilderInnen zur Verfügung gestellt werden;
- Systematische interkulturelle Teamentwicklung: Metakommunikation über Fremd- und Selbstbilder, Abbau von Arbeitsteilungen, die zu ungleicher Verteilung von Macht führen, Perspektivenerweiterung durch Austausch unterschiedlicher Sichtweisen auf Problemdefinitionen und Lösungsstrategien (vgl. Gaitanides 2003: 87ff.; 2008).

Das interkulturelle Öffnungsprogramm impliziert einen konsequenten Paradigmenwechsel von der paternalistischen ‚Betreuung' von MigrantInnen zu einer partizipativen, dialogischen Aushandlung der Hilfen, von der selektiven Fixierung auf (scheinbare) kulturelle Defizite hin zu einem ressourcenorientierten Blick auf die mögliche Erweiterung der Handlungsspielräume für ein „gelingendes Leben" (Thiersch) (siehe auch Boos-Nünning/ Karakaşoğlu 2005). Ebenso können institutionelle Vorkehrungen die Partizipation fördern – wie regelmäßige aktivierende Nutzerbefragungen, Nutzerbeiräte, Kommunikation und Kooperation mit den informellen wie formellen Netzwerken der migrantischen Lebenswelten. Präventive aufklärende Arbeit – z. B. im Bereich der Drogen- und Kriminalprävention, zur Verbesserung der Erziehungskompetenz von Eltern und Vermittlung von Orientierungswissen über Bildungs- und Ausbildungswege – kann erfolgreich nur in Zusammenarbeit mit diesen Netzwerken betrieben werden. Die Öffnung der Zugangswege zu den ‚Communities' setzen wiederum muttersprachliche Ressourcen, lebensweltliche Kenntnisse und interkulturelle Kommunikationskompetenzen voraus. So ist es dem städtischen mobilen ‚Elternseminar Stuttgart' durch den Einsatz entsprechender personaler Ressourcen und zugehender Methoden gelungen, MigrantInnen – entsprechend ihrem Bevölkerungsanteil – zu erreichen, die sonst kaum den Fuß über die Schwelle von Familienbildungsstätten setzen (Virzi-Aksoy/Chimonidis 2006).

6 Ideal und Wirklichkeit – Bilanz bisheriger Reformanstrengungen Sozialer Dienste

Die hier skizzierte Programmatik stand in groben Zügen schon seit Mitte der 1990er Jahre auf der Agenda der engagierten Fachbasis und der anwendungsorientierten Sozialwissenschaft. In Modellprojekten auf Verbandsebene und bei kleinen innovativen Trägern wurden die Konzepte erfolgreich erprobt, aber in der Fläche hatte sich wenig bewegt. Initiativen ‚von oben' von Seiten der Verbandsspitzen und der Politik haben lange auf sich warten lassen. Erst seit dem endlich vollzogenen Bekenntnis zur Einwanderungsgesellschaft seit der Jahrtausendwende wurde das Thema Integration – zumindest auf der programmatischen Ebene – wieder in den Vordergrund gerückt. Vorläufiger Höhepunkt ist die Verabschiedung eines Nationalen Integrationsplans 2007, in dem u. a. die Bundesvereinigung der kommunalen Spitzenverbände einen Appell an ihre Mitglieder richtet, „den Anteil von Menschen mit Migrationshintergrund in den Verwaltungen [also auch der Sozialverwaltung S.G.] zu erhöhen, Mitarbeiter in der Weise fortzubilden, dass dem Ziel der Kundenfreundlichkeit und dem Bedarf an interkultureller Kompetenz in der Verwaltung noch wirkungsvoller Rechnung getragen werden kann" sowie „in Sozialräumen mit Integrationsdefiziten durch Quartiersmanagement und Netzwerkbildung das Zusammenleben zwischen den Bevölkerungsgruppen zu fördern, mit niedrigschwelligen sozialen und kulturellen Angeboten die Lebensqualität im und die Identifikation mit dem Quartier zu stärken" (Bundesregierung 2007: 32).

Die Bundesarbeitsgemeinschaft der Freien Wohlfahrtsverbände (BAGFW) verleiht ihren an gleicher Stelle formulierten Empfehlungen den Status einer ‚Selbstverpflichtung': „Die Verbände der BAGFW arbeiten darauf hin, durch interkulturelle Öffnung der Einrichtungen und Dienste in ihrer Trägerschaft, Angebote konsequent auf die Bedarfe von Migrantinnen und Migranten auszurichten. Die Verbände der BAGFW unterstützen die Integration vor Ort durch ihre gemeinwesenorientierten Ansätze und Maßnahmen" (ebd.: 112).

Die Wohlfahrtsverbände haben gegen Ende der 1990er Jahre begonnen, durch Top-down-Initiativen der Verbandsspitzen die interkulturelle Öffnung ihrer Regeldienste systematisch in Angriff zu nehmen. Caritas, AWO und Diakonisches Werk haben im Zeitraum 1998 bis 2002 in einem vom Bundesministerium für Arbeit und Sozialordnung geförderten Verbund Modellprojekte zur „interkulturellen Öffnung und Vernetzung sozialarbeiterischer Hilfen für ausländische Mitbürger" erprobt (DCV 2003a). In Leitlinien, Grundsatzpapieren und Resolutionen haben sich die meisten Verbände zur interkulturellen Öffnung ihrer Dienste bekannt:

Arbeiterwohlfahrt

Auftakt zu einer breiten Kommunizierung von Interkultureller Öffnung als Querschnittsaufgabe der Arbeiterwohlfahrt war die Bundeskonferenz der AWO-Mitarbeiter 2000. Dort wurde eine Resolution verabschiedet, in der „alle AWO-Gliederungen ... aufgefordert [werden], bestehende und neue Dienste und Einrichtungen interkulturell zu öffnen, indem darauf geachtet wird, dass Migrant/-innen ihrem Bevölkerungsanteil entsprechend in den Angeboten repräsentiert sind, dass konzeptionell, organisatorisch und personell den Bedürfnissen von Migrant/-innen in den Einrichtungen und Maßnahmen entsprochen wird" (Barth 2006: 11). Impulsgeber und Begleiter des Interkulturellen Öffnungsprozesses der AWO war über all die Jahre die Abteilung Migration und Integration, die auch für die Migrationsdienste zuständig ist. Sie erfüllt damit auch den Auftrag der Förderrichtlinien zur „aktiven Mitarbeit in kommunalen Netzwerken (ggf. auch Aktivierung von Netzwerken) sowie Mitwirkung bei der interkulturellen Öffnung/Vernetzung der Regeldienste und Verwaltungsbehörden" (s. o.). Seit 2000 bis 2015 wurden von der Abteilung 28 Veröffentlichungen herausgegeben, anhand derer die einschlägigen Impulse verfolgt werden können. Dort finden sich Texte zu den theoretischen und konzeptionelle Grundlagen, Dokumentationen von Fachtagungen einschließlich Praxisberichten und Arbeitshilfen zur Interkulturellen Öffnung verschiedener Handlungsfelder, vor allem zur Altenarbeit, der Suchtberatung, des Ehrenamtes, der Erziehungshilfen, der Behindertenhilfen (AWO Bundesverband 2015: 112f). In der angeführten aktuellsten Veröffentlichung werden neben einer strategischen und konzeptionellen Präzisierung der allgemeinen Umsetzungsempfehlungen auch praktische Umsetzungsbeispiele vor Ort dokumentiert – so das herausragende Modellprojekt der AWO Nürnberg, dem es gelungen ist ein nachhaltiges Monitoringsystem zu etablieren. Ebenso ist es gelungen, die ehrenamtlichen Verbandsstrukturen zu öffnen, die bisher noch wenig vorangeschritten waren.

Auf der Migrationskonferenz der Arbeiterwohlfahrt im Jahr 2014 wurden Stand und Entwicklung der Interkulturellen Öffnung in allen Gliederungen und Ebenen der Organisation bilanziert. In der abschließenden Zusammenfassung wird konstatiert, dass dieser Thematik auf der Bundesebene in der Führungsriege eine große Bedeutung beigemessen werde. Definitionen seien eindeutig, es sei klar, was darunter verstanden werde, wenn auch nicht unbedingt in allen Gliederungen. Auch müsse der Charakter als Querschnittsaufgabe noch stärker betont werden. Es dürfe nicht bei Einzelmaßnahmen bleiben und zur nachhaltigen Implementierung müssten messbare Indikatoren entwickelt und auch umgesetzt werden. Besondere Bedarfe wurden auch bei der Verbesserung der Repräsentation von Menschen mit Migrationshintergrund an repräsentativen und wichtigen Stellen festgestellt (AWO Bundesverband 2015: 82, 85f.).

Caritas

Die Caritas hat einen innerverbandlichen Diskussionsprozess durch „Grundsätze, Ziele und Eckpunkte interkultureller Öffnung der Caritas" (DCV 2001, überarbeitet 2003) in Gang gebracht und parallel dazu eine Untersuchung „Zum Stand der Umsetzung des Gleichbehandlungsgrundsatzes ohne Unterschied der ‚Rasse' oder der ethnischen Herkunft im Deutschen Caritasverband" durchgeführt. Es folgten mehrere Tagungen zur Auswertung dieser Bestandsaufnahme und die Herausgabe eines sehr praxisnahen „Leitfaden für einen innerverbandlichen Reflexionsprozess" sowie regionale Modellprojekte in Freiburg und Wangen (Czock/Brinkmann 2003; Czock et al. 2004; 2004a; 2004b).

Im Jahr 2006 wurde die Handreichung mit dem Slogan „Vielfalt bewegt Menschen" zur Interkulturellen Öffnung als Querschnittsaufgabe (DVC 2006) veröffentlicht. Hinzu kamen Orientierungshilfen für spezifische Handlungsfelder. 2010 befasste sich die Bundesfachkonferenz Migration und Integration mit der interkulturellen Öffnung. Zum Stand der Umsetzung der Top-down-Konzepte in den regionalen Gliederungen führte der Deutsche Caritasverband eine Online-Befragung bei 16 Diözesan- und Landes-Caritasverbänden sowie 75 Orts- und Kreis-Caritasverbänden durch. Dabei stellte sich heraus, dass zwar das Paradigma der Interkulturellen Öffnung in den Leitvorstellungen der meisten Einrichtungen angekommen scheint und durchgehend Fortbildungen zur interkulturellen Kompetenz angeboten werden, dass aber Initiative und Expertise für die Umsetzung der komplexen Agenda der Interkulturellen Öffnung oft an die verbandliche Fachabteilung Migration und Integration abgetreten werden. „Bei genauer Betrachtung wird gleichzeitig deutlich, dass eine durchgängige Verankerung in den verbandlichen Strukturen aussteht. Immer noch wird interkulturelle Öffnung oftmals allein den Fachdiensten für Migration und Integration zugeordnet" (Bolay 2013). „Trotz gewisser Probleme sind Fortschritte unübersehbar. Außerdem gibt es Leuchtturmstandorte der Caritas, die so hell strahlen, dass sie manche (noch) dunkle Nische ausleuchten und als Vorbild dienen können" (ebd.). Als ein solches Vorbild kann der Caritasverband Stuttgart angeführt werden. Er hat von 2009 bis 2011 ein breit angelegtes Organisations- und Qualitätsentwicklungsprojekt zur interkulturellen Öffnung durchgeführt und evaluiert. Das Projekt hat nachweislich zur Absenkung von Zugangsbarrieren und der Verbesserung der Effektivität der Angebote geführt (Ahlert/Weller 2013). Der Anteil von MitarbeiterInnen mit Migrationshintergrund stieg überdurchschnittlich auf 25 Prozent an (WB Stuttgart: 40,6 %). Allerdings blieb ihr Anteil auf der Leitungsebene und bei den qualifizierten Beratungsdiensten stark unterrepräsentiert (ebd.: Folien 3, 23, 24). Als Erfolgsfaktoren des Projektes wurden insbesondere das Engagement des Vorstandes, die „gut vorbereitete Leitungsebene" und die „hierarchisch hoch angebundene Projektleitung" benannt sowie das „Erkennen der Notwendigkeit und der Chancen der MitarbeiterInnen" (ebd.: Folien 28, 29).

Diakonisches Werk

Das Diakonische Werk hat sich nach langjähriger partikularer Praxis an das Konzept interkultureller Öffnung in einem Positionspapier mit dem Titel „Diakonie in der Einwanderungsgesellschaft – Mitten im Leben" angenähert (DW 2007). Zur programmatischen und konzeptionellen Orientierung der dort formulierten Grundsätze gab das Diakonische Werk Handreichungen zur interkulturellen Öffnung in den Arbeitsfeldern der Diakonie heraus (DW Bundesverband 2008). Daran anknüpfend wurde zur Implementierung vor Ort 2008 ein zweijähriges Projekt im Verbund von Diakonischem Werk der Evangelischen Kirche in Deutschland und den Diakonie-Landesverbänden Baden, Berlin-Brandenburg-schlesische Oberlausitz und Hamburg durchgeführt. Programm und erste Ergebnisse wurden auf einer Tagung im Februar 2010 vorgestellt und dokumentiert (DW Bundesverband 2011).

„Über das Projekt werden für unterschiedliche Zielgruppen interkulturelle Trainings angeboten, die überwiegend als Inhouse-Veranstaltungen oder vor Ort durchgeführt werden. Auf Wunsch werden die Trainings mit Organisationsentwicklungsprozessen verzahnt. Die Trainings bestehen aus einem Grund- und einem Aufbaukurs mit je vier halbtägigen Modulen. […] Mit der Durchführung von Trainings für Mitarbeitende gewinnt ein Teil der Einrichtungen Interesse an den Organisationsberatungsangeboten und nimmt diese über das Projekt in Anspruch" (Bericht des Teilprojektes in Baden, in: DW Bundesverband 2011: 11).

„Das Modellprojekt konnte wirksam zur Verbesserung der kultursensiblen Ausrichtung diverser Angebote und Dienste beitragen und somit eine bessere Versorgung von Menschen mit Migrationshintergrund voranbringen: zum Beispiel durch die Überprüfung der Konzepte hinsichtlich einer interkulturellen Ausrichtung, durch die Überarbeitung des Qualitätsmanagements, durch den Netzwerkaufbau zu Migrationsfachdiensten und Dolmetschdienstleistungsanbietern und die Aufnahme von interkulturellen Themen als Bestandteil der Weiterbildungsangebote. Außerdem wurde die Erreichbarkeit der Angebote durch die Überarbeitung und Übersetzung von Informationsmaterialien verbessert" (Bericht Kooperationsprojekt Brandenburg, in: DW Bundesverband 2011: 12)

Bei den Beiträgen zur Umsetzung der Interkulturellen Öffnung wird immer wieder das Thema der Konfessionszugehörigkeit als Einstellungsvoraussetzung angesprochen, die den Zugang insbesondere zu muslimischen Zielgruppen erschwere. Mit einem Positionspapier plädiert eine Steuerungsgruppe des Diakonischen Werks Westfalen-Rheinland-Lippe für mehr Pragmatismus und theologisches bzw. kirchenrechtliches Umdenken in der Einwanderungsgesellschaft

„Es gilt grundsätzlich darüber nachzudenken, was es bedeutet, dass Interkulturelle Öffnung gerade Teil evangelischer Identität ist und nicht etwas ihr Fremdes und inwiefern sich dies auch in einer Personalpolitik widerspiegeln kann und sogar muss. Dabei gilt auch im Rahmen dieser Konzeption für Beschäftigte mit anderen – und auch keinem – religiösem Hintergrund, dass von ihnen erwartet wird, die christliche Ausrichtung der Arbeit zu achten und zu respektieren" (DW Rheinland-Westfalen-Lippe 2013: 21, vgl. Evangelisches Johanniswerk 2011).

Paritätischer Wohlfahrtsverband

Der Paritätische Gesamtverband mit seinen regionalen Gliederungen kann auf eine lange Tradition von Fortbildungen und Fachtagungen zum Erwerb interkultureller Kompetenz und zur interkulturellen Qualitäts- und Organisationsentwicklung zurückblicken. Die frühe Beschäftigung mit der Thematik scheint auch durch die Mitgliederkonstellation beeinflusst. Viele zivilgesellschaftlichen Initiativen der Pionierzeit der „Ausländerarbeit" und ehrenamtliche Migrantenselbstorganisationen, haben sich inzwischen (teil)professionalisiert und die Mitgliedschaft im Paritätischen erworben. Sie treffen sich in dem 2007 gegründeten „Forum der Migrantinnen und Migranten im Paritätischen (FdM)", von dem auch Impulse zur innerverbandlichen Weiterentwicklung der Interkulturellen Öffnung ausgehen. 2015 wirkten mehr als 190 Organisationen an diesem Forum mit (Der Paritätische 2014a). Sie partizipieren auch an einem Koordinierungsgremium zur Umsetzung der Empfehlungen der verbandlichen „Leitlinien zur Interkulturellen Öffnung des Paritätischen" von 2012

(Der Paritätische 2015b). Diese Empfehlungen reichen von der Implementierung der Interkulturellen Öffnung in den Merkmalskatalog des allgemeinen Qualitätssystems über eine einschlägige systematische und strukturell verankerte Qualifizierung bis hin zu einer proaktiven Personalentwicklung mit der Zielsetzung einer angemessenen Repräsentation von MitarbeiterInnen mit Migrationshintergrund. Die Umsetzung der Empfehlungen wird durch Fortschrittsberichte, die sich an den Indikatoren der Empfehlungen orientieren, turnusmäßig überprüft. Ein erstmaliger Umsetzungsbericht der Paritätischen Gesamtverbandes 2013 ergab beispielsweise, dass MitarbeiterInnen mit Migrationshintergrund relativ gut repräsentiert sind. „Den größten Anteil stellen neun Mitarbeiterinnen und Mitarbeiter mit Migrationshintergrund, die als Verwaltungsfachkräfte arbeiten, wohingegen in der Bereichs-, Abteilungs- und Geschäftsführung keine Person mit Migrationshintergrund tätig ist" (Der Paritätische 2015c). In der Auswertung werden verstärkte Anstrengungen zur Personalrekrutierung durch zugehende Methoden der Personalwerbung oder auch anonymisierte Verfahren empfohlen. Der Dialog mit migrantischen Initiativen und Organisationen und ihre Partizipation am Öffnungsdiskurs der Sozialarbeit des Verbandes und darüber hinaus wurde ab 2015 noch verstärkt durch die Beteiligung an dem von der EU geförderten Projekt „Stark vor Ort" (Der Paritätische 2015e). Lokal gut vernetzten Migrantenorganisationen wird es ermöglicht, ihr Wissen durch Qualifizierungsmaßnahmen an andere Migrantenorganisationen in der Region zu vermitteln, sie in lokale Strukturen einzubinden, gemeinsame Empfehlungen zur interkulturellen Öffnung der Sozialarbeit zu erarbeiten und diese mit relevanten Akteuren auf Bundesebene zu kommunizieren.

Deutsches Rotes Kreuz

Das Deutsche Rote Kreuz hat unter dem Motto „Das Deutsche Rote Kreuz nicht nur für Deutsche – Interkulturelle Öffnung im DRK" auf einer Tagung in Eisenach 2004 den verbandsinternen Öffnungsprozess angestoßen und „Leitthesen zur interkulturellen Öffnung" verabschiedet (DRK 2004a; 2004b). 2009 beschloss das DRK-Generalsekretariat Strategieziele zur Umsetzung der Leitthesen: „Das Thema Integration, Migration und interkulturelle Öffnung soll über alle Bereiche vernetzt mit messbaren Zielen für 2010 und die gesamte nächste Wahlperiode des Präsidiums ausgestaltet werden." (DRK 2011: 81f). In den Folgejahren wurde eine breit angelegte, vom Europäischen Sozialfond geförderte „Qualifizierungsmaßnahme zur Interkulturelle Handlungskompetenz – IKÖ-Manager/in in der Sozialwirtschaft" (2010–2012) durchgeführt. Das Trainingskonzept bestand aus einer Kombination von Modulen zur Sensibilisierung, zum Training interkultureller Handlungskompetenzen sowie zur eigenen Projektarbeit. Die Projektbeteiligten haben – durch Coaching begleitet – parallel zu den Modulen Praxisprojekte für ihren direkten Tätigkeitsbereich konzipiert. Mit den in den Modulen erlernten Instrumenten und Methoden haben sie die Umsetzung vorbereitet und zum Teil auch durchgeführt (DRK Generalsekretariat 2013: 71). 88 Prozent der abschließend befragten 116 TeilnehmerInnen aus zwölf Landesbezirken und 39 Kreisverbänden waren motiviert, die Interkulturelle Öffnung in ihrem Handlungsfeld voranzutreiben. Insgesamt sind 70 Konzepte bzw. Maßnahmenpläne zur

Interkulturellen Öffnung für unterschiedliche DRK-Geschäftsfelder und Arbeitsbereiche bzw. für die Implementierung von Interkultureller Öffnung in DRK-Kreisverbänden entstanden (ebd. 2013: 77)

Schwierigkeiten bei der Umsetzung der Reformziele

Diese recht positiv erscheinende Leistungsbilanz der Wohlfahrtsverbände darf aber nicht über die Schwierigkeiten bei der flächendeckenden Umsetzung der verbandlichen Vorgaben und vorbildlicher, aber zeitlich befristeter, Modellprojekte zur interkulturellen Öffnung hinwegtäuschen. Der steuernder Einfluss der Verbandsspitzen scheint begrenzt zu sein (vgl. v. a. Czock/Brinkmann 2003).

Ebenso erweist sich das Tempo der Umsetzung der Top-down-Leitlinien zur interkulturellen Öffnung sozialer Dienste in öffentlicher Trägerschaft als sehr schleppend und wenig durchgreifend. Ein Grund dafür scheint auch die strukturelle Schwäche der Steuerungsmöglichkeiten der in der Verwaltung verankerten Integrationsbeauftragten. Als Querschnittsakteure stoßen sie häufig auf die gläsernen Wände des Ressortdenkens. Dies schließt nicht aus, dass es bei einem Zusammentreffen von außerordentlichen persönlichem Engagement, einschlägiger Erfahrung und Fachkompetenz auf der Leitungsebene der Sozialverwaltung und günstigem parteipolitischen Rückenwind mit der interkulturellen Öffnung der Sozialen Dienste hier und dort zügig voran gehen kann – wie beispielsweise in München. Aus dieser Konstellation heraus und auf dem Hintergrund eines konsistenten Gesamtkonzeptes konnten die ProtagonistInnen in München auch einen systematischen Öffnungsprozess der Verwaltung im Allgemeinen mit vorantreiben und begleiten. „Eine solche systematische Öffnung als Organisations-, Personalentwicklungs- und Qualitätsentwicklungsprozess ist aber noch die Ausnahme" (Handschuck/Schröer 2012: 85).

Als Stolpersteine bei der Umsetzung der Reform haben sich nach Recherchen und Beobachtungen des Verfassers folgende Hindernisse erwiesen, die hier nur thesenartig zusammengefasst werden können:

- Akzeptanzprobleme seitens der MitarbeiterInnen gegenüber dem Projekt der interkulturellen Öffnung; Zugangsprobleme werden ignoriert/verdrängt;
- Abwehr selbstreflexiver Fortbildungen zur Entwicklung interkultureller Handlungskompetenz; die Annahme, dass man/frau mit Vorurteilsvorwürfen konfrontiert wird, die dem eigenen Selbstbild nicht entsprechen und das Fremdbild schönreden;
- Einstellungsbarriere nicht-christliche Religionszugehörigkeit bei den christlichen Tendenzbetrieben – gelockert nur für Bereiche, in denen die muttersprachliche Kompetenz für die Aufgabenerfüllung unumgänglich ist; kein Zugang zu Leitungspositionen;
- Mangel an einschlägig qualifizierten Kräften mit Migrationshintergrund und Hinterherhinken der Ausbildungsinstitutionen bei der Vermittlung von interkultureller Kompetenz als Querschnittsaspekt der Lehre;
- Interkulturelle Öffnung als Fassadenrenovierung, um im Wettbewerb um knappe Mittel bestehen zu können – ein effektives Controlling fehlt häufig;

- Verschleppung der Reform durch die chronische Krise der öffentlichen Finanzen (u. a. externer Einstellungsstopp, Überlastung der MitarbeiterInnen, Einsparung von Fortbildungs- und Qualitätsentwicklungskosten);
- Geringe Nachhaltigkeit durch punktuelle und kurzfristige Öffnungsansätze (Beschränkung auf – meist externe – Mitarbeiterqualifizierung, Vernachlässigung notwendiger Organisations- und Personalentwicklungsaufgaben);
- Geringer politischer Einfluss der Bevölkerung mit Migrationshintergrund durch politische Partizipationsdefizite und zögerliche Haltung der Politiker, die insbesondere die vermehrte Einstellung von MitarbeiterInnen mit Migrationshintergrund scheuen, weil dies bei vielen Wählern als „Privilegierung der Minderheiten" aufgefasst werden könnte – ein häufiger populistischer Topos.

Zur Überwindung dieser Hindernisse könnten sich u. a. nachstehende Strategien und Maßnahmen eignen:

- Extrinsische Motivierung der Führungskräfte zur Übernahme der Verantwortung für das Change-Management durch Vorgaben der Politik und damit der Zuschussgeber; intrinsische durch geeignete Fortbildungsangebote für leitende MitarbeiterInnen;
- Motivierung der MitarbeiterInnen auch durch Vermittlung nutzenorientierter Argumente (Stressminderung durch Erweiterung der Handlungsspielräume und damit des Erfolges der Arbeit, Stärkung der Konkurrenzfähigkeit der Einrichtung und der individuellen Berufschancen, Erweiterung der Handlungskompetenz im Umgang mit Differenz), Anknüpfung an bereits erreichten Erfolgen und durch eine Politik der ‚kleinen Schritte';
- Etablierung interkultureller Kompetenzziele in den Modulen der Ausbildungsstätten, Werbung von Schulabgängern mit Migrationshintergrund für Studiengänge des Sozialwesens und spezifische Studienförderung bzw. Weiterbildungsangebote für interessierte Bewerber mit Migrationserfahrung, die im Ausland eine in Deutschland für die Soziale Arbeit nicht anerkannte Ausbildung gemacht haben.
- Lockerung/Aufhebung der Einstellungsbarrieren christlicher Tendenzbetriebe bei überwiegend öffentlicher Finanzierung und säkularem Leistungsauftrag; konsequente Umsetzung der EU-Antidiskriminierungsrichtlinie in der Gesetzgebung und im Vollzug des Allgemeinen Gleichbehandlungsgesetzes;
- Eröffnung eines Einstellungskorridors für MitarbeiterInnen mit Migrationshintergrund im Bereich der kommunalen sozialen Dienste durch Förderpolitik (positive action) – analog der Frauenförderung;
- Investitionen in Fort- und Weiterbildung sowie Organisationsentwicklung;
- Konsequente Umsetzung der Integrationspläne/-ziele/-konzepte und Einbürgerungskampagnen, Verbesserung der Partizipationschancen der Interessenorganisationen und zivilgesellschaftlichen Akteure;
- Mutige Politiker, die sich populistischem Gegenwind widersetzen und die es auch verstehen, durch Überzeugungsarbeit und Effektivität die Akzeptanz für die Aufbringung der notwendigen zusätzlichen Mittel zu erreichen (vgl. ein vorbildliches kommunales

Beispiel in der vom Verfasser beforschten hessischen Gemeinde Raunheim: Gaitanides 2006b).

Eine bisher noch viel zu wenig genutzte Möglichkeit zur Forcierung der interkulturellen Öffnung der sozialen Dienste freier Träger liegt im Finanzierungsmodus der ‚Neuen Steuerung', der den Zuschussgebern erlaubt, mehr Einfluss auf die Inhalte und Ergebnisse der Leistungserbringer zu nehmen. Mittlerweile haben viele Städte Leitlinien zur interkulturellen Öffnung der Kinder- und Jugendhilfe entwickelt (u. a. München, Stuttgart, Frankfurt). Allerdings müssten solche Leitlinien auch mit Elementen von affimative action verbunden werden, indem diejenigen Leistungsanbieter, die die Vorgaben der interkulturellen, diversitätsorientierten Leitlinien – neben fachlicher Qualität – am ehesten erfüllen, den Zuschlag bekommen. Ein solches Verfahren bei der Zuteilung von Mitteln würde es auch ermöglichen, dass innovative kleinere Träger mit besonderem interkulturellen Profil, die in der Regel über keine institutionellen Förder- oder Eigenmittel verfügen, noch stärker bedacht werden. Es hat in den letzten Jahren eine – von der Fachöffentlichkeit kaum beachtete – Gründungswelle von Trägern gegeben, die von qualifizierten und risikobereiten MigrantInnen initiiert wurden und wegen ihres interkulturellen Profils und ihres besonders guten Zugangs zu den Migrantenfamilien und Selbstorganisationen zu Hoffnungsträgern so mancher Jugendämter geworden sind – vor allem auf dem sensiblen Gebiet der Erziehungshilfen (z. B. LebensWelt, Berlin; IEV – Institut für Einheit und Vielfalt, Hanau, IFAK – Verein für Multikulturelle Kinder- und Jugendhilfe – Migrationsarbeit, Bochum), aber auch im Bereich präventiver Jugendsozialarbeit in der Schule und der Jugendberufshilfe (z. B. Verein für Kultur und Bildung (KuBi), Frankfurt am Main; CGIL-Bildungswerk, Frankfurt am Main).

Über Steuerungsinstrumente wie Mittelvergabe und Rahmenrichtlinien hinaus können und sollten die Kommunen den Implementationsprozess auch durch die Bereitstellung von fachlicher Expertise und externer Prozessbegleitung aktiv fördern. Top-down-Strategien, ohne eine entsprechende Mobilisierung und Bündelung von Motivation an der Basis, sind zum Scheitern verurteilt. Ein Protagonist auf diesem Gebiet ist das Münchner Sozialreferat. Aber auch die Stadt Essen hat das Instrument der ‚Neuen Steuerung' erfolgreich für die interkulturelle Öffnung seiner Verwaltung und der sozialen Dienste eingesetzt und gezeigt, dass dies trotz vergleichsweise knapper Mittel möglich ist, „wenn sie denn gewollt ist und mit Mitteln des strategischen Managements umgesetzt wird" (Schweitzer 2007: 136). Die Landeshauptstadt München hat nach einem langjährigen intensivem internen Qualifizierungs- und Öffnungsprozess vor allem des Jugendamtes ein Projekt zur ‚Interkulturellen Qualitätsentwicklung in Münchner Sozialregionen' durchgeführt. Ziel war es, durch Qualitätsmanagement, Fortbildungsmodule, Kommunikation und Vernetzung der Akteure (soziale Regeldienste, Migrationsdienste, Kindertagesstätten, Schulen usw.) Anstöße für die interkulturelle Öffnung der Einrichtungen zu geben und durch Anbahnung von sozialräumlichen Kooperationen Synergie-Effekte zu erzeugen (vgl. Handschuck 2008). Nachdem im Zuge der Neustrukturierung der Münchner sozialen Dienste durch sozialraumorientierte Dezentralisierung und regionale Vernetzung schon günstigere strukturelle Bedingungen für die Inanspruchnahme durch MigrantInnen geschaffen worden waren (Wohnortnähe, kürzere Wege, persönlicherer Kontakt, kooperativere und begleitende Weitervermittlung), wurde nunmehr damit begonnen, auch die ‚unsichtbaren' Barrieren der Prozessqualität durch Qualitätsmanagement abzubauen. Dabei blieb es nicht beim Modellcharakter. Das interkulturelle Öffnungskonzept wurde flächendeckend implementiert (Handschuck 2008; 2009).

Die öffentlichen Geldgeber werden aber nur dann die Öffnungsziele zielstrebig verfolgen, wenn sie von der Mehrheit der Wähler mitgetragen werden. Deshalb ist es wichtig, auch in der Öffentlichkeitsarbeit der Verbände deutlich zu machen, dass auch Menschen, die bisher in den Sozialen Diensten unterrepräsentiert sind, von einer inklusiven, bedarfsgerechteren und diversitäts-sensibleren Weiterentwicklung der Sozialen Dienste profitieren können.

> „Interkulturelle Öffnung kann insofern als ‚*soziale Öffnung*' gelesen werden, als es darum gehen soll, dass alle Bürger/innen Zugang zu den (institutionellen) Ressourcen der Gesellschaft erhalten. Auf Zugangsbarrieren treffen nämlich nicht nur Menschen mit Migrationshintergrund, sondern auch andere, strukturell benachteiligte Bevölkerungsgruppen. Von interkulturell ausgerichteten, migrationssensiblen Schulen, Verwaltungen und sozialen Diensten wird im Kern nichts anderes erwartet, als dass sie auf ihre Adressat/inn/en als *Individuen* eingehen" (Filsinger 2006: 14).

Die interkulturelle und migrationssensible Öffnung der sozialen Dienste lässt sich auch gut einpassen in die Strategie eines alle Merkmalsgruppen einschließenden ‚Diversity-Managements', das durch die Berücksichtigung von Merkmalsdifferenzen und den Abbau von Machtasymmetrien den Zugang zu sozialen Dienstleistungen für alle Individuen und Gruppen zu verbessern versucht und die Synergie-Effekte der Vielfalt der Sichtweisen eines heterogen zusammengesetzten Arbeitsteams bei der Problemlösung zu nutzen versteht. Autoren, die sich mit Unterschieden und Ähnlichkeiten der Konzepte Diversity-Management und interkulturelle Öffnung befassen, tendieren zu der Auffassung: Diversity ist das Dach, unter das sich alle anderen Sparten von Inklusionsförderung benachteiligter Merkmalsgruppen begeben könnten – unter Beibehaltung jeweils eigenständiger Profile (vgl. Schröer 2006; 2007; Fischer 2005; Simon-Hohm 2004).

Vom Image einer Sozialarbeit, die deutlich erkennbar an Individuen aller benachteiligten Gruppen adressiert ist, wird nicht zuletzt der ‚soziale Friede' profitieren und die Solidarität der Gleichbetroffenen. Dann wird es rechtsradikalen populistischen Parteien auch nicht mehr so leicht gelingen, Konflikte zwischen Nachbarn gleicher Lebenslagen, aber unterschiedlicher ethnischer Herkünfte zu schüren mit der Behauptung die Integrationsmaßnahmen bevorzugten einseitig die zugewanderten ethnischen Minderheiten (Gaitanides 2006b: 218).

Literatur

Ahlert, Ulrich/ Weller, Fritz 2013: „Interkulturelle Öffnung". Große Herausforderung – noch größere Chancen. ppt-Präsentation auf dem 3. Caritas Kongress, Berlin, 19. April 2013. Internet: http://www.caritas.de/fuerprofis/caritaskongress/programm/workshops/interkulturelle-oeffnung

Auernheimer, Georg 2008: Interkulturelle Kommunikation, mehrdimensional betrachtet, mit Konsequenzen für das Verständnis von interkultureller Kompetenz. In: Auernheimer, Georg (Hrsg.): Interkulturelle Kompetenz und pädagogische Professionalität. 2. aktualisierte und erweiterte Auflage. Wiesbaden: VS Verlag für Sozialwissenschaften, S. 35–66

AWO Arbeiterwohlfahrt Bundesverband (2005a): Projekt Interkulturelle Öffnung von Suchtberatungsstellen. Zwischenbericht Dezember 2003 – Dezember 2004. AWO Bundesverband 31.3.2005. Berlin

AWO Arbeiterwohlfahrt Bundesverband/ Fachverband Drogen und Rauschmittel (Hrsg.) (2005b): Manual „Sucht, Migration, Hilfe. Vorschläge zur interkulturellen Öffnung der Suchthilfe und zur Kooperation von Migrationsdiensten und Suchthilfe". Geesthacht

AWO Arbeiterwohlfahrt Bundesverband 2006: Die Umsetzung der interkulturellen Öffnung in unterschiedlichen Handlungsfeldern der Sozialen Arbeit. Eine Arbeitshilfe für die Praxis. Bonn

AWO Arbeiterwohlfahrt Bundesverband 2007: Theorie und Praxis der interkulturellen Öffnung. Umsetzung der interkulturellen Öffnung – Einstieg in Theorie und Praxis mit einem Training für Mitarbeiterinnen und Mitarbeiter der sozialen Handlungsfelder. Bonn

AWO Arbeiterwohlfahrt Bundesverband 2015: Migrationskonferenz 2014. AWO in der Einwanderungsgesellschaft – Bilanz und Perspektiven Berlin, 6. November 2014. Dokumentation, Schriftenreihe Theorie und Praxis, Sept. 2015

Barth, Wolfgang 2006: Interkulturelle Orientierung und interkulturelle Öffnung der Sozialen Dienstleistungen. In: AWO Bundesverband 2006: Die Umsetzung der interkulturellen Öffnung in unterschiedlichen Handlungsfeldern der Sozialen Arbeit. Bonn, S. 9–12

Barwig, Klaus/ Hinz-Rommel, Wolfgang (Hrsg.) 1995: Interkulturelle Öffnung sozialer Dienste. Freiburg: Lambertus

BMI [Bundesministerium des Inneren] 2004: Neukonzeption der Migrationsberatung. Stand: 01.12.2004. Berlin

Bolay, Raphael 2013: Die Öffnung geht alle an. In: neue caritas 16/2013 Internet: http://www.caritas.de/neue-caritas/heftarchiv/jahrgang2013/artikel/die-oeffnung-geht-alle-an. Zugriff 12.12.2015

Boos-Nünning, Ursula/ Karakaşoğlu, Yasemin 2005: Welche Ressourcen haben junge Migrantinnen? Plädoyer für einen Perspektivenwechsel. In: Migration und Soziale Arbeit, 3/ 4, S. 219–231

Bundesausländerbeauftragte 1995: Empfehlungen zur interkulturellen Öffnung Sozialer Dienste. Bonn

Bundesregierung 2007: Nationaler Integrationsplan. Neue Wege – neue Chancen. Berlin

Czock, Heidrun/ Brinkmann, Anne 2003: Umgang mit Fremden: Blick nach innen. Zum Stand der Umsetzung des Gleichbehandlungsgrundsatzes ohne Unterschied der „Rasse" oder der ethnischen Herkunft im Deutschen Caritasverband. Freiburg: Deutscher Caritasverband

Czock, Heidrun/ Rossi, Elisa /Tießler-Marenda, Elke 2004: Leitfaden für einen innerverbandlichen Reflexionsprozess. Freiburg: Deutscher Caritasverband

DCV [Deutscher Caritasverband] (2003a): Interkulturelle Öffnung und Vernetzung sozialarbeiterischer Hilfen für ausländische Mitbürger. Modellprojekte Wangen und Freiburg. Freiburg: Deutscher Caritasverband

DCV [Deutscher Caritasverband] (2003b): Eckpunkte für Qualität in der verbandlichen Caritas. Freiburg

DCV [Deutscher Caritasverband] (2004a): Brücken bauen – Fäden spinnen. Interkulturelle Öffnung der Caritas und die Rolle des Migrationsdienstes. Freiburg

DCV [Deutscher Caritasverband] (2004b): Zuwanderung und Integration gestalten – Zukunft gewinnen. Integrationskongress des Deutschen Caritasverbandes 28. bis 30. September 2004. Dokumentation. Freiburg

Der Paritätische (Website 2015a): Kooperation mit Migrantenorganisationen. Internet: http://www.der-paritaetische.de/interkulturell/kooperationen-mit-migrantenorganisationen/

Der Paritätische (Website 2015b): Leitlinien zur Interkulturellen Öffnung des Paritätischen. Stand: 04.04.2012. Internet: http://www.der-paritaetische.de/interkulturell/positionierungen/

Der Paritätische (Website 2015c): Umsetzungsbericht des Paritätischen Gesamtverbandes, 2012. Internet: http://www.der-paritaetische.de/interkulturell/umsetzungsschritte-gv/monitoringprozess

Der Paritätische (Website 2015d): Das Projekt „Stark vor Ort – Migrantenorganisationen qualifizieren". Internet: http://www.migration.paritaet.org/migrantenorganisationen/qualifizierungsangebote/

Diehm, Isabell Radtke, Frank-Olaf 1999: Erziehung und Migration. Stuttgart: Kohlhammer

DRK [Deutsches Rotes Kreuz] (2004a): Das Deutsche Rote Kreuz – nicht nur für Deutsche. Rahmenkonzeption Interkulturelle Öffnung im DRK. Berlin

DRK Generalsekretariat (2004b): Leitthesen: „Interkulturelle Öffnung im DRK". Internet: www.drk.de/integration/positionen2.html

DRK Generalsekretariat 2011: Viele Gesichter – Ein Verband. Die Interkulturelle Öffnung im Deutschen Roten Kreuz. 2. Auflage Berlin. Internet: http://drk-ikoe.de/fileadmin/ user_upload/2_Aufl_Interkulturelle_Oeffnung_im-DRK.pdf

DRK Generalsekretariat 2013: Interkulturelle Öffnung – konkret! Reader zur Konferenz in Bayreuth vom 20. – 22. September 2012. Internet: http://drk-ikoe.de/fileadmin/user_upload/neue_dateien/2013/Reader_IKOE_Bayreuth_2012.pdf

DW [Diakonisches Werk der Evangelischen Kirche in Deutschland] (Hrsg.) 2007: Diakonie in der Einwanderungsgesellschaft – Mitten im Leben. Rahmenkonzeption Migration, Integration und Flucht. Berlin

DW [Diakonisches Werk der Evangelischen Kirche in Deutschland] 2011 „Prozesse interkultureller Öffnung konkretisieren, kommunizieren, kultivieren. Dokumentation der Fachtagung vom 4.02.2010 in Berlin.

DW [Diakonisches Werk] Rheinland-Westfalen-Lippe 2013: „Umgang mit Vielfalt – Interkulturelle Öffnung" in der Diakonie Rheinland-Westfalen-Lippe. Ein Diskussionsbeitrag der Trägerkonferenz Migration und Flucht vom 8.11.2012. Internet: http://www.diakonie-rwl.de/cms/media/pdf/aktuelles/meldungen/2013-10-16-umgangmitvielfalt-diskussionsbeitrag.pdf

Evangelisches Johanniswerk 2011: Thesenpapier: Die Realisierung des diakonischen Auftrags angesichts gegenwärtiger interkultureller und interreligiöser Herausforderungen Internet: http://johanneswerk.de/fileadmin/content/Download_JW/3_Fachthemen/b_Leben_deuten/Diakonie/Diakonischer_Auftrag_und_interkulturalität.pdf

Filsinger, Dieter 2006: Strategien und Hindernisse auf dem Weg zur interkulturellen Orientierung und Öffnung. In: AWO Bundesverband 2006: Die Umsetzung der interkulturellen Öffnung in unterschiedlichen Handlungsfeldern der Sozialen Arbeit, S. 13–21

Finkel, Margarete 2000: Erziehungshilfen für Mädchen und Jungen aus Migrationsfamilien. Ergebnisse der JULE-Studie. In: Migration und Soziale Arbeit, 1, S. 60–64

Fischer, Veronika 2005: Gesellschaftliche Rahmenbedingungen für die Entwicklung migrationsbedingter Qualifikationserfordernisse + Interkulturelle Kompetenz – ein neues Anforderungsprofil für die pädagogische Profession. In: Fischer, Veronika / Springer, Monika / Zacharaki, Joanna (Hrsg.): Interkulturelle Kompetenz. Fortbildung – Transfer – Organisationsentwicklung. Schwalbach: Wochenschau, S. 11–47

Fischer, Veronika 2011: Eltern- und Familienbildung. In: Fischer, Veronika/Springer, Monika 2011: Handbuch Migration und Familie. Schwalbach: Wochenschau, S. 419–433

Gaitanides, Stefan 1992: Psychosoziale Versorgung von Migrantinnen und Migranten in Frankfurt. Gutachten im Auftrag des Amtes für multikulturelle Angelegenheiten der Stadt Frankfurt. In: IzA – Informationsdienst zur Ausländerarbeit, 3/ 4, S. 127–146

Gaitanides, Stefan 1998 Zugangsbarrieren von MigrantInnen zu den Drogendiensten. In: Deutsche Hauptstelle gegen Suchtgefahren (Hrsg.): Sucht in unserer multikulturellen Gesellschaft. Freiburg, S. 62–76

Gaitanides, Stefan 2000: Arbeit mit Migrantenfamilien – Aktivitäten der Wohlfahrtverbände und der Selbstorganisation. In: Sachverständigenkommission 6. Familienbericht (Hrsg.): Materialien zum 6. Familienbericht. Band II: Familien ausländischer Herkunft in Deutschland. Lebensalltag. Opladen: Leske + Budrich, S. 107–144

Gaitanides, Stefan 2003: Ergebnisse der wissenschaftlichen Begleitung eines Projektes zur Einführung des Qualitätsmanagements in der interkulturellen Kinder-, Jugend- und Familienarbeit in München. In: Landeshauptstadt München, Sozialreferat/Jugendamt (Hrsg.): Offen für Qualität. Interkulturell orientiertes Qualitätsmanagement in Einrichtungen der Migrationssozialarbeit. München, S. 53–104

Gaitanides, Stefan (2006a): Interkulturelle Öffnung der Sozialen Dienste. In: Otto, Hans-Uwe / Schrödter, Mark (Hrsg.) 2006: Soziale Arbeit in der Migrationsgesellschaft. Sonderheft 8 der Zeitschrift „neue praxis". Lahnstein: neue praxis, S. 222–233

Gaitanides, Stefan (2006b): „Wir müssen mehr miteinander reden!" Migranten und Deutsche im Stadtteil. Frankfurt am Main: Fachhochschulverlag

Gaitanides, Stefan 2008: Interkulturelle Teamentwicklung – Beobachtungen in der Praxis. In: Auernheimer, Georg (Hrsg.) 2008: Interkulturelle Kompetenz und pädagogische Professionalität. 2. aktualisierte und erweiterte Auflage. Wiesbaden: VS Verlag für Sozialwissenschaften, S. 153–172

Gaitanides, Stefan (2011a) Anforderungen interkultureller Sozialer Arbeit und Öffnung Sozialer Dienste. In: Kunz, Thomas/ Puhl, Ria 2011: Arbeitsfeld Interkulturalität. Grundlagen, Methoden, Praxisansätze der Sozialen Arbeit in der Einwanderungsgesellschaft. Weinheim/ München: Beltz Juventa, S. 82–192, 204–216

Gaitanides, Stefan (2011b): Zugänge der Familienarbeit zu Migrantenfamilien. In: Fischer, Veronika/ Springer, Monika: Handbuch Migration und Familie. Schwalbach/Ts: Wochenschau, S. 323–333

Habermas, Jürgen 1993: Anerkennungskämpfe im demokratischen Rechtsstaat. In: Taylor, Charles (Hrsg.): Multikulturalismus und die Politik der Anerkennung. Frankfurt/Main: Suhrkamp, S. 147–196

Hamburger, Franz 1999: Von der Gastarbeiterbetreuung zur Reflexiven Interkulturalität. In: Zeitschrift für Migration und Soziale Arbeit, 3/ 4, S. 33–38

Handschuck, Sabine 2008: Interkulturelle Qualitätsentwicklung im Sozialraum. Band 1: Konzeption eines Modellprojektes zur interkulturellen Orientierung und Öffnung von sozialen Einrichtungen. Augsburg: Ziel

Handschuck, Sabine 2009: Interkulturelle Qualitätsentwicklung im Sozialraum. Band 2 Konzeptevaluation. Augsburg: Ziel

Handschuck, Sabine/ Schröer, Hubertus 2012: Interkulturelle Orientierung und Öffnung. Theoretische Grundlagen und 50 Aktivitäten zur Umsetzung. Augsburg

Integrationsbeauftragte der Bundesregierung 2014: 10. Bericht über die Lage der Ausländerinnen und Ausländer in Deutschland. Berlin: Beauftragte der Bundesregierung für Migration, Flüchtlinge und Integration

Jagusch, Birgit/ Sievers, Britta/ Teupe, Ursula 2012: Migrationssensibler Kinderschutz. Ein Werkbuch. Regensburg

Jakubeit, Gudrun/ Schröer, Hubertus 1994: Ein Rückblick auf 15 Jahre. In: Lüking, Hansjörg (Hrsg.): Deutsche und Ausländer im Stadtteil – Neue Wege der Kooperation in der sozialen Arbeit. Berlin: vvb

Kalpaka, Annita 1998: Interkulturelle Kompetenz. Kompetentes sozialpädagogisches Handeln in der Einwanderungsgesellschaft. In: Migration und Soziale Arbeit, 3/ 4, S. 77–79

Kappel, Monika / Straus, Florian / Weiterschan, Walter 2004: Interkulturelle Aspekte bei der Durchführung des Hilfeplanverfahrens. Expertise. München: Deutsches Jugendinstitut

Kriechhammer-Yagmur, Sabine 2002: Es geht um Haltungen nicht um Methoden. Ergebnisse des Projektes interkulturelle Öffnung der Kinder- und Jugendhilfe. Frankfurt/Main: Der Paritätische Gesamtverband

Ländermonitor 2013: Kinder mit und ohne Migrationshintergrund – Familiäre Sprachpraxis. Internet: http://www.laendermonitor.de/uebersicht-grafiken/indikator-5-familiaere-sprachpraxis/index.nc.html

Lajios, Konstantin 2004: Integration der Sozialberatung für ausländische Arbeitnehmer in den Migrationsdiensten. Düsseldorf: Diakonisches Werk der Evangelischen Kirche im Rheinland

LebensWelt 2012: Perspektiven Vielfalt. Eine Evaluation der interkulturellen Familienhilfe des freien Trägers LebensWelt. Berlin

Leenen, Wolf Rainer/ Groß, Andreas/ Grosch, Harald 2008: Interkulturelle Kompetenz in der Sozialen Arbeit. In: Auernheimer, Georg 2008: Interkulturelle Kompetenz und pädagogische Professionalität. 2. aktualisierte und erweiterte Auflage. Wiesbaden: VS Verlag für Sozialwissenschaften, S. 101–124

Lima Curvello, Tatiana 2005: Das Projekt Transfer interkulturelle Kompetenz (TiK). In: Migration und Soziale Arbeit, 1, 42–47

MGFFI-NRW – Ministerium für Generationen, Familie, Frauen und Integration 2007: Zuwanderung – Eine Chance für die Familienbildung. Bestandsaufnahme und Empfehlungen zur Eltern- und Familienbildung in Nordrhein-Westfalen. Düsseldorf (www.mgffi.nrw.de)

Mecheril, Paul 2004: Einführung in die Migrationspädagogik. Weinheim/ Basel: Beltz

Melter, Claus 2006: Rassismuserfahrungen in der Jugendhilfe. Eine empirische Studie zu Kommunikationspraxen in der Sozialen Arbeit. Münster: Waxmann

Nestmann, Frank/ Tiedt, Friedemann 1988: Repräsentativuntersuchung Sozialberatung für Ausländer. Endbericht. Bonn: Bundesminister für Arbeit und Sozialordnung

Poyraz, Ali 2001: „(Gewalt) Präventive Arbeit mit MigrantInnenfamilien". In: Team Okt. 2001, Hg.: AKA e. V. Aktiv für interKulturellen Austausch. München, S. 8

Santen, Eric van/ Mamier, Jasmin/ Pluto, Liane/ Seckinger, Mike/ Zink, Gabriele 2003: Kinder- und Jugendhilfe in Bewegung – Aktion oder Reaktion? Eine empirische Analyse. München: Deutsches Jugendinstitut

Schepker, Renate/ Toker, Mehmet/ Eberding, Angela 2000: Eine Institution in der psychosozialen Versorgung von türkischstämmigen Familien. In: Gogolin, Ingrid/ Nauck, Bernhard (Hrsg.): Migration, gesellschaftliche Differenzierung und Bildung: Resultate des Forschungsschwerpunktprogramms FABER. Opladen: Leske + Budrich, S. 245–278

Scherr, Albert 2001: Soziale Arbeit als organisierte Hilfe in der funktional differenzierten Gesellschaft. In: Tacke, Veronika (Hrsg.): Organisation und gesellschaftliche Differenzierung. Wiesbaden: Westdeutscher Verlag, S. 214–235

Schröer, Hubertus 2005: Interkulturelle Orientierung und Öffnung der Hilfen zur Erziehung. Verfügbar im Internet unter: http://www.i-iqm.de/ver.html

Schröer, Hubertus 2006: Vielfalt gestalten. Kann Soziale Arbeit von Diversity-Konzepten lernen? In: Migration und Soziale Arbeit, 1, S. 60–67

Schweitzer, Helmuth 2007: Lässt sich interkulturelle Öffnung in der Kommune steuern? Erfahrungen mit der Neuen Steuerung kommunaler Integrationspolitik in der Stadt Essen. In: Migration und Soziale Arbeit, 2, S. 126–137

Senge, Peter M. 1996: Die fünfte Disziplin. Kunst und Praxis der lernenden Organisation. Stuttgart: Klett-Cotta

Simon-Hohm, Hildegard 2002: Interkulturelle Kompetenz in der sozialen Arbeit. In: Migration und Soziale Arbeit, 2, S. 39–45

Simon-Hohm, Hildegard 2004: Interkulturelle Kompetenz und Diversity Management. In: DCV [Deutscher Caritasvervband] (2004b): Zuwanderung und Integration gestalten – Zukunft gewinnen. Integrationskongress des Deutschen Caritasverbandes 28. bis 30. September 2004. Dokumentation, S. 88–95

Späth, Karl 2000: Jugendhilfe: Inanspruchnahme von Erziehungshilfen durch Ausländer. In: sozialmagazin, 6, S. 46–50

Straßburger, Gabi/ Bestmann, Stefan 2007: Praxishandbuch für sozialraumorientierte Soziale Arbeit, Faktoren des Gelingens bei Familien unterstützenden Angeboten. Berlin

Straßburger, Gaby/ Bestmann Stefan 2013: Arbeitshilfen für Selbsthilfe- und Bürgerinitiativen. Bonn: Stiftung Mitarbeit

Teuber, Kristin 2004: Migrationssensible Hilfen für Erziehung. Widersprüche aushalten und meistern. Frankfurt/Main: Fachhochschulverlag

Tiedt, Friedemann 1985: Sozialberatung für Ausländer. Perspektiven für die Praxis. Weinheim/Basel: Beltz

Walter, Christoph 1995: Zusammenleben von Deutschen und Ausländern. Erfahrungen aus der Fördertätigkeit der Robert Bosch Stiftung. In: Barwig, Klaus/ Hinz-Rommel, Wolfgang 1995: Interkulturelle Öffnung sozialer Dienste. Freiburg: Lambertus, S. 37–48

Transnationale Soziale Arbeit vor Ort

David H. Gehne und Sebastian Kurtenbach

Zusammenfassung

In den letzten 25 Jahren hat innerhalb der Migrationsforschung das Konzept der Transnationalisierung immer mehr an Bedeutung gewonnen. Gemeint sind Lebensentwürfe, die sich über zwei oder mehr Nationalstaaten erstrecken. Das können z. B. Manager sein, die um den Globus fliegen, aber auch Migranten die aus wirtschaftlicher Not und wegen kriegerischer Auseinandersetzungen ihr Land zumindest temporär verlassen. Insbesondere die Gruppe der eher armutsgefährdeten Zuwanderer bildet das, in transnationale Bezüge eingebettete Klientel der Sozialen Arbeit. Doch Soziale Arbeit findet vor Ort statt. Zumindest lässt sich so ein Grundverständnis raumbezogener Ansätze in der Sozialen Arbeit zusammenfassen. Wie Soziale Arbeit durch ein immer größer werdendes transnationales Klientel herausgefordert ist und welche Ansatzpunkte des Umgangs mit Transnationalisierung sich für Soziale Arbeit ergeben, ist Gegenstand des Beitrags.

Schlüsselbegriffe

Transnationalisierung, Migrantentypen, Ankunftsgebiete, Gelegenheitsstrukturen, Sozialraumorientierung, transnationale Ressourcen

1 Einleitung

In den letzten 25 Jahren hat innerhalb der Migrationsforschung das Konzept der Transnationalisierung immer mehr an Bedeutung gewonnen. Gemeint sind Lebensentwürfe, die sich über zwei oder mehr Nationalstaaten erstrecken. Das können z. B. Manager sein, die um den Globus fliegen, aber auch Migranten die aus wirtschaftlicher Not und wegen kriegerischer Auseinandersetzungen ihr Land zumindest temporär verlassen. Insbesondere die Gruppe der eher armutsgefährdeten Zuwanderer bildet das, in transnationale Bezüge eingebettete, Klientel der Sozialen Arbeit. Doch Soziale Arbeit findet vor Ort statt. Zumindest lässt sich so ein Grundverständnis raumbezogener Ansätze in der Sozialen Arbeit zusammenfassen. Dazu wird mittels einer kleinräumigen Gebietsabgrenzung konzeptionell der Ort mit der bedeutsamen Lebenswelt der Klienten gleichgesetzt, was aber nicht unbedingt der Lebensrealität entsprechen muss. Stadtteilbüros im Rahmen integrierter Quartiersentwicklung, Streetwork mit einem klaren Ortsbereich wie ein Bahnhofsviertel oder auch Jugendzentren mit Quartiersbezug sind Beispiele dieser Arbeitsweise. Eine solche Überlegung entspringt der Erkenntnis, dass sich gesellschaftliche Entwicklungen und ihre Problemlagen auch immer räumlich abbilden. Veränderungen vor Ort, wie etwa eine heterogener werdende Ortsbevölkerung, stellen die Soziale Arbeit selbst daher auch immer vor neue Herausforderungen. Projekte zur Integration von Zuwanderern gehören mittlerweile ebenso zum Standard wie Fachkräfte der Sozialen Arbeit mit eigener Zuwanderungsgeschichte. Wie Soziale Arbeit durch ein immer größer werdendes transnationales Klientel herausgefordert ist und welche Ansatzpunkte des Umgangs mit Transnationalisierung sich für Soziale Arbeit ergeben wird im Folgenden beschrieben. Dazu wird zu Beginn die Sozialraumorientierung in der Sozialen Arbeit und anschließend die Transnationalisierung der Sozialen Arbeit aus individueller und räumlicher Perspektive skizziert. Es folgt eine Diskussion des Konzepts der Ankunftsgebiete als räumlicher Kontext der Sozialen Arbeit mit transnationalen Migranten. Abschließend folgt eine Einordnung in kommunalpolitische Rahmenbedingungen. Der Beitrag schließt mit einem zusammenfassenden Fazit.

2 Sozialraumorientierung der Sozialen Arbeit und Transnationalisierung

Dass der Raum für Menschen auch soziale und bildende Bedeutung hat, ist in der Literatur bereits seit den 1930er Jahren bekannt. In Deutschland hat insbesondere Martha Muchow (1935|1980) mit ihren Arbeiten zu den Streifzügen des Großstadtkindes Pionierarbeit geleistet. Sie konnte zeigen, dass Kinder mit zunehmendem Alter ihren Aktionsradius räumlich ausdehnen. Die Grundannahmen finden sich auch in modereren Arbeiten, wie dem Modell von Baake (1987), oder dem Inselmodell von Zeiher (1983) wieder.

Die Sozialraumorientierung als konzeptionelle Einbeziehung des Raumes in die Soziale Arbeit hat im Wesentlichen zwei Entwicklungslinien hervorgebracht. Zum einen wird unter dem Schlagwort „Vernetzung" eine Zusammenarbeit von Trägern der Sozialen Arbeit und weiteren local agencies postuliert. Durch Synergieeffekte können so bessere und passgenaue Lösungen auf die Herausforderungen vor Ort gefunden werden (siehe z. B. Divivier/Groß 2010, Maykus 2009). Eine zweite Linie verlässt die Institutionenperspektive und wechselt auf die Sichtweise der Klienten. Wie etwa Jugendliche die Stadt, in der sie leben, wahrnehmen und Orte umdeuten, wird als Ressource für die Soziale Arbeit begriffen. Dadurch können Partizipationsangebote für Jugendliche dort realisiert werden, wo sie subjektive Raumbezüge haben (Deinet 2006). Was bislang durch ortsbezogene Soziale Arbeit eher vernachlässigt wird, sind die überörtlichen Bezüge von Klienten, wie Verwandte an anderen Orten oder

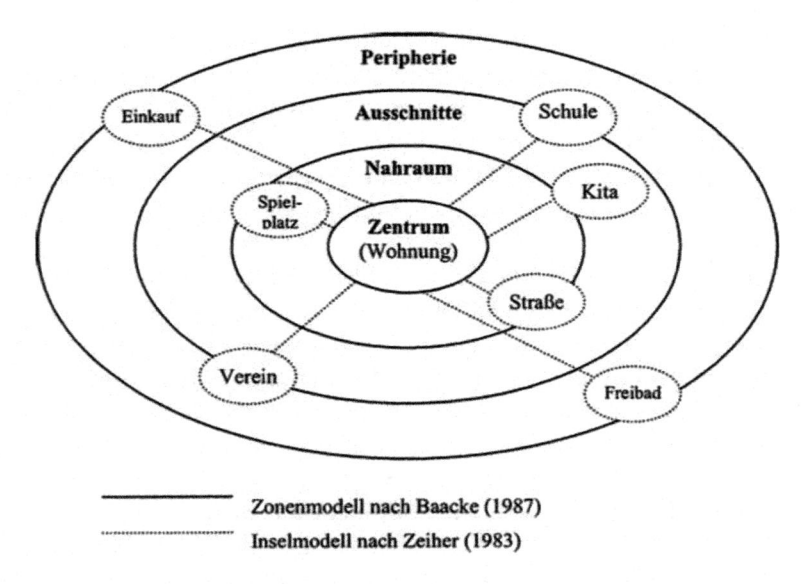

Abb. 1 Modell von Baake und Zeiher
Quelle: Tully/Baier 2006: 111

der Vereinsbesuch in der Nachbarstadt. Die Verantwortung Sozialer Arbeit scheint sich dann, auch aus organisatorischen und rechtlichen Gründen, an Ortsgrenzen und nicht mehr an Bedürftigkeit zu orientieren.

Dadurch ist die Soziale Arbeit auch mit den Herausforderungen konfrontiert, die im Rahmen des *spatial turn* in den Sozialwissenschaften diskutiert werden. Die Fixierung auf einen geographischen, oft administrativ beispielsweise aus der Raumaufteilung der amtlichen Statistik abgeleiteten Ort wird dadurch abgelöst von einer Perspektive auf sozial konstruierte Räume, die nicht deckungsgleich mit geographischen „Containern" sind. Die Grundannahme ist, dass jedes Individuum eigene, zum Teil temporär unbeständige Bezugsorte ausbildet und dadurch die soziale Bedeutung von Orten und Artefakten in diesen zu Lasten geographischer Tatbestände in den Vordergrund rückt. „Als Sozialräume werden die zeitlich als relativ dauerhaft und flächenräumlich als Ausdehnung und Anordnungsbeziehung wahrgenommenen sozialen Lebensbezüge von Menschen verstanden." (Pries 2010: 153) Auch konkurrierende Sozialräume oder Bezugskontexte an einem Ort können so ausgebildet werden. Merle Hummrich (2015) beispielsweise beschreibt auf Grundlage der Argumentation von Otto Friedrich Bollnow die Schule für Jugendliche als Sozialraum im Sozialraum und verweist darauf, dass trotz der offensichtlichen Verbindung von Stadtteil und Schule unterschiedliche Handlungsskripte produziert werden.

Soziale Arbeit ist in der Folge damit konfrontiert, dass innerhalb ihres Ortsbezugs Widersprüche den Erfahrungskontext ihrer Klienten konstruieren und eindeutige Orientierungsmuster mit temporären Gegebenheiten ergänzt werden. Dazu gehören ein sich ständig veränderndes Umfeld der Klienten sowie die Berücksichtigung relationaler Beziehungen einerseits und eine Berücksichtigung der segregationsbedingten kleinräumigen Sozialstruktur andererseits. Beide Aspekte können durch Soziale Arbeit in Form von Nachbarschaftsprojekten einbezogen werden.

Insgesamt sind drei unterschiedliche Perspektiven der Sozialraumorientierung zu identifizieren, die sich zum Teil widersprechen, zum Teil aber auch ergänzen:

1. *Die institutionelle Sozialraumorientierung* zeigt sich beispielsweise wenn Planungsräume zugeschnitten werden müssen, um Förderprojekte wie „Soziale Stadt" zu realisieren. Solche können zwar auch Kommunalgrenzen überwinden, wie das Beispiel Herten/Gelsenkirchen zeigt, aber dennoch wird eine Orientierung an administrativen Gegebenheiten beibehalten (Schnur 2008, S. 79; Soziale Stadt NRW 2014).
2. In der *individuellen Sozialraumorientierung* verdichten sich die individuellen Erfahrungs- und Bezugsräume. Grundlage dieser Haltung ist die Perspektive, dass jedes Individuum subjektiv-emotionale Erfahrungsräume konstruiert hat. Beispielsweise haben von Seggern et al. 2009 im Projekt „Stadtsurfer, Quartiersfans und Co." das Mobilitätsverhalten Jugendlicher in Hannover mittels jeweils selbst gebauter Stadtteilmodelle zeigen können. Sozialräume sind nicht nur von Person zu Person unterschiedlich zugeschnitten und geographisch zum Teil unlogisch angeordnet, sondern auch hochgradig temporär und unkonkret.
3. In der *empirischen Sozialraumorientierung* wird der Fokus auf die Messung und Einordnung von räumlich-territorialen Zuständen und Veränderungen, wie soziale Segregation gelegt. Aufgrund pragmatischer Überlegungen wird dazu der geographisch-territoriale Raum akzeptiert. Untersuchungen zu innerstädtischer Segregation im Rahmen von Sozialraumanalysen sind ein Beispiel dafür (Betzler 2012, Friedrichs und Triemer 2009, Pohl 2012, Strohmeier 2001)

Mit allen drei Perspektiven ist Soziale Arbeit konfrontiert und wird zum Teil auch durch sie legitimiert. Es erscheint plausibel ein besonderes Augenmerk auf die Stadtteile zu legen, in denen sich Armut, Zuwanderung oder Familiengründung konzentrieren. Ohne eine solche Hinwendung an örtlichen Gegebenheiten können Problemlagen weder erkannt noch adressiert werden.

Doch sind die Bezugsorte von Menschen nicht mehr exklusiv auf einen Ort alleine ausgerichtet, sondern erstrecken sich zum Teil über Staatsgrenzen hinweg. Durch die zunehmende Internationalisierung von Biographien, werden auch die Sozialräume von Individuen transnational. Für eine wachsende Anzahl an Menschen ist es Normalität, zumindest für eine Episode wie z. B. ein Auslandssemester oder Montagearbeit einige Zeit in einem anderen Land als ihren Geburtsland zu verbringen. Eine einseitig und nur lokal orientierte Soziale Arbeit läuft Gefahr, einen Teil der Lebenswirklichkeiten ihrer Klienten zu ignorieren.

3 Transnationalisierung und Soziale Arbeit

Bei Transnationalisierung handelt es sich weniger um ein neues Phänomen, als um eine relativ neue Perspektive auf Migration: „back-and-forth movements by immigrants have always existed" (Portes et al. 1999: 217). Die Grundannahme ist, dass Menschen Bezüge zu unterschiedlichen Orte unterhalten, die sich in mehr als einem Staat befinden. Darunter fallen Handlungen wie Pendeln, Geldüberweisungen (sog. Remittances) oder politische Aktivitäten. Dabei werden Kontexte unabhängig von ihrer geographischen Lage durch soziale Handlungen verbunden (Schiller et al. 1992: 1). Die Orientierung an Landesgrenzen wird auch *methodologischer Nationalismus* genannt, da Grenzen nur aus methodologischen Überlegungen akzeptiert werden, im sozialen Handeln aber keine Rolle spielen.

Bei der Diskussion um einen angemessenen Umgang mit der Transnationalisierung der sozialen Welt (Pries 2008) wird ein Perspektivwechsel von der Sozialen Arbeit eingefordert, der die Dauerhaftigkeit sozialer Beziehungen als Handlungsgrundlage in Frage stellt (Kniffki 2011: 78). Zudem werden Kompetenzen und Netzwerke der transnationalen Migranten nicht mehr als Nachteil für das Leben im Zuzugsland angesehen, da der Verbleib dort evtl. nur episodisch ist, sondern als Ressource. So können, entsprechend des Empowerment-Ansatzes, transnationale Familienkontakte oder Arbeitsmöglichkeiten bei der Krisenbewältigung oder pädagogischer Arbeit vor Ort berücksichtigt werden. „Wenn Soziale Arbeit sich aber in den Dienst von Akteuren stellen möchte, ist es notwendig, sich nicht gegenüber Gestaltungs- und Bewältigungsprozessen, die sich transnational aufspannen, zu verschließen, sondern *transnationale Ressourcen zu erkennen* und zu *fördern*." (Hollstein/Schmitt 2013: 177, Hervorhebung im Original) Wissen wird von Transmigranten mitgebracht, kann aber auch hemmend wirken (Huber 2015). Dennoch ist gerade die Anerkennung der transnationalen Einbettung von Migranten ein weiterer Schritt zur ganzheitlichen Einbeziehung des Individuums von Seiten der Sozialen Arbeit.

Soziale Arbeit ist in zweierlei Weise mit Transnationalisierung befasst. Zum einen mit transnationalen Individuen und zum anderen mit transnationalen Räumen. Beide Perspektiven werden im Folgenden skizziert.

3.1 Individualperspektive

Dass Migranten mit ihren Herkunftsregionen oder Verwandten in anderen Ländern in Verbindung stehen, ist keine neue Entwicklung, sondern war immer Teil des individuellen Migrationsprojektes. Um Transnationalisierung als Phänomen greifbarer zu gestalten, empfiehlt sich eine Differenzierung unterschiedlicher Migrantentypen. Pries (2001a: 55) schlägt vier solcher Typen vor:

Tab. 1 Unterschiedliche Typen von Migranten nach Pries 2001

	Verbindung zum Herkunftsland	Verbindung zum Zuwanderungsland	Hauptsächlicher Grund für Migration	Zeitliche Perspektive der Migration
Emigrant/ Auswanderer	Verwurzelt, Abschied genommen	Integration, Akzeptanz als neue Heimat	Ökonomische und soziale Gründe	Langfristig und unbegrenzt
Rückkehrer	Referenzkontext aufgrund der Rückkehrabsicht	Abstand zur einheimischen Bevölkerung wird gewahrt	Ökonomisch oder politisch	Kurzfristig und begrenzt
Diaspora Migrant	(Symbolische) Orientierung am Herkunftskontext	Auf die Situation im Herkunftskontext wird hingewiesen	Religiös, politisch, organisationsbedingt	Mittelfristig und begrenzt
Transmigrant	Unklar und widersprüchlich	Unklar und widersprüchlich	Ökonomisch, organisationsbedingt	Sequenziell und nicht klar abzugrenzen

Der erste Typ ist der klassische Auswanderer, der von einem Land in das andere zieht, um dort zu leben. Die zahlreichen europäischen Einwanderer in die USA im 19. und 20. Jahrhundert sind eine solche Gruppe. Das Verhältnis zur Zuwanderungsgesellschaft ist klar definiert und wird als neues Heimatland akzeptiert, auch weil das Migrationsprojekt nicht zeitlich befristet, sondern auf Dauer angelegt wird. Ein zweiter Typ ist der Rückkehrer, der seinen Aufenthalt nur für eine kurze Periode plant. Erasmus-Studierende fallen beispielsweise unter diese Kategorie. Es wird ein relativer Abstand zur einheimischen Bevölkerung gewahrt, auch weil das Migrationsprojekt nur kurzfristig angelegt ist. Ein dritter Typ ist der der Diaspora Migranten, also solche die z. B. aufgrund politischer Verfolgung in einen anderen Staat ausgewandert sind. Zwar kann der Aufenthalt länger dauern, doch wird die Zugehörigkeit zum Herkunftsland betont und auf die dortige Situation hingewiesen. Kubaner in den USA sind ein Beispiel dafür. Der vierte Typ sind Transmigranten, deren Aufenthalt im Zuwanderungskontext sequenziell ist. Das Verhältnis zur ursprünglichen Herkunftsregion ist ambivalent, genauso wie zum Zuwanderungsland. Die Gründe können ökonomischer Natur sein, wenn z. B. das Einkommen als Wanderarbeiter bestritten werden muss. Durch neue Technologien, wie Skype oder Smartphone sowie leichter zugängliche Mobilitätsmöglichkeiten, kann dieser Lebensstil aufrechterhalten werden.

Soziale Arbeit ist mit allen vier Migrantengruppen befasst, findet aber bislang nur unzureichend eine Antwort auf diese Diversität. Eher wird der klassische Zuwanderer als Orientierungsfigur herangezogen, dessen Integration als noch nicht abgeschlossen diagnostiziert wird. Aus diesem „Dazwischen" schlussfolgert Soziale Arbeit Handlungsbedarfe, welche konkret vor Ort adressiert werden können. Als ungleich komplexer wird die Arbeit mit mobilen Gruppen empfunden die, wenn sie nicht mehr vor Ort und damit nicht mehr im Verantwortungsbereich der lokalen Fachkräfte der Sozialen Arbeit sind, selbst wenn sie zwischen Orten pendeln. Die Einbeziehung und Berücksichtigung überörtlicher Bezugssysteme ist in der Biographie von Migranten selbstverständlich, stellt die Soziale Arbeit aber vor komplexe Herausforderungen.

3.2 Raumperspektive

Neben der individuellen wird auch die räumliche Perspektive von Transnationalisierung diskutiert. Dadurch werden neue Grenzziehungen und Verbindungen zwischen Orten verdeutlicht. Doch eine Grundannahme wird nicht in Frage gestellt: Migration ist ein Prozess, der an zwei geographischen Orten stattfindet, einer der verlassen und einer der aufgesucht wird. Jedoch wird durch soziale Handlungen ein sozialer Raum zwischen den Orten hergestellt. Pries definiert transnationale Sozialräume als: „configurations of social practices, artifacts and symbol systems that span different geographic spaces in at least two nation-states without constituting a new ‚deterritorialized' nation-state or being the prolongation of one of these states" (Pries 2001b: 18). Soziale Praktiken beispielsweise können Pendelbewegungen, Geldüberweisungen oder Telefonate sein. Bei Artefakten handelt es sich um Infrastrukturen, wie spezifische Geschäfte oder Dienstleistungen. Symbolsystem kann z. B. eine Sprache sein. Das Zusammenspiel aus den drei genannten Faktoren produziert den transnationalen Sozialraum, der sich über mindestens zwei Orte in unterschiedlichen Staaten erstreckt.

Wie transnationale Sozialräume entstehen, arbeitet Faist (1998) heraus. Er argumentiert, dass sich transnationale Sozialräume in zwei Schritten entwickeln. Zu Beginn sind sie noch eine Art Nebenprodukt internationaler Migrationsbeziehungen (Faist 1998: 215) und etablieren sich durch Pendelbeziehungen. In dieser Etablierungsphase wird Wissen über diese zwei oder mehr Orte zusammengetragen und in sozialen Netzwerken, wie Familienbeziehungen, ausgetauscht. Auf diese Weise kommt es zum (temporären) Nachzug von anderen Personen aus der Migrantencommunity. Die zweite Phase ist gekennzeichnet durch die Etablierung transnationaler Pendelbeziehungen zwischen Orten als Normalität. Faist argumentiert, dass *„transnational social spaces* are combinations of social and symbolic ties, positions in networks and organizations, and networks of organizations". (Faist 1998: 216) Solche Netzwerke spannen sich zwischen Organisationen, aber auch Stadtteilen auf, wodurch Soziale Arbeit selbst ein Teil transnationaler Netzwerke werden kann, beispielsweise durch Beratungsangebote für Neuzuwanderer.

Hinter der Produktion transnationaler Sozialräume stehen fünf sich gegenseitig verstärkende Triebkräfte:

1. *Die zunehmende internationale Migration*: Der global drastisch steigende Anteil der „mobilen" Weltbevölkerung schafft eine Grundvoraussetzung für die Produktion transnationaler Sozialräume (IOM 2011, UNDP 2009).

2. *Die Internationalisierung von Wirtschaft und Arbeit*: Durch die räumliche Ausdehnung, zeitliche Verschränkung und inhaltliche Verknüpfung von Wertschöpfungsketten, Produktionsprozessen und Betriebsorganisation werden Knotenpunkte internationaler Pendel- und Austauschbeziehungen geschaffen (Maletzky/Pries 2014).
3. *Verbesserte und erweiterte Transportmöglichkeiten*: Durch neue und vor allem zugänglichere Mobilitätsmöglichkeiten, wie Flugverkehr oder Fernzüge, ist es heute möglich, große Distanzen in alltäglichen Handlungen zu überwinden. Gerade in der Vergegenwärtigung der eingeschränkten Mobilitätsmöglichkeiten vor noch etwa 100 Jahren, wo der individuelle Aktionsradius noch bei etwa 20 Kilometern lag, wird die Tragweite dieser Triebkraft deutlich.
4. *Soziale Praxis der fast ortsunabhängigen Kommunikation*: Kommunikationsmöglichkeiten, wie Skype oder günstige Mobiltelefone, haben zu einer Vereinfachung der Kommunikation geführt. Dadurch können soziale Kontakte wesentlich leichter gepflegt werden. In der Konsequenz zirkuliert auch das Wissen über Orte und Lebensweisen schneller innerhalb sozialer Netzwerke und ermöglicht den Austausch zwischen Orten.
5. *Internationalisierung des Tourismus*: Der Besuch anderer Orte ist nicht mehr exklusiv einer kleinen Oberschicht vorbehalten oder durch existenzielle Notlagen, wie die Arbeitssuche zu Zeiten der Industrialisierung begründet, sondern für Millionen von Menschen Teil der Jahresplanung. Durch Tourismus wird der Aufenthalt in anderen Ländern für kurze Zeit ermöglicht und dient als eine Art Appetizer für transnationale Verflechtungen. Deutsche Altersresidenzen in Spanien oder Pendelbewegungen pensionierter türkeistämmiger Deutscher zwischen Deutschland und der Türkei sind solche Beispiele.

Für die Soziale Arbeit bedeutet eine zunehmende Transnationalisierung von Menschen und Sozialräumen, dass sie sich mit einem stetigen Wandel auseinandersetzen und die Lebenspraxen ihrer Klienten ernst nehmen muss. Ein erster Schritt besteht in der Anerkennung transnationaler Biographien sowie der Rolle des Raums für die Zuwanderung. Wie solche Orte in ihrer Funktion begriffen werden können, wird im Folgenden am Beispiel von Ankunftsgebieten skizziert.

4   Ankunftsgebiete: Herausforderung für die Soziale Arbeit

Wenn Zuwanderung nicht durch Unterbringung gesetzlich geregelt wird, wie bei der Erstaufnahme von Flüchtlingen, die in Deutschland nach dem Königsteiner Schlüssel verteilt werden, verteilt sie sich nicht gleichmäßig über alle Regionen eines Landes. In Deutschland ist dies am Verhältnis der Zuwanderung zwischen Ost- und Westdeutschland zu erkennen. Zum 31.12.2013 lag der Ausländeranteil in den neuen Ländern bei 2,4 %, in den alten Ländern bei 10,7 %[1]. In den USA gibt es breit angelegt Untersuchungen

---

1   Datengrundlage: Statistisches Bundesamt

zur Zuwanderung bestimmter Migrantengruppen wie Hispanics in einige *Immigration gateways* (Iceland/Nelson 2008, Park/Iceland 2011). Doch Zuwanderung verteilt sich auch nicht gleichmäßig über alle Stadtteile einer Stadt, sondern konzentriert sich tendenziell in einigen wenigen Stadtteilen, sog. *Ankunftsgebieten*. Sie bilden für Soziale Arbeit zum einen den Handlungsrahmen, zum anderen eine komplexe Herausforderungskulisse. Ankunftsgebiete haben fünf Merkmale.

Als erstes Merkmal ist das spezifische Milieu zu benennen, welches durch *soziale und ethnische Segregation* produziert wird und wurde. Ankunftsgebiete sind das „Armenhaus" der Stadt. Zudem sind dort infolge ethnischer Segregationsmechanismen die meisten Zuwanderer ansässig, was die lokale Bevölkerung migrationserfahren werden lässt. Oftmals liegen die Wurzeln der Migrationsgeschichte eines Ankunftsgebietes in deutschen Großstädten in der Industrialisierung. Die Dortmunder Nordstadt, Köln-Mülheim oder der Mannheimer Jungbusch sind solche Beispiele. Allerdings ist nicht von einer ethnischen Homogenität der zuwanderungsgeprägten Bevölkerung auszugehen, sondern im Sinne Vertovecs (2006) von einer super-diversen Migrantenpopulation. Zwar sind durchaus einzelne große Migrantengruppen auszumachen, jedoch ist keine von diesen dominant. Dadurch werden Ankunftsgebiete auch zur eigentlichen „Integrationsmaschine" der Stadt. Allerdings muss Integration dort unter den Bedingungen räumlich konzentrierter Armut gelingen (Farwick 2009, Strohmeier 2006: 11).

Das zweite Merkmal von Ankunftsgebieten sind *konstant hohe Fluktuationsraten*. Dadurch wird die „Durchlauffunktion" der Gebiete unterstrichen. Zuwanderer ziehen in das Ankunftsgebiet und nach einer Etablierungsphase zieht ein relativ großer Anteil von ihnen wieder fort. Solch eine Etablierungsphase kann sich auch über Generationen erstrecken, wie die italienischstämmige Bevölkerung in den USA gezeigt hat (siehe z. B. Gans 1962, Whyte 1993). Nicht zu verwechseln ist die Durchlaufhypothese mit den klassischen Konzepten der Invasions-Sukzessions-Zyklen, wie beispielsweise durch Gentrification (siehe z. B. Holm 2012, Friedrichs 1995:118ff.). Im Gegensatz zu diesen ziehen weder „statushöhere" Gruppen zu, noch kommt es zu Verdrängungen der Bestandsbevölkerung. Zuwanderer ziehen nach einer relativ kurzen Orientierungsphase weiter in andere Stadtteile bzw. Städte, oder es wird nach einem subjektiv erlebten Aufstieg, der im Quartier erlebt wird, die gewonnene soziale Distanz zum Umfeld in räumliche Distanz umgesetzt, wodurch es beispielsweise zum Fortzug von Bildungsaufsteigern kommt (El-Mafaalani/ Kurtenbach 2014).

Das dritte Merkmal ist eine bereits länger ansässige Bevölkerung mit eigener Zuwanderungsgeschichte, die *Sockelbevölkerung*. Sie ist als transnationaler Mittler zwischen dem Herkunfts- und dem Ankunftsgebiet zu verstehen und nimmt dadurch die Funktion eines Brückenkopfes für Neuankömmlinge wahr (Karakaşoğlu 1996). Insbesondere bei verwandtschaftlichen oder kulturspezifischen Solidaritätsbeziehungen kann die Sockelbevölkerung erste Arbeits- und Wohnmöglichkeiten vermitteln oder sogar selbst bereitstellen. Die Sockelbevölkerung kann ebenfalls durch Sprachkompetenzen erste Orientierung bieten und die Ankommenden unterstützen. Allerdings kann die Sockelbevölkerung auch von der Unwissenheit einzelner Neuzuwanderer profitieren, indem geringe Arbeitsentgelte gezahlt, hohe Mieten verlangt werden oder es zu anderen bereichernden Praktiken kommt.

Ein Streetworker, der in der Dortmunder Nordstadt mit Zuwanderern aus Rumänien und Bulgarien, darunter auch Roma arbeitet, hat dies mit dem Satz zusammengefasst: „Das Wort ‚kostenlos' kennen viele Roma nicht" (Die Zeit Online 26.08.2014).

Das vierte Merkmal ist die in Ankunftsgebieten ansässige ethnische Ökonomie mit ihren *migrationssensiblen Arbeitsplätzen*. Dort haben Neuzuwanderer, auch ohne formale Bildungsabschlüsse oder eine Berufsausbildung sowie ohne Sprachkenntnisse der Mehrheitsgesellschaft die Chance, eine Beschäftigung aufzunehmen. Nicht selten sind solche Beschäftigungsverhältnisse illegal, prekär und schlecht entlohnt. Für Zuwanderer, die aus Armutsgründen migrieren, sind diese Erwerbsmöglichkeiten trotzdem attraktiv. Internationale Studien zeigen, dass armutsgefährdete Migranten, die primär migriert sind, um ihre Familien zu unterstützen, oftmals besonderen Benachteiligungen ausgesetzt sind. Dabei erfahren einige schlimmste Misshandlungen, was Frauen in besonderem Maße betrifft. Oftmals werden diese Misshandlungen selbst gegenüber der Familie verschwiegen (siehe z. B. De Regt 2010).

Das fünfte Merkmal von Ankunftsgebieten sind spezifische *Opportunitäten*, zu verstehen als Möglichkeitsstrukturen. Hilfreich erweist sich die Differenzierung in formelle Opportunitäten, wie Dienstleistungsangebote und vorhandene Geschäfte, und informelle Gelegenheitsstrukturen, wie örtliche soziale Netzwerkbeziehungen. Den formellen Opportunitäten sind Remissionsmöglichkeiten (Geldrücküberweisungen), Internetcafés oder Reisebüros zuzurechnen, den informellen zum Beispiel soziale Netzwerkkontakte im Quartier. Opportunitäten ermöglichen es, dass transnationale Biographien entwickelt und aufrechterhalten werden können. Auch Angebote der Sozialen Arbeit gehören zu den Gelegenheitsstrukturen. Denn Angebote für eine bessere Orientierung im Ankunftsgebiet, Unterstützung bei Behördengängen und Beratung zur Arbeitsqualifikation führen zu einer möglichst effektiven Gestaltung des Aufenthalts in einem Ankunftsgebiet.

Ob die transnationale Phase zugunsten einer Immigration aufgegeben wird, hängt schlussendlich auch von den Leistungen örtlicher Opportunitäten sowie der Etablierung auf dem Arbeitsmarkt ab. Der Rolle ethnischer Ökonomien sowie der Produktion und Aufrechterhaltung transnationaler Sozialräume hat die Soziale Arbeit bislang kaum Beachtung geschenkt. Doch gerade mit der zunehmenden kommunikativen transnationalen Verflechtung auf der einen Seite und der Herausbildung migrationsspezifischer Orte auf der anderen Seite werden transnationale Sozialräume sichtbar. Die Einbeziehung und systematische Berücksichtigung solcher Opportunitäten gehört zu den vielfältigen Aufgaben migrationssensibler Sozialarbeit. Dies hat zweierlei Konsequenzen: Zum einen muss sich Soziale Arbeit in die jeweiligen Sozialräume hinein öffnen und dabei die transnational eingebundenen Sozialräume ihrer Klienten konzeptionell miteinbinden. Zum anderen steht die sozialraumorientierte Soziale Arbeit vor der Herausforderung, sich nach außen hin zu öffnen, in dem Sinne, dass internationale Kooperationen eingegangen werden müssen, um der transnationalen Einbettung ihrer Klienten gerecht zu werden.

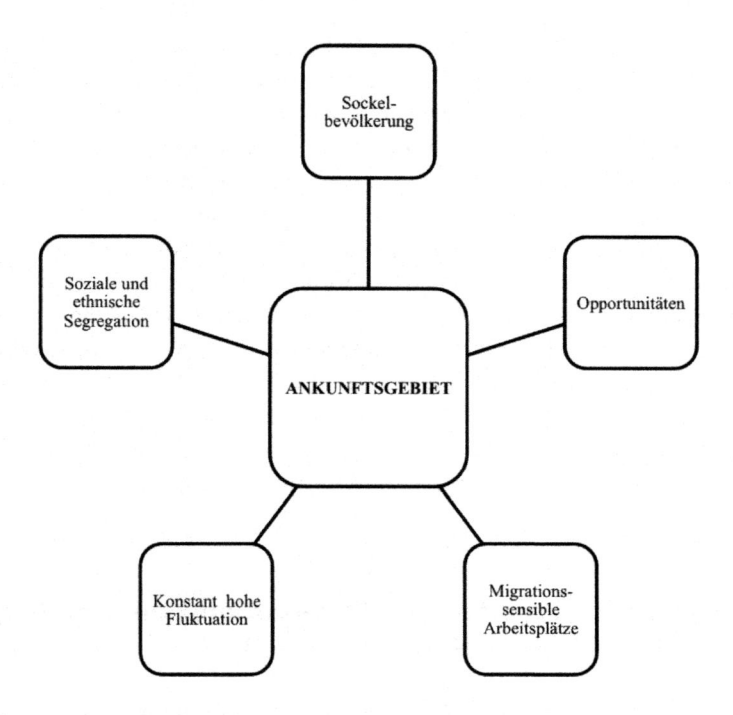

Abb. 2 Schema Ankunftsgebiet

Der Gegenentwurf zu Ankunftsgebieten besteht in der Argumentation, dass ethnisch segregierte Gebiete eine homogene Erfahrungswelt produzieren und die dortige Bevölkerung keinen Anlass hat, mit der Mehrheitsgesellschaft in Kontakt zu treten. Dadurch würde Integration nicht notwendig und es entstünden kulturell begründete Verhaltensmuster, die von der Mehrheitsgesellschaft als fremd empfunden würden. Das Ideal einer sozialen und ethnischen Mischung von Wohngebieten wird postuliert, da dadurch die benachteiligende Wirkung von Wohngebieten aufgehoben würde. Doch haben beispielsweise Häußermann (2007a) oder Nast und Blokland (2013) darauf hingewiesen, dass physische Nähe sozial unterschiedlicher Personen noch nicht zwangsläufig zu Kontakt führt. Hinter der Forderung einer geographischen Durchmischung der Wohnstandorte von Menschen unterschiedlicher Herkunft und sozialem Statuts steht die Annahme, dass in sozial und ethnisch segregierten Quartieren abweichende Verhaltensweisen üblich seien (Häußermann 2007b, Strohmeier 2008) und dass durch die Herstellung sozialer und ethnischer Mischung die Integration von Zuwanderern besser gelänge. Dem steht allerdings die Entwicklung einer zunehmenden ethnischen Diversität der Zuwanderung entgegen. Die Migrationsströme haben sich diversifiziert, sodass es zumindest in Deutschland und Europa in der Regel nicht zu einer Etablierung homogener ethnisch segregierter Gebiete kommt.

Für die Soziale Arbeit bedeuten Ankunftsgebiete, dass herkömmliche Konzepte, wie Beziehungsarbeit und Verlässlichkeit, in Frage gestellt werden. Transmigranten, die auf Tagesjobs angewiesen sind und den Ort häufig auch länger verlassen, haben zwar oftmals eine hohe Unterstützungsbedürftigkeit, doch adressiert Soziale Arbeit solche Menschen bislang nur unzureichend. Jedoch bieten Ankunftsgebiete auch Chancen, die mit den bisherigen Konzepten auch vereinbar sind. Zum einen kann die Sockelbevölkerung in ihrer Rolle und Funktion gestärkt werden. Zum anderen trägt die Hinwendung an die Bezüge der Klienten auch zu einer transnationalen Verknüpfung Sozialer Arbeit bei, wenn zum Beispiel internationale Kooperationen gesucht werden. Doch bedarf eine transnationale Soziale Arbeit vor Ort auch fördernder Rahmenbedingungen, die auch von Seiten der Kommunalpolitik beeinflusst werden. Dazu gehören Leistungskriterien, die sich nicht z. B. allein an der Zahl von Klientenkontakten vor Ort orientieren, sondern auch überörtliche Bezüge berücksichtigen. Auch müssen Einrichtungen vor Ort in die Lage versetzt werden, überörtlich mit Klienten zu arbeiten, z. B. durch Onlineberatungen.

5 Kommunale Migrations- und Integrationspolitik als Rahmen einer transnationalen Sozialen Arbeit

Migrationspolitik ist eines der Politikfelder, in denen die Kommunen ein zentraler Akteur der Umsetzung sind, ohne dass sie die gesetzlichen Rahmenbedingungen gestalten würden, da diese im Wesentlichen auf Ebene des Bundes oder der EU verhandelt und festgelegt werden. Trotzdem geschieht Migration und soziale Integration vor Ort, die Umsetzung von Migrationspolitik findet hauptsächlich in den Kommunen statt (Bommes 2009: 89). Daher bilden diese Politikansätze einen Teil des Rahmens für die Entwicklung einer transnationalen Sozialen Arbeit. Im folgenden Abschnitt werden zunächst knapp Eigenschaften einer kommunalen Integrationspolitik umrissen, um anschließend zu diskutieren, inwieweit transnationale Räume und transnationale Individuen in der kommunalen Integrationspolitik eine Rolle spielen.

Kommunale Integrationspolitik ist in hohem Maße pfadabhängig. Etablierte Integrationspolitiken sind das „kumulative und oftmals inkrementelle Resultat der letzten ca. 20 bis 30 Jahre" (Bommes 2009: 103). Je nach Anlass für die Implementation einer kommunalen Integrationspolitik kann diese auch von Beginn an durch den Fokus auf bestimmte, in der Kommune präsente Migrantengruppen geprägt sein, beispielsweise Immigranten und deren Familien aus den ehemaligen Anwerbeländern oder Spätaussiedler. Gerade in Zeiten einer sprunghaft wachsenden und hinsichtlich ihrer Zusammensetzung nach Gruppen „super-diversen" Zuwanderung sind diese Kommunen stark herausgefordert. Seit den 1990er Jahren bewegen sich aber auch viele Städte in Richtung einer strategischen Steuerung des Politikfeldes im Rahmen einer horizontalen Politikkoordination (Gebhardt 2013: 31).

Integrationspolitik ist ihrem Wesen nach eine Querschnittsaufgabe, die sehr viele unterschiedliche Handlungsfelder umfasst wie z. B. „Sprachförderung, Arbeitsmarkt

– und Bildungsintegration, Jugend – und Sozialarbeit, Wohnen und Stadtentwicklung, Bekämpfung von Diskriminierung und Fremdenfeindlichkeit sowie die Förderung der politischen Partizipation" (Gesemann 2013: 193 ff.). Zentraler Bestandteil einer kommunalen Integrationspolitik ist ein Integrationsmonitoring, das anhand von Indikatoren Migration und Integration in den Teilräumen der Stadt beschreibt, ethnische Segregation und soziale Problemlagen transparent macht und Ansatzpunkte für eine Diskussion über gezielte Förderung von bestimmten Stadtteilen anbietet („Ungleiches ungleich behandeln", Strohmeier 2008: 500). Vorreiter sind hier einige Großstädte[2], wie z.B Aachen oder Frankfurt am Main, die die Möglichkeiten der amtlichen Statistik ausnutzen, allerdings mit dem Nachteil, dass in der Regel nur administrative Räume beschrieben werden können und sozial konstruierte Räume in dieser Welt nicht vorkommen. Auch können Migrantengruppen nur dann beschrieben und verortet werden, wenn diese in den Daten der amtlichen Statistik erfasst sind. Da manche Transmigranten sich nur temporär in Zielgebieten der Migration aufhalten, tauchen diese nicht in dem Maße in der Einwohnerstatistik auf, wie sie tatsächlich manche Räume prägen.

Die Entwicklung einer kommunalen Integrationspolitik als ressortübergreifende Aufgabe ist ein Teil der freiwilligen Selbstverwaltungsaufgaben, anders als die Teilpolitiken, die eingebunden werden müssen, wie z.B. das Ausländerwesen als typische Auftragsangelegenheit oder aber die Kinder- und Jugendhilfe als pflichtige Selbstverwaltungsaufgabe (Bogumil/Seuberlich 2015: 16). Die lange Liste an Handlungsfeldern und die dahinter stehenden, sehr heterogenen Akteure aus Kommunalpolitik und -verwaltung, Verbände, Kirchen, freien Trägern und auch der Sozialen Arbeit verdeutlichen gleichzeitig die Gefahr einer strukturellen Überforderung, eine solche Querschnittsaufgabe umzusetzen. Integrationspolitik oszilliert daher in der Praxis oft zwischen symbolischer Politik der Anerkennung („Unsere Stadt ist vielfältig"), Strategieentwicklung auf abstrakter, gesamtstädtischer Ebene („Chancen für Migranten – Chancen für die Stadt") und sehr konkreter Lösung von existenziellen Alltagsproblemen von Migranten und ihren Familien in den Ankunftsgebieten der Stadt.

Laut einer Bestandsaufnahme zur kommunalen Integrationspolitik in Deutschland aus dem Jahr 2012 weisen 71,5 % der befragten Kommunen der kommunalen Integrationspolitik eine hohe Bedeutung zu, differenziert nach Gemeindegröße sind es unter den Großstädten sogar 98,5 % (Mittelstädte 66,2 %, Kleinstädte und Gemeinden 48,8 %). Über die Hälfte der befragten Kommunen (56,8 %) gibt an, kommunale Integrationspolitik als ressortübergreifende Querschnittsaufgabe implementiert zu haben, gut die Hälfte in Form einer den örtlichen Bedürfnissen angepassten Gesamtstrategie (Gesemann et al. 2012: 34).

Unterhalb der kommunalen Ebene wird bei der Umsetzung von Integrationspolitik in der Regel die Bedeutung von Quartieren, Stadtteilen, Nachbarschaften oder dem Wohnumfeld konzeptionell hervorgehoben (Gebhardt 2013: 27f.), da unmittelbar einleuchtet, dass Räume unterschiedlich stark von Migration geprägt sind und daher auch unterschiedlich großer

---

2 Vgl. z. B. Düsseldorf (https://www.duesseldorf.de/statistik/stadtforschung/download/sb_migration.pdf).

Bedarf an Förderung und Integration vorliegt. Die vertikale Politikkoordination nach unten, in die Quartiere, ist bisher eher schwach ausgeprägt und wird teilweise kompensiert durch eine Koppelung mit sozialer Stadterneuerung in Projekten wie der „Sozialen Stadt" (Gebhardt 2013: 33). Nach der Erhebung aus dem Jahr 2012 nutzten 59,2 % der Kommunen das Programm *Soziale Stadt* im Rahmen ihrer Integrationspolitik, 65,2 % setzten außerdem Programme des Europäischen Sozialfonds (ESF) oder Maßnahmen des Bundsamtes für Migration und Flüchtlinge (BAMF) ein (Gesemann et al. 2012: 140).

Diese Koppelung unterschiedlicher Ansätze (zeitlich und räumlich begrenzte Förderprojekte versus gesamtstädtischer, strategischer Querschnittspolitik) ist in Zeiten der kommunalen Haushaltskrise höchst pragmatisch und in den geförderten Gebieten unter Umständen auch zielführend, da Integrationspolitik eine sehr wichtige Rolle beispielsweise im Kontext der Sozialen Stadt spielt. Nach einer Bestandsaufnahme des Deutschen Instituts für Urbanistik 2009 waren bis zu diesem Zeitpunkt 70 % der Modellvorhaben im Bereich Integration von Migrantinnen und Migranten angesiedelt (Difu 2010: 7). Außerdem waren unter den Fördergebieten der Sozialen Stadt auch häufig Ankunftsgebiete zu finden, beispielsweise die Dortmunder Nordstadt oder Duisburg Hochfeld. Eine systematische Differenzierung in Ankunftsgebiete und andere migrationsgeprägte Räume kann bisher in der Regel nicht festgestellt werden (siehe dazu auch Kurtenbach 2015). Aber die Koppelung von extern gefördertem Projekt und kommunaler Strategie hat auch gravierende Nachteile, da sich die räumliche Ausrichtung einer kommunalen Integrationspolitik der Förderlogik eines Stadterneuerungsprogramms unterordnen muss:

- die Auswahl von Gebieten folgt den Kriterien des Förderprogramms, die nicht zwingend mit den Zielen der kommunalen Integrationspolitik identisch sind,
- selten werden mehrere Gebiete gleichzeitig gefördert, mit der Folge, dass Stadtteile mit ähnlichen Problemlagen vernachlässigt werden,
- der Schwerpunkt der Förderung ist städtebaulich, in der Integrationspolitik sind häufig aber Maßnahmen der Sozialen Arbeit gefordert und
- die Förderung ist zeitlich begrenzt, Integrationspolitik ist aber eine Daueraufgabe.

Das oft propagierte Lernen aus guten (Projekt-) Erfahrungen funktioniert in der Regel auch nicht im Sinne einer vertikalen Rückkoppelung der guten Erfahrungen nach oben (zur Verbesserung der Integrationspolitik) bzw. zur Übertragung in Stadtteile, die nicht Fördergebiete waren (Gesemann et al. 2012, 84).

Transnationale Räume spielen bisher also nur am Rande eine Rolle im Rahmen einer kommunalen Integrationspolitik. Ankunftsgebiete haben aber eine wichtige Funktion für die gesamte Stadt, da sie als Erstanlaufpunkt das Ankommen kanalisieren helfen und als Verteiler für die Neuzuwanderer, die das Ankunftsgebiet zeitnah wieder verlassen. Daher wäre es für eine kommunale Integrationspolitik wichtig, diese Leistung anzuerkennen und die Sockelbevölkerung dabei zu unterstützen, diese für die Stadt wichtige Funktion relativ konfliktfrei zu erfüllen und den Stress einer ständig hohen Fluktuation zu mindern (Kurtenbach 2013).

Hinsichtlich der Differenzierung nach Migrantentypen ist das Bild ähnlich unergiebig. In der Bestandserhebung zur kommunalen Integrationspolitik in Deutschland spielt eine Zielgruppenorientierung keine Rolle, es ist immer sehr allgemein von Menschen mit Migrationshintergrund die Rede. Wie aber schon weiter oben ausgeführt, haben verschiedene Gruppen von Zuwanderern sehr unterschiedliche Ressourcenausstattungen und Interessen und damit auch Unterstützungsbedarfe, so dass hier eine Differenzierung von administrativen Räumen im Rahmen eines Integrationsmonitorings sehr sinnvoll erscheint, um Integrationspolitik vor Ort zielgerichteter zu gestalten. Vermutlich ist dazu tatsächlich ein grundsätzlicher Perspektivwechsel notwendig, weg von dem traditionellen Verständnis in der Integrationspolitik, es gäbe ein Wir, dem sich die Zugewanderten anschließen könnten, hin zu einer Diversitäts- und Teilhabestrategie für Quartiere, die der gewachsenen Vielfalt an Gruppen und Lebensstilen vor Ort gerecht wird (Beer 2013).

6 Fazit

Ziel des Beitrags war es zu beschreiben, wie Soziale Arbeit durch eine zunehmende Transnationalisierung ihres Klientels gefordert wird und Ansatzpunkte einer Umgangsstrategie aufzuzeigen. Dazu wurde der Zusammenhang zwischen Sozialraumorientierung und Sozialer Arbeit diskutiert sowie die räumlichen und kommunalpolitischen Aspekte transnationaler Arbeit erläutert. Deutlich wurde, dass auf der kleinräumigen Ebene Transnationalisierung für Soziale Arbeit sowie für politische Interventionsstrategien erfahrbar wird. Auch haben weder Soziale Arbeit noch kommunalpolitische Akteure Umgangsstrategien mit transnationalen Biographien gefunden. Es wird eher „auf Sicht" und lokal fixiert gearbeitet ohne überörtliche Bezüge systematisch miteinzubeziehen. Fußend auf der Logik, dass Soziale Arbeit und Migrationspolitik vor Ort stattfindet, werden Migranten nur dann adressiert, wenn sie sich im geografisch-administrativen Kontext aufhalten.

Auch auf der Ebene der Stadtteile ist eine Etablierung transnationaler Bezüge zu erkennen, wie das Konzept der Ankunftsgebiete nahelegt. Ihre Akzeptanz und Stärkung würde einer politischen Akzeptanz der Zuwanderung gleichkommen. Allerdings ist durch die Kopplung von Strategien mit externen Förderkulissen die Kommune gezwungen, sich der jeweiligen Förderlogik unterzuordnen, wodurch die Stärken eines Quartiers als Defizit begriffen werden können, beispielsweise wenn Fluktuation zugunsten einer vermeidlichen Stabilisierung des Wohnungsmarktes entgegengewirkt werden soll. Auch ist weder aus Sicht der sozialen Arbeit noch aus der Perspektive ihrer Auftraggeber, wie z. B. der Kommune, eine systematische Einbeziehung unterschiedlicher Migrantentypen zu verzeichnen.

Grenzen der Erklärungskraft von Ankunftsgebieten finden sich bei gesteuerten Migrationsbewegungen, wie der Unterbringung von Flüchtlingen in Erstaufnahmeeinrichtungen, ebenso bei Strukturen wie Schlepperei oder Menschenhandel. So finden sich in der Sozialen Arbeit mit Flüchtlingen durchaus transnationale Biographien, aber der kleinräumige Aufenthaltsort ist durch Regelungen und Angebote der Sozialen Arbeit vorgegeben.

Um transnationale Soziale Arbeit vor Ort leisten zu können, bedarf es zum einen eines genauen Hinsehens mithilfe eines kleinräumigen Monitorings sowie zum anderen eines politischen Umdenkens, dass die kleinräumige Konzentration von Zuwanderung nicht automatisch ein Problem darstellen muss. Für die Soziale Arbeit bedeutet Transnationalisierung vor Ort, dass sie sowohl eine Klienten- als auch eine Ortsorientierung beibehalten muss. Die Einbeziehung überörtlicher Bezüge, die Akzeptanz eines immer wieder wechselnden sozialen Umfeldes im Stadtteil sowie nur eine gering ausgeprägte örtliche Bleibeabsicht führen zur Herausforderung, neue Konzepte und Ansatzpunkte zu entwickeln.

Quellen

Baake, Dieter. 1987. Die 6 bis 12 Jährigen. Einführung in die Probleme des Kindesalters. Weinheim: Beltz Juventa.

Beer, Ingeborg. 2013. Quartiersentwicklung als Diversitäts- und Teilhabestrategie. Zwischen traditionellen Integrationsdiskursen und gelebten Migrationsrealitäten. In Migrationsort Quartier. Zwischen Segregation, Integration und Interkultur, Hrsg. Olaf Schnur, Philipp Zakrzewski und Matthias Drilling, 41–53. Wiesbaden: Springer VS.

Betzler, Barbara. 2012. Gemeinwesenorientierte Kinder- und Jugendarbeit am Beispiel des Veedel e. V. In Die Zukunft der Gemeinwesenarbeit. Von der Revolte zur Steuerung und zurück?, Hrsg. Rolf Blandow, Judith Knabe, und Markus Ottersbach, 183–195. Wiesbaden: VS Verlag für Sozialwissenschaften.

Bogumil, Jörg und Marc Seuberlich 2015. Gestalten statt Verwalten. Ressortübergreifende Präventionspolitik. Schriftenreihe Arbeitspapiere wissenschaftliche Begleitforschung „Kein Kind zurücklassen!". Gütersloh

Bommes, Michael. 2009. Die Rolle der Kommunen in der bundesdeutschen Migrations- und Integrationspolitik. In Lokale Integrationspolitik in der Einwanderungsgesellschaft. Migration und Integration als Herausforderung von Kommune, Hrsg. Frank Gesemann und Roland Roth, 89–109. Wiesbaden: VS Verlag für Sozialwissenschaften.

De Regt, Maria. 2010. Ways to Come, Ways to Leave: Gender, Mobility, and Illegality among Ethiopian Domestic Workers in Yemen. Gender & Society 24: 237–260.

Deinet, Ulrich. 2006. Aneignung und Raum – sozialräumliche Orientierung von Kindern und Jugendlichen. In Neue Perspektiven der Sozialraumorientierung. Dimensionen – Planung – Gestaltung, Hrsg. Ulrich Deinet, Christoph Gilles, und Reinhold Knopp, 44–63. Berlin: Frank & Timme GmbH.

Deutsches Institut für Urbanistik. 2010. Modellvorhabender Sozialen Stadt. Gute Beispiele für sozial-integrative Projekte. Berlin: DIFU.

Die Zeit Online. 26.08.2014. http://www.zeit.de/gesellschaft/zeitgeschehen/2014-08/roma-zuwanderung-dortmund, letzter Zugriff: 25.08.2015

Divivier, Rosie, und Dirk Groß. 2010. Bekämpfung von Armutsfolgen durch Soziale Arbeit – Zwei Modellprojekte in Saarbrücken. In Kinderarmut, 255–281. Wiesbaden: VS Verlag für Sozialwissenschaften.

El-Mafaalani, Aladin, und Sebastian Kurtenbach. 2014. Das Raumparadoxon der Bildungspolitik Warum Bildungsinvestitionen sozialräumlicher Segregation nicht entgegenwirken. Theorie und Praxis der Sozialen Arbeit 65: 344–351.

Faist, Thomas. 1998. Transnational social spaces out of international migration: evolution, significance and future prospects. European Journal of Sociology 39: 213–247.
Farwick, Andreas. 2009. Segregation und Eingliederung. Wiesbaden: VS Verlag für Sozialwissenschaften.
Friedrichs, Jürgen. 1995. Stadtsoziologie. Opladen: Leske und Budrich.
Friedrichs, Jürgen, und Sascha Triemer. 2009. Gespaltene Städte ? Soziale und ethnische Segregation in deutschen Großstädten. Wiesbaden: VS Verlag für Sozialwissenschaften.
Gans, Herbert J. 1962. The Urban Villagers. Group and Class in the Life of Italian-Americans. New York: The Free Press.
Gebhardt, Dirk. 2013. Integrationspolitik und die Quartiersebene – zwischen kommunaler Integrationspolitik und Sozialer Stadtpolitik. In Migrationsort Quartier. Zwischen Segregation, Integration und Interkultur, Hrsg. Olaf Schnur, Philipp Zakrzewski und Matthias Drilling, 27–40. Wiesbaden: Springer VS.
Gesemann, Frank. 2013. Kommunale Integrationspolitik. In Migration und Integration in Deutschland. Begriffe – Fakten – Kontroversen, Hrsg. Karl-Heinz Braun und Reinhold Weber, 193–196. Bonn: Bundeszentrale für politische Bildung.
Gesemann, Frank/Roth, Roland/Aumüller, Jutta 2012. Stand der kommunalen Integrationspolitik in Deutschland. Berlin: BMVBS/BBSR/Beauftragte des Bundes für Migration.
Häußermann, Hartmut. 2007a. Effekte der Segregation. vhw 234–240.
Häußermann, Hartmut. 2007b. Ihre Parallelgesellschaften, unser Problem. Leviathan 35: 458–469.
Hollstein, Tina, und Caroline Schmitt. 2013. Transnationales Wissen. Genese alltagsweltlichen und beruflichen Wissens in transnationalen Räumen und seine sozioökonomische Nutzung. In Transnationales Wissen und Soziale Arbeit, Hrsg. Désirée Bender, Annemarie Duscha, Lena Huber, und Kathrin Klein-Zimmer, 158–180. Weinheim und Basel: Beltz Juventa Verlag.
Holm, Andrej. 2012. Gentrification. In Handbuch Stadtsoziologie, Hrsg. Frank Eckardt, 661–687. Wiesbaden: VS Verlag für Sozialwissenschaften.
Huber, Lena. 2013. Bedeutung und Formen transnationalen Wissens unter Asylbedingungen?! Empirische Rekonstruktionen und methodologische Fragestellungen. In Transnationales Wissen und Soziale Arbeit, Hrsg. Désirée Bender, Annemarie Duscha, Lena Huber, und Kathrin Klein-Zimmer, 98–122. Weinheim und Basel: Beltz Juventa Verlag.
Hummrich, Merle. 2015. Schule und Sozialraum- Erziehungswissenschaftliche Perspektiven. In Auf die Adresse kommt es an. Segregierte Stadtteile als Problem- und Möglichkeitsräume begreifen, Hrsg. Aladin El-Mafaalani, Sebastian Kurtenbach, und Klaus Peter Strohmeier, 168–187. Weinheim und Basel: Beltz Juventa Verlag.
Iceland, John und Nelson, Kyle Anne. 2008. Hispanic Segregation in Metropolitan America: Exploring the Multiple Forms of Spatial Assimilation. American Sociological Review 73: 741–765.
IOM (International Organization for Migration) 2011: International Migration Report 2011. Communicating Effectively About Migration. Geneva: IOM.
Karakasoglu, Yasemin. 1996. Brückenkopffunktion der ethnischen Kolonie. Zur Rolle der zweiten Generation. In Politische Kultur und politische Bildung Jugendlicher ausländischer Herkunft, Hrsg. Ernst Krapf und Doron Kiesel, 49–60. Frankfurt am Main: Haag + Herchen Verlag.
Kniffki, Johannes. 2011. Lokale Folgewirkungen transnationaler Prozesse. In Die soziale Welt quer denken. Transnationalisierung und ihre Folgen für die Soziale Arbeit. Hrsg. Christian Reutlinger, Nadia Baghdadi, und Johannes Kniffki, Berlin: Frank und Timme.
Kurtenbach, Sebastian. 2013. Neuzuwanderer in städtischen Ankunftsgebieten. Rumänische und bulgarische Zuwanderer in der Dortmunder Nordstadt. ZEFIR-Forschungsberichte Band 3. Bochum: ZEFIR.
Kurtenbach, Sebastian. 2015. Ankunftsgebiete – Segregation als Potenzial nutzen. In Auf die Adresse kommt es an. Segregierte Stadtteile als Problem- und Möglichkeitsräume begreifen, Hrsg.

Aladin El-Mafaalani, Sebastian Kurtenbach, und Klaus Peter Strohmeier. Weinheim und Basel: Beltz Juventa Verlag.

Maletzky, Martina und Pries, Ludger. 2014. Die Transnationalisierung von Arbeitsmobilität. Entwicklungstrends und ausgewählte Herausforderungen ihrer Regulierung. In: AIS-Studien: 56–79.

Maykus, Stephan. 2009. Neue Perspektiven für Kooperation: Jugendhilfe und Schule gestalten kommunale Systeme von Bildung, Betreuung und Erziehung Neue Perspektiven für Kooperation. In Lokale Bildungslandschaften, Hrsg. Peter Bleckmann und Anja Durdel, 37–55. Wiesbaden: VS Verlag für Sozialwissenschaften.

Muchow, Marta und Muchow, Hans-Heinrich. 1935|1980. Der Lebensraum des Großstadtkindes. Bensheim: Päd.-Extra Buchverlag

Nast, Julia, und Blokland, Talja. 2013. Social Mix Revisited: Neighbourhood Institutions as Setting for Boundary Work and Social Capital. Sociology 48: 482–499.

Park, Julie, und Iceland, John. 2011. Residential segregation in metropolitan established immigrant gateways and new destinations, 1990–2000. Social Science Research 40: 811–821.

Pohl, Thomas. 2012. Alterssegregation in der Metropole Hamburg. In Formen sozialräumlicher Segregation, Hrsg. Michael May und Monika Alisch, 51–72. Opladen, Berlin und Toronto: Verlag Barbara und Buderich.

Portes, Alejandro, Luis E. Guarnizo, und Patricia Landolt. 1999. The study of transnationalism: pitfalls and promise of an emergent research field. Ethnic and Racial Studies 22: 217–237.

Pries, Ludger. 2001a. New Transnational Social Spaces. In New Transnational Social Spaces. International migration and transnational companies in the early twenty-first century, Hrsg. Ludger Pries , 3–36. New York City: Routledge Taylor & Francis Group.

Pries, Ludger. 2001b. The disruption of social and geographical space. International Sociology 16: 55–74.

Pries, Ludger. 2008. Die Transnationalisierung der sozialen Welt. Sozialräume jenseits von Nationalgesellschaften. Frankfurt am Main: Suhrkamp Verlag.

Pries, Ludger. 2010. Transnationalisierung. Theorie und Empirie grenzüberschreitender Vergesellschaftung. Wiesbaden: VS Verlag für Sozialwissenschaften.

Schnur, Olaf. 2008. Neighborhood Trek. Vom Chicago Loop nach Bochum-Hamme – Quartierskonzepte im Überblick. Berlin: Humboldt-Universität zu Berlin – Geographisches Institut.

Schiller, Nina Glick, Linda Basch, und Cristina Blanc-Szanton. 1992. Transnationalism: A New Analytic Framework for Understanding Migration. Annals of the New York Academy of Sciences 645: 1–24.

Seggern, Hille von Seggern, Hille von, Anke Schmidt, Börries von Detten, Claudia Heinzelmann, Henrik Schultz, Julia Werner 2009. Stadtsurfer, Quartiersforscher & Co. Hrsg. Wüstenrot Stiftung. Berlin: jovis Verlag.

Strohmeier, Klaus Peter. 2001. Sozialraumanalyse Gelsenkirchen. stadträumliche Differenzierungen und Lebensformen der Bevölkerung, Armut und Partizipation. Bochum.

Strohmeier, Klaus Peter. 2006. Segregation in den Städten. Berlin: Friedrich-Ebert-Stiftung.

Strohmeier, Klaus Peter. 2008. Unterstadt – für wen ist Segregation gefährlich? In Soziologie sozialer Probleme und sozialer Kontrolle: Realitäten, Repräsentationen und Politik, Hrsg. Axel Groenemeyer und Silvia Wieseler, 488–501. Wiesbaden: VS Verlag für Sozialwissenschaften.

Soziale Stadt NRW 2014: http://www.soziale-stadt.nrw.de/stadtteile_projekte/profil.php?st=gelsenkirchen-hassel, letzter Zugriff 02.11.2015

Tully, Claus J., und Dirk Baier. 2006. Mobiler Alltag. Mobilität zwischen Option und Zwang – Vom Zusammenspiel biographischer Motive und sozialer Vorgaben. Wiesbaden: VS Verlag für Sozialwissenschaften.

UNDP (United Nations Development Programme) 2009. Human Development Report 2009. Overcoming barriers: Human mobility and development. Houndmills, New York: Palgrave.

Vertovec, Steven. 2006. The Emergence of Super-Diversity in Britain. Working Pa. Oxford: University of Oxford; Centre on Migration, Policy and Society.
Whyte, Wiliam Foot. 1993. Street Corner Society. The social structure of an italian slum. Chicago/London: Chicago University Press.
Zeiher, Helga. 1983. Die vielen Räume der Kinder. Zum Wandel räumlicher Lebensbedingungen seit 1945. In Kriegskinder, Konsumkinder, Krisenkinder. Zur Sozialisationsgeschichte seit dem Zweiten Weltkrieg, 176–195. Frankfurt am Main: Suhrkamp Verlag.

Weiterführende Literatur

Bender, Désirée, Duscha, Annemarie, Huber, Lena, und Klein-Zimmer, Kathrin (Hrsg.) 2013. Transnationales Wissen und Soziale Arbeit, Weinheim und Basel: Beltz Juventa Verlag.
Bogumil, Jörg, und Lars Holtkamp. 2010. Die kommunale Ebene. In Engagementpolitik. Die Entwicklung der Zivilgesellschaft als politische Aufgabe, Hrsg. Thomas Olk, Ansgar Klein, und Birger Hartnuß, 382–403. Wiesbaden: VS Verlag für Sozialwissenschaften.
El-Mafalaani, Aladin, Kurtenbach, Sebastian und Strohmeier, Klaus Peter (Hrsg.) 2015. Auf die Adresse kommt es an. Segregierte Stadtteile als Problem- und Möglichkeitsräume begreifen, Weinheim und Basel: Beltz Juventa Verlag.
Kessl, Fabian/Reutlinger, Christian (Hrsg.) 2015. Handbuch Sozialraum. Grundlagen für den Bildungs- und Sozialbereich, Wiesbaden: Springer VS.
Kurtenbach, Sebastian. 2014. Ankunftsgebiete als Herausforderungskulisse für die Soziale Arbeit – Potenziale und Restriktionen kleinräumiger Zuwanderungsschwerpunkte für die Soziale Arbeit am Beispiel rumänischer und bulgarischer Neuzuwanderer in der Dortmunder Nordstadt. Migration und Soziale Arbeit 2: 176–182.
Pries, Ludger (Hrsg.) 2001. New Transnational Social Spaces. International migration and transnational companies in the early twenty-first century, New York City: Routledge Taylor & Francis Group.

Online-Angebote

Der Arbeitskreis Quartierforschung der Deutschen Gesellschaft für Geographie bietet unterschiedliche Perspektiven auf Quartiere: www.ak-quartiersforschung.de

Auf der regelmäßig aktualisierten Seite finden sich insbesondere methodische Beiträge zur Erfassung und Beschreibung von Sozialräumen aus Sicht der Sozialen Arbeit: www.sozialraum.de

Auf dem Blog werden regelmäßig Beiträge zur Stadt- und Migrationsforschung veröffentlicht: www.stadtundmigration.wordpress.de

IV
Migration und Integration in Kommunen

Entwicklung, Konzepte und Strategien der kommunalen Integrationspolitik

Dieter Filsinger[1]

Zusammenfassung

Kommunen haben sich recht früh mit den sozialen Herausforderungen der Zuwanderung auseinandergesetzt. In der Rekonstruktion kommunaler Integrationspolitiken lassen sich unterschiedliche Phasen mit typischen Deutungs- und Handlungsmustern zeigen, die im Kontext der lange Zeit unentschiedenen und widersprüchlichen staatlichen Politik zu analysieren sind. Mit dem Perspektivwechsel Ende der 1990er/Anfang der 2000er Jahre ist ein neuer ‚take-off' in den kommunalen Integrationspolitiken in Richtung einer interkulturellen Stadtpolitik mit integrierten Gesamtkonzepten zu beobachten.

Schlüsselbegriffe

Rekonstruktive Analyse, Mehrebenenperspektive, Perspektivwechsel und Modernisierung, kommunale Gesamtkonzepte, interkulturelle Stadtpolitik

1 Einleitung

Zu- bzw. Einwanderung wirft zwingend Integrationsfragen auf. Die Integration der zugewanderten Bevölkerung *in* die Gesellschaft, die auch mit dem Begriff der Inklusion gefasst werden kann, und die Integration *der* Gesellschaft, die den sozialen Zusammenhalt betrifft (vgl. Bade/Bommes 2004; Filsinger 2014a). Allerdings sind diese Fragen keineswegs ausschließlich im Zusammenhang mit Migration zu verhandeln. Moderne Gesellschaften haben es beständig mit vielfältigen Integrationsproblemen zu tun (vgl. Kaufmann 1997; Scherr i. d. Band). Integration ist allerdings nach Kaufmann keine Notwendigkeit der Theorie, wohl aber der gesellschaftlichen Praxis. Diese betreffen den (lokalen) Staat, die weiteren Funktionssysteme der Gesellschaft, wie etwa das Bildungs- und Beschäftigungs-

---

1 Für Recherchearbeiten und hilfreiche Hinweise danke ich Maximilian Filsinger.

system, die in je spezifischer Weise Inklusion (und Exklusion) prozessieren, aber auch die Zivilgesellschaft und gemeinschaftliche Lebenszusammenhänge.

Die Integration der zugewanderten Bevölkerung, d. h. ihre „Partizipation an der Gesellschaft" (Hoffmann-Nowotny 2000),[2] hängt zentral von ihrem rechtlichen Status sowie vom Zugang zu Bildung, Wohnraum, Erwerbsarbeit und den sozialen Sicherungssystemen ab. Die rechtliche Behandlung der Zugewanderten ist zentralstaatlichen Regelungen vorbehalten, über die auch der Zugang zu den anderen gesellschaftlichen Funktionssystemen moderiert wird. Selbst wenn die lokale Ebene bestimmte Parameter der Integration nur eingeschränkt beeinflussen kann, kommt sie nicht umhin, die Folgen von Migrationsprozessen zu bearbeiten.

Dieser Beitrag untersucht die Entwicklung des Umgangs von Kommunen mit den Folgen und Herausforderungen der Zu- und Einwanderung – beginnend mit den 1960er Jahren. In dieser Untersuchung sind die starke Stellung des Bundes und die Länderhoheit in Fragen der Bildungs- und Kulturpolitik, aber auch eine ausgeprägte vertikale Politikverflechtung ebenso zu berücksichtigen wie die starke Stellung der freien Träger (vgl. Thränhardt i. d. Band; SVR 2012). Als kommunale Akteure sind (lokale) staatliche und nicht-staatliche, einschließlich solcher der (lokalen) Ökonomie, der kollektiven Selbsthilfe und der Zivilgesellschaft, bedeutsam, deren Zusammenwirken und interorganisatorische Koordination eine besondere Herausforderung darstellt (Kaufmann 1979). Angenommen wird eine ‚relative Autonomie' der lokalen Ebene (vgl. Krätke/Schmoll 1987; Grohs/Reiter 2014; Dahme/Wohlfahrt i. d. Band), die aber erst Substanz gewinnt, wenn diese an Hand von kommunalen Politikfeldanalysen empirisch gezeigt werden kann, wobei ökonomische, sozialstrukturelle und sozialräumliche Entwicklungsmuster zwingend in die Analyse einzubeziehen sind (für die Integrationspolitik vgl. Krummacher/Waltz 1999; Scheffer 1999; Dangschat 2007).

Die rekonstruktive Analyse zielt darauf ab, Phasen und typische Deutungs- und Handlungsmuster zu identifizieren, Struktur, Dynamik und Praxisformen kommunaler Integrationspolitiken herauszuarbeiten sowie Entwicklungspfade und darin eingelagerte Entwicklungspotentiale näher zu bestimmen. Diese Analyse erfolgt vor dem Hintergrund allgemeiner Entwicklungsmuster, nimmt Bezug auf den wissenschaftlichen und öffentlichen Migrations- und Integrationsdiskurs (vgl. Schneider 2010; Filsinger 2015) und analysiert die Wechselwirkungen und Abhängigkeiten zwischen zentralstaatlicher und lokaler Ebene, die im deutschen Fall von Föderalismus besonderer Aufmerksamkeit bedürfen (vgl. Thränhardt 2001; SVR 2012; Thränhardt i. d. Band).

---

2   Der Integrationsbegriff wird im sozialwissenschaftlichen Diskurs kontrovers diskutiert (vgl. Scherr i. d. Band; Filsinger 2014a; Rat für Migration 2014; Heckmann 2015; Treibel 2015). Gleichwohl wird er in diesem Beitrag verwendet und im Anschluss an Hoffmann-Nowotny verstanden als gleichberechtigte Teilhabechancen an den ökonomischen, ökologischen, sozialen und kulturellen Ressourcen der Gesellschaft (vgl. Pries 2014).

Kommunale Integrationspolitiken sind empirisch bisher wenig untersucht. Repräsentative Querschnittstudien[3] sind ebenso rar wie systematische Fallstudien, die auch Politikprozesse in den Blick nehmen.[4] Längsschnittstudien bilden eine Leerstelle. Die (wirkungsorientierte) Evaluation kommunaler Integrationspolitiken stellt noch ein Entwicklungsfeld dar (vgl. Filsinger 2008; 2014b; Gesemann/Roth/Aumüller 2012).

2 Rekonstruktion der Entwicklung kommunaler Integrationspolitiken

Von kommunalen Integrationspolitiken kann, bezogen auf die Bundesrepublik Deutschland, erst seit den 1990er Jahren berichtet werden, gab es doch bis dahin eine gesellschaftliche Paradoxie: „eine Einwanderungs*situation* ohne Einwanderungs*gesellschaft*" (Bade 2007a). Dieser Befund gilt im Übrigen auch für die angrenzenden deutschsprachigen Länder Österreich und Schweiz. Zwar lassen sich kommunale Initiativen zur Bearbeitung der Folgen der Immigration bereits seit den 1960er/70er Jahren auffinden – im Wesentlichen im Feld der Sozialen Arbeit. Diese Initiativen sind jedoch weder als Ausdruck eines durch die Bevölkerung legitimierten kommunalen Gestaltungswillens zu lesen, noch waren sie gerahmt durch strategische Konzepte.

In der Rekonstruktion der Ausländer- bzw. Migrationspolitik bis in die 1990er Jahre sind verschiedene Phasen bestimmbar, in denen jeweils ein bestimmtes *Legitimationsmuster für Inklusion bzw. Exklusion* dominiert [z. B. Legitimation durch Rotation (bis zu den 1970er Jahren), durch Integration (ab etwa Mitte der 1970er Jahre), Re-Immigration (in den 1980er Jahren)], wobei zwischen drei Zuwanderergruppen (Arbeitsmigranten, Aussiedler/Spätaussiedler, Flüchtlinge) zu unterscheiden ist (Blahusch 1999; Schneider 2010). Die Politik gegenüber Arbeitsmigranten kann als ‚Ausländerbeschäftigungspolitik' rekonstruiert werden, die gegenüber Aussiedlern als ‚ethnische Inklusionspolitik' und jene gegenüber Flüchtlingen als ‚Abschottungspolitik' zur Abwehr des Imports von Armut und als wohlfahrtsstaatliche Exklusion. Insgesamt betrachtet ist die sog. Integrationspolitik, die mit dem ‚Kühn-Memorandum' (1979) einsetzt, als *unentschieden und widersprüchlich*,

---

3   Anzuführen sind lediglich die Expertise von Filsinger (1998) und die neuere umfangreiche empirische Studie von Gesemann/Roth/Aumüller (2012), die als Nachfolgestudie zu verstehen ist. Die Expertise von Filsinger (1998) basiert auf einer schriftlichen Befragung der 100 größten Städte (Rücklauf: 65 %), umfangreichen Dokumenten und acht ausführlichen Experteninterviews. Angaben zur Studie von Gesemann/Roth/Aumüller (2012) finden sich in Kapitel 4. Das Bundesinstitut für Bau-, Stadt- und Raumforschung befragte insgesamt 164 Kommunen (Rücklauf: N=85), ob sie über ein gesamtstädtisches bzw. ein stadtteilbezogenes Integrationskonzept verfügen (vgl. BBSR 2008).

4   Vgl. aber die Studien älteren Datums von Scheib 1980; Filsinger et al. 1983; Bendit/Graf 1990; Schwarz 1992; Filsinger 1992; Schmitz 1997; Lamura 1998; Krummacher 1999; Thränhardt 1999; Bommes 2003; Lenninger 2003.

ohne wirkliche Eingliederungsperspektive zu analysieren. Zwar war und ist die Inklusion in das sozialstaatliche System mit Ausnahme der Flüchtlinge im internationalen Vergleich durchaus beachtlich (Nauck 1999); erhebliche Defizite sind jedoch im Hinblick auf die politische Partizipation zu verzeichnen. Den Chancen zu individueller Teilhabe und sozialer Integration, die der Sozialstaat eröffnet, stand ein ‚Anerkennungsdefizit' entgegen. Bis in die späten 1990er Jahre fehlte ein „realistisches Selbstbild als De-facto-Einwanderungsland" (Münz/Seifert/Ulrich 1997; Bade 2007a; für eine ausführliche Rekonstruktion vgl. Bade 1994a; Oltmer i.d, Band).

Ein Wandel der staatlichen Migrationspolitik deutete sich mit der Reform des Staatsangehörigkeitsrechts (2000),[5] mit der Einsetzung eines Zuwanderungsrats durch die rot-grüne Bundesregierung unter Vorsitz der CDU-Politikern Rita Süssmuth (vgl. Sachverständigenrat für Zuwanderung und Integration 2004; Schneider 2010: 179ff.) und schließlich mit dem Zuwanderungsgesetz (2005), in dem die Integrationsaufgabe gesetzlich fixiert wurde, an.[6] Die Selbstanerkennung der Bundesrepublik als Einwanderungsgesellschaft nimmt mit diesen gesetzlichen Regelungen und politischen Initiativen, mit dem ‚Integrationsgipfel' der Bundeskanzlerin (2006), dem Nationalen Integrationsplan (Bundesregierung 2007; 2008), dem Integrationsprogramm (BAMF 2010) und dem Nationalen Aktionsplan Integration (Bundesregierung 2011) Gestalt an (vgl. Schneider 2010; Thränhardt 2010; Kösemen 2014). In der Folge sind die Integrationsprogramme des Bundes ausdifferenziert und quantitativ ausgeweitet worden. In diesem Zeitraum beginnen auch Vorarbeiten für ein Integrationsmonitoring, die zu einem ersten Integrationsindikatorenbericht im Jahr 2009 führten, dem ein zweiter in 2011 sowie ein Faktenbericht zu Bildung und Arbeitsmarkt im Jahr 2013 folgten (vgl. Beauftragte 2009; 2011; 2013; Filsinger 2014b; 2016a; Filsinger i. d. Band). Im Jahr 2008 gründeten Stiftungen den ‚Sachverständigenrat deutscher Stiftungen für Integration und Migration' (SVR), der in 2010 sein erstes Jahresgutachten vorlegte (SVR 2010), dem jährlich weitere folgten (vgl. Filsinger 2016a).

2.1 Von der ‚Notlagenarbeit' und ‚Gastarbeiterbetreuung' zur kommunalen Ausländerarbeit

Bis Anfang der 1970er Jahre gab es keine kommunalen Politiken zur Bearbeitung der im Zusammenhang mit der Zuwanderung anfallenden Aufgaben. Die Bundespolitik stellte fast ausschließlich auf die sozialrechtliche Eingliederung der Arbeitsmigrantinnen und -migranten ab. Integrationspolitische Initiativen erschienen vor dem Hintergrund der Vorstellung einer zeitlich begrenzten Anwesenheit der Migrantinnen und Migranten nicht

---

5   In diesem Zusammenhang ist auch die bereits 1991 erfolgte Reform des Ausländerrechts zu erwähnen, die u. a. die Einbürgerung erleichterte.

6   Allerdings ist darauf hinzuweisen, dass dieser Sachverständigenrat Ende 2004 abberufen wurde, was insbesondere im Zusammenhang mit den Empfehlungen des Rats zur gesteuerten Zuwanderung zu interpretieren ist.

erforderlich. Die ‚ausländischen' Sozialberater leisteten in nationalitätenspezifischen, den Wohlfahrtsverbänden zugeordneten Diensten Beratungs- und Unterstützungsarbeit, die im Kern ‚Notlagenarbeit' (Hamburger 1999; 2012) war und noch lange bleiben sollte. Mit der Übertragung dieser Aufgabe an die Wohlfahrtsverbände erfolgte eine folgenreiche Strukturbildung, deren Folgen bis heute abzuarbeiten sind (vgl. Bauer 1998). Aus dieser Betreuungsarbeit in einem *Spezialsystem* entwickelte sich eine kommunale Ausländerarbeit, die zunächst weitgehend an das Engagement von einzelnen Akteuren in Institutionen und (Wohlfahrts-)Verbänden gebunden war, gleichzeitig aber die Institutionen der Aufnahmegesellschaft (Schule; soziale Dienste, speziell die Kinder- und Jugendhilfe) entlastete.

2.2 Erste Ansätze zu einer kommunalen Ausländer- bzw. Integrationspolitik – aber Diskontinuität in der Konzept- und Programmentwicklung

Kommunalpolitisch erfährt die Anwesenheit von Migrantinnen und Migranten in den Zentren der Migration mit der Familienzusammenführung ab 1973 eine erste ernsthafte Thematisierung. Die (Groß-)Städte mit hohem Migrantenanteil waren schon recht früh – anders als die staatliche Politik – zu der Erkenntnis gelangt, dass faktisch eine Einwanderung stattgefunden hat. So heißt es in der Stellungnahme der Stadtverwaltung Ludwigshafen zum „Bericht zur Lage der Gastarbeiter in Ludwigshafen":

> „Grundlage jeglicher Lösungsabsicht muss die Erkenntnis sein, dass es sich bei den Gastarbeitern bzw. bei „vielen von ihnen schon lange nicht mehr um zeitweilige ‚Gäste´ handelt, sondern in Wirklichkeit bereits um regelrechte Einwanderer". Deshalb müssten „Dauerlösungen" gefunden werden. Dazu gehört in erster Linie Klarheit in der gesellschaftspolitischen Zielsetzung, die nur eine „völlige soziale Gleichberechtigung" sein kann (Stadt Ludwigshafen 1971: 35).

Die in Folge des ‚Kühn-Memorandums' (1979) ausgerufene Integrationspolitik führt allerdings nicht zu einem systematischen Integrationsprogramm des Bundes. Vielmehr werden in erster Linie die Kommunen in die Pflicht genommen („*Kommunalisierung* der Folgen von Migration"; vgl. Filsinger/Hamburger/Neubert 1982). Im Kontext der sozialstaatlichen Modellpolitik (Kaufmann 1979; Haubrich 2009) entsteht eine Vielzahl von innovativen *Modellprojekten*. Eines der ersten großen Modellprojekte war das von der Robert-Bosch-Stiftung geförderte Projekt ‚Ausländer im Stadtteil', das an verschiedenen Standorten mit Schwerpunkt auf dem Kindergarten (im Gemeinwesen) durchgeführt wurde und bereits interkulturelle Erziehung als Konzeptelement beinhaltete. In der Regelpraxis dominieren aber zunächst und auf lange Zeit *kompensatorische Integrationshilfen*, die dem Lebenslauf der zweiten Generation folg(t)en sowie *außerhalb der Regelinstitutionen* verortet oder mit diesen nur sehr lose gekoppelt waren: spezielle Maßnahmen für Kinder und Jugendliche wie Einschulungshilfen, Hausaufgabenhilfen mit sozialpädagogischer Begleitung, Sprachkurse, Hauptschulabschlusskurse, Hilfen zum Übergang vom Kindergarten in die Schule, Jugendarbeit; später auch Maßnahmen zum Übergang von der Schule in den Beruf (für einen Überblick vgl. Scheib 1980; Fuchs/Wollmann 1987; Filsinger 2000a). Über die Adressatengruppe – Migrantenkinder und -jugendliche herrschte fraglose Gewissheit. Kommunalpolitisch lassen sich vor allem eine (im Ergebnis gescheiterte) *De-Segregationspolitik* und eine bescheidene Einbeziehung der ausländischen Bevölkerung in Form von *Ausländerbeiräten* beobachten. Mit der Berufung von ‚Ausländerbeauftragten' wird eine neue Instanz eingeführt, die signalisiert, dass die Integrationsaufgabe systematisch zu bearbeiten ist, ohne dass allerdings die erforderlichen Ressourcen bereitgestellt wurden. Insgesamt betrachtet wurde ein Entwicklungspfad beschritten, der im Ergebnis die Konstitution einer speziellen *Ausländer*politik bzw. *Ausländer*arbeit begünstigte. Dieser Entwicklungspfad ist im Wesentlichen der Deutung geschuldet, dass Defizite auf Seiten der Migrationsbevölkerung zu bearbeiten sind und nicht die Bedingungen auf Seiten der Aufnahmegesellschaft.

Zumindest in den Zentren der Migration ist eine *Handlungsbereitschaft der Kommunen* unverkennbar. Einige Großstädte entwickeln differenzierte kommunale Handlungskonzepte bzw. -programme (vgl. Filsinger 1998). In den achtziger Jahren ziehen eine Reihe weiterer Kommunen nach. Aber nur in wenigen Fällen erfahren die kommunalen Handlungsprogramme eine Fortschreibung, was die These der *Diskontinuität* kommunaler Ausländer- bzw. Integrationspolitik begründet. So beginnt etwa die Stadt Essen, die 1984 ein „Handlungsprogramm zur Integration der ausländischen Arbeitnehmer und ihrer Familienangehörigen aus den Anwerbeländern" vorgelegt hatte, erst wieder Mitte der 1990er Jahre mit Arbeiten zu einem kommunalen „Konzept interkultureller Arbeit" (vgl. Krummacher 1999; Krummacher/Kulbach 2009).

Die Handlungsbereitschaft der Kommunen war letztlich den im lokalen Raum unübersehbar gewordenen Folgen der Einwanderung geschuldet (wie etwa Segregation). Sie ist aber wesentlich befördert worden durch Initiativgruppen, engagierte ‚Ausländeranwälte' (aus den sozialen Professionen, aus Kirchen u. a.) und Stiftungen. Eine neue Generation von Hochschulabsolventinnen und -absolventen erblickte in der Migrationsarbeit ein attraktives Handlungsfeld, das ihren sozialpolitischen Motiven entgegenkam. Der dominanten Integrationsvorstellung im Sinne einer Anpassung an die vorherrschenden Lebensformen wurde von vielen Professionellen und den von ihnen unterstützten Initiativgruppen ein Konzept entgegengesetzt, das über kompensatorische Unterstützung hinaus auf die Gleichberechtigung der Kulturen mit der Perspektive einer *multikulturellen Gesellschaft* setzte (vgl. Leggewie 2011). Auf diese Weise wurde die Frage nach den Integrationsvorstellungen in die (kommunal-) politische Diskussion eingeführt, was nicht nur Konflikte in der lokalen Migrationsarbeit provozierte, sondern auch zu Polarisierungen in der politischen Arena führte, die den öffentlichen Diskurs auf sehr lange Zeit bestimmen sollten (vgl. Jansen/Baringhorst 1994; Brumlik 1999; Otto/Schrödter 2006).

2.3 Kommunale Ausländerpolitik und Ausländerarbeit unter restriktiven Bedingungen: die 1980er Jahre

Die achtziger Jahre sind durch *widersprüchliche Entwicklungen* gekennzeichnet. Zwar kommt es nicht zuletzt vor dem Hintergrund einer Institutionalisierung von Ausländerpädagogik und Ausländersozialarbeit in den Hochschulen zu einer *Professionalisierung, Institutionalisierung und Ausdifferenzierung der Migrations-/Integrationsarbeit* (vgl. Hamburger 1999). Wie einschlägige Analysen zeigen (vgl. Filsinger/Hamburger/Neubert 1983; Thränhardt 1987; Filsinger 1992), sind kommunale Ausländerpolitiken aber schon recht früh unter (Legitimations-) Druck geraten. Der mit dem ‚Kühn-Memorandum' eingeleitete Politikwechsel wurde nämlich bereits Anfang der 1980er Jahre vor dem Hintergrund steigender Arbeitslosigkeit und einer sich abzeichnenden ‚Krise des Sozialstaats' (vgl. Filsinger 2007) durch einen *erneuten Politikwechsel* (Politik der Re-Immigration; Politik der Abwehr von Einwanderung; Spaltung der zugewanderten Bevölkerung in ‚Integrationswillige' und ‚Integrationsunwillige') konterkariert (vgl. Schneider 2010).

Der zaghaft begonnene Lernprozess in den Kommunen wurde mit dieser Politik systematisch unterlaufen. Gut begründet erscheint ferner die Hypothese, dass diese Politik die in den 1980er Jahren (verstärkt) aufkommende Ausländerfeindlichkeit mit begünstigt hat. Diese wiederum musste sich als restriktive Bedingung für eine offensive, gegenüber der deutschen Bevölkerung legitimierbare (kommunale) Integrationspolitik erweisen (vgl. Filsinger/Hamburger/Neubert 1982). Die Konstitution einer Spezialpolitik (kommunale *Ausländer*politik und *Ausländer*arbeit) mit entsprechenden Institutionalisierungen ohne eine begleitende allgemeine Integrationspolitik dürfte eine weitere Bedingung sein, die Fortschritte erschwerte.

Aber immerhin beginnt in den achtziger Jahren eine theoretische Aufarbeitung und Kritik der Ausländerforschung, Ausländerpolitik und Ausländerarbeit, neuerer Konzepte der interkulturellen Erziehung und der multikulturellen Gesellschaft und schließlich auch der Prämissen, Konzepte und Strategien der Migrations-/Integrationsarbeit (‚Defizit-Hypothese'; ‚interkulturelle Erziehung'), welche in den 1990er Jahren noch einmal an inhaltlicher Breite und Qualität gewinnt (für einen Überblick vgl. Griese 1984; Filsinger 2000b; Hamburger 2012).

2.4 Die 1990er Jahre: Auf dem Weg zur Modernisierung kommunaler Integrationspolitiken

In den neunziger Jahren beginnt eine Phase der Modernisierung, die in der Ausarbeitung bzw. Weiterentwicklung von (Gesamt-)Konzepten mit interkultureller Orientierung, in der Einrichtung bzw. Transformation von Institutionen (z. B. Ämter, Stabsstellen) und zaghaften Ansätzen zur interkulturellen Öffnung der kommunalen Institutionen ihren Ausdruck findet. Die Einrichtung eines ‚Amtes für multikulturelle Angelegenheiten' in Frankfurt am Main Anfang der neunziger Jahre symbolisiert eindrucksvoll den Beginn einer neuen

Phase (vgl. Leggewie 2011: 71–100; Aybek/Straßburger 2009). Diese Neugründung und die Berufung eines Dezernenten für Integrationsfragen weisen zudem Frankfurt am Main als ‚Vorreiter-Stadt' aus. In Nordrhein-Westfalen leiten die Gründung eines ‚Landeszentrums zur Zuwanderung' und von ‚Regionalstellen zur Förderung ausländischer Kinder und Jugendlicher' (RAA), die insbesondere auf die Kooperation zwischen Migrationsarbeit, Jugendhilfe und Schule abzielten, eine neue Entwicklungsphase ein (vgl. Filsinger 1998). Eine solche ist auch in anderen Großstädten erkennbar (vgl. etwa für Berlin: Gesemann 2001; 2000; für Essen: Krummacher 1999; für München: Aybek 2009). Wollte die CDU-Fraktion in der Landeshauptstadt Stuttgart Anfang der 1990er Jahre der Aufforderung des damaligen Oberbürgermeisters Rommel zu einer offensiven Integrationspolitik noch nicht folgen, setzte dessen Nachfolger Ende der 1990er Jahre eine Neuausrichtung der Integrationspolitik durch, die in der Selbstbeschreibung von Stuttgart als ‚interkulturelle Stadt' ihren Ausdruck fand (vgl. Pavkovic 2011; Schuster 2012). Im Übrigen beginnen auch Städte in den neuen Bundesländern mit der Entwicklung von Integrationskonzepten (vgl. Phillips/Rink 2009). Bemerkenswert sind der Bedeutungsgewinn der für Integrationsaufgaben zuständigen kommunalen Institutionen (z. B. Stabsstellen) und die Besetzung entsprechender Positionen durch Personen mit Migrationshintergrund.

Der Anfang der neunziger Jahre ist allerdings zunächst geprägt von (den Folgen) der deutschen Einigung. Migrations- bzw. Integrationsfragen werden kaum thematisiert. Mitte der 1990er Jahre kommt es zu starken Aussiedler- und Asylbewerberzuwanderungen, die die Städte vor gravierende Probleme stellten. Diese Zuwanderungen und deren politische Behandlung (Debatte um Asylrecht) (vgl. Bade 1994a; Schneider 2010), zunehmende (rassistisch motivierte) Gewaltakte gegenüber Zugewanderten in Ost und West (Hoyerswerda, Solingen) und die nach kurzer Entspannung auf dem Arbeitsmarkt wieder deutlich steigende Arbeitslosigkeit (vor allem unter Migranten) erzwingen letztlich eine neue Debatte über den Umgang mit Migration und Integration, die aber auf Bundesebene erst mit dem Regierungswechsel im Jahr 1998 eine ernsthafte Chance erhält.

Das Wissen um die Notwendigkeit verstärkter Integrationsanstrengungen und einer Neuausrichtung der (kommunalen) Integrationspolitik lag im Kern längst bereit; auch an wissenschaftlich fundierten Empfehlungen hat es nicht gefehlt (vgl. Bade 1994b; Bade 1997b; Bade/Hiesserich 1997). Empirische Befunde bestätigten *eine kritische Bilanz bisheriger Integrationsanstrengungen*: erhebliche Sprachprobleme bei Kindern und Jugendlichen mit Migrationshintergrund; trotz Bildungserfolgen eine beträchtliche Bildungsarmut unter jungen Migrantinnen und Migranten (vgl. Jeschek 1998; Allmendinger 1999) und überdurchschnittlich viele Jugendliche, die berufslos bleiben (BMBF 1999); überdurchschnittliche Arbeitslosigkeit und Armut unter den Eingewanderten (vgl. Seifert 1995); wachsende Segregation in bestimmten Quartieren/Stadtteilen und Tradierung von Integrationsdefiziten (vgl. Dangschat 1995; Hilpert 1997; Leggewie 2000) sowie Rückzugstendenzen in zugewanderten und einheimischen Bevölkerungsgruppen. Im Übrigen erwies sich auch die berufliche Integration der jungen Aussiedler, die Anfang der neunziger Jahre gekommen sind, als alles andere als unproblematisch (vgl. Dietz/Holzapfel 1999).

Aus den kommunalen Dokumenten der am weitesten entwickelten Fälle konnten im Rahmen einer Expertise folgende Deutung der Situation rekonstruiert werden (vgl. Filsinger 1998):

Ausgegangen wird (1) von der Faktizität der Einwanderung und einer zumindest partiell ‚Multikulturellen Gesellschaft'. Die Integration von Zugewanderten wird daher (2) als Daueraufgabe begriffen. (3) Die Integration ist noch nicht abgeschlossen. Nicht zuletzt aufgrund erwarteter weiterer (Zu-) Wanderungen und der Probleme von Migrantinnen und Migranten beim Zugang zum Arbeitsmarkt sind weitere Anstrengungen notwendig. (4) Die soziale Integration kommt aber aufgrund von Bemühungen der Zugewanderten und der deutschen Bevölkerung voran. Die Entwicklung des ‚multikulturellen Zusammenlebens' ist insgesamt positiv zu bilanzieren. (5) Aber es gibt noch erhebliche Hindernisse: Sprachdefizite, gesellschaftliche Benachteiligung, Ablehnung bis Diskriminierung im sozialen Umfeld (durch ‚die' deutsche Bevölkerung). (6) Ein zentrales Problem und Konfliktpotential stellen Rückzugs- und Reethnisierungstendenzen – insbesondere unter türkischen Jugendlichen – dar, die auch mit Diskriminierung, Ausländerfeindlichkeit und Rassismus in Verbindung stehen. (7) Befürchtet wird das Entstehen von ‚Parallelgesellschaften am Rande der Mehrheitsgesellschaft', eine Entwicklung, die zum Teil als Folge einer ‚extrem assimilatorischen Integrationspolitik' und im Zusammenhang mit ‚der Verweigerung von Anteil und Rechten' gesehen wird und ‚sozialen Sprengstoff' beinhaltet.

Mit dieser Deutung korrespondiert eine *Differenzierung früherer Integrationsvorstellungen*, die im Kern eine mit der Zeit unvermeidbare – wenn auch Zeit brauchende – Assimilation erwarteten. Integration wird (nun) als Daueraufgabe und als wechselseitiger Prozess verstanden, der Anstrengungen sowohl der einheimischen als auch der zugewanderten Bevölkerung verlangt. Als notwendig erachtet wird eine Politik, die Selbstbestimmung und Partizipation der zugewanderten Bevölkerung und ihrer Kinder ermöglicht, ihren *kulturellen Identitätsanspruch*, vor allem aber ihre *Zugehörigkeit* anerkennt. Die *alteingesessene Bevölkerung gerät als Adressat kommunaler Integrationspolitiken* in den Blick. In den am weitesten entwickelten Fällen wird der Anspruch formuliert, die spezielle Minderheiten-Integrationspolitik in eine allgemeine ‚soziale Kommunalpolitik' einzubinden. Dieser Konzeptwandel korrespondiert wiederum mit der Erkenntnis, dass sich mit längerem Verbleib auch die objektiven und subjektiven Lebensperspektiven der Migrantinnen und Migranten, vor allem auch die Dimensionen der Zugehörigkeit zur deutschen Gesellschaft erweitert haben (vgl. Hamburger 1999; Nauck 2000), aber wohl auch mit der Einsicht, dass sich die zweite und dritte Generation nicht mehr mit den (beruflichen) Positionen zufriedengeben wird, die ihren Eltern zugewiesen worden sind.

In den Programmen, Projekten und Maßnahmen zeigen sich Kontinuität und Wandel (vgl. Filsinger 1998; 2002), vor allem aber eine erhebliche *Ausdifferenzierung* von Handlungsansätzen und Praxisformen. Defizitkompensation und spezielle Förderung in Sondermaßnahmen (‚Integrationshilfen') spielen nach wie vor eine wichtige Rolle. Interkulturelle Ansätze und Angebote kommen jedoch hinzu (zunächst im Kindergarten, später in der Offenen Jugendarbeit), die aber nicht frei sind von einer ‚*Kulturalisierung*' der Integrationsarbeit (vgl. Hamburger 2000; 2012). Es lassen sich freilich auch Handlungsansätze finden, die Gemeinsamkeiten in der sozialen Lage, in (Teil-)Lebenswelten (z. B. Schule, Stadtteil) und in den Bedürfnissen von jungen Migrantinnen und Migranten in den Vordergrund rücken. Eingliederungs- und Übergangshilfen sollen stärker mit den Institutionen im Feld (z. B. Arbeitsamt, Kammern, Jugendhilfe) und anderen sozialpädagogischen Angeboten (z. B. Beratung, offene Treffs) vernetzt werden. Der Elternarbeit bzw. der *intergenerationellen Arbeit* und Familienunterstützung wird, anders als in früheren Phasen, ein höherer Stellenwert eingeräumt. Die *Integrationsfunktion der Schule* soll durch die Ausweitung des Angebots (z. B. ‚verlässliche Halbtagsschule', Ganztagsschule) und insbesondere durch eine bessere Verknüpfung von Schule und Jugendhilfe/Jugendarbeit (z. B. Schulsozialarbeit, Schülerclubs) gestärkt werden. *Gemeinwesenorientierte Einrichtungen/Projekte* – vorwiegend in Stadtteilen mit hohem Migrantenanteil – sind zumindest ansatzweise eingeführt. Umfassendere *lebenslage- und quartiersbezogene Ansätze*, die sozialpädagogische Programme mit Stadtteilerneuerungs-/Entwicklungsprogrammen verknüpfen (insbesondere in Nordrhein-Westfalen), erfahren mit dem Bundesprogramm ‚Soziale Stadt' (vgl. Walther/Güntner 2007) verbesserte Realisierungschancen. *Migrantenorganisationen* werden, wenn diese als ‚offen' wahrgenommen werden, von der kommunalen Politik mittlerweile geschätzt und gefördert. Nicht zu vernachlässigen sind Projekte der politischen Bildung, der Gewaltprävention, Initiativen zur Vermeidung bzw. zum Abbau von Diskriminierung (‚Antidiskriminierungsstellen') und nicht zuletzt solche der ‚Konfliktvermittlung' (Mediation).

Die Einbeziehung von Migrantinnen und Migranten in die *(Regel-) Institutionen (‚interkulturelle Orientierung und Öffnung')* ist programmatisch als Entwicklungsaufgabe allgemein anerkannt (vgl. Barwig/Hinz-Rommel 1995; Friedrich-Ebert-Stiftung 2002). Der Programmatik steht jedoch noch eine ausgesprochen bescheidene Praxis gegenüber (vgl. Filsinger 2002). Spezielle ‚Migrationsdienste' werden, insbesondere von den Wohlfahrtsverbänden und Migrantenorganisationen, weiterhin für erforderlich gehalten, aber die Offenheit bei den Wohlfahrtsverbänden für eine interkulturelle Weiterentwicklung ist erkennbar. Die *Partizipationsmöglichkeiten* werden in bescheidenem Maße im Rahmen der (rechtlichen) Möglichkeiten (z. B. beratende Einbeziehung in kommunale Ratsausschüsse) ausgeweitet. Besondere Aufmerksamkeit verdient die kommunale *Institutionenentwicklung*. Es entstehen sukzessive spezielle Einrichtungen (Ämter, Abteilungen, Stabsstellen, u. a.), die die kommunale Integrationspolitik und Integrationsarbeit konzeptionell und strategisch entwickeln, inhaltlich koordinieren und Vermittlungsaufgaben (zwischen alteingesessener und zugewanderter Bevölkerung, zwischen Akteuren der Integrationsarbeit und Regelinstitutionen) wahrnehmen (sollen).

Die sich herausbildenden kommunalen Integrationspolitiken weisen zwar die genannten konzeptionellen Gemeinsamkeiten auf, unterscheiden sich jedoch insbesondere in ihren Entwicklungsverläufen und Schwerpunkten. Die lokale Migrations- und Integrationsgeschichte, der Migrantenanteil, die sozioökonomischen und sozialstrukturellen Bedingungen in den Städten/Regionen, die Sozialraumstrukturen (Grad der Segregation) und nicht zuletzt die lokalen Akteurkonstellationen sind Dimensionen, die Unterschiede aufklären können.

So hat die Stadt Frankfurt am Main zusätzlich zu ihrem Integrationsdezernat und dem entsprechenden „Amt für multikulturelle Angelegenheiten", auch eine ‚Interaktionspolitik' eingeleitet, die sowohl die Migrationsbevölkerung mit ihren verschiedenen Communties als auch die alteingesessene Bevölkerung einbezieht (vgl. Schmitz 1997; Aybek/ Straßburger 2009; Leggewie 2011). Großstädte in Nordrhein-Westfalen mit hohem Anteil von Migrantinnen und Migranten in bestimmten Stadtteilen/Quartieren entwickelten schwerpunktmäßig sozialräumliche, auf Partizipation ausgerichtete Strategien (Stadtteilerneuerungsprojekte mit Sozialprogrammen) (vgl. Krummacher 1999; Krummacher/ Kaulbach 2009; Schweitzer 2001). Die Landeshauptstadt München wiederum hat schon recht früh die interkulturelle Öffnung der Verwaltung und ihrer sozialen Dienste im Rahmen der ‚Neuen Steuerung' zum Programm erklärt und praktisch in Angriff genommen (vgl. Handschuck/Schröer 1997; Aybek 2009). Die Implementation einer Querschnittspolitik ist ein markantes Kennzeichen für die Landeshauptstadt Stuttgart (vgl. Schuster 2012) und die Stadt Nürnberg (vgl. Stadt Nürnberg 2004), die auch der interkulturellen Öffnung eine besondere Bedeutung beimisst (vgl. Stadt Nürnberg 2004; 2015). Ließen sich Ende der 1990er Jahre noch unterschiedlichen Strategie*typen* (vereinfacht: Sozialraumentwicklung; Transformation der kommunalen Institutionen/interkulturelle Öffnung) rekonstruieren (vgl. Filsinger 1998), so ist mittlerweile eine Diversifikation (mit einem Bedeutungsgewinn von Bildung/ Qualifizierung) und eine Konvergenz in den kommunalen Konzepten und Strategien zu beobachten (für einen Überblick vgl. Filsinger 2002; Pröhl/Hartmann 2002). Gleichwohl sind *unterschiedliche Entwicklungspfade* festzuhalten (für mittelgroße Städte vgl. Lehmann i. d. Band; für Klein- und Mittelstädte vgl. Aumüller/Gesemann 2014).

3 Perspektivwechsel auf der Bundesebene: Ein neuer ‚take-off' in kommunalen Integrationspolitiken

Mit dem Regierungswechsel im Jahr 1998 wird ein neues Kapitel im Umgang mit der Migrationstatsache aufgeschlagen, mit dem der Weg zu einer Anerkennung der Faktizität eines Einwanderungslandes und einer ernsthaften Integrationspolitik geebnet wurde. Dieser Perspektivwechsel – den Baringhorst (2013) als „Paradigmenwechsel" rekonstruiert – , der in den 2000er Jahren zu einer beachtlichen politischen Handlungsbereitschaft führt, ist auch im Kontext der Ergebnisse der PISA-Studien und die sich im Anschluss daran entfaltende bildungspolitische Debatte, des Diskurs über die Folgen des demographischen Wandels sowie nicht zuletzt der empirischen Befunde zum Anteil von Menschen mit Migrationshintergrund (insbesondere zum Anteil von Kindern und Jugendlichen) in der Bevölkerung (vgl. Statistisches Bundesamt 2006) zu analysieren.

Zumindest die „Vorreiter"-Städte haben diesen Perspektivwechsel im Kern bereits in den 1990er Jahren vollzogen (vgl. Kap. 2.4), wie eine Dokumentation kommunaler Praxen eindrucksvoll zeigt (vgl. Pröhl/Hartmann 2002; Filsinger 2002; Filsinger 2008: 20–40). Die in experimentellen Politiken gewonnenen Einsichten mündeten – unter Einbezug der

Erfahrungen europäischer Städte – in „10 Handlungsempfehlungen für eine interkulturelle Stadtpolitik" (ebd.: 8),[7] die als Orientierung für kommunale Integrationspolitiken in der Breite anerkannt wurden (vgl. Gesemann/Roth 2009; Gesemann/Roth/Aumüller 2012).

Im Kontext der neu ausgerufenen Integrationspolitik erfahren kommunale Integrationspolitiken einen Schub in der Entwicklung, Profilierung und Implementation integrierter, kommunalpolitisch legitimierter Gesamtkonzepte mit interkultureller Orientierung und in der Umsetzung eines *Integrationsmanagements*, das auf die *Steuerung* von kommunalen Integrationsprozessen zielt (vgl. KGSt 2005; 2006). Der SVR differenziert diesen Befund, in dem er das integrationspolitische Handeln der Kommunen auf einer Skala zwischen „proaktiv" und „reaktiv" verortet und auf einer weiteren „konzeptgeleitete" bzw. „pragmatische" Politiken unterscheidet (SVR 2012: 136ff.). In diesen Prozess einbezogen sind nun auch Städte und Gemeinden, in denen Integrationspolitiken bisher nicht oder nur rudimentär entwickelt waren.

Für diesen Entwicklungsschub sind weitere entgegenkommende Bedingungen zu nennen, die u. a. im verstärkten Engagement von Stiftungen zu erkennen sind.[8] So wurden etwa mit dem breit angelegten Wettbewerb „Erfolgreiche Integration ist kein Zufall" der Bertelsmann-Stiftung und des Bundesministerium des Innern (vgl. Bertelsmann-Stiftung/ Bundesministerium des Innern 2005) zum einen Beispiele einer „Good Practice" öffentlich und medial wirksam herausgestellt und zum anderen bisher noch zögernde Städte herausgefordert und ermutigt.

Zu beachten sind ferner auch Initiativen auf Landesebene, die bei der Implementation kommunaler Integrationspolitiken unterstützend wirken (können) (vgl. Gesemann/ Roth 2015), wobei Nordrhein-Westfalen diesbezüglich zu den am weitesten entwickelten Fälle gehört; zu denken ist dabei insbesondere an das Programm „KOMM-IN" (vgl. Reichwein/ Vogel 2004; MGFFI 2005; Reichwein/Möltgen/Vogel 2007), die Einführung eines Kompetenzzentrums, die flächendeckende Einführung von „Integrationsagenturen", die auch die Wohlfahrtsverbände systematisch einbeziehen (vgl. Filsinger 2011; SVR 2012: 160f.). Zu nennen sind überdies das Berliner Programm zur Förderung von Integrationsprojekten und das Hessische Landesprogramm „Modellregionen Integration" (für einen Überblick vgl. Gesemann 2006; Filsinger 2014b; Landeshauptstadt Stuttgart 2014; Gesemann/Roth 2015).

---

7   (1) Entwicklung eines mehrheitsfähigen interkulturellen Leitbildes, (2) Förderung des Aufbaus kommunaler Netzwerke zur Unterstützung von Integrationsprozessen, (3) Verstärkte Einstellung von Mitarbeitern mit Migrationserfahrungen, (4) Festschreibung interkultureller Managementkompetenz als politisches Ziel, (5) Verstärkte Koordination von Schulalltag und Stadtteilinitiativen im Sinne von Nachbarschaftsschulen, (6) Konzentration auf Sprachvermittlung in der Vorschulerziehung unter verstärkter Einbeziehung der Eltern, (7) Ökonomische Integrationsförderung durch eine Kommunalverwaltung als modellhaftem Arbeitgeber, (8) Eindämmung wirtschaftlicher Diskriminierung, (9) Verstärkung des Gemeinschaftsgefühls durch symbolische Repräsentanz, (10) Förderung der integrationsgerichteten Selbstorganisation von Migrantinnen und Migranten.

8   Zu nennen sind – ohne Anspruch auf Vollständigkeit – die Bertelsmann Stiftung, die Schader-Stiftung, die Freudenberg-Stiftung, die Robert-Bosch-Stiftung und die Mercator-Stiftung.

Wichtige Impulse sind schließlich den Bundesmodellprogrammen (z. B. „Interkulturelles Netzwerk der Jugendsozialarbeit im Sozialraum", „Xenos – Integration und Vielfalt"; „Integration durch Qualifizierung – IQ") (vgl. Filsinger 2014b) zu verdanken. Schlussendlich sind Projekte und Diskurse im Kontext des Programms „Soziale Stadt" hervorzuheben, welches vor dem Hintergrund sich verstärkender regionaler Disparitäten, Segregations- und Spaltungsprozessen zu betrachten ist und als Versuch zu interpretieren ist, dem ‚Wachstumsregime' ein ‚Integrationsregime' beiseite zustellen (Häußermann 2006; Hanesch 2011).

Im Hinblick auf die Konzeptualisierung kommunaler Integrationspolitiken besteht mittlerweile ein weitgehender Konsens. Es dominiert ein pragmatischer Integrationsbegriff (vgl. KGSt 2005; Filsinger 2014a), welcher bereits in fortgeschrittenen Konzepten der späten 1980er Jahre erkennbar ist (vgl. Bendit/Graf 1990). Integration ist eine *Daueraufgabe* und verlangt *gleiche Chancen zur Teilhabe* an den ökonomischen, ökologischen, kulturellen und sozialen Ressourcen der Gesellschaft für alle (Wohn-) Bürgerinnen und Bürger. Integration ist als *wechselseitiger Prozess* zu verstehen, der Anstrengungen sowohl der Zugewanderten als auch der Alteingesessenen (*wechselseitige Akkulturation*) und zwingend eine *interkulturelle Öffnung* der Institutionen der Einwanderungsgesellschaft erfordert, (Reichwein/Rashid 2012; Schröer 2007; Filsinger 2016b: Schröer i. d. Band), die auch Antidiskriminierungsmaßnahmen beinhaltet (Schulte/Treichler 2010). Die Städte folgen offenbar einem „*pluralistischen Integrationskonzept*" (vgl. Hinrichs 2003; Soeffner 2011) – ein empirischer Befund, den Henkes (2009) auch im Rahmen eines europäischen Vergleichs gefunden hat.

> „Ein solches Leitbild zeichnet sich dadurch aus, dass die kulturelle Differenz der zugewanderten Bürger zwar bei der Gestaltung des öffentlichen Raums anerkannt und berücksichtigt wird, gleichzeitig aber versucht wird, diese Anerkennung im Rahmen der auf alle Stadtbürger gerichteten Politik zu erreichen und dadurch ein zwar kulturell heterogenes, aber dennoch *gemeinsames Bürgerverständnis* zu stärken" (ebd.: 13; Hervorhebung D.F.).

Eine solche Politik erweitert offensichtlich nicht nur die Handlungsspielräume kommunaler Politik, sondern auch Zugehörigkeits- und Anerkennungshorizonte. Dies lässt sich insbesondere am Umgang mit Migrantenorganisationen zeigen. Mit deren verstärkter Einbeziehung ist der Versuch gemacht, diese als Akteure im Integrationsprozess anzuerkennen, deren Potentiale (etwa zur Konfliktvermittlung) zu nutzen und Verbundenheit durch Konfliktaustragung zu befördern (vgl. Regiestelle SPI 2005; Filsinger 2008: 25–30; Hirseland 2013; Schultze/Thränhardt 2013).

Mittlerweile liegt überdies ein normativ begründeter und *erfahrungsgesättigter Wissensbestand* über die Voraussetzungen, die Strukturentwicklung und die Prozessgestaltung kommunaler Integrationspolitiken vor, der in der kommunalen Politikentwicklung und -gestaltung erkennbar aufgenommen wird. Dieses Wissen hat durch die Veröffentlichungen der Kommunalen Gemeinschaftsstelle für Verwaltungsmanagement (KGSt) (vgl. KGSt 2005; 2006; 2008; 2011) sowie durch Empfehlungen und Handreichungen der Kommunalen Spitzenverbände, des Städtetags und des Deutschen Landkreistags eine quasi offizielle Legitimation erfahren.

- Integrationspolitik ist als *Querschnittsaufgabe* mit integrierten Gesamtkonzepten zu denken, was ein entschiedenes Engagement der Stadtspitze und ein Integrationsmanagement verlangt (strategische Steuerung durch Stadtpolitik und Administration; „top-down");
- Um die Aufgabe der strategischen Steuerung realisieren zu können bedarf es eines *Integrationsmonitorings* und der *Evaluation* von Politiken, Programmen und Maßnahmen und eines *Controllings*;
- Integrationspolitik und Integrationsarbeit müssen an den Potenzialen, Kompetenzen und Ressourcen der Migrantinnen und Migranten ansetzen (*Potenzial- und Kompetenzansatz*);
- Der Förderung von *Partizipation* und *bürgerschaftlichem Engagement*, kommt eine hohe Bedeutung zu, was die Einbeziehung von Migrantenorganisationen voraussetzt;
- Zur Unterstützung von Integrationsprozessen bedarf es des Aufbaus und der Pflege kommunaler Netzwerke (*zivilgesellschaftliche Verankerung*; „bottom-up");
- Integrationspolitik und Integrationsarbeit sind *sozialräumlich* zu konzeptualisieren, d. h. mit den Aufgaben der Stadtteil- und Quartiersentwicklung zu verknüpfen;
- Die *interkulturelle Öffnung* der Verwaltung und der kommunalen Institutionen muss vorangebracht werden;
- Nicht zuletzt bedarf es Maßnahmen zur *Antidiskriminierung*.
(vgl. Pröhl/Hartmann 2002; Bertelsmann-Stiftung/Bundesministerium des Innern 2005; KGSt 2005; Gesemann/Roth 2009; Heckmann 2007; Filsinger 2008).

In den letzten Jahren ist eine *Konsolidierung und* vor allem *Ausdifferenzierung* der kommunalen Integrationspolitiken zu beobachten, die durch die Integrationspolitik des Bundes, insbesondere im Zusammenhang mit dem Nationalen Aktionsplan Integration (vgl. Bundesregierung 2011) anerkannt und befördert wird. Zunehmend wird Integrationspolitik auch als Diversitätspolitik verstanden (Bertelmann Stiftung 2011; 2014). In diesem Zusammenhang dürfte das Allgemeine Gleichbehandlungsgesetz des Bundes (AGG) und die in zwei Bundesländern erlassenen Teilhabe- Gesetze („Gesetz zur Regelung von Partizipation und Integration in Berlin", 2010; „Gesetz zur Förderung der gesellschaftlichen Teilhabe und Integration in Nordrhein-Westfalen", 2012) als förderliche Bedingungen benannt werden. Letztere formulieren bezüglich ‚Interkultureller Öffnung' als zentrale Zielsetzungen die Erhöhung des Anteils von Migrantinnen und Migranten in der Verwaltung und die Förderung der interkulturellen Kompetenz der Mitarbeiterinnen und Mitarbeiter.

Mit unterschiedlichen Geschwindigkeiten und Akzentsetzungen sind die Kommunen in der Etablierung einer „Willkommenskultur" engagiert (vgl. Roth 2013), die auf dem Konzept der interkulturellen Öffnung der Verwaltungen und der lokalen Institutionen ruht. Hierzu gehören auch interkulturelle und interreligiöse Dialoge. Kommunale Integrationsmonitorings sind in größeren Städten eingeführt, erfahren aber auch in der Breite zunehmende Bedeutung. Erkennbar sind ferner erste Ansätze zu einer Erweiterung um ein Diversitätsmonitoring (vgl. Stadt Frankfurt 2012; Landeshauptstadt München 2013; Stadt Frankfurt 2015). Während das Integrationsmonitoring die soziale Integration in die Gesellschaft beobachtet, geht es im Falle des *Diversitätsmonitorings* um die Beobachtung sowie Evaluation von (kommunaler) Politik und Verwaltung; dies erfolgt unter der Fragestellung, inwieweit die Eingewanderten im Personal angemessen repräsentiert sind und inwieweit die kommunalen Institutionen sowie die soziale Infrastruktur den Bedürfnissen aller Bevölkerungsgruppen entgegenkommen. In den letzten Jahren sind durch entsprechende Modellprogramme auch Integrationspolitiken in *kleineren Städten und im ländlichen Raum* stärker in den Blick genommen und gefördert worden (vgl. Schader-Stiftung; Aumüller/Gesemann 2014a; 2014b).

Insgesamt zeigt sich ein vielfältiges Engagement, das durch ‚Good' und ‚Best-Practice'-Beispiele gut dokumentiert ist und auf Weiterentwicklungen verweist (vgl. Bertelsmann Stiftung 2011: 17–62; SVR 2012: 117–163[9]; Bertelsmann Stiftung 2014: 39–80[10]; Landeshauptstadt Stuttgart 2014). Bemerkenswert ist schließlich die Institutionalisierung des „Kommunalen Qualitätszirkels zur Integrationspolitik" (vgl. Landeshauptstadt Stuttgart 2014) in der Nachfolge eines Innovationszirkels der KGSt. Diesem kommt eine Innovationsfunktion, vor allem aber eine Vermittlungsfunktion zwischen den föderalen Ebenen zu, deren Reichweite allerdings noch zu evaluieren ist (vgl. Pavkovic/Özbabacan i. d. Band).

4 Bilanz

In der Retrospektive haben die Kommunen unter der restriktiven Bedingung einer widersprüchlichen (gesamt-)staatlichen Migrationspolitik und einer lange Zeit verweigerten Selbstanerkennung der Bundesrepublik als Einwanderungsgesellschaft Integrationspolitik betrieben und Integrationsarbeit geleistet, die schrittweise der Diversifikation der Migrationsbevölkerung, der Vielfalt von Migrationsbiographien und Integrationsverläufen und den faktisch stattgefunden Integrationsprozessen Rechnung getragen haben. Die Differenzierung von Deutungsmustern und Integrationsvorstellungen und die Weiterentwicklung von Handlungskonzepten erfolgten nur langsam, mit Brüchen und Umwegen, mit Blick auf den gesamten Zeitraum der Analyse aber mit einer beachtlichen Kontinuität. Der

---

9 Im Jahresgutachten 2012 des Sachverständigenrats deutscher Stiftungen für Integration und Migration (SVR) zur Integration im föderalen System sind 12 ‚Gemeindetypen' gebildet worden. Zu diesen wird beispielhaft eine Gemeinde vorgestellt. Ziel dieser ‚Vignetten' ist es zu zeigen, „wie die einzelnen Gemeinden vor dem Hintergrund ihrer jeweils gegebenen Rahmenbedingungen auf integrationspolitische Herausforderungen reagiert haben" (ebd: 137). Präsentiert werden Eckdaten zur integrationspolitischen Ausrichtung und Struktur und jeweils ein spezifisches Thema. Geachtet wurde einerseits auf Maßnahmen proaktiver und konzeptorientierter Politik, zum anderen sollte ein möglichst vielfältiger Querschnitt gezeigt werden (ebd.).

10 Auch in dieser Dokumentation werden ausgewählte Praxisbeispiele kommunaler Integrations- und Diversitätspolitik aus Städten, Kreisen und Gemeinden vorgestellt.

überwiegend pragmatische und gegenüber der staatlichen Politik relativ eigenständige Umgang mit den Folgen und Herausforderungen der Zuwanderung hat es den Kommunen ermöglicht, eine *Moderatorenrolle* wahrzunehmen (vgl. Bommes 2006; Bommes i. d. Band), und vermutlich dazu beigetragen, dass größere Konflikte – etwa im Vergleich zu Frankreich oder den Niederlanden – ausgeblieben sind, zumindest aber in Grenzen gehalten werden konnten, wobei an die handlungspraktischen Integrationsleistungen der Zugewanderten (Nauck 2000; Rat für Migration 2014) zu erinnern ist.

Vergleicht man die erste Bestandsaufnahme kommunaler Integrationspolitiken (vgl. Filsinger 1998) mit dem gegenwärtigen Entwicklungsstand (vgl. Gesemann/ Roth/Aumüller 2012), dann sind erhebliche Fortschritte unverkennbar, wobei beträchtliche regionale und lokale Unterschiede in Rechnung zu stellen sind (vgl. auch SVR 2012). In der Bilanz haben sich im letzten Jahrzehnt in einer beachtlichen Breite interkulturell ausgerichtete bzw. inspirierte kommunale Integrations- bzw. Stadtpolitiken herausgebildet, deren praktische Ausgestaltung und Ergebnisse freilich noch genauer zu evaluieren sind. Gleichzeitig ist das Wissen der lokalen Ebene in der *Modernisierung* der Integrationspolitik auf Bundesebene aufgenommen worden, was nicht zuletzt die Chancen für eine kooperative Politik zwischen Bund, Ländern und Kommunen verbessern dürfte (vgl. Beauftragte der Bundesregierung für Migration, Flüchtlinge und Integration 2006; Beauftragte 2011), wobei diesbezüglich nach wie vor Handlungsbedarf besteht (vgl. SVR 2012: 111–115).

Vor dem Hintergrund der Notwendigkeit einer ‚nachholenden Integrationsförderung' (vgl. Bade 2007a) sind kompensatorische Angebote und Projekte zum Teil noch bestimmend (z. B. hohe Priorität von Sprachförderung). Kommunen lösen sich jedoch zunehmend vom Defizitansatz und erkennen die Chancen und Potentiale der Migration und Integration. Die mittlerweile erkennbare erweiterte Perspektive zeigt sich auch in Form einer deutlichen Ausdifferenzierung und verstärkten kommunalen Einmischung in Politikfelder, die bisher nicht oder nur eingeschränkt als integrationsrelevant betrachtet wurden (z. B. kommunale Kulturpolitik) oder die kommunal nur eingeschränkt beeinflusst werden können (Bildungspolitik, Beschäftigungspolitik). Ferner zeigt sich die Ausdifferenzierung in Versuchen, integrierte, stadtteilbezogene Strategien zu entwickeln, in verstärkten Ansätzen zur Erweiterung der politischen Partizipationsmöglichkeiten von Migrantinnen und Migranten und schließlich auch darin, dass das Projekt der interkulturellen Öffnung der Verwaltung und der lokalen Institutionen – wenn auch zuweilen noch immer relativ zaghaft – in Angriff genommen wird.

Die Tatsache, dass Stadtoberhäupter zwischenzeitlich Integration zur ‚Chefsache' erklären und dies öffentlich kommunizieren (*symbolische Anerkennungspolitik*), dass kommunale Parlamente parteiübergreifend (interkulturelle) Leitbilder und Integrationsleitlinien beschließen (*Legitimation*), dass institutionelle Vorkehrungen zur dauerhaften und systematischen Bearbeitung von Integrationsfragen als Querschnittsaufgabe getroffen werden (*Institutionalisierung*) und die Kooperation mit Migranten-Communities und anderen zivilgesellschaftlichen Akteuren selbstverständlicher wird (*Interaktionspolitik und zivilgesellschaftliche Verankerung*), eröffnet ebenso Perspektiven wie die ausdrückliche Anerkennung und Wertschätzung kultureller Vielfalt.

In einer querschnittlichen Perspektive, die die kommunale Landschaft insgesamt in den Blick nimmt, fällt die Bilanz der empirischen Studie zum "Stand der kommunalen Integrationspolitik in Deutschland" (vgl. Gesemann/Roth/Aumüller 2012) allerdings etwas nüchterner aus.[11]

Die Studie beobachtet eine generelle Aufwertung des Politikfeldes Integration.[12] Als prägnantes Ergebnis lässt sich festhalten, dass immerhin 71 % der Kommunen der Integrationspolitik eine (sehr) hohe Bedeutung beimessen, wobei Gemeindegröße, aber auch sozioökonomische Faktoren zu beachten sind. Generell gilt „je größer die Kommune und je höher der Migrantenanteil, desto höher ist in der Regel auch ihr integrationspolitisches Engagement" (ebd.: 120). Als Ressort übergreifende *Querschnittsaufgabe* haben allerdings nur etwa die Hälfte (56,7 %) der Kommunen die Integrationspolitik verankert (86 % in Großstädten und nur 27,9 % in Kleinstädten). Besondere Anstrengungen gelten der Verknüpfung von Stadtteil- und Integrationspolitik und der *lokalen Kooperation durch Netzwerkbildung* (in mehr als 2/3 der Kommunen). Der *interkulturellen Öffnung der Verwaltung* messen drei Viertel der Kommunen mindestens eine mittlere Bedeutung bei, jedoch fehlt es häufig an einem Gesamtkonzept. *Partizipation und bürgerschaftliches Engagement* stellen stark beachtete Handlungsfelder dar. Gleiches gilt für das *Engagement für Vielfalt und Toleranz*, das durch Programme des Bundes erheblich gefördert wird. Allerdings verfügen nur 19 % der Kommunen über eine kommunale Antidiskrimminierungsstelle. Den Handlungsfeldern ‚Sprache und Bildung', ‚Berufliche Integration', ‚sozialräumliche Integration' und ‚Förderung lokaler ethnischer Ökonomie' wird insgesamt eine hohe Bedeutung zugemessen. ‚*Berichterstattung und insbesondere Evaluation*' stellen noch ein deutliches Entwicklungsfeld dar.

Nicht unerwartet bewerten die befragten Kommunen ihre Ressourcenausstattung als nicht ausreichend. Bundesprogramme werden zwar insbesondere von Städten als hilfreich eingeschätzt. Gleichwohl bestehen deutliche Erwartungen an die Länder und an den Bund: stärkere Finanzierung kommunaler Aktivitäten, Umstellung der Projekt- auf nachhaltige Strukturförderung, eine stärkere Verknüpfung von überregionalen Programmen und nicht zuletzt rechtliche Verbesserungen (z. B. politische Partizipation, Anerkennung von Schulabschlüssen).

Aus der Perspektive der Autoren der Studie sind bleibende Herausforderungen und Entwicklungsaufgaben in der Förderung von systematischer Evaluation, in der Förderung von kleinen Städten und Gemeinden, der Entwicklung lokaler Willkommens- und

---

11 Im Rahmen der repräsentativ angelegten Studie wurden 228 Kommunen unterschiedlicher Gemeindeklassen schriftlich befragt (Rücklauf: 63 %). Ergänzt wurde diese Befragung durch 40 mündliche Befragungen und exemplarische Gespräche und Gesprächsrunden.

12 In diesem Zusammenhang ist allerdings ein Befund des Integrationsbarometers 2012 des Sachverständigenrats deutscher Stiftung für Integration und Migration von Interesse: Die Befragten mit und ohne Migrationshintergrund schätzen die kommunalen Partizipationsmöglichkeiten insgesamt mehrheitlich als zufriedenstellend ein. Aber „im Feld der Integrationspolitik werden die kommunalpolitischen Akteure im Gegensatz zu Bundes- und Landespolitikern nicht unbedingt als besonders integrationspolitisch engagiert gesehen" (SVR 2012: 52).

Anerkennungskulturen, der interkulturellen Öffnung (der Verwaltung), der Entwicklung kommunaler/regionaler Bildungslandschaften, der Stärkung politischer Inklusion, der Nutzung der ökonomischen Potenziale der Migrationsbevölkerung, sowie in der Gestaltung von Diversität zu erkennen. Der Sachverständigenrat deutscher Stiftungen für Integration und Migration sieht weitere Handlungserfordernisse und Handlungsspielräume in den Feldern ‚Frühkindliche Bildung und Schule', ‚Übergänge in Erwerbsarbeit und ‚Wohnen und öffentlicher Raum' (SVR 2012: 55–110), mahnt aber auch kritische Stellen im föderalen Mehrebenensystem (ebd.: 55–67) an und fordert eine Verbesserung der „institutionalisierten Vernetzung" (ebd: 115f.). Gleichwohl sind in Kommunen bereits Ansätze zu einer ‚Local Governance' zu erkennen (vgl. Heinelt 2004), die ihren Ausdruck etwa in neuen Formen der Kooperation zwischen staatlichen und nicht-staatlichen Akteuren, der horizontalen Koordination und Integration, sowie in einem geschickten Ressourcenmanagement durch vertikale Vernetzung findet. Eine solche Politik stellt allerdings erhebliche Anforderungen an die Kompetenz der Akteure in der Administration, die vielerorts noch nicht ausreichend vorhanden ist.

Die in der einschlägigen Literatur schon früh angemahnte Einbeziehung der speziellen Integrationspolitik in die allgemeine Bildungs- und Sozialpolitik (vgl. Filsinger 1998; Schulte 1998; 2011) ist zwar in Ansätzen erkennbar, aber gleichwohl eine Entwicklungsaufgabe, wenn man etwa die Ergebnisse der Bildungsberichterstattung zur Kenntnis nimmt (vgl. Autorengruppe Bildungsberichterstattung 2014). „Es besteht die Notwendigkeit, konzeptorientierte Differenzierungen zwischen Integrationspolitik einerseits und allgemeiner Sozialpolitik andererseits zu erkennen und einzuordnen, aber auch zu sehen, unter welchen Bedingungen diese Differenzierungen überholt sind und weniger integrationsspezifische als vielmehr milieuspezifische Förderbedarfe im Vordergrund stehen" (Langenfeld 2012: 42).

Die Modernisierung kommunaler Integrationspolitiken zielt nicht zuletzt auf eine Erhöhung der Steuerungsfähigkeit ab (vgl. Baringhorst/Hunger/ Schönwälder 2006; KGSt 2006; kritisch dazu vgl. Filsinger 2008: 68ff.; Uslucan /Halm 2011; Schweitzer 2012). Diese soll durch ein kontinuierliches Integrationsmonitoring sowie die Evaluation von Integrationspolitiken, Programmen und Maßnahmen verbessert werden (KGSt 2006; Filsinger 2014b). Integrationsmonitorings haben zwar zwischenzeitlich einen Bedeutungsgewinn er fahren (vgl. Filsinger i. d. Band), aber die Evaluation kommunaler Integrationspolitiken stellt – wie auch die Evaluation jener auf Bundes- und Landesebene – (vgl. Gesemann/ Roth/Aumüller 2012; Filsinger 2014b) noch eine Entwicklungsaufgabe dar, wenngleich einige Kommunen diesbezüglich fortgeschritten sind.

5 Schluss

Im vergangenen Jahrzehnt ist eine neue Phase im Umgang mit Migration und Integration eingeleitet worden, die als *Modernisierung mit einem Perspektiv- bzw. Paradigmenwechsel* (vgl. Baringhorst 2013) analysiert werden kann.

Unverkennbar ist, dass das Thema Integration im öffentlichen und politischen Diskurs ausgesprochen präsent ist, wenn auch regelmäßig mit medial inszenierten Krisendiagnosen versehen („gescheiterte Integration", „Parallelgesellschaften"). Gleichberechtigte Teilhabe als Integrationsmodus, Anerkennung von Vielfalt, Einbeziehung von Migrantenorganisationen, interkulturelle Öffnung und interreligiöser Dialog, um nur die wichtigsten Dimensionen des Konzeptwandels zu nennen, sind nun fester Bestandteil des semantischen Feldes. Der Koalitionsvertrag der großen Koalition (2013–2017) adressiert in seinem integrationspolitischen Teil zwar vornehmlich Migrantinnen und Migranten, wenngleich auch eine gesamtgesellschaftliche Verantwortung und eine interkulturelle Öffnung angemahnt werden. Insbesondere letztere Empfehlung sollte als Aufforderung zur Selbstanwendung verstanden werden.

Die empirischen Analysen der Integrationsberichterstattung zeigen Integrationsfortschritte, aber auch eine bleibende Ungleichheit der Lebenschancen zwischen alteingesessener und zugewanderter Bevölkerung und ihrer Nachkommen (vgl. Beauftragte 2013; vgl. ausführlich Brinkmann/ Uslucan 2013; Brinkmann 2016). Handlungsbedarfe im Sinne einer nachholenden, begleitenden und vorausschauenden Integrationsförderung sind demnach unverkennbar (vgl. Bade/Hiesserich 2007).

Migrantenorganisationen, Teile der Migrations- und Integrationsforschung und der sozialprofessionellen Praxis beobachten diese neue integrationspolitische Routine kritisch und argumentieren für alternative Konzepte, die der Realität der Migrationsgesellschaft und ihren transnationalen Verflechtungen in angemessener Weise Rechnung tragen sollen: Diversity (vgl. Migration und Soziale Arbeit 2013) und Interkultur (vgl. Terkessidis 2010) sind Konzepte, die dabei in Anschlag gebracht und eine veränderte Beobachtungsweise vorschlagen, die die bisherige Differenzbildungen und ‚Wir-Konstruktionen' kritisch reflektiert und Migration im Kontext von Heterogenität, sozialen Ungleichheiten und Transnationalisierungsprozessen thematisiert (vgl. Treichler 2007; Ezli u. a. 2013; Filsinger 2014a; Rat für Migration 2014). Anzuführen sind überdies die deutlich angestiegenen islamfeindlichen und rassistischen Debatten und Vorfälle, die offen lassen, „wie sich die Situation von Migranten in Deutschland in Zukunft entwickeln wird" (Weiß 2013: 589). Interessanterweise wird ein (erneuter) „Perspektivenwechsel" angemahnt (vgl. Friedrich-Ebert-Stiftung 2013; Kösemen 2014; Rat für Migration 2014), der auch die Forderung nach einem neuen Zuwanderungsgesetzt beinhaltet. Zuletzt hat die 11. Konferenz der Innenminister der Länder in 2016 vor dem Hintergrund der neuen Zuwanderung die Einrichtung einer Unabhängigen Sachverständigenkommission zur Modernisierung der Migrations- und Integrationspolitik' vorgeschlagen.

Die neuerliche Zuwanderung aus der EU und die wieder steigende Flüchtlingszuwanderung erinnert daran, dass Migration als ein nicht abschließbarer Prozess zu begreifen ist. Neben den populistischen Thematisierungsweisen sind die nüchternen Betrachtungen von besonders betroffenen Städten herauszustellen, die zwar die erheblichen Herausforderungen und auch problematischen Folgen der (Flüchtlings-)Zuwanderung erkennen, diese aber für bearbeitbar halten. Nicht zuletzt die politische Entwicklung bei europäischen Nachbarn und hierzulande verweisen darauf, dass Migrations- und Integrationspolitik ein spannungsreiches und krisenanfälliges Unternehmen bleibt (vgl. Entzinger 2013; Rauer 2013).

Ungleiche Teilhabechancen, Benachteiligung, Ausgrenzung und Diskriminierung von Bevölkerungsgruppen gleich welcher Herkunft sind bleibende Herausforderungen. Insbesondere verfestigte Bildungsungleichheiten, verschärfte Armutsrisiken und sozialräumliche Polarisierungsprozesse bedürfen einer inklusiven (Aus-)Bildungs-, Beschäftigungs- und Sozialpolitik (einschließlich Wohnraumversorgung), ohne die kommunale Integrationspolitiken nur bescheidene Ergebnisse zeigen können.

Vor dem Hintergrund von Ängsten, fremdenfeindlichen und rassistischen Tendenzen, die ebenso beobachtbar sind, wie eine zivilgesellschaftliche verankerte ,Willkommenskultur' erscheint eine sorgfältige und reflexive Kommunikationspolitik ebenso erforderlich, wie die entschiedene/re interkulturelle Öffnung der Kerninstitutionen der Einwanderungsgesellschaft, die mit Maßnahmen gegen Diskriminierung zu verknüpfen ist (Scherr 2014).

Versteht man gesellschaftliche Teilhabe nicht nur als „Resultat eines Prozesses, sondern selbst als (konfliktreicher; D.F.) Prozess" (Leggewie/Zifonun 2011: 14), geraten Migrantinnen und Migranten als soziale Akteure in den Blick, deren Interessen, Fähigkeiten und soziale Praxen wichtiger sind, als ihre Herkunft. Freilich sind gleichzeitig die institutionellen Bedingungen im Auge zu behalten, die die Möglichkeit zur Teilnahme an der Aushandlung des gerechten Ausgleichs konfligierender Interessen erlauben. Die universalistischen Prinzipien Freiheit, Gleichheit und Solidarität sind die angemessenen Grundlagen für den Umgang mit Differenz in der Migrationsgesellschaft und eignen sich bestens als normativer Rahmen für ein pluralistisches Integrationskonzept (vgl. Hamburger 2012).

Gleich wie man den Entwicklungsstand und die Perspektiven der Migrations- und Integrationspolitik auf den verschiedenen Ebenen im Einzelnen bewerten mag, eine Bewährungskrise ist bereits deutlich erkennbar. Die Kommunen sind bei angemessener Unterstützung durch Bund und Länder dafür recht gut gerüstet. Die mittlerweile eingetretene Routine und Professionalität in der Bearbeitung von Migrationsfolgen auf der kommunalen Ebene dürfte sich dabei hilfreich erweisen.

Gleichwohl ist bezüglich kommunaler Integrationspolitiken ein weiterer *Forschungsbedarf* zu erkennen (vgl. Gesemann 2010: 26ff; Filsinger 2015). Dieser betrifft die kommunalen Politikprozesse, die konkrete Ausgestaltung der Politiken, Institutionalisierungen und Programmen sowie die Wirkungen dieser Politiken – also Politikfeldanalysen im umfassenden Sinne (vgl. Gesemann 2010; Gesemann/Roth 2010; Filsinger 2015). Eine solche Forschung erscheint geeignet Entwicklungsprozesse vertiefend zu erfassen und Handlungs- sowie Steuerungspotenziale genauer bestimmen zu können. Dieses empirische Wissen dürfte ohne Zweifel der kommunalen Integrationspraxis zu Gute komme.

Literatur

Allmendinger, Jutta 1999: Bildungsarmut. Zur Verschränkung von Bildungs- und Sozialpolitik. In: Soziale Welt 50. 1. 35–50.

Aumüller, Jutta/ Gesemann, Frank 2014: Integrationspotenzialer ländlicher Regionen im Strukturwandel. Abschlussbericht Forschungs-Praxis-Projekt. Darmstadt: Schader-Stiftung

Autorengruppe Bildungsberichterstattung (Hrsg.) 2014: Der 5. Bildungsbericht. Bielefeld: W. Bertelsmann Verlag.

Aybek, Can 2009: München: Integrationspolitik nach dem Neuen Steuerungsmodell. In: Gesemann, Frank/ Roth, Roland (Hrsg.). Lokale Integrationspolitik in der Einwanderungsgesellschaft. Wiesbaden: VS Verlag für Sozialwissenschaften. 335–350.

Aybek, Can/ Straßburger, Gaby 2009: ‚Politik des friedlichen Zusammenlebens' – ein Integrationsansatz Modellcharakter in Frankfurt/Main. In: Gesemann, Frank/ Roth, Roland (Hrsg.). Lokale Integrationspolitik in der Einwanderungsgesellschaft. Wiesbaden: VS Verlag für Sozialwissenschaften. 351–366.

Bade, Klaus J. (2007a): Integration: Versäumte Chancen und nachholende Politik. In: Aus Politik und Zeitgeschichte. 22–23. 32–38.

Bade, Klaus J. (2007b): Leviten lesen. Migration und Integration in Deutschland. Osnabrück: Universitätsverlag Osnabrück bei V&R unipress.

Bade, Klaus J. (1994a): Ausländer, Aussiedler, Asyl. Eine Bestandsaufnahme. München: C.H. Beck

Bade, Klaus J. (Hrsg.) (1994b): Das Manifest der 60. Deutschland und die Einwanderung. München: C.H. Beck.

Bade, Klaus J./ Bommes, Michael 2004: Einleitung, in: Bade, Klaus Jürgen/ Bommes, Michael (Hrsg.): Migration – Integration – Bildung. Grundfragen und Problembereiche, IMIS-Beiträge Band 23. 7–20.

Bade, Klaus J./ Hiesserich, Hans-Georg (Hrsg.) 2007: Nachholende Integrationspolitik und Gestaltungsperspektiven der Integrationspraxis, Göttingen: V&R unipress.

BAMF – Bundesamt für Migration und Flüchtlinge (Hrsg.) 2014: Migrations- und Integrationsforschung. Jahresbericht 2013 des Forschungszentrums Migration, Integration und Asyl im Bundesamt für Migration und Flüchtlinge. Nürnberg.

BAMF – Bundesamt für Migration und Flüchtlinge 2010: Bundesweites Integrationsprogramm. Angebote der Integrationsförderung – Empfehlungen ihrer Weiterentwicklung, Nürnberg.

Baringhorst, Sigrid 2013: Paradigmenwechsel in der deutschen Migrations- und Integrationspolitik. In: Bundesamt für Migration und Flüchtlinge; Schimany, Peter/Loeffelholz, Hans Dietrich (Hrsg.): Beiträge zur Migrationsforschung. Nürnberg: Bundesamt für Migration und Flüchtlinge. 44–63.

Baringhorst, Sigrid / Hunger, Uwe / Schönwälder, Karen (Hrsg.) 2006: Politische Steuerung von Integrationsprozessen. Intentionen und Wirkungen. Wiesbaden: VS Verlag für Sozialwissenschaften.

Barwig, Klaus / Hinz-Rommel, Wolfgang (Hrsg.) 1995: Interkulturelle Öffnung sozialer Dienste. Freiburg im Breisgau: Lambertus.

Bauer, Rudolph 1998: Sozialarbeit und Migration. In: IZA – Zeitschrift für Migration und Soziale Arbeit. 1. 16–23.

BBSR – Bundesinstitut für Bau- Stadt und Raumforschung 2005: Die soziale Stadt – Ein Programm wird evaluiert, in: Informationen zur Raumentwicklung. Heft 2/3. Bonn: BBSR.

BBSR – Bundesinstitut für Bau-, Stadt- und Raumforschung 2008: Migration/Integration und Stadtteilpolitik. Eine ExWoSt-Studie. ExWoSt-informationen 34. 1–2. Bonn: BBSR.

Beauftragte der Bundesregierung für Migration, Flüchtlinge und Integration (Hrsg.) 2006: Fordern, Fördern, Chancen eröffnen. Jahresbilanz der Beauftragten der Bundesregierung für Migration, Flüchtlinge und Integration. Berlin.

Beauftragte der Bundesregierung für Migration, Flüchtlinge und Integration 2009: Integration in Deutschland. Erster Integrationsindikatorenbericht. Institut für Sozialforschung und Gesellschaftspolitik und Wissenschaftszentrum Berlin für Sozialforschung, Berlin.

Beauftragte der Bundesregierung für Migration, Fluchtlinge und Integration (Hrsg.) 2011: Zweiter Integrationsindikatorenbericht. Erstellt von Dietrich Engels/Regine Koller, ISG Institut für Sozialforschung und Gesellschaftspolitik; Ruud Koopmans/Jutta Hohne, WZB Wissenschaftszentrum Berlin für Sozialforschung. Köln/Berlin.

Beauftragte der Bundesregierung für Migration, Fluchtlinge und Integration (Hrsg.). 2013: Faktenbericht 2013. Integration in Bildung und Arbeitsmarkt. Erstellt von Dietrich Engels/Regine Koller, ISG Institut fur Sozialforschung und Gesellschaftspolitik. Berlin.

Bendit, René / Graf, Pedro 1990: Ausländische Kinder und Jugendliche in der Jugendhilfe: zwischen Integration und Marginalisierung. In: Sachverständigenkommission Achter Jugendbericht (Hrsg.): Lebensverhältnisse Jugendlicher. Zur Pluralisierung und Individualisierung der Jugendphase. München: Deutsches Jugendinstitut. 357–496.

Bertelsmann Stiftung (Hrsg.) 2011: Diversität gestalten. Erfolgreiche Integration in Kommunen. Handlungsempfehlungen und Praxisbeispiele. Gütersloh: Bertelsmann Stiftung.

Bertelsmann Stiftung (Hrsg.) 2014: Weltoffen, bürgernah und kompetent. Kommunen als Spiegel einer vielfältigen Gesellschaft. Gütersloh: Verlag Bertelsmann Stiftung.

Bertelsmann Stiftung/ Bundesministerium des Inneren (Hrsg.) 2005: Erfolgreiche Integration ist kein Zufall. Strategien kommunaler Integrationspolitik. Gütersloh: Verlag Bertelsmann Stiftung.

Blahusch, Friedrich 1999: Zuwanderungspolitik im Spannungsfeld zwischen ordnungspolitischer und ethnisch-nationalistischer Legitimationsmuster. Frankfurt am Main: Lang.

BMBF – Bundesministerium für Bildung und Forschung (Hrsg.) 1999: Jugendliche ohne Berufsausbildung. Bonn.

Bommes, Michael 2003: Die politische ‚Verwaltung' von Migration in Gemeinden. In: Oltmer, Jochen (Hrsg.): Migration steuern und verwalten. Göttingen: V&R unipress. 459–480.

Bommes, Michael 2006: Einleitung: Kommunen als Moderatoren sozialer Integration. In: IMIS-Beiträge.28. 11–24.

Bommes, Michael 2007: Integration – gesellschaftliches Risiko und politisches Symbol. In: Aus Politik und Zeitgeschichte. 22–23. 3–5.

Brinkmann, Heinz Ulrich/ Uslucan, Haci-Halil (Hrsg.) 2013: Dabeisein und Dazugehören. Integration in Deutschland. Wiesbaden: Springer VS.

Brinkmann, Heinz Ulrich/ Sauer, Martina (Hrsg.) 2016: Einwanderungsgesellschaft. Entwicklung und Stand der Integration. Wiesbaden: Springer VS.

Brumlik, Micha 1999: Selbstachtung und nationale Kultur. Zur politischen Ethik multikultureller Gesellschaften. In: Kiesel, Doron/ Messerschmidt, Astrid / Scherr, Albert (Hrsg.): Die Erfindung der Fremdheit. Zur Kontroverse um Gleichheit und Differenz im Sozialstaat. Frankfurt am Main: Brandes & Apsel. 17–36.

Bundesregierung 2007: Nationaler Integrationsplan. Neue Wege – Neue Chancen. Berlin.

Bundesregierung 2008: Nationaler Integrationsplan – Erster Fortschrittsbericht. Berlin.

Bundesregierung 2011: Nationaler Aktionsplan Integration. Zusammenhalt stärken – Teilhabe verwirklichen. Berlin.

Dangschat, Jens S. 1995: Multikulturelle Gesellschaft und sozialräumliche Polarisierung. In: Schwarz, Ulrich (Hrsg.): Risiko Stadt? Perspektiven der Urbanität. Herausgegeben im Auftrag der Hamburgischen Architektenkammer für die Bundesarchitektenkammer. Hamburg: Junius. 178–191.

Dangschat, Jens S. 2007: Soziale Ungleichheit, gesellschaftlicher Raum und Segregation. In: Dangschat Jens S. (Hrsg.): Lebensstile, soziale Lagen und Siedlungsstrukturen, Hannover: Akademie für Raumforschung und Landesplanung. 21–50.

Dietz, Barbara/ Holzapfel, Renate 1999: Kinder aus Familien mit Migrationshintergrund. Kinder in Aussiedlerfamilien und Asylbewerberfamilien – alleinstehende Kinderflüchtlinge. Materialien zum Zehnten Kinder- und Jugendbericht, Band 2. München: Deutsches Jugendinstitut.

Entzinger, Han 2013: Grenzen, Migration und Politik. Wie Gesellschaften, Regierungen und Wissenschaft mit Integration umgehen. WZB-Mitteilungen 142. 6–9.

Ezli, Özkan/ Langenohl, Andreas/ Rauer, Valentin/ Voigtmann, Claudia Marion (Hrsg.) 2013: Die Integrationsdebatte zwischen Assimilation und Diversität. Grenzziehungen in Theorie, Kunst und Gesellschaft. Göttingen: Transkript Verlag.

Filsinger, Dieter 1992: Ausländer im kommunalen Handlungskontext. Eine empirische Fallstudie zur Bearbeitung des Ausländerproblems. Berlin: Verlag für Wissenschaft und Bildung.

Filsinger, Dieter 1998: Kommunale Gesamtkonzepte zur Integration ausländischer Kinder und Jugendlicher. Expertise im Rahmen des Aktionsprogrammes „Integration junger Ausländerinnen und Ausländer" des Bundesministeriums für Familie, Senioren, Frauen und Jugend. München: Deutsches Jugendinstitut.

Filsinger, Dieter (2000a): Kommentierte Bibliographie: Kommunale Integration ausländischer Kinder und Jugendliche. München: Deutsches Jugendinstitut.

Filsinger, Dieter (2000b): Der Stellenwert der Praxisforschung im Bereich von Migration und Integration. In: Landeszentrum für Zuwanderung Nordrhein-Westfalen (Hrsg.): Praxisforschung im sozialräumlichen Kontext. Solingen: Landeszentrum für Zuwanderung NRW. 7–29.

Filsinger, Dieter 2002: Interkulturelle Öffnung Sozialer Dienste. Expertise im Auftrag der Regiestelle E&C der Stiftung SPI Berlin. Berlin/Saarbrücken.

Filsinger, Dieter 2007: Zur Transformation des Sozialstaats und seine Perspektiven. In: Homfeldt, H. G. (Hrsg.): Soziale Arbeit jenseits ihrer Grenzen. Gesundheit, Transnationalisierung, social development und Forschung als neue Herausforderungen. Baltmannsweiler: Schneider Verlag Hohengehren. 11–31.

Filsinger, Dieter 2008: Bedingungen erfolgreicher Integration. Monitoring und Evaluation. WISO-Diskurs. Bonn: Friedrich-Ebert-Stiftung.

Filsinger, Dieter 2011: Lokale Integrationsarbeit als Koproduktion. Die Rolle der Wohlfahrtsverbände in der kommunalen Integrationspolitik. ForBES-Arbeitspapiere Migration und Integration 1 2011. Saarbrücken.

Filsinger, Dieter (2014a): Integration – ein Paradigma ohne Alternative?. In: Alisch, Monika/ May, Michael (Hrsg.): Ältere Migranten im Quartier. Kassel: Kassel university Press. 169–196.

Filsinger, Dieter (2014b): Monitoring und Evaluation: Perspektiven für die Integrationspolitik des Bundes und der Länder. WISO-Diskurs. Bonn: Friedrich-Ebert-Stiftung.

Filsinger, Dieter 2015: Policy-Analyse, Evaluation und Politikberatung. In: Hennefeld, Vera/ Meyer, Wolfgang/ Selvestrini, Stefan (Hrsg.): Nachhaltige Evaluation? Auftragsforschung zwischen Praxis und Wissenschaft. Münster: Waxmann. 243–274.

Filsinger, Dieter (2016a): Integrationsmonitoring. In: Brinkmann, H. Ulrich/ Sauer, M. (Hrsg.): Einwanderungsland Deutschland. Entwicklung und Stand der Integration. (Lehrbuch zu zentralen Aspekten der Integration in Deutschland aus sozialwissenschaftlicher Perspektive). Wiesbaden: Springer VS. 117–143.

Filsinger, Dieter (2016b): Interkulturelle Öffnung der Kommunen. In: Scherr, Albert/ El-Mafaalani, Aladin (Hrsg.): Handbuch Diskriminierung. Wiesbaden: Springer VS. 639–656.

Filsinger, Dieter/ Hamburger, Franz/ Neubert, Dieter 1982: Kommunale Ausländerarbeit: Sozialarbeit unter politischen und administrativen Zwängen. In: Neue Praxis 22. 2. 136–159.

Filsinger, Dieter/ Hamburger, Franz/ Neubert, Dieter 1983: Die Verwaltung der Ausländer. Eine Fallstudie zur Realität der kommunalen Ausländerarbeit. In: Hamburger, Franz/ Karsten, Maria-Eleonore/ Otto, Hans-Uwe / Richter, Helmut (Hrsg.): Sozialarbeit und Ausländerpolitik. Neuwied/Darmstadt: Luchterhand. 44–61.

Friedrich-Ebert-Stiftung Berlin (Hrsg.) 2002: Interkulturelle Öffnung der Verwaltung – Zuwanderungsland Deutschland in der Praxis. Dokumentation einer Fachkonferenz. Berlin.
Friedrich-Ebert-Stiftung 2013: Perspektivenwechsel in der Einwanderungsgesellschaft. Grundlagen für eine neue Migrations- und Integrationspolitik. Bonn: Friedrich-Ebert-Stiftung.
Fuchs, Hartmut/ Wollmann, Hellmut (Hrsg.) 1987: Hilfen für ausländische Kinder und Jugendliche. Basel: Birkhäuser.
Gaitanides, Stefan 2011: Interkulturelle Öffnung Sozialer Dienste. In: Kunz, Thomas/ Puhl, Ria (Hrsg.): Arbeitsfeld Interkulturalität. Grundlagen, Methoden und Praxisansätze der Sozialen Arbeit in der Zuwanderungsgesellschaft. Weinheim und München: Juventa Verlag, 204–216.
Gesemann, Frank (Hrsg.) 2001: Migration und Integration in Berlin. Wissenschaftliche Ergebnisse und politische Perspektiven. Opladen: Leske + Budrich.
Gesemann, Frank 2006: Grundlinien und aktuelle Herausforderungen der Berliner Integrationspolitik. In: Baringhorst, Sigrid/ Hunger, Uwe/ Schönwälder, Karen (Hrsg.): Politische Steuerung von Integrationsprozessen. Intentionen und Wirkungen. Wiesbaden: VS Verlag für Sozialwissenschaften. 195–213.
Gesemann, Frank 2009: Berlin: Einwanderungsstadt ‚under construction'? Von der Beauftragtenpolitik zur strategischen Steuerung. In: Gesemann, Frank/ Roth, Roland (Hrsg.). Lokale Integrationspolitik in der Einwanderungsgesellschaft. Wiesbaden: VS Verlag für Sozialwissenschaften. 311–334.
Gesemann, Frank 2010: Zur Integrationsforschung in Deutschland. Komparative Darstellung ausgewählter Ansätze und Methoden. Berlin: Friedrich-Ebert-Stiftung.
Gesemann, Frank/ Roth, Roland (Hrsg.) 2009: Lokale Integrationspolitik in der Einwanderungsgesellschaft. Wiesbaden: VS Verlag für Sozialwissenschaften.
Gesemann Frank/ Roth, Roland/ Aumüller, Jutta 2012: Stand der kommunalen Integrationspolitik in Deutschland, Berlin: BBSR/DESI.
Gesemann, Frank/ Roth, Roland 2010: Kommunale Integrationspolitik in Deutschland: Erfolgsbedingungen und Herausforderungen. In. Migration und Soziale Arbeit 32. 3–4. 185–193.
Gesemann, Frank/ Roth, Roland 2015: Integration ist (auch) Ländersache! Schritte zur politischen Inklusion von Migrantinnen und Migranten in den Bundesländern. Eine Studie des Instituts für Demokratische Entwicklung und Soziale Integration (DESI). Zweite vollständig überarbeitete, korrigierte und erweiterte Auflage. Berlin: Friedrich-Ebert-Stiftung, Forum Berlin.
Griese, Hartmut M. (Hrsg.) 1984: Der gläserne Fremde. Bilanz und Kritik der Gastarbeiterforschung und Ausländerpädagogik. Opladen: Leske + Budrich.
Grohs, Stephan/ Reiter, Renate 2014: Kommunale Sozialpolitik. Handlungsoptionen bei engen Spielräumen. WISO Diskurs. Bonn: Friedrich-Ebert-Stiftung.
Hamburger, Franz 1999: Von der Gastarbeiterbetreuung zur Reflexiven Interkulturalität. In: IZA – Zeitschrift für Migration und Soziale Arbeit. 3–4. 33–38.
Hamburger, Franz 2000: Reflexive Interkulturalität. In: Hamburger, Franz / Kolbe, Fritz U. / Tippelt, Rudolf (Hrsg.): Pädagogische Praxis und erziehungswissenschaftliche Theorie zwischen Lokalität und Globalität. Frankfurt am Main: Lang. 191–199.
Hamburger, Franz (2012; 2. Aufl.): Abschied von der interkulturellen Pädagogik. Weinheim und Basel: Juventa.
Handschuck, Sabine / Schröer, Harmut 1997: Interkulturelle Kompetenz und Jugendhilfe. In: IZA – Zeitschrift für Migration und Soziale Arbeit. 3–4. 42–46.
Hanesch, Walter (Hrsg.) 2011: Die Zukunft der Sozialen Stadt. Strategien gegen soziale Spaltung und Armut in den Kommunen. Wiesbaden: VS Verlag für Sozialwissenschaften.
Haubrich, Karin 2009: Sozialpolitische Innovation ermöglichen. Die Entwicklung der rekonstruktiven Programmtheorie-Evaluation am Beispiel der Modellförderung in der Kinder- und Jugendhilfe, Münster: Waxmann.

Häußermann, Hartmut 2006: Desintegration durch Stadtpolitik. In: Aus Politik und Zeitgeschichte. 40-41. 14-22.

Häußermann, Hartmut/ Siebel, Walter 2001: Integration und Segregation – Überlegungen zu einer alten Debatte. In: Deutsche Zeitschrift für Kommunalwissenschaften. Bd. I. 68-79.

Heckmann, Friedrich 2007: Bedingungen erfolgreicher Integration auf kommunaler Ebene. In: Bundesamt für Migration und Flüchtlinge (Hrsg.): Zuwanderung und Asyl in Deutschland. Herausforderungen und Perspektiven aus der Sicht der deutschen Partner im Europäischen Migrationsnetzwerk. Nürnberg: Bundesamt für Migration und Flüchtlinge. 27-34.

Heckmann, Friedrich 2015: Integration von Migranten. Einwanderung und neue Nationenbildung. Wiesbaden: Springer VS.

Heinelt, Hubert 2004: Governance auf lokaler Ebene. In: Benz, Arthur (Hrsg.): Governance – Regieren in komplexen Regelsystemen. Eine Einführung. Wiesbaden: VS Verlag für Sozialwissenschaften. 29-44.

Henkes, Christian 2009: Politik mit geringer Reichweite: Lokale Integration in Barcelona, Berlin und Brüssel. In: Wissenschaftszentrum für Sozialforschung Berlin. WZB-Mitteilungen. H. 126. 10-13.

Hilpert, Kornelia 1997: Ausländer zwischen Integration und Marginalisierung. Zur Bedeutung kommunaler Quartierbildung und Traditionalisierung von Integrationsdefiziten beim Wechsel der Generationen. Frankfurt am Main: Lang.

Hinrichs, Wolfgang 2003: Ausländische Bevölkerungsgruppen in Deutschland. Integrationschancen 1985 und 2000. Berlin: Wissenschaftszentrum für Sozialforschung.

Hirseland, K. 2013: Kooperationen stärken – Engagement fördern: Modellprojekte des Bundesamts für Migration und Flüchtlinge zur verstärkten Partizipation von Migrantenorganisationen. In: Hunger, Uwe/ Metzger, Stefan (Hrsg.): Interkulturelle Öffnung auf dem Prüfstand. Münster: Lit. 17-34.

Hoffmann-Nowotny, Hans-Joachim 2000: Migration, soziale Ungleichheit und ethnische Konflikte. In: Gogolin, Ingrid / Nauck, Bernhard (Hrsg.): Migration, gesellschaftliche Differenzierung und Bildung. Resultate des Forschungsschwerpunktprogramms FABER. Opladen: Leske & Budrich. 157-178.

Hunger, Uwe/ Metzger, Stefan (Hrsg.) 2013: Interkulturelle Öffnung auf dem Prüfstand. Neue Wege der Kooperation und Partizipation. Münster: Lit-Verlag.

Jansen, Mechthild M./ Baringhorst, Sigrid (Hrsg.) 1994: Politik der Multikultur. Vergleichende Perspektiven zu Einwanderung und Integration. Baden-Baden: Nomos.

Jescheck, Wolfgang 1998: Nach wie vor Rückstände in der Schul- und Berufsausbildung junger Ausländer. In: DIW-Wochenbericht. 28. 486-492.

Kaufmann, Franz-Xaver (Hrsg.) 1979: Bürgernahe Sozialpolitik. Planung, Organisation und Vermittlung sozialer Leistungen auf örtlicher Ebene. Frankfurt am Main/New York: Campus.

Kaufmann, Franz-Xaver 1997: Schwindet die integrative Funktion des Sozialstaats? In: Berliner Journal für Soziologie 7. 1. 5-19.

KGSt – Kommunale Gemeinschaftsstelle zur Verwaltungsvereinfachung (Hrsg.) 2005: Management kommunaler Integrationspolitik. Strategie und Organisation. Bericht 7/2005. Köln: KGSt.

KGSt – Kommunale Gemeinschaftsstelle für Verwaltungsvereinfachung (Hrsg.) 2006: Integrationsmonitoring. Materialien 2/2006. Köln: KGSt.

KGSt – Kommunale Gemeinschaftsstelle für Verwaltungsmanagement (Hrsg.) 2008: Interkulturelle Öffnung. In sieben Schritten zur Interkulturellen Öffnung der Verwaltung. Materialien 5/2008. Köln: KGSt.

KGSt – Kommunale Gemeinschaftsstelle für Verwaltungsmanagement 2011: Interkulturelles Personalmanagement. Bericht 2/2011. Köln: KGSt.

Kösemen, Orkan 2014: Die Umsetzung von Reformen im Politikfeld Migration – Eine Skizze für Deutschland. In: Bertelsmann Stiftung (Hrsg.): ReformKompass Migration. Einwanderungssteuerung, Willlkommenskultur und Beteiligung, Gütersloh. 7–35.
Krätke, Stefan/ Schmoll, Fritz 1987: Der lokale Staat – „Ausführungsorgan" oder „Gegenmacht". In: Prokla 17. 68. 30–72.
Krummacher, Michael 1999: Agenda Interkulturelle Stadtpolitik. Das „Essener Modell" zur Konzeptentwicklung und Empfehlungen zur Übertragung. Bochum: Institut für Forschung und Entwicklung der sozialen Arbeit (FESA e. V.).
Krummacher, Michael / Waltz, Viktoria 1999: Kommunale Migrations- und Integrationspolitik. In: Dietz, Berthold / Eißel, Dieter / Naumann, Dirk (Hrsg.): Handbuch der kommunalen Sozialpolitik. Opladen: Leske + Budrich. 465–489.
Krummacher, Michael/ Kulbach, Roderich 2009: Interkulturelles Konzept Stadt Essen: Umsetzung, Erfahrungen und Anregungen. In: Gesemann, Frank/ Roth, Roland (Hrsg.): Lokale Integrationspolitik in der Einwanderungsgesellschaft. Wiesbaden: VS Verlag für Sozialwissenschaften. 383–398.
Lamura, Giovanni 1998: Migration und kommunale Integrationspolitik. Vergleich der Städte Bremen und Bologna. Wiesbaden: Deutscher Universitätsverlag.
Landeshauptstadt München (Hrsg.) 2013: Interkultureller Integrationsbericht. München lebt Vielfalt. München.
Landeshauptstadt Stuttgart. 2014. Kommunaler Qualitätszirkel zur Integrationspolitik. Jubiläumsbroschüre 2009 bis 2014. Einblicke, Ruckblicke, Ausblicke. Stuttgart.
Langenfeld, Christine 2012: Ausblick. In: Sachverständigenrat deutscher Stiftungen für Integration und Migration (SVR) (Hrsg.): Migration, Integration, Politik und wissenschaftliche Politikberatung in Deutschland. Symposium anlässlich des Abschieds von Prof. Dr. Klaus J. Bade. Am 30. August 2012. Berlin: SVR. 40–42.
Leggewie, Claus 2000: Integration und Segregation. In: Bade, Klaus / Münz, Rainer (Hrsg.): Migrationsreport 2000. Fakten, Analysen, Perspektiven. Frankfurt am Main/New York: Campus. 85–107.
Leggewie, Claus 2011: Mulitkulti. Spielregeln für die Vielvölkerrepublik. Salzhemmendorf: blumenkamp.
Leggewie, Claus/ Zifonun, Darius 2011: Interkulturalität: Über die Gestaltung eines Normalzustands moderner Gesellschaften. In: Kulturwissenschaftliches Institut Essen (Hrsg.): Bericht 2010/2011. Essen: KWI, 14–17.
Lenninger, Peter. F. 2003: Lebenslagen von Migranten und soziale Arbeit in Deutschland, Österreich und der Schweiz unter besonderer Berücksichtigung der Städte Mannheim, Wien und Zürich. Freiburg im Breisgau: Lambertus.
Leptien, Kai 2009: ‚Zum Glück in Osnabrück'? Konzepte und Maßnahmen zur Integration Zugewanderter in kleinen Städten. In: Gesemann, Frank/ Roth, Roland (Hrsg.): Lokale Integrationspolitik in der Einwanderungsgesellschaft. Wiesbaden: VS Verlag für Sozialwissenschaften. 415–428.
MGFFI – Ministerium für Gesundheit, Frauen und Familie und Integration (Hrsg.) 2005: Förderkonzept Innovation in der kommunalen Integrationsarbeit – eine Förderung durch das Land Nordrhein-Westfalen (KOMM-IN NRW). Düsseldorf: MGFFI.
Migration und Soziale Arbeit 2013: Integration, Diversity, Inklusion. Migration und Soziale Arbeit 13. 3.
Nauck, Bernhard 1999: Migration, Globalisierung und der Sozialstaat. In: Berliner Journal für Soziologie 9. 4. 479–493.
Nauck, Bernhard 2000: Familien ausländischer Herkunft. Politische Konsequenzen der Vielfalt von Akkulturationsprozessen. In: Diskurs. 3. 13–19.
Otto, Hans-Uwe/ Schrödter, Mark (Hrsg.) 2006: Soziale Arbeit in der Migrationsgesellschaft. Sonderheft 8 der Zeitschrift „Neue Praxis". Lahnstein: Verlag Neue Praxis.

Pavkovic, Gari 2011: Wir sind Stuttgart. In: Bertelsmann Stiftung (Hrsg.): Wer gehört dazu? Zugehörigkeit als Voraussetzung für Integration. Gütersloh: Bertelsmann Stiftung. 219–226.
Philipps, Axel/ Rink, Dieter 2009: Zuwanderung und Integration in einer schrumpfenden Stadt. In: Gesemann, Frank/ Roth, Roland (Hrsg.): Lokale Integrationspolitik in der Einwanderungsgesellschaft. Wiesbaden: VS Verlag für Sozialwissenschaften. 351–366.
Pries, Ludger 2014: Integration als Eröffnung von Teilhabechancen. In: Rat für Migration (Hrsg.): Migrations- und Integrationspolitik heute. Dokumentation der Tagung am 22.11.2013. Berlin: www.rat-fuer-migration.de. 46–60.
Pröhl, Marga/ Hartmann, Hauke (Hrsg.) 2002: Strategien der Integration. Handlungsempfehlungen für eine interkulturelle Stadtpolitik. Cities of Tomorrow. International Network for Better Local Government. Gütersloh: Bertelsmann-Stiftung.
Rat für Migration (Hrsg.) 2014: Migrations- und Integrationspolitik heute. Dokumentation der Tagung am 22.11.2013. Berlin: www.rat-fuer-migration.de.
Rauer, Valentin 2013: Integrationsdebatten in der deutschen Öffentlichkeit (1947–2012). In: Ezli, Özkan/ Langenohl, Andreas/ Rauer, Valentin/Voigtmann, Claudia Marion (Hrsg.): Die Integrationsdebatte zwischen Assimilation und Diversität. Grenzziehungen in Theorie, Kunst und Gesellschaft. Göttingen: Transkript Verlag, 51–86.
Regiestelle SPI (Hrsg.) 2005: Einbeziehung von Migrantenvereinen, -initiativen und -selbstorganisationen in stadtteilbezogene Handlungsstrategien. Dokumentation der Zielgruppenkonferenz für Quartiersmanager/innen am 25. und 26.5.2005. Berlin: Stiftung SPI.
Reichwein, Alfred / Vogel, Stephanie 2004: Integrationsarbeit – effektiv organisiert. Ein Handbuch für Kommunen. Kommunale Gemeinschaftsstelle für Verwaltungsvereinfachung. Düsseldorf: Ministerium für Gesundheit, Soziales, Frauen und Familie.
Reichwein, Alfred/ Möltgen, Katrin/ Vogel, Stephanie 2007: Integration als Chance für Nordrhein-Westfalen und seine Kommunen. Potenziale nutzen – aus Erfahrung lernen. KGST – Kommunale Gemeinschaftsstelle für Verwaltungsmanagement. Düsseldorf: Ministerium für Gesundheit, Frauen und Familie und Integration.
Reichwein, Alfred/ Rashid, Khadidja 2012: Interkulturelle Öffnung in Kommunen und Verbänden. WISO-Diskurs. Bonn: Friedrich-Ebert-Stiftung.
Roth, Roland (2013): Willkommens- und Anerkennungskultur in Deutschland – Herausforderungen und Lösungsansätze, Gütersloh: Bertelsmann Stiftung.
Sachverständigenrat für Zuwanderung und Integration 2004: Migration und Integration – Erfahrungen nutzen, Neues wagen. Jahresgutachten des Sachverständigenrates für Zuwanderung und Integration. Berlin.
Schader-Stiftung (Hrsg.); Aumüller, Jutta/ Gesemann, Frank (2014a): Forschungs-Praxis-Projekt: Integrationspotenziale ländlicher Regionen im Strukturwandel. Darmstadt: Schader-Stiftung.
Schader-Stiftung (Hrsg.); Aumüller, Jutta/ Gesemann, Frank (2014b): Interkulturelle Öffnung und Willkommenskultur in strukturschwachen ländlichen Regionen. Ein Handbuch für Kommunen. Darmstadt: Schader-Stiftung.
Scheffer, Thomas 1999: Ausländerpolitik in der Kommune. In: Wollmann, Hartmut / Roth, Roland (Hrsg.): Kommunalpolitik. Politisches Handeln in den Gemeinden. Opladen: Leske + Budrich. 764–779.
Scheib, Hermann 1980: Sozial besonders benachteiligte Gruppen von Kindern und Jugendlichen. DJI-Materialien zum 5. Jugendbericht. München: Deutsches Jugendinstitut.
Scherr, Albert 2014: Diskriminierung und soziale Ungleichheiten: Erfordernisse und Perspektiven einer ungleichheitsanalytischen Fundierung von Diskriminierungsforschung und Antidiskriminierungsstrategien. Springer VS.
Schmitz, Martin 1997: Integrationsmaßnahmen und Integrationspolitik der Stadt Frankfurt am Main. Frankfurt am Main: Amt für multikulturelle Angelegenheiten.

Schneider, Jan 2010: Modernes Regieren und Konsens. Kommissionen und Beratungsregime in der deutschen Migrationspolitik. Wiesbaden: VS Verlag für Sozialwissenschaften.

Schröer, Hubertus 2007: Interkulturelle Orientierung und Öffnung: ein neues Paradigma für die soziale Arbeit. In: Archiv für Wissenschat und Praxis der sozialen Arbeit 38. 3. 80–91.

Schulte, Axel 1998: Multikulturelle Einwanderungsgesellschaften in Westeuropa. Soziale Konflikte und Integrationspolitiken. Bonn: Friedrich-Ebert-Stiftung.

Schulte, Axel 2011: Integration als politische Herausforderung in der Einwanderungsgesellschaft, in: Kunz, Thomas/ Puhl, Ria (Hrsg.): Arbeitsfeld Interkulturalität, München und Weinheim. 58–73.

Schulte, Axel/ Treichler, Andreas 2010: Integration und Antidiskriminierung. Weinheim/München: Juventa.

Schultze, Günther/ Thränhardt, Dietrich (Hrsg.) 2013: Migrantenorganisationen. Engagement, Transnationalität und Integration. WISO-Diskurs. Bonn: Friedrich-Ebert-Stiftung.

Schuster, Wolfgang 2012: Willkommen im Einwanderungsland. Gelingende Integration vor Ort. Stuttgart: Landeshauptstadt Stuttgart.

Schwarz, Thomas 1992: Zuwanderer im Netz des Wohlfahrtsstaates. Türkische Jugendliche und die Berliner Kommunalpolitik. Berlin: Edition Parabolis.

Schweitzer, Hellmuth 2001: Partizipation von Migranten an kommunalen Planungsprozessen – das Beispiel der Stadt Essen. In: IZA – Zeitschrift für Migration und Soziale Arbeit. 3–4. 39–49.

Schweitzer, Helmuth 2012: Durch periodisches Wiegen wird die Sau nicht fetter. Der „Nationale Aktionsplan Integration" der Bundesregierung – ein geeignetes Instrument zur Evaluation von Integrationsprozessen?, in: Sozial Extra 7–8. 27–30.

Seifert, Wolfgang 1995: Die Mobilität der Migranten. Die berufliche, ökonomische und soziale Stellung ausländischer Arbeitnehmer in der Bundesrepublik. Eine Längsschnittanalyse mit dem sozio-ökonomischen Panel 1984–1989. Berlin: Edition Sigma.

Soeffner, Hans-Georg 2011: Zukunft der Soziologie. In: Soziologie 40. 2. 137–150.

Stadt Frankfurt am Main (Hrsg.) 2012: Frankfurt Integrations- und Diversitätsmonitoring. Frankfurt am Main.

Stadt Frankfurt am Main (Hrsg.) 2015: Frankfurt Integrations- und Diversitätsbericht 2011–2114. Frankfurt am Main.

Stadt Ludwigshafen – Amt für Grundlagenforschung und Stadtentwicklung (Hrsg.) 1971: Bericht zur Lage der Gastarbeiter in Ludwigshafen a. Rh. Ergebnisse einer Befragung von Gastarbeitern. Ludwigshafen.

Stadt Nürnberg 2004: Integrationsprogramm der Stadt Nürnberg. Nürnberg.

Stadt Wiesbaden 2004: Wiesbadener Monitoring-System zur Ausländerintegration. Bericht 2004. Wiesbaden.

Statistisches Bundesamt (Hrsg.) 2006: Mikrozensus 2005. Berlin.

SVR – Sachverständigenrat deutscher Stiftungen für Integration und Migration 2010: Einwanderungsgesellschaft 2010. Jahresgutachten 2010 mit Integrationsbarometer. Berlin.

SVR – Sachverständigenrat deutscher Stiftungen für Integration und Migration 2012: Integration im föderalen System: Bund, Länder und die Rolle der Kommunen. Jahresgutachten 2012 mit Integrationsbarometer. Berlin: SVR.

SVR – Sachverständigenrat deutscher Stiftungen für Integration und Migration 2014: Deutschlands Wandel zum modernen Einwanderungsland. Jahresgutachten 2014 mit Integrationsbarometer. Berlin: SVR.

Terkessidis, Mark 2010: Interkultur. Frankfurt am Main: edition suhrkamp.

Thränhardt, Dietrich 1987: Einwanderer in deutschen Kommunen. In: Fuchs, Hartmut/ Wollmann, Hellmut (Hrsg.): Hilfen für ausländische Kinder und Jugendliche. Basel: Birkhäuser. 98–115.

Thränhardt, Dietrich 1999: Zuwanderung und lokale Politik in Deutschland. In: Neue Praxis 29. 4. 355–367.

Thränhardt, Dietrich 2001: Zuwanderungs- und Integrationspolitik in föderalistischen Ländern. In: Akgün, Lale/ Thränhardt, Dietrich (Hrsg.): Integrationspolitik in föderalistischen Systemen. Münster: Lit. 15–33.

Thränhardt, Dietrich 2010: Integrationsrealität und Integrationsdiskurs, in: Aus Politik und Zeitgeschichte, 46–47. 16–21.

Treibel, Annette 2015: Integriert Euch! Plädoyer für ein selbstbewusstes Einwanderungsland. Frankfurt am Main: Campus.

Treichler, Andreas 2007: Sozialwissenschaftliche Deutungsmuster der Einwandererintegration und ihre Indikatoren. Eine Skizze, in: Migration und Soziale Arbeit 29. 2. 84–97.

Uslucan, Haci-Halil/ Halm, Dirk (Hrsg.) 2011: Wie steuerbar ist Integration? Essen: Klartext.

Walther, Uwe-Jens / Güntner, Simon 2007: Soziale Stadtpolitik in Deutschland: das Programm „Soziale Stadt". In: Baum, Detlef (Hrsg.): Die Stadt in der Sozialen Arbeit. Ein Handbuch für soziale und planende Berufe. Wiesbaden: VS Verlag für Sozialwissenschaften. 389–400.

Weiß, Anja 2013: Migranten. In: Mau, Steffen /Schöneck, Nadine M. (Hrsg.): Handwörterbuch zur Gesellschaft Deutschlands. Band 2. Wiesbaden: Springer VS. 580–589.

Integrationspolitik in Deutschland zwischen Markt und Plan: Bund, Länder und Kommunen

Dietrich Thränhardt

Zusammenfassung

Integration gehört zum Kern kommunaler Politik, die Attraktivität von Städten und Gemeinden für Einwanderer wird im Standortwettbewerb immer wichtiger, Die Kommunen sind zwar von Vorgaben von Bund und Land abhängig, können aber durchaus eigene Akzente setzen und die Lebensqualität ihrer Bewohner steigern – in Stadtplanung, Wohnungsbau, Information und Bildung, Wirtschaftsförderung und der Art der Aufnahmeeinrichtungen. Einwanderer sollten Raum für ihre Initiativen bekommen und nicht durch planwirtschaftliche Vorgaben behindern werden.

Schlüsselbegriffe

Asyl, Einbürgerung, Integration, Einwanderung, Standortwettbewerb

1 Die Kommunen im weltweiten Wettbewerb

Auch die Kommunen stehen heute im weltweiten Wettbewerb. Jeder lokale Betrieb, jedes in einer Kommune erzeugte Produkt muss sich weltweiter Konkurrenz stellen. Betriebe können von der globalen Öffnung der Märkte profitieren, sie können ihr aber auch zum Opfer fallen. Beides wirkt sich direkt auf Einkommen und Lebensqualität aus. Marktdenken ist inzwischen immer stärker auch in Kernbereiche des kommunalen Handelns eingedrungen, vor allem in die Kommunalwirtschaft, die Versorgung mit Gas, Wasser, Strom, den öffentlichen Nahverkehr und die kommunalen Sparkassen. Die Steuerungsfähigkeit der Kommunen diesen Prozessen gegenüber ist begrenzt. Handlungsmöglichkeiten haben sie im Wettbewerb „um die besten Köpfe", wie die Süssmuth-Kommission das genannt hat. Zwei Wege stehen ihnen offen: Sie können ihre Einwohner und vor allem ihre Kinder optimal qualifizieren und sie können neue Einwohner anwerben und deren Qualifikationen für die Gemeinde nutzbar machen.

Städte haben immer von der Zuwanderung gelebt, Menschen zusammengeführt und auf ihrem Boden deren Innovationsfähigkeit, Produktivität, Fähigkeiten und Fertigkeiten gefördert oder neu kombiniert. Dabei umfassten die Zuwanderungen alle Stufen der sozialen Leiter, von gesuchten Spezialisten bis zu Menschen, die Arbeiten verrichteten, für die sich niemand anders fand. Die Fähigkeit einer Stadt, begehrte Zuwanderer zu beheimaten, sie in neue Beziehungen zu bringen, sie auszubilden, produktiv zu machen, sie emotional zu binden und zu Einheimischen zu machen, ist entscheidend für Produktivität, Wettbewerbsfähigkeit und Lebensqualität. Richard Florida hat das in seinem Buch „Cities and the Creative Class" auf die Erfolgsformel „talent, tolerance, technology" gebracht. Eine offene und tolerante Atmosphäre, die national und international sichtbar ist, wird damit zu einem wesentlichen Erfolgselement, um kreative Menschen und auch Unternehmen anzuziehen.

Bildung, Ausbildung, Qualifizierung und Vermittlung der eigenen Einwohner ist der andere große Teil des Wettbewerbs der Kommunen. Dabei geht es um ein hohes Niveau der Ausbildung, um die richtigen Schwerpunkte, um die Ausschöpfung aller Begabungsreserven und um die Einbeziehung aller Jugendlichen. Mit dem Wandel zu einer anspruchsvollen Dienstleistungsgesellschaft und dem Schwinden von Arbeitsplätzen für weniger gut Gebildete wird die Qualifizierung aller immer wichtiger. Das Interesse des Einzelnen an einer guten Ausbildung und einer befriedigenden Berufstätigkeit stimmt dabei überein mit dem allgemeinen Interesse an einer hohen Produktivität und einer Minimierung der Zahl der Nichtaktiven, Exkludierten und von Transferleistungen Abhängigen. Die Einbeziehung aller in das Arbeits- und Sozialleben und die Nutzung aller ihrer Kompetenzen, unabhängig von Geschlecht, Herkunft, Religion und Alter ist ein weiteres wichtiges Element.

Eine offene und tolerante soziale Atmosphäre und ein friedliches Zusammenleben tragen wesentlich zur Lebensqualität bei, sie ersparen auch Kosten für Kriminalitäts- und Delinquenzbekämpfung. Offenheit der Gesellschaft steht in engem Zusammenhang mit der Einhaltung sozialer Spielregeln.

2   Marktprozesse

Zwei Grundmuster lassen sich bei der Organisation von Einwanderungsprozessen unterscheiden: Markt und Plan. Beide sind lassen sich unterschiedlichen Varianten im In- und Ausland angewandt worden. Auf Marktsteuerung beruht das offene System der Europäischen Union, in dem jeder EU-Bürger dort arbeiten und leben kann wo er möchte. Jede(r) ist dabei aber selbst für die ökonomischen Grundlagen seiner Migrationsentscheidung verantwortlich. Dementsprechend folgen Wanderungsentscheidungen innerhalb der EU ökonomischen Trends. Erfolgreiche Länder mit einem guten Arbeitsangebot bzw. einem Erfolg versprechenden Markt für Selbständige ziehen Einwanderer an. Während in den ersten Jahren dieses Jahrhunderts Spanien und andere Mittelmeerländer zu Migrationsmagneten wurden, ist Deutschland seit 2013 wieder das wichtige Einwanderungsland Europas und das zweitwichtigste der Welt. 2013 kamen zwei Drittel der Einwanderer aus EU-Staaten,

2014 wegen der stärkeren Flüchtlingseinwanderung nur noch die Hälfte (vgl. Tabelle 1). Bis 2013 war Polen für Deutschland das wichtigste Herkunftsland, 2014 wurde es durch Rumänien abgelöst. Insgesamt blieb die EU-Einwanderung aber weitgehend stabil, sie nahm um 8.840 Personen oder drei Prozent zu. 2015 überlagerte die Flüchtlingsbewegung die Arbeitseinwanderung und Syrien wurde zum wichtigsten Herkunftsland. Die EU-Einwanderung konzentriert sich auf die wirtschaftsstarken Regionen Süddeutschlands, die neuen Bundesländer sind wenig berührt. Wie in der Anwerbezeit 1955 bis 1973 spiegelt die Höhe der Ausländeranteile in den Städten und Kreisen dementsprechend die Geographie der wirtschaftlichen Dynamik.

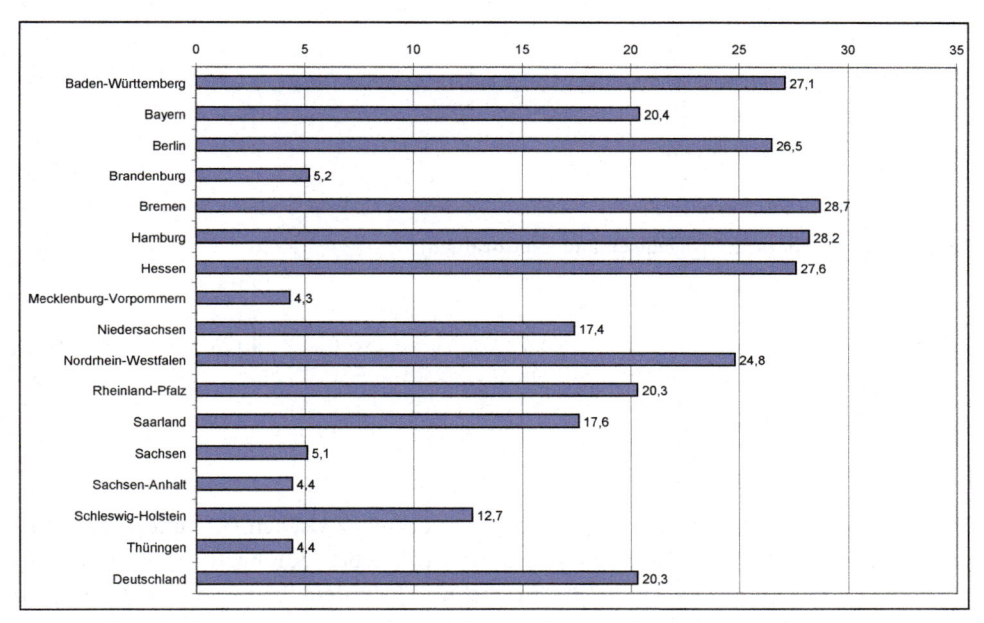

Bundesland	Anteil (%)
Baden-Württemberg	27,1
Bayern	20,4
Berlin	26,5
Brandenburg	5,2
Bremen	28,7
Hamburg	28,2
Hessen	27,6
Mecklenburg-Vorpommern	4,3
Niedersachsen	17,4
Nordrhein-Westfalen	24,8
Rheinland-Pfalz	20,3
Saarland	17,6
Sachsen	5,1
Sachsen-Anhalt	4,4
Schleswig-Holstein	12,7
Thüringen	4,4
Deutschland	20,3

Abb. 1 Bevölkerung mit Migrationshintergrund: Bundesländer 2014
Quelle: Statistisches Bundesamt, Mikrozensus 2014

Ein Beispiel für die Prägekraft der wirtschaftlichen Strukturen, wie sie über die Jahrzehnte entstanden sind, war die Anwerbung von Software-Spezialisten nach dem „Green Card"-Programm der Regierung Schröder 2000 bis 2003 in ihrer Verteilung über die Bundesländer. Schwerpunkte der Zuwanderung waren die wirtschaftsstarken Bundesländer Hessen (3.941), Bayern (3.792), Baden-Württemberg (2.953) und Nordrhein-Westfalen (2.247), die den Hauptteil der 15.658 angeworbenen Spezialisten für sich rekrutieren konnten (Kolb 2004). Ähnlich verteilen sich die Zuwanderer aus den neuen Einwanderungswellen seit 2011.

Tab. 1 Einwanderung nach Deutschland (Nettozahlen)

Netto-Einwanderung aus:	2013	2014
Rumänien	49.551	**73.132**
Syrien	16.938	**62.173**
Polen	71.610	59.228
Italien	32.748	**37.057**
Bulgarien	20.729	**33.299**
Kroatien	12.477	**26.913**
Ungarn	24.242	16.256
Spanien	23.795	16.960
Griechenland	20.513	14.466
EU 28	295.176 (70 %)	304.016 (55 %)
Einwanderung insgesamt	428607	550.483

Netto-Zuwanderungen über 20.000. EU-Länder kursiv. Zuwachs 2014 fett.

Vorläufige Zahlen für 2014.

Quelle: Statistisches Bundesamt.

Tab. 2 Auswanderung aus Deutschland (Nettozahlen)

Netto-Auswanderung in die	2013	2014
Schweiz	9.007	7.444
Türkei	6.437	4.126

Netto-Abwanderungen über 5000. Vorläufige Zahlen für 2014.

Quelle: Statistisches Bundesamt

Marktwirtschaftlich organisiert war auch die Anwerbung zwischen 1955 und 1973. Zwar wurde sie überwiegend durch die Bundesanstalt für Arbeit durchgeführt, aber auf der Grundlage von Anforderungen durch Unternehmen. Mit dem Prinzip der „sozialen und ökonomischen Gleichberechtigung", der Geltung der Tarifverträge und dem aktiven und passiven Wahlrecht zu den Betriebsräten ab 1972 war dabei gesichert, dass keine Lohndrift nach unten einsetzte. Arbeitskräfte gingen dorthin, wo Nachfrage bestand, so dass die Dynamik der Wirtschaft gestärkt wurde. Wie die Daten mehrerer Studien ausweisen (zuletzt Venema u. Grimm 2002), ist die soziale und ökonomische Eingliederung der ehemaligen „Gastarbeiter" vergleichsweise gut gelungen (kritisch zu den pessimistischen Einschätzungen einiger Historiker Oswald et al. 2003).

Während die soziale und ökonomische Gleichberechtigung und das Prinzip des gleichen Lohns für gleiche Arbeit Grundprinzip der damaligen Anwerbung war, entstanden mit der Aufweichung dieses Prinzips und der Etablierung komplexer Subkontraktketten in den neunziger Jahren Probleme, vor allem in der Bauindustrie (Hunger 2000). Erneut traten solche Probleme in den letzten Jahren auf, als vor allem Rumänen und Bulgaren mit Niedriglöhnen beschäftigt wurden oder informell Gelegenheitsarbeiten ausführten. Wo

Tarifstandards für alle eingehalten werden, werden die Einwanderer in das Lohngefüge einbezogen. Wo dies nicht der Fall ist und Einwanderer zu geringeren Löhnen beschäftigt und ausgebeutet werden, kommt es zu Verwerfungen Ein mit Recht skandalisiertes Beispiel ist seit 2013 die deutsche Fleischindustrie (Burkert 2015; Thränhardt 2015a).

3   Planwirtschaftliche Zuteilung

Die Alternative zu Markt, Selbstbestimmung und individueller Verantwortung ist die Verteilung von Migranten durch Plan, wie sie seit 1993 für Aussiedler, Kontingentflüchtlinge und Asylbewerber praktiziert wird. Dabei werden diese Gruppen zunächst nach dem „Königsteiner Schlüssel" auf die Bundesländer verteilt. Die Länder verteilen dann innerhalb des Landes entsprechend weiter auf die Kreise und Städte. Auch wenn eine Verteilung über das ganze Land in Krisensituationen als Notmaßnahme unumgänglich ist, führt sie zu problematischen Effekten und sollte deshalb beendet werden, wenn die Krisensituation vorbei ist. Menschen werden durch administrative Umverteilungen entmündigt, was ihre Standortentscheidung angeht. Ihre Intentionen, sich Arbeit zu suchen, sich selbständig zu machen und sich produktiv zu vernetzen, werden gebremst. Die allokative Effizienz der Marktwirtschaft, die ansonsten allgemein anerkannt ist, kann auf diese Weise nicht wirken (Kolb 2008). Arbeitsverbote, eingrenzende Ortsbeschränkungen und lange Verfahren sind weitere Elemente bei der Stilllegung ökonomischer Initiative bei Asylbewerbern (Thränhardt 2015). Für die Kommunen bedeutet das Lastenverwaltung statt initiativer Beiträge, mit allen Folgen auch für die Akzeptanz der Neuankömmling. Ähnliche Effekte waren auch bei der Verteilung der Flüchtlinge nach 1945 zu beobachten, als wegen der Zerstörung des Wohnraums in den Städten die meisten Flüchtlinge auf dem Land angesiedelt werden mussten. Anfang der 1950er Jahre wurden diese Probleme dann durch Umsiedlungs- und Wohnungsbauprogramme gelöst.

Von Politikern und Wirtschaftsvertretern wurde in den letzten Jahren oft beklagt, dass relativ wenig qualifizierte Zuwanderer aus Drittstaaten nach Deutschland kämen. Vergleicht man die Offenheit innerhalb der EU und die komplizierten Prozesse bei der Zuwanderung aus Drittstaaten, so ist der Vorrang der EU-Zuwanderung allerdings nicht überraschend. Zwar sind die Zugangshürden gesenkt worden und Deutschland ist heute ein vergleichsweise offenes Land (SVR 2015), die bürokratischen Prozesse sind aber immer noch sehr schwerfällig. Das betrifft die Visumsvergabe und die Anerkennung von Abschlüssen.

Skepsis ist gegenüber Quotenmodelle angebracht, die rein planwirtschaftliche Instrumente sind, kurioserweise aber gerade auch von liberalen Wirtschaftswissenschaftlern und Politikern propagiert werden. Sie beruhen – in verschiedenen Varianten – auf der Feststellung von sektoralem, regionalem oder nationalem Personalbedarf, der Aufstellung quantitativer Kontingente nach bestimmten Merkmalen und der Genehmigung von Anträgen auf Zuwanderung nach Kriterien wie Alter, Sprachkenntnis, Ausbildung, Berufserfahrung und eventuell auch Herkunft. Die Nachteile dieser Verfahren sind bekannt: Es entsteht eine Zeitverzögerung (time lag) zwischen Bedarfsanmeldung und -erfüllung, in der die Verhältnisse auf dem Stellenmarkt sich vielfach schon wieder geändert haben. Zudem ist die Anmeldung von Bedarf an eine staatliche Stelle mit dem realen Einstellungsverhalten der Firmen nicht unbedingt identisch, vor allem wenn dies über verbandliche oder öffentliche Zwischeninstanzen verläuft (Beispiele für groteske Missverhältnisse zwischen hohen Bedarfsanmeldungen und realen Beschäftigungszahlen bei der IT-Anwerbung bei Kolb 2004). Weiter ist die Abgrenzung von Qualifikationen und Berufsbildern problematisch, vor allem in neuen innovativen Feldern. Eine Fülle von restriktiven Bedingungen und Mentalitäten steht der Arbeitsaufnahme im Wege. Die Anerkennung ausländischer Zeugnisse gestaltet sich oft schwierig und schließlich gibt es zwischen Einwanderern und einstellenden Firmen oder Behörden keine Netzwerke, die die Kommunikation und Vertrauensbildung erleichtern. Auch Kanada hat deswegen seine Punktesystem modifiziert und stellt inzwischen hauptsächlich auf reale Arbeitsplatzangebote von Firmen ab.

Für unseren Zusammenhang bedeutet dies, dass der Bund im Fall der Plan-Umverteilung weder die Kommunen noch die lokalen Unternehmen als Akteure einbezieht. Mit den Folgen dieser Prozesse, d. h. der Vielzahl von Zuwanderern ohne Beschäftigungsaussicht, müssen die Kommunen dann fertig werden. Statt der komplexen Bürokratie, die mit derartigen Systemen verknüpft ist, wäre eine einfache Internet-gestützte Praxis zu empfehlen, mit der sich Arbeitskräfte aus dem Ausland direkt auf freie Arbeitsplätze in Deutschland bewerben können, wie es heute schon für EU-Bürger der Fall ist. Diese Freiheit könnte schrittweise nach Ländern und Mindestlöhnen ausgeweitet werden. Die geltenden Tarifverträge und übrigen Rahmenbedingungen wären selbstverständlich zu beachten. Schweden hat seinen Arbeitsmarkt schon heute weltweit geöffnet. Da dort die Geltung der Tarifverträge konsequent gesichert ist, gibt es dort keine Anreize für Arbeitgeber, Migranten deswegen einzustellen, weil sie billiger sind.

Wie Plansysteme in einem föderalistischen Land dysfunktional werden können, zeigt das aktuelle Beispiel des Bearbeitungsstaus bei den Asylanträgen. Der Bund ist für die Asyl-Anerkennungsverfahren zuständig, Länder und Kommunen für die Unterbringung. Aus dieser Arbeitsteilung sind in den letzten Jahren Probleme entstanden, weil das Innenministerium das Bundesamt für Migration und Flüchtlinge nicht ausreichend mit Personal ausgestattet hat. Von Jahr zu Jahr wurde deshalb der Bearbeitungsstau größer und die Asylbewerber müssen immer länger warten, bis ihre Anträge entschieden wurden. Für die Flüchtlinge mit Aussicht auf Anerkennung ist dies eine große Belastung, es erschwert und verzögert ihre Integration. Für die Länder und Kommunen hat es zur Folge, dass sie viele Menschen mit einem provisorischen Status unterbringen müssen, ihre Haushalte belastet werden und die Akzeptanz in der Bevölkerung sinkt. In den ersten Monaten des Jahres 2015 wuchsen die Bearbeitungsrückstände zusätzlich, weil die langen Bearbeitungszeiten als Anreiz wirkten, wenig aussichtsreiche Anträge zu stellen. Die Öffnung für Flüchtlinge im September 2015 traf also auf eine schon weitgehend funktionsunfähige Asylbehörde. Es wird Jahre dauern, um das Asylantragssystem wieder funktionsfähig zu machen (Thränhardt 2015).

Tab. 3 Der Bearbeitungsstau bei den Asylanträgen 2008 bis 2014

	2008	2009	2010	2011	2012	2013	2014	2015
Anträge*	28.018	33.033	48.589	53.347	77.651	127.023	202.834	1.000.000
Entscheidungen	20.817	28.816	48.187	43.362	61.826	80.978	124.911	282.726
Unerledigt (Saldo)*	7.201	4.217	402	9.985	15.825	46.045	77.923	700.000
Unerledigte Anträge insgesamt*	18.278	22.710	23.289	33.773	49.811	95.743	169.166	900.000

Jeweils Jahresende.

*Für 2015 einschließlich der im EASY-System erfassten Flüchtlinge, die ihre Anträge beim BAMF noch nicht hatten stellen können, Schätzung. Das EASY-System hat für 2015 1.091.894 Zugänge erfasst, beim BAMF wurden 476.649 gestellte Anträge gestellt.

Quellen: Bundesamt für Migration und Flüchtlinge (BAMF), Schlüsselzahlen Asyl 2014, Nürnberg 2015; Bundesministerium des Innern (BMI), Pressemitteilung vom 06.01.2016; eigene Berechnungen.

Der Bearbeitungsstau hat zur Folge, dass die Kommunen auf absehbare Zeit relativ wenige anerkannte Flüchtlinge beherbergen, aber viele Asylbewerber, die auf die Bearbeitung ihres Antrags warten und noch mehr Menschen, die einen Bescheid erhalten haben, dass sie erst Monate oder gar Jahre später einen Antrag stellen können (Bescheinigung über die Meldung als Asylsuchender). Dieses Papier, als „BÜMA" abgekürzt, bezeichnet keinen Rechtsstatus, sondern einen im Asylrecht nicht vorgesehenen Wartestatus vor der Möglichkeit einer Antragstellung. Ende 2015 gab es 364.664 unbearbeitete Asylanträge und etwa 500.000 Menschen, die noch keinen Antrag hatten stellen können.

Für die Flüchtlinge bedeutet das, dass sie lange in einer Übergangssituation verbleiben und ihre Integration verzögert und behindert wird. Nur ein Teil der Asylsuchenden hat nach der Gesetzesänderung, die am 1. November 2015 in Kraft trat, Zugang zu Sprachkursen (Syrer, Iraker, Iraner, Eritreer, nicht aber Afghanen und alle anderen Nationalitäten). Auch die Arbeitsaufnahme wird sehr erschwert. Für die ersten drei Monate gibt es ein Arbeitsverbot, für die ersten 15 Monate eine „Nachrangigkeitsprüfung", mit der festgestellt wird, ob ein Deutscher oder gleichgestellter Arbeitnehmer gefunden werden kann. Arbeitgeber scheuen sich aber verständlicherweise, Menschen einzustellen, deren Aufenthaltsstatus ungeklärt ist. Die Kommunen sind also mit einer Situation konfrontiert, die die Integration außerordentlich erschwert – ein Versäumnis des Bundes.

4 Die Zentralisierung der Integrationspolitik im Bundesamt für Migration und Flüchtlinge

Als 2005 mit dem Zuwanderungsgesetz das „Bundesamt für Migration und Flüchtlinge" (BAMF) etabliert wurde, war das mit großen Hoffnungen für eine effizientere Integration verbunden, die von dieser Behörde initiiert, koordiniert und verwaltet werden sollte. Eine derartige Zentralisierung ist dem deutschen Verwaltungssystem ansonsten fremd. Sie steht in einem eklatanten Gegensatz zur Föderalismus-Reform von 2006, mit der dem Bund direkte Kontakte mit Kommunen prinzipiell untersagt wurden. Die Basis dieser Zentralisierung war die Bereitschaft der damaligen Bundesregierung, die Integrationsprogramme und insbesondere die Sprachprogramme zu finanzieren, so dass die Länder nicht belastet wurden. Mit dem 2007 formulierten „Nationalen Integrationsplan" stockte der Bund die Mittel noch einmal auf und offeriert nun statt 600 nun 900 Stunden Unterricht. In der Praxis bedeutet das – auch bei optimaler Aufgabenerfüllung und Organisation des Bundesamtes für Migration und Flüchtlinge –, dass auf lokaler Ebene eine Fragmentierung der Migrationspolitik stattfindet.

Die Kommunen sind zwar in eigener Zuständigkeit für Sozialhilfe und in Auftragsverwaltung für Einbürgerungen zuständig, sie versuchen auch den Wohnungsmarkt zu beeinflussen und müssen im Bedarfsfall Wohnungen beschaffen, sie sind für die Erwachsenenbildung und für viele andere lokale Aufgaben zuständig, aber nicht für die Integrationskurse. Konkret hat diese zur Folge, dass etwa die örtliche Volkshochschule beim Bundesamt für Migration und Flüchtlinge Mittel beantragt, wenn sie Integrationskurse durchführen will. Sie konkurriert dabei mit anderen Trägern. Gleiches gilt für andere Maßnahmen, die in die Kompetenz des BAMF fallen. Noch wesentlich komplizierter sind Antragstellungen bei der Europäischen Union. Fachlich entsteht beim BAMF in Nürnberg ein hoher Grad an Spezialisierung und Lenkungsmöglichkeit. Für kleine Träger ist die Maßstabvergrößerung ein Problem, denn sie konkurrieren mit großen Verbänden und für das BAMF machen große Träger die Verwaltung einfacher.

5 Herausforderungen für die Länder

Von den erwähnten Integrationskursen und der Arbeitsverwaltung abgesehen verwalten die Länder weite Bereiche der Integration, In der Bildungspolitik sind sie darüber hinaus auch für die Gesetzgebung zuständig. In allen diesen Bereichen zeigen sich große Unterschiede in den Politikergebnissen, die für die Lebensrealität der Migranten große Bedeutung haben. Sie beruhen zum Teil auf unterschiedlichen politischen Konzepten, zum Teil auf Unterschieden in der Wirtschaftskraft und zum Teil auf Unterschieden in der Verwaltungsqualität und Sorgfältigkeit.

Besorgt ist bei den „Integrationsgipfeln" der Kanzlerin der hohe Anteil von Schulabgängern ohne Abschluss mit nichtdeutscher Staatsangehörigkeit diskutiert worden. Er bewegt sich zwischen 9,6 Prozent in Hamburg und 15,8 Prozent in Sachsen. Die Länder haben sich zum Ziel gesetzt, diese Misserfolgsquoten zu verringern. Zwischen 2011 und 2013 sind die neuen Bundesländer damit vorangekommen, in fast allen alten Bundesländern sind die Werte eher schlechter geworden. Das „Integrationsmonitoring der Länder" hat Vergleiche und Veränderungsanalysen sehr vereinfacht (siehe zuletzt IntMK 2015).

Auch die Prozentsätze von Abitur und Realschulabschlüssen variieren stark, dabei gibt es aber insgesamt deutlich positive Entwicklungen. Die niedrigeren Erfolgswerte der Kinder mit Migrationshintergrund in den Schulen kontrastieren mit der Tatsache, dass Erwachsene mit Migrationshintergrund bei den Bildungsabschlüssen in etwa gleichauf mit den Einheimischen liegen. In Bayern, im Saarland, in Schleswig-Holstein und in allen neuen Bundesländern haben Migranten zu einem höheren Prozentsatz Hochschulabschlüsse als Einheimische.

Baden-Württemberg, Hessen, Nordrhein-Westfalen und Rheinland-Pfalz versorgen Kinder mit nichtdeutscher Muttersprache etwa gleich gut mit Kindergartenplätzen wie Kinder mit deutscher Muttersprache. In Bayern, Berlin, Niedersachsen und Schleswig-Holstein werden Kinder mit nichtdeutscher Muttersprache beträchtlich schlechter versorgt. Die übrigen sieben Länder haben keine Angaben gemacht.

Bei den Ausbildungsplätzen liegen die wirtschaftsstarken Bundesländer Baden-Württemberg und Bayern vorn. Allerdings sind zwischen 2011 und 2013 überall die Zahlen der Ausbildungsverhältnisse von Deutschen ebenso wie von Ausländern zurückgegangen. Deutschland hat mit dem dualen Ausbildungssystem einen viel bewunderten Vorteil gegenüber anderen Ländern, indem neben der Schul- und Hochschulausbildung ein berufsbezogener Ausbildungskanal zur Verfügung steht, der direkt in die Beschäftigung hinein führt. Auf Grund der sinkenden Ausbildungsraten wird dieses Plus aber von Jahr zu Jahr kleiner, zwischen 2011 und 2013 noch einmal um ein Prozent. Bei den Männern befinden sich 12,9 Prozent der 18 bis 21jährigen Ausländer in einer Ausbildung, gegenüber 33,4 Prozent bei den deutschen Staatsangehörigen, bei den Frauen 10,4 Prozent gegenüber 21,7 Prozent.

Auch im Bereich der Einbürgerung zeigen sich beträchtliche Unterschiede zwischen den Bundesländern (vgl. Abbildung 2). 2013 gab es in Hamburg mit Abstand die höchste Einbürgerungsrate. Drei Prozent aller Ausländer wurden in diesem Jahr eingebürgert. Der Hamburger Bürgermeister Scholz hatte Ende 2011 alle Hamburger Ausländer angeschrieben, die die Voraussetzungen für eine Einbürgerung erfüllten. Das löste eine Welle von Einbürgerungsanträgen aus. Der Hamburger Senat stockte daraufhin das Personal bei der Bearbeitung auf.

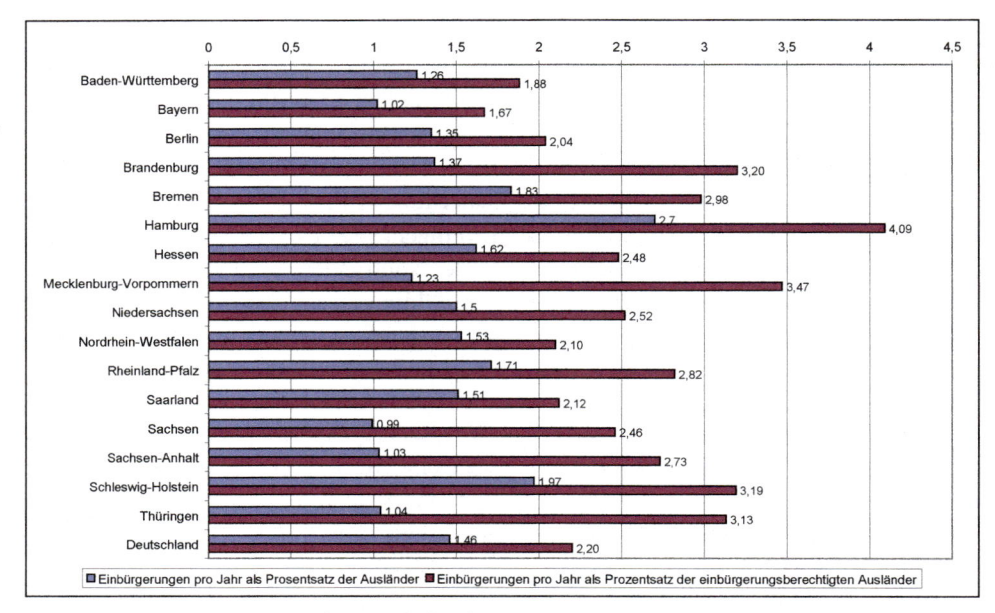

Abb. 2 Einbürgerungsraten der Bundesländer 2014
Quelle: Statistisches Bundesamt

Im Gegensatz dazu hat Bayern seit Jahrzehnten die niedrigste Einbürgerungsrate unter allen Bundesländern. Der Freistaat hält die Einbürgerungspraxis bewusst restriktiv, die Einhaltung der gesetzlichen Bestimmungen bei der Einbürgerung musste vielfach sogar durch Klagen bei Verwaltungsgerichten erzwungen werden. Sachsen hat eine ähnliche Praxis. In Brandenburg ist die Einbürgerungsrate von 2011 bis 2013 fast bis auf das bayerische Niveau zurückgegangen, ohne das dies politisches Programm war. Insgesamt sind die deutschen Einbürgerungsraten vergleichsweise niedrig, insbesondere im Vergleich zu ähnlich strukturierten Ländern wie der Schweiz, Frankreich, den Niederlanden, Großbritannien und Schweden (OECD 2015).

6 Qualitätsunterschiede bei den Kommunen

Auf der Ebene der Kommunen setzt sich dieses Phänomen fort (vgl. Abbildung 3). Ebenso wie zwischen den Bundesländern zeigen sich große Unterschiede bei den kommunalen Einbürgungsraten, in Rheinland-Pfalz beispielsweise zwischen 0,75 Prozent im Landkreis Bitburg-Prüm und 2,49 Prozent in Koblenz (Statistik Rheinland-Pfalz 2015). Forscht man nach den Gründen, so stellt man bei den Kommunen mit niedrigen Einbürgerungsraten Bearbeitungsstaus und lange Verfahrendauern fest. Ein weiterer wesentlicher Grund ist eine niedrige Qualifikation und Einstufung der zuständigen Beamten (Hagedorn 2001; Thränhardt 2008).

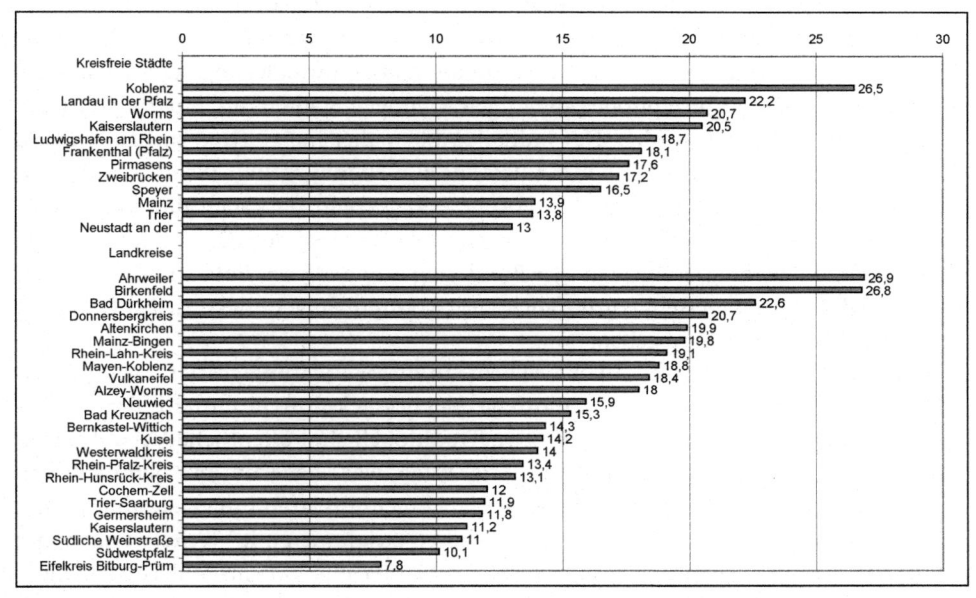

Kreisfreie Städte	Wert
Koblenz	26,5
Landau in der Pfalz	22,2
Worms	20,7
Kaiserslautern	20,5
Ludwigshafen am Rhein	18,7
Frankenthal (Pfalz)	18,1
Pirmasens	17,6
Zweibrücken	17,2
Speyer	16,5
Mainz	13,9
Trier	13,8
Neustadt an der	13

Landkreise	Wert
Ahrweiler	26,9
Birkenfeld	26,8
Bad Dürkheim	22,6
Donnersbergkreis	20,7
Altenkirchen	19,9
Mainz-Bingen	19,8
Rhein-Lahn-Kreis	19,1
Mayen-Koblenz	18,8
Vulkaneifel	18,4
Alzey-Worms	18
Neuwied	15,9
Bad Kreuznach	15,3
Bernkastel-Wittich	14,3
Kusel	14,2
Westerwaldkreis	14
Rhein-Pfalz-Kreis	13,4
Rhein-Hunsrück-Kreis	13,1
Cochem-Zell	12
Trier-Saarburg	11,9
Germersheim	11,8
Kaiserslautern	11,2
Südliche Weinstraße	11
Südwestpfalz	10,1
Eifelkreis Bitburg-Prüm	7,8

Abb. 3 Einbürgerungsquote in den Landkreisen und kreisfreien Städten von Rheinland-Pfalz 2014

Einbürgerungen bezogen auf 1.000 ausländische Bewohner im Bestand.

Quelle: Statistisches Jahrbuch der Stadt Koblenz 2015, S. 2–82.

https://www.koblenz.de/bilder/Statistik/Statistisches_Jahrbuch/statistisches_jahrbuch_2015.pdf

Dies ist nur ein Beispiel für die großen Unterschiede, die es zwischen den Verwaltungspraktiken der verschiedenen Kommunen gibt. Sie kommen zu den großen strukturellen Unterschieden hinzu, die es zwischen armen und reichen, industriellen, postindustriellen und ländlichen und zwischen Kommunen mit hoher und niedriger Arbeitslosigkeit gibt. Dies bezieht sich sowohl auf die Qualität der Koordination der Verwaltungsaktivitäten innerhalb einer Kommune wie auf das herrschende politische Klima, das von der ausgrenzenden Konfrontation bis zum integrativen Konsens reichen kann. Die lokalen Medien spielen dabei eine besondere Rolle. Ausgesprochen unterschiedlich sind auch die Betreuungsmöglichkeiten für Kinder.

7 Kommunale Initiative: Das Beispiel Münster

In den letzten Jahren haben viele Städte, Gemeinden und Kreise Leitbilder und Pläne für die Integration der Zuwanderer und das gemeinsame Zusammenleben entwickelt. Auch deutsche Städte wie München und Frankfurt haben schon seit den siebziger Jahren Bestandsanalysen und Szenarien für ihre Situation als Einwanderungsstadt entworfen. Allerdings sind diese Konzeptionen in einigen wichtigen Städten durch parteipolitische Kontroversen relativiert worden. Der radikale Abbau aller integrativen Institutionen in München 1978 (CSU-Mehrheit 1978 bis 1984) und in Hamburg 2001 (Schill-Partei) sind die extremsten Beispiele dafür. Die Gewaltwelle 1992/93 zeigt, dass auch gute kommunale Praxis durch nationale politische Ereignisse stark relativiert werden können. Andererseits hat der „Nationale Integrationsplan" der Bundesregierung, dessen Entwicklung 2006 begann und der 2007 vorgestellt wurde, auch viele Kommunen veranlasst, selbst Leitbilder und Analysen in Auftrag zu geben.

Auch der Städtetag hat wesentliche Akzente in dieser Richtung gesetzt. Dies gilt insbesondere für Bereiche wie die interkulturelle oder besser kulturelle Öffnung der Verwaltung und die Partizipation von Migranten. Traditionell sind öffentliche Verwaltungen weniger offen für die Beschäftigung von Migranten, was wiederum mit den niedrigen Einbürgerungsraten in Deutschland und der lange Zeit unklaren Einwanderungspolitik zusammenhing. Öffentliche Verwaltungen gehören zusammen mit Versicherungen und Banken zu den Bereichen mit der geringsten Rekrutierung von Ausländern, was nicht nur die Integration, sondern auch das optimale Funktionieren der Verwaltung hemmt.

Wie Schritte zu einer Optimierung von Einwanderungspolitik aussehen können, demonstriert die Stadt Münster, und zwar sowohl in Bezug auf das politische Klima als auch die Politikinitiativen. In Bezug auf die politische Diskussion wurde der „Münster-Konsens" entwickelt, in dem sich alle politischen Parteien und andere Akteure einigten, im Migrationsbereich positiv zusammenzuarbeiten und keinen Negativ-Wahlkampf auf Kosten von Migranten zu betreiben. Dieses Prinzip wurde konsequent durchgehalten. Die lokalen Medien haben dazu ebenfalls einen positiven Beitrag geleistet. Eine Inhaltsstudie stellt fest, dass die dominierende Lokalzeitung eine sensible und Problem bewusste Berichterstattung betreibt. Die Berichterstattung der lokalen Zeitungen war von Interesse für die Einwanderer-Gruppen getragen und vermied polemische Zuspitzungen, wie sie sonstige Presseanalysen vielfach ergeben.

Während der Kosovo-Krise wurde dann im Jahr 2000 einvernehmlich beschlossen, die hohe Zahl von 2000 Flüchtlingen aufzunehmen und sie über das ganze Stadtgebiet verteilt unterzubringen. Trotz einiger Stadtteil-Diskussionen konnte auch diese Verteilung erfolgreich durchgeführt werden. Im Rahmen eines EU-geförderten Aktions- und Forschungsprogramms gemeinsam mit der Stadt Enschede und der deutsch-niederländischen Euregio wurde 2004 bis 2006 ein Programm durchgeführt, mit dem nun auch die neu ankommenden Spätaussiedler über alle Stadtviertel verteilt wurden und mit einheimischen Sportvereinen, Kirchengemeinden, Kleingartenvereinen und anderen bürgerschaftlichen Organisationen in Kontakt zu bringen, um „anzudocken", wie das Schlüsselwort lautete.

Beratend wurde dazu eine „Lotsin" tätig, die den Spätaussiedlern das Konzept der Stadt erläuterte und zu Kontakten und zur weiteren Beratung zur Verfügung stand. Dahinter stand die zentrale Idee, dass die Stadt zwar nur sehr beschränkt für Arbeitsplätze sorgen konnte und Sprachförderung Sache des Bundes war, die räumliche Verteilung und die Schaffung von Beziehungsnetzen aber ein wichtiger und originärer Beitrag der Kommune sein konnte.

Bei der wissenschaftlichen Evaluation wurde klar, dass die Spätaussiedler durchaus bereit und bestrebt waren, sich unter den Einheimische niederzulassen und sich zu integrieren. Das in der Öffentlichkeit und der Literatur verbreitete Bild über die Abschottung und „Ghettobildung" der Spätaussiedler beruhte nicht auf deren Willen zu Separation, sondern auf der betriebswirtschaftlichen Rationalität der Wohnungsbaugesellschaften, die bestrebt waren, die Neuankömmlinge in ihre von Leerständen bedrohten Bestände zu bringen. Mit Hilfe gezielter Beratung im Rahmen des „Münster-Konsenses" konnte diese Hürde überwunden werden. Die Evaluation ergab, dass die auf diese Weise begleitete und beratene „Lotsen-Gruppe" höhere Integrations-, Sprach- und Arbeitsfortschritte machte als eine gleichzeitig eingewanderte Kontrollgruppe (Seveker et al. 2007). Auch eine Untersuchung von zwei Stadtteilen machte deutlich, dass der „Münster-Konsens" sich in der Gesellschaft auswirkte. Zu vermerken war schließlich auch, dass es während der gesamten Untersuchungszeit nicht zu xenophoben Übergriffen kam. Ein einzelner derartiger Übergriff in den neunziger Jahren war durch spontanes Eingreifen von Bürgern verhindert worden. Andererseits zeigte eine Spezialauswertung der Polizei, dass die Kriminalitätsbelastung der Spätaussiedler niedriger war als die der einheimischen Bevölkerung. Insgesamt macht das Beispiel deutlich, dass gezielte lokale Initiative positive Ergebnisse erbringen kann und dass es insbesondere darauf ankommt, möglichst die gesamte Stadtgesellschaft in die Integrationsarbeit einzubeziehen.[1] Anfang 2008 hat die Stadt Münster ein eigenes Dezernat für „Migration und interkulturelle Angelegenheiten" geschaffen. Sie hat ein „Migrationsleitbild" formuliert, das wiederum in einem Konsens-Prozess entstanden ist und kontinuierlich fortgeschrieben wird.

Literatur

Burkert, Carola 2015: Europa auf Wanderschaft. Gelingende Integration von europäischen Zuwanderergruppen am deutschen Arbeitsmarkt? In: Christian Pfeffer-Hoffmann (Hrsg.): Profile der Neueinwanderung – Differenzierungen in einer emergenten Realität der Flüchtlings- und Arbeitsmigration. Berlin 39–58.

Hagedorn, Heike 2001: Wer darf Mitglied werden? Einbürgerung in Deutschland und Frankreich im Vergleich, Opladen.

---

1 Zu den Konzepten und Evaluationen vgl. http://www.muenster.de/stadt/zuwanderung/ir_berichte.html.

Hunger, Uwe 2000: Der ‚rheinische Kapitalismus' in der Defensive. Eine komparative Policy-Analyse zum Paradigmenwechsel in den Arbeitsmarktbeziehungen am Beispiel der Bauwirtschaft. Baden-Baden: Nomos.

IntMK [Konferenz der für Integration zuständigen Ministerinnen und Minister] (Hrsg.) 2015: Dritter Bericht zum Integrationsmonitoring der Länder 2011–2013. Berlin

Kolb, Holger 2004: Einwanderung zwischen wohlverstandenem Eigeninteresse und symbolischer Politik. Das Beispiel der deutschen „Green Card". Münster: LIT

Kolb, Holger 2008: Plan oder Markt? Sind Punktsysteme oder andere etatistische Instrumente der Königsweg zum Integrationserfolg? In: Dietrich Thränhardt Hg., Entwicklung und Migration. Jahrbuch Migration. Münster, S. 79–99

OECD 2015: International Migration Outlook. Paris: OECD

Oswald, Anne von, Karen Schönwälder und Barbara Sonnenberger 2003: Einwanderungsland Deutschland: A New Look at its Post-War History. In: Karen Schönwälder, Rainer Ohliger, Triadafilos Triadafilopoulos (Hrsg.): European Encounters: Migrants, Migration and European Societies since 1945. London, S. 19–37

Seveker, Marina, Jörgen Svensson und Dietrich Thränhardt 2007: Wie optimieren wir Integration? Innovative Konzepte der Integrationsförderung in Münster und Enschede, Enschede/ Münster: Stadt Münster

SVR [Sachverständigenrat deutscher Stiftungen für Integration und Migration] 2015: Unter Einwanderungsländern: Deutschland im internationalen Vergleich. Berlin

Thränhardt, Dietrich 2008: Einbürgerung. Rahmenbedingungen, Motive und Perspektiven des Erwerbs der deutschen Staatsangehörigkeit. Bonn: Friedrich-Ebert-Stiftung

Thränhardt, Dietrich 2015: Die Arbeitsintegration von Flüchtlingen in Deutschland. Humanität, Effektivität, Selbstbestimmung, Gütersloh: Bertelsmann-Stiftung

Thränhardt, Dietrich 2015a: Mobilität im offenen Europa – Brain drain, brain gain, brain circulation. In: Christian Pfeffer-Hoffmann (Hrsg.): Profile der Neueinwanderung – Differenzierungen in einer emergenten Realität der Flüchtlings- und Arbeitsmigration. Berlin, S. 11–37

Venema, Mathias und Claus Grimm 2002: Situation der ausländischen Arbeitnehmer und ihrer Familienangehörigen in der Bundesrepublik Deutschland, Bonn

Vielfalt als alltägliche Normalität: Interaktionen und Einstellungen in deutschen Städten

Karen Schönwälder und Sören Petermann

Zusammenfassung

Dieser Beitrag untersucht die Beziehungen zwischen migrationsbezogener Vielfalt in Wohnvierteln, verschiedenen Formen sozialer Interaktionen zwischen alteingesessenen Deutschen und MigrantInnen sowie Diversitätseinstellungen und Vertrauen. Zugrunde liegt das Forschungsprojekt „Diversity and Contact", in dem Daten zum Zusammenleben von Personen mit und ohne Migrationshintergrund in 50 Wohnvierteln mehrerer westdeutscher Städte erhoben und ausgewertet wurden. Es wird dargestellt, ob und wie sich eine kontextuelle Vielfalt von Nachbarschaften auf verschiedene Formen sozialer Interaktionen und auf Einstellungen zu einer in den Herkunftsbezügen ihrer Mitglieder heterogenen Gesellschaft auswirkt. Hohe Migrantenanteile in der Wohngebietsbevölkerung wirken sich positiv auf lockere Interaktionen aus; negative Auswirkungen etwa auf das gegenseitige Vertrauen wurden nicht festgestellt. Vielfalt ist in deutschen Städten heute eine weithin akzeptierte Normalität.

Schlüsselbegriffe

Migration, Vielfalt, soziale Interaktionen, Intergruppenkontakte, Diversitätseinstellungen, interpersonales Vertrauen, Nachbarschaftseffekte

Was passiert eigentlich, wenn Menschen unterschiedlicher Herkunft auf relativ engem Raum zusammenleben? Streiten sie oder interessieren sie sich füreinander? Ignorieren sie sich, wie man es von dem Anonymität liebenden Großstädter erwartet? Konkurrieren sie um knappe Güter, den öffentlichen Raum? Glucken sie zusammen mit anderen Menschen, die ähnliche Biographien haben, sich in der gleichen Sprache am besten ausdrücken können oder mischen sich Freundeskreise, Cafébesucher, Kirchengemeinden, Fußballmannschaften? Was denken sie übereinander und über das Zusammenleben in solchen vielfältigen Kontexten?

Derartige Fragen können aus unterschiedlichen Perspektiven relevant sein. Soziologisch ist es interessant, welche Kriterien heute die Wahl von Gesprächspartnern, Bekannten, Freundinnen beeinflussen. Es gibt grundlegende Erkenntnisse über die Rolle von Präferenzen und Grenzziehungen (vgl. z. B. McPherson, Smith-Lovin u. Cook 2001; Fuhse 2010; Petermann 2002), aber wie das boundary making, wie Abgrenzungen und Annäherungen konkret und in spezifischen gesellschaftlichen Kontexten funktionieren, ist keineswegs klar.

Politisch relevant ist, wie diese Interaktionen etwa durch räumliche Segregation vorstrukturiert werden. Menschen wählen ja nicht frei, mit wem sie Kontakt haben. Wohnverhältnisse, Bildungswege, Arbeitsstätten strukturieren, wer wen überhaupt trifft; gesellschaftliche Hierarchien bestimmen, in welchen Rollen sich Menschen begegnen. Es ist recht gut belegt, dass „Kontakt" Einstellungen zueinander verändern kann (vgl. zusammenfassend Pettigrew u. Tropp 2011), aber wie dieser Kontakt zustande kommt, ist weniger klar. Ob allerdings der gesellschaftliche „Zusammenhalt" – was immer damit gemeint sein mag – von solchen direkten Interaktionen abhängt, ist stark umstritten. Moderne Gesellschaften werden nicht durch die persönliche Begegnung ihrer Mitglieder integriert. Eine Gesellschaft kann sehr gut funktionieren, in der viele ihrer Mitglieder Freunde mit ähnlichen Erfahrungen und Werte bevorzugen, also im Freundeskreis ‚unter sich' bleiben. NachbarInnen müssen nicht Freunde sein. Und Bewohner von Stadtvierteln müssen sich nicht kennen und mögen, um gut zusammenleben zu können (vgl. zur Debatte Portes u. Vickstrom 2011).

Immer wieder aber werden Sorgen vorgebracht, dass dort, wo besonders viele Einwanderer auf engem Raum mit Alteingesessenen zusammen leben und vor allem dort, wo eine solche ausgeprägte Diversität mit sozialer Benachteiligung einhergeht, nicht friedliche Interaktionen, sondern Konflikte entstehen könnten. In der deutschen politischen Debatte waren etwa aus dem bis Ende 2013 CSU-geführten Bundesinnenministerium Warnungen vor desintegrativen Konsequenzen von Diversität zu vernehmen. Ein damaliger Staatssekretär verband Einwanderung vor allem mit Abschottung, Entfremdung und Spannungen. Sein Ideal war nicht die vielfältige Gesellschaft, sondern eine „Verschmelzung der unterschiedlichen Gruppen auch in ihrem privaten Alltag", also eine größtmögliche Homogenität (Fritsche 2011). Später wurden solche Stimmen durch eine positive Akzentsetzung auf den Gewinn durch Vielfalt in den Hintergrund gedrängt, sie sind aber sicher nicht verschwunden aus der politischen Debatte.

In der deutschsprachigen Stadtforschung sind pessimistische und skeptische Stimmen zu den Folgen einer wachsenden Vielfalt einflussreich. Jens Dangschat (2000: 149–50) zum Beispiel assoziiert „sozio-kulturelle Heterogenisierung" mit Entsolidarisierung und Abgrenzung und beschreibt sie als Teil einer vorgeblich zunehmenden sozialräumlichen Polarisierung in den Städten. Wie er glaubt, könnte Kontakt unter Bedingungen der Unsicherheit und Konkurrenz zu verstärkt negativen Stereotypen und zunehmenden Konflikten führen (Dangschat 1998: 81f., 84). Sind solche Befürchtungen begründet? Finden sich belastbare empirische Belege dafür, dass Heterogenität Abgrenzungen provoziert und Konflikte wahrscheinlicher sind, wo die Anteile von Einwanderern an der Bevölkerung besonders hoch sind? Oder sind solche Sorgen unbegründet? Können die Menschen mit neuen Heterogenitäten positiv oder auch gleichgültig umgehen?

Umfassende empirische Untersuchungen zu diesen Fragen waren lange spärlich vorhanden – gerade für Deutschland. Ob Befunde aus den USA übertragbar sind, ist strittig. Am Max-Planck-Institut zur Erforschung multireligiöser und multiethnischer Gesellschaften wurde daher von 2009 bis 2015 in Kooperation mit PartnerInnen in Oxford und Montréal ein umfangreiches Projekt durchgeführt, um unseren Kenntnisstand über Zusammenhänge zwischen sozialräumlichen Bedingungen, Vielfalt der Bevölkerung und den sozialen Interaktionsmustern zu verbessern.[1]

Kern des Projekts „Diversity and Contact" war ein Panelsurvey, also eine wiederholte Befragung der gleichen Personen.[2] In 50 zufällig ausgewählten Wohnvierteln wurden 2010 etwa 2500 Personen befragt. 2011 und 2012 wurde die Befragung wiederholt.[3] Die Wohngebiete liegen in 16 westdeutschen Städten unterschiedlicher Größe, aber mit mindestens 50.000 Einwohnern.[4] Durch die Zufallsauswahl einer relativ großen Zahl von Wohngebieten wollten wir die „städtische Normalität" erfassen, während andere Studien unter Umständen Wohngebiete aufgrund besonderer Problemlagen auswählen. Mit Hilfe eines stratifizierten Samplings wurden Wohngebiete mit unterschiedlich ausgeprägter Diversität ausgesucht, in unserem Fall bedeutete dies Wohngebiete mit unterschiedlich hohen Ausländeranteilen (vgl. detailliert Petermann et al. 2012). Die Anteile der Bevölkerung mit Migrationshintergrund dürften in den 50 Gebieten in etwa zwischen fünf und 60 Prozent liegen.[5] Daneben wurden qualitative Studien vor allem in fünf der Gebiete durchgeführt. Die Studie bietet ein verallgemeinerbares Bild für westdeutsche Städte mit über 50.000 EinwohnerInnen.[6]

---

1 Außer den AutorInnen gehörten dem für diese Studie verantwortlichen Team Steven Vertovec, Thomas Schmitt und Jörg Hüttermann an. Kooperationspartner sind an der Universität Oxford Miles Hewstone und Katharina Schmid sowie an der McGill University Montréal Dietlind Stolle. Die Ergebnisse und ihre methodischen Grundlagen werden umfassend in einer Buchveröffentlichung vorgestellt: Schönwälder et al. 2016.

2 Alle drei Befragungen wurden telefonisch durchgeführt. Erhebungsbeginn war jeweils Mitte Mai; das Gros der Interviews war nach neun Wochen (1. Befragung) bzw. nach sieben Wochen (2. und 3. Befragung) absolviert. Die durchschnittliche Interviewzeit lag bei 40 Minuten, wobei die Wiederholungsbefragungen nur unwesentlich kürzer waren.

3 Dies ermöglicht vor allem Einsichten in kausale Zusammenhänge zwischen Interaktionen und Einstellungen, während ansonsten (in Korrelationsanalysen) häufig nur festgestellt werden kann, dass z. B. Intergruppenfreundschaften und positive Einstellungen zusammen auftreten, nicht aber was Ursache und was Wirkung ist.

4 Die Städte sind: Bochum, Delmenhorst, Dormagen, Emden, Frankfurt am Main, Gießen, Hamburg, Herten, Ingolstadt, Krefeld, Konstanz, Leverkusen, Lübeck, Mannheim, Schweinfurt und Viersen. Sie wurden in einer Zufallsauswahl ermittelt.

5 Dies kann nur geschätzt werden. Es ist weiterhin nicht möglich, für eine derartige Studie in Deutschland den Migrationshintergrund zugrunde zu legen, da entsprechende kleinräumige Daten fehlen. Die Grenzen der Wohngebiete wurden auf Basis der offiziellen statistischen Gebiete festgelegt, der Median der Einwohnerzahl ist 7.155.

6 Städte in Ostdeutschland wurden nicht einbezogen, weil wir die Folgen längerfristiger Diversität untersuchen wollten. Ob die Ergebnisse auch für kleinere Städte oder ländliche Kontexte ähnlich wären, muss offen bleiben.

Häufige Kontakte im Wohngebiet

Wohngebiete sind ein wichtiger Ort der Interaktion; wie unsere Ergebnisse unterstreichen, verbringen viele Menschen einen beachtlichen Teil ihrer Freizeit im Wohngebiet. Wir fragten „Wie oft unterhalten Sie sich in Ihrem Wohnviertel mit Menschen, die selbst oder deren Eltern nicht aus Deutschland stammen?" Waren die Befragten selbst eingewandert oder stammten ihre Eltern aus einem anderen Land, fragten wir „Wie oft unterhalten Sie sich in Ihrem Wohnviertel mit Menschen, die aus Deutschland stammen?"

Eine Mehrheit der Befragten (53 %) antwortete, sie täten dies täglich oder mindestens wöchentlich (Abbildung 1). Demgegenüber sagte etwa ein Drittel (35 %), sie hätten nie oder so gut wie nie solche Kontakte. Da Alteingesessene und MigrantInnen durchaus unterschiedliche Gelegenheiten und Motive zur Interaktion haben, verwundert es nicht, dass ihre Kontakte zur anderen Gruppe unterschiedliche Muster aufweisen. Unter unseren Befragten mit Migrationshintergrund sagten 65 Prozent, sie unterhielten sich täglich im Wohngebiet mit Alteingesessenen, weitere 20 Prozent sagten, sie täten dies sicher jede Woche. Unter den NichtmigrantInnen andererseits haben fast die Hälfte (45 %) täglich oder wöchentlich solche Kontakte, 40 Prozent haben sie seltener und eine kleinere Gruppe (16 %) sagte, dass sie sich nie im Wohngebiet mit MigrantInnen unterhalten. Hier ist zu berücksichtigen, dass unsere Studie auch Wohngebiete umfasst, in denen weniger als ein Zehntel der Bewohner Ausländer sind, die Gelegenheit zum Kontakt also eher selten ist. Aber natürlich leben auch in anderen Gebieten Menschen, die aus unterschiedlichsten Gründen keine Kontakte mit MigrantInnen haben. Die Mehrheit aber hat solche Kontakte, zumindest gelegentlich.

Die „Unterhaltungen", an die die Befragten hier dachten, dürften sowohl den Gruß unter Nachbarn, drei Sätze im Zeitungsladen als auch etwas längere Gespräche mit Bekannten umfassen. „Wenn ich den gleichen Weg immerzu laufe", erzählte etwa eine Bewohnerin des Frankfurter Nordends, dass, „wenn da Leute sind, die ein Geschäft haben, [sie] irgendwann mal anfangen einen zu begrüßen und auch anzusprechen." Eine Hamburgerin sieht einen Gemüsehändler schon als Bekannten, über dessen Familie und Integration sie Bescheid weiß: „Die sind auch sicherlich ein gutes Beispiel für Migrationserfolg. Alle seine Kinder gehen auf das Gymnasium. Der erste fängt jetzt bald an zu studieren."

Zwischen den fünfzig Wohngebieten stellten wir deutliche Unterschiede fest. Häufiger sind die Kontakte insgesamt dort, wo die Diversität größer ist, wo also mehr MigrantInnen leben (Abbildung 2). Dies klingt vielleicht zunächst wenig überraschend, ist aber ein wichtiger Befund. Er bestätigt, dass viele Menschen die durch das Zusammenleben im Wohngebiet entstehende Gelegenheit zum Kontakt auch wahrnehmen und dass sie sich angesichts ausgeprägter Vielfalt eben nicht generell vom Anderen zurückziehen oder gar mit Ablehnung reagieren. Die Kontakte werden mit ganz wenigen Ausnahmen als angenehm beschrieben; die Befragten dachten hier also in der Regel nicht an Streitigkeiten.

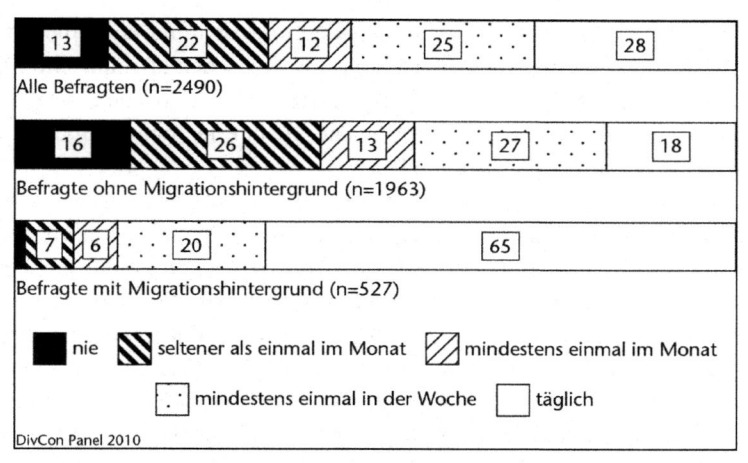

Abb. 1 Häufigkeit von Intergruppenkontakten im Wohngebiet

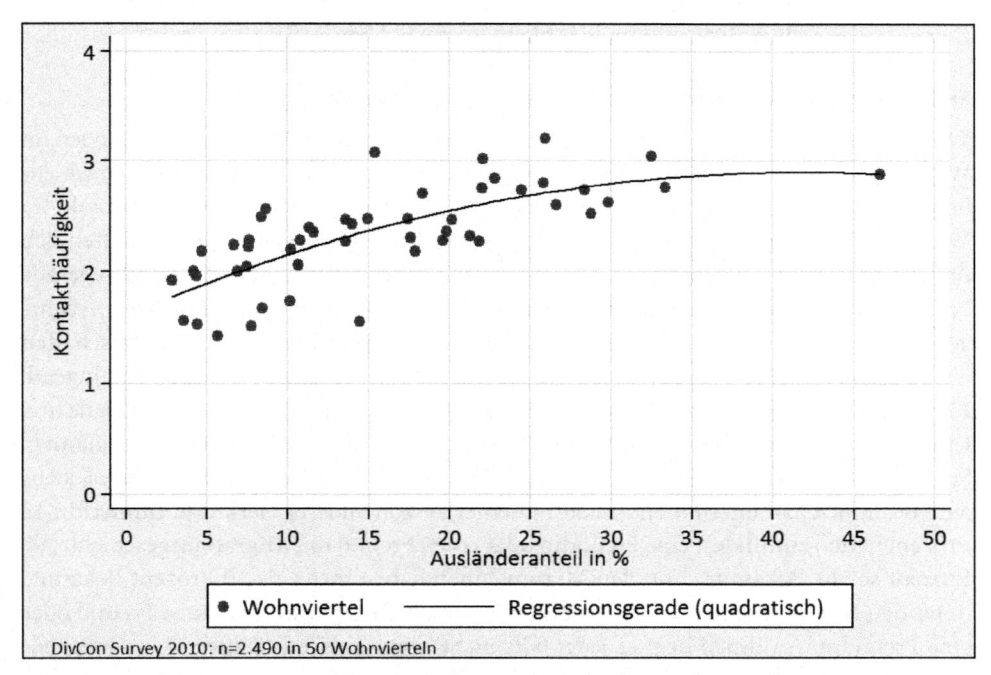

Abb. 2 Häufigkeit von Intergruppenkontakten und Ausländeranteil im Wohngebiet

Anm.: Die Punkte repräsentieren jeweils eines der 50 Wohnviertel. Ausgedrückt wird die durchschnittliche Häufigkeit von Intergruppenkontakten im Wohngebiet. 0 bis 4 steht hier für die fünf Antwortmöglichkeiten auf unsere oben zitierte Frage nach den Unterhaltungen im Wohngebiet, wobei 0 für „nie" steht, 4 für „täglich". Die weiteren Optionen waren: mindestens einmal in der Woche, mindestens einmal im Monat, seltener (als monatlich).

Für die Häufigkeit der Kontakte hat es keine Bedeutung, ob unter den MigrantInnen besonders viele sichtbar Andere (hier interpretiert als Menschen afrikanischer, asiatischer und türkischer Nationalität) sind. Es wäre ja denkbar, dass rassistische Einstellungen dazu führen, dass Kontakt abgelehnt wird. Dies ist aber nicht erkennbar; Kontakte sind nicht weniger häufig, wo viele sichtbar Andere leben.

Besonderheiten des öffentlichen Raums wirken sich auf die Intergruppenkontakte aus. Dieser Einfluss ist weniger stark als der der Diversität in der Bevölkerung, aber feststellbar. Grundlage war hier eine Klassifizierung der 50 Wohngebiete durch das Forschungsteam basierend auf Erhebungen vor Ort und weiteren Recherchen. Für Wohngebiete, die wir als eher kontaktfördernd eingeordnet hatten, da sie infrastrukturelle Einrichtungen wie Geschäfte, Fußgängerzonen u. ä. und/oder öffentliche Plätze aufweisen, die Begegnungen ermöglichen, stellten wir stärker verbreitete Intergruppenkontakte fest (vgl. auch Jacobs 2015). Vor allem in Innenstadtgebieten mit Geschäften, Märkten und einer Umgebung, die zum Flanieren und Verbleiben einlädt, berichten die BewohnerInnen von besonders vielen Unterhaltungen und Bekanntschaften zwischen Menschen mit oder ohne Migrationsgeschichte. Einfamilienhaussiedlungen am Stadtrand dagegen sind nicht unbedingt Gegenden lebendiger Interaktion; hier bleibt man wohl häufig für sich.

Freundschaften und Bekanntschaften über Grenzziehungen hinweg

Wie die Studie auch zeigt, bleibt es nicht bei den eher oberflächlichen Unterhaltungen im Wohngebiet. Auch Bekanntschaften und Freundschaften zwischen Menschen unterschiedlicher Herkunft sind verbreitet, wenn auch nicht ganz so stark wie der losere Kontakt im Wohngebiet. Letzteres ist prinzipiell nicht überraschend. Während Bekanntschaften sich durch Kontexte wie Vereine oder die Schule der Kinder ergeben können, werden gerade Freunde stärker bewusst ausgewählt; Ähnlichkeit spielt hier eine größere Rolle. Wahrgenommene Gemeinsamkeiten in Herkunft und Biographie können für Freundschaften wichtig sein. Zudem entstehen anhaltende Freundschaften häufig in Kindheit und Jugend. Für viele Alteingesessene in Deutschland bedeutet dies, in einer Zeit, als z. B. in Schule und Universität noch nicht sehr viele MigrantInnen anzutreffen waren (vgl. auch Petermann u. Schönwälder 2014). Trotzdem hatten 2010 drei Viertel der NichtmigrantInnen mindestens eine Bekanntschaft oder Freundschaft mit einer Person anderer Herkunft. Immerhin 42 Prozent hatten zumindest eine Freundin oder einen Freund mit Migrationsgeschichte, 68 Prozent solche Bekannte. Von den MigrantInnen haben mehr als 90 Prozent Bekannte unter den NichtmigrantInnen, mehr als 80 Prozent haben zumindest einen Freund oder eine Freundin. An ihnen liegt es jedenfalls nicht, wenn Freundschaften über Gruppengrenzen hinweg heute in deutschen Städten nicht noch weiter verbreitet sind. In qualitativen Interviews äußerten sich gerade Einwanderer vielfach auch enttäuscht darüber, dass Gespräche z. B. mit Nachbarn oder mit anderen Eltern oberflächlich blieben und nicht zu persönlicheren Bindungen wurden. Eine türkeistämmige Frankfurterin etwa, seit den 1970er Jahren im gleichen Haus wohnhaft, erzählt über den nachbarschaftlichen Kontakt: „Aber wir sprechen immer vor der Tür oder auf dem Boden. Wenn ich Wäsche aufhänge, dann sprechen diese mit mir. Aber sonst zum Kaffeetrinken oder so nicht. Einfach [zu mir in die Wohnung] gekommen [sind sie] noch nicht."

Wie die Bevölkerung im eigenen Wohngebiet zusammengesetzt ist, ob mehr oder weniger MigrantInnen dort leben, ist für die Existenz und Häufigkeit von Intergruppenbindungen nicht so wichtig. Zwar haben diejenigen, die in den vielfältigeren Wohngebieten leben, mehr Freundschaften bzw. Bekanntschaften über Gruppengrenzen hinweg; dies liegt nach statistischen Analysen aber nicht an dieser Vielfalt. Noch nicht einmal die Bevölkerungszusammensetzung der Stadt hat hier große Auswirkungen (vgl. detaillierter Petermann u. Schönwälder 2014). Offenbar haben auch diejenigen, die in wenig diversen Gebieten und Städten wohnen, Gelegenheiten, Bekannte und Freunde anderer Herkunft kennen zu lernen. Wie genau das funktioniert, wissen wir noch zu wenig. Die „Diversity and Contact"-Studie gibt einen Hinweis darauf, wo Intergruppenbeziehungen entstehen. Wie Abbildung 3 zeigt, spielen Freunde und Familie eine große Rolle ebenso wie der Arbeitsplatz. Die wissenschaftliche und politische Aufmerksamkeit sollte sich auf jeden Fall nicht allein auf die Stadtviertel als Kontexte der Interaktion konzentrieren. Andere Kontexte, z. B. Arbeitszusammenhänge, sind weniger erforscht und sicher von großer Bedeutung.

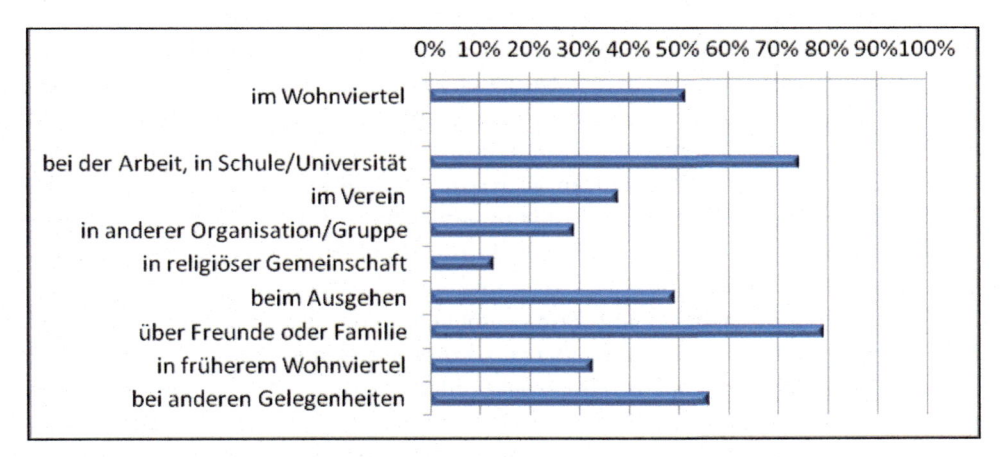

Abb. 3 Wo Intergruppenbeziehungen entstehen

Anm.: Die Abbildung stellt Antworten auf zwei Survey-Fragen dar. Gefragt wurde zunächst „Und wie viele Ihrer Familienmitglieder, Freunde und Bekannten, die selbst oder deren Eltern [nicht] aus Deutschland stammen, haben Sie in Ihrem Wohnviertel kennengelernt?" Der oberste Balken illustriert, wie viele Befragte hier mindestens eine Beziehung nannten. Anschließend fragten wir allgemeiner, „bei welchen Gelegenheiten" die Befragten diese Personen kennengelernt hatten. Die Fragetexte variierten wie angezeigt und zwar je nachdem, ob die Befragten selbst einen Migrationshintergrund hatten.

Wahrnehmungen und Bewertung von Vielfalt

Die Bevölkerung deutscher Städte nimmt überwiegend die eigene soziale Umwelt als vielfältig wahr. Diversität ist mittlerweile ein recht normaler Bestandteil von Vorstellungen der eigenen sozialen Umgebung. Im „Diversity and Contact"-Survey fragten die InterviewerInnen die TeilnehmerInnen „nach den Menschen in Ihrem Wohnviertel": „Würden Sie sagen, dass die Leute recht verschieden sind oder würden Sie sagen, dass in Ihrem Wohnviertel ein in etwa ähnlicher Schlag Menschen lebt?" Etwa zwei Drittel beschrieben die Menschen in ihrem Wohnviertel als eher verschieden, während etwa ein Drittel fand, dort lebe ein in etwa ähnlicher Schlag Menschen.

Gefragt, in welcher Hinsicht denn die Menschen verschieden oder ähnlich seien, gaben die Befragten ganz unterschiedliche Antworten. Sie verwiesen auf sozioökonomische oder soziodemographische Aspekte, Fragen des Lebensstils oder eben migrationsbezogene Aspekte. Sie erklärten zum Beispiel:

„Es ist gemischt, alles, angefangen vom Sozialfall bis zum Reichen ist alles da."
„Früher waren viele ältere Leute hier, heute leben viele junge Leute im Wohnviertel."
„Es ist alles dabei, rechts, links, Spießer, junge Leute, normale Leute."

Dass Vielfalt auch einwanderungsbedingt ist, ist der Bevölkerung bundesdeutscher Städte sehr bewusst. Etwa die Hälfte der Befragten verwiesen auf mit Einwanderung verknüpfte Aspekte von Vielfalt. Häufig wurde die migrationsbezogene Verschiedenheit gemeinsam mit anderen Dimensionen von Diversität genannt, zumeist der Altersstruktur und sozialen Aspekten: „Studenten, ältere Menschen, alle möglichen Nationalitäten", lautete etwa eine Charakterisierung der Wohngebietsbevölkerung. Oder: „Vom Hartz IV bis zum gutverdienenden Beamten ist alles vorhanden, auch sehr viel multikulti".

Migrationsbezogene Verschiedenheit wird besonders häufig als Verschiedenheit hinsichtlich der Nationalität gefasst. Neben dem Begriff „Nationalität" bzw. der Nennung von Nationalitäten sind die Begriffe „Ausländer", und durchaus auch „multikulti", gängig. Wer eine Vielfalt der Nationalitäten anführte, nannte oft die Türken, aber auch Russen und Polen. Daneben wurden der Libanon, Vietnam, Kosovo, Afghanen, Griechen und Italiener genannt, (fast) nicht aber andere Westeuropäer oder Amerikaner.

Auf verschiedene Religionen wurde fast nie verwiesen, offenbar ist eine Differenzierung in z. B. Muslime und Christen keine zentrale Dimension in der Wahrnehmung des städtischen Umfelds. Auch Statusbegriffe wie Flüchtlinge, Asylbewerber oder Aussiedler kamen 2010 fast nie vor, vielleicht weil sie in der öffentlichen Debatte damals keine große Rolle spielten. Kategorien der phänotypischen Differenz, die zum Beispiel in den USA gang und gäbe wären, wurden nur überaus selten benutzt.

In einer weiteren Surveyfrage wurden die Befragten ausdrücklich um eine Bewertung der von ihnen wahrgenommenen migrationsbedingten Vielfalt des eigenen Wohngebiets gebeten. Zunächst wurden die TeilnehmerInnen aufgefordert, ihr Wohnviertel mit einem von vier Statements zu charakterisieren. Sie konnten zum Beispiel sagen, dass dort „fast nur alteingesessene Deutsche und kaum Menschen aus anderen Ländern" oder dass „da neben alteingesessenen Deutschen sehr viele Menschen aus anderen Ländern" leben.[7] Im Mittelpunkt stand hier, wie die Menschen die Situation wahrnehmen, nicht was die Bevölkerungsstatistik aussagt.

Anschließend wurde nachgefragt: „Und wie gefällt Ihnen persönlich diese Situation?"

Durchweg dominierte Zufriedenheit mit der gegebenen Situation, ob sie nun als homogen oder heterogen wahrgenommen wurde. Auch unter denjenigen, die sagten, in ihrem Wohnviertel lebten „neben alteingesessenen Deutschen sehr viele Menschen aus anderen Ländern" (33 %) überwogen mit 57 Prozent die positiven Bewertungen dieser Situation. Sie sind allerdings etwas geringer vertreten als im Durchschnitt der Wohngebiete, wo sie 70 Prozent ausmachten.

Was denken nun die Alteingesessenen und die Neuankömmlinge übereinander und wie beeinflusst das Erleben der Vielfalt im eigenen Wohnumfeld solche Einstellungen? International ist es üblich, in großen Bevölkerungsbefragungen Standardfragen zum Vertrauen in andere Menschen ganz allgemein und in bestimmte Gruppen zu verwenden. Das gegenseitige Vertrauen wird häufig als Indikator des Ausmaßes der Integration der Gesellschaft angesehen (Delhey et al. 2011; Hartmann u. Offe 2001; Levi 1998). Auch im „Diversity and Contact"-Survey sind eine Reihe solcher Fragen enthalten. Zwei Ergebnisse erscheinen besonders wichtig: Im Ausmaß des Vertrauens in andere Menschen ganz allge-

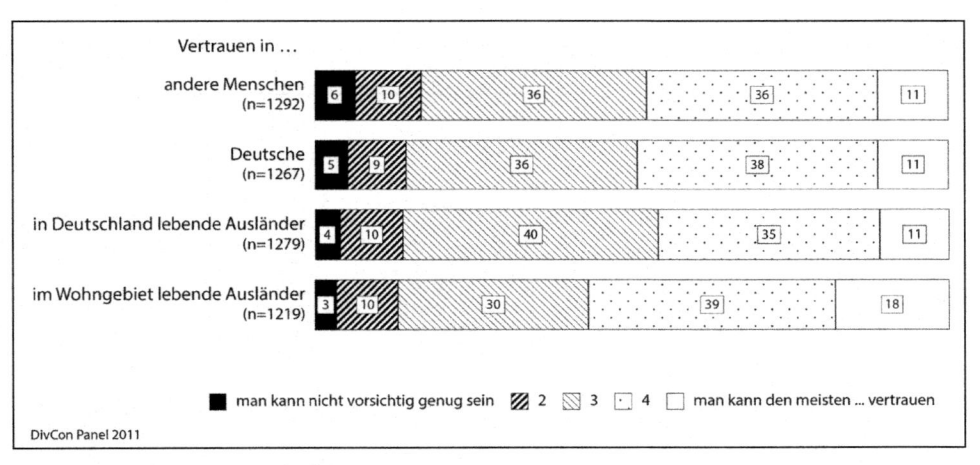

Abb. 4 Das Vertrauen in Andere

Anm. Die Frage lautete z. B. „Ganz allgemein gesprochen: Glauben Sie, dass man den meisten Menschen vertrauen kann oder dass man im Umgang mit ihnen nicht vorsichtig genug sein kann? Bitte sagen Sie es mir anhand einer Skala von eins bis fünf. ‚1' bedeutet, dass man nicht vorsichtig genug sein kann, und ‚5' bedeutet, dass man den meisten Menschen vertrauen kann. Mit den Werten dazwischen können Sie Ihre Meinung abstufen."

---

7 Als weitere Alternativen wurde angeboten, dass „da vor allem alteingesessene Deutsche, aber auch einige Menschen aus anderen Ländern" leben und dass „da überwiegend Menschen aus anderen Ländern" leben.

mein, in Deutsche und in Ausländer in Deutschland stellten wir kaum Unterschiede fest (Abbildung 4). Der Hinweis auf die eigene oder eine fremde Nationalität zur Markierung von Gruppengrenzen scheint das Vertrauen nicht merklich zu beeinflussen. Das Stichwort „Ausländer" löst keine weiteren Abgrenzungen aus. Allen drei Gruppen bringen etwa die Hälfte der Befragten Vertrauen entgegen, etwa ein Sechstel traut ihnen nicht, der Rest ist unsicher.

AusländerInnen, die im eigenen Wohngebiet leben, trauen mehr Befragte als Deutschen im Allgemeinen. Nur 13 Prozent erklärten ausdrücklich, ihnen nicht zu trauen, 57 Prozent trauen ihnen. Das Zusammenleben im Wohngebiet ist also wichtiger als die Nationalität. Während es (nicht sehr große) Unterschiede zwischen den 50 Wohngebieten gibt, hängt das Vertrauen in die AusländerInnen im Wohngebiet nicht mit der Ausländerzahl dort zusammen. Auch wo besonders viele Türkinnen und Türken leben, ist das Vertrauen in diese Gruppe genauso hoch wie anderswo. Und wer mit ihnen Kontakte hat, sich im Wohngebiet gelegentlich unterhält, tendiert dazu, mehr Vertrauen in Türkinnen und Türken zu haben. Die Kontakttheorie hat Recht, dies zeigen auch unsere Paneldaten. Sie irrte sich aber in ihrer Skepsis bezüglich oberflächlicher Kontakte. Auch sie zeigen Wirkung. Für kommunale politische Akteure kann das wichtig sein: Auch beiläufige, alltägliche Interaktionen haben Wirkung. Sie zu ermöglichen, könnte ein Anliegen politischer Interventionen sein: Wohnsegregation in extremer Form vermeiden, lebendige Stadtviertel unterstützen, Infrastrukturen fördern und so Gelegenheiten schaffen, die die Menschen dann so nutzen können, wie sie es möchten.

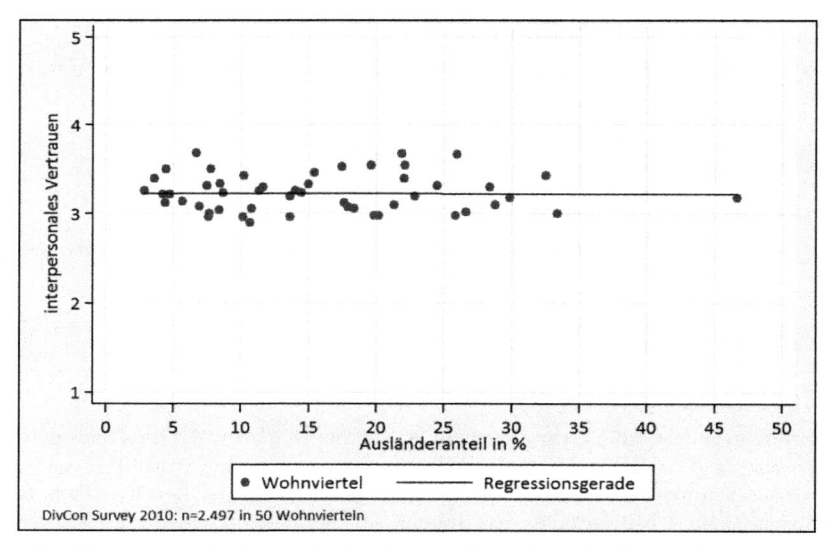

Abb. 5 Das Vertrauen in Andere in den Wohnvierteln nach Ausländeranteil

Anm.: Das interpersonale Vertrauen ist hier als Index aus dem Vertrauen in Türkeistämmige, Russlanddeutsche (als alltagssprachlichem Äquivalent für Spätaussiedler) und andere Westeuropäer gemessen. Die Antwort 1 entspricht der Meinung „man kann nicht vorsichtig genug sein", die 5 steht für „man kann den meisten ... vertrauen", 2 bis 4 erlauben Abstufungen.

Und: Wenn es stimmt, dass Vertrauen ein Indikator für den Zusammenhalt der Gesellschaft ist, dann hat Heterogenität nicht den gelegentlich befürchteten negativen Einfluss auf diesen Zusammenhalt – zumindest nicht in gegenwärtigen deutschen Städten. Egal, wie hoch der Ausländeranteil in den einzelnen Wohngebieten ist, egal wie vielfältig sie also sind, das durchschnittliche Vertrauen in Andere ist ähnlich hoch (Abbildung 5).

Die Vielfalt in deutschen Städten wird von ihren BewohnerInnen weit überwiegend begrüßt (vgl. Abbildung 6). Auch wenn es in Einzelfragen unterschiedliche Meinungen gibt – zum Beispiel zum Bau von Moscheen oder zur Vielfalt der Sprachen – ist das allgemein positive Votum zum Wert der Vielfalt eindeutig. Dies wird auch durch andere Umfragen bestätigt (vgl. etwa Zick u. Küpper 2012: 165; Wolf u. van Dick 2008: 142).

2	22	30		44

Bereicherung für eine Stadt (n=1292)

3	23	36		36

Junge Leute profitieren (n=1263)

2	9	32	35	23

Staatliche Kulturförderung (n=1263)

4	15	34	28	18

Viele Sprachen (n=1275)

18	18	27	20	16

Recht, Moscheen zu bauen (n=1269)

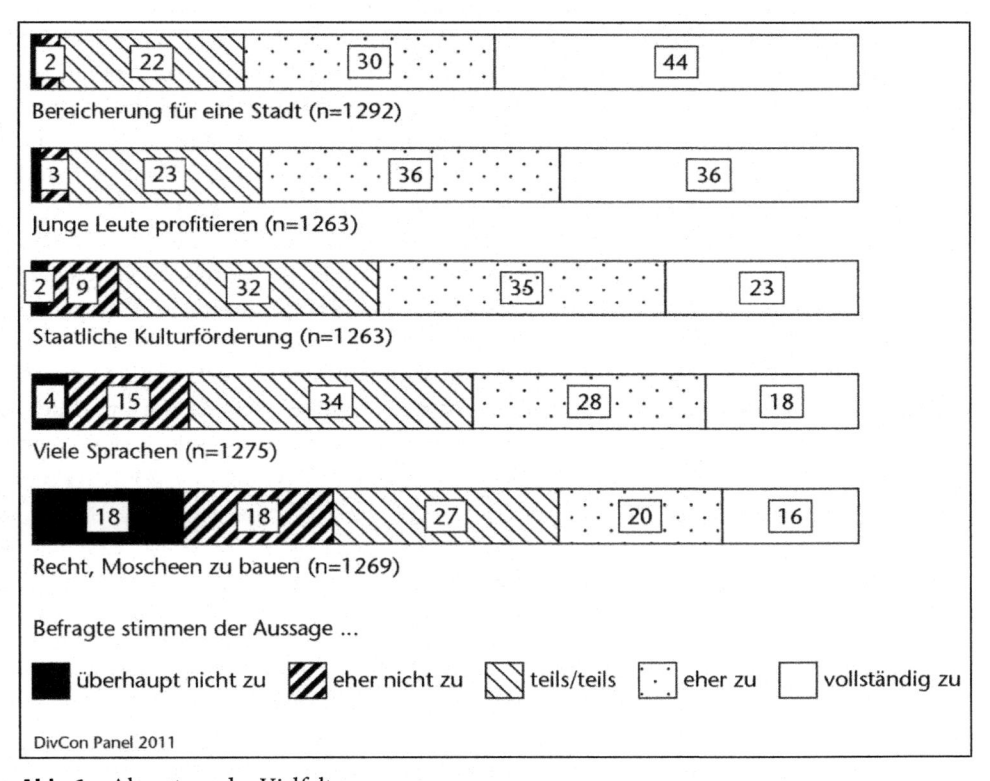

Befragte stimmen der Aussage ...

■ überhaupt nicht zu ▨ eher nicht zu ▩ teils/teils ⸬ eher zu ☐ vollständig zu

DivCon Panel 2011

Abb. 6 Akzeptanz der Vielfalt

Anm.: Gefragt wurde nach Zustimmung zu bzw. Ablehnung von folgenden Aussagen: a) Es ist eine Bereicherung für eine Stadt, wenn die Menschen unterschiedlicher Herkunft und Kultur sind. b) Junge Leute profitieren davon, mit Gleichaltrigen anderer Herkunft oder anderen Glaubens in Kontakt zu sein. c) Die staatliche Kulturförderung sollte auch die kulturellen Traditionen von Minderheiten einschließen. d) Es ist eine gute Sache, wenn bei uns auf den Straßen viele Sprachen zu hören sind. e) Die in Deutschland lebenden Muslime sollten das Recht haben, Moscheen zu bauen – auch in Ihrem Wohnviertel. Einige Fragen wurden erst ab der zweiten Welle gestellt, daher ist die Zahl der Befragten hier niedriger.

Die generelle Bereitschaft, Vielfalt als Teil der Normalität hinzunehmen, sie häufig auch ausdrücklich positiv zu bewerten, ist nicht widerspruchsfrei. Es ist vielmehr gerade typisch, dass Menschen nebeneinander unterschiedliche Überzeugungen haben, die anderen widersprüchlich erscheinen. So geht die Ansicht, dass Städte von einer Vielfalt ihrer Bewohner profitieren, nicht selten mit der Meinung einher, dass diese vielfältigen Bewohner doch besser nur eine Sprache sprechen sollten – zumindest in der Öffentlichkeit. Gerade die sprachliche Intoleranz könnte aufgrund der jahrelangen öffentlichen Kampagnen zur Bedeutung der deutschen Sprache als legitime Haltung erscheinen. Gelegentlich nimmt eine allgemein positive Haltung zur Vielfalt autoritäre Züge an, wenn Beteiligung und Interaktion gewissermaßen als Teilnahmebedingungen an der vielfältigen Gesellschaft eingefordert und Besonderheit als Verweigerung gegenüber der Gesellschaft attackiert wird. Assimilationsforderungen können so durchaus mit einem positiven Votum zur vielfältigen Gesellschaft einhergehen (vgl. auch Wessendorf 2014).

Insgesamt sprechen unsere Ergebnisse dafür, dass es die gelegentlich vermuteten negativen Wirkungen hoher Migrantenanteile auf soziale Interaktionen und gegenseitiges Vertrauen in Deutschland als allgemeines Phänomen nicht gibt. Vielmehr scheint die Diversität der Bevölkerung im Wohngebiet in mancher Hinsicht irrelevant zu sein, und auf lockere Interaktionen zwischen Menschen mit und ohne Migrationsgeschichte positiv zu wirken. Möglicherweise sind bestimmte Rahmenbedingungen in deutschen Städten günstiger als in anderen Ländern, wo zum Teil zu ähnlichen Fragestellungen abweichende Ergebnisse vorgelegt wurden. Die in Deutschland relativ geringe räumliche Segregation (Schönwälder u. Söhn 2009), geringere Unterschiede zwischen den Lebensbedingungen in unterschiedlichen Stadtvierteln und relativ umfassende wohlfahrtsstaatliche Strukturen dürften sich auf soziale Interaktionen und die Akzeptanz von Einwanderung auswirken. Das Zusammenleben in einer vielfältigen Umgebung und soziale Interaktionen zwischen Menschen unterschiedlicher Herkunft gehören heute zu einer weithin akzeptierten städtischen Normalität in Deutschland.

Literatur

Blinder, Scott, Robert Ford und Elisabeth Ivarsflaten 2013: The Better Angels of Our Nature: How the Antiprejudice Norm Affects Policy and Party Preferences in Great Britain and Germany. In: American Journal of Political Science, 57(4), S. 841–857

Dangschat, Jens S. 1998: Warum ziehen sich Gegensätze nicht an? Zu einer Mehrebenen-Theorie ethnischer und rassistischer Konflikte um den städtischen Raum. In: Wilhelm Heitmeyer (Hrsg.) Die Krise der Städte. Analysen zu den Folgen desintegrativer Stadtentwicklung für das ethnisch-kulturelle Zusammenleben. Frankfurt am Main: Suhrkamp, S. 21–96

Dangschat, Jens 2000: Sozial-räumliche Differenzierung in Städten: Pro und Contra. In: Annette Harth, Gitta Scheller und Wulf Tessin (Hrsg.): Stadt und soziale Ungleichheit. Opladen: Leske und Budrich, S. 141–159.

Delhey, Jan, Kenneth Newton und Christian Welzel 2011: How General Is Trust in "Most People"? Solving the Radius of Trust Problem. In: American Sociological Review, 76(5), S. 786–807

Drever, Anita 2008: Germans in Germany's Ethnic Neighborhoods. In: Schmollers Jahrbuch: Zeitschrift für Wirtschafts- und Sozialwissenschaften, 128 (1), S. 175–190

Fritsche, Klaus-Dieter 2011: Zur Bedeutung des gesellschaftlichen Zusammenhalts. Rede anlässlich der „Nürnberger Tage für Integration" am 19. Mai, www.bmi.bund.de

Fuhse, Jan A. 2010: Zu einer relationalen Ungleichheitssoziologie. In: Jan A. Fuhse, Stefanie Mützel (Hrsg.) Relationale Soziologie. Wiesbaden: VS Verlag für Sozialwissenschaften, S. 79–90

Hartmann, Martin und Claus Offe 2001: Vertrauen. Die Grundlage des sozialen Zusammenhalts. Frankfurt/New York: Campus

Hewstone, Miles 2009: Living apart, living together? The role of intergroup contact in social integration. In: Proceedings of the British Academy, 162, S. 243–300

Jacobs, Christian 2016: How public space affects interethnic contact: A methodological conceptualization. Göttingen: Max Planck Institute for the Study of Religious and Ethnic Diversity, Working Papers

Levi, Margaret 1998: A State of Trust. In: Valerie Braithwaite und Margaret Levi (Hrsg.): Trust and Governance. New York: Russell Sage Foundation, S. 77–101

McPherson, Miller, Lynn Smith-Lovin und James M. Cook 2001: Birds of a Feather: Homophily in Social Networks. In: Annual Review of Sociology 27, S. 415–444

Petermann, Sören 2002: Persönliche Netzwerke in Stadt und Land: Siedlungsstruktur und soziale Unterstützungsnetzwerke im Raum Halle/Saale. Wiesbaden: Westdeutscher Verlag

Petermann, Sören, Joe Heywood, Miles Hewstone, Jörg Hüttermann, Katharina Schmid, Thomas Schmitt, Karen Schönwälder, Dietlind Stolle und Steven Vertovec 2012: The "Diversity and Contact" (DIVCON) Survey 2010 (wave 1) – Technical Report. Göttingen: Max Planck Institute for the Study of Religious and Ethnic Diversity

Petermann, Sören und Karen Schönwälder 2013: Transnationalismus im Innern? Die sozialen Netzwerke deutscher Stadtbewohner(innen). In: Soziale Welt, 64 (3), S. 317–335

Petermann, Sören und Karen Schönwälder 2014: Immigration and Social Interaction. In: European Societies, 16 (4), S. 500–521

Petermann, Sören und Karen Schönwälder 2012: Gefährdet Multikulturalität tatsächlich Vertrauen und Solidarität? Eine Replik. In: Leviathan, 40 (4), S. 482–490

Pettigrew, Thomas F. und Linda R. Tropp 2011: When Groups Meet. The Dynamics of Intergroup Contact. New York: Psychology Press

Portes, Alejandro und Eric Vickstrom 2011: Diversity, Social Capital, and Cohesion. In: Annual Review of Sociology, 37, S. 461–479

Rippl, Susanne 2008: Zu Gast bei Freunden? Fremdenfeindliche Einstellungen und interethnische Freundschaften im Zeitverlauf. In: Kölner Zeitschrift für Soziologie und Sozialpsychologie, Sonderheft 48, S. 488–512

Schönwälder, Karen 2008: Reformprojekt Integration. In: Jürgen Kocka (Hrsg.): Zukunftsfähigkeit Deutschlands. Sozialwissenschaftliche Essays. Bonn: Bundeszentrale für politische Bildung, S. 315–334

Schönwälder, Karen und Janina Söhn 2009: Immigrant Settlement Structures in Germany: General Patterns and Urban Levels of Concentration of Major Groups. In: Urban Studies, 46 (7), S. 1439–1460

Schönwälder, Karen, Sören Petermann, Jörg Hüttermann, Steven Vertovec, Miles Hewstone, Dietlind Stolle, Katharina Schmid und Thomas Schmitt 2016: Diversity and Contact. Immigration and Social Interaction in German Cities (Global Diversities Series). Basingstoke: Palgrave Macmillan

van Deth, Jan W. 2001: Wertewandel im internationalen Vergleich: Ein deutscher Sonderweg? In: Aus Politik und Zeitgeschichte, 29, S. 23–30

Welzel, Christian 2009: Werte- und Wertwandelforschung. In: Viktoria Kaina und Andrea Römmele (Hrsg.): Politische Soziologie. Ein Studienbuch. Wiesbaden: VS Verlag für Sozialwissenschaften. 109–139

Wessendorf, Susanne 2014: Commonplace Diversity: Social Relations in a Super-diverse Context. Basingstoke: Palgrave Macmillan

Wolf, Carina und Rolf van Dick 2008: Wenn anders nicht schlechter bedeutet. Die Wertschätzung von Vielfalt fördert die Gleichwertigkeit der Gruppen. In: Heitmeyer, Wilhelm (Hrsg.): Deutsche Zustände 6. Frankfurt/Main: Suhrkamp, S. 137–153

Zick, Andreas und Beate Küpper 2012: Zusammenhalt durch Ausgrenzung? Wie die Klage über den Zerfall der Gesellschaft und die Vorstellung von kultureller Homogenität mit Gruppenbezogener Menschenfeindlichkeit zusammenhängen. In: Wilhelm Heitmeyer (Hrsg.): Deutsche Zustände 10. Berlin: Suhrkamp, S. 152–176

„Quartiersentwicklung für alle"?
Von Integrationsdiskursen und Quartierspolitiken

Olaf Schnur

Zusammenfassung

Die ökonomische Globalisierung, neue Migrationsformen und -ströme, der soziodemographische Wandel und zunehmende Fragmentierungstendenzen setzen die städtischen Gesellschaften und die kommunale Steuerung unter Handlungsdruck. Die Quartiersebene nimmt bei den Debatten um gelingende Integration von MigrantInnen inzwischen eine herausragende Stellung ein: Einerseits werden manchen stark segregierten Stadtvierteln parallelgesellschaftliche Strukturen zugeschrieben und deren Bewohnergruppen Abschottungstendenzen unterstellt, andererseits ist es zur gängigen Programmformel geworden, dass „Integration vor Ort" beginne, also im sozialen Nahraum, in der Nachbarschaft, im Quartier. Der Beitrag skizziert die wesentlichen Diskurse und zeigt Widersprüche auf, die zwischen konzeptionellen und politischen Konzepten, Stadtentwicklungsprogrammen und der Alltagspraxis auftreten. Er endet mit Thesen für eine Weiterentwicklung quartiersbezogener Integrationspolitik.

1   Einleitung

Seit den 1990er Jahren haben sich die Rahmenbedingungen der Stadtentwicklung grundlegend verändert. Die ökonomische Globalisierung, neue Migrationsformen und -ströme, der soziodemographische Wandel und zunehmende Fragmentierungstendenzen setzen städtische Gesellschaften und kommunale Steuerung unter Handlungsdruck. Diese Entwicklungen, die sich bereits in den 1970er Jahren mit der „Fordismuskrise" andeuteten, werden von manchen als Übergang von einem fordistischen zu einem postfordistischen Akkumulationsregime, von anderen als Transformation von der klassischen Moderne zu einer zweiten, reflexiven oder Post-Moderne interpretiert (vgl. z. B. Esser u. Hirsch 1987, Beck et al. 1996). Neben sozialen Schieflagen, die in den Städten auch räumlich sichtbar werden, haben wir es mit einem Wandel von Regulationsweisen zu tun, die „unternehmerisch" und auf neue Governance-Formen ausgerichtet sind (vgl. stellvertretend Harvey 1989, Mayer 1996).

Die Quartiersebene nimmt bei den Debatten um gelingende Integration von MigrantInnen inzwischen eine besondere Stellung ein: Einerseits werden manchen stark segregierten Stadtvierteln parallelgesellschaftliche Strukturen zugeschrieben und deren Bewohnergruppen Abschottungstendenzen unterstellt („no-go-areas"), andererseits ist es zur gängigen Programmformel geworden, dass Integration „vor Ort" beginne, also im sozialen Nahraum, in der Nachbarschaft, im Quartier.

Zweifellos ist es das lebensweltliche Umfeld, das für das alltägliche Zusammenleben, für die Begegnung mit Fremdem und Bekanntem, für die individuellen Handlungsspielräume und die Möglichkeiten der Teilhabe bei vielen Menschen eine besondere Rolle spielt. Je nach Lebenslage, Stellung im Lebenszyklus und Lebensstil und je nach Quartierstyp variiert die Konstellation: So sind die Abhängigkeiten und Bedürfnisse im sozialen Nahraum etwa bei älteren Menschen andere als bei jungen, kreativen Urbaniten – beide Gruppen jedoch benötigen für das Gelingen ihres Alltags aus unterschiedlichen Motiven ein geeignetes Quartiersumfeld (vgl. Schnur 2013a). Gerade Menschen mit Migrationshintergrund werden in der Regel als „quartiersaffin" beschrieben, wohl vor allem deshalb, weil überdurchschnittlich viele MigrantInnen mit einer schwierigen sozialen Lage zurechtkommen müssen und deshalb auf den Sozialraum besonders angewiesen sind. Allerdings werden hier bereits die Probleme des Attributs „MigrantIn" deutlich, die zu einer Pauschalierung, Verallgemeinerung und Stigmatisierung von Individuen, Gruppen und Orten führen können.

Im Folgenden soll es darum gehen zu eruieren, wo Widersprüche zwischen Politik und Praxis auftreten und Thesen zu entwickeln, wie Integration und Partizipation von MigrantInnen im Quartierskontext besser gelingen können. Dabei werden sowohl grundsätzliche Konzepte als auch politische Kontexte einbezogen, hier insbesondere das Bund-Länder-Programm „Soziale Stadt", welches eine integrierte, quartiersbezogene Stadtentwicklung vorantreiben soll, und das von manchen – überspitzt – gar als eine Art „Integrationsprogramm für MigrantInnen" im Quartierskontext verstanden wird. Das Programm „Soziale Stadt" kann außerdem als prototypisch für einen generellen sozialraumorientierten Policy-Trend betrachtet werden.

2 „Wicked concepts": „Integration" und „MigrantInnen"

Zum Thema Integration existiert eine Vielzahl von Theorien und mehr oder weniger normativ geprägten Konzepten aus unterschiedlichen Disziplinen und kontroversen Perspektiven. Auf eine erneute umfassendere Darstellung dieser viel beschriebenen und kommentierten Debatten soll hier unter Verweis auf einschlägige Publikationen verzichtet werden (z. B. Imbusch u. Heitmeyer 2008).

Inzwischen besteht ein weitgehender Konsens darüber, dass die klassischen Integrationskonzepte zwar durchaus ihren heuristischen Wert behalten, in der postmodernen Realität des 21. Jahrhunderts jedoch nur noch eine begrenzte Aussagekraft haben können. Die klassisch-moderne Idee von Assimilationsmodellen, dass MigrantInnen als Individuen in mehreren Stufen die Identität der Aufnahmegesellschaften annehmen würden (oder dies sollten), wird inzwischen weitgehend angezweifelt. Dies betrifft in gleichem Maße Konzepte des kulturellen Pluralismus („Multikulturalismus"), welche im Wesentlichen ein Nebeneinander ethnischer Gruppen präferieren. Dieser Ansatz fungierte zwar über Jahre hinweg als eine Art bürgerlich-liberale, „grüne" und weitgehend aus urbanen Kontexten entstandene Alternative zu den gängigen (politisch meist konservativ zu verortenden) Assimilationsmodellen, hat aber einen ähnlich essentialistischen Charakter: Auch hier geht es oft um eine Einteilung in Herkunfts- und Aufnahmeländer, eine Vorstellung homogener Gruppen und um relativ starre Zugehörigkeitskonzepte, basierend auf einem ebenso essentialistischen Kulturbegriff (West 2013: 209ff.). Über ethnische Attribuierungen entstehen „imagined communities" (Anderson 1998) – „die Türken", „die Araber", „die Russen" etc. – die in keiner Weise der Vielfalt der bezeichneten Gruppen und Individuen gerecht werden und als Instrument benutzt werden können, um Distinktion, Stigmatisierung, Exklusion oder eine Kriminalisierung zu konstruieren, wie auch Talja Blokland anmerkt: „Ethnicity divides groups of people who perceive categorical differences between each other, possibly linked with inequalities. The experience of ethnic categorial differences is a social construction" (Blokland 2003: 188). Generell wird die Prämisse, dass sich Individuen an Gruppen, Gruppen aneinander oder an eine Mehrheit im Hinblick auf eine dominante kulturelle Ausrichtung anzupassen hätten, zunehmend kritisiert.

Untersuchungen zu Migrantenmilieus (z. B. vhw Bundesverband Wohnen und Stadtentwicklung 2009) zeigen außerdem in großer Deutlichkeit, dass MigrantInnen nicht nur eine enorme ethnische Vielfalt repräsentieren, sondern in ihrer sozialen Differenziertheit, ihren Wertorientierungen und Zielvorstellungen in vielerlei Hinsicht mit Milieus der „Mehrheitsgesellschaft" vergleichbar sind – mit anderen Worten: Die Relevanz ethnischer Zuschreibungen tritt bei näherer Betrachtung weit hinter die der sozialen Attribute zurück, und die Frage stellt sich zwangsläufig, was „die einen" von „den anderen" eigentlich genau unterscheiden mag. Die bisweilen als „Problemgruppen" aufgefassten Anteile unter den MigrantInnen (z. B. solche mit traditionalistischen Orientierungen, denen man nicht selten eine Affinität zum Aufbau ethnisch-sozialer Parallelstrukturen unterstellt), fallen dementsprechend auch deutlich weniger ins Gewicht als vielfach angenommen wird. Das Denken in dualen Figuren („Wir vs. Andere", „Mehrheits- vs. Minderheitsgesellschaft" etc.), wie es in vielen traditionellen Theorien, aber auch heute in Politik- und Alltagswelt-Diskursen immer wieder vorzufinden ist spiegelt nicht annähernd die vorzufindenden Verhältnisse wider (vgl. Beer 2013). Sieht man einmal von den Definitionsproblemen ab, die logischer Weise auch das statistische Attribut „Migrationshintergrund" mit sich bringt, kann man trotzdem sagen, dass der Anteil von Menschen mit Migrationshintergrund in vielen Städten in Deutschland bei einem Drittel bis unter fünfzig Prozent liegt, bei den Jugendlichen sogar oft deutlich darüber (vgl. Statistische Ämter des Bundes und der Länder 2013).

In neueren Theorien werden deshalb die zunehmenden Tendenzen zur Herausbildung hybrider Identitäten, von Transkulturalität, Mehrfachintegrationen via Transethnizität und Transnationalität oder von Heterolokalismen im Rahmen neuer Formen der internationalen Migration hervorgehoben (vgl. Pries 2003, Römhild 2003, Zelinsky u. Lee 1998, West 2013:

217ff.). Neuere Integrationskonzepte gehen deshalb auch stärker vom Individuum aus, wie etwa das Konzept der „Interkultur" – hier im Sinne des viel diskutierten Ansatzes von Mark Terkessidis –, das vor allem auf die Einbettung von Menschen mit Migrationshintergrund als Individuen in barrierefreie Institutionen abzielt (Terkessidis 2010: 138ff.). Terkessidis fordert entsprechend eine „Vielheit, deren kleinste Einheit das Individuum als unangepasstes Wesen ist, als Bündel von Unterschieden" (ebd.: 126). Ideen wie die der Interkultur verweisen damit implizit auf das „Simmelsche" Großstadtverständnis: Urbanität entsteht entsprechend erst auf der Basis von „Fremdheit" und „Differenz", die aber gerade in der Stadt als normal und handhabbar empfunden werden (vgl. auch Häußermann, Läpple u. Siebel 2008: 322).

3 Quartier und Integration: Zusammenhänge

Oftmals ist es dabei gerade das sozialräumliche Setting Quartier, dem jenseits der Nationalstaatlichkeit, der Ethnizität oder des sozialen Status neue, zusätzliche oder substituierende Identifikationsmöglichkeiten zugetraut werden. In den jüngeren Diskursen werden vermehrt die positiven Effekte hervorgehoben, die das Quartier bisweilen als „Integrationsmaschine" oder „Migrationsort" auszeichnen (vgl. Schnur, Zakrzewski u. Drilling 2013). Diese Perspektive wird durch neuere Migrations- und Integrationstheorien eher noch verstärkt, weil sie oft die Bedeutung von lokaler Identifikation, individuellen Ressourcen und Netzwerken betonen: Trotz zu beachtender individueller oder sozialer Unterschiede kann das Quartier, welches Betroffenheiten vor Ort erzeugt und deshalb ganz besondere Potenziale für Engagement und Partizipation bereithält, als eine wichtige Ressource zur Bewältigung des Alltags gelten. Nicht nur für MigrantInnen kann das eigene Quartier als alltäglicher Dreh- und Angelpunkt des Lebens, als „Basislager" oder als „Hub" in die globalisierte Welt und als Schnittpunkt verschiedener Identitäten fungieren.

3.1 Der Quartiersbegriff

Ähnlich wie der Begriff „Integration" wird auch der Terminus „Quartier" inflationär verwendet – und eher selten reflektiert. Dabei blickt die Quartiersforschung auf eine lange Tradition zurück, die zahlreiche Theorieperspektiven aus unterschiedlichen Disziplinen hervorgebracht hat (vgl. vertiefend Schnur 2014b). Gemeinsame Ursprünge der Quartiers- und der Integrationsforschung finden sich z. B. in der Chicagoer Schule der Sozialökologie, wo so genannte „natural areas" (vergleichbar mit homogenen Einwandererquartieren) einen „race relations cycle" räumlich abbilden, mit dem Individuen durch soziale Aufwärtsmobilität einen wettbewerbsorientierten Assimilationsprozess durchlaufen (Park u. Burgess 1925). In der heutigen Forschung werden Vorstellungen von „Quartier" präferiert, welche die Relationalität, die soziale Konstruiertheit und die Lebensweltlichkeit in den Vordergrund rücken (vgl. zusammenfassend Schnur 2014b). Demnach kann das Quartier definiert werden als „ein kontextuell eingebetteter, durch externe und interne Handlungen sozial konstruierter, jedoch unscharf konturierter Mittelpunkt-Ort alltäglicher Lebenswelten und individueller sozialer Sphären, deren Schnittmengen sich im räumlich-identifikatorischen Zusammenhang eines überschaubaren Wohnumfelds abbilden" (ebd.: 43). Im Mittelpunkt dieses Begriffsverständnisses stehen also Relationen zwischen Mensch und gebauter Umwelt, Lebenswelt und sozialer Interaktion bzw. Identifikation. Anders als bei administrativen oder territorialen Vorstellungen von Quartier ist hier keine exakte Abgrenzung eines Quartiers notwendig, mehr noch: Sie wird unmöglich und entspricht damit den heterogenen subjektiven, gruppenspezifischen und prozesshaften Perspektiven auf ein Quartier als dynamischer Lebenswelt, die eingebettet ist in translokale und sogar globale Zusammenhänge. Nahraum und Globalität sind in diesem Verständnis aufeinander bezogen und stellen keinen Widerspruch mehr dar, sondern die Enden einer Parabel.

In einem solchen Quartier als einer fluiden, sozialräumlichen Übereinanderschichtung sozialer, kultureller, identifikativer, aber eben auch materieller und infrastruktureller Layer sind wesentliche Ressourcen für eine gelingende „Integration" zu verorten. Quartierskontexte im Sinne der obigen Definition bieten eine große Flexibilität und Adaptivität bezüglich der sich rasch ändernden Bedürfnisse (nicht nur) von MigrantInnen in einem städtischen Umfeld. Das Quartier hat also das Potenzial, buchstäblich Raum für soziale Experimente, für eine große Bandbreite an identifikativen Zuschreibungen und für eine Vielfalt an Ressourcen zu sein. Mit anderen Worten könnte man von einem besonderen Potenzial des Quartiers für eine „resiliente" soziale Stadtentwicklung sprechen, für die auch eine gelingende Integration ein zentraler Erfolgsfaktor darstellt (Schnur 2013b).

3.2 Homogene Quartiere – gut oder schlecht?

Diese theoretisch begründbaren Quartierspotenziale stellen sich in der Realität als ambivalent heraus (im Folgenden nach Schnur, Drilling u. Zakrzewski 2013: 16f.). Die häufige soziale Benachteiligung von MigrantInnen zeigt sich vor allem im Bildungssektor und auf dem Arbeitsmarkt, aber auch räumlich als Segregation. Es bilden sich mehr oder weniger „homogene" „Migrantenquartiere" auf freiwilliger Basis (z. B. um gezielt die Nähe von Menschen mit einer ähnlichen Migrationserfahrung zu suchen) und auf unfreiwilliger Basis (z. B. aufgrund von Diskriminierungen am Wohnungsmarkt). Die Bewertung, wie relevant solche homogenen Quartiere als sozialräumliche Ressource und als Integrationskontext sind, ist schwierig: Während bestimmte Formen lokalen Sozialkapitals bei zunehmender Segregation als Quartiersressourcen positiv bewertet werden können (vgl. Schnur 2001), können etwa Sackgassen für die soziale Mobilität („ethnic mobility trap", Wiley 1967) wiederum als höchst problematisch gelten (vgl. Farwick 2012: 389f., 405ff.).

Ethnische Enklaven als Ankunftsorte

Ethnische Enklaven bzw. Einwanderungskolonien können durchaus als günstige Ankunftsorte für Zuzügler in einem anderen Land gelten. Eine Voraussetzung für die Herausbildung solcher Quartiere ist eine hohe „Migrantendichte", denn nur so kann eine kleinräumige „ethnische Infrastruktur" wirtschaftlich betrieben werden (vgl. Marcuse 1998). Die resultierende sozialräumliche Struktur ermöglicht Zuzüglern ihre verfügbaren Kapitalarten optimal zu nutzen oder zu substituieren. Mit einem gezielten und effektiven Einsatz von physischem Kapital (z. B. Zugang zu Krediten), Sozialkapital (z. B. Zugang zu sozialen Netzwerken) und kulturellem Kapital (z. B. kulturellen Praktiken) steigt die Wahrscheinlichkeit besserer Orientierung und Selbstorganisation von MigrantInnen (vgl. Berger, Galonska u. Koopmans 2004). Ein solches Setting kann zum Aufbau kollektiver Selbsthilfe (capacity building), der Artikulation von Interessen, zu einer psychosozialen Stabilisierung Einzelner oder zur Konfliktvermeidung beitragen (vgl. etwa Heckmann 1992: 96ff., sog. „Konflikthypothese"). Gerade die häufig vernachlässigte „3. Säule Sozialkapital" (Schnur 2008) schafft Handlungsspielräume und kann entscheidend sein für eine Inklusions- oder Exklusionstendenz auf der Subjektebene (Abbildung 1). Gleichzeitig ist es ein strategischer Ansatz für eine gelingende Integrationspolitik auf der professionellen, intermediären Akteursebene (z. B. durch Quartiersmanagement-Büros, soziale Träger etc.) (Schnur 2003).

Ethnische Segregation und Selbstreferentialität

Ethnische Segregation wird in der Literatur oft dann als problematisch bewertet, wenn dadurch der interethnische Austausch zum Erliegen kommt und eine Gruppe mehr oder weniger isoliert lebt. Das Verhältnis von potenziell exkludierendem „bonding social capital" gegenüber dem eher inkludierenden „bridging social capital" (vgl. Putnam u. Goss 2001) verschlechtert sich mit zunehmender Homogenität von Quartieren. Den Faktor einer „institutionellen Vollständigkeit" (institutional completeness) und der Autonomie von sozialen Infrastrukturen, Medien oder politischen und juristischen Organen betrachten viele Experten (Häußermann u. Siebel 2007: 107, vgl. Breton 1964) als ein Indiz für die Herausbildung von gettoähnlichen Strukturen. Bei manchen sozialen Gruppen, meist wiederum Benachteiligten, kann dies Überfremdungsängste verursachen und zu Debatten wie denjenigen über „Parallelgesellschaften" sowie zu sozialen Konflikten führen (vgl. Heitmeyer 1998), die häufig durch Ethnisierungen überlagert und als ethnische Auseinandersetzungen missverstanden werden. In problematischen, homogenen sozialräumlichen Settings können selbstreferenzielle Bezüge sozialer Gruppen so stark werden, dass sie in vielerlei Hinsicht integrationshemmend wirken. So kann es z. B. für BewohnerInnen eines solchen Quartiers schwieriger werden, zu relevanten Informationen über Stellenangebote zu gelangen. Sie werden damit vom regulären Arbeitsmarkt weiter abgeschnitten. Ein Quartierssetting, das auf ethnische Isolation hinausläuft (ungeachtet der Tatsache, ob dies freiwillig oder erzwungen geschieht) kann also enorm benachteiligend wirken (vgl. u. a. Hoffmann-Nowotny 1993, Esser 1993: 51ff. oder Krummacher 1998: 330).

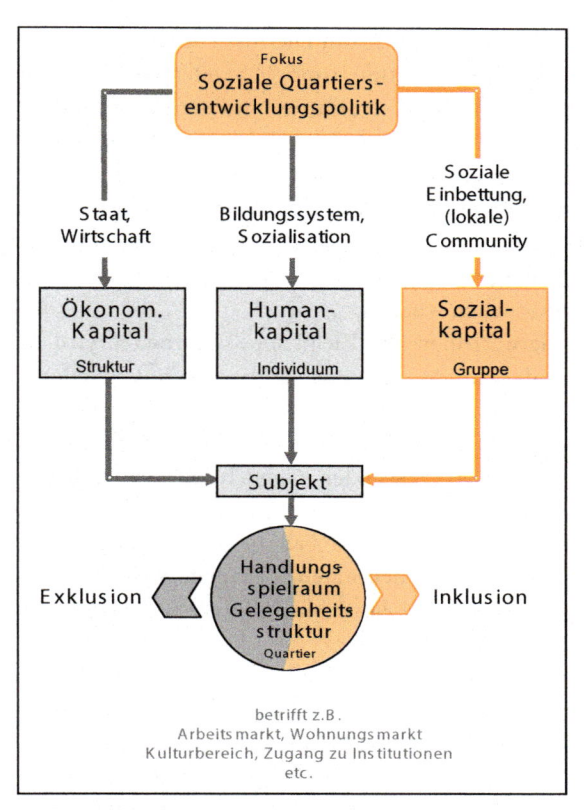

Abb. 1 Drei Säulen sozialer Stadtentwicklung
Quelle: Eigener Entwurf, nach Schnur 2003

Ethnische Segregation – ein Problem?

Dass die „bloße Existenz von ethnischer Konzentration […] noch keine Schlüsse auf ihre Effekte zu[lässt]" (Häußermann u. Siebel 2007: 107), liegt auf der Hand. Auch dass deren Ausprägung von vielen internen und externen Faktoren abhängig ist, wie z. B. vom Individualverhalten oder der gesellschaftlichen Offenheit (ebd.: 110), dürfte unstrittig sein. Außerdem ist das Ausmaß der Segregation einzelner ethnischer Gruppen auf der Quartiersebene in Deutschland (z. B. im Vergleich zu den USA) relativ gering. Wo tatsächlich stärkere Konzentrationen von MigrantInnen auftreten, betreffen diese meist Menschen unterschiedlichster Herkunft und Ethnizität bzw. eine Vielzahl differierender Gruppen, deren größte Gemeinsamkeit oft die soziale Benachteiligung sein dürfte.

Unabhängig vom Grad der Segregation oder Homogenität materialisieren sich in vielen Quartieren wichtige Ressourcen, welche die BewohnerInnen (ggf. also auch MigrantInnen) zur Alltagsbewältigung und Teilhabe (also quasi zur „Integration") benötigen. Dabei kann es sich z. B. um soziale Ressourcen handeln wie Bürgerinitiativen, Nachbarschaftsvereine oder Tauschbörsen, aber auch um Dienstleistungen z. B. in der Nahversorgung, um kulturelle Angebote und Mitwirkungsmöglichkeiten oder den öffentlichen Raum als Begegnungsfeld. In eher heterogen strukturierten Quartieren sind quasi „automatisch" Vielfalt und Diversität verortet. Dort steigt die Kontaktwahrscheinlichkeit zwischen unähnlichen BewohnerInnen (sog. „Kontakthypothese"), wodurch funktional wichtige lokale Netzwerkstrukturen entstehen können (überbrückendes Sozialkapital). Dies kann gerade für benachteiligte Menschen (ggf. mit migrantischem Hintergrund) entscheidend sein – je nach Bedürfnislage. Jedoch weisen auch relativ homogene Quartiere Vorteile auf, die oben bereits angesprochen wurden.

Wenn also mit MigrantInnen als „Zielgruppe" gearbeitet wird, sollte deshalb nicht nur deren ethnische oder soziale Pluralität, sondern auch die Stellung der Individuen in einem Migrationszyklus beachtet werden. Neuzuwanderer („Kommende" mit der häufigen Tendenz zur Segregation) sollten anders antizipiert werden als eingesessene Menschen mit Migrationshintergrund („Bleibende" oder „Gebliebene" bzw. deren Nachfahren mit der überwiegenden Tendenz zur Desegregation). Homogenität und Heterogenität bzw. Segregation und Mischung sind hier von Fall zu Fall unterschiedlich zu bewerten. Zunehmend manifestieren sich transnationale Identitäten, die einem „sowohl-als auch"-Prinzip folgen (statt einem „entweder-oder") und damit ebenfalls die Logiken der bisherigen Debatten aushebeln.

Obwohl die wissenschaftliche Diskussion zeigt, dass ethnische Segregation sehr differenziert bewertet werden muss, wird in der nationalen Integrationspolitik, in der Kommunalpolitik oder in der Wohnungswirtschaft häufig noch das Leitbild einer ethnischen und sozialen „Mischung" präferiert (Reimann 2008: 199) – oder mit anderen Worten: „Räumliche Konzentrationsprozesse von Migrantinnen und Migranten gelten immer noch als Schreckgespenst der Integration" (West 2013: 212).

4 „Area-Based Politics" und Integrationspolitik in Deutschland: Politisches Wirken im Quartier

Als zentrale gesellschaftliche Aufgabe und vielschichtiges, emotional besetztes Thema werden Integration und der Umgang mit Zuwanderung in der öffentlichen Auseinandersetzung meist schnell zum Politikum. In Deutschland wurden – beginnend mit der nationalen bis hin zur lokalen Ebene – intensive Debatten geführt, aus denen inzwischen ein „Nationaler Integrationsplan" (Bundesregierung 2007), der „Nationale Aktionsplan Integration" (Bundesregierung 2011), Länder- und Kommunalkonzepte (z. B. Integrationsbeauftragter Berlin 2007) sowie vereinzelte quartiersbezogene Integrationspläne hervorgegangen sind (z. B. Beer, Schnur, Löffler et al. 2008).

4.1 Integrationspolitik – beginnt vor Ort

Im Rahmen der Integrationspolitik in Deutschland wird der soziale Nahraum als eine wichtige Interventionsebene hervorgehoben. Der Nationale Integrationsplan umfasst mehrere Abschnitte, darunter das Themenfeld 5 „Integration vor Ort", zu dem es heißt (Bundesregierung 2007: 112): „Das Wohnumfeld hat eine zentrale Funktion im Integrationsprozess. Es ist Lebensmittelpunkt und ein wichtiges Kontaktfeld für die Zuwanderer und die einheimische Bevölkerung [...] Leitbild [...] ist die Schaffung und Sicherung sozial und ethnisch gemischter Quartiere." Auch in den Ländern findet man solche Hinweise, z. B. im Berliner Integrationskonzept im Kapitel „Integration durch Stärkung des sozialräumlichen Zusammenhalts". In „Teilziel 4" wird hier gefordert, die „solidarische Nachbarschaft [zu] fördern und die Teilhabe der Bewohner/-innen [zu] erhöhen (insbesondere unter MigrantInnen/-innen)" (Integrationsbeauftragter Berlin 2007: 57). Auch das Bundesinstitut für Bau-, Stadt- und Raumforschung im Bundesamt für Bauwesen und Raumordnung ist überzeugt: „Eine erfolgreiche Integrationsstrategie – das ist inzwischen unbestritten – muss vor Ort ansetzen " (BBSR 2009: 2) und dies nicht zuletzt deshalb, weil in den Quartieren mit höchsten Migrantenanteilen gleichzeitig diejenigen MigrantInnen mit den schwierigsten Integrationsvoraussetzungen (z. B. hinsichtlich Bildung, Sprache, sozialer Einbindung) leben (ebd.: 5).

4.2 Soziale Stadt: Quartiere als Interventionsebene

Neben der genuinen „Integrationspolitik" existiert ein weiterer Bereich, der zentral für die konkrete Ausgestaltung von „Integration" vor Ort ist: die „integrierte Stadtentwicklungspolitik", verkörpert vor allem durch das seit 1999 in Deutschland bestehende und in der Städtebauförderung verankerte Bund-Länder-Programm „Soziale Stadt – Investitionen im Quartier" und ergänzende bzw. Partner-Programme (u. a. das ESF-Bundesprogramm „Bildung, Wirtschaft, Arbeit im Quartier" [BIWAQ] oder das ESF-Modellprogramm „JUGEND STÄRKEN im Quartier"; nach BMUB 2015).

Mit dem Programm „Soziale Stadt" soll die soziale Kohäsion und die Integration aller Bevölkerungsgruppen insbesondere in benachteiligten Quartieren mit kumulativen Problemlagen gestärkt werden (vgl. Franke u. Schnur 2015). Im Zeitraum von 1999 bis 2012 wurden mehr als 600 Quartiere in 376 Gemeinden mit insgesamt knapp einer Milliarde Euro Bundesmitteln gefördert.

Eines der Hauptmerkmale der „integrierten" Stadtentwicklungspolitik ist – neben der Bündelung von Ressourcen und Vernetzung von Akteuren – ein quartiersbezogener, sozialräumlicher Ansatz. Diese „area-based politics" sind als eine Form von Urban Governance inzwischen weltweit verbreitet und auch in wichtigen internationalen Dokumenten und Initiativen wiederzufinden. So bauen z. B. die „Leipzig Charta für eine nachhaltige europäische Stadt" oder das Habitat III-Programm der Vereinten Nationen auf derartigen Prinzipien auf.

Das Quartier gilt also als besonders ergiebige Querschnittsebene, auf der sich wichtige gesellschaftspolitische und stadtpolitische Handlungsfelder überlagern. In benachteiligten Quartieren greift die kleinräumige Förderkulisse und trifft auf „concerned citizens", die ohnehin nach Teilhabemöglichkeiten verlangen, sowie auf BewohnerInnen, die „aktiviert", also bei der Wahrnehmung ihrer eigenen Interessen unterstützt werden sollen. Es sollen nicht nur einzelne „Ziel"- oder „Problem"-Gruppen im Mittelpunkt stehen, sondern vor allem der sozialräumliche Kontext, in den diese Gruppen eingebunden und in dem sie vor Ort verankert und vernetzt sind.

Das Programm wird nach „instrumentell-strategischen" und „inhaltlichen" Handlungsfeldern strukturiert. Die instrumentell-strategischen Handlungsfelder geben Impulse für eine Restrukturierung der Arbeitsweise von Fachämtern und weiteren involvierten Akteuren hinsichtlich einer Überwindung sektoraler und unverbundener Arbeitsweise, einer stärkeren Kollaboration und querschnittsartigen Vernetzung: Zu diesen Instrumenten, deren Anwendung eine Voraussetzung für den Genuss der Förderung darstellen, gehört neben dem Gebietsbezug, integrierten Entwicklungs- und Handlungskonzepten, der Ressourcenbündelung über die begrenzten Programmmittel hinaus, dem Quartiersmanagement, der Aktivierung und Beteiligung der BewohnerInnen (empowerment) auch die Evaluation und ein Monitoring.

Zusätzlich zum genannten Instrument der Bewohnerbeteiligung sind es die zehn inhaltlichen Handlungsfelder, die sich entscheidend in Bezug auf die Bemühungen um die Integration von MigrantInnen auswirken: Neben dem Wohnen und dem Wohnumfeld, sozialen Aktivitäten und sozialer Infrastruktur, der lokalen Ökonomie, der Gesundheitsförderung, der Umwelt und dem Verkehr, Sport und Freizeit, der Imageverbesserung und Öffentlichkeitsarbeit geht es um Stadtteilkultur, Schule und Bildung sowie das Zusammenleben unterschiedlicher sozialer und ethnischer Gruppen. Zwar sind in den Handlungsfeldern immer sämtliche Bevölkerungsgruppen angesprochen. Das letztgenannte Handlungsfeld aber wendet sich konkret den MigrantInnen zu, indem „ein Klima gegenseitiger Akzeptanz und Anerkennung geschaffen werden" soll, und dies „insbesondere mit Angeboten für Begegnung und Kommunikation, Konfliktmanagement und Präventionsarbeit sowie durch die Stabilisierung und den Aufbau nachbarschaftlicher und sozialer Netzwerke" (nach BMUB: o. S.).

Was als Stadtentwicklungsprogramm noch konsistent formuliert ist, gerät in der realen Praxis jedoch oft unter Druck oder konkurriert mit anderen Handlungslogiken, wie der folgende Abschnitt zeigt.

4.3 Stadtpolitische Ambivalenzen: Das Beispiel „Schule und Bildung" im Quartier

Als ein Beispiel ist das Handlungsfeld „Schule und Bildung" besonders geeignet, weil sich darin zahlreiche Teilhabeproblematiken überlagern. In diesem Bereich werden angesichts des in vielen Städten bereits sehr hohen Anteils an Kindern und Jugendlichen mit Migrationshintergrund buchstäblich die Weichen für die Zukunft gestellt (vgl. Schnur 2013c). Jugendliche mit Migrationshintergrund sind überdurchschnittlich oft mit schulischen Problemen konfrontiert, Abschlüsse bzw. Ausbildungen bleiben ihnen häufig ebenso verwehrt wie eine darauf aufbauende berufliche Karriere. Schule ist darüber hinaus eine klassische Institution, die trotz aller Entankerungs- und Globalisierungstendenzen lokal und sozialräumlich gebunden bleibt. Schulen, insbesondere Grundschulen, sind Institutionen des Wohnumfelds und wichtige Bestandteile von Quartieren. Schule ist dabei nicht nur ein „Ausstattungsmerkmal", sondern auch eine neuralgische Instanz, die bei jungen Familienhaushalten über den Verbleib im Quartier oder den Wegzug entscheidet. Seit vielen Jahren ist dieser Effekt als das massive Problem der Schulsegregation bekannt, welches ohnehin sozial benachteiligte Quartiere, die häufig auch einen hohen Migrantenanteil aufweisen, in eine nur mit großem Aufwand zu durchbrechende Abwärtsspirale stößt.

Als ein Mittel gegen diesen Segregations-Sog werden in vielen Kommunen so genannte „Bildungslandschaften" programmatisch entwickelt (zu den Chancen und Risiken der Begrifflichkeit vgl. Schnur 2014a). Weil Bildung, versteht man sie als einen Prozess persönlicher Reifung und Identitätsbildung, nicht nur an den Schulen stattfindet, müssen auch andere Institutionen (z. B. Jugendhilfe, Kitas) sowie die Familien selbst unterstützt und beteiligt werden – ein Vorhaben, das sich am besten im Quartierskontext organisieren lässt.

Bekannt ist z. B. das Modellprojekt „Campus Rütli – CR^2 in der Bildungslandschaft Reuterquartier" in Berlin-Neukölln, das nach einem im Jahr 2006 an den Berliner Senat gerichteten Hilferuf des Kollegiums der dortigen Rütli-Schule ins Leben gerufen wurde. Die Lehrer klagten über eine nicht mehr zu kontrollierende, gewaltbereite, meist aus benachteiligten migrantischen Verhältnissen stammende Schülerschaft und sorgten damit bundesweit für Schlagzeilen: „,Rütli' wurde zur Chiffre für gescheiterte Integration" (Frankfurter Allgemeine Zeitung, 25.11.2010). In einer beispiellosen Kooperation von Akteuren u. a. im Kontext des Programms „Soziale Stadt", aber auch durch eine Stiftung maßgeblich mitfinanziert, wurden die dort ansässigen Schulen zu einer Gemeinschaftsschule zusammengeführt, eine Ganztagsbetreuung organisiert, Kooperationen mit umliegenden weiterführenden Schulen und sozialen Einrichtungen besiegelt und Modernisierungen sowie Neubauten mit einem Investitionsvolumen von ca. 23 Mio. Euro durchgeführt. Das Ergebnis sollte mehr sein als eine Schule: Neben den verbesserten Bildungschancen im Quartier durch die bessere Schulorganisation verstehen die Planer den Campus vielmehr als ein Nachbarschaftszentrum, das sich zum Quartier hin öffnet, das Quartier selbst als interkulturellen Lernort begreift und damit zu mehr Toleranz sowie zu einer Neuordnung des sozialen Zusammenlebens beitragen kann.

Dieses – isoliert betrachtet und ungeachtet des enormen finanziellen Mitteleinsatzes, der sicherlich nicht als flächendeckendes Modell übertragbar sein wird – durchaus erfolgreiche Projekt zeigt aber auch die ganze Ambivalenz integrations- und stadtentwicklungspolitischer Arbeit. Während hier einerseits viel in eine „Bildungslandschaft" in einem problematischen sozialen Umfeld investiert wird, kommt es rund um das „Rütli"-Areal gleichzeitig zu ungebremsten Aufwertungsprozessen. Wenn, wie es in Neukölln zu befürchten ist, aus Schulsegregation in der Umkehr Gentrification wird, höhlt gerade der Erfolg (also die Stabilisierung der Schule und die Aufwertung des Quartiers) die eigentlichen Ziele wieder aus, wenn dieser Prozess mit einer Verdrängung sozial benachteiligter Haushalte verbunden ist (Schnur 2013c).

Darüber hinaus sind im selben Handlungsfeld noch weitere Diskrepanzen festzustellen. So werden z. B. in segregierten Schulen beachtenswerte kreative Projekte durchgeführt (z. B. Musikprojekte, Kinderopern oder Musicals), doch verbleiben sie meist in der „Quartiersprovinz" (Beer 2014: 4) verborgen. Hier fehlen häufig eine gesamtstädtische Plattform und der Anschluss an das „Draußen", was eine breitere Anerkennungs- und Beteiligungskultur ermöglichen würde. Während hier vor allem „bonding social capital" entsteht, wäre es doch gerade das „bridging social capital", das einen besonders großen Nutzen entfalten könnte – auch für ein teilhabefreundliches Klima.

Als gängige Praxis stellt sich weiterhin heraus, dass MigrantInnen etwa im Bildungssektor oft mit starren Regelungen z. B. hinsichtlich der Anerkennung eigener Abschlüsse konfrontiert werden. Obwohl gerade der Staat seine (z. B. Bildungs-)Institutionen barriere- und diskriminierungsfrei gestalten und eine Vorreiterrolle einnehmen sollte (Beer 2013: 49 f.), folgt er hier eher einer Disziplinierungslogik.

Widersprüchlichkeiten und Inkohärenzen dieser Art, die auch in anderen Handlungsfeldern anzutreffen sind, lassen MigrantInnen ebenso wie professionelle Akteure vor Ort manchmal an der politischen Ernsthaftigkeit zweifeln. Sie verursachen in jedem Fall eine diffuse Integrationskulisse, die zwischen changierenden öffentlichen Diskussionen, punktuellen Förderungen und individuellen Zurückweisungen keine klaren Konturen aufzuweisen vermag.

5 Fazit: „Quartiersentwicklung für alle" statt „Integration von MigrantInnen"?

Die theoretischen und politischen Diskurse über Integration sowie die Versuche, Integration in der Praxis im Quartier zu fördern, zeigen vor allem zwei Dinge deutlich: Erstens sind sowohl Diskurs als auch Praxis eingebettet in eine größere (auch normative) gesellschaftliche Debatte. Zweitens sind die vielfältigen, konkreten Maßnahmen im Einzelfall oft schwierig umzusetzen oder erzielen nicht die erhoffte Wirkung. Letzteres mag u. a. an ungeeigneten Instrumenten, der defizitären Rechtslage, fehlenden Erfahrungen o. ä. liegen, ist aber doch ebenso das Symptom einer diffusen, mäandrierenden und auch nicht immer transparent geführten Diskussion und Politik im Hinblick auf Teilhabechancen. Wenn der gesellschaftliche und politische Rahmen sowie die Ziele unklar sind, wird es auch schwierig vor Ort eine konsequente Praxis zu verfolgen – was wiederum auf die Ziele zurückwirkt. Thesenartig sollen im Folgenden – ohne Anspruch auf Vollständigkeit – einige Ansatzpunkte für eine Weiterentwicklung des Status Quo skizziert werden.

These 1: „Vokabular der Vielfalt" stärken

Generell wäre es hilfreich vom Integrationsbegriff abzurücken, weil er theoretisch missverständlich, politisch gefärbt und für die Praxis nicht brauchbar ist (vgl. Terkessidis 2010, Beer 2013). Es bieten sich alternative Begriffe wie z. B. „Inklusion" an, die sich konsequent an subjektiven, individuellen Bedürfnissen und gemeinsamen Handlungsperspektiven orientieren und sich damit an Diskurse wie um „Diversity" oder „Interkultur" anlehnen (vgl. Montag Stiftung Jugend und Gesellschaft 2011). In einem erweiterten, über die Arbeit mit Menschen mit Behinderungen hinausgehenden Verständnis, geht es bei Inklusion um Ziele wie Barrierefreiheit, um die Idee, Anderssein als Normalität zu betrachten, Diversität und Individualität als Basis eines Miteinanders-Lebens zu begreifen und allen Menschen unabhängig von Herkunft, Alter, Geschlecht oder Behinderung Teilhabemöglichkeiten zu gewähren (vgl. Roth 2011).

Mit einem alternativen „Wording" oder „Branding" allein lassen sich jedoch noch keine Probleme lösen, es muss über die veränderten Begriffe auch ein verändertes Denken und Handeln sichtbar und möglich werden. Es wäre ein Fortschritt, wenn es in Projekten nicht mehr (nur) um „die MigrantInnen" als „Zielgruppe" ginge, sondern z. B. auch um die (milieumäßig oft gemischten) Nachbarschaften im Quartier. Ohnehin treten oft Unsicherheiten auf, wie die „Zielgruppen" anzusprechen wären. So müsste die Maxime eigentlich lauten, dass bei Themen der Quartiersentwicklung, weil sie „alle" oder „viele" unterschiedliche Menschen im Nahraum betreffen (Schule, Gesundheit, Sport, Spielplätze), besondere Zugangsbarrieren für MigrantInnen gemindert und deren gleichberechtigte Teilhabechancen an Angeboten, Einrichtungen und Mitwirkungsgremien praktisch ermöglicht werden müssen. Hierfür wäre aus Sicht von Ingeborg Beer ein Perspektivwechsel zu vollziehen: „Das heißt konkret: Quartiere nicht nur aus der Außen-, sondern auch aus der Innensicht betrachten, ein Vokabular der Vielfalt von unten her stärken, die Sichtweise von Migrant/innen einnehmen und sie in ihren unterschiedlichen Interessen zu Wort kommen lassen" (Beer 2013: 45). Aus einer Politik der Integration müsse eine „Vielfaltspolitik vor Ort" werden (ebd.: 46, vgl. auch Roth 2011), mehr noch: vor Ort im Quartier (siehe These 2).

These 2: Das Quartier als Bezugsrahmen noch konsequenter nutzen, denn: Inklusion ist eine Funktion des Nahraums

Am erweiterten Inklusionsbegriff wird auch deutlich, dass die Inklusionsprinzipien kaum auf der Gesamtstadt- oder Regionsebene greifen, sondern erst im kleinräumigen Maßstab direkt leb- und aushandelbar sind (z. B. Teilhabe, Interaktion). Inklusion als erweiterte Idee von Integration ist also auch und vor allem eine *kleinräumige* Funktion. Zentral für das Gelingen von Inklusion sind die quartiersbezogenen Netzwerke und das daraus entstehende Sozialkapital (Schnur 2003). Schon auf der konzeptionellen Ebene sollte dieser veränderten Sichtweise Rechnung getragen werden: „Vor diesem Hintergrund könnte es sein, dass *sozialräumliche* Analyse- und Handlungsansätze wie Stadtteil- oder Quartierskonzepte der Stärkung von Diversität viel mehr entsprechen als *Integrationskonzepte* für die Zielgruppe der Migrant/innen" (Beer 2013: 49, Hervorh. i. Orig.).

These 3: Die Internalisierung der Basisprinzipien der „Sozialen Stadt" stärken

In einem ersten wichtigen Metadiskurs wird immer wieder betont, dass ressortübergreifende, sozialräumlich orientierte Integrationsstrategien gut und auch das Programm „Soziale Stadt" eine Erfolgsgeschichte sei (Franke u. Schnur 2015). Unabhängig von diesem Mainstream-Diskurs zeigen die alltäglichen Erfahrungen jedoch, dass diese Prinzipien in den verschiedenen institutionellen Kontexten (Verwaltung, Träger etc.) oft schwierig umzusetzen sind und zum Teil an starren Verwaltungsstrukturen scheitern (vgl. ebd.). Wolfgang Hinte nennt folgende Erfolgsfaktoren für eine dauerhafte Implementierung einer Sozialraumorientierung, auf die auch im Hinblick auf Integration noch einmal hingewiesen werden muss (im Folgenden: Bundesinstitut für Bau- Stadt- und Raumforschung 2009: 19, eigene Hervorhebungen):

- Die Sozialraumorientierung „muss von oben kommen und *ständig demonstriert* werden".
- Die Verwaltungen brauchen *Gebietsbeauftragte*, welche die *Ressourcen bündeln*.
- Die Quartiere benötigen Stadtteilarbeiter, die „aktivierend und organisierend [...] zusammen *mit der Bevölkerung* arbeiten".
- Das gesamte System bedarf intermediärer Instanzen, die „auf einer *Zwischenebene*" Prioritäten setzen, Ideen einbringen und Ressourcen verteilen.

Diese Prinzipien sind bisher in der Praxis oft nur teilweise konsequent umgesetzt worden.

These 4: Die Verknüpfung von Integrations- und Stadtentwicklungspolitik fördern

Im Hinblick auf die Integrationsthematik existieren, wie bereits geschildert, außerhalb der „Sozialen Stadt" noch weitere, breiter aufgestellte und „höher aufgehängte" politische Strukturen, wie etwa die für Migration, Flüchtlinge und Integration zuständigen Einrichtungen auf Bundes-, Landes- und kommunaler Ebene. So arbeiten z. B. die Integrationsbeauftragten und deren Ämter oft ohne Sozialraumbezug und ohne nennenswerten Kontakt zu den Akteuren der „Sozialen Stadt" – man könnte von politischen „Parallelwelten" sprechen. Dirk Gebhardt nennt dies ein „,Aushelfen' der Stadtentwicklungspolitik bei der Integrationspolitik auf der Quartiersebene" (Gebhardt 2013: 33). Die gewünschte Verzahnung von Integrations- und Stadtentwicklungspolitik finde, so Gebhardt, allenfalls punktuell statt und funktioniere aufgrund fehlender Verschneidung der Politiken auf allen Governance-Ebenen nur zum Teil (vgl. ebd.: 36f.). Um mehr Wirkung zu entfalten, fordert Gebhardt (ebd.: 36) eine „bessere Politikintegration für bessere Integrationspolitik", d. h. das Programm „Soziale Stadt" müsste stärker mit der Integrationspolitik (oberhalb der Quartiersebene) verknüpft werden, etwa bei der Regelförderung und bei Mainstream-Diensten.

These 5: Integrationspolitische Kohärenz entwickeln

Die Rahmenbedingungen für Integration wirken nach wie vor inkohärent. Dies dürfte jedoch nicht primär nur an der mangelhaften Verknüpfung der Politikbereiche Integration und Stadt oder an der gesellschaftlichen Debatte über den Umgang mit Zuwanderung liegen, sondern auch an grundsätzlicheren politischen Widersprüchlichkeiten.

So stellt sich z. B. die Frage nach dem politischen Motiv für eine Quartiers- oder Sozialraumorientierung im Zusammenhang mit Einwanderung. Einige Autoren argumentieren, dass „area-based politics" nur eine Verlagerung neoliberaler Regierungstechnologien auf eine kleinere Maßstabsebene seien, dass auf dieser Ebene Gemeinschaften und damit Verpflichtungen konstruiert würden, die notfalls auch eine Exklusion von Menschen akzeptierten, die nicht bereit sind von außen oktroyierte Verantwortlichkeiten (z. B. sich „für sein Quartier zu engagieren") mitzutragen (Kamleithner 2009). Ein solches „Regieren durch Communities" (Rose 2000) wird dieser Auffassung zufolge noch durch konsensorientierte, postdemokratische Aushandlungsformen auf der lokalen Ebene gestützt, durch die bestimmte Gruppen gar nicht erst erreicht, und andere, widerständige Gruppen inkorporiert oder als Teil eines Pseudokonsenses unsichtbar gemacht werden (vgl. Crouch 2008, Drilling, Oehler u. Schnur 2015). Statt formeller demokratischer Rechte werden informelle Sonderlösungen angeboten (z. B. Integrationsräte), die Roland Roth als „nachrangige[n] Trampelpfad zur politischen Repräsentation" bezeichnet (Roth 2012: 4). Damit wären die an der Oberfläche als „Widersprüche" wahrgenommenen Handlungsprinzipien als Teil einer kohärenten Form einer durch unternehmerische Stadtentwicklung geprägten Gouvernementalität interpretierbar.

Die Heterogenisierung der Gesellschaft stellt einen Megatrend der nächsten Jahrzehnte dar und nicht etwas, dessen man sich durch immer subtilere Formen der Marginalisierung „entledigen" kann. Ein wesentlicher Erfolgsfaktor für die Zukunft ist es deshalb, die Herausforderung der Integration und Teilhabe von Zuwanderern ernsthaft anzunehmen und umzudenken. Ein wichtiger Schritt wäre es, das Bewusstsein für „postdemokratische" Situationen zu wecken, denn diese sind mit einer oft geräuschlosen Exklusion auch von Menschen mit Migrationshintergrund verbunden. Till Rosemann plädiert in diesem Zusammenhang für eine „demokratiebewusste Planung", also „eine Planung, die möglichst wenige politische Momente unterdrückt und Konflikt und Subjektivierung ermöglicht" (Rosemann 2013: 56). Weil Menschen vor allem in lebensweltlichen Quartiersumfeldern aktiv sind, sich engagieren, sich „bottom up" beteiligen, streiten und widersprechen (also „politisch" wirken möchten), liegen genau hier wesentliche Ressourcen einer demokratischen Emanzipation (Drilling, Oehler u. Schnur 2015). Wenn sich Kommunen vor Ort also noch mehr sensibilisieren und sich von der zunehmenden Vielfalt an Belangen in einer sich ausdifferenzierenden städtischen Gesellschaft herausfordern lassen könnten, wäre bereits viel erreicht. Wenn noch mehr als bisher Spielräume geschaffen und Dialogformen erprobt werden könnten, in denen die üblicherweise „sprachlosen" Gruppen mit ins Boot geholt werden, wäre dies ein wichtiger Meilenstein (siehe These 6). Um Integrationspolitik kohärenter zu gestalten zu können, müssen wir es also ernst meinen: Allein mit „als sozial getarnten" Strukturveränderungen, die anderen, „postpolitischen" Handlungslogiken verhaftet bleiben, werden die Zukunftsaufgaben im Zusammenhang mit Migration nicht zu lösen sein.

These 6: Mehr („echte") Partizipation wagen!

Wenn „Partizipation statt Integration" gefordert wird (Roth 2012), ist dies auch als Idee zu verstehen, wie postdemokratische Situationen zu überwinden sein könnten. MigrantInnen sollten nicht nur angehört werden, sondern aktiv als Ko-Produzenten Stadt und Quartier mitgestalten. Dazu gehören auch formaldemokratische „Zugeständnisse" wie z. B. das kommunale Ausländerwahlrecht zu gewähren (ebd.: 2). Insgesamt ist in der Bevölkerung ein großes, differenziertes und in Teilen ungenutztes Engagementpotenzial festzustellen (vgl. Gesemann u. Roth 2015), welches sich gerade auf der lokalen Ebene gut entfalten kann, wo sich die Menschen am direktesten angesprochen fühlen. Mehr noch als konkrete Einzelmaßnahmen zu fördern, wäre es jedoch wichtig, aus einer ganzheitlichen Perspektive ein partizipatives Klima zu schaffen, das „ansteckend" wirkt (vgl. Barber 1994). Für einen solchen „Klimawandel" ist eine langfristigere Sichtweise notwendig, die sich von derzeitigen projektgebundenen und befristeten Strukturen abhebt. Weiterhin wäre einerseits eine Demokratisierung und eine stärkere („anti-postdemokratische") Verbindlichkeit von Regelungen wünschenswert (z. B. bei Quartiersräten bzw. partizipativen Budgets). Andererseits wären abnehmende Regelungsdichten in „heterotopischen Nischen", Ermöglichungsstrukturen und Freiräumen (im weiteren und im engeren Sinne) wichtig, um „echte Politikmomente" im Sinne von Jacques Rancière zu kreieren und „auszuhalten" (vgl. Drilling, Oehler u. Schnur 2015). Dafür ist eine veränderte Haltung des Staates erforderlich: In einem gewissen Rahmen wäre es förderlich Kompetenzen und Kontrollmöglichkeiten abzugeben – zugunsten von mehr Offenheit, mehr Vielfalt (und gegebenenfalls weniger „Konsens") und einer interkulturellen Öffnung zu einem „Quartier für alle".

Mein besonderer Dank gilt Ingeborg Beer für die anregenden und bereichernden Diskussionen, die in diesen Artikel eingeflossen sind.

Literatur:

Anderson, Benedict 1998: Die Erfindung der Nation. Berlin: Ullstein
Barber, Barber 1994: Starke Demokratie. Hamburg: Rotbuch
Beck, Ulrich, Anthony Giddens und Scott Lash 1996: Reflexive Modernisierung. Frankfurt am Main
Beer, Ingeborg 2013: Quartiersentwicklung als Diversitäts- und Teilhabestrategie. Zwischen traditionellen Integrationsdiskursen und gelebten Migrationsrealitäten. In: Olaf Schnur, Philipp Zakrzewski und Matthias Drilling (Hrsg.): Migrationsort Quartier. Zwischen Segregation, Integration und Interkultur. Wiesbaden: Springer VS, S. 41–54
Beer, Ingeborg 2014: Kulturelle Bildung in der Sozialen Stadt. Unveröffentlichtes Manuskript
Beer, Ingeborg, Olaf Schnur, Maja Löffler, Natalia Schmidt, Rossina Gurova und Jan Dohnke (Hrsg.) 2008: Integrationsplan Marzahn NordWest 2011. Grundlagen, Prozess, Ergebnisse. Berlin

Berger, Maria, Christian Galonska und Ruud Koopmans 2004: Integration durch die Hintertür. Ethnisches Sozialkapital und politische Partizipation von Migranten in Berlin. In: Klein, Ansgar, Kristine Kern, Brigitte Geißel und Maria Berger (Hrsg.): Zivilgesellschaft und Sozialkapital. Herausforderungen politischer und sozialer Integration. Wiesbaden: Springer VS, S. 251–272

Blokland, Talja 2003: Urban bonds. Cambridge: Polity Press

Breton, Raymond 1964: Institutional completeness of ethnic communities and the personal relations of immigrants. American Journal of Sociology, 70 (2), S. 193–205

BBBR [Bundesinstitut für Bau-, Stadt- und Raumforschung] (Hrsg.) 2009: ExWoSt-Informationen „Migration/Integration und Stadtteilpolitik", 34/2 – 06/2009. Bonn: Bundesinstitut für Bau-Stadt- und Raumforschung

BMUB [Bundesministerium für Umwelt, Naturschutz, Bau und Reaktorsicherheit] 2015: Programm Soziale Stadt. Internet: http://www.staedtebaufoerderung.info/StBauF/DE/Programm/SozialeStadt [abgerufen am 23.7.2015]

Bundesregierung (Hrsg.) 2007: Der Nationale Integrationsplan. Neue Wege – Neue Chancen. Berlin: Presse- und Informationsamt der Bundesregierung, Die Beauftragte der Bundesregierung für Migration, Flüchtlinge und Integration

Bundesregierung (Hrsg.) 2011: Nationaler Aktionsplan Integration. Zusammenhalt stärken – Teilhabe verwirklichen. Berlin: Presse- und Informationsamt der Bundesregierung/ Die Beauftragte der Bundesregierung für Migration, Flüchtlinge und Integration

Crouch, Colin 2008: Postdemokratie. Frankfurt am Main: Suhrkamp

Integrationsbeauftragter Berlin (Hrsg.) 2007: Vielfalt fördern – Zusammenhalt stärken. Das Berliner Integrationskonzept. Berlin: Der Beauftragte des Senats von Berlin für Integration und Migration

Drilling, Matthias, Patrick Oehler und Olaf Schnur 2015: Über den emanzipatorisch-utopischen Gehalt von Sozialraumorientierung. Widersprüche, 135 (1), S. 21–39

Esser, Hartmut 1993: Ethnische Konflikte und Integration. In: Robertson-Wensauer, Caroline (Hrsg.): Multikulturalität-Interkulturalität? Probleme und Perspektiven der multikulturellen Gesellschaft. Baden-Baden: Nomos Verlagsgesellschaft, S. 31–61

Esser, Josef und Joachim Hirsch 1987: Stadtsoziologie und Gesellschaftstheorie. Von der Fordismus-Krise zur „postfordistischen" Regional- und Stadtstruktur. In: Prigge, Walter (Hrsg.): Die Materialität des Städtischen. Basel, Boston: Birkhäuser, S. 31–56

Farwick, Andreas 2012: Segregation. In: Eckardt, Frank (Hrsg.): Handbuch Stadtsoziologie. Wiesbaden: Springer VS, S. 381–420

Franke, Thomas und Olaf Schnur 2015: ‚Problemgebiete' und Stadtpolitik in Deutschland am Beispiel des Programms ‚Soziale Stadt' In: Kühne, Olaf und Florian Weber (Hrsg.): Fragmentierung, Polarisierung und Hybridisierung in der Stadtentwicklung. Wiesbaden: Springer VS (im Erscheinen)

Gebhardt, Dirk 2013: Integrationspolitik und die Quartiersebene – zwischen kommunaler Integrationspolitik und Sozialer Stadtpolitik. In: Schnur, Olaf, Philopp Zakrzewski und Matthias Drilling (Hrsg.): Migrationsort Quartier. Zwischen Segregation, Integration und Interkultur. Wiesbaden, Springer VS, S. 27–40

Gesemann, Frank und Roland Roth 2015: Engagement im Quartier. Studie im Auftrag des Bundesinstituts für Bau-, Stadt- und Raumforschung (BBSR) im Bundesamt für Bauwesen und Raumordnung (BBR). BBSR-Online-Publikation Nr. 4/2015. Bonn

Harvey, David 1989: From Managerialism to Entrepreneurialism: The Transformation of Urban Governance in Late Capitalism. Geografiska Annaler, 71 B (1), S. 3–17

Häußermann, Hartmut, Dieter Läpple und Walter Siebel 2008: Stadtpolitik. Frankfurt am Main: Suhrkamp

Häußermann, Hartmut und Walter Siebel 2007: Integration trotz Segregation – zum Stand der wissenschaftlichen Debatte. In: Verbundpartner „Zuwanderer in der Stadt" (ed.): Handlungsfeld: Stadträumliche Integrationspolitik. Ergebnisse des Projektes „Zuwanderer in der Stadt". Darmstadt: Schader-Stiftung, S. 92–119

Heckmann, Friedrich 1992: Ethnische Minderheiten, Volk und Nation. Stuttgart: Enke

Heitmeyer, Wilhelm 1998: Versagt die „Integrationsmaschine" Stadt? Zum Problem der ethnisch-kulturellen Segregation und ihrer Konfliktfolgen. In: Heitmeyer, Wilhelm, Rainer Dollase und Otto Backes (Hrsg.): Die Krise der Städte. Analysen zu den Folgen desintegrativer Stadtentwicklung für das ethnisch-kulturelle Zusammenleben. Frankfurt am Main: Suhrkamp, S. 443–468

Hoffmann-Nowotny, Hans-Joachim 1993: Weltmigration und multikulturelle Gesellschaft. Begriffliche, theoretische und praktische Überlegungen. In: Robertson-Wensauer, Caroline (Hrsg.): Multikulturalität-Interkulturalität? Probleme und Perspektiven der multikulturellen Gesellschaft. Baden-Baden: Nomos Verlagsgesellschaft, S. 62–78

Imbusch, Peter und Wiilhelm Heitmeyer (Hrsg.) 2008: Integration – Desintegration. Ein Reader zur Ordnungsproblematik moderner Gesellschaften. Wiesbaden: VS Verlag für Sozialwissenschaften

Kamleithner, Christa 2009: „Regieren durch Community": Neoliberale Formen der Stadtplanung. In: Drilling, Matthias und Olaf Schnur (Hrsg.): Governance der Quartiersentwicklung. Wiesbaden: VS Verlag für Sozialwissenschaften, S. 29–48

Krummacher, Michael 1998: Zuwanderung, Migration. In: Häußermann, Hartmut (Hrsg.): Großstadt. Soziologische Stichworte. Opladen: Leske+Budrich, S. 320–331

Marcuse, Peter 1998: Ethnische Enklaven und rassische Ghettos in der postfordistischen Stadt. In: Heitmeyer, Wilhelm, Rainer Dollase und Otto Backes (Hrsg.): Die Krise der Städte. Frankfurt am Main: Suhrkamp, S. 176–193

Mayer, Margit 1996: Postfordistische Stadtpolitik. Neue Regulationsweisen in der lokalen Politik und Planung. Zeitschrift für Wirtschaftsgeographie, 40, (1–2), S. 20–27

Montag Stiftung Jugend und Gesellschaft (Hrsg.) 2011: Inklusion vor Ort – Der kommunale Index für Inklusion – ein Praxishandbuch. Bonn

Park, Robert E. und Ernest W. Burgess 1925: The City. Suggestions for Investigation of Human Behavior in the Urban Enviroment. (Reprint 1984). Chicago, London: The University of Chicago Press

Pries, Ludger 2003: Transnationalismus, Migration und Inkorporation. Herausforderungen an die Raum- und Sozialwissenschaften. Geographische Revue, 5 (2), S. 23–40

Putnam, Robert und Kirstin Goss 2001: Einleitung. In: Putnam, Robert (Hrsg.): Gesellschaft und Gemeinsinn. Gütersloh: Bertelsmann, S. 15–44

Reimann, Bettina 2008: Integration von Zuwanderern im Quartier: Ausgangslage, Herausforderungen und Perspektiven. In: Olaf Schnur (Hrsg.): Quartiersforschung. Zwischen Theorie und Praxis. Wiesbaden: Springer VS, S. 193–208

Römhild, Regina 2003: Globalisierte Heimaten. In: Die eine oder die andere Kultur. Interkulturalität als Programm. 46. Loccumer Kulturpolitisches Kolloquium. Rehburg-Loccum, S. 41–52

Rose, Nikolas 2000: Tod des Sozialen? Eine Neubestimmung der Grenzen des Regierens. In: Bröckling, Ulrich, Susanne Krasmann und Thomas Lemke (Hrsg.): Gouvernementalität der Gegenwart. Studien zur Ökonomisierung des Sozialen. Frankfurt am Main: Suhrkamp, S. 72–109

Rosemann, Till 2013: Planning in the Face of Democracy. Mit Jacques Rancière über Raumplanung und Demokratie nachdenken. sub/urban, 2, S. 41–60

Roth, Roland 2011: Was kann das Quartier für die Integration von Zuwanderern leisten? Anregungen aus einer Befragung von Kommunen. vhw Forum Wohnen und Stadtentwicklung, 6, S. 295–300

Roth, Roland 2012: Integration durch Partizipation – eine vernachlässigte Handlungsoption. vhw Forum Wohnen und Stadtentwicklung, 1, S. 2–8

Schnur, Olaf 2001: Lokales Sozialkapital – eine unterschätzte Ressource im Kiez. Empirische Befunde aus Berlin-Moabit. vhw Forum Wohnen und Stadtentwicklung, 4, S. 187–190

Schnur, Olaf 2003: Lokales Sozialkapital für die ‚soziale Stadt'. Politische Geographien sozialer Quartiersentwicklung am Beispiel Berlin-Moabit. Opladen: Leske + Budrich

Schnur, Olaf 2008: Gute Beziehungen, schlechte Beziehungen: Lokales Sozialkapital und soziale Integration von Migranten im Quartier. vhw Forum Wohnen und Stadtentwicklung, 3, S. 138–144

Schnur, Olaf 2013a: Renaissance des Lokalen. Quartiere im Fokus von Wissenschaft und Politik. In: Ministerium für Bauen, Wohnen, Stadtentwicklung und Verkehr des Landes Nordrhein-Westfalen (Hrsg.): Bericht zur Stadtentwicklung 2013. Quartiere im Fokus. Düsseldorf, S. 6–10

Schnur, Olaf 2013b: Resiliente Quartiersentwicklung. Eine Annäherung über das Panarchie-Modell adaptiver Zyklen. Informationen zur Raumentwicklung, 4, S. 337–350

Schnur, Olaf 2013c: Zwischen Stigma, Subvention und Selbstverantwortung. Ambivalenzen der Quartiersentwicklung in Berlin. Geographische Rundschau, 65, 2, S. 28–37

Schnur, Olaf 2014a: Alles Landschaft? Anmerkungen zur Debatte um Bildung, Quartier und Kommune. vhw Forum Wohnen und Stadtentwicklung, 4, S. 125–128

Schnur, Olaf 2014b: Quartiersforschung im Überblick: Konzepte, Definitionen und aktuelle Perspektiven. In: Schnur, Olaf (ed.): Quartiersforschung – zwischen Theorie und Praxis. 2. akt. u. erw. Auflage. Wiesbaden: Springer VS, S. 21–56

Schnur, Olaf. Matthias Drilling und Philipp Zakrzewski 2013: Migrationsort Quartier – zwischen Segregation, Integration und Interkultur. In: Schnur, Olaf, Philipp Zakrzewski und Matthias Drilling (Hrsg.): Migrationsort Quartier. Zwischen Segregation, Integration und Interkultur. Wiesbaden, Springer VS, S. 9–26

Schnur, Olaf, Philipp Zakrzewski und Matthias Drilling (Hrsg.) 2013: Migrationsort Quartier. Zwischen Segregation, Integration und Interkultur. Wiesbaden: Springer VS

Statistische Ämter des Bundes und der Länder (Hrsg.) 2013: Bevölkerung nach Migrationsstatus regional – Ergebnisse des Mikrozensus 2011. Wiesbaden

Terkessidis, Mark 2010: Interkultur. Berlin: Suhrkamp

vhw Bundesverband Wohnen und Stadtentwicklung (Hrsg.) 2009: Grundlagenstudie „Migranten-Milieus". Berlin

West, Christina 2013: Integration zwischen Konformität, Interkulturalität, Transkulturalität? In: Schnur, Olaf, Philipp Zakrzewski und Matthias Drilling (Hrsg.): Migrationsort Quartier. Zwischen Segregation, Integration und Interkultur. Wiesbaden: Springer VS, S. 195–224

Wiley, Norbert F. 1967: The Ethnic Mobility Trap and Stratification Theory. Social Problems, 15, S. 147–159

Zelinsky, Wilbur und Barrett A. Lee 1998: Heterolocalism: An Alternative Model of the Sociospatial Behaviour of Immigrant Ethnic Communities. International Journal of Population Geography, S. 281–298

Behindern ‚Migrantenviertel' die Integration?

Hartmut Häußermann †

> **Zusammenfassung**
>
> Der folgende Beitrag wurde für die erste Auflage dieses Buchs im Jahr 2009 verfasst. Eine Aktualisierung des Texts war Hartmut Häußermann nicht mehr möglich,[1] aber seine Argumentation ist heute aktueller denn je. Denn inzwischen ist das europäische System der weitgehenden Abschottung gegen Asylsuchende (durch die Dublin-Vereinbarungen und die Erklärung von Herkunfts- und Transitländern zu sicheren Drittstaaten) unter dem Druck der Menschen, die vor den Bürgerkriegen in Syrien, Irak, Afghanistan und afrikanischen Ländern fliehen und die auf den Fluchtwegen ihr Leben aufs Spiel setzen, faktisch zusammengebrochen. Die Krise der Herkunftsländer und der europäischen Flüchtlings- und Migrationspolitik wird von Politik und Medien zur „Flüchtlingskrise" umgedeutet.
>
> Die aktuelle Debatte um die „Bewältigung" der „Flüchtlingskrise" kreist auch in Deutschland um die Frage, wie viele Flüchtlinge das Land aufnehmen und integrieren könne. Dabei spielt die räumliche Verteilung der Flüchtlinge eine wesentliche Rolle. In der innenpolitischen Auseinandersetzung darüber wird wieder das Schreckensszenario der durch Migration erzeugten „Parallelgesellschaften" in „ethnischen Kolonien" eingesetzt. Mit ihm setzte sich Häußermanns Beitrag bereits vor der jüngsten Zuspitzung kritisch auseinander. Seine Unterscheidung zwischen ethnischer und sozialer Segregation und seine Kritik an der „Ethnisierung sozialer Probleme" sind richtungsweisend für die Integrationsfrage.
>
> Martin Kronauer hat diese Vorbemerkung und einige ergänzende Literaturhinweise[2] für den ansonsten unveränderten Beitrag beigesteuert.

---

1   Hartmut Häußermann ist am 31. Oktober 2011 verstorben. Nachrufe finden sich auf den Webseiten des Lehrbereichs Stadt- und Regionalsoziologie an der Humboldt-Universität: https://www.sowi.hu-berlin.de/de/lehrbereiche/stadtsoz/mitarbeiterinnen/ehemalige-mitarbeiterinnen-haeussermann/haeussermann.

2   Zum Thema „ethnische Kolonien" siehe Ceylan 2006, der in seiner qualitativen Studie über türkische Moscheen und Cafés sowohl auf Potenziale der Integration als auch Gefahren der Ausgrenzung hinweist. Zur Entwicklung von sozialer und ethnischer Segregation in deutschen Großstädten siehe Friedrichs und Triemer (2009). Sie stellen fest, dass zwischen 1990 und

> **Schlüsselbegriffe**
>
> ethnische Kolonie, Integration, Migrantenviertel, Parallelgesellschaften, ethnische und soziale Segregation

Eine der offenbar anstößigsten Erscheinungen in unseren Großstädten, wenn es um die Frage der Integration von Migranten geht, ist die Konzentration von Zuwanderern in bestimmten Quartieren. Diese ‚ethnische[3] Segregation' ist in allen Zuwanderungsstädten der Welt zu beobachten, in den Begriffen der sozialökologischen Stadttheorie (vgl. Häußermann/Siebel 2004: 139 ff.) wurde sie als ‚natürlich' bezeichnet. Zuwanderer fallen nicht vom Himmel, sie kommen auf bekannten Wegen in eine ihnen fremde Stadt und in eine neue Umgebung. Das sind in der Regel Kettenwanderungen (vgl. Oswald 2007), d. h., dass die Zuwanderer bereits vor ihrer Ankunft Kontakt mit schon dort lebenden Landsleuten haben und sich nach ihrer Ankunft zunächst dort hinbegeben, wo diese wohnen, um eine erste Unterkunft zu finden, um Informationen und Unterstützung bei der Wohnungssuche, beim Umgang mit Behörden und bei der Begegnung mit der Aufnahmegesellschaft zu bekommen. So bilden sich, je nach der Herkunftsregion, ethnische Viertel. ‚Little Germany' gab es in New York, als noch viele mittellose Auswanderer aus Deutschland in die USA migrierten und nach der Ausschiffung im Einwanderungshafen auch zunächst dort Quartier bezogen. Später waren es ‚Little Italy', ‚Chinatown' usw. Im Zuge ihrer Integration in die Arbeitsmärkte verließen sie diese meist schäbigen Quartiere und suchten eine Wohnung dort, wo sie nicht diskriminiert wurden und sich andererseits von den gerade neu Zugewanderten distanzieren konnten. Sozialer Aufstieg und räumliche Mobilität sind also in der Regel eng verbunden. Wo dies nicht der Fall ist, weil es keinen sozialen Aufstieg gibt, – wie in den vielen Megacities in Lateinamerika, Afrika oder Südostasien – können die Zuwanderer diese Quartiere auch nicht verlassen. So entstehen ethnisch geprägte Slums.

Die pure Existenz von ethnischen Kolonien, d. h. die sichtbare Konzentration von Migranten mit einer entsprechend ethnisch geprägten Infrastruktur aus Läden, Gastronomie, geselligen oder religiösen Einrichtungen, sagt daher noch gar nichts darüber aus,

---

2000/2005 die soziale Segregation zu- und die ethnische Segregation abgenommen hat (ebd.: 117). Zu den im Text behandelten Nachbarschaftseffekten siehe den von Oberwittler et al. (2013) herausgegebenen Band sowie die bahnbrechende Studie von Sampson (2012).

3   In diesem Text wird die Kategorie ‚ethnisch' gleichsam als Oberbegriff für Unterschiede benützt, die genauer als unterschiedliche Staatsbürgerschaft, als regionale Kulturen oder als unterschiedliche religiöse Orientierungen bezeichnet werden müssten. Nationen können unterschiedliche Ethnien umfassen. Eine ethnische Gruppe kann verschiedene Staatsangehörigkeiten haben. Hinzu kommen von außen schwer zu erfassende Selbstdefinitionen von Unterschieden, die auf eine gemeinsame Ethnie zurückgeführt werden. Ethnische Identitäten sind immer soziale Konstruktionen zur Unterscheidung von ‚Anderen' bzw. Fremden, die im schlimmsten Fall auf gemeinsame genetische Wurzeln zurückgeführt werden.

welche Bedeutung sie für die Integration haben. Sie können unterstützende Funktionen haben, also eine Art ‚Erstaufnahmelager' sein, sie können aber auch Orte der Ausgrenzung sein, an denen die Diskriminierung und mangelnde Integration sichtbar werden. Das hängt davon ab, ob es offene Übergänge gibt, ob die Grenzen zwischen Migrantenviertel und Aufnahmegesellschaft durchlässig sind und soziale Mobilität ermöglichen. Migrantenviertel gibt es immer, wenn es Zuwanderung gibt, ob sie aber eine Brücke oder eine Falle sind, entscheidet sich nicht daran, dass es sie gibt. Dies ist jedoch das Missverständnis derjenigen, die sich über die angeblichen ‚Parallelgesellschaften' erregen, die dort zu Hause sein sollen. Die schiere Sichtbarkeit gilt dann als Ausweis einer nicht gelingenden Integration. Um das beurteilen zu können, müsste man über die Wohndauer der Zuwanderer, also über die biografischen Wege, mehr wissen. Die Forschung in Deutschland darüber ist bisher völlig unterentwickelt. Im folgenden Beitrag sollen die spärlichen Erkenntnisse dazu, ob Migrantenviertel die Integration behindern, zusammengestellt werden. Dafür, dies zu erforschen, gibt es verschiedene Möglichkeiten. In der öffentlichen Debatte spielen die dabei erzielten Ergebnisse bisher kaum eine Rolle, an den gängigen Vorurteilen halten dagegen insbesondere Stadt- und Wohnungspolitiker gerne fest. Das ist selbst im ‚Integrationsplan' der Bundesregierung aus dem Jahr 2007 noch festzustellen.

In diesem Integrationsplan („Neue Wege – Neue Chancen") heißt es im Themenfeld 5, wo es um „Integration vor Ort" geht: „Das Wohnumfeld hat eine zentrale Funktion im Integrationsprozess. Es ist Lebensmittelpunkt und wichtiges Kontaktfeld für die Zuwanderer und die einheimische Bevölkerung. Vor allem Kinder und Jugendliche sowie nicht erwerbstätige Erwachsene verbringen einen großen Teil ihrer Zeit im Wohnquartier. [...] Leitbild für die Stadtteil- und Quartiersentwicklung ist die Schaffung und Sicherung sozial und ethnisch gemischter Quartiere" (Bundesregierung 2007: 112). Über die Frage, wie dieses Leitbild realisiert werden soll, findet sich im Integrationsplan allerdings kein Wort (vgl. zur europäischen Diskussion Musterd et al. 1997).

Damit wird eine argumentative Grundfigur in der Debatte über Integration und Wohnquartiere sichtbar. Sie lautet: (1.) In den Quartieren mit hohem Migrantenanteil passieren schlimme Dinge. (2.) Diese Migranten wollen offenbar unter sich bleiben, daher müssen ‚wir' gemischte Quartiere ‚schaffen' und die Migranten auffordern, sich endlich zu integrieren. (3.) ‚Wir' können leider wenig tun, um die Segregation zu vermindern.

Es sind vor allem die Viertel, in denen viele Türken wohnen, die den Argwohn von Politikern und Medien erregen. Bereits nach den Terrorangriffen auf das World Trade Center in New York und insbesondere nach der Ermordung des niederländischen Filmemachers Theo van Gogh durch muslimische Attentäter hat sich in westeuropäischen Gesellschaften die Ansicht verfestigt, dass segregiert lebende Zuwanderer, insbesondere Muslime, eine eigene Welt bilden, die die Köpfe der Bewohner mit antiwestlichen Werthaltungen vernebelt.

Das ‚Wahlmanifest' der SPD im Jahre 2005 enthielt den lapidaren Satz: „Wir sind gegen die Existenz von Parallelgesellschaften" (SPD 2005: 48); im ‚Regierungsprogramm' der CDU/CSU vom gleichen Jahr hieß es analog: „Ghettobildung und eine Entwicklung von Parallelgesellschaften und eine häufig selbst gewählte Abgrenzung ausländischer Jugendlicher von der deutschen Gesellschaft sind Alarmsignale für den sozialen Frieden im Land"

(CDU/CSU 2005: 34). Der baden-württembergische Ministerpräsident Oettinger warnte in seiner Regierungserklärung vor dem Landtag am 1. Februar 2006 eindrucksvoll vor dem „enormen sozialen Sprengstoff", den die Parallelgesellschaften angeblich bergen – sie führen auf einen „Weg ins soziale Abseits"; und er fügte erklärend hinzu: „Wenn Integrationsprozesse scheitern, dann liegt das häufig daran, dass die betroffenen Menschen sich von der Gesellschaft des Einwanderungslandes abgeschottet haben" (Oettinger 2006: 5ff). Hier sind die drei wichtigsten Assoziationen versammelt, die angesichts der Migrantenviertel wachgerufen werden: Sie stellen eine Gefahr dar, sie bedeuten für die Bewohner einen Weg ins soziale Abseits, und dies haben die Bewohner dieser ‚Parallelgesellschaften' selbst zu verantworten, weil sie sich abgeschottet haben.

Über die unseligen Auswirkungen der Konzentration einer bestimmten Bevölkerungsgruppe in einem Quartier gibt es offenbar einen politischen common sense, in dem sich Integrationsprobleme, Parallelwelten, Terrorismus und sozialer Sprengstoff auf undurchsichtige Weise verbinden. Was aber wissen wir wirklich über die Wirkungen, die von ‚Ausländervierteln' ausgehen? Welche Folgen hat das konzentrierte Zusammenleben von Migranten in bestimmten Quartieren? Zu den vorgebrachten Behauptungen und Befürchtungen gibt es bisher wenig gesichertes Wissen. Es ist nicht übertrieben, wenn der Historiker Klaus J. Bade (2006) die eingangs zitierten Einschätzungen mit dem Begriff ‚Paniksemantik' kennzeichnet.

Die ethnischen Kulturen in den Städten werden als gefährlich charakterisiert und mit zwei verschiedenen Weisen der Abschottung zusammengebracht: Zum einen mit einer mentalen Abschottung, die sich in anti-westlichen Werten und einer verstärkten Bedeutung des Islam zeige; zum zweiten mit einer räumlichen Abschottung, die ein Leben in einer separierten Welt nach sich ziehe, in der sich kaum Berührungen mit der Mehrheitsgesellschaft ergeben, ja bewusst vermieden werden. Damit werde, so die logische Folgerung, die Integration in die Gesellschaft behindert. Diesem Zusammenhang werde ich im Folgenden nachgehen. Bei der Frage der Integration von Minderheiten in eine Aufnahmegesellschaft werden im Allgemeinen vier Dimensionen unterschieden:

- eine strukturelle Dimension, die den Zugang zu Kernbereichen der Gesellschaft, insbesondere zum Arbeitsmarkt und zum Bildungssystem betrachtet;
- die kulturelle Integration, mit der vor allem das Erlernen der Sprache und die Übernahme von Verhaltensweisen und Normen des Aufnahmelandes umschrieben wird;
- die soziale Integration schließlich meint die Kontakte zwischen Migranten und Einheimischen, die ethnische Mischung von sozialen Netzen und die Mitgliedschaft in Vereinen;
- schließlich geht es um das ‚Gefühl' der Zugehörigkeit, also um die Identifikation mit der Herkunftsgesellschaft bzw. mit der Aufnahmegesellschaft, wobei umstritten ist, ob auch multiple Identitäten möglich sind oder ob eine gelungene Integration eine exklusive Identifikation mit der Aufnahmegesellschaft bedeutet.

Eine Behinderung der Integration wird insbesondere dann angenommen, wenn sich Migranten in Parallelwelten ‚zurückziehen' können, die sich auch räumlich von der

Mehrheitsgesellschaft abgrenzen. – Im Nationalen Integrationsplan wird sie daher auch an erster Stelle genannt, wo vom Wohnen geredet wird.

Unter Parallelgesellschaften muss man sich wohl das vorstellen, was in der angloamerikanischen Diskussion als ‚ethnische Kolonie' bezeichnet wird, für deren vollständige Ausprägung der kanadische Soziologe Breton (1965) eine „institutional completeness" als Voraussetzung genannt hat. Darunter ist die Verdoppelung aller relevanten Institutionen der Mehrheitsgesellschaft im Wohngebiet der Minderheiten bzw. in der Parallelwelt zu verstehen. Das bezieht sich *erstens* auf die Ökonomie, d. h. auf die Ausbildung einer ethnischen Ökonomie, die die Bewohner der Parallelwelt mit einschlägigen Konsumgütern, Ausbildungs- und Arbeitsplätzen versorgt. Banken, Versicherungen, Reisebüros und Dienstleistungsangebote aller Art werden in den großen Städten inzwischen auch von Unternehmern aus der ethnischen Minderheit angeboten – ist es daher nicht logisch, dass Türken nur noch bei Türken kaufen? Die Verdoppelung betrifft *zweitens* die soziale Infrastruktur, d. h., dass alle relevanten Einrichtungen des Gesundheits-, des Bildungs- und Sozialwesens doppelt, d. h. auch unter ethnischer Führung in der Parallelgesellschaft, vorhanden sind. Natürlich gehört dazu *drittens* die Existenz eigener Medien und von Freizeit- und Sportanlagen, die von ethnischen Minderheiten exklusiv genutzt werden. Politisch hat – *viertens* – die Parallelgesellschaft ihre eigenen politischen Organisationen, die sich eher mit der Politik des Heimatlandes als mit der des Aufnahmelandes beschäftigen. Schließlich und *fünftens*, und dies ist bzw. wäre das härteste Anzeichen für die Existenz von Parallelgesellschaften, müssten eigene Rechtsinstitutionen aufgebaut werden, die es den Bewohnern der Parallelwelt überflüssig oder nicht ratsam erscheinen lassen, im Falle eines Konflikts die Recht sprechenden Institutionen der Aufnahmegesellschaft anzurufen. Die Voraussetzungen dafür, dass sich Parallelwelten in kompletter institutioneller Vollständigkeit herausbilden können, sind bei exklusiver räumlicher Konzentration, d. h. bei einer Art Koloniebildung, besonders günstig.

Will man die tatsächlichen Wirkungen der räumlichen Segregation von Migranten in deutschen Städten überprüfen, die bislang als Vermutungen in die Thesen von Politikern und Medien eingegangen sind, wäre zunächst zu klären, ob es überhaupt Stadtviertel gibt, die dem Begriff der ethnischen Kolonie entsprechen. Bevor ich darauf eingehe, möchte ich die gängigen Hypothesen vorstellen, die in der soziologischen Literatur die Grundlage der empirischen Forschung bilden, die sich mit dem Zusammenhang von segregiertem Wohnen und ethnischen Minderheiten beschäftigt. Vier große Hypothesen sind im Angebot:

1. Die zentrale These lautet, dass räumliche Separation soziale Kontakte zur Aufnahmegesellschaft behindert, dass dadurch die sozialen Netze eigenethnisch geprägt bleiben und die soziale Distanz zur Mehrheitsgesellschaft aufrechterhalten wird. Dazu gehört logisch die Umkehrung, dass persönliche Kontakte die soziale Distanz vermindern und dass räumliche Nähe zu Angehörigen einer anderen Ethnie auch soziale Nähe nach sich zieht.
2. Nach einer zweiten Hypothese erzeugt die Konzentration einer Minderheit in einem bestimmten Stadtquartier sogenannte ‚Kontexteffekte'. Damit ist gemeint, dass das Ent-

stehen einer Subkultur oder eines einheitlichen ethnischen Milieus homogenisierende Sozialisationseffekte hat, mit denen besondere Werthaltungen und Verhaltensweisen an die Bewohner dieser Kolonie vermittelt werden. Behauptet wird also eine Vereinheitlichungstendenz der Bewohner eines Stadtteils. Für den Sozialisationsprozess von Jugendlichen z. B. sei es von Bedeutung, welchen Rollenmodellen sie in ihrem Quartier begegnen. Wenn nur marginalisierte Angehörige einer ethnischen Minderheit in der Nachbarschaft sichtbar werden, fehlen die nachahmenswerten Rollenmodelle, die den sozialen Aufstieg in der Mehrheitsgesellschaft als Möglichkeit repräsentieren. Damit wird die Vorstellungswelt der Jugendlichen einseitig eingeschränkt – mit Folgen für ihr Aspirationsniveau, für ihre Bildungsanstrengungen, für ihre Distanz zur Mehrheitsgesellschaft.

3. Drittens wird hinter der räumlichen Absonderung eine kulturelle Absonderung vermutet, d. h., von den Bewohnern ethnischer Kolonien wird angenommen, dass sie sich stärker der Pflege der Kultur des Herkunftslandes widmen und dass die Identifikation mit der Aufnahmegesellschaft nur schwach ausgebildet ist. Das Leben in einer ethnisch geprägten Umgebung ist demnach Ausdruck einer kulturellen Abschottung, die durch die räumliche Segregation gefestigt wird.
4. Schließlich wird Segregation als Ausdruck einer selbst gewählten Distanz zu den Einheimischen interpretiert; die Möglichkeit, in einer ethnischen Kolonie leichter an eine Wohnung zu gelangen als anderswo, verführe dazu, diese Chance tatsächlich wahrzunehmen. Nicht Diskriminierung auf dem Wohnungsmarkt allgemein, sondern die Neigung, in der Nähe der eigenen Ethnie zu wohnen, sei der Grund für die Segregation.

Kontexteffekte festzustellen, ist aber ein methodisch sehr schwieriges Problem (siehe dazu Alpheis 1988; Friedrichs et al. 2003). Kontexteffekte zeigen sich in Überzeugungen, Werten, Normen, Verhaltensweisen und sozialen Positionen von Individuen, die sich *nicht* aus den üblichen sozialen und kulturellen, individuellen Merkmalen dieser Individuen erschließen lassen. Um es an einem Beispiel zu demonstrieren: Wenn Migranten im Durchschnitt fünf Einheimische in ihrem Freundeskreis haben und andere Migranten mit ähnlichen sozioökonomischen Merkmalen, aber wohnhaft in einer ethnischen Kolonie, nur einen oder gar keinen Einheimischen als Freund nennen, ist dies ein ‚Kontexteffekt'. Es ist der durch sozioökonomische Faktoren nicht erklärbare Rest von Varianz, der als Effekt des Kontextes bezeichnet wird.

Wenn wir erklären wollen, welche Bedeutung Migrantenviertel in deutschen Städten für die Integration haben, sind zwei Schritte zu unternehmen. In einem ersten Schritt muss man herausfinden, ob es in Deutschland überhaupt ethnische Kolonien gibt, auf die die genannten Kontexteffekte zutreffen, d. h., wie groß die Segregation der in Deutschland lebenden Migranten ist. In einem zweiten Schritt sind dann die vorhandenen empirischen Studien zu sichten, in denen die Wirkung der ethnischen Segregation untersucht wurde. Insgesamt ist die Forschung zu dieser Frage in Deutschland nicht sehr weit gediehen; die bisher vorliegenden Ergebnisse weichen allerdings nicht von den Ergebnissen ähnlicher

Forschungen aus anderen Ländern ab (England, Schweden, Niederlande), so dass es keine begründeten Zweifel an ihrer Gültigkeit gibt.

Wie abgeschottet leben Migranten in Deutschland?

Nimmt man die Maßstäbe, die Migrationsforscher der großen Zuwanderungsländer wie die USA oder Kanada benutzen, um eine ‚ethnische Nachbarschaft' zu bestimmen, dann müsste eine einzelne ethnische Minderheit mindestens 30 Prozent oder gar 40 Prozent der Bewohner in einem Quartier stellen. So hohe Anteile finden wir aber in deutschen Städten kaum. In Deutschland bildet die gesamte ausländische Bevölkerung in einem Viertel nur selten die Mehrheit – und eine einzelne ethnische Minderheit erreicht selten mehr als einen Anteil von 30 Prozent. Wenn dieser Anteil überhaupt diese Marke erreicht, dann sind es Türken, denn andere ethnische Minderheiten sind insgesamt nicht so groß und leben auch nicht so segregiert (vgl. Schönwälder/Söhn 2007). In Berlin liegen die höchsten Anteile der größten Minderheit, der Türken, bei 25 Prozent in bestimmten Gebieten in Kreuzberg oder im Wedding, aber bereits in Neukölln beträgt der höchste Anteil in einem statistischen Gebiet lediglich 17 Prozent. Nicht nur für deutsche, sondern für europäische Städte insgesamt ist es typisch, dass die Viertel, in denen viele Migranten leben, multiethnische Viertel sind.

Für eine Beurteilung der Kontexteffekte ist es wichtig zu wissen, welche sozioökonomischen Merkmale die Bewohner des ethnisch geprägten Quartiers haben. Welcher Schicht bzw. welchem sozialen Milieu sind die ethnisch segregierten Bewohner zuzurechnen? Am stärksten segregiert in den Städten sind – neben den Gettos der Reichen – stets die Gruppen, die einen niedrigen Bildungsstand, ein geringes Einkommen und eine prekäre berufliche Situation haben. Das gilt sowohl für die einheimische Bevölkerung als auch für jene mit Migrationshintergrund. Bei marktförmig organisierter Wohnungsversorgung wohnen die Reichsten und die Ärmsten am stärksten segregiert – allerdings aus unterschiedlichen Gründen: die Reichen wohnen, wo sie wollen, die Armen, wo sie müssen.

Im Vergleich zu amerikanischen Städten und im Vergleich zu den unruhigen Banlieues in Frankreich sind einzelne ethnische Minderheiten in deutschen Städten gering segregiert. Das beeinflusst natürlich auch die Ergebnisse der empirischen Forschung. Aussagekräftige Untersuchungen über die Wirkungen ethnischer Segregation liegen inzwischen zu verschiedenen Fragen vor: zu den Kontakten zwischen Migranten und Einheimischen, zu Sozialisationseffekten, zur Frage der kulturellen Absonderung und dazu, wie es mit der Umzugs-Mobilität von Migranten in der Stadt aussieht.

Einer der zentralen Glaubenssätze der traditionellen Migrationssoziologie lautet, dass räumliche Abschottung Kontakte mit Einheimischen verhindere und damit Integration erschwere. Zahlreiche Untersuchungen zeigen jedoch, dass das nicht stimmt. Bereits in den 1980er-Jahren ergab eine Studie von Alpheis (1988), dass sich, wenn man die Einflüsse der individuellen Merkmale der Bewohner berücksichtigt, ein Effekt der Nachbarschaft auf die Häufigkeit interethnischer Kontakte nicht nachweisen lässt. Ein ähnliches Ergebnis zeigt eine Untersuchung von Farwick (2006), durchgeführt 2004/2005 in Bremen. Auch

Nauck, der zahlreiche Studien über die Kontakte in und zwischen Familien veröffentlichte, kommt zu dem Ergebnis, dass die Behinderung von Kontakten durch räumliche Separation ein Mythos ist, zumal in einer Zeit, in der die enorm gewachsenen Möglichkeiten zur Telekommunikation und zur räumlichen Mobilität den meisten Menschen es freistellen, mit wem sie wann und wo zu tun haben. Nauck (1988: 326) nennt es ein „ethnozentrisches Missverständnis [...], wenn von der Häufigkeit des Auftretens von sichtbaren Ausländern in bestimmten Wohnquartieren darauf geschlossen wird, dass diese dann auch untereinander intensive Beziehungen hätten".

Soziale Beziehungen, das ist die Quintessenz von vielen Untersuchungen, ergeben sich am ehesten zwischen Menschen mit gleichem sozioökonomischen Status und gleichem Lebensstil. Wenn diese Voraussetzung gegeben ist, dann vergrößert räumliche Nähe die Wahrscheinlichkeit von Kontakten. Divergierende Interessen oder unterschiedliche Lebensstile werden durch räumliche Nähe aber nicht neutralisiert – in diesen Fällen kann – im Gegenteil – räumliche Nähe eher zu Konflikten führen. Das heißt: räumliche Nähe erleichtert und intensiviert Kontakte – aber nur dann, wenn die sozialen und kulturellen Voraussetzungen dafür bereits gegeben sind, also wenn soziale Nähe schon existiert. Räumliche Nähe erzeugt soziale Nähe nicht.

In der Forschung am heftigsten umstritten ist die Wirkung von Nachbarschaften auf die Sozialisation ihrer Bewohner. Dass es diese Effekte gibt, dass also Denken und Handeln anderer Nachbarn das Denken und Handeln von Nachbarn beeinflusst, ist eine der zentralen Annahmen der Befürworter von sozialer Mischung in den Städten. In einer methodisch avancierten Untersuchung zum Einfluss der Nachbarschaft auf die Gewaltbereitschaft bei Jugendlichen hat Oberwittler (2004) festgestellt, dass ein allgemeiner Kontext- oder Nachbarschaftseffekt bei dieser Frage zwar nicht besteht, dass er aber bei einer ganz bestimmten Bewohnergruppe festgestellt werden kann: bei jugendlichen Männern.

Wenn Jugendliche männlich sind, wenn sich ihr Freundeskreis auf das eigene Stadtviertel beschränkt, wenn sie die Hauptschule besuchen und wenn sie in den letzten Jahren nicht über die Stadtviertelgrenzen hinaus umgezogen sind, dann zeigt sich, dass Nachbarschaft das Handeln dieser Jugendlichen bis zu einem gewissen Grade beeinflusst. Ein solcher Einfluss ist aber bei anderen Bewohnern nicht festzustellen, z. B. bei Mädchen oder bei Gymnasiasten. Auf deren Verhalten haben die *sozialen* Merkmale einen größeren Einfluss als die Nachbarschaft. Wenn sich der Aktionskreis von Jugendlichen auf die lokale Umgebung beschränkt, wenn sie gemeinsam eine Hauptschule in diesem Quartier besuchen, dann ist die Schule auch die wichtigste Ressource für die Bildung der Freundeskreise und damit für die Sozialisation. Die Schule ist in jedem Fall der bedeutsamere Kontext als das Quartier.

Drever (2004) ging der Frage nach, in welchem Ausmaß ethnische Nachbarschaften in Deutschland ökonomische, soziale oder kulturell isolierte Zonen darstellen. In der Analyse von Daten des Sozio-ökonomischen Panels (SOEP) zeigt sich, dass sich die Bewohner von ethnisch homogenen Nachbarschaften nicht stärker als andere darum bemühen, ihre Herkunftskultur unberührt zu bewahren. Die These, dass in ethnischen Nachbarschaften die Bewohner stärker an ihrer Tradition hängen und dass sie stärker als andere religiösen

Einflüssen unterliegen, – was wiederum die Integration hemme – erweist sich somit als nicht haltbar.

In ähnlicher Weise hat Salentin (2004) die Frage untersucht, ob eine starke Integration in der eigenen ethnischen Gemeinschaft dazu führt, dass man sich von der Mehrheitsgesellschaft isoliert. Dem Projekt lag theoretisch das zugrunde, was man eine ‚Wetterhäuschen-Hypothese' nennen könnte. Beim Wetterhäuschen kann nur eine von zwei Figuren in den Vordergrund treten: bei schönem Wetter die Frau, bei schlechtem Wetter der Mann. Das Ergebnis der Untersuchung zeigt, dass eine solche Automatik hinsichtlich des integrativen bzw. segregativen Verhaltens nicht existiert. Sowohl bei den sozialen Kontakten als auch beim Umgang mit Medien und bei Freizeitaktivitäten zeigte sich, dass jene Personen, die viele Kontakte innerhalb eigenethnischer Kreise haben und dort auch sehr aktiv sind, ebenfalls ein höheres Niveau von Kontakten und Kommunikation mit der Aufnahmegesellschaft pflegen. Dies gilt selbst für das politische Interesse. Die einzige Dimension, in der sich negative Effekte der Konzentration auf die ethnische Community zeigten, ist die Sprache. Die Konkurrenzthese zwischen Aktivitäten innerhalb oder außerhalb der ethnischen Gemeinschaft, die dem Wetterhäuschenmodell zugrunde liegt, kann nach Salentin nicht bestätigt werden.

Die Migrationssoziologie (vgl. Oswald 2007) hat in allen Fragen der Assimilation bzw. der Integration einen klaren Zusammenhang zwischen Wohnstandort und Integrationsfortschritt behauptet. Demnach begeben sich Zuwanderer nach ihrer Ankunft zwar zunächst dorthin, „wo sie hingehören", wie Robert Park (1967: 40) einst formulierte. Das heißt, in der ersten Phase nach der Ankunft leben Migranten meist mit ihren Landsleuten in ethnisch geprägten Quartieren zusammen. In dem Maße aber, wie sie sich ökonomisch, sozial und kulturell integrieren, entfernen sie sich räumlich von der ethnischen Kolonie (vgl. Friedrichs 1977; Alba/Nee 2004). Dies wird als Assimilations- und Individualisierungsprozess interpretiert, der eine allmählich vollständige Integration in die Aufnahmegesellschaft widerspiegelt. Die Orte mit hoher Konzentration von Migranten wären dann keine Endstationen nicht gelungener Integration, wie in der öffentlichen Diskussion oft unterstellt, sondern Durchgangsstationen. In diesem Sinne wurde auch in Deutschland (Nürnberg) untersucht, wie es um die räumliche Mobilität von türkischen Migranten steht (Zdrojewski/Schirner 2005). Dabei zeigten sich Tendenzen einer sozialräumlichen Differenzierung der türkischen Nürnberger: Aus den Gebieten mit der höchsten Ausländerkonzentration ziehen türkische Immigranten mit steigendem beruflichen Status und höherem Einkommen allmählich weg, sie suchen sich Wohnorte mit einem niedrigeren Anteil von ethnischen Minderheiten. Dies wiederum entspricht ganz den Vorstellungen der Assimilationstheorie.

Wenn man alle diese Beobachtungen zusammenfasst, zeigt sich, dass das Sozialverhalten (Kontakte), die Sozialisation (Werte und Normen), die kulturelle Orientierung und die räumliche Mobilität vor allem von den individuellen Merkmalen der Bewohner abhängen, also von Bildung, Einkommen und Beruf der Einzelnen – und erst nachrangig von der Nachbarschaft. Mit den klassischen Faktoren der soziologischen Analyse können Verhalten und Orientierungen von Migranten weitgehend erklärt werden – auch das Leben in Gebieten mit hoher Konzentration von ethnischen Minderheiten. Die Kontexteffekte sind demgegenüber gering.

Die sozialwissenschaftliche Forschung macht also deutlich,

- dass die ethnische Segregation unter heutigen Bedingungen die Kontakte zu Einheimischen nicht verhindert;
- dass ethnische Kolonien abweichende Werte nur unter ganz bestimmten Bedingungen an bestimmte Gruppen vermitteln;
- dass die Bewohner von ethnischen Kolonien nicht stärker ihrer Herkunftskultur verhaftet bleiben als Bewohner anderer Quartiere;
- dass Migranten die ethnischen Kolonien nicht freiwillig und dauerhaft bevorzugen, sondern im Zuge ihrer Integration auch wegziehen;
- dass allerdings der Erwerb der Landessprache für Bewohner ethnischer Kolonien schwieriger ist als für jene, die überwiegend mit Einheimischen zusammenwohnen.

Genauso wie in der deutschen Bevölkerung sind auch in der Migrantenbevölkerung die untersten Schichten am stärksten segregiert – und die, die im Sinne des Assimilationsmodells wegziehen, sind die sozial Mobilen, die ökonomisch Erfolgreichen, die Bildungsaufsteiger. Daraus ergibt sich ein Zusammenhang, der es sehr schwierig macht, zwischen ethnischen und sozialen Effekten einer räumlichen Konzentration zu unterscheiden: Es ist vorwiegend die Unterschicht der Migrantenbevölkerung, die segregiert und sichtbar in den ‚Ausländervierteln' wohnt. Nur die Unterschicht ist stark segregiert, und nur bei dieser Bevölkerung sind die sozialen Beziehungen stark lokal zentriert – und nur hier sind die Einflüsse der lokalen Umgebung tatsächlich nachweisbar. Diese Haushalte sind in Bezug auf Kommunikation und möglicherweise auch materielle Reproduktion auf das lokale Milieu angewiesen und daher auch eher zu Anpassungsleistungen an das ethnische Milieu oder an religiöse Eiferer gezwungen.

Die Effekte und Einflüsse, die von der sozialen Lage der Bewohner ausgehen, werden leicht verwechselt mit den Kontexteffekten, die sich aus der Segregation ergeben. Bei der Behauptung, Integrationshemmnisse gingen überwiegend von den ethnisch geprägten Nachbarschaften aus, handelt es sich also klar und deutlich um eine Ethnisierung sozialer Probleme. Die Fortschritte bei der Integration sind abhängig von Bildung, Einkommen und Beruf, nicht vom Wohnort. Wer beruflich erfolgreich ist, wohnt eher außerhalb der Gebiete mit hohen Migrantenanteilen, so dass sich die Überlagerung von ethnischer Segregation und sozialer Benachteiligung immer wieder neu herstellt.

Würde die viel beschworene ‚Mischung' daran etwas ändern? Verschiedene soziale Gruppen können in einem Quartier nebeneinander wohnen, ohne miteinander zu kommunizieren, ja fast ohne sich gegenseitig wahrzunehmen. Die wechselseitige Gleichgültigkeit ist geradezu ein Merkmal des urbanen Lebensstils in heterogenen Umwelten, aus dem die Freiheit zum Anderssein und damit auch ein Freiraum für Fremde entsteht – wie Georg Simmel überzeugend dargelegt hat. Zudem wirkt ein bestimmtes Ethno-Milieu nicht ‚ansteckend', wie es die Sorge um die Parallelwelten unterstellt. Räumliche Nähe bedeutet nämlich *nicht* automatisch soziale Nähe, und räumliche Nähe hat auch *nicht* direkte Wirkungen auf das Denken und Handeln der Nachbarn. Die wachsende soziale Differenzierung der Migrantenbevölkerung hat eben zur Folge, dass auch Kontakte zwischen Angehörigen der gleichen ethnischen Minderheit seltener werden, wenn sich die Lebensstile und die Verkehrskreise entlang der Dimensionen Bildungsniveau und Einkommen voneinander entfernen. Das führt in vielen Fällen auch zum Wegzug aus den Migrantenvierteln – ganz entsprechend der Integrations- und Assimilationstheorie.

Es gibt in den Quartieren aber einen Ort, wo die unterschiedlichen ethnischen und sozialen Gruppen der Kommunikation und Begegnung nicht ausweichen können. Das ist die Schule. Sie ist der einzige Ort, wo sich, so lange Schuleinzugsbereiche für die Grundschule noch amtlich festgelegt sind, Zwangskontakte ergeben. Die Festlegung von Grundschuleinzugsbereichen gibt es in Deutschland seit den 1920er Jahren. Sie begründete die ‚Volksschule‘, d. h. den gemeinsamen Schulbesuch aller im Gebiet ansässigen Familien, ohne Ansehen von Status, Einkommen oder kultureller Besonderheit. Eine schöne Idee, die bei den einheimischen Mittelschichten inzwischen stark an Attraktivität verloren hat. Sie stimmen mit den Füßen über diesen Zwang ab: Entweder ziehen sie aus Gebieten mit hohem Migrantenanteil weg oder sie melden ihre Kinder woanders an. In Nordrhein-Westfalen können die Gemeinden seit dem Jahr 2006 die Schuleinzugsbereiche aufheben – begründet nicht nur mit der größeren Freiheit, die dann herrsche, sondern auch mit der Hoffnung, dass die ethnische Mischung in den Wohngebieten aufrecht erhalten bleibe, wenn die Schule als Wegzugsgrund wegfällt.

Die ethnische Homogenität der Schülerzusammensetzung ist erheblich stärker ausgebildet als die der Bewohner insgesamt. Wenn in einem Quartier die Quote der Bewohner mit Migrationshintergrund bei 40 oder 50 Prozent liegt (was für deutsche Verhältnisse ziemlich hoch ist), dann liegt sie in der Schulpopulation bei 70 oder 80 Prozent, in manchen Fällen bereits bei 100 Prozent. Das liegt nicht nur daran, dass die Migranten in der Regel noch jünger sind und mehr Kinder haben, sondern auch daran, dass das gemeinsame Lernen in der Schule von den einheimischen Mittelschichteltern, die um die Bildungschancen ihrer Kinder für die Zukunft fürchten, als Benachteiligung angesehen wird. Spracherwerb und Bildungsniveau entscheiden über die Zukunftschancen in einer mobilen Gesellschaft, und die Schule ist von zentraler Bedeutung für die Verkehrskreise und damit auch für die Sozialisation von Jugendlichen. Zu Recht befürchten bildungsorientierte Eltern, dass ihre Kinder, wenn der Anteil von Schülern mit nichtdeutscher Herkunftssprache in der Schule oder in der Klasse sehr hoch ist, weniger lernen als in anderen Schulen. Denn in ersteren ist das Leistungsniveau erheblich niedriger als in sozial und ethnisch besser gemischten Schulen oder gar in reinen Mittelschichtsschulen in den ‚ausländerfreien Nachbarschaften‘ der Städte oder der Vororte.

Die PISA-Studien haben es zutage gebracht, dass diese Leistungsunterschiede existieren, und dass das schlechte Abschneiden der deutschen Schüler im internationalen Vergleich vor allem auf die schlechten Leistungen von Migrantenkindern zurückzuführen ist (so die Studie von Baumert et al. 2005).

Als eine mögliche Rezeptur wird darüber diskutiert, die Schulen in den Vierteln mit einem hohen Migrantenanteil so stark zu verbessern, dass auch hier Lernprozesse wie bei der einheimischen Mittelschicht möglich werden. Dies würde einen dramatisch höheren Personal- und Sachaufwand voraussetzen; Ganztagsschulen mit besonders guten pädagogischen Konzepten müssten eingerichtet werden – die ‚kompensatorische Schule' wäre viel teurer als die Normalschule im Mittelschichtwohngebiet. Davon, das zu realisieren, sind wir weit entfernt. Die Durchsetzung eines solchen Umverteilungsmodells wäre eine Sensation – aber nach den Ergebnissen der amerikanischen Schulforschung ist noch ungeklärt, ob es ausreicht, wenn Migrantenkinder, die aus bildungsfernen Familien kommen, zum Ausgleich ihrer Defizite Lernbedingungen *wie* die Mittelschicht vorfänden – oder ob es zur Ermöglichung ähnlicher Bildungskarrieren nicht unumgänglich ist, dass diese Kinder *mit* den Kindern der einheimischen Mittelschicht lernen, um von diesen in Bezug auf Motivation und Fertigkeit mitgezogen zu werden. Das würde eine Desegregation der Kinder mit Migrationshintergrund voraussetzen, also ein Bus-Zubringer-System, das die Kinder entsprechend auf die Schulen verteilt. In den USA wurde das 47 Jahre lang praktiziert – soeben haben reaktionäre Richter des Supreme Court allerdings verkündet, dass sich die Mittelschichten das nicht mehr gefallen lassen müssen.[4]

Die beschworenen Parallelwelten existieren vor allem in der Phantasie von Journalisten und Politikern. Dass es in einigen Städten Nordrhein-Westfalens Orte mit extremer Segregation gibt, soll damit nicht in Abrede gestellt werden. Doch für die Behauptung, die Integrationsdefizite von Migranten seien vor allem auf das Wohnen in ethnischen Kolonien zurückzuführen, gibt es keine Anhaltspunkte. Die Rede von Parallelwelten ist politisch folgenlos, sie dient nur der Diskriminierung. Denn die wirklich entscheidenden Bedingungen der Integration, die in den Bereichen allgemeiner Bildung und beruflicher Qualifikation liegen und in denen Veränderungen so schwer zu erreichen sind, müssen dann nicht in erster Linie und nicht mit höchster Anstrengung renoviert werden. Da ist doch einfacher, den Migranten Vorwürfe zu machen und ihnen Integrationsverweigerung zu unterstellen.

Wenn die Absolventen eine Hauptschule in Berlin-Kreuzberg, deren Schüler zu 100 Prozent einen Migrationshintergrund haben, nach erfolgreichem Schulabschluss zu 100 Prozent keine Lehrstelle finden – ist das auf Segregation oder auf Diskriminierung zurückzuführen? Stigmatisierung und Diskriminierung sind womöglich die wirksamsten Effekte, die mit der räumlichen Konzentration von Migranten verbunden sind. Richtig untersucht hat das bisher noch niemand.

---

4   Im Juli 2007 verboten die obersten Richter der Vereinigten Staaten (Supreme Court) mit einer 5:4-Mehrheit die Praxis der gelenkten Klassenzusammenstellung zur Minderheitenförderung im Südstaat Kentucky und im Nordstaat Washington. Weiße Eltern hatten geklagt, weil sie darin eine Benachteiligung ihrer Kinder sehen. Die Mehrheit der Richter gab ihnen Recht. Damit wird faktisch das seit 1954 bestehende Verbot der Rassentrennung in den Schulen außer Kraft gesetzt.

Literatur

Alba, Richard/ Nee, Victor 2004: Assimilation und Einwanderung in den USA. In: IMIS-Beiträge, 23, S. 21–39
Alpheis, Hannes 1988: Kontextanalyse. Konstanz: Universitätsverlag
Bade, Klaus J. 2006: Integration und Politik – aus der Geschichte lernen? Essay. In: Aus Politik und Zeitgeschichte (APuZ) 40–41 http://www.bpb.de/apuz/29488/integration-und-politik-aus-der-geschichte-lernen-essay [Zugriff: 03.02.2016]
Baumert, Jürgen/ Carstensen, Claus H./ Siegle, Thilo 2005: Wirtschaftliche, soziale und kulturelle Lebensverhältnisse und regionale Disparitäten des Kompetenzerwerbs. In: PISA-Konsortium Deutschland (Hrsg.): PISA 2003. Der zweite Vergleich der Länder in Deutschland – Was wissen und können Jugendliche? Münster u. a.: Waxmann, S. 323–365
Breton, Raymond 1965: Institutional Completeness of Ethnic Communities and the Personal Relations of Immigrants. In: American Journal of Sociology, 70/2, S. 193–205
Bundesregierung 2007: Der Nationale Integrationsplan. Neue Wege – Neue Chancen. Berlin: Presse- und Informationsamt der Bundesregierung/ Die Beauftragte der Bundesregierung für Migration, Flüchtlinge und Integration
Ceylan, Rauf 2006: Ethnische Kolonien. Entstehung, Funktion und Wandel am Beispiel türkischer Moscheen und Cafés. Wiesbaden: VS Verlag für Sozialwissenschaften
CDU/CSU 2005: Deutschlands Chancen nutzen. Wachstum – Arbeit – Sicherheit. Regierungsprogramm 2005–2009. Berlin. Internet: http://www.kas.de/upload/ACDP/CDU/Programme_Bundestag/2005–2009_Regierungsprogramm_Deutschlands-Chancen-nutzen_Wachstum-Arbeit-Sicherheit.pdf [Zugriff: 03.02.2016]
Drever, Anita 2004: Separate Spaces, Separate Outcomes? Neighbourhood Impacts on Minorities in Germany. In: Urban Studies, 41/8, S. 1423–1439
Farwick, Andreas 2006: Segregation und Eingliederung. Zum Einfluss der räumlichen Konzentration von Zuwanderern in städtischen Gebieten auf den Eingliederungsprozess. Bremen: Habilitationsschrift Fachbereich 8 der Universität Bremen
Friedrichs, Jürgen 1977: Stadtanalyse: soziale und räumliche Organisation der Gesellschaft. Reinbek bei Hamburg: Rowohlt
Friedrichs, Jürgen/ Galster, George/ Musterd, Sako 2003: Neighbourhood Effects on Social Opportunities. The European and American Research and Policy Context. In: Housing Studies, 18/6, S. 797–806
Friedrichs, Jürgen/ Triemer, Sascha 2009: Gespaltene Städte? Soziale und ethnische Segregation in deutschen Großstädten. 2. Auflage. Wiesbaden: VS Verlag für Sozialwissenschaften
Häußermann, Hartmut/ Siebel, Walter 2004: Stadtsoziologie. Eine Einführung. Frankfurt am Main: Campus
Musterd, Sako/ Ostendorf, Wim/ Breebaart, Matthijs 1997: Muster und Wahrnehmung ethnischer Segregation in Westeuropa. In: Häußermann, Hartmut/ Oswald, Ingrid (Hrsg.): Zuwanderung und Stadtentwicklung. Leviathan, Sonderheft 17. Opladen: Westdeutscher Verlag, S. 293–307
Nauck, Bernhard 1988: Sozial-ökologischer Kontext und außerfamiliäre Beziehungen. Ein interkultureller und interkontextueller Vergleich am Beispiel von deutschen und türkischen Familien. In: Friedrichs, Jürgen (Hrsg.): Soziologische Stadtforschung. Sonderheft 29 der Kölner Zeitschrift für Soziologie und Sozialpsychologie. Opladen: Westdeutscher Verlag, S. 310–327
Oberwittler, Dietrich 2004: Stadtstruktur, Freundeskreise und Delinquenz. Eine Mehrebenenanalyse zu sozialökologischen Kontexteffekten auf schwere Jugenddelinquenz. In: Oberwittler, Dietrich/ Karstedt, Susanne (Hrsg.) : Soziologie der Kriminalität. Sonderheft 43 der Kölner Zeitschrift für Soziologie und Sozialpsychologie. Wiesbaden: Verlag für Sozialwissenschaften, S. 135–170

Oberwittler, Dietrich/ Rabold, Susann/ Baier, Dirk (Hrsg.) 2013: Städtische Armutsquartiere – Kriminelle Lebenswelten? Studien zu sozialräumlichen Kontexteffekten auf Jugendkriminalität und Kriminalitätswahrnehmungen. Wiesbaden: Springer VS

Oettinger, Günther 2006: Integration fördern, Zusammenhalt stärken. Für eine offene und wertebewusste Gesellschaft. Regierungserklärung von Ministerpräsident Günter H. Oettinger vor dem Landtag von Baden-Württemberg am 1. Februar 2006. Stuttgart. Internet: http://www.fdp-bw.de/docs/regierungserklaerung_oettinger_270405.pdf [Zugriff: 03.02.2016]

Oswald, Ingrid 2007: Migrationssoziologie. Konstanz: UVK

Park, Robert E. 1967: The City: Suggestions for the Investigation of Human Behavior in the Urban Environment. In: Park, Robert E./ Burgess, Ernest W.: The City. Chicago/London: The University of Chicago Press, S. 1–46

Salentin, Kurt 2004: Ziehen sich Migranten in „ethnische Kolonien" zurück? In: Bade, Klaus M./ Bommes, Michael/ Münz, Rainer (Hrsg.): Migrationsreport 2004. Frankfurt am Main: Campus, S. 97–114

Sampson, Robert J. 2012: Great American City. Chicago and the Enduring Neighborhood Effect. Chicago/London: The University of Chicago Press

Schönwälder, Karen/ Söhn, Janina 2007: Siedlungsstrukturen von Migranten und Migrantinnen in Deutschland. In: Schader-Stiftung/ Deutscher Städtetag/ GdW Bundesverband deutscher Wohnungs- und Immobilienunternehmen/ Deutsches Institut für Urbanistik/ Institut für Wohnungswesen, Immobilienwirtschaft, Stadt- und Regionalentwicklung/ Ruhr-Universität Bochum (Hrsg.) Stadträumliche Integrationspolitik. Ergebnisse des Projektes „Zuwanderer in der Stadt". Darmstadt: Schader-Stiftung, S. 73–91

SPD 2005: Vertrauen in Deutschland. Das Wahlmanifest der SPD. Berlin. Internet: https://www3.spd.de/linkableblob/1822/data/wahlmanifest_bundesparteitag_berlin_2005.pdf [Zugriff: 03.02.2016]

Zdrojewski, Simone/ Schirner, Henning 2005: Segregation und Integration. Entwicklungstendenzen der Wohn- und Lebenssituation von Türken und Spätaussiedlern in der Stadt Nürnberg. In: Verbundpartner ‚Zuwanderer in der Stadt' (Hrsg.): Zuwanderer in der Stadt. Expertisen zum Projekt. Darmstadt: Schader-Stiftung, S. 75–115

Integration in ländlichen Räumen – die Rolle der Landkreise

Klaus Ritgen[1]

Zusammenfassung

Während die Integration von Migranten in der Vergangenheit als eine Herausforderung angesehen wurde, der sich in erster Linie die größeren Städte zu stellen haben, geraten seit einiger Zeit – aktuell nicht zuletzt aufgrund der hohen Flüchtlingszahlen – die ländlichen Räume wieder stärker in den Blick. Der nachfolgende Beitrag erläutert zunächst die besonderen Integrationsbedingungen in ländlichen Räumen und geht dabei insbesondere auf die Rolle der Landkreise ein. Auch im ländlichen Raum ist Integration vor allem eine Aufgabe der Kommunen. Neben die kreisangehörigen Städte und Gemeinden treten dabei die Landkreise. Den Landkreisen sind als Träger von Ausländer- und Sozialbehörden, von Jugendämtern und Jobcentern, im schulischen Bereich sowie bei der Aufnahme und Unterbringung von Flüchtlingen vielfach Aufgaben zugewiesen, die unmittelbare Berührungspunkte zur Integration von Migranten haben. Sie unterstützen aber auch die kreisangehörigen Kommunen in deren integrativen Bemühungen. Grundlage dafür sind die in vielen Landkreisen bereits vorhandenen Integrationskonzepte und eine strategische Ausrichtung der kreiskommunalen Integrationspolitik. Die starke Zuwanderung von Flüchtlingen zwingt dazu, diese Konzepte erneut auf den Prüfstand zu stellen.

Schlüsselbegriffe

Potenziale und Heterogenität ländlicher Räume, demografische Entwicklung, Fachkräftemangel, Willkommenskultur, ergänzende Funktionen der Landkreise

---

1 Der Verfasser ist Referent beim Deutschen Landkreistag, Berlin.

Die Integration von Migranten ist ein Thema, das lange Zeit vor allem mit Großstädten und Ballungsräumen in Verbindung gebracht wurde – nicht nur in der öffentlichen Wahrnehmung, sondern auch aus der Perspektive der Integrationsforschung. Dies mag damit zusammenhängen, dass der prozentuale Anteil der Menschen mit Migrationshintergrund an der Wohnbevölkerung in den kleineren Städten und Gemeinden vielfach deutlich geringer ist als in den großen Städten, könnte aber auch darauf beruhen, dass die Integration von Migranten in den ländlichen Räumen problemloser verlaufen ist als in den Agglomerationen und deshalb weniger Aufmerksamkeit auf sich gezogen hat. Mittlerweile ist allerdings unübersehbar, dass die ländlichen Räume – wie auch bei früheren größeren Zuwanderungsereignissen – wieder stärker in den Blick genommen werden. Ländliche Räume bieten gute Voraussetzungen für die Integration von Migranten und können, wenn die Integration gelingt, ihrerseits durch die Zuwanderung von Ausländern profitieren. Das gilt nicht zuletzt in Anbetracht der aktuell sehr hohen Zahl von Asylbewerbern und Flüchtlingen. Es erscheint ausgeschlossen, dass diese nur in den Städten und Ballungsräumen Aufnahme finden werden.

Für die wissenschaftliche Auseinandersetzung mit den Integrationsvoraussetzungen der ländlichen Räume von besonderer Bedeutung sind zwei breit angelegte Forschungs-Praxis-Projekte, die die Schader-Stiftung in den Jahren von 2009 bis 2011 und von 2012 bis 2014 unter den Bezeichnungen „Integrationspotenziale in kleinen Städten und Landkreisen" und „Integrationspotenziale ländlicher Regionen im Strukturwandel" durchgeführt hat.[2] Auch die umfassende Studie von Gesemann, Roth und Aumüller zum Stand der kommunalen Integrationspolitik (2012) widmete den kleinen Städten und Gemeinden sowie den Landkreisen dieselbe Aufmerksamkeit, die sie auch den Großstädten zu Teil werden ließ.[3]

Diese Hinwendung der Integrationsforschung zu den ländlichen Räumen ist nicht nur angesichts der Tatsache zu begrüßen, dass mehr als die Hälfte aller Menschen mit Migrationshintergrund außerhalb der großen Städte lebt. Es handelt sich vielmehr auch deshalb um eine sehr positive Entwicklung, weil die Voraussetzungen und Bedingungen gelingender Integration im ländlichen Raum in vieler Hinsicht nicht mit den Gegebenheiten verglichen werden können, die Großstädte und Ballungsräume kennzeichnen. Erkenntnisse der Integrationsforschung, die anhand großstädtischer Verhältnisse gewonnen wurden, lassen sich nicht ohne weiteres auf ländlich geprägte Gebiete bzw. kleinere und mittlere Städte übertragen. Hinzu kommt, dass die ländlichen Räume Deutschlands ein

---

2   Die Ergebnisse des ersten Projekts sind dokumentiert in Schader-Stiftung 2011. Im Rahmen des zweiten Projektes ist ein Handbuch für Kommunen entstanden, vgl. Schader Stiftung 2014; auf dem gemeinsamen Internetauftritt beider Projekte (www.integrationspotenziale.de) ist darüber hinaus ein ausführlicher, von Frank Gesemann und Jutta Aumüller verfasster Abschlussbericht zum zweiten Projekt (Aumüller/Gesemann 2014) sowie weitere Projektunterlagen verfügbar. Für einen Einblick in die aktuellen Integrationsanstrengungen der Landkreise vgl. Deutscher Landkreistag 2015.

3   Freilich gibt es auch in der neueren Literatur immer noch Autoren, die den ländlichen Raum und die Landkreise als wichtige Akteure völlig ausblenden, vgl. z. B. Heckmann 2015 S. 251 ff.

besonders hohes Maß an Heterogenität aufweisen, und zwar gerade auch im Hinblick auf integrationsrelevante Faktoren wie die demografische Entwicklung, die wirtschaftliche Lage und die An- bzw. Abwesenheit von spezifischen Zuwanderergruppen bzw. den Bevölkerungsanteil der Migranten.[4]

Nimmt man die Kommunen als wichtige Akteure der Integration vor Ort in den Blick, fällt ein Unterschied zwischen den großen Städten auf der einen und dem ländlichen Raum auf der anderen Seite unmittelbar auf: Während die großen, kreisfreien Städte für alle den Kommunen übertragenen oder von ihnen kraft ihres Selbstverwaltungsrechts aus freiem Entschluss wahrgenommenen Aufgaben zuständig sind, gibt es im kreisangehörigen Raum mit den Landkreisen und ihren Gemeinden zwei Träger kommunaler Selbstverwaltung, die sich ergänzen und von denen jeder für einen Teil der kommunalen Aufgaben die Verantwortung trägt.

Dass gerade die Landkreise für eine gelingende Integration von Migranten im ländlichen Raum von großer Bedeutung sind, ist eine Erkenntnis, die lange Zeit von der Formel überdeckt wurde, dass Integration „vor Ort" stattfindet. Diese Formel ist als Beschreibung der Lebenssituation von Migranten ebenso zutreffend wie außer Frage steht, dass die Gemeinden und Städte als „Orte der Integration" eine zentrale Rolle spielen, wenn es darum geht, Menschen mit Migrationshintergrund willkommen zu heißen und in das tägliche Leben zu integrieren. Richtig ist aber auch – und das haben nicht zuletzt die beiden genannten Forschungs-Praxis-Projekte sowie die Studie zum Stand der kommunalen Integrationspolitik deutlich gemacht –, dass gerade die kleinen Städte und Gemeinden mit dieser Aufgabe vielfach überfordert und auf Unterstützung und Koordinierung seitens der Landkreise angewiesen sind. Hinzu kommt, dass den Landkreisen als Trägern von Ausländer- und Sozialbehörden, von Jugendämtern und Jobcentern oder auch im schulischen Bereich vielfach Aufgaben zugewiesen sind, die unmittelbare Berührungspunkte zur Integration von Migranten haben. Vor diesem Hintergrund ist es nicht verwunderlich, dass eine ganze Reihe von Bundesländern den Landkreisen auch explizit hervorgehobene Aufgaben im Hinblick auf die Integration von Migranten übertragen haben.

Besonders hinzuweisen ist in diesem Zusammenhang auf die kommunalen Integrationszentren, die in den nordrhein-westfälischen Landkreisen auf der Grundlage des nordrhein-westfälischen Gesetzes zur Förderung der gesellschaftlichen Teilhabe und Integration vom 14.2.2012 errichtet worden sind und auf die noch näher einzugehen sein wird. Auch Hessen setzt im Rahmen seines Landesprogramms „WIR – Wegweisende Integrationsansätze Realisieren) gezielt auf die Landkreise. Das Land stellt Mittel zur Beschäftigung einer kommunalen WIR-Koordinationskraft zur Etablierung eines regionalen Integrationsmanagements in den Landkreisen und zum Einsatz von Integrationslotsen auf Landkreisebene zur Verfügung. Ähnliche Ansätze gibt es in Niedersachsen, in Sachsen-Anhalt und in weiteren Bundesländern (vgl. auch Gesemann/Roth/Aumüller 2012, S. 135 f.).

---

4 Schader-Stiftung 2011, S. 47. Zur Vielfalt der ländlichen Räume Küpper 2017, S. 252 ff.

Die Landkreise sind daher aus dem Integrationsgeschehen im ländlichen Raums nicht wegzudenken, stehen insoweit fraglos aber auch in einer besonderen Verantwortung – eine Verantwortung, die durch die aktuelle Flüchtlingssituation nochmals besonders akzentuiert wird.

1 Integration im ländlichen Raum

Dass Integration zu keinem Zeitpunkt der jüngeren deutschen Geschichte ein Thema nur der großen Städte war, zeigt ein Blick auf die wesentlichen Migrantengruppen und Wanderungsbewegungen der Jahrzehnte seit dem letzten Weltkrieg. Dabei muss zwischen den Migrationsprozessen in West- und Ostdeutschland unterschieden werden.

1.1 Zuwanderung in ländliche Räume

Für die Migrationsgeschichte der westlichen Bundesländer ist seit jeher die Gruppe der Aussiedler bzw. Spätaussiedler von besonderer Bedeutung, von denen seit 1950 ca. 4,5 Mio. zugewandert sind. Diese zunächst überwiegend aus Polen, Rumänien und anderen Ländern des „Ostblocks", später dann aus den Republiken der ehemaligen Sowjetunion stammenden Menschen haben zu fast 75 Prozent in den vier Bundesländern Nordrhein-Westfalen, Baden-Württemberg, Bayern und Niedersachsen eine neue Heimat gefunden, und zwar überwiegend außerhalb der großen Ballungsgebiete. Mehr als die Hälfte von ihnen wohnt bis heute in Dörfern und Städten mit weniger als 50.000 Einwohnern. (Spät-)Aussiedler waren in der Zeit von 1989 bis 2009 durch das Wohnortzuweisungsgesetz in der Freiheit der Wohnortwahl beschränkt; ab 1996 wurde das Verlassen des zugewiesenen Wohnorts mit einem Verlust von Sozialleistungen sanktioniert.[5] Ähnliche Vorgaben galten bzw. gelten für die Ansiedlung von jüdischen Kontingentflüchtlingen.

Eine weitere bedeutende Gruppe von Zuwanderern stellen die sog. „Gastarbeiter" bzw. Arbeitsmigranten dar. Diese orientierten sich bei der Wahl ihres Wohnorts in erster Linie am Angebot von Arbeitsplätzen vor Ort, was dazu führte, dass sie sich zunächst in den Großstädten und Verdichtungsräumen konzentrierten. Später wurden aber auch industriell geprägte Mittel- und Kleinstädte zum Ziel (Schader-Stiftung 2011, S. 59 f.).

Wiederum auf staatlichen Zuweisungsentscheidungen beruht die Aufnahme und Unterbringung von Asylbewerbern und Flüchtlingen im ländlichen Raum. Schutzsuchende, die einen Asylantrag stellen bzw. ihre Anerkennung als Flüchtling begehren, sind nach dem Asylgesetz (AsylG) verpflichtet, zunächst bis zu sechs Monaten und unter bestimmten Voraussetzungen auch noch länger in einer (Erst)Aufnahmeeinrichtung zu wohnen, die von

---

5 Zur räumlichen Verteilung der (Spät-)Aussiedler Worbs/Bund/Kohls/von Gostomski 2013, S. 97 ff.; zum Wohnortzuweisungsgesetz Haug/Sauer 2007.

den Ländern vorgehalten werden müssen (§ 47 AsylG). Diese (Erst)Aufnahmeeinrichtungen sind vielfach auch im ländlichen Raum angesiedelt. Im Anschluss an ihren Aufenthalt in diesen Einrichtungen werden die Schutzsuchenden nach feststehenden Schlüsseln innerhalb der Länder verteilt und anschließend in der Mehrzahl der Länder den Landkreisen und kreisfreien Städte zugewiesen (§ 50 AsylG). Sie sind verpflichtet, am Ort der Zuweisung Wohnung zu nehmen. Ihre Aufenthaltsgestattung ist auf den Bezirk der Ausländerbehörde, der sie zugewiesen wurden, beschränkt (§ 56 AsylG). Die Residenzpflicht endet nach drei Monaten, es sei denn, der Schutzsuchende wohnt noch in der für ihn zuständigen (Erst)Aufnahmeeinrichtung. Sie erlischt schon zu einem früheren Zeitpunkt, wenn er als Asylberechtigter oder Flüchtling anerkannt wird und einen Aufenthaltstitel erhält (§ 59a Abs. 1 und 2 AsylG).

Ab dem Zeitpunkt ihrer Anerkennung genossen Flüchtlinge und Asylberechtigte bis vor Kurzem uneingeschränkte Freizügigkeit im gesamten Bundesgebiet. Diese Freizügigkeit wurde durch das Integrationsgesetz beschränkt. Eine sog. „Wohnsitzregelung" (§ 12a AufenthG) sieht seither vor, dass Asylberechtigte, anerkannte Flüchtlinge und subsidiär Schutzberechtigte ihren Wohnsitz für einen Zeitraum von drei Jahren in demjenigen Bundesland zu nehmen haben, dem sie zur Durchführung ihrer Asylverfahren zugewiesen waren. Die Wohnsitzregelung lässt darüber hinaus auch wohnortscharfe Zuweisungsentscheidungen zu. Dazu müssen allerdings die Bundesländer tätig werden, was bislang nur selten – bspw. in Bayern – geschieht.

Eine weitere bedeutsame Gruppe von Zuwanderern sind auch in den Landkreisen die Bürger anderer Mitgliedstaaten der Europäischen Union. Ihre Zahl ist nicht zuletzt aufgrund der Finanz- und Wirtschaftskrise deutlich angestiegen. Im Landkreis Göttingen etwa sind die meisten Menschen mit Migrationshintergrund Unionsbürger.[6]

Im Osten Deutschlands ist die Migrationsgeschichte dagegen bis zur Wiedervereinigung anders verlaufen.[7] Bis zur Errichtung der Mauer waren die östlichen Gebiete insbesondere von Abwanderung geprägt. Eine nennenswerte Arbeitsmigration hat es erst seit Beginn der 1980er-Jahre gegeben, und zwar beschränkt auf sog. „Vertragsarbeiter" aus befreundeten sozialistischen Staaten wie namentlich Vietnam. Asyl wurde zwar auch gewährt, aber nur in wenigen Fällen. Seit der Wiedervereinigung gelten die in Westdeutschland etablierten Regelungen zur Verteilung und Zuweisung von (Spät-)Aussiedlern und Asylsuchenden bzw. Flüchtlingen auch für die „neuen" Bundesländer. Gleichwohl leben z. B. nur fünf Prozent der (Spät-)Aussiedler in diesem Gebiet.

Diese (freiwilligen oder vorübergehend erzwungenen) Ansiedlungen haben schon vor dem Fluchtgeschehen der letzten Jahre nach 2012 dazu geführt, dass – so die Ergebnisse des Mikrozensus 2012 – etwas mehr als die Hälfte der Menschen mit Migrationshintergrund in Klein- und Mittelstädten lebt. Der Zensus 2011 hat ergeben, dass der Anteil

---

6   Integrationskonzept für den Landkreis Göttingen, S. 23. Dabei spielt im Landkreis Göttingen allerdings sicher auch eine Rolle, dass in der kreisangehörigen Stadt Göttingen Universitätsstadt ist und viele Studierende aus dem europäischen Ausland anzieht.

7   Dazu etwa Weiss 2011, S. 83 ff.; Schader-Stiftung 2011, S. 63 f.

der Menschen mit Migrationshintergrund an der Wohnbevölkerung in Deutschland insgesamt 19,2 Prozent beträgt. Bricht man diesen Wert auf die Ebene der Landkreise herunter, zeigt sich, dass er in zahlreichen Landkreisen – zum Teil deutlich – übertroffen wird, während es andererseits aber auch viele Landstriche gibt, in denen der Anteil von Menschen mit Migrationshintergrund deutlich geringer ist. Letzteres gilt insbesondere für die Landkreise in den fünf östlichen Bundesländern. Hier liegt der Migrantenanteil regelmäßig zwischen zwei und fünf Prozent. Ähnlich niedrige Werte weisen ansonsten nur noch einige Landkreise in Bayern an der Grenze zu Tschechien und Österreich auf. Lässt man die Regionen rund um München und Nürnberg außen vor, zeigt sich, dass der Anteil von Menschen mit Migrationshintergrund auch in den meisten anderen bayrischen Landkreisen geringer ist als in den Landkreisen der übrigen westlichen Bundesländer. Ähnlich niedrige Werte finden sich ansonsten vor allem noch in Schleswig-Holstein. Landkreise mit einem deutlich überdurchschnittlichen Anteil von Migranten an der Wohnbevölkerung gibt es in Nordrhein-Westfalen, und zwar insbesondere in der Region rund um Bielefeld sowie angrenzend an das Ruhrgebiet. In Niedersachsen sticht der Landkreis Cloppenburg mit einem Anteil von 25,8 Prozent hervor. Weitere Siedlungsschwerpunkte sind die Räume im Einzugsbereich der Städte Frankfurt, Mainz und Wiesbaden, die Region rund um Stuttgart, aber auch die beiden Landkreise Tuttlingen (31,3 Prozent) und Schwarzwald-Baar-Kreis (26,5 Prozent). Der hessische Landkreis Groß-Gerau weist mit 32,1 Prozent den höchsten, die beiden thüringischen Landkreise Altenburger Land und Weimarer Land mit jeweils 1,9 Prozent den geringsten Migrantenanteil auf. Aktuellere Daten, in denen sich auch die Effekte der jüngsten humanitären Zuwanderung wiederspiegeln würden, liegen noch nicht vor.

1.2 Integrationsbedingungen im ländlichen Raum: Chancen und Herausforderungen

Wie einleitend schon bemerkt, unterscheiden sich die Integrationsbedingungen in den Ballungsräumen und großen Städten von denjenigen in den ländlichen Gebieten. Auf die besondere Heterogenität des ländlichen Raums und den Umstand, dass es mit den Landkreisen und den kreisangehörigen Gemeinden zwei kommunale Akteure gibt, wurde schon hingewiesen. Einige weitere Besonderheiten sollen im Folgenden jedenfalls stichwortartig erwähnt werden:

Da der Eingliederung in den Arbeitsmarkt zu Recht eine große Bedeutung für eine gelingende Integration beigemessen wird, gilt es zunächst mit dem (Vor-)Urteil aufzuräumen, dass dafür die Voraussetzungen in den großen Städten und Ballungsräumen durchgehend besser wären. Tatsächlich finden sich 60 Prozent der Arbeitsplätze in den Landkreisen; hier wird 58 Prozent des Bruttosozialprodukts erwirtschaftet. Selbst wenn in Rechnung gestellt wird, dass 68 Prozent der Bevölkerung im kreisangehörigen Raum lebt, steht außer Frage, dass der ländliche Raum im Hinblick auf eine Erwerbstätigkeit von Migranten gute Chancen bietet, zumal die Arbeitslosenquote in den Landkreisen in der

Regel deutlich niedriger ist als in den großen Städten. Während z. B. die Erwerbslosigkeit nach den Zensusergebnissen 2011 in Berlin bei 4,6 Prozent lag, betrug sie in den Berlin nahen „Kragenlandkreisen" (Potsdam-Mittelmark, Teltow-Fläming, Dahme-Spreewald, Oder-Spree, Märkisch-Oderland, Barnim, Oberhavel und Havelland) nur zwischen 2,2 und 3,9 Prozent. In den weiter entfernten brandenburgischen Landkreisen erreicht die Arbeitslosigkeit zwar ähnliche Werte wie in Berlin, lag aber nur in einem Fall (Landkreis Uckermark mit 5,5 Prozent) auf einem höheren Niveau. Ähnlich stellt sich die Lage rund um Stuttgart dar. Lag die Erwerbslosigkeit in der Landeshauptstadt bei 2,5 Prozent, überstieg sie in keinem der angrenzenden Kreise (Rems-Murr-Kreis, Ostalbkreis, Landkreis Schwäbisch-Hall, Hohenlohekreis und Landkreis Heilbronn) den Wert von 1,8 Prozent. Auch keiner der übrigen Landkreise in Baden-Württemberg erreicht einen ähnlich hohen Wert, vielmehr zeichnen sich gerade auch ländliche Landkreise wie z. B. der Main-Tauber-Kreis (1,2 Prozent) und der Landkreis Biberach (1 Prozent) durch eine sehr niedrige Zahl von Erwerbslosen aus. Auch der Landkreis Tuttlingen, in dem der Anteil von Migranten mit 31,3 Prozent besonders hoch ist, weist mit 1,5 Prozent eine geringe Erwerbslosenquote aus. Mit den vielen im ländlichen Raum angesiedelten, lokal verankerten klein- und mittelständischen Unternehmen verbinden sich besondere Integrationspotenziale.

Ein augenfälliges Spezifikum der Integrationsbedingungen im ländlichen Raum ist dagegen fraglos die – jedenfalls im Durchschnitt – geringere Zahl von Migranten bzw. ihr geringerer Anteil an der Wohnbevölkerung.[8] Dies kann Chance und Herausforderung zugleich sein. Positiv kann zu Buche schlagen, dass eine geringere Anzahl von Zugewanderten tendenziell soziale Kontakte zur angestammten Bevölkerung vor Ort fördert und die Integrationsfähigkeit der Aufnahmegesellschaft insgesamt weniger herausfordert, als dies bei hohen Migrantenanteilen der Fall ist. Exemplarisch steht dafür die Situation in den Schulen. Hier führt ein relativ geringer Anteil an Kindern und Jugendlichen mit Migrationshintergrund dazu, dass sich bessere Bedingungen für eine schulische Integration ergeben (Weiss 2011, S. 84). Die für Großstädte vielfach beklagte Segregation ist ein im ländlichen Raum eher seltenes Problem, obwohl es auch in den kleineren Städten mitunter Straßenzüge gibt, die bevorzugt von Migranten bewohnt werden. Flache Hierarchien und kleinräumige Entscheidungsstrukturen gehören ebenfalls zu den Integrationspotenzialen des ländlichen Raums. Das gilt auch mit Blick auf Vereine und andere Gruppierungen wie religiöse Gemeinschaften, denen allgemein eine besondere Bedeutung für das Integrationsgeschehen zugesprochen wird. Sie können diese Rolle aber nur übernehmen, wenn sie sich ihrerseits für die Migranten öffnen.

Andererseits ist nicht zu verkennen, „dass gerade in ländlichen und kleinstädtischen Zusammenhängen oftmals eher traditionelle Milieus der deutschen Mehrheitsgesellschaft und die Migrantinnen und Migranten aufeinandertreffen" (Schader-Stiftung 2011, S. 20). Dass die Zahl der Zugewanderten vielfach so gering ist, führt nicht automatisch zu offen

---

[8] Zur räumlichen Verteilung der Ausländer in Deutschland Sturm/Körner-Blätgen 2015, S. 6 ff.

ausgetragenen Konflikten, sondern kann auch ein beziehungsloses Nebeneinander von Einheimischen und Zugewanderten zur Folge haben, das der Integration nicht förderlich ist. Hinzu kommt, dass die geringe Zahl von Zugewanderten – häufig aus unterschiedlichen Ethnien stammend – die Selbstorganisation der Migranten im ländlichen Raum erschwert.

Die geringere Zahl von Migranten wirkt sich auch auf die Realisierbarkeit von Integrationsangeboten oder anderer für die Integration wichtiger Infrastrukturen aus. Die geringere Siedlungsdichte und größeren räumlichen Distanzen im ländlichen Raum erschwert die Erreichbarkeit solcher Angebote. Das zeigt sich bspw. an der Durchführung der Integrationskurse. Dort, wo viele Migranten auf engem Raum zusammen leben, fällt es vielfach leichter, die für die Durchführung eines Kurses notwendige Zahl von Teilnehmern schneller (insbesondere also ohne lange Wartezeiten für die Betroffenen) zu erreichen. Auch die Durchführung zielgruppenspezifischer Kurse (Alphabetisierungskurse, Integrationskurse für junge Erwachsene, Intensivkurse) gelingt eher, wenn die Nachfrage größer ist. Geringere Siedlungsdichte und größere räumliche Distanzen sind indes keine migrationsspezifischen Besonderheiten des ländlichen Raums, sondern Herausforderungen, denen sich auch die Mehrheitsbevölkerung zu stellen hat und denen mit geeigneten Maßnahmen begegnet werden kann. Mit Blick auf die Integrationskurse kommt insoweit etwa in Betracht, dass die Mindestteilnehmerzahl gesenkt oder dass sich die Kursanbieter vor Ort abstimmen bzw. kommunal durch die Landkreise gesteuert werden. In jedem Fall darf nicht außer Acht gelassen werden, dass den genannten strukturellen Gegebenheiten des ländlichen Raums, die als nachteilig empfunden werden mögen, auf der anderen Seite auch Vorteile wie etwa geringere Miet- und Grundstückspreise sowie insgesamt geringere Lebenshaltungskosten gegenüberstehen. Einzuräumen ist allerdings, dass sich Einheimische auf diese spezifischen Gegebenheiten vielfach schon besser einstellen konnten, als Migranten, die sich erst kürzlich im ländlichen Raum angesiedelt haben.

1.3 Kommunale Integrationspolitik in Zeiten des demografischen Wandels

Kommunale Integrationspolitik war lange Zeit vielfach von einem Defizitansatz geprägt. Migranten wurden vornehmlich als eine Gruppe wahrgenommen, die auf besondere Unterstützungsmaßnahmen angewiesen ist. Die Perspektive hat sich mittlerweile deutlich gewandelt.[9] Auch wenn es zutrifft, dass viele der (neu) Zugewanderten nicht nur in sozialer Hinsicht (z. B. Hilfe zum Lebensunterhalt, Wohnraum), sondern auch mit gezielten integrativen Maßnahmen (z. B. Sprachunterricht, Eingliederung in den Arbeitsmarkt) unterstützt werden müssen, rücken doch zunehmend auch die Potenziale von Zuwanderung und die Etablierung einer „Willkommenskultur" in das Blickfeld. Dazu tragen fraglos auch der demografische Wandel, der in einigen Teilen Deutschlands nicht zuletzt

---

9   Zum Bedeutungsgewinn des Themas „Integration" auf kommunaler Ebene etwa Baraulina/Friedrich 2008, S. 299 ff.

im ländlichen Raum bereits deutlich spürbar ist, und der Fachkräftemangel bei. Die auf Bundesebene vor Beginn der jüngsten „Flüchtlingswelle" intensiv geführte Diskussion über ein „Einwanderungsgesetz" kommt nicht von ungefähr und spiegelt sich vor Ort in den Bemühungen zahlreicher Landkreise um die Gewinnung von Arbeitskräften aus dem Ausland wieder.

Nicht auszuschließen ist allerdings, dass die beispiellose Zuwanderung von Asylsuchenden und Flüchtlingen, die Deutschland seit 2014 erlebt, zu einem erneuten Perspektivenwechsel führt. Stellten 2014 noch 202.834 Asylsuchende und Flüchtlinge einen Asylantrag, lag ihre Zahl im Jahr 2015 bei 890.000. Bei in der bisherigen Asylgeschichte ebenfalls beispiellos hohen Anerkennungsquoten, die teilweise über 60 Prozent lagen, ist ungeachtet aller Bemühungen um die Beschleunigung von Asylverfahren und schnellere bzw. konsequentere Abschiebungen davon auszugehen, dass ein wesentlicher Teil dieser Zuwanderer dauerhaft in Deutschland leben wird.

Welche Folgen dies für das Integrationsgeschehen im Allgemeinen und für den ländlichen Raum im Besonderen haben wird, ist derzeit noch nicht abzusehen. Das gilt auch mit Blick auf die schon erwähnte Wohnsitzregelung (§ 12a AufenthG) für anerkannte Flüchtlinge, Asylberechtigte und subsidiär Schutzberechtigte.

Wie eine 2007 fertiggestellte Studie zu den Auswirkungen des bis 2011 für (Spät-)Aussiedler geltenden Wohnortzuweisungsgesetzes zeigt, gibt es keinen eindeutigen Zusammenhang zwischen der Wohnortzuweisung und dem Integrationserfolg.[10] Als gesichert kann gelten, dass eine gesteuerte Ansiedlung, die ja mit Blick auf Gebiete, in denen ansonsten eine freiwillige Wohnortnahme erfolgt wäre, immer auch eine Zuzugsbegrenzung bedeutet, das Integrationsgeschehen planbarer gestaltet. Die Kommunen erhalten auf diese Weise die Chance, Integrationsangebote und sonstige integrationsrelevante Infrastrukturen passgenauer vorzuhalten. Davon abgesehen hängen aber sowohl die Integration in den Arbeitsmarkt als auch die gesellschaftliche Integration weniger von der Freiwilligkeit oder Unfreiwilligkeit der Wohnortnahme, sondern vielmehr von den Verhältnissen vor Ort ab. Entscheidend sind also bspw. die Arbeitsmarktsituation und das Engagement, mit dem sich die Zuweisungskommune der Integration der Neuankömmling widmet. Bemerkenswert ist, dass fast drei Viertel der (Spät-)Aussiedler mit dem ihnen zugewiesenen Wohnort zufrieden war und auch später nicht von der Möglichkeit eines Umzugs Gebrauch gemacht hat. Bei der Verteilung wurden allerdings auch Faktoren wie verwandtschaftliche Beziehungen und Wohnortpräferenzen berücksichtigt.

Wie bereits bemerkt, spielt eine wohnortscharfe Zuweisung derzeit nur in wenigen Bundesländern eine Rolle. Ungeachtet dessen ist damit zu rechnen, dass sich die Zahl der Migranten auch im ländlichen Raum deutlich erhöhen wird. Hinzu kommt, dass Flüchtlinge und Asylbewerber in der Regel stärker auf Unterstützung und Förderung angewiesen sind, als Zuwanderer, die aufgrund ihrer beruflichen Qualifikation nach Deutschland einwandern durften. Deshalb ist es als positives Signal zu werten, dass politisch Verantwortliche auf

---

10 Haug/Sauer 2007, S. 54 ff., 90 ff. Eingehend zur Wohnsitzregelung Ruge, in: Meyer/Ritgen/Schäfer 2016, S. 249 ff.

der Ebene des Bundes, aber auch in den Landkreisen, deutlich betonen, dass die Fehler, die bspw. im Zusammenhang mit der Integration von „Gastarbeitern" unterlaufen sind, sich nicht wiederholen dürften und dass eine frühe Integration von Flüchtlingen und Asylsuchenden „mit Bleibeperspektive" – nicht zuletzt in den Arbeitsmarkt – angestrebt wird. Die seit Ende 2015 mit den sog. „Asylpaketen" eingeleiteten Schritte wie die Öffnung der Integrationskurse für Asylbewerber und die spezifischen Maßnahmen zur Integration in den Arbeitsmarkt deuten daher fraglos in die richtige Richtung. Ihr Erfolg wird davon abhängen, ob die erforderlichen Mittel in ausreichendem Umfang zur Verfügung gestellt werden. Absehbar ist auch, dass solche bundesinitiierten bzw. -getragenen Maßnahmen nicht ausreichen, sondern durch Maßnahmen der Länder und Kommunen ergänzt werden müssen, was für den ländlichen Raum wiederum den Blick besonders auf die Landkreise lenkt.

2 Die Landkreise als wichtige Akteure im Integrationsgeschehen

Die 294 Landkreise in Deutschland sind ebenso wie die Städte und Gemeinden Gebietskörperschaften mit dem Recht kommunaler Selbstverwaltung im Sinne von Art. 28 Abs. 2 GG. Das ihnen durch das Grundgesetz gewährleistete Selbstverwaltungsrecht entspricht dem Selbstverwaltungsrecht der Gemeinden, soweit es um die Eigenverantwortlichkeit der Aufgabenerledigung geht.[11] Unterschiede zwischen Landkreisen und Gemeinden bzw. Städten bestehen insoweit nur im Hinblick auf den jeweiligen Aufgabenbestand: Während den Gemeinden durch Art. 28 Abs. 2 Satz 1 GG verfassungsunmittelbar „alle Angelegenheiten der örtlichen Gemeinschaft" im Sinne eines universalen Wirkungskreises zugeordnet sind, besteht der Wirkungskreis der Landkreise gem. Art. 28 Abs. 2 Satz 2 GG nur nach Maßgabe des ihnen gesetzlich zugewiesenen Aufgabenbereichs.[12]

Vor diesem verfassungsrechtlichen Hintergrund sind den Landkreisen durch die Bundesländer zahlreiche staatliche Aufgaben übertragen worden. Gleichwohl wäre es verfehlt, die Landkreise auf ihre Rolle als untere staatliche Verwaltungsbehörde zu reduzieren. Sie nehmen vielmehr auch Selbstverwaltungsaufgaben wahr und haben einen gegen die Länder gerichteten verfassungsrechtlichen Anspruch darauf, mit kreiskommunalen Aufgaben des eigenen Wirkungsbereichs ausgestattet zu werden.[13] Die Unterscheidung zwischen den Selbstverwaltungsaufgaben und den Aufgaben des übertragenen Wirkungskreises ist nicht zuletzt von Bedeutung im Hinblick auf die Frage, über welche Gestaltungsmöglichkeiten die Landkreise jeweils verfügen. Soweit sie im übertragenen Wirkungskreis als

---

11 BVerfG, Urteil vom 7.2.1991 – 2 BvL 24/84, BVerfGE 83, 363 (383); Urteil vom 20.12.2007 – 2 BvR 2433, 2434/04, BVerfGE 119, 331 (361); Urteil vom 7.10.2014 – 2 BvR 1641/11, BVerfGE 137, 108 (157).
12 Dazu nur Henneke, in: Schmidt-Bleibtreu/Hofmann/Henneke, Grundgesetz, Art. 28 Rn. 43 ff.
13 So zuletzt wieder BVerfG (Fn. 14), BVerfGE 137, 108 (157).

untere staatliche Behörde agieren und Pflichtaufgaben erfüllen, unterliegen die Landkreise der Rechts- und Fachaufsicht des Landes; größer ist der Spielraum für eine nach eigenen Maßstäben gestaltete kommunale Integrationsarbeit, wenn sie „freiwillige" oder Selbstverwaltungsaufgaben wahrnehmen.

Dass es im ländlichen Raum mit den Landkreisen und ihren kreisangehörigen Gemeinden zwei Träger kommunaler Selbstverwaltung gibt, führt zu der nicht immer einfach zu beantwortenden Frage, ob die Landkreise oder die Gemeinden für eine bestimmte Aufgabe zuständig sind. Gerade mit Blick auf die Integrationspolitik sollten freilich Zuständigkeitsfragen nicht im Vordergrund stehen. Gelingende Integration im ländlichen Raum setzt vielmehr ein koordiniertes Zusammenwirken der Kreise mit den kreisangehörigen Gemeinden voraus; jedenfalls kann eine gute Zusammenarbeit der verschiedenen Akteure die Wirkung von Integrationsmaßnahmen verbessern. Zu den Ergebnissen des Forschungs-Praxis-Projektes „Integrationspotenziale in kleinen Städten und Landkreisen" gehört daher zu Recht auch die Handlungsempfehlung, dass „bei der Vernetzung von Integrationsstrukturen [...] die Arbeitsteilung zwischen Landkreisen und kreisangehörigen Gemeinden auszuhandeln" ist (Schader-Stiftung 2011, S. 33). Auch der Sachverständigenrat deutscher Stiftungen für Integration und Migration fordert ein kooperatives Zusammenwirken statt eines fruchtlosen Beharrens auf der verfassungs-, bundes- oder landesrechtlichen Kompetenzverteilung.[14] Der vom Sachverständigenrat unterbreitete Vorschlag einer „zentralen Serviceagentur für kommunale Integrationspolitik" verkennt allerdings die Grundsätze der föderalen Zuständigkeitsordnung und ist abzulehnen.

Zentrale Aufgabe der Landkreise in diesem Zusammenspiel ist es, die Akteure und Träger in den kreisangehörigen Kommunen zu beraten, sie zu unterstützen und den Austausch zwischen ihnen im Sinne eines Informations- und Wissenstransfers zu fördern. Landkreise können Integrationsstrukturen – z. B. Integrationsbeauftragte oder Migrationszentren – vorhalten, mit deren Bereitstellung insbesondere kleinere Gemeinden wegen fehlender Verwaltungskraft überfordert wären. Auch in konzeptioneller Hinsicht können die Landkreise ihre Gemeinden unterstützen, z. B. durch die Erarbeitung eines Integrationskonzeptes auf Landkreisebene, in dem auch auf die Belange der einzelnen Gemeinden eingegangen wird. Das entspricht auch der kommunalverfassungsrechtlich vorgesehenen „Ergänzungsfunktion" der Landkreise.

2.1 Die Ergänzungsfunktion der Landkreise

„Integration" bezeichnet keine Aufgabe, die sich ohne Weiteres einer staatlichen Ebene zuordnen ließe. Vielmehr besteht Einigkeit, dass es sich um ein Bündel von Aufgaben und Maßnahmen handelt und dass die Herausforderung, Migranten in Deutschland zu integrieren, sich nur im Zusammenwirken von Bund, Ländern und Kommunen bewältigen lässt. Auch hinsichtlich des kommunalen Anteils an diesem Aufgabenbündel fällt – wie schon

---

14 SVR 2012, S. 21; vgl. auch Süssmuth 2012, § 79.

erwähnt – eine klare Zuordnung zur Ebene der Landkreise bzw. zur gemeindlichen Ebene nicht immer leicht. Fest steht immerhin, dass Aufgaben aus dem Integrationskontext, die eine gesetzliche Ausformung erfahren haben, in der Regel den Landkreisen übertragen worden sind. Soweit es dagegen um gesetzlich nicht definierte Aufgaben geht, die insbesondere das Zusammenleben vor Ort betreffen, wird die verfassungsrechtlich gewährleistete Universalität des gemeindlichen Wirkungskreises vielfach für eine Zuständigkeit der Gemeinden sprechen.

Die Landkreise sind allerdings von diesem Wirkungskreis nicht prinzipiell ausgeschlossen. Sie können in ihm vielmehr ergänzend zu den Gemeinden tätig werden. Das ist im Hinblick auf solche Aufgaben der Fall, die wegen mangelnder Leistungsfähigkeit (Finanz- und/oder Verwaltungskraft) der kreisangehörigen Gemeinden von diesen oder jedenfalls von manchen unter ihnen überhaupt nicht oder nur unrationell wahrgenommen werden können. Da für die Abgrenzung zwischen kreisangehörigen Gemeinden und Kreis auf die Leistungsfähigkeit der einzelnen Gemeinde und die Möglichkeit rationeller Aufgabenerledigung durch diese abgestellt wird, kann mit dieser Betrachtung grundsätzlich jede Gemeindeaufgabe zu ergänzenden Kreisaufgabe werden, sofern sie die Leistungsfähigkeit einer einzelnen Gemeinde übersteigt (Henneke 2007, S. 39 f.).

2.2. Integrationsrelevante Kompetenzen und Aufgabenfelder der Landkreise

Ausländerbehörden und Staatsangehörigkeit

Erster Ansprechpartner für Migranten in Deutschland ist vielfach die Ausländerbehörde. Die Ausländerbehörden sind für aufenthaltsrechtlichen Maßnahmen und Entscheidungen nach dem Aufenthaltsgesetz (AufenthG) und nach ausländerrechtlichen Bestimmungen in anderen Gesetzen zuständig (§ 71 Abs. 1 Satz 1 AufenthG). Zum Aufgabenbereich der Ausländerbehörden gehört mithin die Klärung statusrechtlicher Fragen ebenso wie aufenthalts- und passrechtliche Maßnahmen. Nach § 44a AufenthG kann die Ausländerbehörde Ausländer auch zum Besuch eines Integrationskurses verpflichten bzw. ihnen eine entsprechende Berechtigung erteilen.

Ausgeklammert aus dem Zuständigkeitsbereich der Ausländerbehörden ist die Prüfung von Asylanträgen. Insoweit besteht eine ausschließliche Zuständigkeit des Bundesamtes für Migration und Flüchtlinge (BAMF). Ausländer, die bei einer Ausländerbehörde um Asyl nachsuchen, sind von dieser an die zuständige bzw. nächstgelegene Aufnahmeeinrichtung des Landes weiterzuleiten; Asylanträge können nur bei den dort angesiedelten Außenstellen des BAMF gestellt werden. Erst nach Abschluss ihres Asylverfahrens fallen Asylsuchende und Flüchtlinge wieder in die Zuständigkeit der Ausländerbehörden, sei es, weil ihnen im Falle ihrer Anerkennung als Flüchtling oder Asylberechtigter ein Aufenthaltstitel zu erteilen ist, sei es, weil sie in ihre Heimatländer zurückgeführt werden sollen, da ihr Antrag abgelehnt wurde.

Wer Träger der Ausländerbehörden ist, bestimmt sich nach Landesrecht. In der Regel handelt es sich dabei um die Landkreise sowie die kreisfreien Städte. Nach Maßgabe des Landesorganisationsrechts können neben den Landkreisen aber auch kreisangehörige Städte, die über einen besonderen Status verfügen, mit dieser Aufgabe betraut sein. So sind in Baden-Württemberg die Großen Kreisstädte nach § 3 der Gemeindeordnung (= kreisangehörige Städte mit mehr als 20.000 Einwohnern) untere Verwaltungsbehörde und damit auch Ausländerbehörde. Auch in Nordrhein-Westfalen sind die Ausländerbehörden bei den großen kreisangehörigen Städten angesiedelt. Um in Nordrhein-Westfalen als große kreisangehörige Stadt anerkannt zu werden, muss die Kommune allerdings mindestens 50.000 Einwohner haben (§ 4 Gemeindeordnung).

Gerade weil die erste Berührung von Migranten mit deutschen Verwaltungsstrukturen vielfach in den Ausländerbehörden stattfindet[15], kommt ihnen eine besondere Rolle auch im Hinblick auf die Integration zu. Vom Ablauf dieser ersten Kontaktaufnahme wird es entscheidend abhängen, ob sich ein nach Deutschland einreisender Ausländer „Willkommen" geheißen oder abgelehnt fühlen wird. Deshalb setzt sich immer mehr die Erkenntnis durch, dass diese erste Kontaktaufnahme nicht nur zur Klärung fraglos wichtiger aufenthaltsrechtlicher Fragen, sondern auch dazu genutzt werden sollte, die Migranten mit allen für ihr Leben in Deutschland relevanten Informationen zu versorgen, ihnen eine Orientierungshilfe zu bieten und sie insbesondere auf weitere für sie wichtige kommunale und/oder zivilgesellschaftliche Akteure wie Migrantenselbstorganisationen, Vereine etc. hinzuweisen. Wie es Ausländerbehörden gelingen kann, dieser Aufgabe als „Willkommensbehörde" gerecht zu werden, zeigt beispielhaft der vom Bundesamt für Migration und Flüchtlinge (2015) in engem Zusammenwirken mit einer Reihe von kommunalen Ausländerbehörden erarbeitete „Werkzeugkoffer" für Ausländerbehörden.

Nicht zu verkennen ist, dass die Zuschreibung als „Willkommensbehörde" den Ausländerbehörden mitunter einen schwierigen Spagat abverlangt (vgl. auch Copur/Steller 2013, S. 58 (63 f.)). Denn selbstverständlich bleiben die Ausländerbehörden auch als „Willkommensbehörde" Ordnungsbehörde und sind in dieser Funktion – wie schon erwähnt – bspw. auch für die Aufenthaltsbeendigung, etwa im Falle abgelehnter Asylbewerber, zuständig. Die Wahrnehmung auch dieser Aufgaben ist im Hinblick auf eine geordnete, den gesetzlichen Maßstäben genügende Zuwanderung unentbehrlich. Sie darf in ihrer Effektivität nicht unter einem in jedem Einzelfall sicher nachvollziehbaren Verständnis für die Belange der betroffenen Ausländer leiden, wobei selbstverständlich ist, dass Ausländerbehörden auch in ihrer ordnungsrechtlichen Funktion das Individuum und seine Rechte nicht aus den Blick verlieren dürfen.

---

15 Erste Anlaufstelle für Unionsbürger sind dagegen die bei den kreisfreien Städten bzw. den kreisangehörigen Gemeinden angesiedelten Einwohnermeldeämter. Für Flüchtlinge und Asylbewerber sind die kommunalen Ausländerbehörden dagegen erst nach Abschluss des Asylverfahrens zuständig. Asylgesuche können zwar auch bei den Ausländerbehörden gestellt werden; in der Praxis ist dies aber nur sehr selten der Fall.

Zuständig sind die Landkreise auch für die Einbürgerung von Ausländern. Die feierliche Überreichung von Einbürgerungsurkunden im Rahmen einer öffentlichen Veranstaltung wird von zahlreichen Landkreisen regelmäßig durchgeführt und ist ein wichtiges Element der „Willkommenskultur".

Aufnahme und Unterbringung von Asylbewerbern und Flüchtlingen

Während die Ausländerbehörden grundsätzlich bei den Landkreisen angesiedelt sind, sind die kommunalen Zuständigkeiten für die Aufnahme und Unterbringung von Flüchtlingen und Asylbewerbern in den Ländern etwas differenzierter zu betrachten[16]; auch insoweit kommt freilich den Landkreisen eine besondere Rolle zu. Grundsätzlich ist das System der Aufnahme und Unterbringung von Flüchtlingen (und Asylbewerbern) zweistufig organisiert. Die Schutzsuchenden sind zunächst in den (Erst)Aufnahmeeinrichtungen der Länder unterzubringen. Der durch das Asylverfahrensbeschleunigungsgesetz geänderte § 47 AsylG sieht insoweit eine Höchstaufenthaltsdauer von sechs Monaten vor. Schutzsuchende aus sicheren Herkunftsstaaten sind verpflichtet, für die gesamte Dauer ihres Anerkennungsverfahrens, ggf. bis hin zur Rückführung, in einer solchen Einrichtung zu wohnen. In der Praxis leben Asylbewerber und Flüchtlinge allerdings nur wenige Tage in den Landesaufnahmeeinrichtungen; sie werden von dort aus zur weiteren Unterbringung auf die Kommunen verteilt.

Zuständig dafür sind wiederum – neben den kreisfreien Städten – vielfach die Landkreise. Das gilt für die Länder Baden-Württemberg, Brandenburg, Hessen, Mecklenburg-Vorpommern, Niedersachsen, Rheinland-Pfalz, Sachsen, Sachsen-Anhalt und Thüringen. In Schleswig-Holstein sind die Kreise nur zuständig, soweit es um die Unterbringung in Gemeinschaftsunterkünften geht. Im Saarland und in Nordrhein-Westfalen sind die Gemeinden zuständig, in Bayern besteht eine Zuständigkeit der Bezirksregierungen. Soweit die Landkreise zuständig sind, können sie nach Maßgabe einiger Landesrechte die Gemeinden in die Bewältigung dieser Aufgabe einbinden; zum Teil überträgt das Landesrecht den Gemeinden auch eigene Aufgaben.

Die Zuständigkeit der Landkreise für die Aufnahme und Unterbringung von Flüchtlingen erstreckt sich nicht nur auf die Bereitstellung von Wohnraum, sondern auch auf sonstigen Leistungen nach dem Asylbewerberleistungsgesetz, also etwa für die Zahlung des sog. „Taschengeldes" oder die Sicherstellung der Gesundheitsversorgung.

Sozialämter, Jobcenter und Jugendämter

Die Landkreise sind allerdings nicht nur für die Durchführung des Asylbewerberleistungsgesetzes, sondern auch für die Gewährung zahlreicher weiterer sozialer Leistungen wie etwa Wohngeld und Sozialhilfe zuständig. Die Sozialämter gewähren so z. B. Hilfen für behinderte Menschen, Hilfe zur Pflege, zur Grundsicherung im Alter und bei Erwerbsminderung.

---

16 Eingehend dazu Ritgen 2015, S. 633 ff.; ders., in: Meyer/Schäfer/Ritgen 2016, S. 200 ff.; ferner Aumüller/Daphi/Biesenkamp 2015, S. 21 ff.

Die Landkreise sind überdies Träger der Jobcenter, deren Aufgabe die Integration von Hilfsbedürftigen in Ausbildung und Arbeit ist. Dazu gehört auch die Koordinierung berufsbezogener Deutschkurse (vgl. § 45a AufenthG). Nach § 44a AufenhtG können die Jobcenter neben den Ausländerbehörden auch Berechtigungen oder Verpflichtungen zum Besuch von Integrationskursen erteilen.

Bei den Jobcentern handelt es sich überwiegend um gemeinsame Einrichtungen der Landkreise und der Bundesagentur für Arbeit. Insgesamt 105 Jobcenter sind rein kommunale Jobcenter. 90 Landkreise und 15 kreisfreie Städte nehmen die Aufgaben der Grundsicherung für Arbeitsuchende in alleiniger Verantwortung wahr, also ohne die Bundesagentur für Arbeit. Das Leistungsrecht ist identisch; es handelt sich nur um eine andere Organisationsform. Insbesondere dort besteht die Chance, die Jobcenter – neben den Ausländer- bzw. „Willkommensbehörden" und den Integrationsbeauftragten der Landkreise – zu einem wesentlichen Bestandteil eines Migrationsmanagements des Landkreises auszubauen, wie das bspw. im Landkreis Osnabrück der Fall ist:

> Der Landkreis Osnabrück ist Optionskommune und hat in Trägerschaft des dortigen Jobcenters (MaßArbeit) ein Migrationszentrum errichtet, zu dessen Aufgaben gehört:
> - umfassende Beratung Neuzugewanderter zur Erstorientierung unabhängig vom Aufenthaltsstatus
> - Bestandsaufnahme der familiären und sozialen Situation, des Sprach- und Bildungsniveaus der sozialen Kompetenzen sowie der mitgebrachten beruflichen Erfahrungen. Im Rahmen des sog. „Profiling-Gesprächs" werden auch die Erwartungen und Zielsetzungen der Migranten erörtert;
> - zielgerichtete Beratung und bedarfsgerechte Vermittlung in den Bereichen Weiterbildung, Berufsanerkennung und Arbeit auf der Basis der umfassenden Bestandsaufnahme;
> - Entwicklung einer Integrationsstrategie für jeden beratenen Menschen, die mit Hilfe des Migrationszentrums und aller relevanter Akteure entwickelt und umgesetzt wird;
> - falls erforderlich eine längerfristige Begleitung der Zuwanderer im Rahmen eines strukturierten Kontaktmanagements;
> - Netzwerkbildung und -pflege;
> - Bereithaltung passender Angebote des Spracherwerbs und Sprachförderung für Familien mit Migrationshintergrund. Koordination der Integrations- und Alphabetisierungssprachkurse für Erwachsene sowie der berufsbezogenen Deutschkurse (ESF-BAMF) in Abstimmung mit den Bildungsträgern; Ausdehnung des im SGB II-Bereich bestehenden Schnittstellenmanagements zwischen Sprachkursen und berufsbezogenen Qualifizierungen auf alle Zielgruppen des Migrationszentrums.

Auch die Jugendämter sind bei den Landkreisen angesiedelt. Sie erbringen Leistungen zur Kinderbetreuung, Hilfen zur Erziehung und sind auch für die Inobhutnahme unbegleiteter minderjähriger Flüchtlinge zuständig. Insoweit handelt es sich ebenfalls um eine sehr anspruchsvolle und mit hohem Betreuungsaufwand verbundene Aufgabe, deren Ausmaß angesichts der derzeit sehr hohen Zahl von Flüchtlingen deutlich größer geworden ist. Allein im Jahr 2015 hat es über 42.000 Inobhutnahmen unbegleiteter minderjähriger Flüchtlinge gegeben.

Aufgaben der Landkreise im Bildungsbereich

Vor dem Hintergrund, dass jugendliche Migranten an Haupt- und Realschulen immer noch überrepräsentiert sind und die Schulen häufig ohne Bildungsabschluss verlassen[17], kommt dem Handlungsfeld „Bildung" ohne Frage eine besondere Bedeutung für eine gelingende Integration zu.

Auch im Hinblick auf dieses Handlungsfeld spielen die Landkreise eine wichtige Rolle. Nach Maßgabe des jeweiligen Landesrechts sind die Landkreise Träger vor allem der Schulen der Sekundarstufe sowie der Berufsschulen aber auch zahlreicher Volkshochschulen sowie weiterer Bildungseinrichtungen. Als Träger der allgemein- und berufsbildenden Schulen müssen die Landkreise für die räumlichen und sächlichen Kosten sowie für die Personalkosten mit Ausnahme der Kosten für die Lehrer aufkommen. Auch die Schulsozialarbeit wird vielfach von Landkreisen wahrgenommen und finanziert. Für die Lehrinhalte sind dagegen die Länder zuständig. Die Landkreise sind als örtliche Träger der öffentlichen Kinder- und Jugendhilfe überdies für die Bedarfsplanung der Kindertagesbetreuung zuständig und zur Erfüllung des Rechtsanspruchs auf die U-3-Betreuung verpflichtet. Die insoweit erforderlichen Einrichtungen werden dagegen in aller Regel von den Gemeinden, den Kirchen oder freien Trägern betrieben.

Die Rolle der Landkreise im Bildungsbereich erschöpft sich allerdings nicht in der bloßen Bereitstellung und Verwaltung von Bildungseinrichtungen. Nicht zuletzt vor dem Hintergrund, dass Versäumnisse im Bereich der Bildung und Ausbildung in der Folge nahezu zwangsläufig zu höheren Kosten im Bereich der Jugend- und Sozialhilfe führen, für die wiederum nicht zuletzt die Landkreise aufzukommen haben, engagieren sich die Landkreise vielmehr auch inhaltlich, z. B. durch Beratungsangebote für Eltern und Schüler oder durch die Fortbildung der Lehrkräfte.

Entsprechend ihrer Bündelungsfunktion im ländlichen Raum haben bereits zahlreiche Landkreise ein Bildungsmanagement initiiert, in dem sie kontinuierlich und planvoll mit allen relevanten Akteuren zusammenarbeiten. Besonders die Übergänge vom Elternhaus in die Kindertageseinrichtung, von dort in die Grundschule, von der Grundschule in die weiterführenden Schulen und von diesen in den Beruf stehen dabei im Fokus. Auf diese

---

17 Nach den Ergebnissen des Mikrozensus 2014 haben nur 1,7 Prozent der Personen ohne Migrationshintergrund keinen Schulabschluss, bei den Personen mit Migrationshintergrund liegt dieser Wert bei 13,4 %.

Weise entsteht ein ganzheitliches, schnittstellenübergreifendes, bedarfs- und zukunftsgerechtes Bildungssystem im ländlichen Raum.

Die Landkreise sehen sich insoweit in einer Gesamtverantwortung für die Gestaltung und Vernetzung sog. „Bildungslandschaften" auf kommunaler Ebene und können dabei verschiedene Aufgaben übernehmen. Da es sich um freiwillige, gesetzlich nicht vorgeprägte Aufgaben handelt, gilt hier wie auch sonst im Handlungsfeld „Integration", dass die Rollenverteilung zwischen dem Kreis, den kreisangehörigen Kommunen und weiteren Akteuren „ausgehandelt" werden muss. Typische Kreisaufgaben können dabei sein:

- *Moderation und Koordination:*
  Eine wichtige Funktion der Landkreise liegt in der Koordination sowohl verschiedener Bildungsangebote als auch der Bildungsakteure. Aufgabe ist die gemeinsame Diskussion, Moderation und Organisation eines Prozesses, in dem mehrere verantwortliche Mitwirkende im Rahmen ihres jeweiligen Auftrags grundsätzlich eigenverantwortlich tätig werden, aber gemeinsame Ziele definieren und ihr konkretes Handeln vereinbaren. Die Koordinierung durch den Landkreis bedeutet nicht, dass die anderen Akteure aus ihrer Verantwortung entlassen werden. Es geht um den Aufbau einer „Verantwortungsgemeinschaft", in welcher jeder bisherige Akteur seinen Platz behält.

- *Informationsdienstleister und Kontaktstelle:*
  Viele Landkreise unterhalten Bildungsbüros oder ähnliche Einrichtungen in der Kreisverwaltung. Solche Stellen können zu einem zentralen Anlaufpunkt für Informationen und aktuelle Entwicklungen ausgebaut werden. Hier bündeln sich dann gleichermaßen Erfahrung, Wissen und Prozesskenntnisse. Informationen zu Bildungsthemen und Ressourcen (z. B. zu Landes- und Bundesförderprogrammen) können für die Bildungslandschaft aufgearbeitet und für alle Akteure transparent gemacht werden.

- *Unabhängige Beratung:*
  Umfassende Kenntnisse zur Bildungslandschaft und dem Netzwerk der Bildungsakteure verschaffen dem Bildungsbüro oder vergleichbaren Einrichtungen in der Kreisverwaltung eine inhaltlich-thematische und prozessorientierte Beratungskompetenz. In den weichenstellenden Übergängen der Bildungskette im Lebenslauf sorgt der Landkreis damit für verlässliche Kooperations- und Beratungsinstrumente und kann selbst als Berater fungieren.

- *Dienstleister und Unterstützer:*
  Kooperationen, gemeinsam erarbeitete Standards und Empfehlungen entlasten und unterstützen die Akteure gleichermaßen. Durch die Koordination und Geschäftsführung des Bildungsnetzwerkes durch das Bildungsbüro oder eine vergleichbare Einrichtung können derartige Abstimmungen und Vereinbarungen getroffen werden. Das Bildungsbüro übernimmt die Rolle des Dienstleisters in der Administration der entscheidenden Gremien und sorgt für einen transparenten Abstimmungsprozess. Gleichzeitig tritt das

Bildungsbüro als Unterstützer für die einzelnen Bildungseinrichtungen auf. Persönliche und professionelle Unterstützung und Qualifizierung der Fachkräfte verhelfen, gute Bildungseinrichtungen zu prägen und die Qualität der Bildung vor Ort zu steigern.

3 Strukturen kreiskommunaler Integrationsarbeit

Erfolgreiche kommunale Integrationsarbeit benötigt nicht nur eine klare strategische Ausrichtung, sondern auch feste organisatorische Formen. Grundlage einer strategisch ausgerichteten Integrationsarbeit, die die Integration von Migranten als einen relevanten Faktor für die Entwicklung des Gemeinwesens begreift, ist in der Regel ein Integrationskonzept, das ausgehend von der tatsächliche Lage die Ziele und Handlungsfelder kommunaler Integrationspolitik beschreibt. Ein solches Integrationskonzept liegt für eine große Zahl von Landkreisen vor. In verwaltungsorganisatorischer Hinsicht dürfte sich mittlerweile ebenfalls die Erkenntnis durchgesetzt haben, dass „Integration" kein Handlungsfeld ist, welches sich gleichsam „nebenbei" (mit-)erledige ließen. Vielmehr gibt es heute bereits ein hohes Maß an Professionalisierung in der Integrationsarbeit auf der Ebene der Landkreise, in der sich auch der Querschnittscharakter der Aufgabe wiederspiegelt.

Insgesamt entspricht das Vorgehen vieler Landkreise damit den Empfehlungen, die die kommunalen Spitzenverbände 2007 im Rahmen des Nationalen Integrationsplans an die Kommunen gerichtet hatten. Seinerzeit hatten die kommunalen Spitzenverbände empfohlen,

- der Integration eine hohe kommunalpolitische Bedeutung beizumessen,
- Integration als ressortübergreifende Aufgabe in der Kommunalverwaltung zu verankern und ihrer Bedeutung entsprechend anzusiedeln,
- kommunale Gesamtstrategien, die den jeweiligen örtlichen Bedürfnissen angepasst sind, zu entwickeln und fortzuschreiben.[18]

Wie die 2012 durchgeführte Studie zum Stand der kommunalen Integrationspolitik gezeigt hat, messen in der Tat 63 Prozent der Landkreise der Integration von Menschen mit Migrationshintergrund eine sehr hohe und hohe kommunalpolitische Bedeutung bei, weitere 34,8 Prozent sprechen von einer mittleren kommunalpolitischen Bedeutung. Lediglich 2,2 Prozent gehen von einer eher geringen oder sehr geringen kommunalpolitischen Bedeutung der Integration aus. Bei den Kleinstädten und Gemeinden liegt dieser Wert dagegen bei immerhin 14 Prozent.[19]

---

18 Nationaler Integrationsplan, Bundesregierung 2007, S. 31; der Beitrag der kommunalen Spitzenverbände zum Nationalen Aktionsplan Integration (dort S. 26 f.) nimmt diese Empfehlungen wieder auf.
19 Gesemann/Roth/Aumüller 2012, S. 37. Gerade in den kleineren Städten und Gemeinden hat die Bedeutung von Integration als Handlungsfeld in den letzten Jahren zugenommen; dazu

3.1 Strategische Steuerung kreiskommunaler Integrationspolitik

Diese Studie hat ferner gezeigt, dass 2012 bereits über die Hälfte aller Landkreise eine kommunale Gesamtstrategie zur Integration von Zuwanderern besaß. Diese Zahl dürfte sich mittlerweile deutlich erhöht haben. Ihren Ausdruck findet eine solche kommunale Gesamtstrategie regelmäßig in einem umfassenden Integrationskonzept, mitunter flankiert von Strategien, die auf die Lösung spezifischer Problemlagen ausgerichtet sind. Beispielhaft dafür stehen Strategien zur Aufnahme und Unterbringung von Flüchtlingen.

Kommunale Integrationsstrategien müssen den spezifischen Verhältnissen vor Ort Rechnung tragen, die sich – wie einleitend bereits bemerkt – gerade im ländlichen Raum als sehr heterogen erweisen. Vor diesem Hintergrund gibt es für die Integrationskonzepte der Landkreise keine Blaupause; von den Integrationskonzepten der Großstädte unterscheiden sie sich vor allem deshalb, weil sie dem Zusammenwirken mit den kreisangehörigen Gemeinden breiten Raum widmen. Die Netzwerkbildung unter Einbeziehung der gesellschaftlichen Akteure ist dagegen ein Thema sowohl der großstädtischen wie der kreislichen Integrationskonzepte.

Als typisches Beispiel für ein gelungenes kreisliches Integrationskonzept soll hier das Integrationskonzept angeführt werden, das der niedersächsische Landkreis Göttingen 2014 vorgelegt hat und in dessen Erarbeitung auch die Städte und Gemeinden des Landkreises einbezogen waren. Das Konzept formuliert zunächst eine Reihe von Leitlinien und gibt damit die Ziele vor, die durch die kommunale Integrationsarbeit verwirklicht werden sollen: Erreicht werden soll, dass Migration und Zuwanderung als Selbstverständlichkeit verstanden und erlebt wird. Vielfalt und Diversität, z. B. in sprachlicher, religiöser, kultureller und gendersensibler Form, sollen als Bereicherung wahrgenommen werden. Chancengleichheit und Gleichberechtigung sollen verwirklicht, die verschiedenen Formen von Rassismus und Diskriminierung wirksam bekämpft werden. Integration wird als Aufgabe verstanden, die nicht für, sondern gemeinsam mit und von Migranten in Kooperation mit zivilgesellschaftlichen Gruppen gestaltet wird. Dem Kreis geht es darum, auf der Basis der Partizipation aller im Kreis lebenden Menschen eine Willkommens- und Anerkennungskultur zu schaffen. Integration wird als zentrale kommunalpolitische Aufgabe für alle Ebenen und in allen Bereichen, vor allem aber auch als Führungsaufgabe und „Chefsache" definiert. Es wird klargestellt, dass Integration als fortlaufender Prozess zu verstehen ist, der in Kooperation mit zivilgesellschaftlichen Gruppen und Akteuren umgesetzt wird, aber federführend durch Kommunalpolitik und Verwaltung reflektiert und überprüft wird. Ein weiteres Ziel ist die interkulturelle Öffnung, nicht nur von Politik und Verwaltung, sondern auch der sozialen Regeldienste wie Vereine, Schulen etc. Schließlich soll auch die Partizipation gefördert werden.

Das Integrationskonzept enthält des Weiteren zahlreiche für die Integration relevante Strukturdaten, zu denen insbesondere Informationen über die Zahl der Migranten und

Gesemann/Roth 2017, S. 21.

ihre Herkunftsländer, aber auch Angaben über Schulbildung und die Integration in den Arbeitsmarkt gehören. Herzstück des Integrationskonzepts ist allerdings die Darstellung der verschiedenen Handlungsfelder, auf denen der Landkreis allein oder – wie im Regelfall – im Zusammenwirken mit den kreisangehörigen Kommunen und den zivilgesellschaftlichen Akteuren aktiv werden will bzw. bereits wird, um die genannten Ziele zu erreichen. Diese Handlungsfelder sind: Arbeit und berufliche Ausbildung, Bildung und Sprache, Kultur, Freizeit und Begegnung, Gesundheit, Pflege und Altern, interreligiöser Dialog, Wohnen und Leben, politische Partizipation, Anti-Diskriminierung und Abbau von Fremdenfeindlichkeit, interkulturelle Öffnung. Die Handlungsfelder decken sich weitgehend mit den o. g. zentralen Aufgaben der Landkreise; sie finden sich daher in ähnlicher Form in allen kreislichen Integrationskonzepten.

3.2   Organisation kreiskommunaler Integrationsarbeit

Zu den zentralen Verbürgungen auch der kreislichen Selbstverwaltungsgarantie gehört die kommunale Organisationshoheit. Eine umfassende gesetzliche Steuerung der kommunalen Organisation widerspräche der in Art. 28 Abs. 2 GG niedergelegten Garantie kommunaler Selbstverwaltung (BVerfG (Fn. 14), BVerfGE 137, 108 (158)). Insbesondere die innere Organisation der Kommunalverwaltung muss also weitgehend den Landkreisen überlassen bleiben, die damit die Möglichkeit haben, passgenaue Lösungen vor Ort zu entwickeln. Die Landesgesetzgeber respektieren diesen notwendigen Freiraum und verzichten in der Regel darauf, den Kommunen allzu enge Vorgaben im Hinblick auf die Art und Weise der Erfüllung ihrer Aufgaben zu machen.[20] Dementsprechend gibt es bundesweit – soweit ersichtlich – auch keine Kreis- oder Gemeindeordnung, die die Einsetzung eines Integrationsbeauftragten[21] zwingend vorsieht oder sonst bindende Vorgaben im Hinblick auf die organisatorische Ausgestaltung der kommunalen Integrationsarbeit macht. § 19 Abs. 1 iVm § 132 der Kommunalverfassung Brandenburgs regelt allerdings, dass die vom Landkreis selbst zu erlassende Hauptsatzung die Einsetzung eines Integrationsbeauftragten vorsehen kann.

Eine Ausnahme von dieser Gestaltungsfreiheit besteht lediglich im Hinblick auf die Einrichtung von Ausländer- bzw. Integrationsbeiräten.[22] Diese Gremien der politischen Partizipation sind mittlerweile auch in einer Reihe von Kreisordnungen vorgesehen, wobei sich die Regelungen unterscheiden. Besondere Erwähnung verdient auch das Teilhabe- und Integrationsgesetz Nordrhein-Westfalens, das die Einrichtung kommunaler Integrationszentren bei den Landkreisen fördert. Im Einzelnen:

---

20 Gelegentlich gibt es aber auch Ausnahmen von diesem Grundsatz. So sieht bspw. § 8 des Niedersächsischen Kommunalverfassungsgesetzes zwingend die Bestellung eines Gleichstellungsbeauftragten vor, der hauptberuflich zu beschäftigen ist.
21 Aus verwaltungswissenschaftlicher Perspektive Nick-Magin 2011, passim.
22 Zu diesen Wagner 2000, passim; Bausch 2014, passim.

Hessen

Nach § 4b der Hessischen Landkreisordnung (HKO)[23] kann der Landkreis einen Ausländerbeirat einrichten; Rechtsstellung und Aufgaben des Gremiums ergeben sich aus den für die gemeindlichen Ausländerbeiräte geltenden Regelungen in §§ 87, 88 der Hessischen Gemeindeordnung (HGO)[24], die entsprechend anwendbar sind. Die Einrichtung eines Ausländerbeirats ist in der Hauptsatzung zu regeln. Ebenfalls in der Hauptsatzung zu regeln ist die Zahl der Beiratsmitglieder, die Wahlzeit, das Wahlverfahren und die Anforderungen an die Mitgliedschaft im Beirat. Der Ausländerbeirat wählt in der ersten Sitzung nach der Wahl einen Vorsitzenden und gibt sich eine eigene Ordnung. Der Ausländerbeirat vertritt die Interessen der ausländischen Einwohner des Landkreises und berät die Organe des Landkreises in allen Angelegenheiten, die ausländische Einwohner betreffen (§ 88 Abs. 1 HGO). Die Kreisverwaltung hat den Ausländerbeirat rechtzeitig über alle Angelegenheiten zu unterrichten, deren Kenntnis zur Erledigung seiner Aufgaben erforderlich ist. Der Ausländerbeirat hat ein Vorschlagsrecht in allen Angelegenheiten, die ausländische Einwohner betreffen. Der Kreistag und der Kreisvorstand können, Ausschüsse des Kreistags müssen in ihren Sitzungen den Ausländerbeirat zu den Tagesordnungspunkten hören, die Interessen der ausländischen Einwohner berühren. Dem Ausländerbeirat sind die zur Erledigung seiner Aufgaben erforderlichen Mittel zur Verfügung zu stellen.

Rheinland-Pfalz

Nach § 49a der Landkreisordnung für Rheinland-Pfalz[25] ist in Landkreisen, in denen mehr als 5000 ausländische Einwohner ihre Hauptwohnung haben, ein Beirat für Migration und Integration einzurichten. In anderen Landkreisen kann ein solcher Beirat aufgrund einer Satzung eingerichtet werden. Die Mitglieder des Beirats werden gewählt, und zwar von allen Einwohnern mit ausländischer Staatsangehörigkeit sowie von den Einwohnern, die die deutsche Staatsangehörigkeit als Spätaussiedler, durch Einbürgerung oder als Nachkomme eines in Deutschland lebenden Ausländers erworben haben. Der Beirat kann über alle Angelegenheiten der Migration und Integration beraten. Gegenüber den Organen des Landkreises kann er sich hierzu äußern, soweit Selbstverwaltungsangelegenheiten des Landkreises betroffen sind. Auf Antrag des Beirats hat der Landrat solche Angelegenheiten dem Kreistag zur Beratung und Entscheidung vorzulegen.

---

23 Hessische Landkreisordnung in der Fassung der Bekanntmachung vom 7.3.2005 (GVBl. I S. 183), zuletzt geändert durch Art. 2 des Gesetzes vom 28.3.2015, GVBl. I S. 158.
24 Hessische Gemeindeordnung in der Fassung der Bekanntmachung vom 7.3.2005 (GVBl. I S. 142), zuletzt geändert durch Art. 1 des Gesetzes vom 28.3.2015, GVBl. I S. 158, 188.
25 Landkreisordnung in der Fassung vom 31.1.1994 (GVBl. S. 188), zuletzt geändert durch Gesetz vom 21.10.2015, GVBl. S. 365.

Schleswig-Holstein

Nach §§ 42a f. der Kreisordnung für Schleswig-Holstein[26] bleibt es dem Kreis überlassen, ob er einen Integrationsbeirat einrichten will. Dazu bedarf es einer Satzung, die auch die Anforderungen an die Mitgliedschaft im Beirat, die Zahl der Beiratsmitglieder, das Wahlverfahren und die Grundzüge der inneren Ordnung zu regeln hat. Wurde ein Beirat gebildet, so ist dieser über alle wichtigen Angelegenheiten zu unterrichten, die die Migranten im Landkreis betreffen. Der Beirat kann in diesen Angelegenheiten auch Anträge an den Kreistag und die Ausschüsse stellen. Wenn der Kreistag einen entsprechenden Beschluss fasst, kann der Vorsitzende des Beirats oder ein anderer Vertreter an Sitzungen des Kreistags teilnehmen, in der beiratsrelevante Angelegenheiten thematisiert werden. Er hat dann auch ein Rederecht und kann in der Sitzung Anträge stellen.

Nordrhein-Westfalen

In Nordrhein-Westfalen fördert das Land auf der Grundlage von § 7 des Teilhabe- und Integrationsgesetzes[27] die Errichtung von kommunalen Integrationszentren auf der Ebene der Kreise. Voraussetzung der Förderung ist die Existenz eines Integrationszentrums. Mit den kreislichen Integrationszentren sollen im Einvernehmen mit den Gemeinden (1.) Angebote im Elementarbereich, in der Schule und beim Übergang von Schule in den Beruf in Zusammenarbeit mit der unteren Schulaufsichtsbehörde unterstützt werden, um die Bildungschancen von Kindern und Jugendlichen mit Migrationshintergrund zu verbessern. (2.) sollen die auf die Integration und das Zusammenleben in Vielfalt bezogenen Aktivitäten und Angebote der kommunalen Ämter und Einrichtungen sowie der freien Träger vor Ort koordiniert werden. Die Integrationszentren machen ergänzende Angebote zur Qualifizierung der Beschäftigten in Kindertageseinrichtungen, in Schulen und in sonstigen Bildungseinrichtungen hinsichtlich einer Förderung von Kindern und Jugendlichen mit Migrationshintergrund sowie einer Zusammenarbeit mit den zugewanderten Eltern. In den meisten nordrhein-westfälischen Landkreisen wurden mittlerweile Integrationszentren errichtet.[28]

---

26 In der Fassung vom 28.2.2003 (GVOBl. S. 94), zuletzt geändert durch Gesetz vom 5.5.2015 (GVOBl. S. 105).
27 Gesetz zur Förderung der gesellschaftlichen Teilhabe und Integration in Nordrhein-Westfalen vom 14.2.2012, GV. S. 97.
28 Vgl. dazu http://www.kommunale-integrationszentren-nrw.de/

4 Resümee und Ausblick

Zusammenfassend kann festgehalten werden, dass im ländlichen Raum funktionsfähige Strukturen für kommunale Integrationsmaßnahmen vorhanden sind, vor allem dort, wo Landkreise und kreisangehörige Kommunen – gestützt auf ihre jeweiligen Kompetenzen – eng und vertrauensvoll zusammenarbeiten und dabei auch andere wichtige Akteure wie Migrantenselbstorganisationen, Wohlfahrtsverbände und die Wirtschaft vor Ort einbeziehen. Diese gewachsenen Strukturen können nun für die Integration von Flüchtlingen aktiviert werden, müssen aber auch ausgebaut und weiterentwickelt werden. Dazu gehört auch, dass die vielerorts bereits vorhandenen Integrationskonzepte entsprechend fortzuschreiben sind.

Darin liegt ohne Frage eine große Herausforderung. Denn durch die hohe Zahl der Flüchtlinge verändert sich der unter dem Begriff „Integration" zusammengefasste Strauß an (kommunalen) Aufgaben nicht nur in quantitativer, sondern auch in qualitativer Hinsicht. Die Zuwanderung nach Deutschland ist differenzierter geworden. Anders als in den letzten Jahren findet Zuwanderung heute nicht mehr überwiegend auf der Grundlage der EU-Freizügigkeit, des Familiennachzugs und der Erwerbsmigration („blue card") statt. Vielmehr stellen die Schutzsuchenden die mit Abstand größte Gruppe, wobei auch diese Gruppe keineswegs homogen ist, sondern sich z. B. im Hinblick auf ihre religiöse und kulturelle Identität oder auch im Hinblick auf Fluchtursachen und – damit verknüpft – Bleibeperspektive in Deutschland erheblich unterscheiden.

Auf diese quantitativen und qualitativen Veränderungen muss die kommunale Integrationspolitik reagieren und nach passgenauen Lösungen suchen, die den Bedarfen der jeweiligen Migrantengruppen gerecht werden. Dabei sollte auch nicht aus dem Blick geraten, dass gut integrierte Flüchtlinge und andere Migranten ein Potenzial für den ländlichen Raum darstellen. Sie können dazu beitragen, die negativen Folgen des demografischen Wandels zu mildern. Integration sollte daher auch Teil jeder kommunalen Zukunftsstrategie sein.

Literatur

Aumüller, Jutta/ Gesemann, Frank 2014: Integrationspotenzialer ländlicher Regionen im Strukturwandel. Abschlussbericht Forschungs-Praxis-Projekt. Darmstadt: Schader-Stiftung

Aumüller, Jutta/Daphi, Priska/Biesenkamp, Celine 2015: Die Aufnahme von Flüchtlingen in den Bundesländern und Kommunen. Behördliche Praxis und zivilgesellschaftliches Engagement. Durchführung: Zentrum Technik Gesellschaft der Technischen Universität Berlin (ZTG) in Kooperation mit dem Institut für Protest- und Bewegungsforschung (IPB)/ DESI – Institut für Demokratische Entwicklung und Soziale Integration. Stuttgart: Robert Bosch Stiftung

Baraulina, Tatjana/ Friedrich, Lena 2008: Integrationspolitik im Wandel: Bedeutungsgewinn der Kommunen. In: Zeitschrift für Ausländerrecht und Ausländerpolitik (ZAR), 28/9, S. 299–304

Bausch, Christiane 2014: Inklusion durch politische Selbstvertretung. Die Repräsentationsleistung von Ausländer- und Integrations(bei)räten. Baden-Baden: Nomos

Bundesamt für Migration und Flüchtlinge [Bundesamt für Migration und Flüchtlinge/ Rambøll Management Consulting/ imap Institut] (Hrsg.) 2015: Ausländerbehörden – Willkommensbehörden. Der Werkzeugkoffer für Ausländerbehörden. Arbeitswerkzeuge für eine Entwicklung zur Willkommensbehörde. Autorinnen: Christiane von Bernstorff [Rambøll Management Consulting]/ Derya Can [imap Institut]. Nürnberg: Bundesamt für Migration und Flüchtlinge (BAMF)

Bundesregierung (Hrsg.) 2007: Der Nationale Integrationsplan. Neue Wege – Neue Chancen. Berlin: Presse- und Informationsamt der Bundesregierung/ Die Beauftragte der Bundesregierung für Migration, Flüchtlinge und Integration

Bundesregierung (Hrsg.) 2011: Nationaler Aktionsplan Integration. Zusammenhalt stärken – Teilhabe verwirklichen. Berlin: Presse- und Informationsamt der Bundesregierung/ Die Beauftragte der Bundesregierung für Migration, Flüchtlinge und Integration

Copur, Burak/ Steller, Birte 2013: Etablierung von Willkommensstrukturen im Verfahren und in der Organisation der Zuwanderung, Zeitschrift für Ausländerrecht (ZAR), 33/2, S. 58–66

Deutscher Landkreistag (Hrsg.) 2016: Integration von Flüchtlingen in ländlichen Räumen. Strategische Leitlinien und Best Practices. Deutscher Landkreistag in Zusammenarbeit mit viventure – DenkFabrik und StrategieManufaktur. Berlin: Deutscher Landkreistag

Gesemann, Frank/ Roth, Roland/ Aumüller, Jutta 2012: Stand der kommunalen Integrationspolitik. Eine Studie des Instituts für Demokratische Entwicklung und Soziale Integration. Berlin: Bundesministerium für Verkehr, Bau und Stadtentwicklung/ Beauftragte der Bundesregierung für Migration, Flüchtlinge und Integration

Gesemann, Frank/ Roth, Roland 2017: Erfolgsfaktoren der kommunalen Integration von Flüchtlingen. Berlin: Friedrich-Ebert-Stiftung

Haug, Sonja/Sauer, Leonore 2007: Zuwanderung und Integration von (Spät-)Aussiedlern – Ermittlung und Bewertung der Auswirkungen des Wohnortzuweisungsgesetzes. Nürnberg: Bundesamt für Migration und Flüchtlinge

Heckmann, Friedrich 2015: Integration von Migranten. Einwanderung und neue Nationenbildung. Wiesbaden: Springer VS

Henneke, Hans-Günter 2007: Kreisrecht in den Ländern der Bundesrepublik Deutschland. Sammlung der Kreisordnungen und sonstiger kreisrelevanter Regelungen mit systematisierender Einführung. 2. Auflage. Stuttgart: Boorberg

Küpper, Patrick 2017: Herausforderungen bei der Entwicklung ländlicher Räume - eine Bestandsaufnahme. In: Der Landkreis, Juni, S. 252–260

Meyer, Hubert/ Ritgen, Klaus/ Schäfer, Roland (Hrsg.) 2016: Flüchtlingsrecht und Integration. Wiesbaden: Kommunal- und Schul-Verlag

Nick-Magin, Stefanie 2011: Ausländer- und Integrationsbeauftragte in Deutschland. Ausländer- und Integrationsbeauftragte in Deutschland: Verwaltungsgeschichtliche sowie verwaltungswissenschaftliche Erfahrungen und Perspektiven. Frankfurt am Main: Peter Lang

Ritgen, Klaus 2015: Aufnahme und Unterbringung von Flüchtlingen in Deutschland. In: Der Landkreis, Oktober, S. 633–645

Schmidt-Bleibtreu, Bruno/ Hofmann, Hans/ Henneke, Hans-Günter (Hrsg.) 2014: Kommentar zum Grundgesetz. 13. Auflage. Köln: Carl Heymanns

Schader-Stiftung (Hrsg.) 2011: Integrationspotenziale in kleinen Städten und Landkreisen. Ergebnisse des Forschungs-Praxis-Projekts. Wissenschaftliche Bearbeitung: ILS – Institut für Landes- und Stadtentwicklungsforschung/ Leibniz-Institut für Regionalentwicklung und Strukturplanung (IRS)

Schader-Stiftung (Hrsg.) 2014: Interkulturelle Öffnung und Willkommenskultur in strukturschwachen ländlichen Regionen. Ein Handbuch für Kommunen. Wissenschaftliche Bearbeitung/ Verfasser: DESI – Institut für Demokratische Entwicklung und Soziale Integration: Dr. Jutta

Aumüller, Dr. Frank Gesemann (Gesamtprojektleitung)/ imap GmbH Institut für interkulturelle Management- und Politikberatung: Bülent Arslan (Projektleitung imap), Derya Can. Darmstadt: Schader Stiftung

Sturm, Gabriele/ Körner-Blätgen, Nadine 2015: Ausländer in Deutschland – Herausforderungen und Chancen. In: Nachrichten. Magazin der Akademie für Raumforschung und Landesplanung, 3/2015, S. 6–10

Süssmuth, Rita 2012: Migration und Integration. Licht- und Schattenseiten des Föderalismus. In: Härtel, Ines (Hrsg.): Handbuch Föderalismus – Föderalismus als demokratische Rechtsordnung und Rechtskultur in Deutschland, Europa und der Welt. Bd. III, S. 905–919

SVR [Sachverständigenrat deutscher Stiftungen für Integration und Migration] 2012: Integration im föderalen System: Bund, Länder und die Rolle der Kommunen. Jahresgutachten 2012 mit Jahresbarometer. Berlin: Sachverständigenrat deutscher Stiftungen für Integration und Migration (SVR)

Wagner, Marc 2000: Der Ausländerbeirat. Frankfurt am Main: Peter Lang

Weiss, Karin 2011: Zuwanderung und Integration in ländlichen Räumen Ostdeutschlands, Raum-Planung, 155, S. 83–87

Worbs, Susanne/ Bund, Eva/ Kohls, Martin/ von Gostomski, Christian Babka 2013: (Spät-) Aussiedler in Deutschland. Eine Analyse aktueller Daten und Forschungsergebnisse. Nürnberg: Bundesamt für Migration und Flüchtlinge

V
Handlungsfelder der kommunalen Integrationspolitik

Wenn der Staat mit seinem Deutsch (fast) am Ende ist...
Chancen und Grenzen der neudeutschen Mehrsprachigkeit bei der Überwindung der Politik zur einsprachigen Assimilierung

Helmuth Schweitzer

Zusammenfassung

Angesichts der neuen sprachlich-kulturellen Vielfalt in der Bevölkerung sind die deutschsprachig organisierten Funktionssysteme in den Kommunen damit konfrontiert, für eine erfolgreiche Inklusion nicht deutsch sprechender Migrant_innen und ihrer Kinder die bisherige nationalstaatliche Doppelstrategie sprachlicher Zwangsassimilierung und Ausgrenzung von Minderheitssprachen überwinden zu müssen. Dazu soll die individuelle Mehrsprachigkeit durch das nur einsprachig deutsch qualifizierte Stammpersonal der lokalen Verwaltungs- und Bildungsinstitutionen „wertgeschätzt" und als individuelles Potential bzw. gesellschaftlich wertvolle Zukunftsressource vor Ort zum effektiveren Lernen der Zweitsprache Deutsch u. a. mit Hilfe von ehren- oder hauptamtlichen „Sprachmittler_innen" genutzt werden. Dieser Sprachenreichtum ist jedoch langfristig in öffentlicher Verantwortung nur zu erhalten, wenn es innerhalb der lokalen Bildungslandschaft gelingt, im Elementarbereich, in Schulen und Weiterbildungseinrichtungen ein bedarfsgerechtes, qualifiziertes Angebot zum Erwerb der jeweiligen Minderheitssprachen auf dem Niveau „konzeptioneller Schriftlichkeit" zu schaffen. Dazu fehlen jedoch in Deutschland die grundlegenden Voraussetzungen.

Schlüsselbegriffe

Kommunale Sprachenpolitik, schulische Sprachförderung, Wertschätzung von Mehrsprachigkeit, bilinguales Lernen, Zweisprachigkeit, Deutsch als Zweitsprache, Sprachmittler

Ich bin immer wieder sprachlos, wenn mit Blick auf die Herausforderungen im Umgang mit Migration in entsprechenden Förderkonzepten deutscher Institutionen von „Sprachanfängern" die Rede ist. Hier geht es weder um Taubstumme noch um Babys mit ihrer je eigenen Lautsprache, sondern um Einwanderer_innen ohne ausreichende Deutschkenntnisse. Zwar bildet in allen Nationalstaaten die umfassende Beherrschung der jeweiligen Verkehrs- und Verwaltungssprache (lingua franca) in ihrer Funktion als

Bildungssprache eine zentrale, wenn auch nicht die einzige Voraussetzung dafür, dass alle Einwohner_innen den Zugang zu qualifizierter Bildung, Arbeit und politischer Einflussnahme erhalten. Doch gerade in Einwanderungsländern zielt die sprachliche Inklusion auf einen vielschichtigen, nicht allein durch Worte gestalteten „barrierefreien" Zugang zu den zentralen gesellschaftlichen Funktionssystemen auf der Grundlage einer für alle Beteiligten erfolgreichen Verständigung vor Ort. Dies kann gerade wegen der Vielfalt sozio-kultureller Milieus in der Gesellschaft nur mit einem Minimalkonsens über geteilte Wertvorstellungen und (gemeinsam veränderbare) Regeln („Normen") zum Zusammenleben gelingen. Die hierfür notwendigen Kommunikationsprozesse umfassen also mehr als die messbare Beherrschung eines verbalen Zeichensystems in der Verkehrssprache des jeweiligen Staates und die Beachtung der damit verbundenen „öffentlichen (Interaktions) Ordnung" in den Kommunen.[1]

Die Pluralität der Milieus und Wertvorstellungen wird jedoch weltweit als Konsumpotential seit Jahrzehnten wertgeschätzt und einzelne Segmente daraus selbst von rechtspopulistischen Bewegungen als Wählerklientel für eine europäische „Leitkultur gegen die Islamisierung des Abendlandes" gepflegt. Doch erst der kurzfristige Zuzug von ca. 1, 5 Millionen bis zum Frühjahr 2016 nicht deutsch sprechenden Menschen nach Deutschland innerhalb von achtzehn Monaten hat hier die „gespaltene Mitte" der Gesellschaft (Zick u. a. 2016) aktiviert: Auf der einen Seite Menschen aus „altdeutschen" Milieus, die in den traditionellen, nun durch verschiedene Globalisierungseinflüsse bedrohten einsprachig deutschen Lebenswelten Orientierungssicherheit suchen. Auf der anderen Seite mehrsprachig engagierte Aktivist_innen einer „neudeutschen" Willkommenskultur der Solidarität mit den Geflüchteten. Dank der öffentlich oder privat geförderten Formen des Deutschlernens verstehen immer mehr Flüchtlinge, wie zwiespältig über sie geredet wird und in welcher Form die durch das neue Integrationsgesetz vorgegebenen Inklusions-und Exklusionsmechanismen dieses Staates durchaus mit einer mystisch verklärten altdeutsch-nationalen Leitkultur kompatibel sind.

Solche Lernprozesse illustrieren die komplexe, ja teilweise paradoxe Gemengelage der Kommunikationsformen und Zugangsregeln eines durch verstärkte Migration mehrfach – vor allem sprachlich – vielfältiger gewordenen nationalen Wohlfahrtsstaates. Dieser hat als Teil einer Staatengemeinschaft (EU) infolge internationaler Abkommen mit den darin verankerten demokratischen und sozialen Rechten seiner Einwohner_nnen zunehmend weniger Steuerungsmöglichkeiten, die Gefolgschaft seiner bisherigen (Staats)Bürger _in-

---

[1] Zu dieser deutschsprachigen Ordnung gehören für einen Teil der Bevölkerung traditionsgemäß jährliche Schützenfeste bzw. St. Martins- und Karnevalsumzüge. Für andere Teile sind dagegen Stinkefinger im Straßenverkehr, wöchentliches Gegröle alkoholisierter Fußball-Fans und neuerdings jede Minute Hasstiraden im internet gegen anders Denkende „von selbst verständlich". Weitaus größere öffentliche Aufmerksamkeit erhalten einzelne vollverschleierte Frauen auf der Einkaufsstraße und in Edel-Boutiquen, Burkini-Trägerinnen in Sportstätten, gelegentliche Provokationen von Jugendlichen („Allahu akba"-Rufe im Supermarkt und die Sprache sexueller Gewalt gegen Frauen in der Öffentlichkeit, soweit die Täter aus kleinkriminellen Gruppierungen junger Männer mit Migrationshintergrund stammen.

nendurch eine „institutionalisierte Ungleichheitsschwelle" (Bommes 1999: 137f) gegenüber Nicht-Staatsbürger_nnen zu sichern und gleichzeitig die mit dem Gebrauch der deutschen (Amts)Sprache verbundene Loyalität gegenüber einer imaginären „deutschen Leitkultur" zu erzwingen. Die von der kapitalistischen Ökonomie forcierte grenzenlose Globalisierung aller Lebensbereiche ist mit vereinfachter Mobilität, verbilligten Informationsmöglichkeiten sowie veränderten Kommunikationsformen verbunden. Die dadurch erleichterte Migration hat vielfältige Rangordnungs- und Verteilungskonflikte zwischen bislang sozial etablierten und nicht etablierten Menschen in mehrsprachig neu strukturierten lokalen „Sprachräumen" (Busch 2013: 126ff) hervorgerufen.

1   Lebensweltliche Mehrsprachigkeit in den Kommunen – Inklusionshemmnis oder Ressource?

Noch existieren knapp 5000 verschiedenen Sprachen auf dem Erdball. Weltweit wächst nur eine Minderheit der Menschen in einsprachige Kontexten auf. Angesichts der Dimension der De-facto-Einwanderung durch über 15 Mio. Menschen mit einer nichtdeutschen Herkunftssprache ist heute auch hierzulande die „lebensweltliche Mehrsprachigkeit" (Gogolin 1994: 16) in den meisten Kommunen zur normalen Realität geworden. Bundesweit mindestens ein Drittel, in vielen Schulen westdeutscher Großstädte über die Hälfte, in manchen Quartieren über 80 % aller Schüler_nnen benutzen nach eigenen Angaben situationsspezifisch neben Deutsch mindestens eine nichtdeutsche Sprache (vor allem Türkisch, Polnisch, Russisch und Arabisch) – insgesamt über 100 verschiedene sprachliche Varietäten (Gogolin 2015).

Darüber hinaus wächst daneben eine andere Normalität von individueller Mehrsprachigkeit heran, mit der sich Kommunen im eigenen Interesse verstärkt auseinandersetzen müssen, wollen sie im globalisierten „Wettkampf um die besten, kreativen Köpfe" langfristig bestehen: Nicht nur in mehrsprachigen Lebenspartnerschaften, in denen die Eltern bewusst unterschiedliche Sprachen mit ihren Kindern sprechen und dadurch „doppelte Erstsprachigkeit" ermöglichen, ergeben sich neue Bedürfnisse und Möglichkeiten, das Sprachenpotential in der Familie für die Zukunft individuell und gesellschaftlich zu nutzen. Vor allem junge Menschen aus der bildungsengagierten, kosmopolitisch orientierten und nun interkulturell angereicherten „kreativen Klasse" in der Weltgesellschaft (Florida 2002) – und dazu gehören nicht nur Künstler und Wissenschaftler, sondern alle sogenannten „Wissensarbeiter" – wachsen auch außerhalb von Bildungseinrichtungen häufig mit mehr als nur einer Sprache auf. Dies gilt erst recht für die Geflüchteten aus dem Balkan, dem Nahen Osten, Afghanistan oder Afrika.

Und schließlich ermöglichen die neuen Kommunikationstechniken über die sozialen Medien, dass insbesondere unter den damit sehr gut vertrauten Jugendlichen „die Herkunftssprachen nicht nur als Mittel der familialen Kommunikation, sondern auch als linguae francae transnationaler Migrantengemeinschaften" (Gogolin 2015: 294) dienen.

2 Neue Herausforderungen für die mehrsprachige Kommune

Vor diesem Hintergrund führt die mit der globalen Migration seit einigen Jahrzehnten einhergehende „Super-Diversität" (Vertovec (2006) auch in Deutschland zu ungewohnten, viele Einwohner_innen verunsichernden und deshalb nicht bereichernd empfundenen interkulturellen Kommunikationserfahrungen zwischen überwiegend einsprachig sozialisierten „Altdeutschen", mehrsprachig kommunizierenden „Neudeutschen", und ebenfalls mehrsprachigen, aber (noch) nicht gut deutsch sprechenden neuen Migrant_innen aus ärmeren EU-Ländern und Geflüchteten aus Drittstaaten. Sie alle sind herausgefordert, sich trotz unterschiedlicher sozialer bzw. sprachlicher Voraussetzungen über nicht (grund-) gesetzlich vorgeschriebene Kommunikationsregeln für das tägliche Zusammenleben im öffentlichen Raum (z. B. über Nähe- und Distanzgewohnheiten, abendliche Zimmerlautstärke, Kleidungsformen, Respektbekundungen) vor Ort zu verständigen. Damit eine Inklusion der neuen, menschenrechtlich und zunehmend auch wohlfahrtsstaatlich gleichberechtigten Mitglieder durch die gesellschaftlichen Funktionssysteme (u. a. Wohnen, Gesundheit, Bildung, Arbeit, Politik, Medien, Recht und Sicherheit) gelingen kann, müssen alle bereits hier lebenden und neu dazugekommenen Menschen die zur Interaktion in diesen Systemen funktional erforderlichen Zeichen (verbale und nonverbale Sprache) und Kommunikationsregeln kennen, sie als soziale Konstruktion der Wirklichkeit auch mit ihrer möglichen Mehrdeutigkeit aus verschiedenen Blickwinkeln verstehen lernen und mit ihnen (u. U. kreativ) umgehen können.

3 Die verschiedenen Funktionen verbaler und nonverbaler Kommunikation im Inklusionsprozess

In allen von internationaler Migration geprägten Kommunen erhalten die verschiedenen Funktionen von Kommunikation mit verbalen Zeichen (Sprache), paraverbalen Formen (Lautstärke, Geschwindigkeit, Pausen und Interpunktion etc.) und nonverbalen Mitteln (durch Mimik, Gestik) oder ästhetischen Symbolen (z. B. durch ein Bild, Foto, Musikstück) eine besondere Bedeutung: Sprache konstruiert als soziale Praxis die Wirklichkeit und ist damit nicht nur ein Kommunikations- und Erkenntnismittel, um die Inklusionsbedingungen der jeweilgen Funktionssysteme der Gesellschaft verstehen und dadurch mitgestalten zu können (kognitive Funktion). Darüber hinaus erhalten die zuerst gelernten Sprachen („Muttersprachen") von Geburt an eine wichtige emotionale Funktion für die Entwicklung einer sozial anerkannten, u. U. mehrsprachigen Persönlichkeit. Für überwiegend einsprachig sozialisierte Menschen hat die in der Familie erworbenen Erstsprache („Familiensprache") auch *Gemeinschaft stiftende Funktion,* die die soziale Identität hervorbringt und damit psychische Stabilität produziert: Im Unterschied zu Mitgliedern der globalen mehrsprachigen Eliten haben weitgehend einsprachige Einheimische und Migrant_innen während ihrer Sozialisation kaum Chancen zur Konstruktion einer mehrdimensionalen, vielsprachigen und dynamischen individuellen Identität. Für solche in ihren verbalen Kommunikationsmöglichkeiten eingeschränkte Menschen liegt es deshalb nahe, mögliche Irritationen in neuen mehrsprachigen und insofern mehrdeutigen Situationen, die sie nicht wie gewohnt kontrollieren können, zu vermeiden, indem sie emotionalen Halt durch Rückzug in die lokal, sprachlich oder religiös vertraute Gruppe aus dem eigenen sozialen Milieu suchen. Oder sie verweigern – gerade als Heranwachsende – sogar trotz Beherrschung der Verkehrssprache deren Gebrauch in der Öffentlichkeit und versuchen stattdessen getrennte, nur von ihnen selbst kontrollierbare Kommunikationskanäle aufzubauen. Auf diese Weise können sie – wie Astrid Lindgrens Pippi Langstrumpf mit ihrer „Geheimsprache" – eigene Stärke gegenüber den (nur in der offiziellen Sprache) Mächtigen demonstrieren. Diese *identitätspolitische Machtfunktion der Sprache äußert sich* häufig in einer Aufwertung der eigenen und einer Abwertung der nicht verstandenen („Fremd")-Sprache bzw. deren Sprecher_innen sowie in dem Bestreben von Repräsentant_innen eines meist asymmetrisch strukturierten „Sprachregimes" (Busch 2013; 134ff) aus Politik, Verwaltung und Bildungsinstitutionen die eigensprachliche Alltagskommunikation der Minderheitsangehörigen untereinander in öffentlichen Einrichtungen oder gar in der Familie zu kontrollieren und notfalls durch Sprachverbote zu sanktionieren. Umgekehrt wirkt die Anerkennung der eigenen Potentiale durch Andersprachige stressreduzierend und damit positiv auf die Bereitschaft, die fremde Sprache lernen zu wollen. Diese intrinsische Lernmotivation wird verstärkt, wenn die Menschen, die sich durch verbale Kommunikation zunächst nicht verständigen können, ihre Kompetenzen bei der Kontaktaufnahme mit bis dahin ihnen unbekannten Individuen einbringen und dabei auf der Grundlage gemeinsam nutzbarer, überwiegend nonverbaler Kommunikationsangebote – z. B. sportliche Aktivitäten unter bereits international bekannten Spielregeln und verschiedene künstlerisch-kreative Formen kultureller Bildung – Anerkennung erfahren.

In jedem Falle sind die Kommunen herausgefordert, die häufig konflikthafte Verschränkung die unterschiedlichen Funktionen der Sprache vor Ort erfolgreich zu moderieren und im Idealfall produktiv für alle Beteiligten zu gestalten.

4 Die Kommune als Vermittlerin zwischen ihren Einwohner_innen und den föderalen Ebenen

Die Einwohner_innen einer Kommune machen diese vor Ort greifbare staatliche Instanz meist dafür verantwortlich, wenn es als hör- und sichtbares Zeichen *nicht* erfolgreicher Inklusionsprozesse zu – u. U. auch gewaltsam ausgetragenen – Konflikten über die Durchsetzung der hier geltenden Rechtsordnung[2], den Umgang mit unterschiedlichen

---

2 Dazu gehören Auseinandersetzungen zwischen jungen männlichen Autofahrern mit vielfältigen staatlichen Diskriminierungserfahrungen und Polizeibeamt_innen bzw. Politessen bei der Ahndung von realen (z. T. von beiden Seiten provozierten) und vermeintlichen Ordnungs-

Wertvorstellungen oder anderen Formen sprachlich-kultureller Vielfalt in öffentlichen Institutionen wie der Verwaltung und dem Bildungssystem kommt.[3]

Doch für den Schulunterricht – mit seiner zentralen Rolle für die sprachliche Weichenstellung innerhalb der gesamten öffentlichen Bildungskette – sind hierzulande (anders als beispielsweise in den Niederlanden, Großbritannien oder der Schweiz) vorrangig die Bundesländer verantwortlich. Die Kommunen haben als Schulträger nur die Zuständigkeit für die „äußeren Schulangelegenheiten" (u. a. die Bereitstellung eines Schulplatzes für alle Schulpflichtigen) im Rahmen der landesgesetzlich vorgeschriebenen Schulformen. In dem immer noch überwiegend vom „monolingualen Habitus der multilingualen Schule" (Gogolin1994) geprägten Zugang zu höheren Bildungsabschlüssen kommt jedoch die Inklusion der Schüler_innen aus sozial benachteiligten Haushalten mit „Risikofaktoren" – dazu zählt in der politisch etablierten Forschungsagenda nach wie vor die nichtdeutsche Familiensprache der Kinder (z. B. Strohmeier u. a. 2016: 41) – nur schleppend voran.[4] Nach dem zwischen 2014 und 2016 ca. 500.000 nicht deutsch sprechende Schulpflichtige aus der EU und Drittstaaten einwandert sind, besteht in den davon am stärksten betroffen Kommunen bzw. Schulbezirken auch mangels Kapazitäten für Schulplätze und qualifiziertes Lehrpersonal die Gefahr, dass (anders als zwischen 1990 und 1993) ein großer Teil dieser keineswegs taubstummen, anfangs noch lernbegierigen „Seiteneinsteiger_innen" durch das lokale Sprachregime im deutschen Schulsystem institutionell ausgeschlossen wird.[5]

Vor diesem Hintergrund wirken die alltäglich auch außerhalb der Klassenräume gelebten interkulturellen Kommunikationsformen in den Rangordnungs- und Verteilungskonflikten vor Ort als Seismograph für Verständigungsprobleme, die im wesentlichen übergeordnete Instanzen durch ihr (Nicht-bzw. Zu-spät)-Handeln zu verantworten haben. Durch ihre Stellung als letztes Glied in der „fiskalpolitischen Ernährungskette" des Staates sind die Kommunen mit einer *dreifachen Vermittlerrolle* konfrontiert, die sie nur eingeschränkt erfüllen können:

Sie müssen zum einen dafür sorgen, dass Kinder und Erwachsene die kognitive Funktion der deutschen Sprache für eine erfolgreiche Inklusion durch die Teilsysteme der

---

widrigkeiten im Straßenverkehr – anders als in den USA hierzulande noch weitgehend ohne tödliche Folgen.

3 Mit Mittelpunkt des politischen und massenmedialen Interesses steht häufig die Durchsetzung von Deutsch als Schulsprache auch außerhalb des Klassenzimmers. (s. u.)

4 Autorengruppe Bildungsberichterstattung (2016: 172ff). http://www.bildungsbericht.de/de/bildungsberichte-seit-2006/bildungsbericht-2016,

5 Mangels frühzeitigem Verwaltungshandeln in Vorbereitungsgruppen auf allen drei föderalen Ebenen werden wider besseres Wissen über den aktuellen internationalen Forschungsstand die nicht deutschsprachigen Schulpflichtigen in (nunmehr von der KMK euphemistisch verallgemeinernd) als „Sprachfördergruppen" bezeichneten „Vorbereitungs- bzw. Willkommensklassen" (https://www.landtag.nrw.de/portal/WWW/dokumentenarchiv/Dokument/MMV16-4208.pdf- 3.10.16) erneut viel länger als methodisch sinnvoll losgelöst vom Regelunterricht – z. T. in gesonderten Gebäuden – beschult, ohne dass sie den für das Lernen der gemeinsamen Umgangssprache motivierenden Kontakt zu deutschsprechenden SchülerInnen erhalten. Hoch engagierte PädagogInnen versuchen auch Selbstausbeutung entgegenzuarbeiten.

Gesellschaft umfassend nutzen können. Diese Verantwortung bezieht sich angesichts der originären Zuständigkeit der Kommunen für die Elementarerziehung vor allem auf die *Kinder* mit nichtdeutscher Familiensprache. Dagegen waren die von den Volkshochschulen mit kommunalen Mitteln finanzierten Deutschkurse für eingewanderte *Erwachsene* bis zu deren erstmaliger Förderung als „Integrationskurse" durch den Bund seit Inkrafttreten des Zuwanderungsbegrenzungsgesetzes 2005 (§ 43–45) eine vom persönlichen Engagement einzelner Kommunalpolitiker_innen und Verwaltungsmitarbeiter_innen abhängige „freiwillige Leistung", die mit zunehmenden Haushaltsdefiziten jederzeit – wie inzwischen auch bei Flüchtlingen ohne Bleibeperspektive – zurückgezogen werden konnte.[6]

Zum zweiten sind die Städte und Gemeinden gezwungen, bei nicht erfolgreicher Verständigung zwischen Einwohner_innen über unterschiedliche Wertvorstellungen auf der *Beziehungsebene* zu vermitteln. Dies ist erforderlich, wenn z. B. Migrant_innen mit einer nichtdeutschen Erstsprache sowie anderen kulturell bedingten Wertvorstellungen und Gewohnheiten von vorne herein in der bereits ortsansässigen Bevölkerung, die als vermeintliche „Gemeinschaft" von der „deutschen Leitkultur" zusammengehalten wird, nicht akzeptiert werden und sich ihr daher auch nicht zugehörig fühlen. Unter diesen Umständen müssen sie schon eine starke Resilienz mitbringen, um aus *eigenem,* für erfolgreiches lernen entscheidendem Antrieb motiviert zu sein, die deutsche Bildungssprache umfassend zu erlernen, so dass sie das hier geltende Normensystem überhaupt verstehen und beachten können.

Zum dritten zeigt sich angesichts der neuen Herausforderung, mit den vielen seit 2012 neu eingereisten nichtdeutsch sprechender Menschen sowohl auf der Inhalts- wie auf der Beziehungsebene erfolgreich kommunizieren zu müssen, dass der von der Kommune repräsentierte tradierte amtssprachliche Kommunikationsmodus der öffentlichen Institutionen „mit seinem Deutsch (fast) am Ende ist". Diese Erfahrungen mit der zunehmend begrenzten Macht eines „monokulturellen Habitus" des deutschen Staates sind bei dessen lokalen Repräsentant_innen in den Polizeiwagen, Amtstuben, Klassenzimmern und Gruppenräumen vielfach mit einer Kränkung ihres bisherigen professionellen Selbstverständnisses verbunden. Die damit einhergehende machtvolle Verunsicherung trifft in Deutschland auf eine besondere nationalgeschichtliche Konstellation im – heute vielfach verdrängten – kollektiven Sprachengedächtnis:

5 Die einsprachige Kommune – Ursprung der Doppelstrategie von Germanisierung und sprachlicher Ausgrenzung

Die skizzierte Dynamik sprachlicher Inklusions- und Ausschlussprozesse ist in Deutschland aus der Tradition einer in den letzten 150 Jahren erfolgreichen deutschsprachigen Assimilierungspolitik bei gleichzeitiger Ausgrenzung nicht Deutsch sprechender Minderheiten zu

---

6 Bis 2005 haben Bund und Länder nur Einzelmaßnahmen vorrangig für über zwei Millionen deutschstämmige (Spät-)Aussiedler ohne ausreichende Deutschkenntnisse finanziert.

verstehen. Die Idee der deutschen Einsprachigkeit als Regelfall, wie sie auf dem Nährboden des traditionellen, auch in anderen Ländern verbreiteten völkischen Sprachnationalismus im 19. Jahrhundert zur Ideologie einer notwendigen Einheit von (Staats-)Volk, (Staats-)Sprache, Raum (Staatsgebiet) und dauerhaft eindeutiger Identität (Staatsangehörigkeit) gewachsen ist (Glück 1979), hatte in der erfolgreichen „weichen" sprachlichen Germanisierung der so genannten „Ruhrpolen" zwischen 1880 und 1933 auf den ersten Blick ihr „deutsches Integrationsmodell" gefunden (Herbert 1986: 71–81). Dadurch konnte die rassistisch motivierte Doppelstrategie von „harter" Germanisierungs- und Aussonderungspolitik im nationalsozialistischen Staat gegenüber den Millionen nichtdeutschsprachiger Zwangsarbeiter_innen, die – gemäß der deutschen Amtssprache des Reichsarbeitsministeriums aus dem Jahr 1941 – als „sog. ‚Gastarbeitnehmer' (…) im großdeutschen Raum zum gegenseitigen Verständnis der Völker beitragen" würden (zitiert in: ebd. 132), als bedauerlicher Ausrutscher verdrängt werden. Die erfolgreiche Inklusion der über 14 Millionen deutschsprachigen Vertriebenen und aus der SBZ/DDR Geflohenen zwischen 1945 und 1961 nährte vor allem in der zuerst mit regionalen Dialekten aufgewachsenen und dann in der deutschen Schulsprache sozialisierten Nachkriegsgeneration die Illusion, dass diese kurze Ausnahmeperiode von weitgehend einsprachig deutschen Städten und Gemeinden die Regel darstellen würde.

6   Sprachliche Diskriminierungserfahrungen

Schon in der Kindertagesstätte beklagen Professionelle und Eltern, die in ihrem Alltag nur auf Deutsch kommunizieren (können), den Rückzug türkisch, kurdisch und arabisch sprechender Minderheiten in die eigene (Sprach-)Gruppe. Ausschließlich deutsch sprechende Alt- und Neudeutsche nehmen dies entweder als Weigerung Deutsch zu lernen wahr. Oder sie interpretieren eine (trotz vorhandener Deutschkenntnisse) situationsspezifische Ablehnung, diese Sprache immer auch in der Öffentlichkeit (z. B. in der Schule) zu verwenden sogar als „deutschfeindlich". Die auf kommunaler Ebene beispielhaft dargestellten Formen von sprachlicher Diskriminierung bzw. „Linguizismus" (Skuttnabb-Kangas/Cummins 1988) gegenüber türkisch sprechenden Neudeutschen (Schweitzer 2009: 434f) spüren inzwischen auch Minderheitsangehörige aus anderen Gruppen mit geringer globaler Sprachmacht:

- Ein Vater wird in der VHS gefragt: „Warum melden Sie sich zum Arabischkurs an? Ihre Kinder gehen in Marokko sowieso nicht aufs Gymnasium."
- Ein geflüchteter junger Mann aus Syrien berichtet, dass er beim Arabisch sprechen am Handy in der Einkaufsstraße jetzt anders angeschaut wird als vor der Kölner Silvesternacht 2015.
- Im Rahmen der Beratung von neu eingereisten schulpflichtigen Kindern („Seiteneinsteiger_innen") wird bei der Frage an die Eltern aus Balkanstaaten nach den in der Familie

regelmäßig benutzten Sprachen Romanes erst genannt, wenn die damit verbundenen schulischen Fördermöglichkeiten erklärt werden.[7]
- Geflüchtete, die ohne Dolmetscher_innen zur Ausländerbehörde kommen, werden wieder weg geschickt.
- Die etablierten freien Träger der Jugendhilfe verwehren einem überregional tätigen Bewerber für die Einrichtung einer deutsch-russischsprachigen Kindertageseinrichtung den Marktzugang, indem sie nur lokale Träger zulassen.
- Der Bildungsdezernent der Stadt will eine staatliche Grundschule mit einem deutsch-spanischen Zweig nicht als „bilinguale Schule" offiziell anerkennen, weil dann auch deutsch-türkische Grundschulen gefördert werden müssten und zu befürchten sei, dass sie „kaum noch steuerbar" sind.

7 Die Zuständigkeiten der Kommunen für sprachliche Inklusion in der Gegenwart

Erst mit dem Zuwanderungsbegrenzungsgesetz im Jahre 2005 übernahm der staatliche Gesetzgeber zumindest bezogen auf *Erwachsene* die Regie für die von den Kommunen und der Bundesagentur für Arbeit zu organisierende Förderung der Deutschkurse und entschlackte sie gleichzeitig von ihren ursprünglich völkischen Zugangskriterien (Otto 1990: 32ff). Als Ausgleich dafür haben Bund und Länder die historische Rolle der deutschen Sprache als identitätsstiftendes Zeichen für die Hinwendung zur deutschen Nation als Lackmus-Test für die Bereitschaft einer sozialen Angleichung („Integrationswilligkeit") verallgemeinert. Zur Sicherung der sprachlich-kulturellen Ungleichheitsschwelle ist der Erwerb und der differenzierte Gebrauch der deutschen Sprache „als Voraussetzung wie als Indiz für das geforderte Resultat Integration" (Gützlaff 2008: 36) nur für Nicht-EU-Bürger_innen aus visapflichtigen Drittstaaten normiert. Dem entsprechend wird als Vorbedingung für einen Aufenthalt mit Bleibeperspektive bzw. die Einbürgerung durch staatlich lizenzierte, häufig kommunale Einrichtungen (VHS) ein Allgemeinwissen über Deutschland getestet, das für viele sprachlich oder politisch durch unsere Demokratie „nicht integrierte" deutsche Staatsbürger_innen keineswegs selbstverständlich ist.[8]

Die Teilnahmepflicht an einem Deutsch – bzw. Integrationskurs konzentriert sich auf solche Erwerbsfähige aus bestimmten Nicht-EU-Staaten, die hier ein staatliches Transfereinkommen

---

[7] Dies entspricht den Ergebnissen internationaler Forschung, nach denen unter dem Erwartungsruck in einsprachig orientierten Staaten ein bedeutender Prozentsatz der Befragten sich nicht offen über ihre Sprachpraktiken in der Familie äußert (Brazic 2009).

[8] Dazu zählen Millionen hier zur Schule gegangene Erwachsene, die kaum lesen und schreiben können („Funktionale Analphabeten") sowie die von den Globalisierungsfolgen extrem verunsicherten bzw. vom etablierten Demokratiebetrieb entfremdeten Unterstützer_innen populistischer Ideologien. Die Angehörigen beider Gruppen sind gesetzlich zurecht vor einer Ausbürgerung oder Verpflichtung zu einem „Integrationskurs" geschützt.

erhalten. Dieser Inklusions- und Exklusionslogik des nationalen Wohlfahrtsstaates folgt auch das zum 1.1.2016 in Kraft getretene sogenannte „Integrationsgesetz" mit seiner Grenzziehung zwischen Geflüchteten mit Bleibeperspektive sowie Nutzen für die deutsche Wirtschaft und nicht bleibeberechtigten bzw. auf dem Arbeitsmarkt nicht erfolgreichen Flüchtlingen.[9] In der Regel sind diese Migrant_innen noch hoch motiviert Deutsch zu lernen. Sie wollen auch die Umsetzung der hier geltenden Rechtsnormen, demokratischen Grundregeln und milieuspezifischen Wertorientierungen verstehen bzw. praktizieren lernen. Es fehlt dagegen ein ausreichend qualifiziertes Angebot für *alle* neuen Migrant_innen, das die deutsche Sprache nicht als Grammatikunterricht „wie Mathematik" vermittelt (Pauli 2016) und die Leitkultur der Demokratie nicht trichterpädagogisch oder wie Medizin in kleinen Dosen verabreicht, sondern dialogisch im Kontakt mit gut deutsch sprechenden Einwohner_innn erfahrbar macht.

Angesichts der Vielzahl von (überdies häufig wechselnden) Eintrittsvoraussetzungen für bestimmte Migrantengruppen zu staatlich geförderten Deutsch- bzw. Integrationskursen ist eine professionelle Beratung und vor allem Koordination durch nicht als Kursanbieter tätige kommunale Ansprechpartner – z. B. die Stabsstellen für Migration und Integration – erforderlich.[10] Erst wenn die Geldquellen der Bundes-, Landes- und Stiftungsmittel für die wieder aufblühende Trägerlandschaft innerhalb der „Integrationsindustrie" nach Auslaufen der Förderprogramme versiegen, wird sich deren Nachhaltigkeit erweisen. Ob dann die erfolgreichste Form der Inklusion Erwachsener im Erwerbsleben über das Deutsch lernen als integriertem und bezahltem Teil der beruflichen (Vorbereitungs)Tätigkeit[11] stärker gefördert wird, ist wesentlich von der lokalen Nachfrage nach entsprechend sprachlich gebildeten Arbeitskräften bestimmt.

Die Zuständigkeit der Städte und Gemeinden für das Deutsch lernen konzentriert sich deshalb – außerhalb von Optionskommunen mit ihrem Zugang zu arbeitsmarktbezogenen Maßnahmen – auf *Kinder*: Nachdem nicht nur die eingewanderten Erwachsenen, sondern vielfach auch deren Nachwuchs 30 Jahre lang mit ihrer Sprachentwicklung im Deutschen sich selbst überlassen waren, betonen die vom internationalen Fachkräftewettbewerb betroffenen Arbeitsmarktakteure zusammen mit Bund, Ländern und Gemeinden seit dem schlechten Abschneiden Deutschlands bei der PISA-Studie im Jahr 2001, wie wichtig das hierzulande bis dahin vernachlässigte systematische Erlernen der deutschen Sprache in den Kindertageseinrichtungen ist (Bundesregierung 2007: 48ff). Damit kommen die Kommunen mit ins Spiel. Sie sind im Rahmen des SGB VIII für Kindertagesbetreuung

---

9   Es sieht schärfere Auflagen und Sanktionen gegen diejenigen Migrant_innen vor, die ihren Pflichten zur Teilnahme an Integrationsmaßnahmen nicht nachkommen und auf dem deutschen Arbeitsmarkt wegen „mangelnder Sprachkenntnisse" kaum legale Inklusionschancen haben. Im Unterschied zu bisherigen Regelungen wird mit dem neuen Gesetz das unbefristete Aufenthaltsrecht auch von Asylberechtigten u. a. von deren Deutschkenntnissen abhängig gemacht.
10 Vgl. als Beispiel: www.essen.de/rathaus/aemter/ordner_0401/interkulturelle_orientierung/ dienststelle/Netzwerk_Deutsch_lernen_in_Essen.de.html (29.5.2017).
11 http://www.migrationsportal.de/sites/default/files/dokumente/vhs-bs-sprachlernformate-grundlagen-beratungsnetzwerk pdf (10.03.2016) ; http://www.deutsch-am-arbeitsplatz.de/ ifsl_all.html. (6.10.2016)

und Elternbildung zuständig. Doch inwieweit sie ihre gesetzliche Verpflichtung zur Gewährleistung der Kinder- und Jugendhilfe für *alle* unter 27jährigen durch eine rechtlich vorgegebene inklusive Praxis erfüllen (können), ist in den für Einwanderung attraktiven, aber nicht gleichzeitig auch wirtschaftlich starken Stadtregionen zum einem wesentlich von deren zunehmend eingeschränkten eigenständigen Finanzkraft abhängig[12] und wird zum anderen durch die migrationsgesellschaftliche Kompetenz der jeweiligen politischen Mehrheiten in den Gemeinderäten bzw. die von ihnen gewählten politischen Beamt_innen bestimmt (s. Schweitzer in diesem Band).[13] Ob der sprach(förder)politische „Schwarze Peter", der zwischen den drei föderalen Instanzen hin- und her geschoben wird, am Ende doch – analog zu den sozial benachteiligten einheimischen Familien – bei den von „unreflektierter Mediennutzung" beeinflussten, vorgeblich „unbelehrbaren" bzw. als „integrationsunwillig" abgestempelten Eltern landet, lässt sich noch nicht abschätzen.

8 Das „reinigende deutsche Sprachbad" und seine unbeabsichtigten Folgen

Bis zu Beginn dieses Jahrhunderts glaubten Bund, Länder und Gemeinden in Anknüpfung an historisch erfolgreiche nationalstaatliche Ideologie der Einsprachigkeit, sich auf die herrschende Gewalt der deutschen Sprache und deren erwartete langfristig assimilierende Wirkung verlassen zu können. Bis dahin war die Politik der deutschen Einsprachigkeit geprägt von der aus klassischen Einwanderungsländern in den 70er Jahren weitgehend unkritisch übernommenen Vorstellung, dass zumindest bei den hier aufgewachsenen Migrantenkindern der (politisch als Zeichen von erfolgreicher Assimilation erwünschte) Sprachwechsel von ihrer (negativ bewerteten) Herkunftssprache L1 zur prestigeträchtigeren Zweitsprache L2 *auf Kosten* von L1 durch das so genannte „Sprachbad" in L2 erfolgt. D. h. die nicht deutsch sprechenden Migrant_innen müssen ohne unterstützende herkunftssprachliche Kommunikation in der deutschen Sprache „untertauchen" (sprachwissenschaftlich als Submersion[14] bezeichnet), um sie umfassend zu beherrschen. Auch den schlecht

---

12 Die strukturellen Haushaltsdefizite vieler in eingewanderten Familien mit Kinderarmut konfrontierten Kommunen schränken ihren finanzpolitischen Handlungsspielraum für „freiwillige Leistungen" (z. B. beim Ausgleich fehlender Elternbeiträge oder finanzschwacher Trägeranteile für den Kindertagesstättenbetrieb sowie den Ausbau des offenen Ganztagsangebots an Schulen) stark ein.

13 In ihrer Not improvisieren die Kommunen analog zu ihrer Rolle als Träger der staatlichen Schulen auch im Elementarbereich wie in den 80er Jahren mit segregativen Übergangslösungen und traditionellen Submersionskonzepten (s. Fn 14), zumal wenn diese vom Land finanziert werden. Für NRW http://www.kita.de/news/brueckenprojekte_fuer_fluechtlingskinder (9.10.16)

14 Die Submersionsmethode wird auch als „swim or sink program" bzw. in Skandinavien als „dränkning program" (Ertränkungsprogramm) bezeichnet. Dabei sind Kinder einer Sprachminderheit mit einer Erstsprache L1, die in der jeweiligen Gesellschaft einen niedrigen Status hat (z. B. Türkisch, Arabisch, Albanisch), gezwungen, die Sprache der Mehrheit mit einem hohem Status

deutsch sprechenden Eltern wurde gepredigt, mit ihren Kindern nur Deutsch zu sprechen. Doch zeigen die Monitoring-Daten, dass das erzwungene „Baden" dieser Schüler_innen im „kalten Schwimmbecken" der deutschen Sprache trotz leichter Leistungssteigerungen während der letzten Jahre eben *nicht* bei allen Sprachgruppen auch unter ungünstigen familiären und schulischen Lernvoraussetzungen des jeweiligen Wohnviertels in der erhofften Zeit und Qualität erfolgreich war (Autorengruppe Bildungsberichterstattung 2016: 161ff). Zwar haben die Enkel der EU-Staatsangehörigen aus der „ Gastarbeitergeneration" und auch die Kinder der jungen Polnisch oder Russisch sprechenden Spätaussiedlerfamilien in ihrer großen Mehrheit bereits den Sprachwechsel ins Deutsche auf Kosten ihrer Herkunftssprache (*Attrition*) vollzogen (Cinar u.a. 2013). Demgegenüber scheint das schlechte Abschneiden von sozio-ökonomisch benachteiligten Kindern mit einer u. U. schon im Herkunftsland der Eltern beginnenden „subtraktiv – mehrsprachigen" Sozialisationsgeschichte (z.B. Kurdisch-Türkisch-Deutsch, Berberisch-Hocharabisch-Deutsch; Sardisch-Italienisch-Deutsch) in den Untersuchungen zu bestätigen, dass im „freien Spiel" unterschiedlich mächtiger Sprachen allein der Zwang, sich in unterschiedlich tiefen „Becken der deutschen Sprache" ohne Unterstützung von außen irgendwie „freischwimmen" zu müssen, für einen großen Teil dieser Sprachminderheiten nicht das gewünschte Zeugnis eines erfolgreichen Schulabschlusses hervorbringt. Dies gilt im Ergebnis auch für „hoch dosierte" Submersionsvarianten eines „mehr vom gleichen" oder in „weich gespülter" Version mit „Spezial-Waschmittel" für Programme der „one-way-immersion" nach dem Motto „Zwingt sanft Türkisch raus, zwingt sanft Deutsch rein" auf der Grundlage laufend modernisierter Methoden von „Deutsch als Zweitsprache (DaZ)[15] oder sprachtherapeutisch (!) begründeten kurzzeitmäßigen „Sprachtrainings" durch Kindertagesstätten.[16]

(z.B. Deutsch oder Englisch) als Zweitsprache L2 in Lerngruppen zusammen mit wenigen oder – wie in segregierten Seiteneinsteigerklassen bzw. „Brückenprojekten"- gar keinen L2-Kindern zu erwerben, ohne dass das Erziehungs- bzw. Lehrpersonal die Erstsprache der Kinder versteht. Weil sie unter diesen Bedingungen ihre Erstsprache L1 schneller vergessen als die Zweitsprache L2 erwerben, führt die Submersion zu einer „subtraktiven Zweisprachigkeit" (Belke 2005, 214).

15 Dabei reicht die methodisch-didaktische Bandbreite von zusätzlichem herkömmlichen Deutschunterricht in Auffanggruppen bzw. segregierten „Seiteneisteiger/-Willkommensklassen" bis zu Alphabetisierungskursen und besonderem „Förderunterricht", der die individuellen sprachlichen Voraussetzungen der Schüler_nnen berücksichtigen soll. Durchgeführt wird dies innerhalb Schule als „äußere Differenzierung" – im eher selten Fall – durch qualifizierte DaZ-Lehrer_innen oder außerhalb der Schulen durch freie Träger und Universitäten mit mehr oder weniger extra dafür vorbereitetem Personal (mangels Lehrpersonal mit DaZ-Kompetenz in der Regel Studierende). Sprechen diese Lehrpersonen zusätzlich auch die Herkunftssprache, lässt sich dies als Deutschförderung nach dem „Immersionsprinzip" klassifizieren (Zur Problematik der Übertragung dieser international unterschiedlichen Varianten vgl. Reich u.a. (2002: 17–24)

16 In Tagesstätten mit wenig deutsch sprechenden Kindern sind die schon zu Beginn dieses Jahrhunderts nach anglo-amerikanischem Vorbild auch in Deutschland eingeführten kurzzeitpädagogischen „Sprachimpfungen" (z.B. dreimal wöchentlich 45 Minuten lang konzentriertes Training) unabhängig von der Methode ohne messbare Wirkung geblieben (Schweitzer 2008: 32).

Auf diese Weise verfügen zwar die meisten Absolvent_innen des deutschen Schulsystems nach wenigen Jahren über grundlegende Kommunikationsfähigkeiten – Cummins (1982) nennt sie *basic interpersonal communication skills* (BICS) – in der deutschen Umgangssprache. Als „Generalschlüssel" für eine erfolgreiche Bildungsinklusion entscheidend sind jedoch die Kompetenzen im Bereich der „konzeptionellen Schriftlichkeit" (Koch/Oesterreicher 1994) – bei Cummins *cognitive academic language proficiency* CALP). Doch diese Kompetenz wird von bildungssprachlich ungewohnten Kindern (mit und ohne „Migrationshintergrund" bzw. nichtdeutscher Umgangssprache)[17], die aufgrund kleinräumig wirkender sozialer Segregationsprozesse im Bildungssystem den ganzen Tag über auch außerhalb der eigenen Familie in Kindertageseinrichtungen, Schulen und in der Freizeit mit sprachlich ähnlichen Kommunikationspartner_innen aus dem gleichen sozio-kulturellen Milieu zusammen sind, dort nicht „nebenbei" erworben. Für diese Kinder und deren Eltern müssen integrierte Lernarrangements im Rahmen von sozialraumbezogenen, rechtskreisübergreifenden „Präventionsketten" (Strohmeier u. a. 2016: 58ff) in einem Netzwerk von Kindertagesstätten, Ganztagsschulen und außerschulischen Einrichtungen mit Hilfe multiprofessioneller Teams zur Verfügung stehen. Aber selbst wenn dies kommunalpolitisch durchgesetzt und mit Hilfe von EU- bzw. Landesmitteln finanziell langfristig – ohne die verbreitete Projektitis – umgesetzt wird und dieses Konzept für die von sozialer Ausgrenzung betroffenen Familien auch die hauptamtliche Unterstützung bildungssprachlich kompetenter Pat_innen (bei den neu zugezogenen Familien aus dem Kreis der neudeutschen Willkommenskultur) einschließt: die wenig deutsch sprechenden Kinder brauchen gerade zum Ausdruck ihrer Emotionen nicht nur in stressbelasten Konfliktsituationen die psychische Stütze des vertrauten umgangssprachlichen Kommunikationsmodus auch in ihrer Familiensprache und den damit verbundenen nonverbalen kulturellen Ausdrucksformen. Deren Wertschätzung durch die aufnehmende Gesellschaft ist geradezu eine Voraussetzung für jegliches erfolgreiches Lernen in einer fremd(sprachig) en Umgebung.

9 Deutsche Einsprachigkeit, minderheitenspezifische Zweisprachigkeit oder lebensweltliche Mehrsprachigkeit als Inklusionsperspektive – nur ein akademischer Streit?

Vor dem Hintergrund der oben skizzierten nationalstaatlichen Herrschaftsideologie der Einsprachigkeit lässt sich erklären, warum die herkunftssprachliche Bodenhaftung vieler Eingewanderter bei der einsprachig deutsch sozialisierten Bevölkerung sowie im öffentlichen „Integration durch Sprache"-Diskurs (Busch 2013: 122ff) immer noch auf Kritik stößt und der Gebrauch einer nichtdeutschen Sprache bei vielen maßgeblichen Entschei-

---

17 Ein Indikator für die Klassifizierung „Migrationshintergrund" in der Kinder- und Jugendhilfe-Statistik ist eine bei den Haushaltsvorständen erfragte nichtdeutsche Familiensprache. Zu dieser Problematik vgl. Schweitzer (2016: 1303)

dungsträger_innen in Politik in Verwaltung, aber vielfach selbst unter Pädagog_innen als Zeichen „mangelnder Integrationswilligkeit" bewertet wird. Doch spätestens seit der Klärung des „Streitfalls Zweisprachigkeit" auf der internationalen akademischen Bühne (Gogolin/ Neumann 2009) kommen auch die wissenschaftlichen Protagonist_innen einer nur am effektiven Deutsch lernen interessierten Sprachenpolitik nicht mehr umhin, die schon seit Mitte der 80er Jahre in Deutschland rezipierten Ergebnisse der internationalen Forschung anzuerkennen, wonach Zwei- und Mehrsprachigkeit als solche grundsätzlich *kein* Hindernis für erfolgreiches Lernen der jeweiligen Verkehrssprache eines Staates bedeutet.[18] Entscheidend für die Einleitung eines noch weiter gehenden Perspektivenwechsels sind jedoch wirtschaftliche und politische Notwendigkeiten: „Die Anerkennung sprachlicher Vielfalt und individueller Mehrsprachigkeit sind zentrale Voraussetzungen für das Zusammenwachsen Europas und wesentliche Bedingungen für den gesellschaftlichen Zusammenhalt im Kontext von Internationalisierung und Migration."[19] Nach dem Vorbild der europäischer Gremien und deren (auf „eingewanderte" Sprachen nur mittelbar bezogenen) Beschlüsse bzw. Positionspapiere[20] stehen ähnliche neue Leitsätze schon seit Ende letzten Jahrhunderts bei den großen Unternehmensstiftungen, und neuerdings auch bei Bund, Ländern und Gemeinden auf dem Papier entsprechender Förderprogramme,

---

18 In diesem Sinne hat der seit den 80er Jahren einflussreichste sozialwissenschaftliche Berater einer ausschließlich deutschsprachigen Assimilierungspolitik den 30jährigen sprachenpolitischen Glaubenskrieg für sich beendet und bestätigt, dass „eine eigene Förderung in der Muttersprache in der Schule dem Erwerb der Zweitsprache und den schulischen Leistungen nicht schadet" (Esser 2006: 268). Den entsprechenden internationalen Forschungsstand hatten u. a. bereits Fthenakis u. a. (1985) und Reich/Roth u. a. (2002) zusammengefasst. Die Praxis und Evaluation verschiedener Formen *zwei*sprachigen Lernens (bilingual education) konzentriert sich in den meisten Einwanderungsländern ohnehin auf das Lernen, Testen und Zertifizieren der Amtssprache als *Zweit*sprache.

19 Diese Formulierung stammt aus dem „Diskussionspapier Mehrsprachigkeit NRW" (Ministerium für Schule und Weiterbildung des Landes NRW 2017: 6).Es ist von führenden Expert_innen aus dem Bereich Wissenschaft und Administration der im Mai 2017 abgewählten rot-grünen Landesregierung im Auftrage der damaligen grünen Schulministerin Sylvia Löhrmann von ihr nach langwierigen Abstimmungsprozessen im Schulministerium (die kaum veränderte Entwurfsfassung vom April 2016 trug noch den selbstbewussteren Titel „Positionspapier") dem Landtag vier Wochen vor der Wahlniederlage zugeleitet worden.

20 Das vom Europarat initiierte und von der EU übernommene „Europäische Sprachportfolio" (http://www.sprachenportfolio.de/downloads1.html) (12.10.16) zielt darauf ab, dass alle Unionsbürger_innen in drei Sprachen (Bildungs- bzw. Amtssprache des jeweiligen EU-Staates, die globale Lingua Franca Englisch und eine weitere Sprache) auch bildungssprachlich kompetent handlungsfähig werden sollen. Vgl. das Kompetenzmodell „European Core Curriculum for Inclusive Academic Language Teaching" www.eucim.te.eu; die europäische Perspektive bezieht sich jedoch vornehmlich einerseits auf die Sicherung der Mehrsprachigkeit unter den mächtigen, in der globalen Wirtschaft verwertbaren Sprachen und andererseits auf die nationalen bzw. regionalen Sprachminderheiten (Busch 2013: 121ff).

Konzepte, Richtlinien oder gar Gesetze.[21] Die sprachlich-kulturelle Vielfalt der Kinder eingewanderter Minderheiten soll nicht mehr wie bisher als störend angesehen sondern als förderlich für den individuellen Lernerfolg genutzt werden.

Nach anfänglicher Skepsis stößt dieses neue Narrativ mittlerweile auch in der Praxis vor Ort auf größere Akzeptanz. Sein instrumenteller Kern steht ja nicht im Widerspruch zu der bis heute unter Erzieher_innen, Lehrer_innen, bei den Trägern der Kindertageseinrichtungen, in Schulaufsicht, kommunaler Schulverwaltung und Politik noch festverankerten traditionellen Vorstellung, der Erwerb der deutschen Sprache (im Sinne eines „Pflichtprogramms" für alle) sei – gerade angesichts der vielen neu nach Deutschland gekommenen Kinder – wichtiger als eine „Kür der Mehrsprachigkeit". Denn es ist gar kein Gegensatz, wenn der Staat den simultanen Erwerb von umfassender *Zwei*sprachigkeit bei Kindern auf CALP-Niveau zur Privatangelegenheit *zwei*sprachiger Eltern erklärt und sich in öffentlichen Bildungseinrichtungen auf die psychologische und didaktische Wertschätzung dieser (mehr oder weniger) differenzierten individuellen Mehrsprachigkeit im Dienste eines effektiveren Lernens der Verkehrssprache als *Zweit*sprache L 2 *auf Kosten* der (meist ohnehin politisch minderbewerteten) *Erst*sprache L 1 beschränkt. Deshalb sind schon seit einigen Jahren die Modellprogramme des Bundes und einiger Länder darauf ausgerichtet, den internationalen „Stand der Technik" des *Zweit*sprachenerwerbs in einigen außergewöhnlich „sprachsensiblen", sehr innovationsfreudigen Kitas und Schulen zu verbreiten. Damit ist die Erwartung verbunden, dass grundsätzlich weltoffene, zunehmend weit gereiste und u. U. selbst ansatzweise mehrsprachige Pädagog_innen die vielsprachige Realität der migrantischen Lebenswelten (z. B. das „code-switching") aufgreifen, damit die Kinder, Jugendlichen und Eltern ihre mehrsprachigen Potentiale für das Deutsch lernen nutzen können und dieses Lernen am Modell auf allen Ebenen Schule macht.[22]

Die für diesen Zweck bis vor wenigen Jahren noch strittigen Methoden der Sprachförderung in der Elementarerziehung sind auf der Grundlage der dort eingeforderten hoch anspruchs-

---

21 Vgl. Bundesregierung (2007: 26, 66); Landesstiftung Baden-Württemberg 2007; www.vielfalt-als-chance.de. (12.10.16); (Kultusministerkonferenz (2013); Kinderbildungsgesetz NRW von 2015, § 13c. Zum Diskussionsstand in der NRW-Schulpolitik bis zur Landtagswahl 2017 s.ob. Fn 19.

22 Die ernüchternden Ergebnisse des Bund-Länder-Programms FÖRMIG in wenigen Schulen einiger Bundesländer (Gogolin u. a. 2011) wurden überwiegend in rot-grün regierten Bundesländern zur Weiterentwicklung von Modellen für eine institutionelle Mehrsprachigkeit genutzt (NRW MSW 2017). In dem breiter akzeptierten und aufwendig evaluierten Bund-Länder-Programm „Bildung durch Sprache und Schrift" (BISS) im Rahmen von Schulverbünden und Kindertagesstätten geht es dagegen allenfalls um „sprachsensibles" Deutsch lernen: www.biss-sprachbildung.de. (12.10.16) sowie http://www.ruhrfutur.de/sites/default/files/inline-attachments/Magazin_Futur_1_2015_0.pdf (12.10.16)

vollen „situationsorientierten Ansätze"[23] in den letzten Jahren zu einem in der Praxis noch anspruchsvolleren Konzept „alltagsintegrierter Sprachbildung" weiterentwickelt worden.[24]

Für den Schulunterricht haben die mehrsprachig engagierten Protagonist_innen aus Praxis, Wissenschaft und Schulaufsicht aus Beispielen anderer Staaten Anregungen erhalten, die aufgrund der dort institutionell verankerten Multilingualität über eine Toleranz von individueller Mehrsprachigkeit im Dienste eines effektiveren Zweitspracherwerbs hinausgehen, aber de facto aufgrund anderer politischer und institutioneller Rahmenbedingungen kaum auf das gegenwärtige deutsche Bildungssystem übertragen werden.[25] Deshalb hat der unerwartete Zuzug nicht deutsch sprechender Kinder und Erwachsener in den Kommunen und auch in der Aus- bzw. Fortbildung von Erzieher_innen und Lehrer_Innen[26] erst mal wieder das Interesse an Rezepten für schnelles Deutschlernen geweckt, die nach kurzer Einarbeitungszeit in der Schulklasse oder im Kita-Alltag mit wenig Aufwand – ohne den für monolingual orientiertes Personal anfangs anstrengenden „Umweg" über die nichtdeutschsprachige Kompetenzen – direkt anwendbar sind und sofort Erfolge in der Umgangssprache nachweisbar machen. Jedoch wird aus den Modellprojekten zunehmend deutlich, dass durchgängige mehrsprachige Bildung als Ziel von Unterrichtsentwicklung nur im Rahmen einer permanenten Personal- und Organisationentwicklung nachhaltig erfolgreich sein kann, die systemisch über die Verbreitung von DAZ-Kompetenzen hinausgeht (Ministerium für Schule und Weiterbildung des Landes NRW 2017: 21–44).

---

23 Vgl. zusammenfassend Schweitzer (2008). Inzwischen haben die reformpädagogisch inspirierten und neuerdings neuropsychogisch begründeten situationsspezifischen Ansätze des kindlichen Lernens die „individuelle Förderung" in der Grundschulpädagogik befördert.

24 Als vorgeschriebene feste Bestandteile gehören dazu – zumindest in der Theorie – die strukturierte Beobachtung und die noch zeitaufwendigere Dokumentation der Sprach- bzw. Literacy-Entwicklung. Inzwischen haben sich die Konzepte sowohl innerhalb der Elementarerziehung als auch zwischen Kindertagesstätten und Grundschulen angenähert. Zu den verschiedenen Beobachtungsverfahren SISMIK/SELDAK, LiSe-DAZ; Liseb 1 und 2; BaSik vgl. zusammenfassend www.kita-nrw.de (29.5.2017). Im Koalitionsvertrag der neuen CDU/FDP-Mehrheit in NRW vom Juni 2017 ist vereinbart, den Dokumentationsaufwand zu senken.

25 Vgl. die Umsetzung des europäischen Sprachenportfolios im Schweizer Kanton Zürich: http://elp-implementation.ecml.at/LinkClick.aspx?fileticket=4gKO5KHL2Bw%3D&tabid=2445&language=en-GB. (12.10.16). Zu verschiedenen Modellen, die Verkehrssprache ausgewählter Herkunftsstaaten im Regelunterricht zusammen mit einsprachig deutschen Schüler_innn zuerst in der Grundschule als ‚Begegnungssprache' und dann in der Sekundarstufe als zweite oder dritte Fremdsprache zu lernen vgl. beispielhaft MSW 2017: 28ff).

26 Selbst an den mit gutem Beispiel vorangehenden NRW-Hochschulen müssen die Lehramtsstudierenden nur sechs (von insgesamt ca. 300) Leistungspunkten im Bereich DaZ erwerben. Auch in der praktischen Phase der Lehrerausbildung (Referendariat) hat die DaZ-Kompetenz in allen Fächern mangels dafür qualifizierten Lehrpersonals in den Studienseminaren nicht die notwendige Bedeutung.

10 Die Spaltung zwischen elitärer und volkstümlicher Mehrsprachigkeit

Um vor diesem Hintergrund die Zukunft migrantischer Mehrsprachigkeit in Deutschland auf lokaler Ebene realistisch einschätzen zu können, sind als förderliche Faktoren nicht nur die demografische Entwicklung, wachsende Transmigration, Satellitenfernsehen, vielsprachige Internet-Kommunikation, besondere Umstände einiger weniger Sprachen (Reich/Roth u. a. 2002: 10) und politische Willenserklärungen auf EU-Ebene (Bainski 2005: 27) heranzuziehen sowie neuerdings die globale Vernetzung durch und soziale Medien hervorzuheben (Gogolin 2015: 293f). Denn es sprechen gegenwärtig vier gewichtige Argumente *dagegen*, dass es hierzulande selbst in den Kommunen mit andauernd hoher Migration und ausgeprägter Superdiversität *langfristig* „einen immer größeren Anteil von zwei- und mehrsprachig aufwachsenden Kindern geben wird" (Bainski 2005: 26; ähnlich Ministerium für Schule und Weiterbildung NRW (2017: 3):

1. Bei gleichbleibender EU-Binnenwanderung – d. h. eben auch bei u. a. periodischer Rückkehr der herkunftssprachlich kompetentesten Migrant_inen (Transmigration) – und fortschreitendem Ausbau der „Festung Europa" gegen Flüchtlinge sind die *langfristigen* Überlebenschancen der in Deutschland noch gesprochenen Herkunftssprachen sehr gering.[27] Die Überlebensfähigkeit (Vitalität) von Minderheitssprachen über mehrere Generationen hinweg wird weniger von der Zahl ihrer Sprecher_nnen als vielmehr von ihrer (Sprach-)Macht gegenüber der Verkehrssprache des Aufnahmelandes und ihrer Rangordnung innerhalb der ökonomisch und politisch geprägten Sprachenhierarchie im globalen Rahmen bestimmt. Dieses Machtverhältnis ist von mehreren Faktoren abhängig, die auch in Deutschland von Sprache zu Sprache variieren und innerhalb der Sprachgruppen nach Lernbedingungen und Lebensumständen der jeweiligen Sprecher_innen individuell sehr verschieden ausgeprägt sind: Einige dieser Faktoren hat Esser (2006: 210–284) in einem empirisch gestützten Modell „zum Grundmechanismus des L 1-Erhalts und der kompetenten Bilingualität" (ebd.: 220, 249) systematisiert. Aus der Flughöhe seiner Modellierung lässt sich jedoch die Sprachlandschaft vor Ort nicht differenziert genug erkennen, um darauf zugeschnittene lokale Handlungsmöglichkeiten zu eröffnen. Denn die aufgeführten Bedingungen sind von Kommune zu Kommune unterschiedlich, variieren dort zwischen bzw. innerhalb der Sprachgruppen je nach

---

27 Dies gilt auch für die neuen, weitgehend bildungsorientierten, noch überwiegend arabisch sprechenden Flüchtlingsfamilien. Ob angesichts der erfolgreichen sprachlichen Germanisierung der „Ruhrpolen" in den letzten 100 Jahren eine Visa-Freiheit für türkische Staatsbürger_innen oder selbst eine in der Nach-Erdogan-Ära Mitte dieses Jahrhunderts realisierte EU-Mitgliedschaft der Türkei hierzulande die herkunftssprachlichen Kompetenzen der Türkeistämmigen nachhaltig erhöhen würden, ist sehr spekulativ, zumal diese Kompetenzen unter den in Deutschland aufgewachsenen Nachkommen der „Gastarbeiter"-Generation rückläufig ist.

bildungspolitischem Engagement sowie Selbstorganisationsgrad der jeweiligen Sprachminderheiten und fördern oder vernachlässigen den Reichtum der Herkunftssprachen.[28]

2. Die Kommunikation der Menschen aus mehrsprachigen Haushalten ist auch in Deutschland funktional differenziert. Der Gebrauch der Herkunftssprache beschränkt sich (wie bei den meisten Sprecher_innen eines regionalen Dialekts innerhalb und außerhalb des deutschen Sprachbündel auch) je nach Ort, beteiligten Personen und Situation überwiegend auf zwei Teilbereiche – das in der Familie und unter engen Freunden verwendete so genannte „intime Register" und das in der Öffentlichkeit alltäglich benutzte „informelle Register" (Maas/Mehlem 2003: 579f) der mündlichen Umgangssprache. Für das *langfristige Überleben* einer Sprache ist jedoch die Beherrschung des „formellen" Registers mit der dafür erforderlichen konzeptionellen Schriftlichkeit erforderlich. Der Erwerb dieser Kompetenz *in den nichtdeutschen Herkunftssprachen* der Eltern ist in den Kommunen sowohl von einem qualifizierten Angebot als auch von einer differenziert erhobenen Nachfrage abhängig. Die für beides notwendigen bildungs- und finanzpolitische Planung können bislang in den Bundesländern und Kommunen im Rahmen ihrer jeweiligen Zuständigkeiten für Kitas und Schulen aufgrund von „weichen" Formulierungen in den bestehenden rechtlichen Regelungen weitgehend vertagt werden, solange es dem deutschen Sprachregime weiterhin gelingt, den „Schwarzen Peter" in diesem Spiel auf die jahrzehntelang deutschsprachig erfolgreich kolonisierten Lebenswelten der Einwanderergenerationen zuzuschieben.

3. Als Ergebnis dieser Herrschaft des deutschen Sprachregimes steht gegenwärtig steht ein bildungssprachlich qualifiziertes und zeitlich ausreichendes, im deutschen Regelschulsystem angesiedeltes (d. h. nicht durch andere Staaten oder private Ersatzschulen bestimmtes) *bilinguales Angebot* selbst für die zehn hier am stärksten noch gesprochenen Minderheitensprachen (außerhalb des Englischen) vom ersten Schuljahr an in keinem Bundesland zur Verfügung – schon gar nicht in der Fläche. Der den Eltern am halb ausgestreckten Arm als Surrogat und Palliativ angebotene „Muttersprachliche Ergänzungsunterricht" (MEU/MSU) bzw. „Herkunftssprachliche Unterricht" (HSU) ist nach über 50 Jahren institutioneller Diskriminierung durch seine fachlichen, personellen, organisatorischen und nicht zuletzt politischen Rahmenbedingungen zunehmend anachronistisch und für alle Beteiligten (Schüler, Eltern, Lehrer, Land, Kommune, ja sogar die Regierungen der meisten Herkunftsstaaten) so unattraktiv geworden, dass darauf in der Sekundarstufe nur selten aufgebaut werden kann.[29]

---

28 Aufgrund dieser Unterschiede sind die deutsch- und herkunftssprachlichen Kompetenzen der Kinder mit spanischer Einwanderungsgeschichte überdurchschnittlich, unter den Türkei stämmigen bzw. Italo-Deutschen unterdurchschnittlich ausgeprägt (Kemper 2015 : 163ff).

29 Deshalb haben weitergehende Konzepte einzelner Bundesländer wie NRW, Hamburg oder Bremen, die erlauben, dass die herkunftssprachlichen Leistungen in der Sekundarstufe als zweite Fremdsprache versetzungsrelevant anerkannt werden, kaum noch praktische Bedeutung. Eine „koordinierte zweisprachige Alphabetisierung" (Koala) ist die absolute Ausnahme. Diese Trends werden sich langfristig auch durch die Migration aus anderen EU-Ländern und die kurzzeitig erhöhten Zuzüge arabischsprachiger Flüchtlingskinder kaum umkehren.

4. Diejenigen Eltern, die trotz allem immer noch (oder neuerdings) an konzeptionell-schriftlicher Zwei-/Mehrsprachigkeit ihres Nachwuchses interessiert sind, werden diese auf breiter Basis weder rechtlich noch – wie in den klassischen Einwanderungsländern – als Wähler_nnen einfordern können[30], solange sie sich dazu nicht in Bürgerrechtsorganisationen mit Unterstützung kompetent mehrsprachiger Neudeutscher selbstbemächtigen, statt sich schon über Symbolpolitik freuen zu müssen.

Unter diesen Umständen kann die konzeptionelle Schriftlichkeit als Grundlage für das langfristige Überleben von eingewanderten Minderheitssprachen in Deutschland außerhalb von Privatschulen nur von einer kleiner Gruppe materiell privilegierter Kinder aus weltoffenen, extrem bildungsengagierten Familien erworben und genutzt werden.[31] Gelingt es nicht dem entgegen zu wirken, wird sich der Trend zur sozialen Spaltung zwischen einer weitgehend mehrsprachig gebildeten Elite einerseits und einer zu deren kulturellen Bereicherung auch instrumentalisierten „Menge volkstümlicher Mehrsprachiger" andererseits selbst mit Hilfe einer zunehmend globalisierten Musiksprache kaum aufhalten lassen.

11 Mehrsprachigkeitspolitik im Dienste der einsprachig deutschen Assimilierung

Die Chancen, dass dagegen langfristig die gleichwertige Anerkennung und institutionalisierte Sicherung der noch „lebendigen Mehrsprachigkeit" – also *nicht* deren „repressive Toleranz" (Herbert Marcuse) und vorrangige Instrumentalisierung durch das modernisierte deutsche Sprachregime – zum Zuge kommen, steigen in dem Maße, wie sich im Bildungssystem der

---

30 Selbst unter der rot-grünen Regierung in NRW bis Mai 2017 mussten sich trotz deren Gutwilligkeit die Migrantenvertretungen in den flächendeckend verpflichtend gewählten kommunalen Integrationsräten schon damit zufrieden geben, dass auf ihren Anstoß hin im Herbst 2015 eine „Initiative Lebendige Mehrsprachigkeit" ins bildungspolitische Spielfeld auf kommunaler Ebene gerufen wurde. Sie sollte nach dem Vorbild der Stadt Köln in sechs weiteren (von 54) Kommunen die lokale Koordination weniger „Modelle" symbolisch ermutigen, ohne dass die rechtlichen Grundlagen für die offizielle Einrichtung von bilingualen Grundschulen gesichert, geschweige denn dafür kommunalpolitische Mehrheiten zustande gekommen sind, wenn hierdurch auch (in der EU) weniger mächtige Sprachen wie Türkisch, Arabisch oder Kurdisch gefördert würden. Stattdessen mussten stellvertretend die beteiligten Kommunalen Integrationszentren für die Auftaktveranstaltung am 27.1016 dafür sorgen, dass bereits laufende Projekte zumindest als „alter Wein in neuen Schläuchen" präsentiert werden konnten.Vgl. www.ilm-nrw.de/initiative (19.6.2017).
31 Neben wenigen türkisch-deutschen, russisch-deutschen, spanisch-deutschen Kindertageseinrichtungen gehören dazu im Schulbereich die deutsch-englischen bzw. deutsch-französischen Zweige an Gymnasien und die wenigen Europaschulen in Berlin sowie die vom Schulgeld finanzkräftiger Eltern abhängigen internationalen Privatschulen in einigen Metropolregionen Deutschlands – mit English als durchgängiger Unterrichtssprache und / oder auch Mandarin als weiterer Fremdsprache.

mit neuem Lernen für die Zukunft unser Welt verbundene Potential- und Kompetenzansatz durchsetzt. Denn dieses Paradigma entspricht auch dem kosmopädagogischen Ideal der zunehmend mehrsprachigen Elite einer weltweit noch wachsenden „Kreativen Klasse" (s. o.), den (eigenen) Nachwuchs für kompetentes, „sprachsensibles" Handeln in der globalen Wissensgesellschaft fit zu machen. Auch wenn das migrationsfähige „Humankapital" zu einer der begehrtesten Ressourcen im globalen Wettkampf um die nachhaltige Sicherung des nationalen Wohlfahrtsstaates geworden ist, werden nicht alle mitgebrachten Sprachen gleichwertiger Teil einer neuen Zugehörigkeitsordnung.

Denn hierzulande geht es dabei außerhalb von einigen lokalen Modellstandorten dabei *nicht* um die systematische Förderung von gleichzeitiger und gleichgewichtiger *Zwei*sprachigkeit bei Kindern aus einer Sprachminderheit oder sogar aus der Sprachmehrheit im Rahmen von „beidseitigen Immersionsprogrammen"[32]. Denn selbst wenn gegen die altdeutsche Wählerklientel eine Nachfrage nach solchen – populistisch als „elitär" verunglimpften – Konzepten gezielt gefördert würde, wäre für deren Umsetzung pro Kindergruppe bzw. Klasse mindestens eine umfassend *zwei*sprachig kompetente pädagogische Kraft erforderlich. Diese Kompetenz ist dank des bislang auf deutsche Einsprachigkeit ausgerichteten Bildungssystems derzeit weder vorhanden noch gibt es – anders als in Südtirol oder der Schweiz – entsprechende Ausbildungsgänge.[33] Hier lernt stattdessen derzeit das überwiegend *ein*sprachig alt- und neudeutsche pädagogische Personal, das noch nicht einmal ausreichend für den systematischen *Zweit*spracherwerb aus- oder fortgebildet ist, bestenfalls im Verbund mit wenigen, nur *eingeschränkt zwei*sprachigen Honorarkräften und ehrenamtlichen Multiplikator_innen aus den Migrantenorganisatoren („Sprachbegleiter_innen", „Stadtteilmüttern", „Elternanleiterinnen") die volkstümliche Mehrsprachigkeit der Kinder und ihrer Eltern „alltagsintegriert wertschätzen", ohne die jeweiligen Minderheitssprachen ebenso gezielt fördern zu können wie die deutsche Sprache. Wenn diese meist *nur symbolische* Anerkennung der Mehrsprachigkeit nicht von einer politisch und pädagogisch unterstützten Empowerment-Praxis mit den Sprachminderheiten begleitet wird, wächst in Kombination mit den kaum zu erfüllenden neuen zusätzlichen Anforderungen an eine „inklusive" Arbeit in den Kindertageseinrichtungen[34] und Schulen die Gefahr, dass die beteiligten „sprach-

---

32 Im Rahmen dieser „two-way-immersion"-Methoden werden Kinder verschiedener Sprachgruppen (meist Einheimische und Angehörige einer Sprachminderheit) gemeinsam durch zweisprachige Pädagogen in beiden Sprachen gleichzeitig gefördert. Zu den Wirkungen verschiedener Organisationsformen vgl. Reich/Roth u. a.(2002: 18ff)

33 Auch wenn in Deutschland dieses Personal auf der Basis sofort zu planender neuer Studiengänge im Elementar- sowie Primarbereich und erfolgreicher Absolventen in 15 Jahren zur Verfügung stünde, können zweisprachige Kitas und Grundschulen nur erfolgreich sein, wenn sie kommunalpolitisch gestützt sind und dazu keine zusätzlichen Planstellen geschaffen werden müssen.

34 Die Richtlinien der Länder im Bereich Gesundheit, Ernährung, Umwelt und Medien bedeuten unter den aktuellen finanziellen, personellen und tarifrechtlichen Rahmenbedingungen des Alltags in den meisten Kindertagesstätten (Haberlein 2015) und angesichts der neuen pädagogischen Anforderungen an das Lehrpersonal in Schulen bei Beachtung der eingeforderten mehrsprachigen „Erziehungspartnerschaft" mit gestressten Eltern eine massive Überforderung

sensiblen" Erwachsenen (u. U. entgegen ihrer Absicht) nun in multikulturell modernisierter Form die deutschsprachige Assimilierung *auf Kosten anderer Familiensprachen* festigen.

12 Grenzen einsprachiger verbaler Kommunikation im kommunalen Handeln

Auch in der Kommunalverwaltung wird der für sie über Jahrzehnte erfolgreiche ausschließlich deutschsprachige Kommunikationsmodus („Die Amtssprache ist deutsch") spätestens dann dysfunktional, wenn es um die gleichberechtigte Inklusion vieler neuer, nicht Deutsch sprechender Migrant_innen geht. Diese müssen die Regeln einer hoch differenzierten Gesellschaft in den Kommunen und später möglichst auch im betrieblichen Arbeitsprozess so schnell wie möglich verstehen lernen, um die notwendige Verständigung mit den Verwaltungsbediensteten, Lehrer_nnen, Nachbarn und Arbeitskolleg_nen zu ermöglichen. Während die Betroffenen auf ihre sprachlich vertraute handy-Kommunikation und im Notfall auf nicht immer zielführende Übersetzungs-Apps bauen, haben die Multiplikator_innen aus der neudeutschen Willkommenskultur bereits die keineswegs überraschende Erfahrung gemacht, dass ein (nicht immer produktiver) Wettkampf auf allen föderalen Ebenen um mehrsprachige Info-Broschüren und Webseiten eine unmittelbare Kommunikation nicht ersetzen kann. Da die wesentlichen Dienstleistungen der (Kommunal)Verwaltung nur als Koproduktion mit den (in diesem Fall unzureichend mit der deutschen Amtssprache vertrauten) Leistungsempfänger_innen erbracht werden können, führt jede nicht erfolgreiche Kommunikation zu einem neuen Termin und damit zu Mehrarbeit für die Bediensteten. Um die große Anzahl an notwendigen mehrsprachigen Kommunikationseinheiten auch unter den gewachsenen wohlfahrtsstaatlichen Anforderungen bewältigen zu können, sind viele Kommunen bzw. betreuenden freien Träger, die noch zu wenig oder gar kein mehrsprachig kompetentes und noch nicht durchgängig migrationssensibles Stammpersonal beschäftigen, gezwungen in großem Umfang ehren-, neben- und hauptamtlich tätige mehrsprachige sogenannte „Sprach- und Integrationsmittler_innen" (Sozialextra 2014) bzw. „Integrationslosten" (Gesemann 2015) einzusetzen. Ohne sie käme die staatliche Dienstleistung (Beratung, Auszahlung von Leistungsansprüchen, Gesundheitsuntersuchung, Anmeldung in er Kindertagestätte bzw. Grundschule, Elterngespräche, Betreuung, Therapie, Erfassung von Kompetenzen für die Vermittlung in den Arbeitsmarkt etc.) überhaupt nicht zu Stande (Schweitzer 2016: 1321ff).

---

nicht nur für viele junge Berufsanfänger_innen, sondern auch für die Leitungskräfte, die mit der notwendigen Organisationsentwicklung für die Migrationsgesellschaft allein gelassen sind.

13 Sprachbarriere freie Kommunikation durch kulturelle Bildung und Sport

Aber auch ohne diese neue Erfahrung des Staates, dass er „mit seinem Deutsch am Ende ist" (zumindest vorübergehend),„ lässt sich das neue Paradigma, dass alle Migrant_innen mit Bleiberecht und für ihr Bleiberecht in kurzer Zeit Deutsch zu lernen müssen, mit der über 150 Jahre eingeübten sprachenpolitischen Parole „Deutsch sprech', Deutsch sprech' über alles" nicht in die Praxis umzusetzen. Denn gerade *nonverbale* Kommunikationsmöglichkeiten – durch sportliche Bewegung nach international akzeptierten Regeln (Gebken 2015) und durch kulturelle Bildung über ein Medium wie Musik, Tanz, Malen, bildnerisches Gestalten, Foto-/ videografieren etc. (Barboza 2014) – eröffnen neue Chancen zum interkulturellen Lernen. Diese kreative Praxis bietet vor allem für nicht oder noch wenig deutsch sprechende Migrant_innen, insbesondere für Geflüchtete mit z. T. traumatischen Erfahrungen a) einen vertrauten, psychisch geschützten Empfangs- und Erholungsraum in Stress geladenen Lernsituationen eines noch fremden Landes, b) eine niederschwellige, Sprachbarriere freie Kontaktaufnahme mit Repräsentant_innen der neudeutschen Willkommenskultur „auf Augenhöhe" , c) eine Anerkennung ihrer im aufenthaltsrechtlichen Status nicht anerkannten Persönlichkeit mit sonst ignorierten Kompetenzen und damit d) einen motivationalen Einstieg für das systematische Deutsch lernen. Werden diese ganzheitlichen Konzepte eines kreativ-ästhetischen Spracherwerbs in einem Netzwerk unterschiedlicher Bildungseinrichtungen umgesetzt, kann sich der Erfolg hören und sehen lassen (ebd. 94ff).

14 Grundbausteine eines inklusiven Konzepts für die Sicherung institutioneller Mehrsprachigkeit in den Kommunen

Aus den bisherigen Ausführungen lassen sich wesentliche Bestandteile einer umfassende Mehrsprachigkeit absichernden kommunalen Inklusionspolitik vor allem für städtische Regionen skizzieren:

Auf der Grundlage eines entsprechenden *Leitbilds* und eines *kommunalen Sprachenportfolios* für die 10 stärksten Minderheitssprachen werden die lokal vorhandenen Potentiale für den Erwerb kompetenter Mehrsprachigkeit zum Ausgangspunkt darauf aufbauender ganzheitlich konzipierter Bildungsmaßnahmen (einschließlich kreativ-ästhetischer Formen und sportlicher Betätigung über die Gesundheitsförderung hinaus) mit allen Altersgruppen. *Handlungsmöglichkeiten* bieten sich auch für die Städte und Gemeinden mit strukturellem Haushaltsdefizit, wenn sie zum einen die Entwicklung und Umsetzung eines lokalen Gesamtkonzepts aller Bildungsakteure zu institutioneller Mehrsprachigkeit von der Kita über die Grundschule in den Sekundarbereich steuern und innerhalb der Erwachsenenbildung die Angebote zum Deutschlernen koordinieren.

Zum anderen können die Kommunen in ihrer originären Zuständigkeit für den *Elementarbereich*, die kulturelle Bildung und die Ausgestaltung des Offenen Ganztags in den Schulen die Gelegenheiten für das mehrsprachige Lernen der Kinder und Eltern auch durch die systematische Einbeziehung musisch-kreativer Medien erweitern. Dabei gilt es, einen innerstädtischen Ausgleich zwischen sozial privilegierten und benachteiligten Kindern herzustellen, indem ‚Ungleiches ungleich' gefördert wird. Dies setzt eine darauf ausgerichtete Abstimmung zwischen Jugendhilfe- und Schulentwicklungsplanung für den Aufbau einer institutionell abgesicherten *Mehr*sprachigkeit in der Kita- und Schullandschaft voraus. Wenn in dieser Planung Transparenz von Struktur-, Prozess- und Ergebnisqualität hergestellt wird, können die Eltern auch beurteilen, ob bzw. unter welchen Bedingungen die Kinder überhaupt die Chance erhalten, bildungssprachlich kompetent Deutsch zu lernen, ohne dass dabei andere Familiensprachen verkümmern und stattdessen deren konzeptionelle Schriftlichkeit gefördert wird.

Allerdings gewährleistet erst ein vor Ort in öffentlicher Verantwortung sichergestelltes und kommunal zu koordinierendes Angebot an durchgängiger *zwei*sprachiger Bildung, dass die Eltern und die Kinder zwischen „mehrsprachig sensiblen" oder gezielt auf konzeptionelle Schriftlichkeit in zwei Sprachen abzielenden Konzepten von Bildungseinrichtungen wählen können. Dies hätte zur Folge, dass entsprechend den Landesgesetzen zweisprachige Kindertageseinrichtungen und Schulen – notfalls auch als private Ersatzschulen – gleichberechtigt wie Waldorf- oder Montessori-Einrichtungen durch Zusammenarbeit mit anerkannten Jugendhilfe-, Schul- und Bildungsträgern unter den neudeutschen Organisationen förderfähig werden können, wenn ein entsprechender Elternwille dokumentiert ist. Eine solche Wahlfreiheit wird ohne Druck von Elterninitiativen und Sprachgemeinschaften, die sich ihres *noch* vorhandenen mehrsprachigen Potentials bewusst sind und zusammen mit zivilgesellschaftlichen Institutionen auch öffentlich kommunikationskompetent als politikfähig auftreten, nicht entstehen. Auf dieser Grundlage lässt sich auch die Nachfrage nach *zwei*sprachigen Kindertagesstätten (bzw.-Gruppen) und Schulen (bzw. Zweigen) in den am stärksten vertretenen Herkunftssprachen erheben und daraus der Bedarf an umfassend zweisprachig qualifiziertem pädagogischem Personal *realistisch* abschätzen. Diese Daten sind dann eine sachliche Argumentationsgrundlage für den zu erwartenden ideologisch und finanzpolitisch ausgetragenen Streit über eine angeblich nicht finanzierbare Mehrbelastung der Länder und Kommunen.

Unter den gegenwärtigen Kräfteverhältnissen zwischen den bislang eher schwachen zwei- und mehrsprachigen neudeutschen Organisationen und den überwiegend einsprachig deutschen staatlichen Instanzen können die Städte und Gemeinden im Bereich der sprachlichen Inklusion eine zentrale Rolle als Vermittler spielen, wenn sie sich dieser Funktion im Interesse ihrer eigenen Zukunft im globalisierten Standortwettbewerb bewusst sind und als Promotoren zweisprachiger Kindertagestätten und Schulen deren Unterstützungspotentiale auch für bildungsbenachteiligte Kinder und Eltern gemeinsam mit der lokalen Zivilgesellschaft herausstellen.

Die *Kommunikation zwischen kommunalen Dienststellen und unzureichend deutschsprachigen Migrant_innen* ist für beide Seiten erfolgreicher zu gestalten, wenn der aktuelle

Mangel an mehrsprachigem Fachkräften und der bevorstehende Nachwuchsbedarf in allen aus kommunalen Mitteln geförderten Institutionen genutzt wird, um zwei-/mehrsprachiiges Personal zu suchen, notfalls stufenweise oder berufsbegleitend auszubilden und einzustellen. Wenn dadurch die 10 am stärksten in der jeweiligen Kommune vertretenen Sprachen repräsentiert werden, würde der öffentliche Dienst als Arbeitgeber die sprachlich-kulturelle Vielfalt der Stadtgesellschaft hör- und sichtbar anerkennen. Der als Zwischenlösung derzeit weitgehend ehrenamtlich oder auf Honorarbasis eingesetzte Pool mehrsprachiger „Integrationslotsen" kann unter Nutzung von Qualifizierungs- und Beschäftigungsmöglichkeiten der örtlichen Arbeitsmarktakteure eine gute Ausgangsbasis darstellen, um für noch nicht ausreichend qualifizierte Bewerber_innen modulares Weiterbildungssystem mit externen Prüfungsmöglichkeiten für höher wertige Berufsabschlüsse aufbauen zu können.

Handlungsfeldübergreifend stellt sich die Aufgabe, viele dieser haushaltsrechtlich (leider immer noch) „freiwilligen" Leistungen als Zukunftsinvestition politisch zu priorisieren und finanziell abzusichern, da sie langfristig auch für Kommunen, Länder und Bund mit ihren strukturellen Haushaltsdefiziten Kosten sparen.

Literatur

Autorengruppe Bildungsberichterstattung 2016: Bildung in Deutschland 2016. Bielefeld: Bertelsmann
Bainski, Christiane 2005: Nach PISA und IGLU. Anforderungen an Sprachlernkonzepte im Elementar- und Primarbereich. In: Röhner, Charlotte (Hrsg.) 2005. 25–39
Barboza, Kulkanti 2014: Kreativ-ästhetische Spracherziehung und Sprachbildung. In: Bezirksregierung Arnsberg, Landesweite Koordinierungsstelle Kommunale Integrationszentren (Hrsg.): Chancen der Vielfalt nutzen lernen – Modellprojekt, 83–99.
Belke, Gerlind 2005: Poesie und Grammatik . Sprachförderung in mehrsprachigen Lerngruppen. In:. Röhner, Charlotte 2005 213- 229.
Bommes, Michael (1999: Migration und nationaler Wohlfahrtsstaat. Ein differenzierungstheoretischer Entwurf. Opladen.
Brisic, Katharina 2009: Bildungsgewinn bei Sprachverlust? Ein sozio-linguistischer Versuch, Gegensätze zu überbrücken. In: Gogolin, Ingrid/Neumann, Ursula (Hrsg.) 2009, 133–143
Bundesregierung 2007: Der Nationale Integrationsplan. Neue Wege – Neue Chancen. Berlin.
Busch, Britta 2013: Mehrsprachigkeit. UTB. Facultas wuv. Wien
Cinar, Melihan/Otremba, Katrin/Stürzer,Monika/Bruhns, Kirsten 2013: Kinder-Migrationsreport. Ein Daten- und Forschungsüberblick zu Lebenslagen und Lebenswelten von Kindern mit Migrationshintergrund. Deutsches Jugendinstitut München
Cummins, James 1982: Die Schwellenniveau- und die Interdependenz-Hypothese. Erklärungen zum Erfolg zweisprachiger Erziehung. In: Swift, Jonathan (Hrsg.): Bilinguale und multikulturelle Erziehung. Würzburg: Königshausen & Neumann. 34–43
Esser, Hartmut: 2006: Sprache und Integration. Die sozialen Bedingungen und Folgen des Spracherwerbs von Migranten. Frankfurt/New York: Campus

Fthenakis, Wassilios E./Sonner, Adelheid/Thrul, Rosemarie/Walbiner, Waltraud 1985: Bilingual-bikulturelle Entwicklung des Kindes. Ein Handbuch für Psychologen, Pädagogen und Linguisten. München: Herder

Pauli, Ralf 2016: Gram/ma/tik, die. In: die tageszeitung vom 5.6.2016

Psychologen, Pädagogen und Linguisten. München: Huber.

Florida, Richard 2002: The Rise of the Creative Class: And How It's Transforming Work, Leisure, Community and Everyday Life. New York: Basic Books

Gebken, Ulf/Van de Sand, Sophie 2015: Fußball hilft Flüchtlingen. In: Benholz, Claudia/Frank, Magnus/Niederhausen, Constanze (Hrsg.): Neu zugewanderte Schülerinnen und Schüler – eine Gruppe mit besonderen Potentialen. (129- 150). Münster: Waxmann

Gesemann, Frank 2015: Integrationslotsenprojekte in Deutschland im Überblick. Konzepte, Einsatzfelder und Finanzierung (Hrsg.): Beauftragter des Senats von Berlin für Integration und Migration.

Glück, Helmut 1979: Die preußisch-deutsche Sprachenpolitik. Eine Studie zur Theorie und Methodologie der Forschung über Sprachenpolitik, Sprachenbewusstsein und Sozialgeschichte am Beispiel der preußisch-deutschen Politik gegenüber der polnischen Minderheit vor 1914. Akademie Verlag Hamburg

Gogolin, Ingrid 1994: Der monokulturelle Habitus der multilingualen Schule. Münster/New York

Gogolin, Ingrid 2015: Vervielfältigung von sprachlicher Vielfalt. Beobachtungen und Forschungsergebnisse zur sprachlichen Lage in Deutschland. In: Migration und Soziale Arbeit Nr. 4, 292–298

Gogolin, Ingrid/Neumann, Ursula (Hrsg.) 2009: Streitfall Zweisprachigkeit – The Bilingualism Controversy. Wiesbaden: VS Verlag.

Gogolin, Ingrid u. a. 2011: Förderung von Kindern und Jugendlichen mit Migrationshintergrund FörMig. Bilanz und Perspektiven eines Modellprogramms FörMig Edition, Band 7. Münster: Waxmann.

Gützlaff, Kathrin 2008: Deutschkurse für Zuwanderer. Bedingt Deutschsprechen Deutschsein? In: Sozial Extra. 7/8: 33–36

Haberlein, Ralf 2015: Überfällige Aufwertung des Sozial- und Erziehungsdienstes. In Sozial extra Nr. 6, S. 37–39

Herbert, Ulrich 1986: Geschichte der Ausländerbeschäftigung in Deutschland 1880 bis 1980. Bonn: J.H.W.Dietz Nachf.

Kemper, Thomas 2015: Bildungsdisparitäten von Schülern nach Staatsangehörigkeit und Migrationshintergrund. Eine schulformspezifische Analyse anhand von der amtlichen Schulstatistik. Münster: Waxmann

Koch, Peter/Oesterreicher, Wulf 1994: Schriftlichkeit und Sprache. In: Günther, Hartmut/ Ludwig, Otto (Hrsg.): Schrift und Schriftlichkeit. Writing and Its Use. Ein interdisziplinäres Handbuch internationaler Forschung. 1. Halbbd. Berlin, New York, S. 587–604.

Kultusministerkonferenz 2013: Interkulturelle Bildung und Erziehung in der Schule.http://www.kmk.org/fileadmin/Dateien/veroeffentlichungen_beschluesse/1996/1996_10_25-Interkulturelle-Bildung.pdf (10.10.2016)

Landesstiftung Baden-Württemberg (Hrsg.) 2007: Frühe Mehrsprachigkeit: Mythen – Risiken -Chancen. Dokumentation zum Kongress am 5. und 6. Oktober 2006 in Mannheim. Stuttgart

Maas, Utz /Mehlem, Ulrich 2003: Schriftkulturelle Ressourcen und Barrieren bei marrokanischen Kindern in Deutschland. Abschlussbericht zu einem Projekt der Volkswagenstiftung. Osnabrück, IMIS

Ministerium für Schule und Weiterbildung des Landes Nordrhein-Westfalen 2017 (Hrsg.): Diskussionspapier Mehrsprachigkeit NRW. https://www.gew-nrw.de/migration-flucht.html?tx. (15.6.2017).

Otto, Karl A. 1990: Aussiedler und Aussiedler-Politik im Spannungsfeld von Menschenrechten und Kaltem Krieg. In: Ders. (Hrsg): Westwärts – Heimwärts? Aussiedlerdebatte zwischen „Deutschtümelei" und „Verfassungsauftrag". Bielefeld: AJZ Verlag. 11–68

Reich, Hans H./Roth, Hans-Joachim u. a. 2002: Spracherfolg zweisprachig aufwachsender Kinder und Jugendlicher. Ein Überblick über die internationale Forschung. Hg. von der Freien und Hansestadt Hamburg: Behörde für Bildung und Sport. Amt für Schule

Röhner, Charlotte (Hrsg.) 2005: Erziehungsziel Mehrsprachigkeit. Diagnose von Sprachentwicklung und Förderung von Deutsch als Zweitsprache. Weinheim/München: Juventa.

Schweitzer, Helmuth 2008: Wie Deutschlernen im Kindergarten? Methodenstreit in der vorschulischen Sprachförderung. In: Sozial Extra. 7/8: 26–32

Schweitzer, Helmuth 2009: Wi(e)der deutsche Einsprachigkeit – Kommunale Sprachförderung zwischen Assimilation und Mehrsprachigkeit. In : Gesemann, Frank/ Roth, Roland (Hrsg): Lokale Integrationspolitik in der Einwanderungsgesellschaft. Migration und Integration als Herausforderung von Kommunen, 1.Auflage, 429 -448 Wiesbaden: VS

Schweitzer, Helmuth 2016: Migration und Integration: in : Schröer, Wolfgang/Struck,Norbert/ Wolff, Mechthild (Hrsg.) Handbuch Kinder- und Jugendhilfe. 2. Auflage. Weinheim: Beltz Juventa, 1285–1331

Skutnabb-Kangas, Tove/Cummins, James (Hrsg.) 1988: Minority Education from Shame to Struggle. Multicultural Matters. Clevedon: Multilingual Matters

Sozialextra (Hrsg.) 2014: Sprach- und Integrationsmittler. Heft Nr. 6. 18–38.Wiesbaden: Springer VS

Strohmeier,Klaus Peter/Gehne, David/Bogumil, Jörg/Micosatt, Gerhard/von Görtz,Regina 2016: Die Wirkungsweise kommunaler Prävention: Zusammenfassender Ergebnisbericht der wissenschaftlichen Begleitforschung. Kein Kind zurücklassen! Bertelsmann-Stiftung. Gütersloh

Vertovec, Steven 2006: The Emergence of Super-diversity in Britain. Centre of Migration, Policy and Society. Oxford.

Zick, Andreas u. a. 2016: Die gespaltene Mitte. Bonn: Dietz

Kommunale Bildungs- und Integrationspolitik im Kontext regionaler, sozialer und migrationsbedingter Disparitäten

Frank Gesemann

> **Zusammenfassung**
>
> Städte, Landkreise und Gemeinden fördern die Bildungsbeteiligung der lokalen Bevölkerung durch vielfältige Angebote und Initiativen. Gute Bildungs-, Betreuungs- und Erziehungseinrichtungen sind insbesondere für die Erschließung der Potenziale von Kindern und Jugendlichen mit Migrationshintergrund und Fluchtgeschichte, aber zunehmend auch für die Konkurrenzfähigkeit und die Zukunftsperspektiven der Kommunen von zentraler Bedeutung. Sprachkompetenzen haben dabei eine Schlüsselbedeutung für alle weiteren Integrationsprozesse und weiterführende Bildungsabschlüsse sind von zentraler Bedeutung für die Chancen von Zugewanderten auf dem Arbeits- und Ausbildungsmarkt. Der nachfolgende Beitrag thematisiert die bildungs- und integrationspolitischen Handlungsmöglichkeiten von Städten und Gemeinden vor dem Hintergrund regionaler, sozialer und migrationsbedingter Disparitäten.

> **Schlüsselbegriffe**
>
> Sprache – Bildung – Integration – Kommunale Integrationspolitik – Bildungslandschaften

1 Bildung und Integration

Das Bildungswesen gehört zu den gesellschaftlichen Bereichen, deren Leistungsfähigkeit die individuellen Entfaltungschancen von Kindern und Jugendlichen, die ökonomische Wettbewerbsfähigkeit und den sozialen Zusammenhalt moderner Gesellschaften maßgeblich beeinflussen. Dabei haben sich die Rahmenbedingungen von Bildung und Erziehung in den letzten Jahrzehnten grundlegend verändert (vgl. BMFSFJ 2013: 57ff.). Zu den zentralen Herausforderungen gehören die Trends der Digitalisierung und Globalisierung, der Strukturwandel von einer Industrie- zur Dienstleistungs- und Wissensgesellschaft, die Zunahme der ethnischen, kulturellen, religiösen und sprachlichen Heterogenität der Bevölkerung, die veränderten Familien- und Lebensformen sowie der als demografischer

Wandel bezeichnete Trend einer schrumpfenden und alternden Gesellschaft (vgl. Konsortium Bildungsberichterstattung 2006: 5ff.).

Die Einwanderung und zunehmende Heterogenität der Bevölkerung mit Migrationshintergrund gehören dabei zu Herausforderungen des Bildungswesens, die lange Zeit unterschätzt worden sind. Chancen und Potenziale, die mit Mehrsprachigkeit, interkulturellen Kompetenzen und einer häufig überdurchschnittlichen Bildungsmotivation von Zugewanderten[1] verbunden sind, wurden entweder nicht erkannt oder nicht systematisch erschlossen. Erst angesichts der demografischen Entwicklung und eines sich verschärfenden Fachkräftemangels hat sich in Politik und Wissenschaft die Erkenntnis durchgesetzt, dass die „Förderung und (Aus-)Bildung junger Migrantinnen und Migranten – als Kinder der einzig wachsenden Bevölkerungsgruppe – für künftige Produktivität und gesellschaftlichen Wohlstand von großer Bedeutung" ist (Konsortium Bildungsberichterstattung 2006: 137).

Bildungsgrad (und Arbeitsmarktintegration) prägen die soziale Platzierung, die Teilhabe am gesellschaftlichen Wohlstand und an politischen Entscheidungsprozessen in grundlegender Weise. Die Integration von Menschen mit Migrationshintergrund – im Sinne einer Eröffnung von Chancen einer umfassenden Teilhabe an den zentralen Gütern der Aufnahmegesellschaft – kann dabei nur gelingen, wenn der Zugang zu den zentralen gesellschaftlichen Bereichen und Institutionen nachhaltig gefördert wird. Sprachkompetenzen haben dabei eine Schlüsselbedeutung für alle weiteren Integrationsprozesse und weiterführende Bildungsabschlüsse sind von zentraler Bedeutung für die Chancen von Zuwanderern auf dem Arbeits- und Ausbildungsmarkt (vgl. Esser 2000: 295).[2]

Im Nationalen Integrationsplan (2007) und im Nationalen Aktionsplan Integration (2011) nimmt das Thema Sprache und Bildung einen breiten Raum ein. Integrationsprobleme werden mit Schwächen des deutschen Bildungssystems in Verbindung gebracht, da „die Abhängigkeit des Bildungserfolgs von sozialer Herkunft und Migrationshintergrund in Deutschland […] im internationalen Vergleich besonders ausgeprägt [ist]" und „es hier offenbar weniger gut als in anderen Staaten [gelingt], Schülerinnen und Schüler mit Migrationshintergrund systematisch und konsequent beim Erwerb der Landessprache zu unterstützen" (Bundesregierung 2007: 12).[3] Bildung wird als dabei als „der entscheidende

---

1 Zur Bildungsmotivation von Familien mit Migrationshintergrund siehe z. B. Konsortium Bildungsberichterstattung (2006). Einen Überblick zum Forschungsstand bietet Becker (2010); zur Diskussion der Ursachen siehe auch Relikowski et al. (2012).
2 Zu Mehrsprachigkeit und Bildungserfolgen siehe z. B. Siebert-Ott (2013) sowie den Beitrag von Helmuth Schweitzer in diesem Band.
3 Das Thema Bildung hat in vielen Arbeitsgruppen des Nationalen Integrationsplans eine bedeutende Rolle gespielt (vgl. Bundesregierung 2007). Hierzu gehören nicht nur die Themenfelder „Integrationskurse verbessern", „Von Anfang an deutsche Sprache fördern" und „Gute Bildung und Ausbildung sichern, Arbeitsmarktchancen erhöhen", sondern auch die Themenfelder „Integration vor Ort unterstützen" (Schwerpunkt „Schule und Bildung im Quartier"), „Kultur und Integration" (Schwerpunkt „Kulturelle Bildung") und „Wissenschaft – weltoffen" (Schwerpunkt „Integration voranbringen: Potenziale von Bildungsinländern und zugewanderten Hochqualifizierten besser erschließen und fördern") (Bundesregierung 2017).

Schlüssel zur sozialen, kulturellen und wirtschaftlichen Integration" von Zugewanderten beschrieben: „Hier liegt eine Herausforderung, die die Zukunft unseres Landes bestimmt". [...] Unser Land braucht das Potenzial der Kinder und Jugendlichen aus Zuwandererfamilien. Ihr Bildungserfolg ist eine Investition in die Zukunft unseres Landes, denn die Menschen, die in Deutschland leben, sind unsere wichtigste Ressource (ebd.: 15).[4]

Die zentrale Bedeutung von Bildung für individuelle Lebenschancen, beruflichen und ökonomischen Erfolg sowie für die Sicherung des sozialen Zusammenhalts prägt auch das Engagement von Städten und Gemeinden in der Bildungspolitik. In der „Aachener Erklärung" des Deutschen Städtetages vom November 2007 werden Anspruch und Zielrichtung einer stärkeren Rolle der Städte in diesem Politikfeld deutlich zum Ausdruck gebracht: Ausgangspunkt für Bildungsprozesse in den verschiedenen Lebensphasen ist die kommunale Ebene. Hier entscheidet sich Erfolg oder Misserfolg von Bildung, werden die Grundlagen für berufliche Perspektiven, gesellschaftliche Teilhabe und gleichzeitig die Zukunftsfähigkeit einer Region gelegt. [...] Die Verantwortung der Städte in der Bildung muss deshalb gestärkt werden. Die Städte sollten Bildung als zentrales Feld der Daseinsvorsorge noch stärker erkennen und ihre Gestaltungsmöglichkeiten nutzen. Sie sind von Fehlentwicklungen in der Bildung ebenso betroffen, wie sie von den Erfolgen profitieren" (Deutscher Städtetag 2007: 1).

In der „Münchner Erklärung" des Deutschen Städtetages „Bildung gemeinsam verantworten" vom November 2012 wird das Thema erneut aufgegriffen und mit politischen Forderungen unterlegt. Gefordert wird *erstens* eine Weiterentwicklung kommunaler Bildungslandschaften und die Vernetzung von Bildungsakteuren in Verantwortungsgemeinschaften, *zweitens* die Erweiterung kommunaler Handlungsmöglichkeiten und Rechte in der Bildung und insbesondere im Schulbereich, *drittens* die Verantwortung von Bildung als gemeinsame Aufgabe von Bund, Ländern und Kommunen und die Abschaffung des Kooperationsverbots sowie *viertens* eine Reform der Bildungsfinanzierung mit der Sicherstellung einer angemessenen Finanzausstattung der Kommunen und eine stärkere Bündelung der Bildungsprogramme von Bund und Ländern sowie deren bessere Verzahnung mit den kommunalen Bildungslandschaften (Deutscher Städtetag 2012).

In diesem Beitrag wird das bildungspolitische Engagement von Städten und Gemeinden im Hinblick auf die Integration von Menschen mit Migrationshintergrund diskutiert. Was sind Aufgaben und Handlungsspielräume der Kommunen im Bildungsbereich? Mit welchen Konzepten, Strategien und Initiativen versuchen Kommunen die Bildungschancen von Kindern und Jugendlichen aus Zuwandererfamilien zu verbessern? Inwieweit werden Fördermaßnahmen für Kinder und Jugendliche als integraler Bestandteil eines kommunalen Bildungsmanagements konzipiert? Welche Handlungsspielräume und Potenziale gibt

---

4   In ihrer Rede beim internationalen Symposium ‚Integration durch Bildung' hat Bundeskanzlerin Angela Merkel gefordert, dass die „Abhängigkeit von Bildungserfolg und sozialer Herkunft" „durchbrochen" werden muss: „Angesichts der Herausforderungen, vor denen wir stehen, gilt: Wir können auf kein einziges Talent, auf keinen Menschen in unserer Gesellschaft verzichten" (Merkel 2007).

es für eine Stärkung von Kindertageseinrichtungen, Schulen und die Verbesserung der Bildungschancen in sozial benachteiligten Stadtteilen? Welche Ansätze werden verfolgt, um kommunale Bildungs- und Sozialpolitik, Integrations- und Stadtentwicklungspolitik stärker miteinander zu verknüpfen?

2 Bildungsbeteiligung der Bevölkerung mit Migrationshintergrund

In Deutschland hatten im Jahr 2015 rund 17,1 Millionen Menschen einen Migrationshintergrund; davon waren 11,5 Millionen Zugewanderte und 5,7 Millionen in Deutschland Geborene. 54,6 Prozent der Bevölkerung mit Migrationshintergrund waren Deutsche und 45,4 Prozent Ausländer. Der Anteil der Bevölkerung mit Migrationshintergrund an der Gesamtbevölkerung wuchs gegenüber dem Vorjahr um 4,4 Prozent und erreichte mit 21,0 Prozent einen historischen Höchstwert. Allerdings übertraf der Anteil der Bevölkerung mit Migrationshintergrund im früheren Bundesgebiet mit Berlin (23,9 Prozent) den der neuen Länder ohne Berlin (5,3 %) um mehr als das Vierfache. Die Bevölkerung mit Migrationshintergrund ist im Schnitt deutlich jünger als die Bevölkerung ohne Migrationshintergrund. Jede dritte Person unter 18 Jahren hatte einen Migrationshintergrund, wobei der Anteil in der Altersgruppe der Kinder unter fünf Jahren am höchsten war (36,0 Prozent) (Statistisches Bundesamt 2017).

Die Ergebnisse des Mikrozensus zeigen, dass der Bildungsstatus der Bevölkerung nach Migrationshintergrund durch einige bemerkenswerte Gemeinsamkeiten, aber auch Unterschiede gekennzeichnet ist. 25,4 Prozent der Personen ohne Migrationshintergrund und 23,5 Prozent der Personen mit Migrationshintergrund verfügten 2014 über die Fachhochschulreife oder das Abitur; damit hat sich der Bildungsstatus beider Bevölkerungsgruppen seit 2005 deutlich verbessert (19,5 % vs. 18,6 %). Allerdings ist der Anteil derjenigen, die über keinen Schulabschluss verfügen, mit 9,9 Prozent bei der Bevölkerung mit Migrationshintergrund mehr als sechsmal so hoch wie bei der Bevölkerung ohne Migrationshintergrund mit 1,5 Prozent. Differenziert nach Migrationsstatus, ist er mit 18,9 Prozent am höchsten bei Ausländern mit eigener Migrationserfahrung (siehe auch Abbildung 1).[5]

Die Zahlen des Mikrozensus verdeutlichen aber auch die große Heterogenität der Bevölkerung mit Migrationshintergrund, die seitdem durch die vielen Geflüchteten noch größer geworden ist. Einerseits hat die internationale Migration in den vergangenen Jahrzehnten zur Zuwanderung einer zahlenmäßig nicht unerheblichen Bevölkerungsgruppe geführt, die über nur sehr geringe Bildungsqualifikationen verfügt. Hierzu gehören viele Migran-

---

5 Die Zahlen sind allerdings nur begrenzt vergleichbar, da der Anteil derjenigen, die sich noch in der Ausbildung befinden bzw. die noch nicht schulpflichtig sind, bei der Bevölkerung mit Migrationshintergrund mit 26,3 Prozent fast doppelt so hoch ist wie bei der Bevölkerung ohne Migrationshintergrund mit 13,6 Prozent.

ten aus der Türkei, aber auch aus afrikanischen und arabischen Herkunftsländern. Zum anderen gibt es unter der zugewanderten Bevölkerung eine Reihe von Gruppen, die im Durchschnitt über bessere Schulabschlüsse und/oder höhere Anteile von Hochqualifizierten verfügen als die Bevölkerung ohne Migrationshintergrund. Hierzu gehören beispielsweise Unionsbürger und nordamerikanische Migranten, aber auch einige Gruppen aus Osteuropa und Asien. Diese überdurchschnittlichen Bildungserfolge werden aber in den Debatten über Integration und Partizipation von Migranten selten thematisiert.

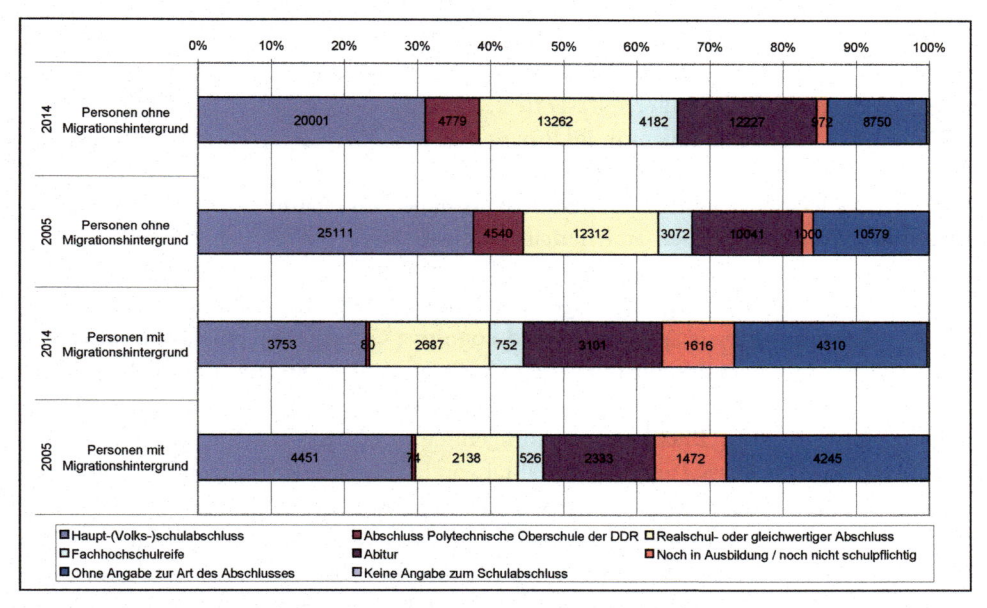

Abb. 1 Bevölkerung nach Migrationshintergrund und höchstem allgemeinem Schulabschluss, 2005 und 2014

Quelle: Statistisches Bundesamt, Mikrozensus 2005 und 2014

Der Mikrozensus bietet nur Querschnittsdaten zur Bevölkerung mit Migrationshintergrund und ermöglicht keine Analysen zum Verlauf von Bildungsprozessen. Ein Vergleich verschiedener Altersgruppen nach Migrationshintergrund zeigt aber, dass die Jüngeren in allen Bevölkerungsgruppen über ein besseres Bildungsprofil verfügen als die Älteren. Deutlich wird auch, dass sich die Unterschiede zwischen der Bevölkerung mit und ohne Migrationshintergrund im Zeitraum von 2005 bis 2014 kaum verringert haben.[6] Selbst in der Altersgruppe der 35- bis unter 45-Jährigen mit Migrationshintergrund verfügte

---

6 Zu berücksichtigen ist dabei allerdings, dass sich die Zusammensetzung der Bevölkerung mit Migrationshintergrund ständig durch Zu- und Abwanderung verändert, während die Bevölkerung ohne Migrationshintergrund stärker konstant bleibt.

im Jahr 2014 fast jeder Zweite entweder nur über einen Hauptschul- oder gar keinen Abschluss. Somit gibt es selbst in den mittleren Altersgruppen mit Migrationshintergrund eine zahlenmäßig bedeutsame Gruppe, die aufgrund ihres geringen Bildungsgrads mit besonderen Schwierigkeiten bei der Integration in den Arbeits- und Ausbildungsmarkt konfrontiert sein dürfte.

Junge Migrantinnen und Migranten verfügen im deutschen Bildungs- und Beschäftigungssystem – bei großen Unterschieden zwischen verschiedenen Nationalitäten und Migrationshintergründen – über deutlich geringere Bildungschancen als Kinder aus schon länger einheimischen Familien: Sie nutzen seltener Angebote vorschulischer Bildung und Erziehung, sind an Haupt- und Förderschulen überrepräsentiert, verlassen die allgemeinbildende Schule häufiger ohne Schulabschluss, erwerben seltener eine Studienberechtigung und sind an Hochschulen unterrepräsentiert. Sie finden seltener einen betrieblichen Ausbildungsplatz, münden häufiger in Bildungsgänge des Übergangsystems ein, die nicht zu einem Berufsabschluss führen, oder bleiben ohne eine berufsbezogene Grundbildung. Sie haben schlechtere Chancen auf dem Arbeitsmarkt, sind häufiger von Arbeitslosigkeit betroffen und von staatlichen Transferleistungen abhängig (vgl. Becker 2011a: 12).

Die sozialwissenschaftliche Forschung zur Bildungsbeteiligung von Kindern und Jugendlichen mit Migrationshintergrund zeigt, dass Bildungserfolge nicht nur durch individuelle Merkmale der Kinder wie sprachliche und kognitive Grundfähigkeiten, Bildungsstatus und soziökonomischer Hintergrund der Eltern, Familien- und Freizeitsprache der Jugendlichen, sondern auch durch Kontextmerkmale, wie ethnische und soziale Segregation im Wohnumfeld und in den Bildungseinrichtungen, Zusammensetzung und Leistungsniveau in der Klasse sowie Ausstattung und Qualität von Bildungseinrichtungen und pädagogischem Personals, beeinflusst werden. Von Bedeutung sind zudem die bildungspolitischen Rahmenbedingungen und Strukturen in den Ländern, wie der Bereich der frühkindlichen Bildung, Betreuung und Erziehung, die Struktur des Schulsystems sowie ergänzende Maßnahmen zur Förderung und Unterstützung von Familien mit Migrationshintergrund (vgl. Abbildung 2).[7]

---

7 Siehe zum aktuellen Forschungsstand auch Diefenbach 2007; Stanat et al. 2010; Becker/Beck 2011; Kemper 2015.

Individuelle und familiäre Merkmale	Kontextfaktoren / institutionelle und sozialräumliche Bedingungen	Bildungspolitische Rahmenbedingungen
• Sprachliche und kognitive Grundfähigkeiten • Motivation und Selbstvertrauen der Kinder und Jugendlichen • Bildungsstand und sozioökonomischer Hintergrund der Eltern • Soziales und kulturelles Kapital der Zuwanderergruppe • Geburtsland der Schülerinnen und Schüler • Alter der Schülerinnen und Schüler zum Zeitpunkt der Zuwanderung • Aufenthaltsdauer in Deutschland • Familien- und Freizeitsprache der Kinder und Jugendlichen • Beherrschung der deutschen Sprache (Sprach- und Lesekompetenz)	• Ethnische Konzentrationen im Wohnumfeld • Interethnische Kontakte, Nutzung von Medien • Dauer des Besuchs von Kindertageseinrichtungen • Sozioökonomischer Status der Schülerinnen und Schüler in der Klasse / Schule • Anteil von Kindern und Jugendlichen mit Migrationshintergrund in der Klasse / Schule • Durchschnittliches Leistungsniveau in der Klasse • Qualität der Lehrkräfte, Ausstattung der Schule, Schulklima • Unterrichtsmethoden, Zuweisungen und Zuschreibungen	• Differenzen in der länderspezifischen Angebots- und Nutzungsstruktur im Bildungssystem • Leistungen zur Förderung der Erziehung in der Familie • Förderung von Bildung und Erziehung in Kindertageseinrichtungen • Systematische und alltagsintegrierte Sprachförderung in Kindertageseinrichtungen • Struktur des Schulsystems / Gestaltung der Übergänge zwischen Kita und Schule sowie zwischen den verschiedenen Schulformen • Mechanismen der lokalen Verteilung der Schüler auf die vorhandenen Schulen • Sprachfördermaßnahmen zur Unterstützung von Schülerinnen und Schülern

Abb. 2 Bedingungen, die den Bildungserfolg von Kindern und Jugendlichen mit Migrationshintergrund beeinflussen
Eigene Darstellung

3 Räumliche Disparitäten in der Bildungsbeteiligung von Kindern und Jugendlichen

Die internationalen Vergleichsstudien zu den Schulleistungen von Kindern und Jugendlichen haben eine intensive Debatte über die enge Koppelung von Bildungserfolg und sozialer Herkunft in Deutschland ausgelöst. Demgegenüber wird die ausgeprägte Abhängigkeit des Bildungserfolgs vom Wohnort der Kinder und Jugendlichen in der Öffentlichkeit selten thematisiert,[8] obwohl die Herstellung gleichwertiger Lebensverhältnisse im Bundesgebiet als Leitziel staatlichen Handelns im Grundgesetz verankert ist (Art. 72 GG). Daten zur

---

8 Zum Zusammenhang von Bildung und Region siehe Weishaupt 2010; Kemper/Weishaupt 2011.

Bildungsbeteiligung von Kindern und Jugendlichen belegen allerdings die erheblichen Unterschiede zwischen Ländern, Regionen und Kommunen, z. B. bei den Betreuungsquoten von Kindern unter sechs Jahren, bei Kompetenzwerten in verschiedenen Lernbereichen sowie bei Schulerfolgen von Jugendlichen.

Schülerinnen und Schüler, die in Agglomerationsräumen oder verstädterten Räumen der westdeutschen Bundesländer leben, haben beispielsweise sehr viel bessere Chancen, die Schule mit allgemeiner Hochschulreife oder Fachhochschulreife zu verlassen, als jene aus ländlichen Räumen (vgl. Gesemann 2009: 454; Aumüller/Gesemann 2014: 68).[9] Diese regionalen Unterschiede in der Bildungsbeteiligung können vor allem mit der Sozialstruktur der Wohnbevölkerung, der Erreichbarkeit, Qualität und Vielfalt von Bildungsangeboten sowie den Bildungsaspirationen und Entscheidungen der Eltern erklärt werden (vgl. Weishaupt 2010: 222ff.).

Deutlich zu erkennen sind diese Unterschiede beispielsweise bei Schulabgängern mit Hochschulreife sowie solchen ohne Hauptschulabschluss. Der Anteil von Schulabgängern ohne Schulabschluss reicht dabei von Werten von unter drei Prozent in süddeutschen Kommunen bis zu Werten von über dreizehn Prozent in den ostdeutschen Ländern. Bei den Schulabgängern mit Hochschulreife werden in einigen Großstädten Werte von über 60 Prozent erreicht, denen Werte von unter 20 Prozent in einigen Landkreisen gegenüberstehen (siehe auch Abbildung 3).

---

9 Die Bedeutung regionaler Unterschiede zeigt auch der Bildungsbericht Bayern 2012: In den Zentren der Städte ist die gymnasiale Übertrittsquote mit 48,7 Prozent sehr viel höher als in ländlichen Regionen mit besonderem Entwicklungsbedarf mit 31,2 Prozent (vgl. ISB 2012: 217 sowie Regionaldaten Bildungsbericht unter https://www.isb.bayern.de/startseite/bildungsbericht-bayern-2012).

Kommunale Bildungs- und Integrationspolitik

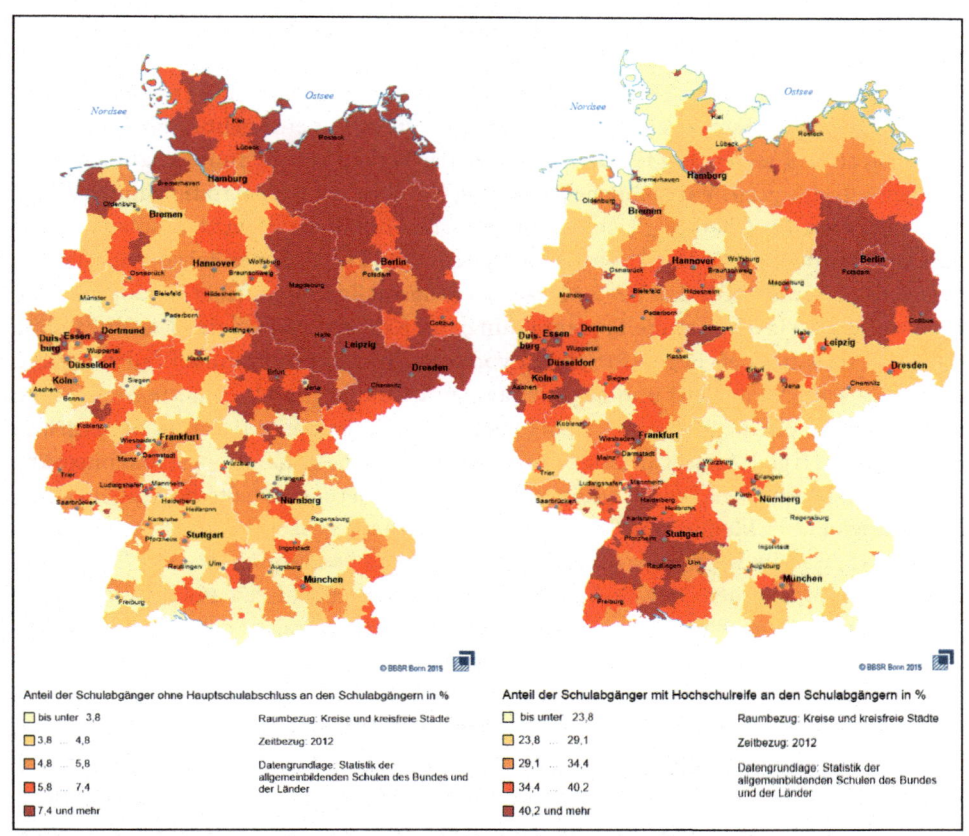

Abb. 3 Anteil der Schulabgänger ohne Schulabschluss und mit Hochschulreife an allen Schulabgängern in Prozent

Quelle: INKAR Online, Bundesinstitut für Bau-, Stadt- und Raumforschung (BBSR)

2.1 Frühkindliche Bildung, Betreuung und Erziehung

Die Ergebnisse international vergleichender Bildungsstudien und die OECD-Berichte zur Politik der frühkindlichen Betreuung, Bildung und Erziehung haben die Bedeutung einer frühen Förderung, insbesondere auch von Kindern mit Migrationshintergrund, verdeutlicht. Der Nationale Integrationsplan (2007) legt vor diesem Hintergrund im Themenfeld „Frühkindliche Bildung: Von Anfang an deutsche Sprache fördern" den Fokus vor allem auf drei Bereiche früher sprachlicher Bildung: (1) Unterstützung von Sprachentwicklung und Spracherwerb durch die Eltern, (2) Sprachförderung in Kindertageseinrichtungen und (3) durchgängige sprachliche Bildung im Übergang Kindergarten – Grundschule. Im Nationalen Integrationsplan wird den Kommunen empfohlen, den Schwerpunkt Sprachförderung in Integrationskonzepte und -programme aufzunehmen und die Angebote zur Unterstützung von Familien weiter auszubauen und zu verbessern (Bundesregierung 2007: 47ff).[10]

Die Länder messen der Förderung sprachlicher und kommunikativer Kompetenzen von Kindern eine besondere Bedeutung bei. Zum einen gilt eine gelingende Sprachentwicklung als Voraussetzung für den erfolgreichen Verlauf von Bildungsbiografien, zum anderen soll eine gezielte sprachliche Förderung von Kindern mit Migrationshintergrund dazu beitragen, die Chancengleichheit im deutschen Bildungssystem zu erhöhen. In den Ländern wurde eine Vielzahl von Instrumenten und Programmen wie Sprachstandsmessungen, Sprachförderkonzepte, Qualifizierungsmaßnahmen für frühpädagogische Fachkräfte entwickelt, um die Sprachbildung von Kindern zu fördern. Die Ergebnisse der wissenschaftlichen Begleitforschung von Sprachförderprogrammen fallen bislang allerdings ernüchternd aus und zeigen, dass Sprachförderung als isolierte Maßnahme nicht ausreicht, um die Bildungsbenachteiligung von Kindern mit Migrationshintergrund auszugleichen (vgl. Kiziak et al. 2012). Vielmehr erwies sich das handlungs- und interaktionsbegleitende Sprechen, die alltagsintegrierte Sprachförderung, als entscheidend für einen gelingenden Entwicklungs- und Bildungsverlauf (vgl. Bensel/Haug-Schnabel 2012). Albers (2011: 121) fasst die Ergebnisse seiner Forschungsarbeit so zusammen: „Die Gestaltung einer sprachförderlichen Umwelt durch dialogisches Bilderbuchlesen und Situationen des lang andauernden gemeinsamen Denkens im Kindergartenalltag ist dabei der einseitigen Unterstützung durch Trainingsprogramme vorzuziehen".

Betreuungsquoten von Kindern mit Migrationshintergrund

Der Anteil der unter Dreijährigen, die in einer Kindertageseinrichtung oder durch eine Tagespflegeperson betreut wurden, lag am 1. März 2014 im Bundesdurchschnitt bei 32,3 Prozent (2013: 29,3 %) an allen Kindern dieser Altersgruppe (Betreuungsquote). Allerdings zeigen sich bei den Betreuungsquoten deutliche Unterschiede zwischen Ländern und Kommunen: In Ostdeutschland ist die Betreuungsquote (52,0 %) fast doppelt so hoch wie in Westdeutschland (27,4 %). Die höchsten Betreuungsquoten für Kinder unter drei Jahren verzeichneten Sachsen-Anhalt (58,3 %), Brandenburg (57,8 %) und Mecklenburg-Vorpommern (56,1 %), die niedrigsten Nordrhein-Westfalen (23,8 %), Bremen (26,9 %) und das Saarland (27,0 %) (vgl. Statistische Ämter des Bundes und der Länder 2015: 7f.).

Zudem sind die Betreuungsquoten von Kindern ohne und mit Migrationshintergrund[11] durch große Differenzen gekennzeichnet (34,6 % vs. 17,1 %), die sich in den letzten Jahren

---

10 Siehe hierzu auch den Nationalen Aktionsplan Integration (Bundesregierung 2011) mit dem Bericht des Dialogforums „Frühkindliche Förderung" (S. 32ff.), dem Beitrag der Länder zum Themenfeld (S. 390ff.) sowie den Erklärungen des Bundes (S. 11f.) und der Bundesvereinigung der kommunalen Spitzenverbände (S. 29).

11 Am 1. März 2014 stellten Kinder mit Migrationshintergrund 18,7 Prozent (2013: 18,0 %) an allen unter Dreijährigen in Kindertagesbetreuung – allerdings mit ausgeprägten Unterschieden zwischen westdeutschen (23,3 %) und ostdeutschen Ländern (8,8 %) (Statistische Ämter des Bundes und der Länder 2015: 32).

– trotz eines insgesamt positiven Trends – weiter verstärkt haben (Integrationsbeauftragte der Bundesregierung 2014: 56). Auch hier sind die Unterschiede zwischen den Ländern groß: Im Jahr 2013 lag die Betreuungsquote von Kindern mit Migrationshintergrund bei unter Dreijährigen in den ostdeutschen Ländern bei 24 Prozent (Kinder ohne Migrationshintergrund: 54 %) und in den westdeutschen Ländern bei 16 Prozent (Kinder ohne Migrationshintergrund: 35 %). Während Berlin und Hamburg (jeweils 26 %) sowie Rheinland-Pfalz (20 %) unter den westdeutschen Ländern die höchsten Betreuungsquoten bei unter Dreijährigen mit Migrationshintergrund aufwiesen, waren sie in Niedersachsen (13 %), Nordrhein-Westfalen (14 %) und Schleswig-Holstein (16 %) am niedrigsten. Bemerkenswert ist dabei, dass die Länder mit den höchsten Betreuungsquoten den größten Abstand zwischen Kindern mit und ohne Migrationshintergrund aufweisen. In Berlin und Hamburg liegt dieser immerhin bei 31 bzw. 21 Prozentpunkten (vgl. IntMK 2015: 32f.; siehe auch Abbildung 4).

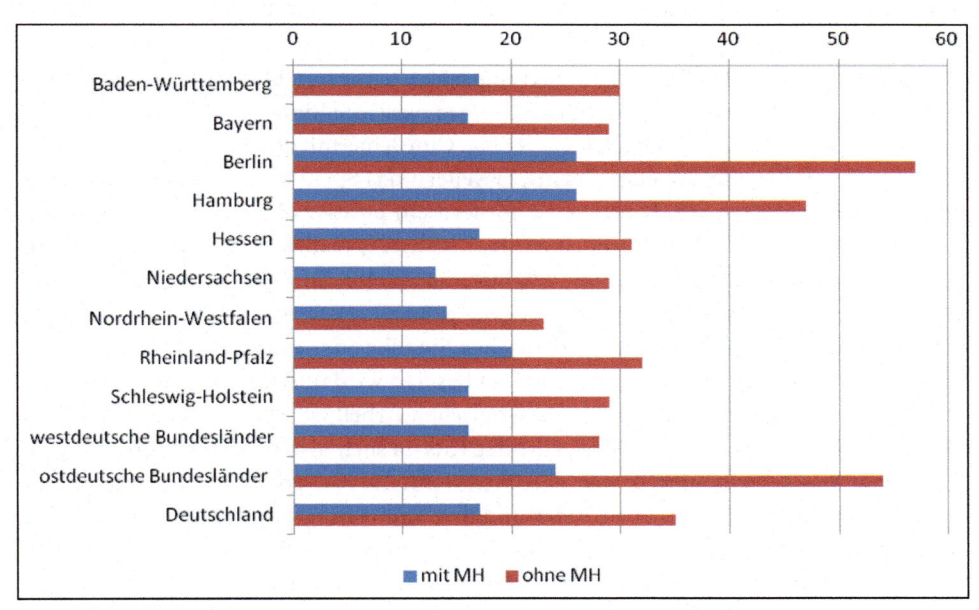

Abb. 4 Betreuungsquoten von Kindern unter drei Jahren mit und ohne Migrationshintergrund nach Ländern 2013

Quelle: Integrationsmonitoring der Länder 2013 (www.integrationsmonitoring-laender.de)

Erhebliche Unterschiede bei der Betreuung von Kindern unter drei Jahren zeigen sich auch auf der kommunalen Ebene. Die höchsten Betreuungsquoten gab es am 1. März 2014 in der Stadt Frankfurt (Oder) (63,0 %), gefolgt von den Landkreisen Elbe-Elster und Wittenberg (jeweils 62,8 %), am niedrigsten waren sie im Landkreis Berchtesgadener Land (13,9 %), in der Stadt Duisburg (15,3 %) und in der Stadt Wilhelmshaven (15,6 %). Am höchsten waren die Anteile von Kindern mit Migrationshintergrund an allen unter Dreijährigen in Kindertagesbetreuung in den westdeutschen Städten Offenbach am Main (61,3 %), Heilbronn (50,5 %) und Schweinfurt (46,9 %), die insgesamt vergleichsweise niedrige Betreuungsquoten zwischen 20 und 25 Prozent aufwiesen (vgl. Statistische Ämter des Bundes und der Länder 2015: 10f.; 17 ff.).

Bei drei- bis unter sechsjährigen Kindern war die Betreuungsquote 2014 im Bundesdurchschnitt zwar mit 93,5 Prozent fast dreimal so hoch wie bei den unter Dreijährigen (32,3 %), aber die Differenzen zwischen Kindern mit und ohne Migrationshintergrund verringern sich nur teilweise (von 18 auf 13 Prozentpunkte). In den Ländern Schleswig-Holstein, Hamburg und Niedersachsen liegen die Werte sogar um 28 bis 34 Prozentpunkte auseinander. Da Kinder mit Migrationshintergrund mehr als ein Viertel aller Kinder im Alter von drei bis unter sechs Jahren stellen, impliziert das, dass es eine erhebliche Zahl von Kindern gibt, die bislang keine Angebote der Kindertagesbetreuung in Anspruch nehmen und dass von einer chancengleichen Teilhabe an frühkindlicher Bildung, Betreuung und Erziehung noch nicht gesprochen werden kann.

Wissenschaftliche Befunde zeigen, dass eine frühe Betreuung, Bildung und Erziehung in Kindertageseinrichtungen bei guter Qualität einen positiven Einfluss auf die kognitive und sozial-emotionale Entwicklung aller Kinder hat. Gute Kitas mit qualifizierten Fachkräften, idealerweise multiprofessionellen Teams, erweitern das Spektrum der Erfahrungs- und Bildungsmöglichkeiten von Kindern, sie fördern ein positives Bewusstsein von Vielfalt und Diversität und tragen maßgeblich zu einer frühen Sprachförderung und damit einer erfolgreichen Schulvorbereitung bei (vgl. Strehmel 2008). Studien zeigen, dass sich der Besuch einer Kindertagesstätte positiv auf die Kompetenzen von Kindern mit Migrationshintergrund im Umgang mit der deutschen Sprache auswirkt: „Dieser Effekt scheint umso nachhaltiger zu sein, je länger eine Kita besucht wird und je höher die Qualität der pädagogischen Einrichtung und der pädagogischen Arbeit ist" (Paetsch et al. 2014: 335). Für (sprachlich) benachteiligte Kinder ist der Kita-Besuch also besonders förderlich, sie leiden aber andererseits auch stärker darunter, wenn die pädagogische Qualität unzureichend ist. Die Kompetenzen, die Kinder und ihre Familien in der Kita erwerben, stellen Basiskompetenzen für Bildungserfolg und gesellschaftliche Teilhabe dar.

Zu den von Eltern mit Migrationsgeschichte genannten Gründen gegen eine Inanspruchnahme von Angeboten der Kindertagesbetreuung gehören normative Vorstellungen einer angemessenen frühkindlichen Erziehung in der Familie und Vorbehalte gegenüber einer („zu frühen") außerhäuslichen Betreuung des Kindes, eine häufigere Verfügbarkeit privater Betreuungsmöglichkeiten, Schwierigkeiten bei der Suche nach einem Betreuungsplatz sowie eine mangelnde Qualität und interkulturelle Öffnung von Einrichtungen. Dabei zeigen sich deutliche Unterschiede nach Migrations- und Bildungshintergrund sowie nach Generationszugehörigkeit der Zugewanderten. In der zweiten Generation, in binationalen Familien oder bei Eltern mit höherer Schulbildung unterscheidet sich das Nutzungsverhalten kaum noch von dem der Eltern ohne Migrationshintergrund (vgl. SVR 2013: 13ff).

2.2 Schulische Bildung

Die Schwächen des deutschen Schulsystems hat in den vergangenen Jahren vor allem die *Internationale Schulleistungsstudie* PISA aufgezeigt. Hierzu gehören das nur durchschnittliche Niveau der Schülerleistungen in den zentralen Bereichen Lesen und Mathematik, die enge Kopplung von Schulerfolg und sozialer Herkunft sowie die hohe Varianz zwischen den Schulen, die wiederum mit der frühen Verteilung der Schülerinnen und Schüler auf verschiedene Schultypen und den großen Unterschieden bei der sozioökonomischen Zusammensetzung der Schülerschaft zusammenhängt. Besonders benachteiligt sind in diesem Schulsystem Jugendliche mit Migrationshintergrund, die häufiger aus einem Elternhaus mit einem niedrigeren sozioökonomischen Status stammen und in der Familie überwiegend eine andere als die deutsche Sprache sprechen. Vertiefende Analysen zu den Schulleistungen von Jugendlichen mit Migrationshintergrund im internationalen Vergleich zeigen, dass in Deutschland die Leistungsunterschiede zwischen Schülerinnen und Schülern der zweiten Generation und ihren Mitschülern aus einheimischen Familien am größten sind, obwohl diese jungen Migranten bereits hier geboren wurden und ihre gesamte Schulzeit im deutschen Schulsystem verbracht haben (vgl. Stanat/Christensen 2006: 35ff.).

Diese Disparitäten im Bildungsbereich sind bereits in der Grundschule angelegt und verstärken sich später im Sekundarbereich erheblich. Zwar schafft es die Grundschule, wie die Ergebnisse der *Internationalen Grundschul-Lese-Untersuchung* (IGLU) gezeigt haben, bei den Schülerinnen und Schülern am Ende der vierten Jahrgangsstufe ein vergleichsweise hohes Leseniveau zu erreichen und den Anteil der ‚Risikokinder' mit sehr geringen Kompetenzen deutlich zu begrenzen, aber es gelingt ihr nicht zufriedenstellend, sozial bedingte Unterschiede zwischen den Kindern auszugleichen. Im internationalen Vergleich sind die Unterschiede im Leseverständnis von Kindern, deren Eltern beide im Inland bzw. beide im Ausland geboren wurden, bereits am Ende der vierten Jahrgangsstufe relativ groß, wobei nur ein Teil des Leistungsrückstands von Schülerinnen und Schülern mit Migrationshintergrund mit ihrer sozialen Lage erklärt werden kann. Die Chance eines Kindes aus einer einheimischen Familie eine Gymnasialempfehlung zu erhalten, ist jedenfalls 4,69 mal so hoch wie die eines Kindes mit Migrationshintergrund (vgl. Bos et al. 2003: 37; 2007: 24ff.).

Im Rahmen ihrer Gesamtstrategie zum Bildungsmonitoring hat die Kultusministerkonferenz die Durchführung von Ländervergleichen beschlossen, die feststellen sollen, inwieweit Schülerinnen und Schüler die für alle Länder verbindlichen nationalen Bildungsstandards erreichen und in welchen Bereichen Handlungsbedarf besteht.[12] Dieser Ländervergleich ergab in den Bereichen Lesen, Zuhören und Mathematik in allen Ländern „deutliche Nachteile für Schülerinnen und Schüler mit Zuwanderungshintergrund" (Pöhlmann et al. 2013: 325). Allerdings zeigten sich innerhalb und zwischen den Ländern teilweise auch erhebliche Streuungen der Kompetenzwerte in den untersuchten Gruppen, wobei diese Unterschiede „nur bedingt auf Varianzen im elterlichen Bildungsniveau oder

---

12 Die Ländervergleiche werden seit 2008/2009 vom Institut für Qualitätsentwicklung im Bildungswesen (IQB) durchgeführt (zu den Ergebnissen siehe Köller et al. 2010).

in der Familiensprache zurückgeführt werden können, da diese Hintergrundmerkmale der Schülerinnen und Schüler über die Länder hinweg sehr ähnlich ausgeprägt sind" (ebd.: 325f.). Die Frage, inwieweit die Streuung der Werte mit der jeweiligen Ausrichtung und Ausgestaltung der Bildungspolitik in den Ländern zusammenhängen könnte, wird im Rahmen der vom Institut für Qualitätsentwicklung im Bildungswesen (IQB) durchgeführten Ländervergleiche allerdings nicht diskutiert.

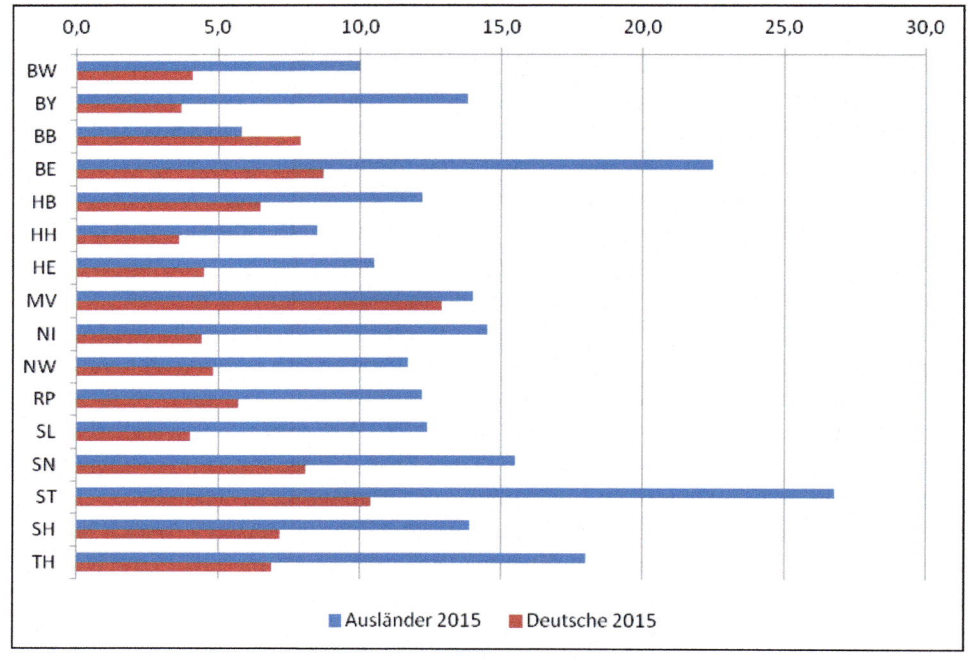

Abb. 5 Ausländische und deutsche Schulabgängerinnen und Schulabgänger aus allgemeinbildenden Schulen im Jahr 2015 ohne Schulabschluss

Quelle: Integrationsmonitoring der Länder (www.integrationsmonitoring-laender.de).

Das Integrationsmonitoring der Länder zeigt beispielsweise, wie groß die Varianz zwischen den Ländern bei den Schulerfolgen von deutschen und ausländischen Jugendlichen ist. Im Jahr 2015 verließen 5,1 Prozent der deutschen und 12,2 Prozent der ausländischen Schulabgängerinnen und Schulabgänger die Schule ohne Hauptschulabschluss. Das ist zwar eine deutliche Verbesserung gegenüber dem Jahr 2005, als noch 7,4 Prozent der deutschen und 17,9 Prozent der Jugendlichen die Schule ohne Abschluss verließen, aber der Abstand zwischen deutschen und ausländischen Jugendlichen ist kaum geringer geworden. Diese Durchschnittswerte verdecken allerdings die enormen Unterschiede zwischen den Ländern: Während 2015 in Nordrhein Westfalen 11,7 Prozent der ausländischen Jugendlichen die

Schule ohne Abschluss verließen, waren es in Sachsen-Anhalt 26,8 Prozent. Aufschlussreich ist zudem der Vergleich des (mangelnden) Schulerfolgs zwischen deutschen und ausländischen Jugendlichen: Während ausländische Jugendliche in Brandenburg seltener die Schule ohne Abschluss verlassen, ist dieses Risiko bei ausländischen Jugendlichen in Bayern fast viermal höher als bei deutschen Jugendlichen (siehe auch Abbildung 5).[13]

Eine Studie im Auftrag des Deutschen Caritasverbands veranschaulicht, dass die Quoten der Schulabgänger ohne Hauptschulabschluss auch örtlich sehr stark variieren.[14] Auf Kreisebene zeigen sich in der statistischen Analyse signifikante Zusammenhänge bei der Bundeslandzugehörigkeit sowie sozioökonomischen Einflussfaktoren, wie Anteil der Förderschüler, allgemeine Arbeitslosenquote, Anteil der Beschäftigten ohne abgeschlossene Berufsausbildung, Anteil der ausländischen Schüler und Höhe des Bruttoinlandsprodukts. Zu den Erfolgsfaktoren werden auf kommunaler Ebene vor allem der lokale politische Wille zur Reduzierung der Anzahl von Schulabgängern ohne Abschluss, einschlägige Kooperations- und Vernetzungsstrukturen sowie eine vielfältige Angebots- und Unterstützungsstruktur für Jugendliche (vgl. Deutscher Caritasverband 2012; siehe auch RWI 2011).

Erhebliche Unterschiede im Bildungserfolg von Schülerinnen und Schülern zeigen sich aber nicht nur im Ländervergleich, sondern auch auf der Ebene von Kommunen und Quartieren (vgl. Weishaupt 1996). In der Stadt Frankfurt am Main reichten beispielsweise die Übergangsquoten von öffentlichen Grundschulen auf Gymnasien im Schuljahr 2010/2011 z. B. von gut 15 Prozent bis fast 90 Prozent. Dabei zeigten sich deutliche Zusammenhänge zwischen sozial benachteiligten Gebieten (gemessen an der SGB II-Quote) und der Übergangsquote auf Gymnasien (Stadt Frankfurt am Main 2012: 62f.). Auch in der Landeshauptstadt München wiesen die meisten Grundschulbezirke mit hoher sozialer Belastung 2011 die geringsten Übergangsquoten auf: Von 32 Grundschulen im untersten Viertel des Sozialindex entfielen 23 auf das Viertel mit den geringsten Übergangsquoten (Landeshauptstadt München 2013: 95).

Die regionalen und lokalen Disparitäten in der Bildungsbeteiligung und den Bildungsabschlüssen von Jugendlichen mit Migrationshintergrund werden in der wissenschaftlichen Literatur vor allem mit Unterschieden „in der länderspezifischen Angebots- und Nutzungsstruktur" (vgl. Baumert/Schümer 2002), der Ausrichtung der Bildungspolitik der Länder hinsichtlich Schultypen und Selektivität (vgl. Hunger/Thränhardt 2001, 2004, 2009; Thränhardt 2012) sowie den lokalen Mechanismen der Verteilung von Schülern

---

13 Ausgeprägte Unterschiede zwischen den Bundesländern zeigen sich auch bei den bildungserfolgreichen Jugendlichen: Während 2015 in Mecklenburg-Vorpommern 39,4 Prozent der ausländischen Jugendlichen die Schule mit der allgemeinen Hochschulreife verließen, lag dieser Anteil in Baden-Württemberg nur bei 8,5 Prozent. In Baden-Württemberg, Niedersachsen, Bayern und Sachsen-Anhalt war die Chance eines deutschen Jugendlichen, die Schule mit allgemeiner Hochschulreife zu verlassen, etwas dreimal so hoch wie die eines ausländischen Jugendlichen.

14 Die Quoten der Schulabgänger ohne Schulabschluss reichen von 2,4 Prozent im Landkreis Forchheim (Bayern) bis zu 26,6 Prozent in der kreisfreien Stadt Wismar (Mecklenburg-Vorpommern) – bei einem bundesweiten Durchschnitt von 7,2 Prozent (2009) (vgl. Deutscher Caritasverband 2012: 7).

auf vorhandene Schulen (vgl. Radtke 2004; Radtke et al. 2005) erklärt. Die Diskussion der komplexen Zusammenhänge zwischen individuellen und familiären Merkmalen, institutionellen und sozialräumlichen Bedingungen sowie bildungspolitischen Rahmenbedingungen in den Ländern wirft aber gegenwärtig noch mehr Fragen auf, als dass sie gesicherte Ergebnisse bietet.

Viele Befunde der Bildungsforschung deuten aber darauf hin, dass

- die frühe Integration in Bildungseinrichtungen durch leicht zugängliche und hochwertige Kindertageseinrichtungen bei Kindern mit Migrationshintergrund den Erwerb sprachlicher Kompetenzen fördert (vgl. Borgna 2014);
- integrative und offene Schulsysteme, die den Zeitpunkt der Wahl zwischen verschiedenen Bildungsgängen nach hinten verschieben bzw. Übergänge in die gymnasiale Oberstufe offenhalten, eher geeignet sind, gleiche Bildungs- und Lebenschancen zu ermöglichen, als elitäre und geschlossene Schulsysteme mit rigiden Auslesemechanismen (vgl. Hunger/Thränhardt 2001; 2004);
- die Verankerung von Förderprogrammen mit relativ klar definierten Zielen und Standards zu einer Verringerung des Leistungsabstands zwischen Schülern mit Migrationshintergrund und solchen aus einheimischen Familien beitragen kann (vgl. Stanat/Christensen 2006);
- die Ausweitung von Informations- und Beratungsangeboten, die stärkere Einbeziehung und Beteiligung von Familien in Schulen zu einer Stärkung der Bildungs- und Erziehungskompetenzen von Eltern mit Migrationshintergrund beiträgt (vgl. Borgna 2014);
- den negativen Effekten der Wohn- und Bildungssegregation durch die Bereitstellung zusätzlicher Ressourcen für Bildungseinrichtungen in sozial benachteiligten Quartieren (besonders qualifizierte und motivierte Lehrkräfte; Mittel für Elternbeteiligung, Ganztagsbetreuung und ergänzendem Förderunterricht) begegnet werden kann (vgl. Borgna 2014).

3 Aufgaben und Handlungsmöglichkeiten der Kommunen in der Bildungspolitik

Städte und Gemeinden prägen mit ihren vielfältigen Einrichtungen (Kindertageseinrichtungen, Familienzentren, Einrichtungen der Kinder- und Jugendarbeit, Schulen, Volkshochschulen und Kultureinrichtungen) die Bildungslandschaft in Deutschland. Sie sind nicht nur in besonderer Weise von den strukturellen Mängeln des Bildungssystems betroffen, sondern versuchen auch durch vielfältige Initiativen und Maßnahmen die Teilhabe an Bildung und Erziehung zu fördern. Dies geschieht in dem wachsenden Bewusstsein, dass eine leistungsfähige Bildungslandschaft sowohl für die Zukunftschancen von Kindern und Jugendlichen als auch für die Entwicklungsperspektiven und den sozialen Zusammenhalt von Kommunen von erheblicher Bedeutung ist.

Für die zentralen Institutionen des Bildungssystems (Grundschulen und weiterführende Schulen) sind in erster Linie die Länder verantwortlich. Schulgesetze und -richtlinien, Ressourcenzuweisungen und vorgegebene Qualifizierungswege in den Ländern prägen den Zugang von Kindern und Jugendlichen zu Bildung und den Erwerb von Bildungszertifikaten in grundlegender Weise. Mehr als neunzig Prozent der öffentlichen Schulen in Deutschland werden allerdings von den Städten, Gemeinden und Kreisen getragen (vgl. Deutscher Städtetag 2002). Den Kommunen kommt daher im Rahmen dieses Kernbereichs von Bildung auch eine eigenständige Aufgabe zu, da sie als Schulträger für die Schaffung der schulischen Rahmenbedingungen wie Gebäude, Ausstattung, Unterhaltung sowie Verwaltung der Schulen zuständig sind. Stadtentwicklung, Schulentwicklungsplanung und Schulprofilbildung beeinflussen zudem die lokale Verteilung und die Zusammensetzung der Schülerschaft in den Bildungseinrichtungen.

Größere Handlungsspielräume haben die Kommunen als Träger der Jugendhilfe vor allem in den Bereichen der frühkindlichen Bildung, Betreuung und Erziehung (Kindertagesstätten), der Kinder- und Jugendarbeit (Jugendarbeit, Jugendsozialarbeit/Jugendberufshilfe) sowie der Erwachsenenbildung (Elternberatung, Familienbildung, Volkshochschulen). Ihnen kommen daher wichtige Gestaltungsaufgaben bei der Förderung von Bildungsverläufen zu. Von Bedeutung ist vor allem, „dass nur die Kommune ein Interesse *und* die Möglichkeit hat, die verschiedenen Bildungsinstitutionen und Bildungsorte miteinander zu verknüpfen und eine kontinuierliche Beobachtung und Berichterstattung zur Bildungsbeteiligung zu leisten" (Landeshauptstadt Wiesbaden 2006: 15).[15]

Die Erweiterung des kommunalen Handlungsspielraums in der Bildungspolitik ist vor allem eine Folge von Veränderungen in der Bildungs-, Familien-, Integrations-, Sozial- und Stadtentwicklungspolitik, die auf eine Erhöhung der Bildungschancen und eine Verringerung von Bildungsarmut, eine bessere Vereinbarkeit von Familie und Beruf, eine Verringerung der sozialen und räumlichen Spaltung in Städten sowie eine Aktivierung und Förderung von Selbsthilfepotenzialen der zugewanderten Bevölkerung abzielen (vgl. Gesemann 2009: 458ff.):[16]

- Die Verankerung des Rechtsanspruchs auf eine öffentlich geförderte Tagesbetreuung für Kinder über drei Jahren, die Festschreibung und Konkretisierung eines bedarfsgerechten Angebots für Kinder unter drei Jahren im Sozialgesetzbuch, der vom Bundeskabinett am 5. September 2007 beschlossene Ausbau des Angebots an Betreuungsplätzen in Kindertagesstätten und Tagespflege auf bundesdurchschnittlich 35 Prozent der Kinder unter drei Jahren bis zum Jahr 2013 sowie Programme und Maßnahmen zur Verbes-

---

15 Siehe auch die Erklärung der Weinheimer Initiative 2007, in der gefordert wird, dass die „öffentliche Verantwortung für Bildung, Ausbildung, und Zukunftsperspektiven – nicht nur, aber vor allem – durch Lokale Verantwortungsgemeinschaften und Kommunale Koordinierung wahrgenommen wird" (Weinheimer Initiative 2007: 2).
16 Zu kommunalen Handlungsmöglichkeiten in der Bildungspolitik siehe insbesondere Kühnlein/Klein 2011 sowie Schweitzer 2009a und 2009b mit einem Schwerpunkt auf Zuwandererfamilien.

serung der Qualität der Kinderbetreuung und zur Sprachförderung von Kindern mit Migrationshintergrund haben die Entwicklungen im Bereich der vorschulischen Bildung und Erziehung erheblich dynamisiert.
- Der Ausbau von Ganztagsschulen, der von der Bundesregierung mit dem Investitionsprogramm „Zukunft Bildung und Betreuung" (2003 bis 2009) unterstützt wurde, erfordert eine größere Selbständigkeit der Einzelschule, eine stärkere Vernetzung und Zusammenarbeit unterschiedlicher Bildungsakteure im Sozialraum sowie die Verankerung und Steuerung im Rahmen einer kommunalen Bildungsplanung. Hierzu gehören insbesondere eine Kooperation zwischen staatlicher Schulverwaltung, kommunalen Schulträgern und Jugendämtern, zwischen Schulentwicklungs- und Jugendhilfeplanung sowie zwischen Schul- und Jugendhilfeausschüssen, wie sie bereits vom Zwölften Kinder- und Jugendbericht eingefordert worden ist (vgl. BMFSFJ 2005: 518; zu einer kritischen Zwischenbilanz siehe BMFSFJ 2017: 329ff.).
- Die sich verstärkenden Tendenzen einer sozialen Segregation in Städten und die drohende „Abwärtsentwicklung" von Stadtteilen mit hoher Problemkonzentration haben zu einer deutlichen Aufwertung des Handlungsfelds Bildung und Integration im Stadtteil geführt. So wird beispielsweise in der Zwischenevaluierung des Bund-Länder-Programms „Stadtteile mit besonderem Entwicklungsbedarf – die soziale Stadt" hervorgehoben, dass die Verbesserung der Bildungserfolge in benachteiligten Quartieren in den nächsten Jahren „höchste Priorität" haben muss (IfS 2004: 194). Gefordert werden „eine systematische Vernetzung von Bildungs- und Quartierspolitik" sowie „ein offensives gebietsbezogenes Bildungsmanagement, das Sozial- und Familienpolitik einschließt und in den Quartieren verankert ist" (Difu 2005: 6).
- Einrichtungen der frühkindlichen Bildung, Betreuung und Erziehung sowie Angebote zur Unterstützung von Familien sind herausgefordert, auf die veränderten gesellschaftlichen Anforderungen mit der Entwicklung bedarfsgerechter, niedrigschwelliger und gebündelter Angebote zu reagieren. Die Aus- und Weiterbildung frühpädagogischer Fachkräfte hat in den vergangenen zehn Jahren auf diese gestiegenen Anforderungen reagiert; die Teil-Akademisierung der Fachkräfte ist zudem für die erforderliche Etablierung multiprofessioneller Teams dringend erforderlich. Familienzentren bieten hierbei die Möglichkeit einer Verzahnung bisher getrennter Angebotsstränge mit dem Ziel, Bedarfe von Eltern und Familien in einem integrierten Gesamtkonzept aufzugreifen und die qualitative Weiterentwicklung von Angeboten durch neue Ideen und Synergieeffekte im Rahmen eines kooperativen Netzwerks zu ermöglichen (vgl. Diller 2006; Diller et al. 2008; Gesemann et al. 2015).
- Kommunen können den Bildungserfolg von Kindern und Jugendlichen aus zugewanderten Familien zudem durch die Aktivierung von Selbsthilfepotenzialen in den Migrantencommunities fördern. Insbesondere die Erfahrungen mit spanischen Elternvereinen (vgl. Sánchez Otero 2008), aber auch mit alevitischen Selbstorganisationen (vgl. Sökefeld 2005) zeigen, dass die Schaffung sozialen und kulturellen Kapitals in den Zuwanderergruppen eine wesentliche Voraussetzung für eine Verbesserung des Schulerfolgs ist. Ein Instrument zur Förderung des bürgerschaftlichen Engagements

von Migranten und zum Abbau von Barrieren der Inanspruchnahme von Regeldiensten sind beispielsweise Lotsenprogramme. Diese können dazu beitragen, Brücken zwischen Migranten und den Fachkräften in den Regeldiensten zu bauen, vor allem durch Mediation und Informationsvermittlung (vgl. Gesemann 2015).

- Um allen Jugendlichen einen „perspektivreichen Weg in betriebliche oder schulische Ausbildung, weiterführende allgemeine Bildung oder andere Formen von Qualifizierung" zu eröffnen, bedarf es einer „kommunalen Koordinierung aller Aktivitäten und Akteure, die am Übergang von der Schule in die Arbeitswelt und das Erwachsenenleben mitwirken" (Weinheimer Initiative 2007: 3). Wissenschaftliche Studien zeigen, dass es auch in Regionen mit schwacher Wirtschaftsstruktur möglich ist, die Ungelerntenquote gering zu halten und Jugendliche mit ungünstigen Bildungsvoraussetzungen erfolgreich zu einem Ausbildungsabschluss zu führen. Gefordert ist hier ein lokales Übergangsmanagement, das eine enge Abstimmung und Kooperation aller relevanten Akteure (Schulen, Jugendamt, Jobcenter, Bundesagentur für Arbeit, Betriebe) ermöglicht (vgl. Müller/Braun 2007).

Tab. 1 Aufgaben und Möglichkeiten der Kommune im Bildungsprozess

Zentrale Orte formaler, non-formaler und informeller Bildungsprozesse	Kommunale Aufgaben und Handlungsmöglichkeiten
Eltern / Familie	Die Kommune hat den Auftrag, die Entwicklung junger Menschen zu fördern und familiär bedingten (Bildungs-)Benachteiligungen entgegenzuwirken (nach SGB VIII, §1 Absatz 3, Satz 1). Zu den Instrumenten – vor allem aus dem Spektrum der Kinder- und Jugendhilfe – gehören (1) Elternberatung und -bildung, (2) Kinder- und Jugendarbeit, Jugendsozialarbeit, Angebote in Kindertagesstätten und (3) Hilfen zur Erziehung.
Kindergarten / Kindertagesstätte	Städte, Gemeinden und Kreise sind – als örtliche Träger der Kinder- und Jugendhilfe – verantwortlich für die Planung und Durchführung des Angebots sowie die Sicherung und Weiterentwicklung der Qualität. Sie haben in diesem Bereich – auch über die Verträge mit freien Trägern – sehr weitgehende Gestaltungsmöglichkeiten.
Schule	Weit über neunzig Prozent der öffentlichen Schulen in Deutschland werden von Städten, Gemeinden und Kreisen getragen. Aufgrund der traditionellen Unterscheidung von ‚inneren' und ‚äußeren' Schulangelegenheiten sind die Kommunen für die Schaffung der schulischen Rahmenbedingungen verantwortlich, während die Länder für die fachliche, inhaltliche und curriculare Ausgestaltung von Schule zuständig sind.
Berufliche Bildung	Die Jugendberufshilfe der Kommunen unterstützt und fördert die Ausbildungsbereitschaft und -fähigkeit der Jugendlichen. Die Kommunen beeinflussen zudem als Arbeitgeber und als Kooperationspartner der Wirtschaft das lokale Ausbildungsangebot.

Freizeit (mit Gleichaltrigen)	Die Kommune beeinflusst die lokalen Lebens- und Aktivitätsbedingungen von Kindern und Jugendlichen. Von zentraler Bedeutung sind hierbei die Innen- und Außenräume, die für die autonome Gestaltung von Freizeit zur Verfügung stehen – und zwar vom Kinderspielplatz bis zu Treffpunkten für ältere Jugendliche.

Eigene Darstellung

Die Aufwertung der Kindertagesbetreuung, die Entwicklung niedrigschwelliger Angebote zur Förderung von Kindern und zur Unterstützung von Familien, der Auf- und Ausbau schulischer oder schulbezogener Ganztagsangebote sowie die Umsetzung eines lokalen Übergangsmanagements von der Schule in Ausbildung und Arbeit haben die Einsicht verstärkt, dass der Gesamtzusammenhang von Bildung auf kommunaler Ebene aktiv gestaltet werden muss. Zentrale Merkmale lokaler Bildungslandschaften sind eine integrierte kommunale Fachplanung, eine differenzierte Sozial- und Bildungsberichterstattung, eine Etablierung lokaler Bildungsnetzwerke und die Gestaltung anregender Lern- und Lebensräume für Kinder und Jugendliche als Orte informellen Lernens. Zu den Voraussetzungen gehören „ein neues, auf Gestaltung und Vernetzung angelegtes Verständnis von Schulträgerschaft" (Deutscher Städtetag 2002: 4), „neue Kooperationsformen zwischen den bislang gegeneinander abgeschotteten Bildungsinstitutionen Familie, Jugend und Schule" (Bundesjugendkuratorium 2001: 24) sowie die Entwicklung einer „interkulturellen Kommunalpolitik, die sich auch als Familien-, Bildungs-, und Sozialpolitik versteht" (Bundesjugendkuratorium 2005: 16).

4 Resümee

Die Verbesserung der Bildungsbeteiligung von Kindern und Jugendlichen ist für die Entwicklung und Zukunftsperspektiven von Städten und Gemeinden in Deutschland von zentraler Bedeutung. Durch die Gestaltung vielfältiger Lernorte (von Kindertageseinrichtungen und Schulen über Familienzentren und Einrichtungen der Kinder- und Jugendhilfe bis hin zu Volkshochschulen und Kultureinrichtungen) bietet sich auf kommunaler Ebene die Chance, zielgerichtete Bildungsangebote für Kinder und Eltern zu schaffen sowie vorhandene Angebote weiterzuentwickeln. Durch Öffnung, Kooperation und Vernetzung können diese Angebote zu ganzheitlichen, an der Lebenslage von Kindern, Jugendlichen und Familien orientierten Bildungsorten in der Kommune werden. Die interkulturelle Öffnung und migrationssensible Ausgestaltung von Bildungsangeboten und -einrichtungen gehört hierbei zu den zentralen Herausforderungen zur Verbesserung der Bildungschancen von Kindern und Jugendlichen mit Zuwanderungsgeschichte.

Eine kommunale Bildungspolitik, die Lebenschancen eröffnen, gesellschaftlichen Wohlstand sichern und sozialen Zusammenhalt fördern will, erfordert vor allem eine langfristig angelegte Strategie, die im Rahmen der kommunalen Daseinsvorsorge Bildungs-, Familien-, Integrations-, Sozial- und Stadtentwicklungspolitik stärker miteinander verknüpft: „Kommunale Bildungsplanung ist als integrierte Fachplanung aufzubauen. Erforderlich ist eine kommunale Bildungsplanung, die geeignet ist, die Verengungen und Begrenzungen der Teilsysteme Kinder- und Jugendhilfe sowie Schule zu überwinden und ein konsistentes Gesamtsystem für Bildung, Betreuung und Erziehung im kommunalen Raum zu entwickeln. Dazu sind kommunale Jugendhilfeplanung und Schulentwicklungsplanung zu integrieren sowie mit der Sozialplanung und der Stadtentwicklungsplanung abzustimmen. Zentraler Akteur einer solchen Bildungsplanung muss die Kommune sein" (BMFSFJ 2005: 566).[17] Die Leistungsfähigkeit eines lokalen Bildungsmanagements ist ein Schlüsselfaktor insbesondere auch für die Erschließung der Bildungspotenziale von Kindern und Jugendlichen mit Migrationshintergrund und Fluchtgeschichte, für die soziale Integration und den Zusammenhalt vor Ort sowie für die Wettbewerbsfähigkeit von Kommunen als attraktive Arbeits- und Wohnorte für Familien.

Kommunen können durch die Entwicklung einer bildungspolitischen Gesamtstrategie zu einem kohärenten und an den lokalen Bedürfnissen orientierten Bildungswesen vor Ort beitragen. Erfolgsfaktoren sind die Einbeziehung und Vernetzung zentraler Akteure, die Verständigung in der Kommune auf gemeinsame Leitbilder, Ziele und Handlungsschwerpunkte, die Verankerung von Bildung als Führungs- und Querschnittsaufgabe in der Kommune, der Aufbau eines datengestützten kommunalen Bildungsmonitorings, die Orientierung an der gesamten Bildungslaufbahn von der frühkindlichen Förderung über die berufliche Bildung bis zur Hochschule sowie strukturelle Verbesserungen an der Schnittstelle von Bildung und Integration. Durch eine Weiterentwicklung und Vernetzung von Bildungsangeboten und -einrichtungen (z. B. in Form von Familienzentren, Ganztagsschulen, Kooperationsverbünden zwischen Kindertageseinrichtungen, Schulen und Gemeinschaftseinrichtungen) können die Bildungspotenziale der örtlichen Bevölkerung erschlossen und erweitert werden.

---

17 Zu den Perspektiven einer Verknüpfung von Bildungs- und Sozialpolitik zur Vermeidung von Bildungsarmut sowie zur chancengleichen Verteilung von Bildungsressourcen als *der* zentralen Aufgabe des 21. Jahrhunderts siehe Allmendiger (1999) und Allmendiger/Leibfried (2003)

Literatur

Albers, Tim 2012: Sprache ist kein Trainingsprogramm – Wie (mehrsprachige) Kinder im Alltag von Kindergärten und Krippen unterstützt werden können. Siehe Kongressdokumentation: „Dialog und Empathie" unter www.ibe-goettingen.de

Allmendinger, Jutta 1999: Bildungsarmut: Zur Verschränkung von Bildungs- und Sozialpolitik. In: Soziale Welt 50. 35–50

Allmendiger, Jutta/ Leibfried, Stephan 2003: Bildungsarmut. In: Aus Politik und Zeitgeschichte. 21/22. 12–18

Aumüller, Jutta/ Gesemann, Frank 2014: Integrationspotenziale ländlicher Regionen im Strukturwandel. Darmstadt: Schader Stiftung

Autorengruppe Bildungsberichterstattung (Hrsg.) 2006: Bildung in Deutschland. 2006. Ein indikatorengestützter Bericht mit einer Analyse zu Bildung und Migration. . Bielefeld: W. Bertelsmann

Autorengruppe Bildungsberichterstattung (Hrsg.) 2016: Bildung in Deutschland 2016. Ein indikatorengestützter Bericht mit einer Analyse zu Bildung und Migration. Bielefeld: W. Bertelsmann

Barz, Heiner/ Barth, Katrin/ Cerci-Thoms, Meral/ Dereköy, Zeynep/ Först, Mareike/ Le, Thi Thao/ Mitchnik, Igor 2015: Große Vielfalt, weniger Chancen. Eine Studie über die Bildungserfahrungen und Bildungsziele von Menschen mit Migrationshintergrund in Deutschland. Ergebnisse des Forschungsprojekts „Bildung, Milieu & Migration" der Abteilung für Bildungsforschung und Bildungsmanagement an der Heinrich-Heine-Universität Düsseldorf. Essen/ Düsseldorf: Stiftung Mercator und Vodafone Stiftung Deutschland

Baumert, Jürgen / Schümer, Gundel 2002: Familiäre Lebensverhältnisse, Bildungsbeteiligung und Kompetenzerwerb im nationalen Vergleich. In: Baumert, Jürgen / Artelt, Claudia / Klieme, Eckhardt (Hrsg.): PISA 2000 – Die Länder der Bundesrepublik Deutschland im Vergleich. Deutsches PISA-Konsortium. Opladen: Leske + Budrich. 159–202

Baumert, Jürgen/ Stanat, Petra/ Watermann, Rainer (Hrsg.) 2006: Herkunftsbedingte Disparitäten im Bildungswesen: Differenzielle Bildungsprozesse und Probleme der Verteilungsgerechtigkeit. Vertiefende Analysen im Rahmen von PISA 2000. Wiesbaden: Verlag für Sozialwissenschaften

Becker, Birgit 2010: Bildungsaspirationen von Migranten. Determinanten und Umsetzung in Bildungsergebnisse. Mannheim: Mannheimer Zentrum für Europäische Sozialforschung (MZES)

Becker, Rolf 2011a: Integration von Migranten durch Bildung und Ausbildung – theoretische Erklärungen und empirische Befunde. In: Becker, Rolf (Hrsg.): Integration durch Bildung. Bildungserwerb von jungen Migranten in Deutschland. Wiesbaden: VS Verlag für Sozialwissenschaften, S. 11–36.

Becker, Rolf (Hrsg.) 2011b: Integration durch Bildung. Bildungserwerb von jungen Migranten in Deutschland. Wiesbaden: VS Verlag für Sozialwissenschaften

Becker, Rolf/ Solga, Heike (Hrsg.) 2012: Soziologische Bildungsforschung. Kölner Zeitschrift für Soziologie und Sozialpsychologie. Sonderheft 52/2012. Wiesbaden: Springer VS

Bensel, Joachim/ Haug-Schnabel, Gabriele 2012 Wie kommt das Kind zum Wort? Sprachentwicklung und -förderung: In: kindergarten heute, wissen kompakt. Freiburg im Breisgau: Herder

Berkemeyer, Nils/ Hermstein, Björn/ Manitius 2015: Raum als Kategorie einer bildungssoziologischen Schulforschung. In: Thomas Coelen/ Anna Juliane Heinrich/ Angela Million (Hrsg.): Stadtbaustein Bildung: Wiesbaden: Springer VS, S. 331–340

Bleckmann, Peter/ Schmidt, Volker (Hrsg.) 2012: Bildungslandschaften. Mehr Chancen für alle. Wiesbaden: VS Verlag für Sozialwissenschaften

Blossfeld, Hans-Peter/ Bos, Wilfried/ Daniel, Hans-Dieter/ Hannover, Bettina/ Köller, Olaf/ Lenzen, Dieter/ Roßbach, Hans-Günther/ Seidel, Tina/ Tippelt, Rudolf/ Wößmann, Ludger 2016: Integration durch Bildung. Migranten und Flüchtlinge in Deutschland. Gutachten. Hrsg: vbw – Vereinigung der Bayerischen Wirtschaft e. V. Münster: Waxmann

BMFSFJ [Bundesministerium für Familie, Senioren, Frauen und Jugend] (Hrsg.) 2005: 12. Kinder- und Jugendbericht. Bericht über die Lebenssituation junger Menschen und die Leistungen der Kinder- und Jugendhilfe in Deutschland. Berlin: Bundesministerium für Familie, Senioren, Frauen und Jugend

BMFSFJ [Bundesministerium für Familie, Senioren, Frauen und Jugend] (Hrsg.) 2013: 14. Kinder- und Jugendbericht. Bericht über die Lebenssituation junger Menschen und die Leistungen der Kinder- und Jugendhilfe in Deutschland. Berlin: Bundesministerium für Familie, Senioren, Frauen und Jugend. Bericht über die Lebenssituation junger Menschen und die Leistungen der Kinder- und Jugendhilfe in Deutschland. Berlin: Bundesministerium für Familie, Senioren, Frauen und Jugend

BMFSFJ [Bundesministerium für Familie, Senioren, Frauen und Jugend] (Hrsg.) 2017: 15. Kinder- und Jugendbericht. Bericht über die Lebenssituation junger Menschen und die Leistungen der Kinder- und Jugendhilfe in Deutschland. Berlin: Bundesministerium für Familie, Senioren, Frauen und Jugend. Bericht über die Lebenssituation junger Menschen und die Leistungen der Kinder- und Jugendhilfe in Deutschland. Berlin: Bundesministerium für Familie, Senioren, Frauen und Jugend

Böhme, Katrin/ Tiffin-Richards, Simon/ Schipolowski, Stefan/ Leucht, Michael 2010: Migrationsbedingte Disparitäten bei sprachlichen Kompetenzen. In: Köller, Olaf/ Knigge, Michel/ Tesch, Bernd (Hrsg.) 2010: Sprachliche Kompetenzen im Ländervergleich. Münster: Waxmann, S. 203–225

Borgna, Camilla 2014: Migration, Bildung und Ungleichheit. Welche europäischen Bildungssysteme bieten mehr Chancengleichheit? In: WZB Mitteilungen, Heft 146, Dezember 2014, S. 61–64

Bos, Wilfried/ Lankes, Eva-Maria/ Prenzel, Manfred et al. 2003: Erste Ergebnisse aus IGLU. Schülerleistungen am Ende der vierten Jahrgangsstufe im internationalen Vergleich. Zusammenfassung ausgewälter Ergebnisse. Hamburg. Verfügbar unter: http://www.kmk.org/schul/pisa/iglu_kurz-end.pdf. Zugriff 01.07.2008

Bos, Wilfried/ Hornberg, Sabine/ Arnold, Karl-Heinz et al. 2007: IGLU 2006. Lesekompetenzen von Grundschulkindern in Deutschland im internationalen Vergleich. Zusammenfassung. Handout zur Pressekonferenz in Berlin. Internet: http://www.iglu.ifs-dortmund.de/assets/files/iglu/IGLU2006_Pressekonferenz_erweitert.pdf. Zugriff: 26.02.2008

Bundesjugendkuratorium 2001: Streitschrift „Zukunftsfähigkeit sichern! Für ein neues Verhältnis von Bildung und Jugendhilfe". Berlin/Bonn: Bundesministerium für Familie, Senioren, Frauen und Jugend

Bundesjugendkuratorium 2005: Die Zukunft der Städte ist multiethnisch und interkulturell. Stellungnahme des Bundesjugendkuratoriums zu Migration, Integration und Jugendhilfe. Bonn

Bundesregierung 2007: Der Nationale Integrationsplan. Neue Wege – Neue Chancen. Berlin: Presse- und Informationsamt der Bundesregierung/ Die Beauftragte der Bundesregierung für Migration, Flüchtlinge und Integration

Bundesregierung 2011: Nationaler Aktionsplan Integration. Zusammenhalt stärken – Teilhabe verwirklichen. Berlin: Presse- und Informationsamt der Bundesregierung/ Die Beauftragte der Bundesregierung für Migration, Flüchtlinge und Integration

Deutscher Caritasverband (Hrsg.) 2012: Sonderausgabe der Zeitschrift „neue caritas" zur Studie „Bildungschancen vor Ort". Freiburg

Deutscher Städtetag 2002: Schule als kommunale Gestaltungsaufgabe. Positionspapier des Schulausschusses des Deutschen Städtetages. Köln

Deutscher Städtetag 2003: Bildungsreform aus kommunaler Sicht. Köln

Deutscher Städtetag 2006: Positionen zur Bildungsreform. Positionspapier des Deutschen Städtetags. Köln

Deutscher Städtetag 2007: Aachener Erklärung des Deutschen Städtetages anlässlich des Kongresses „Bildung in der Stadt" am 22./23. November 2007

Deutscher Städtetag 2012: Bildung gemeinsam verantworten. Münchner Erklärung des Deutschen Städtetages anlässlich des Kongresses „Bildung gemeinsam verantworten" m 8./9. November 2012

Deutscher Verein für öffentliche und private Fürsorge 2007: Diskussionspapier des Deutschen Vereins zum Aufbau Kommunaler Bildungslandschaften. Berlin

Deutscher Verein für öffentliche und private Fürsorge 2009: Empfehlungen des Deutschen Vereins zur Weiterentwicklung Kommunaler Bildungslandschaften. Berlin

Diefenbach, Heike 2007: Kinder und Jugendliche aus Migrantenfamilien im deutschen Bildungssystem. Erklärungen und empirische Befunde. Wiesbaden: VS Verlag für Sozialwissenschaften.

Diller, Angelika/ Heitkötter, Martina/ Rauschenbach, Thomas (Hrsg.) 2008: Familie im Zentrum. Kinder fördernde und Eltern unterstützende Einrichtungen – aktuelle Entwicklungslinien und Herausforderungen. München: Deutsches Jugendinstitut (DJI)

Esser, Hartmut 2000: Soziologie. Spezielle Grundlagen. Band 2: Die Konstruktion der Gesellschaft. Frankfurt am Main: Campus

Fuchs-Rechlin, Kirsten/ Bergmann, Christian 2014: Der Abbau von Bildungsbenachteiligung durch Kindertagesbetreuung für unter 3-Jährige – zwischen Wunsch und Wirklichkeit. In: Maaz, Kai/ Neumann, Marko/ Baumert, Jürgen (Hrsg.): Herkunft und Bildungserfolg von der frühen Kindheit bis ins Erwachsenenalter. Forschungsstand und Interventionsmöglichkeiten aus interdisziplinärer Perspektive. Zeitschrift für Erziehungswissenschaft. Sonderheft 24. Wiesbaden: Springer VS, S. 95–118

Gesemann, Frank 2007: Indikatoren der Integration im Bildungsbereich. In: Senatsverwaltung für Integration, Arbeit und Soziales, Der Beauftragte des Senats von Berlin für Integration und Migration (Hrsg.): Indikatoren zur Messung von Integrationserfolgen. Ergebnisse des transnationalen Projekts Indikatoren für die Zuwandererintegration. Berlin, S. 48–70

Gesemann, Frank 2008: Lokales Integrationsmonitoring – Ein geeignetes Instrument zur Förderung gleicher Bildungschancen? In: Online-Dossier „Migration und Bildung" der Heinrich-Böll-Stiftung. Verfügbar unter: http://www.migration-boell.de/web/integration/47_1470.asp. Zugriff: 15.09.2008

Gesemann, Frank 2009: Kommunale Bildungspolitik – Schlüssel zur Integration von Migranten? In: Frank Gesemann/Roland Roth (Hrsg.) 2009: Lokale Integrationspolitik in der Einwanderungsgesellschaft. Migration und Integration als Herausforderung von Kommunen. Wiesbaden: VS Verlag für Sozialwissenschaften, S. 449–468

Gesemann, Frank 2015: Integrationslotsenprojekte in Deutschland im Überblick: Konzepte, Einsatzfelder und Finanzierung. Berlin: Beauftragter des Senats von Berlin für Integration und Migration.

Gesemann, Frank/ Roth, Roland/ Aumüller, Jutta 2012: Stand der kommunalen Integrationspolitik in Deutschland. Eine Studie des Instituts für Demokratische Entwicklung und Soziale Integration (DESI). Berlin: Bundesministerium für Verkehr, Bau und Stadtentwicklung/ Die Beauftragte der Bundesregierung für Migration, Flüchtlinge und Integration

Haag, Nicole/ Böhme, Katrin/ Stanat, Petra 2012: Zuwanderungsbezogene Disparitäten. In: Petra Stanat/ Hans Anand Pant/ Katrin Böhme/ Dirk Richter (Hrsg.): Kompetenzen von Schülerinnen und Schülern am Ende der vierten Jahrgangsstufe in den Fächern Deutsch und Mathematik. Ergebnisse des IQB-Ländervergleichs 2011. Waxmann: Münster, S. 209–235

Hormel, Ulrike/ Scherr, Albert 2005: Bildung für die Einwanderungsgesellschaft. Perspektiven der Auseinandersetzung mit struktureller, institutioneller und inter-aktioneller Diskriminierung. Bonn: Bundeszentrale für politische Bildung

Hunger, Uwe/ Thränhardt, Dietrich 2001: Vom „katholischen Arbeiter-Mädchen vom Lande" zum „italienischen ‚Gastarbeiterjungen' aus dem Bayerischen Wald". Zu den neuen Disparitäten im deutschen Bildungssystem. In: Bade, Klaus J. (Hrsg.): Integration und Illegalität in Deutschland. Osnabrück: Institut für Migrationsforschung und Interkulturelle Studien (IMIS). 51–61

Hunger, Uwe/ Thränhardt, Dietrich 2004: Migration und Bildungserfolg. Wo stehen wir? In: IMIS-Beiträge. 23. 179–197

Hunger, Uwe/ Thränhardt, Dietrich 2009: Der Bildungserfolg von Einwandererkindern in den westdeutschen Bundesländern. Diskrepanzen zwischen der PISA-Studie und den amtlichen Schulstatistiken. In: Auernheimer, Gustav (Hrsg.): Schieflagen im Bildungssystem. Wiesbaden: VS Verlag für Sozialwissenschaften, S. 51–67

Integrationsbeauftragte der Bundesregierung 2014: 10. Bericht der Beauftragten der Bundesregierung für Migration, Flüchtlinge und Integration über die Lage der Ausländerinnen und Ausländer in Deutschland. Berlin: Die Beauftragte der Bundesregierung für Migration, Flüchtlinge und Integration

IntMK [Konferenz der für Integration zuständigen Ministerinnen und Minister/ Senatorinnen und Senatoren der Länder] (Hrsg.) 2015: Dritter Bericht zum Integrationsmonitoring der Länder 2011 bis 2013. Berlin/Düsseldorf: Konferenz der für Integration zuständigen Ministerinnen und Minister/ Senatorinnen und Senatoren (IntMK) der Länder

ISB [Staatsinstitut für Schulqualität und Bildungsforschung] 2012: Bildungsbericht Bayern 2012. München: Staatsinstitut für Schulqualität und Bildungsforschung (ISB)

ISB [Staatsinstitut für Schulqualität und Bildungsforschung] 2015: Bildungsbericht Bayern 2015. München: Staatsinstitut für Schulqualität und Bildungsforschung (ISB)

Kemper, Thomas 2015: Bildungsdisparitäten von Schülern nach Staatsangehörigkeit und Migrationshintergrund. Eine schulformspezifische Analyse anhand von Daten der Schulstatistik. Münster/New York: Waxmann

Kemper, Thomas/Weishaupt, Horst 2011: Region und soziale Ungleichheit. In: Reinders, Heinz et al. (Hrsg.): Empirische Bildungsforschung. Wiesbaden: VS Verlag für Sozialwissenschaften, S. 209–219.

Kiziak, Tanja/Kreuter, Vera/ Klingholz, Rainer 2012: Dem Nachwuchs eine Chance geben. Was frühkindliche Sprachförderung leisten kann. Berlin: Berlin-Institut für Bevölkerung und Entwicklung

Köller, Olaf/ Knigge, Michel/ Tesch, Bernd (Hrsg.) 2010: Sprachliche Kompetenzen im Ländervergleich. Münster: Waxmann

Konsortium Bildungsberichterstattung (Hrsg.) 2006: Bildung in Deutschland. Ein indikatorengestützter Bericht mit einer Analyse zu Bildung und Migration. Bielefeld: W. Bertelsmann

Kühnlein, Gertrud/ Birgit Klein 2011: Kommunale Bildungslandschaften. In: Dahme, Heinz-Jürgen/ Wohlfahrt, Norbert (Hrsg.): Handbuch Kommunale Sozialpolitik. Wiesbaden: VS Verlag für Sozialwissenschaften, S. 175–187

Landeshauptstadt München 2013: Münchner Bildungsbericht 2013. München: Landeshauptstadt München, Referat für Bildung und Sport – Zentrale Öffentlichkeitsarbeit

Landeshauptstadt Wiesbaden 2005: Gleiche Bildungschancen für alle? Sozialbericht zur Bildungsbeteiligung in Wiesbaden. Wiesbaden: Amt für Soziale Arbeit

Landeshauptstadt Wiesbaden 2006: Monitoring zur Bildungsbeteiligung in Wiesbaden. Wiesbaden 2006: Amt für Wahlen, Statistik und Stadtforschung

Landeshauptstadt Wiesbaden 2014: Monitoring zur Bildungsbeteiligung in Wiesbaden. Bericht 2014. Wiesbaden: Amt für Strategische Steuerung, Stadtforschung und Statistik

Maaz, Kai/ Neumann, Marko/ Baumert, Jürgen (Hrsg.) 2014: Herkunft und Bildungserfolg von der frühen Kindheit bis ins Erwachsenenalter. Forschungsstand und Interventionsmöglichkeiten aus interdisziplinärer Perspektive. Zeitschrift für Erziehungswissenschaft. Sonderheft 24. Wiesbaden: Springer VS

Merkel, Angela 2007: Rede von Bundeskanzlerin Merkel beim internationalen Symposium „Integration durch Bildung", 16.10.2007. Internet: http://www.bundesregierung.de/Content/DE/Rede/2007/10/2007-10-16-rede-bkin-symposium-integration-durch-bildung.html. Zugriff: 05.02.2008

Müller, Andrea G./ Stanat, Petra 2006: Schulischer Erfolg von Schülerinnen und Schülern mit Migrationshintergrund: Analysen zur Situation von Zuwanderern aus der ehemaligen Sowjetunion und aus der Türkei. In: Baumert, Jürgen et al. (Hrsg.): Herkunftsbedingte Disparitäten im Bildungswesen: Differenzielle Bildungsprozesse und Probleme der Verteilungsgerechtigkeit. Wiesbaden: VS Verlag für Sozialwissenschaften, S. 221–255

Müller, Matthias/ Braun, Frank 2007: Lokales Übergangsmanagement – Handlungsbedarf und Handlungsspielräume. Expertise. München: Deutsches Jugendinstitut

Paetsch, Jennifer/ Wolf, Katrin M./ Stanat, Petra/ Darsow, Annkathrin 2014: Sprachförderung von Kindern und Jugendlichen aus Zuwandererfamilien. In: Maaz, Kai/ Neumann, Marko/ Baumert, Jürgen (Hrsg.): Herkunft und Bildungserfolg von der frühen Kindheit bis ins Erwachsenenalter. Forschungsstand und Interventionsmöglichkeiten aus interdisziplinärer Perspektive. Zeitschrift für Erziehungswissenschaft. Sonderheft 24. Wiesbaden: Springer VS, S. 315–347

Pant, Hans-Anand/ Stanat, Petra/ Schroeders, Ulrich et al. (Hrsg.) 2013: IQB-Ländervergleich 2012. Mathematische und naturwissenschaftliche Kompetenzen am Ende der Sekundarstufe 1. Münster: Waxmann

Pöhlmann, Claudia/ Haag, Nicole/ Stanat, Petra 2013: Zuwanderungsbezogene Disparitäten. In: Pant, Hans-Anand/ Stanat, Petra/ Schroeders, Ulrich et al. (Hrsg.) 2013: IQB-Ländervergleich 2012. Mathematische und naturwissenschaftliche Kompetenzen am Ende der Sekundarstufe 1. Münster: Waxmann, S. 297–329

Radtke, Frank-Olaf 2004: Die Illusion der meritokratischen Schule. Lokale Konstellationen der Produktion von Ungleichheit im Erziehungssystem. In: IMIS-Beiträge. 23. 143–178

Radtke, Frank-Olaf/ Hullen, Maren/ Rathgeb, Kerstin 2005: Lokales Bildungs- und Integrationsmanagement. Bericht der wissenschaftlichen Begleitforschung im Rahmen der Hessischen Gemeinschaftsinitiative Soziale Stadt (HEGISS). Frankfurt am Main: Johann Wolfgang Goethe-Universität.

Ramm, Gesa/ Walter, Oliver/ Heidemeier, Heike/ Prenzel, Manfred 2005: Soziokulturelle Herkunft und Migration im Ländervergleich. In: PISA-Konsortium Deutschland (Hrsg.): PISA 2003. Der zweite Vergleich der Länder in Deutschland. Was wissen und können Jugendliche? Münster: Waxmann. 269–298

Relikowski, Ilona/ Yilmaz, Erbil/ Blossfeldt, Hans-Peter 2012: Wie lassen sich die hohen Bildungsaspirationen von Migranten erklären? Eine Mixed-Methods-Studie zur Rolle von strukturellen Aufstiegschancen und individueller Bildungserfahrung. In: Rolf Becker/Heike Solga (Hrsg.): Soziologische Bildungsforschung. Kölner Zeitschrift für Soziologie und Sozialpsychologie, Sonderheft 52. Wiesbaden: Springer VS, S. 111–136

Robert Bosch Stiftung (Hrsg.): Robert Bosch Expertenkommission zur Neuausrichtung der Flüchtlingspolitik. Themendossier: Zugang zu Bildungseinrichtungen für Flüchtlinge: Kindertagesstätten, Schulen und Hochschulen. Stuttgart: Robert Bosch Stiftung

RWI [Rheinisch-Westfälisches Institut für Wirtschaftsforschung] 2011: Berechnungen und wissenschaftliche Auswertungen im Rahmen des DCV-Projektes „Bericht über Bildungschancen vor Ort". Endbericht. Forschungsprojekt des Deutschen Caritasverbandes. Essen: Rheinisch-Westfälisches Institut für Wirtschaftsforschung (RWI)

Sánchez Otero, José 2008: Eine erfolgreiche Integrationsgeschichte: die spanischen Einwanderer in Deutschland. In: Thränhardt, Dietrich (Hrsg.): Entwicklung und Migration: Jahrbuch Migration – Yearbook Migration 2006/07. Münster: LIT Verlag. 202–224

Schweitzer, Helmuth 2009: Integration in lernbehinderten Systemen – Grundlagen kommunaler Bildungspolitik mit Zuwandererfamilien. In: Petra Mund/Bernhard Theobald (Hrsg.): Kommunale Integration von Menschen mit Migrationshintergrund – ein Handbuch. Berlin: Deutscher Verein für öffentliche und private Fürsorge, S. 150–172

Schweitzer, Helmuth 2009b: Handlungsfeld Bildung. In: Petra Mund/Bernhard Theobald (Hrsg.): Kommunale Integration von Menschen mit Migrationshintergrund – ein Handbuch. Berlin: Deutscher Verein für öffentliche und private Fürsorge, S. 220–237

Siebert-Ott Gesa 2013: Mehrsprachigkeit und Bildungserfolg. In: Georg Auernheimer (Hrsg.): Schieflagen im Bildungssystem. Die Benachteiligung der Migrantenkinder. 5.Auflage. Wiesbaden: Springer VS, S. 145–159.
Sökefeld, Martin 2005: Integration und transnationale Orientierung: Alevitische Verein in Deutschland. In: Weiss, Karin / Thränhardt, Dietrich (Hrsg.): SelbstHilfe. Wie Migranten soziales Kapital schaffen und Netzwerke knüpfen. Freiburg: Lambertus. 41–62
Stadt Frankfurt am Main (Hrsg.) 2012: Bildung in Frankfurt am Main. Bildungsbericht 2012. Frankfurt am Main: Magistrat der Stadt Frankfurt am Main, Dezernat Bildung und Frauen, Stadtschulamt
Stanat, Petra 2003: Schulleistungen von Jugendlichen mit Migrationshintergrund. Differenzierung deskriptiver Befunde aus PISA und PISA-E. In: Baumert, Jürgen / Artelt, Cordula / Klieme, Eckhard et al. (Hrsg.) 2003: PISA 2000 – Ein differenzierter Blick auf die Länder der Bundesrepublik Deutschland. Deutsches PISA-Konsortium. Opladen: Leske & Budrich. 243–260
Stanat, Petra 2006: Schulleistungen von Jugendlichen mit Migrationshintergrund: Die Rolle der Zusammensetzung der Schülerschaft. In: Baumert, Jürgen et al. (Hrsg.): Herkunftsbedingte Disparitäten im Bildungswesen: Differenzielle Bildungsprozesse und Probleme der Verteilungsgerechtigkeit. Wiesbaden: VS Verlag für Sozialwissenschaften, S. 189–213
Stanat, Petra/ Christensen, Gayle 2006: Schulerfolg von Jugendlichen mit Migrationshintergrund im internationalen Vergleich. Eine Analyse von Voraussetzungen und Erträgen schulischen Lernens im Rahmen von PISA 2003. Bonn / Berlin: Bundesministerium für Bildung und Forschung (BMBF)
Stanat, Petra/ Pant, Hans Anand/ Böhme, Katrin/ Richter, Dirk (Hrsg.) 2012: Kompetenzen von Schülerinnen und Schülern am Ende der vierten Jahrgangsstufe in den Fächern Deutsch und Mathematik. Ergebnisse des IQB-Ländervergleichs 2011. Waxmann: Münster
Stanat, Petra/ Rauch, Dominique/ Segeritz, Michael 2010: Schülerinnen und Schüler mit Migrationshintergrund. In: Klieme, Eckhard/ Artelt, Cordula/ Hartig, Johannes et al. (Hrsg.): PISA 2009. Bilanz nach einem Jahrzehnt. Münster: Waxmann, S. 200–230
Statistische Ämter des Bundes und der Länder 2015: Kindertagesbetreuung regional 2014. Ein Vergleich aller 402 Kreise in Deutschland. Wiesbaden: Statistisches Bundesamt
Statistisches Bundesamt 2017: Bevölkerung und Erwerbstätigkeit. Bevölkerung mit Migrationshintergrund – Ergebnisse des Mikrozensus 2015. Erschienen am 16. September 2016, korrigiert am 27. Januar 2017. Wiesbaden: Statistisches Bundesamt
Petra Strehmel 2008: Wovon hängt „gute Bildung" tatsächlich ab? In: kindergarten heute, Ausgabe 1/2008, S. 8–13
Süß, Sabine (Hrsg.): Bildung ist Gemeinschaftsaufgabe – Stiftungen und ihr Beitrag zu einem kommunalen Bildungsmanagement. Lernen vor Ort: Erfahrungsberichte und Erfolgsgeschichten: Berlin: Stiftungsverbund Lernen vor Ort
SVR [Sachverständigenrat deutscher Stiftungen für Integration und Migration] 2013: Hürdenlauf zur Kita: Warum Eltern mit Migrationshintergrund ihr Kind seltener in die frühkindliche Tagesbetreuung schicken. Berlin: Sachverständigenrat deutscher Stiftungen für Integration und Migration (SVR)
Thränhardt, Dietrich/ Wiggerink, Guido 2008: Migrantenkinder und die Defizite des deutschen Schulsystems. In: Goldberg, Andreas / Halm, Dirk (Hrsg.): Integration des Fremden als politisches Handlungsfeld. Festschrift für Faruk Sen zum 60. Geburtstag. Essen: Klartext-Verlag. 59–80
Thränhardt, Dietrich 2012: Zum Umgang des Bildungswesens mit Migration und ethnischer Differenz. In: Michael Matzner (Hrsg.): Handbuch Migration und Bildung. Weinheim/ Basel: Beltz, S. 129–138
Weinheimer Initiative 2007: Lokale Verantwortung für Bildung und Ausbildung. Eine öffentliche Erklärung. Weinheim. Verfügbar unter: http://www.freudenbergstiftung.de/fileadmin/user_upload/WEINHEIMER_INITIATIVE_2007.pdf. Zugriff: 01.07.2008

Weishaupt, Horst 1996: Innerstädtische Disparitäten des Schulbesuchs. Ein Forschungsüberblick. In: Die Deutsche Schule 88. 1. 56–65
Weishaupt, Horst 2010: Bildung und Region. In: Tippelt, Rudolf/Schmidt, Bernhard (Hrsg.): Handbuch Bildungsforschung. 3. Auflage. Wiesbaden: VS Verlag für Sozialwissenschaften, S. 217–231.
Weiß, Wolfgang W. 2009: Kommunale Bildungspolitik – Entwicklungen, Begrifflichkeiten und Perspektiven. In: Deutsche Zeitschrift für Kommunalpolitik, 48/I, S. 11–37
Weiß, Wolfgang W. 2011: Kommunale Bildungslandschaften. Chancen, Risiken und Perspektiven. Weinheim/ München: Juventa

Lokale Willkommenskulturen für ausländische Studierende

Roland Roth

Zusammenfassung

Mit der Internationalisierung akademischer Bildung sind Hochschulen zu „Treibern" für lokale gesellschaftliche Vielfalt und Integration geworden. Angesichts des weltweiten Wettbewerbs um akademisch qualifizierte Arbeitskräfte sollen Hochschulen zum „Zugangstor" für ausländische Absolventen werden, die nach dem Studium in Deutschland arbeiten möchten. Der Übergang vom traditionellen „Study and go" zu einem „Study and stay" ist kein Selbstläufer, sondern erfordert die Kooperation und eine gemeinsame Strategie von Hochschulen, Wirtschaft, Zivilgesellschaft, Studentenwerken, Studierendenschaften und -organisationen mit den kommunalen Institutionen der Hochschulstadt. Gemeinsames Ziel könnte eine lokale Willkommenskultur sein, deren Leitbild die gleichberechtigte Teilhabe am Gemeinwesen und den lokalen Arbeitsmärkten für alle Neubürgerinnen und Neubürger ist – nicht nur, aber auch für ausländische Studierende.

Schlüsselbegriffe

Internationalisierung tertiärer Bildung, globale Konkurrenz um internationale Studierende, Fachkräfteoffensive, „Study and stay", Bleibebarrieren, Wissenschaftsstadt, „Internationale Stadt"

1 Internationalisierung des Studiums

Ausländische Studierende gehören heute zum Alltag der meisten Hochschulstädte Deutschlands. So studierte die Hälfte der in Dresden gemeldeten Ausländer im Alter von 18 bis unter 30 Jahren (4.284) im Wintersemester 2013/14 an den Hochschulen der Stadt. In München betrug ihr Anteil 22 Prozent bzw. 20.613 Studierende (Körner-Blätgen/Sturm 2015: 19). Hintergrund dieser Entwicklung, die sich besonders in Großstädten mit renommierten

Hochschulen bemerkbar macht[1], ist ein starker Trend in Richtung Internationalisierung tertiärer Bildung[2]. In den letzten beiden Jahrzehnten hat sich die Zahl der internationalen Studierenden in den OECD-Ländern mehr als verdoppelt[3]. Waren es im Jahr 2000 noch rund zwei Millionen, so wuchs deren Zahl 2012 auf 4,5 Millionen. Der deutsche Anteil an dieser Entwicklung ist prozentual zwar leicht rückläufig, aber die absoluten Zahlen sind beeindruckend. Im Wintersemester 1992/93 waren in Deutschland 124 Tausend „Bildungsausländer"[4] eingeschrieben. Ihr Anteil an den insgesamt rund 1,8 Millionen Studierenden betrug damals 6,8 Prozent. Im Wintersemester 2015/16 war ihre Zahl auf rund 340 Tausend angewachsen. Damit hat sich ihr Anteil an der Gesamtzahl von 2,76 Millionen Studierenden in Deutschland mit 12,3 Prozent fast verdoppelt (Destatis 2016: 14)[5].

Die Mehrzahl der ausländischen Studierenden kommt aktuell (Wintersemester 2015/16) aus europäischen Ländern (52,4 Prozent), gefolgt von Asien (32,7 Prozent) und Afrika (8,0 Prozent). Ein Blick auf die Herkunftsländern der ausländischen Studierenden ergibt folgende Reihenfolge: An erster Stelle steht die Türkei, die mit 36.530 Studierenden rund 10,7 Prozent aller ausländischen Studierenden stellt. Es folgen China mit 34.643 Studierenden (10,2 Prozent), die Russische Föderation mit 14.909 (4,4 Prozent), Indien 13.740 (4,0 Prozent). Auf den Plätzen 6–10 stehen mit Italien, Österreich, Ukraine, Polen, Frankreich und Griechenland europäische Herkunftsländer. Eine größere Zahl von mehr als sieben Tausend Studierenden kommt aus dem Iran, Kamerun, Bulgarien und Spanien. Auf Platz 15 steht mit 6.356 Studierenden Vietnam (vgl. Destatis 2016: 57).

Ein Blick auf die von ausländischen Studierenden gewählten Studiengänge zeigt einen deutlichen Schwerpunkt in den MINT-Fächern (vor allem Ingenieurstudien und Informatik) und den Wirtschaftswissenschaften (Betriebswirtschaftslehre, Management, Volkswirt-

---

1 In München waren im Wintersemester 2013/14 mehr als die Hälfte der in Bayern registrierten internationalen Studierenden eingeschrieben (Körner-Blätgen/Sturm 2015: 19).
2 Angesichts einer Vielzahl von aktuellen Renationalisierungstendenzen bzw. nationalen Schließungen sollte der Trend der Internationalisierung allerdings nicht als unumkehrbar erachtet werden (vgl. Altbach/de Wit 2015).
3 Mehr als die Hälfte aller ausländischen Studierenden weltweit geht nach Australien, Kanada, Frankreich, Deutschland, Großbritannien und die USA. Europa ist die Topdestination für internationale Studierende (48 %), es folgen Nordamerika (21 %) und Asien (mit 18 %). Gemessen an der Gesamtzahl der internationalen Studierenden halten sich im Jahr 2012 die meisten in den USA (16 %) auf, es folgen Großbritannien (13 %), Deutschland (6 %), Frankreich (6 %) Australien (6 %) und Kanada (5 %) (OECD 2014: 345).
4 Als „Bildungsausländer" werden in der Hochschulstatistik des Statistischen Bundesamts jene ausländischen Studierenden erfasst, die ihre Hochschulzugangsberechtigung im Ausland erworben haben (inklusive Studienkollegs). Sie sind die größte Gruppe der „internationalen Studierenden", zu denen auch „Bildungsinländer" mit ausländischem Pass und deutsche Studierende gezählt werden, die ihre Hochschulzugangsberechtigung im Ausland erworben haben. In diesem Text gilt selbstverständlich immer auch die weibliche Form.
5 Dieser Internationalisierungstrend gilt auch für deutsche Studierende. Im Zeitraum von 2002 bis 2012 ist auch die Zahl der deutschen Studierenden im Ausland von 58 Tausend auf 138 Tausend angewachsen (Destatis 2014).

schaftslehre), erst danach folgen Medizin, Recht, sozial-, sprach- und kulturwissenschaftliche Studienfächer (Destatis 2016: 39). Von einzelnen Sonderentwicklungen abgesehen ist die Verteilung der Herkunftsländer wie auch der Studienschwerpunkte in den letzten Jahren vergleichsweise stabil. Dies gilt auch für regionale und geschlechtsspezifische Unterschiede. Während westeuropäische Studierende stärker in den geistes- und sozialwissenschaftlichen Fächern eingeschrieben sind, dominieren die MINT-Fächer bei Studierenden aus Ländern außerhalb der Europäischen Union. In der Summe ist der Anteil von weiblichen und männlichen Studierenden nahezu gleich groß, aber Studenten bevorzugen weit stärker MINT-Fächer und Wirtschaftswissenschaften, während Studentinnen überproportional in den kultur- und sprachwissenschaftlichen Studiengängen zu finden sind.

Die Studien- und Studienortwünsche der Studierenden, aber auch die Angebote der Hochschulen sorgen für eine ungleiche regionale Verteilung der ausländischen Studierenden in Deutschland. An der Spitze steht mit großem Abstand Nordrhein-Westfalen, es folgen Baden-Württemberg, Bayern, Berlin, Hessen und Niedersachsen. Deutlich weniger ausländische Studierende verzeichnen die Mehrzahl der ostdeutschen Länder, aber auch Bremen, Saarland und Schleswig-Holstein. In den Bundesländern sind die Großstädte in der Regel für ausländische Studierende deutlich attraktiver als Hochschulen in kleineren Städten. Berlin weist in absoluten Zahlen mit deutlichem Abstand die meisten ausländischen Studierenden auf; es folgen München, Hamburg, Frankfurt/Main und Stuttgart. Lokal sehr unterschiedlich, aber doch insgesamt mit steigender Tendenz sind ausländische Studierende zu einer wichtigen Gruppe der ausländischen Bevölkerung in den Hochschulstandorten geworden, die besonders in jüngster Zeit mehr Beachtung in der Kommunal- und Integrationspolitik findet.

2 Triebkräfte der Internationalisierung

Die gestiegene politische Aufmerksamkeit für ausländische Studierende geht mit einer Verlagerung in den strategischen Optionen für die Öffnung der überwiegend nationalstaatlich bzw. föderal verfassten akademischen Bildung einher. Analytisch lassen sich vor allem fünf Quellen unterscheiden, aus denen sich die zunehmende Internationalisierung speist[6].

Erstens gibt es einen Trend zur Internationalisierung tertiärer Bildung, der wesentlich wissenschafts- und hochschulzentriert motiviert ist[7]. Internationalisierung ist danach ein

---

6 Dass aktuelle Begründungen für weitere Internationalisierungsinitiativen im akademischen Bereich vielfältige Motive aufgreifen können, verdeutlicht eine Keynote zum Thema auf einer Netzwerkkonferenz des DAAD (Caspar-Hehne 2016). Gleichwohl werden in den bevorzugten Handlungsstrategien deutliche Prioritäten gesetzt. Zur Kritik an selbstbezogenen Internationalisierungsstrategien akademischer Einrichtungen vgl. de Wit 2013.
7 Charakteristisch ist ein Statement des Präsidenten der Hochschulrektorenkonferenz Horst Hippler von 2014: „Die Leistungsfähigkeit des Deutschen Wissenschaftssystems lebt auch von

wichtiger Qualitätsausweis für Wissenschaftseinrichtungen, Hochschulen und Studiengänge. Entsprechung gehören „incoming" und „outgoing" einer möglichst großen Zahl von Studierenden und Wissenschaftlern heute zu den Kernelementen der Zielvereinbarungen, die Wissenschaftsministerien mit ihren Hochschulen bei der Mittelverteilung treffen. Mit der forcierten Internationalisierung werden akademische Standortvorteile im Wettstreit um die „besten Köpfe" und entsprechende Qualitätszuwächse (bis hin zur „Exzellenz") für den Wissenschaftsbetrieb insgesamt erwartet. Ausländische Studierende sind in dieser Perspektive ein Reservoir, aus dem Hochschulen und Wissenschaftseinrichtungen schöpfen können. Das kann letztlich nur dauerhaft gelingen, wenn sich die Einrichtungen tertiärer Bildung und ihr Angebot interkulturell öffnen und global relevante Themen aufgreifen (Knight 2015: 2). In Deutschland kommt noch ein weiteres Motiv hinzu. Eine hohe Zahl an internationalen Studierenden wird aktuell als notwendig angesehen, um die deutsche Hochschullandschaft auf dem vorhandenen Niveau zu stabilisieren. Auch am Ende der geburtenstarken Jahrgänge sollen sich durch eine wachsende Zahl von ausländischen Studierenden die Studierendenzahlen in Deutschland auf anhaltend hohem Niveau bewegen. An einem dauerhaften Aufenthalt einer möglichst großen Zahl ausländischer Studierender nach dem Studium besteht dagegen kein Interesse. Vielmehr gilt für sie – von den wenigen akademischen „high potentials" einmal abgesehen – die Devise „study and go".

Dieser Perspektive ist auch ein *zweites* Motivbündel verpflichtet. Ausländische Studierende gelten als eine wichtige Zielgruppe in der Entwicklungspolitik. Im Studienland können sie zur interkulturellen Öffnung akademischer Bildung, zur verstärkten Aufmerksamkeit für globale Herausforderungen und zum Verständnis für den globalen Süden beitragen („interne Internationalisierung"). Ausländische Studierende können dort Modernisierungsprozesse und Wissenstransfers anstoßen, wenn sie nach dem Studium und zeitlich begrenzten Berufserfahrungen in ihr Heimatland zurückkehren („externe Internationalisierung"). Versuche, sie im Studienland halten zu wollen, setzen sich dem Verdacht eines „brain drain" aus, der die Entwicklungsperspektiven des Herkunftslandes zusätzlich schwächt. Alternative Leitbilder sind dagegen ein „brain train", „study to transform" bzw. ein „triple win". Als gelungen kann ein Auslandsstudium (von Studierenden aus dem globalen Süden) aus dieser Sicht immer dann gelten, wenn es die Studierenden selbst stärkt und qualifiziert, diese Kompetenzen perspektivisch dem Herkunftsland zugutekommen und Netzwerke zwischen Herkunfts- und Studienland aufgebaut und erhalten werden. Ausländische Studierende werden als potentielle entwicklungspolitische Akteure gesehen, die zur Bildung für nachhaltige Entwicklung (BNE) und zu transformativem Lernen im Sinne der Sustainable Development Goals der UN beitragen bzw. davon erreicht werden. Wie ein Blick auf die zentralen Herkunftsländer der ausländischen Studierenden zeigt,

---

seiner internationalen Offenheit. Wir müssen uns bemühen, die besten Köpfe dafür zu gewinnen, ihre Kreativität und Kompetenz in Deutschland einzusetzen. Zudem trägt eine verstärkte Internationalisierung dazu bei, unsere Studierenden besser dazu zu befähigen, sich in kulturübergreifenden Kontexten zu bewegen und die grenzüberschreitenden Herausforderungen der globalisierten Welt zu bewältigen" (vgl. Roth 2015: 3).

kommt der entwicklungspolitischen Perspektive insgesamt nur eine nachrangige und zudem abnehmende Bedeutung zu. Der Anteil ausländischer Studierender aus „low-income" und aus „lower middle income" Ländern hat sich zwischen 2006 (7 bzw. 42 Prozent) und 2012 (3 bzw. 22 Prozent) halbiert (Apolinarski/Poskowsky 2013: 3). Diese Tendenz scheint anzuhalten. Kamen im Wintersemester 2014/15 noch rund 9,7 Prozent der Studierenden aus Afrika, so waren es ein Jahr später nur noch rund 8 Prozent.

Von größerer Bedeutung dürfte dagegen eine *dritte* Triebkraft sein, die als „Transnational Academic Capitalism" analysiert worden ist (vgl. Kauppinen 2012 & 2015). Im Zentrum steht dabei die Ökonomisierung und Kommerzialisierung der Hochschulbildung selbst, die ihre lokalen Angebote zunehmend an Studierende auf einem globalen Markt ausrichtet und entsprechende Niederlassungen weltweit gründet. Auf diesem Wege wird aus einem öffentlichen Gut eine private Dienstleistung, die zunehmend von kommerziellen Unternehmen (Medienkonzerne, IT-Firmen etc.) angeboten wird[8]. Aber auch öffentliche Hochschulen orientieren sich verstärkt am Leitbild der „unternehmerischen Hochschule" und erzeugen entsprechende Pseudomärkte (Altbach 2015). Das Geschäftsmodell „study and pay" spielt in Deutschland, im Unterschied z. B. zu den angelsächsischen Ländern keine zentrale Rolle, solange die Studiengebühren hierzulande in der Regel vergleichsweise niedrig sind. Allerdings ist auch Deutschland in den verschärften internationalen Wettbewerb um hochqualifizierte Arbeitskräfte eingebunden.

Von überragender Bedeutung ist dagegen für Deutschland ein *viertes* Motivbündel, das mit den Stichworten demografische Entwicklung und Fachkräftemangel gekennzeichnet werden kann. In jüngster Zeit werden ausländische Studierende verstärkt als Zielgruppe entdeckt, wenn es darum geht, Bevölkerungsverluste in Deutschland zu kompensieren sowie Fachkräfte und Hochqualifizierte aus dem Ausland zu gewinnen. Dabei handelt es sich nicht um eine deutsche Sonderentwicklung, sondern in vielen OECD-Ländern übersteigt die wachsende Nachfrage nach Hochqualifizierten das nationale, aber auch das internationale Angebot (Humpert 2015: 20)[9]. Ausländische Studierende sind dabei zur bevorzugten migrantischen Zielgruppe geworden, weil sie durch ihr Studium in Deutschland als „prä-integriert" (OECD) gelten. Zusätzlich passen deren präferierte Studienfächer im MINT-Bereich perfekt, wenn es darum geht, entsprechende Lücken im deutschen Arbeitskräfteangebot auszufüllen. „Study and stay" lautet deshalb die Devise in einer Zeit, in der

---

8 Im Wintersemester 2014/15 waren 7,6 Prozent aller Studienanfänger an Hochschulen in privater Trägerschaft eingeschrieben – Tendenz auf niedrigem Niveau steigend (Autorengruppe 2016: 293).

9 Eine vergleichende Länderstudie kommt zu dem Fazit, dass sich das deutsche Zuwanderungsrecht „hinsichtlich der Erwerbstätigkeit von (Hoch)Qualifizierten zu einem der liberalsten in der EU entwickelt (hat). Abgesehen von der Neuerung, eine Aufenthaltserlaubnis zur Arbeitsplatzsuche als qualifizierte Fachkraft nach § 18c Aufenthaltsgesetz zu erhalten, ist es im Kern nachfrageorientiert, d. h. das Vorhandensein eines Arbeitsvertrags ist obligatorisch" (Humbert 2015: 42). Auch ein aktueller Vergleich von 28 Ländern des British Council bestätigt die deutschen Spitzenwerte in der Internationalisierung tertiärer Bildung und den Zugang zum deutschen Arbeitsmarkt für Absolventen aus dem Ausland (Ilieva/Peak 2016).

die Hochschulen zu einem „Zugangstor" für gezielte Einwanderung geworden sind bzw. noch werden sollen (Morris-Lange/Brands 2015).

Aber es gibt *fünftens* auch kommunale Leitbilder, die auf Internationalisierung setzen. Meist geht es dabei um die kommunal- und regionalpolitische Bedeutung von Hochschulen für eine „Wissenschaftsstadt", eine „interkulturelle" oder „internationale Stadt, die auf das Prosperitätsversprechen der drei Ts (Talente, Technologien und Toleranz) im Sinne von Richard Floridas Konzept der „kreativen Stadt" setzt[10].

Es ist wichtig, diese unterschiedlichen Triebkräfte der Internationalisierung tertiärer Bildung im Blick zu behalten. Im internationalen Vergleich zeigt sich, dass ihr jeweiliges Gewicht national sehr unterschiedlich ausfällt (Klabunde 2014; Cerna 2016). In stark wissenschaftsgetriebenen oder vorwiegend kommerziell orientierten Internationalisierungsstrategien spielen die Arbeitsmärkte der Studienorte und -regionen keine oder nur eine nachrangige Rolle. Auch wenn einige Ziele, wie z. B. die interkulturelle Öffnung und ein diskriminierungsfreier Alltag in den Hochschulen und Kommunen gemeinsam sind, kommt es zu Spannungen und Widersprüchen auf der Ebene einzelner Maßnahmen[11]. Noch bedeutsamer dürfte im integrationspolitischen Kontext der Einfluss auf das Profil der lokalen und regionalen Willkommenskulturen sein. Solange „study and go" im Vordergrund steht, sind in erster Linie die Hochschulen und ihr unmittelbares Umfeld gefordert (Studentenwerke, Studierendenorganisationen etc.), während bei „study and stay" Kommunen, die örtliche Gemeinschaft und die lokalen Arbeitsmarktakteure verstärkt ins Spiel kommen.

3 Schritte zur Öffnung für ausländische Studierende

Schon die Unabhängige Kommission Zuwanderung („Süssmuth-Kommission") empfahl 2001, mehr Ausländer für ein Studium in Deutschland zu gewinnen und ihnen über ein Punktesystem ein Daueraufenthaltsrecht zu ermöglichen. Seither gelten ausländische Studierende als „Idealzuwanderer". „Aus dem Grundsatz der 90er Jahre ‚Study and go' ist ein ‚Study and stay' geworden" (Griesbeck/Heß 2016: 44). Dazu mussten jedoch mehrere Stufen genommen werden, denn es galt den restriktiven rechtlichen Rahmen der „Aufenthaltsbewilligung zu Studienzwecken" im Ausländergesetz von 1990 zu überwinden, das einen Verbleib im Lande oder eine Erwerbstätigkeit nach Abschluss des Studiums grund-

---

10 Eine kritische Bilanz dieses international breit rezipierten Konzepts bietet Krätke (2011).

11 Ein Beispiel sind internationale Studiengänge in englischer Sprache. Sie erleichtern zwar die Anwerbung internationaler Studierender, aber erschweren den Übergang in einen überwiegend von kleinen und mittleren Unternehmen geprägten Arbeitsmarkt, deren Arbeitssprache Deutsch ist. Angesichts des Gewichts der Fachkräftethematik ist es deshalb nicht verwunderlich, dass trotz der steigenden Zahl ausländischer Studierender der Anteil internationaler Studiengänge am gesamten Studienangebot rückläufig ist. Im Jahr 2008 betrug er 7,2 Prozent, 2013 waren es nur noch 5,7 Prozent (Stifterverband 2015: 13).

sätzlich nicht vorsah. Wichtige Schritte waren der Wegfall der Vorrangprüfung (2007), der deutsche Bewerber privilegierte und die Hochqualifizierten-Richtlinie von 2012, in der die Aufenthaltsdauer nach dem Studienabschluss für die Arbeitsplatzsuche auf 18 Monate erweitert und zugleich die Gehaltsschwelle für die Niederlassungserlaubnis abgesenkt wurde. Hinzu kam die nationale Umsetzung der europäischen Blaue Karte-Regelungen. Deutschland befindet sich seither auf dem Wege in Richtung des australischen Konzepts einer „two-step migration", „gemäß dem auf den ersten Schritt des Studiums in Australien im zweiten Schritt die Arbeitsaufnahme in Australien erfolgen soll" (Fincke et al. 2012: 253).

Das „Zugangstor Hochschule" ist in jüngster Zeit deutlich offener geworden. Nach verbreiteter Einschätzung verfügt Deutschland heute im internationalen Vergleich über „eine der liberalsten Gesetzgebungen für hochqualifizierte Zuwanderer" (Dömling/Pasternack 2015: 16). Allerdings wirkt die restriktive Praxis früherer Jahre deutlich nach. Dies gilt z. B. für die Einschätzungen von ausländischen Studierenden über ihre Arbeitschancen in Deutschland: „Sie glauben aber zu großen Teilen, dass internationale Studierende nicht willkommen sind, nach Studienabschluss in Deutschland zu arbeiten" (Fincke et al. 2012: 254). Auch die Umsetzungspraxis in Behörden und Verwaltungen lässt vielerorts zu wünschen übrig: „Viele Bleibewillige sind verunsichert, weil die Entscheidung über gleichwertige Anträge von Behörde zu Behörde unterschiedlich ausfallen. Während einige der knapp 600 Ausländerbehörden das Gesetz zugunsten der Antragsteller auslegen, pflegen andere eine eher ablehnende Entscheidungspraxis, die weder im Interesse der Absolventen noch in dem der regionalen Wirtschaft ist" (SVR 2015: 44).

Neben den verbesserten rechtlichen Rahmenbedingungen verdeutlicht eine Reihe von Programmen und Initiativen auf allen staatlichen Ebenen, dass qualifizierte Zuwanderung über die Hochschulen in den letzten Jahren zu einer attraktiven politischen Option geworden ist. Ausländische Studierende sind deshalb nicht nur eine wichtige Zielgruppe in den Internationalisierungsstrategien der Hochschulen, sondern auch in der „Fachkräfte-Offensive" und der „Demografiestrategie" des Bundes. Seit Juni 2011 hat die Bundesregierung die Maßnahmen aller Ressorts in dem Bereich Fachkräftesicherung in einem Fachkräftekonzept gebündelt. Jedes Jahr wird seither überprüft, ob die aufgestellten Ziele erreicht wurden. Die interministerielle Arbeitsgruppe „Fachkräfte der Zukunft", in der alle betroffenen Ressorts unter Federführung des BMAS vertreten sind, bewertet jährlich die gemachten Fortschritte. In der 2012 vorgelegten und seither weiterentwickelten Demografiestrategie widmet sich eine von zehn Arbeitsgruppen der Aufgabe „Ausländisches Arbeitskräftepotential erschließen und Willkommenskultur schaffen". Die quantitative Bedeutung ehemaliger ausländischer Studierender für den Arbeitsmarkt wird an einer anderen Zahl deutlich: „Betrachtet man alle Personen, die zum Stichtag 30. September 2013 einen Aufenthaltstitel zur Erwerbstätigkeit (inkl. Forschung) inne hatten, sind darunter 19 Prozent, die zuvor in Deutschland studierten" (Griesbeck/Heß 2016: 53).

Kennzeichnend für beide „Strategien" ist es, dass sie kein festes Konzept sondern eine kooperative Plattform für Akteure aller staatlichen Ebenen sowie Vertreterinnen und Vertretern aus Wirtschaft, der Sozialpartner, Arbeitsagenturen, Wissenschaft und Zivilgesellschaft darstellen. Zu den konkreten Umsetzungsformen der Fachkräfte-Offensive gehören zum Beispiel differenzierte Länderstrategien (Humpert 2015: 25) und rund 1.100 regionale Netzwerke, die von einem bundesweiten Innovationsbüro „Fachkräfte für die Region" betreut werden (www.fachkraeftebuero.de). Allerdings widmet sich nur ein kleiner Teil dieser regionalen Netzwerke explizit der Aufgabe, ausländischen Studierenden den Weg in den deutschen Arbeitsmarkt zu erleichtern[12].

Der Koalitionsvertrag von Union und SPD sah 2013 eine Zielgröße von 350.000 ausländischen Studierenden für 2020 vor, die bereits 2016 nahezu erreicht wurde. Ambitionierter äußerte sich der Sachverständigenrat zur Begutachtung der gesamtwirtschaftlichen Entwicklung, der davon ausgeht, dass 2020 mindestens 500.000 ausländische Studierende nötig sind, um auf die demografischen Entwicklungen auf dem Arbeitsmarkt zu reagieren. Der Stifterband der deutschen Wissenschaft präsentiert in einem Szenario sogar die Zahl von 620.000 ausländischen Studierenden im Jahre 2025 (Stifterverband 2015: 4). Diese Zahlen signalisieren ein anhaltendes Interesse an ausländischen Studierenden und der Förderung ihrer Bereitschaft, nach dem Studium (zumindest für eine gewisse Zeit) in Deutschland entsprechend ihrer akademischen Ausbildung berufstätig zu werden.

Da der Bedarf an qualifizierten Fachkräften regional sehr ungleich ausfällt, sind auch die lokalen und föderalen Initiativen für den Verbleib von ausländischen Studierenden unterschiedlich intensiv. Während etwa Baden-Württemberg ein flächendeckendes Netz von regionalen Fachkräfteallianzen eingerichtet hat, ist es in den meisten anderen Bundesländern bei punktuellen Initiativen geblieben. Eine Analyse der bundesweiten Fachkräfteallianzen mit Hochschulbeteiligung von 2014 hat ergeben, dass deren regionale Verteilung in etwa der Wirtschaftskraft der Bundesländer entspricht. An der Spitze stehen mit deutlichem Abstand Baden-Württemberg (27 Allianzen), Bayern (20) und Nordrhein-Westfalen (19) – vgl. Roth 2015: 40.

4 Potentiale und Herausforderungen für eine lokale Willkommenskultur

Wie die wachsende Zahl ausländischer Studierender vermuten lässt, hat Deutschland vergleichsweise gute Voraussetzungen, um gezielt internationale Studierende anzuwerben und das Hochschulstudium zu einem Zugangstor für den deutschen Arbeitsmarkt zu machen. Das Studium in Deutschland gilt als „gut" und aufgrund geringer Studiengebühren auch als „preiswert" (Fincke et al. 2012: 261). Deutschland hat im OECD-Vergleich moderate Lebenshaltungskosten, hohe Lebensqualität und eine relativ intakte öffentliche Infrastruktur zu bieten. Eine im internationalen Vergleich durchaus „offene" Gesellschaft mit einem hohen Maß an Sicherheit steigert zusätzlich die Attraktivität deutscher Hochschulen für

---

12 Zu den zahlreichen Initiativen der Länder und der Kommunen s. Roth (2015: 22ff.). Dort ist auch eine Auswertung der sehr unterschiedlichen, zumindest von drei regionalen Akteuren gebildeten regionalen Netzwerke (Stand: Ende 2014) nachzulesen (Roth 2015: 38ff.).

ausländische Studierende. Dass es auf dem deutschen Arbeitsmarkt gute Karrierechancen für Hochschulabsolventen gibt, haben die beschriebenen Gesetzesänderungen und Willkommensinitiativen unterstrichen. Deutschland ist als Studienland im letzten Jahrzehnt deutlich beliebter geworden. Für eine Mehrheit der ausländischen Studierenden stellt es die erste Wahl dar (z. B. bei 66 Prozent der Ingenieurstudenten). In einer Befragung durch das Deutsche Studentenwerk aus dem Jahre 2012 geben 84 Prozent der ausländischen Studierenden an, ihren Freunden und Bekannten Deutschland als Studienland zu empfehlen; 2009 waren es nur 71 Prozent (Apolinarski/Poskowsky 2013: II). Auch der Wunsch, nach dem Studienabschluss zumindest zeitweilig eine Beschäftigung aufzunehmen, ist zu Beginn des Studiums ausgeprägt. Auch wenn unterschiedliche Zahlenangaben zu den Bleibewilligen vorliegen, bewegen sich die Zahlen auf einem hohen Niveau – die Angaben schwanken zwischen 80 Prozent bei Masterstudiengängen, 70 Prozent im Promotionsstudium und bei rund zwei Drittel der ausländischen Studierenden zu Beginn des grundständigen Studiums.

An dieser Stelle wird die *erste* große Herausforderung sichtbar. Der faktische Verbleib liegt deutlich unter den Wünschen der ausländischen Studienanfänger, auch wenn sich die Angaben zu den Bleibequoten je nach Studie zwischen 22 und 56 Prozent bewegen (Morris-Lange/Brands 2015: 20)[13]. Gemäß der Devise „study and stay" lohnt deshalb eine intensive Auseinandersetzung mit den Ursachen für diese Diskrepanz. Sie sind sicherlich in unterschiedlichen Dimensionen zu vermuten. Einflussfaktoren auf die Rückkehrentscheidungen sind vor allem Freunde und persönliche Beziehungen im Herkunftsland (80 Prozent), bessere Arbeitsmöglichkeiten in anderen Ländern (72 Prozent), Sprachprobleme (56 Prozent) und ein sich nicht „Zuhause-Fühlen" in Deutschland (53 Prozent), so eine Studie des Sachverständigenrats (Fincke et al. 2012: 265). „23 % der Studierenden gaben an, dass sie durch eine unzureichende Karriereberatung von einer Karriere in Deutschland abgehalten werden". Hinzu kommen rechtliche und regionale Unterschiede: „40 % der Studierenden aus den EU-Staaten hatten den Eindruck, dass für Sie keine Hindernisse bestehen, in Deutschland eine Arbeit aufzunehmen, aber nur 14 % der Studierenden aus Nicht-EU-Staaten waren dieser Meinung" (Ripmeester/ Pollock 2014: 95). Wenn es gelänge, diese Kluft wenigstens teilweise zu schließen und damit den ursprünglichen Wünschen der ausländischen Studierenden zu entsprechen, so die Schlussfolgerung, entstünde eine hochwillkommene Win-win-Situation.

Mit Blick auf die Studienabschlüsse wird eine *zweite* Herausforderung sichtbar. Auch wenn es hierzu unterschiedliche Studien gibt, liegen die Abbruchquoten ausländischer

---

13 Neuere Studien des BAMF (Hanganu/Heß 2014; Hanganu o. J.) widersprechen dieser Einschätzung: „Während in Deutschland rund die Hälfte der drittstaatsangehörigen Studierenden bleibt und größtenteils erwerbstätig wird, ist allein in Finnland eine höhere Bleibequote festzustellen. Dagegen verbleiben in den USA weniger als 40 Prozent und in Großbritannien und Österreich nur etwa halb so viele internationale Studierende" (Hanganu o. J.: 8). Allerdings weisen die Autorinnen einschränkend auf die mangelnde Vergleichbarkeit der Verbleibsdaten hin. Aus der Perspektive des TAC oder der Internationalisierung der Wissenschaft sind niedrige Verbleibszahlen allerdings kein Problem.

Studierender deutlich über denen der einheimischen[14]. Die in einer Studie ermittelten Abbruchquoten bei ausländischen Studierenden von 46 Prozent liegen um 18 Prozent über denen der deutschen Studierenden (vgl. Roth 2015: 9). Auch hier verspricht die Suche nach möglichen Ursachen (Sprachbarrieren, Alltagsprobleme bei der Job- und Wohnungssuche, Studienfinanzierung, Beratungs- und Betreuungsdefizite im Studium, geringe Kontaktdichte zu einheimischen Studierenden, Segregation ausländischer Studierender, Diskriminierungserfahrungen etc.) strategische Antworten, die allen Beteiligten zu gute kommen können. Eine Ursache dürften noch immer unzureichende Beratungsangebote sein. „Insgesamt wünschen 75 Prozent der ausländischen Studierenden einen Ausbau der Serviceleistungen an ihrer deutschen Gasthochschule" (Stifterverband 2015: 23 – mit Verweis auf DAAD 2014).

Die Wissenschaftsministerien von Bund und Ländern streben an, den „Studienerfolg ausländischer Studierender von derzeit etwa 50 auf 75 Prozent steigern und sich damit dem Niveau der deutschen Studierenden anzupassen" (Deutsches Studentenwerk 2015: 27). Noch hält das Wachstum der Studienanfänger bei den Bildungsausländern mit dem der Absolventen nicht Schritt (Stifterverband 2015: 13).

Weitgehend unstrittig scheint auch eine *dritte* Herausforderung, die mit dem Übergang von der Hochschule zur Berufstätigkeit verbunden ist. Offensichtlich entwickelt sich die Präferenz für das Arbeitsland bei 52 Prozent der ausländischen Studierenden erst während des Studiums. Nur ein Viertel (24,9 Prozent) hat sich schon zu Beginn des Studiums auf ein Land festgelegt. Die übrigen 23,1 Prozent wollen sich erst nach dem Studium entscheiden, wobei die langfristigen Bleibeabsichten stark nach Herkunftsländern variieren. Bei den Studierenden aus den GUS-Staaten sind sie besonders hoch, bei Studierenden aus der Türkei und Indien liegt der Anteil deutlich niedriger (Hanganu/Heß 2014). Ausländische Studierende, die es schaffen, nach dem Studium in Deutschland zu bleiben, bewerten nach dieser Studie ihre Situation sehr positiv: 81 Prozent sind zufrieden oder sehr zufrieden mit ihrem Leben in Deutschland und fühlen sich sicher. Eine neuere Studie des Stifterverbands fasst zusammen: „Der Übergang in den deutschen Arbeitsmarkt wird behindert durch fehlende Sprachkenntnisse, geringe soziale Kontakte zu Deutschen, wenig Erfahrungen mit deutschen Unternehmen und mangelnde Kenntnis über den deutschen Arbeitsmarkt" (Stifterverband 2015: 5). Wobei der Stifterverband die Förderung der sozialen Integration hauptsächlich als Aufgabe der Hochschule sieht (Stifterverband 2015: 24). Mehr als die

---

14 Das Wachstum der Studienanfänger bei den Bildungsausländern hält mit dem der Absolventen nicht Schritt – mit gravierenden ökonomischen Folgen: „Von zehn ausländischen Studienanfängern erreichen nur knapp sechs einen Abschluss, weniger als drei verbleiben im Arbeitsmarkt. Deshalb sind gegenwärtig für Bildungsausländer im Durchschnitt Investitionen von rund 134.000 Euro pro ausgebildeter akademischer Fachkraft, die im deutschen Arbeitsmarkt verbleibt, notwendig" (Stifterverband 2015: 16). Für deutsche Absolventen beläuft sich der Betrag laut Stifterverband dagegen auf durchschnittlich rund 46.000 Euro. Bleiben die Studierenden nach dem Abschluss in Deutschland lässt sich jedoch eine Gegenrechnung aufmachen: Deutschland „spart" die deutlich höheren Bildungskosten, die in den Herkunftsländern für den langen Weg zur Hochschulreife aufgewendet werden mussten.

Hälfte der Befragten fühlt sich schlecht oder gar nicht informiert und unzureichend beraten. Wichtig sind deshalb Willkommenssignale von Unternehmen und breit gestreute Informationen über Bleibe- und Beschäftigungsmöglichkeiten in Deutschland. Begleitenden Praktika während des Studiums könnte nach einer SVR-Befragung von Master-Studierenden 2015 eine Schlüsselrolle zukommen. Aber nur knapp ein Drittel (32 Prozent) hat ein Praktikum in Deutschland absolviert. Es wird auch nur in einem Drittel der Studiengänge verlangt (Lokhande 2016). Neben der überragenden Bedeutung von allgemeinen Sprachkompetenzen für einen erfolgreichen Studienabschluss können fachsprachliche Angebote den Übergang ins Arbeitsleben erleichtern. Zwar gibt es heute eine Vielzahl von Informations-, Beratungs- und Vermittlungsangeboten, Jobmessen von Hochschulen und Arbeitsmarktakteuren (Kammern, Jobcenter etc.), aber die anhaltende Kritik der ausländischen Studierenden macht deutlich, dass besonders für aufsuchende und studienbegleitende Angebote noch erheblicher Institutionalisierungsbedarf besteht. Viele der „international offices" und „career center" von Hochschulen, Kammern und Jobcentern sind projektfinanziert entstanden und von wechselnden Förderinitiativen abhängig. Dies reduziert die Chancen zur Qualitätsentwicklung und zur Institutionalisierung verlässlicher lokaler Netzwerke.

Eine *vierte* Herausforderung ist mit dem Begriff der Willkommenskultur verbunden. Trotz vieler Negativschlagzeilen (wiederholte Mobilisierungen gegen den Zuzug von „Fremden", Anschläge auf Asylunterkünfte, Gewalttaten gegen Geflüchtete, aber auch Attacken auf „ausländisch aussehende" Studierende) schneidet die deutsche Willkommenskultur im internationalen Vergleich insgesamt relativ gut ab. Dies haben nicht nur die zahlreichen Willkommensinitiativen und das dauerhafte Engagement für Geflüchtete seit dem Herbst 2015 verdeutlicht. Eine Auswertung von Daten des World Value Survey für den Zeitraum von 2000–2014 unterstreicht diesen Befund. Auf die Frage nach einer Bevorzugung von Einheimischen („Wenn Arbeitsplätze knapp werden, sollten Arbeitgeber Einheimische statt Zuwanderer bevorzugen?") zeigen sich Extremwerte: „So lehnen in Schweden etwa drei Viertel der Bevölkerung die Benachteiligung von Zuwanderern ab bzw. stimmen nur 11,1 bis 14,4 % zu, während es in Japan rund 60 % Befürworter sind" (Humpert 2015: 18). In Deutschland sank die Zustimmung zur Bevorzugung von Einheimischen von 54,6 Prozent (2005/2009) auf 41,4 Prozent (2010/2014). Sie liegt damit auf dem Niveau von Kanada (40,1 Prozent), aber unter dem Niveau von Großbritannien (51,3 Prozent) und den USA (50,5 Prozent). Nur die skandinavischen Länder und die Niederlande schneiden in Sachen Offenheit besser ab (Humpert 2015: 19). Eine Emnid-Umfrage vom Februar 2015 berichtet nicht nur von einer wachsenden Offenheit, sondern auch von zwiespältigen Einschätzungen in der Bevölkerung. Zuwanderung bringe nicht nur ökonomische Vorteile, sondern auch finanzielle Mehrbelastungen und soziale Spannungen für Deutschland (TNS Emnid 2015: 11).

Trotz dieser relativen Offenheit besteht umgekehrt ein erhebliches Diskriminierungs- und Abwehrpotential in der Bevölkerung und in zentralen Institutionen. Nicht heimisch geworden zu sein bzw. anhaltende Fremdheitsgefühle sind ein häufig geäußertes Motiv von ausländischen Studierenden, wenn sie entgegen ihrer ursprünglichen Absichten nach dem

Studium Deutschland verlassen. Dies gilt selbst für die Gruppe der Dagebliebenen, denn „willkommen oder sehr willkommen fühlen sich insgesamt ... nur 63 Prozent" (Hanganu/Heß 2014: 8). Diverse Regionalstudien verweisen auf eine oft noch wenig ausgeprägte Willkommenskultur vor Ort[15]. Gerade lokale Ausländerbehörden können für ausländische Studierende und Hochschulabsolventen eine besondere Quelle negativer Erfahrungen darstellen[16]. Fast 40 Prozent aller ausländischen Studierenden haben Diskriminierung erfahren oder sahen sich Vorurteilen ausgesetzt, weil sie Ausländerinnen bzw. Ausländer sind (Sykes/Chaoimh 2012)[17]. Neben lokalen Besonderheiten und Größenunterschieden (Großstadt/Kleinstadt) lässt sich ein verstärktes West/Ost-Gefälle beobachten. „Während in Westdeutschland lediglich ein Drittel der Befragten glaubt, Einwanderer seien seitens der Bevölkerung in Deutschland nicht willkommen, glaubt das im Osten fast jeder Zweite (47 Prozent). Noch vor drei Jahren war ein solcher Unterschied zwischen den neuen und den alten Bundesländern nicht feststellbar, weshalb nunmehr davon auszugehen ist, dass sich die beiden Landesteile diesbezüglich in der Zwischenzeit in gegensätzliche Richtungen entwickelt haben" (TNS Emnid 2015: 14). Für ausländische Studierende entsteht dadurch in Ostdeutschland ein besonderes Dilemma: „Aufgrund ihrer Internationalität sind Hochschulen in fremdenfeindlich kontaminierten Regionen besonders betroffen von fremdenfeindlichen Stimmungen in ihrem unmittelbaren Umfeld. Zugleich könnte angenommen werden, dass sie als Repräsentanzen an Zivilität auch über besondere Potentiale verfügen, auf regressive Stimmungen zu reagieren" (Dömling/Pasternack 2015: 37). Dies geschehe aber oft nur anlassbezogen aber nicht dauerhaft[18].

Seit dem Herbst 2015 ist eine fünfte Herausforderung in den Vordergrund gerückt, die zugleich als Potential angesehen werden sollte. Die verstärkten Fluchtbewegungen der jüngsten Zeit haben die Anforderungen an die deutsche Willkommenskultur noch einmal

---

15 Zu Nürnberg s. Schlücker/Bartig 2013; zu Brandenburg s. Assel/Strom 2014.
16 Eine mehrjährige und vergleichend angelegte Studie zum Umgang mit ausländischen Studierenden attestiert der Ausländerbehörde der Stadt Bayreuth nicht nur einen durchgängig respektlosen und unhöflichen Umgangston, sondern eine systematisch destruktive Praxis, die den Willkommensbemühungen von Hochschule und Stadt zuwider läuft (Barié-Wimmer/Müller-Jacquier 2013).
17 Eine neuere Studie zur Situation von internationalen Nachwuchswissenschaftlern in Deutschland kommt zu dem bestürzenden Ergebnis: „Während Diskriminierung im wissenschaftlichen Umfeld kein sehr gravierendes Problem zu sein scheint, sind im Alltag Vorbehalte aufgrund ihrer Herkunft für internationale Wissenschaftler allgegenwärtig. Mit ihnen hat – unabhängig von der Herkunftsregion – rund jeder Zweite von ihnen zu kämpfen. 6 % haben in Deutschland physische Übergriffe mit ausländerfeindlichem Hintergrund persönlich erlebt, mehr als jeder Vierte solcher verbaler Art. Besonders häufig betroffen sind afrikanische und asiatische Wissenschaftler: Unter den afrikanischen Wissenschaftlern erlebten 12 % physische und 55 % verbale Angriffe, unter den asiatischen waren es 15 % beziehungsweise 54 %" (Wegner 2016: 147).
18 Dass es auch zu dauerhaften Gegenmobilisierungen von Hochschulen und zivilgesellschaftlichen Akteuren kommen kann, belegt z. B. das „Bürger-Bündnis" von Wernigerode, das sich anlässlich von Übergriffen auf ausländische Studierende in der Harz-Region gebildet hatte (vgl. Roth 2010: 62ff.).

deutlich gesteigert. Nicht zuletzt sind auch die Hochschulen gefordert. Von den 890.000 Geflüchteten, die 2015 nach Deutschland gekommen sind, besuchten nach Angaben der ersten repräsentativen Befragung von Flüchtlingen 19 Prozent in ihrem Herkunftsland eine Hochschule, 13 Prozent haben dort einen akademischen Abschluss erworben (Brücker et al. 2016: 1109). Die große Mehrheit der Geflüchteten hat zudem starke Bildungsaspirationen. Hochschulen, Kommunen, Zivilgesellschaft und Wirtschaft stehen damit vor der Herausforderung, auch für die Gruppe der Geflüchteten Zugänge zu akademischer Bildung und zu qualifizierten Tätigkeiten auf dem Arbeitsmarkt zu schaffen. Das Altersprofil der Asylsuchenden (Stand vom 31.12.2014) ist deutlich jünger als das der einheimischen Bevölkerung – 60 Prozent der Asylsuchenden sind unter 25 Jahren. Selbst der Anteil der Babys liegt fünfmal höher als in der einheimischen Bevölkerung (Schultz 2015: 1). Es spricht deshalb alles für frühzeitig ansetzende Integrationsangebote in Bildung und Ausbildung. Auch die Hochschulen sollten die Chance nutzen, dieser Generation einen möglichst einfachen und erfolgversprechenden Zugang zum Studium zu ermöglichen.

Insgesamt legt die Herausforderung „Willkommenskultur" nahe, gemeinsame Initiativen für eine Willkommenspraxis in Hochschulen, Zivilgesellschaft, Unternehmen und Kommunen zu starten und auf Dauer zu stellen.

5 Kollaborative Netzwerke und Strategien

Die dargelegten Potentiale und Herausforderungen, die mit einer wachsenden Zahl von ausländischen Studierenden für eine lokale Willkommenskultur verbunden sind, legen ein breit aufgestelltes und integriertes Vorgehen verschiedener lokaler Akteure nahe. So gehört die Bildung von regionalen und lokalen Netzwerken zu den zentralen Ansatzpunkten der diversen Fachkräftestrategien von Bund und Ländern. Daran knüpfen aktuelle Modellprogramme wie z. B. „Study & Work" des Stifterverbands an, das es sich zum Ziel gesetzt hat, regionale Netzwerke zur Bindung von internationalen Studierenden zu fördern. In eine vergleichbare Richtung weist ein Ende 2016 abgeschlossenes Modellvorhaben von Bertelsmann Stiftung und der Stadt Hannover „Willkommenskultur für internationale Studierende in Hannover".

Sie haben durch die Flüchtlingszuwanderung der letzten Jahre zusätzliche Impulse erfahren. Unstrittig scheint dabei die Devise: „Um die Bleibequote dieser hochqualifizierten internationalen Studierenden nach dem Studienabschluss zu erhöhen, bedarf es eines abgestimmten Vorgehens der Hochschulen, der kommunalen Verwaltung sowie der potenziellen Arbeitsgeber" (Glorius 2016). Die Leitlinie „Study and stay" ist dabei ethisch solange unbedenklich, wie es um den Abbau von Hürden geht, die der Verwirklichung der bereits vorhandenen bzw. sich während des Studiums entwickelnden Bleibewünschen von ausländischen Studierenden im Wege stehen. Ihr Eigensinn und ihre Wahlfreiheit sind zu respektieren. Eine starre Fixierung auf einen „dauerhaften Zuzug" und den Verbleib in lokalen Arbeitsmärkten ist schon deshalb zu vermeiden, weil für einen Teil der ausländischen Studierenden transnationale Mobilität zur Selbstverständlichkeit geworden ist. Mit Blick auf das unterschiedliche Gewicht der Transnationalisierungsfaktoren ist eine stärkere Orientierung an den Zielen globaler Nachhaltigkeit angesagt („*brain train*" und „*brain transfer*").

Zudem ist stets zu bedenken, dass Studienzeiten nicht nur berufsvorbereitenden Charakter haben, sondern eine biografisch bedeutsame Statuspassage darstellen, in der oft auch familiäre und soziale Entscheidungen getroffen werden, für die ein sozialintegratives Umfeld von besonderer Bedeutung ist[19]. Eine Vielzahl von Studien macht darauf aufmerksam, dass „weichen" Faktoren (Kultur, Lebensqualität, Begegnungen, Offenheit) größere Aufmerksamkeit gewidmet werden sollte, wenn es um die Bleibeperspektiven von Studierenden geht. Quer durch alle Handlungsfelder haben sich begegnungsintensive Unterstützungsformate (Paten-, Mentoren- und Lotsenkonzepte) bewährt. Freiwilliges Engagement ist gerade für ausländische Studierende eine ideale Form, um in der Hochschulstadt anzukommen (Lokhande 2016).

Dabei gilt es auch die besonderen sozialen Lagen der ausländischen Studierenden im Blick zu behalten. „Ausländische Studierende sind deutlich häufiger verheiratet als deutsche Studierende (17 % vs. 6 %) und mehr als doppelt so häufig Eltern (11 % vs. 5 %). 8 Prozent der Bildungsausländer(innen) leben gemeinsam mit ihrem Kind bzw. ihren Kindern in Deutschland" (Apolinarski/Poskowsky 2013: 1). Ein Viertel der Bildungsausländer kommt aus einem Land mit eher geringen Pro-Kopf-Einkommen und 39 Prozent haben Schwierigkeiten mit der Finanzierung des Studiums. Auch das Wohnen wird für ausländische Studierende zu einer besonderen Herausforderung. Nach wie vor sind zwar Wohnheime die bevorzugte Wohnform (37 Prozent), 20 Prozent leben in einer studentischen Wohngemeinschaft. Bereits in einer Befragung von 2012 berichten 42 Prozent der ausländischen Studierenden von Schwierigkeiten bei der Wohnungssuche (vgl. Apolinarski/Poskowsky 2013), die in den letzten Jahren angesichts steigender Studierendenzahlen und verstärkter Bevölkerungsgewinne in den Metropolen noch zugenommen haben dürften.

Beispielhaft für eine lokal angepasste Strategie, die auf diese Problemlagen reagiert, sind die Handlungsfelder und strategischen Ziele, die im Rahmen des Modellprojekts „Willkommenskultur für internationale Studierende in Hannover" entwickelt worden sind[20]. Dazu gehört *Wohnen* mit dem strategischen Ziel, internationalen Studierenden angemessenen und bezahlbaren Wohnraum zur Verfügung zu stellen. Eine öffentlich stark beachtete kommunale Kampagne, die Privatvermieter zur Bereitstellung von zusätzlichen Wohnräumen für ausländische Studierende bewegen soll, dient ebenso diesem Ziel wie die Schaffung von weiteren Plätzen in Studenten-Wohnheimen oder Kontingent-Vereinbarungen mit privaten Wohnungsmarktakteuren. Im Handlungsfeld *Studienfinanzierung* wird bei privaten Arbeitgebern für zusätzliche studentische Jobs geworben. Aber auch die Hochschulen sind

---

19 Freunde und persönliche Beziehungen sind mit 80 Prozent der wichtigste Faktor für die Rückkehrentscheidung von ausländischen Studierenden (Fincke et al. 2012: 265).
20 Vgl. Bertelsmann Stiftung/Stadt Hannover, Willkommenskultur für internationale Studierende in Hannover. Ziel- und Handlungsprogramm – Arbeitspapier vom 21.11.2016.

aufgefordert, ausländische Studierende bei Tutor-Stellen und als studentische Hilfskräfte stärker zu berücksichtigen. Gemeinsames Ziel ist es, dass internationale Studierende bei Bedarf ihr Studium durch Jobs, Beihilfen oder Stipendien finanzieren können. Strategisches Ziel des dritten Handlungsfelds *Integration, Diversity und Antidiskriminierung* ist es, dass sich internationale Studierende in Hannover zu Hause fühlen und aktiv am Leben in Hochschulen und in der Stadt teilnehmen können. Handlungsansätze werden in Welcome-Angeboten und der kontinuierlichen Beratung für internationale Studierende, aber auch in der interkulturellen Sensibilisierung von Mitarbeiterinnen und Mitarbeitern in Hochschulen und Kommunalverwaltungen gesehen. Schließlich wird auf die Chancen des freiwilligen Engagements von internationalen Studierenden verwiesen, das gezielt gefördert werden soll. Im vierten Handlungsfeld geht es um die *Perspektiven Bleiben oder Gehen*. Strategisches Ziel ist es, internationalen Studierenden Perspektiven und Möglichkeiten für eine Beschäftigungsaufnahme in der Region aufzuzeigen. Schließlich stellt der *Hochschulzugang für Geflüchtete* ein eigenes fünftes Handlungsfeld dar. Studierwilligen Geflüchteten den Zugang zur Hochschule und den Studienstart zu erleichtern und andere Studierende für deren Unterstützung zu gewinnen, sind hier die strategischen Ziele[21].

Einige Erfolgsbedingungen solcher Strategien liegen auf der Hand:

1. Es kommt zunächst darauf an, möglichst alle relevanten und interessierten Akteure an einen Tisch zu bringen. Dazu gehören u. a.:
   - Kommune (integrationspolitische Akteure, Ausländerbehörden, welcome center, Wirtschaftsförderung, Integrationsräte, Freiwilligenagenturen etc.)
   - Hochschulen (Akademische Auslandsämter, Career Services, Internationale Büros etc.)
   - Studentenwerke (Träger von Mensen, Studentenwohnheimen etc.)
   - Studierendenvertretungen und -organisationen, besonders die Zusammenschlüsse von internationalen Studierenden
   - Wirtschaft (Unternehmen, Wohnungswirtschaft, Industrie- und Handelskammern, Gewerkschaften, Fachkräftebüros etc.)
   - Arbeitsagenturen und Jobcenter
   - Lokale Zivilgesellschaft (Migrantenorganisationen, Vereine, Flüchtlingsinitiativen, Kultureinrichtungen etc.)

   Bereits vorhandene Netzwerke (etwa der Fachkräfteoffensive oder des Arbeitsmarktmonitors, Cluster-Netzwerke, Standortmarketing, Gründungsforen, Netzwerke in Metropolregionen) gilt es zu nutzen

2. Klärung der durchaus unterschiedlichen Interessen und Ziele der Beteiligten (z. B. innere und äußere Internationalisierung der Hochschule, Standortsicherung, Wettbewerbsfähigkeit, demografische Entwicklung), um die Möglichkeiten einer abgestimmten Strategie auszuloten

---

21 Mit der Studie von Schammann/Younso (2016) liegt eine erste vergleichende Analyse der Hochschulangebote für Studieninteressierte mit Fluchterfahrungen vor, die auch differenzierte Handlungsempfehlungen formuliert.

3. Verbindliche Absprachen über die Arbeitsweise, Koordination und Finanzierung des Netzwerks
4. Gemeinsame Bestandsaufnahme der konkreten lokalen Bedingungen, Potentiale, Bedarfe und Herausforderungen einer Willkommenskultur für ausländische Studierende – nach Möglichkeit mit Einbindung der ausländischen Studierenden und internationalen Fachkräfte (Befragungen, Fokusgruppen etc.)
5. Entwicklung eines Ziel- und Handlungsprogramm, in dem sich die Netzwerkakteure – einzeln oder gemeinsam – zu bestimmten Maßnahmen verpflichten und einen Zeitrahmen für deren Umsetzung festlegen
6. Mobilisierung der lokalen Bevölkerung und der zuständigen Akteure in Institutionen. Bürgerschaftliches Engagement hat sich nicht nur in den Monaten verstärkter Zuwanderung von Geflüchteten als zentrale Willkommens- und Integrationsressource erwiesen. Ohne freiwilliges Engagement und die Bereitschaft der Beteiligten in Einrichtungen, auch unkonventionelle Wege zu gehen, kann eine Willkommenskultur nicht entstehen[22]
7. Regelmäßiges Monitoring und gelegentliche Evaluation der Erfolge und Wirkungen des Ziel- und Handlungsprogramms unter der Beteiligung der Zielgruppe.

Die Erfolgschancen solcher Netzwerke dürften zusätzlich steigen, wenn sie Teil von breiter angelegten Willkommens-, Integrations- und Vielfaltsstrategien in Hochschulen, Unternehmen und in der Kommune sind und nicht als selektive Praxis für eine bestimmte Zielgruppe wahrgenommen und womöglich abgelehnt werden. Gute Beispiele solcher integrativen Leitbilder bieten z. B. *„Ulm: Internationale Stadt"* mit dem Motto: „Weg von der ‚Integration' hin zur ‚Internationalität' und ihrer Wertschätzung". Kern dieses 2012 vom Ulmer Gemeinderat verabschiedeten detaillierten strategisch ausgerichteten Konzepts ist es, Internationalität als Standortfaktor und Markenzeichen zu begreifen, die in allen kommunalen Handlungsfeldern eine Rolle spielt. Genannt werden nicht nur Wirtschaft und Wissenschaft, sondern auch Bildung, politische Partizipation, Vereinskultur, bürgerschaftliches Engagement, internationale Begegnungen und kulturelle Vielfalt. Willkommenskultur und interkulturelle Öffnung werden als gesamtstädtische Ausgabe begriffen: „Jede und jeder ist aufgerufen, zum friedlichen Zusammenleben in unserer internationalen Stadt beizutragen!" Ausländische Studierende sind integraler Bestandteil dieses Konzepts, aber auch Geflüchtete, wenn sich die Stadt bereits 2012 als „Schutzraum für Flüchtlinge" positioniert.

Die Landeshauptstadt *Stuttgart* geht seit vielen Jahren unter der Überschrift „Die Interkulturelle Stadt" einen ähnlich Weg (vgl. Özbabacan/Pavkovic in diesem Band). Die Logik dieses inklusiven Ansatzes wird in dem von der Landeshauptstadt, der regionalen

---

22 In einer Studie der Hochschulangebote für Geflüchtete heißt es exemplarisch: „Alle untersuchten Angebote haben ihre Wurzeln im freiwilligen Engagement von Studierenden, Dozierenden, Verwaltungsmitarbeitenden oder Hochschulleitung. Das Engagement war während des gesamten Untersuchungszeitraums ungebrochen hoch. Dies gilt für alle untersuchten Hochschulen und für alle Gruppen. Die Motivation der Befragten war und ist es, sich an der gesamtgesellschaftlichen Aufgabe der Flüchtlingsaufnahme beteiligen zu wollen" (Schammann/Younso 2016: 4).

Wirtschaftsförderung und der Fachkräfteallianz für die Region eingerichteten Welcome Center Stuttgart deutlich: Es wendet sich gezielt an alle Neubürgerinnen und Neubürger unabhängig vom Herkunftsland. Einen ähnlichen Weg geht *Frankfurt am Main*, das bereits im „Entwurf eines Integrations- und Diversitätskonzepts" von 2009 in einem eigenen Abschnitt Hochschulen als „Treiber" der Internationalisierung und ausländischen Studierenden als potentielle Arbeitskräfte für den regionalen Arbeitsmarkt angesprochen hat.

Auch wenn in der Mehrzahl der kommunalen Integrationsberichte großer Universitätsstädte Hochschulen und ausländische Studierende keine besondere Aufmerksamkeit erfahren, gibt es auch interessante Gegenbeispiele. So sind in den Kommunalen Integrationsplan der Stadt *Heidelberg* von 2011 Hochschuleinrichtungen selbstverständlich in die Strategie der interkulturellen Öffnung einbezogen. Zwei vom AStA vorgeschlagene ausländische Studierende sind seit 2013 stimmberechtigte Mitglieder des Ausländerrates/ Migrationsrates (AMR) der Stadt. Ausländische Studierende werden bereits im ersten Integrationskonzept der Landeshauptstadt *Potsdam* von 2008 angesprochen. In der Fortschreibung des Integrationskonzeptes 2012–2015 ist ein Abschnitt „Potsdam als internationaler Wissenschaftsstandort" aufgenommen, der auch verschiedene Maßnahmen zur Integration von Gastwissenschaftlern und ausländischen Studierenden ausweist.

Einen zukunftsweisenden Weg hat die Landeshauptstadt *Hannover* beschritten. Das partizipativ entwickelte Stadtentwicklungskonzept „Mein Hannover 2030", das im Februar 2016 verabschiedet wurde, weist Hannover zentral als Wissenschaftsstadt aus, die weiterzuentwickeln sei. Dazu gehört die Etablierung einer kommunalen Willkommens- und Anerkennungskultur als integrationspolitische Aufgabe – nicht zuletzt für ausländische Studierende.

Literatur

Altbach, Philip G./de Wit, Hans 2015: Internationalization and Global Tension: Lessons From History. In: Journal of Studies in International Education (19) 1, 4–10

Apolinarski, Beate/Poskowsky, Jonas 2013: Ausländische Studierende in Deutschland 2012. Ergebnisse der 20. Sozialerhebung des Deutschen Studentenwerks durchgeführt vom Deutschen Zentrum für Hochschul- und Wissenschaftsforschung. Berlin: BMBF

Autorengruppe Bildungsberichterstattung 2016: Bildung in Deutschland 2016. Ein indikatorengestützter Bericht mit einer Analyse zu Bildung und Migration. Bielefeld: W. Bertelsmann

Assel, Jessica/Strom, Christina 2014: Ausländische Studierende in Brandenburg halten? Ergebnisse des Projekts „Pra(ks)is in Brandenburg. Brandenburg: FH

Barié-Wimmer, Friederike/Müller-Jacquier, Bernd 2013: Ausländische Akademiker und deutsche Behörden. Ein Bayreuther Forschungsprojekt. Zwischenresümee. Universität Bayreuth

Brücker, Herbert et al. 2016: Flucht, Ankunft in Deutschland und erste Schritte der Integration. In: DIW Wochenbericht (83) 46, 1103–1119

Burkhart, Simone et al. 2016: Wissenschaft weltoffen 2016. Daten und Fakten zur Internationalität von Studium und Forschung in Deutschland. Bielefeld: W. Bertelsmann

Casper-Hehne, Hiltraud 2016: Strategieentwicklung in der Internationalisierung: Prozesse, Ziele, Projekte. Göttingen (Keynote DAAD-Netzwerk-Konferenz).

Cerna, Lucie 2016: The crisis as an opportunity for change? High-skilled immigration policies across Europe. In: Journal of Ethnic and Migration Studies (42) 10, 1610–1630

Deutscher Akademischer Austausch Dienst (DAAD) und HIS-Institut für Hochschulforschung (HIS-HF) (Hrsg.) 2014: Wissenschaft weltoffen 2014. Daten und Fakten zur Internationalität von Studium und Forschung in Deutschland. Bielefeld: wbv

Deutsches Studentenwerk 2015: Service- und Beratungsangebote für Studierende im Hochschulbereich. Aktueller Bedarf und aktuelle Organisation. Arbeitspapier. Berlin: Deutsches Studentenwerk

de Wit, Hans 2013: Reconsidering the Concept of Internationalization. In: International Higher Education (70) Winter, 6–7

Destatis (Statistisches Bundesamt) 2014: Bildung und Kultur. Studierende an Hochschulen Wintersemester 2013/14. Wiesbaden: Statistisches Bundesamt

Destatis (Statistisches Bundesamt) 2016: Bildung und Kultur. Studierende an Hochschulen Wintersemester 2015/16. Wiesbaden: Statistisches Bundesamt

Dömling, Martina/Pasternack, Peer 2015: Studieren und Bleiben. Berufseinstig internationaler HochschulabsolventInnen in Deutschland. Halle-Wittenberg: Institut für Hochschulforschung

Fincke, Gunilla/Sykes, Brooke/Waibel, Stine 2012: Die Bleibeaussichten internationaler Studierender nach Studienabschluss in Deutschland. In: Recht der Jugend und des Bildungswesens 2, 253–268

Glorius, Birgit 2016: Gekommen, um zu bleiben? Der Verbleib internationaler Studierender in Deutschland aus einer Lebenslaufperspektive. In: Raumforschung und Raumordnung (DOI 10.1007/s13147-016-0410-y)

Griesbeck, Michael/Heß, Barbara 2016: „Study and stay" – Entwicklung und aktuelle Fragestellungen der rechtlichen Grundlegung der Zuwanderung und des Aufenthalts von Studenten und Absolventen. In: Recht der Jugend und des Bildungswesens 1, 43–55

Hanganu, Elisa o. J.: Bleibequoten von internationalen Studierenden im Zielstaaten-Vergleich. Nürnberg: BAMF

Hanganu, Elisa/Heß, Barbara 2014: Beschäftigung ausländischer Absolventen deutscher Hochschulen. Ergebnisse der BAMF-Absolventenstudie 2013. Nürnberg: BAMF

Humbert, Stephan 2015: Fachkräftezuwanderung im internationalen Vergleich. Working Paper 62. Nürnberg: BAMF

Ilieva, Janet/Peak, Michael 2016: The Shape of Global Higher Education: National Policies Framework for International Engagement. London: British Council

Kauppinen, Illka 2012: Towards transnational academic capitalism. In: Higher Education (64), 543–556

Kauppinen, Illka 2015: Towards a theory of transnational academic capitalism. In: British Journal of Sociology of Education (36) 2, 336–353

Klabunde, Niels 2014: Wettlauf um internationale Studierende. Integration und interkulturelle Hochschulentwicklung in Deutschland und Kanada. Wiesbaden: Springer VS

Knight, Jane 2015: Updating the Definition of Internationalization. In: International Higher Education, 2–3

Körner-Blätgen, Nadine/Sturm, Gabriele 2015: Internationale Migration in deutsche Städte. Bonn: Bundesinstitut für Bau-, Stadt- und Raumforschung

Krätke, Stefan 2011: The Creative Capital of Cities. Interactive Knowledge Creation and the Urbanization Economies of Innovation. Malden: Wiley-Blackwell

Lokhande, Mohini 2016: Engagiert gewinnt. Bessere Berufschancen für internationale Studierende durch Praxiserfahrungen. Berlin: SVR

Morris-Lange, Simon/Brands, Florinda 2015: Zugangstor Hochschule. Internationale Studierende als Fachkräfte von morgen gewinnen. Berlin: SVR

OECD 2014: Bildung auf einen Blick 2014: OECD Indikatoren. Bielefeld: W. Bertelsmann Verlag

Ripmeester, Nannette/Pollock, Archibald 2014: Willkommen in Deutschland. Wie internationale Studierende den Hochschulstandort Deutschland wahrnehmen. Bielefeld: W. Bertelsmann

Roth, Roland 2010: Demokratie braucht Qualität. Beispiele guter Praxis und Handlungsempfehlungen für erfolgreiches Engagement gegen Rechtsextremismus. Berlin: FES

Roth, Roland 2015: Willkommensregionen für ausländische Studierende. Gütersloh: Bertelsmann Stiftung

Schammann, Hannes/Younso, Christin 2016: Studium nach der Flucht? Angebote deutscher Hochschulen für Studieninteressierte mit Fluchterfahrungen. Hildesheim: Universitätsverlag

Schlücker, Friederike/Bartig, Susanne 2013: Warum Metropolregion Nürnberg? Motive und Rahmenbedingungen des Zuzugs von Fachkräften. Bamberg: efms

Schultz, Caroline 2015: Junge Flüchtlinge. Aufgaben und Potenziale für das Aufnahmeland. Berlin: SVR

Stifterverband für die Deutsche Wissenschaft 2015: Hochschulbildungsreport 2020. Berlin: Stifterverband

Sykes, Brooke/Chaoimh, Eadaoin Ni 2012: Mobile Talente? Ein Vergleich der Bleibeabsichten internationaler Studierender in fünf Staaten der Europäischen Union: Berlin: SVR

TNS Emnid 2015: Willkommenskultur in Deutschland: Entwicklungen und Herausforderungen. Ergebnisse einer repräsentativen Bevölkerungsumfrage in Deutschland. Gütersloh: Bertelsmann Stiftung

Wegner, Antje 2016: Internationale Nachwuchswissenschaftler in Deutschland. Motivation – Integration – Förderung. Ergebnisse einer bundesweiten Studie. Bielefeld: W. Bertelsmann

Von der Verwaltung von Arbeitslosigkeit zur Fachkräftegewinnung: (Neue) Perspektiven kommunaler Arbeitsmarkt- und Integrationspolitik

Caroline Schultz und Holger Kolb[1]

Zusammenfassung

Im Bereich der Arbeitsmarktpolitik haben sich die Rahmenbedingungen in den letzten zehn Jahren stark geändert. Dies betrifft auch die Kommunen; für einige von ihnen scheint sich das über viele Jahre dominante Problem der Bekämpfung einer strukturell verfestigten Arbeitslosigkeit als politische Aufgabe sogar weitgehend erledigt zu haben, stattdessen hat sich mit der Frage nach den genuin kommunalen Handlungsspielräumen für die Anwerbung und Gewinnung von Fachkräften ein neues Handlungsfeld herauskristallisiert. Stärker im Licht der Öffentlichkeit als die – regionenspezifisch höchst unterschiedlich ausfallende – Aufgabe einer kommunalen Fachkräftepolitik stehen derzeit allerdings die kommunalpolitischen Herausforderungen, die der hohe Zuzug von Flüchtlingen, von denen sich eine große Mehrheit im erwerbsfähigen Alter befindet, bringt.

Schlüsselbegriffe

Arbeitsmarktpolitik, Kommunen, Fachkräfte, Flüchtlinge, Integration

Das Feld der Arbeitsmarktpolitik hat in den letzten zehn Jahren einen fundamentalen Bedeutungswandel erfahren; in wohl kaum einem anderen Politikfeld haben sich die gesellschaftlichen Rahmenbedingungen so stark geändert wie im Bereich der Arbeitsmarktpolitik. Dies betrifft alle politischen Akteure im Mehrebenensystem und damit auch die Kommunen. Während es noch Mitte des letzten Jahrzehnts als Hauptaufgabe (auch) kommunaler Arbeitsmarktpolitik gelten konnte, eine sich seit Jahrzehnten verfestigende strukturelle Arbeitslosigkeit zu bekämpfen und dabei (auch und gerade) die besonders von Arbeitslosigkeit betroffene Gruppe von Personen mit Migrationshintergrund in den Blick zu nehmen, haben sich durch den Wandel der arbeitsmarktrelevanten Rahmenbe-

---

1 Der Beitrag gibt die persönliche Auffassung der Autoren wieder.

dingungen und Knappheitskonstellationen die Handlungsfelder im Bereich kommunaler Integrationspolitik stark verändert. Verkürzt gesagt ging es vor zehn Jahren noch primär darum, einen Mangel an Arbeitsplätzen zu verwalten und zu bekämpfen; seit einigen Jahren genießt hingegen verstärkt die Verwaltung und Bekämpfung eines Mangels an Arbeitskräften besonderes politisches Interesse. Ziel dieses Beitrages ist primär, diese neue Facette kommunaler Arbeitsmarkt- und Integrationspolitik zu skizzieren. Dabei soll keinesfalls in Frage gestellt werden, dass die umfassend in Bartelheimer/Pagels (2009: 468–495) dargestellten Aufgaben einer auf lokale Arbeitsmärkte bezogenen kommunalen Integrationspolitik, in der primär die Bekämpfung von Arbeitslosigkeit (und eben nicht die Bekämpfung von Arbeitskräfteengpässen) im Zentrum steht, nicht weiterhin ihre Berechtigung haben. Dieser Beitrag versteht sich vielmehr ausdrücklich (nur) als Ergänzung und Erweiterung ihrer umfassenden Schilderungen.

Zur Illustration des postulierten Wandels der gesellschaftlichen Rahmenbedingungen wird zunächst auf drei unterschiedlich gelagerte Dimensionen dieses Wandels eingegangen: in 1) auf die Entwicklung gängiger Indikatoren im Bereich der Arbeitsmarktentwicklung, aus denen der Wandel Deutschlands von einem Land mit einer nahezu flächendeckend hohen Arbeitslosigkeit zu einem Land mit (regional- und sektorenspezifisch freilich höchst unterschiedlich ausfallenden) Arbeitskräfteengpässen geworden ist. Verbunden mit dem in 1) dargelegten Wandel der Angebots-Nachfrage-Relation auf dem Arbeitsmarkt sind in 2) zum Thema gemachte rechtliche Rahmenbedingungen an der Schnittstelle von Arbeitsmarkt- und Integrationspolitik. Insgesamt lässt sich dabei konstatieren, dass sich das vergangene Jahrzehnt durch eine hohe gesetzgeberische Dynamik in den Bereichen Migration und Integration auszeichnet. Besonders relevant für diesen Beitrag sind dabei das Anerkennungsgesetz sowie Änderungen im Bereich des Arbeitsmarktzugangs für Familienangehörige. Von besonderer Aktualität und Relevanz für kommunales Handeln ist schließlich der unter 3) thematisierte Anstieg der Zuwanderung von Asylsuchenden, von denen vermutlich ein großer Teil längerfristig in Deutschland bleiben wird. Vor dem Hintergrund dieser drei neuen Parameter resultieren schließlich neue kommunale und an der Schnittstelle von Arbeitsmarkt- und Integrationspolitik gelagerte Herausforderungen, zum einen im Bereich einer kommunalen Fachkräftepolitik (4) und zum anderen im Bereich kommunaler Anstrengungen der Integration von Flüchtlingen (5).

1 Veränderte Lage auf dem Arbeitsmarkt: Auch Menschen mit Migrationshintergrund profitieren von guten Beschäftigungsperspektiven

Seit Mitte der 2000er Jahre erlebt der deutsche Arbeitsmarkt einen Aufschwung: Während die Arbeitslosenquote (bezogen auf alle zivilen Erwerbspersonen) im Jahr 2005 noch 11,7 Prozent betrug, hat sie sich zehn Jahre später fast halbiert – im Jahr 2015 lag sie bei 6,4

Prozent. Auch die Langzeitarbeitslosenquote ist rückläufig; 2008 betrug sie noch 3,2 Prozent, gegenüber 2,4 Prozent im Jahr 2015 (Statistik der Bundesagentur für Arbeit 2015).

Die Stabilität des deutschen Arbeitsmarkts verläuft gegen den europäischen Trend steigender Arbeitslosigkeit. Sie ist ohne Zweifel zumindest in Teilen auf den Politikwechsel vom versorgenden zum aktivierenden Wohlfahrtsstaat zurückzuführen, der in Deutschland hauptsächlich mit der Arbeitsmarkt- und Sozialstaatsreform der Agenda 2010 umgesetzt wurde. Bei dieser „größte[n] Arbeitsmarktreform in der Geschichte der Bundesrepublik Deutschland" (Hüther/Scharnagel 2005: 26) ging es im Kern darum, Anreize für die Aufnahme von Arbeit zu schaffen, im Wesentlichen durch die Zusammenlegung von Arbeitslosen- und Sozialhilfe. Dies war für die meisten Betroffenen verbunden mit einer Absenkung des Leistungsniveaus. Der Wandel vom versorgenden zum aktivierenden Sozialstaat stellt allerdings kein deutsches Spezifikum dar: vielmehr folgte die deutsche Politik damit einem OECD-weiten Trend. Von dem auf die Reformen folgenden Aufschwung auf dem Arbeitsmarkt haben in Deutschland auch Menschen mit Migrationshintergrund profitiert (SVR 2014: 159f; SVR 2015: 116). Mit der guten Beschäftigungsentwicklung und vor dem Hintergrund des demografischen Wandels rückten in den letzten Jahren Fachkräfteengpässe zunehmend in den Vordergrund. Flächendeckend mangelt es in Deutschland zwar nicht an Fachkräften, in einzelnen technischen Berufen sowie im Gesundheits- und Pflegebereich zeigt sich aber bereits jetzt ein ausgeprägter Mangel mit entsprechenden Folgen für die betriebliche Personalpolitik von Unternehmen in diesen Branchen (Bundesagentur für Arbeit 2015). Im Fachkräftekonzept der Bundesregierung bildet die berufliche Integration von Menschen mit Migrationshintergrund (gemeinsam mit qualifizierter Zuwanderung) folgerichtig einen Schwerpunkt (BMAS 2015).

Trotz einer allgemeinen Schwerpunktverschiebung arbeitsmarktpolitischer Maßnahmen von der Verwaltung eines Mangels an Arbeitskräften zur Verwaltung eines Mangels an Arbeitsplätzen bleibt die Teilhabe am Arbeitsmarkt von Zuwanderern noch unter dem Niveau der Arbeitsmarktintegration der Mehrheitsbevölkerung, und zwar in drei Dimensionen: 1) es bestehen Unterschiede in der Erwerbsbeteiligung, das heißt anteilig sind Zuwanderer seltener in Arbeit als Nichtzuwanderer, 2) das Lohnniveau von Zuwanderern ist im Schnitt niedriger als von Personen ohne Migrationshintergrund, und 3) Zuwanderer sind häufiger als Nichtzuwanderer in geringqualifizierten Jobs beschäftigt. Zumindest partiell – und dies ist durchaus als integrationspolitischer Erfolg zu werten – haben sich diese Abstände allerdings im letzten Jahrzehnt verringert.

Als Indikatoren zur Messung der Erwerbsbeteiligung werden üblicherweise die Arbeitslosenquote, die Langzeitarbeitslosenquote, die Erwerbstätigenquote sowie die Erwerbslosenquote herangezogen. Die Arbeitslosenquote von Menschen mit nichtdeutscher Staatsangehörigkeit war 2014 deutlich höher als die von Deutschen (4,3 Prozent) (Tabelle 1). Drittstaatsangehörige schneiden dabei mit 11,8 Prozent schlechter ab als EU-Bürger mit 6,3 Prozent. Diese Abstufung besteht auch in anderen EU-Ländern, z. B. in Schweden, Großbritannien, Österreich und den Niederlanden, und auch im Durchschnitt der EU-28 (SVR 2015: 105; Eurostat 2014). Bei allen Gruppen sind im Zeitverlauf deutliche Fortschritte im Sinne einer Angleichung zu verzeichnen.

Tab. 1 Arbeitslosenquoten der 25- bis 64-Jährigen nach Geschlecht, Alter und Staatsangehörigkeit in Deutschland, in Prozent

	2005	2006	2007	2008	2009	2010	2011	2012	2013	2014
EU-Bürger	:	12,4	9,6	8,6	9,1	8,7	6,9	6,6	6,4	6,3
Drittstaatsangehörige	:	24,0	21,2	18,4	18,8	17,3	14,0	12,9	12,3	11,8
Inländer	9,8	9,0	7,5	6,5	6,7	6,1	5,1	4,7	4,6	4,3
Insgesamt	10,7	9,9	8,3	7,2	7,4	6,8	5,6	5,2	5,0	4,8

Quelle: Eurostat 2016, eigene Darstellung

Auch der Vergleich der Erwerbslosenquoten auf Datengrundlage des Mikrozensus zeigt Abstände zwischen der Erwerbsbeteiligung von Menschen mit und ohne Migrationshintergrund. Abbildung 1 verdeutlicht zugleich erneut die Fortschritte, die in Bezug auf die Arbeitsmarktintegration seit 2005 erzielt wurden. Ausgehend von einem hohen Niveau sind die Erwerbslosenquoten aller Gruppen bis 2012 deutlich gesunken. Auch die entsprechenden Unterschiede zwischen Personen mit und ohne Migrationshintergrund sind deutlich kleiner geworden. Die Zahlen zeigen außerdem, dass die Finanz- und Staatsschuldenkrise 2008 insbesondere bei den Männern mit Migrationshintergrund einen stärkeren negativen Effekt hatte als bei den anderen Gruppen. Trotz der allgemein positiven Entwicklung ergeben Berechnungen von Konle-Seidl et al. (2014) auf Datengrundlage des EU-Labour Force Surveys: die Wahrscheinlichkeit, dass ein Ausländer zur Gruppe der Langzeit-Nichterwerbstätigen gehört, lag in Deutschland im Jahr 2012 um 9 Prozent höher als bei der Gesamtbevölkerung.

Mit der Aufenthaltsdauer im Zielland steigt in der Regel die Erwerbstätigenquote von Zugewanderten; dieser Zusammenhang ist für viele Länder und auch für Deutschland bestätigt (Benton et al. 2014). Dies ist damit zu erklären, dass Neuzuwanderer mit der Zeit das Kultur-, Sozial- und Humankapital erwerben, das für eine erfolgreiche Arbeitsmarktintegration notwendig ist – z. B. lernen sie die Sprache, erweitern ihr privates Netzwerk und erfahren, worauf bei der Stellensuche zu achten ist. Wie erfolgreich die Arbeitsmarktintegration von Migranten verläuft, hängt laut Benton et al. (2014: 4) generell von drei Faktoren ab: 1) den individuellen Merkmalen der Zuwanderer; dazu gehören z. B. Sprachkompetenzen, Arbeitsmarkterfahrung, die jeweilige Qualifikation und das Bildungsniveau, 2) den strukturellen Wirtschafts- und Arbeitsmarktbedingungen im Zielland, und 3) den politischen Maßnahmen in den Bereichen Bildung, Arbeitsmarkt und Integration.

Dass zunächst das für den inländischen Arbeitsmarkt notwendige Human- und Sozialkapital nur unzureichend vorhanden ist, erklärt auch die hohen Lohneinbußen, die Neuzuwanderer beim Einstieg in den Arbeitsmarkt verkraften müssen (s. bereits Chiswick 1978). Mit steigender Aufenthaltsdauer gleichen sich die Löhne von Zuwanderern und Inländern in der Regel an; Lehmer und Ludsteck (2013) zeigen diese Lohnkonvergenz für Deutschland. Eine Lücke bleibt jedoch bestehen; die Lohnniveaus von Ausländern bleiben im Zeitverlauf niedriger als die der Deutschen. Im Durchschnitt erreichten Ausländer, die

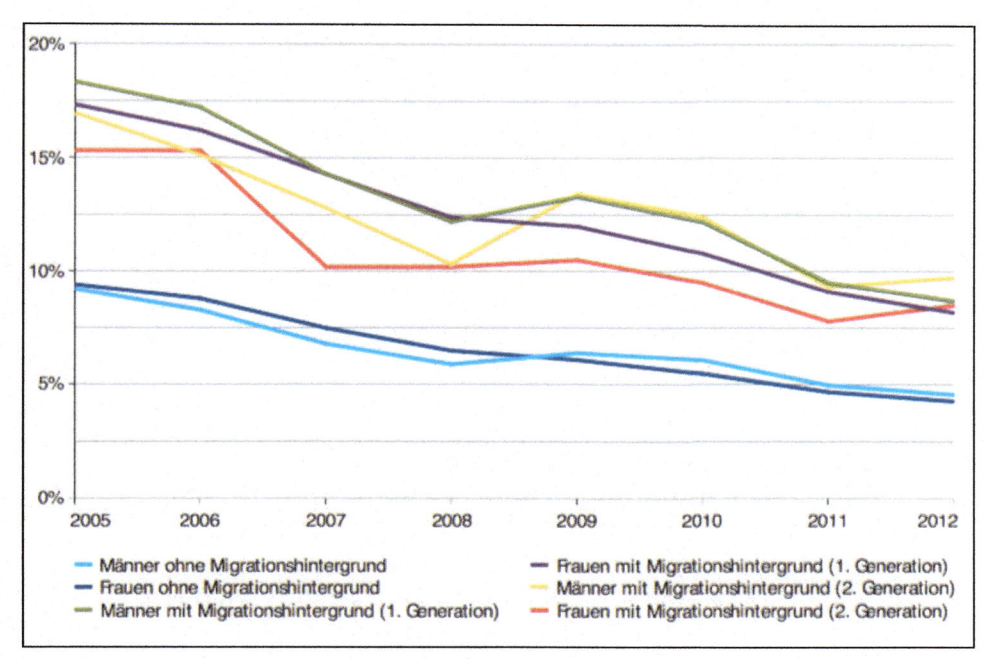

Von der Verwaltung von Arbeitslosigkeit zur Fachkräftegewinnung 513

Abb. 1 Erwerbslosenquote von 25- bis 64-Jährigen nach Migrationshintergrund 2005–2012
Quelle: SVR 2014, Daten des Statistischen Bundesamtes 2013 (Mikrozensus)

2000 in den deutschen Arbeitsmarkt eintraten, acht Jahre später 72 Prozent des Lohnniveaus – je nach Herkunftsgruppe variierte dabei das Ausmaß der Lohnanpassung.

Entscheidend für die erfolgreiche und für die sozialen Sicherungssysteme günstige Arbeitsmarktintegration ist nicht nur die Frage der grundsätzlichen Aufnahme von Arbeit, sondern auch die ‚Qualität' dieses Arbeitsplatzes. Für Beschäftigte mit Migrationshintergrund zeigt sich zwischen 2005 und 2012 dabei eine deutliche Aufwärtsmobilität: Anteilig sind deutlich mehr Menschen mit Migrationshintergrund in einem Angestelltenverhältnis und weniger als Arbeiter beschäftigt. Bei Personen der zweiten Generation und Personen ohne Migrationshintergrund hat sich die Angestelltenquote 2012 fast angeglichen (61,5 % gegenüber 61,9 %); allerdings bleibt der Anteil der als Arbeiter beschäftigten Personen bei der Bevölkerungsgruppe mit Migrationshintergrund deutlich über dem der Personen ohne Migrationshintergrund (38,5 % und 27,1 % gegenüber 19,6 %) (SVR 2014: 113–115). Keine positive Entwicklung ist in der interkulturellen Öffnung des öffentlichen Dienstes zu verzeichnen: Der Anteil der Beschäftigten mit Migrationshintergrund im öffentlichen Dienst stagniert seit 2005, wie Daten des Mikrozensus zeigen – mit neun bis zehn Prozent liegt er weit unter dem Anteil der Personen mit Migrationshintergrund an der Gesamtbevölkerung (SVR 2014: 113). Die interkulturelle Öffnung der Verwaltung ist ein wichtiges politisches Ziel im Einwanderungsland Deutschland (siehe z. B. www.wir-sind-bund.de). Auch die Kommune als Arbeitgeber steht hier in der Verantwortung.

Insgesamt ist damit zu konstatieren: auch die Bevölkerung mit Migrationshintergrund hat vom Aufschwung auf dem deutschen Arbeitsmarkt profitieren können. Der oben konstatierte Wandel von einem Land mit einem Mangel an Arbeitsplätzen zu einem Land mit einem (tendenziellen) Mangel an Arbeitskräften geht damit an Zuwanderern keineswegs vorbei. Allerdings bleiben trotzdem Abstände zur Bevölkerung ohne Migrationshintergrund (bzw. je nach Datengrundlage zur Bevölkerung mit deutscher Staatsangehörigkeit) in der Beschäftigungsquote, dem Lohnniveau und dem Beschäftigungsniveau, die zum Teil auch nicht durch ein niedrigeres Qualifikationsprofil erklärbar sind.

2 Anerkennungsgesetz und mehr: Gesetzliche Änderungen und ihre Bedeutung für die (kommunale) Arbeitsmarktintegrationspolitik

Zumindest in einem losen Zusammenhang mit dem in 1) beschriebenen Wandel der Angebots-Nachfrage-Relation auf dem Arbeitsmarkt stehen gesetzliche Änderungen, die allesamt dazu beigetragen haben, die Aussichten auf Teilhabe am Arbeitsmarkt für Personen mit Migrationshintergrund zu verbessern. Stark im Zentrum des öffentlichen Interesses stand dabei das am 1. April 2012 in Kraft getretene „Gesetz zur Verbesserung der Feststellung und Anerkennung im Ausland erworbener Berufsqualifikationen" (Anerkennungsgesetz), das Personen, die im Ausland einen Berufsabschluss erworben haben und in Deutschland in einem auf Bundesebene geregelten Beruf arbeiten möchten, bessere Möglichkeiten am Arbeitsmarkt verschafft. Blaupause für diese Regelungen, auf die z. B. in SVR (2013: 151ff) detaillierter Bezug genommen wurde, bildeten Vorgaben im EU-Recht; diese wurden in vielerlei Hinsicht auf Drittstaatsangehörige übertragen. Da die Regulierung zahlreicher Berufe allerdings nicht zu den Bundeskompetenzen gehört, sondern in der Kompetenz der Länder liegt, bedurfte das Bundesgesetz landesrechtlicher Ergänzungsregelungen. Diese sind mittlerweile auch verabschiedet, allerdings zum Teil sehr unterschiedlich ausgestaltet (SVR 2014: 143ff.). Ohne auf Details hinsichtlich der Wirkungen des Anerkennungsgesetzes eingehen zu können, bleibt festzuhalten, dass damit die Bedingungen für Arbeitsmarktintegration von Personen, die ihre Berufsqualifikation im Ausland erworben haben, deutlich geändert wurden. Wurde das Phänomen des „Brain Waste", das in Arbeitslosigkeit oder einer Beschäftigung unter den eigentlichen Qualifikationen resultierte (Engelmann/Müller 2007), lange Jahre politisch stillschweigend hingenommen, veränderten das Anerkennungsgesetz des Bundes und die darauf folgenden landesrechtlichen Regelungen die gesetzlichen Rahmenbedingungen für die Arbeitsmarktintegration nachhaltig. Ausdruck findet dies auch in dem im Gesetz etablierten Rechtsanspruch auf Durchführung eines beruflichen Anerkennungsverfahrens, der möglichen Berücksichtigung von Berufserfahrung sowie der Möglichkeit, Anträge auf Anerkennung auch direkt aus dem Ausland stellen zu können.

Weniger im Zentrum des politischen und öffentlichen Interesses stand eine weitere und ebenfalls noch recht junge Gesetzesänderung. Das im Mai 2013 verabschiedete „Gesetz zur Verbesserung der Rechte von international Schutzberechtigten und ausländischen Arbeitnehmern" (BT-Drucksache 17/13022) erweiterte die Nachzugsrechte minderjähriger Kinder von Drittstaatsangehörigen. Für die Zwecke dieses Beitrags relevanter sind allerdings die im Gesetz enthaltenen Neuregelungen, die die lange Zeit in Deutschland bestehende Kopplung der Frage des Arbeitsmarktzugangs von nachziehenden Familienangehörigen an den Status des Stammberechtigten auflösen.[2] Stattdessen wurde nun allen nachziehenden Drittstaatsangehörigen unabhängig von der Art des Aufenthaltstitels der Stammberechtigten unbeschränkter Zugang zum Arbeitsmarkt gewährt. Für Familienangehörige von Hochschulabsolventen bereits vor der Gesetzesänderung bestehende Ausnahmeregelungen wurden damit generalisiert. Diese Neuregelung hat damit nicht nur zu erheblich mehr Transparenz und Verständlichkeit beigetragen, sondern eine in vielen Fällen kaum mehr nachvollziehbare und widersinnige Abhängigkeit der Integrationschancen von Familienmigranten vom aufenthaltsrechtlichen Status des Stammberechtigten beendet (SVR 2014: 93f.).[3]

Zudem haben mehrere rechtliche Änderungen den Arbeitsmarktzugang von Asylsuchenden und Flüchtlingen in den letzten Jahren erleichtert und erweitert. Seit September 2014 haben Flüchtlinge mit Aufenthaltsgestattung nach drei Monaten Aufenthalt Zugang zum Arbeitsmarkt; mit Inkrafttreten des Integrationsgesetzes im August 2016 wurde zudem die bis dahin in den ersten 15 Monaten des Aufenthalts vorgeschriebene Vorrangprüfung (befristet auf drei Jahre) in nahezu allen Arbeitsagenturbezirken ausgesetzt. Das Integrationsgesetz hat zudem die bereits seit 2015 angelegten Bleibemöglichkeiten für Geduldete erweitert. § 60a AufenthG ermöglicht nun die sog. 3+2-Regelung, nach der geduldete Personen nicht nur die Garantie bekommen, für die komplette Dauer einer Berufsausbildung eine Aufenthaltserlaubnis zu erhalten, sondern auch nach erfolgreicher Absolvierung dieser Ausbildung zwei Jahre in dem erlernten Beruf arbeiten können. Mit Inkrafttreten des Asylverfahrensbeschleunigungsgesetzes entfällt seit Oktober 2015 das Leiharbeitsverbot für Fachkräfte und Geduldete nach drei Monaten (BR-Drucksache 446/15). Seit Januar 2016 haben Geduldete und anerkannte Flüchtlinge nach 15 Monaten statt nach vier Jahren Zugang zu Leistungen nach dem Bundesausbildungsförderungsgesetz (BAföG); dies hatte das Bundeskabinett im August 2015 beschlossen.

Anerkennungsgesetz, das Gesetz zur Verbesserung der Rechte von international Schutzberechtigten und ausländischen Arbeitnehmern und die veränderten rechtlichen

---

2   War der Stammberechtigte bspw. nur nach Absolvieren einer Vorrangprüfung nach Deutschland gekommen, wurde der Arbeitsmarktzugang für Familienangehörige auch von dem Verlauf einer Vorrangprüfung abhängig gemacht.
3   Während Familienangehörige von Blue Card-Inhabern unabhängig von der eigenen Qualifikation sofortigen Arbeitsmarktzugang genossen, war dies bspw. für Angehörige von in Deutschland lebenden ausländischen Studierenden selbst dann nicht der Fall, wenn diese selbst hochqualifiziert waren.

Rahmenbedingungen für Flüchtlinge haben gemeinsam, dass sie der Arbeitsmarktintegration von Zuwanderern einen zentralen politischen Stellenwert einräumen und dem widersprechende (und ggf. durchaus auch legitime) politische Ziele[4] posteriorsieren. Damit tendenziell abgelöst wird auch ein im Bereich der (kommunalen) Arbeitsmarktintegrationspolitik lange Jahre stark präsenter Defizitansatz, der – und dies war angesichts der Arbeitsmarktlage noch vor einigen Jahren durchaus folgerichtig – sich vor allem darum bemühte, als Risiko- und Problemfälle identifizierte Gruppen, zu denen auch Personen mit Migrationshintergrund gehörten, in den Arbeitsmarkt zu integrieren.

3   Fluchtzuwanderung: neue Dimension kommunaler Arbeitsmarktpolitik

Mit der anhaltend hohen Flüchtlingszuwanderung nach Deutschland hat sich das Aufgabenspektrum der kommunalen Arbeitsmarktpolitik relativ unerwartet und plötzlich um eine wesentliche Dimension erweitert. Um die Herausforderungen für (kommunale) Arbeitsmarktintegrationspolitik abschätzen zu können, sollen zunächst die Zuzugszahlen, die Bleibequoten, die regionale Verteilung und die sozio-demografischen Charakteristika dieser neuen Zuwanderergruppe in den Blick genommen werden.

Weltweit sind fast 60 Millionen Menschen auf der Flucht (UNHCR 2015). In Deutschland ist die Zahl der gestellten Asylanträge seit 2009 stark angestiegen; 2015 wurden 476.649 Anträge auf Asyl gestellt, so viele wie nie zuvor in der Bundesrepublik und eine Erhöhung um 135 Prozent im Vergleich zum Vorjahr. Die Zahl der registrierten Zugänge im EASY-System[5] betrug ca. 1,1 Millionen, allerdings können hier Fehl- und Doppelerfassungen nicht ausgeschlossen werden. Die größte Herkunftsgruppe unter den Antragstellern bildeten 2015 wie auch im Vorjahr syrische Staatsangehörige. Unter den zehn zahlenmäßig wichtigen Herkunftsstaaten von Asylsuchenden waren mit Albanien, Kosovo, Serbien und Mazedonien auch vier mittlerweile als sogenannte sichere Herkunftsstaaten[6] eingestufte Länder; große Zahlen Asylsuchender kommen außerdem aus Afghanistan, Irak, Eritrea und Pakistan (BMI 2016). Die Liste der Hauptherkunftsländer der Flüchtlinge nach Deutschland lässt bereits vermuten, dass ein hoher Anteil der Asylsuchenden mittelfristig in Deutschland

---

4   In der öffentlichen Diskussion oft übersehen wird die Funktion eines sehr stark über Zertifikate regulierten Arbeitsmarkt hinsichtlich Verbraucherschutz und Arbeitssicherheit.
5   Das System ‚EASY' (Erstverteilung von Asylbegehrenden) dient der bundesweiten Verteilung von erstmalig erfassten Asylsuchenden nach dem Königsteiner Schlüssel.
6   Sichere Herkunftsstaaten sind solche Staaten, „bei denen aufgrund der allgemeinen politischen Verhältnisse die gesetzliche Vermutung besteht, dass dort weder politische Verfolgung noch unmenschliche oder erniedrigende Bestrafung oder Behandlung stattfindet" (Bundesregierung 2016); dazu zählen alle Mitgliedstaaten der EU sowie derzeit Bosnien und Herzegowina, Ghana, Mazedonien, Senegal, Serbien und seit Oktober 2015 außerdem Albanien, Montenegro und Kosovo (§ 29a AsylVfG).

bleiben wird: dafür spricht auch die vergleichsweise hohe Gesamtschutzquote; diese betrug 2015 49,8 Prozent (2014: 31,5 %) (BAMF 2016a). Die sogenannte bereinigte Gesamtschutzquote, die nur die Asylanträge berücksichtigt, die nicht aus formellen Gründen abgelehnt (z. B. Dublin-Fälle) oder aus anderen Gründen zurückgezogen werden, betrug 2015 sogar 60,6 Prozent (2014: 48,5 %). Der Zuzug von Asylbewerbern im Jahr 2016 war deutlich niedriger als 2015, dies lässt sich aufgrund des Bearbeitungsrückstaus im BAMF jedoch nicht an den Asylantragszahlen erkennen, allerdings an den Neueinreisen, die ‚lediglich' ca. 280.000 betrugen.

Gut zwei Drittel der Asylantragsteller 2015 waren männlich (69,2 %); über die Hälfte (55,9 %) aller Asylsuchender war unter 25 Jahren (BAMF 2016b). Nach einer Sonderauswertung des Bundesamts für Migration und Flüchtlinge (BAMF) und Berechnungen des Instituts für Arbeitsmarkt- und Berufsforschung (IAB) waren unter den Flüchtlingen, denen von Januar bis Oktober 2015 ein Schutzstatus zugesprochen wurde, 27 Prozent im Alter von 16 bis unter 25 Jahren, 17 Prozent im Alter von 25 bis unter 30 Jahren und 12 Prozent im Alter von 30 bis unter 35 Jahren (Brücker et al. 2015).

Das überdurchschnittlich junge Alter der Asylsuchenden und Flüchtlinge muss bei der Beurteilung ihrer schulischen und beruflichen Qualifikationen berücksichtigt werden. Verlässliche Informationen zu den schulischen und beruflichen Qualifikationen der Asylsuchenden und anerkannten Flüchtlinge in Deutschland existieren erst seit Herbst 2016. Eine umfangreiche Erhebung des BAMF, des IAB sowie des Deutschen Instituts für Wirtschaftsforschung (DIW) zeigt neben einer starken Polarisierung bei der schulischen Qualifikation lediglich sehr eingeschränkt direkt auf dem deutschen Arbeitsmarkt verwertbare berufliche Qualifikationen (Brücker/Rother/Schupp 2016, für eine Zusammenfassung SVR 2017).

Dass die Herausforderungen bei der Arbeitsmarktintegration von Asylsuchenden selbst bei guten Qualifikationen hoch sind, zeigen die ersten Erfahrungen des von Bundesagentur für Arbeit, BAMF und dem ESF-geförderten Bundesprogramm „XENOS – Arbeitsmarktliche Unterstützung für Bleibeberechtigte und Flüchtlinge" eingerichteten Modellprojekts ‚Early Intervention' (Büschel et al. 2015). Insbesondere Sprachbarrieren und nicht ausreichend zur Verfügung stehende Plätze für Sprachkurse stellen ein Hindernis dar. Die im Rahmen der Begleitforschung durch das IAB interviewten Vermittler, die am Modellprojekt beteiligt waren, wünschen sich außerdem, dass die Verfahren zur Anerkennung beruflicher Qualifikationen beschleunigt werden; zudem bedarf es zunehmend Lösungen, um nicht-formale Kenntnisse und Kompetenzen anerkennen zu können (Büschel et al. 2015). Auf die daraus resultierenden neuen Aufgaben für die Kommunen wird in 5) detaillierter eingegangen.

4   Welcome-Center und mehr: Kommunen als Agenten einer staatlichen Fachkräftepolitik

Im politischen Mehrebenensystem sind die Zuständigkeiten für die Frage, wer als Ausländer (bzw. präziser: als Drittstaatsangehöriger) nach Deutschland zuwandern darf, klar geregelt. Die Kompetenz für die „Freizügigkeit, das Passwesen, das Melde- und Ausweisen, die Ein- und Auswanderung und die Auslieferung" liegt ausschließlich beim Bund (Art. 73 Abs. 1 Nr. 3 GG), eine stärkere föderale Arbeitsteilung möglich wäre grundsätzlich im Bereich des „Aufenthalts- und Niederlassungsrechts der Ausländer", das gemäß Art. 74 Abs. 1 Nr. 4 Grundgesetz in den Bereich der konkurrierenden Gesetzgebung fällt. Der Bund hat allerdings für diesen Bereich durch die in Art. 72 Abs. 2 Grundgesetz festgelegte Möglichkeit zur „Herstellung gleichwertiger Lebensverhältnisse im Bundesgebiet oder […] [der] Wahrung der Rechts- oder Wirtschaftseinheit im gesamtstaatlichen Interesse" ländereigene Regelungen ausgeschlossen. Damit genießt der Bund eine Alleinzuständigkeit im Bereich der Zuwanderungssteuerung – abgesehen von im Rahmen der unterschiedlich ausgeprägten Europäisierung der Zuwanderungspolitik an die EU abgetretenen Kompetenzen.[7] Direkte und unmittelbare Steuerungsmöglichkeiten für Länder und Kommunen bestehen damit nicht (siehe dazu auch Langenfeld/Kolb 2015: 73).

Damit soll allerdings ausdrücklich nicht behauptet werden, dass Länder und Kommunen an der Schnittstelle zwischen Arbeitsmarkt- und Integrationspolitik über keinerlei Wirkungs- und Einflussmöglichkeiten verfügen, vielmehr hat sich angesichts eines politisch immer stärker in den Fokus gerückten Fachkräftemangels ein neues Feld kommunaler Arbeitsmarktintegrationspolitik (mit verändertem Adressatenkreis) entwickelt. Konkret angesprochen ist das Feld einer kommunalen und stark mit dem inflationär verwendeten (und in der Regel nicht genauer definierten) Begriff der ‚Willkommenskultur' in Verbindung stehenden Fachkräftepolitik. Im Zentrum stehen dabei die kommunalen Ausländerbehörden, die als „Visitenkarte einer Stadt" (SVR 2011) in der Lage sein sollten, im Wettbewerb um gut qualifizierte Fachkräfte, der nicht nur international, sondern auch intranational im Sinne eines regionalen Wettlaufs um die besten Rahmenbedingungen abläuft, einen weichen Standortfaktor darzustellen. Detailliert Bezug auf diese kommunale Komponente einer staatlichen Fankräftepolitik nehmen Copur und Steller (2013: 58–66). Dort wird einerseits auf einen „Mentalitätswandel[]" bzw. einen „Perspektivenwechsel[]" (Copur/Steller 2013: 63) eingegangen, andererseits aber auch die Bedeutung grundlegender „Reformen in […] Organisationsstrukturen" einschließlich einer organisationsinternen Neugewichtung „zwischen Ordnungs- und Integrationspolitik" (Copur/Steller 2013: 64) betont. Entscheidend für eine solche Neuausrichtung sind die entsprechenden Leitungsgremien in Politik und Verwaltung mit der Folge, dass in dieser Frage besonders aktive Kommunen durchaus

---

[7]   Von diesen umfassenden Kompetenzen hat der Bund in den letzten Jahren massiv Gebrauch gemacht und den Bereich der Zuwanderung zu Erwerbszwecken deutlich liberalisiert mit der Folge, dass mehrere Untersuchungen die deutsche Arbeitsmigrationspolitik als liberal und offen einstufen (vgl. exemplarisch OECD 2013, SVR 2014, SVR 2015).

einen weichen Standortvorteil im Wettbewerb um inter- und intranational umworbene Fachkräfte schaffen können.

5 Neue Herausforderungen für Kommunen: Arbeitsmarktintegration von Flüchtlingen

Im anhaltenden Krisenmodus stark ansteigender Asylzuzugszahlen stand für zahlreiche Kommunen zunächst weniger die Arbeitsmarktintegration der Ankommenden im Vordergrund, sondern drängende vorgeschaltete Fragen der Unterbringung, Registrierung und Erstversorgung. Der Handlungsspielraum der Kommunen bei der Arbeitsmarktintegration ist zwar eingeschränkt, da dies primär bundesgesetzlich geregelt wird (Aumüller et al. 2015: 80ff; Bartelheimer/Pagels 2007: 473), sie können jedoch in zweierlei Hinsicht eine befähigende Rolle spielen: Zum einen können die Kommunen indirekt dazu beitragen, dass die Voraussetzungen für eine Beschäftigungsaufnahme der Flüchtlinge gegeben sind, beispielsweise durch das Bereitstellen von Mitteln für Sprachkurse, aber auch durch geeignete Unterkünfte, die z. B. an den öffentlichen Nahverkehr und damit an eine die Aufnahme einer Berufstätigkeit fördernde Mobilitätsinfrastruktur angebunden sind. Zum anderen können sie direkt als Vermittler auftreten, lokale Beratungs- und Unterstützungsstrukturen und lokale Partnerschaften oder Runde Tische zwischen Unternehmern vor Ort und Flüchtlingsinitiativen, Ausländerbehörden und den Arbeitsagenturen bzw. Jobcenter etablieren; in diesem Sinne nehmen Kommunen die Rolle von „Moderatoren der Integration" (Bommes 2009: 102–106) ein. Die Kölner Ausländerbehörde beispielsweise vermittelte Ausbildungsbetrieben aktiv, dass junge Geduldete während der Dauer einer Ausbildung nicht abgeschoben werden (Schammann 2016). Daneben stehen den Kommunen auch verschiedene Maßnahmen zur individuellen Qualifizierung oder die Einrichtung kommunaler Projekte wie Sprach- und Kulturmittlern oder Integrationslotsen als Instrumente für eine verbesserte Arbeitsmarktintegration von Flüchtlingen zur Verfügung (Aumüller et al. 2015).

Die Arbeitsförderung für Flüchtlinge läuft derzeit noch hautsächlich über Einzelprojekte. Neben dem oben erwähnten Modellprojekt ‚Early Intervention' spielen dabei vor allem die regionalen Bleiberechtsnetzwerke eine Rolle. Sie vermitteln nicht nur Flüchtlinge in Arbeit, sondern bieten auch Coachings an und versuchen, die Mitarbeiter von Arbeitsagenturen für den interkulturellen Umgang mit dieser Zielgruppe zu sensibilisieren (vgl. Aumüller et al. 2015).

Die Erfahrungen dieser Projekte sind meist, dass Sprache der Schlüssel für eine erfolgreiche Teilhabe am Ausbildungs- oder Arbeitsmarkt ist (vgl. Daumann et al. 2015). Auch in diesem Bereich kommt es häufig noch auf das freiwillige Engagement der Kommunen an: Das im Oktober 2015 verabschiedete Asylverfahrensbeschleunigungsgesetz regelt zwar u. a. auch den Zugang von Asylsuchenden zu Sprachkursen neu; seit November 2015 haben Asylbewerber mit sogenannter guter Bleibeperspektive[8] und Geduldete Zugang zu Integrationskursen. Ihnen wird nun nachrangig, d. h. sofern noch Kursplätze verfügbar sind, die Möglichkeit gewährt, an den Kursen teilzunehmen (vgl. Bosch-Kommission 2016: 11). Ob allerdings in einer Kommune zusätzlich Sprachkurse für alle anderen Neuzuwanderer angeboten werden, hängt von ehrenamtlichem Engagement oder der Bereitschaft der Kommune ab, zusätzliche Finanzmittel dafür aufzuwenden (vgl. Schammann 2016).

6 Fazit und Ausblick: Neue Aufgaben für die Kommunen

Im politischen System der Bundesrepublik Deutschland spielen die Kommunen an der Schnittstelle zwischen Arbeitsmarkt- und Integrationspolitik zwar keine Haupt-, aber deutlich mehr als nur eine Statistenrolle. Im Jahresgutachten 2012 hatte der Sachverständigenrat deutscher Stiftungen für Integration und Migration (SVR 2012: 114) den „Bereich der Arbeitsmarktintegration aus der Perspektive föderaler Aufgabenverteilung" […] „optisch (wenn auch nicht funktional)" als „Eieruhr mit hohen Kompetenzen auf der oberen (Bund) wie der unteren Ebene (Kommunen) und eingeschränkten Zuständigkeiten auf der mittleren Ebene (Länder)" beschrieben. Zwar wurden und werden die zentralen arbeitsmarktpolitischen Parameter vom Bund weiterhin bestimmt; auch die wenigen exklusiv Personen mit Migrationshintergrund bereitgestellten integrationspolitischen Leistungen (Integrationskurse)[9] sind – durchaus abweichend von der sonst im deutschen Föderalismus etablierten Aufgabenteilung zwischen Bund und Ländern – eine reine Leistung des Bundes (Leptien 2013: 40). Dennoch bleiben gerade den Kommunen signifikante Spielräume, die sich zudem nicht auf eine bestimmte Zuwanderergruppe beschränken, sondern sowohl den Bereich der Fachkräftepolitik als auch das davon losgelöste und anderen Prämissen folgende Gebiet der Arbeitsmarktintegration von nicht nach Maßgabe ihrer ökonomischen Verwertbarkeit zugelassenen (und zulassbaren) Zuwanderern betreffen.

---

8   Die Bleibeperspektive wird anhand der Schutzquote definiert: „Menschen, die aus Herkunftsländern mit einer Schutzquote von über 50 Prozent kommen, haben eine gute Bleibeperspektive. 2015 trifft dies auf die Herkunftsländer Eritrea, Irak, Iran und Syrien zu" (BAMF 2015). Welche Herkunftsländer darunter fallen, wird jährlich neu festgelegt.
9   Auf den damit rekurrierten allgemeinen Trend eines integrationspolitischen Mainstreamings, in dessen Folge integrationspolitische Ziele immer stärker durch einen entsprechenden Umbau der politischen Regelstrukturen und tendenziell weniger durch die Bereitstellung von zuwandererexklusiven Leistungen erreicht werden sollen, kann hier nicht näher eingegangen werden; siehe dazu exemplarisch Collett/Petrovic (2014).

Literatur

Aumüller, Jutta/Daphi, Priska/Biesenkamp, Celine 2015: Die Aufnahme von Flüchtlingen in den Bundesländern und Kommunen. Behördliche Praxis und zivilgesellschaftliches Engagement. Zentrum Technik und Gesellschaft der Technischen Universität Berlin (ZTG) in Kooperation mit dem Institut für Protest- und Bewegungsforschung (IPB)/ DESI – Institut für Demokratische Entwicklung und Soziale Integration. Stuttgart: Robert Bosch Stiftung

BAMF [Bundesamt für Migration und Flüchtlinge] 2015: Integrationskurse für Asylbewerber. Verfügbar unter: https://www.bamf.de/SharedDocs/Anlagen/DE/Downloads/Infothek/Integrationskurse/faq-integrationskurse-asylbewerber.pdf?__blob=publicationFile. Zugriff: 03.02.2016

BAMF (2016a): Asylgeschäftsstatistik für den Monat Dezember 2015 und das Berichtsjahr 2015. 06.01.2016. Nürnberg: Bundesamt für Migration und Flüchtlinge

BAMF (2016b): Aktuelle Zahlen zu Asyl. 07.01.2016. Nürnberg: Bundesamt für Migration und Flüchtlinge

Bartelheimer, Peter/Pagels Nils 2009: Kommunale Integrationspolitik und lokaler Arbeitsmarkt. In: Frank Gesemann, Roland Roth (Hrsg.): Lokale Integrationspolitik in der Einwanderungsgesellschaft: Migration und Integration als Herausforderung von Kommunen. Wiesbaden: VS Verlag. 469–495.

Benton, Meghan/Fratzke, Susan/Sumption, Madeleine 2014: Moving Up or Standing Still? Access to Middle-Skilled Work for Newly Arrived Migrants in the European Union. In: A Series on the Labor Market Integration of New Arrivals in Europe: Employment Trajectories, Washington D. C./Genf

BMAS [Bundesministerium für Arbeit und Soziales] 2015: Fortschrittsbericht 2014 zum Fachkräftekonzept der Bundesregierung, Berlin: Bundesministerium für Arbeit und Soziales

BMI [Bundesministerium des Innern] 2016: Pressemitteilung: 2015: Mehr Asylanträge in Deutschland als jemals zuvor. 06.01.2016. Verfügbar unter: http://www.bmi.bund.de/SharedDocs/Pressemitteilungen/DE/2016/01/asylantraege-dezember-2015.html. Zugriff: 03.02.2016

Bommes, Michael 2009: Die Rolle der Kommunen in der bundesdeutschen Migrations- und Integrationspolitik. In: Frank Gesemann, Roland Roth (Hrsg.): Lokale Integrationspolitik in der Einwanderungsgesellschaft: Migration und Integration als Herausforderung von Kommunen. Wiesbaden: VS Verlag, 89–109.

Brücker, Herbert/Dietz, Martin/Haas, Anette/Hauptmann, Andreas/Trübswetter, Parvati/Wapler, Rüdiger 2015: Qualifikation und Arbeitsmarktintegration von Flüchtlingen: Übersicht über den Forschungsstand. In: Information des IAB. 10.12.2015, Nürnberg: Institut für Arbeitsmarkt- und Berufsforschung

Brücker, Herbert/Rother, Nina/Schupp, Jürgen (Hrsg.) 2016: IAM-BAMF-SOEP-Befragung von Geflüchteten: Überblick und erste Ergebnisse, DIW Berlin Politikberatung kompakt 116.

Bundesagentur für Arbeit 2015: Der Arbeitsmarkt in Deutschland – Fachkräfteengpassanalyse. Nürnberg

Bundesregierung 2016: Herkunftsstaaten, Sichere. Verfügbar unter: https://www.bundesregierung.de/Content/DE/Lexikon/IB/H/herkunftsstaaten.html. Zugriff: 03.02.2016

Büschel, Ulrike/Daumann, Volker/Dietz, Martin/Dony, Elke/Knapp, Barbara/Strien, Karsten 2015: Abschlussbericht Modellprojekt Early Intervention – Frühzeitige Arbeitsmarktintegration von Asylbewerbern und Asylbewerberinnen. Ergebnisse der qualitativen Begleitforschung durch das IAB. In: IAB-Forschungsbericht. 10. 2015. Nürnberg: Institut für Arbeitsmarkt- und Berufsforschung

Chiswick, Barry 1978: The Effect of Americanization on the Earnings of Foreign-Born Men. In: The Journal of Political Economy. 86. 5. 897–922.

Collett, Elizabeth/Petrovic, Milena 2014: The Future of Immigrant Integration in Europe: Mainstreaming Approaches for Inclusion. Brüssel: Migration Policy Institute Europe

Copur, Burak/Steller, Birte 2013: Etablierung von Willkommensstrukturen im Verfahren und in der Organisation der Zuwanderung. In: Zeitschrift für Ausländerrecht und Ausländerpolitik. 2. 2013. 58–66.

Daumann, Volker/Dietz, Martin/Knapp, Barbara/Strien, Karsten 2015: Early Intervention – Modellprojekt zur frühzeitigen Arbeitsmarktintegration von Asylbewerberinnen und Asylbewerbern: Ergebnisse der qualitativen Begleitforschung. In: IAB-Forschungsbericht 3. 2015. Nürnberg: Institut für Arbeitsmarkt- und Berufsforschung

Engelmann, Bettina/Müller, Martina 2007: Brain Waste. Die Anerkennung von ausländischen Qualifikationen in Deutschland. Augsburg: Tür an Tür – Integrationsprojekte

Eurostat 2014: Arbeitslosenquoten nach Geschlecht, Alter und Staatsangehörigkeit (%). Verfügbar unter: http://appsso.eurostat.ec.europa.eu/nui/show.do?dataset=lfsa_urgan&lang=de. Zugriff: 28.05.2014

Eurostat 2016: Arbeitslosenquoten nach Geschlecht, Alter und Staatsangehörigkeit (%). Verfügbar unter: http://appsso.eurostat.ec.europa.eu/nui/show.do. Zugriff: 03.02.2016

Hüther, Michael/Scharnagel, Benjamin 2005: Die Agenda 2010 – Eine wirtschaftspolitische Bilanz. In: Aus Politik und Zeitgeschichte [APuZ] 32–33. 23–30.

Konle-Seidl, Regina/Rhein, Thomas/Trübswetter, Parvati 2014: Arbeitsmärkte im europäischen Vergleich: Erwerbslose und Inaktive in verschiedenen Sozialsystemen. In: IAB Kurzbericht. 8. 2014. Nürnberg: Institut für Arbeitsmarkt- und Berufsforschung

Langenfeld, Christine/ Kolb, Holger 2015: Deutschlands Arbeitsmigrationspolitik im internationalen Vergleich: Eine ‚unkanadische' Betrachtung eines Paradigmenwechsels. In: Gunnar Duttge, Jong Hwan Kim (Hrsg.): Rechtsfragen beim Wechsel des Rechtsregimes. Viertes Symposium der Juristischen Fakultät der Georg-August-Universität Göttingen mit der Yonsei Law School (Seoul). Göttingen: Universitätsverlag. 71–85.

Lehmer, Florian/Ludsteck, Johannes 2013: Lohnanpassung von Ausländern am deutschen Arbeitsmarkt: Das Herkunftsland ist von hoher Bedeutung. In: IAB-Kurzbericht 1. 2013. 1–8: Institut für Arbeitsmarkt- und Berufsforschung

Leptien, Kai 2013: Germany's Unitary Federalism. In: Dietrich Thränhardt (Hrsg.): Immigration and Federalism in Europe: Federal, State and Local Regulatory Competencies in Austria, Belgium, Germany, Italy, Russia, Spain and Switzerland. Osnabrück: Institut für Migrationsforschung und Interkulturelle Studien (IMIS) der Universität Osnabrück, 39–47

Robert Bosch Expertenkommission zur Neuausrichtung der Flüchtlingspolitik 2015: Themendossier Sprachvermittlung und Spracherwerb für Flüchtlinge: Praxis und Potenziale außerschulischer Angebote. Stuttgart: Robert Bosch Stiftung

Schammann, Hannes 2016: Vor Ort klappt es oft erstaunlich gut. Interview in: Mediendienst Integration. 19.01.2016

SVR [Sachverständigenrat deutscher Stiftungen für Integration und Migration] 2011: Die Visitenkarte einer Stadt? Ausländerbehörden und ihr Angebot für hoch qualifizierte Migranten. SVR-Info. Berlin: Sachverständigenrat deutscher Stiftungen für Integration und Migration

SVR 2012: Integration im föderalen System: Bund, Länder und die Rolle der Kommunen. Jahresgutachten 2012 mit Integrationsbarometer. Berlin: Sachverständigenrat deutscher Stiftungen für Integration und Migration

SVR 2013: Erfolgsfall Europa? Folgen und Herausforderungen der EU-Freizügigkeit für Deutschland. Jahresgutachten 2013 mit Migrationsbarometer. Berlin: Sachverständigenrat deutscher Stiftungen für Integration und Migration

SVR 2014: Deutschlands Wandel zum modernen Einwanderungsland. Jahresgutachten 2014 mit Integrationsbarometer. Berlin: Sachverständigenrat deutscher Stiftungen für Integration und Migration

SVR 2015: Unter Einwanderungsländern: Deutschland im internationalen Vergleich. Berlin: Sachverständigenrat deutscher Stiftungen für Integration und Migration

SVR 2017: Chancen in der Krise: Zur Zukunft der Flüchtlingspolitik in Deutschland und Europa. Berlin: Sachverständigenrat deutscher Stiftungen für Integration und Migration

UNHCR 2015: Global Trends. Forced Displacement in 2014. Genf: United Nations High Commissioner for Refugees

Die Bedeutung von Migrantenunternehmen für die Integrations- und Wirtschaftspolitik in den Kommunen

René Leicht

Zusammenfassung

Die Zahl der von Migrantinnen und Migranten geführten Unternehmen ist enorm gestiegen. Doch im medialen Diskurs und in der Kommunalpolitik wird die Bedeutung der „Migrantenökonomie" vielfach kritisch hinterfragt und mit ethnischer Abschottung in Verbindung gebracht. Demgegenüber zeigt der Beitrag, dass berufliche Selbständigkeit die Chancen sozialer Mobilität und struktureller Integration erheblich verbessert. Zudem leisten die Zugewanderten mit ihren Unternehmen einen beachtlichen Beitrag zur Arbeitsmarktintegration insgesamt sowie zur wirtschaftlichen Entwicklung, sei es auf lokaler oder überregionaler Ebene.

Schlüsselbegriffe

Ethnische Ökonomie, Selbstständigkeit, Integration, sozialer Aufstieg

1 Migrantisches Unternehmertum im lokalpolitischen und wissenschaftlichen Diskurs

Es gibt unter den Erwerbstätigen in Deutschland kaum eine andere Gruppe relevanter Größe, die in den vergangenen zwei Jahrzehnten in prozentual vergleichbarer Stärke zugenommen hat wie die der beruflich selbständigen Migrantinnen und Migranten. Deutschlandweit hat sich ihre Zahl seitdem in etwa verdoppelt, so dass inzwischen jede sechste unternehmerisch aktive Person einen Migrationshintergrund besitzt. In den Agglomerationsräumen ist dies sogar bei jeder fünften Person der Fall (Statistisches Bundesamt 2013). Dennoch wird im politischen und wissenschaftlichen Diskurs die soziale Integrität und ökonomische Bedeutung migrantischen Unternehmertums weniger mit einem Ausrufezeichen als vielmehr mit einem großen Fragezeichen versehen. Das Lager der Meinungen ist geteilt: Die von Personen ausländischer Herkunft gegründeten Unternehmen gelten zum einen als ein „Motor für die Integration" (Reimann/Schuleri-Hartje 2009:497), welcher nicht nur den Gründenden selbst, sondern auch benachteiligten Quartieren Chancen zum Aufstieg und zur sozialen Integration verleiht (Bundesregierung 2007:118). Hingegen sehen manch andere die Passage in die berufliche Selbständigkeit viel eher als einen Weg, der aus der Not unzureichender Beschäftigung lediglich in eine neue Not, nämlich in die einer prekären Selbstbeschäftigung oder gar in eine „Mobilitätsfalle" führt (Wiley 1973, Lehmann et al. 2009).

Auf der Ebene supranationaler Institutionen wird die Förderung von Migrantengründungen als Erfolg versprechende Strategie zur Erhöhung der Chancen gesellschaftlicher Teilhabe und zudem als eine Voraussetzung für inklusives und regionales Wachstum gesehen (OECD 2014, European Commission 2013). Ein zentrales Argument besteht darin, dass die Zuwanderer neue Ideen und Produkte, aber vor allem Einkommen und Arbeitsplätze – für sich selbst sowie für ethnische Minderheiten insgesamt – generieren. So empfiehlt auch der Nationale Integrationsplan der Bundesregierung eine „Förderung der ethnischen Ökonomie" (2007:120). Bislang mangelt es jedoch an entsprechenden Offensiven, denn die mit Information und Beratung betrauten Regelinstitutionen haben Migrantengründungen nur unzureichend im Blick (Sachverständigenrat 2010). Dieses Bild vermittelt auch eine für die Bundesregierung durchgeführte Befragung von kommunalen Entscheidungsträgern. Demnach wird das Potenzial der ethnischen Ökonomie lediglich von einem Viertel als „hoch" eingestuft, wobei die Wertschätzung allerdings mit der Größe der Städte und mit ihrem Migrantenanteil steigt (Gesemann et al. 2012).

Möglicherweise werden im Mainstream der Politik sowohl die Integrations- als auch die wirtschaftlichen Leistungspotenziale von Migrantenunternehmen spürbar unterschätzt, zumal der mediale Diskurs und die Alltagsbeobachtung vielfach den Eindruck vermitteln, dass sich die Zugewanderten vornehmlich auf das Gastgewerbe, den Einzelhandel, das Friseurgewerbe und andere Geschäftstätigkeiten mit geringen Qualifikationsanforderungen sowie mit niedrigeren Zugangshürden und Erfolgsaussichten orientieren. Eine grundlegende Skepsis kommt teilweise jedoch auch in der wissenschaftlichen Debatte zum Ausdruck. Zumindest soweit sie den Topos festigt, migrantisches Unternehmertum ginge mit hoher Risikofreudigkeit, mit Notgründungen und Kümmerexistenzen einher bzw. führe zu marginalen Erträgen, die dann zudem noch überwiegend in ethnischen Nischen erwirtschaftet werden – und dabei unter Ausbeutung nicht nur der eigenen Arbeitskraft, sondern auch der Familie (Apitzsch 2006, Lehmann et al. 2009). Hier ist zu bedenken, dass sich vieles von dem, was Migrantenunternehmen zugeschrieben wird, genauso unter den herkunftsdeutschen Selbständigen und ihren meist kleinen (Familien-)Unternehmen findet (Bögenhold/Fachinger 2012, Leicht/Langhauser 2014).

Soweit die empirische Forschung die integrationspolitische Bedeutung von selbständigen Migranten und ihren Unternehmen thematisiert, wird eine sehr spezifische Sicht auf ethnische Ökonomien eingenommen, die sich vorrangig mit den sozialen Beziehungen und Strukturen innerhalb räumlicher Cluster bzw. migrantengeprägter städtischer Quartiere befasst. Hier ist vor allem der Beitrag unternehmerischer Aktivitäten zur Stabilisierung oder gar Modernisierung vernachlässigter Nachbarschaften hervorzuheben (Floeting et al. 2004, Fischer-Krapohl 2010, Hillmann 2011, Yildiz 2011). Zweifelsohne wird der Verlauf und Erfolg von Integration ganz wesentlich durch konkrete lokale Strukturen und Entscheidungen geformt (Gesemann/Roth 2009). Darüber hinaus stehen Fragen der sozialen Platzierung jedoch auch in engem Zusammenhang mit den übergeordneten Entwicklungsbedingungen migrantischen Unternehmertums. D. h. neben der Einbettung in lokale Möglichkeitsstrukturen muss auch der Einfluss makro-institutioneller und ökonomischer Rahmenbedingungen berücksichtigt werden (Kloosterman/Rath 2001). Insofern kann das Integrations- und Leistungspotenzial von Migrantenunternehmen nicht nur im kleinräumigen Kontext bewertet werden. Es ist sehr viel breiter angelegt, denn auch die Welt migrantischer Selbständigkeit hat sich in Zeiten von Internet, Globalisierung und grenzüberschreitenden Netzwerken gravierend verändert (Kloosterman/Rath 2003, Goebel/Pries 2006).

Vor diesem Hintergrund wird nachfolgend zunächst auf einige theoretische und empirische Grundlagen der Diskussion verwiesen, um daran anknüpfend der Frage nachzugehen, welche soziale und ökonomische Bedeutung selbständige Migranten und ihre Unternehmen in Deutschland haben und inwieweit sie sich von den autochthonen Pendants unterscheiden. Hierbei interessiert vor allem die soziale Platzierung von migrantischen Selbständigen und ob ihre wirtschaftlichen Aktivitäten als Zeichen struktureller Integration zu werten sind. In diesem Zusammenhang sind Bildung und Einkommen zentrale Indikatoren. Mit Blick auf die Rolle sogenannter „ethnischer Ökonomien" in den Städten stellt sich darüber hinaus die Frage, welche Märkte Migrantenunternehmen bedienen, wie „offen" oder „ethnisch" diese sind und ferner, welchen Beitrag Migrantenunternehmen für den Arbeitsmarkt und die wirtschaftliche Entwicklung der Kommunen leisten.

2 Internationale Forschung und empirische Evidenz in Deutschland

2.1 „Historische" Modelle zur Erklärung ethnischen Unternehmertums

Forschungsarbeiten zum unternehmerischen Handeln von Minderheiten reichen bis zu den Klassikern der deutschen Soziologie, d. h. bis auf Max Weber, Werner Sombart und Georg Simmel zurück. Mit partiellem Rückgriff hierauf waren es später zunächst US-amerikanische Soziologen, die den Einfluss der Werthaltungen von Immigranten auf das unternehmerische Verhalten unter den Bedingungen moderner Industriemetropolen untersuchten. Im Zentrum stand die Frage, weshalb sich bestimmte ethnische Minderheiten in höherem Maß als andere unternehmerisch betätigen. Aus der Perspektive „kultureller" Forschungsansätze wurden hierfür vor allem die gruppenspezifisch unterschiedlichen Möglichkeiten des Rückgriffs auf ethnisches und soziales Kapital, wie Religion, Sprache, kulturelle Identität oder auch das Vertrauen, die Verpflichtungen und die Solidarität gegenüber Angehörigen der eigenen Ethnie verantwortlich gemacht (Light 1972).

Mit den Theorien vom Middleman Minority Entrepreneur (Bonacich/Modell 1980) und dem Enclave Entrepreneur (Portes/Bach 1985) rückte dann zusätzlich der Einfluss sozialer Ungleichheit und zudem räumlicher Kontextfaktoren in den Blick. Beide Forschungsansätze sind konstituierend für das Konzept der „ethnischen Ökonomie" und schließen an die Theorie segmentierter Arbeitsmärkte an. Sie gehen – knapp zusammengefasst – davon aus, dass Immigranten infolge von blockierten Aufstiegschancen (v. a. Benachteiligungen am Arbeitsmarkt) ethnische und soziale Ressourcen mobilisieren und in die Selbständigkeit flüchten. Kennzeichnend für Middleman Minorities ist eine starke kulturelle Orientierung auf das Herkunftsland, innerethnische Solidarität, Familienarbeit und soziale Kontrolle. Eine Erweiterung dieses Konzepts stellt der „ethnic enclave entrepreneur" dar, der sich auf ein enges Territorium und auf co-ethnische Kundschaft in Quartieren mit hohem Anteil co-ethnischer Bevölkerung orientiert. Zwar wurde sowohl das Middleman- als auch das Enklaven-Konzept im Zeitverlauf modifiziert, doch im Grunde hat sich die Forschung lange Zeit an diesen Idealtypen orientiert (Zhou 2004:1041). Bei allem wird deutlich, dass den Fragen der sozialen Platzierung und Integration eine zentrale Bedeutung zukommt, jedoch den quartiersbezogenen und binnenethnisch handelnden Akteuren die geringeren Aufstiegschancen eingeräumt werden, da sie auf limitierten Märkten auch schnell an Wachstums- und Rentabilitätsgrenzen stoßen (Barrett et al. 1996).

2.2 Interaktionsmodelle

Jüngere Ansätze zur Erklärung migrantischen Unternehmertums rekurrieren auf ein ganzes Bündel an Faktoren. Strittig war zunächst, ob migrantisches Unternehmertum eher angebotsseitig, etwa durch ethnische Ressourcen, oder durch nachfrageseitige Faktoren bzw. die Märkte begünstigt wird. Mit der Interaction Theory bringen Waldinger, Aldrich und Ward (1990) beide Ebenen zusammen und betonen das Zusammenspiel von Gruppencharakteristika und Opportunitätsstrukturen. Letztlich sehen sie eine „ethnische Geschäftsstrategie" darin, dass die Akteure auf bestimmte Gelegenheiten (ethnische oder aber offene Märkte) sowie Restriktionen mit den ihnen zur Verfügung stehenden Ressourcen (vor allem ethnisches und soziales Kapital) reagieren. Eines der gängigen Interaktionsmuster lautet, dass Migranten in ihrem Umfeld die Chance erkennen, die Konsumbedürfnisse ihrer Landsleute mit Hilfe spezifischer Kompetenzen (Beziehungen ins Herkunftsland und Wissen über Präferenzen) unternehmerisch zu befriedigen und sich hierdurch eine ethnische Nische schaffen, die sie vor der Konkurrenz heimischer Anbieter schützt. Aber auch auf offenen Märkten sehen Waldinger und Kollegen Chancen und Nischen für unternehmerisch ambitionierte Migranten, etwa dann, wenn sie Produkte oder Dienstleistungen bieten, auf die Mainstream-Unternehmen keinen Zugriff haben, die nicht mehr rentabel sind oder welche die Massenproduktion nicht erfasst.

Stärker noch als ihre Vorgänger heben die niederländischen Forscher Kloosterman und Rath (2001) mit ihrem Mixed Embeddedness-Ansatz den Gedanken der sozialen Einbettung unternehmerischen Handelns in den lokalen, regionalen oder nationalen Kontext hervor, wobei sie vor allem den variierenden Einfluss von Marktbedingungen und institutionellen Rahmenbedingungen diskutieren. Mit ihrer Erweiterung des Konzepts von Waldinger und Kollegen wenden sie sich gleichzeitig gegen kulturalistische Denkschemen, mit welchen Zugewanderte zudem scheinbar unveränderliche ethnische Eigenheiten zugeordnet werden.

2.3 Die Debatte in Deutschland

Soweit dieses Theoriegerüst hierzulande aufgegriffen wurde stellt sich die Frage, inwieweit die überwiegend in den nordamerikanischen Metropolen gewonnenen Erkenntnisse überhaupt auf die Situation in Deutschland übertragbar sind. Denn schließlich verlief die Zuwanderung hierzulande sozial und räumlich in anderen Bahnen und „ethnische Nachbarschaften" sind in deutschen Städten von weit geringerer Bedeutung (Häußermann/Siebel 2001, Sturm 2007, Schönwälder/Söhn 2009).

Zwar haben sich die Arbeiten im deutschen Forschungsraum die in den USA entwickelten Ansätze nicht explizit zu eigen gemacht, teils wurde jedoch auf ähnliche Argumentationsmuster verwiesen. Dazu zählen das sogenannte „Kulturmodell", das „Nischen- oder Ergänzungsmodell" und das „Reaktionsmodell" (z. B. Schutkin 2000, Floeting et al. 2004, Aver 2013), wobei die Reaktion auf Arbeitslosigkeit auch in vielen anderen Studien den größten Raum einnimmt. Die Modelle werden jedoch mit einiger Distanzierung referiert: Es besteht weitestgehend Einigkeit, dass kulturalistische Erklärungsversuche auf essentialistischen Vorstellungen beruhen und die damit einhergehenden Zuschreibungen kaum zu begründen sind (Pütz 2003). Auch ethnische Nischen und co-ethnische Kundschaft haben in Deutschland nie die Bedeutung eingenommen, die ihnen in der Debatte zugeordnet wurde (Leicht/Werner 2013). Demgegenüber spielen Gründungen aus der Arbeitslosigkeit zwar generell und insbesondere in wirtschaftlich schlechten Zeiten eine Rolle. Aber sie erklären zumindest gegenwärtig und für sich genommen nicht den überproportionalen und stetigen Zuwachs an unternehmerisch aktiven Migrantinnen und Migranten. Deren Gründungsmotive sind, wenn man auf sozialstrukturelle Merkmale kontrolliert, nur unwesentlich stärker als die der autochthonen Bevölkerung von Push-Faktoren getrieben (Brixy et al. 2013).

Jenseits dieser Modelle kommen als Determinanten unternehmerischer Aktivitäten insbesondere individuelle Ressourcen, vor allem Bildung, Wissen und Erfahrung, in Betracht (Leicht et al. 2012, Brixy et al. 2013). Deren Einfluss wird zumeist vernachlässigt, da beim Fokus auf Migrantengründungen der vermeintlich interessantere Effekt, nämlich der von ethnischen Gruppenressourcen im Vordergrund steht. Hier ist allerdings zu konstatieren, dass sich fachliche Kompetenzen und ethnische Ressourcen nicht ausschließen, sondern eher ergänzen (Leicht/Werner 2013).

3 Ethnische Ökonomien, lokaler Kontext und integrationspolitische Implikationen

Die in der kommunalpolitischen Praxis spürbare Skepsis gegenüber „ethnischen Ökonomien" wird zum Teil schon durch den Begriff selbst geschürt. Schließlich konnotiert der Terminus ein durch binnenethnische Beziehungen abgeschottetes System ökonomischen Handelns, welches mit dem Mainstream lokaler Wirtschaftsförderung nur schwer in Einklang zu bringen ist. Die wissenschaftliche Debatte bringt hier wenig Klärung, sondern lässt eine Vielfalt an Deutungen zu.[1] Eine im Handbook of Economic Sociology formulierte Definition dürfte wohl den kleinsten gemeinsamen Nenner bilden: „An ethnic economy consists of the self-employed, employers, their co-ethnic employees, and their unpaid family workers (Light/Karageorgis 1994:648). Dieses auf Bonacich und Modell (1980) zurückgehende Begriffsverständnis wurde von Light und Gold (2000) durch weitere Differenzierungen bereichert. Eine der Wichtigsten betrifft die Unterscheidung zwischen der „ethnic economy" und dem Sonderfall der „ethnic enclave economy".

In Deutschland wird das Verständnis von „ethnischer Ökonomie"[2] stark vom Forschungsinteresse und damit nicht zuletzt auch durch die Forschungsdisziplin bestimmt. Geographisch akzentuierte Studien betonen häufig den lokalen Kontext und binnenethnische Beziehungen: Hillmann und Sommer resümieren, mit ethnischer Ökonomie würde im Allgemeinen „ein bestimmter Typus von räumlichen Clustern nicht-einheimischer Unternehmen bezeichnet, der durch […] spezielle Eigenschaften gekennzeichnet sein kann […]" (2011:30), wozu unter anderem „vornehmlich co-ethnische Kundschaft" und co-ethnische Beschäftigte zählen (ebd.: 30). Und in der Definition des Deutschen Instituts für Urbanistik handelt es sich dabei um Personen mit Migrationshintergrund, „die in einem spezifischen Migrantenmilieu verwurzelt sind" (Floeting et al. 2004:15).

Solche Ansätze sind durchaus plausibel, da städtische Quartiere schon seit jeher ein Ziel von Zuwanderern sind und ethnische Segregation als Triebmittel für unternehmerische Ambitionen gilt. Integrationspolitisch erscheint dieser Nexus jedoch schwierig, sofern sich Selbständigkeit vorrangig als binnenethnische Karriere erweist und hierüber zur Mobilitätsfalle wird (Wiley 1973, Esser 2001). Zieht man aber in Betracht, dass die migrationsgeprägten Quartiere deutscher Städte größtenteils multiethnische Viertel sind (Schönwälder/Söhn 2009) in denen binnenethnische Beziehungen eine geringere Relevanz besitzen, dann rücken eher die identifikatorischen und lebensweltlichen Integrationsleistungen der ethnischen Ökonomie in den Blick; vor allem bei der Stabilisierung benachteiligter Stadtteile: Migrantenunternehmen organisieren die Nahversorgung mit Gütern des täglichen Bedarfs, bauen Brücken zwischen den Bevölkerungsgruppen oder vermitteln

---

1 Dies ist auch ein Grund, weshalb der Begriff im vorliegenden Beitrag nicht im Mittelpunkt steht; was nicht heißen soll, dass er für den Diskurs keine Bedeutung hätte.
2 Umgangssprachlich hat sich in Deutschland zudem auch der Begriff „Migrantenökonomie" durchgesetzt, der ggf. weniger missverständlich ist, da er nicht auf die wirtschaftlichen Leistungen einer bestimmten Ethnie bzw. Herkunftsgruppe verweist.

Informationen, Arbeitsplätze und Netzwerkkontakte für Neuankömmlinge (Reimann/ Schuleri-Hartje 2009, Fischer-Krapohl 2010). Allerdings erscheint eine Fokussierung der Debatte auf die Konsolidierung sozial schwacher Quartiere nicht unproblematisch. Denn hierdurch wird im öffentlichen Diskurs „eine Deckungsgleichheit von benachteiligten Stadtteilen und Migrantenökonomie suggeriert" (Fischer-Kraphol 2010: 47).

Bislang liegt in Deutschland noch keine Studie vor, die empirisch bemisst, wie hoch der Anteil von Migrantenunternehmen mit „ethnischer Nachbarschaft" ist. Ein solcher Versuch dürfte nicht nur auf Daten- sondern auch auf Definitionsprobleme stoßen. Eine Untersuchung von Schunck und Windzio (2009)[3] kann immerhin belegen, dass eine hohe Konzentration von Migranten im Quartier den Gründungserfolg eher verringert. Stadtviertel mit geringem Einkommens- und Kaufkraftniveau generieren zwar Gründungen aus der Not, aber gleichzeitig eine hohe Zahl an Liquidationen, begleitet von einem innerethnischen Verdrängungswettbewerb (Pütz 2000:30). Dies wirkt der sozialen Stabilisierung entgegen. Positiven Einfluss auf den Gründungserfolg nehmen hingegen wohlhabende Nachbarschaften oder auch solche mit bereits hohem Anteil an Selbständigen (Schunck/ Windzio 2009:124f.). Allerdings wird in einigen Migrantenvierteln, in denen sich unternehmerische Impulse mit wirtschaftlicher Prosperität verbinden, auch die Frage nach Gentrifizierungsprozessen aufgeworfen.

Unabhängig davon verweisen die Mechanismen darauf, dass bestimmte sozialräumliche Bedingungen auch andere Perspektiven hervorrufen können als im „klassischen" Theoriegebäude postuliert. Denn als Motivatoren für migrantisches Unternehmertum kommen nicht nur Ungleichheitsstrukturen in Betracht. In jüngerer Zeit gerät – etwa mit der Diskussion um die Wirkung und den Nutzen urbaner und kultureller Vielfalt – zudem auch die gestaltende Rolle von Migrantenunternehmen bei der Entwicklung von multiethnischen Stadtquartieren in den Blick. Ihre Angebote steigern die Attraktivität der Viertel, die als Ziel von Touristen oder als Ort zum Bummeln, zum Einkaufen und Ausgehen neue Qualität gewinnen (Rath 2007, Hillmann 2011, Yildiz 2011). Die wirtschaftliche Prosperität dieser Viertel beruht jedoch häufig auf anderen Prozessen. Oft sind es nicht die sozial benachteiligten Bewohner, sondern externe, wenngleich migrantische Investoren, die hier Marktchancen erkennen. Dies schließt nicht aus, dass sie dennoch auf soziales Kapital und damit auf ethnische Geschäftsbeziehungen und auf die Rekrutierung von co-ethnischen Beschäftigten setzen.

Ohne die Bedeutung kleinräumiger Bezüge für die Sozialintegration zu übersehen wird im vorliegenden Beitrag zusätzlich eine andere Perspektive eingenommen, die den Untersuchungsgegenstand nicht explizit, sondern allenfalls partiell in lokalen Clustern oder in spezifischen Migrantenmilieus verortet. Einbezogen werden Indikatoren der strukturellen Integration, vor allem Bildung, berufliche Orientierung, Einkommen und ökonomische Leistungspotenziale, die nur in begrenztem Umfang von räumlichen Kontextfaktoren beeinflusst sind. Lokalpolitisch sind sie dennoch von hoher Relevanz, da die jeweiligen Erträge

---

3   Unter Verwendung der Auswahlbezirke im Mikrozensus 2004.

maßgeblichen Einfluss auf die wirtschaftliche und soziale Entwicklung der Kommunen nehmen. Und schließlich ist auch aus Sicht der lokalen Politik eine gelungene strukturelle Integration eine zentrale Voraussetzung für alle weiteren Formen der Sozialintegration.

4 Entwicklung, Struktur und Selbständigkeitsneigung

4.1 Umfang und Entwicklung von Migrantenselbständigkeit

Dem Mikrozensus 2014 zufolge besitzen 709.000 bzw. 17 Prozent der insgesamt 4,2 Millionen Selbständigen in Deutschland einen Migrationshintergrund. Nicht ganz zwei Drittel von ihnen haben keinen deutschen Pass. Die Entwicklung über einen längeren Zeitraum lässt sich (erhebungstechnisch bedingt)[4] nur in einer Differenzierung nach der Staatsangehörigkeit darstellen. Während ausländische Selbständige noch in den 1970er und 1980er Jahren eine statistisch kaum wahrnehmbare Größe bildeten, ist ihre Zahl zwischen 1991 und 2014 um das Zweieinhalbfache bzw. um 147 Prozent gestiegen, aber die der deutschen Selbständigen „nur" um 31 Prozent (Abb. 1).[5]

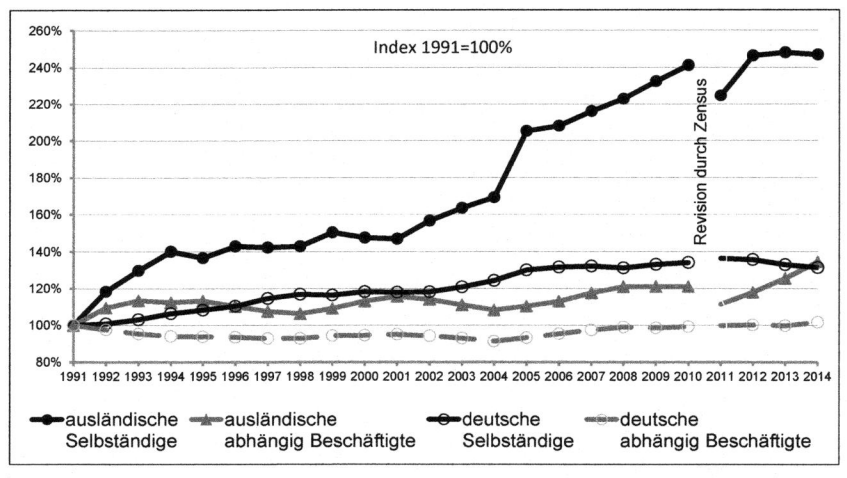

Abb. 1 Index der Entwicklung von ausländischen und deutschen Selbständigen 1991–2014
Quelle: Mikrozensus; eigene Berechnungen

---

4 Der Mikrozensus erlaubt erst seit 2005 eine Identifizierung von Deutschen mit Migrationshintergrund.
5 Die „große" Zensuserhebung im Jahr 2011 hat zur Revision des Mikrozensus geführt, weshalb die Zahlen vor und nach 2011 nur eingeschränkt vergleichbar sind.

Längerfristig betrachtet ist die Dynamik weit stärker als bei den abhängig Beschäftigten. In jüngerer Zeit stagniert die Zahl der ausländischen Selbständigen, aber bei den Deutschen ging sie sogar zurück. In vielen Kommunen avancieren die Zugewanderten derzeit zum Hoffnungsträger der Wirtschaftspolitik, da sie die entstehende Lücke im Unternehmensbestand wenigstens teilweise kompensieren.

4.2 Herkunftsspezifische Entwicklung

Welche Herkunftsgruppen tragen in welchem Maße zum Gründungsboom bei? Um die durch die Gruppenvielfalt hervorgerufene Komplexität zu reduzieren wird nachfolgend zum einen zwischen Personen mit und (Deutschen) ohne Migrationshintergrund unterschieden. Zudem werden Personen aus den ehemaligen Anwerbeländern, osteuropäischen Ländern, westlichen Industrieländern sowie aus asiatischen Ländern zu handhabbaren Aggregaten gruppiert.[6]

Hervorzuheben ist, dass die in den 1990er Jahren anteilsmäßig noch starke Gruppe an Selbständigen aus den ehemaligen Anwerbeländern zwar in absoluten Zahlen weiter zugenommen, aber seit 1996[7] relativ an Gewicht verloren hat. D. h. sie stellen statt 55 Prozent nur noch 38 Prozent aller ausländischen Selbständigen. Stark gestiegen ist vor allem die Zahl der aus Osteuropa[8] stammenden Selbständigen, insbesondere seit der EU-Erweiterung. Auf diese Gruppe entfällt in etwa die Hälfte des Gesamtzuwachses, gefolgt von denen, die aus einem westlichen Industriestaat kommen. Diese haben mit einem Fünftel zum Boom insgesamt beigetragen. Die Gruppe der Asiaten spielt in der Gesamtentwicklung eine anteilsmäßig geringere Rolle, obwohl sich ihre Zahl verdoppelt hat. Insgesamt betrachtet haben sich die genannten Veränderungen, wie noch zu sehen ist, auf die soziale Zusammensetzung der Selbständigen, vor allem auf das Qualifikationsniveau sowie auf die wirtschaftssektorale Struktur ausgewirkt.

---

6   Diese Aggregierung erlaubt es 89 % aller Personen mit Migrationshintergrund im Mikrozensus einer der vier Gruppen zuzuordnen. Zu den Kriterien der Gruppenbildung siehe Leicht/Langhauser 2014.

7   Die Klassifikation in den Mikrozensen vor 1996 lässt leider keine vergleichbaren Gruppierungen zu.

8   Der Gründungsboom unter den aus Osteuropa Zugewanderten wird natürlich auch mit der zunächst eingeschränkten Arbeitnehmerfreizügigkeit und demzufolge mit Scheinselbständigkeit und Subunternehmertum in Verbindung gebracht. Im Einklang mit dem freien Niederlassungsrecht für Selbständige haben sich vor allem Arbeitskräfte aus Polen, Bulgarien und Rumänien auf rechtlich fragwürdige und sittenwidrige Beschäftigungsverhältnisse in Form von Wanderarbeit eingelassen. Allerdings schlägt sich dies (anders als bei den häufig verwendeten Gewerbemeldedaten) in den hier verwendeten Bestandsdaten des Mikrozensus kaum nieder, da mit dem Wohnortkonzept des Mikrozensus ausschließlich die in Deutschland Ansässigen erfasst werden.

4.3 Selbständigkeitsneigung insgesamt und in den Städten

Eine Voraussetzung für die (Weiter-)Entwicklung migrantischen Unternehmertums ist eine adäquate Zahl an Menschen, die sich für den Schritt in die Selbstständigkeit entscheiden. Ein Maß zur Bestimmung der unternehmerischen Neigungen bietet die Selbständigenquote, definiert als Anteil der Selbstständigen an allen Erwerbstätigen. Sie beträgt (2014) unter den Deutschen ohne Migrationshintergrund 10,7 Prozent und unter Personen mit Migrationshintergrund 9,6 Prozent. D. h. die Quoten liegen nicht weit auseinander. Die Selbständigenquote von Migranten ist jüngst jedoch leicht zurückgegangen, da mit der neueren Zuwanderung zunächst die Zahl der abhängig Beschäftigten zugenommen hat.

Welche Rolle spielt Migrantenselbständigkeit in Kommunen unterschiedlicher Größe? „Migrantische Unternehmen sind städtische Projekte und zumeist in Städten angesiedelt" (Hillmann 2011:13). Und schließlich weist auch ein großer Pulk an Literatur darauf hin, dass die Herausbildung ethnischer Ökonomien eng mit Segregation und räumlicher Verdichtung verbunden ist. Dies gilt zumindest für die internationale Literatur. Wenn in Deutschland, wie bereits festgestellt, das Ausmaß ethnisch räumlicher Segregation vergleichsweise gering ist und die städtischen Migrantenviertel eher kulturelle Vielfalt aufweisen, dann stellt sich die Frage, ob dann ggf. andere bzw. interethnisch wirksame Faktoren im Vordergrund stehen.

Zunächst mag interessieren, dass zwei Drittel (68 %) aller Selbständigen mit Migrationshintergrund in Deutschland in Agglomerationsräumen arbeiten. Allerdings entfallen auf diese Gebiete auch 63 Prozent aller migrantischen Erwerbspersonen.[9] Stark verdichtete Räume ziehen nicht nur generell und in höherem Maße Migranten an, sondern vor allem auch solche mit selbständigkeitsrelevanten Ressourcen, da große Städte auch eine höhere Nachfrage nach diversifizierten Produkten und Dienstleistungen erzeugen. Während sich die Selbständigenquoten von Migranten sowohl in den kleineren Gemeinden als auch in den Mittelstädten durchschnittlich zwischen neun Prozent und zehn Prozent bewegen, liegt die Quote in Städten mit mehr als 500.000 Einwohnern bei knapp 14,5 Prozent (Abb. 2).[10] In diesen Großstädten erzielen allerdings auch die Deutschen ohne Migrationshintergrund eine Selbständigenquote von 14,1 Prozent. Dies legt nahe, dass großstädtische Strukturen unternehmerische Aktivitäten zwar begünstigen, diese aber für sich genommen noch keinen ausreichenden Rahmen zur Erklärung von spezifisch migrantischem Unternehmertum bieten.

Differenziert man nach einzelnen Herkunftsgruppen zeigen sich durchgängig Stadt-Land-Gefälle, aber zudem auch überraschende Differenzen. Insgesamt betrachtet

---

9 Es dürfte auch nicht verwundern, dass innerhalb der Verdichtungsräume ein Fünftel aller Selbständigen ausländische Wurzeln hat, da dies auch auf die Erwerbspersonen insgesamt zutrifft.

10 Hier wie auch im Folgenden nicht abgebildet ist eine weitere Differenzierung: In der Größenklasse mit 20.000 bis 100.000 Einwohnern bzw. in der Klasse mit zwischen 100.000 und 500.000 Einwohnern liegt die Selbständigenquote bei 8 % bzw. bei 10 % (Mikrozensus 2011, eigene Berechnungen).

(d. h. sieht man von den Italienern ab) entfalten die Angehörigen der ehemaligen Anwerbeländer in den Großstädten kein sonderlich stärkeres unternehmerisches Engagement als in kleineren Gemeinden. Und selbst unter den Türkeistämmigen, die ein im Vergleich zu anderen Gruppen höheres Maß an residentieller Segregation aufweisen (Sturm/Meyer 2007), schlagen die Vorteile städtischer Verdichtung nur geringfügig zu Buche. Überdurchschnittlich unternehmerisch aktiviert werden in Großstädten die Einwanderergruppen aus Italien, aus Osteuropa und aus asiatischen Ländern. Die stark verdichteten Räume dienen vor allem den aus westlichen Industrieländern stammenden Migranten als Brutstätte beruflicher Selbständigkeit. In diesem Umfeld arbeitet jede vierte Person auf eigene Rechnung.

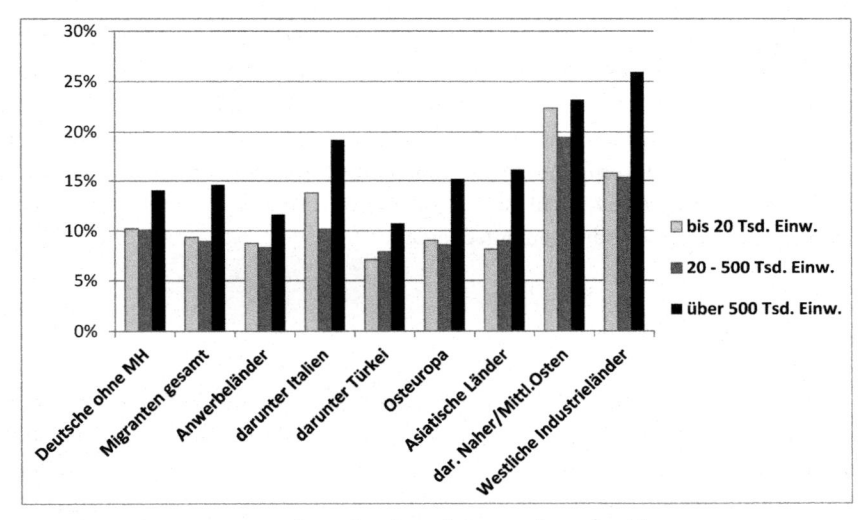

Abb. 2 Selbständigenquoten nach Herkunft und Gemeindegrößenklassen
Quelle: Mikrozensus 2011; eigene Berechnungen

Welche Rolle spielt die Konzentration migrantischer Bevölkerung in den Kommunen? Betrachtet man die Selbständigenquoten in den zwölf migrationsstärksten Städten (Migrantenanteil von über 35 Prozent, darunter viele Städte mittlerer Größe und auch mit weniger als 100.000 Einwohnern),[11] dann zeichnet sich kein deutliches Muster ab. Die Quoten variieren sowohl zwischen Personen mit und ohne Migrationshintergrund als auch innerhalb dieser Gruppen und lassen – zumindest deskriptiv bzw. ohne Kontrolle von Drittvariablen – weder hinsichtlich der Größe des Migrantenanteils noch in Bezug auf die Größe

---

11 Hier auf Basis des Zensus 2011, da der Mikrozensus keine ausreichenden Fallzahlen auf dieser Ebene bietet.

der Städte einen Zusammenhang erkennen.[12] Dies zeigt schon, dass die Herausbildung migrantischen Unternehmertums im Einflussgeflecht einer Vielfalt weiterer und dabei insbesondere makro- und mikrostruktureller Faktoren steht.

5 Bildung, Wissen und wirtschaftssektorale Orientierung

Die quantitative Bedeutung migrantischer Selbständigkeit sagt noch nichts darüber aus, welche Güte und Substanz hier zugrunde liegt. So lautet ein häufig vorgebrachter Verdacht, dass der Boom an Migrantenunternehmen auf Notgründungen und daher geringer Bildung fußt. In diesem Fall würde sich die Expansion auf wirtschaftlich marginale Bereiche, d. h. auf arbeits- und wettbewerbsintensive Branchen mit geringen Erfolgs- und Ertragsaussichten reduzieren. Solche Zweifel führen zu der Frage nach den Qualifikationen und dem Genre der Tätigkeiten, d. h. letztlich nach dem Innovationsgehalt bzw. der Wissensintensität der erbrachten Leistungen. Bildung und Branchenorientierung zählen zu zentralen Gradmessern erfolgreicher Integration, nicht zuletzt, da Ressourcen und Marktchancen auch über die Nachhaltigkeit der Gründungen entscheiden.

5.1 Bildung

Da die im Ausland erzielten Bildungs- und Berufsabschlüsse nur bedingt mit denen der Bildungsinländer vergleichbar sind, liegt nachfolgenden Mikrozensusanalysen zunächst die internationale Standardklassifikation (ISCED) zugrunde. Im Vergleich mit den herkunftsdeutschen Selbstständigen ergibt sich ein geringeres Qualifikationsniveau: Ein Fünftel selbstständiger Migranten erreicht nur den Level „low", während diese Gruppe bei den Autochthonen nur vier Prozent ausmacht (Tabelle 1). Entsprechend divergieren auch die Anteile der Hochqualifizierten. Das Qualifikationsniveau variiert erwartungsgemäß zwischen den Herkunftsgruppen. Insgesamt betrachtet finden sich die Angehörigen der ehemaligen Anwerbeländer (darunter v. a. die Türkeistämmigen) am unteren Ende des Rankings und die der westlichen Industrieländer im oberen Feld. Die Letztgenannten sind sogar deutlich besser qualifiziert als die Selbständigen ohne Migrationshintergrund.

---

12 Bspw. liegen in Offenbach und Frankfurt (bundesweit höchster bzw. dritthöchster Migrantenanteil) die Selbständigenquoten von Personen mit und ohne Migrationshintergrund jeweils auf überdurchschnittlich hohem Niveau während in Pforzheim und Heilbronn (bundesweit zweithöchster bzw. vierthöchster Migrantenanteil) die Selbständigenquote von Migranten nur halb so hoch oder sogar nur ein Drittel so hoch ist.

Tab. 1 Qualifikation von Selbstständigen und abhängig Beschäftigten nach Herkunft (%)

	Selbständige			Abhängig Beschäftigte		
	nach ISCED			nach ISCED		
Herkunft	high	medium	low	high	medium	low
Deutschland	50,9	45,3	3,8	29,8	60,4	9,7
MigrantInnen gesamt	39,4	39,4	21,2	22,0	46,9	31,1
Anwerbeländer	23,5	41,0	35,4	12,7	42,9	44,5
Osteuropa	43,8	45,4	10,8	26,2	54,8	19,0
Westl. Industrieländer	62,7	29,5	7,7	45,0	41,7	13,3
Asiatische Länder	39,2	34,1	26,7	22,6	44,1	33,4

Quelle: Statistisches Bundesamt, Mikrozensus 2011 (scientific-use-file); eigene Berechnungen

Hinsichtlich der integrationspolitischen Bedeutung ist jedoch entscheidender, dass das Qualifikationsniveau von Selbstständigen höher als das der abhängig beschäftigten Pendants liegt – und dies nicht nur insgesamt, sondern in allen Herkunftsgruppen. Insgesamt betrachtet sind 39 Prozent aller selbstständigen Migranten dem Qualifikationslevel „high" zuzuordnen. Bei abhängig Beschäftigten gilt dies nur für 22 Prozent. Dies ist zunächst eine gute Voraussetzung, um prekären Verhältnissen entgegenzuwirken und belegt, dass Migrantenselbständigkeit kein Hort für Unqualifizierte ist.

5.2 Branchenzugehörigkeit

Noch gegen Ende der 1990er Jahre war das Genre migrantischer Unternehmen stark durch marginalwirtschaftliche Aktivitäten, insbesondere durch den Handel und das Gastgewerbe geprägt. Infolge der durch Zuwanderung veränderten Zusammensetzung sowie der höheren Bildungsbeteiligung jüngerer Kohorten, hat sich auch die sektorale Orientierung von Migrantenselbständigkeit deutlich verändert. Betrachtet man zunächst alle migrantischen Selbständigen, sind diese zwar etwas seltener als Herkunftsdeutsche im produzierenden Gewerbe und in modernen Dienstleistungen und dafür häufiger in traditionellen und vor allem distributiven Dienstleistungen zu finden (Abb. 3). Allerdings machen die Bereiche Gastgewerbe und Handel mit insgesamt 31 Prozent nur noch weniger als ein Drittel aus.

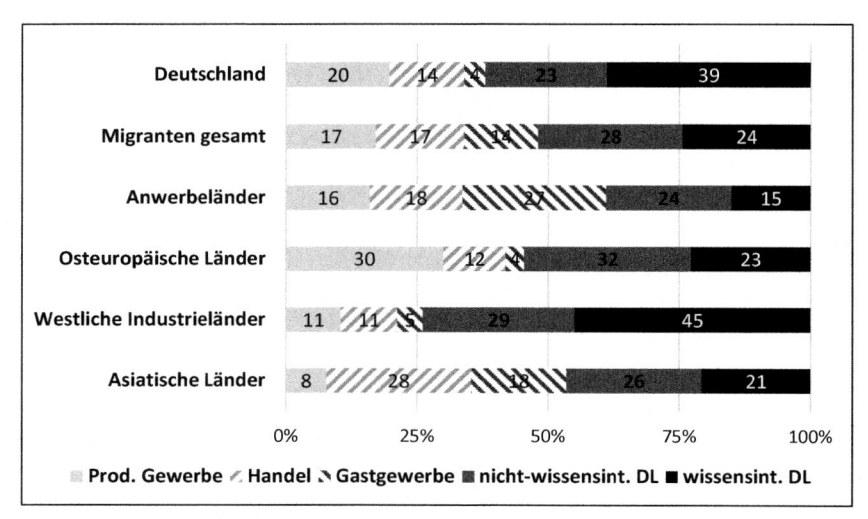

	Prod. Gewerbe	Handel	Gastgewerbe	nicht-wissensint. DL	wissensint. DL
Deutschland	20	14	4	23	39
Migranten gesamt	17	17	14	28	24
Anwerbeländer	16	18	27	24	15
Osteuropäische Länder	30	12	4	32	23
Westliche Industrieländer	11	11	5	29	45
Asiatische Länder	8	28	18	26	21

Abb. 3 Verteilung der Selbstständigen nach Wirtschaftsbereichen (ohne Landwirtschaft) und Herkunft

Quelle: Mikrozensus (Scientific Use File 2011); Berechnungen Leicht/Langhauser 2014

Von zentralem Interesse ist die Bedeutung der „wissensintensiven Dienstleistungen", zu denen eine große Zahl der Freien Berufe, vor allem die technische und wirtschaftliche Beratung, Forschung, Gesundheitsdienste und die Kultur- bzw. Medienberufe sowie Finanzdienstleistungen und Informationsdienste zählen. Auf Wissen und Bildung beruhende Leistungen sind für die Wirtschaft insgesamt von hoher Bedeutung. Insofern ist auch die Partizipation durch Selbstständige in diesem Wirtschaftsbereich ein guter Indikator für ihre Leistungsfähigkeit. Insgesamt erbringt jedes vierte Migrantenunternehmen wissensbezogene Dienste, was einer erheblichen Modernisierung des Leistungsspektrums entspricht. Die wissensintensiven Dienste sind eine Domäne der Selbstständigen westlicher Industrieländer, die hier höhere Anteile als die Einheimischen stellen (45 % zu 39 %). Da Bildung eine Determinante wissensbezogener Tätigkeiten ist, dürfte nicht verwundern, dass die Selbstständigen ehemaliger Anwerbeländer hier seltener vorzufinden sind.

6 Ethnische Beziehungen und Märkte

Ein zentrales Charakteristikum sogenannter „ethnischer Ökonomien" ist – so wird häufig angenommen – der Rückgriff auf Beschäftigte und Kunden der eigenen Community. Integrationspolitisch lässt sich die Mobilisierung spezifischer Ressourcen unterschiedlich bewerten, je nachdem, ob es sich um einen Akt bewusster Abschottung, um soziale Kontrolle und normative Verpflichtung handelt, oder ob eher strategische Überlegungen und rein ökonomische Motive im Vordergrund stehen (Light/Gold 2000). Zu berücksichtigen ist ferner, dass die Möglichkeit des Rückgriffs auf Landsleute auch von den jeweiligen Populationsgrößen in den Regionen abhängig ist.

6.1 Co-ethnische Beschäftigung

Einer bundesweiten Erhebung des ifm Mannheim (Leicht/Langhauser 2014)[13] zufolge arbeiten in knapp über der Hälfte aller Migrantenunternehmen[14] mehrheitlich co-ethnische Beschäftigte, wobei die Strukturen zwischen den Herkunftsgruppen erheblich variieren. Insgesamt lässt sich auf Grundlage einer Regressionsanalyse resümieren, dass die Zusammensetzung der Beschäftigten nicht nur vom Faktor „Herkunft", sondern stark von der Größenstruktur der Betriebe, der Branchenzugehörigkeit und damit auch von der Mitarbeit durch Familienangehörige bestimmt wird (ebd.: 50f.). Unterm Strich geht co-ethnische Beschäftigung zu einem großen Teil mit familienwirtschaftlichen Formen einher, die sich kaum von der sozialen Fürsorge in einheimischen Unternehmen unterscheiden. In größeren Unternehmen sowie auch in den wissensintensiven Wirtschaftsbereichen verliert co-ethnische Beschäftigung deutlich an Relevanz. Insbesondere in Wirtschaftsbereichen mit hohen Qualifikationsanforderungen sind innerethnische Solidarität und Netzwerke nur bedingt von Nutzen. Und dort, wo „Ethnizität", wie im Gastgewerbe und Handel, als „kulturelle Botschaft" inszeniert wird, macht dies zumindest auch ökonomisch Sinn. Bei allem stellt sich jedoch die Frage, wie viel von dem, was an „Ethnizität" in den Beschäftigungsstrukturen sichtbar wird, wirklich das Ergebnis ethnischer Strategien oder nicht doch viel eher das Resultat einer Arbeitgeberdiskriminierung ist. Vielen Migrantenunternehmen gelingt es kaum, Personal aus der Mitte der Aufnahmegesellschaft zu rekrutieren.

6.2 Co-ethnische Kundschaft

In der deutschen Forschungsliteratur wird einmütig betont, dass Migrantenunternehmen längst aus (vermeintlichen) ethnischen Nischen ausgebrochen sind. Es stellt sich jedoch die Frage, ob sie hierzulande überhaupt maßgeblich in solchen verhaftet waren. Zweifel hieran sind berechtigt; zumindest wenn man, wie im Enklavenmodell, davon ausgeht, dass sich ethnische Märkte vor allem in ethnisch segregierten Quartieren entwickeln. Gegenbeispiele bieten die Gaststätten und Läden der Italiener und Griechen, die schon sehr

---

13 Der Datenpool „Migrantenunternehmen in Deutschland" des ifm Mannheim basiert auf einer Befragung von rund 4.500 Unternehmensinhabern verschiedenster Herkunft, darunter auch einer Kontrollgruppe ohne Migrationshintergrund.
14 Der Begriff „Migrantenunternehmen" meint hier Unternehmen, die eigenverantwortlich von Personen mit Migrationshintergrund geführt werden. Die Definition von „Migrationshintergrund" entspricht derjenigen des Statistischen Bundesamts.

früh von der Beliebtheit mediterraner Produkte bei deutschen Kunden profitierten. Ein Angebot an „ethnischen" Produkten und Dienstleistungen muss sich ohnehin keinesfalls an Landsleute richten. Wie schon das Konzept der „Middleman Minorities" konstatiert, schließen Nischenmärkte mit ethnischen Produkten nicht aus, dass die Kunden aus allen Ethnien kommen.

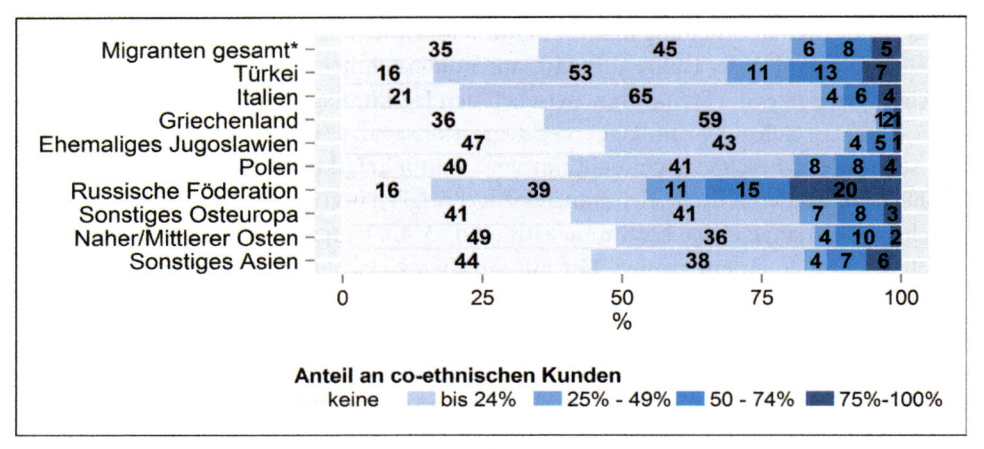

Abb. 4 Anteil von Unternehmen mit co-ethnischen Kunden nach Herkunft*
* Migranten gesamt: Summe aus den mit der Stichprobe erfassten Herkunftsgruppen.
Quelle: : ifm-Mannheim-Datenpool „Migrantenunternehmen in Deutschland"; eigene Berechnungen.

Welche Bedeutung haben Kunden eigener Herkunft derzeit in Migrantenunternehmen? Legt man die Definition von Barrett und Kollegen (1996) zugrunde, nach welcher von einem „ethnischen Markt" dann gesprochen werden kann, wenn mehr als die Hälfte der Kunden gleicher Herkunft ist, dann spielen solche Märkte in Deutschland eine vergleichsweise untergeordnete Rolle. Abbildung 4 (Leicht/Langhauser 2014) zeigt, dass über alle Gruppen hinweg betrachtet lediglich 13 Prozent der Unternehmen mehrheitlich co-ethnische Kundschaft besitzen, während ein Drittel überhaupt keine Landsleute in ihrem Kundenkreis hat. Erwartungsgemäß variieren die Anteile stark nach Herkunftsgruppen, erreichen aber kaum auffällig hohe Werte.

Die Befunde schließen nicht aus, dass sich in einzelnen Regionen, Stadtteilen oder auch in einzelnen Branchen ethnische Märkte herausgebildet haben. Der Bereich wissensintensiver Dienstleistungen bietet gute Beispiele, wie sich ein ethnischer und geschützter Markt mit Wachstumsperspektiven vereinbaren lässt. Die zunehmende Zahl selbstständiger Migranten in den wissensintensiven Dienstleistungen ist zum einen auf den gesamtgesellschaftlichen Bedarf an wirtschaftlichen, rechtlichen, kurativen, kulturellen und technischen Expertisen zurückzuführen, aber zum anderen auch auf den spezifischen Bedarf innerhalb der Communities (Schaland 2009, Leicht et al. 2012).

7 Einkommen und sozialer Aufstieg

Seit langem wird die Frage, ob Selbständigkeit zum sozialen Aufstieg in der Aufnahmegesellschaft führt unter anderem vom erzielten Einkommen abhängig gemacht, da viele Stationen der Integration auch materielle Ressourcen erfordern. Mit Hilfe der Mikrozensusdaten lassen sich die monatlichen Nettoeinkommen von selbständig und abhängig Beschäftigten identifizieren. Demzufolge liegen die Verdienste der herkunftsdeutschen Selbstständigen mit durchschnittlich 2.660 Euro ein gutes Stück über denjenigen der Selbstständigen mit Migrationshintergrund, die im Mittel nur knapp über 2.050 Euro erzielen (Abb. 5). Allerdings variiert das Einkommen stark zwischen den Gruppen. Selbständige aus den westlichen Industrieländern verdienen durchschnittlich sogar besser als die Einheimischen. Zudem streuen die Verdienste auch innerhalb der dargestellten Gruppen. Dies zeigt sich im Gesamtaggregat dann auch an den 25 Prozent- bzw. 75 Prozent-Quantilen. Unter den selbständigen Migranten insgesamt weisen die Einkommen eine etwas geringere Spreizung als bei den Deutschen auf, wobei hier ein Viertel weniger als 1.000 Euro und bei den Deutschen ein Viertel weniger als 1.200 Euro verdient. Ein gewisses Maß an Prekarität zeigt sich also auf beiden Seiten.

Bei allem ist jedoch herauszustellen, dass die selbständig Erwerbstätigen in allen Gruppen ein durchschnittlich höheres Einkommen erzielen als die abhängig Beschäftigten. Das Nettoeinkommen liegt im Mittel rund 600 Euro über demjenigen von Arbeitnehmern mit Migrationshintergrund, wobei dieses Gefälle etwas geringer als unter den Deutschen ist. Ein ähnliches Bild ergibt sich unterhalb des Aggregats. Das heißt, in allen Herkunftsgruppen zeigen sich jeweils deutliche Differenzen zwischen den Nettoeinkommen von selbständig und abhängig Erwerbstätigen.

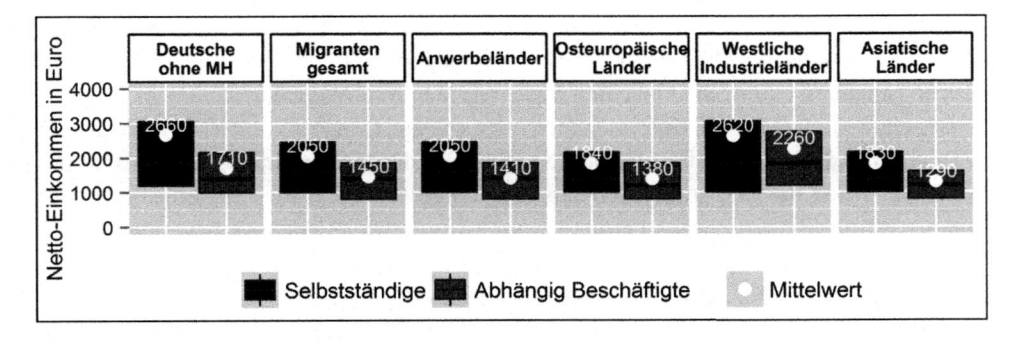

Abb. 5 Netto-Einkommen* Selbstständiger und abhängig Beschäftigter nach Herkunft

* Außer den Mittelwerten sind die 25- Prozent-, 50 Prozent- (schwarzer Strich) und 75 Prozent-Quantile dargestellt.

Quelle: Mikrozensus (Scientific Use File 2011); eigene Berechnungen (Leicht/Langhauser 2014)

Mit einer Regressionsanalyse lässt sich bemessen, welche Faktoren das Einkommen in welcher Weise bestimmen (Leicht et al. 2015). Starken Einfluss auf die Höhe des Verdientes nimmt, wie zu erwarten, die Qualifikation, das geleistete Arbeitsvolumen sowie das Alter des Betriebs. Dies belegt, dass sich Bildung und Wissen, Fleiß und unternehmerische Erfahrung nicht nur unter den Selbstständigen der sogenannten Mehrheitsgesellschaft, sondern auch in der Migrantenökonomie bezahlt machen. Eine weitere Frage ist, ob sich zwischen Herkunftsdeutschen und Migranten auch dann Einkommensunterschiede zeigen, wenn die Ausgangsbedingungen die gleichen sind. Diesbezüglich ist festzuhalten, dass sich unter Kontrolle verschiedenster Variablen keine signifikanten Unterschiede in den Einkommen zwischen Selbständigen deutscher Herkunft und denjenigen aus den Anwerbeländern zeigen. Dies gilt auch mit Blick auf die Selbständigen aus westlichen Industrieländern, die aber ohnehin das durchschnittlich höchste Einkommen aufweisen. Allerdings sind die Einkommen von osteuropäischen und asiatischen Selbstständigen noch immer rund zehn Prozent geringer als die der Deutschen, wofür keine Erklärung gefunden werden konnte.

8 Volkswirtschaftliche Leistungspotenziale

Ein in der Kommunalpolitik weitgehend unterschätzter Faktor sind die Leistungen, die Migrantenunternehmen für den Arbeitsmarkt, für die Ausbildung und den Warenaußenhandel erbringen.

8.1 Beschäftigungs- und Ausbildungsbeitrag

Je nach Schätzmodell liegt die Gesamtzahl der von Migrantenunternehmen geschaffenen Arbeitsplätze (einschließlich derer der Selbstständigen) zwischen 2,2 und 2,7 Millionen (Leicht/Langhauser 2014:58f). Geht man von einem konservativ geschätzten Beschäftigungsbeitrag aus, so finden sich in Migrantenunternehmen rund fünf Prozent aller Erwerbstätigen in Deutschland. Ihr Beschäftigungsbeitrag muss allerdings unter dem Gesichtspunkt der Vergleichbarkeit des Leistungspotenzials betrachtet werden. Daher macht es Sinn, nur inhabergeführte Unternehmen heranzuziehen. Aus dieser Perspektive berechnet stellen Migrantenunternehmen rund 18 Prozent aller Arbeitsplätze in inhabergeführten mittelständischen Unternehmen in Deutschland.

Während in „deutschen" Unternehmen die Ausbildungsbereitschaft in den letzten Jahren nachgelassen hat und nur noch ein Viertel ausbildet, nähern sich Migrantenunternehmen diesem Anteil langsam an (Leicht 2016: 58f). Die Ausbildungsbeteiligung variiert allerdings stark zwischen den Gruppen. Für die Bemessung der Ausbildungsleistungen entscheidender ist jedoch das Verhältnis aus der Beschäftigungsstärke der Unternehmen und der Zahl ihrer Auszubildenden, da bei der Vergleichbarkeit die Betriebsgröße jeweils berücksichtigt werden muss. So betrachtet kommen in den einheimischen Unternehmen weniger als sechs Azubis auf 100 Beschäftigte. Diese Ausbildungsquote wird in einigen Herkunftsgruppen sogar leicht übertroffen, insbesondere von den „türkischen" Unternehmen mit fast acht Azubis pro 100 Beschäftigte (ebd.: 61).

8.2 Außenwirtschaftliche Beziehungen und Aktivitäten

Im Zeitalter von Internet, Globalisierung und transnationalen Netzwerken haben sich auch die Chancen und wirtschaftlichen Profile von Migrantenunternehmen verändert. Ein beachtlicher Teil ist sowohl in der alten als auch in der neuen Heimat in soziale und ökonomische Netzwerke eingebunden, was sie besonders befähigt, auch außenwirtschaftliche Aktivitäten zu entwickeln. Für 14 Prozent aller Migrantenunternehmen sind die Geschäftsbeziehungen ins Herkunftsland für den unternehmerischen Erfolg von großer Bedeutung (Leicht/Langhauser 2014:68ff.). Und etwa jedes zehnte Unternehmen pflegt auch intensive Kontakte ins übrige Ausland. Ob und wie sich diese Beziehungen „materialisieren" zeigt sich anhand der im Ausland erzielten Umsatzanteile. Sie liegen über alle Herkunftsgruppen hinweg deutlich höher als unter den deutschen Unternehmen vergleichbarer Größe. Dabei ist jeweils nur ein Teil des Umsatzes auf spezifische Verbindungen ins Herkunftsland zurückzuführen. Offenbar profitiert ein beachtlicher Proporz der Migrantenunternehmen in Deutschland ganz generell von Auslandsbeziehungen und -geschäften.

9 Resümee und Handlungsbedarf

Zusammengenommen weisen die empirischen Befunde darauf hin, dass Migrantinnen und Migranten durch den Schritt in die Selbständigkeit die Chancen sozialer Mobilität und struktureller Integration erheblich verbessern. Zudem leisten sie mit ihrem unternehmerischen Engagement einen beachtlichen Beitrag zur Arbeitsmarktintegration insgesamt sowie zur wirtschaftlichen Entwicklung, sei es auf lokaler oder überregionaler Ebene. Nicht nur der Umfang an Migrantenunternehmen, sondern auch das sozioökonomische Profil hat sich, nicht zuletzt durch den Zugang neuer Gruppen, im Zeitverlauf enorm gewandelt. Weite Teile der sogenannten „Migrantenökonomie" haben mit der zunehmenden Partizipation an Bildung und Wissen einen Modernisierungsschub erfahren, der sie aus vermeintlicher Marginalität in die Mitte der Gesellschaft hebt. Die häufig betonten Differenzen zwischen autochthoner und allochthoner Selbständigkeit haben sich zumindest verringert. Eine schrittweise Angleichung in der sozialen Platzierung sowie in der wirtschaftlichen Struktur und Leistungserstellung der Unternehmen resultiert zum einen aus dem Aufholprozess auf Seiten der Zuwanderer, ist aber zum anderen auch das Ergebnis einer wachsenden Heterogenität in der Referenzkategorie. In Bezug auf manche Indikatoren zeigen sich jedoch nach wie vor Differenzen, die zu einem beachtlichen Teil auch auf unterschiedliche

Ausgangslagen zurückzuführen sind. Dazu zählen soziale Ungleichheiten, aber genauso ungleiche Chancen aufgrund institutioneller Rahmenbedingungen.

Mit Blick auf die migrationsgeprägten und häufig benachteiligten Stadtquartiere mag sich durchaus ein anderes Bild aufdrängen, zumal die Alltagsbeobachtung eher die Einfachdienstleistungen und damit nur einen kleinen Ausschnitt der sozialen Wirklichkeit erfasst. Aber auch der moderne Gegenentwurf, das multiethnische prosperierende Szenenviertel, wird in seiner quantitativen Bedeutung voraussichtlich überschätzt. Generell bedarf das im öffentlichen Diskurs etablierte Verständnis von „ethnischer Ökonomie" als räumliches Cluster einer kritischen Reflektion, da sich der Begriff sowohl in Bezug auf die Entstehungsbedingungen als auch hinsichtlich der Ergebnisse wirtschaftlichen Handelns kaum noch mit der Empirie verträgt. Ein zunehmender Teil der Migrantenunternehmen hat das Gehege nachbarschaftlicher Beziehungen verlassen und ist – wenngleich mit der Etikette ethnischer Ressourcen ausgestattet – interethnisch, überregional oder sogar international aufgestellt. Sie sind (noch nicht in gleichem Maße aber) verstärkt in Märkten präsent, auf die sich auch die herkunftsdeutschen Selbständigen, Familien- und Kleinunternehmer orientieren. Der hohe Anteil exportorientierter Migrantenunternehmen ist jedoch ein Anzeichen dafür, dass sie die Herausforderungen der Globalisierung infolge grenzüberschreitender Netzwerkbeziehungen und interkultureller Kompetenzen besser als einheimische Unternehmen bewältigen. Insofern dürften manche Migrantenunternehmen, die dann eben nicht im Kiez, sondern in den lokalen Gewerbegebieten angesiedelt sind, zum Hoffnungsträger der kommunalen Wirtschaftspolitik avancieren, da sie sich als zentrale Triebkräfte einer Internationalisierung des Mittelstands auf lokaler Ebene erweisen.

In Anbetracht bleibender Ungleichheit im Zugang zu einzelnen Positionen beruflicher Selbständigkeit sowie mit Blick auf die noch unausgeschöpften wirtschaftlichen Leistungspotenziale von Migrantenunternehmen besteht Handlungsbedarf auf verschiedenen Ebenen:

Akquisition und Diffusion von Wissen über migrantisches Unternehmertum: Entscheidungen und Prioritäten in der kommunalen Wirtschaftsförderung, aber auch Stereotypen, werden wesentlich durch (fehlendes) Wissen über die Bedeutung und Leistungspotenziale von Migrantenunternehmen induziert. Dies führt dazu, dass sie in den mit strategischen Aufgaben befassten Ämtern kaum als Partner oder potenzielle Investoren wahrgenommen, akzeptiert und berücksichtigt werden. Systematische Bestandsaufnahmen, Befragungen, Analysen und Workshops können dem entgegenwirken. Hierzu gehören u. a. eine Vernetzung und ein kontinuierlicher Austausch zwischen den Regelinstitutionen (Kammern, Arbeitsverwaltung, Ausländerbehörden, Wirtschaftsförderung, Beratungseinrichtungen).

Zielgruppensensible professionelle Gründungs- und Existenzsicherungsberatung: Mittlerweile wurden in vielen Städten die Gründungsberatungsleistungen, als klassische Instrumente lokaler Wirtschaftsförderung, durch zielgruppenorientierte Angebote ergänzt. Allerdings fehlt es an anerkannten Konzepten, die eine professionell interkulturelle und diversitätsorientierte Beratung sichern und zudem der Gefahr kultureller Zuschreibungen begegnen. Ferner ist die Beratungspraxis noch immer zu stark auf den Gründungsprozess und unzureichend auf die Bestandssicherung der Unternehmen (Coaching, Weiterbildung) ausgerichtet. Die kommunalen Ämter können diese Aufgaben nicht übernehmen, weshalb

Migrantenorganisationen materiell in die Lage versetzt werden müssen, adäquate Beratungsinstitutionen und Netzwerke zu konstituieren. Hierfür gibt es erfolgreiche Beispiele.

Institutionelle Einbindung von Migrantenunternehmen und -verbänden: In den zentralen Regelinstitutionen der kommunalen Arbeitsmarkt- und Wirtschaftspolitik sind Migrantinnen und Migranten unterrepräsentiert. Ihre stärkere Einbindung durch Veranstaltungen (UnternehmerInnentage), durch kontinuierlichen Austausch mit Migrantenorganisationen oder durch Stadtteilkonferenzen kann insgesamt die Wertschätzung sowie auch die integrative Funktion unternehmerischer Aktivität in den Quartieren befördern.

Literatur

Apitzsch, Ursula 2006: Die Chancen der Zweiten Generation in selbstständigen Migrantenfamilien. Intergenerationelle Aspekte. In: Rehberg, Karl-Siegbert (Hrsg.): Soziale Ungleichheit, kulturelle Unterschiede, Frankfurt a. M./ New York: Campus, S. 737–751

Aver, Caner 2013: Migration, Ethnische Ökonomie und Stadtentwicklung, Informationen zur Raumentwicklung, Heft 5, S. 393–401

Barrett, Gilles A./ Jones, Trevor/ McEvoy, David 1996: Ethnic minority business: theoretical discourse in Britain and North America, Urban Studies, 33/4–5, S. 783–809

Bögenhold, Dieter/ Fachinger, Uwe 2012: Neue Selbstständigkeit. Wandel und Differenzierung der Erwerbstätigkeit (Expertise im Auftrag der Friedrich-Ebert-Stiftung). Bonn: Friedrich-Ebert-Stiftung

Bonacich, Edna/ Modell, John 1980: The Economic Basis of Ethnic Solidarity. Small Business in the Japanese American Community. Berkeley: University of California Press

Bundesregierung 2007: Der Nationale Integrationsplan. Neue Wege – Neue Chancen. Berlin. Presse- und Informationsamt der Bundesregierung/ Die Beauftragte der Bundesregierung für Migration, Flüchtlinge und Integration

Brixy, Udo/ Sternberg, Rolf/ Vorderwülbecke, Arne 2013: Unternehmensgründungen durch Migranten (IAB Kurzbericht). Nürnberg: Institut für Arbeitsmark- und Berufsforschung

European Commission 2013: Entrepreneurship 2020 Action Plan. Brüssel: Europäische Kommission

Esser, Hartmut 2001: Integration und ethnische Schichtung. Mannheim: Mannheimer Zentrum für Europäische Sozialforschung (MZES)

Fischer-Krapohl, Ivonne 2010: Migrantenökonomie in der Stadt – räumliche Verteilung, Potenziale und Good-Practice zur kommunalen Förderung. In: Matern, A./ Löwis, S./ Bruns, A. (Hrsg.): Integration – Aktuelle Anforderungen und Strategien in der Stadt-, Raum- und Umweltplanung. Hannover: Akademie für Raumforschung und Landesplanung, S. 43–57.

Floeting, Holger/ Reimann, Bettina/ Schuleri-Hartje, Ulla-Kristina 2004: Ethnische Ökonomie. Integrationsfaktor und Integrationsmaßstab. Berlin: Deutsches Institut für Urbanistik

Gesemann, Frank/ Roth, Roland 2009: Lokale Integrationspolitik in der Einwanderungsgesellschaft. Migration und Integration als Herausforderung von Kommunen. Wiesbaden: VS Verlag für Sozialwissenschaften

Gesemann, Frank/ Roth, Roland/ Aumüller, Jutta 2012: Stand der kommunalen Integrationspolitik in Deutschland. Studie für das Bundesministerium für Verkehr, Bau und Stadtentwicklung und die Beauftragte der Bundesregierung für Migration, Flüchtlinge und Integration. Berlin.

Goebel, Dorothea/ Pries, Ludger 2006: Transnationalismus oder ethnische Mobilitätsfalle? Das Beispiel des „ethnischen Unternehmertums". In: Kreutzer, Florian; Roth, Silke (Hrsg.): Transnationale Karrieren. Wiesbaden: Springer VS: S. 260–282

Häußermann, Hartmut/ Siebel, Walter 2001: Soziale Integration und ethnische Schichtung. Zusammenhänge zwischen räumlicher und sozialer Integration. Gutachten im Auftrag der Unabhängigen Kommission „Zuwanderung". Berlin/ Oldenburg: Humboldt-Universität zu Berlin/ Carl von Ossietzky-Universität, Oldenburg

Hillmann, Felicitas (Hrsg.) 2011: Marginale Urbanität. Migrantisches Unternehmertum und Stadtentwicklung. Bielefeld: transcript

Hillmann, Felicitas/ Sommer, Elena 2011: Döner und Bulette revisited oder: was man über migrantische Ökonomie genau wissen sollte. In: Hillmann, Felicitas (Hrsg.), Marginale Urbanität. Migrantisches Unternehmertum und Stadtentwicklung. Bielefeld: transcript, S. 23–86

Kloosterman, Robert/ Rath, Jan 2001: Immigrant Entrepreneurs in Advanced Economies. Mixed Embeddedness Further Explored. In: Journal of Ethnic and Migration Studies, 27(2), S. 189–201

Kloosterman, Robert/ Rath, Jan 2003: Immigrant Entrepreneurs. Venturing Abroad in the Age of Globalization. Oxford: Bloomsbury Academic

Lehmann, Diana/ Dörre, Klaus/ Scherschel, Karin 2009: Prekarität und Migration. Ausgewählte Daten und Trends, Working Papers: Economic Sociology Jena 7. Jena: Friedrich-Schiller-Universität Jena

Leicht, René/ Di Bella, Jessica/ Langhauser, Marc/ Leiß, Markus/ Philipp, Ralf/ Volkert, Marieke/ Werner, Lena 2012: Schöpferische Kraft der Vielfalt: Zugewanderte und ihre Unternehmen. Studie im Auftrag des Wirtschaftsministeriums Baden-Württemberg. Mannheim: Institut für Mittelstandsforschung, Universität Mannheim.

Leicht, René/ Werner, Lena 2013: Migrantenunternehmen in Deutschland am Anfang des 21. Jahrhunderts. Marktstrategien im Kontext ethnischer und individueller Ressourcen, in: Zeitschrift für Unternehmensgeschichte, 58(2), S. 214–233

Leicht, René/ Langhauser, Marc 2014: Ökonomische Bedeutung und Leistungspotenziale von Migrantenunternehmen in Deutschland. WISO Diskurs, Expertisen und Dokumentationen zur Wirtschafts- und Sozialpolitik der Friedrich-Ebert-Stiftung. Bonn: Friedrich-Ebert-Stiftung

Leicht, René/ Berwing, Stefan/ Langhauser, Marc 2015: Heterogenität und soziale Position migrantischer Selbständigkeit in Deutschland, Sozialer Fortschritt, 9/10, S. 233–240

Leicht, René 2016: Ausbildung in Migrantenunternehmen. Umfang, Determinanten und Strukturen. In: Werner, Lena/ Leicht, René/ Münch, Monika/ Stegnos, Elvira (Hrsg.): Neue Herausforderungen für die Aus- und Weiterbildung in Migrantenunternehmen, Berlin, S. 40–81

Light, Ivan 1972: Ethnic Enterprise in America. Business and Welfare Among Chinese, Japanese, and Blacks, Berkeley: University of California Press

Light, Ivan/ Karageorgis, Stavros N. 1994: The Ethnic Economy, in: Smelser, Neil J./ Swedberg, Richard (Hrsg.): The Handbook of Economic Sociology, New York, S. 647–671

Light, Ivan/ Gold, Steven 2000: Ethnic Economies. San Diego: Academic Press

OECD 2014: The missing entrepreneurs. Policies for inclusive Entrepreneurship in Europe, Paris

Portes, Alejandro/ Bach, Robert 1985: Latin Journey. Cuban and Mexican Immigrants in the United States. Berkeley: University of California Press

Pütz, Robert 2000: Von der Nische zum Markt? Türkische Einzelhändler im Rhein-Main-Gebiet, in: Escher, Anton (Hrsg.): Ausländer in Deutschland. Probleme einer transkulturellen Gesellschaft aus geographischer Sicht. Mainz: Geographisches Institut der Johannes Gutenberg Universität, S. 27–39

Pütz, Robert 2003: Kultur und unternehmerisches Handeln – Perspektiven der „Transkulturalität als Praxis". In: Petermanns Geographische Mitteilungen, 147(2), S. 76–83

Rath, Jan 2007: Tourism, ethnic diversity and the city. New York: Routledge

Reimann, Bettina/ Schuleri-Hartje, Ulla-Kristina 2009: Selbständigkeit von Migranten – ein Motor für die Integration? Bedingungen und Perspektiven. In: Gesemann, Frank/Roth, Roland (Hrsg.), Lokale Integrationspolitik in der Einwanderungsgesellschaft. Migration und Integration als Herausforderung für Kommunen. Wiesbaden: VS Verlag für Sozialwissenschaften, S. 497–515

Sachverständigenrat deutscher Stiftungen für Integration und Migration 2010: Wirtschaftliche Selbständigkeit als Integrationsstrategie – eine Bestandsaufnahme der Strukturen der Integrationsförderung in Deutschland, Berlin

Schönwälder, Karen/ Sohn, Janina 2009: Immigrant Settlement Structures in Germany: General Patterns and Urban Levels of Concentration of Major Groups. In: Urban Studies, 46 (7), S. 1439–1460.

Sturm, Gabriele 2007: Residentielle Segregation von Migrantinnen und Migranten in deutschen Großstädten, Münchner Statistik, 2. Quartalsheft, S. 25–31

Schunck, Reinhard/ Windzio, Michael 2009: Ökonomische Selbstständigkeit von Migranten in Deutschland: Effekte der sozialen Einbettung in Nachbarschaft und Haushalt. In: Zeitschrift für Soziologie, 38 (2), S. 113–130

Schutkin, Andreas 2000: Die berufliche Positionierung ausländischer Erwerbspersonen in Bayern (Dissertation). Regensburg: Universität Regensburg

Waldinger, Roger/ Aldrich, Howard/ Ward, Robin 1990: Ethnic Entrepreneurs. Immigrant Business in Industrial Societies. Newbury Park, California: Sage

Wiley, Norbert 1973: The Ethnic Mobilty Trap and Stratification Theory. In: Rose, Peter (Hrsg.): The Study of Society. An Integrated Anthology. New York: Random House, S. 400–411.

Yildiz, Erol 2011: Stadt und migrantische Ökonomie: Kultur der Selbständigkeit. In: Hillmann, Felicitas (Hrsg.): Marginale Urbanität. Migrantisches Unternehmertum und Stadtentwicklung. Bielefeld: transcript, S. 119–129

Zhou, Min 2004: Revisiting Ethnic Entrepreneurship. Convergencies, Controversies, and Conceptual Advancements. In: International Migration Review, 38(3), S. 1040–1074

Wohnsituation und Wohneigentumserwerb von Migrantinnen und Migranten

Bettina Reimann

Zusammenfassung

Nach wie vor leben Zuwanderer häufig in schlechteren Wohnverhältnissen als Menschen ohne Migrationshintergrund. Ihre Wohnsituation kann sich durch die Wohneigentumsbildung allerdings deutlich verbessern, so dass in der Auseinandersetzung mit aktuellen Fragen von Integration, Stadtentwicklung und Wohnen in jüngerer Zeit das Augenmerk auf die Wohneigentumsbildung von Zuwanderern gerichtet wird. Wie Zuwanderer in Deutschland wohnen und wie Wohnen und Wohneigentum als Handlungsfelder kommunaler Integrationspolitik qualifiziert werden können, wird im Beitrag ausgeführt.

Schlüsselbegriffe

Zuwanderer, Wohnen, Wohnsituation, Wohneigentum, Stadtentwicklung, Integration

1 Themenaufriss

Deutschland ist seit vielen Jahrzehnten durch Zuwanderung geprägt. Gegenwärtig (Stand 2014) leben rund 16,4 Millionen Menschen mit Migrationshintergrund in Deutschland; ihre Zahl wird weiter wachsen. In einer Gesellschaft, die insgesamt von Alterung und (regionalen) Schrumpfungstendenzen geprägt ist, stellen Zuwanderer eine – in sich zwar heterogene, gleichwohl wichtige – Nachfragegruppe sowie ein Potenzial für den Wohnungsmarkt dar.

Trotz der sozialen, ökonomischen, rechtlichen und kulturellen Heterogenität der Zuwanderer sind sie – zusammengenommen – gegenüber Menschen ohne Migrationshintergrund sozial und ökonomisch schlechter gestellt. Wenngleich Ungleichheiten und Benachteiligungen abnehmen (vgl. ISG/WZB 2011, Bundesregierung 2008), gelten Zuwanderer insbesondere mit Blick auf das Bildungssystem sowie auf den Arbeits- und Wohnungsmarkt als strukturell benachteiligt. Die Wohnungsversorgung von Haushalten mit Migrationshintergrund ist verglichen mit jener von Haushalten ohne Migrationshintergrund nach wie vor schlechter. Viele Menschen mit Migrationshintergrund leben beengter als Menschen ohne Migrationshintergrund, und ihre Wohnungen sind trotz niedriger Ausstattungsstandards häufig teurer (höhere Mieten); in diesem Zusammenhang wird von „Ausländerzuschlägen" und Diskriminierung gesprochen (vgl. Planerladen 2008, 2009; Staubach 2005; Clark u. Drever 2001).

Vor diesem Hintergrund stellt die Integration von Zuwanderern für die Stadtpolitik eine nach wie vor relevante Herausforderung und ein wichtiges Handlungsfeld dar. Hierbei ist die Integration von Zuwanderern nicht losgelöst vom räumlichen Kontext und lokalen Rahmenbedingungen zu betrachten; mit Blick auf die Auswirkungen mangelnder oder gescheiterter Integrationspolitik in den Städten wird die stadt- oder sozialräumlichen Integration als besonders relevant eingeschätzt (vgl. BBR 2008; 2009; Verbundpartner „Zuwanderer in der Stadt" 2005; 2007; DST 2007). Wenngleich der Stadtteil als Ort und Faktor der Integration umstritten ist (vgl. Reimann 2014; Häußermann 2009; Schönwälder u. Söhn 2007a + b; Gaitanides 2007), gewinnen das Wohnviertel und die Wohnung als alltägliche Aufenthaltsorte und Orte der Begegnung für die Frage der Wohnqualität sowie für das Zusammenleben und die Integration an Bedeutung (vgl. Schnur in diesem Band).

In der Auseinandersetzung mit aktuellen Fragen von Integration, Stadtentwicklung und Wohnen wird in jüngerer Zeit das Augenmerk auf die Wohneigentumsbildung von Zuwanderern gerichtet (vgl. Reimann et al. 2014; 2015; Hanhörster 2014). Dabei ist grundsätzlich zu unterscheiden zwischen Wohneigentum, das vom Eigentümer selbst genutzt wird, und Wohneigentum als Kapitalanlage. Selbstgenutztes Wohneigentum gilt als Potenzial für die Quartiers- und Stadtentwicklung (vgl. empirica 2015; Bernhardt 2008; Difu/IfS 2008; Hanhörster 2007; Firat u. Laux 2003; Firat 2002; Reimann 2000). Trotz bestehender Unsicherheiten, z. B. hinsichtlich einer Verstärkung ethnischer Konzentrationsprozesse in Wohnquartieren, und einer mitunter bestehenden Skepsis gegenüber der ökonomischen Leistungsfähigkeit sowie den Investitionsinteressen von Marktteilnehmern mit Migrationshintergrund steigen die politischen Erwartungen an die Effekte der Wohneigentumsbildung dieser Personengruppe. Die Erwartungen richten sich zum einen auf die Effekte zur Förderung der Integration, in dem sie im Zusammenhang mit der Wohneigentumsbildung von einer Verbesserung der Wohnverhältnisse ausgehen und damit eine Festigung der Bindung an die Aufnahmegesellschaft verknüpfen. Zum anderen können mit Wohneigentum sozialräumliche Stabilisierungseffekte durch städtebauliche Aufwertungsmaßnahmen ausgelöst und bekräftigt werden, so dass die Wohneigentumsbildung positive Effekte für die Quartiers- und Stadtentwicklung hat (vgl. Reimann et. al. 2014; Hanhörster 2007; 2014; 2011; ISG/WZB 2011, Bundesregierung 2007; 2008; empirica 2008). Eine Erhöhung der Wohneigentumsquote gilt daher als ein wichtiges wohnungspolitisches Anliegen des Bundes (vgl. Deutscher Bundestag 2013; BMVBS 2012).

Im Folgenden werden Ausführungen dazu gemacht, wie Zuwanderer in Deutschland wohnen und welchen Stellenwert Wohneigentum und die Wohneigentumsbildung haben. Abschließend wird diskutiert, wie Wohnen und Wohneigentumsbildung als Handlungsfelder kommunaler Integrationspolitik qualifiziert und ausgebaut werden können. Hierbei wird auf aktuelle Forschungsergebnisse des Deutschen Instituts für Urbanistik Bezug genommen. Im Auftrag des Bundesministeriums für Verkehr, Bau und Stadtentwicklung

(BMVBS) sowie des Bundesinstituts für Bau-, Stadt- und Raumforschung (BBSR) erhob das Difu im Rahmen des Forschungsprogramms „Experimenteller Wohnungs- und Städtebau (ExWoSt) in dem Forschungsprojekt „Wohneigentum als Chance für Stadtentwicklung und Integration" den Umfang und die Entwicklung von selbstgenutztem Wohneigentum von Zuwanderern und untersuchte dessen Potenzial für die Stadt- und Quartiersentwicklung sowie für die Integration.[1]

2   Wohnsituation von Zuwanderern

Wohnen und Integration stehen in einem vielschichtigen Zusammenhang. Von besonderer Relevanz sind hierbei die Wohnungsversorgung, die Wohnqualität sowie die Wohnumgebung (Quartier, Stadtteil, Nachbarschaft).

Eine Beurteilung der *Wohnungsversorgung* wird im Folgenden mit Blick auf die Ausstattung der Wohnung und die Wohnflächenversorgung vorgenommen. Hierbei kann vorweggenommen werden, dass Haushalte mit Migrationshintergrund gegenüber Haushalten ohne Migrationshintergrund objektiv schlechter gestellt sind (vgl. ISG/WZB 2011; BAMF 2008; Gestring et al. 2006; Häußermann u. Siebel 1996), wobei mit Blick auf die Wohnungsausstattung ein Integrationsfortschritt, das heißt eine Verbesserung der Wohnverhältnisse bei ausländischen Haushalten, festgestellt wird.

Die im Folgenden dargestellte Einschätzung der Wohnsituation von Personen mit Migrationshintergrund basiert auf einer Auswertung verschiedener Indikatoren des Mikrozensus (MZ) und des Sozio-oekonomischen Panels (SOEP) (Reimann et al. 2015: 15).

Die *Qualität der Wohnbedingungen* kann zunächst mit Bezug auf die *Ausstattung* der Wohnung beurteilt werden. Das Fragenprogramm des Sozio-oekonomischen Panels enthält hierzu eine Reihe von Ausstattungsmerkmalen wie „Bad/Dusche innerhalb der Wohnung", „Küche", „Fließend Wasser/Boiler" und „WC innerhalb der Wohnung". Die Daten der Erhebungswelle des Jahres 2011 zeigen, dass es hier kaum noch Unterschiede zwischen Haushalten von Personen mit und solchen ohne Migrationshintergrund gibt. Ursache könnten die nahezu flächendeckenden und umfassenden Sanierungs- und Modernisierungsfortschritte beim vorhandenen Wohnungsbestand in Deutschland sein. Größere Unterschiede bestehen hinsichtlich der Verfügbarkeit eines eigenen Gartens. Sowohl für Migranten als auch für Nicht-Migranten ergeben sich entsprechende Nutzungsmöglichkeiten vorwiegend im Zusammenhang mit selbstgenutztem Wohneigentum.

Um die Wohnverhältnisse, insbesondere die *Wohnungsgröße*, von Personen mit und Personen ohne Migrationshintergrund angemessen darstellen zu können, muss die Größe

---

[1] Onlineveröffentlichung des Endberichts: http://www.bbsr.bund.de/BBSR/DE/FP/ExWoSt/Studien/2013/Wohneigentumsbildung/Endbericht.pdf. – Die Publikation wurde von Detlef Landua, Beate Hollbach-Grömig und der Autorin gemeinsam erstellt. Die Projektleitung hatte die Autorin inne.

der jeweiligen Haushalte mit berücksichtigt werden. Haushalte von Migranten weisen meist mehr Mitglieder auf als Haushalte von Nicht-Migranten. Allerdings sind innerhalb der beiden Gruppen zum Teil beachtliche Abweichungen zwischen Mietern und Wohneigentümern festzustellen (vgl. Tabelle 1).

So leben Personen ohne Migrationshintergrund zur Miete in Haushalten mit durchschnittlich 2,2 Personen, in selbstgenutztem Wohneigentum in Haushalten mit durchschnittlich knapp drei Mitgliedern. Haushalten mit Migrationshintergrund, die zur Miete wohnen, umfassen durchschnittlich 3,1 Personen, im Wohneigentum durchschnittlich 3,6 Mitglieder.

Tab. 1 Haushalts- und personenbezogene Merkmale von Personen mit und ohne Migrationshintergrund

Personen	Wohn-status	N in Tsd.	Durchschnittswerte einzelner Merkmale			
			Wohnfläche qm/ Person	Haus-haltsgröße	HH-Einkommen/ Person (Euro)	Alter
Ohne Migrations-hintergrund	Eigentum	35183	53,0	2,9	1279	46,9
	Miete	28667	42,4	2,2	1130	42,9
Mit Migrations-hintergrund	Eigentum	4990	39,8	3,6	1030	35,2
	Miete	10020	30,1	3,1	806	34,1
Darunter:						
Ausländer mit eigener Migrationserfahrung	Eigentum	1225	42,6	3,3	1133	46,3
	Miete	4033	31,3	2,8	847	41,6
Ausländer ohne eigene Migrationserfahrung	Eigentum	432	33,8	4,0	928	25,2
	Miete	1065	26,0	3,7	713	20,7
Eingebürgerte mit eigener Migrationserfahrung	Eigentum	650	44,5	3,3	1111	48,3
	Miete	1033	32,9	2,8	888	43,7
Deutsche mit Migrations-hintergrund/ ohne eigene Migrationserfahrung	Eigentum	1467	33,0	4,3	887	13,3
	Miete	1979	23,4	4,0	636	10,4
(Spät-)Aussiedler	Eigentum	1217	44,9	3,1	1088	47,0
	Miete	1909	35,1	2,5	898	44,9
Insgesamt	Eigentum	40173	51,3	2,9	1248	45,4
	Miete	38686	39,2	2,4	1049	40,6

Datenbasis: Mikrozensus 2010; eigene Berechnung und Darstellung. Hochgerechnete Daten. Veröffentlicht in: Reimann et al. 2015: 15.

Zusammenfassend steht Personen mit Migrationshintergrund weniger Wohnfläche pro Haushaltsmitglied zur Verfügung, als dies bei Personen ohne Migrationshintergrund der Fall ist, wobei deutliche Unterschiede zwischen Mietern und Wohneigentümern bestehen. Über die größte Wohnfläche pro Haushaltsmitglied verfügen Personen ohne Migrationshintergrund, die Eigentümer ihrer Wohnung oder ihres Hauses sind, über die geringste Wohnfläche pro Haushaltsmitglied verfügen Migranten in gemietetem Wohnraum.

Personen ohne Migrationshintergrund verfügen in gemietetem Wohnraum durchschnittlich über 42,4 qm pro Person (hier und im Folgenden Tabelle 1). Nur etwa ein Viertel dieser Mieter lebt auf weniger als 29 qm pro Person, 45,4 Prozent kommen auf mehr als 40 qm pro Haushaltsmitglied. Die Personen mit Migrationshintergrund in Mietwohnungen oder gemieteten Häusern können demgegenüber durchschnittlich nur 30 qm Wohnfläche pro Haushaltsmitglied nutzen. Fast 60 Prozent dieser Personen leben entsprechend auf weniger als 29 qm Wohnfläche pro Haushaltsmitglied, nur knapp ein Fünftel auf mehr als 40 qm pro Person. Für Personen mit Migrationshintergrund in selbstgenutztem Wohneigentum ergibt sich ein günstigeres Bild: Ihnen stehen durchschnittlich knapp 40 qm Wohnfläche pro Haushaltsmitglied zur Verfügung. Dennoch verfügen damit auch Personen mit Migrationshintergrund und selbstgenutztem Wohneigentum durchschnittlich über weniger Wohnfläche pro Haushaltsmitglied als Personen ohne Migrationshintergrund.

Über die größte Wohnfläche pro Person verfügen innerhalb einzelner Teilgruppen von Migranten (Spät-)Aussiedler und eingebürgerte Zuwanderer mit eigener Migrationserfahrung; dies gilt im Vergleich mit anderen Teilgruppen jeweils sowohl für Eigentümer als auch für Mieter. Die geringste Wohnfläche pro Person unter den berücksichtigten ausländischen Migrantengruppen steht türkischen Staatsangehörigen zur Verfügung; Mietern als auch Wohneigentümern (Reimann et al. 2015: 17).

Im Rahmen des Sozio-oekonomischen Panels wurden die Haushaltsvorstände der Befragungshaushalte gebeten, die eigene Wohnungsgröße, orientiert am Bedarf des eigenen Haushalts, zu bewerten. Demnach empfindet die überwiegende Mehrheit unter den Migranten und Nicht-Migranten die Größe der eigenen Wohnung als „gerade richtig". Dennoch spiegeln sich die objektiv geringeren Wohnflächen in Migrantenhaushalten durchaus in den Bewertungen ihrer Haushaltsmitglieder wider. Insbesondere Haushaltsvorstände mit türkischem Migrationshintergrund schätzen die Größe der eigenen Wohnung tendenziell als „etwas zu klein" oder als „viel zu klein" ein. Dies gilt sowohl für die Bewohner von Mietwohnungen als auch für die Nutzer von Wohneigentum (Reimann et al. 2015: 17f.).

3 Umfang, Entwicklung und Integrationseffekte von selbstgenutztem Wohneigentum

Die Ausführungen zur Wohnsituation von Migranten haben gezeigt, dass erheblich Differenzen zwischen Mietern und Wohneigentümern bestehen. Im Folgenden wird daher das selbstgenutzte Wohneigentum von Zuwanderern näher betrachtet.

Mit Blick auf die Gesamtbevölkerung kann festgestellt werden, dass eher wenige Zuwanderer in selbstgenutztem Wohneigentum leben: Insgesamt macht ihr Anteil 6,3 Prozent der Bevölkerung in Deutschland aus. Mehr als doppelt so hoch ist der Anteil der Zuwanderer (12,7 Prozent), die hingegen in Mietwohnungen leben. Auch verfügen Personen mit Migrationshintergrund mit einer Wohneigentumsquote von 33,2 Prozent insgesamt deutlich seltener über selbstgenutztes Wohneigentum als Personen ohne Migrationshintergrund mit einem Anteil von 55,1 Prozent (vgl. Abbildung 1).

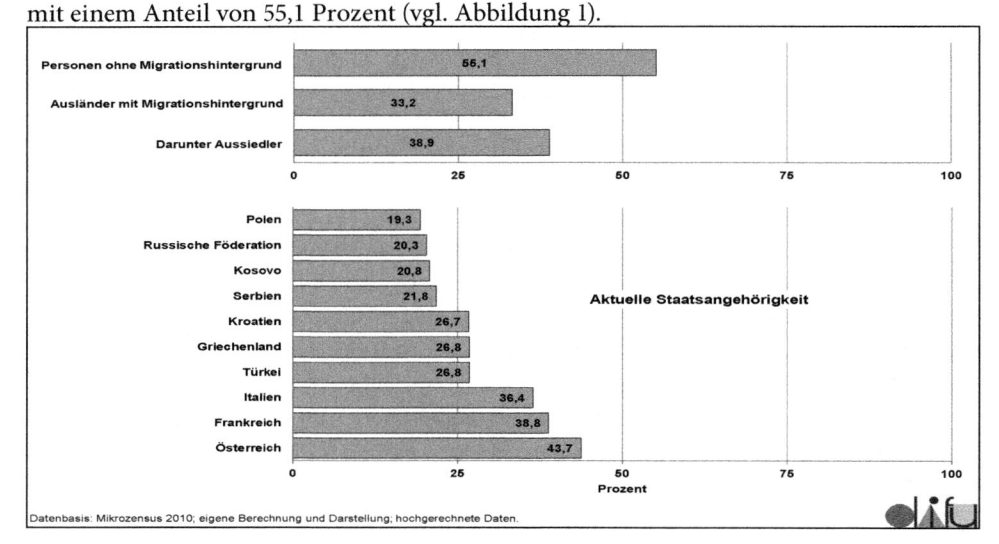

Abb. 1 Wohneigentumsquoten einzelner Migrantengruppen in Deutschland
Datenbasis: Mikrozensus 2010; eigene Berechnung und Darstellung. Hochgerechnete Daten. Veröffentlicht in: Reimann et al. 2015: 4.

Differenziert man anhand der Daten des Mikrozensus bei der Bildung von Wohneigentum nach den zehn größten Teilgruppen mit nicht-deutscher Staatsangehörigkeit, so zeigt sich, dass – mit Blick auf die klassischen Zuwanderergruppen der 1950er- und 1960er-Jahre – vor allem Personen mit italienischem Migrationshintergrund vergleichsweise hohe Eigentumsquoten aufweisen (36,4 Prozent). Türkische Zuwanderer sind zahlenmäßig die größte Teilgruppe und weisen eine Eigentumsquote von 26,8 Prozent auf. Die niedrigste Eigentumsquote haben Personen mit polnischem Migrationshintergrund (19,3 Prozent).

Trotz der insgesamt niedrigeren Werte hat die Wohneigentumsquote von Personen mit Migrationshintergrund zwischen 2001 und 2011 deutlich stärker zugenommen als die Quote der Personen ohne Migrationshintergrund. Bei Migranten stieg der Anteil derer, die in selbstgenutztem Wohneigentum wohnen, innerhalb einer Dekade um über zehn Prozentpunkte. Bei Personen ohne Migrationshintergrund betrug der entsprechende Zuwachs an Wohneigentum lediglich ein Prozent (vgl. Abb. 2).

Wohneigentumsquoten 2001 und 2011

	2011	2001
Personen ohne Migrationshintergrund	52,8	51,8
Personen mit Migrationshintergrund	38,7	28,6
Darunter: ohne eigene Migrationserfahrung	42,9	35,6
mit eigener Migrationserfahrung	34,9	24,2
Teilgruppen von Migrant(inn)en: Türkei	26,4	14,8
Italien	49,7	29,8
Aussiedler	40,8	28,6

Datenbasis: Sozio-oekonomisches Panel (SOEP) 2011 (V28); eigene Berechnung und Darstellung; gewichtete Daten.

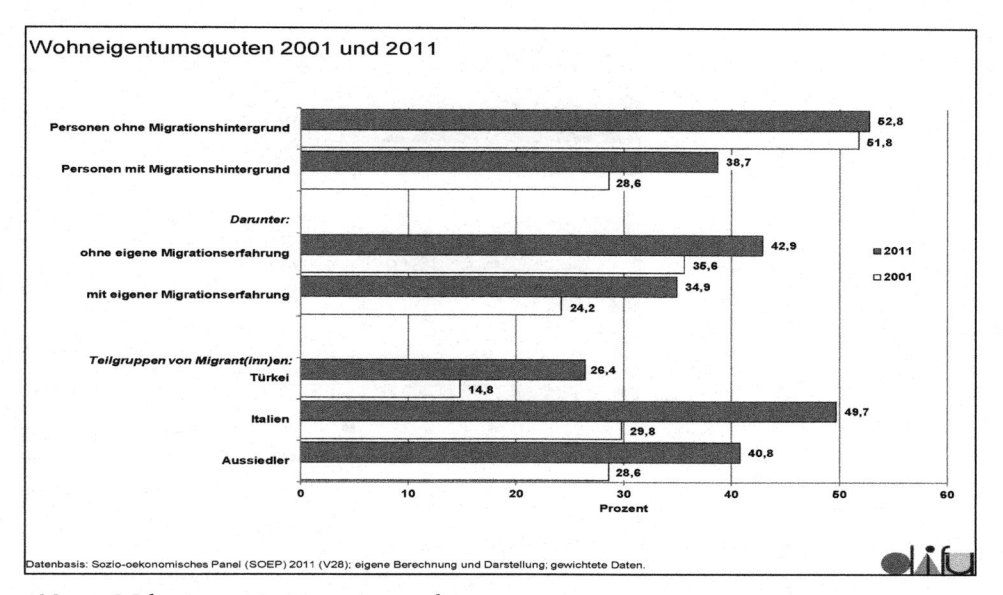

Abb. 2 Wohneigentumsquoten 2001 und 2011
Datenbasis: SOEP 2011 (V28); eigene Berechnung und Darstellung. Gewichtete Daten. Veröffentlicht in: Reimann et al. 2015: 7.

Vor allem die bereits 2001 vergleichsweise hohe Eigentumsquote bei Personen mit italienischem Migrationshintergrund hat bis 2011 weiter zugenommen und unterscheidet sich nur noch wenig von der Wohneigentumsquote von Personen ohne Migrationshintergrund. Der 2001 relativ niedrige Anteil türkischer Migranten, die in selbstgenutztem Wohneigentum wohnen, ist bis 2011 zwar deutlich gestiegen, liegt jedoch weiterhin deutlich unterhalb des Durchschnitts aller Migrantengruppen.

Der Anstieg der Wohneigentumsquote von Zuwanderern dürfte durch verschiedene Faktoren beeinflusst worden sein. Viele Zuwanderer haben ihren Lebensmittelpunkt in Deutschland und wohnen dauerhaft hier. Aufgrund der vielfach langen Wohndauer in Deutschland haben sich die Wohnbedürfnisse angeglichen und es wurden die finanziellen Voraussetzungen für die Wohneigentumsbildung geschaffen (vgl. Deutsches Institut für Altersvorsorge 2010). Der Wohneigentumserwerb signalisiert ein „Angekommen-Sein" – finanziell und mit Blick auf die Lebens- und Wohnperspektive.

Selbstgenutztes Wohneigentum von Zuwanderern verteilt sich räumlich und nach Migrantengruppen unterschiedlich. Haushalte mit Migrationshintergrund bilden Wohneigentum überwiegend (66 Prozent) in Klein- und Mittelstädten mit maximal 50.000 Einwohnern (vgl. Abb. 3). Dies ist nicht zuletzt ein Hinweis auf die Integrationskraft von Klein- und Mittelstädten (vgl. Aumüller/Gesemann 2014; IRS/ILS 2011: 161ff.).

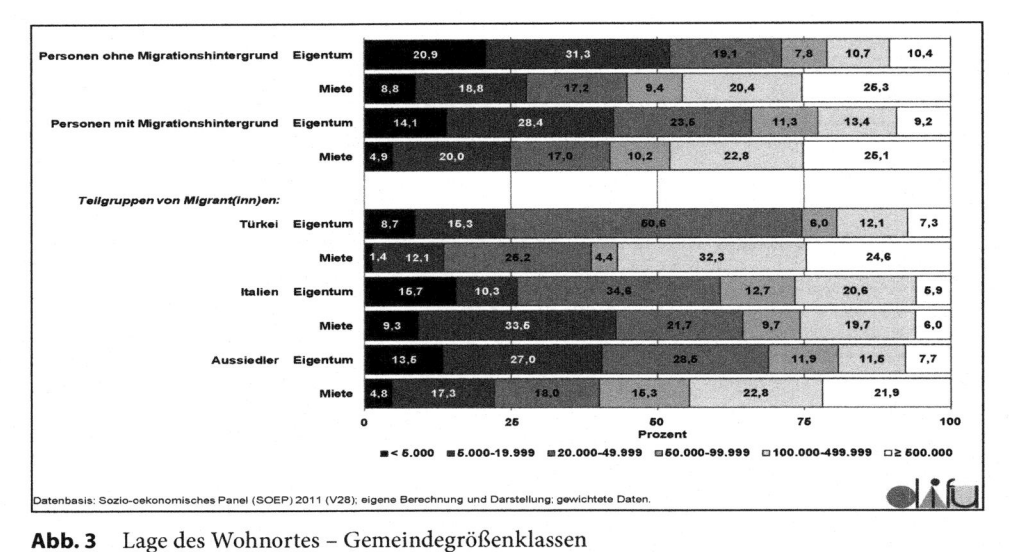

Abb. 3 Lage des Wohnortes – Gemeindegrößenklassen
Datenbasis: SOEP 2011 (V28); eigene Berechnung und Darstellung. Gewichtete Daten. Veröffentlicht in: Reimann et al. 2015: 13.

Wenngleich in Großstädten die meisten Menschen mit Migrationshintergrund leben, wohnt man dort eher zur Miete. Zu Haushalten ohne Migrationshintergrund besteht diesbezüglich kein grundsätzlicher, sondern ein gradueller Unterschied: Mehr als die Hälfte der Eigentümerhaushalte ohne Migrationshintergrund des Haushaltsvorstands lebt in kleineren Städten bzw. Gemeinden mit weniger als 20.000 Einwohnern. Bezogen auf die Wohneigentumsquote sind zudem regionale Unterschiede festzustellen. Baden-Württemberg hat den höchsten Wohneigentumsanteil von Migranten; in diesem Bundesland ist auch der Anteil der Zuwanderer im Bundesvergleich überdurchschnittlich hoch. In den neuen Ländern ist der Anteil von Zuwanderern, die in selbstgenutztem Wohneigentum leben, dagegen sehr gering. Dort ist auch der Anteil der Menschen mit Migrationshintergrund an der Gesamtbevölkerung niedrig (Reimann et al. 2015: 9ff.).

Bezogen auf die soziale Zusammensetzung des Wohnquartiers, in dem Wohneigentum erworben wird, ist festzustellen, dass Personen mit Migrationshintergrund ihr Wohneigentum häufiger in Gebieten mit einem höheren Anteil an ausländischer Bevölkerung erwerben. In Gebieten, in denen Personen ohne Migrationshintergrund Wohneigentum erwerben, leben demgegenüber vergleichsweise wenige Haushalte mit Migrationshintergrund. Ein empirisch gestützter Rückschluss auf die Intensität und Qualität der Kontakte innerhalb der Nachbarschaft lässt sich daraus jedoch nicht ableiten (Reimann et al. 2015: 25ff.). Gleichwohl wurde festgestellt, dass die Bewohner von Wohneigentum einen engeren sozialen Zusammenhalt in der eigenen Wohngegend wahrnehmen als Mieter. Dies trifft insgesamt sowohl für Zuwanderer als auch für Menschen ohne Migrationshintergrund zu. Fast ein Viertel der türkischen Wohneigentümer beschreibt die sozialen Kontakte im eigenen

Wohngebiet allerdings als „ganz unterschiedlich"; nicht zwischen allen Quartiersbewohnern besteht aus ihrer Sicht demnach ein gleichermaßen guter Zusammenhalt (ebd.: 26).

Abschließend ist festzuhalten, dass die Zufriedenheit mit der eigenen Wohnung in Deutschland insgesamt ein hohes Niveau aufweist. Allerdings zeigen sich auch hier beachtliche Unterschiede zwischen Wohneigentümern und Mietern: Die Bewohner einer eigenen Immobilie sind mit ihrer Wohnung weitaus zufriedener als Personen, die in einer Mietwohnung leben. Bewertungsunterschiede zwischen Migranten und Nicht-Migranten sind innerhalb dieser beiden Kategorien kaum festzustellen. Die hohe Wohnzufriedenheit schließt allerdings nicht aus, dass die Wohnlage von selbstnutzenden Immobilieneigentümern mit Migrationshintergrund Mängel aufweist. Beispielsweise klagt ein Teil insbesondere der türkischen Wohneigentümer, die eine Wohnzufriedenheit zum Ausdruck bringen, über starke Lärmbelästigungen und wenig Grün im Wohnumfeld (Reimann et al. 2015: 22f.).

Zusammenfassend stellt sich der Zusammenhang von Wohneigentum und Integration positiv dar: Die Wohnverhältnisse von Zuwanderern verbessern sich deutlich.

4 Wohnen und Wohneigentum als Handlungsfelder kommunaler Integrationspolitik qualifizieren

In der Auseinandersetzung mit aktuellen Fragen der Integration gewinnt das Thema Wohnen, unter besonderer Berücksichtigung der Wohneigentumsbildung von Personen mit Migrationshintergrund, an Gewicht. Anhand der Daten zur Wohneigentumsentwicklung konnte gezeigt werden, dass Menschen mit Migrationshintergrund auf dem Wohnungsmarkt aktiv sind, und dass dieses – auch ökonomisch wirksame – Potenzial wächst. Immer mehr Menschen mit Migrationshintergrund bilden Wohneigentum.

Damit verbunden sind, wie gezeigt wurde, vielfältige Chancen für die Integration – insbesondere mit Blick auf die Verbesserung der Wohnverhältnisse bzw. die individuelle Wohnsituation. Darüber hinaus sind positive Effekte für die Stadt- und Quartiersentwicklung festzustellen (Reimann et al. 2014). Allerdings ist hierfür weniger ausschlaggebend, dass Personen und Haushalte mit Migrationshintergrund Wohneigentum bilden, als dass dieses in bestimmten Quartieren – benachteiligten Quartieren, Quartieren mit Entwicklungsbedarf – gebildet wird. Haushalte und Personen mit Migrationshintergrund sind hier besonders aktive Akteure auf dem Wohnungsmarkt: Sie haben entweder zu diesen Quartieren eine Bindung oder erwerben wegen des günstigeren Preises Immobilien in eher wenig nachgefragten und/oder eher schlechteren Wohnlagen. Die Wohneigentumsbildung unterstützt die Stabilisierung dieser Wohnquartiere, wobei insbesondere in Programmgebieten der Sozialen Stadt und des Stadtumbaus die Wohneigentumsbildung von Haushalten mit Migrationshintergrund für eine positive Zukunftsentwicklung genutzt wird. Dort wurden im Zuge der Wohneigentumsbildung beispielsweise Leerstände abgebaut, Sanierungsstaus teilweise aufgehoben und bauliche Aufwertungen vorgenommen. Damit trägt die Wohneigentumsbildung mittel- bis langfristig zur Stabilisierung der Nachbarschaften bei, da die Fluktuation abnimmt und die Qualität von Wohnumfeld und Nachbarschaft sowie das soziale Miteinander durch das Engagement der selbstnutzenden Wohnungs- und Hauseigentümer häufig erhöht werden.

Diese mit Wohneigentum(sbildung) verbundenen Chancen für die Integration und die Stadtentwicklung werden in den Städten und Gemeinden bislang allerdings nicht oder zu wenig erkannt und genutzt. Ursächlich dafür ist häufig eine grundsätzliche Unsicherheit beim Umgang mit sozialräumlichen Fragen der Zuwanderung und Integration. Im Folgenden soll ausgeführt werden, wie vor diesem Hintergrund Wohnen und Wohneigentum als Handlungsfelder kommunaler Integrationspolitik befördert und ausgebaut werden können. Dies gelingt nach eigenen Forschungsbefunden (vgl. Fußnote 1) dann besonders gut, wenn quartiersbezogene Strategien zur Qualifizierung des Wohnens und der Wohneigentumsförderung unterstützt werden. Beachtet werden sollte dabei, dass der häufige Erwerb von Wohneigentum in benachteiligten Quartieren von Zuwanderern nicht immer selbstgewählt ist: Neben der Diskriminierung auf dem Mietwohnungsmarkt werden Benachteiligungen beim Erwerb von Wohnimmobilien ausgemacht. Vor allem statusschwache Haushalte mit Migrationshintergrund haben es schwer, Wohneigentum in bestimmten Wohnlagen zu erwerben (vgl. Cârstean u. Nieße 2013; Farwick 2009: 20; Beck u. Perry 2007: 192). Gleichwohl machen auch finanziell bessergestellte Haushalte mit Migrationshintergrund im Zusammenhang mit dem Immobilienerwerb Erfahrungen mit Benachteiligung und Diskriminierung (vgl. Hanhörster 2014).

Gesamtstrategie Stadtentwicklung, Wohnen und Integration entwickeln

Quartiersbezogene Strategien zur Qualifizierung des Wohnens einschließlich der Wohneigentumsförderung sind dann besonders erfolgreich und wirksam, wenn sie in eine Gesamtstrategie der integrierten Stadtentwicklung eingebettet sind. Nur so kann sichergestellt werden, dass die Themenfelder Wohnen und Integration miteinander verknüpft sowie in einen Quartiersbezug gebracht werden. Hierbei ist zu berücksichtigen, dass Wohnen, Stadtteilentwicklung und Integration innerhalb der Kommunalverwaltung meist in unterschiedlichen Ressortzuständigkeiten liegen.

Quartiersansatz als strategische Handlungsmaxime. Einbettung in gesamtstädtischen Zusammenhang sicherstellen

Benachteiligte Quartiere übernehmen in der Regel zentrale Funktionen für die Gesamtstadt. In ihnen werden vor allem erhebliche Integrationsleistungen für sozial und sozio-ökonomisch benachteiligte Bevölkerungsgruppen erbracht. Quartiersbezogene Strategien stehen damit immer in einem Wechselverhältnis sowohl zu bestimmten Zielgruppen als auch zur Gesamtstadt. Raumbezug und Sensibilität für die Themen Stadtentwicklung, Integration und Wohnen sind bei den Akteuren (Kommunalpolitik, Kommunalverwaltung) unterschiedlich stark ausgeprägt. Um Integrationspolitik sozialräumlich bzw. Stadtteilpolitik integrationspolitisch weiterzuentwickeln, ist es notwendig, dass Akteure ihre Perspektive erweitern: Der Stadtteil ist als Adressat von Maßnahmen in den Blick zu nehmen. In diesem Zusammenhang sollten quartiersbezogene Strategien der Wohneigentumsbildung qualifiziert werden. Insbesondere in benachteiligten Quartieren und in Quartieren, die um eine Zukunftsperspektive ringen, können mit der Wohneigentumsbildung Stabilisierungseffekte einhergehen, die sich vielerorts zudem positiv auf die Integration auswirken. Entsprechende quartiersbezogene Strategien sind zu entwickeln.

Integrierte Handlungskonzepte in Hinblick auf die Verbesserung des Wohnens, des Wohneigentums bzw. der Wohneigentumsbildung prüfen und weiterentwickeln

Bestandteil einer strategisch-konzeptionell ausgerichteten, integrierten Stadt(teil)entwicklung ist ein gemeinsames Handlungskonzept. Nur auf diese Weise kann die Einbettung von einzelnen Themen- und Handlungsfeldern bzw. Einzelprojekten, auch zum Wohnen und zur Wohneigentumsbildung, in eine übergreifende Strategie- und Zielentwicklung sichergestellt werden.

Soweit ein Stadtteil Programmgebiet der Städtebauförderung, z. B. Soziale Stadt, Stadtumbau Ost bzw. West, ist, kann das im Rahmen der Programmumsetzung zu erarbeitende oder bereits vorliegende Integrierte Entwicklungs- und Handlungskonzept das Thema Wohnen und Wohneigentum als Handlungsfeld mit überprüfbaren Zielsetzungen und Umsetzungsschritten aufnehmen. Dabei sollte auch die Frage der Zielgruppenausrichtung (z. B. Bewohnerschaft mit Migrationshintergrund) aufgegriffen werden. Die Verantwortung für die Prüfung und Weiterentwicklung des Integrierten Entwicklungs- und Handlungskonzepts sollte bei einem kommunalen Fachamt liegen, z. B. bei der Stadtentwicklung. Es ist darauf zu achten, dass alle anderen relevanten Ämter in die Konzepterstellung einbezogen werden. Um politische Rückendeckung für die formulierten Ziele und Verfahren zu erhalten, sollte das Konzept von der Kommunalpolitik bestätigt werden.

Ressortübergreifende Zusammenarbeit ausbauen und festigen

Um Wohnen und Wohneigentum als Handlungsfelder kommunaler Integrationspolitik zu stärken, ist die ressortübergreifende Zusammenarbeit in der Verwaltung zwischen den Bereichen Stadtentwicklung, Integration und Wohnen (Wohnungsbauförderung) – so noch nicht vorhanden – aufzubauen und zu stärken. Dabei sollten Zuständigkeiten klar festgelegt und eine belastbare Arbeitsteilung vereinbart werden. Zu klären ist zudem, wer die Federführung übernimmt. Bestehende Strukturen sollten für die Einbindung ausgewählter weiterer Akteure, z. B. Quartiermanagement, kommunale Wohnraumförderung, geöffnet werden. Grundsätzlich ist auf die Vermeidung von Doppelstrukturen zu achten.

Lebendige und stabile Quartiere und Nachbarschaften über den Mix aus Wohneigentums- und Mietangeboten schaffen

Positiv und stabilisierend auf die Quartiersentwicklung wirkt sich ein differenziertes Wohnungsangebot mit unterschiedlichen Bauformen und für verschiedene Haushaltsformen, Lebensstile und Einkommensgruppen aus. Hierdurch werden verschiedene Ziel- und

Einkommensgruppen angesprochen und die soziale Mischung im Quartier befördert. Dies umfasst neben unterschiedlichen Bauformen und Immobilienarten (Einfamilien- und Reihenhäuser, Eigentumswohnungen, Neubau und Bestand) auch unterschiedliche Eigentumsformen (Miete und Wohneigentum). Durch die Diversifizierung des Wohnangebots auch nach Eigentumsformen kann die Heterogenität der Lebensstile und Lebenslagen gefördert und infolgedessen das Quartier sozial stabilisiert werden. Kommunale Wohnungspolitik sollte daher Anreize schaffen für Investitionen in ein differenziertes und attraktives Wohnungsangebot.

Diskriminierungen auf dem Wohnungsmarkt entgegenwirken

Auf dem Wohnungsmarkt (Mietwohnungsmarkt, aber auch Wohneigentumsbereich) gibt es Vorbehalte gegenüber Personen mit Migrationshintergrund; diese werden jedoch häufig nicht explizit gemacht. Formen der Diskriminierung sollten daher zunächst aufgedeckt und öffentlich gemacht werden (z. B. durch Testing-Verfahren als Instrument der Antidiskriminierungsarbeit; telefonische Testing-Verfahren können beispielsweise durch die Länder, Kommunen oder von Wohnungsunternehmen gefördert und in Auftrag gegeben werden). Darauf aufbauend sollten Maßnahmen ergriffen werden, diese Vorbehalte schrittweise abzubauen und Personen mit Migrationshintergrund als gleichwertige Akteure auf dem Wohnungsmarkt wahrzunehmen. Der Abbau beobachtbarer Ressentiments kann durch gezielte Maßnahmen wie interkulturelle Schulungen der Mitarbeiterschaft der Wohnungsunternehmen, den Einsatz eines Diversity-Managers und Ähnliches gelingen. Hierbei ist das Einwirken auf Akteure im Mietwohnungsmarkt vermutlich leichter möglich als im Bereich Wohneigentum, für den bislang wenige Erfahrungen zu Handlungsstrategien gegen Diskriminierung vorliegen.

Kleinräumige Datengrundlage ausbauen und verstetigen

Bestehende Monitoringsysteme, Wohnungsmarktberichte oder Ähnliches sollten wohnungsmarktbezogene Daten einschließlich des Wohneigentums kontinuierlich fortschreiben und quartiersbezogen aufbereiten. Vorhandene Daten zur sozialen Situation und Bevölkerungsstruktur im Stadtteil sollten zudem genutzt werden, um den oft zu beobachtenden Vorurteilen gegenüber ethnischen Konzentrationen entgegenzuwirken – solche Konzentrationen gibt es in der Realität sehr oft gar nicht.

Bei Aufbereitung und Weiterentwicklung der Datengrundlage sind „Datenfriedhöfe" und eine Überlastung der Kommunen zu vermeiden. Zu deren Entlastung und zur Qualifizierung kleinräumiger und zielgruppenspezifischer Untersuchungen sollten Kooperationen mit z. B. universitären oder außeruniversitären Forschungseinrichtungen eingegangen werden. Diese sind mit Blick auf die Ressourcen meist viel besser als Kommunen in der Lage, für das Themenfeld relevante Untersuchungen, z. B. Milieuuntersuchungen, Wanderungsmotivuntersuchungen, Erhebungen zu Wohnstandortentscheidungen, durchzuführen. Um die Potenziale von Quartieren verdeutlichen zu können, sollten Überlegungen zu einem Monitoring der Erfolgsfaktoren sozialer Quartiersentwicklung angestellt werden.

Literatur

Aumüller, Jutta/Gesemann, Frank 2014: Abschlussbericht. Forschungs-Praxis-Projekt: Integrationspotenziale ländlicher Regionen im Strukturwandel. Darmstadt: Schader-Stiftung

BAMF [Bundesamt für Migration und Flüchtlinge] (Hrsg.) 2008: Integrationsreport, Teil 4: Wohnen und innerstädtische Segregation von Migranten in Deutschland. Working Paper 21. Nürnberg.

BBR [Bundesamt für Bauwesen und Raumordnung] 2008: Migration/Integration und Stadtteilpolitik, ExWoSt-Informationen, 34/1. Bonn

BBR [Bundesamt für Bauwesen und Raumordnung] 2009: Migration/Integration und Stadtteilpolitik, ExWoSt-Informationen, 34/2. Bonn

Beck, Sebastian und Thomas Perry 2007: Migranten-Milieus. Erste Erkenntnisse über Lebenswelten und wohnungsmarktspezifische Präferenzen von Personen mit Migrationshintergrund in Deutschland. In: vhw – Bundesverband für Wohneigentum und Stadtentwicklung, vhw-Forum Wohnen und Stadtentwicklung, 4, S. 187–195.

Bernhardt, Patricia 2008: Der Wohneigentumserwerb von Türken in Berlin – ein Zeichen ihrer räumlichen Integration? Arbeitsberichte des Geographischen Instituts der Humboldt-Universität zu Berlin, Heft 149. Berlin: Humboldt-Universität zu Berlin

BMVBS [Bundesministerium für Verkehr, Bau und Stadtentwicklung] (Hrsg.) 2010: Migration/Integration und Stadtteilpolitik – Städtebauliche Strategien und Handlungsansätze zur Förderung der Integration. Berlin

BMVBS [Bundesministerium für Verkehr, Bau und Stadtentwicklung] 2012: Bericht über die Wohnungs- und Immobilienwirtschaft in Deutschland. Berlin

Bundesregierung (Hrsg.) 2007: Der Nationale Integrationsplan. Neue Wege – Neue Chancen, Berlin: Presse- und Informationsamt der Bundesregierung/ Beauftragte der Bundesregierung für Migration, Flüchtlinge und Integration

Bundesregierung (Hrsg.) 2008: Nationaler Integrationsplan – Erster Fortschrittsbericht. Berlin: Presse- und Informationsamt der Bundesregierung

Bundesregierung (Hrsg.) 2011: Nationaler Aktionsplan Integration. Zusammenhalt stärken – Teilhabe verwirklichen. Berlin: Presse- und Informationsamt der Bundesregierung/ Beauftragte der Bundesregierung für Migration, Flüchtlinge und Integration

Cârstean, Anca und Lisa Nießen 2013: Wohnen mittendrin! Prototypen der Wohneigentumsbildung von Migranten in Hamburg, in: Informationen zur Raumentwicklung, Heft 5. Bonn

Clark, William und Anita Drever 2001: Wohnsituation von Ausländern: Trotz Verbesserung immer noch großer Abstand zu deutschen Haushalten. In: Wochenbericht des DIW-Berlin 30/01

Deutscher Bundestag 2013: Drucksache 17/14450, 22.7.2013: Stadtentwicklungsbericht 2012

Deutsches Institut für Altersvorsorge (Hrsg.) 2010: Altersvorsorge der türkeistämmigen Bevölkerung in Deutschland. Fakten, Meinungen und Unterschiede zu Deutschstämmigen. Köln

Difu/IfS [Deutsches Institut für Urbanistik, Institut für Stadtforschung und Strukturpolitik] 2008: Gutachten – Evaluierung des Bund-Länder-Programms Stadtumbau Ost. Bearbeitung: Klaus Beckmann, Ulrike Meyer, Bettina Reimann (Difu), Jürgen Veser, Reinhard Aehnelt, Wolfgang Jaedicke. Berlin: Bundesministerium für Verkehr, Bau und Stadtentwicklung (BMVBS), Bundesamt für Bauwesen und Raumordnung (BBR)

DST [Deutscher Städtetag] (Hrsg.) 2007: Integration von Zuwanderern. Erfahrungen und Anregungen aus der Praxis in den Städten. Berlin und Köln

empirica 2008: Integration vor Ort. Zwischenbilanz. Bearbeitung: Marie-Therese Krings-Heckemeier, Timo Hein, Katrin Kleinhans und Katrin Wilbert. Berlin: Bundesministerium für Verkehr, Bau und Stadtentwicklung (BMVBS)/ Bundesamt für Bauwesen und Raumordnung (BBR)

Farwick, Andreas 2009: Segregation und Eingliederung. Zum Einfluss der räumlichen Konzentration von Zuwanderern auf den Eingliederungsprozess. Wiesbaden, S. 19–24.

Firat, Serap 2002: Die Bedeutung der Wohneigentumsbildung für den Eingliederungsprozess von Migranten – Das Beispiel der türkischen Bevölkerung in Köln. Köln: unveröffentlichte Diplomarbeit, Universität Köln

Firat, Serap und Hans Dieter Laux 2003: Wohneigentumsbildung von Migranten – ihre Bedeutung für die räumliche und individuelle Eingliederung am Beispiel der türkischen Bevölkerung in Köln. In: Informationen zur Raumentwicklung, Heft 6, S. 389–400.

Gaitanides, Stefan 2007: Zusammenleben in Stadtteilen mit einem hohen Anteil an BewohnerInnen mit Migrationshintergrund. Ergebnisse einer qualitativen Gemeindestudie. In: Migration und Soziale Arbeit, 29, 3/4, S. 190–202

Gestring, Norbert, Andrea Janssen und Ayça Polat 2006: Prozesse der Integration und Ausgrenzung. Türkische Migranten der zweiten Generation, Wiesbaden

Hanhörster, Heike 2007: Potenziale der Wohneigentumsbildung von Migrantinnen und Migranten in benachteiligten Stadtteilen. In: Fischer-Krapohl, Ivonne und Viktoria Waltz (Hrsg.) 2007: Raum und Migration. Dortmund: IRPUD Institut für Raumplanung, TU Dortmund, Fakultät Raumplanung, S. 133–148.

Hanhörster, Heike 2011: Gehen oder Bleiben? Eigentumsbildung und Wohnstandortentscheidung Türkeistämmiger in Duisburg. In: RaumPlanung, Heft 155, S. 68–72.

Hanhörster, Heike 2014: Türkeistämmige Eigentümer in Migrantenvierteln. Soziale und räumliche Mobilität der zweiten Generation. Wiesbaden: Springer VS

Häußermann, Hartmut 2009: Behindern Migrantenviertel die Integration? In: Gesemann, Frank und Roland Roth (Hrsg.): Lokale Integrationspolitik in der Einwanderungsgesellschaft. Migration und Integration als Herausforderung von Kommunen. Wiesbaden: VS Verlag für Sozialwissenschaften, S. 235–246

Häußermann, Hartmut und Walter Siebel 1996: Soziologie des Wohnens. Eine Einführung in Wandel und Ausdifferenzierung des Wohnens, Weinheim/München: Beltz Juventa.

IRS/ILS [IRS – Leibniz-Institut für Regionalentwicklung und Strukturplanung, ILS – Institut für Landes- und Stadtentwicklungsforschung (Wissenschaftliche Bearbeitung: Heike Hanhörster, Michael Kuss, Sabine Weck, Ralf Zimmer-Hegmann, Thomas Bürk, Susen Fischer, Heike Liebmann] 2011: Integrationspotenziale in kleinen Städten und Landkreisen. Ergebnisse des Forschungs- Praxis-Projekts. Darmstadt: Schader-Stiftung

ISG und WZB [ISG Institut für Sozialforschung und Gesellschaftspolitik und WZB Wissenschaftszentrum Berlin für Sozialforschung] 2011: Zweiter Integrationsindikatorenbericht. Erstellt von Dietrich Engels, Regine Köller (ISG), Ruud Koopmans und Jutta Höhne (WZB). Berlin: Die Beauftragte der Bundesregierung für Migration, Flüchtlinge und Integration

Planerladen 2008: Ungleichbehandlungen von Migranten auf dem Wohnungsmarkt. Testing zum Diskriminierungsnachweis – Erläuterungen und Empfehlungen zur Anwendung der Methode. Dortmund

Planerladen 2009: Ungleichbehandlung von Migranten auf dem Wohnungsmarkt. Ergebnisse eines telefonischen „Paired Ethnic Testing" bei regionalen Immobilienanzeigen, Dortmund

Reimann, Bettina 2000: Städtische Wohnquartiere: Der Einfluss der Eigentümerstruktur. Eine Fallstudie aus Berlin. Opladen: Leske + Budrich

Reimann, Bettina 2014: Integration von Zuwanderern im Quartier: Ausgangslage, Herausforderungen und Perspektiven. In: Schnur, Olaf (Hrsg.): Quartiersforschung. Zwischen Theorie und Praxis, 2. Auflage, Wiesbaden: VS Verlag für Sozialwissenschaften, S. 225–241.

Reimann, Bettina, Beate Hollbach-Grömig und Detlef Landua 2014: Wohneigentum als Chance für Stadtentwicklung und Integration. Difu-Papers. Berlin: Deutsches Institut für Urbanistik

Reimann, Bettina, Beate Hollbach-Grömig, Detlef Landua 2015: „Ich bleibe hier": Daten und Fakten zur Wohneigentumsbildung von Zuwanderern. Difu-Papers. Berlin: Deutsches Institut für Urbanistik

Reimann, Bettina, Ulla-Kristina Schuleri-Hartje 2009: Selbständigkeit von Migranten – ein Motor für die Integration? Bedingungen und Perspektiven. In: Gesemann, Frank und Roland Roth (Hrsg.): Lokale Integrationspolitik in der Einwanderungsgesellschaft. Migration und Integration als Herausforderung von Kommunen, Wiesbaden: VS Verlag für Sozialwissenschaften, S. 497–515

Schönwälder, Karen und Janina Söhn 2007a: MigrantInnen in deutschen Städten: Siedlungskonzentration und deren Relevanz für Integrationsprozesse. In: Migration und Soziale Arbeit, 29, 3/4, S. 173–180.

Schönwälder, Karen und Janina Söhn 2007b: Siedlungsstrukturen von Migrantengruppen in Deutschland: Schwerpunkte der Ansiedlung und innerstädtische Konzentrationen. Berlin: Wissenschaftszentrum Berlin für Sozialforschung, Arbeitsstelle Interkulturelle Konflikte und Gesellschaftliche Integration

Staubach, Rainer 2005: Migranten als Kunden? Zum Umgang der Wohnungswirtschaft mit ethnisch-kultureller Vielfalt. In: RaumPlanung, 122, S. 208–212.

Verbundpartner „Zuwanderer in der Stadt" 2005: Zuwanderer in der Stadt – Expertisen zum Projekt. Darmstadt: Schader-Stiftung

Verbundpartner „Zuwanderer in der Stadt" 2007: Handlungsfeld: Stadträumliche Integrationspolitik. Ergebnisse des Projektes „Zuwanderer in der Stadt". Darmstadt: Schader-Stiftung

Gesundheitliche Chancen und Risiken von MigrantInnen: Handlungsmöglichkeiten einer kommunalen Gesundheitspolitik

Oliver Razum, Jeffrey Butler und Jacob Spallek

Zusammenfassung

MigrantInnen haben gesundheitliche Vor- und Nachteile gegenüber der Mehrheitsbevölkerung. Der Zusammenhang zwischen Migration und Gesundheit ist mehrdimensional, weitere (soziale) Faktoren müssen bei der Interpretation beachtet werden. Erklärungsmodelle bilden die Komplexität des Zusammenhangs ab. Die zentralen Modelle haben eine Perspektive auf den gesamten Lebenslauf der Migranten (vor, während und nach der Migration). Sie helfen der kommunalen Gesundheitspolitik, geeignete Daten zu erheben und wirksame Interventionen zu entwickeln.

Schlüsselbegriffe

Migration; Gesundheit; soziale Ungleichheit; Zugang zur Versorgung; kommunale Gesundheitspolitik

1 Einleitung

Deutschland ist seit vielen Jahren ein Einwanderungsland. In den vergangenen vier Jahrzehnten ist die Bevölkerung in Deutschland nur deshalb gewachsen, weil Menschen zugewandert sind. Ohne Zuwanderung hätte Deutschland heute rund 11 Millionen Einwohner weniger (Berechnungen auf Basis von Destatis. Zahlen für 2013: aktuelle Bevölkerung 82,3 Mio., ohne Wanderung 71,6 Mio., Differenz rund 10,8 Mio. Menschen. Siehe Mediendienst Integration 2015). Angesichts des Alterns der autochthonen (nicht zugewanderten) Bevölkerung hätte eine solche Rückwärtsentwicklung negative wirtschaftliche und gesellschaftliche Konsequenzen.

Unter Migration versteht man die vorübergehende oder dauerhafte Verlegung des Lebensmittelpunktes über Staatsgrenzen hinweg. Migration kann freiwillig und geplant geschehen, etwa, um die eigene wirtschaftliche Lage zu verbessern oder Familienangehörigen nachzureisen. Migration kann aber auch aufgrund von politischer Verfolgung, Krieg,

Hunger, Umweltkatastrophen oder anderen Ereignissen erfolgen, dann oft ungeplant und unfreiwillig. Seit 1960 ist die Anzahl von MigrantInnen weltweit stetig gestiegen. Heute sind weltweit rund 200 Millionen Menschen MigrantInnen, das entspricht 3,5 Prozent der Weltbevölkerung (IOM 2005, UN 2013). Mehr als die Hälfte der MigrantInnen ist weiblich (IOM 2005). Migration ist ein weltweites Phänomen, aus Gründen der Themeneingrenzung bezieht sich dieses Kapitel aber hauptsächlich auf den Kontext der Migration nach Deutschland und andere westeuropäische Länder.

In Deutschland hat jeder fünfte Einwohner einen Migrationshintergrund (Statistisches Bundesamt 2014), bei Neugeborenen ist der Anteil noch höher (Razum et al. 2008). Der deutsche Begriff „Menschen mit Migrationshintergrund" schließt nicht nur Menschen ein, die selbst zugewandert sind, sondern auch deren Nachkommen (Kinder, in machen Definitionen auch Enkelkinder). Dieser Definition liegt die Überlegung zugrunde, dass Menschen noch lange nach der Migration durch die Kultur des Herkunftslandes geprägt sein können. Diese Prägung kann von Generation zu Generation weitergegeben werden („kulturelle Vererbung"). Es kann aber auch schnell ein Prozess der Akkulturation (also der Anpassung an die Kultur des Ziellandes der Migration) einsetzen – Verallgemeinerungen sind hier nicht möglich. Auch biologische Eigenschaften wie die Hautfarbe werden an die Nachkommen weitergeben. Es gibt keine klaren Definitionen, nach wie vielen Generationen Nachfahren von Zuwanderern keinen „Migrationshintergrund" mehr haben.

In diesem Kapitel zeigen wir anhand der gängigen Erklärungsmodelle und ausgewählter empirischer Belege, dass Frauen und Männer mit Migrationshintergrund, im Folgenden der besseren Lesbarkeit halber „Migranten" genannt, im Vergleich zur autochthonen (nicht-migrierten) Bevölkerung in einer gesundheitlich besonderen Situation sind. Wir nennen weitere wichtige Faktoren, insbesondere den sozialen Status, und methodische Aspekte, die für die valide Beschreibung und Interpretation der Gesundheit von Migranten wichtig sind. Abschließend beschreiben wir Rahmenbedingungen und Handlungsmöglichkeiten einer kommunalen Gesundheitspolitik für und mit Migranten.

2   Gesundheitsrisiken von Migranten: Erklärungsmodelle und empirische Belege

Diverse empirische Arbeiten zeigen gesundheitliche Unterschiede zwischen Menschen mit und ohne Migrationshintergrund. Eine Übersicht über empirische Ergebnisse aus Deutschland liefern Razum et al. (2008), internationale Perspektiven finden sich u. a. bei Rechel et al. (2013) oder Razum & Samkagne-Zeeb (2014). Die Gruppe der Menschen mit Migrationshintergrund ist dabei in sich sehr heterogen, z. B. nach Herkunftsland, Migrationsgrund, -zeitpunkt, Alter, Geschlecht, sozialem Status, und, damit einhergehend, ist auch die gesundheitliche Situation der Migranten sehr unterschiedlich und nicht verallgemeinernd beschreibbar.

Um den Zusammenhang zwischen Migration und Gesundheit in seiner Komplexität zusammenfassend darstellen und übergeordnete Mechanismen, die zur besonderen gesundheitlichen Situation von Migranten beitragen, benennen zu können, wurden über die letzten Jahre verschiedene Modelle entwickelt, unter anderem das Modell des „gesunden Migranten", das Modell des gesundheitlichen Übergangs und das Lebenslaufmodell zu Migration und Gesundheit (eine Übersicht der verschiedenen Modelle findet sich u. a. bei Razum 2009 und Spallek et al. 2011).

Das Modell des „gesunden Migranten" (*Healthy Migrant Effect*) postuliert, dass überwiegend besonders gesunde und aktive Menschen migrieren. Daher steht zu erwarten, dass Migranten zumindest zum Zeitpunkt der Ankunft im Zielland der Migration überdurchschnittlich gesund sind. Das Modell hat allerdings mehrere Schwachpunkte: Ein offensichtlicher ist, dass Migranten eine besonders gesunde Auswahl aus der Allgemeinbevölkerung des *Herkunftslandes* darstellen, ihre Gesundheit aber in der klassischen Migrationsforschung mit der Bevölkerung des *Ziellandes* der Migration verglichen wird. Das erscheint wenig sinnvoll, denn es gibt große Unterschiede in der Gesundheit zwischen Nationen, vor allem zwischen ärmeren und reicheren Ländern. Besonders deutlich wird dies bei chronischen, nichtübertragbaren Erkrankungen mit langen Latenzzeiten, deren Risiko durch frühere Expositionen im Herkunftsland mit beeinflusst wird – diese Expositionen waren möglicherweise ganz anders als die der Mehrheitsbevölkerung im Zielland der Migration (Razum 2009).

Den Einschränkungen des *Healthy Migrant Effect* trägt das *Modell des gesundheitlichen Übergangs* Rechnung. Es definiert die Migration aus einem ärmeren in ein wohlhabenderes Land (entsprechend dem klassischen Muster der Arbeitsmigration) als einen gesundheitlichen Übergang in hoher Geschwindigkeit. Die Erkrankungshäufigkeit und Sterblichkeit an Infektionskrankheiten sowie an Problemen in der Schwangerschaft, bei der Geburt und in der Kindheit sinkt in der migrierten Bevölkerungsgruppe gegenüber dem Herkunftsland sehr schnell, da die hygienischen Bedingungen und die Behandlungsmöglichkeiten im Zielland besser sind. Morbidität und Mortalität chronischer, nichtübertragbarer Erkrankungen wie Herzinfarkt und vieler Krebsarten (beispielsweise Brustkrebs und Darmkrebs) bleiben dagegen über Jahre oder Jahrzehnte niedriger als in der Mehrheitsbevölkerung. Der erste Teil der Erklärung ist, dass Migranten häufig aus südeuropäischen Ländern mit niedrigen Raten an diesen Erkrankungen kommen. Die niedrigeren Raten sind wahrscheinlich durch einen „gesünderen" Lebensstil bedingt. Der zweite Teil der Erklärung liegt in den langen Latenzzeiten zwischen „ungesunder" Lebensweise und dem Auftreten der betreffenden Erkrankungen – sie liegen bei vielen Jahren oder gar Jahrzehnten. Daher können Migranten selbst Jahre nach der Zuwanderung noch gesundheitliche Vorteile aufweisen, selbst wenn sie sozioökonomisch benachteiligt sind – ein (scheinbares) Paradox (Razum, 2009; Razum & Twardella, 2002).

Abgeleitet aus dem Modell des gesundheitlichen Übergangs erweitert das *Lebenslaufmodel* die bisherigen Modelle durch eine Lebenslaufperspektive (Spallek et al. 2011). Die Mehrheit der Modelle zu Migration und Gesundheit wies den entscheidenden Nachteil auf, dass sie die zeitliche Komponente bei der Wirkung von Einflussfaktoren auf die Gesundheit vernachlässigen. Der diese Komponente explizit aufnehmende Lebenslaufansatz versucht zu beschreiben, wie zum einen Expositionen in kritischen Perioden im Lebenslauf und zum anderen Risikoakkumulationen über den gesamten Lebenslauf gesundheitliche Outcomes beeinflussen. Ziel ist es dabei, sowohl biologische als auch verhaltens- und psychosoziale Prozesse zu identifizieren und zu erklären, die während des Lebensverlaufs eines Individuums oder über Generationen wirken und die Ausprägung von Erkrankungs- und Mortalitätsrisiken beeinflussen (Lynch & Davey Smith 2005). Dieser Ansatz hat auch neue Erkenntnisse zur Erklärung gesundheitlicher Ungleichheiten geliefert (zum Beispiel Davey Smith 2008). So kann sich das soziale Umfeld beispielsweise auf den Schwangerschaftsverlauf (Auftreten von Stress, Komplikationen) und die geburtlichen Outcomes auswirken. Dies kann wiederum das Risiko für Krankheiten im Erwachsenenalter beeinflussen (zum Beispiel niedriges Geburtsgewicht und das Risiko für Adipositas; Barker 1998). Der Zusammenhang zwischen sozialer Position und Gesundheit begründet sich im Lebenslaufmodell dadurch, dass für die Krankheit relevante Expositionen im Verlauf des Lebens und aus verschiedenen Lebensbereichen durch soziale Prozesse gebündelt werden.

Angewendet auf die gesundheitliche Situation von Migranten bedeutet das: Die jeweilige individuelle und soziale Situation führt zu einer Clusterung negativer und positiver Faktoren über die Zeit und auf verschiedenen Ebenen. Zu welchem Zeitpunkt die Belastungen auftreten und welche Bedeutung sie für die Entstehung von Krankheiten haben, hängt vom jeweiligen Gesundheitsproblem und den kritischen Phasen für seine Ausprägung im Lebensverlauf ab. Folglich erklärt sich die Entstehung gesundheitlicher Ungleichheit aus einem Wechselspiel zwischen der Akkumulation von Risiken und der Prägung in für die Krankheitsentstehung kritischen Phasen. Vor diesem Hintergrund werden auch biologische Einflussfaktoren auf die Gesundheit als Teil der sozialen Prozesse gesehen, da im Rahmen des Lebenslaufansatzes das Körperliche und das Soziale als „wechselseitig konstitutiv" betrachtet werden. Das bedeutet, dass „Aspekte der Körperlichkeit soziale Entwicklungsverläufe in gleicher Weise beeinflussen können wie soziale Erfahrungen verkörperlicht werden" (S. 324, Davey Smith 2008). Beispielsweise kann soziale Benachteiligung zu einer verzögerten körperlichen oder mentalen Entwicklung von Kindern führen, eine verzögerte körperliche oder mentale Entwicklung im weiteren Lebenslauf die Ursache sozialer Benachteiligung sein.

Migranten haben somit oft andere lebensgeschichtliche Expositionen als die nicht migrierte Bevölkerung. Für manche Erkrankungen, gerade auch für chronische Erkrankungen wie Krebs, wird das Risiko des Auftretens in späteren Lebensphasen – nach langer Latenzzeit – zum Teil schon durch Expositionen in der frühen oder frühesten Kindheit determiniert. Daher ist eine Untersuchung des gesamten Lebenslaufes von Migranten erforderlich, um ihre Gesundheitsrisiken (wie beispielsweise Krebsrisiken) verstehen zu können. Eine Momentaufnahme zu einem Zeitpunkt nach der Migration reicht hierzu nicht aus (Lynch & Davey Smith 2005, Spallek & Razum 2008, Spallek et al. 2011).

Der Lebenslauf von Migranten lässt sich in drei Abschnitte unterteilen: die Phase (1) vor, (2) während und (3) nach dem Migrationsereignis. In allen drei Phasen wirken Expositionen auf die Gesundheit der Migranten (s. Abbildung 1), die sowohl akut als auch erst im späteren Lebenslauf Einfluss auf die Gesundheit nehmen können. Eine besondere Rolle können Migrationsgründe, wie z. B. Katastrophen, einnehmen. Eine besonders kritische Phase stellt der Migrationsprozess dar, in der verschiedene gesundheitliche Expositionen auftreten können (s. Abbildung 1). Ein klassisches Beispiel für die zum Teile sehr lange Zeit zwischen Exposition und Auftreten der Krankheit im späteren Lebenslauf ist die Beeinflussung des Risikos für das metabolische Syndrom im Erwachsenenalter durch unterschiedliche perinatale und frühkindliche Programmierung des Stoffwechsels (sog. *Barker-Hypothese*; Barker 1998). Ein weiteres Beispiel ist die Beeinflussung von Krebsrisiken durch die Exposition gegenüber Infektionen (z. B. Hepatitis-Viren und Leberkrebs, Humane Papillomviren und Zervixkarzinom, Helicobacter pylori und Magenkrebs). Durch eine im Vergleich zur Mehrheitsbevölkerung unterschiedlichen Expositionen in allen drei Abschnitten (1–3) entsteht die besondere gesundheitliche Exposition von Migranten. Alle drei Abschnitte müssen daher bei der Betrachtung der Gesundheit von Migranten zumindest mitgedacht werden, auch wenn nicht immer verlässliche Daten über den gesamten Lebenslauf verfügbar sind.

Auch die Nachkommen von Migranten, die sogenannte zweite und dritte Generation befinden sich mehrheitlich noch in einer besonderen gesundheitlichen Situation, da biologische oder durch das Verhalten bedingte Faktoren der ersten Migrantengeneration (sozial oder biologisch) vererbt werden können. Genetisch determinierte Faktoren werden von den Eltern an die Kinder weitergegeben, z. B. ein dunklerer Hauttyp, und können in Unterschieden in Krankheitsrisiken, z. B. niedrigere Risiken für Hautkrebs, oder in der gesundheitlichen Lage, z. B. durch Diskriminierung, resultieren. Neben genetischen Faktoren können Kinder von ihren Eltern auch diverse andere Eigenschaften und Verhaltensweisen übernehmen. Kulturelle Überzeugungen, gesundheitliches Verhalten (z. B. Ernährungs-, Rauch- und Alkoholkonsumverhalten), reproduktives Verhalten oder die Einstellung zu körperlicher Aktivität werden durch den Lebensstil der Eltern beeinflusst. Spezifische Traditionen können dabei über Generationen anders sein als in der deutschen Mehrheitsbevölkerung. Auch die sozioökonomische Situation der Eltern determiniert die Lebenssituation des Nachwuchses. Wohnsituation, Ernährung und Umwelt sowie Bildung und Bildungschancen der Kinder sind bestimmt durch die sozioökonomische Situation der Eltern. Durch Akkulturation- oder Segregationseffekte – Akkulturation bezeichnet hier das Zuwenden zu der Kultur der Mehrheitsgesellschaft im eigenen Geburtsland, Segregation die Zuwendung zur Kultur des Herkunftslandes des Eltern – und das Fehlen der Expositionen aus dem Herkunftsland der Eltern unterscheiden sich die Nachfahren der Zuwanderer aber auch von ihren Eltern und stellen somit eine eigene Bevölkerungsgruppe mit einer möglicherweise anderen gesundheitlichen Situation dar.

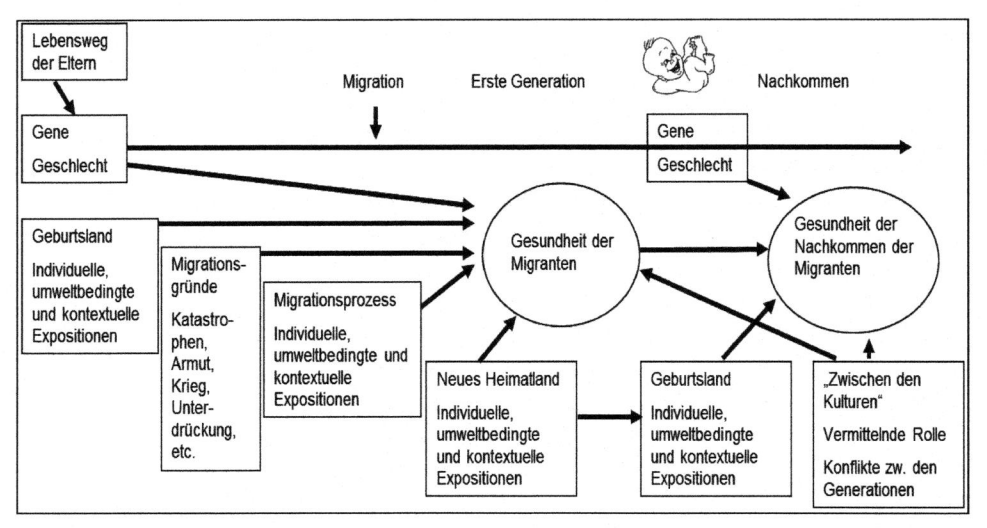

Abb. 1 Verschiedene Expositionen im Lebenslauf auf die Gesundheit von Migrantinnen und Migranten (adaptiert nach Spallek et al. 2011).

Die Nachkommen befinden sich oft in einer Situation „zwischen den Kulturen", also zwischen kultureller Prägung des Geburtslandes ihrer Eltern und ihres eigenen Geburtslandes. Dies führt zu unterschiedlichen Prozessen, die sich in einem Kontinuum zwischen Betonung der Kultur des elterlichen Geburtslandes bis hin zur Betonung des eigenen Geburtslandes bewegen. Unter gesundheitlichen Gesichtspunkten wirken aber nicht nur Prägung und Biologie der Eltern auf die Nachkommen, auch die Nachkommen wirken durch ihre Rolle als Mittler auf die gesundheitliche Situation der Eltern. Kinder von Migranten übernehmen beispielsweise die Rolle des sprachlichen oder kulturellen Übersetzers, wenn es um den Zugang zu gesellschaftlichen Einrichtungen wie z. B. die Inanspruchnahme gesundheitlicher Versorgung geht.

Erhöhte oder niedrigere Risiken der Zuwanderer können über die Generationen oder in jüngeren Altersgruppen konvergieren, sich also den durchschnittlichen Risiken der Allgemeinbevölkerung annähern. Dieses zeigt sich an den Krebsrisiken der jüngeren Geburtskohorten für Brustkrebs oder Lungenkrebs in Studien bei türkischen Zuwanderern in Hamburg (Spallek et al. 2009) aber auch in Studien zu Krebsrisiken von der Nachfahren von Zuwanderern in den Niederlanden (Stirbu et al. 2006) oder in Britisch-Columbia, Kanada (Au et al. 2004). In der Hamburger Studie fand sich bei Frauen der ersten Generation ein signifikant niedrigeres Risiko für eine Brustkrebserkrankung als bei nicht-migrierten Frauen. In den folgenden Generationen von Frauen mit türkischem Migrationshintergrund zeigt sich aber, dass dieser Risikovorteil schwindet. Als eine mögliche Ursache hierfür wird eine Anpassung im reproduktiven Verhalten und damit verbunden auch der Brustkrebsrisiken an die nicht-migrierte Bevölkerung diskutiert. Beim Lungenkrebsrisiko zeigt sich der Trend, dass dieses den Anpassungen in der Rauchprävalenz über die Generationen folgt.

Die Türkei war zu dem Zeitpunkt der Einwanderung der ersten Generation türkischer Zuwanderer durch hohe Rauchprävalenzen bei Männern und deutlich niedrigeren bei den Frauen geprägt, was einen Trend von hohen Lungenkrebsraten bei den männlichen türkischen Zuwanderern und im Vergleich zu deutschen Frauen niedrigeren bei den türkischen Zuwanderinnen nach sich zieht. Aufgrund der sich anpassenden und steigenden Rauchprävalenz unter den weiblichen Nachkommen der türkischen Zuwanderer gibt es jetzt Anzeichen für einen Anstieg der Lungenkrebsraten in dieser Bevölkerungsgruppe.

3   Die Rolle weiterer (sozialer) Faktoren

Die Erklärungsmodelle machen die besondere gesundheitliche Situation von Migranten in ihrer Komplexität deutlich. Migration trägt ohne Frage zur gesundheitlichen Heterogenität der Bevölkerung bei, innerhalb derer Migranten gesundheitliche Vor- und Nachteile im Vergleich zur Bevölkerung ohne Migrationshintergrund haben.

Vielfach wird argumentiert, dass gesundheitliche Nachteile von Migranten gegenüber der Mehrheitsbevölkerung weitgehend eine Folge der sozialen Schichtung seien. Migranten gehören überdurchschnittlich häufig (aber natürlich keineswegs immer) einer niedrigen Sozialschicht an. Es ist bekannt, dass sozioökonomische Benachteiligung mit einem höheren Erkrankungs- und Sterberisiko assoziiert ist, unabhängig vom Migrationshintergrund. Es gibt eine Reihe theoretischer Ansätze und Modelle, die versuchen, die sozioökonomischen Unterschiede in der Gesundheit zu erklären. Zu den klassischen Ansätzen gehören unter anderem die Erklärung durch Selektionsprozesse, die „Verursachungshypothese" (Erklärung der Unterschiede durch strukturelle und materielle sowie kulturell-verhaltensbezogene Faktoren) oder auch der psychosoziale Erklärungsansatz. Daraus sind Modelle zur Erklärung gesundheitlicher Ungleichheit entstanden, die die verschiedenen Ansätze aufgriffen und miteinander verknüpften. Diese sollen hier jedoch nicht vertiefend erläutert werden. Eine ausführliche Beschreibung der Modelle findet sich zum Beispiel bei Richter & Hurrelmann 2006, Bauer et al. 2008.

Migranten haben oft eine weniger gute Ausbildung und eine schlechtere materielle Ausstattung als die Mehrheitsbevölkerung. Das äußert sich beispielweise in einer höheren Arbeitslosenquote und im Durchschnitt schlechter bezahlten Tätigkeiten. Hinzu kommen (zumindest bei Männern mit Migrationshintergrund) schichtspezifische gesundheitsschädliche Verhaltensweisen wie beispielsweise eine höhere Raucherquote (Razum et al. 2008). Migranten sind zwar bei ihrer Einreise oft jung und gesund. Oft leben und arbeiten sie aber über Jahre und Jahrzehnte unter ungünstigeren Bedingungen als die Mehrheitsbevölkerung. Diese chronischen Belastungen können mit schlechterer Gesundheit, besonders in zunehmendem Alter, assoziiert sein (Schott & Razum 2013). Nicht-migrierte Arbeitnehmer, die ähnliche Tätigkeiten ausführen, sind allerdings gesundheitlich auch ähnlich belastet. Es handelt sich hierbei also eher um ein schichtspezifisches als ein migrationsspezifisches Phänomen. Eine ähnliche Argumentationslinie gilt für die im Vergleich zur

Mehrheitsbevölkerung nach der Einwanderung oftmals durchschnittlich kleineren und weniger gut ausgestatteten Wohnungen. Über die Schichtzugehörigkeit hinausgehende materielle Nachteile können sich bei Migranten zudem durch transnationale finanzielle Ressourcenflüsse ins Herkunftsland ergeben – kompensatorisch werden dazu geringere Investitionen im Zuzugsland getätigt.

Der soziale Status beeinflusst wie bei allen Menschen auch die Gesundheit von Migranten. Er hat einen Einfluss auf die Migration und er beeinflusst in der Rolle den Zusammenhang zwischen Migration und Gesundheit. Abbildung 2 zeigt eine vereinfachte Darstellung dieses Zusammenspiels. Ohne Einbeziehung des sozialen Status, der neben Einkommen und Bildung auch weitere Dimensionen wir Geschlecht, Gender, soziales Kapital etc. umfasst, ist die Analyse der gesundheitlichen Situation von Migranten somit nicht möglich, da viele Wirkpfade der Migration auf die Gesundheit durch den soziale Status verstärkt oder abgeschwächt werden können und auch die Migration an sich, z. B. darin wer migriert, durch den sozialen Status beeinflusst wird.

Migration beeinflusst:
- welchen sozialen Status, soziale Chancen und Risiken die Personen haben
- welche gesundheitlichen Chancen und Risiken die Personen haben (s. Abb. 1)

Sozialer Status beeinflusst:
- welche Personen migrieren
- welche Risiken und Chancen durch die Migration entstehen
- wie sich die Migration gesundheitlich auswirkt

Gesundheit beeinflusst:
- welche Personen migrieren
- welche sozialen Chancen die Personen nach der Migration haben

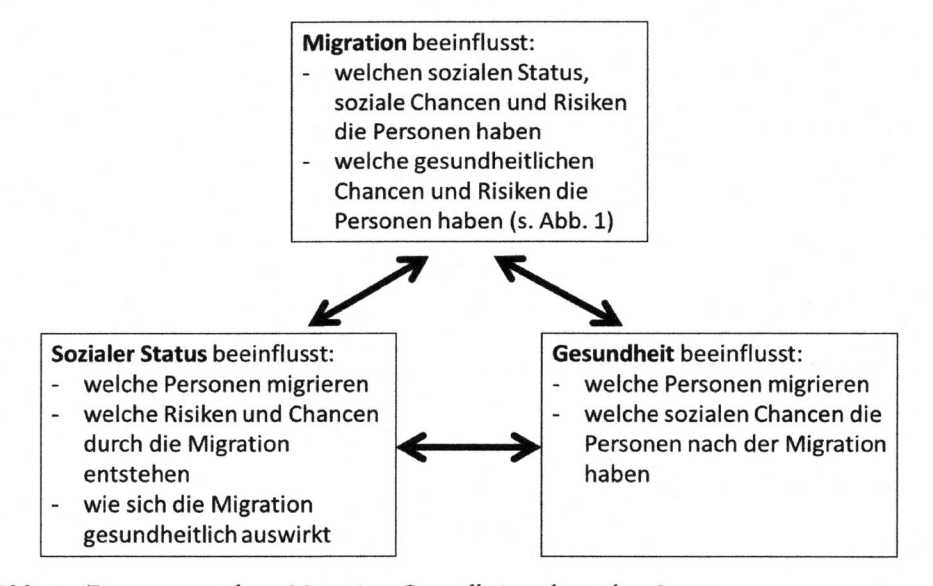

Abb. 2 Zusammenspiel von Migration, Gesundheit und sozialem Status
Quelle Spallek J, Razum O: Migration und Gesundheit/ Krankheit. In: Richter M, Hurrelmann K (Hrsg.): Soziologie von Gesundheit und Krankheit. VS Verlag: Wiesbaden. 2016

Biologisches Geschlecht und Gender

Ein sozialer Faktor, der bei der Erklärung der gesundheitlichen Situation von Migranten ein hohes, oft vernachlässigtes Erklärungspotential hat, ist das Geschlecht. Das gilt sowohl für das biologische als auch für das soziale Geschlecht (Gender). Im Gegensatz zur allgemeinen

Wahrnehmung von Migration als der Zuwanderung von arbeitssuchenden Männern ist die internationale Migration der heutigen Welt weiblich (De Leon Siantz 2013): Mehr als die Hälfte der internationalen Migranten sind Frauen (IOM 2005). Bisher gibt es nur wenige Studien, die diesen Aspekt zentral zum Untersuchungsgegenstand haben (Binder-Fritz & Rieder 2014). Dabei hat Migration gerade bei Frauen oft einen erheblichen Einfluss sowohl auf die sozialen als auch die gesundheitlichen Folgen der Migration. Im Herkunftsland können geschlechtsbedingte Unterschiede in Expositionen und der gesundheitlichen Situation bestehen, die sich noch lange nach der Migration auswirken können. Als ein extremes Beispiel seien hier Genitalbeschneidungen angeführt (Sauer & Neubauer 2013). Gender und biologisches Geschlecht beeinflussen zudem, wer migriert und warum. Die legalen, sozialen und finanziellen Voraussetzungen und Gründe für eine Migration unterscheiden sich je nach Herkunftsland zum Teil erheblich zwischen den Geschlechtern. Der Migrationsprozess selbst stellt Frauen vor andere Herausforderungen und Gefahren als Männer, z. B. beim Risiko sexueller Gewalt oder Ausbeutung. Im Zielland der Migration ändern sich schließlich nicht nur die Einkommenssituation, die Autonomie und der soziale Status der Frauen (und der Männer), sondern insbesondere auch die Rolle als Frau in der Gesellschaft und Familie. Migration in westliche Länder kann für Frauen mehr Freiheit, neue Möglichkeiten und *Empowerment* bedeuten, zugleich unterliegen Frauen besonderen Risiken für Ausbeutung, Isolation, Diskriminierung und Stigmatisation während und nach dem Migrationsprozess (Jolly & Reeves 2005).

Diskriminierung

Unter Diskriminierung versteht man die Benachteiligung oder Herabwürdigung von Gruppen oder Personen, die gemeinsame Merkmale (wie beispielsweise Aussehen, Religion oder Einkommen) aufweisen. Ein bekanntes Beispiel ist die systematische Ausgrenzung von Menschen mit dunkler Hautfarbe, unter anderem in den USA bis Mitte und in Südafrika bis Ende des 20. Jahrhunderts. Heute lässt sich ein „neuer" oder kultureller Rassismus beobachten, der auf (vermeintlicher oder tatsächlicher) kultureller Andersartigkeit aufbaut und nicht mehr sichtbare biologische Merkmale in den Vordergrund stellt (Giddens & Sutton 2014). Beispielsweise kann es dabei um die Frage gehen, inwieweit sich Menschen mit Migrationshintergrund aus Sicht der Mehrheitsbevölkerung „assimilieren" müssen – wohingegen sich in der Wissenschaft zunehmend die Ansicht durchsetzt, man müsse „[…] sich von der Vorstellung *eines* dominanten Integrationsparadigmas … verabschieden…" (S. 33–34, Pries 2003). Vielmehr gibt es verschiedene mögliche Inkorporationspfade, die auch partiell sein können – Formen, „welche in einigen klassischen Modellen [der Integration] noch als ‚abweichend' oder ‚rückständig' aufgefasst werden" (S. 33–34, Pries 2003). Beide Formen des Rassismus können eine Rolle spielen, wenn Menschen mit Migrationshintergrund diskriminiert werden. Umgekehrt kann es aber in Gruppen mit Migrationshintergrund auch zu ethnischer Selbstausgrenzung kommen, etwa durch Verbote der Heirat außerhalb der eigenen Ethnie oder dem sozialen Druck zum Festhalten an bestimmten Lebensstilen und Werten (Giddens & Sutton 2014).

Wahrgenommene Diskriminierung hat negative Auswirkungen auf die Gesundheit der Betroffenen, und zwar sowohl in psychischer als auch in körperlicher Hinsicht. Das lässt sich auch für Migranten Deutschland nachweisen, wobei Gruppen mit erkennbaren Merkmalen wie dunkle Hautfarbe stärker betroffen sind (Schunck et al. 2014). Die Bekämpfung von Rassismus und der Abbau von Diskriminierung sind somit auch gesundheitsrelevante Interventionen.

Konzept der stärkeren sozialen Kohäsion unter Migranten

Menschen gleicher Herkunft oder Ethnie geben sich gegenseitig in der Diaspora oft in besonderem Maße soziale Unterstützung. Exemplarisch ist hier die Reziprozität unter türkischen Migranten in Deutschland zu nennen (White 1997) Aus einem starken sozialen Zusammenhalt resultieren auch gesundheitliche Vorteile (Wilkinson & Marmot 2003). Ist der Zusammenhalt in der Migrantenbevölkerung stärker ausgeprägt als in der Mehrheitsbevölkerung, so könnten daraus gesundheitliche Vorteile für die Migranten gegenüber der Bevölkerung ohne Migrationshintergrund resultieren. Bislang gibt es aber kaum empirische Studien, die diesen Zusammenhang untersuchen.

4   Artefakte und mangelhafte Datenlage

Gesundheitliche Vorteile von Migranten wie beispielsweise eine niedrigere Sterblichkeit als in der Mehrheitsbevölkerung könnten auch – zumindest teilweise – ein der Datenlage geschuldetes Artefakt sein. So können Migranten „statistisch unsterblich" sein, wenn sie das Zuzugsland verlassen, ohne sich abzumelden. Sie verbleiben im dortigen Bevölkerungsregister als „lebendig" gemeldet, auch wenn sie mittlerweile im Herkunftsland verstorben sind (dies wird in der Regel nicht an die Bevölkerungsregister im Zuzugsland gemeldet). Das führt zu einer Unterschätzung der tatsächlichen Sterberate (Ringbäck Weitoft et al. 1999). Das Phänomen einer niedrigen Sterblichkeit von Migranten findet sich aber auch in Studien, in denen eine Verzerrung durch „statistische Unsterblichkeit" ausgeschlossen werden kann (Abraido-Lanza et al. 1999, Razum 2009, Singh & Hiatt 2006). Daher ist anzunehmen, dass höchstens ein Teil des beobachteten Vorteils durch Artefakte zustande kommt.

Mangelhafte Datenlage

Erklärungsmodelle zur gesundheitlichen Situation von Migranten werden in einem iterativen Prozess aus empirischen Daten und Konzepten und Erklärungen entwickelt. Konkret bedeutet das: Um vorhandenen Konzepte und Erklärungen zu verbessern, müssen sie an empirischen Daten gemessen und gegebenenfalls angepasst werden. Das setzt empirische Daten von guter Qualität und hoher Validität voraus.

Diese Voraussetzung wird jedoch nur in Grenzen erfüllt (Razum et al. 2008). Die Datenlage zur Gesundheit von Menschen mit Migrationshintergrund wird insbesondere in Deutschland, aber auch international, meist als unzureichend empfunden. Migrationssensible oder -spezifische Daten sind nicht in ausreichendem Maße verfügbar oder sie liegen nur verstreut vor. Detaillierte gesundheitsbezogene Informationen, beispielsweise aufgeschlüsselt nach Herkunftsländern oder Altersgruppen der Migranten, fehlen oft ganz. Die amtlichen Statistiken in Deutschland differenzieren meist nur zwischen deutscher und nichtdeutscher Staatsangehörigkeit. Damit können weder Aussagen über einzelne Herkunftsländer noch über eingebürgerte Migranten getroffen werden, da beide Gruppen über eine deutsche Staatsangehörigkeit verfügen. Zudem fehlen in vielen Datenquellen Angaben zum Sozialstatus, sodass nicht zwischen Einflüssen des Migrationshintergrundes und Einflüssen einer (mit einem Migrationshintergrund oft einhergehenden) sozioökonomischen Benachteiligung unterschieden werden kann.

5 Rahmenbedingungen und Handlungsmöglichkeiten einer kommunalen Gesundheitspolitik für und mit Migranten

In diesem Abschnitt werden erstens die Rahmenbedingungen einer kommunalen Gesundheitspolitik beleuchtet. Da diese stark von der Finanzkraft der Kommunen und dem Problembewusstsein der politisch Verantwortlichen abhängig sind, gibt es in Deutschland keineswegs einheitliche Rahmenbedingungen für eine kommunale Gesundheitspolitik. Anschließend wird die Gesundheitspolitik der Kommunen in Hinblick auf ihre Angebote für Menschen mit einer Zuwanderungsgeschichte erörtert. Dann wird überprüft, inwieweit Migranten selbst an der Gestaltung und Durchführung dieser Angebote und Strukturen beteiligt werden. Schließlich werden auch die Spielräume für eine Weiterentwicklung für und mit Migranten ausgelotet.

Wie ist es überhaupt um die kommunale Gesundheitspolitik in Deutschland gestellt? Angesichts der Tatsache, dass die Finanzierung und Sicherstellung der gesundheitlichen Versorgung in erster Linie bei den Ländern, bei den Krankenkassen und bei den Einrichtungen der Selbstverwaltung (Kassenärztliche Vereinigungen usw.) liegen, müssen die oft finanziell gebeutelten Kommunen sehen, wo sie überhaupt noch Gestaltungsmöglichkeiten im Sinne einer eigenen Gesundheitspolitik haben. Auch im Bereich der stationären Versorgung, die lange Zeit in erster Linie kommunal ausgerichtet wurde, verschwindet der Einfluss der Kommune zunehmend mit dem Ausbreiten der privaten Versorgungseinrichtungen und dem Diktat der *Disease Related Groups* (DRGs).

Im herkömmlichen Verständnis beinhaltete kommunale Gesundheitspolitik in erster Linie die traditionellen Aufgaben des Öffentlichen Gesundheitsdienstes (ÖGD), d. h. Seuchenhygiene und Überwachungs- bzw. Beratungstätigkeiten, z. B. im sozialpsychiatrische Dienst, im Kinder- und Jugendgesundheitsdienst, bei sexuell übertragenen Krankheiten (STD) oder der anonymen Schwangerenvorsorge. Im Sinne der WHO Ottawa Charta wurde jedoch erkannt, dass heute die größten gesundheitlichen Probleme der Bevölkerung im Bereich der chronischen Krankheiten angesiedelt sind, die stark von der sozialen Lage der Betroffenen abhängig und potentiell durch Maßnahmen der Gesundheitsförderung zu vermeiden wären. Diese neue Sichtweise beinhaltet auch eine Neuausrichtung kommunaler Gesundheitspolitik, wonach sie sich nicht nur um die medizinische Versorgung, sondern vor allem um die Lebenschancen und die Lebensweisen der Bürgerinnen und Bürger kümmern soll (vgl. Huber 2010).

Hiernach ist das Ziel kommunaler Gesundheitspolitik, „die Gestaltung von Lebensbedingungen und Lebensverhältnissen, die krankheitsbedingte Einschränkungen der Lebensqualität möglichst zu verhindern und für alle Bürgerinnen und Bürger die Chance zu eröffnen, gesund auf die Welt zu kommen, darin möglichst lange und gut zu leben und mit Würde zu sterben." Um dieses Ziel zu verwirklichen, müssen in den Lebenswelten der Bürgerinnen und Bürger, also in der kommunalen Politik, umfassende Entwicklungsprozesse angestoßen werden. Diese sollen die krankmachende Belastungen für den Einzelnen und für Bevölkerungsgruppen mindern, gesundheitsdienliche Ressourcen individuell und kollektiv fördern und die dafür notwendigen Fähigkeiten und Haltungen, Hilfen und Versorgungsdienste, Unterstützungsverfahren und Behandlungsmethoden bereitstellen." (ebd.: 6)

In diesem neuen Verständnis von Gesundheitspolitik wird erwartet, dass sich die Kommunen im Sinne der WHO-Vorstellung der „Gesunden Stadt" einer ganzen Reihe von neuen Aufgaben widmen. Diese sind u. a. die Unterstützung von Maßnahmen zur Gesundheitsförderung – insbesondere für sozial benachteiligte Bewohner/innen, die Beteiligung der Bürger und Bürgerinnen an gesundheitsrelevanten politischen Entscheidungen sowie die Einrichtung einer Gesundheitsberichterstattung (vgl. ebd. S. 10f.). Insbesondere letztere ist im Sinne der Schaffung einer Datenbasis für zielgruppengerechte Angebote und Maßnahmen auf kommunaler Ebene unerlässlich. Für diese neuen Aufgaben gibt es jedoch in den meisten Kommunen weder eine klare Zuständigkeit noch eine stabile Finanzierung. Nach Trojan (1999) ist der ÖGD immer noch das Hauptinstrument der kommunalen Einflussmöglichkeit im Bereich Gesundheit und in vielen Gesundheitsämtern wird die Wahrnehmung der neuen Aufgaben durch eine unzureichende Personaldecke ausgebremst.

Handlungsfelder einer kommunalen Gesundheitspolitik für Migranten

Es gibt kein einheitliches Modell für eine Gesundheitspolitik für Migranten in deutschen Kommunen. Die Herausbildung einer solchen Politik hängt immer von den kommunalen Rahmenbedingungen ab, u. a. von den verfügbaren Ressourcen, von der Zusammensetzung der jeweiligen Migrantenpopulation sowie von deren Bedürfnissen ab. Im Folgenden werden anhand von ausgewählten kommunalen Beispielen die wichtigsten Handlungsfelder einer kommunalen Gesundheitspolitik für Migranten illustriert. Diese Handlungsfelder liegen sowohl im Bereich des traditionellen ÖGD als auch bei dessen den neu hinzugekommenen Aufgaben.

Verständigung und Orientierung im deutchen Gesundheitswesen

Um eine qualitativ gute gesundheitliche Versorgung zu gewährleisten, muss sichergestellt werden, dass die Kommunikation zwischen den Akteuren in der gesundheitlichen Versorgung und ihren Patienten bzw. Klienten problemlos vonstattengeht. Darüber hinaus müssen die neu angekommenen Menschen wissen, wohin sie für welche Leistungen gehen müssen. Diese Erkenntnisse sind nicht neu und wurden oft in deutschen Großstädten im Zusammenhang mit der Generation von Migranten gewonnen, die als „Gastarbeiter" nach Deutschland gekommen sind. Mit der Ankunft einer größeren Anzahl von geflüchteten Menschen wird der Verständigung und der Orientierung im Gesundheitswesen einer gesteigerten Bedeutung zukommen.

Im Alltag erfolgt die Verständigung im Gesundheitswesen oft durch muttersprachige Ärzte oder Arzthelferinnen bzw. durch begleitende Familienmitglieder. Letztere birgt jedoch die Gefahr des Missverständnisses, das zur Über-, Unter- und Fehlversorgung führen kann. Da die Finanzierung von Maßnahmen zur Sicherstellung der Verständigung im Gesundheitswesen bislang keineswegs geklärt ist, wurde sie in einer Reihe von Kommunen zum Handlungsfeld kommunaler Gesundheitspolitik (vgl. Salman 2000). Diese Aufgabe wird auf verschiedener Art und Weise erledigt. Die qualitativ beste Lösung hier ist der Einsatz von geschulten Dolmetschern. Zu diesem Zweck haben sich in einer Reihe von Kommunen Dolmetscherdienste etabliert, zuerst als zeitlich befristete Projekte, z. T. aber auch mit kommunaler Finanzierung, wie z. B. die Gemeindedolmetscher in Berlin.

Abgesehen von der reinen Verständigung beim Besuch einer gesundheitlichen Versorgungseinrichtung gibt es auch weitere Situationen, in denen gesundheitsrelevante Vermittlung/Verständigung nötig ist. In den letzten Jahren haben sich in vielen Kommunen eine ganze Reihe von (Integrations-)Lotsenprojekten etabliert, in denen muttersprachliche Personen dazu ausgebildet werden, zwischen ihrer „Community" und dem Regelversorgungssystem zu vermitteln (vgl. BA Mitte 2011, Stadt Köln). In diesem Zusammenhang muss insbesondere das Projekt „MiMi – Mit Migranten für Migranten" erwähnt werden, das 2003 vom Ethno-Medizinischen Zentrum e. V. entwickelt wurde und inzwischen an rund 60 Standorten in 10 Bundesländern vertreten ist (Salman & Ngassa Djomo 2009; Ethnomedizinisches Zentrum 2016).

Zur langfristigen und erfolgreichen Integration gehört, dass hier lebende Migranten so in das Regelsystem gesundheitlicher Versorgung und Unterstützung einbezogen werden, dass sie die gleichen Entfaltungschancen wie Einheimische haben. Dies setzt jedoch eine interkulturelle Öffnung der Einrichtungen voraus. Diese müssen für alle Bürgerinnen und Bürger in gleicher Weise zugänglich sein, also eine stärkere Kundenorientierung gegenüber Migranten entwickeln. Immer mehr Kommunen bzw. Einrichtungen im Gesundheitswesen haben sich in den letzten Jahren für die Entwicklung der interkulturellen Kompetenz ihre Mitarbeiter durch Fortbildungen eingesetzt.

Medizinische Versorgung für Menschen ohne Aufenthaltsstatus sowie geflüchtete Menschen

Menschen ohne Aufenthaltsstatus und Krankenversicherung haben einen schwierigen Zugang zur gesundheitlichen Versorgung in Deutschland. Oft gehen diese „Menschen ohne Papiere" bei einer Erkrankung erst sehr spät zum Arzt; aus Angst, entdeckt und abgeschoben zu werden. Nicht selten enden sie als medizinischer Notfall. Aus diesem Grund setzen sich Kommunen dafür ein, dass sogenannte „humanitäre Sprechstunden" angeboten werden, entweder im ÖGD (z. B. in Bremen) oder bei freien Trägern (z. B. in München oder Berlin), die eine anonyme Basisversorgung und gesundheitliche Beratung zur Verfügung stellen.

Auch Menschen, die sich auf der Flucht vor Krieg und Verfolgung befinden, sind einer Reihe von gesundheitlichen Belastungen ausgesetzt. Insbesondere in der Zeit, bis ihre Asylanträge registriert und auf den Weg gebracht werden, ist der Zugang zur gesundheitlichen Versorgung für diese Bevölkerungsgruppe eingeschränkt (Razum & Bozorgmehr 2016). Abgesehen von der Behandlung ihrer gesundheitlichen Probleme stellt die Verständigung mit diesen Menschen ein großes logistisches Problem für die Kommunen dar. Obgleich sich die Problemlage mit der Welle von geflüchteten Menschen, die ab Sommer 2015 nach Deutschland gekommen sind, deutlich verschärft hat, setzten sich eine Reihe von Kommunen (u. a. die Stadt Bremen, vgl. Mohammadzadeh et al. 2016) bereits frühzeitig mit dieser Bevölkerungsgruppe auseinander. Mittelfristig müssen ihre drängendsten gesundheitlichen Probleme soweit gelöst werden, dass der Anschluss an der Regelversorgung gelingt.

Gesundheitsförderung und Prävention für Menschen mit Migrationshintergrund

In den letzten Jahren ist die Initiierung und Unterstützung von Maßnahmen der Gesundheitsförderung und Prävention für Menschen mit einer Migrationsgeschichte ein wichtiges Handlungsfeld in der kommunalen Gesundheitspolitik. Da sie oft nicht nur Belastungen durch die Migrationssituation ausgesetzt sind, sondern auch durch ihre ungünstige soziale Situation, benötigen einige Migranten besondere Unterstützung. Darüber hinaus gelten Migranten in der Gesundheitsförderung als schwer zu erreichende Zielgruppe (vgl. BZgA 2009). Dies kommt sowohl durch die große Vielfalt der Zielgruppe in Hinblick auf die Sprache und das Gesundheitsverständnis zustande als auch durch mögliche Zugangsprobleme bei fehlender Bildung.

Einige Kommunen sind bedingt durch ihren Problemdruck bereits länger auf dem Gebiet der Gesundheitsförderung für Menschen mit Migrationshintergrund tätig (z. B. der Berliner Bezirk Friedrichshain-Kreuzberg), u. a. mit Projekten, die im Rahmen des Programms „Soziale Stadt" oder dem Kooperationsverbund Gesundheitliche Benachteiligung durchgeführt wurden. Auch das MiMi-Projekt mit seinen ausgebildeten Mediatoren geht über die Verständigung und Orientierung im Gesundheitswesen hinaus in Richtung Prävention (vgl. Razum et al. 2008). In anderen Kommunen werden neuerdings insbesondere Kinder und Jugendliche mit Migrationshintergrund von Angeboten erreicht, die im Rahmen der Bundesinitiative Frühe Hilfen oder in kommunalen „Präventionsketten" entwickelt wurden.

Obgleich sie im neuen Präventionsgesetz nicht ausdrücklich erwähnt werden, könnten die Kommunen eine Schlüsselrolle in der Initiierung von gesundheitsförderlichen Projekten für Menschen mit Migrationshintergrund spielen. Auf Landesebene oder seitens der Krankenkassen ist es so gut wie unmöglich, kleinräumige Bedarfslagen für Maßnahmen der Gesundheitsförderung bedarfsgerecht zu lokalisieren.

Koordinierungsstellen Migration und Gesundheit

In einigen wenigen Kommunen gibt es im ÖGD Koordinierungsstellen, welche im Sinne einer Gesundheitspolitik für Migranten die Arbeit auf den oben angesprochenen Handlungsfeldern initiieren und unterstützen (wie das Referat Migration und Gesundheit in Bremen und die Fachstellen Migration und Gesundheit in München und Frankfurt am Main). In München, z. B., besteht die Fachstelle Migration und Gesundheit seit 2001 und ist mit zwei qualifizierten Vollzeitstellen ausgestattet. Ihre Fachkräfte sind zuständig für die Entwicklung und Förderung von Maßnahmen und Konzepten zur Verbesserung der gesundheitlichen Versorgung von Gruppen innerhalb der Migrationsbevölkerung, für die Zugangsbarrieren zu Angeboten der Gesundheitsversorgung, der Gesundheitsförderung und Prävention bestehen. Solche Stellen wären von der Sache her in vielen deutschen Kommunen sinnvoll.

Kommunale Gesundheitspolitik mit Migranten?

Die Beteiligung von Migranten an der Durchführung von Maßnahmen im Rahmen einer Gesundheitspolitik für Migranten ist in vielen Kommunen eine Selbstverständlichkeit. Langjährig in Deutschland ansässige und gut integrierte Migranten verfügen oft über einschlägige Sprach- und Fachkenntnisse, die sie für die Vermittlung von Wissen und Erfahrung an neu angekommene bzw. nicht so gut integrierte Menschen geradezu prädestinieren. Diese Erkenntnis wird und wurde in Kommunen in einer Reihe von Maßnahmen, z. B. Lotsenprojekten wie dem Projekt MiMi, verwendet. Hier wird das Gesundheitswissen von Migrantinnen und Migranten und die Nutzung des deutschen Gesundheitsdienstes dadurch verbessert, dass Mediatoren, beständig zusätzliches Wissen erwerben und so ihre Expertise erweitern und vertiefen. Sie geben dies an Menschen aus ihrer „Community" weiter. Obgleich das vermittelte Wissen ohne Frage einen Mehrwert für die beteiligten Mediatoren bedeutet, gibt es immer wieder Probleme mit der Nachhaltigkeit solcher Maßnahmen. Der Ansturm von geflüchteten Menschen in vielen Kommunen bedeutete jedoch eine Hochkonjunktur für Lotsen/Mediatoren mit einschlägigen Sprachkenntnissen.

Eine weitere Form der Beteiligung besteht darin, Beratungsgremien oder Beiräten für Migration und Gesundheit anzugehören, in welchen eher institutionelle Mitglieder bereits geplante Projekte und Maßnahmen vor ihrer Realisierung besprechen, wie z. B. in München (Gesundheitsbeirat München 2016). Inwieweit die Beiräte diese noch inhaltlich beeinflussen können, sei dahingestellt. Eine andere Möglichkeit ist die Mitwirkung von Migranten im

Entscheidungsprozess bzw. in der Gestaltung und Konzeption von gesundheitspolitischen Maßnahmen in ihrer Nachbarschaft, so zum Beispiel in sogenannten „Quartiersräten", wo sie in ihrer Rolle als Bewohner/innen ein Mitspracherecht bekommen. Dies wird in Berlin im Rahmen des Quartiersmanagements praktiziert (Quartiersmanagement Berlin 2016). Was die unterschiedlichen Beteiligungsformen voneinander unterscheidet, ist der Grad der Beteiligung.

Rahmenbedingungen und Entwicklungsperspektiven einer kommunalen Gesundheitspolitik für Migranten

Bislang erfolgt die Entwicklung einer Gesundheitspolitik für Migranten in den Kommunen Deutschlands eher naturwüchsig und nicht strukturiert. Sie besteht meist aus einzelnen Aktivitäten und Angeboten einer Kommune auf einem oder mehreren der obengenannten Handlungsfelder. Diese hängen ihrerseits von einer Reihe von Einflussfaktoren ab, die zum Teil zufällig vorliegen, u. a. vom Problemdruck in der Kommune, vom Engagement einzelner Personen sowie von der kommunalpolitischen Unterstützung. Manchmal fehlt lediglich die Möglichkeit, notwendige Angebote nachhaltig zu finanzieren. Insbesondere die Angebote zur Sicherung der Verständigung – und das nicht nur – im Gesundheitswesen müssen auf einer stabilen finanziellen Grundlage stehen.

Eine wichtige Voraussetzung für eine fundierte kommunale Gesundheitspolitik für die Bevölkerung mit Migrationshintergrund ist eine migrationssensible Gesundheits- und Pflegeberichterstattung. Auf dieser Basis könnte die Planung und Bedarfsermittlung in diesem Bereich gezielt auf besondere Risikogruppen ausgerichtet werden. Nicht zuletzt wegen der unzulänglichen Datenlage (vgl. Butler et al. 2007, Habermann et al. 2008) gibt es bislang in Deutschland nur wenige kommunale Gesundheits- oder Pflegeberichte mit dem Schwerpunkt Migration und Gesundheit (Stadt Bremen 2004, Bezirksamt Mitte von Berlin 2011).

In Hinblick auf die demografische Zusammensetzung der Bevölkerung gibt es mittlerweile auch auf kommunaler Ebene ausreichende Daten aus dem Mikrozensus oder der Kommunalstatistik (vgl. Bömermann et al. 2005). Im Gegensatz zum Bereich der Kindergesundheit, wo mittlerweile in einer Reihe von Kommunen die Ergebnisse der Schuleingangsuntersuchung migrationssensibel ausgewertet werden (z. B. Bettge/Oberwöhrmann 2015), liegen wenige Daten zur Gesundheit bzw. zum Pflegebedarf von Erwachsenen mit Migrationshintergrund auf kommunaler Ebene vor. Dies macht eine fundierte Gesundheits- und Pflegeberichterstattung schwierig und unterstreicht den Bedarf für eine migrationssensible Datenerhebung, insbesondere auf der kommunalen Ebene.

Bislang ist dies in der Regelstatistik, z. B. in der Krankenhausdiagnose- oder Pflegestatistik, aufgrund der restriktiven Datenschutz- und Statistikgesetzgebung auf Bundesebene nicht möglich (vgl. Bundesbeauftragte für Migration, Flüchtlinge und Integration 2010). Mit Blick auf den gesteigerten Planungs- und Koordinierungsbedarf aufgrund der großen Anzahl von geflüchteten Menschen wäre es sinnvoll, wenn sich die Gesetzgeber dieses Thema vornehmen würden.

6 Schlussfolgerungen

Aus gesundheitswissenschaftlicher Sicht ist Migration bzw. ein Migrationshintergrund ein wichtiger Faktor für die Beschreibung der gesundheitlichen Ungleichheit einer Bevölkerung. Migranten sind – wie Empirie und Erklärungsmodelle zeigen – in einer besonderen gesundheitlichen Situation. Dies betrifft nicht nur ihr eigenes Leben, sondern auch noch das ihrer Nachkommen. Der Zusammenhang zwischen Migration und Gesundheit ist dabei multidimensional. Migrationshintergrund fungiert als eine Art Surrogat für eine Vielzahl von dahinterstehenden Mechanismen und Prozessen. Migration beeinflusst die Gesundheit und die Gesundheit beeinflusst, wer migriert.

In allen Bereichen der kommunalen Gesundheitspolitik für Migranten stellt sich die grundsätzliche Frage, wie diese finanziert werden können. Nur in den seltensten Fällen haben sich die Kommunen bislang eine Regelfinanzierung für solche Aufgaben geleistet. Oft fingen die Angebote als „Projekte" an und konnten sich nach und nach verstetigen. Neben dem kommunalen Haushalt wurden und werden die Angebote mit Mitteln aus den unterschiedlichsten Quellen finanziert: aus Maßnahmen im Rahmen des Programms „Soziale Stadt", aus Arbeitsmarktinstrumenten, die mühsam mit Job-Center ausgehandelt werden, sowie aus der Bundes- oder Landesfinanzierung für Modellprojekte. Wenn man die Situation in vielen Kommunen vor Augen hat, wird es offensichtlich, dass viele dieser Aufgaben nicht – wie ihre Finanzierung – zeitlich befristet sind, sondern Leistungen, die bis auf weiteres dringend benötigt werden. Eine wirksame kommunale Gesundheitspolitik bedarf einer nachhaltigen finanziellen Grundlage.

Literatur

Abraido-Lanza, A.F., Dohrenwend, B.P., Ng-Mak, D.S., Turner, J.B., 1999: The Latino mortality paradox: a test of the „salmon bias" and healthy migrant hypotheses. Am J Public Health 89:1543–8.

Au, W.Y., Gascoyne, R.D., Gallagher, R.E., Le, N., Klasa, R.D., Liang, R.H.S., Choy, C., Foo, W., Connors, J.M., 2004: Hodgkin's lymphoma in Chinese migrants to Brithish Columbia: a 25-year survey. Ann Oncol 15:626–630.

Barker, D.J.P. 1998: Mothers, babies and health in later life. Edinburgh: Churchill Livingstone.

Bauer, U., Bittlingmayer, U., Richter, M., 2008: Health inequalities. Determinanten und Mechanismen gesundheitlicher Ungleichheit. Wiesbaden: VS Verlag.

Beauftragte der Bundesregierung für Migration, Flüchtlinge und Integration (Hrsg.), 2010: 8. Bericht der Beauftragten der Bundesregierung für Migration, Flüchtlinge und Integration über die Lage der Ausländerinnen und Ausländer in Deutschland. Berlin, Juni 2010.

Beauftragte der Bundesregierung für Migration, Flüchtlinge und Integration (Hrsg.), 2010: Migrationssensible Datenerhebung für die gesundheits- und Pflegeberichterstattung. Dokumentation einer Fachkonferenz des bundesweiten Arbeitskreises Migration und öffentlichen Gesundheit am 21. November 2008, Berlin 2010.

Bettge, S., Oberwöhrmann, S., 2015: Grundauswertung der Einschulungsdaten in Berlin 2014, Senatsverwaltung für Gesundheit und Soziales, GSI, November 2015: http://www.gsi-berlin.info/gsi_suchen.asp (letzter Zugriff am 7.10.16).

Bezirksamt Mitte, Abteilung Gesundheit und Personal, 2011: Migration und Gesundheit im Bezirk Berlin-Mitte – Gesundheitliche und soziale Lage der Bevölkerung unter Berücksichtigung des Migrationshintergrundes. April 2011 http://www.berlin.de/ba-mitte/buergerdienste/publikationen/reihe_gbe_gf.html (letzter Zugriff am 7.10.16).

Binder-Fritz, C., Rieder, A., 2014: Zur Verflechtung von Geschlecht, sozioökonomischen Status und Ethnizität im Kontext von Gesundheit und Migration. Bundesgesundheitsbl 57:1031–1037.

Borde, T., 2006: Evaluation des Gemeindedolmetschdienstes Berlin – Erfahrungen und Herausforderungen, im: Dokumentation der Fachtagung Migration, Integration und Gesundheit – 10 Jahre Interkulturelles Gesundheitsnetzwerk am 15. und 16. März 2006 herausgegeben vom Bezirksamt Friedrichshain-Kreuzberg, Juni 2006.

Bundeszentrale für gesundheitliche Aufklärung – BZgA (Hrsg.), 2009: Migration und Gesundheitsförderung, Ergebnisse einer Tagung mit Expertinnen und Experten, Köln.

Butler J. Albrecht, N.J., Ellsäßer, G.; Gavranidou, M..; Habermann, M.; Lindert, J.; Weilandt, C., 2007: Migrationssensible Datenerhebung für die Gesundheitsberichterstattung, Bundesgesundheitsblatt 50:1232–1239.

Davey Smith, G., 2008: Die Bedeutung einer Lebenslaufperspektive für die Erklärung gesundheitlicher Ungleichheit. In: Bauer, U., Bittlingmayer, U., Richter, M. (Hrsg.) Health Inequalities. Wiesbaden: VS.

De Leon Siantz, M.L., 2013: Feminization of Migration: A Global Health Challenge. Global Adv Health Med 2:12–14.

Ethnomedizinisches Zentrum http://www.ethno-medizinisches-zentrum.de/index.php?option=com_content&view= article&id=28&Itemid=34 (letzter Zugriff am 7.10.16).

Gesundheitsbeirat München (im Internet). http://www.gesundheitsbeirat-muenchen.de/?page_id=67 (letzter Zugriff am 7.10.16).

Giddens, A., Sutton, P.W., 2014: Essential Concepts in Sociology. Cambridge: Polity Press.

Habermann, M.; Schenk, L.; Albrecht, N.J.; Gavrinadou, M.; Lindert, J.; Butler J., 2009: Planung und Steuerung der Pflegeversorgung auch für Migranten und Migrantinnen? – Eine Analyse der Pflege- und Gesundheitsberichterstattung in der ambulanten und stationären Altenpflege. Gesundheitswesen 71:363–367

Huber, E., 2010: Gesundheitsförderung und Kommunale Gesundheitspolitik, Berufsverband der Präventologen http://www.praeventologe.de/index.php?option=com_content &view=article&id=246:gesundheitsfoerderung-und-kommunale-gesundheitspolitik &catid=57&Itemid=195 (letzter Zugriff am 7.10.16).

IOM (International Organization for Migration), 2005: World Migration 2005. Costs and benefits of international migration. http://www.iom.int/cms/en/sites/iom/home.html

Jolly, S., Reeves, H., 2005: Gender and Migration. BRIDGE Overview Report. Brighton: Institute of Development Studies.

Lynch J., Davey Smith, G., 2005: A life course approach to chronic disease epidemiology. Annu Rev Public Health 26: 1–35

Mediendienst Integration. http://mediendienst-integration.de/migration/bevoelkerung. html (letzter Zugriff am 7.10.16).

Mohammadzadeh Z, Jung F, Lelgemann M., 2016: Gesundheit für Flüchtlinge – das Bremer Modell. Bundesgesundheitsblatt 59:561–569

Pries, L., 2003: Transnationalismus, Migration und Inkorporation. Herausforderungen an Raum und Sozialwissenschaften. Geographische Revue 5:23–39.

Quartiersmanagement Berlin (im Internet) http://www.quartiersmanagement-berlin.de/unser-programm/quartiersraete-und-partizipation.html (letzter Zugriff am 7.10.16).

Razum, O., 2009: Migration, Mortalität und der Healthy-migrant-Effekt. In Richter, M., Hurrelmann, K. (Hrsg.), Gesundheitliche Ungleichheit. Grundlagen, Probleme, Perspektiven. 2. Auflage. Wiesbaden: VS Verlag für Sozialwissenschaften.

Razum, O., et al., 2008: Migration und Gesundheit. Schwerpunktbericht der Gesundheitsberichterstattung des Bundes. Berlin: Robert Koch-Institut.

Razum O, Bozorgmehr K 2016 Restricted entitlements and access to health care for refugees and immigrants: The example of Germany. Global Social Policy doi:10.1177/1468018116655267

Razum, O., Samkange-Zeeb, F., 2014: Populations at Special Health Risk: Migrants. Reference Module in Biomedical Sciences. Elsevier. 24-Oct-14 doi: 10.1016/B978-0-12-801238-3.02729-X.

Razum, O., Twardella, D., 2002: Time travel with Oliver Twist – towards an explanation for a paradoxically low mortality among recent immigrants. Tropical Medicine and International Health, 7, 4–10.

Rechel, B., Mladovsky, P., Ingleby, D., Mackenbach, JP., McKee, M., 2013: Migration and health in an increasingly diverse Europe. Lancet, 381, 1235–45.

Richter, M., Hurrelmann, K., 2006:) Gesundheitliche Ungleichheit. Grundlagen, Probleme, Perspektiven. Wiesbaden: VS Verlag.

Ringbäck Weitoft, G., Gullberg, A., Hjern, A., Rosén, M., 1999: Mortality statistics in immigrant research: method for adjusting underestimation of mortality. Int J Epidemiol 28:756–63.

Salman, R., 2000: Der Einsatz von (Gemeinde-)Dolmetschern im Gesundheitswesen als Beitrag zur Integration, in: Akademie für öffentliches Gesundheitswesen in Düsseldorf (Hrsg.) Migration und Gesundheit: Perspektiven für Gesundheitssysteme und öffentliches Gesundheitswesen, Düsseldorf.

Salman, R., Ngassa Djomo, K., 2009: Migration, Integration und Gesundheit in Deutschland. In F. Gesemann & R. Roth (Hrsg.), Lokale Integrationspolitik in der Einwanderungsgesellschaft. Migration und Integration als Herausforderung von Kommunen (pp. 555–572). Wiesbaden: Verlag für Sozialwissenschaften.

Sauer, P.J., Neubauer, D., 2013: Female genital mutilation: a hidden epidemic (statement from the European Academy of Paediatrics). Eur J Pediatr, 173:237–238

Schott, T., Razum, O., 2013: Migration und medizinische Rehabilitation. Weinheim: Beltz-Juventa.

Schunck, R., Reiss, K., Razum, O., 2014: Pathways between perceived discrimination and health among immigrants: evidence from a large national panel survey in Germany. Ethn Health [epub ahead of print].

Singh, G.K., Hiatt, R.A., 2006: Trends and disparities in socioeconomic and behavioural characteristics, life expectancy, and cause-specific mortality of native-born and foreign-born populations in the United States, 1979–2003.Int J Epidemiol 35: 903–919.

Spallek, J., Zeeb, H., Razum, O., 2011: What do we have to know from migrants' past exposures to understand their health status? A life course approach. Emerg Themes Epidemiol, 8, 6.

Spallek, J., Arnold, M., Hentschel, S., Razum, O., 2009: Cancer incidence rate ratios of Turkish immigrants in Hamburg, Germany. A registry based study. Cancer Epidemiol 33:413–418.

Spallek, J., Razum, O., 2008: Gleich und gerecht? Erklärungsmodelle für die gesundheitliche Situation von Migrantinnen und Migranten. In: Bauer,U., Bittlingmayer, U.H., Richter, M. (Hrsg.): Health Inequalities. Determinanten und Mechanismen gesundheitlicher Ungleichheit. Wiesbaden: VS Verlag für Sozialwissenschaften.

Statistisches Bundesamt, 2014: Pressemitteilung Nr. 402/14.

Stirbu, .I, Kunst, A.E., Vlems, F.A., Visser, O., Bos, V., Deville, W., Nijhuis, H.G., Coebergh, J.W., 2006: Cancer mortality among 1st and 2nd generation migrants in the Netherlands: convergence towards the rates of the native Dutch population. Int J Cancer 119:2665–2672.

Tempel, G.; Mohammadzadeh, Z., 2004: Ältere Migrantinnen und Migranten in Bremen – Lebenssituation, potenzielle Versorgungsbedarfe und gesundheitspolitische Perspektiven, Freie Hansestadt Bremen, Gesundheitsamt (Hrsg.), August 2004
Trojan, A., 1999: Kommunale Gesundheitspolitik. In: Wollmann, H. et al. (Hrsg.) Kommunale Politik, 2. Auflage. Springer Verlag, Heidelberg.
UN, 2013: Department of Economic and Social Affairs, Population Division. Trends in International Migration Stock. The 2013 Revision. http://esa.un.org/unmigration/TIMSA2013/migrantstocks2013.htm (letzter Zugriff am 7.10.16).
White, J.B., 1997: Turks in the New Germany. Am Anthropol 99:754–69.
Wilkinson, R. G., Marmot, M., 2003: Social determinants of health: the solid facts. Kopenhagen: WHO.

Anmerkung

Die Abschnitte 1–4 dieses Kapitels sind mit freundlicher Genehmigung entnommen aus Spallek, J., Razum, O., 2016: Migration und Gesundheit. In: Richter, M., Hurrelmann, K. (Hrsg.) Soziologie von Gesundheit und Krankheit. Springer-VS, S. 153–166. Abschnitt 5 wurde speziell für dieses Kapitel verfasst.

Gesundheit für Flüchtlinge – das Bremer Modell*

Zahra Mohammadzadeh, Felicitas Jung und Monika Lelgemann

Zusammenfassung

Das Bremer Modell geht davon aus, dass Gesundheitsversorgung von Flüchtlingen über das Ausschließen von Infektionskrankheiten hinausgehen muss. Das Sprechstundenangebot in den Gemeinschaftsunterkünften wird freiwillig wahrgenommen. Die Erstuntersuchung der Flüchtlinge erfolgt nach den gesetzlichen Vorgaben. Darüber hinaus haben die durchführenden Ärztinnen und Ärzte die Möglichkeit, akuten Behandlungsbedarf an Ort und Stelle abzudecken. In der Anfangsphase können die Flüchtlinge die Sprechstunde in der Unterkunft wiederholt aufsuchen. Danach erhalten sie eine Gesundheitskarte, die ihnen einen begrenzten Zugang zur Regelversorgung ermöglicht. Die aktuell deutlich steigenden Flüchtlingszahlen wirken sich auf die Situation der Bremer Gesundheitsversorgung aus, sowohl bei Erwachsenen wie bei Jugendlichen. Trotz des Anstiegs konnte aber das Versorgungsniveau mithilfe der Gesundheitskarte gehalten werden. 2011 bis 2014 waren nach ICD-Klassifikation „Faktoren, die zur Inanspruchnahme des Gesundheitswesens führen" mit 29,6 % am häufigsten. An zweiter bzw. dritter Stelle lagen Krankheiten des Atmungssystems mit 18,1 % sowie unklare, andernorts nicht klassifizierte Symptome mit 16,9 %. Krankheiten des Verdauungs-Systems mit 6,1 %, des Muskel-Skelett-Systems und des Bindegewebes mit 6 % sowie der Haut und Unterhaut mit 3,6 % folgten. 6 Personen mit HIV-Infektionen sowie 12 Personen mit Hepatitiden wurden im Erstuntersuchungsprogramm behandelt. Bei 10 Personen wurde Tuberkulose (zum Teil jedoch nicht ansteckungsfähig) oder Tuberkuloseverdacht diagnostiziert. Die Mehrzahl dieser Personen wurde 2014 behandelt.

Schlüsselbegriffe

Flüchtlinge, Gesundheitsversorgung, Bremer Modell, Erstuntersuchung, Akutversorgung

---

* Erstveröffentlichung: Bundesgesundheitsblatt 59: 561–569.

1   Hintergrund

Der Bremer Ansatz zielt darauf ab, Flüchtlingen in Gemeinschaftsunterkünften anstelle bloßer Seuchenhygiene ein Gesundheits*angebot* zu machen. Er geht davon aus, dass jeder Mensch einen menschenrechtlich und verfassungsgemäß begründeten Anspruch[1] auf Gesundheitsversorgung hat.

Dieses Leitprinzip widersprach in der Entstehungszeit des Bremer Modells der allgemeinen Herangehensweise von Gesetzgebung und Behörden an die soziale und gesundheitliche Lage der Flüchtlinge. Maßgeblich waren Überlegungen, die sich an der traditionellen Seuchenhygiene orientierten, geleitet von der Befürchtung, die einwandernden Menschen könnten gefährliche ansteckende Krankheiten ins Land einschleppen.[2/3] Durch Maßnahmen wie Screening, Zwangsuntersuchungen und Abschottung in besonderen Unterkünften sollten Infektionen von Flüchtlingen erkannt werden, so dass Gegenmaßnahmen zum Schutz der Bevölkerung ergriffen werden können.

Im Falle einer tatsächlichen Bedrohung durch Epidemien können solche Maßnahmen durchaus legitim sein. Eine flächendeckende Gefährdung der Bevölkerung bestand aber auch angesichts der um 1990 deutlich ansteigenden Flüchtlingszahlen nicht. Infektiöse und ansteckungsfähige Erkrankungen bedürfen selbstverständlich besonderer Aufmerksamkeit. Das Bremer Modell leistet dies, sein Ziel ist aber darüber hinaus, den nach Bremen kommenden Flüchtlingen unter den gegebenen Umständen den bestmöglichen Einstieg in eine adäquate Gesundheitsversorgung zu ermöglichen.

Angestrebt werden neben der Erfüllung der gesetzlichen Vorschriften eine Basisversorgung und ein Minimum an humanitärer Nothilfe. Die Vielfalt gesundheitlicher Probleme der Flüchtlinge soll möglichst erfasst und die Flüchtlinge an die Stellen des Gesundheitswesens weitergeleitet werden, wo ihnen nachhaltig geholfen werden kann. Das Bremer Modell will Barrieren abbauen und Zugangschancen der Einwandernden zum Gesundheitssystem erweitern. Es versteht sich als *gatekeeper*, als Türöffner zur Gesundheitsversorgung. Um all dies trotz knapper Ressourcen zu bewerkstelligen, setzt es auf Vernetzung der Akteure im Versorgungssystem.

Seit seiner Einführung 1993 beschränkt das Asylbewerberleistungsgesetz die Behandlungsmöglichkeiten auf akute Erkrankungen oder Schmerzen. Die Behandlung chroni-

---

1   Art. 1 Abs. 1 GG garantiert die Menschenwürde, Art. 2 Abs. 2 GG den Schutz des Lebens und der körperlichen Unversehrtheit, Art. 20 Abs. 1 GG verankert das Sozialstaatsprinzip, aus Art. 2 Abs. 1 GG ist nach geltender Rechtsprechung eine Schutzpflicht des Staates abzuleiten. Hermes G (1987) Das Grundrecht auf Schutz von Leben und Gesundheit. Müller Juristischer Verlag, Heidelberg; vgl. Wenner U, Terdenge F, Krauß Kn (2005) Grundzüge der Sozialgerichtsbarkeit, Erich Schmidt Verlag, Berlin.
2   Thießen M (2014) (Hrsg) Infiziertes Europa. Seuchen im langen 20. Jahrhundert. De Gruyter Oldenbourg, München (Historische Zeitschrift Beihefte NF 64).
3   Göktürk D, Gramling D, Kaes A et al. (2011) (Hrsg) Transit Deutschland. Debatten zu Nation und Migration. Eine Dokumentation. University Press, Konstanz.

scher Krankheiten bleibt ebenso ausgespart wie Rehabilitationsmaßnahmen, Prävention oder Gesundheitsinformationen, die zu einer Verbesserung oder auch nur Stabilisierung des Gesundheitszustandes beitragen könnten. Schutzimpfungen sind zugelassen, ob sie durchgeführt werden ist eine andere Frage.[4]

Von 1988 bis 1992 hatte sich die Zahl der Asylgesuche von ca. 100.000 auf fast 440.000 vervielfacht.[5] Vor allem Aussiedlerinnen und Aussiedler aus den Gebieten der ehemaligen UdSSR sowie neu aus dem östlichen Teil Deutschlands Zuziehende trugen zur Verknappung des vorhandenen Wohnraums in den alten Bundesländern bei. Bremen sah sich gezwungen, Flüchtlinge in Sammelunterkünften unterzubringen: in angemieteten Hotels, Pensionen, Häusern und Wohnungen. Als auch diese nicht ausreichten, griff man auf ehemalige Kasernen zurück, auf entwidmete öffentliche Gebäude, Turnhallen, ausgemusterte Schiffe, Zelte, Container und sogar Weltkriegsbunker.[6] Allen Notunterkünften waren bauliche und organisatorische Mängel gemeinsam. Die Belegungszahlen waren zu hoch, Fragen des kulturellen oder nationalen Hintergrundes blieben unbeachtet, Heizung und sanitäre Anlagen reichten nicht aus. Kochmöglichkeiten und Gemeinschaftsräume fehlten in der Regel ebenso wie gesundheitliche oder Freizeitangebote.

Das damalige Hauptgesundheitsamt (HGA) gab eine Studie in Auftrag, um belastbare Erkenntnisse über die gesundheitliche Lage der Flüchtlinge zu gewinnen. Die Forschungsarbeit[7] legte nahe, dass die Flüchtlinge bei der Ankunft eher selten an ansteckungsfähigen und infektiösen Erkrankungen leiden. Häufiger jedoch sei ihre Gesundheit durch die Folgen von Krieg, Folter oder individueller Gewalterfahrung belastet. Das anlaufende Untersuchungsprogramm bestätigte die geringe Inzidenz ansteckender Krankheiten. Viele der Migranten hatten dagegen psychische Traumatisierungen erfahren. Auch die unsichere Lebensperspektive in einer fremden, oft als negativ erlebten Umwelt und die dadurch bedingte seelische Belastung konnten psychische oder somatische Störungen nach sich ziehen. Die beschriebenen Wohnverhältnisse in kaum geeigneten Unterkünften mit zahlreichen, nicht zuletzt hygienischen Mängeln und eine ungewohnte Ernährung konnten zudem gesundheitlich abträglich sein. Ursachen für Morbidität einschließlich infektiöser Erkrankungen lagen eher hier. Die Umstände behinderten die schnelle Gesundung der fast immer aus belastenden Situationen in den Herkunftsländern kommenden Menschen. Mehr noch, sie bedingten und verstärkten neue, zusätzliche Krankheitsursachen.

---

4   Bundesgesetzblatt I (2015) Asylbewerberleistungsgesetz (AsylbLG) vom 5. August 1997 zuletzt geändert am 23. 12. 2014, § 4.

5   Bundesamt für Migration und Flüchtlinge (2004) Migration und Asyl in Zahlen. BAMF, Nürnberg.

6   Mohammadzadeh Z (1995) Das Bremer Erstuntersuchungsprogramm für Asylsuchende (I) u. (II), Gesundh-Wes. 57:457–466.

7   Mohammadzadeh Z (1993) Die gesundheitliche Lage und Versorgung der Flüchtlinge in Bremen. IKO-Verlag, Frankfurt/Main.

1.1 Die Unterkunftssituation und die Anfänge des Gesundheitsprogramms

1989 rief der Bremer Senat einen ressortübergreifenden Krisenstab ins Leben. Beteiligt waren vor allem die Unterkunftsträger sowie die Verwaltungsstellen, die für die Aufnahme und Versorgung von Menschen aus der Ex-UDSSR und der EX-DDR zuständigen waren. Die Versorgung von Flüchtlingen spielte anfänglich keine Rolle, jedoch sorgte ihre ansteigende Zahl dafür, dass auch die Unterbringung von Asylsuchenden auf die Agenda gesetzt wurde. Das Fachpersonal des HGA thematisierte damit verbundene gesundheitliche Fragen.

Eine wirkungsvolle medizinische Versorgung der Flüchtlinge war nicht ohne eine deutliche Verbesserung der Wohnbedingungen denkbar. Welche Aufgabe konnte der öffentliche Gesundheitsdienst bei der Versorgungssituation übernehmen?

Das HGA-Team erarbeitete einen konsensfähigen Unterbringungsstandard, der gesundheitlich relevante Fragen wie Mindestwohnfläche, Hygiene, Gemeinschaftsräume, kultursensible Ernährung (wenn möglich mit individueller Kochgelegenheit), psychosoziale Betreuung und Spielmöglichkeiten insbesondere für Kinder einbezog.[8] Diese Standards waren umso wichtiger, als der Aufenthalt der Flüchtlinge in den Übergangswohnheimen anfangs bis zu drei Jahren, im Einzelfall noch länger dauern konnte.[9] Um eine angemessene Betreuung durch Unterkunftspersonal, Sozialarbeiterinnen und Sozialarbeitern zu gewährleisten, begrenzte das Standardpapier die Gemeinschaftsunterkunft auf ca. 80 bis 100 Plätze. Weitere Standards bezogen sich auf eine Höchstzahl von zwei Personen bei Raumbelegungen, getrennte Räume für Eltern und Kinder, Kranken- und Gemeinschaftsräume und Selbstverpflegung anstelle von Gemeinschaftsessen.

1.2 Erfordernisse eines Untersuchungsprogramms für Flüchtlinge

Bremen hatte die in anderen Bundesländern weiterhin durchgeführten Reihenuntersuchungen auf Tuberkulose aufgrund der Fragwürdigkeit ihres medizinischen Nutzens und der niedrigen Inanspruchnahme eingestellt. Auch im Kontext einer Aufenthaltserlaubnis im Rahmen des Ausländerrechts war der medizinische Sinn einer ungezielten Untersuchungspflicht nicht ersichtlich. Eine Stichprobe von 326 Untersuchten im Jahr 1990 hatte ergeben, dass das Screening keinerlei relevante Befunde aufdeckte.[10]

Eine weitere ausführlichere Studie, die 1993 durch das HGA erstellt wurde, vervollständigte das Bild. Basierend auf Aktenmaterial, auf vorwiegend außerhalb Deutschlands vorliegender Literatur, auf Besuchen in den Unterkünften und aus zahlreichen Interviews

---

8 Standardpapier „Unterbringung von Zuwanderern in Bremen", Akten des Gesundheitsamtes, März 1993, S. 3.
9 Fachliche Weisung zu § 3 AsylbLG. Aktenplan-Nr. 450-239-00/3 (01.05.08).
10 Schmacke N (1991) Auswertung der Ausländeruntersuchungen im Hauptgesundheitsamt, unveröff. Ms, Gesundheitsamt Bremen.

mit Betroffenen, Heimpersonal, Ärztinnen und Ärzten und weiteren Fachleuten der Flüchtlingsarbeit, konnten die wichtigsten Erkenntnisse herausgearbeitet werden:

1. Der konservative seuchenhygienische Ansatz lässt sich objektiv nicht begründen.
2. Die Flüchtlinge bringen gesundheitliche Belastungen mit, wie Folgen defizitärer Gesundheitsversorgung im Herkunftsland, körperliche und seelische Traumata.
3. Der aufnehmenden Gesellschaft entstehen durch diese Gesundheitsprobleme keine bedrohlichen Risiken, während es den Flüchtlingen unter den hier vorgefundenen pathogenen Lebensbedingungen kaum möglich ist, ihre Gesundheitsbelastungen aus eigener Kraft zu überwinden.
4. Der Zugang zu medizinischer Hilfe wird neben rechtlichen Beschränkungen durch mangelnde Information, Kommunikationsbarrieren und interkulturelle Hindernisse erschwert.
5. Ein umfassendes Gesundheitsangebot von Anfang an, das ärztliche Untersuchung, Akutversorgung, Beratung und Zugangshilfen zu weiteren diagnostischen und therapeutischen Maßnahmen umfasst, ist für eine Verbesserung des Gesundheitsstatus der Flüchtlinge unabdingbar.[11]

Die Debatte über die Unterkunftssituation eröffnete Möglichkeiten zu einer ganzheitlichen Herangehensweise. Ein gewisser Spielraum der gesetzlichen Vorgaben erlaubte dem Bremer Gesundheitsamt die Entwicklung eines Gesundheitsprogrammes, das von der tatsächlichen gesundheitlichen Lage der Flüchtlinge ausging, die vorgeschriebene Erstuntersuchung sicherstellte, damit dem seuchenhygienischen Anliegen gerecht wurde und zusätzlich eine umfassendere Versorgung ermöglichte.

1.3 Das Bremer Sprechstundenangebot

Anknüpfungspunkt des Bremer Modells war der § 62 des Asyl-Verfahrensgesetzes (AsylVfg). Er sieht eine Gesundheitsuntersuchung für „Ausländer, die in einer Aufnahmeeinrichtung oder Gemeinschaftsunterkunft zu wohnen haben" vor.[12] Auch der Infektionsschutz nach § 36 IfSG wurde beachtet. Dieser meist als Erstuntersuchung bezeichnete erste Kontakt zwischen Flüchtling und dem deutschen Gesundheitswesen bietet die Möglichkeit, Hinweise auf mögliche (infektiöse oder nichtinfektiöse) Erkrankung zu erfassen. Eine Röntgenuntersuchung reicht dafür nicht aus, zumal die unverzichtbare Aufklärung der zu Untersuchenden oft nicht hinreichend geleistet werden kann. Eine Untersuchung ohne darauf folgende ärztliche Maßnahmen wirft zudem Fragen der Menschenwürde

---

11 Die Entstehung des Bremer Untersuchungsprogramms und Sprechstundenangebots ist im Referat Migration und Gesundheit des Gesundheitsamtes der Freien Hansestadt Bremen lückenlos dokumentiert.
12 Bundesgesetzblatt I (1993) Nr. 41 Asylverfahrensgesetz (AsylVfG) § 62 Abs. 1.

auf. Für die Erstuntersuchung waren Bedingungen herzustellen, die eine Akutversorgung und Vermittlung weiterer Diagnostik und Therapie zulassen. Darüber hinaus war eine wissenschaftliche Begleitung des Untersuchungsprogramms unerlässlich, um fundierte Daten über die heterogene Gruppe zu gewinnen und das Programm durch das komplexe Wirkungsgeflecht von Migration und Gesundheit zu steuern.

Seit Juni 1993 wird Flüchtlingen in Bremer Gemeinschaftsunterkünften ein auf freiwilliger Teilnahme beruhendes ärztliches Sprechstundenangebot gemacht. Das Prinzip „an Ort und Stelle" setzt enge Zusammenarbeit mit den Unterkunftsträgern voraus, geeignete Sprechstundenräume sowie ein Ärzteteam, das die verbindlichen Sprechzeiten sorgsam einhält. Eine funktionierende Kooperation mit dem Heimpersonal sichert den Konsens über Unterkunftsstandards und Abhilfe bei Mängeln, die sich in Zeiten extremer Belegung unweigerlich einstellen.

Das Untersuchungsprogramm erfüllt folgende Kriterien:

- Wahrnehmung der gesetzlich vorgeschriebenen Erstuntersuchungen
- ganzheitliche Erfassung des Gesundheitszustandes des Personenkreises einschließlich möglicher Infektionskrankheiten
- Bereitstellung einer Basisversorgung durch ärztliche Sprechstunden an Ort und Stelle
- *gatekeeper* bzw. *gate-opener* des Gesundheitssystems insbesondere durch Überweisung zu fachlich qualifizierten Praxen und Einrichtungen
- Einfluss auf Unterkunftsstandards wie Ausstattung, Hygiene, Ernährung und Alltagsgestaltung durch regelmäßige ärztliche Präsenz.

Das in 22 Jahren erprobte Verfahren der Grundversorgung und der frühen Erfassung medizinischer Probleme über Infektionskrankheiten hinaus führt zu geringeren Ausgaben in der Flüchtlingsversorgung. Zentral ist das Vorhalten eines Bestandes an Medikamenten direkt in den Sprechstundenräumen. Vielen der Untersuchten kann durch die Verabreichung eines Medikaments gleich an Ort und Stelle geholfen werden. Diese Basisversorgung verbessert die Versorgung der Flüchtlinge bei schonendem Einsatz der Ressourcen. Über die Erstuntersuchung hinaus besteht für alle die Möglichkeit, den Arzt oder die Ärztin in der Sprechstunde mehrfach aufzusuchen. Bereits seit 2005 wird außerdem Neuankömmlingen schon nach einigen Wochen eine Gesundheitskarte ausgehändigt, mit der sie Zugang zur Regelversorgung erhalten. Auch hierbei ist inzwischen durch Studien bestätigt, dass damit erhebliche Kosteneinsparungen erzielt werden.[13]

---

13 Bozorgmehr K, Razum O (2015) Effect of Restricting Access to Health Care on Health Expenditures among Asylum-Seekers and Refugees: A Quasi-Experimental Study in Germany, 1994–2013. http://www.plosone.org/article/comments/info:doi/10.1371/journal.pone.0131483. Zugegriffen: 15. September 2015.

1.4 Datenerfassung

Wissenschaftliche Evaluation und Berichtswesen sind integrale Bestandteile des Bremer Modells. Die Auswertung der Daten verschafft einen differenzierten sozialmedizinischen Einblick in die fluktuierende Patientenschaft und deren Gesundheitsstatus. Fragen nach dem vorhandenen Krankheitsspektrum, nach Altersgruppen, Geschlechterverteilung, Herkunftsländern, Anzahl der Untersuchungen bzw. Behandlungen können differenziert beantwortet werden, ebenso wie spezifische Gesundheitsprobleme einzelner Teilgruppen, wie die von Frauen, Kindern oder älteren Flüchtlingen. Das Auswertungsprogramm bildet eine verlässliche Grundlage für die Ermittlung von Bedarfskriterien. Die Auswertung erlaubt auch eine Evaluation der Akzeptanz des Programms bei den verschiedenen Flüchtlingsgruppen vor dem Hintergrund der angestrebten Qualitätsstandards.

1.5 Kommunikation

Die zwischen Arzt/Ärztin und Patient/Patientin – Mensch und Gesundheitssystem – nicht leicht abbaubaren Schwellen und Vermittlungsprobleme bilden bei Flüchtlingen ein großes Problem. Das Bremer Modell trägt durch den Einsatz von Migrantinnen und Migranten im Team dazu bei, Kommunikationsbarrieren im Verhandlungsprozess der Sprechstunde zu vermindern. Gelungene Kommunikation ist für Vermittlung und ärztliche Interpretation der Patientenbeschwerden grundlegend, ebenso für den Zugang zu Wertvorstellungen und Präferenzen der zu Behandelnden.[14] Partizipative Entscheidungsfindung stellt in der interkulturellen Interaktion eine besondere Herausforderung dar.[15/16]

Dennoch ist eine fehlende gemeinsame Sprache neben kulturspezifischen Unterschieden häufig ein zentrales Kommunikationshindernis in der Sprechstunde. Ein seit den neunziger Jahren aufgebautes Dolmetscher-Netzwerk ist in Bremen trotz schwieriger Finanzierung inzwischen etabliert und kann in vielen Fällen helfen. Bei hohem Andrang in den Unterkünften stehen jedoch Zeitdruck und organisatorische Schwierigkeiten dem umstandslosen Einsatz von Dolmetscherinnen und Dolmetschern entgegen, ganz abgesehen davon, dass auch die Sprachmittlung den qualitativen Anforderungen nicht immer genügt.[17] Seit Dezember 2016 nutzen wir das Videodolmetschsystem in den Sprechstunden.

---

14 Ilkilic I (2010) Medizinethische Aspekte des interkulturellen Arzt-Patienten-Verhältnisses. Dokumentation der Jahrestagung des Deutschen Ethikrates 2010. schattenblick.de/infopool/medizin/fakten/m2et0934.html. Zugegriffen: 15. September 2015.

15 Wegner W (2008) Interkulturelle Problematik des Arzt-Patienten-Gesprächs. Der Klinikarzt, 37 (1) 23–26.

16 Ilkilic I (2005): Begegnung und Umgang mit muslimischen Patienten. Eine Handreichung für die Gesundheitsberufe. Zentrum f med Ethik, Bochum.

17 Barkowski M (2008) Mein Blut tut weh. Interkulturelle Implikationen beim Dolmetschen im Krankenhaus. MDÜ Fachzeitschrift für Dolmetscher und Übersetzer, 2/2008, 41–43.

In der interkulturellen Gesundheitsversorgung können Somatisierung und Medikalisierung die Behandlung von Patienten ungünstig beeinflussen.[18/19] Dies spielt nach unseren Erfahrungen auch bei Flüchtlingen eine Rolle. Zeitdruck und Kommunikationsprobleme in der Sprechstunde können solche Tendenzen verstärken. Fehlende Zeit kann sich negativ auf die Akzeptanz auswirken, wenn Flüchtlinge aufgrund heimatlicher Erfahrungen andere Erwartungen an die ärztliche Zuwendung haben, als in der Aufnahmesituation erfüllt werden können. Nicht nur ein unterschiedliches Krankheitsverständnis, sondern auch die Andersartigkeit semantischer, mimischer und gestischer Ausdrucksformen von Befindlichkeiten, Beschwerden, Schmerzen oder Sorgen sind eine Hürde für das gegenseitige Verstehen. Hinzu können gegensätzliche Rollenbilder in der Beziehung von Arzt/Ärztin und Patient/Patientin kommen. In den anomalen Lebensverhältnissen der Flüchtlinge prägt nicht selten die Sichtweise des „mächtigen Helfers" die Erwartungshaltung gegenüber dem Arzt oder der Ärztin und den Umgang mit ihnen. All dies sind Probleme, bei denen Auswertungsergebnisse aus den Untersuchungsdaten hilfreich sein können. Regelmäßige Rückmeldung in die Arbeitssitzungen des Bremer Teams sind hier wesentlich sowie Fortbildungen für Mitarbeiterinnen und Mitarbeiter in der Flüchtlingsversorgung. Daneben schafft die Beobachtung der epidemiologischen Entwicklung in den wichtigsten Herkunftsländern gute Voraussetzungen, die Beteiligten des Programms, das ärztliche Personal, die Unterkunftsträger, Heimleitungen und die Flüchtlinge selbst – letztere wo immer möglich in der Herkunftssprache – mit den jeweils für sie relevanten Informationen zu versorgen.

2 Methode

Seit 2001 werden die Daten aus den Untersuchungen EDV-gestützt erfasst. Sie geben das Leistungsspektrum des Gesundheitsprogramms und das Krankheitsspektrum der Flüchtlinge wieder. Ergebnisse dazu wurden zu verschiedenen Themen und Zeitpunkten veröffentlicht oder auf Kongressen und bei Fachgesellschaften vorgestellt.[20/21]

Die Datenbank umfasst

- Namen und demographische Daten der Patientinnen/Patienten (Geschlecht, Herkunft, Geburtsdatum)
- Datum und Ort der Behandlung

---

18 Beauftragte der Bundesregierung für Ausländerfragen (2000) Handbuch zum interkulturellen Arbeiten im Gesundheitsamt. Berlin/Bonn 2000, 37–44.
19 Borde T, David M (2003) Gut versorgt? Migrantinnen und Migranten im Gesundheits- und Sozialwesen. Mabuse-Verlag, Frankfurt/Main.
20 Siehe Mohammadzadeh (1995) I und II.
21 Jung F (2011) Das Bremer Modell – Gesundheitsversorgung Asylsuchender. Gesundheitsamt Bremen.

- Diagnosen nach dem Klassifikationssystem ICD-10
- Empfehlungen zu anderen Ärztinnen/Ärzten, Kliniken oder sonstigen Einrichtungen des medizinischen und psychotherapeutischen Versorgungssystems

Wir nutzen die Daten im Folgenden, um aktuelle Ergebnisse zur Zusammensetzung der Flüchtlingspopulation darzustellen sowie um einen Überblick über das Krankheitsspektrum zu geben und auch um Änderungen in der Versorgungssituation durch den großen Zustrom von Flüchtlingen aufzuzeigen.

3 Ergebnisse

3.1 Demographische Daten und Fakten

Die aktuell deutlich steigenden Zahlen von Flüchtlingen wirken sich auch auf die Situation der Bremer Gesundheitsversorgung aus. Bremen nimmt nach dem Königsteiner Schlüssel, nach dem die Flüchtlinge auf die Bundesländer verteilt werden, jeweils knapp 1 % der nach Deutschland Einreisenden auf. Allein im Zeitraum von 2013 auf 2014 stieg die Zahl der im Bremer Modell untersuchten Personen um 83 % von 1.289 auf 2.360. Werden die Jahre 2011 und 2014 verglichen – 2011 waren es noch 573 Personen im Untersuchungsprogramm – hat sich die Zahl der untersuchten Personen mehr als vervierfacht (Tabelle 1). Für 2015 ist mit einer weiteren Zunahme der Flüchtlingszahlen zu rechnen. Im Bundesgebiet wurden bis Oktober 2015 bereits 331.226 Erstanträge registriert, zum Vergleich: im gesamten Jahr 2014 wurden nur 173.000 Erstanträge auf Asyl gestellt.[22]

Die Zahl männlicher Flüchtlinge wuchs im Untersuchungszeitraum schneller an als die der weiblichen (Tabelle 1). Dieser Trend zeigt sich sowohl bei Erwachsenen wie bei Jugendlichen. Aktuelle Berichte aus den Fluchtgebieten bestätigen, dass sich vorrangig Männer und männliche Jugendliche auf den langen Fluchtweg nach Europa begeben, der bis zur Ankunft im Aufnahmeland zwei oder mehr Jahre dauern kann.[23] Familien finanzieren eher Geld für die die gefährliche „Reise" für ein männliches Familienmitglied. Junge Männer und männliche Jugendliche aus Bürgerkriegs- und Krisenregionen machen sich aber auch auf eigene Faust auf den Weg, die Familie hat sich auf der Flucht getrennt, oder sie haben keine Angehörigen mehr, mit denen gemeinsam sie fliehen können. Auch kulturelle Gründe spielen eine Rolle. Frauen unternehmen das Wagnis seltener auf sich

---

22 Bundesamt für Migration und Flüchtlinge (2015) Aktuelle Zahlen zu Asyl, Ausgabe Oktober 2015. BAMF, Nürnberg.
23 DIE WELT (5. 8. 2015) So kannst auch du Fluchthelfer werden. http://www.welt.de/politik/ausland/article144821972/So-kannst-auch-du-Fluchthelfer-werden.html. Zugegriffen: 15. August 2015.

Tab. 1 Zahl der Personen im Untersuchungsprogramm, Zahl der Behandlungen und der Diagnosen im Zeitraum 2011 bis 2014

Jahr	2011		2012		2013		2014	
	Anzahl	Prozent	Anzahl	Prozent	Anzahl	Prozent	Anzahl	Prozent
Personen insgesamt	573		729		1289		2360	
Davon weiblich	243	42 %	352	48 %	587	46 %	784	33 %
Erwachsene	165	68 %	246	70 %	386	66 %	530	68 %
Jugendliche zwischen 16 bis 18 Jahren	15	6 %	13	4 %	19	3 %	23	3 %
Kinder bis 16 Jahre	63	26 %	93	26 %	182	31 %	231	29 %
Davon männlich	330	58 %	377	52 %	702	54 %	1576	67 %
Erwachsene	240	73 %	263	70 %	429	61 %	974	62 %
Jugendliche zwischen 16 bis 18 Jahren	7	2 %	7	2 %	58	8 %	291	18 %
Kinder bis 16 Jahre	83	25 %	107	28 %	215	31 %	311	20 %
Anzahl der Behandlungen	2008		2349		3792		4905	
Davon weiblich	997	50 %	1231	52 %	1917	51 %	1737	35 %
Davon männlich	1011	50 %	1118	48 %	1875	49 %	3168	65 %
Behandlung pro Person	3,5		3,2		2,9		2,1	
Gesamtzahl der Diagnosen	2274		2606		5804		5917	

Quelle: Daten des Gesundheitsprogramms Bremen

allein gestellt. Die Flucht gelingt ihnen eher im Familienverband oder in Begleitung ihres Partners.

Auffällig ist die Alters- und Geschlechtsverteilung. Das Durchschnittsalter der Erwachsenen (jeweils zum Zeitpunkt der Erstuntersuchung) bleibt relativ konstant zwischen 33,3 bis 35,1 Jahren (mit einer Altersspanne von 18 bis 87 Jahren). Insbesondere der Anteil männlicher Jugendlicher (16 bis 18 Jahre) kletterte von 2 % im Jahr 2011 auf 18 % im Jahr 2014 (Tabelle 1). Dabei handelt es sich nicht nur um unbegleitete minderjährige Flüchtlinge, diese bilden jedoch einen relativ großen Teil männlicher Jugendlicher, mit zunehmender Tendenz. Bei weiblichen Flüchtlingen ist der Anstieg in allen Altersgruppen weit schwächer.

Gegliedert nach Herkunftsregionen nimmt vor allem die Zahl der Flüchtlinge aus Syrien, dem ehemaligen Jugoslawien[24] und aus der Subsahara-Region Afrikas[25] von 2011 bis 2014 stark zu, in geringerem Maß die Zahl derer aus Nordafrika, der Ex-Sowjetunion und dem Iran (Abbildung 1).

---

24 Das ehemalige Jugoslawien umfasste Bosnien, Kosovo, Kroatien, Mazedonien, Montenegro, Serbien, und Slowenien.
25 Alle afrikanischen Länder südlich der Sahara.

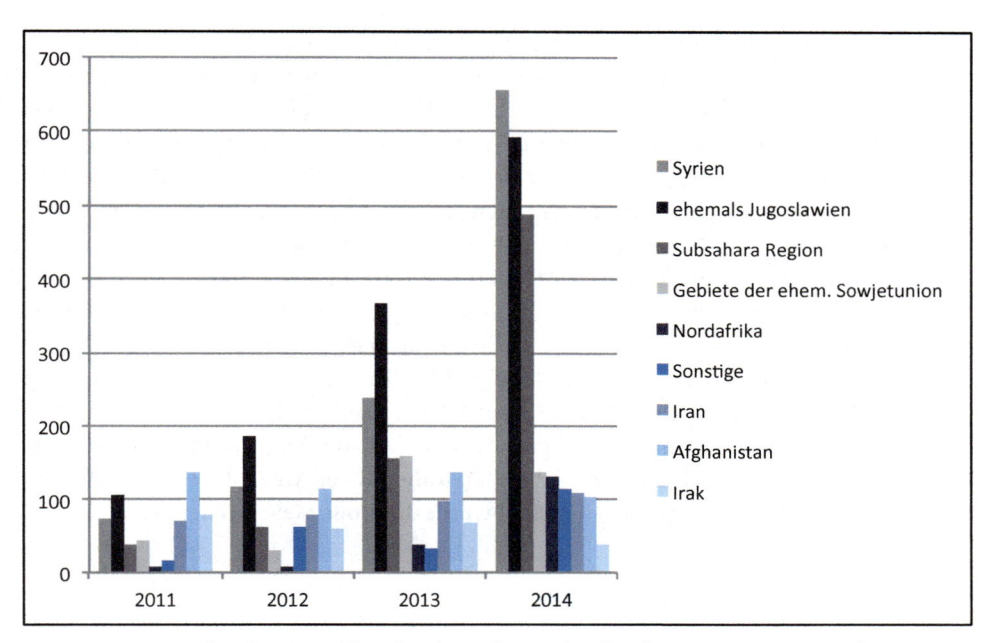

Abb. 1 Die neun häufigsten Herkunftsgebiete der Asylsuchenden im Zeitraum 2011 bis 2014, Anzahl

Quelle: Daten des Gesundheitsprogramms Bremen

3.2 Die Basisversorgung der Flüchtlinge bis 2014

Die Bremer Gesundheitskarte – eine wegweisende Weiterentwicklung des Bremer Modells – sorgte dafür, das Niveau der medizinischen Versorgung trotz des großen Zustroms von Flüchtlingen zumindest in Grundzügen aufrechtzuerhalten. Vor allem im Jahr 2014 mussten Flüchtlinge vermehrt in das stationäre und ambulante Versorgungssystem übermittelt werden, da das Team der Ärztinnen und Ärzte und der medizinischen Fachangestellten zunächst nicht parallel zum Wachstum der Gesamtzielgruppe erweitert werden konnte. Erst im Laufe des Jahres 2014 gelang es zwei zusätzliche halbe Arztstellen finanziell abzusichern und zu besetzen.

Flüchtlinge in Bremen erhalten ca. 3 Monate nach ihrer Registrierung eine von der Allgemeinen Ortskrankenkasse ausgestellte Gesundheitskarte. Sie können dann ähnlich wie gesetzlich Versicherte das gesundheitliche Versorgungssystem direkt nutzen, allerdings in eingeschränktem Rahmen, wie es das Asylbewerberleistungsgesetz vorschreibt. Bis zum Erhalt der Karte können sie über das Gesundheitsprogramms bei Bedarf an niedergelassene Praxen weitergeleitet werden.

In den Jahren 2001 bis 2008 gelang es jährlich ca. 63 % bis 92 % aller Erwachsenen Flüchtlinge in Bremen über die ärztlichen Sprechstunden zu erreichen.[26] Die Kombination mit der Bremer Gesundheitskarte ermöglichte den Flüchtlingen eine fließende Integration in das deutsche ambulante und stationäre Gesundheitssystem, das sich oft deutlich von dem der Herkunftsländer unterscheidet. In den vergangenen Jahren mussten die ärztlichen Sprechstunden in verschiedenen Unterkünften jedoch schrittweise reduziert werden, um zumindest in der Zentralen Anlaufstelle (ZASt) den medizinischen Erstkontakt und die Basisversorgung für die große Zahl der Flüchtlinge aufrechtzuerhalten.

Die gravierenden Veränderungen der Rahmenbedingungen des Bremer Modells aufgrund des großen Zustroms von Flüchtlingen vor allem in den Jahren 2011 bis 2014 spiegeln sich auch in den Daten zu Behandlungen wider. Die Zahl der Behandlungen pro Person sank in diesem Zeitraum kontinuierlich von 3,5 auf 2,1 pro Person (Tabelle 1).

Aber auch der Anteil der Behandlungen, die innerhalb des Programms abgeschlossen werden konnte, sank insbesondere im Jahr 2014, während der Anteil der Übermittlungen ins Gesundheitssystem gleichzeitig stieg. 2011 wurde die große Mehrheit der Behandlungen

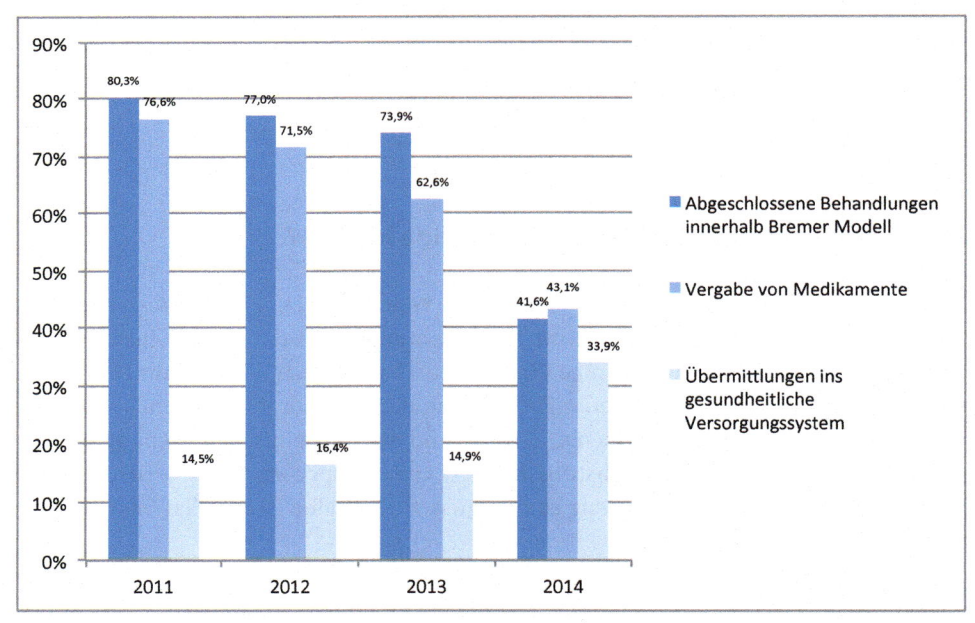

Abb. 2 Prozentuale Anteile an abgeschlossenen Behandlungen durch das Untersuchungsprogramm, an Medikamentengaben und an Überweisungen im Zeitraum 2011 bis 2014

Quelle: Daten des Gesundheitsprogramms Bremen

---

26 Jung (2011) s. o. – Einhaltung ethischer Richtlinien – Interessenkonflikt: Z. Mohammadzadeh, F. Jung und M. Lelgemann sind Bedienstete der Freien Hansestadt Bremen (Gesundheitsamt). Sie geben an, dass kein Interessenkonflikt besteht.

(80 %) noch ausschließlich innerhalb des Untersuchungsprogramms abgeschlossen (Abbildung 2). Trotz steigender Flüchtlingszahlen gelang dies beim Großteil der Behandlungen noch bis 2013. 2014 sank dann der Anteil der Behandlungen, die in den Sprechstunden abgeschlossen werden konnten auf 42 %, während der Anteil der Überweisungen auf 34 % anstieg, 2011 waren es nur 15 % Überweisungen. Folgerichtig sank auch der Anteil an der Vergabe von Medikamenten für die Basisversorgung von 76 % in 2011 auf 43 % in 2014.

Am häufigsten wurde zu sechs Fachrichtungen überwiesen: Allgemeinmedizin, Gynäkologie, Zahnheilkunde, Kinderheilkunde, Innere Medizin und Dermatologie (Abbildung 3). Bei der Behandlung durch Allgemeinärztinnen und -ärzte spielte 2014 neben der Abklärung vorläufig gestellter Diagnosen die Polio-Impfung eine maßgebliche Rolle. Diese Impfung wird bei Personen aus Herkunftsregionen mit einer hohen Polio-Prävalenz empfohlen. Dies trifft auf Syrien zu, dem Hauptherkunftsland 2014. Die Impfung wird derzeit durch niedergelassene Ärztinnen und Ärzte durchgeführt. Im Sinne einer effektiven Prävention werden Impfungen seit Mitte Mai 2016 im Rahmen der Erstuntersuchung durch das Bremer Gesundheitsprogramm durchgeführt. Die Impfung in der Sprechstunde in den Unterkünften ersparen den Flüchtlingen zusätzliche Wege und erhöhen die Immunisierungsrate.

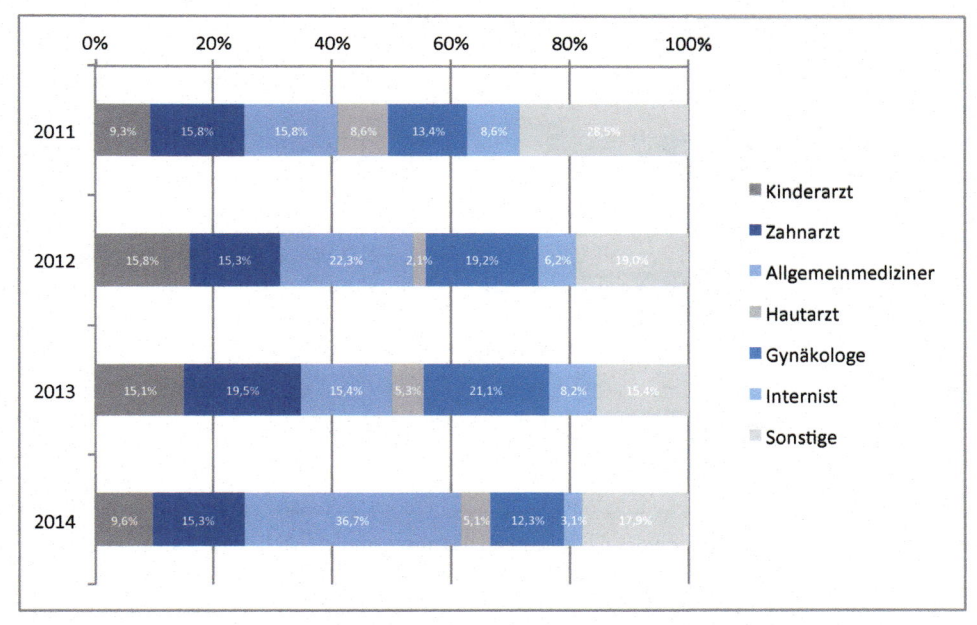

Abb. 3 Anteil der sechs häufigsten Fachrichtungen bei Überweisungen im Zeitraum 2011 bis 2014

Quelle: Daten des Gesundheitsprogramms Bremen

3.3 Das Krankheitsspektrum

Die in den Sprechstunden festgestellten Befunde werden nach ICD 10 klassifiziert (Abbildung 4). In der Gesamtschau der Jahre 2011 bis 2014 waren die sogenannten „Faktoren, die zur Inanspruchnahme des Gesundheitswesens führen" mit 29,6 %, am häufigsten. Diese Kategorie schließt Erstuntersuchungen ohne Krankheitsbefund, Impfberatung sowie Beratung von Schwangeren ein. An zweiter und dritter Stelle folgen Krankheiten des Atmungssystems mit 18,1 % sowie unklare, andernorts nicht klassifizierte Symptome mit 16,9 %. Noch vergleichsweise häufig traten Krankheiten des Verdauungs-Systems mit 6,1 % auf, Krankheiten des Muskel-Skelett-Systems und des Bindegewebes mit 6 % sowie der Haut und Unterhaut mit 3,6 %. Weniger häufig wurden Krankheiten des Kreislaufsystems, Infektionen und Parasitosen, Verletzungen und Folgen äußerer Ursachen sowie psychische und Verhaltensstörungen verzeichnet.

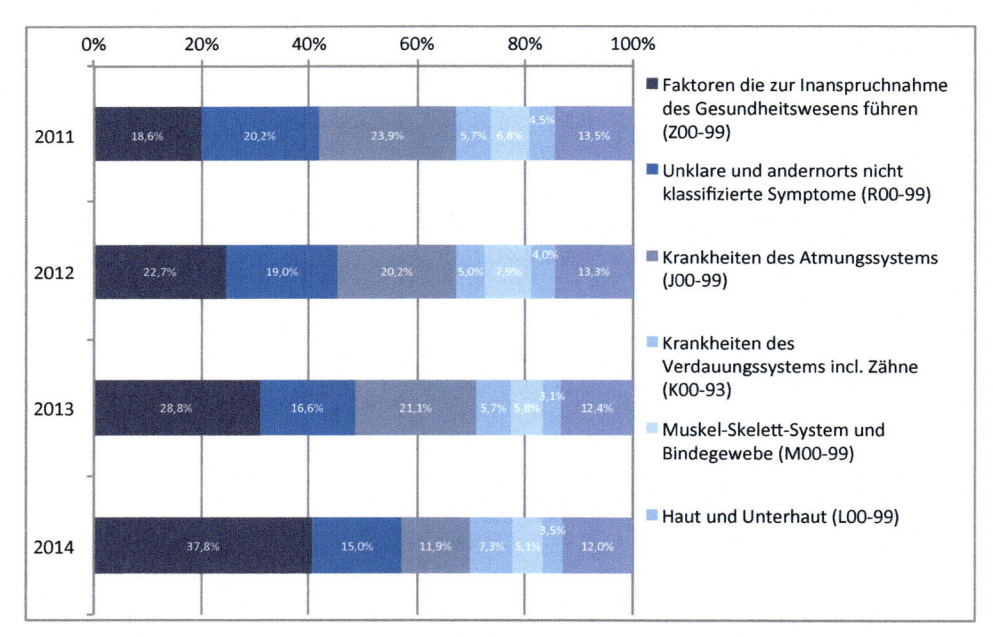

Abb. 4 Prozentuale Verteilung der 6 häufigsten Diagnosegruppen nach ICD-10 bei Behandlungen im Zeitraum 2011 bis 2014 (Mehrfachnennungen, 2,5 bis 4,5 Diagnosen pro Patientin oder Patient)
Quelle: Daten des Gesundheitsprogramms Bremen

Der Anteil der Erstuntersuchungen und Beratungen steigt aufgrund der veränderten Rahmenbedingungen und der steigenden Flüchtlingszahlen innerhalb der der letzten vier Jahre kontinuierlich an. Dies geht zu Lasten anderer Behandlungen (Abbildung 4). Bei den

Atemwegserkrankungen handelte es sich überwiegend um akute Erkältungskrankheiten, zum großen Teil in den Unterkünften erworben. Die auffällige Abnahme 2014 scheint ein Ausreißer zu sein. Infolge der Unterbringung in klimatisch wenig angemessenen Zeltunterkünften ist für 2015, insbesondere im Herbst und Winter, mit einer Zunahme solcher Erkrankungen zu rechnen. Bei der dritthäufigsten Kategorie, den unklaren Symptomen, überwogen unspezifische Schmerzsymptome ohne erkennbare organische Ursache. Zumindest ein Teil dieser Symptome ist als eine Reaktion auf psychische Belastungen und Stress während der Flucht, in der Phase der Einreise und auf die Bedingungen in den Aufnahmeeinrichtungen sowie auf die ungewisse Aufenthaltsperspektive anzusehen.

Bei der vierthäufigsten Gruppe, den Krankheiten des Verdauungssystem und der Zähne, waren zwei Untergruppen zu differenzieren. Verdauungsprobleme traten aufgrund ungewohnter oder unregelmäßiger Nahrung und psychosomatisch als Ausdruck psychischer Belastungen in Erscheinung. Unter den akuten Zahnproblemen fanden sich vorwiegend solche, die vor oder während der Flucht nicht behandelt werden konnten. Hier sind zudem starke Unterschiede je nach Herkunftsland erkennbar. In manchen Herkunftsgruppen gibt es kein Bewusstsein, wie wichtig Zahnhygiene ist. In vielen Ländern fehlt es an Aufklärung wie zum Beispiel bei uns bereits in Schule und Kindergarten.

Traumatisierungen und ihre Folgen sowie andere psychische Erkrankungen werden häufig erst in einem längeren Prozess zur Kenntnis genommen und angesprochen. Diese Probleme werden von den Flüchtlingen nicht gleich nach der Ankunft zur Sprache gebracht, und viele der Flüchtlinge neigen aufgrund ihrer Herkunftskultur dazu, diese Störungen herunterzuspielen, zu verschweigen oder zu somatisieren. Das Setting des Programms ist zudem nicht dafür ausgelegt, diese Erkrankungen gezielt zu diagnostizieren. Deshalb ist hier von einer Untererfassung auszugehen. In der Befundgruppe der Infektionen und Parasitosen dominierten Hauterkrankungen durch Pilzinfektionen oder Parasiten wie Skabies. Schwerwiegende Infektionserkrankungen wie HIV-Infektionen, ansteckungsfähige Tuberkulose oder Hepatitiden wurden selten diagnostiziert. HIV und Hepatitiden dürften ebenfalls untererfasst sein, da für diese Infektionen kein Screening-Programm vorgesehen ist. In den vergangenen vier Jahren wurden im Untersuchungsprogramm 6 Personen mit HIV-Infektionen behandelt sowie 12 Personen mit Hepatitiden. Bei 10 Personen wurde Tuberkulose (ansteckungsfähig und nicht ansteckungsfähig) oder ein Tuberkuloseverdacht diagnostiziert. Die Mehrzahl dieser Personen wurde 2014 behandelt. In den Jahren zuvor traten solche Erkrankungen sehr selten auf. Angesichts anwachsender Flüchtlingszahlen ist mit weiteren derartigen Infektionen zu rechnen, wenn auch in einem überschaubaren Umfang.

4 Diskussion

Zusammenfassend lässt sich feststellen, dass der Anteil gesunder Flüchtlinge trotz widriger Umstände auf der Flucht und im Rahmen der Unterbringung überraschend hoch ist. Die Fakten belegen allgemein bestehende Ängste in der Öffentlichkeit nicht. Der Einsatz interkulturell kompetenten Personals ist eine wichtige Voraussetzung, kann jedoch bei der Heterogenität der Zielgruppe trotz der im Team verfügbaren Mehrsprachigkeit nicht alle Kommunikations- und Schwellenprobleme lösen. Sprachmittelnde Dienste können nicht immer eingesetzt werden, ihr konsequenter Einsatz bleibt ein Desiderat.

Die Diagnostik und Versorgung psychischer Erkrankungen ist noch nicht befriedigend gelöst. Eine verstärkte Zusammenarbeit mit den Sozialpsychiatrischen Diensten, der Psychotherapeutenkammer und der GKV sowie ehrenamtlicher Beratung könnte hier Versorgungslücken schließen. Wo kein psychotherapeutisch geschultes Personal eingesetzt werden kann, sollte an Fortbildung gedacht werden, um diese Probleme zumindest erkennen zu können. Das ist besonders wichtig in Einrichtungen für unbegleitete jugendliche Flüchtlinge. Gerade bei dieser Zielgruppe kann es nicht darum gehen, eine notwendige Versorgung unter Verweis auf bürokratische Hindernisse faktisch zu verhindern.

Drei essenzielle Bestandteile machen das Bremer Modell aus: das niedrigschwellige regelmäßige Sprechstundenangebot in den Gemeinschaftsunterkünften auf der Grundlage der Freiwilligkeit, die Möglichkeit, akuten Behandlungsbedarf durch eine ärztliche Basisversorgung an Ort und Stelle abzudecken sowie die Gesundheitskarte, die nach einer Anfangsphase den Zugang zur Regelversorgung ermöglicht. Aufgrund der sehr großen Zahl von Flüchtlingen konnte die Sprechstunde in den Unterkünften nicht mehr reibungslos gewährleistet werden, so dass eine größere Flexibilität unumgänglich war. Die gewohnten Bremer Standards waren durch den Einsatz von Noteinrichtungen wie Zelten und Container nur schwer einzuhalten. Mittlerweile – aufgrund rückläufiger Flüchtlingszahlen und verbesserter Personalsituation – hat sich die Versorgungssituation wieder etwas normalisiert. Das Bremer Gesundheitsprogramm für Flüchtlinge bleibt jedoch ein Baustein der „Integration vom ersten Tag an". Die medizinische Grundversorgung und Überleitung der Flüchtlinge in die reguläre medizinische Versorgung ist unverzichtbar.

Kultur, Kunst und Kulturpolitik in der Einwanderungsgesellschaft

Olaf Zimmermann

Shermin Langhoff erhält zusammen mit Jens Hillje den Theaterpreis der Stiftung Preußische Seehandlung 2016. Yared Dibaba begeistert Zuschauer und Zuhörer des NDR mit perfektem Plattdeutsch. Fatih Akin erhielt mit seinem Film „Gegen die Wand" den Goldenen Bären der Berlinale. Yael Ronen wurde im Jahr 2016 mit ihrem Stück „The Situation" mit der Einladung zum Berliner Theatertreffen und den Mülheimer Theatertagen ausgezeichnet. Vier Beispiele erfolgreicher Künstlerinnen und Künstler in der Einwanderungsgesellschaft Deutschland.

Viele weitere ließen sich erzählen: von jungen Studierenden aus aller Welt – und ganz besonders aus Asien – an Musikhochschulen in Deutschland und an den Kunst- und Filmhochschulen, von Musikerinnen und Musikern aus aller Welt in Orchestern, von Tänzerinnen und Tänzer aus aller Herren Länder in den Ensembles der Freien Szene, aber auch in den Stadttheatern, von Autorinnen und Autoren, von Schauspielerinnen und Schauspielern, von Bildenden Künstlerinnen und Künstlern und vielen anderen künstlerischen Bereichen. Der Name Pinar Atalay geht den Fernsehzuschauerinnen und -zuschauern ebenso selbstverständlich über die Lippen wie Dunya Halali, Nadya Luer, Mitri Sirin, Linda Zervakis und andere mehr.

Diese wenigen Beispiele zeigen, Deutschland ist natürlich auch im Kultur- und Medienbereich Einwanderungsland.

1 Kunst in der Einwanderungsgesellschaft

Kunst ist und muss individuell sein. Künstlerische Arbeit ist eine höchst individuelle Auseinandersetzung mit sich selbst und mit der Welt. Künstlerisches Schaffen ist zuerst das Ringen um die eigene Ausdrucksform, ist das Kämpfen mit dem teils widerständigen und widerspenstigen Material. Künstlerisches Schaffen ist eine ständige Herausforderung, die eigenen Ideen zu materialisieren, ihnen eine Form zu geben – in der Musik, in der Literatur, in der Bildenden Kunst, im Tanz, im Theater und wo auch immer.

Jeder Künstler, jede Künstlerin greift dabei auf sein inneres Material, die Erinnerung, die Geschichten seiner Kindheit und Jugend, ebenso wie die seiner Familie zurück. Jeder Künstler, jede Künstlerin ist geprägt von der umgebenden Umwelt, von seinen Erlebnissen und Erfahrungen. Und jeder Künstler, jede Künstlerin steht vor der Herausforderung, diese inneren Bilder zu einem Text, zu einer Komposition, zu einem Bild, zu einer Skulptur und so weiter zu formen.

Und bei der Schöpfung von Kunstwerken soll es für die meisten Künstlerinnen und Künstler nicht bleiben. Sie wollen die Veröffentlichung, ihre Werke wollen gelesen, gehört, gesehen werden.

Das, was hier für Künstlerinnen und Künstler, vor allem für die Schöpfer künstlerischer Werke, also die Urheber, beschrieben wird, gilt für alle Künstlerinnen und Künstler, egal ob mit oder ohne Migrationshintergrund, egal ob aus der Provinz oder der Metropole, egal ob jung oder alt, egal ob bekannt oder unbekannt.

Künstlerische Arbeit hat etwas Universelles und künstlerische Arbeit ist zunächst unabhängig vom Entstehungszeitpunkt oder Entstehungsort. Wäre dies nicht so, würde es keinen Sinn machen, die großen Tragödien oder Komödien der Griechen aufzuführen, würden wir uns nicht begeistern können für japanische Kaligraphie und Mangas oder amerikanische Literatur, würde kein Hahn nach südamerikanischen Rhythmen, australischen Traumbildern, altorientalischen Bronzen oder afrikanischen Skulpturen, nach Jazz, Operninszenierungen und Hollywood-Filmen krähen. Kunst berührt auch jenseits des Ursprungskontextes. In diesem Kontext ist Kunst auch international und ein Gut, das weltweit verkauft werden kann.

Insofern ist es weder verwunderlich noch etwas Besonderes, dass Künstlerinnen und Künstler mit einer Migrationsgeschichte in Deutschland arbeiten, sich ausdrücken und in ihrer künstlerischen Arbeit sich unter anderem mit ihrer und der Geschichte ihrer Familie auseinandersetzen. Sie tun dies als Künstler und nicht als Migranten.

Die Herkunftsgeschichte bekommt oft erst dann eine Dimension, wenn es um die Vermarktung der Kunst geht. Dann ist es das spannende Buch der Autorin mit Migrationshintergrund, dann wird es das Stück des Migranten, dann ist es das Kunstwerk der Migrantin. In der Vermarktung von Kunst helfen solche Geschichten, Aufmerksamkeit für das Kunstwerk zu erzeugen, Neugierde zu wecken, es spannend zu machen. Mit dem Werk an sich muss diese Marketing-Erzählung nicht unbedingt etwas zu tun haben. Und darum möchten viele Künstlerinnen und Künstler, die selbst oder deren Familie eine Einwanderungsgeschichte haben, eben nicht auf diese reduziert werden, sondern verstehen sich als Teil des Kunstbetriebs in der Tradition ihrer Vorbilder, ganz unabhängig davon, ob diese deutscher, amerikanischer, arabischer, türkischer oder sonstiger Abstammung sind.

Und die Leser, die Zuschauer und die Zuhörer? Brauchen sie diese Zuschreibungen? Oder wollen sie nicht vielleicht auch lieber den spannenden Text lesen, berührende Bilder oder Theaterstücke sehen oder Musik hören? Und suchen sie nicht vielmehr nach Anschlussmöglichkeiten zu ihrem ganz eigenen kulturellen Kontext?

Kunst ist universell und ist international. Deutschland ist ein Land, in dem sehr viel Literatur übersetzt wird. Ausstellungen internationaler Künstlerinnen und Künstler erfreuen sich großer Resonanz und auch in der Musik besteht Interesse an neuen Tönen. Kunst in der Einwanderungsgesellschaft ist also internationale Kunst ob mit oder ohne Einwanderung.

Eine besondere, eigene Herausforderung ist die künstlerische Arbeit für jene Künstlerinnen und Künstler, die nicht in Deutschland geboren sind und erst als Erwachsene nach

Deutschland kommen. Insbesondere für jene, die vor Krieg, politischer Verfolgung oder Armut geflüchtet sind. Ihnen fehlt oft der Resonanzboden für ihre künstlerische Arbeit, ähnlich jenen deutschen Künstlerinnen und Künstlern im Exil in den 1930er und 1940er Jahren. Gerade Schriftstellerinnen und Schriftsteller brauchen zumeist die Muttersprache in ihrer Umgebung, um sich auszudrücken. Überdies verlieren sie mit der Flucht oftmals die Möglichkeiten der Vermarktung ihrer Werke. Wer druckte in den USA deutsche Literatur? Wer veröffentlicht heute in Deutschland arabische Literatur oder Werke in einer der vielen afrikanischen Sprachen? Darstellende Künstlerinnen und Künstler beherrschen die Sprache des Einwanderungslandes gerade anfangs nicht so, dass sie darin arbeiten können. Oder wie die Legende sagt, Bertolt Brecht schuf die Katrin in Mutter Courage deshalb stumm, weil Helene Weigel nicht so gut Englisch sprechen konnten. Künstlerinnen und Künstler können verstummen, wenn ihnen der gewohnte Kontext fehlt, wenn sie der Heimat entrissen sind. Nur wenige vermögen es, im Exil ihr Werk fortzuschreiben. Dass dies so ist, liegt weniger am Einwanderungsland als viel mehr an den oben skizzierten Besonderheiten der künstlerischen Arbeit.

2 Kultur in der Einwanderungsgesellschaft

Kultur in der Einwanderungsgesellschaft ist mehr als die Künste. Seit den 1980er Jahren hat sich durchgesetzt, von Kultur als der Summe der Lebensformen zu sprechen. Kultur meint also mehr als die Künste im engeren Sinne. Unter Kultur wird auch die Laienkultur verstanden, aber auch kulturelle Ausdrucksformen, die nicht den Künsten im engeren Sinne zuzuordnen sind wie etwa das Immaterielle Kulturerbe, dessen Bedeutung für Kultur in den letzten Jahren eine vermehrte Aufmerksamkeit erfahren hat.

Kultur ist nicht statisch. Kultur verändert sich vielmehr ständig, weil sich die Gesellschaft verändert, sich die Produktions- und Arbeitsweisen und nicht zuletzt auch die Künste ändern. Diese Veränderung lässt sich sehr schön und anschaulich am immateriellen Kulturerbe festmachen. Zum immateriellen Kulturerbe zählen laut UNESCO: „Bräuche, Darstellungen, Ausdrucksformen, Wissen und Fertigkeiten – sowie die dazu gehörigen Instrumente, Objekte, Artefakte und kulturellen Räume – (…), die Gemeinschaften, Gruppen und gegebenenfalls Einzelpersonen als Bestandteil ihres Kulturerbes ansehen". In Artikel 2 des Übereinkommens zur Erhaltung des immateriellen Kulturerbes heißt es: „Dieses immaterielle Kulturerbe, das von einer Generation an die nächste weitergegeben wird, wird von den Gemeinschaften und Gruppen in Auseinandersetzung mit ihrer Umwelt, in ihrer Interaktion mit der Natur und mit ihrer Geschichte fortwährend neu gestaltet und vermittelt ihnen ein Gefühl von Identität und Kontinuität, wodurch die Achtung vor der kulturellen Vielfalt und der menschlichen Kreativität gefördert wird."

Zum immateriellen Kulturerbe in Deutschland zählen unter anderem die manuelle Fertigung mundgeblasenen Hohl- und Flachglases, das Schützenwesen in Deutschland, das Sternsingen, das Choralsingen, die schwäbisch-alemannische Fastnacht, das Malchower Volksfest, die Lindenkirchweih Limmersdorf, die Finkenmanöver im Harz, das Niederdeutsche Theater, das Köhlerhandwerk und Teerschwelerei, die Flößerei, die deutsche Brotkultur, die Chormusik in deutschen Amateurchören, das Singen der Lieder der deutschen Arbeiterbewegung.

Diese Aufzählung zeigt, dass einige Bräuche und kulturelle Ausdrucksformen in Deutschland offenbar nicht mehr die Selbstverständlichkeit haben, die sie einst hatten und mit der Aufnahme in das Verzeichnis immateriellen Kulturerbes Wertschätzung und Sichtbarkeit erfahren. Hierzu gehören, wie die Aufzählung zeigt, auch kulturelle Ausdrucksformen im engeren Sinne, die ein Bestandteil des kulturellen Erbes sind, nun aber offenbar eine stärkere Beachtung verdienen und deren Wirkung für die kulturelle Identität herausgestrichen werden soll.

Kultur in der Einwanderungsgesellschaft heißt, dass neue kulturelle Ausdrucksformen mit den Menschen nach Deutschland kommen, weshalb sich das Repertoire an kulturellen Ausdrucksformen sich erweitert, verändert und neue hybride Strukturen entstehen. Gerade mit Blick auf Zuwanderer und Zuwanderinnen sollte das Bewusstsein dafür geschärft werden, dass in der Diaspora, fern der Heimat, die Pflege der kulturellen Traditionen eine neue Bedeutung erhalten. Sie sind oft die Nabelschnur zum Herkunftsland. Oder anders gesagt: Auch Deutsche, die im Ausland leben, entdecken oft ihre Begeisterung für Salzkartoffeln und Rouladen, auch wenn ihnen diese Gerichte in Deutschland vielleicht nie auf den Tisch gekommen wären. Ähnliches lässt sich auch bei Zuwanderinnen und Zuwanderern in Deutschland ausmachen.

Die Pflege des kulturellen Erbes der Heimatländer oder Heimatregionen ist ein tiefes menschliches Bedürfnis. Einige Migrantenselbstorganisationen widmen sich in Deutschland dieser Aufgabe. Sie halten damit kulturelle Traditionen aus ihrer Heimat lebendig und öffnen sie oftmals auch neuen Einflüssen.

Wenn es nicht so abgeschmackt klänge, so müsste man sagen, dass gerade die Kultur der Einwanderinnen und Einwanderer die kulturelle Vielfalt in Deutschland bereichert. Kulturelle Vielfalt heißt dabei, Unterschiede auszuhalten und anzuerkennen. Kulturelle Vielfalt ist mehr als ein Gemisch aus allem und jedem. Kulturelle Vielfalt heißt Respekt vor anderen kulturellen Ausdrucksformen und Eintreten für die eigenen. Die Debatte um das immaterielle Kulturerbe bietet daher auch die Chance, sich des eigenen kulturellen Erbes zu vergewissern, es zu schätzen und zu pflegen.

Zusammen mit 27 anderen Organisationen und Institutionen, darunter Verbänden unterschiedlicher Bereiche, Kirchen und Religionsgemeinschaften, Medien, Sozialpartnern, Bund, Ländern und kommunalen Spitzenorganisationen hat der Deutsche Kulturrat im Mai 2017 unter der Überschrift „Zusammenhalt in Vielfalt" fünfzehn Thesen in kultureller Integration und gesellschaftlichem Zusammenhalt vorgestellt. In diesen Thesen kommt zum Ausdruck, dass kulturelle Integration und gesellschaftlicher Zusammenhalt alle betreffen, Kultur allerdings neben der sozialen Integration und der Integration in Arbeit in besonderer Weise auch zum gesellschaftlichen Zusammenhalt beiträgt. Kulturinstitutionen vermitteln Geschichte und Gegenwart Deutschlands und ermöglichen eine Auseinandersetzung mit den Werten der Gesellschaft.

3 Kulturpolitik in der Einwanderungsgesellschaft

Kulturpolitik ist die Schaffung der Rahmenbedingungen zur Entfaltung von Kunst und Kultur sowie der Ermöglichung des Zugangs zu Kunst und Kultur.

Kulturpolitik für Künstlerinnen und Künstler heißt, für ihre Rechte einzutreten, beispielsweise Kunst- und Meinungsfreiheit, Recht des geistigen Eigentums. Es bedeutet, sich um die soziale Absicherung von Künstlerinnen und Künstler zu kümmern, für ein kulturfreundliches Steuerrecht einzutreten und sich für einen Kulturmarkt stark zu machen, der insbesondere die Rechte der Kunstschaffenden im Blick hat. Denn ohne Künstlerinnen und Künstler gibt es keine neuen künstlerischen Entwicklungen. All dies gilt für Künstlerinnen und Künstler ganz unabhängig davon, ob sie eine Zuwanderungsgeschichte haben oder nicht. Kulturpolitik für Künstlerinnen und Künstler bedeutet, an der künstlerischen Arbeit anzusetzen und die Rahmenbedingungen hierfür so gut wie möglich zu gestalten.

Kulturpolitik schließt ein, die Rahmenbedingungen für Kulturunternehmen so zu setzen, dass sie Märkte für Kunst erschließen können. Die Buchpreisbindung, der ermäßigte Mehrwertsteuersatz, das Urheberrecht sind nur einige Instrumente zur Setzung der Rahmenbedingungen.

Kulturpolitik bedeutet ebenso, die Kulturfinanzierung zu sichern, damit Theater, Bibliotheken, Museen, Musik- und Jugendkunstschulen, soziokulturelle Zentren und andere mehr ihre künstlerischen und kulturellen Angebote überhaupt erarbeiten und bereitstellen können. Hierzu zählt auch ein Gemeinnützigkeits- und Steuerrecht, das bürgerschaftliches Engagement stärkt.

Kulturpolitik kann verlangen, dass insbesondere öffentliche Kultureinrichtungen ein besonderes Augenmerk auf die Partizipation richten. Selbstverständlich müssen öffentliche Kultureinrichtungen auch das Besondere ermöglichen, die Aufführung Neuer Musik, die für die meisten Hörerinnen und Hörer ungewohnt klingt, die Ausstellung jener Kunst, die noch nicht durchgesetzt ist und anderes mehr. Sie müssen aber ebenso im Blick halten, dass sie die Menschen erreichen, die über Steuermittel ihre Arbeit finanzieren. Die übergroße Zahl an Kultureinrichtungen kommt dieser Anforderung nach. Einige wie beispielsweise Bibliotheken sind als besonders niedrigschwellige Kultur- und Bildungseinrichtungen als erstes zu nennen, aber auch die Theater und Orchester haben längst erkannt, dass ihre Relevanz auch davon abhängt, dass sie aktuelle Entwicklungen der Einwanderungsgesellschaften in ihrer Arbeit aufnehmen.

Kulturpolitik ist gefordert, die gesamte Gesellschaft im Blick zu halten und dazu gehört auch, für eine Unterstützung jener Organisationen einzutreten, die sich der Pflege des kulturellen Erbes von Migranten verschrieben haben. Der Deutsche Kulturrat hat von 2008 bis 2012 in einem Dialogprozess mit Migrantenorganisationen Empfehlungen für interkulturelle Bildung formuliert, die auch als Empfehlungen für eine Kulturpolitik in der Einwanderungsgesellschaft gelesen werden können. Folgendes wurde formuliert:

> „Um bestehende Hürden abzubauen, bedarf es einer interkulturellen Öffnung der Kultur- und Bildungseinrichtungen sowie kultureller Bildungsangebote, die die interkulturelle Kompetenz sowohl von Menschen mit als auch ohne Migrationshintergrund stärken und sensibilisieren.

Damit kulturelle und interkulturelle Bildung nachhaltig gelingen kann, bedarf es geeigneter Rahmenbedingungen. Die nachstehenden Empfehlungen richten sich zum einen an die Kultur- und Bildungseinrichtungen sowie an die Migrantenorganisationen. Zum anderen an die politischen Verantwortlichen in Bund, Ländern und Kommunen."

4 Grundsätzliche Empfehlungen

Der Deutsche Kulturrat empfiehlt, dass eine interkulturelle Öffnung und der Erwerb interkultureller Kompetenzen sowohl auf politischer als auch auf zivilgesellschaftlicher Ebene und in allen Kultur- und Bildungseinrichtungen und Initiativen als Querschnittsaufgabe verstanden werden. Es gilt, Zugänge zu schaffen und eine nachhaltige interkulturelle Bildung in allen Kultur- und Bildungsorten zu gewährleisten. Dazu gehört die Anerkennung und Förderung der kulturellen Vielfalt in Deutschland, die von der Vielfalt der unterschiedlichsten kulturellen Angebote und Traditionen lebt; gleich ob sie aus der Hochkultur oder der Breitenkultur kommen. Darüber hinaus muss Teilhabe und Partizipation durch eine entsprechend ausgerichtete Kulturfinanzierung ermöglicht werden.

4.1 Empfehlungen an Kultur- und Bildungseinrichtungen sowie Migrantenorganisationen

1. Strukturelle interkulturelle Öffnung:
- Kultur- und Bildungseinrichtungen sowie Migrantenorganisationen sollten interkulturelle Leitbilder beziehungsweise die Umsetzung von Diversitätskonzepten (Diversity Mainstreaming) entwickeln, die die Personalstrukturen, die Zielgruppenansprache sowie die Programmgestaltung umfassen;
- Kultur- und Bildungseinrichtungen sollten den Anteils des Personals mit Migrationshintergrund auch in den Leitungsebenen erhöhen;
- Kultur- und Bildungseinrichtungen sollten eine Willkommens- und Anerkennungskultur etablieren mit einem besonderen Fokus auf Besucher mit Migrationshintergrund und sozial Benachteiligte;
- Kultur- und Bildungseinrichtungen sollten sich stärker dezentralisieren, um eine bessere sozialräumliche Erreichbarkeit zu ermöglichen;
- Kultur- und Bildungseinrichtungen sowie Migrantenorganisationen sollten sich vermehrt für Kooperationen vor Ort öffnen;
- Kultur- und Bildungseinrichtungen sowie Migrantenorganisationen sollten tragfähige Strukturen schaffen, durch die langfristige und nachhaltige Kooperationen auf Augenhöhe ermöglicht werden können;
- Kultur- und Bildungseinrichtungen sowie Migrantenorganisationen sollten verstärkt lokale Netzwerke aufbauen sowie in kommunalen Bildungsnetzwerken mitwirken.

2. Inhaltliche interkulturelle Öffnung:

- Kultur- und Bildungseinrichtungen sowie Migrantenorganisationen sollten sich für die Interessen verschiedener Zielgruppen sensibilisieren sowie sich verstärkt um kulturelle Teilhabe für alle bemühen.
- Kulturvermittler und Kulturpädagogen in den Kultur- und Bildungseinrichtungen sollten verstärkt interkulturell qualifiziert werden;
- Kultur- und Bildungseinrichtungen sollten verstärkt mehrsprachige Angebote unterbreiten, insbesondere im Hinblick auf die gesellschaftliche Zusammensetzung der Bewohner vor Ort;
- Kultur- und Bildungseinrichtungen sollten sich verstärkt in der interkulturellen Zielgruppenansprache weiterbilden und dafür die Zeitungen, Radiosender, Fernsehsender, Internetangebote etc. der jeweiligen Zielgruppen stärker nutzen.

4.2 Empfehlungen an die Politik: Bund, Länder und Kommunen

1. Inhaltliche interkulturelle Öffnung:

- Bund, Länder und Kommunen sollten verstärkt interkulturelle Konzepte für Bund, Länder und Kommunen unter Berücksichtigung bereits bewährter und innovativer Konzepte entwickeln;
- Länder sollten in den Ausbildungsgängen für Kulturmanager, Kulturvermittler, Kulturpädagogen verstärkt den Aspekt der interkulturellen Qualifizierung berücksichtigen;
- Bund, Länder und Kommunen sollten ihre Verwaltungsmitarbeiter vermehrt interkulturell qualifizieren und Weiterbildungsmaßnahmen anbieten;
- Bund und Länder sollten die allgemeinen Freiwilligendienste im Kulturbereich weiter ausbauen und verstärkt Personen mit Migrationshintergrund ansprechen;
- Bund, Länder und Kommunen sollten Studien über die unterschiedliche Nutzung kultureller Bildungsangebote der verschiedenen Milieus und Identifizierung der Gründe für die Nichtnutzung bestimmter Kulturangebote in Auftrag geben.

2. Finanzielle und strukturelle Förderung:

- Bund, Länder und Kommunen sollten die strukturelle und finanzielle Förderung von kommunalen und freien Trägern und Verbänden, die interkulturelle Bildungsangebote unterbreiten, weiter ausbauen und sie in ihren Bemühungen um eine interkulturelle Öffnung und interkulturelle Aktivitäten unterstützen;
- Bund, Länder und Kommunen sollten verstärkt die migrantische Breitenkultur sowie die zeitgenössische Kultur von Migrantinnen und Migranten fördern, sichtbar machen und Anerkennung zukommen lassen durch:
- Strukturförderungen und finanzielle Unterstützungen
- Bereitstellung von Räumlichkeiten
- Professionalisierung und Qualifizierung von bürgerschaftlich Engagierten

- Weiterbildungsmaßnahmen für Migrantenorganisationen im Kulturbereich sowie im Bereich der Kulturellen Bildung
- Auslobung von Preisen

3. Unterstützung von Kooperationen:

- Bund, Länder und Kommunen sollten verstärkt den Austausch, die Kooperation und die Zusammenarbeit von Kultureinrichtungen, Migrantenorganisationen und den kulturpädagogischen Facheinrichtungen vor Ort strukturell und finanziell unterstützen, um den gemeinsamen Dialog zu verstärken;
- Bund, Länder und Kommunen sollten verstärkt multinationale Projekte fördern, die den Austausch unterschiedlicher kultureller Einflüsse beispielsweise durch die Einbindung von Partnerstädten und Künstlern, die an Artist-in-Residence Programmen teilnehmen, unterstützen.

Das wirklich Spannende am Erarbeitungsprozess und an der Formulierung dieser Empfehlungen des Deutschen Kulturrates war der gegenseitige Austausch und die Öffnung zueinander. Darum richten sich diese Empfehlungen ebenso an Migrantenorganisationen wie an etablierte Kultureinrichtungen und Kulturvereine. Die Empfehlungen haben an Aktualität nicht eingebüßt. Im Gegenteil, die Gestaltung einer Kulturpolitik in der Einwanderungsgesellschaft ist wichtiger denn je. Künstlerinnen und Künstler mit und ohne Zuwanderungsgeschichte, aus Deutschland und aus dem Ausland schaffen die Kunst der Gegenwart.

Künstlerinnen und Künstler sind der Nukleus der Kulturentwicklung. Ihr unterschiedliches Herkommen, ihre verschiedenen Geschichten sind die Triebfeder der Kultur. Ihnen mehr Aufmerksamkeit zu schenken, muss das Anliegen von Kulturpolitik sein.

Olaf Zimmermann ist Publizist und Geschäftsführer des Deutschen Kulturrates

Weiterführende Literatur

Integration braucht engagierte Menschen und stabile Strukturen. Stellungnahme des Deutschen Kulturrates zu den langfristigen Herausforderungen der Integration und dem Potenzial des Kulturbereiches vom 08.04.2016

Nothilfe jetzt, Integration als langfristige Aufgabe. Deutscher Kulturrat zur aktuellen Flüchtlingssituation und der kulturpolitischen Verantwortung für die kulturelle Vielfalt vom 30.09.2015

Lernorte interkultureller Bildung. Außerschulische Kultur – und Bildungsorte vom 29.06.2011

Lernorte interkultureller Bildung im vorschulischen und schulischen Kontext vom 08.10.2010

Kulturelle Vielfalt leben: Chancen und Herausforderungen interkultureller Bildung – Aus Politik & Kultur 8 Hg. v. Olaf Zimmermann und Theo Geißler. Berlin 2012

Zusammenhalt in Vielfalt. Fünfzehn Thesen der Initiative kulturelle Integration vom 16.05.2017.

Religion als Hemmnis und Medium lokaler Integration

Hansjörg Schmid und Claus Leggewie

> **Zusammenfassung**
>
> Religiöse Pluralität ist heute ein unverkennbarer und irreversibler Faktor, den jede Integrationspolitik in Rechnung stellen muss. Während die Gesellschaft weitgehend von Säkularisierungsprozessen geprägt ist, gewinnt gerade im Zusammenhang mit Migration Religion für viele Menschen an Bedeutung. Religion wirkt einerseits stabilisierend und integrationsförderlich, erzeugt oder verschärft aber andererseits auch Konflikte, indem transnationale oder globale Auseinandersetzungen auf die kommunale Ebene einwirken und religiös-normative Deutungen soziale Konfliktkonstellationen zusätzlich aufladen. Lokaler Integrationspolitik kommt hier die Aufgabe einer Konfliktmoderation zu. Sie kann durch die Einbeziehung neuer, noch nicht etablierter religiöser Akteure deren Potenziale nutzen und so zu einem friedlichen Zusammenleben beitragen. Dabei ist erforderlich, auch die spezifischen Strukturen und Positionen der jeweiligen Religionen in ihrer Vielfalt zu berücksichtigen. In Deutschland sind das vor allem Muslime, in einem zahlenmäßig geringeren Umfang aber auch Juden sowie Angehörige christlicher Freikirchen, christlich-orthodoxer Gemeinden und weiterer Religionen. Auch wenn die öffentlichen Debatten, bisherige wissenschaftliche Untersuchungen und damit auch folgenden Überlegungen stark auf den Islam fokussiert sind, ist es wichtig, die genannten weiteren Akteure ebenso in den Blick zu nehmen, auf die sich vieles analog übertragen lässt.

1 Religiöse Vielfalt – multireligiöse Städte und Gemeinden

Deutschland ist wie die meisten anderen europäischen Länder auch von einer wachsenden religiösen Vielfalt geprägt (Klöcker / Tworuschka 1997ff.). Wie die religiöse Diversität seit dem Zweiten Weltkrieg zugenommen hat, zeigt beispielhaft ein Vergleich (Pollack / Müller 2013, 32f.): Während 1950 in Gesamtdeutschland über 95 Prozent einer der beiden großen Kirchen angehört haben, sind das 2010 nur noch rund 60 Prozent, davon 30,2 Prozent Katholiken und 29,2 Prozent Protestanten. 30,3 Prozent sind konfessionslos, die restlichen rund zehn Prozent verteilen sich auf verschiedene Bekenntnisse, darunter als größte Gruppe Muslime mit rund fünf Prozent. Es folgen Angehörige der unterschiedlichsten Freikirchen und orthodoxen Kirchen, Buddhisten, Hinduisten und Juden. Abbildung 1 demonstriert anhand des Beispiels von Nordrhein-Westfalen den hohen religiösen Diversitätsgrad[1] gerade in den Ballungsgebieten an Rhein und Ruhr (Hero et al. 2008, 222):

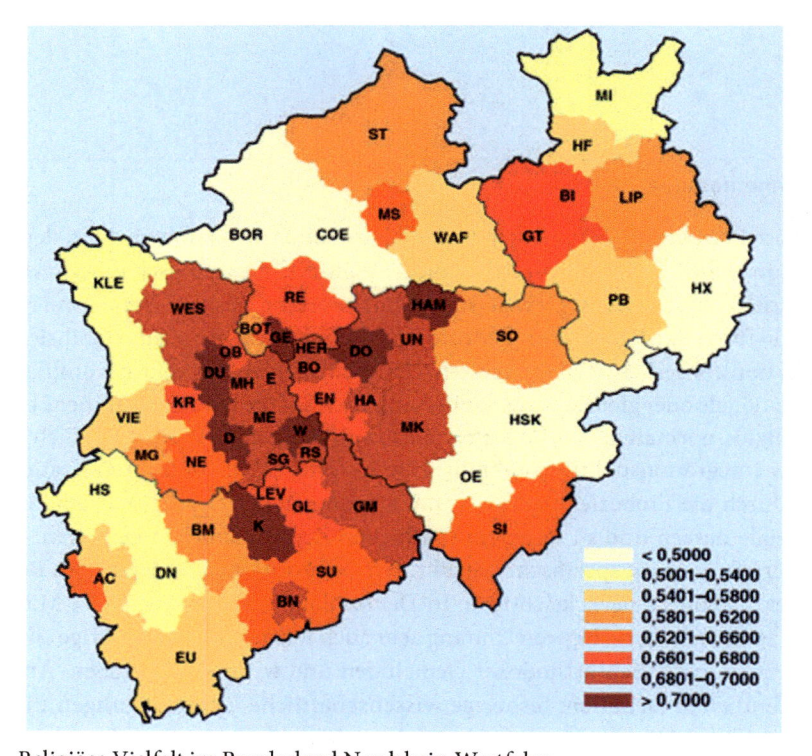

Abb. 1 Religiöse Vielfalt im Bundesland Nordrhein-Westfalen

Quelle: http://plureligion.net/en/mapping-religious-diversity/northrhine-westphalia/diversity-maps/ (Diversity of Affiliation)

Abbildung 2 stellt den Anteil von Zuwanderinnen und Zuwanderern ohne deutschen Pass dar (Hero et al. 2008, 219). Es illustriert, wie Diversitätsgrad und Migrationsdichte korrelieren.

---

1 Bei Diversitätsindex 0 bestünde ein Monopol einer Religionsgemeinschaft; je höher der Diversitätsindex gegen 1 tendiert, desto diverser ist die religiöse Lage.

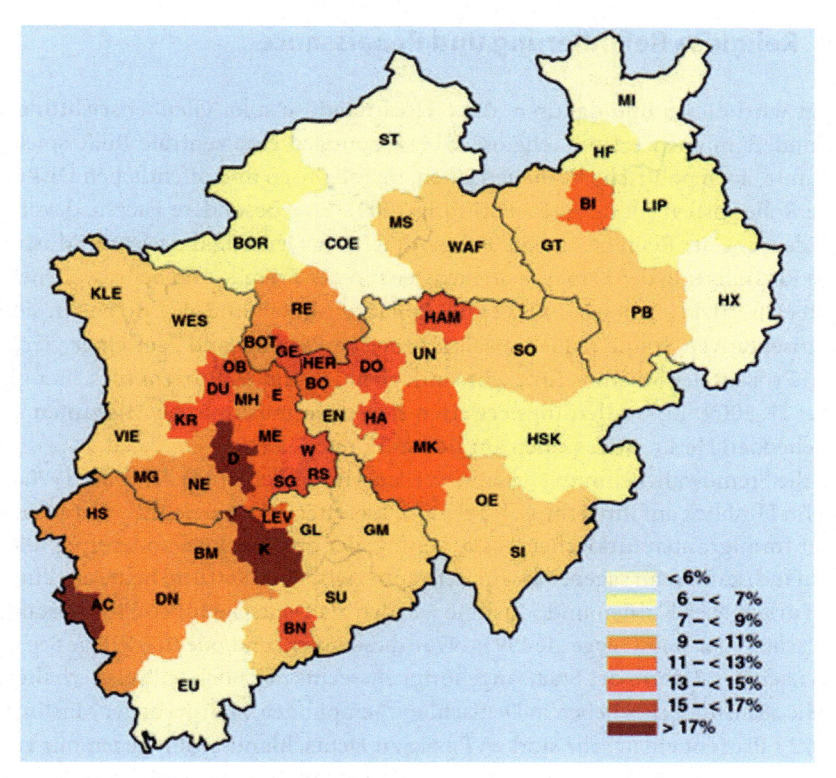

Abb. 2 Religiöse Vielfalt durch Einwanderung
Quelle: http://plureligion.net/en/mapping-religious-diversity/northrhine-westphalia/diversity-maps/ (Migration Density)

Wichtig ist dabei auch der negative Zusammenhang zwischen Diversität und Organisation: Je vielfältiger eine Religionslandschaft ist, desto weniger sind Gläubige in kirchlichen und Gemeindeorganisationen konzentriert (Krech 2008, 35f.). Diese Ergebnisse zu Nordrhein-Westfalen decken sich grosso modo mit Daten aus der übrigen (alten) Bundesrepublik, die im Süden und Norden etwas homogener ist, während die neuen Bundesländer generell stärker durchsäkularisiert sind, aber stellenweise auch offener für freikirchliche Missionierung. Während also die Bindungskraft etablierter religiöser Organisationen vor allem in den Großstädten und Ballungsgebieten abnimmt, steigt gerade dort die Intensität religiöser und religionsbezogener Kommunikation. Und die Bedeutung der Religion ist bei Muslimen generell höher als bei Angehörigen anderer Religionsgemeinschaften; dies gilt auch bei hohem formalem Bildungsgrad.

2 Religiöse Rekodierung und Renaissance

Bestätigt wird dieses Bild dadurch, dass ‚Hochreligiöse' aller Glaubensrichtungen, für die besonders intensiv erlebte religiöse Überzeugungen eine zentrale Rolle spielen und das gesamte, auch politische Verhalten leiten, im religiösen und öffentlichen Diskurs eine zentrale Rolle spielen (Bertelsmann Stiftung 2007). Eine besondere Facette davon ist die hohe Bedeutung der Religion und der Religiosität für in Deutschland lebende Muslime, die auf eine Rekodierung der Minderheitenexistenz in der Fremd- und Selbstwahrnehmung hindeutet (Brettfeld / Wetzels 2009, 242ff.; Pollack / Müller 2013, 17). So halten sich nach der repräsentativen Studie „Muslimisches Leben in Deutschland" auf einer vierteiligen Skala 36 Prozent der Muslime für „sehr stark gläubig" und 50 Prozent für „eher gläubig" (Haug et al. 2009, 139). Allerdings erweisen sich nicht-muslimische Migranten aus den entsprechenden Herkunftsregionen ähnlich stark religiös.

Was die Fremdwahrnehmung betrifft, werden Minderheiten seit Ende der 1970er Jahre stärker im Hinblick auf ihre ethnisch-religiöse Identität gekennzeichnet. Gerade im Hinblick auf Immigranten türkischer Abstammung, der größten Einwandererpopulation in Deutschland, kann man sagen, dass im Zeitraum zwischen 1960 und heute aus eingewanderten Türken eher Kurden und Muslime wurden als Deutsche türkischer Abstammung muslimischen Glaubens (Leggewie 1993; 1996); diese äußere und/oder freiwillige Segregation hat sich nach der Reform des Staatsangehörigkeitsrechts nur noch teilweise erhalten. Laut der Studie „Muslimisches Leben in Deutschland" empfinden 44 Prozent der Muslime einen starken, 25 Prozent einen sehr starken Bezug zu Deutschland, wohingegen nur rund die Hälfte eine starke oder sehr starke Verbundenheit mit dem Herkunftsland aufweist (Haug et al. 2009, 297). Trotzdem besteht in puncto Selbstwahrnehmung eine Verbindung zwischen einer tatsächlichen oder ‚gefühlten' Erfahrung kollektiver Marginalisierung mit der Radikalisierung der Ausrichtung an religiösen Regeln und Ritualen und der Übernahme fundamentalistischer Positionen. Dies gilt für Einwanderer mit islamischem Hintergrund, aber auch für evangelikale Gruppen, die sich unter ethnischen Minderheiten wachsender Beliebtheit erfreuen.

Im Blick auf lokale Konfliktkonstellationen ergibt sich daraus eine bemerkenswerte Disposition: Zum einen sind ‚Hochreligiöse' stärker davon überzeugt, dass ihre religiöse Überzeugung richtig und diese in ‚exklusiver Festigkeit' gegen Andersgläubige, Agnostiker und Atheisten zu verteidigen ist. Das kann eine gestiegene Missionsbereitschaft einschließen, also den Versuch, andere für die eigene Glaubenswahrheit zu gewinnen, aber auch das überkonfessionelle Interesse, religiöse Überzeugungen in der Öffentlichkeit zur Geltung kommen zu lassen (Huber 2007, 25). Diese Tendenz führt aber nicht notwendig zu wachsender religiöser Intoleranz. Denn zum einen geht sie vielfach einher mit religiöser Reflexivität, also der Bereitschaft, sich kritisch mit (eigenen) religiösen Dogmen und Einstellungen auseinanderzusetzen; zum anderen schließt sie den Respekt für Andersgläubige ein (Krech 2007, 36ff.).

Drei mögliche Spaltungslinien leiten sich aus diesem Gesamtbild einer ‚religiösen Renaissance' ab:

a. Hochreligiöse aller Glaubensrichtungen bilden eine (informell-ökumenische) Allianz und anlassspezifische Koalitionen gegen Säkulare und Atheisten.
b. Hochreligiöse setzen sich mit weniger Gläubigen im Rahmen ihrer religiösen Einrichtungen auseinander.
c. Hochreligiöse ringen mit Andersgläubigen um den Alleinvertretungsanspruch ihrer Religionsgemeinschaft.

Religiöse Vielfalt fordert also ein vorherrschendes Toleranzverständnis heraus. Toleranz bedeutet ja nicht, andere Bekenntnisse indifferent und ohne Wertung zu akzeptieren, vielmehr geht es darum, solche Bekenntnisse zu dulden, gegen die man erhebliche Einwände und Bedenken hat (Forst 2003). Man kann die Hypothese verfolgen, dass Toleranz im Sinne einer horizontal angeordneten religiösen Vielfalt umso schwieriger wird, je stärker sich die Gläubigen als Opfer sozialer und/oder politischer Unterdrückung und Diskriminierung fühlen.

3 Religiöse Konfliktlagen: transnational und lokal

Bevor man sich den daraus resultierenden lokalen bzw. kommunalen Konfliktlagen zuwendet, muss man diese weltgesellschaftlich einordnen. Denn ein großer Teil der religiös-politischen Selbst-Wahrnehmungen verweist auf die Relevanz und Brisanz der religiösen Frage in der kulturellen Globalisierung, die lokale Konstellationen ‚überdeterminiert'. Im Prozess der Säkularisierung seit dem 17. Jahrhundert schienen religiöse Dimensionen aus den internationalen Staaten-Beziehungen verschwunden zu sein; es interessierten vornehmlich Streitigkeiten um Territorien, Rohstoffe und Minderheiten, oder allgemeiner: wirtschaftliche und strategische Ziele. Dieses Bild änderte sich mit der Zäsur 1989/1990: Der einflussreiche Politologe Samuel Huntington und andere erblicken seither allerorts und unablässig Kulturkämpfe und Religionskriege, die ökonomische und strategische Kalküle angeblich verdrängen und westliche Einwanderungsgesellschaften in Identitätskonflikte stürzen. Diese Positionen haben aber auch weitreichende Kritik erfahren (Müller 1998).

Wenigstens vier Dimensionen kann man im globalen religiösen Feld ausmachen, die die Offenheit und Ambivalenz religiös motivierter Intervention sichtbar werden lassen:

Globalisierung	*Religionen in Konflikten*
Säkularisierung & Sakralisierung	Clash of Fundamentalisms & Friedensstiftung
Werte in der Außenpolitik	*Normsetzung*
Religiöse und/oder zivile Quellen	Internationale Organisationen & Supranationale Regime

Abb. 3 Religiöse Dimensionen internationaler Politik
© Claus Leggewie

Das erste Feld ist die Politisierung der Religion im Prozess der Globalisierung, der nicht, wie man lange annahm, auf wirtschaftlich-finanzielle Transaktionen beschränkt ist, sondern seine Brisanz genau in der kulturellen und religiösen Sphäre an den Tag legt. Säkularisierung und Sakralisierung schließen sich in der Weltgesellschaft nicht aus, sie schreiten parallel voran (Norris/Inglehart 2011).

Daraus erwachsen zweitens zunehmend religiös begründete Konflikte, die mit der Ausbreitung und dem Aufeinandertreffen fundamentalistischer Strömungen oder allgemeiner ‚politischer Religionen' zusammenhängen.

Drittens verweist dies auf eine alte, ebenso in säkularen Regimen feststellbare Wertorientierung von Außenpolitik, die sich meist in kaschierter Form, zum Teil aber auch ganz offen auf religiöse Quellen und Einflüsse beruft.

Schließlich ist viertens auch schon seit langem ein Beitrag religiöser Institutionen und Persönlichkeiten an der Normierung und Verrechtlichung der internationalen Beziehungen zu konstatieren.

Die große Bandbreite religiöser Motive in der internationalen Politik verwundert kaum (Leggewie 2009), stellt man den immer schon grenzüberschreitenden Charakter der großen Weltreligionen in Rechnung. Sie haben dabei den Vorzug, in der lokalen Lebenswelt geerdet zu sein und gleichwohl für die ganze Menschheit sprechen zu können. Dieser per se transnationale Grundzug der Weltreligionen, der sich in weltweit verstreuten Diaspora-Gemeinschaften niederschlägt, ist heute wieder eine Quelle von Konflikten: Nachdem der Westfälische Frieden von 1648 die Religionen exemplarisch entpolitisiert hatte und auf der friedlichen Koexistenz der Konfessionen die moderne Staatenordnung errichtete, treten nunmehr Religionsgemeinschaften ‚postwestfälisch'– wieder als politische Religionen auf – gegen Staaten, neben Staaten, mit Staaten.

„westfälisch"	„postwestfälisch"
Friedliche Koexistenz der Konfessionen	Polytheistischer Wettbewerb
Staat-Kirche-Allianzen	Deregulierter Religionsmarkt
Amtskirchen und Gemeindeorganisation	Bewegungen und Netzwerke
Religiöse Zentren und Regionen	Transnationale Diaspora
Stabilität	Mobilität
Versäulung	Mission/Konversion

Abb. 4 Von der westfälischen Staatenordnung zur postwestfälischen Weltgesellschaft
© Claus Leggewie

Als erstes Fazit kann man festhalten, dass Religion in der Weltgesellschaft ausgesprochen vielschichtig ist und Konfliktfelder nicht nur zwischen Religion und Politik, sondern auch zwischen den religiösen Gemeinschaften und in deren Inneren zunehmen, was eine unübersichtliche Konstellation der Akteure bedingt. Religiöse Aspekte werden als Normalfall globaler Beziehungen und Verhältnisse erkennbar. Allerdings sind weiterhin ökonomische und politische Faktoren als zentrale Konfliktursachen anzusehen (Hasenclever 2008).

Den entscheidenden Unterschied dieser widersprüchlichen Entwicklung macht offenbar aus, ob sie unterm Strich auf Arbeitsteilung, Wettbewerb oder Konfrontation hinausläuft und wie der (im Grundsatz selbst von islamischen Republiken bekräftigte) Trennungsgrundsatz tatsächlich respektiert, also der Primat des Politischen aufrechterhalten wird. Radikal bestritten wird der in westlichen Republiken festgeschriebene Trennungsgrundsatz zum einen durch den Islamismus, über den der internationale dschihadistische Terrorismus (exemplarisch das dezentrierte Netzwerk Al-Qaida oder die Organisation „Islamischer Staat") insofern noch hinausgeht, als er Staatenbeziehungen völlig negiert und unterläuft. Fundamentalisten aller Couleur (darunter Pfingstler und ‚Wiedergeborene' im protestantischen Spektrum, das die Friedensbewegungen der 1980er Jahre gegen die nukleare Aufrüstung geprägt hat) rekrutieren besonders dort, wo Staatlichkeit gescheitert ist oder posttotalitäre Vakuen mit ‚Sinn' zu füllen sind. Der monopolartige Bezug auf eine religiöse Identität tritt dort dezidiert an die Stelle säkular-politischer oder geographischer Selbstverortungen.

Daneben kommt auch das konfliktlindernde und friedensfördernde Potenzial der Religionen zur Geltung. Hier ist etwa an die christliche Gemeinschaft Sant'Egidio oder die muslimische Initiative „A Common Word" zu denken (Eißler 2009). Auch sie können keinen völligen Konsens in der Gesellschaft bewirken. Konflikt ist vielmehr als Normalfall zu verstehen, so dass das Ziel daher nicht die völlige Eliminierung von Konflikten sein kann. Vielmehr geht es darum, sich über Mechanismen der Konfliktaustragung zu verständigen. Wichtige Schritte können der deeskalierende Ausschluss von Gewalt und anderen Konfliktmitteln, der Abbau von Ungleichheiten, das Herausarbeiten gemeinsamer Interessen, die Verständigung über normative Grundlagen und die Erarbeitung gemeinsamer Regeln (etwa der Menschenrechte) sein, deren Notwendigkeit im Konflikt erst bewusst wird. Auf diese Weise findet eine Rationalisierung von Konflikten statt. Diese bleiben bestehen als „schöpferischer Kern aller Gesellschaft" (Ralf Dahrendorf), werden aber in einer bestimmten Form bearbeitet.

Heute wirken sich globale Phänomene und Konfliktkonstellationen stärker als früher auf die lokale Ebene aus und prägen auch die Identitäten der Menschen. Ethnisch-religiöse Konflikte in den Vorstädten, die sich aus Bildern der Intifada nähren und diese zum Teil imitieren, sind in erheblichem Umfang auf derartige globale Einflüsse zurückzuführen, die lokale Erfahrungen ‚einrahmen' und radikalisieren können. Diese Tendenz ist Ausdruck der mit der kulturellen Globalisierung einhergehenden ‚Glokalisierung'. ‚Lokale' Ereignisse (wie der dänische Karikaturenstreit oder die riots in den französischen Vorstädten) gewinnen weltweite Resonanz und ziehen ihre Energie wiederum aus ‚globalen', zumeist durch alte und neue elektronische Medien übermittelten Symbolereignissen.

Besonders prägend ist die mediale Wahrnehmung und Darstellung des Islams. Diese hat oft einen abgrenzenden, entdifferenzierenden und generalisierenden Charakter (Bielefeldt ²2008; Çakir 2014). Sie ist davon geprägt, dass sämtliche soziale, kulturelle oder politische Phänomene auf den Islam bezogen und allein mit seiner Hilfe gedeutet werden. Es kommt dadurch zu einer pauschalen, statischen und undifferenzierten Gegenüberstellung von Muslimen und Nicht-Muslimen (Kermani 2009), wobei Muslime vielfach nur unter ihrer religiösen Identität wahrgenommen und ihre multiplen Identitäten ausgeblendet werden. Dabei werden insbesondere ein hohes Gewaltpotenzial, eine Unterdrückung der Frau und eine Unfähigkeit zur Ausdifferenzierung zwischen Staat und Religion unterstellt. Verbreitet ist eine Islam- und Muslimfeindschaft, die trotz ihrer unterschiedlichen Wurzeln mit ähnlichen Stereotypen arbeitet wie Antisemitismus (Benz 2011). Daraus resultieren Exklusionen und Diskriminierungen, welche die Situation von Muslimen in Deutschland prägen (Brettfeld / Wetzels 2009, 333f.; Hafez / Schmidt 2015, 32f.).

Als Gegenbilder zum Islam werden Konstrukte wie „christliches Abendland" oder „jüdisch-christliche Tradition" herangezogen, um diesen als fremd und nicht zugehörig zu kennzeichnen. Dabei werden jedoch Judentum und Christentum funktionalisiert. Insbesondere eine Vereinnahmung des Jüdischen zum Zweck einer Abgrenzung gegenüber dem Islam erweist sich als problematisch, da damit nicht der Bedeutung aller drei Religionen einschließlich des Islams für die Geschichte Europas Rechnung getragen und der christlichen Antijudaismus ausgeblendet wird (Schreiner 2008). Diese Gegenbilder stellen keine geeigneten Konfliktinterventionen dar, da sie jeweils unterkomplex sind. Es handelt sich jedoch um verbreitete Identitätskonstruktionen, die sich ebenso wie die unmittelbaren Abgrenzungen gegenüber dem Islam stark auf die lokale Ebene auswirken.

4 Lokale Konflikte und Aushandlungsprozesse

Vor diesem Hintergrund kann man auf lokaler Ebene eine ganze Reihe religiös motivierter bzw. kodierter Konflikte konstatieren. Arenen dieser Konflikte sind öffentliche Dienste (wie Schulen, Ämter), Betriebe und Kultstätten, wo religiöse Symbole umstritten sind, aber auch Wohnquartiere, Schulhöfe und öffentliche Plätze. Je nach institutioneller und rechtlicher Flexibilität können solche Konflikte eskalieren oder vor Gerichten, im lokalen Bargaining und über die Medienöffentlichkeit ausgetragen werden. Vielfach spielen dabei gesellschaftliche Akteure wie Bürgervereine oder Initiativen auf Stadtteilebene eine zentrale Rolle. Auf staatlicher Seite tritt neben politischen Gremien, Verwaltungen und Behörden auch die Polizei als Akteur in Erscheinung. Einerseits können so Veranstaltungen etwa zur Drogenberatung und Kriminalitätsprävention durchgeführt werden; andererseits hat ihr Auftreten auch eine Versicherheitlichung der Politik zur Folge und kann bereits vorhandene Verdachtsmomente gegenüber Muslimen verstärken (Rosenow-Williams 2012, 128ff.).

Die Ausweitung des religionsrechtlichen Systems Deutschlands kann als „Inkorporationsregime" (Soysal 1994, 29ff.) verstanden werden. Nicht nur auf Länderebene (Religionsunterricht, theologische Fakultäten), sondern auch auf kommunaler Ebene spielt dieses eine zentrale Rolle. Nachdem das religionsrechtliche System bis nach der Jahrtausendwende weitgehend auf die christlichen Kirchen (und partiell auch auf die jüdische Religionsgemeinschaft) beschränkt blieb, gibt es seitdem Bemühungen, das System zu öffnen und auf diese Weise etwa durch islamischen Religionsunterricht an öffentlichen Schulen oder durch islamische Theologie an Universitäten einen Beitrag zur Integration zu leisten. Dies ist aufgrund des Prinzips der Neutralität des Staates, der nicht bestimmte Religionsgemeinschaften privilegieren darf, geboten (Bielefeldt 2007, 85f.; Willems 2003, 112). Die Aufnahme in die Strukturen, die in der Regel mit bestimmten Anforderungen verknüpft ist und oft langwierige Aushandlungsprozesse nach sich zieht, führt zu wechselseitigen Veränderungen. Das Selbsthilfe-Potenzial sowie das soziale und kulturelle Kapital etwa von islamischen Organisationen kann so besser genutzt werden. Die Öffnungsprozesse haben aber auch Auswirkungen auf die etablierten kirchlichen Akteure, die sich heute nicht mehr selbstverständlich in einer privilegierten Position befinden, sondern Ansprüche und Aufgaben teilen und eine Kommunikations- und Dialogfähigkeit in verschiedene Richtungen pflegen müssen.

Auf kommunaler Ebene sind diese Arrangements vor allem im Bereich wohlfahrtsstaatlicher Handlungsfelder relevant, aber spielen auch im Blick auf Schulen, religiöse Bauten und Friedhöfe eine zentrale Rolle (Färber / Spielhaus 2006). Dabei geht es einerseits um die interkulturelle und interreligiöse Öffnung bestehender Einrichtungen, um so die Kompetenz im Umgang mit kultur- oder religionsbezogenen Konflikten zu erhöhen, andererseits um die Möglichkeit neuer Einrichtungen, die von Migrantenvereinen, Juden oder Muslimen selbst getragen werden. In der Debatte um den Aufbau eines islamischen Wohlfahrtsverbandes, der sich an der seit 1917 bestehenden Zentralwohlfahrtsstelle der Juden orientieren kann, spielt die kommunale Ebene eine Pionier- und Schlüsselrolle (Schmid 2014, 645ff.). So sind es in der Regel die Jugend- und Sozialämter auf der Ebene der Kommunen bzw. der Landkreise, die über die Anerkennung sozialer Dienste in freier Trägerschaft entscheiden.

Beim Bereich der Altenhilfe und der Seniorenarbeit handelt es sich noch weitgehend um Zukunftsthemen (Halm / Sauer 2015, 77ff.). Es gibt jedoch erste Pflegedienste und Pflegeheime, die sich besonders um religiöse und kulturelle Sensibilität bemühen. Außerdem betreiben viele muslimischen Vereine Seniorentreffs sowie Bildungs- und Beratungsangebote für Senioren. Im Zentrum steht allerdings derzeit die Kinder- und Jugendhilfe. Sie ist in Deutschland durch eine gesetzlich garantierte Trägerpluralität gekennzeichnet, die die gesellschaftliche Vielfalt widerspiegeln und Eltern wie Jugendlichen eine Wahlmöglichkeit eröffnen soll. So existieren inzwischen 23 jüdische Jugendzentren in verschiedenen deutschen Städten, die vielfach öffentliche Anerkennung und Förderung erfahren. Verschiedene muslimische Vereine streben derzeit dahin, im Bereich der Jugendverbandsarbeit tätig zu sein und anerkannter Träger der Jugendhilfe bzw. Mitglied in Jugendringen zu werden, was einen hohen Qualifikationsbedarf nach sich zieht. Bei den Kontakten muslimischer Vereine mit kommunalen Einrichtungen stehen die Jugendämter an der Spitze, zu den 37,2 Prozent der Gemeinden Kontakte aufweist; es folgen wenig später Jugendzentren (27,2 Prozent) und Arbeitsgemeinschaften der Jugendhilfe (17,8 Prozent) (Halm / Sauer 2015, 82).

Vielfach geht mit der Entstehung einer islamischen Jugendarbeit eine Verselbständigung junger Muslime von Erwachsenenorganisationen einher. Die Jugendvereine oder -gruppen müssen sich Grundprinzipien wie Freiwilligkeit, Selbstorganisation, Mitverantwortung und demokratische Gliederung zu eigen machen, um förderfähig zu werden. Manchen Organisationen wie den Landesjugendverbänden der dem türkischen Staat nahestehenden DITIB (Türkisch-Islamische Union der Anstalt für Religion) gelingt es zudem, religiöse Angebote einerseits und gesellschaftliche, kulturelle wie persönlichkeitsbildende Aktivitäten transparent voneinander zu trennen und so eine Anschlussfähigkeit für staatliche Förderprogramme und ein breites Spektrum an Kooperationspartnern zu erreichen. Da eine solche Trennung nicht immer klar durchgehalten werden kann und religiöse und gesellschaftliche Themen oft eng miteinander verknüpft sind, kann in diesem Fall auch eine staatliche Förderung von Projekten mit religiösen Bezügen gerechtfertigt werden. Durch neue Träger erhöht sich auch die Konkurrenz um Mittel, was zu Konflikten und Abschottungen etablierter Organisationen führen kann. Extremismusprävention erweist sich als ein wichtiger Teilaspekt islamischer Jugendarbeit, wobei damit auch Verdachtsmomente transportiert werden können, die wiederum ein einseitiges Islambild verstärken. Daher bevorzugen verschiedene Projekte, von Empowerment, Identitätsstärkung oder Qualifikationsmaßnahmen zu sprechen und bei einer weit verstandenen Prävention mit Muslimen und ihren Organisationen zusammenzuarbeiten (Hamdan / Schmid 2014, 164ff.).

Sowohl von jüdischen als auch von muslimischen Trägern wird inzwischen eine Reihe von Kindertagesstätten betrieben. Hier ist ebenso wie in anderen Feldern eine Durchmischung wünschenswert, so dass nicht nur jüdische oder muslimische Kinder diese Angebote wahrnehmen. Ein Sonderfall im Bereich der außerschulischen Betreuung sind die Schülerwohnheime des mystisch geprägten und von einer strengen Religionspraxis VIKZ (Verband Islamischer Kulturzentren), die Hausaufgabenhilfe, Freizeitangebote und religiöse Unterweisung miteinander verbinden. In vielen Fällen wurden hier inzwischen mehr oder weniger intensive Kontakte zwischen den Wohnheimen und Schulen aufgebaut, was segregativen Tendenzen entgegenwirkt (Schmid et al. 2008, 166ff.).

Im Bereich der schulischen Bildung kam es in den letzten Jahren vor allem in zweierlei Hinsicht zu Veränderungen: So sind inzwischen 14 meist kleine jüdische Grundschulen entstanden (Ben-Rafael et al. 2011). Sie sind Ausdruck eines erneuerten jüdischen Lebens nach der Shoah und bieten Möglichkeiten einer intensiveren religiösen Erziehung. Daneben gibt es inzwischen 24 Schulen, die von der bildungsorientierten Hizmet-Bewegung um den in den USA lebenden türkischen Prediger Fethullah Gülen (geboren 1938 oder 1941) betrieben werden. Die lokalen Trägervereine der Schulen weisen kein explizit religiöses Profil auf, bieten aber eine besondere Förderung für Kinder und Jugendliche mit Migrationshintergrund. Inwieweit diese Schulen genutzt werden, um junge Menschen auch gezielt für die religiösen Angebote und Kreise der Bewegung anzuwerben, ist umstritten (Hamdan / Schmid 2014, 86f.).

Ein weiteres Feld der Interaktion zwischen Kommunen und religiösen Gemeinden sind Friedhöfe und religiöse Bauten. Jüdische Friedhöfe und Gräberfelder weisen schon eine lange Tradition auf. Da islamische Organisationen nicht als Körperschaften des öffentlichen Rechts anerkannt sind, dürfen sie keine eigenen Friedhöfe einrichten. Inzwischen gibt es jedoch in zahlreichen Kommunen als Teil städtischer Friedhöfe islamische Gräberfelder, in denen die Gräber in Richtung Mekka ausgerichtet sind (Lemmen 2009). Außerdem kann in den meisten Bundesländern inzwischen aus religiösen Gründen vom Sargzwang abgesehen werden. Dies ist ein Beispiel dazu, dass Kompromisse und Entgegenkommen möglich sind.

Ebenso wie durch Bestattungen in Deutschland bringen Muslime durch äußerlich erkennbare Moscheebauten zum Ausdruck, dass sie dort dauerhaft ihre Heimat sehen und zudem als kommunale Akteure sichtbar werden wollen. Wo ein Moscheeverein bauen will gibt es sehr oft Proteste von Anwohnern und Widerstand von einem Teil der politischen Verantwortlichen. Oft werden Moscheekonflikte zum brisanten Wahlkampfthema, so dass die Moscheen erst mit großer Verzögerung, an anderer Stelle oder gar nicht gebaut werden. Bei Diskussionen um Moscheebauten, die meist in einer komplexen Konstellation von Akteuren stattfinden (Parteien, Kirchen, kommunale Gremien, Bürgerinitiativen, Gewerkschaften, Medien), wirken rechtspopulistische und islamophobe Akteure konfliktverstärkend (Hohage 2013). Für sie sind Moscheen „Symbole eines neuen, religiös motivierten Kulturkampfes" (Beinhauer-Köhler / Leggewie 2009, 180). Moscheekonflikte reihen sich in eine Serie von Nachbarschaftskonflikten ein, die auszubrechen pflegen, wo immer in einem Wohngebiet größere Zweckbauten entstehen, die zuerst Baulärm und dann Verkehr, Parkplatznot und andere Erschwernisse nach sich zu ziehen drohen. Es gibt unterschiedliche Strategien auf Seiten von Kommunen im Umgang mit Moscheebauvorhaben: Entweder versuchen sie, Moscheen möglichst an der Peripherie zu verorten und Konflikten durch paternalistische Anordnungen weitgehend aus dem Weg zu gehen. Oder sie versuchen, anhand des Moscheebaus einen von einer möglichst breiten Koalition getragenen Diskussionsprozess zu gestalten, die ansässige Bevölkerung dabei mit einzubeziehen und so die im Konflikt freigesetzte Energie positiv zu nutzen, anstatt Konflikte zu umgehen (vgl. dazu Leggewie et al. 2002, 35f.). Ein vollendeter Moscheebau selbst ist noch kein Garant dafür, dass es zu einer intensiveren Kommunikation kommt. Entscheidend ist, welche Maßnahmen die beteiligten Akteure über den konkreten Konflikt hinaus ergreifen und inwieweit die vorhandene Energie für verschiedene Felder genutzt wird (Jugendarbeit, Seniorenarbeit, Erwachsenenbildung, Beratungsangebote usw.). Der Moscheebaukonflikt kann als Inkorporationsritual verstanden werden (Hüttermann 2006; 2010): Die „Fremden" werden zuerst abgestoßen, bevor sie in einem kommunalpolitisch bewährten Konfliktprozedere im Hinblick auf Stärken, Absichten und Strategien geprüft werden. Wenn es gelingt, die Auseinandersetzung zu lösen, kehrt wieder Routine ein. Die „Fremden" sind durch das Konfliktritual zum ersten Mal vernehmbare Akteure der lokalen Öffentlichkeit geworden. Der Moscheeverein kann durch das Ritual lernen, wie wichtig es ist, sich aktiv und transparent in die Stadtgesellschaft einzubringen und vertrauensvolle Beziehungen aufzubauen.

Daneben gibt es weitere, vielfach niederschwellige Interaktionen wie die Nutzung städtischer Räume; Stadtteilfeste sowie die Mitwirkung in kommunalen Gremien. Bestehende Beispiele zeigen, dass die Inkorporation weitgehend gelingen kann. Das System ist dahingehend offen, neue Akteure zu integrieren und bei der Professionalisierung ihrer Arbeit zu unterstützen, ohne dass es dadurch zu einer staatlichen Einmischung in religiöse Inhalte kommt. Die kommunalen Träger und Fachdienste erleben und akzeptieren einen großen

Teil der islamischen Gemeinden als wertvolle Unterstützer im Integrationsprozess. Es ist auch zu beobachten, dass sich islamische Vereine das Thema Integration selbst zu eigen machen und gewillt sind, entsprechend aktiv zu werden (Aumüller / Gesemann 2014, 123–126). Vielfach geht es zunächst um einen Vertrauensaufbau, der eine Grundlage für das Thematisieren von Konflikten bildet. Die überschaubaren persönlichen Beziehungen sowie die oft hohe Identifikation mit dem Wohnort sprechen für eine „Kommunalisierung der Integrationspolitik" (Meyer / Schubert 2011, 298). Andererseits zeigen sich auch Grenzen: Aufgrund der weitgehend ehrenamtlich geleisteten Arbeit in islamischen Vereinigungen stehen diesen nur begrenzte Ressourcen für Projekte in sozialen Handlungsfeldern zur Verfügung. So besteht vielfach die Gefahr von Überlastung, Resignation und folgendem Rückzug.

Die Studie „Islamisches Gemeindeleben in Deutschland" belegt, dass bereits ein „hohe(r) Grad der Vernetzung der Gemeinden mit der deutschen Gesellschaft" (Halm et al. 2012, 113) besteht. 77 Prozent der befragten Gemeinden geben an, über Kontakte und Kooperationen mit Kirchengemeinden zu verfügen; es folgen die Polizei mit 71 Prozent und bereits an dritter Stelle die Schulen mit 68 Prozent. Aus kommunaler Sicht stellt sich angesichts der vielfältigen islamischen Organisationsstrukturen die Frage, mit welchen Vereinen eine Zusammenarbeit stattfinden soll. Konflikte ergeben sich insbesondere hinsichtlich der Einbindung der vom Verfassungsschutz beobachteten Vereine. Es geht dabei vor allem um die zunächst in einem türkisch-nationalen Islamismus verwurzelte IGMG (Islamische Gemeinschaft Milli Görüş), die in den letzten Jahren einen starken Wandel hin zu einem „Postislamismus" durchlaufen hat (Schiffauer 2010) und inzwischen nur noch in manchen Bundesländern beobachtet wird. Aufgrund der Vielfalt islamischer Vereine, die besteht, auch wenn diese demselben Dachverband angehören, ist die kommunale Urteils- und Einschätzungskompetenz von zentraler Bedeutung. Oft ist es so, dass verschiedene Gemeinden unterschiedlich stark am kommunalen Leben beteiligt sind und auch in unterschiedlicher Weise von den Kommunen einbezogen werden. So gibt es das Phänomen von „Vorzeigemoscheen", die privilegierte Partner der Kommunen sind (Schmid et al. 2008, 230). Kehrseite solcher Entwicklungen ist, dass andere Vereine nicht dieselbe Förderung erfahren. Aus integrationspolitischer Sicht ist eine derartige Ungleichbehandlung problematisch. Somit steht die kommunale Integrationspolitik vor der Herausforderung, sich mit den lokalen muslimischen Organisationsstrukturen in ihrer Vielfalt auseinanderzusetzen.

Veränderungsprozesse nicht nur im Fall der IGMG, sondern auch innerhalb der meisten anderen islamischen Gruppen und Organisationen haben schließlich weitreichende Auswirkungen auf Konflikte. Durch den Generationenwandel und Bildungsaufstieg von wichtigen Personen innerhalb der Gemeinden sind die sprachlichen und kommunikativen Kompetenzen und damit auch die Konfliktfähigkeit und -bereitschaft vielerorts gestiegen. Jedoch stehen gerade die Imame angesichts der hohen Anforderungen an sie nicht nur als religiöse Experten, sondern auch als Integrationslotsen vor sehr großen Herausforderungen (Halm et al. 2012, 333–389). Ein wichtiger Faktor sind Qualifizierungsmaßnahmen auch innerhalb islamischer Organisationen (wie das von DITIB durchgeführte Projekt „pro-Dialog" [Rosenow-Williams 2012, 187–248) und eine gezielte Förderung auf kommunaler

Ebene (wie etwa in den Projekten „MünchenKompetenz" oder „Muslimische Gemeinden als kommunale Akteure"). Solche Schritte führen nicht nur zu einer Professionalisierung, sondern auch zu einem gestiegenen Selbstbewusstsein, mit welchem muslimische Akteure den Kommunen gegenüber treten.

Gerade das Feld islamischer Akteure macht deutlich, dass Religion als Faktor wieder in die Debatte zurückkehrt und damit auch Prämissen wie die Trennung von Religion und sozialer Arbeit hinterfragt werden. So geht es insbesondere darum, inwieweit es Kommunen gelingt, gesprächsfähig zu sein und sich religiöse Trends zunutze zu machen. Die verbreitete Aufgeschlossenheit islamischer Vereinigungen kann genutzt werden, um sie in Kommunen auf möglichst vielen Ebenen einzubinden.

Die massenhafte Einwanderung von Muslimen (Syrien, Afghanistan, Pakistan, Albanien und Kosovo waren Hauptherkunftsstaaten in den Jahren 2014 und 2015) stellt hier eine neue Herausforderung dar, die aber auch die große Chance bietet, Schulen, Sozialeinrichtungen, Heime und andere Orte zu vernetzen und damit auch den interreligiösen Dialog und die Kooperation zu fördern. Damit können Vereinseitigungen konterkariert werden, die in einigen überwiegend von Salafisten beherrschten Moscheegemeinden zu beobachten waren. Eine Orientierung, wie ein aufrichtiger und symmetrischer Dialog gestaltet werden könnte, hat der Islamwissenschaftler und Schriftsteller Navid Kermani bei einer Solidaritätsdemonstration für *Charlie Hebdo* in Köln gegeben, als er sagte: „In dem Augenblick, da sich Terroristen auf den Islam berufen, hat der Terror auch etwas mit dem Islam zu tun. Wir müssen die Auseinandersetzung mit der Lehre suchen, die heute weltweit Menschen gegeneinander aufhetzt und Andersgläubige ermordet oder erniedrigt". Kermani appellierte an „meine Geschwister im Glauben", ihre staatsbürgerliche Pflicht ernst zu nehmen und für Freiheit und Gerechtigkeit einzutreten, indem er sie an eine Säule ihrer Religion erinnert: „Vor allem aber liegt es an uns, dem höchsten Gebot des Islams, der Barmherzigkeit, wieder Geltung zu verschaffen. ‚Wahrlich, erhebst du auch deine Hand gegen mich, um mich totzuschlagen, so erhebe ich doch nicht meine Hand gegen dich, um dich zu erschlagen' – das werden heute die meisten für die Bergpredigt halten, ist aber doch unserer eigener Koran, Sure 5,28." (Frankfurter Allgemeine Zeitung, 16.01.2015)

5 Politische und interreligiöse Dialoge als Wege der Konfliktmoderation

Symbolische Konflikte, die religiöse Gefühle und Überzeugungen betreffen, scheinen unteilbar zu sein und damit oft auch unlösbar. Auf unterschiedlichen Ebenen und in unterschiedlichen Feldern wurden jedoch mehr oder weniger erfolgreich Versuche gestartet, Konflikte zu deeskalieren und Lösungsstrategien zu entwickeln. Diese Versuche sind oftmals vom Leitbild des Dialogs als eines verständigungsorientierten Prozesses geprägt. Auch wenn damit noch keine rechtliche Anerkennung erreicht wird, so doch „soziale Wertschätzung", die dafür eine Vorstufe darstellt (Honneth 1993, 179f.). Die Dialog- und Interaktionsprozesse fungieren ferner als Gegenbild zu einseitig negativen Islamdarstellungen.

Dialoge sind gesellschaftliche Kommunikationsprozesse, die auf bestimmten sozialen und politischen Ausgangslagen beruhen (Dehn 2014). Diese sind vielfach von Asymmetrien hinsichtlich Macht und Einfluss, sozialer und ökonomischer Situation, Bildungsstand sowie Interessen der beteiligten Akteure geprägt (Schmid 2010a). Dass sich Dialogpartner auf gleicher Ebene begegnen, ist ein selten erreichtes Ideal. Dies muss bei der Gestaltung von Dialogprozessen berücksichtigt werden, denen auch die Aufgabe zukommt, auch die jeweilige konkrete soziale Ausgangslage zu reflektieren und zu berücksichtigen. Dialog ist kein Selbstzweck, sondern bestimmten Zielen verpflichtet. Diese werden im Idealfall nicht von einer Seite gesetzt, sondern gemeinsam bestimmt, damit der Dialog mehr ist als eine inszenierte Alibi- oder Schauveranstaltung. Die Beispiele von unterschiedlichen Ebenen illustrieren, dass Dialog nicht immer gelingt, aber trotz bestehender Schwierigkeiten einiges erreicht hat. Wichtig ist die Ergebnisoffenheit des Dialogs. Dies enthebt aber nicht von der Aufgabe, darauf zu schauen, welche Wirkungen er auf der individuellen, institutionellen, gesellschaftlichen oder medialen Ebene aufweist. Aufgrund der im Dialog angestrebten Verständigung entsteht manchmal das Missverständnis, dass der Dialog an sich harmonisierend sei. Auch wenn manche Dialoge diese Tendenz haben mögen, schließt Dialog gerade das Ringen um einen friedlichen und klärenden Umgang mit Differenzen ein. In der Praxis können Dialoge ganz unterschiedlich ausfallen, da es kein einheitliches Konzept, sondern verschiedene philosophische, kommunikationstheoretische, politische und auch religiös-weltanschauliche Zugänge gibt, um die herum der Begriff Dialog eine lose Klammer bildet. So hängt das Gelingen von Dialogen in der Regel von den beteiligten Personen und Institutionen und ihrer Veränderungsbereitschaft ab.

Auf Bundesebene ist die seit 2006 bestehende Deutsche Islam Konferenz (DIK) zu nennen, mit der erstmals ein deutschlandweiter Dialogprozess stattfindet und an der seit 2014 zehn islamische Dachverbände teilnehmen. Sie ist ein Dialogforum zwischen Vertretern des deutschen Staates und Muslimen in Deutschland. An ihr nehmen aber nicht nur Vertreter des Bundes, sondern auch der Länder und Kommunen teil. Die DIK hat mehrere Studien in Auftrag gegeben, Empfehlungen verfasst und Projekte angestoßen. So wurde hier etwa ein Leitfaden für die Fortbildung von religiösem Personal aus islamischen Gemeinden auf kommunaler Ebene erarbeitet (Geschäftsstelle der Deutschen Islam Konferenz / Bundesamt für Migration und Flüchtlinge 2011). Für die Kommunen kann die DIK eine Vorbildwirkung etwa hinsichtlich der Breite muslimischer Mitwirkender geben und gerade im Fall von Kontroversen ein inhaltlicher wie symbolischer Referenzpunkt mit einer gewissen Autorität und Vorbildwirkung sein.

Auf Länderebene finden teilweise vergleichbare Dialoge und runde Tische statt. In den Stadtstaaten Hamburg und Bremen wurden bereits Staatsverträge mit islamischen Dachverbänden abgeschlossen – in Niedersachsen wird derzeit noch verhandelt. Sie halten den Rechtsstand zu Themen wie Feiertage, Religionsunterricht, islamische Theologie, Seelsorge in Gefängnissen, Moscheebauten etc. fest. An vielen Stellen enthalten sie Willensbekundungen und stellen ein wichtiges politisches Signal dar. Durch sie hat sich Handlungssicherheit für Muslime und Verwaltungsmitarbeitende wesentlich erhöht. Außerdem wurde erreicht, dass Ermessensspielräume auf kommunaler Ebene verstärkt zugunsten wechselseitiger Dialogprozesse genutzt werden. Ein Beispiel dafür ist die Öffnung von Stadtteilschulen in Hamburg für muttersprachlichen Unterricht der Moscheegemeinden.

Auch auf kommunaler Ebene gibt es eine Fülle von runden Tischen, Ausländer- oder Integrationsbeiräten. Sie unterscheiden sich in ihrer Struktur, Intensität und in ihrer thematischen Ausrichtung. Auf diese Weise entstehen vor Ort Netzwerke unterschiedlicher staatlicher wie zivilgesellschaftlicher Akteure und Foren, in denen auch das Zusammenspiel von Fragen der Religion und des Zusammenlebens behandelt werden können. Daneben sind aber gleichermaßen unterschiedliche Fachdienste und Behörden vom Sozial- und Jugendamt über das Schulverwaltungsamt bis zum Bau- und Friedhofsamt betroffen (Kommunaler Qualitätszirkel zur Integrationspolitik 2012 [mit zahlreichen Beispielen und Empfehlungen]). Den kommunalen Integrationsbeauftragten kommt eine wichtige moderierende Funktion in diesem vielfältigen Gefüge zu (Gesemann et al. 2012, 151).

Ein weiterer Faktor ist der interreligiöse Dialog, der ein breites Spektrum an Zugängen und Handlungsfeldern aufweist (Meißner et al. 2014). Ferner gibt es eine Vielfalt unterschiedlicher Träger und Organisationsformen. Zudem erfüllt der Dialog unterschiedliche Funktionen: Während er für Christen oft mit Bildung oder diakonischem Engagement verbunden ist, erweist er sich für Muslime als Schritt hin zu Partizipation und Ankommen in der Gesellschaft. Dialog ist in hohem Maße abhängig von Personen und institutionellen Konstellationen sowie Offenheit der Kommune, mit religiösen Akteuren zusammenzuarbeiten. So verstehen sich manche Kommunen als Organisatoren und Moderatoren des interreligiösen Dialogs, während sich andere aus Neutralitätsgründen strikt zurückhalten. Spiegelbildlich dazu gibt es Dialogakteure, die keinen Einfluss auf das lokale Integrationsgeschehen nehmen wollen, da der Dialog für sie auf rein religiöse Themen beschränkt bleiben soll. Vielfach wird der Dialog jedoch auch ganzheitlich verstanden als „Dialog des Handelns" unter Einbeziehung von Fragen des Zusammenlebens in einer pluralistischen Gesellschaft, die positiv wahrgenommen wird (Zentralkomitee der deutschen Katholiken 2012). Dann besteht die Möglichkeit, dass sich religiöse Akteure auch an kommunalen Foren, Gremien oder runden Tischen beteiligen und so zum Ausdruck bringen, dass sie sich nicht in einer religiösen Sonderwelt verorten, sondern sich als Teil der Zivilgesellschaft verstehen und über ihre eigene Gemeinde hinaus Mitverantwortung für das Ganze tragen. Unterschiedliche sozialpolitische Themen wie Arbeit, Wohnen, Bildung und Beteiligung können so auch im Grenzbereich von staatlicher Rahmengebung und zivilgesellschaftlichem Engagement angegangen werden (Mund / Theobald 2009, 190–266).

Im Konfliktfall zwischen einer Kommune und Muslimen kann es dazu kommen, dass eine Moderation oder Mediation durch angesehene Persönlichkeiten oder Institutionen aus der Kommune oder durch externe Berater erforderlich wird. Da die Kirchen eine besondere Sensibilität und Sympathie für religiöse Belange haben, genießen sie oft das Vertrauen der muslimischen Seite. Umgekehrt werden sie von staatlicher bzw. kommunaler Seite als etablierte Akteure ernst genommen und können so eine Mittlerposition einnehmen. Den Kirchen wird von verschiedenen Seiten zugetraut, unabhängig und relativ frei von

Eigeninteressen zu sein. So können sie in Konflikten eine Schlüsselrolle spielen. Indem Muslime zunehmend einen direkten Zugang zu staatlichen Stellen finden, verliert diese vermittelnde Funktion des interreligiösen Dialogs an Bedeutung und er verortet sich weniger in Ausrichtung auf den Staat denn als Teil der Zivilgesellschaft. Der interreligiöse Dialog kann in unterschiedlicher Weise auf Konflikte einwirken, die selbst schon eine Beziehung zwischen unterschiedlichen Gruppen herstellen. So kann er Konflikte verstärken, indem religiöse Zuschreibungen und Aufladungen ein hohes Gewicht bekommen, indem stärker normativ statt pragmatisch argumentiert und eine Allianz der Gläubigen gegen die Areligiösen angestrebt wird, die dem Gedanken der Partizipation entgegensteht. Es kann durch den Dialog zu typisierenden Zuschreibungen kommen, die der realen Vielfalt innerhalb der Religionen und auch innerhalb der lokalen Gemeinden entgegensteht. Umgekehrt kann sich der interreligiöse Dialog als Instrument des Konfliktmanagements erweisen (Schmid 2010b), indem ein differenzierender und konstruktiver Umgang mit Unterschieden erfolgt, die im Ergebnis nicht mehr als bedrohlich, sondern als komplementär angesehen werden. Exklusive Ansprüche können dabei in einer inklusiven Synthese auf einer höheren Ebene überwunden werden. Darüber hinaus können die konkrete Begegnung und Vernetzung durch den Dialog erleichtert und Kompromisse erarbeitet werden. Auf diese Weise wird der Konflikt lokalisiert, anstatt ihn zu globalisieren, was ihn überschaubar und gestaltbar macht. Zudem werden im Dialog auch politik- und ideologiekritische Positionen eingenommen. Es kommt so gerade nicht zu einer Verdrängung des Konflikts, sondern zu dessen institutionalisierter Bearbeitung in der Form des Dialogs. Laut der bisher größten quantitativen und qualitativen Studie zum christlich-islamischen Dialog in Deutschland kann dieser als „Forum kooperativer Problembearbeitung" (Klinkhammer et al. 2011, 291) verstanden werden, wobei wie die Studie zeigt, dass Konfliktlinien oft nicht zwischen den Religionen verlaufen, sondern oft quer zu ihnen, so dass eine größere Nähe zwischen verschiedenen Gruppen aus unterschiedlichen Religionen besteht als zwischen Angehörigen einer Religion. Ob es gelingt, konstruktiv mit Konflikten umzugehen, oder ob doch die konfliktverstärkenden und -eskalierenden Aspekte mehr zur Geltung kommen, hängt von der konkreten Gestaltung des Dialogs ab. Dies erfordert kommunikative, interkulturelle und interreligiöse Kompetenzen auf Seiten der beteiligten Akteure. Die Wirkmöglichkeiten des interreligiösen Dialogs dürfen auch nicht überschätzt werden. So ist der Einfluss der Religionsgemeinschaften begrenzt, und oftmals stellt der Dialog keine wirkliche Priorität innerhalb ihrer unterschiedlichen Handlungsfelder dar.

Im positiven Fall mag es gelingen, dass sich die verschiedenen Ebenen vom Bund bis zur Kommune sowie politischer wie interreligiöser Dialog wechselseitig ergänzen und inspirieren. Ebenso können Impulse von außen und innere Öffnungsprozesse in islamischen Organisationen einander verstärken und zu einer besseren Integration beitragen (Schmid et al. 2008, 198ff.). Dialog erweist sich als ein Ansatz, der sowohl auf den verschiedenen formellen und institutionellen Ebenen als auch in anderen Bereichen der Interaktion zur Geltung kommen kann. So kann beispielsweise eine intensive Kommunikation zwischen Lehrkräften und muslimischen Eltern Misstrauen abbauen und Kompromisse hervorbringen, indem ein geschlechtergetrennter Schwimm- und Sportunterricht durchgeführt wird,

Schulen muslimische Feiertage in ihrer Terminplanung berücksichtigen und Klassenfahrten von einem muslimischen Elternteil oder einer Vertrauensperson begleitet werden (Hinrichs et al. 2012). Dies schließt allerdings nicht aus, dass bei manchen Themen wie Sexualerziehung im Sinne des schulischen Bildungsauftrags klare Grenzlinien gezogen werden.

6 Fazit

In diesem Beitrag haben wir zu zeigen versucht, wie lokale Politik durch globale Religionskonflikte und transnationale Religionspolitik überlagert wird, aber auch durch das gesellschaftliche Engagement religiöser Gemeinden vor Ort mitgeprägt wird. Häufig steht beides in einem Spannungsverhältnis, was einen Ausgangspunkt für die politische Gestaltung des Zusammenlebens bildet. Eine Weiterentwicklung des Staat-Kirche-Regimes im Blick auf neue Akteure, insbesondere Muslime, kann ein wichtiger Schritt hin zu Integration und Partizipation sein. Auf lokaler Ebene bietet etwa der Bereich der Kinder- und Jugendhilfe ein Feld, in dem in einem staatlich gesetzten Rahmen und in einem breiten Spektrum an Organisationen auch verschiedene religiöse Akteure tätig werden können, was für alle Beteiligte ein Lernfeld im Umgang mit Vielfalt darstellt. Dabei muss den organisationsspezifischen Besonderheiten des Islams und insbesondere der innermuslimischen Pluralität Rechnung getragen werden. Auf Seiten der Religionen, der Verwaltung und der Kommunalpolitik sind in wachsendem Maße Kompetenzen erforderlich, um mit dieser neuen und in hohem Maße komplexen Situation umzugehen. Einübung in Konflikt- und Dialogfähigkeit, Moderation und Prävention spielen dabei eine zentrale Rolle. Kommunale Verwaltungen können sich auch auf zivilgesellschaftliche Akteure stützen, die bereits über intensive Erfahrungen mit Muslimen verfügen. In jedem Fall geht es darum, das sehr dynamische Feld islamischer Gruppen und Organisationen nicht sich selbst zu überlassen, sondern es zunächst differenziert wahrzunehmen, es sodann gezielt zu fördern und partnerschaftlich einzubeziehen.

Literatur

Aumüller, Jutta / Gesemann, Frank 2014: Abschlussbericht Forschungs-Praxis-Projekt: Integrationspotenziale ländlicher Regionen im Strukturwandel. Darmstadt: Schader-Stiftung

Beinhauer-Köhler, Bärbel / Leggewie, Claus 2009: Moscheen in Deutschland. Religiöse Heimat und gesellschaftliche Herausforderung. München: C.H. Beck

Ben Rafael, Eliezer / Glöckner, Olfa / Sternberg, Yitzhak 2011: Jews and Jewish Education in Germany Today. Leiden: Brill

Benz, Wolfgang 2011: Antisemitismus und „Islamkritik". Bilanz und Perspektiven. Berlin: Metropol

Bertelsmann Stiftung (Hrsg.) 2007: Religionsmonitor 2008. Gütersloh: Gütersloher Verlagshaus

Bielefeldt, Heiner 2007: Menschenrechte in der Einwanderungsgesellschaft. Plädoyer für einen aufgeklärten Multikulturalismus. Bielefeld: transcript

Bielefeldt, Heiner (²2008): Das Islambild in Deutschland. Zum öffentlichen Umgang mit der Angst vor dem Islam. Berlin: Deutsches Institut für Menschenrecht

Brettfeld, Karin / Wetzels, Peter 2007: Muslime in Deutschland. Integration, Integrationsbarrieren, Religion und Einstellungen zu Demokratie, Rechtsstaat und politisch-religiös motivierter Gewalt. Berlin: Bundesministerium des Innern

Çakır, Naime 2014: Islamfeindlichkeit. Anatomie eines Feindbildes in Deutschland. Bielefeld: transcript

Dehn, Ulrich 2014: Der christlich-islamische Dialog auf dem Hintergrund gesamtgesellschaftlicher Veränderungen. In: Rohe, Mathias et al. (Hrsg.) 2014: Handbuch Christentum und Islam in Deutschland, Freiburg i. Br.: Herder, Bd. 2, 1011–1038

Eißler, Friedmann 2009: Muslimische Einladung zum Dialog. Dokumentation zum Brief der 138 Gelehrten („A Common Word"). Berlin: Evangelische Zentralstelle für Weltanschauungsfragen

Färber, Alexa / Spielhaus, Riem (Hrsg.) 2006: Islamisches Gemeindeleben in Berlin. Berlin: Der Beauftragte des Senats von Berlin für Integration und Migration

Forst, Rainer 2003, Toleranz im Konflikt. Geschichte, Gehalt und Gegenwart eines umstrittenen Begriffs. Frankfurt a.M.: Suhrkamp

Geschäftsstelle der Deutschen Islam Konferenz / Bundesamt für Migration und Flüchtlinge 2011, Dialog Öffnung Vernetzung. Leitfaden für die gesellschaftskundliche und sprachliche Fortbildung von religiösem Personal und weiteren Multiplikatoren islamischer Gemeinden auf kommunaler Ebene. Nürnberg

Gesemann, Frank / Roth, Roland / Aumüller, Jutta 2012: Stand der kommunalen Integrationspolitik in Deutschland. Berlin: Beauftragte der Bundesregierung für Migration, Flüchtlinge und Integration/Bundesministerium für Verkehr, Bau und Stadtentwicklung

Hafez, Kai / Schmidt, Sabrina 2015: Die Wahrnehmung des Islams in Deutschland. Religionsmonitor – verstehen was verbindet. Sonderauswertung Islam 2015. Gütersloh: Bertelsmann Stiftung

Hamdan, Hussein / Schmid, Hansjörg 2014: Junge Muslime als Partner. Ein empiriebasierter Kompass für die soziale Arbeit. Weinheim: Beltz Juventa

Halm, Dirk / Sauer, Martina / Schmidt, Jana/ Stichs, Anja 2012: Islamisches Gemeindeleben in Deutschland. Im Auftrag der Deutschen Islamkonferenz. Nürnberg: Bundesamt für Migration und Flüchtlinge

Halm, Dirk / Sauer, Martina 2015: Soziale Dienstleistungen der in der Deutschen Islam Konferenz vertretenen religiösen Dachverbände und ihrer Gemeinden. Studie im Auftrag der Deutschen Islamkonferenz. Berlin: Bundesministerium des Innern

Hasenclever, Andreas 2008: Merkmale gewaltresistenter Glaubensgemeinschaften – Überlegungen zum Schutz religiöser Überlieferung vor politischer Vereinnahmung. In: Brocker, Manfred / Hildebrandt, Mathias (Hrsg.), Friedensstiftende Religionen? Religion und die Deeskalation politischer Konflikte. Wiesbaden: Springer VS, S. 179–201

Haug, Sonja / Müssig, Stephanie / Stichs, Anja 2009: Muslimisches Leben in Deutschland. Im Auftrag der Deutschen Islam Konferenz. Nürnberg: Bundesamt für Migration und Flüchtlinge

Hero, Markus / Krech, Volkhard / Zander, Helmut (Hrsg.) 2008: Religiöse Vielfalt in Nordrhein-Westfalen. Empirische Befunde und Perspektiven der Globalisierung vor Ort. Paderborn: Schöningh

Hinrichs, Ulrike / Romdhane, Nizar / Tiedemann, Markus 2012: „Unsere Tochter nimmt nicht am Schwimmunterricht teil!" 50 religiös-kulturelle Konfliktfälle in der Schule und wie man ihnen begegnet. Mülheim an der Ruhr: Verlag an der Ruhr

Hohage, Christoph 2013: Moschee-Konflikte. Wie überzeugungsbasierte Koalitionen lokale Integrationspolitik bestimmen. Wiesbaden: Springer VS

Honneth, Axel 1993: Kampf um Anerkennung. Zur moralischen Grammatik sozialer Konflikte. Frankfurt a. M.: Suhrkamp

Huber, Stefan 2007: Aufbau und strukturierende Prinzipien des Religionsmonitors. In: Bertelsmann Stiftung 2007, S. 19–24

Hüttermann, Jörg 2006: Das Minarett. Zur politischen Kultur des Konflikts um islamische Symbole. Weinheim/München: Beltz Juventa

Hüttermann, Jörg 2010: Entzündungsfähige Konfliktkonstellationen: Eskalations- und Integrationspotenziale in Kleinstädten der Einwanderungsgesellschaft. Weinheim / München: Juventa

Kermani, Navid 2009: Wer ist Wir? Deutschland und seine Muslime. München: C. H. Beck

Klinkhammer, Gritt / Frese, Hans-Ludwig / Satilmis, Ayla / Seibert, Tina 2011: Interreligiöse und interkulturelle Dialoge mit Muslimen in Deutschland. Eine quantitative und qualitative Studie. Bremen: Universität Bremen

Klöcker, Michael / Tworuschka, Udo (1997ff.): Handbuch der Religionen: Kirchen und andere Glaubensgemeinschaften in Deutschland. Landsberg am Lech: Olzog

Kommunaler Qualitätszirkel zur Integrationspolitik 2012, „Umgang mit religiöser Vielfalt – Handreichung für die kommunale Praxis". Stuttgart

Krech, Volkhard 2007: Exklusivität, Bricolage und Dialogbereitschaft. Wie die Deutschen mit religiöser Vielfalt umgehen. In: Bertelsmann Stiftung 2007, Religionsmonitor 2008. Gütersloh: Gütersloher Verlagshaus, S. 33–43

Krech, Volkhard 2008: Bewegungen im religiösen Feld: Das Beispiel Nordrhein-Westfalen. In: Hero et al. 2008, Religiöse Vielfalt in Nordrhein-Westfalen. Empirische Befunde und Perspektiven der Globalisierung vor Ort. Paderborn: Schöningh, S. 24–43

Leggewie, Claus 1993: Alhambra. Der Islam im Westen. Reinbek bei Hamburg: Rowohlt

Leggewie, Claus 1996: How Turks Became Kurds, Not Germans. In: Dissent 43/3. 79–83

Leggewie, Claus 2009: Weltmacht Religion. In: Debiel, Tobias et al. (Hrsg.): Globale Trends 2010. Frieden, Entwicklung, Umwelt. Frankfurt a. M.: Fischer, S. 61–80

Leggewie, Claus / Joost, Angela / Rech, Stefan (Hrsg.) 2002: Der Weg zur Moschee. Eine Handreichung für die Praxis. Bad Homburg: Herbert-Quandt-Stiftung

Lemmen, Thomas 2009: Angebot und Nachfrage – Muslimische Grabfelder in Deutschland. In: Reiner Sörries (Hrsg.): Muslime in deutscher Erde. Sterben, Jenseitserwartung und Bestattung. Kassel: Arbeitsgemeinschaft Friedhof und Denkmal, S. 55–62

Meißner, Volker /Affolderbach, Martin / Mohagheghi, Hamideh / Renz, Andreas (Hrsg.) 2014: Handbuch christlich-islamischer Dialog. Grundlagen – Themen – Praxis – Akteure. Freiburg i. Br.: Herder

Meyer, Hendrik / Schubert, Klaus 2011: Vielfalt als Potential – Implikationen aus dem Verhältnis von Politik und Islam. In: dies. (Hrsg.): Politik und Islam. Wiesbaden: VS Verlag für Sozialwissenschaften, S. 290–310

Müller, Harald 1998: Das Zusammenleben der Kulturen. Ein Gegenentwurf zu Huntington. Frankfurt a. M.: Fischer

Mund, Petra / Theobald, Bernhard 2009 (Hrsg.): Kommunale Integration von Menschen mit Migrationshintergrund – ein Handbuch. Berlin: Deutscher Verein für öffentliche und private Fürsorge

Norris, Pippa / Inglehart, Ronald 2011: Sacred and Secular. Religion and Politics Worldwide. 2nd Edition. Cambridge: Cambridge University Press

Pollack, Detlef / Müller, Olaf 2013: Religionsmonitor. verstehen was verbindet. Religiosität und Zusammenhalt in Deutschland. Gütersloh: Bertelsmann Stiftung (https://www.bertelsmann-stiftung.de/fileadmin/files/BSt/Publikationen/GrauePublikationen/GP_Religionsmonitor_verstehen_was_verbindet_Religioesitaet_und_Zusammenhalt_in_Deutschland.pdf [31.8.2015])

Rohe, Mathias / Engin, Havva / Khorchide, Mouhanad / Özsoy, Ömer / Schmid, Hansjörg (Hrsg.) 2014: Handbuch Christentum und Islam in Deutschland. Grundlagen, Erfahrungen und Perspektiven des Zusammenlebens. 2 Bde. Freiburg i. Br.: Herder

Rosenow-Williams, Kerstin 2012: Organizing Muslims and Integrating Islam in Germany. New Developments in the 21st Century. Leiden/Boston: Brill

Schiffauer, Werner 2010: Nach dem Islamismus. Eine Ethnographie der Islamischen Glaubensgemeinschaft Milli Görüş. Frankfurt a. M.: Suhrkamp

Schmid, Hansjörg (2010a): Zwischen Asymmetrie und Augenhöhe. Zum Stand des christlich-islamischen Dialogs in Deutschland. In: Hünseler, Peter / Di Noia, Salvatore (Hrsg.): Kirche und Islam im Dialog. Eine europäische Perspektive. Regensburg: Pustet, S. 49–89

Schmid, Hansjörg (2010b): Integration durch interreligiösen Dialog? Versuch einer Verhältnisbestimmung, in: Ucar, Bülent (Hrsg.): Die Rolle der Religion im Integrationsprozess. Die deutsche Integrationsdebatte. Frankfurt a. M.: Peter Lang, S. 519–538

Schmid, Hansjörg 2014: Christen und Muslime als Träger sozialer Verantwortung und Mitgestalter der deutschen Gesellschaft – aus christlicher Perspektive. In: Rohe, Mathias et al. 2014: Handbuch Christentum und Islam in Deutschland. Grundlagen, Erfahrungen und Perspektiven des Zusammenlebens. Freiburg i. Br.: Herder, Bd. 2, S. 627–663

Schmid, Hansjörg / Akca, Ayşe Almıla / Barwig, Klaus 2008: Gesellschaft gemeinsam gestalten. Islamische Vereinigungen als Partner in Baden-Württemberg. Baden-Baden: Nomos

Schreiner, Stefan 2008: Das „christliche Europa" – eine Fiktion. In: Miksch, Jürgen (Hrsg.): Vom Christlichen Abendland zum abrahamischen Europa. Frankfurt a. M.: Lembeck, S. 126–144

Soysal, Yasemin Nuhoğlu 1994: Limits of Citizenship. Migrants and Postnational Membership in Europe. Chicago: University Press

Willems, Ulrich 2003: Religion als Privatsache? Eine kritische Auseinandersetzung mit dem liberalen Prinzip einer strikten Trennung von Politik und Religion. In: Minkenberg, Michael / Willems, Ulrich (Hrsg.): Politik und Religion. Politische Vierteljahresschrift. Sonderheft 33. Wiesbaden: Westdeutscher Verlag, S. 88–112

Zentralkomitee der deutschen Katholiken (Hrsg.) 2012: Christen und Muslime – Partner in der pluralistischen Gesellschaft. Eine gemeinsame Auseinandersetzung mit gesellschaftlichen Fragen, Bonn (www.zdk.de/veroeffentlichungen/erklaerungen/detail/Christen-und-Muslime-Partner-in-der-pluralistischen-Gesellschaft-Eine-gemeinsame-Auseinandersetzung-mit-gesellschaftlichen-Fragen-208q/ [31.8.2015])

Integration durch politische Partizipation

Roland Roth

Zusammenfassung

Politische Partizipation gehört zu den randständigen Themen in der deutschen Integrationspolitik. Die politische Teilhabe von Menschen mit Migrationshintergrund findet nur geringe öffentliche Aufmerksamkeit. Dies gilt in erster Linie für die rechtliche und faktische Gleichstellung von Eingewanderten in den Kerninstitutionen repräsentativer Demokratien, also die „direkte" politische Beteiligung in Parlamenten, Parteien und bei Wahlen. Von einer gleichberechtigten und proportionalen Beteiligung von Menschen mit Migrationshintergrund kann dort keine Rede sein. Stärkere Aufmerksamkeit erfahren stattdessen „indirekte", d. h. assoziative, zivilgesellschaftliche und beratende Formen politischer Beteiligung, die vor allem auf kommunaler Ebene praktiziert werden. So erfreuen sich heute Migrantenorganisationen verstärkter öffentlicher Wertschätzung. Sie sind zu Ansprechpartnern geworden, wenn es um die Umsetzung öffentlicher Integrationsprogramme, besonders die Beratung und Betreuung von Neuzuwanderern, aber auch um politische Konsultationen geht. Zu dieser Wachstumszone gehört auch die Förderung des freiwilligen Engagements von Eingewanderten in Integrationsräten, Verbänden, Vereinen und lokalen Gemeinschaften. Sie tragen so zur demokratischen Vitalisierung einer vielfältiger werdenden Gesellschaft bei. Gleichzeitig können diese „indirekten" Partizipationsformen vorenthaltene politische Bürgerrechte nicht kompensieren. Das integrationspolitische Potential politischer Partizipation ist erst noch zu entdecken.

Schlüsselbegriffe

Direkte und indirekte politische Partizipation, politische Bürgerrechte und Einbürgerung, MigrantInnen in Parlamenten, Repräsentationslücke und „diversity gap", Ausländer- und Integrationsbeiräte, Migrantenorganisationen, bürgerschaftliches Engagement

1 Politische Teilhabe als Element gelungener Integration

Zugewanderte können erst dann als vollständig integriert gelten, wenn sie auch am politischen Leben des Aufnahmelandes gleichberechtigt teilhaben. Dazu müssen sie nach einer Phase des Einlebens und Kennenlernens in ihren politischen Rechten den Einheimischen gleichgestellt sein. Aber die rechtliche Gleichstellung allein reicht nicht aus. Vielmehr ist es gleichzeitig nötig, migrationsspezifische Barrieren abzusenken. Dazu gehören u. a. entsprechende Sprachkompetenzen sowie Grundkenntnisse über das politische System des Aufnahmelandes und Zugang zu zentralen Organisationen der Politikvermittlung wie politischen Parteien und Verbänden, um eine faire politische Repräsentation ihrer Interessen zu erreichen. Zugangsbarrieren können allgemeinen Charakter haben, wenn sie jeden Neuling gleichermaßen treffen. Aber sie können auch als Diskriminierung erfahren werden, wenn sie auf rechtlichen Ausgrenzungen oder Vorbehalten gegenüber spezifischen Zuwanderergruppen beruhen.

In öffentlichen Debatten, aber auch in der Wahrnehmung vieler Migranten hat die politische Integration nur einen nachrangigen Status im Integrationsgeschehen. Sprache, Wohnen, Bildung und Arbeit werden deutlich höher bewertet. Selbst in Standardwerken zur Integrationspolitik wird politische Integration gelegentlich „vergessen"[1]. Politische Partizipation gehört zu den eher randständigen Themen in der deutschen Integrationspolitik[2]. Die politische Teilhabe von Menschen mit Migrationshintergrund findet nur geringe öffentliche Aufmerksamkeit. Dies gilt besonders für die rechtliche und faktische Gleichstellung von Eingewanderten in den Kerninstitutionen repräsentativer Demokratien, also in Parlamenten, Parteien und bei Wahlen. Auch wenn die Forschungslage insgesamt unbefriedigend ist[3], kann für diese „direkte politische Partizipation" in allen Bereichen und auf allen Ebenen festgestellt werden, dass von einer gleichberechtigten und proportionalen Beteiligung von Menschen mit Migrationshintergrund keine Rede sein kann. Was spricht dafür, politische Integration nicht zu vernachlässigen und ihr einen gleichberechtigten Status im Integrationsgeschehen zuzubilligen? Zumindest drei Begründungszusammenhänge sollten überzeugen:

Erstens gehört politische Gleichheit zu den zentralen Basisnormen von Demokratien. Sie verlangt die gleichberechtigte Einbeziehung aller in ihrer Lebensführung davon betroffenen Menschen in die politischen Willensbildungs- und Entscheidungsprozesse eines

---

1 So findet sich in einem breit angelegten Basistext zur Integration von Migranten von Friedrich Heckmann, einem der Nestoren der Integrationsforschung in Deutschland, kein eigener Abschnitt zum Thema politische Integration (Heckmann 2015).
2 Vgl. Schönwälder 2010 und Hossain et al. 2016: 238f.; zur internationalen Debatte über die integrationspolitische Bedeutung politischer Partizipation s. Hochschild/Mollenkopf 2009; Bird et al. 2011.
3 Zur unbefriedigenden Datenlage s. Müssig/Worbs 2012: 12ff.

Gemeinwesens[4]. Für die Beurteilung der Qualität von Demokratien ist es zentral, ob und in welchem Umfang diese Norm erfüllt ist. Dabei zeigen die Geschichte des Frauenwahlrechts oder die anhaltenden Debatten über das Wahlalter von jungen Menschen, dass der Weg zur politischen Gleichheit für bestimmte Bevölkerungsgruppen lang und hürdenreich sein kann. Jedenfalls beschädigt es die demokratische Qualität eines Landes, wenn größere Gruppen von Menschen dauerhaft aus der politischen Willensbildung ausgeschlossen bleiben.

Zweitens kommt politischer Integration eine hohe symbolische Bedeutung zu. Sie signalisiert weit mehr als Sprache, Bildung oder Arbeit die Zugehörigkeit zu einem Gemeinwesen. Es geht um die politische Zugehörigkeit von Einwanderern als Bürgerin oder Bürger („citizen")[5]. Dies ist gerade in Deutschland von besonderer Bedeutung, wo Bürgerschaft lange Zeit durch Abstammung und Herkunft „völkisch" exklusiv definiert wurde. An diese exkludierende Tradition knüpfen aktuell rechtspopulistische und rechtsextreme Parteien und Gruppierungen an. Die Ausgestaltung der Bürgerschaft von Eingewanderten ist erneut ein politisch umkämpftes Feld[6].

Drittens verbinden sich mit der politischen Teilhabe von Zuwanderern funktionale Erwartungen. Dies gilt bereits für den Integrationsprozess selbst, den sie durch politische Beteiligung mitgestalten, erleichtern und verbessern können. Das mögliche Mitwirkungsspektrum reicht von der Parlamentsarbeit und der Ausarbeitung von Gesetzen, über die Interessenartikulation und Willensbildung in Parteien und Verbänden bis zur Übernahme von politischen Ämtern. Wenn die Zielgruppen von integrationspolitischen Entscheidungen daran nicht gleichberechtigt mitwirken können, werden sie notwendig zu Bürgerinnen und Bürgern „zweiter Klasse".

Auch politische Integration benötigt Zeit und erfordert Erfahrungen mit dem politischen System des Aufnahmelandes. Die starke Zuwanderung von Flüchtlingen hat in jüngster Zeit jene Stimmen gestärkt, die von Neuankömmlingen ein Bekenntnis zum Grundgesetz und der dort normierten demokratischen Ordnung verlangen. Das bloße Bekenntnis wird jedoch nicht ausreichen, sondern Demokratie muss erfahren und gelebt werden[7]. Es liegt deshalb nahe, Zugewanderten möglichst zügig einen gleichberechtigten Zugang zum politischen System zu eröffnen und sie auf diesem Wege durch Angebote

---

4 „Politische Gerechtigkeit lässt dauerhaftes Ausländertum nicht zu – ganz gleich, ob es sich um bestimmte Einzelpersonen oder um eine Klasse von wechselnden Individuen handelt. Zumindest gilt dies für eine Demokratie" (Walzer 1992: 104).

5 „Participation in the conventional political system by voting in elections, and especially by standing for office, is of particular interest, because it is not just a mode of participation, but also a powerful symbol of political belonging" (Garbaye 2004: 39).

6 So wurde bei einer vom Landesnetzwerk der Migrantenorganisationen veranstalteten Probewahl für Migranten anlässlich der Landtagswahlen in Sachsen-Anhalt im März 2016 das Organisationsbüro in Halle/Saale von einer Gruppe der rechtsextremen Identitären Bewegung zugemauert und mit der Aufschrift „No Way" versehen (vgl. Zeit Online vom 11. März 2016).

7 Dies gilt im übrigen auch für Einheimische: „Demokratie ist die einzige politisch verfasste Gesellschaftsordnung, die gelernt werden muss – immer wieder, tagtäglich und bis ins hohe Alter hinein" (Negt 2010: 13).

der politischen Bildung und Selbstorganisation zu unterstützen. Dies gilt für das in liberalen Demokratien zentrale Wahlrecht, für grundlegende politische Rechte wie die Versammlungs- und Vereinigungsfreiheit, aber auch für zentrale Formen der politischen Interessenvermittlung durch Parteien, Verbände und Gewerkschaften. Hinzu kommt die möglichst gleichberechtigte Beteiligung an einer wachsenden Zahl von dialogorientierten Formen der Mitwirkung und Mitbestimmung sowie an Formen der direkten Demokratie vor allem auf kommunaler Ebene, aber auch der niedrig schwellige Zugang zum freiwilligen Engagement, das – wie nicht zuletzt die zahlreichen Willkommensinitiativen und das bürgerschaftliche Engagement von und für Geflüchtete gezeigt haben – durchaus in der Lage ist, Gesellschaft mitzugestalten.

2 Politische Partizipation im föderalen System Deutschlands

2.1 Nationale und europäische Rahmenbedingungen

Ein Vergleich der politischen Partizipation von Zugewanderten in den EU-Ländern, den USA und Kanada zeigt zwei extreme Ausprägungen. Im günstigsten Fall bietet der Staat die Möglichkeit, dass sich alle Menschen, die dort ihren Wohnsitz haben, am demokratischen Prozess beteiligen können. „Neuankömmlinge genießen dieselben Bürgerrechte wie einheimische Staatsangehörige. Immigrant(inn)en mit ständigem Wohnsitz im Land erhalten nach einer begrenzten Anzahl von Jahren das aktive und passive Wahlrecht auf kommunaler Ebene und gleiche politische Grundfreiheiten wie Einheimische" (Huddleston et al. 2011: 18f.). Die Wahlbeteiligung erstreckt sich in föderalen Staaten auch auf die regionale bzw. Länderebene. Zusätzlich gibt es einflussreiche und unabhängige Migrantenbeiräte auf diesen Ebenen. Der Staat informiert zudem über die politischen Rechte und unterstützt zivilgesellschaftliche Zusammenschlüsse von Migranten.

Im ungünstigsten Fall haben Immigranten auf keiner Ebene Einfluss auf politische Entscheidungen. Ihre politischen Grundrechte sind eingeschränkt, sie dürfen keine politischen Organisationen gründen oder politischen Parteien beitreten. Kommunale Politik und Verwaltung verständigen sich nicht mit den Zugewanderten. Mit Ermutigung und staatlicher Finanzierung können Migrantenorganisationen nicht rechnen.

Das positive Ende wird in dieser Vergleichsstudie vor allem von skandinavischen Ländern besetzt, während sich am negativen Pol in erster Linie osteuropäische Länder finden. Die Bundesrepublik nimmt in diesem Spektrum aktuell einen mittleren Platz ein. Auf der Habenseite stehen elementare politische Bürgerrechte für Zugewanderte (Versammlungs- und Vereinigungsfreiheit), eine Vielzahl von kommunalen Vertretungen und Beiräten auf Landesebene, die zunehmende Anerkennung von Migrantenorganisationen und eine liberalisierte Einbürgerungspraxis. Negativ schlägt jedoch das noch immer verweigerte Kommunalwahlrecht für Drittstaatenangehörige zu Buche, das inzwischen 11 (passiv und aktiv) bzw. 15 (nur aktiv) der im „Migrant Integration Policy Index" (MIPEX 2015) untersuchten europäischen Länder eingeführt haben – in Ländern wie Schweden oder den Niederlanden gibt es dieses Wahlrecht bereits seit mehr als drei Jahrzehnten. Nachdem erste Versuche zu Beginn der 1990er Jahre am Einspruch des Bundesverfassungsgerichts scheiterten, ist es bislang in Deutschland nicht gelungen, eine verfassungsändernde Mehrheit zugunsten eines Kommunalwahlrechts für Nicht-EU-BürgerInnen zu erreichen (über ein Wahlrecht auf Landes- oder Bundesebene wird nicht einmal diskutiert). Faktisch gilt ein „Drei-Klassen-Wahlrecht"[8] mit gravierenden Folgen: „Etwa 20 Prozent der Gesamtbevölkerung in Deutschland, aber nur 9 Prozent der Wahlberechtigten haben einen Migrationshintergrund, während aus demografischen Gründen der Anteil der Bevölkerung mit Migrationshintergrund an der Gesamtbevölkerung stetig wächst. Ergebnis ist ein schleichendes Demokratiedefizit in der Einwanderungsgesellschaft" (SVR 2010: 187).

Mit seiner starken Tradition eines vom Abstammungsprinzip geprägten Staatsbürgerrechts (ius sanguinis) tut sich Deutschland trotz aller integrationspolitischen Reformen noch immer besonders schwer, die politische Teilhabe von Nicht-Deutschen als Integrationschance zu akzeptieren und auszugestalten. Immer wieder gab es in den letzten Jahrzehnten Initiativen einzelner Bundesländer, aber auch von Migranten- und Bürgerrechtsorganisationen wenigstens die lange in der Bundesrepublik lebenden Zugewanderten aus Nicht-EU-Ländern mit einem kommunalen Wahlrecht auszustatten[9]. Solche Versuche scheiterten bislang an den Mehrheitsverhältnissen in Bundesrat und Bundestag, aber auch an den Hürden, die das Bundesverfassungsgericht 1990 in zwei Urteilen gegen eine Einführung des Kommunalwahlrechts für Ausländer durch den Landesgesetzgeber errichtet hat. Allerdings waren diese Urteile bereits damals nicht alternativlos, sondern heftig umstritten. Mit der Einführung des aktiven und passiven Wahlrechts für Unionsbürger bei Kommunalwahlen und Wahlen zum Europäischen Parlament durch den Maastricht-Vertrag von 1992 sind zentrale Prämissen dieser Urteile ohnehin überholt (vgl. Hanschmann 2012). Mehr denn je kann deshalb von einem demokratiepolitischen Gebot zur Ausweitung des „Ausländerwahlrechts" ausgegangen werden, um das zentrale Kongruenzprinzip zu erfüllen: Wer den deutschen Gesetzen dauerhaft unterworfen ist, muss auch demokratischen Einfluss auf ihre Ausgestaltung nehmen können.

Bereits die „Süssmuth-Kommission" definierte als Ziel von Integrationspolitik „Zuwanderern eine gleichberechtigte Teilhabe am gesellschaftlichen, wirtschaftlichen, kulturellen und politischen Leben unter Respektierung kultureller Vielfalt zu ermöglichen" (UKZ 2001: 200). Die gleichberechtigte Teilhabe am politischen Leben sollte für die „dauerhaft und berechtigt in Deutschland lebenden Migranten" gelten.

---

8 Über volle politische Bürgerrechte verfügen deutschstämmige Aussiedler und Eingebürgerte; von eingeschränkten Rechten (Wahlrecht bei Wahlen auf Kommunal- und EU-Ebene) können seit dem Maastricht-Vertrag EU-Bürger Gebrauch machen; Drittstaatler können lediglich ihre meist auf konsultative Funktionen begrenzten Vertretungen wählen, wo dies Gemeindeordnungen oder lokale Satzungen vorsehen.

9 Aktuell findet sich diese Forderung z. B. in der Koalitionsvereinbarung der rheinland-pfälzischen Landesregierung von 2016.

Seit Jahrzehnten empfehlen zudem europäische Institutionen, die politische Partizipation von Migranten zu einem integralen Bestandteil nationaler Integrationspolitik zu machen[10]. Obwohl sich verschiedene Gremien der EU für eine aktive Integrationspolitik für Migranten eingesetzt haben, ist es nicht gelungen, in den Mitgliedsstaaten entsprechende Entwicklungen auszulösen. Integrationspolitik ist weitgehend eine nationale Angelegenheit geblieben. Bei den Mitgliedstaaten zeichnet sich zudem kein einheitliches Entwicklungsmuster in Richtung einer verbesserten politischen Inklusion von Zugewanderten ab, sondern Integration ist nach wie vor ein politisches umkämpftes Feld, in dem es zu Verbesserungen, aber auch immer wieder zu Rückschritten kommt (Koopmans et al. 2005; MIPEX 2015). Dies schlägt sich nicht zuletzt in der zähen Auseinandersetzung um die politische Partizipation von Zugewanderten nieder. Der seit 2004 erstellte „Migrant Integration Policy Index – MIPEX), der in seiner jüngsten Ausgabe 38 Länder in Europa, Nordamerika und Neuseeland erfasst, kommt 2015 zu dem Ergebnis, dass es seit 2007 in der Summe kaum Fortschritte mit Blick auf die politische Beteiligung von Immigranten gibt. Während einige Länder wie Dänemark und Luxemburg deutliche Verbesserungen verzeichnen, haben andere Länder wie Norwegen, Niederlande und Ungarn die Beteiligungsmöglichkeiten wieder eingeschränkt (MIPEX 2015). Für die Bundesrepublik wirkt dabei besonders das verweigerte Kommunalwahlrecht für Drittstaatenangehörige als Bremse, das inzwischen 11 (passiv und aktiv) bzw. 15 (nur aktiv) der untersuchten europäischen Länder eingeführt haben. In Sachen politischer Partizipation rangiert die Bundesrepublik deshalb nur auf Platz 11, obwohl die übrigen politischen Bürgerrechte auch für Immigranten weitgehend garantiert sind und deutliche Fortschritte bei der Einbürgerungspraxis erreicht worden sind (Platz 3)[11]. Im Ende 2012 vorgelegten Nationalen Aktionsplan Integration (Bundesregierung 2012) wird die politische Inklusion im Sinne gleicher Rechte allenfalls randständig angesprochen. Das im Sommer 2016 unter dem Eindruck der verstärkten Zuwanderung von Geflüchteten verabschiedete erste Integrationsgesetz des Bundes erwähnt das Thema nicht einmal sondern setzt zentral auf eine möglichst rasche Arbeitsmarktintegration.

Mit Blick auf eine insgesamt eher nachlassende Wahlbeteiligung scheint das Wahlrecht einen Bedeutungsverlust erlitten zu haben. Daraus zu folgern, es wäre für die Integrations-

---

10 Der Europarat legte bereits 1992 eine „Konvention zur Partizipation von Ausländern am lokalen öffentlichen Leben" vor, in der die Einführung eines kommunalen Wahlrechts für Ausländer empfohlen wird. Die Europäische Kommission hatte 2003 diese Empfehlung erneuert und 2005 ein „Handbuch zur Integration für Entscheidungsträger und Praktiker" herausgegeben, in dem die aktive Staatsbürgerschaft für Zuwanderer als Integrationschance betont wird. Dazu gehören kommunales Wahlrecht, Konsultationsstrukturen und der Erwerb der Staatsbürgerschaft, aber auch die Förderung von ehrenamtlichen Tätigkeiten und Migrantenorganisationen (Niessen/Schibel 2005: 46f.). In einer dritten, umfangreicheren Ausgabe werden zusätzlich detaillierte Vorschläge zu Dialogplattformen und zum Abbau von Hindernissen beim Erwerb der Staatsbürgerschaft gemacht (Niessen/Huddleston 2010).

11 Besonders gut schneidet die Bundesrepublik in der Arbeitsmarktintegration ab (Rang 4), während Familienzusammenführung, Gesundheit, Antidiskriminierungspolitik und Bildung deutlich unterhalb des Durchschnittsniveaus liegen.

politik weitgehend irrelevant[12], verkennt jedoch die vielfältigen sekundären Wirkungen des Wahlrechts. Es begünstigt die Entfaltung einer eigenen politischen Agenda, unterstützt die Herausbildung und Qualifizierung politischen Personals bzw. von Funktionseliten und führt – zumindest potentiell – zur größeren Berücksichtigung der vorgebrachten Interessen. All dies fördert zudem die öffentliche Sichtbarkeit der Zugewanderten, ihrer Wünsche, Interessen und Bedürfnisse. Vorhandene Integrationsprobleme der Zugewanderten wie der Aufnahmegesellschaft werden damit leichter diskutierbar.

Es geht bei der Chance zur Beteiligung an Wahlen nicht nur um ein individuelles Recht sondern auch um einen in repräsentativen Demokratien zentralen Modus politischer Inklusion. Er ist gerade nicht auf den Wahlakt beschränkt, sondern bietet Gelegenheiten und erhebliche Ressourcen zur politischen Selbstorganisation (z. B. durch die staatliche Parteienfinanzierung, die Unterstützung parteinaher Stiftungen, die Übernahme von öffentlichen Ämtern etc.), stärkt die Interessenberücksichtigung (via Parteienkonkurrenz, Repräsentation von Interessen innerhalb und außerhalb politischer Parteien, Amtsautorität, garantierter Beteiligung an Aushandlungsprozessen im Vorfeld von Gesetzesvorhaben etc.) und die Präsenz in öffentlichen Debatten.

Die Ausweitung der politischen Bürgerrechte auf Eingewanderte betrifft nicht nur das Wahlrecht sondern den politischen Bürgerstatus insgesamt. Grundgesetz, Landesverfassungen und Gemeindeordnungen enthalten in vielen Regelungen die Unterscheidung von „Einwohnern" und „Bürgern". Nichtdeutsche sind in der Folge von einer Vielzahl von politischen Beteiligungsmöglichkeiten ausgeschlossen, nicht zuletzt von direktdemokratischen Formaten, wie z. B. bei Bürgerbegehren und Bürgerentscheiden[13].

Eine Bilanz der Erfahrungen mit der Einführung des kommunalen Wahlrechts in anderen EU-Ländern betont dass sie in keinem Land zu besonderen Problemen geführt habe, aber sicherlich auch nicht alle Integrationsaufgaben lösen konnte (vgl. Cyrus/Vogel 2008: 23ff.). Die bedrückend erfolgreichen populistischen Mobilisierungen in den Niederlanden und in einigen skandinavischen Ländern sprechen dafür, dass die Anti-Ausländer-Karte auch bei wesentlich höheren Einbürgerungsraten und einem kommunalem Ausländerwahlrecht stechen kann. Auch das Ausländerwahlrecht bietet somit keine Garantie für integrationspolitische Erfolge.

Angesichts der verweigerten politischen Bürgerrechte für Zugewanderte aus Nicht-EU-Staaten wird die Einbürgerung gerne offiziell als „Königsweg" der politischen Integration bezeichnet. Diese optimistische Einschätzung hat sich trotz der Liberalisierungen im Staatsangehörigkeitsrecht seit dem Jahr 2000 nicht bestätigt. Im europäischen Vergleich sind die deutschen Einbürgerungsquoten weiterhin unterdurchschnittlich[14]. So wurden 2014

---

12 So z. B. nachdrücklich ein Gutachten des Sachverständigenrats deutscher Stiftungen für Integration und Migration (SVR 2012, 46ff.).

13 Mit zuweilen gravierenden Folgen, wie z. B. der Berliner Volksentscheid gegen die Bebauung des Tempelhofer Felds gezeigt hat, als eine Mehrheit der Anwohner nicht stimmberechtigt war.

14 Während 2010 die deutsche Einbürgerungsrate 1,5 % der ausländischen Bevölkerung betrug, lagen die Einbürgerungsraten für Belgien, Frankreich, Niederlande, Norwegen und Großbri-

in der Europäischen Union 2,6 Prozent der ansässigen Ausländer die jeweilige Staatsangehörigkeit verliehen. Während die Quoten in Spanien oder Italien darüber lagen, betrug sie für Deutschland nur 1,6 % (vgl. Eurostat 2016). Noch aussagekräftiger ist das ausgeschöpfte Einbürgerungspotential, d.h. die Zahl der Eingebürgerten in Relation zu den Zugewanderten, die eigentlich die aufenthaltsrechtlichen Voraussetzungen für eine Einbürgerung erfüllen. Nach einen Hoch von knapp 5 % im Jahr 2000 ist die Quote seither stark rückläufig und stagniert bei zuletzt 2,15 % für das Jahr 2015 (Destatis 2016, 16). Dabei gibt es beträchtliche Länderunterschiede (für 2015 bilden Bayern mit 1,67 % und Hamburg mit 3,77 % die beiden Extremwerte – Destatis 2016, 18), die auf eine unterschiedliche Einbürgerungspraxis und auf Erfolge von proaktiven Einbürgerungskampagnen verweisen[15]. Dennoch scheinen die deutschen Einbürgerungsvoraussetzungen noch immer so restriktiv ausgestaltet zu sein (in der Regel achtjährige Aufenthaltsdauer, Einbürgerungstest, Vermeidung doppelter Staatsangehörigkeit etc.), dass sie nur für eine kleine Minderheit der Zugewanderten einen attraktiven Zugang zur politischen Bürgerschaft anbietet. Auch wenn systematische Studien fehlen, gibt es durchaus Hinweise, dass neben dem Gefühl der Zugehörigkeit auch die politischen Teilhaberechte ein wichtiges Motiv für die Annahme der deutschen Staatsbürgerschaft darstellen[16]. Angesichts der geringen Ausschöpfungsquote scheint der „Königsweg" ungeeignet, um die andauernde Repräsentationslücke zu schließen.

Andere Formen der „indirekten" Beteiligung, die zahlreiche Kommunen bereits seit vielen Jahren praktizieren und in einigen Bundesländern inzwischen verpflichtend sind, wie z.B. Ausländerbeiräte oder Integrationsräte, die von MigrantInnen gewählt, durch Parlamente ernannt oder von Vertretern der lokalen Migrantenorganisationen bestimmt werden, erscheinen demgegenüber als nachrangiger Ersatz[17]. Ihnen gemeinsam ist ihre Beschränkung auf beratende Funktionen und ihr Ausschluss von politischen Entscheidungen. Niedrige Wahlbeteiligung, ein geringes Legitimationsniveau und minimale Befugnisse sind heute in vielen Kommunen Ausdruck einer anhaltenden Abwertung dieser migrationsspezifischen Formen überwiegend symbolischer Repräsentation.

---

tannien mehr als doppelt so hoch. Die Einbürgerungsraten für Kanada, Polen, Schweden und Portugal erreichten sogar Werte über 5 % (OECD 2012: 139).

15 Zur Einbürgerungspraxis der Bundesländer vgl. Gesemann/Roth 2015, 67ff.

16 Nach einer Studie gibt rund ein Drittel der Eingebürgerten (32,6 %) politische Motive für die Annahme der deutschen Staatsangehörigkeit an. Der Anteil unterscheidet sich nach Herkunftsländern: Türkei: 35,4 %, ehem. Jugoslawien: 31,1 %, Griechenland: 27,0 %, Italien: 25,5 % (BAMF 2008: 47). Eine Befragung von 1.057 Eingebürgerten in Baden-Württemberg kommt zu dem Ergebnis: „Ein Gefühl der Zugehörigkeit sowie die Möglichkeit in Deutschland an Wahlen teilzunehmen, wird von etwa der Hälfte der Befragten als sehr wichtig eingestuft" (Baden-Württemberg, Ministerium für Integration 2013: 21).

17 Die Charakterisierung des Sachverständigenrats, es handele sich dabei um „komplementäre Wege der Partizipation" (2010: 190ff.), ist irreführend, weil es hierzulande nicht um eine gleichrangige oder ergänzende Form der Beteiligung geht. Lokale Migrationsräte gibt es als Beratungsgremien auch in Ländern, die Immigranten volles Kommunalwahlrecht einräumen. Als Ersatz für ein vorenthaltenes Wahlrecht taugen sie nicht.

Stärkere Aufmerksamkeit und Förderung erfahren dagegen assoziative, zivilgesellschaftliche und deliberative Formen demokratischer Beteiligung von Einwanderern. Migrantenorganisationen, ihre Ausdifferenzierungen in Frauen- und Jugendorganisationen, erfreuen sich heute weithin öffentlicher Wertschätzung und Förderung. Sie sind wichtige politische Ansprechpartner geworden, wenn es um die Umsetzung öffentlicher Integrationsprogramme, besonders die Beratung und Betreuung von Neuzuwanderern, aber auch um politische Konsultationen geht.

Zu den Wachstumszonen politischer Inklusion gehört auch die Förderung des freiwilligen Engagements von Eingewanderten. Unter den Bedingungen vorenthaltener politischer Bürgerrechte kommt diesem freiwilligen Engagement ein ambivalenter Charakter zu. Zum einen hat es zahlreiche demokratieförderliche Aspekte, weil die Beteiligten demokratische Grundkompetenzen erwerben, in Kleinen etwas gestalten können, politische Debatten beeinflussen und öffentliche Anerkennung erfahren. Freiwilliges Engagement bietet Orte, an denen Zugewanderte jene Qualifikationen erwerben, die sie für Karrieren im institutionellen politischen Gefüge fit machen. Gleichzeitig können diese Engagementformen jedoch vorenthaltene politische Bürgerrechte nicht kompensieren, denn ihr Einfluss und ihre Sichtbarkeit sind begrenzt. Gleichwohl kann die Förderung dialogorientierter, assoziativer und informeller Beteiligungsformen wichtige Beiträge zur politischen Inklusion leisten. Sie stärken und erweitern die Zonen demokratischer Alltagsgestaltung, fördern individuelle Kompetenzen und unterstützen den Prozess der demokratischen Vitalisierung repräsentativer Demokratien.

Ein verstärkt auf konsultative Angebote, freiwilliges Engagement und Selbstorganisation setzende Verständnis von Beteiligung entspricht einerseits einer modernen Lesart von Beteiligungs- und Bürgerdemokratie, in der die Bürgerschaft nicht nur Auftraggeber, sondern auch Mitgestalter ist. Große Mehrheiten wollen heute bei wichtigen Themen, etwa den Infrastrukturentscheidungen bei der Energiewende, gefragt werden und ihre Vorschläge berücksichtigt wissen. Parlamentarier gehen ebenfalls davon aus, dass wesentliche gesellschaftliche Reformen nur durch die aktive Mitarbeit der Bürgerinnen und Bürger gelingen können. „Im Kleinen etwas gestalten können", lautet das Motiv, das bei freiwillig Engagierten auf die größte Zustimmung trifft. Diese gestiegenen Beteiligungsansprüche über die Beteiligung an Wahlen hinaus, die auch in Protesten von Bürgerinitiativen oder den Camps von Asylsuchenden und Flüchtlingen zum Ausdruck kommen, bedeuten eine demokratische Chance. Bereits im alten Griechenland galten Demokratien als besonders stabil und zukunftsfähig, weil sie systematisch Gebrauch vom „Wissen der Vielen" machen und deshalb schneller auf Gesellschafts- und Umweltveränderungen reagieren können. Demokratische Debatten und Verfahren steigern nicht nur die Qualität von politischen Entscheidungen, sondern zugleich die gemeinsame Handlungs- und Gestaltungsfähigkeit einer Gesellschaft (Roth 2011; Bertelsmann Stiftung/Staatsministerium 2014). Schon um der gesellschaftlichen Zukunftsfähigkeit willen ist deshalb darauf zu achten, dass möglichst alle Bevölkerungsgruppen an den verschiedenen Möglichkeiten einer vielfältigen Demokratie teilhaben können.

Andererseits wird das freiwillige und informelle politische Engagement entwertet, wenn Akteuren zentrale institutionelle Wege der Einflussnahme versperrt bleiben, wozu in repräsentativen Demokratien ohne Zweifel das Wahlrecht gehört. Die beharrliche Weigerung, Nicht-EU-Ausländern (z. B. mit türkischem Pass) auch nach einem halben Jahrhundert Zuwanderungsgeschichte mit den gleichen politischen Rechten auszustatten, ist ein demokratiepolitischer Makel, der die Integrationsdebatte überschattet. Nicht von ungefähr fordern deshalb Betroffene und ihre Unterstützer immer wieder „Partizipation statt Integration". Die Organisationsschwäche, das Fehlen von Spitzenorganisationen (s. Koordinierungsrat der Muslime) und legitimen Sprechern einerseits, und das Überwiegen symbolischer Politik, die Bedeutung einzelner Personen und die Beliebigkeit der Einbeziehung (s. Integrationsgipfel) sind auch ein Ausdruck verweigerter politischer Bürgerrechte. Von daher verwundert es auch nicht, dass sich die Situation für Aussiedler teilweise anders darstellt (weit höheres Niveau an Selbstorganisation, die zudem staatlich gefördert wird). Migrantenorganisationen alleine können den zuvor genannten strukturellen Mangel jedenfalls nicht kompensieren, aber vielleicht mildern. Partizipationsangebote konzentrieren sich auf die lokale Ebene, der schwächsten Ebene politischer Beteiligung mit einer Vielfalt von unverbundenen, oft auch unverbindlichen Formen mit in der Regel geringen Gestaltungsspielräumen.

2.2 Die Rolle der Länder in der Partizipationspolitik

Die Bundesländer sind weithin unterschätzte Akteure, wenn es um Integrationspolitik geht. Bereits vor mehr als einem Jahrzehnt hat der Politikwissenschaftler Dietrich Thränhardt auf die „faszinierende Offenheit der föderalistischen Systeme für Zuwanderung" und die geringe Beachtung der „migrationspolitischen Varianz auf Länderebene" hingewiesen, die „gravierender als in vielen andere Politikbereichen" ausfalle (2001: 26f.). Auch wenn Zweifel an der überaus positiven Bewertung „faszinierende Offenheit" angebracht sind, verdienen die integrationspolitischen Anstrengungen der Länder mehr Aufmerksamkeit. Dies trifft nicht zuletzt für die politische Beteiligung von Eingewanderten zu. Dabei gilt es starke zentralistische Tendenzen und dominante Bundeskompetenzen in der Integrationspolitik im Blick zu behalten. Zuwanderung, Staatsangehörigkeit, Einbürgerung, Aufenthalt sind bundesgesetzlich geregelt[18], den Ländern bleiben wenig Spielräume, die sie im Rahmen ihrer Implementationshoheit durch „ermessensleitende" Verwaltungsvorschriften nutzen können (Süssmuth 2012: 908). Mit dem Bundesamt für Migration und Flüchtlinge (BAMF) gibt es zudem in diesem Bereich eine selbständige Bundesbehörde mit einer Reihe von besonderen Kompetenzen (Entscheidung über Asylanträge, Migrationsforschung etc.).

Zu einer ambivalenten, aber deutlich negativ gefärbten Bilanz des Integrationsföderalismus kommt ein Jahresgutachten des Sachverständigenrats deutscher Stiftungen für

---

18 Eindrucksvoll ist eine Übersicht über die komplexen rechtlichen Zuständigkeiten in der Integrationspolitik (Süssmuth 2012: 916ff.).

Integration und Migration „Integration im föderalen System: Bund, Länder und die Rolle der Kommunen" (SVR 2012). Zunächst konstatiert das Gutachten, dass Integrationspolitik in Deutschland kein einheitliches Politikfeld darstellt, sondern durch die unterschiedlichen föderalen Akteure geprägt werde. Es betont die Licht- und Schattenseiten des Föderalismus inklusive einer starken kommunalen Selbstverwaltung. Er biete offene Handlungsperspektiven, aber auch politische Blockaden und Sklerosen, Reformresistenz oder eine unübersichtliche, unkoordinierte Politikvielfalt. Der Föderalismus schaffe Labore für Gestaltung oder Verschiebebahnhöfe für Zuständigkeiten (SVR 2012: 111ff.).

Insgesamt ist in den letzten Jahren ein verstärktes Engagement der Länder in der Integrationspolitik zu beobachten (vgl. Gesemann/Roth 2015), das über Unterschiede in der Umsetzung von Bundesgesetzen deutlich hinaus geht[19]. Von den Einbürgerungskampagnen verschiedener Bundesländer war schon die Rede. Im Kontext der politischen Beteiligung sind die wachsende Zahl von Integrationsgesetzen und -konzepten der Länder, eigene Beteiligungsformate auf Länderebene, die Rahmensetzung für kommunale Vertretungen durch Kommunalverfassungen, eine Reihe von Landesprogrammen, aber auch die aktive Einbürgerungspolitik einiger Bundesländer von besonderer Bedeutung. Für das Themenfeld politische Partizipation sind folgende Entwicklungen wichtig[20]:

- Seit den 1990er Jahren gibt es eine Tendenz, Integrationsaufgaben in einzelnen Ressorts zu bündeln und dies in der Bezeichnung der Ministerien oder auf Referatsebene auszuweisen. Baden-Württemberg hatte 2011 als erstes Bundesland ein Ministerium geschaffen, das ausschließlich für Integration zuständig war. Obwohl dieses Integrationsministerium 2016 von der neuen grün-schwarzen Landesregierung wieder aufgelöst wurde, lässt sich insgesamt eine institutionelle Aufwertung von Integrationspolitik auf Landesebene feststellen. Die Mehrzahl der Bundesländer hat eigene Integrationskonzepte entwickelt und fortgeschrieben, drei Bundesländer (Berlin, Nordrhein-Westfalen und Baden-Württemberg) haben inzwischen Integrationsgesetze verabschiedet, die Regelungen in unterschiedlichen Handlungsfeldern bündeln. In Bayern ist der Entwurf eines Integrationsgesetzes seit dem Sommer 2016 Gegenstand einer parlamentarischen Enquete.
- In allen Bundesländern gibt es inzwischen anerkannte Formen der Interessenvertretung von Migrantinnen und Migranten auf Landesebene, die wesentlich konsultative Funktionen wahrnehmen. Dazu gehören vor allem Integrations- bzw. Ausländerbeauftragte, Integrations(bei)räte und Landesverbände kommunaler Ausländer-, Migrations- und Integrationsbeiräte. Institutionelle Ausstattung, Unabhängigkeit und politischer Einfluss dieser Gremien variieren von Land zu Land erheblich. Die Variationsbreite reicht von Beauftragten aus dem Parlament, über unverbindliche Beratungsgremien der Landes-

---

19 Umfassende Informationen zu den Länderprofilen im Umgang mit ethnischer und religiöser Vielfalt bietet aktuell ein von der Bertelsmann Stiftung in Auftrag gegebener „Vielfaltsmonitor" (Bertelsmann Stiftung 2017).
20 Vgl. hierzu im Detail Gesemann/Roth 2015: 55ff.

regierung durch einige handverlesene Experten bis zur Schaffung von Einrichtungen mit eigenem Budget und selbstbewussten Politikinterventionen (vgl. Gesemann/Roth 2015, 86ff.).
Gemeinsam ist jedoch die Selbsteinschätzung, dass sie als Beratungsgremien keine zufriedenstellende Form der politischen Partizipation von Migrantinnen und Migranten auf Landesebene sein können.
- Ihre Zuständigkeit für die Kommunalverfassungen haben die Bundesländer in unterschiedlicher Weise genutzt, um die politische Integration auf kommunaler Ebene zu beeinflussen. Im Rahmen ihrer Satzungshoheit ist den es den Kommunen zunächst grundsätzlich überlassen, ob sie im Themenfeld Migration/Integration beratende Ausschüsse und Beiräte einrichten und sachkundige Bürgerinnen und Bürger in die Ratsarbeit einbeziehen. Gleichwohl können die Länder ihren Kommunen Vorgaben machen. Dies wurde bislang in unterschiedlicher Weise genutzt. Verpflichtende Regelungen für die kommunale Repräsentation gibt es bisher (Stand 2014) nur in vier Bundesländern, in weiteren drei Bundesländern finden sich in den Kommunalverfassungen Kann-Bestimmungen, während die Mehrzahl der Bundesländer auf explizite Regelungen verzichtet. Daraus ergibt sich ein äußerst vielfältiges Bild kommunaler Integrations- bzw. Ausländer(bei)räte. Dies gilt nicht zuletzt für ihre Kompetenzen, Ressourcen, Legitimationsgrundlage und ihren politischen Einfluss[21].
- In unterschiedlichem Umfang aber mit wachsender Tendenz haben es sich die Bundesländer zur Aufgabe gemacht, die Integrationspolitik ihrer Kommunen durch Landesgesetze, Modell- und Förderprogramme zu unterstützen. Grundüberzeugung ist die Annahme, dass Integration wesentlich „vor Ort" geschehen muss und die landespolitische Unterstützung dabei hilfreich sein kann[22].
- Wenn auch noch sehr ungleichzeitig hat zudem die Landesförderung von Migranten(selbst)organisationen zugenommen. Diese öffentlichen Förderkulissen, zu denen auch einschlägige Bundesprogramme und lokale Unterstützungsformen gehören, haben die Anzahl, Vielfalt und Aufgabenbreite von Migrantenorganisationen erheblich erweitert. Ihre Profile reichen vom Dachverband unterschiedlicher Herkunftsnationen, Regionen und religiösen Ausrichtungen bis zum lokalen herkunftshomogenen Treff. Besondere Aufmerksamkeit haben in jüngster Zeit Zusammenschlüsse von Migrantinnen und von Jugendlichen mit Migrationshintergrund erfahren.
- Die gezielte Förderung des bürgerschaftlichen Engagements im Themenfeld Migration und Integration zählt zu den landespolitischen Wachstumsbereichen. Die Program-

---

21 Es fehlt an umfassenden aktuellen Vergleichsstudien in diesem Themenfeld. Immerhin hat eine Kommunalbefragung 2011 ergeben, dass mehr als 60 Prozent der beteiligten Kommunen eine institutionelle Interessenvertretung von Migrantinnen und Migranten eingerichtet haben (vgl. Gesemann/Roth 2015: 115). Allerdings zeigen Fallstudien, das die Inklusionswirkung solcher Beiräte durchaus ambivalente Züge trägt (vgl. Bausch 2014).
22 Zu den erheblichen Differenzen in der kommunalen Bewertung dieser landespolitischen Unterstützung vgl. Gesemann/Roth 2015: 109.

me reichen von der interkulturellen Öffnung zivilgesellschaftlicher Organisationen (Sportverbände, freiwillige Feuerwehren, Hilfseinrichtungen etc.) bis zur Förderung von migrationsspezifischen Engagementformaten wie z. B. Stadtteilmüttern, Integrationslotsen oder Bildungspaten.

3 Formen der politischen Partizipation

3.1 Wahlen, Parteien und Parlamente

Menschen mit Migrationshintergrund sind in jüngster Zeit verstärkt im politischen Leben sichtbar. Im Dezember 2013 wurde die erste Staatsministerin für Migration und Integration auf Bundesebene mit Migrationshintergrund vereidigt. Bereits zuvor hatten bzw. haben Frauen mit Migrationshintergrund in drei Bundesländern (Niedersachsen, Berlin und Baden-Württemberg) diese Position inne. Die Zahl der Bundestagsabgeordneten mit Migrationshintergrund stieg von 21 in der Legislaturperiode 2009–2013 (3,4 Prozent der Abgeordneten) auf 37 (5,9 %) im gegenwärtigen Bundestag (Beauftragte 2014: 188) – bei einem Anteil von rund 19 % der Menschen mit Migrationshintergrund an der gesamten Bevölkerung.

Zwischen 1987 und 1999 gab es in den Landesparlamenten insgesamt lediglich 25 Abgeordnete mit Migrationshintergrund. Noch 1998/99 waren nur in neun der sechzehn Landesparlamente Abgeordnete mit Migrationshintergrund – oft nur ein oder zwei von 80 bis 200 Parlamentsmitgliedern (Schönwälder 2013: 635f.). Zehn Jahre später im Sommer 2009 hatte sich deren Zahl mit 39 fast verdoppelt und Ende 2013 war deren Zahl auf 100und damit auf 3,7 % der Landtagsabgeordneten angewachsen (vgl. Gesemann/Roth 2015: 79). Allerdings ist der „diversity gap" auch weiterhin erheblich, denn der Anteil der Wahlberechtigten mit Migrationshintergrund betrug 2013 deutschlandweit 11,5 % (Hessisches Ministerium für Soziales und Integration 2015: 198). Die Stadtstaaten erzielen deutlich höhere Repräsentationsquoten und Bremen steht dabei 2013 mit 16,9 % an der Spitze. Die Unterschiede zwischen den Flächenländern sind erheblich und schwanken zwischen 5,8 % (Niedersachsen) und einigen Bundesländern ohne Abgeordnete mit Migrationshintergrund (Brandenburg, Saarland, Sachsen, Sachsen-Anhalt, Thüringen).

Die Zahl der Ratsmitglieder mit Migrationshintergrund liegt nach den spärlich vorliegenden Informationen etwas über dem Niveau von Bund und Ländern. So kamen die 25 größten Städte 2010/11 auf insgesamt auf einen Anteil von 5,2 % Ratsmitglieder mit Migrationshintergrund. Die regionalen Unterschiede sind beachtlich und ihr Anteil steigt mit der Gemeindegröße (Holtkamp u. a. 2013: 24). Die bislang umfassendste Befragung, an der sich 2013 bundesweit 390 Kommunen beteiligten, bestätigt eindrucksvoll die Repräsentationslücke in den Gemeinderäten, wobei Frauen mit Migrationshintergrund besonders stark benachteiligt sind: „Der Anteil der Frauen mit Migrationshintergrund an den gesamten Kommunalpolitiker_innen liegt bei 0,99 Prozent, der von Männern mit Migrationshintergrund bei 1,80 Prozent. Entsprechend der Bevölkerungszahlen für alle Kommunen mit mehr als 20.000 Einwohner_innen sind somit Migrantinnen und Migraenten entlang ihres Bevölkerungsanteils (jeweils etwa 12 Prozent) unterrepräsentiert" (Hossain et al. 2016: 104). Die Studie bestätigt auch einige andere Erwartungen. Je kleiner die Gemeinde desto geringer ist die Repräsentationsquote. Auch kommunal gibt es ein deutliches Gefälle zwischen alten und neuen Bundesländern. Während Hessen die höchste Repräsentationsquote aufweist, bildet Bayern das Schlusslicht der westlichen Bundesländer (Hossain et al. 2016: 107ff.). Aber insgesamt wird für die lokale Ebene ein Aufwärtstrend auf niedrigem Niveau verzeichnet (Schönwälder et al. 2011: 12).

Die gezielte Unterstützung der politischen Repräsentation von Migranten im Bundestag, in Länder- und Kommunalparlamenten ist in Deutschland bislang eher eine Sache des Parteienspektrums links von der politischen Mitte, wie zuletzt eine repräsentative Kommunalbefragung bestätigt hat (Holtkamp u. a. 2013: 33f.). Während „Die Linke" mit 5,95 Prozent den höchsten Anteil von Personen mit Migrationshintergrund in den Stadträten aufweist, liegt ihr Anteil bei der CDU bei 1,66 Prozent (Hossain et al. 2016: 111). Im Dezember 2011 beschloss z. B. ein SPD-Bundeskongress eine anzustrebende Quote von 15 Prozent für Parteimitglieder mit Migrationshintergrund in den Führungsgremien. Die Widerstände gegen eine stärkere Repräsentation von Menschen mit Migrationshintergrund in Parteien und Parlamenten scheinen jedoch enorm. Schließungsprozesse, Etabliertenvorrechte, Quotenkalküle etc. führen dazu, dass es sich dabei nicht um einen linearen Prozess entlang der wachsenden Bedeutung von Menschen mit Migrationshintergrund in der Wählerschaft handelt, sondern deren faire Repräsentation immer wieder umkämpft ist (vgl. Kösemen 2014 und 2016). Oft begnügt man sich mit einigen wenigen sichtbaren Kandidatinnen und Kandidaten, die nach Möglichkeit gleichzeitig mehrere „Quoten" erfüllen, wie z. B. Frau und Migrationshintergrund. Diese „Strategie der Doppelquote" trägt zu dem überraschenden Phänomen bei, dass in einzelnen Parteien der Frauenanteil bei den Ratsmitgliedern mit Migrationshintergrund höher ist als bei den Ratsmitgliedern ohne Migrationshintergrund (Holtkamp u. a. 2013: 35; Hossain et al. 2016: 197f.).

Ein Vergleich mit den Einbürgerungsraten zeigt keinen direkten Zusammenhang mit den Repräsentationsquoten. Lediglich in Bremen und Nordrhein-Westfalen scheint es einen positiven Zusammenhang zu geben. Die in den Einbürgerungsquoten zeitweise vorne liegenden Flächenstaaten Schleswig-Holstein, Hessen, Rheinland-Pfalz, und Niedersachsen zeichnen sich dagegen nicht durch besonders hohe Repräsentationsraten aus. Mit Rheinland-Pfalz und Niedersachsen sind sogar zwei der vier Länder mit der niedrigsten Repräsentationsquote dabei (vgl. Gesemann/Roth 2015: 83). Dies bestätigt internationale Befunde, dass Bürgerschaft und Einbürgerung zwar notwendige und förderliche, aber keine hinreichenden Voraussetzungen für eine erfolgreiche politische Repräsentation sind[23].

---

23 Erfahrungen in Schweden, das bereits 1975 das lokale Wahlrecht für Zugewanderte aus Drittstaaten einführte, geben Hinweise darauf, dass die Wahlbeteiligung dieser Gruppe mit der Einbürgerung deutlich ansteigt (Arrighi et al. 2013: 62). Die noch immer geringe Repräsentation von postkolonialen MigrantInnen in den Parlamenten von Frankreich und England zeigt, dass

Die Wahlbeteiligung von EU-Bürgern, eingebürgerten Migranten und Aussiedlern liegt in der Regel unter dem Niveau der Einheimischen. Auch wenn verlässliche Daten fehlen, steigt nach allgemeinen Einschätzungen die Beteiligung an Wahlen mit der Dauer des Aufenthalts und in der zweiten Generation der Zugewanderten deutlich an und erreicht dann das Niveau der Einheimischen. Wie bei ihnen sind zudem Bildungsgrad und sozialer Status zentrale Faktoren für den Gang zur Wahlurne. Die Wahlbeteiligung von Menschen mit Migrationshintergrund hatte in der Geschichte der Bundesrepublik keine nachhaltigen Ergebnisverschiebungen zur Folge, weil sich eher konservative Präferenzen bei zugewanderten Aussiedlern und eher linke und sozialdemokratische Neigungen bei süd- und südosteuropäischen Zuwanderern die Waage hielten. Diese Aussage gilt vor allem für die Bundesebene, die lokalen Effekte sind dagegen nicht systematisch erforscht. Erst die Wahlberechtigung für türkeistämmige Migranten könnte die Mehrheitsverhältnisse maßgeblich beeinflussen (vgl. Kohlmeier/Schimany 2005: 64ff.; Wiedemann 2006: 271ff.) – eine Einschätzung, die angesichts der breiten Unterstützung für die Partei des Staatspräsidenten Erdogan unter der türkeistämmigen Bevölkerung in Deutschland zu überprüfen wäre.

Da es Ausländern nach geltender Rechtslage verwehrt ist, eigene politische Parteien zu gründen, bleibt ihnen nur der Weg in die bestehenden Parteien. Die Bereitschaft, Mitglied in einer Partei zu werden, liegt deutlich unter der von Einheimischen, wobei erst mit der Einbürgerung solche Mitgliedschaften attraktiver werden (Wiedemann 2006: 278).

3.2 Ausländerbeiräte und Integrationsräte

Ausländerbeirate, heute meist Integrationsräte haben die längste Tradition in der jüngeren Geschichte kommunaler Beteiligungsangebote für Zugewanderte (vgl. Bommes 1992). Die Anfänge liegen in den späten 1960er und frühen 1970er Jahren. So fand bereits 1973 in Nürnberg die erste Wahl zu einem Ausländerbeirat statt. Die Einrichtung von Beiräten und die Berufung sachkundiger Bürgerinnen und Bürger hat eine lange kommunalpolitische Tradition, wenn es darum geht, die Interessen von bestimmten Bevölkerungsgruppen (Ältere, Kinder- und Jugendliche, Behinderte etc.) zu berücksichtigen. In der Regel haben solche Beiräte beratende Funktion. Zuweilen verfügen sie auch über Initiativrechte und ein kleines Budget. Meist wirken in solchen Beiräten Mitglieder des Vertretungsorgans der Kommune mit. Die Rekrutierung der übrigen Beiratsmitglieder erfolgt auf unterschiedliche Weise, sei es durch Urwahl durch die nichtdeutsche Bevölkerung, sei es durch die Benennung von Migrantenorganisationen oder die Ernennung durch das Kommunalparlament. Kommunen können solche beratenden Ausschüsse und Beiräte grundsätzlich nach eigenen Vorstellungen einrichten und in ihrer Hauptsatzung institutionell ausgestalten. Ihre Handlungsgrenzen werden durch die Befugnisse der übrigen Gemeindeorgane (Rat,

---

Staatsangehörigkeit allein keine hinreichende Garantie für eine proportionale Repräsentation bietet (Bloemraad/Schönwälder 2013: 564).

Bürgermeister, Verwaltung) gesetzt, die von den Ländern jeweils in ihren Kommunalverfassungen bzw. Gemeinde- und Landkreisordnungen fixiert werden.

In der Alltagspraxis ist es zu sehr unterschiedlichen Ausprägungen gekommen. „Die Beiräte differieren in ihren politischen Kompetenzen (z. B. Anhörungs- und Beteiligungsrechte), der Ausstattung (z. B. eigener Etat, hauptamtliche Geschäftsführung), der Zusammensetzung (Ernennung oder Wahl, nur Ausländer oder nur Deutsche, Sitze für Parteien etc.) und dem Wahlmodus (z. B. nationale Listen, Parteien, Personen). Entsprechend haben einige Ausländerbeiräte den Charakter von Verwaltungstreffen (ohne demokratische Funktion), andere eher den Charakter eines Schülerparlaments (ohne materiale Kompetenz)" (Scheffer 1998: 777).

Auch in Bundesländern, in denen gewählte Ausländerbeiräte in den Gemeindeordnungen verbindlich gemacht wurden, blieb es bei einer enormen lokalen Vielfalt und strukturelle Schwächen konnten nicht überwunden werden. Ob die jüngeren Integrationsgesetze, die einige Bundesländer verabschiedet haben, daran etwas geändert haben, lässt sich gegenwärtig nicht beurteilen. Eine zusammenfassende Bilanz der mit den Integrationsräten gemachten Erfahrungen steht noch aus, aber erste Übersichten sprechen dafür, dass zumindest die in ihren Befugnissen aufgewerteten Gremien zu mehr politischer Partizipation beitragen können. Integrationsräte können zwar nicht das vorenthaltene Wahlrecht kompensieren. Dies wäre ein repräsentatives Selbstmissverständnis. Je mehr es jedoch gelingt, sie zu kompetenten Konsultativgremien zu entwickeln, desto einflussreicher sind sie auf dem integrationspolitischen Feld (vgl. Cyrus/Vogel 2008).

Insgesamt genießen lokale Ausländerbeiräte bzw. Integrationsräte nach anfänglicher Euphorie spätestens seit Ende der 1990er Jahre nicht mehr den Ruf eines effektiven und nachhaltigen Beteiligungsinstruments. Die strukturellen Schwächen sind deutlich: „fehlende Beschlussrechte, fehlende Anbindung an den Rat und Unverbindlichkeit der Entscheidungen und Empfehlungen, die in diesen Gremien getroffen wurden" (Keltek 2006: 20). Diese Begrenzungen gelten auch für lokale Ausländer- und Integrationsbeauftragte, die sich zumeist als Themenanwalt und Mittler zwischen lokaler Migrantengemeinde und den Institutionen der kommunalen Selbstverwaltung verstehen. Zu den ernüchternden Erfahrungen mit kommunalen Integrationsräten gehören nicht nur das geringe Interesse und die notorisch niedrige Wahlbeteiligung, sondern auch die meist hohe ethnische und soziale Selektivität der Beiräte, die in der Regel nicht die Vielfalt der eingewanderten lokalen Bevölkerung abbilden (so die Lokalstudien von Bausch 2014 und Hossain et al. 2016: 232ff.).

3.3 Migrantenorganisationen

Ihren historischen Ursprung hat die Selbstorganisation von Migranten in der Auseinandersetzung, gelegentlich auch in der offenen Kritik an der paternalistischen Interessenwahrnehmung durch die großen Wohlfahrtsverbände, die bereits in den 1950er Jahren, teils mit Traditionslinien bis ins 19. Jahrhundert, arbeitsteilig entlang der Herkunftsländer bzw.

Religionszugehörigkeiten Betreuungsangebote für Zuwanderer entwickelten. Zuwanderer wurden somit früh „in das bundesdeutsche Verbändesystem eingebaut, gleichzeitig aber mediatisiert und klientelisiert" (Thränhardt 2007). Formen der Selbstorganisation wurden damals nicht gefördert, sondern eher argwöhnisch betrachtet. Ausgehend von den frühen Arbeitervereinen der 1950er Jahre ist dennoch ein thematisch breit gefächertes Netz von Vereinen und Initiativen entstanden, das zunächst ein ‚zweites System der Sozialbetreuung' anbietet und die Lücken der kommunalen und verbandlichen Angebote schließen hilft. Zumindest für den Westen gilt, „die Anbindung der verschiedenen Nationalitäten an die unterschiedlichen Wohlfahrtsverbände wirkt bis in die Gegenwart fort" (Hunger 2002: 4).

Es wäre jedoch falsch, Migrantenorganisationen auf ihre sozialen Integrationsleistungen zu reduzieren. Das konkrete Profil der einzelnen Verbände und Vereine ist nicht nur breiter angelegt, sondern wandelte sich auch im Zeitverlauf: „Die Selbstorganisationen der Migranten sind vielfältig. Sie dienen der Gemeinschaftspflege, der Fortführung heimatlicher Aktivitäten oder der Bearbeitung lebenspraktischer Fragen" (Scheffer 1998: 777). Dies gilt allerdings in vollem Umfang nur für Westdeutschland, denn die Organisationsstrukturen von Migranten und Aussiedlern stehen in den neuen Bundesländern vor besonderen Herausforderungen (Kindelberger 2007). Oft fehlt es ihnen – bei einem niedrigen Migrantenanteil von zwei bis drei Prozent an der Wohnbevölkerung – schlicht an der ‚kritischen Masse'. Eine eindrucksvolle Ausnahme bildet die Selbstorganisation von Vietnamesen, die bereits unter den restriktiven Bedingungen der DDR einsetzte, und nach der Wende differenzierte Selbsthilfestrukturen ausbauen konnten (vgl. Weiss 2005).

Auch wenn die Selbstorganisationen der Migranten nationalspezifisch unterschiedliche Wege gegangen sind, ist folgender gemeinsamer Nenner festhalten: „Heute dient die Mehrzahl der Vereine als Freizeit- und Begegnungsstätte, während politisch orientierte Organisationen, außer im gewerkschaftlichen Rahmen, kaum eine Rolle spielen. Darüber hinaus gibt es eine große Zahl an Wirtschafts- und Berufsvereinen" (Huth 2007: 30).

Vorliegende Untersuchungen sprechen gegen einen pauschalen Verdacht, die Teilhabe an Migrantenorganisationen führe zu ethnischer Abschottung und zur Bildung von Enklaven bis hin zu „Parallelgesellschaften". Solche Befürchtungen haben auch die wissenschaftliche Debatte über Migrantenorganisationen begleitet (vgl. Thränhardt 2008a). Die selbstbezogene Abschottung bildet eher die Ausnahme einer Regel, „derzufolge die intraethnische Betätigung von Migranten Teil eines Kontinuums der sozialen Teilhabe ausdrückt, die interethnische Integration einschließt" (Salentin 2004: 114). Zudem lassen sich Entwicklungen im Zeitverlauf beobachten, die zu einem allmählichen Bedeutungsverlust ethnischer Mobilisierungen führen. Türkische Migranten der ersten Generation werden stärker in Kulturvereinen aktiv, während die zweite Generation häufiger den Weg in deutsche Vereine findet (vgl. Diehl 2004). Die in Migrantenorganisationen Engagierten haben zudem mehr soziale Kontakte und zwar nicht nur zu Landsleuten, sondern auch mit Deutschen (vgl. Cyrus 2005: 37ff.). Allerdings gibt es auch gegenläufige Trends verstärkter Selbstethnisierung in der zweiten und dritten Generation von Zuwanderern. Im internationalen Vergleich zeigt sich zudem, dass die nationale Ausgestaltung der Bürgerrechte für Migranten erheblichen Einfluss auf deren Organisationsgefüge hat (vgl. Koopmans et al. 2005), d. h. die Entscheidung für oder gegen ethnisch homogene Vereinigungen nicht nur eine Sache individueller Präferenzen darstellt.

Als Funktionen von Migrantenorganisationen werden heute nach innen vor allem Identitätsstärkung, gegenseitige Hilfe, Pflege kultureller Traditionen, Anerkennung und die Entfaltung von sozialen Kompetenzen betont, nach außen übernehmen sie Mittler- und Brückenfunktionen, wenn es um die Beteiligung und Integration von Migranten geht. Zudem gelten sie als unverzichtbare Ansprech- und Kooperationspartner für die kommunale Verwaltung und Politik (Weiss 2013). Dies erklärt die zunehmende lokale Förderung, Unterstützung und Zusammenarbeit mit Migrantenorganisationen. Sie passt zudem in die deutsche Tradition der kommunalen Selbstverwaltung, in der das Vereinswesen als Form der Selbstorganisation, der Interessenvertretung und der Übernahme gemeinschaftlicher Aufgaben eine besondere Rolle spielt. Je kleiner der Ort, desto bedeutsamer sind in der Regel die Vereine für die Kommunalpolitik. Zuwanderung erzeugt ein mehr oder weniger umfangreiches eigenes Feld von Vereinen und Zusammenschlüssen und verändert bestehende Vereine und Organisationen, wenn sich diese als offen erweisen. Auf Migrantenorganisationen als Medium der politischen und sozialen Partizipation haben viele Kommunen in ihrer Integrationspolitik gesetzt. Berlin z. B. kann bereits auf eine mehr als dreißigjährige Förderung und Kooperation mit Migrantenorganisationen zurückblicken.

Heute geht es weniger um das Ob, sondern das Wie, d. h. um erfolgreiche, zukunftsweisende und nachhaltige Formen der Zusammenarbeit von staatlichen und zivilgesellschaftlichen Akteuren, von einheimisch und migrantisch geprägten Vereinen, von Hauptamtlichen und Ehrenamtlichen in der Integrationsarbeit vor Ort.

Trotzdem stellen Migrantenvereine und -organisationen noch immer ein weitgehend unerforschtes Segment im Vereins- und Verbandsgefüge der Bundesrepublik dar. Schon die Zahlenangaben schwanken zwischen 2.000 und 16.000 Migrantenorganisationen (Pries 2010: 8 bzw. 17). Besonderes Augenmerk haben in jüngerer Zeit die Zusammenschlüsse von Migrantinnen und von Jugendlichen mit Migrationshintergrund auf sich gezogen. Immerhin lässt sich festhalten: „Migrantenorganisationen haben in Deutschland einen weiten weg von der Nichtbeachtung bis zur Anerkennung als ein Element des Pluralismus zurückgelegt" (Thränhardt 2013: 5).

Wichtig ist es, einige Barrieren im Blick zu behalten. Migrantenorganisationen sind zumeist strukturell, finanziell und personell schlecht ausgestattet, zumindest schlechter als vergleichbare deutsche Organisationen. Qualifizierungen und Professionalisierungen, wie sie z. B. von Stiftungen angeboten werden, können nur einen begrenzten Ausgleich schaffen. Ihre Weiterentwicklung zu sozialen Dienstleistern ist eine Option, an der sich nicht alle Migrantenorganisationen beteiligen wollen und können.

Im Nationalen Integrationsplan wurden Migrantenorganisationen erstmals als wichtige Integrationsakteure anerkannt (Bundesregierung 2007: 173ff.). Nach einer Studie von 2011 förderten 61,6 Prozent der befragten Kommunen die Selbstorganisation von Menschen mit Migrationshintergrund (Gesemann u. a. 2012: 59ff.). Dies verdeutlicht, wie selbstverständlich die Förderung von Migrantenorganisationen im Rahmen der lokalen Integrationspolitik geworden ist, auch wenn es ein beachtliches Gefälle von den Großstädten zu den kleineren Kommunen gibt.

3.4 Bürgerschaftliches Engagement

Auch wenn die empirische Forschung über die verschiedenen Formen des freiwilligen Engagements von Migranten viele Wünsche offen lässt, haben neuere Untersuchungen zum bürgerschaftlichen Engagement einige interessante Befunde zutage gefördert (Geiss/ Gensicke 2006; Halm/Sauer 2007; Sauer 2011). Dabei wird zwischen aktiver Mitgliedschaft in Vereinigungen aller Art (Gemeinschaftsaktivitäten) und der anspruchsvolleren Übernahme von ehrenamtlichen Funktionen und Aktivitäten für Andere in solchen Zusammenschlüssen (freiwilliges Engagement) unterschieden. Die Migrantenstichprobe des Freiwilligensurveys, die methodisch über Telefoninterviews vor allem deutschsprachige und gut sozial eingebundene Migranten erreichte, weist ein hohes Niveau bei den Gemeinschaftsaktivitäten von 61 Prozent aus, das jedoch unter dem der Nicht-Migranten (71 %) liegt (Geiss/Gensicke 2006: 304). Bei den Engagierten ist der Abstand größer: 23 Prozent der Migranten, aber 37 Prozent der Nicht-Migranten sind engagiert. Das externe Engagementpotential liegt bei Migranten dabei deutlich höher als bei den Nicht-Migranten: 17 Prozent der befragten Migranten äußern ihre nachdrückliche Bereitschaft zum Engagement (11 % der Nicht-Migranten). Eventuell bereit zum Engagement sind 25 Prozent der Migranten gegenüber 20 Prozent der Nicht-Migranten. Besonders hoch ist das Potenzial bei jugendlichen Migranten (vgl. Geiss/Gensicke 2006: 304f.). Dies rechtfertigt das politische Fazit: „Das bürgerschaftliche Engagement von Migrantinnen und Migranten ist demnach in hohem Maße weiter ausbaufähig" (Integrationsbeauftragte der Bundesregierung 2007, 116).

Die Aktivitätsstuktur von Migranten und Einheimischen (Schwerpunkte sind Sport und Bewegung, Freizeit und Geselligkeit, Kultur und Musik sowie der soziale Bereich) ist ähnlicher als erwartet. Aber Schule und Kindergarten sind – entgegen der öffentlichen Wahrnehmung – ihr größtes Engagementfeld (41 % der freiwillig aktiven MigrantInnen engagieren sich für Kinder und Jugendliche). Bei den Einheimischen dominiert dagegen Sport und Freizeit. „Bildungsthemen sind ein Schlüsselfaktor für die Aktivierung von MigrantInnen" (Hanhörster/Reimann u. a. 2007: 91). Interessant ist auch das größere Gewicht kommunaler Angebote für das Engagement von MigrantInnen als bei Einheimischen (17 % der MigrantInnen engagieren sich in staatlichen bzw. kommunalen Einrichtungen, nur 12 % der Deutschen; bei den Vereinen ist es umgekehrt).

Auf individueller Ebene zeigt das bürgerschaftliche Engagement von MigrantInnen wenig überraschende Befunde (Freiwilligensurvey 2004), sondern weist das übliche Sozialprofil (Bildungsniveau, Sozialstatus) auf. Das insgesamt niedrigere Engagement dürfte der geringeren sozialen und politischen Einbindung geschuldet sein. Je länger sich Migranten in Deutschland aufhalten, desto mehr bürgerschaftliches Engagement entwickeln sie. Generell nähern sich die dabei Aktivitätsstrukturen von MigrantInnen und Einheimischen an. Aufschlussreich ist eine regional differenzierte Auswertung der Berliner Daten. Hier wird deutlich, dass ausgerechnet die als Problemquartiere dargestellten Innenstadtbezirke mit einem hohen Migrantenanteil ein beachtliches bürgerschaftliches Engagement aufweisen, dessen Schwerpunkt heute im Bildungsbereich liegt (Gensicke/Geiss 2011, 45).

Eine an den Freiwilligensurvey angelehnte zweisprachige Erhebung unter türkischen Migranten weist dagegen „Kirche und Religion" als stärksten Bereich der Gemeinschaftsaktivitäten aus (Halm/Sauer 2007, 52). Zwei Fünftel der Befragten betätigen sich – nach dieser Studie – ausschließlich in türkischen Vereinen und Gruppen. Eigenethnische Strukturen prägen nicht nur den religiösen und kulturellen Bereich, sondern auch die Freizeitgestaltung. Immerhin wird ein Drittel der Befragten sowohl in deutschen wie in türkischen Vereinen aktiv, 16 Prozent bewegen sich nur in deutschen Kontexten, 9 Prozent in internationalen Zusammenhängen. Sport, berufliche und politische Interessenvertretung und quartiersbezogene Probleme begünstigen dabei interethnische Aktivitäten.

Wie die Selbstorganisation von Migranten gehört auch die Integration durch bürgerschaftliches Engagement zu den zehn Themenfeldern des Nationalen Integrationsplans (Bundesregierung 2007, 173ff.) und seiner Fortschreibungen. Beachtliche 73,3 Prozent der Kommunen gaben in einer Befragung von 2011 an, besondere Anstrengungen unternommen zu haben, um das freiwillige Engagement von, für und mit Migranten zu unterstützen und zu fördern (Gesemann u. a. 2012, 61ff.). Hier streuen die Anstrengungen in den einzelnen Bundesländern weit weniger als in anderen Handlungsfeldern zwischen 60 und 80 Prozent und scheinen damit weniger umstritten. Mit Blick auf die Ortsgrößen gibt es zwar das übliche Gefälle (96,9 % der Großstädte fördern das freiwillige Engagement von Zugewanderten), aber deutlich weniger ausgeprägt als in anderen integrationspolitischen Handlungsfeldern. Eine Ausnahme bilden die kleinen Gemeinden, die sich lediglich zu einem Drittel (34,1 %) in diesem Feld engagieren.

Gegen die Vermutung, es fehle Migranten an Beteiligungsbereitschaft, sprechen nicht zuletzt Erfahrungen in den Programmgebieten der „Sozialen Stadt" (vgl. Hanhörster/Reimann u. a. 2007). Ausgelöst durch die Arbeit der Enquete-Kommission „Zukunft des Bürgerschaftlichen Engagements" hat auch das bürgerschaftliche Engagement von Menschen mit Migrationsgeschichte beachtliche Aufmerksamkeitsgewinne verbuchen können. Es tritt einmal in Form von verstärkter Selbstorganisation in Erscheinung, zum anderen in zahlreichen Paten-, Mentoren- und Lotsenmodellen (z. B. als „Stadtteilmütter"), die als besonders erfolgreiche Formen der Integrationsunterstützung angesehen werden.

In den letzten zehn Jahren hat sich die Förderung des bürgerschaftlichen Engagements zu einem eigenen Politikfeld „Engagementpolitik" (Olk u. a. 2010) mit eigenen Institutionen, Fördereinrichtungen und Programmen entwickelt. Entsprechende Förderprogramme gibt es auf allen politischen Ebenen – von der Entwicklung einer nationalen Engagementstrategie durch die Bundesregierung bis zu lokalen Fördereinrichtungen wie den Freiwilligenagenturen. Freiwilliges Engagement wird als bedeutsamer Weg zur individuellen Integration angesehen.

Die Empfehlungen des kommunalen Qualitätszirkels zur Integrationspolitik vom Dezember 2010 „Politische Partizipation von Migrantinnen und Migranten" greifen die vorhandenen Defizite im Bereich der politischen Partizipation auf. Konkret fordert er:

- Zahl der politischen Mandatsträgerinnen und Mandatsträger mit Migrationshintergrund steigern,
- verstärkte Bemühungen von politischen Parteien um die Einbindung von Zugewanderten,
- Kommunalwahlrecht für Drittstaatenangehörige,
- Erleichterung der Einbürgerung und Hinnahme der doppelten Staatsbürgerschaft,
- Klärung der erwünschten Funktion von Ausländer-/Migranten(bei)räten bzw. Integrationsausschüssen (demokratisch gewähltes Gremium oder Expertenkommission). Notwendig sei in jedem Fall eine aktive Unterstützung, Qualifizierung und Ausstattung mit den notwendigen Kompetenzen und Ressourcen, um die Mitwirkung der MigrantInnen in diesen Beratungsgremien erfolgreich zu gestalten. Alle Kommunen sollten Beteiligungsorgane mit sachkundigen MigrantInnen haben, die sich für die Umsetzung der lokalen Integrationsziele engagieren.
- Kommunen können bei der Umsetzung von Integrationsmaßnahmen Entscheidungskompetenzen an Migrantenorganisationen delegieren,
- Unterstützung der Professionalisierung von Migrantenorganisationen,
- politische Bildung für Zugewanderte.

Gegenwärtig zeichnet sich keine politische Dynamik in Richtung Schließung der politischen Repräsentations- und Partizipationslücken ab. Die vagen Empfehlungen des Nationalen Integrationsplans wurden im 2012 vorgelegten Nationalen Aktionsplan nicht konkretisiert und weiterentwickelt. Auffällig ist die breite Zurückhaltung (z. B. der Bundesvereinigung der kommunalen Spitzenverbände), wenn es um konkrete und detaillierte Empfehlungen zur politischen Partizipation und kommunalen Interessenvertretung von Migrantinnen und Migranten. Der Nationale Aktionsplan von 2012 zeichnete sich durch eine weitgehende Dethematisierung von politischer Partizipation im engeren Sinne aus. Auch vier Jahre später kann von einer weitgehenden Blockade wirksamer Formen der politischen Beteiligung auf allen Ebenen der Staatsorganisation gesprochen werden. Wo es endlich darum ginge, politische Partizipation als Integrationsfaktor anzuerkennen wird sie abgewehrt und in scheinbar unverbindliche und vorpolitisch definierte Bereiche, etwa der Freiwilligendienste und eines politisch neutralisierten bürgerschaftlichen Engagements verbannt. Dass viele Kommunen und einige Bundesländer andere Wege gehen und zu tiefgreifenden Veränderungen drängen, markiert künftige Chancen für eine integrationspolitische Aufwertung der politischen Partizipation von Migrantinnen und Migranten.

3.5 Proteste, Initiativen und Mobilisierungen

Für Proteste, Initiativen und Mobilisierungen gelten ähnliche Voraussetzungen wie für die anderen Formen politischer Beteiligung, wenn auch in abgeschwächter Weise: „Nur ein kleiner, prozentual kaum zu beziffernder Teil dieser Menschen ist dauerhaft oder zumindest vorübergehend in migrationspolitische Gruppen, Organisationen und Kampagnen eingebunden. Und ein sicherlich noch viel kleinerer Teil davon ist an einer über den eigenen ethnischen und kulturellen Rahmen hinausgehenden migrationspolitischen Zusammenarbeit interessiert, die auch die politischen Mobilisierungen einschließt" (Rucht/Heitmeyer 2008: 578). Immerhin zeigen die Proteste von Migranten, dass sie nicht passiv geblieben sind, sondern sich, auch ungebeten, in die politischen Debatten des Bundesrepublik eingemischt haben – sei es durch ‚Problemimport' aus den Herkunftsländern, sei es mit Blick auf die Verhältnisse in Deutschland. Gerade in jüngster Zeit haben Flüchtlingsproteste und -bewegungen deutlich gemacht, dass auch besonders ressourcenschwache Gruppen dazu in der Lage sind, öffentlich für ihre Belange einzutreten. Sie haben, so eine verbreitete Beobachtung, die negativen Folgen der Globalisierungsprozesse nach Deutschland gebracht.

Die politische Beteiligung von Migranten weist mit Blick auf problemorientierte Formen – von Bürgerinitiativen bis zum Zivilen Ungehorsam – geringere Abstände zur deutschen Bevölkerung auf, als dies bei Wahlen oder Parteimitgliedschaften der Fall ist (vgl. Wiedemann 2006: 279ff.)[24]. Im Rückblick lässt sich eine spezifische Themenfolge ausmachen (vgl. Rucht/Heitmeyer 2008). In den 1960er und 1970er Jahren waren es vor allem die autoritären und diktatorischen Regime der Herkunftsländer, die Beschäftigte aus Spanien, Portugal und Griechenland auf die Straße gehen ließen. Von großer Bedeutung sind dabei auch die Zusammenschlüsse ausländischer Studierender, die häufiger gegen autoritäre Regime in ihrer Heimat, deren Unterstützung durch die Regierung der Bundesrepublik und die Ausweisung von politisch aktiven Studierenden gemeinsam mit deutschen Unterstützern protestierten. Der Kongo zu Zeiten Tschombés, der Iran des Schahs, Chile unter der Herrschaft des Generals Pinochets oder das militärische Vorgehen der Türkei gegen die kurdische Bevölkerung markieren einige Etappen dieser Proteste (vgl. Seibert 2008). Parallel kam es in vielen Städten zu Mobilisierungen gegen die Lebens- und Arbeitsbedingungen von Migranten (Mietstreiks und Hausbesetzungen, Forderung nach muttersprachlichem Unterricht, Proteste gegen sozialpolitische Benachteiligungen etc.), die durch eine intensive Beteiligung an gewerkschaftlichen und betriebsbezogenen Aktivitäten (vom 1. Mai bis zu den wilden Streiks in der Automobilindustrie) flankiert wurde. Ein weiterer Schwerpunkt der Proteste von Migranten und ihren Unterstützern bilden die restriktive Ausländergesetzgebung sowie die Asyl- und Abschiebepraxis in der Bundesrepublik. In der Nachkriegsgeschichte erreichen die Proteste von Migranten aber erst in den 1980er und 1990er Jahren entlang der Themenschwerpunkte Asyl, Rassismus und Einbürgerung ein zahlenmäßig hohes Niveau.

Sie erhielten schließlich den Charakter von – in der Regel zahlenmäßig weitaus stärkeren – Gegenmobilisierungen, seit eine sich von Medien und Politik (‚Das Boot ist voll') durchaus ermutigt fühlende, selbstbewusster auftretende rechtsextreme Szene durch Mobilisierungen, Bandanschläge und Mordtaten zu einer ausländerfeindlichen Radika-

---

24 Neuere Studien weisen sogar darauf hin, dass sich Migrantinnen und Migranten in Städten wie Berlin stärker in solchen Formen engagieren als die Einheimische Bevölkerung. Dies gilt im übrigen auch für das bürgerschaftliche Engagement (vgl. Koopmans et al. 2011; Bertelsmann Stiftung 2016).

lisierung des Themas Zuwanderung beitrugen. Einen ersten Höhepunkt erreichten diese Konfrontationen in der Zeit nach der Vereinigung bis zum ‚Asylkompromiss' von 1992, d. h. der weitgehenden Abschaffung des Asylrechts. Sie sind jedoch bis heute virulent und entzünden sich an immer neuen, auch lokalen Konfliktthemen – vom Kopftuch bis zum Moscheebau, vom Wahlrecht für Ausländer bis zur doppelten Staatsangehörigkeit. Die ethnische, politische und soziale Heterogenität der Zugewanderten verhindert zumeist eine breite Mobilisierung entlang objektiv gemeinsamer Interessen: „Nur relativ selten, etwa in Reaktion auf ausländerfeindliche Übergriffe und Pogrome, kam es zu einer punktuellen Allianz und gemeinsamen Aktionen politisch und ethnisch distinkter Gruppierungen von Migranten" (Rucht/Heitmeyer 2008: 586). Erst mit den verstärkten Fluchtbewegungen der letzten Jahre haben Protestaktionen der Geflüchteten an Sichtbarkeit gewonnen.

Die kulturelle Vielfalt der Migrationsbevölkerung wird eher bei Stadtteilfesten und Festivals wie dem Berliner ‚Karneval der Kulturen' sichtbar als in gemeinsamen politischen Mobilisierungen. Auch wenn es zu einzelnen gewaltsamen Protesten, etwa im Kontext des Kurden-Konflikts, gekommen ist, hat nicht zuletzt der vergleichsweise geringere Segregationsgrad in deutschen Städten bislang verhindert, dass es zu Unruhen bzw. riots gekommen ist, wie wir sie aus französischen Banlieues oder britischen Städten kennen.

4 Eine Zwischenbilanz

In vielen kommunalen Handlungsfeldern werden Beteiligung und bürgerschaftliches Engagement als wichtige Integrationschance begriffen (vgl. Beauftragte der Bundesregierung 2007: 114ff.; Bundesregierung 2007: 173ff.; BAMF2008). Wie die vorbildliche Praxis in einzelnen Kommunen zeigt, bietet umfassende und systematisch unterstützte Partizipation enorme Integrationspotenziale. Dies gilt besonders für eine alltägliche Integrationspraxis in verschiedenen Bereichen der kommunalen Daseinsvorsorge. Die Beteiligungspraxis ist jedoch von erheblichen Restriktionen (citizenship, institutionelle Diskriminierungen etc.) und Unzulänglichkeiten (by invitation only etc.) geprägt. Ihre Potentiale sind noch weitgehend ungenutzt. „Alles in allem besitzt die Kommunalpolitik einen unschätzbaren Standortvorteil im Ausgleich für die relative Machtlosigkeit im staatlichen Institutionengefüge: Vor Ort ist es möglich, Probleme trefflich zu analysieren und mit den Beteiligten kleinzuarbeiten" (Scheffer 1998: 779). Eine grundlegende, institutionell garantierte Aufwertung der lokalen Partizipation von Migranten ist nicht in Sicht. Dafür sorgen auch die ‚großen' nationalen Diskurse über Zuwanderung, die bislang nicht darauf angelegt sind, die bürgerrechtlichen Einschränkungen und Beteiligungsbarrieren für Menschen ohne deutschen Pass abzubauen. Diese demokratische Herausforderung bleibt auf nationaler Ebene noch immer unbeantwortet.

„In einer Gesellschaft, in der Menschen mit einem Migrationshintergrund einen immer größeren Anteil ausmachen, in der in manchen Großstädten die ‚Mehrheitsgesellschaft' in verschiedenen Quartieren bereits in der Minderheit ist, entstehen ohne die Mitwirkung der MigrantInnen demokratiefreie Zonen. Das kann und darf sich die Bundesrepublik nicht leisten" (Keltek 2006: 21).

Der Rückblick stärkt die Hoffnung, dass die nun auch auf Bundes- und Landesebene stärker gewordene Bereitschaft zu einer aktiven Integrationspolitik aus jener Sackgasse führt, in die sich Deutschland in den zurückliegenden Jahrzehnten manövriert hatte. So stellte ein Beobachter noch zu Beginn des Jahrzehnts fest: „Die Weigerung der Schweizer und der Deutschen, eine aktive Integrationspolitik zu entwickeln und Migranten zu Bürgern zu machen, hatte nur genau jene Konsequenzen, welche die Befürworter dieser Politik vermeiden wollten: Migranten selbst der zweiten und dritten Generation in diesen Ländern identifizieren sich auch Jahrzehnte nach deren Ankunft mit ihrer Heimatnation und Ursprungskultur und agieren als Mitglieder dieser Nation, anstatt einen konstruktiven Beitrag zum demokratischen Prozess der Schweiz und Deutschlands zu leisten" (Koopmans 2001: 111). Auch 2016 fühlt sich einer Studie zufolge die Hälfte der Türkeistämmigen in Deutschland (51 %) als Bürger 2. Klasse, 54 % stimmen der Aussage zu „Egal wie ich mich anstrenge, ich werde nicht als Teil der deutschen Gesellschaft anerkannt" (Pollack et al. 2016)

Die auf bürgerschaftliches Engagement und Migrantenselbstorganisation gerichteten lokalen Partizipationsangebote haben daher den Charakter einer „Integration durch die Hintertür" (Berger et al. 2004), weil „der kürzeste Weg zur Integration – politische Partizipation"[25] nur zögerlich beschritten wird. Immerhin könnte die Aufwertung von Migrantenorganisationen und bürgerschaftlichem Engagement dazu beitragen, die Bereitschaft für diesen kurzen Weg in der Bevölkerung und in den politischen Institutionen zu stärken.

Die Durchsicht der verschiedenen Beteiligungsformen hat deutlich gemacht, dass wir uns nicht nur auf einem bunten und anspruchsvollen, sondern auch auf einem verminten Gelände bewegen. Enttäuschte Erwartungen und anhaltende Diskriminierungen haben tiefe Löcher entstehen lassen, in denen neuerliche Versuche und Beteiligungsangebote stecken bleiben können. Auch bescheidene Quartiersansätze bergen die Gefahr, sich angesichts der sozialen Barrieren und der weiterhin vorenthaltenen politischen Bürgerrechte für Zugewanderte zu blamieren. Strukturelle Reformen sind im Bereich der politischen Partizipation unabdingbar. Auch wenn es dafür gegenwärtig keine Mehrheiten gibt, kann gute Beteiligungspraxis vor Ort zu einem Klima des Wandels beitragen. Der Wunsch der Zugewanderten und der Menschen aus benachteiligten sozialen Milieus nach Normalität und Gleichbehandlung (Geiling et al. 2011: 285) sorgt, so ist zu hoffen, für die nötige zusätzliche Schubkraft bei den unmittelbar Betroffenen.

In Deutschland gibt es aktuell eine kaum mehr zu überblickende Vielfalt indirekter Beteiligungsangebote für Zugewanderte, über deren Inklusionswirkung wenig bekannt ist. Sie dürfte sowohl für die wenigen Engagierten wie für die Mehrzahl der Zugewanderten eher bescheiden ausfallen. Im Zentrum der aktuellen kommunalen Anstrengungen stehen

---

25 So ein Veranstaltungsmotto der LAGA (Landesarbeitsgemeinschaft der kommunalen Migrantenvertretungen) in NRW im Jahre 2002.

zivilgesellschaftliche Formen der Beteiligung (Förderung von Migrantenorganisationen und des freiwilligen Engagements von Migranten), während die Stärkung von Zugewanderten mit Blick auf Entscheidungs- und Gestaltungsprozesse bei allgemeinen Wahlen, in Parlamenten und Parteien deutlich geringer ausfällt. Ein Blick auf die Präsenz von Zugewanderten in Parteien und Parlamenten bestätigt den Gesamteindruck, dass politische Partizipation als eigene Integrationsarena für Zugewanderte erst noch zu entdecken bzw. auszugestalten ist.

Organisationsschwäche, das weitgehende Fehlen von anerkannten Spitzenorganisationen und legitimen Sprechern von Eingewanderten sowie das Überwiegen symbolischer Politik, die Bedeutung einzelner Personen und die Beliebigkeit der Einbeziehung durch selektive Einladung sind einige der Folgen verweigerter politischer Bürgerrechte. Diese Situation trägt dazu bei, dass selbst in Integrationsfragen vorwiegend über und nicht mit den Zugewanderten gesprochen wird.

Diese demokratische Herausforderung ist seit dem Sommer 2015 erneut an den Rand gedrängt worden, als eine große Zahl von Flüchtlingen in der Bundesrepublik angekommen ist. In den Forderungskatalogen der integrationspolitischen Akteure dominieren verständlicher Weise Nothilfe und Sofortmaßnahmen. Die institutionellen Strukturen und Konzepte kommunaler Integrationspolitik werden als durchaus hilfreich angesehen, um auch diese Zukunftsaufgabe zu meistern. So sehr es grundsätzlich zu begrüßen sein mag, dass die Bundesregierung in dieser Situation erstmals ein Integrationsgesetz erarbeitet hat, das im Juli 2016 verabschiedet wurde, so deutlich ist es durch ein doppeltes Partizipationsdefizit gekennzeichnet. Weder die überraschend zahlreichen und aktiven zivilgesellschaftlichen Akteure der Willkommenskultur noch die Zugewanderten selbst waren in dessen Ausarbeitung einbezogen. Wo politische Partizipation gefragt wäre, dominiert im Gesetz die Rhetorik des paternalistischen „Forderns und Förderns", die im letzten Jahrzehnt bereits die deutschstämmigen „Unterschichten" politisch marginalisiert hat. Mit den Erfolgen rechtspopulistischer Mobilisierungen und Parteien drohen Einwanderer und Geflüchtete verstärkt zum Spielball und Opfer politischer Kalküle zu werden. Ihr allzu geringes politisches Gewicht gibt einen deutsch-nationalen Diskurs- und Handlungsraum frei, in dem die Stärkung der politischen Partizipation der Zugewanderten völlig von der Agenda zu verschwinden droht.

Literatur

Akgün, Lale/Thränhardt, Dietrich (Hrsg.) 2001: Integrationspolitik in föderalistischen Systemen. Münster: Lit Verlag

Arrighi, Jean-Thomas et al. 2013: Franchise and Electoral Participation of Third Country Citizens Residing in the European Union and of EU Citizens Residing in Third Countries. Brussels: European Parliament

BAMF [Bundesamt für Migration und Flüchtlinge] 2008: Praxiserkenntnisse zum Handlungsfeld Bürgerschaftliches Engagement. Nürnberg
Bausch, Christiane 2014: Inklusion durch politische Interessenvertretung? Die Repräsentationsleistungen von Ausländer- und Integrations(bei)räten. Baden-Baden: Nomos
Integrationsbeauftragte der Bundesregierung [Beauftragte der Bundesregierung für Migration, Flüchtlinge und Integration] (Hrsg.) 2007: 7. Bericht der Beauftragten der Bundesregierung für Migration, Flüchtlinge und Integration über die Lage der Ausländerinnen und Ausländer in Deutschland. Berlin
Integrationsbeauftragte der Bundesregierung [Beauftragte der Bundesregierung für Migration, Flüchtlinge und Integration] (Hrsg.) 2011: Migranten(dach)organisationen in Deutschland. Berlin: Beauftragte
Integrationsbeauftragte der Bundesregierung [Beauftragte der Bundesregierung für Migration, Flüchtlinge und Integration] 2012: 9. Bericht über die Lage der Ausländerinnen und Ausländer in Deutschland. Berlin: Beauftragte
Integrationsbeauftragte der Bundesregierung [Beauftragte der Bundesregierung für Migration, Flüchtlinge und Integration] 2014: 10. Bericht über die Lage der Ausländerinnen und Ausländer in Deutschland. Berlin: Beauftragte
Bertelsmann Stiftung (Hrsg.) 2009: Demokratie und Integration in Deutschland. Politische Führung und Partizipation aus Sicht von Menschen mit und ohne Migrationshintergrund. Gütersloh: Bertelsmann Stiftung
Bertelsmann Stiftung (Hrsg.) 2017: Vielfaltsmonitor. Studie zum Umgang mit ethnischer und religiöser Vielfalt in Deutschland. Gütersloh: Bertelsmann Stiftung
Bertelsmann Stiftung/Staatsministerium Baden-Württemberg (Hrsg.) 2014: Partizipation im Wandel. Gütersloh: Bertelsmann Stiftung
Bird, Karen/Saalfeld, Thomas/Wüst, Andreas M. (Hrsg.) 2011: The Political Representation of Immigrants and Minorities. Voters, Parties and Parliaments in Liberal Democracies. Abington/New York: Routledge
Bloemraad, Irene/Schönwälder, Karen 2013: Immigrant and Ethnic Minority Representation in Europe: Conceptual Challenges and Theoretical Approaches. In: West European Politics (36) 3, S. 564–579
Bommes, Michael 1992: Interessenvertretung durch Einfluss: Ausländervertretungen in Niedersachsen. 2. Auflage. Osnabrück: AG KAN
Büttner, Christian/Meyer, Berthold (Hrsg.) 2001: Integration durch Partizipation. „Ausländische Mitbürger" in demokratischen Gesellschaften. Frankfurt/New York: Campus
Bundesregierung 2007: Der Nationale Integrationsplan. Neue Wege – Neue Chancen. Berlin: Bundesregierung
Bundesregierung 2011: Beitrag der Länder zum Nationalen Aktionsplan Integration. Berlin: Bundesregierung
Bundesregierung 2012: Nationaler Aktionsplan Integration. Zusammenhalt stärken – Teilhabe verwirklichen. Berlin: Bundesregierunng
Cyrus, Norbert 2005: Active Civic Participation of Immigrants in Germany. Oldenburg: POLITIS
Cyrus, Norbert/Vogel, Dita 2008: Förderung politischer Integration von Migrantinnen und Migranten. Begründungszusammenhänge und Handlungsmöglichkeiten. Oldenburg: POLITIS
Diehl, Claudia 2004: Fördert die Partizipation in ethnischen Vereinen die politische Partizipation im Aufnahmeland? Theoretische Perspektiven und empirische Evidenzen. In: Klein, Ansgar et al. 2004: 231–250
Eigenmann, Philipp/Geisen, Thomas/Studer, Tobias (Hrsg.) 2016: Migranten und Minderheiten in der Demokratie. Politische Formen und soziale Grundlagen von Partizipation. Wiesbaden: Springer VS

Enquete-Kommission „Zukunft des Bürgerschaftlichen Engagements" des Deutschen Bundestags 2002: Bürgerschaftliches Engagement: auf dem Wege in eine zukunftsfähige Bürgergesellschaft. Opladen: Leske + Budrich

Eurostat 2016: Acquisition of citizenship statistics. May 2016 (ec.europa.eu/eurostat/statistics/indes. php/Acquisition_of_citizenship_statistics – abgefragt am 12.07.2016)

Garbaye, Romain 2004: Ethnic Minority Local Councillors in French and British Cities: Social Determinants and Political Opportunity Structures. In: Pennix et al.: S. 39–56

Geiling, Heiko/Gardemin, Daniel/Meise, Stephan/König, Andrea 2011: Migration – Teilhabe – Milieus. Spätaussiedler und türkeistämmige Deutsche im sozialen Raum. Wiesbaden: VS

Geiss, Sabine/Gensicke, Thomas 2006: Freiwilliges Engagement von Migrantinnen und Migranten. In: Gensicke, Thomas et al. 2006: 302–349

Gensicke, Thomas/Picot, Sibylle/Geiss, Sabine 2006: Freiwilliges Engagement in Deutschland 1999–2004. Wiesbaden: VS Verlag für Sozialwissenschaften

Gensicke, Thomas/Geiss, Sabine 2011: Zivilgesellschaft und freiwilliges Engagement in der Bundeshauptstadt Berlin 1999 – 2004 – 2009. München: Infratest

Gesemann, Frank/Roth, Roland/Aumüller, Jutta 2012: Stand der kommunalen Integrationspolitik in Deutschland. Berlin: BMVS/BBSR/Beauftragte der Bundesregierung für Migration, Flüchtlinge und Integration

Gesemann, Frank/Roth, Roland 2015: Integration ist (auch) Ländersache! Schritte zur politischen Inklusion von Migrantinnen und Migranten in den Bundesländern. 2. überarb. Auflage. Berlin: Friedrich Ebert Stiftung

Halm, Dirk/Sauer, Martina 2007: Bürgerschaftliches Engagement von Türkinnen und Türken in Deutschland. Wiesbaden: VS Verlag für Sozialwissenschaften

Hanhörster, Heike/Reimann, Bettina 2007: Evaluierung der Partizipation im Rahmen der Berliner Quartiersverfahren. Gutachten unter besonderer Berücksichtigung der Aktivierung von Berlinerinnen und Berlinern mit migrantischer Herkunft. Berlin: Deutsches Institut für Urbanistik

Hanschmann, Felix 2012: Der verfassungsrechtliche Rahmender Einführung des kommunalen Wahlrechts für Drittstaatsangehörige, insbesondere durch den Landesgesetzgeber. Stellungnahme zur Anhörung der Enquete-Kommission 16/2 „Bürgerbeteiligung" zum Thema „Multikulturelle Demokratie. Mainz: Landtag

Heckmann, Friedrich 2015: Integration von Migranten. Einwanderung und neue Nationenbildung. Wiesbaden: Springer VS

Hessisches Ministerium der Justiz, für Integration und Europa 2013: „Integration findet vor Ort statt". Befragung der hessischen Kommunen zum Stand ihrer Integrationspolitik. Wiesbaden: HMJIE

Hessisches Ministerium für Soziales und Integration 2015: Integration nach Maß. Der Hessische Integrationsmonitor – Fortschreibung 2015. Wiesbaden: HMSI

Hochschild, Jennifer L./Mollenkopf, John H. (Hrsg.) 2009: Bringing Outsiders In. Transatlantic Perspectives on Immigrant Political Incorporation. Ithaca/London: Cornell University Press

Hoecker, Beate (Hrsg.) 2006: Politische Partizipation zwischen Konvention und Protest. Eine studienorientierte Einführung. Opladen.

Holtkamp, Lars/Wiechmann, Elke/Friedhoff, Caroline 2013: Intersektionale Analyse der Parlamente – Repräsentation von MigrantInnen in bundesdeutschen Parlamenten. Hagen: FernUniversität (www.fernuni-hagen.de/polis/)

Hossain, Nina et al. 2016: Partizipation – Migration – Gender. Eine Studie über politische Partizipation von Migrat_innen in Deutschland. Baden-Baden: Nomos

Huddleston, Thomas/Niessen, Jan u. a. 2011: Index Integration und Migration III. Brüssel: British Council/Migration Policy Group. (www.mipex.eu)

Huddleston, Thomas/Vink, Maarten P. 2015: Full membership or equal rights? The link between naturalisation and integration policies for immigrants in 29 European states. In: Comparative Migration Studies (8) 3 (DOI 10.1186/s40878-015-0006-7)

Huth, Susanne 2007: Bürgerschaftliches Engagement von Migrantinnen und Migranten – Lernorte und Wege zu sozialer Integration. Frankfurt/Main: INBAS-Sozialforschung

Kast, Alexandra 2006: Gesellschaftliche Teilhabe sichern. Partizipation von Migrantinnen und Migranten in der „Sozialen Stadt" Berlin. Berlin: Friedrich-Ebert-Stiftung

Keltek, Tayfun 2006: Entwicklung der kommunalen Migrantenvertretungen. In: Migration und Soziale Arbeit 28. 1. 15–21

Keltek, Tayfun 2008: Aktivitäten der kommunalen Migrantenvertretungen in den Städten Nordrhein-Westfalens. In: Häusler, Alexander 2008 (Hrsg.), Rechtspopulismus als „Bürgerbewegung". Wiesbaden: VS, S. 279–290

Kindelberger, Hala 2007: Probleme und Perspektiven der politischen Partizipation und Selbstorganisation von Migranten in den neuen Bundesländern. In: Weiss/Kindelberger 2007: 197–216

Klein, Ansgar/Kern, Christine/Geißel, Brigitte/Berger, Maria (Hrsg.) 2004: Zivilgesellschaft und Sozialkapital. Herausforderungen politischer und sozialer Integration. Wiesbaden: VS Verlag für Sozialwissenschaften

Konferenz der für Integration zuständigen Ministerinnen und Minister/Senatorinnen und Senatoren der Länder (IntMK) 2015: Dritter Bericht zum Integrationsmonitoring der Länder 2011–2013. (www.integrationsmonitoring-laender.de)

Kösemen, Orkan 2014: Wenn aus Ausländern Wähler werden: Die ambivalente Rolle der Parteien bei der Repräsentation von Migranten in Deutschland. In: Bertelsmann Stiftung (Hrsg.): Vielfältiges Deutschland. Bausteine für eine zukunftsfähige Gesellschaft. Gütersloh: Bertelsmann Stiftung, S. 217–255

Kösemen, Orkan 2016: Teilhabe von Einwanderern zwischen Recht und Gnade. Die deutsche Migrationsdebatte als Ausdruck eines neuen Elitenwandels. Gütersloh (Ms.)

Kommunaler Qualitätszirkels zur Integrationspolitik 2010: Empfehlungen zur politischen Partizipation von Migrantinnen und Migranten", Dezember 2010

Koopmans, Ruud/Statham, Paul/Giugni, Marco/Passy, Florence 2005: Contested Citizenship. Immigration and Cultural Diversity in Europe. Minneapolis: University of Minnesota Press

Koopmans, Ruud/Dunkel, Anna/Schaeffer, Merlin/Veit Susanne 2011: Ethnische Diversität, soziales Vertrauen und Zivilengagement. Berlin: WZB

Münch, Ursula 2016: Integrationspolitik der Länder – dringliche Zukunftsaufgabe im Umbruch. In: Hildebrandt, A./Wolf, F. (Hrsg.), Die Politik der Bundesländer. Wiesbaden: Springer Fachmedien, S. 365–390

Müssig, Stephanie/Worbs, Susanne 2012: Politische Einstellungen und politische Partizipation von Migranten in Deutschland. Nürnberg: BAMF

Negt, Oskar 2010: Der politische Mensch. Demokratie als Lebensform. Göttingen: Steidl

Niessen, Jan/Huddleston, Thomas/Citron, Laura 2007: Migrant Integration Policy Index. Brüssel: British Council

Niessen, Jan/Schibel, Yongmi 2005: Handbuch zur Integration für Entscheidungsträger und Praktiker. Luxemburg: Europäische Kommission

Niessen, Jan/Huddleston, Thomas 2010: Handbuch zur Integration für Entscheidungsträger und Praktiker. Dritte Ausgabe. Luxemburg: Europäische Kommission

Olk, Thomas/Klein, Ansgar/Hartnuß, Birger (Hrsg.) 2010: Engagementpolitik. Die Entwicklung der Zivilgesellschaft als politische Aufgabe. Wiesbaden: VS Verlag

Pollack, Detlef u. a. 2016: Integration und Religion aus der Sicht von Türkeistämmigen in Deutschland. Münster.

Roth, Roland 2009: Integration durch politische Partizipation und bürgerschaftliches Engagement. In: Gesemann/Roth (Hrsg.): Lokale Integrationspolitik in der Einwanderungsgesellschaft. Wiesbaden, S. 195-215

Roth, Roland 2011: Bürgermacht. Eine Streitschrift für mehr Partizipation. Hamburg: edition Körber

Roth, Roland/Rucht, Dieter (Hrsg.) 2008: Soziale Bewegungen in Deutschland nach 1945. Ein Handbuch. Frankfurt/New York: Campus

Rucht, Dieter/Heitmeyer, Wilhelm 2008: Mobilisierung von und für Migranten. In: Roth, Roland/Rucht, Dieter 2008: 573-592

Sachverständigenrat deutscher Stiftungen für Integration und Migration (SVR) 2010: Einwanderungsgesellschaft 2010. Jahresgutachten 2010 mit Integrationsbarometer. Berlin: SVR

Sachverständigenrat deutscher Stiftungen für Integration und Migration (SVR) 2012: Integration im föderalen System: Bund, Länder und die Rolle der Kommunen. Jahresgutachten 2012 mit Integrationsbarometer. Berlin: SVR

Salentin, Kurt 2004: Ziehen sich Migranten in ‚ethnische Kolonien' zurück? In: Bade, Klaus et al. (Hrsg.): Migrationsreport 2004. Frankfurt/New York: Campus, 97-116

Sauer, Martina 2011: Partizipation und Engagement türkeistämmiger Migrantinnen und Migranten in Nordrhein-Westfalen. Essen: Stiftung Zentrum für Türkeistudien und Integrationsforschung

Sauer, Martina 2016: Politische und zivilgesellschaftliche Partizipation von Migranten. In: Brinkmann, Heinz Ulrich/Sauer Martina (Hrsg.) Einwanderungsgesellschaft Deutschland. Entwicklung und Stand der Integration. Wiesbaden: Springer VS, S. 255-279

Scheffer, Thomas 1998: Ausländerpolitik in der Kommune. In: Wollmann, Hellmut/Roth, Roland 1998: 764-779

Schönwälder, Karen 2009: Einwanderer als Wähler, Gewählte und transnationale Akteure. In: Politische Vierteljahresschrift (50) S. 832-849

Schönwälder, Karen 2010: Einwanderer in Räten und Parlamenten, in: Aus Politik und Zeitgeschichte (APuZ) 46-47, S. 29-35

Schönwälder, Karen u. a. 2011: Vielfalt sucht Rat. Ratsmitglieder mit Migrationshintergrund in deutschen Großstädten. Berlin: Heinrich Böll Stiftung

Schönwälder, Karen 2012: Stellungnahme zur Anhörung der Enquete-Kommission 16/2 „Bürgerbeteiligung" zum Thema „Multikulturelle Demokratie". Mainz: Landtag

Schönwälder, Karen 2013: Immigrant Representation in Germany's Regional States: The Puzzle of Uneven Dynamics. In: West European Politics (36) 3, S. 634-651

Schultze, Günther/Thränhardt, Dietrich (Hrsg.) 2013: Migrantenorganisationen. Engagement, Transnationalität und Integration. Berlin: FES

Seibert, Niels 2008: Vergessene Proteste – Internationalismus und Antirassismus 1964-1983. Münster: Unrast

Statistisches Bundesamt (Destatis) 2016: Bevölkerung und Erwerbstätigkeit. Einbürgerungen 2015. Wiesbaden. Statistisches Bundesamt

Süssmuth, Rita 2012: Migration und Integration. Licht- und Schattenseiten des Föderalismus. In: Härtel, S. 905-919

Thränhardt, Dietrich 2001: Zuwanderungs- und Integrationspolitik in föderalistischen Ländern. In: Akgün/Thränhardt, S. 15-33

Thränhardt, Dietrich 2007: Korporatistische Integration, Asylkrise und staatliche Integrationspolitik. Deutschland seit 1955. Tokyo: Internationales Dokkyo Forum

Thränhardt, Dietrich 2008a: Das Engagement von Migranten. In: vhw-Forum 9. 3. 131-137

Thränhardt, Dietrich 2008b: Einbürgerung. Rahmenbedingungen, Motive und Perspektiven des Erwerbs der deutschen Staatsangehörigkeit. Bonn: Friedrich-Ebert-Stiftung

Thränhardt, Dietrich 2013: Migrantenorganisation. Engagement, Transnationalität und Integration. In: Schultze/Thränhardt, S. 5-20

Walzer, Michael 1992: Sphären der Gerechtigkeit. Ein Plädoyer für Pluralität und Gleichheit. Frankfurt/New York: Campus
Weiss, Karin 2005: Erfolg in der Nische: Die Vietnamesen in der DDR und in Ostdeutschland. In: Weiss, Karin/Thränhardt, Dietrich: 69–92
Weiss, Karin 2013: Migrantenorganisationen und Staat. Anerkennung, Transnationalität und Integration. In: Schultze/Thränhardt, S. 21–31
Weiss, Karin/Kindelberger, Hala (Hrsg.) 2007: Zuwanderung und Integration in den neuen Bundesländern. Zwischen Transferexistenz und Bildungserfolg. Freiburg: Lambertus
Weiss, Karin/Thränhardt, Dietrich (Hrsg.) 2005: SelbstHilfe. Wie Migranten Netzwerke knüpfen und soziales Kapital schaffen. Freiburg: Lambertus
Wiedemann, Claudia 2006: Politische Partizipation von Migranten und Migrantinnen. In: Hoecker, Beate 2006: 261–286
Wollmann, Hellmut/Roth, Roland (Hrsg.) 1998: Kommunalpolitik. Politisches Handeln in den Gemeinden. Opladen: Leske + Budrich
Wüst, Andreas M. 2011: Politische Repräsentation von Migranten im Vergleich: Die Rolle von Parteien. In: Bertelsmann Stiftung, S. 117–135

Kommunale Antidiskriminierungspolitik
Wege zu mehr Gleichbehandlung, Vielfalt und Inklusion in Kommunen

Andreas Merx und Timon Perabo

Zusammenfassung

Kommunalen Antidiskriminierungspolitiken kommt hinsichtlich des Gelingens bei der Integration eine wichtige Rolle zu. Der Beitrag beleuchtet die Realität der Diskriminierung von Menschen aus Einwandererfamilien und stellt wichtige rechtliche Rahmenbedingungen vor. Exemplarisch wird am Beispiel von vier Kommunen die kommunale Antidiskriminierungspraxis skizziert sowie Erfolgsfaktoren und Herausforderungen für die Umsetzung formuliert. Bestehende Maßnahmen und Aktivitäten werden in einem Strukturaufriss systematisiert. Abschließend wird ein Weg zu einer verbindlicheren Umsetzung Positiver Maßnahmen aufgezeigt.

Schlüsselbegriffe

Antidiskriminierung, Allgemeines Gleichbehandlungsgesetz (AGG), Inklusion, Positive Maßnahmen, Vielfalt

Einführung

Ein immer bedeutender werdendes Element der Integrationspolitik ist seit einigen Jahren auf allen politischen Ebenen die Antidiskriminierungspolitik. Gelingende Integration bzw. Inklusion von Menschen aus Einwandererfamilien[1] wird neben eigenen Anstrengungen stark von der Bereitschaft und Offenheit der Mehrheitsgesellschaft bestimmt und deren relevanten Organisationen, Einrichtungen, Strukturen, Prozessen, Regeln und Normen sowie den damit verbundenen Exklusions- und Inklusionsmechanismen.

---

1 Zu diesem Begriff vgl. Neue deutsche Medienmacher e. V. 2015. Zum Spannungsfeld von Inklusion und Integration siehe Kapitel 3.

Diskriminierungen, als besonders starke Form der Exklusion von Teilhabe und Inklusion, sind dabei nicht nur unerwünschte und ungerechtfertigte Verstöße gegen den Gleichbehandlungsgrundsatz und unsere Grund- und Menschenrechte. Sie haben auf vielfältige Weise z. T. massive Auswirkungen auf die Betroffenen und erzeugen ein breites Bündel an Wechselwirkungen mit Integrationsmechanismen. Klose und Liebscher unterscheiden dabei in ihrer Studie zur „Antidiskriminierungspolitik in der deutschen Einwanderungsgesellschaft" drei zentrale Bereiche mit exkludierenden Auswirkungen von Diskriminierungen auf Betroffene aus Einwandererfamilien:

- *Wirkung von Diskriminierung als Ausschluss von materiellen Ressourcen*, z. B. durch diskriminierende Bewerbungsverfahren oder durch strukturelle Überrepräsentation in niedrig qualifizierten, prekären und schlecht bezahlten Tätigkeiten und damit einhergehendem größeren Armutsrisiko oder durch Wohnungsmarktdiskriminierung;
- *Wirkung von Diskriminierung als Ausschluss von politischer und gesellschaftlicher Teilhabe*, z. B. durch deutliche Unterrepräsentation in entscheidenden (kommunalen) politischen Gremien und Funktionen oder das fehlende Wahlrecht für Drittstaatangehörige auf kommunaler Ebene;
- *Wirkung von Diskriminierung als Verweigerung von Anerkennung, Respekt und Interesse*, z. B. durch die weit verbreitete Wahrnehmung und Labeling von Menschen aus Einwandererfamilien in einer defizitorientierten (häufig ethnisierenden oder kulturalisierenden) Problemsicht (Klose/Liebscher 2015: 23f.).

In Folge dieser exkludierenden Effekte oder der Wahrnehmung der Verweigerung von Anerkennung, Respekt und Interesse durch Vorurteile, Stereotype und Diskriminierungen kann es bei Menschen aus Einwandererfamilien zu verschiedenen Reaktionsmechanismen kommen, mit vielen nachteiligen Auswirkungen. Sie können z. B. Reethnisierungsprozesse auslösen und die vorhandene individuelle Integrationsbereitschaft deutlich senken. Die negativen Folgen von Stereotypen, Vorurteilen und Diskriminierungen etwa für den Bildungserfolg, eine gelingende Arbeitsmarktintegration oder das Leben in guten Wohnverhältnissen und Nachbarschaften erschweren die gleichberechtigte Teilhabe in elementaren Lebensbereichen und somit die soziale Inklusion insgesamt (Uslucan/Yalcin 2014: 13f.).

Diskriminierungen und Rassismus sind weiterhin auch betriebs- und personalwirtschaftlich für Arbeitgeber/innen und Arbeitnehmer/innen von Nachteil, da Zufriedenheit und Motivation der betroffenen Arbeitnehmer/innen aus Einwandererfamilien beeinträchtigt oder massiv beschädigt werden können und somit deren Potentiale nicht umfassend zur Verfügung stehen. Durch höhere Abwesenheits-, Krankheits- und Fluktuationsraten sowie die Zunahme von Konflikten können zusätzliche Reibungsverluste und Kosten entstehen.[2]

---

2 Zu weiteren negativen betriebs- und volkswirtschaftlichen Schäden für Arbeitgeber/innen und Arbeitnehmer/innen und Folgen für die Arbeitsmarkt- und gesellschaftliche Integration von Menschen aus Einwandererfamilien vgl. Fachstelle Interkulturelle Kompetenzentwicklung und Antidiskriminierung 2015: 20ff.

Der Antidiskriminierungspolitik kommt also hinsichtlich des Gelingens bei der Integration bzw. Inklusion in einer Einwanderungsgesellschaft eine bedeutsame Rolle zu. Die vierte MIPEX-Studie 2015, die international vergleichend Einwanderungs- und Integrationspolitiken analysiert, bescheinigte Deutschland, in der Integrationspolitik durchaus Fortschritte gemacht zu haben. Deutschland lag im internationalen Ranking mit 61 von 100 möglichen Punkten deutlich über dem Durchschnitt aller 38 untersuchten Länder[3] und belegte den zehnten Platz. Fortschritte wurden vor allem in den rechtlichen Verbesserungen der gesetzlichen Rahmenbedingungen für die Einwanderung sowie in den Bereichen Arbeitsmarkt und Einbürgerung gesehen. Wie schon in der dritten MIPEX-Studie von 2011 landete Deutschland allerdings in der Analyse seiner Antidiskriminierungspolitik mit Platz 22 auf einem der hinteren Plätze. Hier besteht offensichtlich auch im Vergleich zu anderen wichtigen Einwanderungsländern noch großer Nachholbedarf. Im Bereich Antidiskriminierung werde in Deutschland vergleichsweise wenig unternommen, so die Studie. Verglichen mit dem Durchschnitt in Westeuropa ist der Zugang zur Justiz für Betroffene von Diskriminierungen in Deutschland schwieriger. Die deutsche Gleichbehandlungspolitik ist eine der schwächsten im internationalen Vergleich (17 Punkte/MIPEX-Durchschnitt: 47), so schwach wie in Tschechien und der Türkei. Die Antidiskriminierungsstelle des Bundes (ADS) ist mit so wenigen Befugnissen ausgestattet wie in kaum einem anderen Land (MIPEX 2015). Und sie verfügt mit 3,7 Mio. Jahresbudget im Jahr 2015 und rund 30 Mitarbeiter/innen über eine sehr geringe Ressourcenausstattung. Vergleichsweise hat der Diskriminierungs-Ombudsman in Schweden, einem Land mit 9,6 Mio. Einwohner/innen, rund 100 Mitarbeiter/innen und ein Budget von drei Mio. Euro (Klose/Liebscher 2015: 102).

Dass Integration vor Ort, in den Kommunen stattfindet, ist mittlerweile schon beinahe eine Binsenweisheit. Vor dem Hintergrund der oben gemachten Ausführungen verwundert es insofern auch nicht, dass kommunale Antidiskriminierungspolitiken besonders in den letzten Jahren einen spürbaren Bedeutungszuwachs erfahren haben – wenn auch noch in recht unterschiedlichem Ausmaß. Es bleibt eine Landkarte mit vielen weißen Stellen, mit vielen Kommunen, welche die Thematik kaum oder auch noch gar nicht aufgegriffen haben.

Der vorliegende Artikel beleuchtet kommunale Antidiskriminierungspolitik in Deutschland im Kontext von Integration bzw. Inklusion und Einwanderung. Dabei erfolgt zunächst eine kurze Übersicht zu Realität und Ausmaß von Diskriminierung von Menschen aus Einwandererfamilien sowie den wichtigsten rechtlichen Rahmenbedingungen kommunaler Antidiskriminierungspolitik. In einem weiteren Abschnitt werden elementare gesellschafts- und wirtschaftspolitische Zielsetzungen der Antidiskriminierungspolitik zusammengefasst, die sich auf die Darstellungen verschiedener Kommunen sowie ergänzende Studienergebnisse stützt. Die Maßnahmen und Aktivitäten kommunaler Antidiskriminierungspolitiken sowie die dafür notwendigen Zielsetzungen und Strukturen sowie deren Evaluation und Weiterentwicklung in der Umsetzung werden anschließend in einem Strukturaufriss auf drei Ebenen dargestellt. Auf Basis dieses Strukturaufrisses wird

---

3 Dazu zählen alle Mitgliedstaaten der Europäischen Union sowie Australien, Kanada, Island, Japan, Südkorea, Neuseeland, Norwegen, die Schweiz, die Türkei und die USA.

dann anhand der Antidiskriminierungspolitik von vier ausgewählten Städten (Frankfurt am Main, Heidelberg, Jena und München) die konkrete Antidiskriminierungspraxis in Kommunen exemplarisch skizziert. Abschließend werden auf Grundlage der Auswertung der Antidiskriminierungspraxis der vier Städte sowie von Studien zur Umsetzung von Antidiskriminierungsmaßnahmen Gelingensfaktoren sowie Erschwernisse und Verbesserungspotenziale für eine nachhaltige Umsetzung formuliert. Der Ausblick zeigt einen Weg auf zu einer verbindlicheren Umsetzung Positiver (Förder-)Maßnahmen im Rahmen einer nachhaltigen kommunalen Antidiskriminierungspolitik.

1   Realität der Diskriminierung

Diskriminierung bedeutet in Anlehnung an Artikel 3, Absatz 3 des Grundgesetzes, dass niemand „wegen seines Geschlechtes, seiner Abstammung, seiner Rasse, seiner Sprache, seiner Heimat und Herkunft, seines Glaubens, seiner religiösen oder politischen Anschauungen oder seiner Behinderung ungleich behandelt, also benachteiligt oder bevorzugt wird." Seit 2006 verbietet das Allgemeine Gleichbehandlungsgesetz (AGG) Diskriminierungen „aus Gründen der Rasse oder wegen der ethnischen Herkunft, der Religion oder Weltanschauung, einer Behinderung, des Alters oder der sexuellen Identität" insbesondere zwischen Privaten.[4]

Dabei kann unterschieden werden zwischen unmittelbarer und mittelbarer Diskriminierung. Die erstere liegt vor, wenn die ungleiche Behandlung einer Person in einer vergleichbaren Situation aufgrund bzw. wegen einer bestimmten Ausprägung der oben genannten Merkmale als solche bewusst von diskriminierenden Akteur/innen intendiert ist. Mit einer mittelbaren Diskriminierung ist andererseits die Tatsache gemeint, dass Personen mit einer bestimmten Merkmalsausprägung auf der Grundlage von dem Anschein nach neutralen Vorschriften, Kriterien oder Verfahren in besonderer Weise benachteiligt werden (vgl. Gomolla 2010).

Für die Frage der Integration bzw. Inklusion sind dabei Diskriminierungen aus „rassistischen Gründen", der ethnischen Herkunft und auf Grund der Religion besonders bedeutend, deshalb widmet sich dieser Artikel insbesondere diesen Merkmalen.

Die Relevanz von Diskriminierung für die Gesellschaft und das Ausmaß praktizierter Diskriminierung sind nur schwer genau zu bestimmen. In Beschwerdestellen, Gerichten oder Berichten der Medien wird nur ein kleiner Teil der Realität der Diskriminierung er-

---

4   Der im Grundgesetz und im AGG noch immer aufgeführte Begriff der „Rasse" wird in der aktuellen Fachdiskussion mittlerweile regelmäßig durch andere Begriffe ersetzt, da der Begriff kontextabhängig nahelegen kann, dass es menschliche „Rassen" gebe und so rassistisches Denken gefördert werden kann. Wir verwenden den Begriff daher hier nur in Zitaten und ersetzen ihn weiterhin durch „Diskriminierungen aus rassistischen Gründen" bzw. „rassistischen Zuschreibungen". Zur Diskussion um den Begriff sowie einem Politikvorschlag vgl. Cremer 2009.

fasst. Die Vielzahl der Studien[5], die Diskriminierung auf der Ebene der Vereinten Nationen, der Europäischen Union und für Deutschland untersucht haben, sind z. T. lückenhaft und teilweise aus methodischen Gründen problematisch. Vor allem können sie nicht zureichend Licht auf das zu vermutende hohe Dunkelfeld werfen. Dennoch gibt es mittlerweile eine ausreichende Fülle rechts- und sozialwissenschaftlicher Studien und Befragungen, die zumindest eine Einschätzung über das Ausmaß von Diskriminierungen in Deutschland in Bezug auf die oben genannten Merkmale erlauben.

Erste Erkenntnisse über das Ausmaß von Diskriminierung lassen sich auf drei Weisen gewinnen:

1. Erfassung durch repräsentative Befragungen, ob nach eigenem Ermessen Diskriminierungserfahrungen gemacht wurden. Im Integrationsbarometer 2012 des Sachverständigenrates deutscher Stiftungen für Migration und Integration (SVR) gaben 25 Prozent der Befragten ohne Migrationshintergrund an, in den letzten zwölf Monaten Diskriminierung erfahren zu haben, dagegen waren es 40 Prozent bei den Befragten mit Migrationshintergrund (ADS 2012b: 14). In einer gemeinsamen Studie des Deutschen Instituts für Wirtschaftsforschung (DIW) und des Institutes für Arbeitsmarkt- und Berufsforschung (IAB) aus dem Jahr 2014 wurden Menschen aus Einwandererfamilien ebenfalls nach ihren Diskriminierungserfahrungen befragt. Dabei hatten von den 5.000 Befragten jede/r zweite nach eigener Aussage im letzten Jahr mindestens eine Diskriminierungserfahrung gemacht. Am häufigsten sei dies auf dem Arbeitsmarkt sowie bei Ämtern und Behörden der Fall. 54 Prozent der Diskriminierten erklärten, dass sie bei der Arbeits- und Ausbildungsplatzsuche schlechter behandelt würden. Weniger genannt wurden in dieser Befragung Diskriminierungserfahrungen bei der Wohnungssuche und im Kontakt mit der Polizei (Tucci et al. 2014: 1155). In einer weiteren, nicht repräsentativen Online-Umfrage wurden von insgesamt 925 Teilnehmenden die Lebensbereiche „Ausbildung und Beruf" (26,4 %), „Geschäftsleben/Dienstleistungen" (23,7 %) und „Ämter/Behörden" (16,6 %) als die Bereiche mit den meisten persönlichen Diskriminierungserfahrungen genannt (Rottleuthner/Mahlmann 2011: 171).
Die große Schwäche solcher Befragungen ist, dass ihnen subjektive Einschätzungen, was als Diskriminierung zu verstehen ist, zu Grunde liegen. Es kann nicht überprüft werden, ob damit Diskriminierung in der oben definierten Form gemeint ist bzw. sie eine Diskriminierung im Sinne des AGG darstellt und vor Gericht als solche geahndet würde.
2. Auswertungen von Beschwerde- und Klagefällen auf Grund von Diskriminierungen. Hierzu dienen Statistiken von Beschwerdestellen für Diskriminierungen[6] und Untersuchungen von Klageverfahren an Gerichten (Rottleuthner/Mahlmann 2011). Das

---

5   Zu einer Übersicht über die durchgeführten Studien vgl. Bertelsmann Stiftung 2015.
6   Vgl. etwa die statistischen Erfassungen von Diskriminierungsfällen, wie sie regelmäßig vom Anti-Rassismus Informations-Centrum NRW e. V., von basis & woge e. V. oder vom Antidiskriminierungsnetzwerk Berlin (adnb) des TBB veröffentlicht werden. Internet: http://www.aric-nrw.de/files/pdf/Auswertung_Faelle_Okt11_Aug13.pdf, http://www.basisundwoge.de/fileadmin/

größte Problem dieser Herangehensweise besteht darin, dass nur ein sehr kleiner Teil der eigentlichen Diskriminierungen gemeldet oder vor Gericht gebracht wird. „In einer europaweiten Untersuchung wurde festgestellt, dass im Durchschnitt 82 Prozent derjenigen, die Diskriminierungen erfahren hatten, ihren letzten Vorfall (in einem Zeitraum von 12 Monaten) nicht bei irgendeiner Stelle meldeten" (Rottleuthner/Mahlmann 2011: 33). Hinzu kommt dass die Datensammlung nur lückenhaft erfolgt und die erhobenen Daten nicht zusammengeführt werden.[7]
3. Besonders aussagekräftig sind Studien, die anhand von Vergleichstests eine Diskriminierung aufgrund eines bestimmten Merkmals nachweisen können. Hier sei beispielhaft auf die Studie des SVR verwiesen, die belegt, dass um eine Einladung zum Vorstellungsgespräch für einen Ausbildungsplatz zu erhalten, ein Kandidat mit einem deutschen Namen durchschnittlich fünf Bewerbungen schreiben, ein Mitbewerber, der die identische Bewerbung mit einem türkischen Namen einreicht, dies aber sieben Mal tun muss (SVR 2014: 4). Eine Vielzahl von (vor allem mit der Testing-Methode arbeitenden) Studien haben ähnliche Diskriminierungen in anderen Bereichen aufgedeckt, so etwa bei der Wohnungssuche oder beim Einlass in Diskotheken. Diese umfangreiche Form des Tests ist aber immer nur für ganz spezifische Konstellationen und Bedingungen durchzuführen.

Trotz der genannten Probleme lassen diese Erhebungen erahnen, dass Diskriminierung in Deutschland in relevantem Maße und in einer Vielzahl von Lebensbereichen vorliegt und dass Integration – auch verstanden als ökonomische und gesellschaftliche Teilhabe – erst dann möglich ist, wenn diesen Diskriminierungen entgegengewirkt wird. Daraus begründet sich die Relevanz von Antidiskriminierungspolitik.

2   Rechtliche Rahmenbedingungen kommunaler Antidiskriminierungspolitik

Das Verbot von Diskriminierung ist auf unterschiedlichen rechtlichen Ebenen festgelegt: im internationalen Völkerrecht, im trans- oder supranationalen Europarecht und im innerstaatlichen nationalen Recht. Internationale und transnationale Rechtsnormen

---

user_upload/pdf/Diskriminierungsreport_2013-1.pdf, http://tbb-berlin.de/downloads_adnb/Antidiskriminierungsreport_2011-2013.pdf.

7   Von den meisten lokalen Beschwerdestellen werden jeweils pro Jahr Diskriminierungen in der Größenordnung von 100 bis 200 Fällen dokumentiert. Dass eine Zusammenführung die Aussagekraft dieser Daten erheblich steigern könnte, zeigt das Beispiel der Niederlande, wo im Jahre 2011 von über 30 Antidiskriminierungsbüros und Meldestellen mittels einer landesweit genutzten Datenbank 6.391 Beschwerden registriert wurden. Vgl. dazu advd 2013: 95. Zu den bislang fehlgeschlagenen Bemühungen um eine Koordination der Datenerhebung in Deutschland vgl. ADS 2010.

haben Auswirkungen auf die Ausgestaltung des deutschen (Antidiskriminierungs-) Rechts: diese rechtliche Vorgaben sind zum einen in deutsches Recht umzusetzen oder sie müssen bei der Auslegung und Anwendung deutschen Rechts beachtet werden, etwa bei Gerichtsentscheidungen (ADS 2014: 10). Besonders entscheidend für die nationale Ausgestaltung des Antidiskriminierungsrechts in Deutschland sind fünf EU-Gleichbehandlungsrichtlinien. Durch sie sollen Diskriminierungen „aufgrund der Rasse oder der ethnischen Herkunft" (RL 2000/43/EG), „wegen der Religion oder der Weltanschauung, einer Behinderung, des Alters oder der sexuellen Ausrichtung" (RL 2000/78/EG) und des Geschlechts (RL 2002/73/EG, RL 2004/113/EG, RL 2006/54/EG) bekämpft werden[8]. Der rechtliche Rahmen für Antidiskriminierungspolitik auf kommunaler Ebene bestimmt sich darüber hinaus insbesondere durch nationales und Landesrecht. In Anlehnung an das Handbuch „Rechtlicher Diskriminierungsschutz" der ADS sind hier drei Ebenen zu unterscheiden (ADS 2014: 18):

1. Das Grundgesetz – hier wird durch den Artikel 3, Absatz 3 ein umfangreicher Diskriminierungsschutz gewährt. Da es sich bei den Grundrechten um Schutzrechte von Bürger/innen gegenüber dem Staat handelt, greifen diese in der Regel nicht im Fall der Diskriminierung durch private Personen.
2. Bundesrechte – diese werden von den Organen des Bundes (Bundesregierung, Bundestag, ggf. Bundesrat) erlassen. Es gibt spezielle Gesetze, die ausschließlich zum Schutz vor Diskriminierungen erlassen wurden. Dazu zählt für den Bereich der Diskriminierung aus rassistischen Gründen vor allem das AGG. Es gibt aber auch andere Bundesgesetze, die sich zur Durchsetzung eines Schutzes gegen Diskriminierung eignen oder aber explizite Diskriminierungsverbote enthalten, die einen ausgewählten Lebensbereich betreffen (z. B. § 33c Sozialgesetzbuch (SGB) I und § 19a SGB IV – Diskriminierungsverbote bei sozialgesetzlichen Leistungen – oder die Bestimmungen im Bundespersonalvertretungsgesetz § 67 Abs.1).
3. Landesrecht – einerseits enthalten Landesverfassungen in Anlehnung an das Grundgesetz Diskriminierungsverbote und Gleichstellungsgebote oder entsprechende Bestimmungen in Personalvertretungsgesetzen. Andererseits finden sich wie auf Bundesebene auch auf Landesebene spezielle Gesetze, die sich gegen Diskriminierungen richten. Allerdings gibt es hier bislang keine Gesetze, die speziell die Diskriminierung aus rassistischen Gründen erfassen. Darüber hinaus enthalten weitere Landesgesetze Antidiskriminierungsklauseln. So untersagt z. B. das Schulgesetz des Landes Brandenburg eine Bevorzugung oder Benachteiligung von Schüler/innen u. a. aus rassistischen Gründen. Grundsätzlich ist festzustellen, dass das Schutzniveau in den Ländern sehr unterschiedlich ausfällt.

---

8   Zum Antidiskriminierungsrecht auf internationaler und europäischer Ebene vgl. Bertelsmann Stiftung 2015: 12f. und ADS 2014: 10ff.

Die rechtlichen Vorgaben setzen den Rahmen für das Handeln kommunalpolitischer Akteur/innen auf zweierlei Weise[9].

2.1 Rechtliche Verpflichtung zum Vorgehen gegen Diskriminierungen

a. In den kommunalen Institutionen, in denen die Kommune als Arbeitgeber auftritt, ist sie verpflichtet, Maßnahmen zum Schutz der Mitarbeiter/innen gegen Diskriminierungen am Arbeitsplatz zu ergreifen. Dieser Schutz erstreckt sich auch auf Bewerbungsverfahren und Ausbildungsverhältnisse.
b. Bei Dienstleistungsunternehmen der Daseinsvorsorge, die im Besitz von Kommunen sind (Verkehrs- und Beförderungswesen, Gas-, Wasser-, und Elektrizitätsversorgung, Müllabfuhr, Abwasserbeseitigung, soziale Dienstleistungen, Bildungs- und Kultureinrichtungen, Krankenhäuser etc.), sowie im Kontext kommunaler Wohnraumversorgung gilt gegenüber den Kund/inn/en das zivilrechtliche Benachteiligungsverbot nach § 19 AGG. Übernehmen private Träger die Aufgabe der Daseinsvorsorge (z. B. ein privater Stromversorger), so können Kommunen durch Einfügung von Klauseln des Diskriminierungsverbots in die entsprechenden Verträge sich Eingriffsmöglichkeiten im Fall von Diskriminierungen verschaffen. Eine ähnliche Kontrollfunktion erwächst ihnen bei Vereinen, die durch kommunale Mittel unterstützt werden (z. B. ein privater Sportverein): die Vergabe der Mittel kann daran gebunden werden, dass die gesetzlichen Antidiskriminierungsverbote beachtet werden.
c. Kommunen greifen in vielfältiger Weise als ordnungspolitischer Akteur in das kommunale Leben ein. Ein Beispiel ist die Gewerbeaufsicht. Die allgemeinen Vorschriften des AGG und des Bürgerlichen Gesetzbuches (BGB) begrenzen das Hausrecht der Gewerbetreibenden. Kommt es im Bereich des Gewerbes zu Diskriminierungen, ist die Kommune zur Überprüfung der gewerberechtlichen Zuverlässigkeit des Betreibers verpflichtet.

2.2 Durch die rechtliche Rahmensetzung eröffnete Möglichkeiten einer Antidiskriminierungspolitik

Der rechtliche Diskriminierungsschutz enthält nicht nur wie gezeigt die Verpflichtung der Kommunen, im Rahmen ihrer hoheitlichen Aufgabenstellungen gegen Fälle von Diskriminierung vorzugehen, sondern zeigt auch Möglichkeiten auf, präventive Maßnahmen gegen Diskriminierung zu ergreifen und ganz allgemein in der kommunalen Öffentlichkeit so zu agieren, dass eine Kultur der Antidiskriminierung gefördert wird. Hier steht der

---

9 Zum Folgenden vgl. Landesintegrationsrat NRW u. a. 2011.

Kommune ein weites Feld von Maßnahmen offen. Ob sie diese Maßnahmen ergreift und welche, steht im Ermessen der kommunalen Entscheidungsträger/innen.

Zu solchen Maßnahmen zählen etwa die Verabschiedung eines kommunalen Aktionsplans gegen Diskriminierung[10], die Durchführung einer „Woche gegen Rassismus"[11], die Übernahme von Initiativen gegen Rassismus, die z. B. von der Antidiskriminierungsstelle des Bundes entfaltet werden[12], die Teilnahme an Bündnissen gegen Diskriminierung[13], die mediale Werbung für eine Antidiskriminierungskultur[14] u. ä.

Zu den Maßnahmen, die Kommunen auf freiwilliger Basis ergreifen können, zählen vor allem die so genannten „Positiven Maßnahmen". Sie sind ein wichtiges Instrument von Antidiskriminierungspolitik (vgl. Heinrich-Böll-Stiftung 2010). Die rechtliche Grundlage hierfür findet sich sowohl im europäischen Recht (RL 2000/43/EG (Antirassismusrichtlinie) Artikel 5) wie im deutschen Antidiskriminierungsrecht im § 5 AGG. Dort sind in Hinblick auf rassistische Diskriminierungen „Positive Maßnahmen" zugelassen.

Positive Maßnahmen können als gezielte Fördermaßnahmen insbesondere zum Abbau struktureller Barrieren und weiterhin bestehender Benachteiligungen sowie zur Herstellung von mehr tatsächlicher Gleichstellung umgesetzt werden. Nach § 5 AGG ist eine unterschiedliche Behandlung zulässig, wenn durch geeignete und angemessene Maßnahmen bestehende Nachteile wegen rassistischer Zuschreibungen oder der ethnischen Herkunft, des Geschlechts, der Religion oder Weltanschauung, einer Behinderung, der sexuellen Identität oder des Alters verhindert oder ausgeglichen werden sollen. Die Positiven Maßnahmen sind im AGG nicht enger definiert und umfassen unter Beachtung der entsprechenden Voraussetzungen – sie müssen verhältnismäßig und zur Zielerreichung geeignet sein und dürfen den Begünstigten keinen absoluten Vorrang einräumen, müssen also im Einzelfall objektiv aufgrund von Qualifikationskriterien nachvollziehbar sein (dazu Klose/Merx 2010: 11ff.) – ein „insgesamt breites Spektrum rechtlich zulässiger Instrumente und Strategien. Dazu zählen u. a. Anwerbungs- und Informationskampagnen beispielsweise zur Erhöhung des Anteils von Mitarbeiter/innen mit Migrationshintergrund, gezielte Ansprachen der Zielgruppen in öffentlichen Stellenanzeigen, wie etwa „Bewerbungen von Menschen mit Migrationshintergrund sind besonders erwünscht"; Durchführung eines Antidiskriminie-

---

10 Vgl. etwa den „Lokalen Integrationsplan" der Stadt Hannover. Dazu Landeshauptstadt Hannover 2012.
11 Vgl. etwa die „Karlsruher Wochen gegen Rassismus". Dazu die Informationen unter Internet: www.karlsruhe.de/b1/kultur/interkultur/gegenrassismus/2015.de.
12 Vgl. das von der Antidiskriminierungsstelle des Bundes initiierte Pilotprojekt „Anonymisierte Bewerbungsverfahren", an dem – als einzige Stadt! – Celle teilnahm. Dazu Residenzstadt Celle 2015 und ADS 2011.
13 29 deutsche Städte sind Mitglied der Europäischen Städte-Koalition gegen Rassismus (ECCAR). Vgl. Internet: http://www.eccar.info/members. Zugriff: 16.11.2015.
14 Vgl. den „Zehn-Punkte-Aktionsplan gegen Rassismus" der Europäischen Städte-Koalition gegen Rassismus. Internet: https://www.nuernberg.de/internet/menschenrechte/aktionsplan. html. Zugriff: 16.11.2015. Hier auch Hinweise auf eine Fülle von weiteren Möglichkeiten von Antidiskriminierungsmaßnahmen.

rungs- oder Diversity-Checks zur Überprüfung aller Organisationsstrukturen, Richtlinien und Personalprozesse auf gegebenenfalls vorhandene Diskriminierungspotenziale; gezielte, spezielle Fort- und Weiterbildungsangebote z. B. für Mitarbeiter/innen mit Migrationshintergrund, die zuvor bei Weiterbildungsmaßnahmen eventuell weniger berücksichtigt wurden; Quotenregelungen, die bei gleicher Qualifikation und nach Einzelfallprüfung die bevorzugte Einstellung von bisher benachteiligter Gruppen vorsehen können; die Einrichtung spezieller Antidiskriminierungs- oder Diversity-Stellen" (Klose/Merx 2013: 220f.).

3 Antidiskriminierungspolitik im Kontext grundlegender gesellschaftspolitischer Werte

Die Antidiskriminierungspolitik muss im Kontext gesellschaftspolitischer Werte gesehen werden, die ganz allgemein für die Kommunalpolitik eine Orientierung darstellen. Weiterhin können auch wirtschaftspolitische Bestrebungen verfolgt werden. Dies sind angelehnt an Klose/Merx (dies. 2013: 218f.) insbesondere folgende:

Gleichheit und Freiheit

Eine aktive und umfassende kommunale Antidiskriminierungspolitik ist ein Ausdruck des politischen Willens, für das gesellschaftspolitische Ziel der Gleichbehandlung einzutreten und den Gleichheitsgrundsatz als elementaren Kern unseres an der Menschenwürde und den Menschenrechten orientierten Rechtsstaats und unserer Demokratie zu stärken.

Im Spannungsverhältnis von Gleichheit und Freiheit können kommunale Antidiskriminierungspolitiken für einen gerechten Ausgleich zwischen einer überschießenden Ausübung individueller Freiheit („Privatautonomie") auf Kosten des gemeinwohlorientierten Gleichheitsgrundsatzes sorgen. Sie schaffen angesichts oft ungleicher sozialer Voraussetzungen zum Teil erst die Grundlage und Bedingung für die Freiheit Einzelner.

Stärkung des gesellschaftlichen Zusammenhalts durch Inklusion

Kommunale Antidiskriminierungspolitiken können durch die angestrebte Verwirklichung einer diskriminierungsfreien Chancengleichheit die Rahmenbedingungen für die Integration bzw. Inklusion aller Menschen in die Gesellschaft verbessern. Sie erhöhen die faktischen Teilhabechancen aller Bürger/innen an gesellschaftlich relevanten Märkten (Wohnungsmarkt, Arbeitsmarkt, Bildungsbereich, Güter und Dienstleistungen usw.). Damit tragen sie zu einer konstruktiven Lösung von Konflikten bei und schaffen die Voraussetzungen für ein spannungsfreieres Zusammenleben.

Stärkung von Vielfalt

Vor dem Hintergrund von Globalisierung, europäischer Integration, Integrations- und Einwanderungsprozessen, demografischem Wandel, Wertewandel und Individualisierung ist unsere Gesellschaft von einer zunehmenden Vielfalt an Identitäten und Lebensformen geprägt. Kommunale Antidiskriminierungspolitiken können wichtige Strategien und Maßnahmen zur Wertschätzung, Anerkennung und Förderung kommunaler gesellschaftlicher Vielfalt enthalten und so die Rahmenbedingungen dafür schaffen, dass alle Menschen in der Kommune ihre individuellen Talente und Potenziale frei von Vorurteilen, Diskriminierungen und Belästigungen entfalten und einbringen können. Insbesondere im Kontext des demografischen Wandels wird es für Kommunen als Arbeitgeber, aber auch für alle Arbeitgeber in der Kommune zunehmend wichtiger werden, auf diejenigen gesellschaftlichen Gruppen stärker zuzugehen und ihre Potenziale zu nutzen, die heute z. T. noch am Rande der Gesellschaft oder des Arbeitsmarkts stehen oder benachteiligt sind. Antidiskriminierungspolitiken dienen so auch dem Ziel von Kommunen, attraktive Arbeitgeber zu sein, zielspezifisch auf die Bedarfe vielfältiger Bürger/innen eingehen zu können sowie nach außen und innen kompetent mit Vielfalt umgehen zu können.

Veraltete oder einseitige Integrationsansätze gingen und gehen oft mit der Erwartung einher, dass sich der/die einzelne Bürger/in oder Verwaltungsmitarbeitende sich in die Gesellschaft bzw. bestehende Verwaltungsstrukturen „integrieren" müsse, und machten eine gleichberechtigte gesellschaftliche Teilhabe und gelungene Mitarbeit oft von einer individuellen „Integrationsleistung" oder Anpassung an eine Norm abhängig. Kommunale Antidiskriminierungspolitiken können hingegen zu einem umfassenderen Verständnis von Vielfalt und Inklusion beitragen. Bei diesem wird der Blick nicht vor allem auf Einzelne und Zielgruppen gerichtet, sondern in einem Perspektivenwechsel zunächst insbesondere nach innen auf die eigenen Strukturen und die darin ggf. liegenden potenziellen Barrieren für eine gleichberechtigte Partizipation gesellschaftlicher Vielfalt. Es geht dann vor allem darum, die Rahmenbedingungen und Prozesse so zu gestalten, bestehende Strukturen entsprechend zu verändern und Barrieren und Diskriminierungen abzubauen, dass jede/r Einzelne in ihrer/seiner individuellen Vielfalt von Anfang an als zugehörig betrachtet werden kann (zum erweiterten Inklusionsbegriff vgl. Alicke 2013).

Wirtschaftliche Entwicklung

Diskriminierungen und Rassismus im gesellschaftlichen Miteinander und im Arbeitsleben schaden dem Ansehen von kommunalen Wirtschaftsstandorten. Es können auch relevante volks- und betriebswirtschaftliche Kosten entstehen, da ein diskriminierendes gesellschaftliches Umfeld bspw. die Ansiedlung auf Internationalität und Interkulturalität ausgerichteter Unternehmen oder von qualifizierten Bewerber/innen in solchen Kommunen verhindern kann, wie dies etwa in Folge von rassistischen Übergriffen oder Anschlägen in Kommunen immer wieder zu beobachten war. Kommunale Antidiskriminierungspolitiken können dazu beitragen, dass Toleranz, Weltoffenheit und Vielfalt zu positiven

Standortfaktoren in einem zunehmenden internationalen wirtschaftlichen Wettbewerb von Kommunen werden.[15]

4 Maßnahmen und Aktivitäten kommunaler Antidiskriminierungspolitik – ein Strukturaufriss

Aus den Überlegungen zu den rechtlichen Grundlagen sowie der Übersicht zu den Aufgaben, Zielsetzungen und Handlungsfeldern kommunaler Antidiskriminierungspolitik wurde bereits deutlich, dass Antidiskriminierungspolitik sich nicht in der Setzung und Veröffentlichung von rechtlichen Verboten erschöpfen kann. Damit das Recht „greift", sind eine *Vielzahl von Maßnahmen und Aktivitäten* erforderlich, die

- erstens dazu führen, praktizierte Diskriminierung zu erfassen und dagegen vorzugehen;
- zweitens helfen, die Bürger/innen der Stadt, insbesondere auch die Träger der öffentlichen Ordnung, für ein nicht-diskriminierendes Verhalten zu sensibilisieren und motivieren und
- drittens denjenigen, die von Diskriminierung betroffen sind, Möglichkeiten bieten und es ihnen erleichtern, sich gegen Diskriminierung zur Wehr zu setzen.

Die konkrete Ausgestaltung eines Maßnahmenbündels, das die Erfüllung dieser Aufgaben gewährleisten soll, fällt aus den bereits oben genannten Gründen in der Realität der Kommunen sehr unterschiedlich aus und wird in sehr unterschiedlichen Geschwindigkeiten entwickelt.

Hier soll versucht werden, diese Maßnahmen und Aktivitäten in einem Strukturaufriss zu ordnen und erste Kriterien zu formulieren, wie eine nachhaltige kommunale Antidiskriminierungspolitik aussehen kann. Dabei sind neben den rechtlichen Rahmenbedingungen und den Maßnahmenbündeln, die bereits (in unterschiedlichem Ausmaß) in den Kommunen realisiert wurden, auch die vielfältigen Vorschläge von Relevanz, die etwa durch die ADS, von wissenschaftlichen Beratungsgremien, im Kontext von Evaluationen der bisherigen Antidiskriminierungspolitik usw. unterbreitet worden sind. Auf der Grundlage dieses ersten *Strukturaufrisses* werden anschließend die Antidiskriminierungspolitiken von vier Städten näher erläutert, was wiederum Gelegenheit gibt, die Kriterien des Strukturaufrisses zu überprüfen und zu ergänzen.

Grundlegend für die kommunale Antidiskriminierungspolitik ist, dass ein hohes Maß an Aufmerksamkeit für die Probleme der Diskriminierung besteht. Von entscheidender Bedeutung für eine erfolgreiche und nachhaltige Umsetzung von kommunalen Antidiskriminierungspolitiken ist dabei das starke Engagement und der sichtbare politische Wille

---

15 Zu den wirtschaftlichen Vorteilen von Antidiskriminierung, Integration und Einwanderung vgl. IQ Fachstelle Interkulturelle Kompetenzentwicklung und Antidiskriminierung (2015).

der Verwaltungsleitung und der politisch Verantwortlichen (top-down-Ansatz) sowie die Mitwirkung, Unterstützung und Bewusstsein möglichst vieler Verwaltungsmitarbeiter/innen auf allen Ebenen (bottom-up-Ansatz). Aus diesem Bewusstsein heraus sind *Zielsetzungen* zu entwickeln, *Maßnahmen und Aktivitäten* ihrer Durchsetzung zu ergreifen, *Strukturen* zu schaffen, in deren Rahmen die Maßnahmen realisiert werden können, sowie auf Grundlage einer langfristig angelegten Gesamtstrategie, wie etwa einem kommunalen Aktionsplan „Chancengleichheit und Vielfalt", einen Umsetzungs- und Reflexionsprozess in Gang zu halten, in dem Maßnahmen und Strukturen immer wieder *evaluiert*, ergänzt und gegebenenfalls *korrigiert* werden.

4.1 Zielsetzungen der Aktivitäten und Maßnahmen

Die Kommune hat ambitionierte Zielsetzungen, die gleichzeitig realistisch sind (d. h. im Rahmen ihrer politischen und ökonomischen Möglichkeiten realisierbar). Die in 3.2 genannte Übersicht an essenziellen Zielsetzungen kann dazu eine gute Orientierung bieten. Die einzelnen Zielsetzungen (und die daraus abgeleiteten Maßnahmen und Strukturen) sind in einer Gesamtkonzeption miteinander verknüpft. Sie sind das Ergebnis einer intensiven Beratungstätigkeit (u. U. auch mit Unterstützung durch wissenschaftliche Analysen, Beratungen durch Dritte etc.) sowie Abstimmungs- und Vernetzungsprozessen, die möglichst viele interne Akteur/innen von Anfang an intensiv mit einbeziehen. Es besteht zugleich das Bemühen, die Zielsetzungen durch eine möglichst breite politische Mehrheit zu unterstützen. Zielsetzungen werden in Abstimmung mit externen zivilen Akteur/innen der Antidiskriminierungspolitik getroffen und im Raum der lokalen Öffentlichkeit kommuniziert.

4.2 Strukturen

- Es gibt eine Verwaltungsstelle, die eine klare Verantwortung für Antidiskriminierungspolitik innehat, gut in die Kommunalpolitik integriert ist und die auch als solche in der Öffentlichkeit bekannt ist.
- Es gibt in der Kommune eine Beratungsstelle für Diskriminierung. Diese kann sein:
  - staatlich oder nicht-staatlich;
  - zielgruppenspezifisch oder für alle Merkmale der Diskriminierung angelegt.
  - Wichtig ist, dass dort gemeldete Diskriminierungsfälle systematisch erfasst und dokumentiert werden.
- Es gibt eine Zusammenarbeit der Beratungsstelle mit Vereinen und Initiativen in Bezug auf Antidiskriminierungspolitik.
- Die Kommune ist überregionalen Initiativen zur Antidiskriminierungspolitik beigetreten – mit starken Resonanzeffekten in der Kommune (z. B. dem Europäischen

Städteverbund gegen Rassismus oder einem der Pilotprojekte der Antidiskriminierungsstelle des Bundes).

4.3 Maßnahmen und Aktivitäten auf drei Ebenen

Die Kommune ist in Bezug auf drei Ebenen durch Maßnahmen aktiv: Kommune als Arbeitgeber, Kommune als Erbringer von Dienstleistungen und Kommune als ordnungspolitischer Akteur. In diesen Bereichen hat sie erstens zur Vorbeugung von Diskriminierung Regeln formuliert und Beschlüsse getroffen (präventiv) und reagiert zweitens konsequent auf bekannt gewordene Fälle von Diskriminierung (reaktiv).

a. Die Kommune ergreift als Arbeitgeber (z. B. im Bereich Beschäftigung und Ausbildung) antidiskriminatorische Maßnahmen, wie bspw.:
- anonyme Bewerbungsverfahren;
- Ausschreibungstexte, in denen diskriminierte Gruppen explizit zur Bewerbung aufgefordert werden;
- gezielte Ansprachen dieser Gruppen bei Ausschreibungen durch das Nutzen von Netzwerken und auf diese Gruppen abgestimmte Werbemaßnahmen;
- öffentliche Formulierung von Zielgrößen, z. B. hinsichtlich des Ausmaßes, in welchem bestimmte Gruppen bei den Auszubildenden vertreten sein sollen;
- verpflichtende Diversity-Schulungen von Personalverantwortlichen;
- konsequente Gegenmaßnahmen in Fällen von Diskriminierung.

b. Die Kommune wirkt Diskriminierungen entgegen beim Zugang zu Gütern und Dienstleistungen der Daseinsvorsorge (z. B. im Bereich Soziales, Gesundheit, Wohnungsmarkt, Sport, etc.), die sie selber erbringt oder die sie durch die Beauftragung von freien Trägern gewährleistet oder finanziell fördert. Dies tut sie etwa
- durch entsprechende Klauseln in den Verträgen;
- durch das Angebot von Diversity-Schulungen in den Einrichtungen und Entwicklung von inklusiven Dienstleistungskonzepten;
- im Rahmen der öffentlichen Auftragsvergabe (vgl. dazu Baer/Ölcüm 2008);
- durch Gegenmaßnahmen in Fällen von Diskriminierung, gegebenenfalls durch Entzug von Aufträgen oder der finanziellen Unterstützung durch die Kommune.

c. Die Kommune verhindert Diskriminierungen als ordnungspolitischer Akteur bspw.
- durch entsprechende Klauseln bei der Vergabe der Gewerbeerlaubnis an Gaststätten, Diskotheken u. a.;
- durch entsprechende Leitlinien/Verhaltenskodizes für Hauseigentümer/innen und Immobilienmakler/innen;
- durch Gegenmaßnahmen in Fällen von Diskriminierung, z. B. auf dem Weg einer Überprüfung der Gewerbeerlaubnis.

4.4 Evaluation und Weiterentwicklung

Die Kommune betrachtet ihre Antidiskriminierungspolitik als „work in progress". Dazu gehört zunächst, dass überprüft wird, ob die angestrebten Ziele erreicht wurden. Als ein Beispiel für eine solche Evaluation können Berichte zur Umsetzung von Zielvereinbarungen gelten. Bei negativen Ergebnissen müssen Maßnahmen in Gang gesetzt werden, die einen höheren Grad an Zielrealisierung versprechen. Weiterhin müssen Ideen entwickelt werden, die zu neuen Strategien einer Antidiskriminierungspolitik führen. Oder die Kommune orientiert sich an Konzepten, die an anderer Stelle erfolgreich erprobt wurden. Auf diese Weise wird ein Reflexionsprozess in Gang gehalten, in dem Maßnahmen und Strukturen immer wieder *evaluiert*, ergänzt und weiterentwickelt werden.

5 Kommunale Antidiskriminierungspolitiken in der Praxis

Trotz der Tatsache, dass inzwischen viele Kommunen über die von ihnen ergriffenen Maßnahmen und Aktivitäten einer Antidiskriminierungspolitik berichten, ist der Umgang der Kommunen mit Diskriminierung bisher kaum systematisch analysiert worden. Immerhin lässt sich beim gegebenen Stand der Erkenntnis abschätzen, dass Kommunen sich hinsichtlich ihrer Antidiskriminierungspolitiken erheblich unterscheiden. Idealtypisch kann man an einem Pol Kommunen mit einem hohen Engagement gegen Diskriminierung erkennen. Diese sind dadurch gekennzeichnet, dass sie einerseits auf Fälle von Diskriminierung, die in den drei genannten Maßnahmenbereichen auftreten, angemessen und konsequent reagieren, andererseits eine Fülle von Antidiskriminierungsmaßnahmen in Gang setzen, die ihnen durch den rechtlichen Rahmen ermöglicht werden. Dem stehen am anderen Pol Kommunen gegenüber, die sich schwer damit tun, Antidiskriminierungspolitik als ihre Aufgabe anzuerkennen, und die vielleicht nicht einmal ein Bewusstsein von ihrer Relevanz haben.

Um genauer zu beleuchten, was eine gute Antidiskriminierungspolitik in Kommunen ausmacht, was gut funktioniert und welche Fragen und Hindernisse dabei auftreten, haben wir vier Städte in den Blick genommen, die eine ambitionierte Antidiskriminierungspolitik verfolgen. Auf der Grundlage von Recherchen, Gesprächen und Interviews, die wir mit den Städten Frankfurt am Main, Heidelberg, Jena und München geführt haben[16],

---

16 Die Erkenntnisse zu den hier vorgestellten Städten beruhen auf Interviews mit Dörthe Domzig, Leiterin des Amtes für Chancengleichheit der Stadt Heidelberg, und Dörthe Thiele, Beauftragte für Migration und Integration der Stadt Jena. Weiterhin erfolgten Gespräche mit Dr. Uschi Sorg, Mitarbeiterin der Stelle für Interkulturelle Arbeit im Sozialreferat der Landeshauptstadt München, und Dr. Akli Kebaili, Leiter der Antidiskriminierungsstelle im Amt für multikulturelle Angelegenheiten der Stadt Frankfurt am Main, die vor allem wichtige Hinweise auf zentrale Berichte und Dokumente gegeben haben. Ihnen allen sei für die Kooperation herzlich gedankt.

wurden, entlang des oben vorgestellten Strukturaufrisses, verschiedene Ausformungen einer Antidiskriminierungspolitik sichtbar.

Im Folgenden werden Ergebnisse dieser Analyse vorgestellt.

5.1 Problembewusstsein und Wissensgrundlage

In allen von uns befragten Kommunen ist das Bewusstsein ausgeprägt, dass Diskriminierungen ein ernstes Problem sind und eine besondere Aufmerksamkeit der Kommunen verlangen.

Die Stadt Frankfurt am Main kann dabei als eine der Pionierinnen in der kommunalen Antidiskriminierungspolitik insbesondere in Verbindung mit der Integrationspolitik bezeichnet werden. Schon seit 1993 ist das Amt für multikulturelle Angelegenheiten (AmkA) Antidiskriminierungsstelle der Stadt Frankfurt am Main. Seit 2006 fungiert sie als eigenständige Einheit als „Ombudsstelle Antidiskriminierung" bei Diskriminierungsbeschwerden in Bezug auf die Stadtverwaltung. Als erste Stadt in Deutschland hat Frankfurt schon im Jahr 2003 eine Antidiskriminierungsrichtlinie (ADR) für die Beschwerden von Bürger/innen gegen städtische Ämter und Betriebe erlassen. Die ADR wurde in einer umfangreichen öffentlichkeitswirksamen Kampagne, in der insbesondere auf die Richtlinie und das Beschwerdeverfahren hingewiesen wurde, bekannt gemacht. Die ADR definierte schon drei Jahre vor Inkrafttreten des AGG ein allgemeines Diskriminierungsverbot sowie verschiedene Begriffsbestimmungen und legte Geltungsbereiche fest. Bei Diskriminierungsbeschwerden, die sich nicht gegen die Stadtverwaltung richten, gilt das AGG. Der Stadtverordnetenversammlung der Stadt Frankfurt am Main ist jährlich mit dem Integrationsbericht ein Bericht zur ADR vorzulegen, so dass Frankfurt schon seit vielen Jahren über eine fundierte Wissengrundlage über Ausmaß und Bereiche von Diskriminierungen in der Stadt verfügt (Stadt Frankfurt am Main 2003). Weitere Kenntnisse liefern die Ergebnisse der Frankfurter Integrationsstudie aus dem Jahr 2008. Demnach „fühlten sich 17,2 Prozent der befragten Personen mit Migrationshintergrund manchmal oder häufig Benachteiligungen ausgesetzt. Zu den hauptsächlichen Situationen und Institutionen, in denen Menschen mit Migrationshintergrund Benachteiligungen erfahren, zählten „Schule/Ausbildung" (31 %) sowie die „Suche nach einer Arbeitsstelle/Ausbildungsplatz" (24 %). Mit Abstand folgten die Bereiche „auf der Suche nach einer Wohnung" (17 %), „bei der Polizei" (18 %) und „in kommunalen Ämtern" (16 %) (zitiert nach Stadt Frankfurt am Main 2015: 76).

Auch die Landeshauptstadt München hat ein großes Problembewusstsein für die Notwendigkeit einer umfassenden Antidiskriminierungspolitik. Die zahlreichen städtischen Gleichstellungs- und Antidiskriminierungsstellen arbeiten schon seit vielen Jahren mit einem breiten Spektrum unterschiedlicher Maßnahmen und Aktivitäten in ihren jeweiligen Schwerpunktbereichen. In den letzten zehn Jahren hat sich die Zusammenarbeit der Stellen immer stärker intersektional verknüpft und stehen im Bereich „Gleichstellung und

Antidiskriminierung" in Folge eines Stadtratsbeschlusses von 2012 inzwischen auf einer gemeinsamen Grundlage.

Bereits 2005, und somit ebenfalls bereits vor Inkrafttreten des AGG, hat die Stadt München eine Antidiskriminierungsvereinbarung zwischen Personal- und Organisationsreferat und dem Gesamtpersonalrat beschlossen. In dieser wurden insbesondere Grundsätze, Geltungsbereiche, Maßnahmen im Bereich der Beschäftigung und Arbeitsbedingungen sowie in der Aus-, Fort- und Weiterbildung sowie Sanktionen festgelegt (Landeshauptstadt München 2005). Seit Oktober 2015 setzt ein gemeinsam vom Oberbürgermeister mit dem Personal- und Organisationsreferat und dem Gesamtpersonalrat herausgegebenes umfangreiches Positionspapier „Gemeinsam. Für Respekt. Gegen Diskriminierung" die Antidiskriminierungsvereinbarung fort. Darin werden u. a. Grundlagen und Grundsätze, Maßnahmen, Rechts- und Beratungsmöglichkeiten sowie verantwortliche Anlauf- und Beschwerdestellen in der differenzierten Struktur der verschiedenen Gleichstellungs- und Antidiskriminierungsstellen der Landeshauptstadt vorgestellt (Landeshauptstadt München 2015).

München verfügt über ein umfangreiches Monitoringsystem und Berichtswesen in den unterschiedlichen Gleichstellungs- und Antidiskriminierungsbereichen. Für den Interkulturellen Integrationsbericht 2013 wurden auf Grundlage eines Fragenkatalogs in Anlehnung an den Integrationsbarometer des SVR erstmals Fragen zu (subjektiven) „Benachteiligungserfahrungen" an Münchner/innen gestellt. Dabei ging es insbesondere um die Einschätzungen nach dem Ausmaß von Benachteiligungserfahrungen in zentralen Lebensbereichen. Die meisten negativen subjektiven Erfahrungen wurden dabei bei der Wohnungssuche (14,8 %), gefolgt von Behörden/Ämtern (14,4 %) und bei der Arbeitssuche/-platz (12,2 %) gemacht. Die Daten konnten mit den bundesweiten Daten aus dem Integrationsbarometer des Sachverständigenrats deutscher Stiftungen für Integration und Migration (SVR) verglichen werden und liefern – neben den zahlreichen weiteren Daten aus dem Integrationsbericht – wichtige Anhaltspunkte für die Weiterentwicklung und Schwerpunktsetzungen der Antidiskriminierungspolitik in diesem Bereich (Landeshauptstadt München 2013: 203ff.).

Als eine Informationsgrundlage für die Ausrichtung der Antidiskriminierungspolitik dienen in anderen Kommunen vor allem die Daten aus den Beschwerdestellen. Sie sind besonders aussagekräftig, wenn sie wie in Heidelberg systematisch gesammelt und ausgewertet werden.

Über die Auswertung von Beschwerden hinaus ist es für die Kommune in der Regel bisher nicht möglich, sich einen Gesamtüberblick zu verschaffen, welche Gruppen auf Grund von Diskriminierung Benachteiligung erfahren, wo also eine strukturelle Diskriminierung vorliegt. Dies hat mehrere Gründe. Es fehlt Personal und Geld für umfassende Erhebungen. Zum zweiten gibt es bisher keine differenzierten Maßstäbe dafür, wann eine Gruppe angemessen repräsentiert wird. So reicht es etwa im öffentlichen Dienst nicht aus zu prüfen, ob dort der Anteil der Beschäftigten dem in der Bevölkerung entspricht. Weitere Faktoren, die aufzeigen, ob hier Chancengerechtigkeit für Menschen mit Migrationshintergrund vorliegt, wären z. B. der Anteil von Personen in Führungspositionen und die Höhe von Gehältern. Als dritter entscheidender Grund, der die Erarbeitung einer Gesamtschau zu struktureller Diskriminierung erschwert, wird der Datenschutz genannt. So wird davon berichtet, dass, etwa bei den Beschäftigten der Kommune, der Anteil der Menschen mit Migrationshintergrund deshalb schwer zu bestimmen sei, weil der Datenschutz es erschwert, den Migrationshintergrund zu erfassen.

Deutlich ist, dass die Informationslage im Hinblick auf die Gleichstellung von Frauen wenn nicht ausreichend, so doch wesentlich besser ist als die hinsichtlich der Gleichstellung von Personen mit Migrationshintergrund.

5.2 Zielsetzungen

Zielsetzungen zur Antidiskriminierungspolitik der Stadt Frankfurt am Main finden sich insbesondere in der ADR, den erläuternden Darstellungen der Antidiskriminierungsstelle zur ADR sowie im Integrations- und Diversitätskonzept von 2010. In der Präambel des ADR werden als Ziele genannt, die „Verpflichtung jede Form der Diskriminierung einer Einwohnerin/eines Einwohners durch Bedienstete zu unterbinden und zur Festigung des inneren Friedens" beizutragen. Die ADR wird von der Antidiskriminierungsstelle gesehen als „ein klares Bekenntnis zu der Aufgabe, das Zusammenleben und Zusammenwachsen der von Vielfalt geprägten Frankfurter Bevölkerung nachhaltig zu fördern und Diskriminierungen in den städtischen Behörden und Betrieben entgegenzuwirken. Mit der Umsetzung der ADR gibt die Stadt Frankfurt am Main zugleich ein Signal für einen respektvollen Umgang und die Gleichbehandlung von Menschen im Stadtgebiet." Im Integrations- und Diversitätskonzept finden sich eine breite Palette an Zielsetzungen, die der Antidiskriminierungspolitik zugeordnet werden können. Explizit werden unter der Leitlinie „Diversitätsmanagement und Antidiskriminierung" die Unterziele „professioneller Umgang mit Vielfalt", „Bürgerkontakt ausweiten" und „gleichberechtigte Teilhabe sicherstellen" aufgeführt. Als weitere Grundsätze nennt das Konzept, „die verschiedenen Gruppen der Stadtgesellschaft anerkennen und gleich behandeln und einbeziehen; Rassismus, Antisemitismus und herabwürdigenden Äußerungen gezielt entgegentreten; die städtischen Ämter und Betriebe sollen für unterschiedliche Formen der Diskriminierung sensibilisiert werden; Diskriminierungen strukturell entgegenwirken – durch Einbezug aller Bevölkerungsgruppen, Herstellung von Begegnungsmöglichkeiten sowie Einführung gemischter Teams (Stadt Frankfurt am Main 2011a: 35f.).

Ehrgeizige Zielsetzungen ergeben sich auch in Heidelberg und Jena aus Entwicklungsplanungen (Stadtentwicklungsplan Heidelberg 2015, Stadtprogramm in Jena), aus Integrationskonzepten und aus Selbstverpflichtungen, die die Kommunen eingegangen sind und auch umsetzen (in Heidelberg etwa die Selbstverpflichtung durch die Unterzeichnung der Charta der Vielfalt am 24. Februar 2014 und die Selbstverpflichtung durch die Unterzeichnung der Europäischen Städtekoalition gegen Rassismus am 17. Oktober 2014).

Eine Gesamtkonzeption liegt für die Stadt Heidelberg vor. Die Stadt Jena sieht eine alle Maßnahmen umfassende Konzeption teilweise als problematisch an, weil es in der

Antidiskriminierungsarbeit ganz unterschiedliche Ansätze gäbe und ein zu starker Druck, zu kooperieren oder sich auf eine Strategie festzulegen, zu Konflikten führen könnte. Dabei strebt die Stadt aber eine klare Bestimmung von Zuständigkeiten und von zeitlich terminierten Zielen an.

Die Landeshauptstadt München hat auf vielen verschiedenen Ebenen umfangreiche Zielsetzungen zur Antidiskriminierungspolitik formuliert. In der „Perspektive München", dem strategischen Stadtentwicklungskonzept der Landeshauptstadt als „Orientierungsrahmen für die künftige Entwicklung", sind Antidiskriminierung und Vielfalt im Leitmotiv sowie den strategischen und thematischen Leitlinien breit verankert. Das Positionspapier „Gemeinsam. Für Respekt. Gegen Diskriminierung" benennt eine Vielzahl weiterer wichtiger Zielsetzungen wie „Offenheit und gegenseitige Wertschätzung", „jegliche Benachteiligungen zu unterbinden" oder dass die Arbeitsplätze von einem „vorurteilsfreien, respektvollen, toleranten und diskriminierungsfreien Miteinander" geprägt sein sollen (Landeshauptstadt München 2015: 31ff.). Im Kapitel „Wichtige Grundlagen und Grundsätze" werden dort eine ganze Reihe weiterer städtischer Grundsätze aus den zahlreichen innerstädtischen Regelungen aufgeführt (ebd. 13ff.). Die oben beschriebenen gemeinsamen Grundsätze der verschiedenen Gleichstellungs- und Antidiskriminierungsstellen formulieren weitere wichtige Zielsetzungen der Antidiskriminierungspolitik:

„• Sie wird als Querschnittsaufgabe über die gesamte Stadtverwaltung wahrgenommen.
- Die Verschiedenheit und Vielfalt in der Stadtgesellschaft wird wertgeschätzt und gefördert.
- Durch Schutz und Hilfe für Einzelne wie auch durch Strukturveränderungen wird Benachteiligung abgebaut.
- Personal-, Organisations- und Qualitätsentwicklung folgen diesen Maximen und ermöglichen damit ein passgenaueres und effizienteres Verwaltungshandeln."
(Landeshauptstadt München 2013: 213)

Die verschiedenen Stellen der Landeshauptstadt München formulieren nochmals auch je eigene Zielsetzungen zu Antidiskriminierungsthemen. Eine zentrale Stellung hat dabei die direkt dem Oberbürgermeister unterstellte Fachstelle für Demokratie – gegen Rechtsextremismus, Rassismus und Menschenfeindlichkeit inne. Die Stelle ist u. a. zuständig für die „Unterstützung / Beratung des Oberbürgermeisters in der Auseinandersetzung mit demokratiefeindlichen Tendenzen in der Münchner Stadtgesellschaft, insbesondere im Bereich Rechtsextremismus, Rassismus und weiteren Formen der Gruppenbezogenen Menschenfeindlichkeit sowie beim djihadistischen Salafismus" und hat nach innen und außen die „Koordination und Steuerung der Aktivitäten der Verwaltungsprozesse im o. g. Bereich" inne. Sie hat eine eigene „Münchner Handlungsstrategie gegen Rechtsextremismus, Rassismus und Menschenfeindlichkeit" entwickelt.

Als wichtig wird in allen Kommunen erachtet, dass ein Konzept zur Antidiskriminierung parteiübergreifend entwickelt wird.

5.3 Strukturen

Eine zentrale Funktion in der institutionellen Struktur der Antidiskriminierungspolitik der Stadt Frankfurt am Main hat wie oben beschrieben das Amt für multikulturelle Angelegenheiten (AmkA) als Antidiskriminierungsstelle der Stadt. Die Antidiskriminierungsstelle betreibt Aufklärungsarbeit in der Öffentlichkeit und kümmert sich um gemeldete Diskriminierungsfälle. Zu ihren weiteren Aufgaben zählen u. a. die Fachberatung für Ämter und Behörden, Präventionsarbeit und Sensibilisierung, die Vertretung des AmkAs in verschiedenen Projekten und Arbeitskreisen sowie die Erstellung eines Jahresberichts und eines Leitbilds. Die Servicebroschüre „Hilfe bei Diskriminierung und Gewalt" nennt neben der Antidiskriminierungsstelle insbesondere noch den Bürgerservice 115, die Antidiskriminierungsstelle (AGG-Beschwerdestelle) für Mitarbeiter/innen der Stadt und den Präventionsrat, eine Arbeitsgemeinschaft der Stadt Frankfurt am Main, der Polizei und der Justiz, als weitere städtische Antidiskriminierungsstellen. Darüber hinaus führt sie rund 40 Anlauf- und Beratungsstellen unterschiedlicher Träger in der Stadt auf, darunter viele zu ethnischer oder rassistischer Diskriminierung oder bei Diskriminierungen aufgrund der Religionszugehörigkeit (Stadt Frankfurt am Main 2011b). Das Integrations- und Diversitätskonzept weist im Kapitel „Arbeitsstruktur und Organisation" nochmal ausführlich auf die Notwendigkeit hin, Diversity und Antidiskriminierung als Querschnittsthema zu verstehen und beschreibt die koordinierende Querschnittsfunktion des AmkA in der ressortübergreifenden Zusammenarbeit und Steuerung der Kooperationsstrukturen in der Umsetzung (Stadt Frankfurt am Main 2011a: 39ff.).

In der Stadt Heidelberg ist im Amt für Chancengleichheit die Arbeit gegen Diskriminierung aus unterschiedlichen Gründen zusammen gefasst, was ihm in der Verwaltung besondere Einflussmöglichkeiten verschafft. Andere Städte weisen die Aufgaben der Bekämpfung von Diskriminierung auf Grund von rassistischen Gründen den Integrationsbeauftragten zu.

In allen Kommunen gibt es Beratungs- bzw. Beschwerdestellen. In Heidelberg ist die Beschwerdestelle in der öffentlichen Verwaltung selber angesiedelt – dies gibt ihr eine besondere Autorität und macht es leichter, Maßnahmen gegen Diskriminierung durchzusetzen. In Jena gibt es keine zentrale Antidiskriminierungsstelle. Vielmehr sind sowohl die Integrationsbeauftragte, der Beirat für Migration und Integration und ein freier Träger Anlaufstellen für Beschwerden. Hier wird berichtet, dass das Modell in freier Trägerschaft „Türen öffnet" und „Akteure in der Stadt, bei denen ein größeres Engagement gegen Diskriminierung angemahnt wird, sich weniger durch eine solche Stelle bevormundet fühlen, als wenn diese Aufforderung von der Kommune selber kommen würde".

Ergänzend können andere kommunale Stellen hinzutreten, so etwa in Jena und Heidelberg die Fachstellen Interkulturelle Öffnung, die einen starken Fokus auf die interkulturelle Organisationsentwicklung legen, aber in diesem Zusammenhang auch Antidiskriminierungsarbeit leisten.

Die Landeshauptstadt München verfügt wie oben beschrieben über eine breite und differenzierte institutionelle Struktur in der Gleichstellungs- und Antidiskriminierungspolitik. Das aktuelle Positionspapier nennt insgesamt 15 verschiedene städtische Anlauf- und Beratungsstellen. In unserem Zusammenhang sind dabei neben der Zentralen Beschwerdestelle nach dem AGG insbesondere die Fachstelle für Demokratie – gegen Rechtsextremismus, Rassismus und Menschenfeindlichkeit sowie die Stelle für Interkulturelle Arbeit im Sozialreferat einschlägig. Für Bürger/innen aus Einwandererfamilien steht weiterhin der BEFORE e. V., Verein zur Unterstützung Betroffener rechtsextremer und rassistischer Gewalt und Diskriminierung, als Anlauf- und Beratungsstelle zur Verfügung.

Übereinstimmend wird davon berichtet, dass die Zusammenarbeit der kommunalen Beschwerdestellen mit kommunal finanzierten freien Trägern und anderen zivilgesellschaftlichen Gruppen der Antidiskriminierungsarbeit produktiv verläuft, auch wenn bestimmte Gruppen z. T. eine zu starke Anbindung ablehnen, weil sie für sich einen anderen Ansatz der Antidiskriminierungs- oder Antirassismusarbeit verfolgen.

5.4   Präventive Maßnahmen und Aktivitäten

a. Kommune als Arbeitgeber

Ein Aspekt der Antidiskriminierungspolitik besteht darin, den Anteil von Menschen mit Migrationshintergrund in der Kommunalverwaltung durch gezielte „Positive Maßnahmen" zu erhöhen. Dem dienen u. a. Ausschreibungen, in denen Menschen aus Einwandererfamilien eigens angesprochen werden, Einbindung von gruppenbezogenen Netzwerken bei Stellenbesetzungen und eine gruppenbezogene Optimierung des Stadtmarketings zur Personalgewinnung, wie dies in Heidelberg durchgeführt wird.

Ein Integrationskonzept kann eine wichtige Grundlage dafür sein, den Anteil der Menschen mit Migrationshintergrund in der Verwaltung so zu erhöhen, dass er dem Anteil in der Bevölkerung entspricht (Jena). Aber unter gegebenen Voraussetzungen lässt sich das bisweilen schwer realisieren. So erscheint es aus Sicht der Stadt Jena schwierig, geeignetes Fachpersonal zu finden, da der Anteil der Menschen mit Migrationshintergrund an der Gesamtbevölkerung nur 11 Prozent beträgt.

Besonders erstrebenswert ist es aus Sicht der Stadt Jena, den Anteil in Führungspositionen zu erhöhen – damit würden innovative Prozesse angestoßen und auch die Kultur der Organisation verändert.

Viel Wert wird in den Kommunen auch darauf gelegt, durch Schulungen und Leitbilder ein integrationsfreundliches Klima zu schaffen, sowohl in der kommunalen Verwaltung wie außerhalb. Als Beispiel kann das Leitbild Führungskräfte in Heidelberg dienen. Schulungen mit dem Schwerpunkt der Antidiskriminierung werden in allen Städten angeboten. In Heidelberg finden regelmäßig Schulungen der Personalverantwortlichen zum AGG statt. In Jena sind Verwaltungsmitarbeiter/innen aufgefordert, an interkulturellen Trainings teilzunehmen. Für Menschen mit Kundenkontakt ist die Teilnahme verpflichtend. Teilweise werden bewusst verschiedene Angebote der Schulungen und Trainings mit unterschiedlicher Ausrichtung gemacht – damit können unterschiedliche Klientelgruppen bedient werden. Dabei ist generell zu beachten, dass ein Training nur ein Gedankenanstoß ist und die

Verwaltung danach immer wieder Beratung braucht, auch um strukturelle Änderungen vorzunehmen. Darum erscheint es sinnvoll, (wie in Jena) die Schulungen von Trägern in der Stadt anbieten zu lassen, die nicht nur einen punktuellen, sondern längerfristigen Auftrag von der Stadt haben.

Die Stadt Frankfurt am Main hat bereits in einem Großteil der städtischen Ämter und Behörden interkulturelle Öffnungsprozesse sowie gezielte Positive Maßnahmen zur Förderung des Anteils mit Menschen aus Einwandererfamilien angestoßen oder durchgeführt. Besondere Bedeutung haben hierbei die Themen „interkulturelles Selbstverständnis", „Personalgewinnung" und die Vermittlung „interkultureller Kompetenz". Um die Belegschaft vielfältiger zu gestalten, werden zahlreiche Aktivitäten wie etwa ein kultursensibles Auswahlverfahren, gruppenspezifisches Personalmarketing, Werbung über die sozialen Medien, mehrsprachige Flyer und spezifische Webauftritte oder die gezielte Werbung in sozial schwachen Stadtteilen, in denen ein höherer Anteil mit potenziellen Mitarbeitenden aus Einwandererfamilien vermutet wird, durchgeführt. Bei internen Stellenausschreibungen findet sich die interkulturelle Kompetenz in den Qualifikationskriterien des Anforderungsprofils.

Interkulturelle Öffnung wird in Frankfurt als Führungs- und Personalentwicklungsaufgabe gesehen und die Führungskräfte werden auf vielfältige Weise dafür in Weiterbildungen geschult. In den letzten fünf Jahren fanden insgesamt die meisten Schulungen zum AGG statt, nicht zuletzt auch da das Personal und Organisationsamt allen Ämtern und Betrieben Schulungen proaktiv angeboten hat und diese Schulungen für viele Mitarbeiter/innen verpflichtend waren. Weitere Schulungen gibt es auch zu Antidiskriminierung.[17] Als Problem wird der geringe Handlungsspielraum angesehen, da die Aufgaben weitgehend gesetzlich vorgeschrieben seien und vor allem der weiterhin geltende generelle Einstellungsstopp. So ist es vielleicht auch wenig verwunderlich, „dass sich der Anteil der Mitarbeiterinnen und Mitarbeiter mit Migrationshintergrund in den Jahren 2007 bis 2011 sowohl bei den Auszubildenden wie auch bei den übrigen Beschäftigten der Stadt Frankfurt am Main nicht erhöht hat. Bei Auszubildenden mit Migrationshintergrund ist der Anteil rückläufig und lag im Jahr 2011 bei ca. acht Prozent. Bei den Beschäftigten lag der Anteil in den Jahren 2007 bis 2011 relativ konstant bei rund 14 Prozent" (Stadt Frankfurt am Main 2015: 167). Der Anteil an den Beschäftigten ist im bundesweiten Vergleich zwar dennoch als relativ gut anzusehen, die Stadt möchte im Rahmen der gegebenen Möglichkeiten hier aber weitere Impulse setzen. In einem „10-Punkte-Plan des Oberbürgermeisters und der Integrationsdezernentin" hat sie weitere Maßnahmen zur Weiterentwicklung in den Themenfeldern „Personalgewinnung" und „Personalentwicklung" formuliert (Stadt Frankfurt am Main 2015: 172).

Die Landeshauptstadt München ist bundesweit anerkannt für ihre Konzepte interkultureller Personalarbeit und ihr interkulturelles Personalmarketing. Sie führt ebenfalls eine Reihe unterschiedlicher Maßnahmen zur gezielten Erhöhung des Anteils der Mit-

---

17 Zu den verschiedenen Maßnahmen vgl. Stadt Frankfurt am Main (2015: 40ff. und 166ff.).

arbeiter/innen aus Einwandererfamilien durch, etwa eine breite Ansprache durch einen Antidiskriminierungs- bzw. Diversity-Zusatz bei allen Stellenausschreibungen oder die Kommunikation über spezifische Medien und Kanäle. Dennoch hat sich der Anteil der ausländischen Beschäftigten der Landeshauptstadt München „über die Jahre nur minimal von 9,8 Prozent 2006 auf 10,3 Prozent im Jahr 2012 verändert. Vor allem in den höheren Qualifikationsebenen und in Führungspositionen ist ihr Anteil mit jeweils um die zwei Prozent nach wie vor gering. Erstmals konnte über eine Befragung („Great place to work") auch der Migrationshintergrund der Beschäftigten erhoben werden. Da die Befragung nur auf freiwilliger Basis möglich war (siehe dazu Kapitel 5.1) und sich an der Befragung nur 44 Prozent der Belegschaft beteiligt haben, müssen die Ergebnisse mit Vorsicht interpretiert werden. Den Ergebnissen zufolge sind 7,5 Prozent der Befragten Deutsche mit Migrationshintergrund." (Landeshauptstadt München 2013: 15). Besser ist die Situation im Bereich der Nachwuchsgewinnung mit einem Anteil an Azubis mit Migrationshintergrund von 19,5 Prozent und bei den städtischen Gesellschaften mit 32,8 Prozent im Jahr 2013 (ebd.).

Als Arbeitgeber setzt München eine Vielzahl gezielter Positiver Maßnahmen um, von denen hier nur einige exemplarisch genannt werden können. So erfolgt in der Umsetzung des Interkulturellen Integrationskonzepts u. a. eine gezielte Förderung der interkulturellen Kompetenz von Bewerber/innen und Mitarbeiter/innen bei Stellenbesetzungs- und Personalauswahlverfahren. Auch in der dienstlichen Beurteilung spielt diese als Kriterium eine wichtige Rolle. Die interkulturelle Kompetenz und ein Bewusstsein für Vorurteile, Stereotype und Diskriminierungen wird mit einer Vielzahl an Schulungen wie etwa der Reihe „Vielfalt schlägt Einfalt" für Nachwuchskräfte breit in die Verwaltungsstrukturen sowie insbesondere die Personalprozesse eingeflochten. Weitere spezifische Weiterbildungen gibt es noch zu Antirassismus oder auch dem AGG (Landeshauptstadt München 2015: 43ff.).

b. Kommune als Erbringer von Dienstleistungen der Daseinsvorsorge

Im Bereich der Dienstleistungen der Daseinsvorsorge, die von der Kommune selber erbracht werden, findet man im Prinzip dieselben Integrationsmaßnahmen, die auch in der Kommunalverwaltung selbst verfolgt werden. Das betrifft auch die Entwicklung des Personalwesens. Im Bereich der Kindertagesstätten z. B. wird sehr genau darauf geachtet, den Anteil von Menschen mit Migrationshintergrund beim Betreuungspersonal zu erhöhen, was dann auch in den Stellenanzeigen deutlich vermerkt wird (Jena). Auch werden Schulungen in der gleichen Weise angeboten wie in der Verwaltung. So werden etwa Kita-Leiterinnen in Trainings geschult und im Anschluss daran in Kooperation mit der Fachstelle für interkulturelle Öffnung weitere Maßnahmen erörtert (Jena).

Etwas anders stellt sich die Situation dar, wenn die Erbringung der Dienstleistungen durch andere Träger erfolgt. Auch hier finden sich vereinzelt Beispiele dafür, durch Schulungen die Situation zu verbessern. So hat etwa eine Wohnungsbaugesellschaft, an der die Stadt Jena Anteile hat, von sich aus Trainings angefragt. Ein wichtiger Hebel, um Tendenzen der Diskriminierung entgegenzutreten, sind die mit freien Trägern geschlossenen Verträge. Hier ist vieles noch in Bewegung. Nur zögerlich wird mit Sanktionsandrohungen gearbeitet, die im Fall von Diskriminierung zum Zuge kommen könnten (vgl. dazu unten reaktive Maßnahmen). Im Gegenzug dazu geht Jena den Weg der positiven Anerkennung erfolgreicher Anstrengungen der Diskriminierungsvermeidung. Es wird ein Gütesiegel für „interkulturell orientierte Einrichtungen" verliehen, wenn sie sich in ihrer Kundenorientierung, Organisationsentwicklung und Personalentwicklung an den in einem Kriterienkatalog aufgeführten interkulturellen Maßstäben orientieren. Dies wird genau überprüft. Dabei besteht das Ziel, bei kommunal geförderten Einrichtungen den Anteil mit Gütesiegel zu erhöhen. Die Fachstelle für interkulturelle Öffnung begleitet diesen Prozess für interessierte Akteure.

In Heidelberg geht es darum, die Gesamtkonzepte, die hinter Dienstleistungen stehen, daraufhin zu untersuchen, inwiefern sie inkludierend oder diskriminierend sind und welche Qualität sie für alle Zielgruppen der Stadtbevölkerung haben.

In Frankfurt am Main hat die „Öffnung und der Zugang zu Angeboten" ebenfalls eine hohe Bedeutung. Dazu werden neben den oben beschriebenen Maßnahmen der interkulturellen Öffnung, Personalentwicklung und zu Antidiskriminierung/AGG, die für ein interkulturelles Mainstreaming und Berücksichtigung von Diskriminierungsaspekten im Bereich der Angebote und Dienstleistungen sorgen sollen, weitere gezielte Aktivitäten durchgeführt. Dazu zählen bspw. ein Zielgruppenmarketing und eine entsprechende Aufbereitung von Angeboten und Dienstleistungen, das Achten auf Mehrsprachigkeit und eine niedrigschwellige und barrierefreie Ausgestaltung von Informationen sowie die kultursensible Gestaltung von Informationsveranstaltungen (Stadt Frankfurt am Main 2015: 50).

Ebenso wie die anderen Kommunen achtet die Landeshauptstadt München mit einem breiten Ansatz auf ein Mainstreaming interkultureller, antidiskriminierender und antirassistischer Maßnahmen und Aktivitäten im Bereich der Erbringung von Dienstleistungen der Daseinsfürsorge. Insbesondere die Fachstelle für Demokratie – gegen Rechtsextremismus, Rassismus und Menschenfeindlichkeit sowie die Stelle für Interkulturelle Arbeit im Sozialreferat arbeiten hier intensiv mit den anderen Referaten der Stadt und einem breiten zivilgesellschaftlichen Bündnis zusammen. Auch hier haben Schulungen und Workshops die größte Bedeutung im gesamten Maßnahmenbündel.

c. Kommune als ordnungspolitischer Akteur

Die Kommune kann sich über ihre eigenen Tätigkeitsfelder hinaus als ordnungspolitischer Akteur gegen Diskriminierung im Gemeinwesen einsetzen. Beispielsweise kann sie über das Gewerberecht darauf hinwirken, dass das Diskriminierungsverbot Beachtung findet. Offensichtlich wurde von der Möglichkeit, die Gewerbelizenz zu entziehen, bisher noch kein Gebrauch gemacht. Dort wo dies angedroht wurde, hatte dies schon den erwünschten Effekt, eine Diskriminierungspraxis zu beenden.

5.5 Reaktive Maßnahmen – Wie umgehen mit Diskriminierungsfällen?

Welche Fälle von Diskriminierung aus rassistischen Gründen treten auf? Und wie reagieren Kommunen darauf? In allen Beschwerdestellen wurden vor allem Diskriminierungsfälle, die in einem privatrechtlichen Kontext entstanden sind, gemeldet. Dazu gehörte z. B. die Verweigerung des Disco-Einlasses, die konfrontative Nachfrage von Verkäufern im Elektronikmarkt bei Menschen aus Einwandererfamilien, ob sie überhaupt Geld hätten, oder die Frage von Wohnungsunternehmen, ob sie sich eine bestimmte Wohnung denn leisten könnten.

In der Beratung in Heidelberg gelten bspw. folgende Grundsätze:

- Bürger/innen können sich anonym oder persönlich, schriftlich oder mündlich (nach entsprechender Terminvereinbarung) an sie wenden.
- Vertraulichkeit ist das oberste Gebot der Arbeit.
- Die Beratung unterliegt der gesetzlichen Schweigepflicht gemäß Paragraf 203 Strafgesetzbuch.
- Die Beratungsstellen handeln, wenn sie von den Betroffenen dazu autorisiert wird.
- Sie können keine anwaltschaftliche Vertretung leisten.
- Sie nehmen den Fall auf und klären den Beschwerdeverlauf.
- Sie holen gegebenenfalls Stellungnahmen von der Gegenseite ein, hören Zeug/innen etc.
- Auf Grundlage der Beschwerde und der Stellungnahmen machen sie Handlungsvorschläge mit dem Ziel, mit allen Beteiligten die bestmögliche Lösung zu finden.
- Sie vermitteln Beratungen durch andere Stellen.

Oft sind persönliche Gespräche mit der Leitung von Organisationen oder Unternehmen ein wichtiger Schritt. Bisweilen hilft auch ein Bürgermeisterscheiben, Konflikte zu moderieren und zu lösen, wie dies in Heidelberg geschieht.

Oft werden die Beschwerdestellen von themenfremden Anliegen in Beschlag genommen. So kommen in Heidelberg viele Personen in die Beschwerdestellen, bei denen offensichtlich keine Diskriminierung vorliegt, es sich vielmehr um den Versuch handelt, Aufmerksamkeit zu bekommen. Hier müssen andere Angebote geschaffen werden.

Für die Stadt Jena besteht eine Aufgabe darin, Menschen aus Einwandererfamilien besser über behördliche Entscheidungen oder Regelungen zu informieren oder diese zu begründen. Das könne unter Umständen helfen, dass diese nicht mehr als willkürlich wahrgenommen werden.

Das Vorgehen der Ombudsstelle-Antidiskriminierung der Stadt Frankfurt am Main bei Diskriminierungsbeschwerden gegen die Stadtverwaltung ist in den Ausführungsbestimmungen zur ADR geregelt. Sie prüft Diskriminierungsmeldungen und bearbeitet diese ggf. Bei einem Großteil der Meldungen handelt es sich allerdings um „gefühlte Diskriminierungen", die keine Diskriminierungen im Sinne der ADR bzw. des AGG darstellen. Wird die Stelle aktiv, dann nimmt sie Kontakt mit der beschuldigten Behörde auf und versucht eine

Klärung der Beschwerde, ggf. mittels der Durchführung eigener Untersuchungen. Mit den Betroffenen sowie Ansprechpersonen in den Behörden und Ämtern werden gemeinsame Gespräche zur Klärung von Missverständnissen durchgeführt. Liegt eine Diskriminierung vor, so erfolgt die Durchführung von Maßnahmen zur Behebung einer Diskriminierung auf Ämter- und Dezernatsebene (Stadt Frankfurt am Main 2015: 81f.).

In der Landeshauptstadt München hat der Oberbürgermeister 2007 die Zentrale Beschwerdestelle nach dem AGG im Personal- und Organisationsreferat eingerichtet. Insbesondere dort, aber auch in den vielen anderen Stellen, können sich Verwaltungsmitarbeiter/innen beschweren und vertraulich beraten lassen. „Die Zentrale Beschwerdestelle nach dem AGG überprüft jede Beschwerde, ergreift die im Einzelfall erforderlichen Maßnahmen und informiert die Beschwerdeführer/in über das Ergebnis" (Landeshauptstadt München: 26). Bürger/innen aus Einwandererfamilien wenden sich bei Diskriminierungsmeldungen insbesondere an den BEFORE e. V. oder die Fachstelle für Demokratie – gegen Rechtsextremismus, Rassismus und Menschenfeindlichkeit.

5.6 Evaluation und Weiterentwicklung

Für eine gute Antidiskriminierungspolitik ist kennzeichnend, dass sie ihre Stärken und Schwächen reflektiert und Konzepte für eine Weiterentwicklung entwirft. In allen hier betrachteten Kommunen kommt eine solche innere Dynamik zum Ausdruck. Die Landeshauptstadt München verpflichtet sich bspw. zu einer regelmäßigen Überprüfung der Zusammenarbeit der Stellen und des Erfolgs der Maßnahmen und Aktivitäten im Bereich Antidiskriminierung und Gleichstellung (Landeshauptstadt München 2015: 37). Frankfurt am Main hat ein umfassendes Integrations- und Diversitätsmonitoring entwickelt, im Integrationsbericht, Bürgerbefragungen sowie dem Beschwerdemanagement der Ämter und Behörden werden weitere diskriminierungsrelevante Aspekte erfasst (Stadt Frankfurt am Main 2015: 66ff.).

Immer wieder wird berichtet, dass die bisher verfolgten Konzepte bestimmte Schwächen haben, trotz aller Anstrengungen manches unberücksichtigt geblieben ist und in bestimmten Fragen neue Wege gesucht werden müssen und gesucht werden. So betrachtet erscheinen selbstkritische Äußerungen oft weniger als ein Ausdruck des Scheiterns als ein Ansporn für die Suche nach neuen Lösungsmöglichkeiten, sogar als Vertrauen in eine sich nach vorne öffnende Entwicklung. In jedem Fall ist es beeindruckend zu sehen, wie in den Kommunen in einer kontinuierlichen Anstrengung das Erreichte mit der fortwirkenden Realität der Diskriminierung in Beziehung gesetzt und das in Zukunft Mögliche ausgekundschaftet wird.

6 Wie eine nachhaltige Umsetzung von Antidiskriminierungsmaßnahmen gelingen kann

Aus den Antworten der befragten kommunalen Akteur/innen in der Antidiskriminierungspolitik sowie den Berichten zu deren Umsetzung sowie verschiedenen Studien zur Umsetzung von Antidiskriminierungsmaßnahmen lassen sich Bündel relevanter Gelingensfaktoren sowie Erschwernisse/Verbesserungspotenziale für eine nachhaltige Umsetzung zusammenfassen.

Gelingensfaktoren:
- Sichtbarer politischer Wille und Übernahme von Verantwortung der Verwaltungsspitze und von Führungskräften, z. B. Oberbürgermeister/in oder Dezernent/in;
- ausreichende zeitliche, personelle und finanzielle Ressourcen;
- Verständnis von Antidiskriminierung als Querschnittsaufgabe;
- institutioneller Wandel, z. B. durch Einrichtung einer kommunalen Antidiskriminierungsstelle oder die Bündelung von verschiedenen Ombudsanliegen in einem (ggf. bereits bestehenden) Amt für Chancengleichheit und Vielfalt;
- Sensibilisierung und Kompetenzentwicklung durch Antidiskriminierungs- oder Diversity-Trainings, Workshops und Coaching von Führungskräften und möglichst vielen Mitarbeiter/innen;
- Beteiligung von benachteiligten bzw. positiv zu erreichenden Personen, z. B. durch die Initiierung von Netzwerken;
- klare Zielformulierung, strategisches Gesamtkonzept, Benennung von Verantwortlichen für die Umsetzung und Verbindung mit zentralen Steuerungsprozessen der Gesamtorganisation der Verwaltung;
- umfassende Kommunikation des Leitbilds an alle Mitarbeiter/innen, ständige Kommunikation von Zielen, Vorgehen und Vorteilen (win-win-Kommunikation) nach innen und außen;
- kontinuierliche Erfolgsmessung und Anpassung des Konzepts und der Maßnahmen;
- Externe Unterstützung, z. B. durch Wissenschaftler/innen, Beratung, Trainer/innen, Universitäten;
- kommunales Antidiskriminierungs-Mainstreaming durch begleitende Projekte und Studien;
- günstige gesellschaftliche Rahmenbedingungen, z. B. durch engagierte Bürger/innenschaft.

Erschwernisse und Verbesserungspotenziale:
- Fehlendes Engagement von Führungskräften und geringe politische Unterstützung;
- Zeitmangel, Personalmangel, Geldmangel;
- Querschnittsanliegen wie Antidiskriminierung oder Diversity werden oft als Störung oder zusätzliche Belastung erlebt;

- geringe Akzeptanz bei Mitarbeiter/innen;
- fehlendes Bewusstsein und mangelnde Information z. B. durch die oft mangelhafte Ausbildung von Verwaltungskräften an den Verwaltungshochschulen in Bezug auf Antidiskriminierung und Vielfalt;
- sichtbare und vor allem unsichtbare Widerstände und Barrieren bis hin zu Diskriminierungen aufgrund von Statusängsten, drohendem Verlust von Machtprivilegien, persönlicher Ablehnung oder Angst vor Veränderungen im Allgemeinen;
- unzureichende gesetzliche Vorgaben und Rahmenbedingungen der bundesweiten/ landesweiten Antidiskriminierungspolitik;
- z. T. fehlendes Engagement auf Landes- und Bundesebene und unzureichende bundes- und landesweite Strukturen in der Antidiskriminierungsarbeit und -politik;
- Schutzlücken, zahlreiche Ausnahmen, mangelnde Reichweiten, stark individualrechtlicher und rein reaktiver Charakter des AGG und daher Notwendigkeit der gesetzlichen Nachbesserung;
- schwache Sanktionen durch das AGG und fehlende legitimierte Kontrollinstanzen;
- Unverbindlichkeit bzw. Freiwilligkeit von Antidiskriminierungsmaßnahmen: notwendig wären z. B. Verpflichtungen zu Evaluierungen und Positiven Maßnahmen für Verwaltungen, Behörden, Arbeitsverwaltung, den institutionellen Gesundheitsbereich, Unternehmen ab einer bestimmten Mitarbeitendenanzahl;
- fehlende Erhebungsrichtlinien für ein angemessenes Monitoring und fehlende relevante Daten, die bundesweit und landesweit bereitgestellt werden sollten;
- Schwierigkeiten bei der Erfolgsmessung von Antidiskriminierungsmaßnahmen.

7 Ausblick: Kommunale Selbstverpflichtungen zu Positiven Maßnahmen?

Das deutsche Antidiskriminierungsrecht erlaubt in § 5 AGG Positive Maßnahmen und ermöglicht somit wie oben beschrieben ein breites Spektrum möglicher Maßnahmen, Instrumente und Aktivitäten. Die Umsetzung ist jedoch nicht verpflichtend, sondern „nur" freiwillig und steht und fällt damit vor Ort vor allem mit dem Engagement der Führungskräfte und Leitungsebenen.

Erfahrungen aus internationalen und europäischen Ländern, die bereits seit längerer Zeit eine aktive Antidiskriminierungspolitik gestaltet haben, zeigen ebenfalls, dass trotz bestehender gesetzlicher Diskriminierungsverbote es für verschiedene gesellschaftliche Gruppen weiterhin strukturelle Barrieren und z. T. deutliche Unterrepräsentationen gibt. Weder die formale Gleichstellung, noch eine rein individualrechtliche Bekämpfung von Diskriminierungen waren ausreichend, um eine tatsächliche gleichberechtigte Teilhabe aller Menschen in den Gesellschaften zu verwirklichen. Sie haben dabei auch die Erfahrung gemacht, dass rein freiwillige Maßnahmen wenig wirksam sind, um oft tief verwurzelte (und häufig unbewusste) Barrieren für mehr Vielfalt und Inklusion in den Strukturen und

Prozessen von Organisationen zu verändern. Länder wie Großbritannien oder Schweden haben aus diesen Erkenntnissen entsprechende Konsequenzen gezogen und bei der Weiterentwicklung ihrer Antidiskriminierungspolitiken und -gesetze oder im Zuge der Umsetzung der EU-Gleichbehandlungsrichtlinien ihren bereits vorhandenen Positiven Maßnahmen einen verbindlicheren, mit stärkerer (Selbst)Verpflichtung versehenen Charakter gegeben (dazu ausführlicher Klose/Merx 2010: 31ff. und 71f.). So bestehen bspw. im Vereinigten Königreich mittlerweile „Positive Pflichten" für öffentliche Arbeitgeber. Im Equality Act von 2010 wurden die einzelnen „positive duties" für den öffentlichen Sektor zu einer „public sector equality duty" zusammengefasst und auf weitere Merkmale ausgeweitet. Seit Anfang der 1990er Jahre waren in Schweden öffentliche und private Arbeitgeber mit mehr als zehn Beschäftigen verpflichtet, zur Förderung der Beschäftigung von Frauen „aktive Maßnahmen" und „zielgerichtete Anstrengungen" zu unternehmen. Seit Ende der 1990er Jahre wurden diese Bestimmungen auf Menschen aus Einwandererfamilien ausgeweitet, seit 2009 gilt die umfassende Regelung für alle Arbeitgeber mit mehr als 25 Beschäftigten. Auch andere Länder wie Kanada, die USA oder Nordirland kennen solche Systeme verpflichtender Antidiskriminierungspolitiken (Klose/Liebscher 2015: 55ff.).

Wichtige Elemente der Positiven Pflichten in diesen Ländern sind u.a. die gezielte Einstellung unterrepräsentierter Personengruppen, die Erstellung verbindlicher Diversity-Aktionspläne, eine regelmäßige (meist alle drei Jahre) erfolgende Analyse über Lohnunterschiede, Beschäftigungsbedingungen und -situationen z. B. in einem Antidiskriminierungs- oder Diversity-Check. Der Analyse der Aktionspläne folgt ggf. eine entsprechende Überarbeitung mit Vorschlägen für konkrete Maßnahmen, um die Ziele tatsächlich zu erreichen. In den Ländern gibt es hierzu – falls notwendig – auch Sanktionsmöglichkeiten bei der Nichteinhaltung der Vereinbarungen und wie etwa im stark konsensorientierten und auf Aushandlung basierenden schwedischen Modell eine systematische Kontrolle über ein umfassendes Ombudssystem, das mit entsprechenden finanziellen und personalen Ressourcen ausgestattet ist.

Hier ist der deutsche Gesetzgeber aufgefordert, sich diesen langjährigen Erfahrungen vieler Länder in der Antidiskriminierungspolitik zu stellen und entsprechende gesetzliche und politische Aktivitäten zu entfalten. Zur Kontrolle verbindlicher Positiver Pflichten über ein bundesweites Netzwerk an Landes- und kommunalen Antidiskriminierungsstellen im Verbund mit der ADS müsste dieses entsprechend erst einmal systematisch aufgebaut, moderiert und unterstützt werden. Entsprechend notwendig wäre eine deutliche Aufstockung von Stellen, Personal und Finanzen im Bereich Antidiskriminierung, Diversity und Inklusion des Bundes, der Länder und der Kommunen. Womöglich sollte immer ein konsensorientiertes Vorgehen durch Mediation, Aushandlung und Konfliktvermittlung erfolgen, zugleich braucht es aber auch echte Sanktionsrechte von Antidiskriminierungsstellen wie etwa der Verhängung von angemessenen Ausgleichszahlungen beim wiederholten Verfehlen der vereinbarten Ziele.

So lange dies alles auf bundes- oder landespolitischer Ebene nicht erfolgt, liegt es an den Verantwortlichen in den Kommunen etwa durch kommunale Antidiskriminierungsrichtlinien, Dienst- oder Betriebsvereinbarungen zu Antidiskriminierung, Vielfalt und

Inklusion, Zielquoten oder der Erstellung kommunaler Aktionspläne unter Einbezug möglichst vieler relevanter interner und externer Akteur/innen ein möglichst hohes Maß an Selbstverpflichtung zu erzielen. Dies wäre die notwendige und geeignete Grundlage für eine nachhaltige Umsetzung und den Erfolg kommunaler Antidiskriminierungspolitiken als Voraussetzung und elementaren Erfolgsfaktor für gelungene Integration bzw. Inklusion.

Literatur

Alicke, Tina 2013: Inklusion – Hintergründe eines neuen Blickwinkels, in: Migration und Soziale Arbeit 3/2013: Integration, Diversity, Inklusion, S. 243–248

Antidiskriminierungsstelle des Bundes – ADS 2010: Dokumentation des Fachgesprächs zu „Standardisierte Datenerhebung zum Nachweis von Diskriminierung !?" Internet: http://www.antidiskriminierungsstelle.de/SharedDocs/Downloads/DE/publikationen/Dokumentationen/doku_standardisierte_datenerhebung_2010.html. Zugriff: 16.11.2015

Antidiskriminierungsstelle des Bundes – ADS 2011: Anonymisiertes Bewerbungsverfahren. Internet: http://www.antidiskriminierungsstelle.de/DE/ThemenUndForschung/anonymisierte_bewerbungen/das_pilotprojekt/anonymisierte_bewerbungen_node.html. Zugriff: 16.11.2015

Antidiskriminierungsstelle des Bundes – ADS (2012a): Leitfaden „Beratung bei Diskriminierung: erste Schritte und Weitervermittlung". Internet: http://www.antidiskriminierungsstelle.de/SharedDocs/Downloads/DE/publikationen/ Leitfaden_Verweisberatung_20121109.html. Zugriff: 16.11.2015

Antidiskriminierungsstelle des Bundes – ADS (2012b): Benachteiligungserfahrungen von Personen mit und ohne Migrationshintergrund im Ost-West-Vergleich. Internet: http://www.svr-migration.de/wp-content/uploads/2012/08/SVR-Expertise-fuer-ADS.pdf. Zugriff: 16.11.2015

Antidiskriminierungsstelle des Bundes – ADS (Hrsg.) 2014: Handbuch „Rechtlicher Antidiskriminierungsschutz". Internet: http://www.antidiskriminierungsstelle.de/SharedDocs/Downloads/DE/publikationen/ Handbuch_Diskriminierungsschutz/Gesamtes_Handbuch.pdf?__blob=publicationFile&v=3. Zugriff: 16.11.2015

Antidiskriminierungsstelle des Bundes – ADS 2015: Start der Umfrage „Diskriminierung in Deutschland". Internet: http://www.antidiskriminierungsstelle.de/SharedDocs/Aktuelles/DE/2015/20150831_Umfragestart.html nn=6570744. Zugriff: 16.11.2015

Antidiskriminierungsverband Deutschland – advd 2013: Antidiskriminierungsberatung in der Praxis. Internet: http://www.antidiskriminierung.org. Zugriff: 16.11.2015

Baer, Susanne/ Ölcüm, Ipek 2008: Diskriminierungsschutz im Rahmen der öffentlichen Auftragsvergabe, Gutachten im Auftrag der Landesstelle für Gleichbehandlung und gegen Diskriminierung (LADS) Berlin. Berlin. Internet: http://www.berlin.de/imperia/md/content/lb_ads/materialien/diskriminierung/05_lb_ads_gutachten_vergabe_bf_80o.pdf?start&ts=1416489548&file=05_lb_ads_gutachten_vergabe_bf_80o.pdf. Zugriff: 08.01.2016

Bertelsmann Stiftung 2015: Faktensammlung Diskriminierung. Gütersloh. Internet: http://www.bertelsmann-stiftung.de/de/publikationen/publikation/did/faktensammlung-diskriminierung/. Zugriff: 16.11.2015

Cremer, Hendrik 2009: „… und welcher Rasse gehören Sie an?". Zur Problematik des Begriffs „Rasse" in der Gesetzgebung. Berlin

Europäische Kommission 2009: Eurobarometer Spezial 317. Diskriminierung in der EU im Jahr 2009. Internet: http://ec.europa.eu/public_opinion/archives/ebs/ebs_317_de. Zugriff: 16.11.2015

Gomolla, Mechtild 2010: Institutionelle Diskriminierung. Neue Zugänge zu einem alten Problem. In: U. Hormel/ A. Scherr (Hrsg.): Diskriminierung. Wiesbaden, S. 61–94

Heinrich-Böll-Stiftung (Hrsg.) 2010: Positive Maßnahmen. Von Antidiskriminierung zu Diversity. Berlin. Internet: http://www.migration-boell.de/web/diversity/48_2596.asp. Zugriff: 16.11.2015

IQ Fachstelle Interkulturelle Kompetenzentwicklung und Antidiskriminierung (Hrsg.) 2015: Mehrwert Vielfalt – Zahlen, Daten, Fakten: Wirtschaftliche Vorteile durch Arbeitsmarktintegration, Einwanderung, Vielfalt und Antidiskriminierung. München. Internet: http://www.netzwerk-iq.de/fileadmin/Redaktion/Downloads/Fachstelle_IKA/FS_IKA_Publikationen/FS_IKA_Zahlen_Daten_Fakten_Copys.pdf. Zugriff: 15.12.2015

Klose, Alexander/ Merx, Andreas 2010: Positive Maßnahmen zur Verhinderung oder zum Ausgleich bestehender Nachteile im Sinne des § 5 AGG. Expertise im Auftrag der Antidiskriminierungsstelle des Bundes. Berlin. Internet: http://www.antidiskriminierungsstelle.de/SharedDocs/Downloads/DE/publikationen/Expertisen/Expertise_Positive_Ma%C3%9Fnahmen.pdf?__blob=publicationFile. Zugriff: 15.12.2015

Klose, Alexander/Merx, Andreas 2013: Diskriminierung und Antidiskriminierung, in: Meier-Braun, Karl-Heinz/ Weber, Reinhold (Hrsg.): Deutschland Einwanderungsland. Begriffe – Fakten – Kontroversen. Stuttgart. 218–221

Klose, Alexander/Liebscher, Doris 2015: Antidiskriminierungspolitik in der deutschen Einwanderungsgesellschaft – Stand, Defizite, Empfehlungen. Studie im Auftrag der Bertelsmann Stiftung. Gütersloh. Internet: https://www.bertelsmann-stiftung.de/fileadmin/files/Projekte/28_Einwanderung_und_Vielfalt/Studie_IB_Antidiskriminierungspolitik_in_der_deutschen_Einwanderungsgesellschaft_2015.pdf . Zugriff: 08.01.2016

Landeshauptstadt Hannover 2012: 2. Controlling-Bericht zum Lokalen Integrationsplan LIP. Internet: http://www.hannover.de/Leben-in-der-Region-Hannover/Soziales/Integration-Einwanderung/Der-Lokale-Integrationsplan/2.-Controlling-Bericht-des-Lokalen-Integrationsplans. Zugriff: 16.11.2015

Landesintegrationsrat NRW u. a. 2011: Musteranfrage „Diskriminierungsschutz in der Kommune". Internet: http://www.nrwgegendiskriminierung.de/de/news/125/musteranfrage_fuer_integrationsraete_diskriminierungsschutz_in_der_kommune//. Zugriff: 16.11.2015

Landeshauptstadt München 2005: Antidiskriminierungsvereinbarung. München. Internet: http://www.muenchen.de/rathaus/Stadtverwaltung/Personal-und-Organisationsreferat/Presseservice/Broschueren/Antidiskriminierung.html. Zugriff: 08.01.2016

Landeshauptstadt München 2013: Interkultureller Integrationsbericht „München lebt Vielfalt". München. Internet: http://www.muenchen.info/soz/pub/pdf/483_integrationsbericht_2013.pdf. Zugriff: 08.01.2016

Landeshauptstadt München 2015: Positionspapier „Gemeinsam. Für Respekt. Gegen Diskriminierung.". München. Internet: http://www.muenchen.de/rathaus/Stadtverwaltung/Personal-und-Organisationsreferat/Chancengleichheit/Positionspapier.html. Zugriff: 08.01.2016

Landeshauptstadt München (ohne Jahresangabe): Leitbild der Landeshauptstadt München. Internet: http://www.muenchen.de/rathaus/Stadtpolitik/Leitbild_Stadtverwaltung/Allgemein.html. Zugriff: 08.01.2016

Landeshauptstadt München (ohne Jahresangabe): Stadtentwicklungskonzept „Perspektive München". München. Internet: http://www.muenchen.de/rathaus/Stadtverwaltung/Referat-fuer-Stadtplanung-und-Bauordnung/Stadtentwicklung/Perspektive-Muenchen.html. Zugriff: 08.01.2016

Landeshauptstadt München (ohne Jahresangabe): Fachstelle für Demokratie – gegen Rechtsextremismus, Rassismus und Menschenfeindlichkeit. Internet: http://www.muenchen.de/rathaus/Stadtpolitik/Fachstelle-fuer-Demokratie/Arbeitsschwerpunkte0.html. Zugriff: 08.01.2016

Landeshauptstadt München (ohne Jahresangabe): Münchner Handlungsstrategie gegen Rechtsextremismus, Rassismus und Menschenfeindlichkeit. München. Internet: http://www.muenchen.

de/rathaus/dms/Home/Stadtverwaltung/Direktorium/Fachstelle-gegen-Rechtsextremismus/PDF/ Das-Muenchner-Handlungskonzept_2015_fuer_Broschuere_MH_Ki/Das%20Muenchner%20 Handlungskonzept.pdf. Zugriff: 08.01.2016

Merx, Andreas/ Ruster, Jakob/ Szukitsch, Yvonne 2013: Willkommens- und Anerkennungskultur, in: Meier-Braun, Karl-Heinz/ Weber, Reinhold (Hrsg.): Deutschland Einwanderungsland. Begriffe – Fakten – Kontroversen. Stuttgart. 248–250

Merx, Andreas/ Yazar, Serdar 2015: Vielfalt, Chancengleichheit und Inklusion. Diversity Management in öffentlichen Verwaltungen und Einrichtungen. Broschüre im Auftrag des Charta der Vielfalt e. V. Berlin. Internet: http://www.charta-der-vielfalt.de/fileadmin/user_upload/ beispieldateien/Downloads/Charta_der_Vielfalt-Vielfalt_Chancengleichheit_Inklusion_2015. pdf . Zugriff 15.12.2015

MIPEX 2015: Migration Policy Index 2015: Übersicht der Ergebnisse für Deutschland. Internet: http://www.mipex.eu/germany. Zugriff 08.01.2016

Neue deutsche Medienmacher e. V. (Hrsg.) 2015: Glossar der Neuen deutschen Medienmacher. Formulierungshilfen für die Berichterstattung im Einwanderungsland. Berlin.

Residenzstadt Celle 2015: Anonymisiertes Auswahlverfahren. Internet: http://www.celle.de/index. php?object=tx|2092.1&ModID=7&FID=2092.1417.1&NavID=2092.46. Zugriff: 16.11.2015

Rottleuthner, Hubert/ Mahlmann, Matthias 2011: Diskriminierung in Deutschland – Vermutungen und Fakten. Baden-Baden

Sachverständigenrat deutscher Stiftungen für Integration und Migration – SVR (Hrsg.) 2014: Diskriminierung am Ausbildungsmarkt: Ausmaß, Ursachen und Handlungsperspektiven. Internet: http://www.svr-migration.de/wp-content/uploads/2014/11/SVR-FB_Diskriminierung-am-Ausbildungsmarkt.pdf. Zugriff: 16.11.2015

Stadt Frankfurt am Main 2003: Antidiskriminierungsrichtlinie. Internet: http://www.frankfurt.de/ sixcms/detail.php?id=2881&_ffmpar[_id_inhalt]=6829831. Zugriff: 08.01.2016

Stadt Frankfurt am Main (2011a): Vielfalt bewegt Frankfurt. Integrations- und Diversitätskonzept für Stadt, Politik und Verwaltung. Frankfurt am Main. Internet: http://www.frankfurt.de/sixcms/ media.php/738/Integrationskonzept_2011.pdf. Zugriff: 08.01.2016

Stadt Frankfurt am Main (2011b): Hilfe bei Diskriminierung und Gewalt. Frankfurt am Main. Internet: http://www.frankfurt.de/sixcms/media.php/738/Hilfe_bei_Diskriminierung_2011. pdf. Zugriff: 08.01.2016

Stadt Frankfurt am Main 2015: Frankfurter Integrations- und Diversitätsbericht 2011–2014. Frankfurt. Internet: http://www.vielfalt-bewegt-frankfurt.de/sites/default/files/amka-integration-v1-final-ansicht_0.pdf. Zugriff: 08.01.2016

Tucci, Ingrid/ Eisnecker, Phillip/Brücker, Herbert 2014: Wie zufrieden sind Migranten mit ihrem Leben?, in: DIW-Wochenbericht Nr. 43.2014, S. 1152–1158

Uslucan, Haci-Halil/ Yalcin, Cem Serkan 2014: Wechselwirkungen zwischen Diskriminierung und Integration und Positive Maßnahmen zum Abbau individueller und wirtschaftlicher Nachteile durch Diskriminierungen, in: IQ Fachstelle Diversity Management (Hrsg.): Mehrwert Vielfalt?! Interkulturalität, Internationalität und diversityorientierte Personalstrategien in kleinen und mittleren Unternehmen (KMU). München. 12–17. Internet: http://www.netzwerk-iq.de/ fileadmin/Redaktion/Downloads/Fachstelle_IKA/FS_IKA_Publikationen/FS_IKA_Mehrwert_ Vielfalt_Dossier_2014.pdf. Zugriff 15.12.2015

VI
Instrumente und strategische Zugänge der kommunalen Integrationspolitik

Kommunales Integrationsmanagement
Ansätze für eine strategische Steuerung
der Integrationsarbeit

Alfred Reichwein

Zusammenfassung

Vorbemerkung der Herausgeber: Der im Jahr 2008 entstandene Beitrag beschreibt die Entstehung und Konkretisierung eines neuen Paradigmas in der kommunalen Integrationspolitik. Das „Wirkungsmodell Integrationsmanagement" ist von der Kommunalen Gemeinschaftsstelle für Verwaltungsmanagement (KGSt) auf der Grundlage von strategischer Steuerung und des Wissens um Erfolgfaktoren entwickelt worden. Im Rahmen des von der KGSt im Jahr 2005 initiierten „Innovationszirkel Integration" entstanden zudem Handreichungen, die für viele Kommunen zu einer wichtigen Grundlage für die Neuausrichtung und Weiterentwicklung ihrer Integrationsarbeit geworden sind. Dies macht die ungebrochene Aktualität dieses Beitrags aus.[1]

1 Die KGSt – Konzeptentwicklung und Beratung für das kommunale Management

Die KGSt (Kommunale Gemeinschaftsstelle für Verwaltungsmanagement) entwickelt innovative Management-Konzepte für die effektive Steuerung der deutschen und österreichischen Kommunen. Dabei arbeitet sie an der Schnittstelle zwischen Wissenschaft und Praxis. Sie erstellt Empfehlungen mit einem deutlichen Praxisbezug und unterstützt den Transfer von Best Practice durch Seminare und Vergleichsringe. Der Beitrag ist aus dieser Arbeit heraus entstanden und orientiert sich weniger an einer wissenschaftlichen Perspektive.

Die KGSt ist mehr als 50 Jahre alt und hat 1.600 Mitglieder – Städte, Kreise und Gemeinden in Deutschland und Österreich. Während in den Anfängen die Themen eher operativ und

---

[1] Siehe in diesem Band auch den Beitrag von Gari Pavkovic und Ayse Özbabacan zum „Kommunalen Qualitätszirkel zur Integrationspolitik", der aus dem „Innovationszirkel Integration" hervorgegangen ist.

strukturorientiert waren, gewinnen sie mit der Zunahme von Komplexität in kommunalen Aufgabenfeldern und bei den Steuerungsansätzen immer mehr strategische Dimensionen.

Nach umfassenden Konzepten zum Beispiel zur Organisation der sozialen Arbeit in den 1980er Jahren war der Arbeitsschwerpunkt der KGSt in den 1990ern die Ausformulierung der Konzepte des New Public Management für deutsche Kommunen – in Deutschland das ‚Neue Steuerungsmodell' genannt – und in der Folge der Ansatz des strategischen Managements, dessen Kern für den Public Sector die wirkungsorientierte Steuerung darstellt.

Die KGSt entwickelt ihre Lösungen in enger Abstimmung mit ihren Mitgliedsverwaltungen und in Zusammenarbeit mit kommunalen Kolleginnen und Kollegen. Die oberste Maxime ist die Praxisrelevanz und die Umsetzbarkeit ihrer Empfehlungen. In Einzelfällen wird die KGSt beauftragt, Forschungsprojekte durchzuführen oder zu begleiten.

2 Kommunales Integrationsmanagement – die Genese eines Paradigmas

So war es im Besonderen die Kompetenz in Fragen strategischer Steuerung, die das Ministerium für Gesundheit und Soziales in Düsseldorf bewogen hat, der KGSt im Jahr 2003 den Auftrag zu erteilen ein Handbuch für Kommunen in Nordrhein-Westfalen zu entwickeln, das die Integrationsarbeit vor Ort unterstützen sollte (Reichwein/Vogel 2003). Das Projekt wurde unter Beteiligung der kommunalen Spitzenverbände, der freien Träger und einzelner Experten in einer Lenkungsgruppe in weniger als einem Jahr realisiert.

Die Grundlage bildete eine Bestandsaufnahme der Situation vor Ort durch eine repräsentative Befragung, Experteninterviews und Site Visits in nordrhein-westfälischen Kommunen. Das Ergebnis war relativ ernüchternd.

2.1 Die Bestandsaufnahme: viel Aktivität – wenig Wirkung

Die Kommunen warteten auf das Zuwanderungs- und Integrationsgesetz, das seit geraumer Zeit in der Bundespolitik diskutiert wurde. Die damit verbundene Unsicherheit, die in der Frage gipfelte, ob Deutschland nun ein Einwanderungsland sei oder nicht, machte die konkrete Integrationsarbeit in Stadt oder Kreis zu einem politischen Vabanquespiel.

Viele Initiativen (Förderprogramme und Projekte) auf Landes- und Bundesebene ignorierten die Offenheit der politischen Frage. Sie dokumentierten, dass zumindest auf der Fachschiene schon lange die Berechtigung und Notwendigkeit einer Ausrichtung am Ziel der Integration unumstritten war. Diese Klarheit, unterlegt mit einer durchaus beachtlichen Ausstattung der Programme mit Ressourcen, bestand aber z. B. in der Kommunalpolitik vielerorts beileibe nicht!

Aus der historischen Entwicklung heraus ist zu erklären, dass in den Kommunen in erster Linie die Sozialverwaltung Integration zu ihrer Sache gemacht hatte, was die

Erhebung eindrucksvoll belegte. Wenn vor dem Hintergrund der vermeintlichen oder realen Rückkehroptionen von Migranten (Gastarbeiter) weniger die Integration als die Versorgung mit sozialen Angeboten als Gegenstand der Aufgabe gesehen wird, war die Klassifizierung von Zuwanderung als ‚soziale Problemlage' und der Aufgabe als ‚soziale Dienstleistung' nur konsequent. Dazu passte die von den Integrationsstellen isolierte Arbeit der Ausländerämter, die ihre Aufgabe in keiner Weise mit dem Konzept von Integration verbunden sahen. Bei einem Telefoninterview äußerte ein Leiter einer solchen Behörde auf die Frage, ob er zum Thema ‚Integration' ein paar Fragen beantworten könnte: „Dafür sind wir nicht zuständig!"

Durchaus verbreitet war die Einrichtung eines/einer Integrationsbeauftragten in den Kommunen, die jedoch, meist ohne Verankerung in der Verwaltung, als ‚one man/woman show' mit viel Aktivität und Engagement wegen leerer kommunaler Kassen hinter Förderprogrammen herjagten und bei Erfolg mit unterschiedlichen Akteuren vor Ort die bestmöglichen Ergebnisse für die Migranten zu erzielen versuchten.

Ansonsten waren die Organisationskonzepte so unterschiedlich wie die Ausgangslagen vor Ort.

Integration war als Paradigma in Fachkreisen zwar akzeptiert, was aber Integration bedeutete, war bei weitem nicht geklärt.

Zusammengefasst waren die wesentlichen Ergebnisse:

- Es wird in vielen Kommunen viel für die Integrationsarbeit getan. Der Einsatz von Ressourcen ist beträchtlich.
- Das Engagement der Kommune hängt häufig vom Engagement einzelner Personen ab.
- Es gibt eine Reihe engagierter Fachbereiche (z. B. Kultur, Jugend und Schule), deren Aktivitäten aber mangels Koordination und Zielabstimmung nebeneinander stehen. Dadurch kommt es zu Doppelarbeit und Reibungsverlusten.
- Es wird selten ziel- und noch seltener wirkungsorientiert gesteuert. Selten ist Integration als strategisches (Stadt-)Ziel benannt.
- Eine Zusammenarbeit mit anderen Trägern findet hier, wie auch in anderen Handlungsfeldern, ohne Spezifizierung ihrer Leistungsbeiträge, d. h. unter weitgehendem Verzicht auf inhaltliche Steuerung, statt.
- Controlling als Steuerungsunterstützung ist unüblich, Evaluationen findet man kaum.

2.2 Das Paradigma wird konkret

Bei diesem Entwicklungsstand war für den Betrachter von außen besonders wichtig, Klarheit zu schaffen. Dies fiel umso leichter, da in der kommunalen Praxis eine große Vielfalt von Begriffen und Handlungsansätzen feststellbar war, die die Kommunikation erschwerte und Unsicherheit bei den Akteuren verursachte. Von daher gab es eine große Bereitschaft, an einer Arrondierung und Strukturierung des Handlungsfeldes mitzuwirken.

Die Konkretisierung des Paradigmas erfolgte gemeinsam mit den Vertretern von Kommunen, freien Trägern und der Wissenschaft in unterschiedlichen Zusammenhängen. So definierte die KGSt (2005: 13)

Integration als die Eingliederung (neuer) Bevölkerungsgruppen in bestehende Sozialstrukturen einer Aufnahmegesellschaft und die Art und Weise, wie diese (neuen) Bevölkerungsgruppen mit dem bestehenden System

- wirtschaftlicher,
- sozialer,
- rechtlicher,
- kultureller und
- politischer

Beziehungen verknüpft werden.

Das *Ziel von Integration* wurde darin gesehen, allen Bevölkerungsgruppen eine gleichberechtigte Teilhabe am gesellschaftlichen Geschehen in all seinen Facetten zu ermöglichen (ebd.).

Ein solcher Bezugsrahmen verlangt eine ganz andere Perspektive und eine andere Klassifizierung der Aufgabe Integration als das Verständnis von Zuwanderung als sozialer Problemlage.

So verstanden wird Integration zu einer *Querschnittsaufgabe*, die nahezu alle kommunalen Handlungsfelder berührt. Sie bezieht Migranten als Subjekte mit ein und kann nur gelingen, wenn viele Akteure vor Ort, auch und besonders außerhalb der Verwaltung, mit einer gemeinsamen Orientierung aktiv werden.

Um eine solche gemeinsame Orientierung herbeizuführen müssen die Zieldimensionen von Integration definiert werden und – wegen der Kommunizierbarkeit und der Steuerung – möglichst mit zugeordneten Indikatoren oder Kennzahlen messbar gemacht werden. Hierzu konnte auf vorhandene Ansätze in der Wissenschaft und in einzelnen Kommunen zurückgegriffen werden.

Ein Wettbewerb des Bundesministerium des Innern gemeinsam mit der Bertelsmann Stiftung, „Erfolgreiche Integration ist kein Zufall – Strategien kommunaler Integrationspolitik", eröffnete einen Einblick in Organisation und Ausrichtung von Kommunen, denen man eine besonders wirkungsvolle Integrationsarbeit zuschrieb (vgl. Bertelsmann Stiftung/ Bundesministerium des Innern 2005). Dieses Wissen um *Erfolgsfaktoren* ergänzte den KGSt-Ansatz strategischer Steuerung und ließ die Idee eines *Wirkungsmodells Integrationsmanagement* entstehen.

Kommunales Integrationsmanagement

Wirkungsmodell Integrationsmanagement

Handlungsfelder: Interkulturelles Personalmanagement, Schule, Sportförderung, Offene Jugendarbeit, Kulturangebote / Kulturförderung, Elementarbereich (KiTas), Sprachförderung, Wohnungsvermittlung, Wirtschafts- und Beschäftigungsförderung, Quartiersmanagement, Berufliche Förderung, Stadtentwicklung/Stadtplanung

Erfolgsfaktoren: Strategisch gesteuert, Vernetzt, Sozialräumlich, Partizipativ, Zielgruppenorientiert, Engagement der Verwaltungsspitze

Dimensionen: Strukturelle Integration, Soziale Integration, Kulturelle Integration, Identifikatorische Integration

KGSt - Dr. Alfred Reichwein

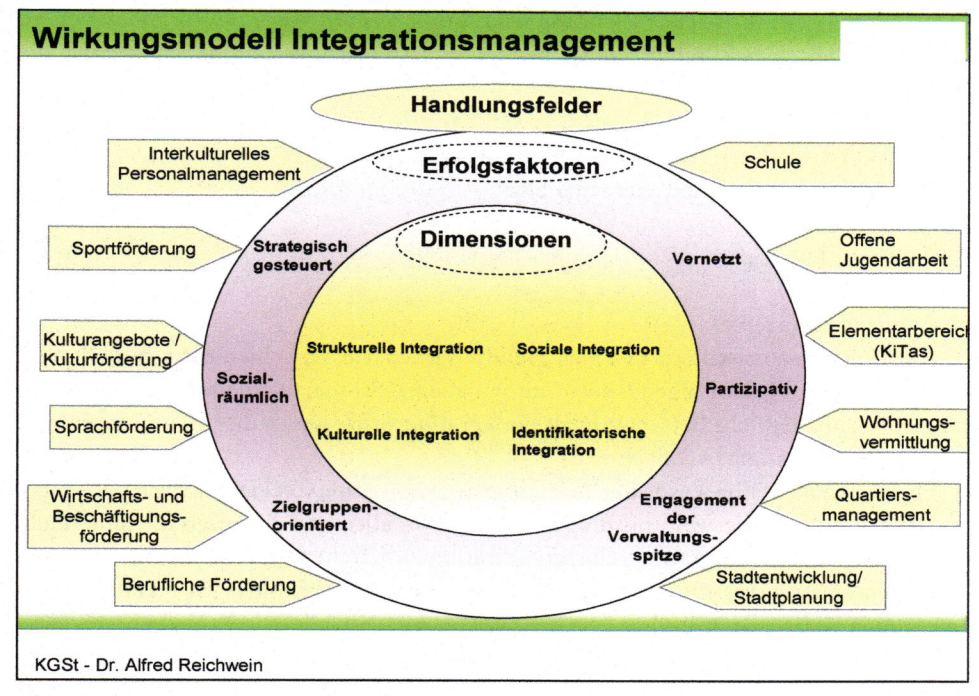

Abb. 1

Im Zentrum der Grafik sind die *Dimensionen* von Integration abgebildet. Diesen Dimensionen sind Indikatoren zugeordnet. Damit kann auf einer strukturellen Ebene der Verlauf von Integrationsprozessen beobachtet werden.

Im äußeren Kreis sind beispielhaft kommunale *Handlungsfelder* aufgelistet, in denen Produkte und Maßnahmen entwickelt werden können, die einen Beitrag zu einer gelungenen Integration darstellen. Hier tauchen neben den bekannten Ansätzen Sprache, Bildung und Arbeit auch Stadtentwicklung, Kultur oder Sport auf. Die Liste ließe sich weiter ergänzen.

Den das Zentrum umschließenden Kreis füllen die so genannten *Erfolgsfaktoren* aus. Diese sind Annahmen aus der Beobachtung von Entwicklungen in der kommunalen Praxis darüber, was in besonderer Weise den Erfolg der Integrationsarbeit ausmacht. Annahmen deshalb, weil die Kausalität in den seltensten Fällen nachgewiesen werden kann.

Damit war Integration als Paradigma weitgehend beschrieben.

Integration als neues Paradigma verlangt gesellschaftspolitische Leitbilder, neue Strukturen und eine neue Qualität der Steuerung.

Bereits im Handbuch wurden Konsequenzen aus der Übernahme des neuen Bezugsrahmens benannt (vgl. Reichwein/Vogel 2003).

Wichtig war, die in besonderer Weise geforderte Kommunalpolitik in den Diskussionsprozess einzubinden und die allgemein formulierten gesellschaftspolitischen Leitlinien lokal anzupassen: in welcher Richtung auch immer, Integrationspolitik muss sich an lokal artikulierten gesellschaftspolitischen Leitbildern orientieren. Möglich erschien die Bezugnahme auf

- Zuwanderung und Integration als Bereicherung;
- Bürgerkommune und aktivierender Staat;
- Fördern und Fordern;
- Politische Partizipation,

als politische Konzepte.

Auch organisatorisch ergaben sich Handlungsbedarfe. So schien die Überwindung der Segmentierung (hier Jugend, dort Kultur, daneben Schule) und damit verbunden eine möglichst ganzheitliche Betrachtung des Integrationsprozesses, seiner Hemmungen und Schubkräfte vorrangig bedeutsam.

Ebenfalls augenfällig wurde die Bedeutung der *Vernetzung* von Perspektiven und Angeboten innerhalb der Verwaltungen, aber auch und vor allem mit Akteuren von außerhalb, von freien Trägern, Migrantenselbstorganisationen, Kirchen, Vereinen, Unternehmen und allen anderen Institutionen und Personen, die als Stakeholder im Handlungsfeld Integration zu beteiligen sind.

Im Handbuch wurden ergänzend Vorgehensmodelle zur Entwicklung einer Bestandsaufnahme und örtliche Organisationskonzepte (Arnsberg, Essen, Kreis Paderborn, Wuppertal) vorgestellt. Das Handbuch wurde nach Erscheinen – inzwischen war auch das Zuwanderungsgesetz verabschiedet – in Nordrhein-Westfalen und ganz Deutschland interessiert nachgefragt. Die Aussagen fanden schnell Eingang in kommunale Vorgehenskonzepte. Unterstützt wurde diese Entwicklung durch eine Folge von Seminarveranstaltungen in NRW und schließlich ein Förderprogramm, KOMM-IN NRW, das kommunale Innovationen (nicht Maßnahmen) in der Integrationsarbeit in einer Vielzahl von Kommunen unterstützte und die konzeptionellen Pfeiler des Handbuchs (Transparenz, Vernetzung, strategische Steuerung) aufnahm.

Insgesamt und in der Rückschau betrachtet kann die Entwicklung in Nordrhein-Westfalen, die von der für Integration zuständigen Organisationseinheit[2] angestoßen und begleitet wurde, als außerordentlich gelungen und professionell beurteilt werden. Die konzeptionelle Klarheit und die Verlässlichkeit in der politischen Ausrichtung über eine Legislaturperiode hinweg sind eine wesentliche Ursache für die enormen Fortschritte in der Integrationspolitik der Kommunen seit Mitte der 2000er Jahre.

---

2   Früher im Ministerium für Arbeit, Gesundheit und Soziales, heute im Ministerium für Generationen, Familie, Frauen und Integration.

2.3 Weiterentwicklung I: Integrationsmonitoring

Der besondere Charakter der Aufgabe Integration als Querschnittsaufgabe mit einem sozialräumlichen Bezug, bei der viele Akteure, nicht zuletzt auch die Migrantenselbstorganisationen mitwirken, fordert die strategische Steuerung ein. Am Anfang der strategischen Steuerung steht die Formulierung von Zielen, begleitend zum Prozess der Umsetzung findet das Controlling statt, in gewissen Zeitabständen braucht es Evaluation. Um Ziele definieren zu können muss die Ausgangslage festgestellt werden. Dies alles unterstreicht die Bedeutung von *Integrationsmonitoring*.

Deshalb hat die KGSt mit einer Gruppe von Städten und Kreisen, die insgesamt in der Integrationsarbeit sehr engagiert und erfolgreich sind, ein Indikatoren-Set für das Integrationsmonitoring erarbeitet (vgl. KGSt 2006).

Die Gruppe hat sich auf 27 Indikatoren in zehn Handlungsfeldern verständigt:

1. Rechtliche Integration;
2. Bildung;
3. Arbeit und Wirtschaft;
4. Soziale Sicherung;
5. Wohnen;
6. Sprache;
7. Gesundheit;
8. Soziale Integration;
9. Gesellschaftliche und politische Partizipation;
10. Sicherheit.

Jeder Indikator wird hinsichtlich seiner Aussagekraft, der Datenquelle und des notwendigen Erhebungsintervalls ausführlich beschrieben.

Die Auswahl der Indikatoren wurde so vorgenommen, dass möglichst viele Kommunen, auch kleinere Gemeinden, mit einem vertretbaren Aufwand das Monitoring durchführen können.

Inzwischen hat eine Reihe von Kommunen den Indikatorensatz als Basis für ihr Integrationsmonitoring übernommen. So entwickelt sich ein, zumindest für Deutschland, bundesweiter kommunaler Standard, der auch den interkommunalen Erfahrungsaustausch und das Benchmarking erleichtert.

Ganz wesentlich geprägt wurde die gesamte fachliche Diskussion um das Monitoring durch die Stadt Wiesbaden. Sie hat als eine der ersten Städte ein solches System entwickelt und wendet es mit einer hohen Professionalität und Kontinuität an. Ein Beispiel aus Wiesbaden zeigt, das Monitoring sowohl

- Schwachstellen oder Problemfelder aufzeigen, ebenso aber auch
- die Erfolge von Integrationsarbeit dokumentieren kann.

Diese Eigenschaft ist sowohl für die Motivation der vielen engagierten Beschäftigten wie auch für die Diskussionen um die Verteilung von Ressourcen im Rahmen der Budgetberatungen von Bedeutung.

Integration in das Bildungssystem

Indikator		Jahr	Werte	
			Ausländer	Deutsche
4 A.	**Strukturelle Integration**			
4 A.2	**Integration in das Bildungssystem**			
A.2.1	Anteil der Kinder mit/ohne Migrationshintergrund mit einem Kindergartenbesuch unter 2 Jahren (in %)	2002 2003	16,1 16,4	6,0 5,4
A.2.2	Anteil der Gymnasialschüler an weiterführenden Schulen (in %)	1996/97 2002/03 2003/04	26,1 24,3 23,7	58,9 57,2 57,4
A.2.3	Anteil der Schulabgänger ohne Schulabschluss (in %)	1993 1996 2001 2002 2003	20,8 21,2 17,2 13,9 14,0	5,3 5,7 6,7 5,4 4,7
A.2.4	Anteil der Berufsschüler ohne Ausbildungsvertrag (in %)	1991 1997 2001 2002 2003	20,3 29,5 22,9 22,0 27,7	5,2 10,5 7,8 9,0 10,8

KGSt - Dr. Alfred Reichwein

Abb. 2

Indikatoren im Allgemeinen, wie auch das Integrationsmonitoring, sind lediglich quantifizierte Abbilder sozialer Realität. Dies darf bei der Verwendung nie vergessen werden. Den Wert für die Verbesserung von Steuerungsentscheidungen gewinnen sie erst in der Diskussion und Bewertung durch die handelnden Akteure.

> „Bei der Interpretation der Indikatoren ist zu beachten, dass Unterschiede in den Ausprägungen nicht allein aus dem Migrationshintergrund oder einer ethnischen Zugehörigkeit zu erklären sind, sondern dass andere Einflussfaktoren wie Schichtzugehörigkeit ursächlich sein können. Es muss bei der Interpretation der Daten aus dem Integrationsmonitoring darauf geachtet werden, soziale Problemlagen nicht zwangsläufig als migrantenspezifisch zu betrachten (zu ‚ethnisieren'). Weiterhin ist Migrationshintergrund nicht per se ein Merkmal, das einen Bedarf an Unterstützungsleistungen signalisiert" (KGSt 2006: 11).

2.4 Weiterentwicklung II: Der Potenzialansatz

Eine weitere inhaltliche Präzisierung des Integrationsparadigmas wurde in der Folge von den Kommunen vorgeschlagen bzw. eingefordert. Nicht alleine der hohe Prozentsatz von Menschen mit Migrationshintergrund (oder, wie man in Nordrhein-Westfalen sagt, mit ‚Zuwanderungsgeschichte') in den Kommunen in den alten Bundesländern, sondern ebenfalls die in das öffentliche Bewusstsein stärker vorgedrungene demografische Entwicklung unterstreichen die Bedeutung einer gelingenden Integrationspolitik als Standortfaktor für Kommunen in einer exportorientierten Wirtschaft. Unterschiedliche kulturelle Hintergründe und Erfahrungen, Mehrsprachigkeit sowie verbreitet qualifizierte Berufsausbildungen bei den Migranten weisen auf Potenziale aus Zuwanderung hin, um so mehr, als in naher Zukunft ein Mangel an Fachkräften erkennbar wird. Die KGSt (2005) formulierte das wie folgt:

- Eine mehrsprachige Bevölkerung stärkt die Chancen eines Standorts im Zeitalter der Europäisierung und Globalisierung.
- Die kulturelle Vielfalt bietet neue Möglichkeiten zur Entwicklung einer weltstädtischen Kultur.
- Familienverbünde, nachbarschaftliche Selbsthilfe und Netzwerke von Einwohnern stabilisieren die sozialen Strukturen einer Kommune.
- Das ökonomische Engagement von Migranten stärkt die lokale Wirtschaft.

Integration wurde in den Zusammenhang der demografischen Entwicklung gestellt. Die demografische Entwicklung, im Besonderen der Rückgang der Bevölkerungszahlen und der absehbare Mangel an Fachkräften, sowie die Faktizität erfolgter Zuwanderung – in manchen Stadtquartieren bilden die Menschen mit Migrationshintergrund bereits die Mehrheit – legen nahe, Zuwanderung nicht vorrangig als soziales Problem zu betrachten, sondern als *Potenzial* für eine zukunftssichere Entwicklung von Städten in Zeiten der Globalisierung. Diese Betrachtungsweise wurde in den KGSt-Bericht aufgenommen und hat sich inzwischen als politisches Konzept weitgehend durchgesetzt. Einzelne Städte führen ihre positive Entwicklung ganz explizit auf Zuwanderung und eine gelungene Integrationspolitik zurück (z. B. Stuttgart oder London).

3 Wann ist kommunales Integrationsmanagement erfolgreich?

Kommunen agieren heute in einer Vielzahl politisch sensibler Handlungsfelder. Sie stehen in einem nationalen und zunehmend auch internationalen Standortwettbewerb um Menschen und Unternehmen. Sie müssen ihren Einsatz von Ressourcen politisch mit Erfolgen rechtfertigen. Aber wann ist kommunales Integrationsmanagement erfolgreich? In dem im Jahr 2007 erschienenen zweiten Handbuch (Reichwein et al. 2007) werden Innovationen aus dem KOMM-IN-NRW-Programm beschrieben, die einer Evaluation unterzogen wurden. Sie war zwingender Bestandteil der Förderkriterien. Für kommunale Praktiker, Fachkraft wie Politiker, sind Hinweise auf Erfolgsfaktoren zusammengestellt worden, die hier kurz referiert werden sollen.

Engagement der Verwaltungsspitze[3]

Um die Integrationsarbeit konzeptionell neu auszurichten und zeitnah die Konsequenzen zu ziehen, ist auch das Engagement der Verwaltungsspitze entscheidend.

Partizipatives Vorgehen

Über viele Jahre wurde ein großes Angebot in der Integrationsarbeit aufgebaut.

Bei Fragen zur Überprüfung der Qualität der bisherigen Angebote hat sich bewährt, die Betroffenen zu Beteiligten zu machen. Mit den Betroffenen sind die Stärken und Schwächen der Angebote zu analysieren und gemeinsam die Kriterien für die Neugestaltung der Integrationsangebote zu entwickeln. Sie nehmen eine andere Perspektive ein und haben damit auch andere Anforderungen an die Integrationsangebote.

Eine andere Art der Beteiligung wurde in der Stadt Herten erprobt. Zugewanderte wurden zunächst zu ‚Integrationshelfern' qualifiziert, um ihre Partizipationsmöglichkeiten zu stärken. Sie bieten über bestehende Beratungsleistungen hinausgehende zusätzliche bzw. ergänzende Angebote für Neuzugewanderte an. Integrationshelfer fördern den Abbau der Hemmnisse der Neuzugewanderten gegenüber der Verwaltung und anderen Institutionen. Sie treten als Bindeglied bzw. Vermittler zwischen der Ausländerbehörde, den Migrationserstberatungsstellen der Wohlfahrtsverbände und der Kommunen auf. Sie fördern die Vernetzung zwischen den Akteuren und tragen dazu bei, dass die Konkurrenz zwischen ihnen abgebaut wird.

Zielgruppenorientiertes Arbeiten

Für eine effektive Integrationsarbeit ist die Definition von Zielgruppen wichtig. Eine differenzierte Betrachtung der Zugewanderten ist entscheidend, da im Grundsatz jeder andere Voraussetzungen mitbringt und jeder Integrationsprozess individuell verläuft. Einige Zielgruppen benötigen nur zu Beginn eine Starthilfe. Andere Gruppen sind auf eine intensive länger ausgerichtete Unterstützung angewiesen.

Zielorientierter Prozess auf der individuellen Ebene

Im Sinne des Prinzips ‚Fördern und Fordern' wird für die Nutzung der Angebote nun auch verstärkt eine Mitarbeit der Zugewanderten erwartet. Die Zugewanderten sollen selbst einen aktiven Part im Integrationsprozess und keine reine ‚Konsumentenrolle' einnehmen. Die Stadt Münster hat sich mit individuellen Integrationsprozessen bzw. -wegen beschäftigt. Sie ist davon ausgegangen, dass sich Integration auf der individuellen Ebene

---

3   Vgl. hierzu und zum Folgenden Reichwein et al. 2007: 32 ff.

messen lässt. Gemeinsam mit dem niederländischen Enschede wurde im Rahmen eines binationalen Interreg-Projekts[4] die Frage bearbeitet: Unterscheidet sich der Verlauf der Integration von Aussiedlern, die das herkömmliche Eingliederungsverfahren durchlaufen haben, vom Ergebnis der Arbeit mit sogenannten Integrationslotsen? Ausgangsthese war hierbei, dass unter besonderen Bedingungen von einer deutlichen Verbesserung der individuellen Integration auszugehen ist.

Welche Wirkungen erkennbar sind, wurde im Rahmen einer Befragung ermittelt, die zeitnah nach der Einreise, nach anderthalb Jahren und nach zweieinhalb Jahren durchgeführt wurde. Schon für das zweite Jahr nach der Einreise war der Erfolg des Projektes messbar. Unterschiede zeigten sich im Bereich aktiver Nachbarschaft, des beruflichen Einstiegs sowie von Kenntnissen über die Gesellschaft.

Vernetzung mit anderen Trägern

Integration als Querschnittsaufgabe zu steuern bedeutet auch, die unterschiedlichen Akteure und bereits etablierten Netzwerke zu kennen, zu beteiligen und zu koordinieren. Dies ist in den Kommunen eine Aufgabe, die in hohem Masse Engagement, Empathie, aber auch politische Sensibilität und Ausdauer voraussetzt. *Gute Netzwerker/innen sind eine wesentliche Voraussetzung für erfolgreiches Integrationsmanagement.*

Öffentlichkeitsarbeit

Medien spielen im Integrationsprozess eine wichtige Rolle. Sie können durch eine entsprechende Berichterstattung den Dialog der Kulturen fördern, Informationen über Konflikte aufzeigen und die Akzeptanz für kulturelle Vielfalt stärken. Nicht zu letzt erzeugen bzw. verstärken sie durch die Art ihrer Berichterstattung Stimmungen in der Bevölkerung.

Interkulturelles Personalmanagement

Die Beschäftigten in den Kommunen haben eine entscheidende Bedeutung für das Gelingen der Integration. Um die Integrationsarbeit und -politik vor Ort erfolgreich und effektiv gestalten zu können, muss ein interkulturelles Personalmanagement in den Verwaltungen implementiert bzw. das bestehende Personalmanagement um den Aspekt der Interkulturalität erweitert werden. Interkulturelles Personalmanagement bezieht sich auf

- die Personalentwicklung und
- die Personalauswahl.

Ein weiterer Erfolgsfaktor, der aus den Praxisprojekten gemeldet wird, ist die strategische Steuerung der Integrationspolitik. So scheint sich das neue Paradigma des kommunalen strategischen Integrationsmanagement auch in der Praxis als eine wesentliche Voraussetzung für den Erfolg der Arbeit zu bestätigen.

---

4 Vgl. http://www.muenster.de/stadt/zuwanderung/interreg.html.

Ob damit in den Kommunen und in Deutschland Integrationspolitik gelingt und als erfolgreich bewertet werden kann, ist eine Frage, die abhängig vom individuellen oder politischen Standpunkt und den jeweiligen Zielsetzungen unterschiedlich beantwortet werden wird – nicht zuletzt auch von der Wissenschaft.

4 Ausblick

In vielen Kommunen wird es auch zukünftig darum gehen, die ‚großen politischen Herausforderungen' organisatorisch zu bewältigen. Eine ganze Reihe von politischen Handlungsfeldern, neben Integration zum Beispiel Demografie, Bildung, aber auch Wirtschafts- und Beschäftigungsförderung, verlangen organisationsübergreifendes, wirksames Handeln bei sehr begrenzten Ressourcen.

Die Bewältigung von Herausforderungen der genannten Qualität verlangt zwingend strategische Steuerung, da es sich um langfristige Prozesse mit vielen Akteuren innerhalb und außerhalb der Verwaltung handelt. Die Rahmenbedingungen sind zunehmend dynamischere Umwelten. Die Aufgaben sind durch hohe Komplexität und beträchtliche Risiken gekennzeichnet. Kommunale Gesamtstrategien einzufordern ist ohne Alternative.

Strategiekreisläufe sind schnell gezeichnet. Wie sie im kommunalen Alltag umgesetzt werden können, wirft eine Vielzahl von Fragen auf – die meisten von ihnen sind bis heute nicht beantwortet!

Die KGSt wird sich weiterhin bemühen, aus den innovativen Ansätzen in Wissenschaft und Praxis die ‚richtigen' Empfehlungen für die Kommunen zu entwickeln: im Sinne der Menschen, ob sie neu zugewandert oder bereits länger einheimisch sind in unserem Land.

Literatur

Bertelsmann Stiftung/ Bundesministerium des Innern 2005: Erfolgreiche Integration ist kein Zufall. Strategien kommunaler Integrationspolitik: Gütersloh: Bertelsmann Stiftung
KGSt 2005: Management kommunaler Integrationspolitik. Strategie und Organisation. Bericht 7/2005. Köln: Kommunale Gemeinschaftsstelle für Verwaltungsvereinfachung
KGSt 2006: Integrationsmonitoring. Materialien 2/2006. Köln: Kommunale Gemeinschaftsstelle für Verwaltungsmanagement
KGSt 2008: Interkulturelle Öffnung. In sieben Schritten zur interkulturellen Öffnung der Verwaltung. Materialien 5/2008. Köln: Kommunale Gemeinschaftsstelle für Verwaltungsmanagement
Reichwein, Alfred/ Möltgen, Karin/ Vogel, Stephanie 2007: Integration als Chance für Nordrhein-Westfalen und seine Kommunen. Potenziale nutzen – aus Erfahrungen lernen. Düsseldorf: Ministerium für Generationen, Familie, Frauen und Integration des Landes Nordrhein-Westfalen
Reichwein, Alfred/ Vogel, Stephanie 2003: Integrationsarbeit – effektiv organisiert. Ein Handbuch für Kommunen. Düsseldorf: Ministerium für Gesundheit, Soziales, Frauen und Familie

Integrationsmonitoring[1]

Dieter Filsinger

1 Einleitung

Im Kontext eines Perspektivwechsels in der Integrationspolitik des Bundes ist seit Mitte der 2000er Jahre eine eigene – in der Tradition der Sozialberichterstattung stehende (Filsinger 2014a) – Integrationsberichterstattung auf kommunaler, Landes- und Bundesebene aufgebaut worden. Den Ausgangspunkt bildete die kritische Analyse, dass es in der Bundesrepublik Deutschland an einer systematischen, längsschnittorientierten Integrationsberichterstattung (Integrationspanel) als Voraussetzung für die Entwicklung und Bewertung von Interventionen fehle (vgl. Sachverständigenrat für Zuwanderung und Integration 2004). Überdies mahnte der Rat eine unabhängige Evaluation von Programmen und Interventionen an. Diese sei für eine umfassende Integrationspolitik – insbesondere für die Steuerung von Integrationsprozessen – unverzichtbar.

Die Anregungen des Sachverständigenrats wurden zunächst von den Kommunen aufgenommen. So entwickelte die Landeshauptstadt Wiesbaden bereits in den Jahren 2003/ 2004 ein Monitoringsystem (vgl. Landeshauptstadt Wiesbaden 2004). Den Empfehlungen einer von der Kommunalen Gemeinschaftsstelle für Verwaltungsvereinfachung berufenen Gutachtergruppe folgend (vgl. KGSt 2006) sind Integrationsmonitorings insbesondere in größeren Städten eingeführt worden (vgl. Filsinger 2008; Filsinger 2014b). Im Rahmen der Modernisierung der Integrationspolitik (Filsinger i. d. Band) stellte die Bundesregierung in einer begleitenden Erklärung zum Nationalen Integrationsplan fest, dass sich erfolgreiche Integrationspolitik an klaren Indikatoren messen lassen müsse (vgl. Bundesregierung 2007: 15). Dieser Erkenntnis folgend, legte sie im Jahr 2009 einen ersten Integrationsindikatorenbericht vor (vgl. Beauftragte 2009), dem sich in 2011 ein zweiter (vgl. Beauftragte 2011) und in 2013 ein auf Bildung und Arbeitsmarkt fokussierter Faktenbericht anschlossen (vgl. Beauftragte 2013). Auf Länderebene ergriffen zunächst Berlin und Nordrhein-Westfalen die Initiative für ein Integrationsmonitoring und haben dieses inzwischen verstetigt (vgl.

---

1 Eine modifizierte und um kommunale Integrationsmonitorings erweiterte Fassung des Beitrags in: Brinkmann, Heinz Ulrich/ Sauer, Martin (Hrsg.) (2016). Einwanderungsgesellschaft Deutschland. Wiesbaden: Springer 118–143.

Filsinger 2014b). Weitere Bundesländer folgten (vgl. Bertelsmann Stiftung 2014). Das Land Hessen hat in 2015 erneut einen umfangreichen Integrationsmonitor vorgelegt (HMJIE 2015). Mittlerweile beteiligen sich alle Bundesländer an der Integrationsberichterstattung. Ein „Dritter Bericht zum Integrationsmonitoring der Länder" (2011–2013) wurde in 2015 unterbreitet (vgl. Filsinger 2014b; Konferenz 2015).

Komplementiert wird diese Berichterstattung durch den ‚Sachverständigenrat deutscher Stiftungen für Integration und Migration (SVR)', der seit 2010 jährlich *Jahresgutachten und repräsentative* Bevölkerungsbefragungen von Personen mit und ohne Migrationshintergrund *(Integrations- und Migrationsbarometer)* vorlegt. Überdies sind die *Lageberichte* der Beauftragten der Bundesregierung für Migration, Flüchtlinge und Integration über die Lage der Ausländerinnen und Ausländer in Deutschland (zuletzt 11. Bericht, 2016[2]), die jährlichen *Migrationsberichte* des Bundesamts für Migration und Flüchtlinge (BAMF) (im Auftrag der Bundesregierung) und dessen *Integrationsreports* anzuführen (vgl. Worbs 2010; Filsinger 2016).

Unter europäischen und internationalen Vergleichsgesichtspunkten sind schließlich der »*Migrant Integration Policy Index*« (MIPEX), der seit 2004 die Integrationspolitik der EU-Mitgliedsstaaten vergleicht und bewertet (vgl. www.mipex.eu), sowie die ebenfalls indikatorengestützte Berichterstattung der *OECD* zu nennen (vgl. OECD 2015).

2 Integrationsmonitoring: konzeptionelle Grundlagen

Integrationsmonitorings sollen zu einem besseren Verständnis von Integrationsprozessen beitragen sowie Hinweise zu den Wirkungen der Integrationspolitik geben und somit eine rationale bzw. evidenzbasierte Integrationspolitik ermöglichen (Filsinger 2008: 68ff.).

Unter *Monitoring* ist die systematische und periodische, d.h. als Zeitreihe angelegte Beobachtung, Beschreibung und Analyse von sozialen Sachverhalten mit Hilfe von Indikatoren zu verstehen. Diese Sachverhalte können Lebenslagen, aber auch ein Politikfeld, Programme und Projekte sein. Ein Monitoring setzt die genaue Bestimmung des Beobachtungsfeldes, der Beobachtungsgegenstände, der einbezogenen Personengruppen und Institutionen, angemessene Indikatoren sowie die Klärung der Datengrundlagen bzw. der Datenverfügbarkeit voraus. *Indikatoren* sind Kenngrößen, die über nicht oder nur schwer unmittelbar beobachtbare soziale Tatsachen Auskunft geben sollen. Sie erlauben eine genaue Beschreibung von Sachverhalten in Form von Messwerten und eine vergleichende Analyse zu vorab bestimmten bzw. zu früheren Messwerten (vgl. Meyer 2004). Ein Indikator muss den Kern des Sachverhalts kennzeichnen und eine klare normative Orientierung aufweisen, statistisch valide sein, auf Maßnahmen reagieren, aber nicht manipulierbar sein. Überdies sollte eine Vergleichbarkeit gegeben sein. Die Gesamtheit der Indikatoren sollte im Hinblick

---

2 Der Name des Berichts wurde zur Veröffentlichung des 11. Berichts in „Teilhabe, Chancengleichheit und Rechtsentwicklung in der Einwanderungsgesellschaft" geändert.

auf die zu messenden Dimensionen ausgewogen, zueinander nicht widersprüchlich sein und gleiches Gewicht haben (Hauser 2002).

Für ein Integrationsmonitoring ist somit die Bevölkerung genauer zu bestimmen (deren Integration untersucht werden soll), es bedarf einer Definition von Integration, und theoriebasiert ist zu entscheiden, welches die relevanten Integrationsfelder und Indikatoren sind (Bijl 2008).

2.1 Die Untersuchungspopulation: Personen mit Migrationshintergrund

In der Beobachtung von Zuwanderung und der Eingliederung der Zugewanderten wurde über Jahrzehnte hinweg die Staatsangehörigkeit als Unterscheidungsmerkmal zu den Alteingessenen verwendet. Vor dem Hintergrund der Tatsache, dass unter den Eingewanderten und ihren Kindern auch solche Personen sind, welche die deutsche Staatsangehörigkeit besitzen, erscheint das Kriterium Staatsangehörigkeit nicht mehr geeignet, die Bevölkerungsgruppen zu bestimmen, die sich in einer Einwanderungssituation befinden bzw. eingewandert sind. Daher ist die ‚Bevölkerung mit Migrationshintergrund' als neues sozialstatistisches Konzept eingeführt und im Mikrozensus 2005 (vgl. Statistisches Bundesamt 2006) erstmals erprobt worden. Der Migrationsstatus ist insofern eine sozialstrukturell bedeutsame Tatsache, als er ein Faktor sozialer Ungleichheit sein kann. Sowohl der besondere Rechtsstatus, der Migranten ohne deutsche Staatsbürgerschaft zugewiesen wird, als auch Qualifikationsmerkmale sowie kulturelle Unterschiede in der Lebensweise von Gruppen mit Migrationshintergrund beeinflussen gesellschaftliche Teilhabechancen. Statistische Anhaltspunkte für einen individuellen Migrationshintergrund bilden die Zuwanderung nach Deutschland (also der Geburtsort außerhalb Deutschlands), das – auch frühere – Bestehen einer anderen als der deutschen Staatsangehörigkeit bzw. entsprechende Merkmale der Eltern. Personen mit eigener Migrationserfahrung werden Zugewanderte bzw. als Migrantinnen und Migranten der ersten Generation bezeichnet, Kinder von Migrierten ohne eigene Migrationserfahrung als zweite Generation (vgl. Beauftragte 2011: 22).

2.2 Der Untersuchungsgegenstand: Integration

‚Integration' ist unverkennbar ein Paradigma in Wissenschaft und Politik in der Eingliederung der zu- bzw. eingewanderten Bevölkerung, ein scheinbar alternativloses, aber gleichwohl kritisch diskutiertes und auch umstrittenes Konzept (vgl. Filsinger 2014c; Rat für Migration 2014). Jenseits theoretischer Diskurse und politischer Kontroversen im Einzelnen wird in der Integrationsberichterstattung ein pragmatisches Integrationsverständnis zu Grunde gelegt, das auf gleiche Chancen für die Eingewanderten zur Partizipation an der Gesellschaft abzielt. So heißt es in der Einleitung zum ersten Integrationsindikatorenbericht: „Integrationspolitik zielt darauf ab, die Partizipation von Personen mit Migrationshintergrund am gesellschaftlichen Leben zu verbessern und dauerhaft ein gutes Zusammenleben von Einheimischen und Migrierten zu ermöglichen. Dabei ist das Grundverständnis leitend, dass Integration gleichberechtigte Teilhabe und Chancengleichheit in allen gesellschaftlichen Bereichen bedeutet (…). Ein Fortschritt der Integration bemisst sich demnach daran, dass sich die Lebensbedingungen von Personen mit und ohne Migrationshintergrund aneinander angleichen" (Beauftragte 2009: 20). „Die Prozesse der Integration, die Gegenstand der Berichterstattung sind, werden somit einerseits als erfolgreiche Zugänge zu gesellschaftlichen Teilsystemen verstanden, andererseits als jeweiliger Grad der Inklusion von Migrantinnen und Migranten, d. h. als Höhe des Bildungsabschlusses, Status der beruflichen Position, Qualität des Wohnens etc. im Vergleich zur Gesamtbevölkerung" (Beauftragte 2009: 22). Unter integrationstheoretischer Perspektive ist damit die ‚Sozialintegration' angesprochen (Integration *in* die Gesellschaft). Davon zu unterscheiden ist die ‚Systemintegration', also die Integration *der* Gesellschaft, die insbesondere den sozialen und gesellschaftlichen Zusammenhalt im Blick hat (vgl. Filsinger 2014c).

Die hierzulande bekannten Integrationsmonitorings orientieren sich im Kern an den theoretischen Arbeiten von Esser (2000) und Heckmann (2001; 2015), die Prozesse der *strukturellen* Integration (Inklusion in gesellschaftliche Funktionssysteme wie Bildung, Arbeitsmarkt, Politik), der *kulturellen* Integration (Sprache, normative Orientierungen), der *sozialen* Integration (Gruppenzugehörigkeiten) und der *identifikativen* (emotionalen) Integration (Identifikation mit der Aufnahmegesellschaft) unterscheiden (vgl. Abbildung 1).

Strukturelle Integration	Inklusion in gesellschaftliche Funktionssysteme wie Recht, Bildung, Beschäftigungssystem/Arbeitsmarkt, soziale Sicherungssysteme, Politik
Kulturelle Integration	Beherrschung der (Verkehrs-)Sprache, Annäherung an normative Orientierungen der Einwanderungsgesellschaft
Soziale Integration	Zugehörigkeit zu Gruppen; (interethnische) Freundschaften und soziale Netzwerke
Identifikative Integration	Identifikation mit der Einwanderungsgesellschaft (Zugehörigkeit)

Abb. 1 Dimensionen der Integration (eigene Darstellung)

Im Kern werden Differenzen zwischen Personen/ Bevölkerungsgruppen mit und ohne Migrationshintergrund beobachtet. Der Mikrozensus erlaubt überdies eine Unterscheidung zwischen Personen ohne Migrationshintergrund, Personen mit Migrationshintergrund, Personen mit Migrationserfahrung, Personen ohne Migrationserfahrung und Ausländerinnen sowie Ausländer. Die Bundesintegrationsindikatorenberichte verknüpfen das in Rede stehende integrationstheoretische Konzept mit dem im Kontext der Sozialberichterstattung eingeführten Lebenslagenkonzept (vgl. Abbildung 2).

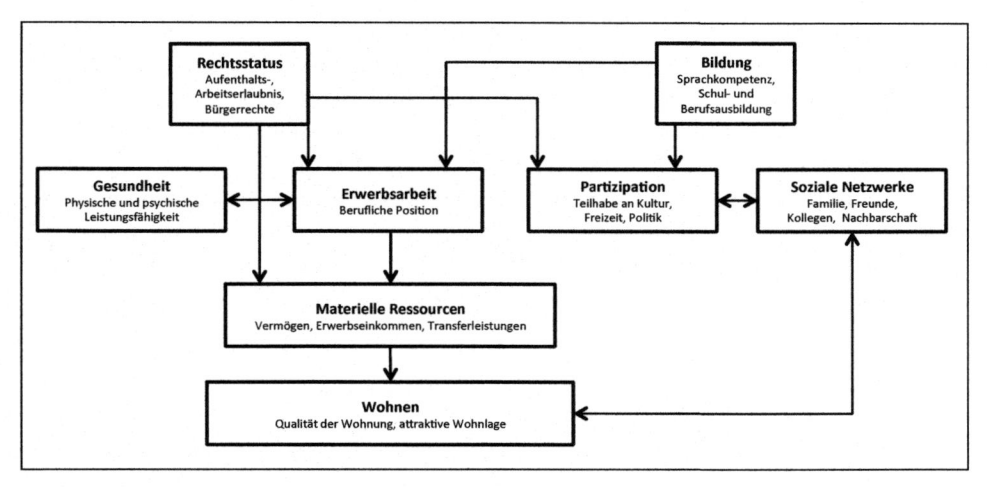

Abb. 2 Bereiche der Lebenslage und Schwellen der Integration
Quele: Beauftragte 2001, S. 22.

2.3 Beobachtungsfelder, Indikatoren und Methodik

In der einschlägigen Fachdiskussion besteht Übereinstimmung darüber, dass Indikatorensets zwar theoretisch reflektiert sein müssen, bei der Auswahl von Indikatoren aber eine pragmatische Perspektive einzunehmen ist. Eine Prioritätensetzung bei den Indikatoren ist zu empfehlen, wobei solche zu bevorzugen sind, die auf Ergebnisse (Integrationsfortschritte) fokussieren, zu denen kontinuierlich Daten vorliegen und die Vergleiche erlauben (vgl. Bijl 2008). Ein Integrationsmonitoring muss auf die gesamte Gesellschaft zielen, weshalb es angemessener Vergleichsgrößen bedarf. Die Datenerhebung und Analyse sind als sozialstrukturelle Messung (statt Individualmonitoring) zu fassen. Eine Disaggregierung von Daten nach Herkunftsethnien ist zu vermeiden, um nicht einer Stigmatisierung Vorschub zu leisten. Als wichtig wird eine regionale Untergliederung, aber auch eine europäische Vergleichbarkeit erachtet. Das Integrationsmonitoring muss schließlich nachvollziehbar sein.

Bereits in den 1990er Jahren setzte in der europäischen Arena eine Diskussion über Indikatoren zur Messung von Integration ein (vgl. Council of Europe 1997; (vgl. Bühlmann/ Röthlisberger/ Schmid 1998; Siegert 2006; Ohliger 2007), im Rahmen derer drei Typen von Indikatoren vorgeschlagen wurden (vgl. Werth et al. 1997: 190 f.): 1. *Indicators of accessibility:* rechtliche Bedingungen, unter denen Migrantinnen und Migranten in der Aufnahmegesellschaft leben; 2. *Classical indicators:* Lebensbedingungen der Migrantinnen und Migranten (Bildungs- und Beschäftigungsteilhabe, Wohnen und Unabhängigkeit von Sozialtransfers); 3. *Subjective Indicators:* Einstellungen/Haltungen der Migrantinnen und Migranten zur Aufnahmegesellschaft, Teilnahme am sozialen und gesellschaftlichen Leben, *und* die Einstellungen/Haltungen der Mehrheitsgesellschaft gegenüber Migrantinnen und Migranten.

Bijl (2008) plädiert dafür, Integrationsmonitoring auf Kernfelder – etwa Bildung, Beschäftigung/Arbeitsmarktposition, Sprache – zu beschränken. Zur Frage, zu welchen Beobachtungsfeldern Indikatoren entwickelt und empirisch untersucht werden sollen, gibt es einen langjährigen, noch nicht abgeschlossenen Diskussionsprozess (vgl. Filsinger 2008; 2014b; Koopmans 2010; Worbs/ Friedrich 2008). Das zur Erprobung vorgesehene Indikatorenset des »Ersten Integrationsindikatorenberichts« der Bundesregierung (vgl. Beauftragte 2009) umfasste 14 Beobachtungsfelder mit insgesamt 100 Indikatoren, das des »Zweiten Integrationsindikatorenberichts« (vgl. Beauftragte 2011) enthält nur noch 11 Beobachtungsfelder mit insgesamt 66 Indikatoren (vgl. Abbildung 4).

Beobachtungsfelder	Ausgewählte Beispiele für Indikatoren
1. Rechtsstatus	Ausländer ohne langfristiges Aufenthaltsrecht; Duldungen und Erteilung von Aufenthaltserlaubnissen nach Duldung; Einbürgerungen
2. Frühkindliche Bildung	Kinder im Alter von 0 bis 3 Jahren und im Alter von 3 bis unter 6 Jahren in der Tagesbetreuung; Frühkindliche Bildung und Sprachförderung
3. Bildung	18 bis unter 25-jährige Personen ohne Abschluss der Sekundarstufe I; Schulabschlüsse an allgemeinbildenden Schulen, an berufsbildenden Schulen und an Förderschulen; Sprachkenntnisse
4. Ausbildung	Personen ohne Abschluss der Sekundarstufe II; Ausbildungsbeteiligungsquote; Einmündungsquote; Studierende an Hochschulen und Hochschul- abschlüsse
5. Arbeitsmarktintegration	Beschäftigungslücke (Differenz zwischen der Erwerbstätigenquote der Bevölkerung mit und jener ohne Migrationshintergrund); Selbstständigenquote; Arbeitslosen- und Erwerbslosenquote; Langzeitarbeitslose; arbeitslose Jugendliche
6. Soziale Integration und Einkommen	Armutsrisikoquote; Erwerbstätige mit einem Einkommen unterhalb der Armutsrisikoschwelle, Bezug von Leistungen der Mindestsicherung
7. Gesellschaftliche Integration und Beteiligung	Mitgliedschaft in Parteien oder in anderen politischen Organisationen; Engagementquote; Leitungsfunktionen in Vereinen; Mitgliedschaft und Engagement in Sportvereinen
8. Wohnen	Wohnungsgröße; Mietkosten; Wohneigentum
9. Gesundheit	Krankenquote; Teilnahme an Impfungen; Inanspruchnahme von Kindergesundheitsuntersuchungen
10. Interkulturelle Öffnung	Beschäftigte im öffentlichen Dienst; Mandatsträger mit Migrationshintergrund
11. Kriminalität, Gewalt und Fremdenfeindlichkeit	Kriminalitätsquote; rassistische, fremdenfeindliche und antisemitische Gewalttaten

Abb. 3 Beobachtungsfelder und ausgewählte Indikatoren des Zweiten Integrationsindikatorenberichts
Quelle: Beauftragte 2011

Die Bundesländer haben sich im Rahmen der länderoffenen Arbeitsgruppe „Indikatorenentwicklung und Monitoring" an diesen Indikatoren orientiert (vgl. Konferenz 2015). In kommunalen Monitoringsystemen lassen sich weitere Felder auffinden, zu denen Indikatoren entwickelt worden sind: etwa für das Feld der Kinder- und Jugendhilfe, der Bildung, der politischen Partizipation und der interkulturellen Öffnung.

Im Mittelpunkt der vorliegenden Integrationsmonitorings stehen diejenigen ‚harten' und unstrittigen Indikatoren, welche die Chancen zu einer selbständigen und gelingenden Lebensführung betreffen (Rechtlicher Status, Beherrschung der deutschen Sprache, frühkindliche Bildung, Bildungsabschluss, Ausbildung, Position im Beschäftigungssystem/Arbeitsmarkt, Abhängigkeit von Sozialtransfers). Darüber hinaus ist unstrittig, dass Wohnbedingungen, gesundheitliche Lage und gesellschaftliche Beteiligung geeignete Indikatoren zur Messung von Integration darstellen.

Im Hinblick auf interethnische Beziehungen sowie auf die soziale Teilnahme und Teilhabe erscheint zunächst unstrittig, dass z. B. die Mitgliedschaft in Vereinen ein aussagekräftiger Indikator (für Sozialkapital) ist. Jedoch ist in der einschlägigen Fachdiskussion strittig, wie eigenethnische Vereinigungen unter Integrationsgesichtspunkten zu beurteilen sind (vgl. Filsinger 2008: 25 ff.; Schönwälder 2006). Überdies hängen die sozialen Beziehungen im Alltag sowie die Beteiligung an Vereinen und an anderen zivilgesellschaftlichen Organisationen nicht zuletzt von deren Aufnahmebereitschaft sowie von den (lokalen) Interaktions- bzw. Anerkennungsverhältnissen ab. Insofern kann sich die Integrationsberichterstattung nicht auf die Analyse von Lebenslagen und Engagementbereitschaften von Bevölkerungsgruppen mit Migrationshintergrund sowie deren Persistenz oder Veränderung im Zeitvergleich bzw. im Vergleich mit Bevölkerungsgruppen ohne Migrationshintergrund beschränken; sie muss vielmehr zwingend den Grad der Offenheit der Bevölkerung und die Zugangschancen bzw. Zugangsbarrieren zu den Ressourcen der (Aufnahme-)Gesellschaft in entsprechende Analysen einbeziehen sowie (institutionelle) Diskriminierung in Rechnung stellen. Vor diesem Hintergrund sind die Einbürgerungsquoten entsprechend zu analysieren. Die interkulturelle Öffnung der Institutionen der Aufnahmegesellschaft kann demnach als ein entscheidender Indikator für gelingende Integration bestimmt werden (vgl. Filsinger 2008: 31 ff.). Die Indikatorenberichte des Bundes und der Bundesländer tragen diesem Argument zumindest in Ansätzen Rechnung. Insbesondere in kommunalen Integrationsmonitorings nimmt die interkulturelle Öffnung einen breiten Raum ein (vgl. Landeshauptstadt München 2013; Bertelsmann Stiftung 2014; Landeshauptstadt Stuttgart 2014; Stadt Frankfurt 2015).

In einschlägigen Diskursen ist überdies herausgearbeitet worden, dass sich die Lebenslage nicht ausschließlich über objektive Indikatoren auf der Basis allgemein anerkannter Ziele bestimmen lässt; es bedarf vielmehr Indikatoren, die subjektive Zufriedenheit abbilden. Um hierzu empirische Informationen zu erhalten, werden Bevölkerungsumfragen benötigt; diese werden seit 2010 vom Sachverständigenrat der deutschen Stiftungen für Migration und Integration (SVR) mit dem Integrationsbarometer (Messung des Integrationsklimas) und mit dem Migrationsbarometer (spezielle migrationsbezogene Themen) durchgeführt (vgl. Faßmann 2011; SVR 2010; 2012; 2014; 2016), ferner zum Teil auch auf der lokalen Ebene (vgl. Filsinger 2008; 2014b). Bei den Jahresgutachten 2010, 2012 und 2014 vorgestellten ersten drei Wellen des SVR-Integrationsbarometers handelt es sich um Regionalbarometer. Das Integrationsbarometer 2016 stellte erstmals bundesweit repräsentative Daten bereit.

3 Kommunale Integrationsmonitorings

Bereits im Jahr 2006 hat die Kommunale Gemeinschaftsstelle für Verwaltungsmanagement (KGSt) zur Unterstützung des kommunalen Integrationsmanagements (KGSt 2005) Vorschläge zum Integrationsmonitoring veröffentlicht (vgl. KGSt 2006), die 27 Indikatoren in zehn Handlungsfeldern bestimmten, welche im Kern mit den Beobachtungsfeldern der Bundesintegrationsindikatorenberichte übereinstimmen. Die Auswahl der Indikatoren erfolgte unter der Maßgabe, dass die Datengrundlage in den meisten Kommunen mit vertretbarem zusätzlichem Aufwand hergestellt werden kann. Vorgeschlagen wurde überdies eine Erweiterung des indiaktorengestützen Monitorings durch „kommunale Bürgerumfragen", die den Migrationshintergrund erheben und Hinweise zur Zufriedenheit mit der eigenen Situation, der Wohnsituation und der Lage auf dem Arbeitsmarkt, die Einschätzung des sozialen Klimas in der Stadt, über soziale Kontakte zwischen Aufnahmegesellschaft und Migrantengruppen sowie zur Akzeptanz von kommunaler Integrationspolitik und ihrer Umsetzung erbringen sollen (ebd.).

Im gleichen Jahr legte die Bertelsmann Stiftung (2006a; b) in Zusammenarbeit mit dem Ministerium für Generationen, Familie, Frauen und Integration des Landes Nordrhein-Westfalen „Kennzahlen Integration" vor, die das Indikatorenset um solche zur politischen Integration und zur Integration in die kommunale Gesellschaft erweiterten. Hierzu gehörten insbesondere Indikatoren zur Interkulturellen Öffnung der Verwaltung, zur Kundenzufriedenheit sowie zur interkulturellen Kompetenz und Mitarbeiterzufriedenheit, aber auch soziale Problemlagen (insbesondere im Kontext der Kinder- und Jugendhilfe) wurden einbezogen. Auch in diesem Vorschlag waren ergänzende Befragungen vorgesehen (Kunden- und Mitarbeiterbefragungen). Im Rahmen eines INTEREG-Projekts der Städte Münster und Enschede (vgl. Michaelowski u. a. 2006) ist ein Monitoring entwickelt worden, das mit nur 11 Indikatoren auskam, wobei neben Sprachkenntnissen, Arbeitsmarktteilnahme, Bildungsniveau und unabhängiger Grundversorgung vor allem den Interaktionsverhältnissen (keine segregierte Wohngegend, Mitgliedschaft in Vereinen, informelle Kontakte zu Einheimischen, Ethnischer Hintergrund des Partners) ein besonderer Stellenwert eingeräumt wurde. Mit den Materialien zur „Interkulturellen Öffnung" der KGSt (vgl. KGSt 2008) wurden die Indikatoren für Interkulturelle Öffnung weiter ausdifferenziert (vgl. Filsinger 2008: 29–31; Reichwein/Raschid 2012).

Im Nationalen Integrationsplan (Bunderegierung 2007) wird im Themenfeld ‚Integration vor Ort' dem Thema Indikatoren, Monitoring und Evaluation eine besondere Bedeutung zuerkannt (ebd: 122ff.). Im Rahmen des Nationalen Aktionsplans Integration (Bundesregierung 2011) ist der Versuch gemacht worden für die verschiedenen Handlungsfelder

Indikatoren zu entwickeln und Datengrundlagen zu bestimmen, die eine Evaluation ermöglichen sollen. Auf eine systematische externe Evaluation wurde allerdings bis dato verzichtet (vgl. Filsinger 2014b).

Kommunale Integrationsmonitorings haben in den letzten Jahren eine Verbreiterung erfahren (vgl. die Praxisbeispiele in Bertelsmann Stiftung 2011; 2014; SVR 2012). In der Umsetzung zeigen sich nicht unerwartet unterschiedliche Ansätze, Formate und ein unterschiedlicher Entwicklungsstand in der Dokumentation und Evaluation, insbesondere in Bezug auf Reichweite und Kontinuität. In einer Querschnittsperspektive, welche die gesamte kommunale Landschaft in den Blick nimmt, stellt die Integrationsberichterstattung und insbesondere die Evaluation nach den Ergebnissen der Studie „Stand kommunaler Integrationspolitik" noch ein Entwicklungsfeld dar (vgl. Gesemann/ Roth/ Aumüller 2012: 108–116).

Der Schwerpunkt liegt vor allem auf internen Evaluationen und Integrationsberichten, gefolgt von Bedarfserhebungen. Integrationsmonitorings (31,8 %) und externe Evaluationen (25,5 %) sind deutlich weniger vertreten, aber rund zwei Drittel der Großstädte nutzen Integrationsberichte und Integrationsmonitorings sowie etwas geringer externe Evaluationen, wobei nicht in Erfahrung gebracht werden konnte, inwieweit diese Informationen für die Steuerungsunterstützung und ein Umsetzungscontrolling genutzt werden (können) (ebd.: 112f.). In Großstädten ist das Integrationsmonitoring auch auf Kontinuität angelegt und es erfolgt eine regelmäßige Fortschreibung der Integrationsberichte.

Ein wesentliches Kennzeichen der kommunalen Ebene ist, dass die Monitorings in die kommunale Integrationspolitik und -arbeit integriert sind. Vielerorts sind diese in intensiven Dialogprozessen mit kommunalen Akteuren, einschließlich der Migrantenorganisationen, entwickelt worden (vgl. Landeshauptstadt Stuttgart 2014: 62ff.). Die Ergebnisse werden nach außen hin kommuniziert und mit konkreten Strategien verbunden (z. B. Steigerung der Kita-Besuche). Im Sinne von integrierten Strategien werden auch andere, bereits etablierte Monitoring-Systeme (z. B. Stadt(teil-)Monitoring, sozialraumbezogener Sozialatlas, Bildungsmonitoring) und Analysen ebenso einbezogen wie das lokale Expertenwissen, das insbesondere für die Erhebung von Integrationsbedarfen auf der Stadtteil- bzw. Quartiersebene unabdingbar erscheint. Im Vergleich zum Integrationsmonitoring auf Bundes- und Länderebene ist jenes auf der kommunalen Ebene also stärker handlungsorientiert konzipiert. Die Verfügbarkeit von Daten – sofern sie nicht durch die kommunale Statistik zur Verfügung stehen – ist zum Teil eingeschränkt, die Bereitstellung und Aufarbeitung durch begrenzte personelle Ressourcen eingeschränkt und es fehlen bislang Daten, um die mit der Zuwanderung erwachsenen Potenziale (z. B. Mehrsprachigkeit) abbilden zu können (ebd.; Gesemann/ Roth/ Aumüller 2012: 114). Diskutiert wird u. a. die Frage nach begründbaren Zielgrößen (Ergebnisindikatoren) (Landeshauptstadt Stuttgart 2014: 62ff.).

Integrationsmonitorings dienen bislang vorwiegend als Beobachtungsinstrument und sind auf die Wahrnehmung von Problemlagen, Defiziten und Handlungsbedarfen ausgerichtet, weniger auf die Entdeckung von Potenzialen und Ressourcen. Eine Wirkungsmessung von Programmen und Maßnahmen ist mit den vorhandenen Daten zumeist nicht oder nur eingeschränkt möglich, sofern nicht eigene Evaluationen organisiert werden (Gesemann/

Roth/ Aumüller 2012: 113f.). Hier ist folglich ein Entwicklungsfeld zu erkennen, wobei Gemeinsamkeiten und Differenzen zwischen Monitoring und Evaluation zu beachten sind (vgl. Haug 2010; Worbs 2010; Filsinger 2014b).

Integrationsmonitoring und Evaluation sind auf entgegenkommende Bedingungen angewiesen (Ressourcen, Kultur der (Selbst-)Evaluation) (Sorg 2010; Gesemann/ Roth/ Aumüller 2012: 114). Insofern gibt es zuweilen auch eine Skepsis gegenüber solchen Systemen, die sich auf das Verhältnis von Aufwand und Ertrag beziehen, aber auch deren Relevanz in (kommunal-)politischen Handlungszusammenhängen (vgl. Sorg 2010; Roth 2012; Schweitzer 2012).

Der Sachverständigenrat deutscher Stiftungen für Integration und Migration (SVR) würdigt in seinem Jahresgutachten 2012 die Leistungen der Kommunen und betont erneut die Notwendigkeit integrationspolitische Konzepte auf „einer soliden empirischen Basis aufzubauen" (SVR 2012: 166), um zu evidenzbasierten Handlungsprogrammen zu gelangen. Er empfiehlt einen weiteren Ausbau, aber gleichzeitig auch eine systematische Förderung durch Bund und Länder. Integrationsmonitorings sollten möglichst vergleichbar gestaltet werden, ohne jedoch damit einen falsch verstandenen Wettbewerb herauszufordern (ebd.: 167) (vgl. auch die Empfehlungen in Gesemann/ Roth/ Aumüller 2012).

In der einschlägigen Fachdiskussion ist in den letzten Jahren eine Erweiterung der Integrationsberichterstattung um das Konzept der Diversität vorgeschlagen worden (vgl. Heckmann/ Friedrich 2007; Migration und Soziale Arbeit 2013; Filsinger 2014c). Dieser Impuls ist bereits von einigen Städten als Entwicklungspotenzial für die Weiterentwicklung kommunaler Integratonsmonitorings aufgegriffen worden. Damit wird zwar das Grundkonzept zunächst nicht aufgegeben, aber der interkulturellen Öffnung, den Potenzialen und der Partizipation von Migranten sowie dem sozialen Zusammenleben in der Stadt eine besondere Bedeutung beigemessen (vgl. Landeshauptstadt Stuttgart 2014). Beispielhaft sind in diesem Zusammenhang das ‚Integrations- und Diversitätsmonitoring 2012' der Stadt Frankfurt (2012) (vgl. Abbildung 4) und der ‚Interkulturelle Integrationsbericht' der

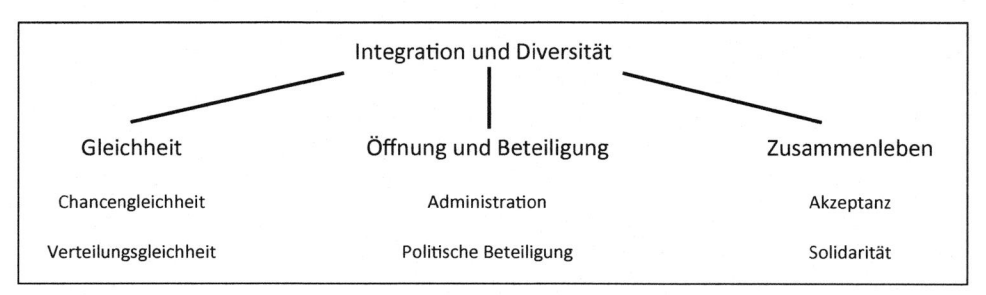

```
                    Integration und Diversität
              ┌──────────────┼──────────────┐
        Gleichheit      Öffnung und Beteiligung    Zusammenleben

    Chancengleichheit       Administration           Akzeptanz
    Verteilungsgleichheit   Politische Beteiligung   Solidarität
```

Abb. 4 Konzeptionelle Grundlagen des Monitorings der Stadt Frankfurt am Main
Quelle: Stadt Frankfurt am Main 2012, S. 8

Landeshauptstadt München (2013) anzuführen. Die Stadt Frankfurt hat bereits in 2015 erneut einen „Frankfurter Integrations- und Diversitätsbericht 2011–2014" vorgelegt (vgl. Stadt Frankfurt 2015). Die Indikatorenentwicklung ist diesbezüglich zwar noch ebenso ausbaufähig wie die Datenlage, aber es zeigt sich eine Erweiterung der Beobachtungsperspektive. So richtet der Beobachtungsgegenstand ‚Soziales Zusammenleben' seine Aufmerksamkeit auf die wechselseitige Akzeptanz und Anerkennung, auf (ethnische) Grenzziehungen und Grenzüberschreitungen sowie auf Fragen des sozialen Zusammenhalts. (Anti-)Diskriminierung nimmt einen bedeutenden Stellenwert ein. Eine solche Erweiterung ist auch in den Studien des Sachverständigenrats deutscher Stiftungen für Migration und Integration (SVR) mit dem Integrationsbarometer vorgenommen worden (vgl. SVR 2010, 2012; 2014).

Im Vergleich zum Integrationsmonitoring – das die soziale Integration in die Gesellschaft beobachtet – geht es im Falle der in Rede stehenden Diversitätsmonitorings um die Beobachtung sowie Evaluation von (kommunaler) Politik und Verwaltung; dies erfolgt unter der Fragestellung, inwieweit die Eingewanderten im Personal angemessen repräsentiert sind und inwieweit die kommunalen Institutionen sowie die soziale Infrastruktur den Bedürfnissen aller Bevölkerungsgruppen, einschließlich der Migrantinnen und Migranten (und Flüchtlinge), entgegen kommen. Die Stadt Wien kann als Vorreiter für ein Diversitätsmonitoring gelten. Seit 2009 untersucht das integrationsorientierte Diversitäts-management, inwieweit organisatorische Strukturen, Personalpolitik und Dienstleistungen an eine in ethnischer, sozialer und kultureller Hinsicht vielfältigen Stadt angepasst wurden. Mittlerweile liegt bereits der 3. Wiener Integrations- & Diversitätsmonitor vor (vgl. Stadt Wien 2014). In diesem Zusammenhang sind allerdings Problemstellungen genauer zu reflektieren, die mit einem ‚ethnic monitoring' verbunden sind (vgl. Heinrich-Böll-Stiftung 2009).

4   Bilanz und Diskussion

Die Einführung einer empirisch gestützten Integrationsberichterstattung ist als Teil der nachholenden Modernisierung der Integrationspolitik zu interpretieren. Die Beobachtung des komplexen Prozesses der Integration, die Gewinnung von Erkenntnissen, die ein besseres Verständnis von Integrationsprozessen erlauben, sowie die Evaluation von Wirkungen von Politiken und Programmen können Grundlagen für eine rationale Diskussion in der Politik, in der Öffentlichkeit wie auch auf der Fachebene bereitstellen. Insofern war die Einführung von Integrationsmonitorings folgerichtig.

Die bisher vorliegenden empirischen Befunde der Integrationsindikatorenberichte des Bundes zeigen insbesondere zu den zentralen Feldern Bildung und Arbeitsmarkt sowie bezüglich der zweiten Generation Angleichungsprozesse (also ‚Integrationsfortschritte') ebenso wie im Rechtsstatus (Beauftragte 2011; 2013; Filsinger 2016). Das vom Sachverständigenrat für Integration und Migration (SVR) gemessene Integrationsklima – die subjektive Wahrnehmung der Bevölkerungsgruppen zum Integrationsprozess – erlaubt offensichtlich einen vorsichtigen Integrationsoptimismus (vgl. SVR 2012; SVR 2014; SVR 2016; Filsinger 2016).

> „Das für das SVR-Jahresgutachten erneut durchgeführte Integrationsbarometer zeigt, dass das Integrationsklima in der Einwanderungsgesellschaft weitgehend freundlich geblieben ist ... Gleichzeitig zeigt die Befragung aber auch auf, dass Diskriminierungserfahrungen und Vorbehalte gegen bestimmte Gruppen keine Einzelfälle sind. Diese im SVR-Integrationsbarometer deutlich werdende Ambivalenz zeigt, dass trotz eines weitgehend problemlosen Zusammenlebens in der Einwanderungsgesellschaft zum Teil durchaus problematische Haltungen gegenüber einzelnen Bevölkerungsgruppen bestehen, die nicht bagatellisiert werden dürfen und entschlossen bekämpft werden müssen" (SVR 2014: 10).

Überdies sind auch erhebliche, fortbestehende Ungleichheiten erkennbar. Ein Teil der Unterschiede zwischen Personen ohne und mit Migrationshintergrund ist jedoch mit Ungleichheiten der sozialen Herkunft oder mit unterschiedlichen Qualifikationsniveaus zu erklären (vgl. Beauftragte 2011; 2013) – was eine Relativierung des Migrationshintergrundes als beeinflussende Variable bedeutet. Allerdings bleiben auch Differenzen bestehen, die nicht mit sozialer Herkunft oder mit Qualifikationsunterschieden zu erklären sind (ebd.). In der Bildungs-, Arbeitsmarkt- und Gesundheitspolitik sind ebenso Handlungsbedarfe zu erkennen wie im Feld der interkulturellen Öffnung, der politischen Partizipation und der Antidiskriminierungspolitik.

Die in der Migrations- und Integrationsforschung schon früh dargelegte Analyse – dass die Integration von Zugewanderten und ihrer Kinder entgegenkommender Bedingungen auf Seiten der Mehrheitsgesellschaft bedarf – hat Eingang in die Beobachtung des Integrationsgeschehens gefunden. Ausdrücklich positiv ist deshalb herauszustellen, dass die interkulturelle Öffnung der Institutionen und Diskriminierung als Beobachtungsfelder aufgenommen wurden. Allerdings bleibt die interkulturelle Öffnung der Bundes- und Landesministerien und ihrer nachgeordneten Behörden im Indikatorenset bisher noch außen vor.

Begleitet werden die Integrationsmonitorings durch eine kritische Diskussion, die verschiedene Aspekte thematisiert, insbesondere deren unbeabsichtigte Folgen. So ist zwar unstrittig, dass ein neues sozialstatistisches Konzept (Personen mit Migrationshintergrund bzw. mit eigener Migrationserfahrung) überfällig war. Unter Forschungsgesichtspunkten erscheint es nachvollziehbar, dieses Merkmal über mehrere Generationen zu erheben (kritisch dazu vgl. Aumüller 2010). Allerdings ist die mit diesem Etikett verbundene Besonderung derjenigen Bürger mit Migrationshintergrund, die über die deutsche Staatsangehörigkeit verfügen bzw. sich in großen Teilen selbst als zugehörig beschreiben, nur schwer vermittelbar. Überdies verstärkt die mit diesem Konzept vorgenommene »Kollektivgruppeninszenierung« (Kunz 2015: 262) die vorhandenen Grenzziehungen (‚Wir' und die ‚Anderen'). Eine ausgereifte Alternative ist jedoch noch nicht in Sicht. Dies gilt insbesondere vor dem Hintergrund der Kontinuität von Zuwanderung aus der EU und auch aus Drittstaaten, die in jüngster Zeit erneut ein sehr hohes Niveau erreicht hat.

Der Perspektive der Migrationsbevölkerung wird mittlerweile mehr Gewicht beigemessen. Die Beobachtung des Integrationsgeschehens erfolgt aber noch überwiegend aus der Perspektive der Mehrheitsgesellschaft mit der Leitdifferenz ‚Deutsche – Ausländer' bzw. ‚Personen mit Migrationshintergrund – Personen ohne Migrationshintergrund'. Der deutlich erkennbare Strukturwandel der Migrationsbevölkerung und nicht zuletzt die Ergebnisse der Integrationsindikatorenberichte sprechen nachdrücklich dafür, die Beobachtungsweise zu erweitern. Migration und Integration müssen zwingend im Kontext von sozialen Ungleichheitsstrukturen und Heterogenität sowie von allgemeinen gesellschaftlichen Entwicklungen (etwa dem demographischen Wandel, der Pluralisierung von Lebens- und Familienformen, sozialräumlicher Prozesse) thematisiert werden. Vor dem Hintergrund der Pluralisierung von Lebensformen und Lebensführungsmustern ist die Erwartung an Migrantinnen und Migranten, sich an ‚die' normativen Orientierungen der Mehrheitsgesellschaft anzunähern, kaum mehr begründbar. Schließlich ist die ‚identifikative Integration' – die an Hand des Indikators »Einbürgerungen« messbar erscheint – gleichwohl kritisch zu reflektieren, wenn man doppelte Staatsbürgerschaft anerkennt oder die Transnationalisierung sozialer Räume (vgl. Pries 2001) und subjektiv empfundene »Mehrfachzugehörigkeiten« in Rechnung stellt (vgl. Mecheril 2006).

Es bedarf deshalb vor allem einer sorgfältigen Analyse der (unbeabsichtigten) Folgen einer bestimmten Beobachtungsweise und Berichterstattung (vgl. Koopmans 2010; Hamburger 2011) – oder anders formuliert: Reflexivität. Die unbeabsichtigten Folgen der Differenzbildung (mit und ohne Migrationshintergrund; nationalitäten-/gruppenspezifische Differenzierungen), die (erneute) Grenzziehungen befördern, sind ebenso im Auge zu behalten wie die der Verwendung der Ergebnisse – etwa in Bezug auf die Zuschreibung von vermeintlichen ‚Misserfolgen'. Vieles spricht deshalb dafür, die Integrationsberichterstattung in längerfristiger Perspektive mit der allgemeinen Sozial- und Bildungsberichterstattung zu verknüpfen (vgl. Filsinger 2015). Überdies erscheint die Perspektive einer allgemeinen, nicht auf Einwanderungsminoritäten beschränkten Integrationspolitik im Sinne einer demokratischen Teilhabepolitik gut begründet (vgl. Schulte 2011).

In jüngster Zeit ist schließlich die Frage aufgeworfen worden, ob das Integrationskonzept – nicht zuletzt vor dem Hintergrund einseitiger Lesarten –, in der Einwanderungs- bzw. Migrationsgesellschaft noch länger tragfähig erscheint (vgl. Filsinger 2014c). Vorgeschlagen werden andere Paradigmen wie etwa Interkultur, Inklusion oder Diversity. Das Diversity-Konzept hat bereits Eingang in kommunale Integrationsmonitorings gefunden. Allerdings sprechen der Stand der theoretischen Debatte, aber auch strategische Erwägungen nicht für eine Abkehr vom Integrationskonzept (vgl. Rat für Migration 2014; Treibel 2015), zumal vor dem Hintergrund der neuen Zuwanderung aus der EU und aus Drittstaaten. Gleichwohl sprechen die Einwände dafür die Beobachtungsweise zu erweitern und Reflexivität zu fördern. Zur Kenntnis zu nehmen sind vor allem einschlägige Forschungsbefunde, die auf eine Vielfalt von Migrantenmilieus, Migrationsbiographien, Akkulturationsprozessen, Integrationsverläufen sowie Suchbewegungen verweisen. Pluralismus als Struktur moderner Gesellschaften zieht „zwangsläufig eine Pluralisierung der Integrationsmuster nach sich" (Soeffner 2011, S. 149) und macht damit Integration als Richtungsbegriff obsolet.

Die Einführung von Integrationsmonitorings war nicht nur mit der Erwartung verbunden, Integrationsprozesse kontinuierlich zu beobachten, sondern auch empirische Hinweise für die Evaluation, also die Bewertung der Integrationspolitik zu gewinnen, die ein Monitoring von Politik voraussetzt. Monitoring und Evaluation sind zwar miteinander verwandt, aber zu unterscheiden (vgl. Filsinger 2014b; Filsinger, 2015). Das hier verhandelte Integrationsmonitoring kann zwar Auskünfte über das Integrationsgeschehen im Zeitverlauf geben, jedoch lassen sich aus den Beobachtungen noch keine unmittelbaren Rückschlüsse auf den Erfolg oder Misserfolg von Integrationspolitiken ziehen. Politik ist nur eine, wenn auch bedeutende Größe, die mit ihren rechtlichen, ökonomischen, sozialökologischen und von ihr ermöglichten (sozial-)pädagogischen Interventionen Einfluss nimmt. Die Wirkungen dieser Politik sind unter Einbeziehung der Monitoring-Befunde eigens empirisch zu untersuchen. In der Evaluation von Integrationspolitik sind zwar Fortschritte zu beobachten, insbesondere in der Evaluation von Modellprogrammen, jedoch fehlt es bisher an einer systematischen Evaluation der Integrationspolitik des Bundes und der Länder, einschließlich der Institutionen und Organisationen, die diese umsetzen (vgl. Filsinger 2015). Hier sind sowohl im Bund als auch in den Ländern und Kommunen noch Entwicklungsfelder zu erkennen (Filsinger 2014b; für die Kommunen Gesemann/Roth/Aumüller 2012; SVR 2012).

Literatur

Aumüller, Jutta 2010: Wieviele Generationen dauert Integration? Dossier: Bis in die dritte Generation? Lebensrealitäten junger Migrantinnen. https://heimatkunde.boell.de/sites/default/files/dossier_dritte_generation.pdf (31.07.2017).
Beauftragte der Bundesregierung für Migration, Flüchtlinge und Integration 2009: Integration in Deutschland. Erster Integrationsindikatorenbericht. Institut für Sozialforschung und Gesellschaftspolitik und Wissenschaftszentrum Berlin für Sozialforschung, Berlin.
Beauftragte der Bundesregierung für Migration, Flüchtlinge und Integration 2011: Integration in Deutschland. Zweiter Integrationsindikatorenbericht. Institut für Sozialforschung und Gesellschaftspolitik und Wissenschaftszentrum Berlin für Sozialforschung, Berlin.
Beauftragte der Bundesregierung für Migration, Flüchtlinge und Integration 2013: Faktenbericht. Faktenbericht 2013. Integration in Bildung und Arbeitsmarkt. ISG Institut für Sozialforschung und Gesellschaftspolitik. Berlin.
Bertelmann Stiftung (2006a; b): Kennzahlen Integration. In Zusammenarbeit mit dem Ministerium für Generationen, Familien, Frauen und Integration des Landes NRW, MGFFI und GEBIT (Kurzfassung/Langfassung). Gütersloh: Bertelsmann Stiftung.
Bertelsmann Stiftung (Hrsg.) 2011: Diversität gestalten. Erfolgreiche Integration in Kommunen. Handlungsempfehlungen und Praxisbeispiele. Gütersloh: Bertelsmann Stiftung.
Bertelsmann Stiftung (Hrsg.) 2014: Weltoffen, bürgernah und kompetent. Kommunen als Spiegel einer vielfältigen Gesellschaft. Gütersloh: Verlag Bertelsmann Stiftung.

Bijl, Rob 2008: Evaluation the social integration of immigrants: how to messure success and failures. Social reporting_Villa Vigoni, March 16–18, 2008. www.gesis.org/Sozialindikatoren/Veranstaltungen/Programme/villa_vigoni.htm (15.11.2013).

Bühlmann, Jacqueline/ Röthlisberger, Paul/ Schmid, Beat (Eds.) 1998: Monitoring Multicultural Societies. A Siena Group Report. Swiss Federal Statistical Offive. Neuchâtel.

Bundesregierung 2007: Der Nationale Integrationsplan. Neue Wege – neue Chancen. Berlin.

Bundesregierung 2011: Nationaler Aktionsplan Integration. Zusammenhalt stärker – Teilhabe verwirklichen. Berlin.

Council of Europe – Conseil de l'Europe (Ed.) 1977: Measurement and indicatrors of integration. Community relations. Strasbourg: Council of Europe Publishing.

Esser, Hartmut 1980: Aspekte der Wanderungssoziologie. Assimilation und Integration von Wanderern, ethnischen Gruppen und Minderheiten. Eine handlungstheoretische Analyse, Darmstadt/Neuwied.

Esser, Hartmut 2000: Soziologie. Spezielle Grundlagen. Band 2: Die Konstruktion der Gesellschaft. Frankfurt a. M./New York: Campus Verlag.

Faßmann, Heinz 2011: Die Messung des Integrationsklimas. Das Integrationsbarometer des Sachverständigenrats deutscher Stiftungen. Leviathan 39. 1. 99–124.

Filsinger, Dieter 2008: Bedingungen erfolgreicher Integration. Integrationsmonitoring und Evaluation. WISO-Diskurs der Friedrich-Ebert-Stiftung, Bonn.

Filsinger, Dieter (2014a): Integrationsberichte als Sozialberichterstattung – Konzepte, Methoden, Reflexionen, in: Willems, Helmut (Hrsg.): Konzepte und Methoden der Jugendberichterstattung – Herausforderungen und Perspektiven, Wiesbaden: Springer VS. 115–136.

Filsinger, Dieter (2014b): Monitoring und Evaluation: Perspektiven für die Integrationspolitik des Bundes und der Länder. WISO-Diskurs. Bonn: Friedrich-Ebert-Stiftung.

Filsinger, Dieter (2014c): Integration – ein Paradigma ohne Alternative?, in: Alisch, Monika/ May, Michael (Hrsg.): Ältere Migranten im Quartier, Kassel. 169–206.

Filsinger, Dieter 2015: Policy-Analyse, Evaluation und Politikberatung. In: Hennefeld, Vera/ Meyer, Wolfgang/ Selvestrini, Stefan (Hrsg.): Nachhaltige Evaluation? Auftragsforschung zwischen Praxis und Wissenschaft. Münster: Waxmann. 243–274.

Filsinger, Dieter 2016: Integrationsmonitoring. In: Brinkmann, H. Ulrich/ Sauer, M. (Hrsg.): Einwanderungsland Deutschland. Entwicklung und Stand der Integration. (Lehrbuch zu zentralen Aspekten der Integration in Deutschland aus sozialwissenschaftlicher Perspektive). Wiesbaden: Springer VS. 117–143.

Friedrich-Ebert-Stiftung 2013: Perspektivenwechsel in der Einwanderungsgesellschaft. Grundlagen für eine neue Migrations- und Integrationspolitik, WISO-Diskurs, Bonn.

Gesemann, Frank/ Roth, Roland/ Aumüller, Jutta 2012: Stand der kommunalen Integrationspolitik in Deutschland, Berlin. DESI/BBSR.

Hamburger, Franz 2011: Vermessung eines Objekts – oder Hilfe zur demokratischen Teilhabe? Eine Kritik der Praxis der Sozialberichterstattung., In: Treffpunkt Integration. 1. 27–29.

Haug, Sonja 2010: Ansätze der Integrationsmessung: Evaluation von Integrationsmaßnahmen versus Integrationsmonitoring. Nürnberger Integrationstage – BAMF. Regensburg: http://www.bamf.de/SharedDocs/Anlagen/DE/Downloads/Infothek/Integration/Veranstaltungen/20100617-ntfi/haug_uni-reg.html;jsessionid=B612506C137F7C6E8201320AD6FD4723.1_cid286?nn=1367522 (31.07.2017).

Hauser, Richard 2002: Soziale Indikatoren als Element der offenen Methode der Koordinierung zur Bekämpfung von Armut und sozialer Ausgrenzungen der Europäischen Union. In: Zeitschrift für Sozialreform 48. 3. 251–261.

Heckmann, Friedrich 2001: Integrationsforschung in europäischer Perspektive. Zeitschrift für Bevölkerungswissenschaft 26. 3–4. 341–356.

Heckmann, Friedrich 2015: Integration von Migranten. Einwanderung und neue Nationenbildung. Wiesbaden: Springer VS.
Heckmann, Friedrich/ Friedrich, Lena 2007: Auf dem Weg zum Integrations- und Diversitätsmonitoring? Europäisches Forum für Migrationsstudien an der Universität Bamberg, Bamberg.
Heinrich-Böll-Stiftung (Hrsg.) 2009. Ethnic Monitoring. Datenerhebung mit oder über Minderheiten? (Dossier). Berlin. www.migration-boell.de.
HMJIE – Hessisches Ministerium für Justiz, für Integration und Europa 2015: Integration nach Maß – Der Hessische Integrationsmonitor 2015. Wiesbaden.
KGSt – Kommunale Gemeinschaftsstelle zur Verwaltungsvereinfachung (Hrsg.) 2005: Management kommunaler Integrationspolitik. Strategie und Organisation. Bericht 7/2005. Köln: KGSt
KGSt – Kommunale Gemeinschaftsstelle für Verwaltungsvereinfachung (Hrsg.) 2006: Integrationsmonitoring. Materialien 2/2006. Köln: KGSt.
KGSt – Kommunale Gemeinschaftsstelle für Verwaltungsmanagement (Hrsg.) 2008: Interkulturelle Öffnung. In sieben Schritten zur Interkulturellen Öffnung der Verwaltung. Materialien 5/2008. Köln: KGSt.
Konferenz der für Integration zuständigen Ministerinnen und Minister/ Senatorinnen und Senatoren der Länder (IntMK). 2015. Dritter Bericht Integrationsmonitoring der Länder 2011–2013. Berlin. http://www.integrationsmonitoring-laender.de/sites/default/files/3integrationsbericht_2013.pdf#page=1. (31.07.2017).
Koopmans, Ruud 2010: Möglichkeiten, Risiken und Nebenwirkungen des Integrationsmonitorings. In: Uslucan, Haci-Halil/ Halm, Dirk (Hrsg.): Wie steuerbar ist Integration? Essen: Klartext-Verlag. 65–74.
Kunz, Thomas 2015: Happy Birthday, Migrationshintergrund ? In: Migration und Soziale Arbeit 37. 3. 258–264.
Landeshauptstadt München (Hrsg.) 2013: Interkultureller Integrationsbericht. München lebt Vielfalt. München.
Landeshauptstadt Stuttgart 2014: Kommunaler Qualitätszirkel zur Integrationspolitik. Jubiläumsbroschüre 2009 bis 2014. Einblicke, Ruckblicke, Ausblicke. Stuttgart.
Landeshauptstadt Wiesbaden 2004: Wiesbadener Monitoring-System zur Ausländerintegration. Bericht 2004. Wiesbaden.
Mecheril, Paul 2006: Prekäre Verhältnisse. Über natio-kulturelle Mehrfachzugehörigkeiten, Münster: Lit.
Meyer, Wolfgang 2004: Indikatorenentwicklung. Eine praxisorientierte Einführung. Ceval Arbeitspapiere Nr. 10. Universität des Saarlandes, Saarbrücken.
Michalowski, Ines/ Snel, Erik/ Svensson, Jörgen/ Thränhardt, Dietrich 2006: Zuwanderer integrieren. Eine vergleihende Evaluation lokaler Programme in Münster und Enschede. Münster: http://www.muenster.de/stadt/zuwanderung/pdf/2006evaluation.pdf.
Migration und Soziale Arbeit 2013: Themenheft Integration, Diversity, Inklusion 35., 3, Weinheim
MIPEX – Niessen, Jan/ Huddleston, Thomas/ Citron, Laura 2007: Index Integration und Migration. Migrant Integration Policy Index. Die rechtliche Situation von Migrantinnen und Migranten in Europa (MIPEX), Brüssel.
OECD/European Union 2015: Indicators of Immigrant Integration 2015: Settling In. Paris: OECD Publishing.
Ohliger, Rainer 2007: Zuwandererintegration und -monitoring in Deutschland: Ergebnisse im Rahmen eines Projekts, in: Der Beauftragte des Senats vn Berlin für Integration und Migration (Hrsg.): Indikatoren zur Messung von Integrationserfolgen, Berlin. 18–28.
Pries, Ludger 2010: Internationale Migration, Bielefeld.
Rat für Migration 2014: Migrations- und Integrationspolitik heute. Dokumentation der Tagung am 22. 11. 2013 in Berlin. Berlin: www.rat-fuer-migration.de.

Reichwein, Alfred/ Rashid, Khadidja 2012: Interkulturelle Öffnung in Kommunen und Verbänden. WISO-Diskurs. Bonn: Friedrich-Ebert-Stiftung.

Roth, Roland 2012: Sind kritische Evaluationen möglich? Skeptische Anmerkungen aus der Evaluationspraxis, in: Sozial Extra. 7–8. 16–19.

Sachverständigenrat für Zuwanderung und Integration 2004: „Migration und Integration – Erfahrungen nutzen, Neues wagen." Jahresgutachten des Sachverständigenrates für Zuwanderung und Integration, Berlin.

Schulte, Axel 2011: Integration als politische Herausforderung in der Einwanderungsgesellschaft. In: Kunz, Thomas/ Puhl, Ria (Hrsg.): Arbeitsfeld Interkulturalität, München und Weinheim. 58–73.

Schönwälder, Karen 2006: Bunter als die Politik behauptet. Abschottungstendenzen von Migranten werden überschätzt. In: WZB-Mitteilungen 113, 221–224.

Schweitzer, Helmuth 2012: Durch periodisches Wiegen wird die Sau nicht fetter. Der „Nationale Aktionsplan Integration" der Bundesregierung – ein geeignetes Instrument zur Evaluation von Integrationsprozessen?, in: Sozial Extra, 7–8, S. 27–30.

Siegert, Manuel 2006: Integrationsmonitoring – State of the Art in internationaler Perspektive: Studie im Auftrag des Bundesamtes für Migration und Flüchtlinge (BAMF), Nürnberg. Überarbeitete Fassung vom 23. 6.20 06. Bamberg: europäisches forum für migrationsstudien (efms).

Soeffner, Hans-Georg. 2011. Zukunft der Soziologie. Soziologie 40. 2. 137–150.

Sorg, Uschi 2010: Kommunales Integrationsmonitoring in München. Netzwerk Integration Bayer. VIA Bayern e. V. http://www-via-bayern.de/NIB/bilder/nib-heft2_monitoring.pdf.

Stadt Frankfurt am Main 2012: Frankfurter Integrations- und Diversitätsmonitoring 2012. Frankfurt am Main.

Stadt Frankfurt am Main (Hrsg.) 2012: Frankfurt Integrations- und Diversitätsmonitoring. Frankfurt am Main.

Stadt Frankfurt am Main (Hrsg.) 2015: Frankfurt Integrations- und Diversitätsbericht 2011–2014. Frankfurt am Main.

Stadt Wien 2014. 3. Wiener Integrations & Diversitätsmonitor. Wien.

Statistisches Bundesamt (Hrsg.) 2006: Mikrozensus 2005. Berlin.

SVR – Sachverständigenrat deutscher Stiftungen für Integration und Migration 2010: Einwanderungsgesellschaft 2010. Jahresgutachten 2010 mit Integrationsbarometer. Berlin.

SVR – Sachverständigenrat deutscher Stiftungen für Integration und Migration 2011: Migrationsland 2011. Jahresgutachten 2011 mit Migrationsbarometer. Berlin.

SVR – Sachverständigenrat deutscher Stiftungen für Integration und Migration 2012: Integration im föderalen System. Bund, Länder und die Rolle der Kommunen. Jahresgutachten 2012 mit Integrationsbarometer, Berlin.

SVR – Sachverständigenrat deutscher Stiftungen für Integration und Migration 2013: Erfolgsfall Europa. Folgen und Herausforderungen der EU-Freizügigkeit für Deutschland. Jahresgutachten 2013 mit Migrationsbarometer. Berlin.

SVR – Sachverständigenrat deutscher Stiftungen für Integration und Migration 2014: Deutschlands Wandel zum modernen Einwanderungsland. Jahresgutachten 2014 mit Integrationsbarometer. Berlin.

SVR – Sachverständigenrat deutscher Stiftungen für Integration und Migration 2015: Unter Einwanderungsländern: Deutschland im internationalen Vergleich. Jahresgutachten 2015 mit Integrationsbarometer. Berlin.

SVR – Sachverständigenrat deutscher Stiftungen für Integration und Migration 2016: Viele Götter, ein Staat: Religiöse Vielfalt und Teilhabe im Einwanderungsland. Jahresgutachten 2016 mit Integrationsbarometer. Berlin.

Werth, Manfred/ Delfs, Silke/ Stevens, Willy 1997: Using indicators of integration for the implementation of integration policies – Summary and Conclusions. In: Measurement and indicators of integration, hrsg. von Community relations Council of Europe – Conseil de l'Europe. Strasbourg. 187–194.

Worbs, Susanne 2010: Integration in klaren Zahlen? Ansätze des Integrationsmonitoring, in: Hamburgisches Weltwirtschaftsinstitut (HWWI) (Hrsg.): focus MIGRATION, Kurzdossier Nr. 16. Hamburg (www.focus-migration.de) (31.07.2017).

Worbs, Susanne/ Friedrich, Lena 2008: Integrationsberichterstattung in Deutschland. Eine Bestandsaufnahme. In: Sozialwissenschaften und Berufspraxis. 2, 250–269.

Die Entwicklung des strategischen Integrations- und Migrationsmanagements im Landkreis Osnabrück

Michael Fedler, Frederike Heinke und Werner Hülsmann

Der häufig zitierte Satz „Integration findet vor Ort statt" und der Wettbewerbstitel „Erfolgreiche Integration ist kein Zufall" bezeichnen Eckpunkte einer wirksamen Politik in den Handlungsfeldern Migration, Integration und Teilhabe insbesondere für Landkreise (Bommes 2011; Bertelsmann Stiftung/ Bundesministerium des Innern 2005). Sie verweisen zum einen auf die Notwendigkeiten strategischer Planung, kontinuierlicher Steuerung und ausreichenden Ressourceneinsatzes, zum anderen darauf, dass jeweils die spezifischen lokalen Zusammenhänge von Bevölkerungs- und Wirtschaftsstruktur zu berücksichtigen sind. Dabei spielen Mentalitäten und Konfessionen durchaus eine Rolle – ebenso wie die lokalen Arbeitsmärkte und ihre Aufnahmefähigkeit. Kommunale Integrationspolitik muss daher sensibel gegenüber den Zielgruppen der verschiedenen Zuwanderergruppen und der einheimischen Bevölkerung sein.

Die Erfahrungen mit Einwanderung und die Ergebnisse der Integrationsstrategien in den Kommunen und Landkreisen prägen wiederum Haltungen und Herangehensweisen an die aktuelle Herausforderung starker Einwanderung durch Fluchtmigration einerseits und Arbeitsmigration aus EU-Staaten andererseits. Daher erscheint es sinnvoll, kurz die Erfahrungen des Landkreises Osnabrück mit der Herausforderung Aussiedlerintegration in den 1990er Jahren und die damals entwickelten Ansätze eines strategischen Integrations- und Migrationsmanagements zu skizzieren. Anschließend soll die Entwicklung eines umfassenden Integrationsmanagements im Landkreis Osnabrück ab 2005 dargestellt werden. Integrationspolitische Standards, im Sinne der von Bommes (2011: 191) postulierten „Standardisierung der kommunalen Integrationspolitik", wurden in aufeinanderfolgenden Organisationsprojekten eingeführt. Eines dieser Projekte mit der Zielsetzung der Anpassung des Integrationsmanagements an die aktuellen Herausforderungen der demografischen Entwicklung, der Umsetzung von Willkommens- und Anerkennungskultur und einer starken Einwanderung zeigte, dass ein umfassender Neuansatz mit einer verstärkten strategischen Steuerung, der Verschränkung u. a. mit dem kommunalen Bildungsmanagement und der Etablierung eines eigenen Steuerungskreislaufs notwendig waren. Im Migrationskonzept des Landkreises Osnabrück wurden diese Anforderungen 2014 zusammengefasst. Seine Zielsetzung, die einzelnen Handlungsfelder und die organisatorische Umsetzung werden in diesem Beitrag vorgestellt. Zudem wird dargestellt, wie der Landkreis Osnabrück den Herausforderungen des Migrationsmanagements durch die stark angestiegene Fluchtmigration begegnete und welche strategischen Schlussfolgerungen daraus gezogen wurden. Hierbei werden Aspekte der Kommunikation und Partizipation erörtert, die für ein erfolgreiches strategisches Integrationsmanagement auf Landkreisebene wesentlich sind. Thematisiert werden u. a. die Einbindung der kreisangehörigen Kommunen und der Migrantenorganisationen sowohl im Sinne eines guten Stakeholdermanagements als auch um gesellschaftliche Teilhabe als Prozess- und Zieldimension kommunaler Integrationspolitik zu verdeutlichen. Durch diesen Organisationsentwicklungsprozess wird deutlich, dass kommunales Integrationsmanagement die Konfiguration unterschiedlicher Institutionen, Akteure und Ressourcen erfordert.

1 Herausforderung Aussiedlerintegration: Strategisches Integrations- und Migrationsmanagement in den 1990er Jahren

Das Osnabrücker Land liegt im Südwesten Niedersachsens, in der Region Weser-Ems. Mit rund 357.000 Einwohner_innen ist der Landkreis Osnabrück der niedersachsenweit bevölkerungsstärkste und mit 2.121 qkm in etwa so groß wie das Saarland. Dazu gehören 21 Gemeinden, davon vier Samtgemeinden, zwischen 7.000 und 45.000 Einwohner_innen. Die Stadt Osnabrück mit ca. 160.000 Einwohner_innen ist kreisfrei und gehört nicht zum Landkreis.

Im Zeitraum von 1990 bis 2009 kam es zu einem Zuwachs der Bevölkerung im Landkreis um 15,2 Prozent; in einigen kreisangehörigen Kommunen stieg die Bevölkerungszahl in diesem Zeitraum sogar um über 50 Prozent. Dafür ist vor allem der starke Zuzug von Spätaussiedler_innen aus der ehemaligen Sowjetunion in den 1990er Jahren verantwortlich. Aufgrund dieser Entwicklungen hat der Landkreis umfängliche Erfahrungen mit der Herausforderung Integration gemacht (vgl. detailliert Hülsmann 2013: 56ff.).

Ihren Höhepunkt erreichte diese Entwicklung in den Jahren 1994 und 1995 mit rund 5.000 Neubürger_innen pro Jahr. Dieser hohen Zuwanderung war die Infrastruktur in den Städten, Samtgemeinden und Gemeinden nicht gewachsen. Die Herausforderungen für den Landkreis zeigten sich einerseits in einer explodierenden Sozialhilfebedürftigkeit, da viele der Zuwanderer_innen unzureichende Sprachkenntnisse mitbrachten und mit ihren Qualifikationen nicht ohne weiteres am Arbeitsmarkt vermittelbar waren. Hinzu kam andererseits, dass es insbesondere in den Gebieten, in welchen die Wirtschaftsstruktur gering entwickelt und die Chance einer Integration in das Berufsleben schwach war, Schwerpunkte des Zuzugs gab. Daher versuchte der Landkreis Osnabrück den Aussiedlerzuzug innerhalb des Kreisgebietes zu steuern. Parallel hierzu bemühte er sich mit einigen anderen Landkreisen („Gifhorner Sieben") um eine Änderung des Wohnortzuweisungsgesetzes. Die entsprechende Novellierung des Gesetzes trat 1996 in Kraft. Nach dieser Regelung konnten Spätaussiedler_innen, die Sozialleistungen bezogen, erst drei Jahre nach ihrer

Registrierung ihren Aufenthalt selbst bestimmen. Somit verringerte sich der Zuzug der Spätaussiedler_innen stark. Dem Landkreis Osnabrück war bei seinen Initiativen bewusst, dass die Neuregelungen der Wohnortzuweisung für Spätaussiedler_innen viele Härten bedeuteten. Die Zuzugssteuerung durch das Wohnortzuweisungsgesetz war jedoch eine notwendige Vorbedingung für gelingende Integration, da sie den Erfolg der Maßnahmen und Angebote des Landkreises, seiner Kommunen, aber auch der vielen Kirchen, Verbände und Vereine vor Ort erst ermöglichte.

Eine weitere Herausforderung war die erhebliche finanzielle Belastung des Landkreises aufgrund der Leistungskürzungen der Arbeitsförderung bis Mitte der 1990er Jahre. In dieser Situation entwickelte der Landkreis Osnabrück eine neue Philosophie der Sozialhilfegewährung. Die gesellschaftliche und berufliche Aktivierung hilfebedürftiger Menschen wurde zum Ziel einer aktiven Sozialpolitik. Im Rahmen der Umsetzung des aktiven Beschäftigungsprogramms wurde im März 1996 die gemeinnützige Beschäftigungsinitiative „MaßArbeit" gGmbH gegründet. Als reine Steuerungs- und Arbeitsvermittlungsgesellschaft vermittelte sie zu dieser Zeit sozialhilfeberechtigte Arbeitslose in sozialversicherungspflichtige Arbeitsverhältnisse und führte Qualifizierungsmaßnahmen in Kooperation mit Bildungsträgern für Sozialhilfeempfänger_innen durch. Der Erfolg dieses Ansatzes trug erheblich dazu bei, eine eigenverantwortliche Arbeitsmarktpolitik zu gestalten.

Durch den Zuzug entstand eine weitere Herausforderung: eine fremdenfeindliche Stimmung in Teilen der Bevölkerung. Daher wurden soziokulturelle Integrationsprojekte durchgeführt, die die Teilhabe von Aussiedler_innen fördern, die Begegnung von Aussiedler_innen und Einheimischen ermöglichen und Verständnis für die Situation von Aussiedler_innen bei den Einheimischen wecken sollten.

Die Vernetzung der Akteure im Handlungsfeld erfolgte unter anderem über einen „Arbeitskreis Aussiedlerintegration" und den „Runden Tisch Aussiedlerintegration". Nach Einschätzung der Autoren stellte diese Vernetzung eine wesentliche Erfolgsbedingung in der Integrationsarbeit dar. Die in den 1990er Jahren entwickelten Strukturen – auch auf der Ebene der kreisangehörigen Kommunen – finden sich auch heute noch in erweiterter und veränderter Form wieder.

2 Entwicklungen ab 2005 zu einem umfassenden Integrationsmanagement

Im Februar 2005 hatte der Landkreis Osnabrück vor dem Hintergrund der stärker werdenden Bedeutung von Integration und Integrationspolitik – wie sie z. B. durch das neue Zuwanderungsgesetz zum Ausdruck kommt – die Stelle eines Integrationsbeauftragten eingerichtet. In der Folge wurde ein alle Migrantengruppen umfassendes Integrationsmanagement entwickelt und aufgebaut. Die Entwicklung des Integrationsmanagements zielte in dieser Phase besonders auf die Partizipation der Betroffenen, die Rückbindung an die politischen Gremien und die Einbindung der beteiligten Organisationseinheiten ab. Um eine bessere Steuerung zu ermöglichen, nahmen die Bestandsaufnahme sowie die Analyse von Daten, Prozessen und Sachverhalten im Handlungsfeld Integration einen breiten Raum ein.

Mit Unterstützung des Instituts für Migrationsforschung und Interkulturelle Studien (IMIS) wurden im Jahr 2007 die Gemeinden zu ihrer Integrationspolitik befragt. Zudem wurden Kennzahlen und Indikatoren zu Bildungsabschlüssen sowie zur Arbeitsmarktintegration erfasst. Die systematische Beobachtung dieser Kennzahlen zielte darauf ab, Hinweise auf positive und negative Entwicklungen in Integrationsprozessen aufzuzeigen. Mit diesem Prozess der Bestandsaufnahme und Analyse wurden erstmals Ansätze eines Integrationsmonitorings umgesetzt.

Bei der Weiterentwicklung der Integrationsnetzwerke konnte auf Erfahrungen und Kontakte aus der Aussiedlerintegration zurückgegriffen werden. 2006 wurde die Lenkungsgruppe Integration mit der Aufgabe eingerichtet, den Landkreis in der Integrationspolitik zu begleiten. Fachbezogene Konferenzen zu speziellen Integrationsthemen und die Integrationskonferenz des Landkreises Osnabrück gaben den Akteuren der Integrationsarbeit Gelegenheit zum fachlichen Austausch.

Ein weiterer Aspekt des Integrationsmanagements stellen die seit Mai 2006 durch das KIM-Projekt (Kooperatives Integrationskursmanagement für Migranten) zentral koordinierten Integrationskurse dar. In Zusammenarbeit mit verschiedenen Partnern wie dem Bundesamt für Migration und Flüchtlinge (BAMF), der Stadt Osnabrück, dem Caritasverband für die Stadt und den Landkreis Osnabrück, den anerkannten Sprachkursträgern (darunter die Volkshochschule Osnabrücker Land) sowie der Ausländerbehörde vermittelt das Jobcenter „MaßArbeit" die Integrationskurse möglichst passgenau.[1]

Ein wichtiger Schritt in der Entwicklung des Integrationsmanagements war das Projekt „Interkulturelle Öffnung" in den Jahren 2008 bis 2010 (vgl. KGSt 2008). „Interkulturelle Öffnung" bezeichnet einen Organisations-, Personal- und Qualitätsentwicklungsprozess, der die gesamte Organisation an die Bedingungen einer globalisierten und von Einwanderung geprägten Gesellschaft anpasst. Ein weiteres Ziel stellt die Förderung für gleiche Zugangsbedingungen sowohl zu den Dienstleistungen als auch zu Arbeitsplätzen auf möglichst allen Hierarchieebenen für Migrant_innen dar. Im Rahmen dieses Projekts hat der Landkreis Osnabrück kontinuierlich an der interkulturellen Kompetenzentwicklung seiner Mitarbeiter_innen gearbeitet. Dabei kann dies keineswegs als abgeschlossener Prozess bezeichnet werden. Kontinuierliche Reflexion ist ebenso erforderlich wie Fortbildungen sowie regelmäßiger Austausch in offenen Begegnungen mit Migrant_innen.

Die zum Abschluss des Projektes vom Kreistag beschlossenen „Leitlinien der Integrationspolitik" des Landkreises Osnabrück und der zeitgleiche Beitritt zur Charta der Vielfalt bedeuten eine dauerhafte Verpflichtung. Der Landkreis bekennt sich damit nachdrücklich zur interkulturellen Öffnung der Verwaltung und zur gesellschaftlichen Teilhabe von Migrant_innen (Landkreis Osnabrück 2010).

---

1 Das bedeutet beispielsweise Wohnortnähe und die Berücksichtigung von Vorkenntnissen usw.

Diente dieses Projekt der Weiterentwicklung der Organisation hin zu einer kultursensiblen, dienstleistungsorientierten und offenen Verwaltung, wurden in den folgenden Jahren Schwerpunkte in der gesellschaftlichen Teilhabe und in der Förderung des interreligiösen Dialogs gesetzt.

Konzepte wie „Integrationsmonitoring", und „interkulturelle Öffnung" einzuführen, die Integrationsnetzwerke weiter zu entwickeln und dabei Integration als Querschnittsaufgabe zu verankern bedeutet, „Standards kommunaler Integrationspolitik" umzusetzen. Solche Standards wurden wohl erstmals in den Handlungsempfehlungen der Bertelsmann Stiftung und des Bundesministerium des Innern als Ergebnisse des Wettbewerbs „Erfolgreiche Integration ist kein Zufall" festgehalten (vgl. Bertelsmann Stiftung/Bundesministerium des Innern 2005). Der Migrationswissenschaftler Michael Bommes (2011: 201) bezeichnet die Umsetzung dieser und ähnlicher Empfehlungen als „Mainstreaming" der kommunalen Integrationspolitik.

In der Folge bemühte sich der Landkreis Osnabrück, die Willkommenskultur weiterzuentwickeln. Unter Einbeziehung aller betroffenen Organisationseinheiten wurden im Projekt „Willkommenskultur, Integrationsmanagement, Migrationssteuerung" Wege zur effektiven Weiterentwicklung des Integrationsmanagements gesucht. Beispielsweise wurde im Zuge eines landesweiten Pilotprojektes in Niedersachsen der Landkreis Osnabrück im Jahre 2014 als eine von neun „Willkommensbehörden" ausgewählt. Ziel des Pilotprojekts war es, die organisatorischen, personellen und strukturellen Voraussetzungen in den Ausländerbehörden für eine stärkere Serviceorientierung zu analysieren und durch gezielte Maßnahmen zu verbessern. In diesem Zusammenhang wurden verschiedene Veränderungen, wie beispielsweise die Neukonzeption des Wartebereichs durch ein Angebot von mehrsprachigen Informationen, vorgenommen. Da die von den Ausländerbehörden angebotenen Dienstleistungen ein hohes Maß an rechtlicher Komplexität besitzen und die Entscheidungen der Europäischen Union eine zunehmend wichtigere Rolle spielen, wurde darüber hinaus ein Wissensmanagementsystem für die Abteilung eingeführt, da nur so ein qualitativ gutes Service- und Beratungsangebot durch die Mitarbeiterinnen und Mitarbeiter garantieren werden kann (Hülsmann/Korfage 2015).

3 Das Migrationskonzept

Die zunehmende Einwanderung aus dem Ausland, die wachsenden Anforderungen an die Integration von Zuwanderern in Gesellschaft, Bildung und Arbeitsmarkt sowie steigende Flüchtlingszahlen haben den Landkreis Osnabrück veranlasst, ein neues Migrationskonzept für die ungesteuerte Einwanderung zu erarbeiten.

Das im Jahr 2014 erstellte „Konzept für eine ziel- und datenbasierte Steuerung und Bündelung der operativen Aufgaben" (kurz: Migrationskonzept) hat das Integrationsmanagement im Landkreis Osnabrück neu positioniert.

Das Migrationskonzept zielt darauf ab, den Zugewanderten aus dem Ausland vom ersten Tag ihrer Ankunft in den Städten, Samtgemeinden und Gemeinden des Landkreises Osnabrück ein wertschätzendes Willkommen entgegenzubringen, ihre Situation und Bedarfe genau zu ermitteln und ihnen passgenaue Hilfe, Unterstützung und Begleitung anbieten zu können.

Parallel dazu wurde eine mit dem Migrationskonzept vernetzte Strategie für die gesteuerte Einwanderung aus dem Ausland in Branchen mit freien Arbeitsplätzen und Fachkräftemangel erstellt.

Damit verfügt der Landkreis Osnabrück erstmals über eine ganzheitliche strategische Ausrichtung in den Themenfeldern der gesteuerten und ungesteuerten Einwanderung. Die konzeptionelle Aufarbeitung und Darstellung des gesamten Themenkomplexes machten deutlich, wie wesentlich eine funktionierende Vernetzung innerhalb der Kreisverwaltung, insbesondere aber auch zwischen allen regionalen Akteuren ist.

Migration und Integration sind Querschnittsaufgaben und können nur als solche wirksam und nachhaltig organisiert und gesteuert werden. Ziel des Migrationsmanagements ist es deshalb, alle Beteiligten in eine verbindliche und transparente Koordinierung einzubinden. Dazu ist es erforderlich, auf der strategischen Seite Instrumente der zielorientierten und kontinuierlichen Steuerung einzurichten und auf der operativen Seite eine sachgerechte Bündelung der Aufgaben und eine klare Zuordnung der Verantwortlichkeiten sicherzustellen.

Das neue Management der Zuwanderung basiert auf langjährigen Erfahrungen des Landkreises Osnabrück in der strategischen Steuerung komplexer Politikfelder. Vor allem durch das kommunale Bildungsmanagement konnten funktionierende interne und externe Steuerungsstrukturen aufgebaut werden, die auf weitere kommunale Managementaufgaben, wie die aktuelle Zuwanderung, übertragbar sind. Weil das Bildungsmanagement nachweisbare positive Effekte auf Gestaltungsprozesse und Handlungsergebnisse ausgelöst hat, erschien es sinnvoll, die Steuerungsprinzipien auch bei der Gestaltung von Integration und Migration einzusetzen.

Der Mehrwert eines systematischen Steuerungshandelns basiert auf der objektivierten datenbasierten Ermittlung der politischen Herausforderungen. Die partizipativ ausgerichtete Analyse der Handlungsfelder und die abgestimmte Festlegung von Umsetzungsprioritäten schaffen dabei die Grundlage für Vertrauen und Kooperationsbereitschaft der Akteure. Die systematische Zielbildung unterstützt eine strukturierte Maßnahmenplanung und Ressourcensteuerung. Feste Steuerungs- und Beteiligungsgremien tragen schließlich dazu bei, Entscheidungen, Handlungen und Verantwortlichkeiten transparent zu machen.

Für das Integrationsmanagement des Landkreises Osnabrück bedeutet das, dass die eingesetzten Ressourcen gebündelt und effektiver eingesetzt werden. Ziele in den einzelnen Handlungsfeldern wie Sprachförderung, Arbeitsmarktintegration und gesellschaftliche Teilhabe und daraus folgende Strategien und Maßnahmen werden aufeinander abgestimmt. Es erfolgt eine Bewertung der Zielerreichung aus einer Gesamtperspektive. Die Organisation wird dadurch im Hinblick auf die Querschnittsaufgabe Integration optimiert.

Das neue Migrationskonzept fasst dementsprechend die Herausforderungen, Ziele und Aufgaben im Umgang mit Zuwanderern im Landkreis Osnabrück strategisch zusammen.

Der ganzheitliche Systemansatz einer Verbindung der regionalen Akteure mit dem neuen Angebot des Migrationszentrums ist das Innovative an dem Konzept. Die erarbeiteten Ziele orientieren sich an den Lebenslagen der Zuwanderer und fokussieren sich auf die Gestaltung und Förderung folgender Bausteine:

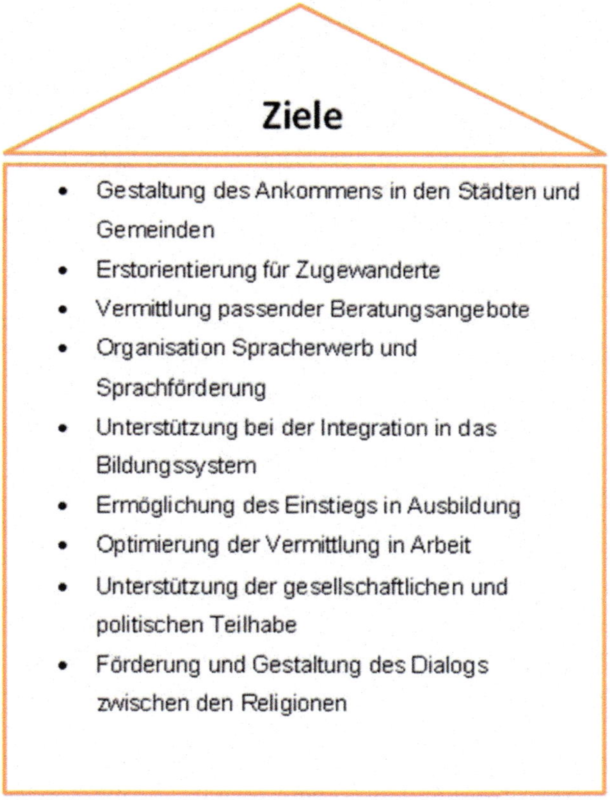

Ziele
- Gestaltung des Ankommens in den Städten und Gemeinden
- Erstorientierung für Zugewanderte
- Vermittlung passender Beratungsangebote
- Organisation Spracherwerb und Sprachförderung
- Unterstützung bei der Integration in das Bildungssystem
- Ermöglichung des Einstiegs in Ausbildung
- Optimierung der Vermittlung in Arbeit
- Unterstützung der gesellschaftlichen und politischen Teilhabe
- Förderung und Gestaltung des Dialogs zwischen den Religionen

Abb. 1

Im Rahmen der Integrationskonferenz im November 2014 wurde das Migrationskonzept erstmals allen regional tätigen migrations- und integrationspolitischen Akteuren vorgestellt. Das explizit auf Beteiligung und Weiterentwicklung angelegte Migrationskonzept wurde und wird kontinuierlich aktualisiert und an neueste Entwicklungen angepasst. Dabei spielen Rückmeldungen und Anregungen der Migranten und ihrer Organisationen sowie von bürgerschaftlich Engagierten die gleiche Rolle wie die von Wohlfahrtseinrichtungen, Bildungsträgern und kreisangehörigen Kommunen.

Herzstück des Migrationsmanagements beim Landkreis Osnabrück ist die vorstands- und fachdienstübergreifend eingerichtete „Koordinierungsgruppe Migration". Die ebenfalls neu eingerichtete „Kernarbeitsgruppe Migration" stellt die Schnittstellenfunktion zur operativen Umsetzung sicher und diente in der ersten Umsetzungsphase des Migrationskonzepts einer strukturierten und kontinuierlichen Abstimmung der beteiligten Fachbereiche untereinander.

Gekoppelt mit einem ausgeweiteten Migrations- und Integrationsmonitoring verfügt der Landkreis Osnabrück damit über optimale Grundvoraussetzungen, eine ganzheitliche strategische Planung mit einer strukturiert operativen Umsetzung nachhaltig zu verbinden.

Zentrale operative Einheit des Migrationsmanagements beim Landkreis Osnabrück ist das „Migrationszentrum". Es bündelt die bisher durch verschiedene Projekte wahrgenommenen, unterschiedlichen Verantwortungsträgern zugeordneten oder abgegrenzte Rechtskreise betreffenden Aufgaben in einer Hand. Das Migrationszentrum als Beratungs- und Begleitstelle für Zuwanderer ist organisatorisch nicht der Abteilung Integration/ Ausländer zugeordnet. Beim Landkreis Osnabrück gehört es zum Organisationsbereich der MaßArbeit. Die Verantwortungsbereiche von Ausländer- und Meldebehörde sind dem Migrationszentrum vorgelagert, denn sie sind für die Gestaltung von Willkommen und Erstkontakt verantwortlich. Im Migrationszentrum werden die persönliche Situation sowie die Ressourcen der Migrant_innen erfasst. Zudem vermittelt es bedarfsgerechte Hilfeleistungen und bietet längerfristige Begleitung im Rahmen eines strukturierten Kontaktmanagements. Zur Umsetzung dieser Aufgabe organisiert und pflegt das Migrationszentrum ein weites Netzwerk von Beratungs- und Unterstützungsdiensten. Dazu zählen in erster Linie auch örtliche ehrenamtliche Strukturen.

Die folgende Abbildung verdeutlicht, wie interne und externe Akteure miteinander verbunden und auf spezifische Aufgaben ausgerichtet sind. Diese Form der Organisation komplexer Prozesse kann als „Konfiguration" bezeichnet werden. Konfiguration umfasst Elemente direkter Steuerung – z. B. in der Zuweisung von Aufgaben an eigene Organisationseinheiten. Daneben enthält sie koordinierende Funktionen wie in der Zusammenarbeit mit Bildungsträgern, Wohlfahrtsverbänden und anderen Akteuren der Integration. Noch stärker treten Aspekte der Netzwerkarbeit in der Verbindung mit Ehrenamtlichen und Migrantenorganisationen hervor. Deutlich wird dabei, dass auf allen Ebenen gute Kommunikation Erfolgsbedingung ist. Dieser Ansatz ist in besonderer Weise in der Kooperation mit den kreisangehörigen Kommunen gefordert, da sie in vielen Aufgabenbereichen selbständig entscheiden, in anderen Vorgaben der anderen staatlichen Ebenen einschließlich der Landkreise umsetzen und für außergewöhnliche Aufgaben wie die Flüchtlingsaufnahme zusätzlicher Unterstützung durch finanzielle und andere Ressourcen des Landkreises bedürfen.

Bommes (2006) beschreibt die auf kommunaler Ebene zur Verfügung stehenden Ressourcen und ihre Funktionen für soziale Integrationsprozesse. Er weist den Kommunen die Rolle von „Moderatoren" in diesen Prozessen zu. Der Begriff der Konfiguration soll hingegen die nach unserer Ansicht aktiv gestaltende Rolle der Kommunen und die ihnen im Sinne der kommunalen Selbstverwaltung zustehende ‚Konfigurationshoheit' der Ressourcen und Organisationen im Hinblick auf Aufgaben und Ziele unterstreichen.

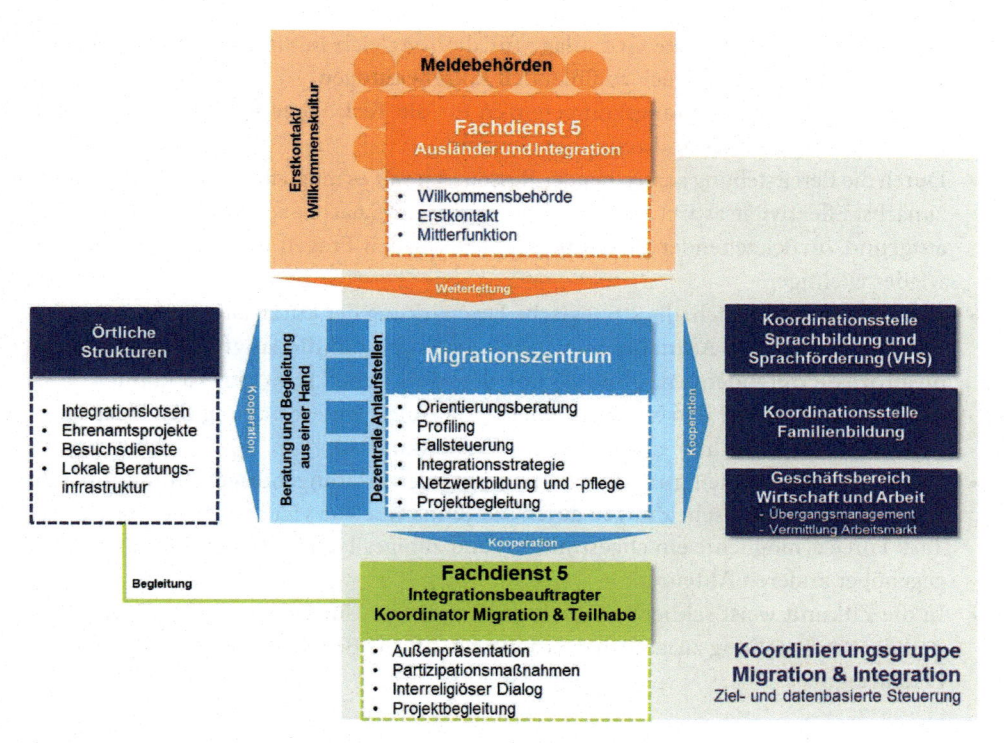

Abb. 2 Migrationskonzept

Das Ende 2014 vorgestellte Migrationskonzept sollte bis 2017 im Aufbau und in der Wirksamkeit der Strukturen umgesetzt werden. Dabei standen im Landkreis Osnabrück aufgrund ihres weitaus höheren Anteils an allen Neuzugewanderten Zuwanderer aus EU-Staaten im Fokus des Konzepts. Durch die im Lauf des Jahres 2015 stark angestiegenen Flüchtlingszahlen wurde kurzfristig eine Neuausrichtung der Integrationspolitik und der Organisationsstrukturen notwendig.

Im Zeitraum von September 2015 bis September 2016 übernahm die Task Force Flüchtlinge die operative Leitung und die dispositive Steuerung der Flüchtlingspolitik. Ohne hier die Vielzahl an Maßnahmen zur schnellen Aufnahme und zu ersten Integrationsschritten der Flüchtlinge nachzeichnen zu können (vgl. Lübbersmann, 2016), sollen wichtige strategische „lessons learned"aus dieser Phase dargestellt werden.

- Das Migrationskonzept war eine gute Basis für die Aufgabe der Flüchtlingsunterbringung und der ersten Integrationsschritte. Das gründliche Nachdenken über das konzeptionelle Vorgehen, die breite Beteiligung der Organisationseinheiten an der Entwicklung des Konzepts, die Orientierung an der „Lebenslage Migration" und die Neuausrichtung der Organisationseinheiten einschließlich der Einrichtung des Migrationszentrums

erwiesen sich als eine gute Grundlage für die zeitgleich in vielen Handlungsfeldern unter erheblichem Zeitdruck zu fällenden Entscheidungen.
- Weitreichende Entscheidungskompetenzen für die Task Force Leitung ermöglichten ein situationsgerechtes und zeitnahes Handeln
- Durch die Bereitstellung ausreichender Ressourcen war es möglich, in der Zielerreichung zunächst Effektivitätsaspekten Vorrang zu verleihen. Bei nachlassendem Handlungsdruck aufgrund zurückgehender Flüchtlingszahlen wurden Fragen der Wirtschaftlichkeit wieder wichtiger.
- Als wertvoll erwies sich, die strategische Fernwirkung der kurzfristig umzusetzenden Entscheidungen zur Aufnahme und Erstintegration auf die langfristigen Integrationsprozesse mitzudenken, ohne sie in jedem Fall berücksichtigen zu können. Dies gilt insbesondere für den Vorrang einer dezentralen Unterbringung der Flüchtlinge gegenüber der Aufnahme in Gemeinschaftsunterkünften.
- Die konsequente Beteiligung und Einbindung der kreisangehörigen Kommunen an den anstehenden Entscheidungen durch die Teilnahme von vier Bürgermeistern an der Task Force ermöglichte ein abgestimmtes und zügiges Handeln der Kommunen auch gegenüber anderen Akteuren.
- In die Zukunft weist schließlich die organisatorische Unterstützung der Kommunen und die Bereitstellung zusätzlicher Ressourcen für die Begleitung und Integration der Flüchtlinge.

Die neue Situation durch den Zuzug der Flüchtlinge und die weiter erhebliche Arbeitsmigration aus den EU-Staaten, rassistische Straftaten gegen Flüchtlinge einerseits, Terror unter Beteiligung Geflüchteter andererseits; umfangreiche Gesetzesänderungen und ein polarisierter öffentlichen Diskurs führen auch zu noch höheren Anforderungen an die Konzeption und an die Kommunikation kommunaler Integrationspolitik.

Daher wurde 2017 ein Prozess zur grundlegenden beteiligungsorientierten Überarbeitung des Migrationskonzepts gestartet. In dem Zuge sind nicht nur erfolgreiche Verfahrensweisen aus der Task Force Flüchtlinge in die Strukturen der „normalen" Integrationspolitik übernommen worden (kommunale Beteiligung an den Gremien, Entscheidungskompetenz) sondern auch bisher nicht berücksichtigte Handlungsfelder kommunaler Verantwortungsübernahme aufgenommen (Wohnraumvorsorge, Gesundheitsleistungen) Dabei werden Perspektiven wichtiger Stakeholder wie der Kommunen, der Integrationsakteure (Migrant_innen, Freiwillige, Wohlfahrtsverbände, Migrantenorganisationen) ebenso systematisch eingearbeitet wie die der dem Integrationsgeschehen neutral oder kritisch gegenüber stehenden Bürgerinnen und Bürger.

Literatur

Bertelsmann Stiftung, Bundesministerium des Innern (Hrsg.) 2005: Erfolgreiche Integration ist kein Zufall. Strategien kommunaler Integrationspolitik, Gütersloh: Bertelsmann Stiftung

Bommes, Michael 2006: Einleitung: Kommunen als Moderatoren sozialer Integration. In: Michael Bommes/Holger Kolb (Hrsg.): Integrationslotsen für Stadt und Landkreis Osnabrück: Grundlagen, Evaluation und Perspektiven eines kommunalen Modellprojekts. IMIS-Beiträge, 28. Osnabrück: Institut für Migrationsforschung und Interkulturelle Studien (IMIS), S. 11–24

Bommes, Michael 2011: „Integration findet vor Ort statt" – Über die Neugestaltung kommunaler Integrationspolitik. In: Michael Bommes, Migration und Migrationsforschung in der modernen Gesellschaft. Eine Aufsatzsammlung. IMIS-Beiträge, Heft 38. Osnabrück: Institut für Migrationsforschung und Interkulturelle Studien (IMIS), S. 191–224. Erstveröffentlichung in: Michael Bommes/Marianne Krüger-Potratz (Hrsg.) 2008: Migrationsreport 2008. Fakten – Analysen – Perspektiven. Frankfurt am Main: Campus, S. 159–194

Hülsmann, Werner/Korfage, Britta 2015: „Willkommenskultur in Ausländerbehörden – Herausforderungen und Lösungsansätze". In: Kommunal Praxis 3/2015, S. 126–129

Hülsmann, Werner 2013: Aussiedlerintegration und Integrationsmanagement im Landkreis Osnabrück. In: Weiß, Lothar (Hrsg.): Russlanddeutsche Migration und evangelische Kirchen, Göttingen, S. 56–73

Kommunale Gemeinschaftsstelle für Verwaltungsmanagement (KGSt) 2008: Interkulturelle Öffnung. In sieben Schritten zur Interkulturellen Öffnung der Verwaltung, Bericht 5/2008, Köln: Kommunale Gemeinschaftsstelle für Verwaltungsmanagement

Landkreis Osnabrück 2010: Leitlinien der Integrationspolitik des Landkreises Osnabrück, in: URL: http://www.landkreis-osnabrueck.de/magazin/artikel.php?menuid=834&topmenu=946&artikel=21598

Landkreis Osnabrück 2014: Migrationsmanagement im Landkreis Osnabrück Konzept für eine ziel- und datenbasierte Steuerung und Bündelung der operativen Aufgaben (unveröffentlicht)

Lübbersmann, Michael 2016: Besondere Zeiten erfordern besondere Maßnahmen. In: Meyer, Hubertus/Ritgen, Klaus/Schäfer, Roland (Hrsg.): Handbuch Flüchtlingsrecht und Integration, Wiesbaden: Kommunal- und Schulverlag, S. 315–322

Wi(e)der die Verführung zur Projektitis
Die Grenzen strategischer Steuerung interkultureller Stadtpolitik am Beispiel von 20 Jahren Praxis des Essener Modells[1]

Helmuth Schweitzer

Zusammenfassung

Die Fallstudie über die 20jährigen Erfahrungen mit dem Neuen Steuerungsmodell der Verwaltung zur interkulturellen Öffnung in der Stadt Essen zwischen 1996 und 2016 macht deutlich, in welcher Form die dabei benutzten Instrumente (u.a. deliberative Konzeptentwicklung, Zielverantwortung eines Geschäftsbereichsvorstandes, Steuerungsunterstützung durch eine Querschnittsdienststelle und ein interner Innovationsfond) gerade in Zeiten knapper öffentlicher Kassen an die Grenzen des kommunalpolitischen Alltags stoßen, der u.a. durch den wahlbedingten Wechsel der Entscheidungsträger in Politik und Verwaltung und den machtstrategischen Umgang dieser Amtsinhaber_innen mit konkurrierenden Partikularinteressen bzw. Ressortegoismen bestimmt wird.

Schlüsselbegriffe

Strategische Steuerung der Verwaltung, Lokal Governance, Vetomacht, Interkulturelle und migrationsgesellschaftliche Öffnung der Kommune, Projektitis, Querschnittsressort, kommunaler Innovationsfond

Die Fortschritte bei der Verbreitung von kommunalen Konzepten im Umgang mit Migration und Integration (Gesemann u.a. 2012) – aktuell forciert durch die Folgen der Fluchtmigration auf die Verwaltung (Gesemann/Roth 2016) – dürfen nicht darüber hinwegtäuschen, dass die Umsetzung entsprechender Qualitätsstandards für eine „Interkulturelle Öffnung" (IKÖ) bzw. „migrationsgesellschaftliche Öffnung" (MGÖ)[2] als Querschnittsaufgabe der *gesamten* Verwaltung auf den Mühen der Ebene eines nachhaltigen Inklusionsmanagements

---

1   Die folgenden Ausführungen geben ausschließlich die persönliche Sichtweise des Autors wieder.
2   Zu den Unterschieden vgl. Mecheril (2010) sowie zu daraus abgeleiteten Entwicklungsstufen vgl. Schweitzer (2016: 1318ff). Im Folgenden verwende ich die Bezeichnung IKÖ im Zusammenhang

jenseits der „üblichen Verdächtigen" noch relativ selten praktiziert wird.[3] Dies gilt erst recht für ehrliche, aber mit Konflikten verbundene Dialoge mit den Alt- und Neudeutschen in eigener Sache.[4] Der jeweils in den Quartieren, innerhalb und zwischen den formal zuständigen Dienststellen recht unterschiedliche Umgang mit der neuen Arbeitsmigration aus der EU und den „richtigen" (bleibeberechtigten und potentiell als nützlich eingestuften) bzw. „falschen" (bis zu ihrer erzwungenen Ausreise nur geduldeten) Geflüchteten lässt sich aktuell als Indikator einer dauerhaften Verankerung von MGÖ in der Verwaltung nutzen.

Mit dem „Essener Modell" (Ministerium für Arbeit, Soziales, Stadtentwicklung, Kultur und Sport 2000) hat sich diese Kommune als erste Großstadt in Deutschland im Jahre 1996 auf den Weg gemacht, die Prinzipien der „Neuen Verwaltungssteuerung" (NVSt) auf den „Ausbau der interkulturellen Orientierung" anzuwenden (Stadt Essen 1999) und mit wissenschaftlicher Begleitung zu erproben (Krummacher/Kulbach 2007; 2009).[5] Damals war allerdings erst in Ansätzen erkennbar, in welchem Maße die Umsetzung der mit solchen Querschnittsthemen verbundenen Prinzipien auf die Grenzen des Alltagsgeschäfts in der Kommunalpolitik und Verwaltung stößt, die in offiziellen Konzepten nicht sichtbar werden und bis dato noch nicht expliziter Gegenstand intensiver Forschung gewesen sind. Zu diesen Einflussfaktoren gehören neben der Finanzlage der Kommune vor allem die Konstellation zwischen den politisch-administrativen Voraussetzungen – den wechselnden politischen Mehrheitsverhältnissen mit ihren Auswirkungen auf die (Aus) Wahl des Führungspersonals (Hauptverwaltungsbeamt_innen, Dezernent_innen, Ressortleiter_innen etc.) – einerseits und der konkreten (auch persönlichkeitsspezifischen) Ausgestaltung dieser Ämter im Rahmen des machtstrategischen und -taktischen Kalküls der jeweiligen Funktionsträger_innen andererseits. In diesem Rahmen spielen au ch das Aufgabenspektrum, die Personalausstattung, die Arbeitsweise und das Qualifikationsprofil der für Migrationsfragen zuständigen Querschnittsdienststelle (QSD) eine wichtige Rolle. Die lokale Gemengelage dieser Faktoren unterscheidet sich nicht nur erheblich zwischen

---

mit dem Essener Konzept und benutze MGÖ für den grundsätzlichen, gegenüber Kulturalisierung kritischen Diskurs.

3   Zu entsprechenden Herausforderungen für das Neue Steuerungsmodell der Integrationspolitik der Stadt München vgl. Aybek (2009). Selbst wenn nur die von Gesemann u. a. (2012: 52–59) dargestellten Merkmale zu Grunde gelegt werden, ist die Kluft zwischen Anspruch und Wirklichkeit aus der Innenperspektive von interkommunalen Diskursen, in denen der Autor mitgewirkt hat (www.integration-interkommunal.de; Qualitätszirkel kommunale Integrationspolitik, www.stuttgart.de/integrationspolitik/kommunaler-qualitaetszirkel 19.6.2017), nicht zu übersehen.

4   Zu politisch entscheidenden Maßstäben, „wie interkulturelle Öffnung jetzt gelingen kann" vgl. das „Impulspapier der Migrant*innen zur Teilhabe in der Einwanderungsgesellschaft" www.ditib.de/media/Image/hutbe/Impulspapier.pdf (8.5.2017).

5   Das Essener Modell ist vom Steuerungsansatz der Lokal Governance (Dahme/Wohlfahrt 2017 in diesem Band) inspiriert und durch die Bertelsmann Stiftung international verbreitet worden (Pröhl/Hartmann 2002). Es hat Eingang gefunden in den bundesweiten Diskurs zur strategischen Steuerung von IKÖ (Reichwein/Vogel 2004; KGSt 2005) und von interkultureller Sprachförderung und mehrsprachiger Elternbildung im Rahmen des Rucksack-Programms (Bertelsmann/BMI 2005).

Kommunen, sondern ändert sich auch im Längsschnitt innerhalb derselben Kommune über mehrere Ratsperioden und Amtszeiten der Führungskräfte hinweg. Von daher soll der folgende Beitrag exemplarisch erste Hinweise liefern, wie eine MGÖ auch dann nachhaltig gesichert werden kann, wenn der interkulturelle Klimawandel und populistische Stimmungstiefs sich vor Ort negativ bemerkbar machen und die anfänglich für Innovation günstigen Bedingungen auf Widerstand neuer Entscheidungsträger_innen in Politik und Verwaltung bzw. neuen Leitungen und Mitarbeiter_innen der QSD stoßen, die für das vermeintlich – zumindest auf dem Papier – unveränderte Ziel aus unterschiedlichen persönlichen Motiven im jeweils aktuellen Machtgefüge einen anderen Kurs vorgeben?

Vor diesem Hintergrund werden am Beispiel der Stadt Essen als seit Jahrzehnten sozial extrem gespaltener Großstadtkommune mit einem massiven strukturellen Haushaltsdefizit.[6] Gelingens- bzw. Verhinderungsfaktoren einer strategischen Steuerung von IKÖ innerhalb eines Zeitraums von 20 Jahren identifiziert – Faktoren, die vielfach aktuell oder zukünftig in anderen Gemeinden mit vergleichbaren Rahmenbedingungen bedeutsam werden.[7] Als Anschauungsmaterial für die bisherigen Suchbewegungen in Essen wird vor allem auf die Fußnoten verwiesen.[8]

Kernelemente für das anfängliche Gelingen des Essener IKÖ-Modells mit Prinzipien der NVSt waren in der *Startaufstellung* bis 2001: (1) das diskursive und *partizipative („deliberative")* *Verfahren* zur Festlegung des Handlungsrahmens und der thematischen Schwerpunkte mit allen dafür relevanten kommunalen und nichtstädtischen institutionellen Akteuren, (2) der daraufhin *einstimmig gefasste Ratsbeschluss* (Stadt Essen 1999, 324) über das *Konzept für die interkulturelle Arbeit in der Stadt Essen* (im folgenden IKK) mit einem ursprünglich sozialpolitisch begründeten *Leitbild, sieben Querschnittsaufgaben und 154 Maßnahmen*, (3) das von 1999 bis 2007 für *die IKÖ „zielverantwortliche" Mitglied des Geschäftsbereichsvorstandes* (im folgenden 1. IKÖ-Dez) mit entsprechenden *Querschnittskompetenzen („Federführung") in alle Geschäftsbereiche* hinein, (4) eine vom IKÖ-Dez geleitete *Steuerungsgruppe* mit den lokalen Integrationspolitiker_innen (aus Stadtrat und Integrationsbeirat), Verwaltung und externen Akteuren (u. a. Wohlfahrtsverbände, freie Träger der Jugendhilfe, Schulaufsicht, IHK, Polizei, Universität) aus thematischen „Entwicklungsarbeitsgruppen" für Planung und Umsetzung priorisierter Maßnahmen und (5) als Steuerungsunterstützung (Controlling) eine aus zwei Ressorts bzw. Geschäftsbereichen neu eingerichtete, nun dem IKÖ-Dez direkt

---

6   Ein Drittel aller Essener Einwohner_innen erhielten Ende 2015 Existenz sichernde Leistungen, bei Kindern beträgt dieser Anteil in 11 von 54 Stadtteilen sogar zwischen 45,8 % und 70,4 % (Lindgens 2016). Der Konzern Stadt Essen ist in 2016 mit rund 5,4 Mrd. € verschuldet und weist Kassenkredite von gut 2,1 Mrd. € auf (Stadt Essen 2016b).

7   Zu den ersten 10 Jahre vgl. die Stärken- und Schwächenanalyse des „Essener Modells" sowie die „Thesen zur Übertragbarkeit auf andere Städte" von Krummacher/Kulbach (2009: 393–396).

8   Alle zitierten Dokumente der Stadt Essen – Drucksachen (DS) und Sachberichte zum Konzept (SB 2004ff) – sind abzurufen über https://www.essen.de/rathaus/aemter/ordner_0401/interkulturelle _Orientierung/Fachbereich_Interkulturelle-Orientierung_Kommunales_Integrationszentrum_ Essen.de.html (19.6.2017), ab 8/2017 u. U. über den neuen Ordner des Kommunalen Integrationszentrums unter www.essen.de/

unterstellte *Querschnittsdienststelle (QSD)*, die unter der anfänglichen Bezeichnung RAA/ Büro für interkulturelle Arbeit[9] die Funktion einer „interkulturellen Innovationsagentur" (Ministerium für Gesundheit, Senioren, Frauen und Familien 2004, 89) innehatte. In der zweiten Periode ab 2001 kam als weiteres, den Essener Weg prägendes Element (6) ein kommunaler *Innovationsfond* zur Förderung der Interkulturellen Orientierung (im folgenden IKÖ-Fond) *in* der Stadt bzw. ab 2012 *der* Stadt Essen hinzu.

In der Startphase waren bezogen auf die Elemente 1- 5 zwei Bestandteile des Umgangs mit Prinzipien der NVSt bedeutsam, die in der öffentlichen Diskussion des Essener Modells vor 15 Jahren kaum eine Rolle gespielt haben, aber bis heute gerade im aktuellen Diskurs über die Integration von Geflüchteten und den Fachkräftemangel wirksam sind:

1 Missglückte Exklusion von Geflüchteten aus dem Konzept

Als Katalysator für die Entwicklung und strategische Steuerung einer interkulturellen Stadtpolitik wirkte in Essen vor 20 Jahren – wie für viele Kommunen in nächster Zeit – eine strukturelle Überforderung der lokalen Verwaltung für einen zukunftsfähigen Umgang mit vielfach ohne völkerrechtlich akzeptierten Identitätsnachweis (Pass) eingereisten Flüchtlingen.[10] Doch die hier entscheidenden gesellschaftlichen Funktionssysteme Wohnen, Bildung, Gesundheit, Arbeit und insbesondere der rechtliche Rahmen sind kommunal nur sehr begrenzt steuerbar. Schon damals spielte die realistisch-pragmatische und ganzheitliche Herangehensweise des städtischen Hauptverwaltungsbeamten (HVB) an die Querschnittsaufgabe die zentrale Rolle: Ohne die Weitsicht dieses bis zum Ende seiner Amtszeit 1999 beharrlichen Praktikers der NVSt, ohne dessen konsequente Unterstützung einer neuen Kommunikationskultur nach innen (top down /bottom up) und nach außen hätte die Innovationsstrategie des zwischen 1995 und 2000 vom Autor verwaltungsintern geleiteten Netzwerks kommunaler und zivilgesellschaftlicher Partner seine Wirkung verfehlt (Stadt Essen 1999: 265–287; Schweitzer 2000). Es wäre nicht gelungen, die schon damals weltfremde, wissenschaftlich fragwürdige und politisch kontraproduktive Ausklammerung des Themas Fluchtmigration aus einem integriert umzusetzenden kommunalen Handlungskonzept[11]

---

9 RAA steht für „Regionale Arbeitsstätte zur Förderung von Kindern und Jugendlichen aus Zuwandererfamilien". Zur damaligen Konzeption und Praxis dieses seit 1980 durch das Land NRW geförderten Verbundes kommunaler RAAs und deren fast 35 Jahre in Trägerschaft der Stadt Essen angesiedelten Koordinationsstelle vgl. RAA NRW 2005.

10 Deshalb war der Umgang mit den seit 1982 aus dem kurdisch-türkischen und libanesischen Bürgerkrieg Geflüchteten und ihren in Essen aufgewachsenen Nachkommen das beherrschende Thema sowohl in den zentralen IKK-Kapiteln Schule, Übergang Schule-Beruf, Jugendkriminalität und vor allem Interkulturelle Konflikte (Stadt Essen 1999), als auch in den ersten drei Umsetzungsberichten (Stadt Essen 2003; 2007a: 108f; 120 -163).

11 Gegen diese Verdrängung haben damals politisch nur Pro Asyl und die Grünen Stellung bezogen (Stadt Essen 1999: 321).

zunächst mit sprachlichen Umschreibungen („interkulturelle Konflikte") und dann faktisch in priorisierten Maßnahmen zu überwinden.[12] Dadurch konnten die teilweise gewaltsam ausgetragenen sozialen Kämpfe als kulturell kodierte Auseinandersetzungen *innerhalb* marginalisierter Teile der geflohenen Großfamilien und *mit* der modernen Stadtgesellschaft wenigstens auf Stadtteilebene für einige Jahre etwas eingedämmt werden.[13] Während in den 16 Amtsjahren der beiden nachfolgenden OBs (der CDU und SPD) die notwendige grundlegende Bearbeitung der Ursachen und Folgen dieser Konflikte (insbesondere Drogenhandel und Gewalt) immer wieder – vor allem in den Medien – einem konstruierten Kollektiv („libanesische Clans" oder gar „*der* libanesischen Community") – zugeschoben wurde[14], hat erst der im September 2015 (auch mit Stimmen von Eingebürgerten) neu gewählte OB (CDU) dieses Thema (überfraktionell gestützt) auf seine Agenda geschrieben.

Seit dem Zuzug von ca. 20.000 in 2015 und 2016 vielfach ohne Pass eingereisten Flüchtlingen aus Syrien, Irak, Afghanistan und Afrika nach Essen deutet sich an, dass auch andere Entscheidungsträger in Politik und Verwaltung aus den Erfahrungen der Nicht-Inklusion eines Teils der seit 30 Jahren hier immer noch ohne Bleiberecht ausgegrenzt lebenden Essener „mit libanesischer Zuwanderungsgeschichte" gelernt haben: Unstrittig ist, *dass* sich die *gesamte* Verwaltung gegenüber Flüchtlingen öffnen muss. Kontroversen gibt es aber darüber, *wie* diese Öffnung zu bewerkstelligen ist.[15] Welche aktive Rolle spielen die Flüchtlinge in dem erst noch zu entwickelnden „ganzheitlichen Integrationskonzept" (DS 0822/2017/1: 2)? Sollen sie vor allem durch „mehr vom gleichen" (mehr Personal für die „Fallarbeit" durch gesonderte, vom Jugendamt gesteuerte Flüchtlingsdienste der nichtkommunalen Träger, neue zentrale und dezentrale Stabsstellen in den Fachressorts Jugend und Schule; „Wertschätzung" der Tätigkeiten Ehrenamtlicher Helfer_innen und aufwendiges

---

12 Die ambivalente Wirkung einer kulturalistischen Reduktion von Interessenkonflikten zeigt sich in der anfänglich breiten Akzeptanz des damals neuen Begriffs „interkulturell" im Titel des IKK und in der Überschrift des darauf bezogenen Kapitels „Interkulturelle Konflikte." Dadurch wurde die fraktionsübergreifende Priorisierung der Maßnahmen in diesem Handlungsfeld erleichtert (Stadt Essen 2003: 18f; 62–63).

13 Zu den Schwierigkeiten, dabei nicht nur Grenzen zu setzen, sondern mit Hilfe inklusionsengagierter Multiplikator_innen reale Chancen zu bieten vgl. Stadt Essen 2007a: 120 -163; Stadt Essen SB 2011: 79–91, 156–165 ; SB 2012: 54f; DS 1318/2012/1A

14 Vgl. dazu beispielhaft die Lokalpresse – (kaum zufällig) kurz vor Beginn der Koalitionsverhandlungen über der neue CDU/FDP-Regierung in NRW – mit einer selektiv-einseitigen Berichterstattung (Maibaum 2017) über die differenzierte Darstellung des Essener Polizeipräsidenten und seiner Vorgängerin in ihrer Anhörung vor dem Untersuchungsausschuss im Frühjahr 2017 anlässlich der Ereignisse während der Silvesternacht 2015 in Köln (https://www.landtag.nrw.de/portal/WWW/dokumentenarchiv/Dokument/MMD16-14450.pdf: 770–774; 803–806 – 19.6.17).

15 Seit Sommer 2016 ist die „Integration von Flüchtlingen in Essen" (DS 0517/2016/5; DS1846/2016/5) Hauptgegenstand einer nun auch im Stadtteil zu verankernden strategischen Steuerung der IKÖ. Dabei wird die von der QSD empfohlene Anerkennung und Aktivierung der mehrsprachigen Ressourcen unter den Flüchtlingen für deren Inklusion (DS 0517/2016/5: 30) unterschätzt. Zumindest ist eine entsprechende Initiative der QSD Anfang 2017 von den Leitern des Jobcenters und des Jugendamtes positiv aufgenommen worden.

Schnittstellen-Management) „integriert werden" Oder geht es um eine von vorne herein ganzheitliche quartiersbezogene systemische Entwicklungsarbeit, die an den gemeinsamen Bedürfnissen und unterschiedlichen Ressourcen aller Einwohner_nnen ansetzt und daran die Arbeitsweise der Regeldienste vor Ort zielgruppenübergreifend orientiert?

2 Reframing des Leitbildes als Strategie zur politischen Akzeptanz unter anderen Mehrheitsverhältnissen

Als besondere Herausforderung für die Nachhaltigkeit des IKÖ-Prozesses hat sich von Beginn an der für die Demokratie lebenswichtige Wechsel der legitimierten Entscheidungsträger in Politik und Verwaltungsspitze herausgestellt. Zwar wurde das sozialpolitisch begründete Leitbild des knapp 300 Seiten umfassenden Gesamtkonzepts – entgegen der reinen NVSt-Lehre – erst am *Ende* des IKÖ-Diskurses durch die Steuerungsgruppe eingefügt. Doch trotz des dazu einstimmig gefassten Ratsbeschluss musste dessen Umsetzung bereits sechs Monate später nach den Kommunalwahlen infolge der neuen Mehrheitsverhältnisse eine erste Bewährungsprobe bestehen: Erst durch ein verändertes „Wording" und *Reframing* des verabschiedeten Konzepts für die neue Koalition mit ihrem direkt gewählten weltoffenen OB an der Spitze der Verwaltung konnten die (noch von der alten absoluten Mehrheit gewählte) neue Essener IKÖ-Dez und die QSD deutlich machen, dass der Paradigmenwechsel im Leitbild zum Diversity-Ansatz sowohl mit der damals von der Wirtschaft bereits etablierten Humankapitaltheorie[16] als auch mit der Förderung von Mehrsprachigkeit durch das gesamte Bildungssystem anschlussfähig sei.

3 Der Essener (Um)Weg – ein kommunaler IKÖ-Fond und das Querschnittsressort als Steuerungsinstrumente für Innovation

Wer Innovation zur Sicherung der Daseinsvorsorge im staatlich-kommunalen System selbst mit Unterstützung von bürgerschaftlichem Engagement ohne ständige Ausweitung des Gesamthaushalts ermöglichen, aber „Projektitis" verhindern möchte, d.h. zeitlich begrenzte Zusatzmaßnahmen nicht laufend in neue, extern finanzierte Förderprogramme „umtopfen" will (Schweitzer 2010: 17f), kann in der Logik der NVSt von Querschnittsauf-

---

16 Direkt nach Ihrer Wahl gelang es der gelernten Volkswirtin strategische Allianzen mit mächtigen lokal und global tätigen Bündnispartnern aus der Wirtschaft (RWE, Bertelsmann-Stiftung) zu schmieden (Hock 2002). Seitdem geht es um die „Sicherung des Wirtschafts-, Bildungs- und Kulturstandorts Essen und (den) Erhalt des sozialen Friedens als ‚weiche' Standortfaktoren im internationalen Wettbewerb" (Stadt Essen 2003: 7). An der ebenfalls im Leitbild formulierten „Akzeptanz eigenethnischer Strukturen" nahm hingegen niemand Anstoß – vermutlich auch weil kein Entscheider mit diesem Fachausdruck etwas anfangen konnte.

gaben (z. B. eine nachhaltige MGÖ) nur durch eine andere Verwendung bzw. Umverteilung vorhandener Ressourcen der Regelsysteme sichern. Doch diese Strategie scheitert in der Regel am Widerstand der von ihren Fachverwaltungen unterstützten Fachpolitiker_innen, weil dafür die Ressourcen für etablierte, politisch bisher höher priorisierte Maßnahmen entsprechend gekürzt werden müssten.[17] Damit gerade erfolgreich angelaufene innovative Projekte nach Ablauf ihrer externen Förderung nicht versanden, hilft bei (noch) fehlender Unterstützung durch die Entscheidungsträger_innen in Politik und Verwaltung zumindest auf mittlere Sicht ein strategischer Kurswechsel, der das auf IKÖ-Kurs voraus segelnde Schiff der bereits innovationsengagierten Verwaltungsteile vorübergehend von den Hoheitsgewässern der anderen Geschäftsbereiche wegführt. Doch auch die dabei in Essen eingesetzten Instrumente folgen einem NVSt-Konzept, das zwar die MGÖ *in* der Kommune fördert, aber nicht automatisch auch zu einer MGÖ *der* Kommunal*verwaltung* führt:

Denn ein aus der Not geborener interner Fond als Innovationsanreiz für MGÖ kann seine Katalysatorfunktion nur dann erfüllen, wenn er nach der Aufbauphase gedeckt wird (wie in Essen seit 2007)[18] und positiv evaluierte Maßnahmen („erfolgreiche Prototypen") nach einem vorher festgelegten Verfahren „in Serie gehen". D. h. sie müssen vollständig in die personelle und finanzielle Verantwortung des zuständigen Fachressorts überführt werden, damit neue innovative Projekte eine Anschubfinanzierung erhalten können. In Essen kam ein entsprechender Beschluss mit einem 10schrittigen Implementierungsverfahren (DS 0377/2007/5 und DS 0377-E/2007/5) jedoch in einer bislang einmaligen kommunalpolitischen Konstellation zustande.[19] Auch deshalb wurde er nicht konsequent umgesetzt, sondern in den folgenden Ratsperioden schrittweise mit Hilfe eines modifizierten strategischen Managementsystems verwässert.[20]

Darüber hinaus nutzte die 1. IKÖ-Dez die ihr direkt unterstellte QSD, indem diese zusätzlich zu ihrer schon erweiterten strategischen Funktion (Controlling des Innovationsfonds) neue operative Aufgaben im Projektmanagement als fachlich verantwortlicher Träger von IKÖ-Fond-finanzierten Leitprojekten mit bundes- und landesweiter Ausstrahlung erhielt (Bertelsmann-Stiftung/BMI 2005: 28f; 47f). Jedoch folgte dieses fraktionsübergreifend befürwortete „Voraus-Segeln hart am (Gegen)Wind" einer für sogenannte „Modellprojekte" typischen Innovationsstrategie mit ambivalenten Wirkungen.

---

17 Diese Strategie war auch für das IKK vorgesehen (Stadt Essen 2003: 22) und wurde für etwa die Hälfte der 154 beschlossenen Maßnahmen realisiert.
18 Der 1. IKÖ-Dez gelang es dank unerwarteter Bundeszuschüsse für den eigenen Geschäftsbereich und der den städtischen Kämmerer-Kollegen überzeugenden Argumente zum Spareffekt präventiver Maßnahmen, den IKÖ-Fond zwischen 2001 und 2006 schrittweise von knapp 100.000 DM auf 2 Mio. € (inklusive Haushaltsübertragungen aus dem Vorjahr) auszuweiten. Seit 2014 beträgt er 1,3 Mio. € (zeitweise minus 10 % Haushaltssperre).
19 Der gerade noch rechtzeitig vor dem Ausscheiden der 1. IKÖ-Dez aus dem Amt erfolgte Beschluss wäre ohne die intensive Vorarbeit durch die integrationspolitischen Sprecher_innen aller damaligen Ratsfraktionen im Ausschuss für Zuwanderung und Integration (AZI) unter Vorsitz des türkeistämmigen Ratsherrn der Grünen nicht zustande gekommen.
20 Stadt Essen SB 2010: III; SB 2011: 4f; DS 1421/2013/4 Anlage S. 47.

4 „Stellvertretende" IKÖ als ambivalente Ausweichstrategie gegen die Vetomächte im Regelsystem

Einerseits hat dieses Voraussegeln die Umsetzung des Essener Konzepts erst möglich gemacht („so geht's")[21]: Ihre positiven Erfahrungen haben die beteiligten Institutionen ermutigt, die Fachressorts und -politiker_innen für die Übernahme der innovativen Praxis in die eigene Fach- und Finanzverantwortung zu gewinnen – auch wenn diese „induktive" Innovationsstrategie kein Selbstläufer war, sondern auf zu erwartende systemische und individuelle Grenzen stieß (s. u. Abschnitt 8). *Andererseits* wirken Modellprojekte, bei denen eine QSD bzw. ein externer Träger (z. B. Wohlfahrtsverband, andere freie Träger der Jugend- und Altenhilfe, Stiftungen, Bundesbehörden wie BA und BAMF oder Landesinstitute und Universitäten) nicht nur Fördermittel verteilt, sondern *innerhalb* der Regelpraxis, aber *außerhalb* der jeweiligen Linienorganisation die Produktverantwortung trägt, für die Regelsysteme auch entlastend, solange die direkt betroffene Mitarbeiterschaft in das Projekt „nur" ihren Leidensdruck, begrenzte Zeitressourcen und eine grundsätzliche Toleranz gegenüber Neuem(n) einbringen muss. Wenn es gut läuft, werden sie im Fahrwasser des voraus segelnden Projektträgers zumindest „ideell" mitgezogen bzw. – bei geringem „commitment" der Vorgesetzten – durch Treffen in gemeinsamen „Arbeitsgruppen" formal „eingebunden", ohne dass dadurch die in „Steuerungsgruppen" vertretende Führungsebene im jeweils eigenen Verantwortungsbereich für eine migrationsgesellschaftlich orientierte systemische Personal- und Organisationsentwicklung (PE/OE) sorgen muss.

Diese zwiespältige Ausgangslage fördert eine problematische Rollenaufteilung zwischen den bereits innovationsengagierten Institutionen (einzelne Kitas, Schulen, Kulturzentren, neu durch die QSD ins Spiel gebrachte MOs) und den übrigen Dienststellen des Regelsystems, die sich ein ungestörtes Weitermachen mit ihren bisherigen Routinen noch leisten können. Noch konfliktreicher wird es, wenn der/die vorauseilende Querschnittsdezernent_in die Führungskräfte nicht „mitnimmt", sondern letztere sich zur IKÖ im eigenen Fachbereich „getrieben" fühlen. In Essen hat eine solche Konstellation bis zum Ende der Amtszeit der 1. IKÖ-Dez im April 2007 zu einem „IKÖ-Ersatzdienst" der damals noch kleinen Unterstützergruppe *anstelle* des notwendigen Neuorientierung in der gesamten Organisation geführt. Dadurch konnten außerhalb der eigenen Sicherheitszone die fremden Hoheitsgewässer der traditionell mächtigen zentral organisierten Verwaltungsbereiche Finanzen, Personalbewirtschaftung, Bau- bzw. Stadtplanung und Ordnungsbehörden (insbesondere das Ausländeramt) nicht erreicht werden.

---

21 In Essen wären die später im Regelsystem implementierten innovativen Maßnahmen ohne die dort und mit den MOs vernetzte QSD gar nicht zustande gekommen. Startvoraussetzung dafür war, dass ihr mehrsprachiges Personal mit interkultureller Kompetenz die Bedürfnisse Menschen aus den sozial benachteiligten Stadtteilen aufgegriffen, dafür Konzepte entwickelt, externe Ressourcen eingeworben bzw. IKÖ-Fond-Mittel angemeldet und die Federführung" für die Erprobung von „Prototypen" übernommen hat: (Stadt Essen 2003; 2007b: 55ff; 71f; 99; 108–119; 195–199). Zu analogen Prozessen im Bereich Kultur und Sport zwischen 2012 und 2016 s. u. Fn 40.

Darüber hinaus bestärkt eine solche „Stellvertretungsstruktur" die von den migrationsgesellschaftlichen Konflikten besonders verunsicherten Entscheider aus Politik und Verwaltung in ihrer Sorge, dass mit *nicht* durch sie *allein* gesteuerten „Modellprojekten" unkontrollierbare „Parallelstrukturen" zu den etablierten Regelinstitutionen aufbaut werden. Diese Argumentation verkennt jedoch: Wo innerhalb des Regelsystems die MGÖ oberhalb der ersten Stufe (sozialrechtliche Gleichstellung) fehlt und ein Fortschreiten zu höheren Stufen (vgl. Schweitzer 2016, 1318) nicht von der Führung aus eigenem Antrieb „top down" als „deduktive" Strategie durch eine entsprechende PE/OE organisiert wird, kann erst durch eine „induktive" „bottom up"-Strategie mit Unterstützung von außen (durch eine migrationsgesellschaftlich kompetente QSD und/oder externe Organisationsberatung) der bis dahin einzige Strang als Vorbild („Modell") und konkrete Utopie für andere entstehen. Doch selbst eine solche kleinschrittige Innovationsstrategie stellt die fest gewachsenen Machtstrukturen und Haltungen im Umgang mit den Migrationsfolgen in Frage und fordert Widerstände auf verschiedenen Ebenen heraus.

Die ambivalenten Konsequenzen einer „stellvertretenden" IKÖ treten spätestens dann zu tage, wenn sich die politischen, personellen und/oder wirtschaftlich-finanziellen Rahmenbedingungen ändern: In Essen wechselten seit dem Ratsbeschluss zum Interkulturellen Konzept durch die Kommunalwahlen 1999, 2004, 2009 und 2014 jedes Mal die politischen Mehrheiten im Rat und als Folge davon die Einflussmöglichkeiten der von den unterschiedlichen Mehrheitsbündnissen neu gewählten Geschäftsbereichsvorstände der Verwaltung (insbesondere der jeweiligen IKÖ-Dez) sowie die Interessenschwerpunkte und Führungsstile ihrer Vorgesetzten, also den direkt gewählten neuen Oberbürgermeistern (1999, 2009 und 2015). Gleichzeitig wuchs die Gesamtverschuldung des Konzerns Stadt Essen bis 2015 auf 5,4 Mrd. €. Durch diese vier Faktoren wurden die o. g. Kernelemente des Essener Modells schrittweise aufgeweicht. Dafür kommen aber umso mehr die auch für andere Kommunen typischen Faktoren des Gelingens bzw. Misslingens von IKÖ unter schwierigen Rahmenbedingungen zur Geltung. Als durchgängiges Element erweist sich die alle Sachfragen überlagernde Machtkonfiguration zwischen den Hauptakteur_innen mit unterschiedlichen Kommunikationsstilen, Führungskompetenzen und nicht zuletzt (integrations)politischen Haltungen zum Umgang mit der lokalen Migrationsgesellschaft.

5 Irritierender Kurswechsel neuer Steuermänner von „stellvertretender" zu verbindlicher IKÖ der Gesamtverwaltung

Wenn in der Kommune Pioniere einer migrationsgesellschaftlichen Öffnung ausscheiden und anders „tickende" Machtpromotoren an ihre Stelle treten, bleibt dies in der Regel nicht ohne nachhaltige Auswirkung: In Essen wählte die 2004 erstmals zu Stande gekommene schwarz-grün-gelbe Ratsmehrheit im Frühjahr 2007 den prominentesten Gegner des bis dahin nicht von *ihm* gesteuerten Modells einer „stellvertretenden IKÖ durch Vorsegeln" zum Nachfolger der auch durch die eigene (Oppositions)-Partei nicht mehr für eine zweite Amtszeit unterstützten 1.IKÖ-Dez. Der 2. IKÖ-Dez.[22] leitete während seiner in dieser Funktion nur 30monatigen Amtszeit bis 2009 einen grundlegenden Kurswechsel in Richtung eines für die *gesamte* Kommunalverwaltung verbindlichen „Strategiekonzepts Interkulturelle Orientierung" ein – mit bis heute wirksamen widersprüchlichen Folgen für ein nachhaltiges Gelingen *in* der Stadt Essen: Als neuer Steuermann verbreiterte er als erstes im eigenen Geschäftsbereich die Basis für eine zunächst *formale* Öffnung *aller Regeldienste* – also für die (nach der gesetzlichen Verpflichtung) zweite MGÖ-Stufe.[23] Als fachliche Grundlage einer später zunehmend auch *konzeptionellen Öffnung zu weiteren Stufen* nutzte er die (durch den IKÖ-Fond und die QSD ermöglichten) Erfahrungen der Voraussegler_innen – einschließlich der mitgesegelten Abteilungen aus dem jetzt vom ihm gesteuerten Jugend- bzw. Sozial- und Gesundheitsamt. Aber er legte die nach dem Ausscheiden seiner Amtsvorgängerin geschwächte Flotte an seine Leine und stoppte konsequenterweise die Strategie einer „stellvertretenden" IKÖ, in dem er die kurz vor seinem Amtsantritt 2007 beschlossene Überführungsstrategie aus dem IKÖ-Fond in die Produktverantwortung seiner Fachbereiche de-facto in Frage stellte (Stadt Essen SB 2008; SB 2009), ohne dabei auf den Widerstand der jeweils zuständigen Fachpolitiker_innen zu stoßen. Als Alternative dazu erhielt die nun vom ihm gesteuerte QSD auf Empfehlung des damaligen Ratsausschusses für Zuwanderung und Integration (AZI) im Jahre 2008 den Auftrag, das nur von den Voraussegler_innen umgesetzte IKK *in* der Stadt Essen aus dem Jahre 1999 unter den neuen bundes- und landespolitischen Vorzeichen im Diskurs mit den Fachressorts zu einem vermeintlich effektiveren Steuerungsinstrument *der* Stadt Essen (d. h. *allein* der Kommunalverwaltung) in Form eines „Ziel- und Maßnahmenplans" weiterzuentwickeln. Die 18 Monate später in Folge der Kommunalwahlen 2009 neu ins Amt gekommenen integrationspolitischen Sprecher_innen aller Ratsfraktionen waren angesichts ihres je eigenen Profilierungsdrucks und der neuen Koalitionsmehrheit gegen

---

22 Als jugendpolitischer Fachmann und Leiter des städtischen Jugendamtes 2003–2007 war er in der machtpolitisch geprägten Kommunikation mit der 1. IKÖ-Dez trotz steuerungsstrategischer Übereinstimmung *kein* Teil der voraussegelnden IKÖ-Flotte.

23 Er verpflichtete seine Fachbereichsleitungen die Grenzen zwischen den erstmals ein- bzw. immer noch auszuschließenden Zielgruppen neu zu definieren, d. h. die „Menschen mit Migrationshintergrund" (MmM) neu in die bestehenden Regelsysteme von Hilfe und Kontrolle aufzunehmen. In diesem Sinne verlagerte er auf Anraten der QSD im konfliktreichen Bereich der „Integration von Menschen mit libanesischer Zuwanderungsgeschichte" die operative Fallverantwortung der Arbeiterwohlfahrt und die strategischen Unterstützungsleistungen der QSD in das Jugendamt – allerdings dort in eine neue Sonderabteilung (Vgl. das Programm „Chancen bieten, Grenzen setzen" – Stadt Essen SB 2010: 49–51).

die Verwaltungsspitze[24] ebenso wie der von diesem Bündnis neu gewählte 3. IKÖ-Dez[25] darum bemüht, sich gegenüber dem *ohne* ihr Mitwirken 15 Jahre zuvor entwickelten und von ihnen „zu den Akten gelegten" Interkulturellen Konzept abzugrenzen. Sie beschlossen ohne Berücksichtigung der externen Evaluation des Essener Modells (Krummmacher/Kulbach 2007) eine „Interfraktionelle Beratungskommission zur Neuorientierung der Integrationsarbeit"[26] unter Einbeziehung der Verwaltung einzurichten.

Doch das zentrale, auf Initiative der Grünen in die Kommission eingebrachte Leitprojekt – die Einrichtung eines „Welcome-Centers" (WSC) in Form einer „one-stop-agency" (Copur/Staller 2013) für *alle* Neueinwanderer_innen (nicht nur für Fachkräfte) – lief nach hoffnungsvoll aufgenommener Fahrt mit viel Rückenwind durch *alle* dafür relevanten institutionellen Akteure *außerhalb* der Kommunalverwaltung (u. a. IHK, Essener Unternehmerverband, Jobcenter, Universität, Migrationsberatung für Erwachsene, Jugendmigrationsdienst, Migrantenorganisationen etc.) in den „fremden Hoheitsgewässern" der politisch breit (mit Ausnahme von Grünen und Linken) unterstützten Ausländerbehörde „auf Grund".[27] Damit landete die „Neuorientierung der Integrationsarbeit" in dem zentralen Feld einer modernisierten „Willkommenskultur und -struktur" bereits „im Sand" – noch ehe die gleichzeitig beschlossene „Neue Steuerung" durch „strategische Zielvorgaben" überhaupt begonnen hatte.

---

24 Die bisherige Koalition aus CDU, FDP und Grünen schloss sich mit populistisch genährten Kräften („EssenerBürgerBündnis" EBB) zu einem „Viererbündnis" gegen die von links umworbene SPD und deren direkt gewählten OB zusammen.

25 Der 2. IKÖ-Dez musste diese Querschnittsaufgabe auf Drängen der Grünen an den neu zu wählenden, ihnen nahe stehenden Kulturdezernenten abgeben, der sich 12 Jahre zuvor als Vertreter des Kulturbeirats der Stadt und kompetenter Moderator eines erfolgreichen Bürgerbegehrens von CDU, FDP und Grünen deren Vertrauen gegen die damals mit absoluter Mehrheit regierende SPD erworben hatte.

26 Diese Kommission konstituierte sich mit geschäftsführender Unterstützung durch den neuen 3. IKO-Dez und die QSD, tagte ohne Vertretung des eingeladenen OB-Büros und hatte große Mühe, ihre Ergebnisse in Form von Eckpunkten (u. a. die Einrichtung eines „Informations- und Servicecenters" für „Neubürger"_innen, die Steuerung der kommunalen Integrationsarbeit durch strategische Zielvorgaben und die Etablierung eines „interkulturellen Managements" im Rahmen einer neuen Steuerungsstruktur) über den OB in den Rat einzubringen (DS 0824/2011/4).

27 Durch die externe Befürwortung verlor die kleine Flotte von Vorsegler_innen aus der interfraktionellen Beratungskommission während der Fahrt den klaren Blick auf die zu erwartenden Hindernisse. Im Zuge der verwaltungs- und koalitionsinternen Abstimmungsprozesse über (u. a. hoheitliche) Aufgaben für eine kleine Zielgruppe (§ 18 - § 21 Aufenthaltsgesetz), Trägerschaft, Arbeitsweise, Kosten für Personal und Standort konnte sich die Ausländerbehörde mit Rückendeckung durch die Vetomacht des OBs gegen die ursprünglich weiter gefasste Willkommenskultur der WSC-Konzeption von QSD und 3. IKÖ-Dez durchsetzen. Die Federführung des OB war bereits in den vom IKÖ-Dez vorgelegten Neukonzeptionen (DS 0423/2012/4 und DS 0423E/2012/4) erkennbar und trat in der von letzterem nicht mehr zu verantwortenden DS 1249/2013/1A deutlicher hervor.

6 Ein neues „Strategiekonzept" für die Verwaltung als Modell scheinbar „idealer" kommunaler Steuerung

Das mit diesen Vorgaben vom 3. IKÖ-Dez vorgelegte „*Strategiekonzept Interkulturelle Orientierung 2012–16*" (DS 0424/2012/4) erweckt auch in seiner ein Jahr später vom Rat beschlossenen konkretisierten Fassung (DS 1421/2013/4, Anlage)[28] den Eindruck, dass durch eine neue, auf die Linienorganisation der *gesamten* Verwaltung ausgerichtete Steuerungsstruktur[29] die von den Fach- und Geschäftsbereichen eingebrachten 18 (ursprünglich 21!) strategischen Ziele mit insgesamt 49 „smarten" Unterzielen und dafür hinterlegten Monitoring-Kennzahlen nach den anspruchsvollen Prinzipien einer Balanced Score Card im Sinne einer „deduktiven" Innovationsstrategie umgesetzt werden sollten. Tatsächlich haben jedoch die Fachbereiche entgegen den Prinzipien der NVSt in meisten Fällen für eine bereits laufende bzw. geplante Maßnahme erst *nachträglich* ein in ihre bisherige Arbeitsweise passendes Unterziel formuliert. Konsequenterweise wurde nun per Ratsbeschluss die schon seit 2008 veränderte Funktion der QSD im Wesentlichen auf eine Beratung und Unterstützung anfragender Fachbereiche bzw. Dezernenten festgeschrieben (ebd.: 45). De facto bestimmten die beiden dabei am stärksten engagierten Dezernenten – zumindest bis zum Wechsel der QSD in den Geschäftsbereich des neuen OB zum 1.6.2017 (DS 0822/2017/1) – das Ausmaß, mit dem die jetzt nur noch als ihre Dienstleister fungierenden einstige Vorsegler-Flotte „an der Leine" gehalten und für konkrete Maßnahmen mit Hilfe des IKÖ-Fonds[30] genutzt wurde (s. u. Abschnitt 8 und 9).

---

28 Für die erste Fassung von 2012 hat die QSD in verwaltungssprachlicher Lyrik die veränderten Rahmenbedingungen der kommunalen Migrationsgesellschaft dargestellt und die bereits seit 2010 priorisierten sieben Aktionsschwerpunkte in drei Querschnittsbereiche für das gesamte Verwaltungshandeln (IKÖ, Anerkennung und Teilnahme von Migranten, integrierte Stadtteilentwicklung) bzw. vier priorisierte Handlungsfelder (Sprache, gesundheitliche Entwicklung, Erziehung und Bildung; Qualifizierung und Beschäftigung; Kultur; Sport) neu gruppiert.

29 Zu der im Kern vom 2. IKÖ-Dez entwickelten neuen Struktur der „Netzwerksteuerung" gehörten a) der „verwaltungsinterne Steuerungskreis" als zentrales Instrument, b) „interdisziplinäre Fachteams" auf Arbeitsebene zwischen den dabei federführenden Fachbereichen und dem Querschnittsamt, c) als Ersatz für die fehlende direkte Einflußnahmemöglichkeit nichtstädtischer Akteure die Einrichtung von „Integrationsforen" zur Beteiligung der Stadtgesellschaft und d) ein neu strukturiertes Verfahren für den Einsatz von Mitteln aus dem IKÖ-Fond („Innovationshaushalt")

30 DS 1421/2013/4, Anlage S. 47. Dieser „offizielle Lehrplan" des Strategiekonzepts 2012–2016 sah vor, dass die nun differenziert darzustellenden Konzepte für neue Maßnahmen (gerade auch nichtstädtischer Träger) zunächst in einem „interdisziplinären Fachteam" zwischen den für zuständig erklärten Verwaltungsdienststellen und dem KI beraten und bei dieser QSD durch einen verantwortlichen Fachbereich zu zwei Stichtagen im Jahr angemeldet werden müssen. Nach erster Prüfung durch das KI auf der Grundlage von formalen und einigen häufig strittigen inhaltlichen Kriterien (insbesondere „Wie interkulturell innovativ ist die Maßnahme?") kamen die Anmeldungen in die verwaltungsinterne Steuerungsgruppe zur Abstimmung einer Empfehlung für die politischen Gremien (DS 0093/2014/4). Nach positiver Entscheidung des

7 Die Essener Konstruktion einer Querschnittsdienststelle als Vorläufer der landesweiten Förderung kommunaler Integrationszentren in Nordrhein-Westfalen

Der im Februar 2014 gefasste Ratsbeschluss zum „Strategiekonzept konkret" bildete zugleich die zentrale Voraussetzung dafür, dass die seit 1999 für IKÖ in der gesamten Bildungskette *und* in der Stadtgesellschaft engagierte RAA/BikA mit ihrer schon bestehenden Querschnittsfunktion auf der Grundlage des neuen Teilhabe- und Integrationsgesetzes NRW[31] unter der Bezeichnung „Kommunales Integrationszentrum" (KI) im Verbund mit z.Zt. 53 anderen neuen KIs und einer Landeskoordinationsstelle (LaKI) aus Landesmitteln weiter gefördert werden konnte. Das Land finanziert diese ausgeweitete neue Regelstruktur seit Mitte 2012 für die Bearbeitung eines mit den Fachressorts zu vereinbarenden „Aktionsprogramms" in zwei Pflichtschwerpunkten („Integration durch Bildung" und mindest einem „Querschnittsbereich").[32] Der damit verbundene neue Arbeitsauftrag einer „systemischen Beratung" und Unterstützung der Regelinstitutionen ist zwar in sich nicht stringent und vor allem nicht realitätsnah konzipiert,[33] entspricht aber grundsätzlich der Aufgabentei-

---

für den IKÖ-Fond zuständigen Ratsausschuss (ab Herbst 2017 wieder der Rat selbst) muss die Maßnahme vom anmeldenden Fachbereich begleitet werden.

31 Das im Februar 2012 einstimmig vom Landtag verabschiedete Gesetz verankert in § 2 u. a. den Wechsel vom Defizit- zum Potentialansatz (z. B. bezogen auf die Anerkennung von Mehrsprachigkeit), macht die IKÖ der Landesbehörden zu einer Pflichtaufgabe, fördert einen flächendeckenden Ausbau der integrationspolitischen Infrastruktur von Kommunen und Wohlfahrtsverbänden und stärkt die Teilhabemöglichkeiten der gewählten Integrationsräte.

32 Dafür erhalten die KIs verglichen mit der früheren, nur auf den Bildungsbereich bezogenen Landesförderung der ehemaligen RAAs zusätzliche Mittel. Vgl. http://www.kommunale-integrationszentren-nrw.de/ (10.5.2017).

33 In der KI-Richtlinie des Landes NRW (s. Fn 31) werden die alten, operativ ausgerichteten RAA-Aufgaben (insbesondere die *Einzelfall*beratung von nicht ausreichend deutsch sprechenden Schüler_innen bzw. ihrem Lehrpersonal („Seiteneinsteigerberatung") einerseits und das Angebot einer *systemischen* Beratung der relevanten Fachressorts unter dem Fokus „Migration" andererseits unvermittelt hintereinander gestellt. Dieser breit gefasste, durch Ausnahmeregelungen noch erweiterte Ermöglichungsrahmen des Landes erlaubt es den Kommunen im Rahmen ihrer Selbstverwaltungsrechte, über die an das KI jährlich neu abzuordnenden 2-3 Lehrerstellen und die 3,5 (ab 2017 5,5) mit jeweils max. 50.000 € Landesmittel geförderten Stellen für Sozialpädagog_innen sowie Verwaltungskräfte immer noch viele operative Angebote *auf Kosten* strategischer Aufgaben wahrzunehmen. Zudem zeigen die Erfahrungen im KI-Verbund als komplex strukturiertem Handlungsfeld staatlich-kommunaler Verantwortungsgemeinschaften nach den ersten fünf Jahren, dass Geist und Buchstaben der Richtlinien (z. B. zu KIs als „nach außen erkennbare Einheit") von beiden Seiten je nach verwaltungsstrategischer bzw. politischer Opportunität flexibel auslegbar sind. Auch deshalb konnte die systemisch konsequente Anforderung des Landes an die Querschnittsfunktion der KIs, sich nach zwei Jahren aus der im Tandem mit den Fachdiensten zu bearbeitenden MGÖ eines Handlungsfeldes „auch wieder (…) herauszuziehen und nicht der Gefahr zu erliegen, dauerhaft additive Aufgaben zur Entlastung der Regel(institutionen) zu übernehmen" (LaKI 2014 :1, 3), bislang nur selten (auch nicht in

lung zwischen den Fachressorts und dem KI mit dessen Prozessverantwortung als QSD im Rahmen des Essener Strategiekonzepts. Durch diese landesgesetzliche Aufwertung blieb trotz teilweise erfolgreichen Drucks der populistischen Kräfte im Viererbündnis der Ratsmehrheit, die kommunal finanzierten Personalstellen der QSD und den IKÖ-Fond weit überdurchschnittlich zu kürzen, ein wesentlicher institutioneller Gelingensfaktor für eine sich mühsam verbreitende IKÖ in Essen erhalten.[34] Allerdings sah sich das KI in der Folgezeit – insbesondere seit erstmaliger Bildung einer großen Koalition im Rat ab Frühjahr 2014 und dem schon vorher begonnenen Rückzug aktiver Unterstützer_innen der QSD aus der Parteipolitik – auch von einstigen Vorsegler_innen in eine „stellvertretende" Wächterfunktion über die Umsetzung der strategischen Ziele insbesondere in den Querschnittsbereichen „Anerkennung und Teilhabe" und „IKÖ der Verwaltung" gedrängt.

8 Die Umsetzung des neuen Strategiekonzepts im Gestrüpp der „alten" Verwaltungsstrukturen

In der Praxis ist auch das Strategiekonzept 2012–2016 wie sein Vorgänger an verwaltungstypische Grenzen der NVSt gestoßen, die eine IKÖ der *gesamten* Verwaltung für die neuen migrationsgesellschaftliche Realitäten bis zur Zuspitzung der sogenannten „Flüchtlingskrise" im Sommer 2015 stark behindert hat:

Indem das Konzept darauf abzielt, die Steuerungshoheit der Kommune über *alle* externen institutionellen Akteure zu sichern und sich im Kern *nur* an die *Verwaltung* wendet, werden von vorne herein wesentliche bisherige deliberative Gelingensfaktoren des Essener Modells für die IKÖ der *gesamten* Stadtgesellschaft (u. a. Beteiligung von zivilgesellschaftlichen Akteuren und Politik „auf Augenhöhe" im Vorfeld der Beschlussfassung über Ziele, Schwerpunkte, Strategien und Einzelmaßnahmen auch aus Mitteln des IKÖ-Fonds) ignoriert. Es wurde quasi „das Kind mit dem Bade ausgeschüttet." Während die bisher engagierten Wohlfahrts- und Jugendverbände, die Universität und die MOs ihren Ausschluss aus der veränderten Steuerungsstruktur und den Verlust der Rolle der QSD als Innovationsagentur eher inoffiziell beklagten (Bartelt 2015), übten die Integrationspolitiker_innen fast aller Fraktionen nur redaktionelle Kritik. Sie überzeugten aber ihre vor der Kommunalwahl 2014 mit noch viel grundsätzlicheren Herausforderungen (dramatische Haushaltslage und Vorboten der sog. „Flüchtlingskrise") konfrontierten Kolleg_innen im

---

Essen) umgesetzt werden. Leider ist diese zentrale Fragestellung zur nachhaltigen Wirkung der KIs noch nicht Gegenstand der Ende 2016 vorgelegten wissenschaftlichen Begleitung gewesen https://www.mais.nrw/sites/default/files/asset/document/mais_integration_bilanz_ki.pdf (12.12.16)

34 Dennoch blieb der Druck auf den 3. IKÖ-Dez nicht ohne erhebliche Auswirkung: Die QSD verlor drei Stellen (fast 40% der ausschließlich kommunal finanzierten Planstellen). Damit wurde dieser Fachbereich innerhalb des dem gesamten Geschäftsbereich zugebilligten Personalbudgets überdurchschnittlich gekürzt.

Stadtrat[35] davon, den vom 2. IKÖ-Dez für die Verwaltungsvorlage initiierten Ausschluss der Politik aus der strategischen Steuerung im Vorfeld von Entscheidungen wieder rückgängig zu machen: Sie richteten ein zusätzliches Steuerungsgremium – den „interfraktionellen Beratungskreis" – ein.[36]

Trotzdem reduzierte sich das Strategiekonzept 2012–2016 in der Verwaltung – vier Jahre lang ohne ein Ziel-Monitoring – im Wesentlichen auf einen neu legitimierten Bezugsrahmen zur Anmeldung von Maßnahmen, für die in den Regelhaushalten keine Ressourcen bereitgestellt wurden (s. u. Abschnitt 9). Die schon zuvor bestehenden – nur nicht so bezeichneten – „interdisziplinären Fachteams" aus dem Jugend-, Sozial-, und Gesundheits- und Personalamt, der Essener Wirtschaftsförderungsgesellschaft bzw. der Volkshochschule und dem Büro Stadtentwicklung arbeiteten mit dem KI auf kollegialer Ebene weiter vertrauensvoll zusammen und brachten ihre *unabhängig* vom Strategiekonzept bereits erhobenen migrationsspezifischen Daten aus dem jeweiligen Amtscontrolling mit ein. Aber darüber hinaus kam es bis 2016 im verwaltungsinternen Steuerungskreis mangels Engagement aller Geschäftsbereichsvorstände noch nicht zu der bereits fünf Jahre zuvor geforderten neuen Haltung *aller* Fachressorts. Dies betrifft insbesondere die für nachhaltige MGÖ-Prozesse wichtige Führungsebene der Zentralverwaltung im Bereich Personal, Finanzen und Stadtplanung[37], lässt sich jedoch auch an offensichtlichen Lücken im Strategiekonzept zu Unterzielen und Maßnahmen des Ausländeramts verdeutlichen. Es stand lange Jahre auch in der Kritik von und politischer Gremien[38], erhielt aber mit jedem von Ratsmitgliedern vorgetragenen Angriff verständlicherweise Rückendeckung

---

35 Sie mussten die harten Etatauflagen des Landes erfüllen und wollten gleichzeitig ihr jeweiliges Wählerklientel nicht mit notwendigen Entscheidungen für die Schaffung neuer Unterbringungskapazitäten für Geflüchtete (damals noch überwiegend nicht bleibeberechtigte Roma aus den Nicht-EU-Staaten des Balkans) verschrecken (DS 0825/2014/5).

36 Hier trafen sich die von den Fraktionen entsandten Integrationspolitiker mit dem amtierenden 3.IKÖ-Dez und der QSD *ohne* die Fachverwaltung in der Regel nach der verwaltungsinternen Steuerungsgruppe, um die dort abgestimmten Maßnahmen aus dem IKÖ-Fond vor Einbringung der Verwaltungsvorlage in die politischen Gremien zu beraten.

37 Zur Umsetzung der ohnehin bescheidenen Unterziele und Maßnahmen aus der interkulturellen Personalentwicklung (DS 1421/2013/4, Anlage S. 18) vgl. den zum Redaktionsschluss dieses Beitrags noch nicht veröffentlichten Monitoringbericht 2016. Mitarbeiter_innen mit Migrationshintergrund wurden bis 2016 allenfalls in der Kita und als Azubis – Frauen in der Regel ohne Kopftuch – eingestellt. Die richtungsweisenden Ergebnisse der Mitarbeit des Essener Fachteams (Personalamt und QSD) in einem landesgeförderten Projekt von Ruhrgebietskommunen zur Beurteilung interkultureller Kompetenz in Bewerbungsverfahren (www.integration-interkommunal.de/) sind in Essen nicht umgesetzt geworden. Die in einem Nachfolgeprojekt produzierten Videoclips zur Werbung von Nachwuchs für die Kommunalverwaltungen (http://www.integration-interkommunal.net/iinet_aktuelles/iinet_aktuelles.de.html – 20.12.2016) wurden in Essen nicht eingesetzt.

38 Vgl. https://www.nrz.de/staedte/essen/Welcome-center-fuer-migranten-scheitert-an-buerokratie-id610062.html; https://www.waz.de/staedte/essen/das-welcome-center-koennte-ein-exportschlager-werden-id6608554.html (19.6.2017)

durch die Verwaltungsspitze und den Personalrat (Schweitzer 2014). Vor diesem Hintergrund wurde der zaghafte Beginn eines Wandel dieser traditionellen Ordnungsbehörde zu einem kunden- und mitarbeiterfreundlichen Dienstleister anfangs *ohne* ein entsprechendes Unterziel des Amtes im Strategiekonzept zunächst durch die QSD auf anderen Wegen gefördert. [39] Anschließend initiierte der 3. ÖKO-Dez die Unterstützung auch des Landes NRW für einen Modellversuch der Stadt Essen zur Beendigung der 2017 noch mindestens 640 geerbten Kettenduldungen bei den hier aufgewachsenen unter 27-Jährigen mit kurdisch-libanesischer Einwanderungsgeschichte (Stadt Essen SB 2014: 95f; nichtöff. Sitzung des Unterausschuss Jugend vom 2.2.2017)[40]

Abgesehen von diesem schließlich im Frühjahr 2016 (unter einem neuen OB) gestarteten extrem bürokratieaufwendigen und nach einem Jahr noch wenig effektiven Projekt einer verwaltungsinternen „Härtefallkommission" dreier Dezernenten verzichtete der 3. IKÖ-Dez auf seine Interventionsmöglichkeiten außerhalb seines Geschäftsbereichs als für die IKÖ in der *gesamten* Verwaltung eigentlich „federführender" Beigeordneter[41], nachdem er ernüchternde Erfahrungen mit den von seinem vorherigen (bis September 2015 amtierenden) OB nicht wirksam eingeschränkten Ressortegoismen im Verwaltungsvorstand machen musste. Auf diese Weise blieb der ehemalige 2. IKÖ-Dez und seit 2007 für zentrale migrationsgesellschaftlich relevante Regelsysteme (Bildung, Jugend, Arbeit, Soziales, Wohnen, Gesundheit) verantwortliche Kollege im Verwaltungsvorstand über seine zahlreichen Schnittstellen zu anderen Geschäftsbereichen auch in der öffentlichen

---

39 In enger Abstimmung mit dieser Behörde hat die RAA/BikA eine aus dem IKÖ-Fond finanzierte Mitarbeiter- und Klientenbefragung in der Essener Ausländerbehörde durch externe Wissenschaftler in Auftrag gegeben (DS 0528/2013/4 Anlage) und der Stadt Essen ermöglicht, als Mitveranstalter einer Fachtagung von Bertelsmann-Stiftung und BAMF zur Anerkennungs- und Willkommenskultur von Ausländerbehörden aufzutreten (https://www.bertelsmann-stiftung. de/fileadmin/files/Projekte/28_Einwanderung_und_Vielfalt/Erfahrungen_auf_dem_Weg. pdf -6.1.2017). Diese Vernetzung der QSD bahnte den Weg für die Teilnahme des Essener Ausländeramtes an einem vom BAMF geförderten Organisationsentwicklungsprojekt (www. bamf.de/SharedDocs/AnlagenDE/Downloads/infothek/Sonstige/abh-Projekt-steckbrief-essen. pdf?_blob=publicationFile) (15.12.2016).

40 Der schriftliche Zwischenbericht zum Projekt war bis zum Redaktionsschluss noch nicht verwaltungsintern abgestimmt. Zur Kontroverse um eine rechtmäßige, aber entgegen der Ausländerbehörde Essen nicht zwingend restriktiv auszulegende Anwendung des Ausländerrechts (insbesondere § 3 Aufenthaltsgesetz zur Passpflicht) gegenüber der großen Zahl der in Deutschland geborenen bzw. seit über 25 Jahren in Essen lebenden, dennoch nur geduldeten Einwohnern kurdisch-libanesischer Herkunft vgl. https://www.derwesten.de/staedte/essen/ warum-die-integration-von-jungen-libanesen-in-essen-so-schwierig-ist-id208784029.html (12.12.2016).

41 Hingegen nutzte er als Kultur- und Sportdezernent analog zur 1. IKÖ-Dez 10 Jahre zuvor den IKÖ-Fond und die QSD sowie die Universität als Vorsegler-Einrichtungen für die Inklusion von Geflüchteten stellvertretend für die kommunalen Kulturinstitute sowie die kommunalen Sport und Bäderbetriebe SBE (DS 0517/2016/5: 23- 31)

Wahrnehmung durch die Politik und die Medien der de-facto-Integrationsdezernent.[42] Schon vor dem starken Flüchtlingszuzug behielt er den bestimmenden Einfluss darauf, *ob* bzw. *wann mit welchen Inhalten* integrationsrelevante Verwaltungsvorlagen (u. a. zu neuen Konzepten, Organisationsstrukturen und Maßnahmen aus den Anmeldungen zum IKÖ-Fond) außerhalb des Kultur- und Sportbereichs den politischen Gremien zugeleitet wurden.

Im Kulturdezernat wurde anfänglich noch versucht, diese Dominanz durch Abgrenzung (Vermeidung von Kooperationsnotwendigkeiten der Kulturinstitute mit den Fachbereichen Jugend und Schule) zu unterlaufen. Aber eine solche „Notwehrstrategie" kann angesichts der notwendigen Kooperation von QSDs wie den Kommunalen Integrationszentren mit *allen* migrationsgesellschaftlich relevanten institutionellen Akteuren nicht funktionieren. Der fachliche Diskurs vor allem im schulischen Handlungsfeld führt sehr schnell zu Konflikten auf unterschiedlichen Ebenen, wenn ein KI seinen landesrechtlich vorgegebenen besonderen „Fokus Migration" zu präzisieren sucht, indem es *trotz* fehlender gesetzlicher Absicherung als lokaler Antidiskriminierungsstelle z. B. Initiativen aus Schulen oder der gewählten kommunalen Migrant_innenvertretung dabei unterstützt, Exklusionsstrukturen vor Ort abzubauen. Dazu gehört zunehmend auch Aufklärung darüber, dass ein geschärftes MGÖ-Monitoring sich nicht nur auf das „ob", sondern vor allem auf das „wie" des kommunal-staatlichen Umgangs mit Migrationsfolgen vor Ort konzentrieren müsste (Schweitzer 2016: 1317–1328). Denn viele Entscheidungsträger_innen in Verwaltung und Politik nehmen eine institutionelle Diskriminierung (z. B. bei der Auswahl von neuem Personal oder beim Umgang mit Mehrsprachigkeit[43] und kultureller Vielfalt im Bildungssystem) als solche gar nicht wahr, wenn sie sich angesichts ungleicher Ausgangsbedingungen eine vordergründig egalitäre Brille („Inzwischen gibt es in jeder Schule Zuwandererkinder, wir machen keine Unterschiede und sind für alle gleich offen") aufsetzen. Sie können über verdeckte formale und informelle Diskriminierungsmechanismen hinweg sehen, solange sich dagegen kein offener Widerstand regt. Deshalb werden sozio-kulturelle und migrationsspezifische Zugangsbarrieren der Institutionen im vielgliedrigen Schulsystem (z.B.schichtspezifische Nutzung von Info-Broschüren und Komm-Strukturen bei Beratungsangeboten für Eltern) selten mit geeigneten Kennzahlen regelmäßig dokumentiert.[44]

---

42 Dieser Einfluss wurde durch den Flüchtlingszuzug nochmals verstärkt: „Bei ihm laufen also die Fäden beim Thema Integration zusammen, und auch Leute aus den anderen politischen Lagern bescheinigen ihm, angesichts der knappen Mittel einen guten Job zu machen" (Staib 2016: 5)

43 Dazu Schweitzer (2017: 435–460) in diesem Band. Vgl. in Essen die Kontroversen im Integrationsrat um die Position der Verwaltung zur Förderung von bilingualen Kindertageseinrichtungen und Grundschulen (Niederschrift Nr.19 des Integrationsrates der Stadt Essen vom 18.5.2016 TOP 7).

44 In Essen haben die alarmierenden Daten aus dem IKK-Monitoring (Stadt Essen 2007: 77–82) und dem Essener Bildungsbericht 2011 nicht zu entsprechenden Zielindikatoren des Fachressorts für das Strategiekonzept 2012–2016 geführt (vgl. Teilziele 10.1 – 10.3 in: DS 1421/2013/4, Anlage S. 31). Stattdessen erhielten die politischen Gremien, der IKÖ-Dez sowie das KI Ende 2015 und Anfang 2016 die Ergebnisse zweier Notoperationen der Schulverwaltung „zur Kenntnis": Durch den Zuzug von knapp 1500 neuen Schüler_innen (davon 85 % ohne Deutschkenntnisse) im 2.

Dagegen helfen auch keine noch so „s-m-a-r-t" konkretisierten und auf Leitungs- sowie Entscheider-Ebene unterschriebenen Vereinbarungen zur IKÖ zwischen dem Querschnittsressort und den Vertretungen der jeweiligen „staatlich-kommunalen Verantwortungsgemeinschaft". Dies gilt erst recht, wenn dabei Vetomächte taktieren.[45] Die Tiefenwirkung solcher politisch geduldeten Machtspiele[46] zeigt nicht nur die harten Grenzen einer NVSt, sondern illustriert auch, wie eine von fehlender gegenseitiger Wertschätzung, Intransparenz und mangelndem Vertrauen geprägte Kommunikationskultur unter Führungskräften auf eine zukunftsfähige Organisationskultur der Verwaltung im Allgemeinen[47] und auf das Gelingen von deren MGÖ im Besonderen durchschlägt. Die Dezernenten und letztlich der OB geben im Konfliktfall – wenn der Willen zum Konsens auf der Grundlage eines fachlichen Diskurses und eines Interessenausgleichs fehlt – durch ihr (Nicht)Handeln die Richtung, Geschwindigkeit und Qualität des interpersonalen und -kulturellen Klimawandels in ihrem Verantwortungsbereich vor.

Als Folge dieses Funktionsverlustes des internen Steuerungskreises reduzierten sich deren zweimal jährlich gut einstündige Treffen zwischen 2013 und der Konsensfindung über das

---

Halbjahr 2015 war der neue (ohnehin nur auf eine Schulplatzbedarfsprognose reduzierte) Schulentwicklungsplan (DS 1497/2015/5 Anlage) bei seiner Vorstellung in den politischen Gremien Ende 2015 bereits überholungsbedürftig. Deshalb billigte der Stadtrat drei Monate später die Einrichtung zweier schulischer Segregationszentren unter der Bezeichnung „Integrationszentren" (DS 0029/2016/5). Indem man die Not zur Tugend konstruierte, wurden daraufhin in diesen gesonderten Schulstandorten (z.T. fernab von der formalen „Stammschule") ausländische „Seiteneinsteiger_innen" ohne Deutschkenntnisse ab der 5. Jahrgangstufe durch kaum darauf vorbereitete Pädagog_innen wöchentlich bis zu 30 Stunden ausschließlich in Deutsch ohne Unterrichtskontakt mit deutschsprachigen Schüler_innen unterrichtet. Zur zweifelhaften Wirkung solcher Segregationspraxis vgl. https://www.hu-berlin.de/de//pr/nachrichten/nr1612/nr_161213_01 (6.1.20167).

45 Unter diesen Umständen konnte in Essen das im „Fachteam Schule" und von den Dezernenten kontraktierte Aktionsprogramm zur Förderung einer interkulturellen Unterrichts- und Schulentwicklung in Prozessverantwortung des KI durch die beteiligten Schulen nur verkürzt oder um Jahre verspätet umgesetzt werden (DS 0259/ 2016/4, Anlage S. 8; DS 0203/2017/4 Anlage S. 4)

46 Angesichts der spezifischen Kommunikationsstrukturen und realen Machtverhältnisse zwischen den Hauptakteur_innen war die pragmatische Haltung des 3. IKÖ-Dez, sich aus den damit verbundenen Konflikten so weit wie möglich herauszuhalten, nachzuvollziehen. Sie verstärkte aber das bestehende Ungleichgewicht zwischen beiden Geschäftsbereichen. Dies änderte sich erst in dem Maße, wie die Desintegration innerhalb der Verwaltung im Umgang mit der neuen Arbeits- und Fluchtmigration ab 2016 nicht nur für den neuen OB zunehmend dysfunktional wurde (s. u.).

47 Vgl. Schein (1996): Diese Organisationskultur äußert sich auf individueller Ebene bei jeder/m Bediensteten in der täglichen internen und externen Kommunikation und ist quasi das „geronnene Ergebnis von Führungsverhalten" in all seinen Facetten. In Essen hatte sich seit 2011 durch Pensionierung der beiden bis dahin vertrauensvoll mit der QSD zusammenarbeitenden Partner in der unteren Schulaufsicht des Landes und der kommunalen Schulverwaltung das Selbstverständnis sowie der Kommunikationsstil ihrer Nachfolgerinnen untereinander und mit der QSD grundlegend geändert.

Monitoring zum Strategiekonzept vier Jahre später auf das Durchwinken bzw. Anhalten der von der QSD zusammengestellten Liste über die Aufteilung des IKÖ-Fonds für keineswegs immer „interkulturell innovative" Projekte, die im besonderen Interesse der anmeldenden Fachbereiche aus den beiden Integrationsdezernaten lagen. Damit entwickelte sich das neue Strategiekonzept ähnlich wie sein Vorgänger aus Sicht der geförderten Fachressorts zu einem (nunmehr steuerungstechnisch aufgeblasenen) Instrument, um kommunale Sondermitteln für neue Regelaufgaben nutzen zu können. Doch wie bei dem nach „Mitzeichnung" der Dezernenten im Sommer 2017 dem Rat vorliegenden Monitoring-Bericht ist auch die Beurteilung des IKÖ-Fonds ambivalent – je nachdem, ob die Wirkung dieser Steuerungsinstrumente als „halbvolles oder halbleeres Glas" angesehen wird.

9 Der IKÖ-Fond als Innovationsinstrument und interkulturell legtimierter Notgroschen im verwaltungsinternen Verteilungskampf einer Haushaltssicherungskommune

Am Beispiel des Essener IKÖ-Fonds als internem Sondertopf lassen sich die zwiespältigen Wirkungen eines fachlich und finanzpolitisch flexiblen Umgangs mit den (zukünftig durch die grundgesetzlich verankerte Schuldenbremse wachsenden) Zwängen von Kommunen verdeutlichen, die mit der weitreichenden Aushebelung des Konnexitätsprinzips durch Bund und Länder gerade im Bereich Soziales, Bildung und Migrationsfolgen schon seit längerem bzw. in den nächsten Jahren mit massiven *strukturellen* Haushaltsdefiziten zu kämpfen haben. Denn trotz weitgehender Kürzungsvorgaben der Kommunalaufsicht des Landes beim Personal und sogenannten „freiwilligen Leistungen"[48] sind die jeweiligen Fachpolitiker_innen meist wenig geneigt, die Ansprüche an in ihrem Sinne erfolgreiches Verwaltungshandeln zu reduzieren oder gar andere Prioritäten für neue migrationsgesellschaftliche Inklusionserfordernisse zu setzen. Nicht erst der aktuelle Geldregen für „Flüchtlingsprojekte" jeder Art zeigt jedoch, dass die Erschließung neuer externer Projektmittel zusätzliches, aber nicht refinanziertes Stammpersonal für Antragstellung, Begleitung, Controlling, Abrechnung und Abschlussberichte erfordert. Je innovationsfeindlicher die Auflagen des Landes für einen genehmigungsfähigen Haushalt durch das Finanzmanagement der Kommunen umgesetzt werden[49], desto größer ist die Verlockung

---

48 Unter diesem Druck hat in Essen die Ratsmehrheit des Viererbündnisses schweren Herzens eine Streichung von ursprünglich 1000 Personalstellen (knapp 13 % aller damaligen Stellen) in vier Jahren bis 2014 und den damit verbundenen Einstellungsstopp gebilligt (Antrag Nr.1260/2010/ CDU/GRÜNE/FDP/EBB). Zwar wurden nur 690 Stellenkürzungen umgesetzt. Hinzu kam jedoch eine jährlich bis 2015 vom Kämmerer erneuerte Haushaltssperre von 10 %.

49 In Essen müssen die Fachbereiche, die externe Personalmittel für ihre Arbeit akquirieren, dafür bezahlen, weil diese „unter dem Strich" zur Kompensation des Haushaltsdefizits an das Zentralbudget abgeführt („neutralisiert") werden (Zustimmung des Verwaltungsvorstandes zur VV-Vorlage 0043/2015/1B vom 27.10. 2015). Alle Ressorts müssen zur Mittelfreigabe aus ihren

für die Fachressorts, einige Regelaufgaben aus externen Finanzquellen zu bestreiten. In Essen betraf dies auch Maßnahmen, die vorher bereits aus anderen Ressourcen finanziert waren, neuerdings auch einige Migranten erreichten und jetzt nachträglich zu den allgemein gehaltenen Unterzielen sowie z. T. wenig aussagekräftigen und/oder nicht nachprüfbaren Kennzahlen des Strategiekonzepts (z. B. Anteil an „Menschen mit Migrationshintergrund" unter den Besucher_innen einer Veranstaltung) passten.[50]

Das trotz z. T. schmerzlicher Lernerfahrungen fast aller Steuerungsbeteiligten funktionierende Zusammenspiel von Verwaltung und politischer Mehrheit bei der Verteilung des IKÖ-Fonds[51] ist auch auf andere Formen einer externen Finanzierung übertragbar: Indem die Förderung „neuer", bislang noch nicht von der Regelstruktur erreichter Zielgruppen (Arbeitsmigranten, Geflüchtete, sozial Benachteiligte) bzw. nicht angemessen im Kernhaushalt institutionell unterstützter Maßnahmenträger (z. B. Freie Kulturszene, MOs, Schulen) in Sonderfonds für „Modellprojekte" abgeschoben werden kann, lässt sich eine MGÖ der Regelsysteme soweit hinaus zögern, dass *kein* zusätzlicher Umverteilungsdruck zu Lasten bislang begünstigter bzw. etablierter Empfänger „freiwilliger" staatlicher Leistungen entsteht.

Dabei besteht die Gefahr, dass ein nur verwaltungs*intern* gesteuerter Innovationsfond als „interkulturell" etikettierter Notgroschen zur (Weiter)Finanzierung von bislang nicht in Ressorthaushalten als wichtig eingestuften Maßnahmen für eine immer legitimierbare Notwendigkeit zur Inklusion „neuer" Mitglieder des nationalen Wohlfahrtsstaates her-

---

Budget für jede Maßnahme, die mehr als 3000 € kostet, die „sachliche und zeitliche Unabweisbarkeit" nach § 82 GO NRW in einem aufwendigen Verfahren der „VISA-Kontrolle" begründen. Hingegen werden die IKÖ-Fond geförderten Maßnahmen als *ein* Gesamtpaket geprüft.

50 Zur Not mussten die Indikatoren mit der entsprechenden Prosa im Anmeldeformular und im jährlichen Sachbericht so umformuliert werden, dass damit zumindest auf dem Papier höhere Entwicklungsstufen des Gütesiegels „interkulturell innovativ" erreicht werden konnten. Hierzu hat z. B. das angesichts der Ausgangslage bewusst sehr allgemein gehaltene und wenig ambitionierte 14. Leitziel des Strategiekonzepts („Die Kulturarbeit ist weiter entwickelt") einen breiten Interpretationsspielraum ermöglicht (Stadt Essen SB 2012: 79- 81; 85–87; SB 2014: 31–54; SB 2015: 37–51, 109–126). Eine fachlich berechtigte Organisation von zunächst „monokulturellen" Seniorengruppen mit türkisch- bzw. russischsprachigen Migranten wurde über acht Jahre für eine Förderung aus dem IKÖ-Fond mit dem Etikett „interkulturell" geadelt (Stadt Essen SB 2008: 128–131), bis diese Gruppen sich tatsächlich „interkulturell" öffneten. Erst seit 2016 hat dafür das von der QSD unterstützte Sozialamt die Finanzverantwortung übernommen und mit Unterstützung der QSD ab 2017 die IKÖ der für Altenhilfe zuständigen Gremien organisatorisch verankert.

51 Die politischen Diskussionen über eine Förderung einzelner Kulturprojekte aus dem IKÖ-Fond seit 2011 und der hierzu erforderliche Aufwand einer geschäftsbereichsübergreifenden Abstimmung haben die Leitung des Kulturbüros dazu veranlasst, die IKÖ der Regelfinanzierungsmöglichkeiten zu fördern. Seit 2016 ist die seit Jahren von der freien Kulturszene eingeforderte institutionelle Förderung der Träger für deren interkulturelle Arbeit erhöht worden.

halten muss,[52] solange die politischen Entscheider auf allen föderalen Ebenen nicht – wie vorübergehend im Flüchtlingsbereich – andere Prioritäten setzen und dazu die Verwaltung alternative Finanzierungsmöglichkeiten aufzeigt. Dagegen fällt es ehrenamtlich tätigen Kommunalpolitker_innen, die vom großen Informationsvorsprung der Exekutive abhängig sind, nach deren gezielten Hinweisen in den fraktions-/koalitionsinternen Vorbesprechungen der zuständigen Fachpolitiker_innen leichter, anschließend dort die von ihnen grundsätzlich eingeforderten Evaluationsstudien aus je spezifischem (Des)Interesse ohne Diskussion „durchzuwinken", soweit ihnen diese Berichte von der Verwaltung überhaupt zugeleitet werden.[53] Insofern überrascht nicht, dass selbst die Überführung bundesweit bzw. z. T. international anerkannter innovativer Leitprojekte ins Regelsystem gegen den passiven Widerstand der Vertreter_innen etablierter Interessengruppen in den Fachausschüssen trotz Inkaufnahme zeitweiliger fachlicher Rückschritte weit länger als die 2007 politisch beschlossenen max. sechs Jahre dauerte. Sie wäre ohne Druck der Netzwerkpartner („Voraussegler_innen") gar nicht zustande gekommen.[54] Am ehesten funktionierten Umtopf-Strategien in die Landes- und Bundesförderung.[55] Andere Projekte sind trotz mehrfach

---

52 Diese Notgroschenfunktion – aktuell zur Finanzierung von Regelaufgaben für die Inklusion von Flüchtlingen – wird in einer Verwaltungsvorlage der Stadt Essen wie folgt begründet: „Für die ‚neue' Zielgruppe in unseren Kindertagesstätten, Schulen und Kinder- und Jugendeinrichtungen gibt es einerseits kaum bereits erprobte Konzepte und andererseits und *vor allem, kaum ein Budget*, sich dieser Aufgabe zu widmen" (DS 1734/2015/5, S. 2. Herv. H.S). Der erste Teil der Argumentation in dieser (ohne Abstimmung mit den beiden zuständigen interdisziplinären Fachteams erarbeiteten) Vorlage widersprach zwar den dort aufgeführten Erfahrungen aus IKÖ-Fond finanzierten Projekten. Dennoch war der Stadtrat fraktionsübergreifend unter dem Druck des Flüchtlingszuzugs bereit, die ein Jahr zuvor von ihm für die Umsetzung eines „integrierten Sprachförderkonzepts" reservierten 600.000 € (200.000€ pro Jahr) aus dem Innovationsfond (Antrag 181/2014/SPD/CDU) nun für keineswegs "interkulturell innovative", teilweise anders finanzierbare Ferienmaßnahmen, Sprachförderangebote an Offenen Ganztagsgrundschulen und Spielgruppen mit Müttern und Kindern aus Flüchtlingsfamilien ohne Sicherstellung einer Evaluation umzuwidmen. Mit dieser Vorlage haben sich deren Urheber für ihre Regelsysteme die nachhaltigen Erfolge der von ihnen kritisierten „stellvertretenden IKÖ" durch die einstigen Voraussegler_innen doch noch zu eigen gemacht (Anlage zu DS 1734/2015/5),

53 Vgl. in Essen zum konsequenzenlosen Umgang mit Evaluationsstudien über Maßnahmen, die aus dem IKÖ-Fond mitfinanziert wurden, aber notwendige Veränderungen der betroffenen Regelsysteme aufzeigten: DS 1188/2015/4; DS1732/2015/4; DS 1734/2015/5 Anlage Fn 2;Stadt Essen SB 2011: 83; SB 2010: 137; SB 2014: 95f.

54 Nach 13 Jahren konnte aus dem Leuchtturm-Programm „Interkulturelle Elternbildung" in Kitas zwei der drei Module überführt werden – allerdings ohne die für eine MGÖ der Kitas wesentliche Teamfortbildung des Erziehungspersonals. Ein wesentlicher Gelingensfaktor für diesen Teilerfolg war die von der QSD seit 2006 schrittweise eingeleitete Übernahme der operativen Verantwortung durch die beiden nichtstädtischen Familienbildungsstätten (Stadt Essen SB 2006: 31–35)

55 Die 1998 noch innovative Deutschförderung in den Kitas wurde ab 2003 durch das Land NRW und die außerschulischen Lernhilfen („Sprachförderung") in Trägerschaft türkeistämmiger MOs durch weit möglichste Nutzung von Mittel aus dem Bundesteilhabegesetz (BuT) finanziert. Infolge

evaluierter Präventions- und Inklusionswirkung auch nach 10jähriger IKO-Fond-Förderung noch nicht überführt worden.[56] Zwar konnte die QSD auch einige Projekte nachhaltig anschieben.[57] Aber die Mehrzahl der ca. 300 seit 2008 geförderten Maßnahmen stellten ein-bis dreijährige Zusatzprojekte auf der 2. und 3. MGÖ-Stufe dar, ohne dass damit im Sinne einer systemischen Innovationsabsicht bei Erfolg eine Übernahmeverpflichtung in die Fachbereiche verbunden war. Als „Trost" blieb das vage Versprechen eines nicht näher nachzuweisenden „Erfahrungstransfers".

Doch es gehört zur Funktionslogik eines reibungslosen Regierens von Koalitionen, das jeweils zuständige Fachressort aus dem eigenen bzw. verbündeten politischen Lager nicht öffentlich zu beschädigen und sich nach außen hin bei nicht koalitionsentscheidenden Fragen aus Machtspielen innerhalb der Exekutive herauszuhalten. Aus dieser Interessenlage kann es auch als ein Gelingensfaktor des Essener IKÖ-Fonds bewertet werden, wenn durch „reibungsloses Schnittstellenmanagement" zwischen den Repräsentant_innen verschiedener Verwaltungskulturen und politischen Fraktionen die jährliche Beschlussvorlage zum IKÖ-Fond (einschließlich Kurz-Monitoring aller Maßnahmen) am Ende des Entscheidungsfindungsprozesses – nach mindestens sechs Monaten Vorlauf – ohne öffentliche Diskussion oder gar fachlichen Diskurs in allen politischen Gremien „abgesegnet" wird.[58]

Und dennoch kann ein interner Innovationstopf mit qualifizierter Ausstattung (wie in Essen mindestens 2 € pro Einwohner_in) ein wesentlicher Gelingensfaktor für die MGÖ einer Kommune darstellen, wenn dadurch tatsächlich nur Maßnahmen gefördert werden,

---

der Verwaltungskrise in der Kommunikation mit vielen Flüchtlingen ohne Deutschkenntnisse willigte der Kämmerer ein, die Kosten des explosionsartig nachgefragten Dolmetscherservices (www.sprint-essen.de) nach 14 Jahren in den Haushalten der beauftragenden Fachbereiche zu verankern und aus den in Aussicht gestellten Bundesmitteln decken zu wollen.

56 Das seit 2005 mit Hilfe einer international renommierten Community education-Stiftung entwickelte Selbsthilfeprojekt für arabische Frauen („Mütter fördern Mütter")-ist nach 10 Jahren immer noch von den Personalkosten für die fachliche Begleitung durch die QSD abhängig (Stadt Essen SB 2013: 126f; DS 0203/2017/4 Anlage S. 6). Die seit 2007 bei der Extremismusprävention erfolgreichen Jugenddialoggruppen in Moscheegemeinden, Schulen und Jugendeinrichtungen (DS 1732/ 2015/4 Anlage; Zaghdoud 2013; DS 0572/2010/4)) haben trotz Anerkennung durch Fachwissenschaftler (Kiefer 2013) bzw. den Verfassungsschutz NRW (El-Gayar/Strunk 2013) sowie 2017 durch das Bundeskanzleramt und den dort vortragenden Essener OB (https://www.essen.de/meldungen/pressemeldung_1035438.de.html 6.1.2017) selbst nach mehrjähriger Kooperation mit dem Jugendamt noch keine Finanzierung aus dessen Regelhaushalt erhalten. Erst dank des Zuzugs vieler Tausend junger Flüchtlinge hat die QSD mit dem Jugendamt neue Finanzierungsperspektiven entwickeln können.

57 Beispielsweise Stadt Essen SB 2012: 36–50; SB 2014: 16f; SB 2015: 20–23; 88–87.

58 Dies geschieht seit Bildung der Großen Koalition 2014 jedes Jahr, zuletzt (2016) sogar durch alle Fraktionen selbst dann, wenn der fehlende Konsens innerhalb der Verwaltung in der Vorlage ausdrücklich erwähnt ist (DS 0259/2016/4, Anlage 1, S. 8). Wie weit die Politik von einem dominanten Verwaltungshandeln im Bereich MGÖ abhängig ist, lässt sich in Essen illustrieren an der Kontroverse um die Förderung eines innovativen Bildungsprojekts mit einem kurdisch-libanesischen Verein http://www.familien-union.net/index-3.html (24.1.17); Stadt Essen SB 2011: 85f; Stadt Essen (2012b);

die – wie in Essen ursprünglich mit der Absicht auf Strukturveränderung gedacht – „auf dem neusten Stand der Technik" über ein von der QSD koordiniertes Netzwerk kommunaler und externer Partner entwickelt und nach erfolgreicher Erprobung in Produktverantwortung der Fachbereiche weitergeführt werden.

10 Ambivalente Funktionen und Arbeitsweisen einer landesgeförderten kommunalen Querschnittsdienststelle mit dem Fokus Migration im Spannungsfeld unterschiedlicher Interessen

Der Ermöglichungsrahmen, der mit strategischer Steuerung von MGÖ in der Kommune verbunden ist, benötigt bis zu deren nachhaltiger Verankerung innerhalb eines diversitätsorientierten Konzepts für die gesamte Verwaltung über die Amtszeiten der Entscheider_nnen hinweg einen „sicheren Aufhänger" in Form eines Querschnittsressorts mit dem Fokus Migration außerhalb der Linienorganisation,[59] wenn diese Dienststelle mehr leisten soll als die bislang in größeren Kommunen eingerichteten Koordinierungsstellen mit „Integrationsbeauftragten". Die vielfältigen Erfahrungen der Essener QSD während ihrer langjährigen und noch weitergehenden Suchbewegungen seit 1999 im Umgang mit unterschiedlichen Funktionszuweisungen zeigen, dass eine landesgeförderte Dienststelle zu einem Gelingensfaktor für MGÖ werden kann, wenn sie folgende, z. T. widersprüchliche Anforderungen ausbalancieren kann, die über die verwaltungstechnische Abwicklung einer neuen Querschnittsaufgabe hinausgehen:

a. Sie muss als Pflichtprogramm die klassischen strategischen Funktionen einer nachdenklichen Steuerungsunterstützung (Bedarfsermittlung und Beratung, Konzeptentwicklung, Initiierung, Prozessbegleitung, Evaluation und Monitoring) in Form von partnerschaftlichem Schnittstellenmanagement als Vernetzung verwaltungsinterner Dienststellen bzw. externer Akteure sowie Moderation zwischen ihnen erfüllen und dazu die lokalen Spielregeln von Politik und Verwaltung in Kommunikation mit sehr unterschiedlichen Persönlichkeiten auf allen Hierarchieebenen beherrschen. Der jeweils von der politischen Großwetterlage und den lokalen Hoch-/Tiefausläufern bestimmte aktuelle Blick auf den zwangsläufig mit Konflikten verbundenen inklusiven/exklusiven Umgang mit den Folgen der globalen Migration in den Kommunen erfordert ungleich-

---

59 Dies beinhaltet die Funktionszuweisung dieser Dienststelle als Steuerungsunterstützung für das mit der Zielverantwortung beauftragte und dafür durchsetzungsfähige Mitglied im Verwaltungsvorstand („IKÖ Dez.") im Rahmen eines vom Stadtrat beschlossenen Strategiekonzepts. Dieses sollte auf dem „Stand der Wissenschaft" begründet sein, eine auch für Nicht-Professionelle verständliche Sprache verwenden und bei der Umsetzung seiner Handlungsziele und Maßnahmen transparent sein, so dass Berichte zum Monitoring wirkungs- statt erfolgsorientiert sind und keine Schönschreib-Wettbewerbe werden.

zeitige Entwicklungen und u. U. auch schmerzhafte Rückschritte auf verschiedenen Ebenen auszuhalten.[60]

b. Gerade wenn die Anerkennung und chancengleiche Teilhabe *aller* Einwohner_innen bezogen auf die schweigende Mehrheit der Menschen mit Einwanderungsgeschichte als Aufgabe der *gesamten* Verwaltung jenseits der „üblich verdächtigen" Unterstützer eher auf dem Papier steht, sind als vertrauenswürdige Partner nicht nur die etablierten „altdeutschen" zivilgesellschaftlichen Institutionen und deren von Politik und Verwaltung inzwischen akzeptiertes Personal „mit Migrationshintergrund" anzusehen. Ebenfalls ist es unabdingbar, sowohl die noch wenigen kommunalpolitisch aktiven „neuen deutschen Organisationen" (http://neue-deutsche-organisationen.de/de/) als auch die weiterhin als Diaspora organisierten MOs dialogisch „auf Augenhöhe" zu unterstützen, ohne deren „Ersatzanwalt" zu spielen.[61]

c. Um ihre strategischen Funktionen nicht losgelöst von der lokalen migrationsgesellschaftlichen Wirklichkeit auszuüben, muss die QSD von den Entscheidungsträgern in die Lage versetzt werden, auch *innovative Projekte in und mit* den kommunalen und nichtstädtischen Regeldiensten als Netzwerkpartner erproben zu können.[62].

d. Diese operative Funktion hat jedoch zwiespältige Wirkungen: Auf den ersten Blick ist sie zwar kurzfristig erfolgreich, wenn (wie in Essen seit den 90er Jahren immer wieder praktiziert und durch die seit dem 1.6.2017 begonnene „Organisatorische und strategische Neuausrichtung der Integrationsarbeit" auch institutionalisiert[63]) das für „Anerkennung und Teilhabe" von Migranten hoch engagierte Personal der QSD eine für die anfragende Institutionen (Fachbereich, Dezernent, Schule, Schulaufsicht, Jugendhilfeträger, Kulturinstitut oder MO) kostenlose Dienstleistung in z. T. erheblichem Umfang erbringt und dadurch Zugangsbarrieren abgemildert werden.[64] Auf der anderen Seite besteht

---

60 Dies kann bedeuten, „ausländerpädagogisch" konzipierte Maßnahmen und gleichzeitig paternalistische Haltungen bzw. kolonisierende Herangehensweisen der Regelinstitutionen bzw. der Entscheidungsträger in Verwaltung und Politik konstruktiv zu problematisieren und gleichzeitig verständliche Verunsicherungen bzw. Ängste vieler Einwohner_innen in der unübersichtlicher werdenden globalisierten Welt „vor der Haustür" abbauen zu helfen.

61 Zu den Formen und Ergebnissen einer solchen Unterstützung in Essen vgl. http://www.immigrantenverbund.de/; https://islam-in-essen.de (5.5.2017) und Schweitzer (2015).

62 Zu diesem Management gehören vertraglich abgesicherte Trägerverbünde, die gemeinsam verantwortete Maßnahmen über mehrere Haushaltsjahre hinweg verlässlich umsetzen können und bei einem Einstellungsstopp der Verwaltung das notwendige zusätzliche Personal über einen Sachkostenzuschus der Kommune an gemeinnützige nichtstädtische Träger (einschließlich MOs) bereitstellen.

63 Dies soll durch Kontrakte der seit 1.6.2017 in die Zuständigkeit des OBs gewechselten QSD (Kommunales Integrationszentrum FB 01–09) mit den Fachressorts ermöglicht werden (DS 08322/2017/1).

64 Entweder übernimmt die QSD die neue IKÖ-Aufgabe stellvertretend für das „eigentlich" zuständige Fachressort, das sich aber durch Nicht-Handeln des „eigentlich" verantwortlichen Dezernenten erfolgreich weigern kann (Stadt Essen 2003: 67). Oder eine Fachkraft der QSD steht für den anfordernden Fachbereich/Dezernent ohne Kontrakt „unbürokratisch" als de facto als

jedoch die Gefahr, dass sich die zeitlich begrenzt geplante strategische und operative Unterstützung zu einem „IKÖ-Ersatzdienst" des projektunterstützenden QSD-Personals verselbständigt, wenn nicht *vor* Beginn vereinbart wird, dass nach erfolgreichem Einstieg die Leitung der unterstützten Institution eine systemisch orientierte MGÖ initiiert. Die „heiße" Energie eines (u. U. mehrjährigen) engagierten Aushelfens als „externe(r) IKÖ-Beauftragte(r)" für das Fachressort verpufft, wenn die jeweils beteiligten Mitarbeiter_innen bzw. Zusatzressourcen nicht mehr zur Verfügung stehen oder neue Führungskräfte andere Schwerpunkte setzen.

e. Je deutlicher das hier migrationsgesellschaftlich engagierte Personal in der QSD oder den MOs die Kluft zwischen Anspruch und Wirklichkeit von IKÖ in der Kommunalverwaltung wahrnimmt, desto weniger überzeugend wirken systemisch begründete Argumente einer auf Nachhaltigkeit ausgerichteten strategischen Steuerung gegen die pragmatische Haltung der von der Innovationsfähigkeit des „altdeutschen" Staates Enttäuschten. Letztere wollen diese Diskrepanz wenigstens für eine kleine Gruppe ausgegrenzter MmMs notfalls auch durch additive Maßnahmen (z. B. außerschulische Lernhilfen, „Sprachcamps" in den Schulferien, Kreativ- und Sportaktivtäten) mit Unterstützung der QSD und/oder *externen* Trägern bzw. Ressourcen so lange wie möglich – im Idealfall über ein Netzwerk engagierter MmMs mit vertrauensvollem Kontakten zu den Zielgruppen und Vorbildfunktion für sie („ethnic mentoring") – überbrücken.[65] Doch auch eine solche Praxis ist unabhängig von der juristischen Trägerschaft bzw. Finanzierung schon durch ihre Rahmenbedingungen (u. a. nur sechsmonatige bis dreijährige Förderung; meist fluktuierende Honorar-/ehrenamtliche Kräfte) mit dem von einer QSD gerade zu vermeidenden Projektitis-Dilemma konfrontiert. Als zusätzliche Sondermaßnahmen können sie bei qualifizierter Umsetzung *kurzfristig* einen Nutzen für alle Partner (Zielgruppe, Mentor_innen, Träger, Geldgeber und die dadurch entlasteten monokultnurell strukturierten Regelinstitutionen) bringen. Nachhaltig wirken solche Projekte auch mit Unterstützung durch eine QSD jedoch nur, wenn sie mit einem MGÖ-Konzept für diese Einrichtungen verbunden sind und als Teil einer langfristigen Empowerment-Strategie mit den durch diese Regelsysteme Ausgegrenzten umgesetzt werden.

---

zusätzliche Teilzeitkraft zur Verfügung (wie 2008–2015 dem Gesundheits- und dem Sozialamt der Stadt Essen, seit 2015 dem Kultur- und Sportdezernat für die Organisation neuer Maßnahmen mit Geflüchteten). Oder die QSD koordiniert für die zuständigen Regeldienste politisch brisante Kernaufgaben mit Hilfe von extern geförderten Projekten (z. B. zur Arbeitsmarktintegration von sozial diskriminierten EU-Bürger_innen aus dem Westbalkan).

65 Solche Tätigkeiten können nicht nur für (Lehramts)Studierende mit Kopftuch oder Teilnehmer_innen aus öffentlich geförderten Beschäftigungsverhältnissen/ Qualifizierungsmaßnahmen die Chance eröffnen, ihre Potentiale einzubringen und die fehlende individuelle gesellschaftliche Anerkennung zu kompensieren. Damit ist auch die Hoffnung verbunden, dass die IKÖ der altdeutschen Regelinstitutionen gefördert wird. Für Essen vgl. www.zukunft-bildungswerk.de/ projekte (9.5.2017).

f. Um die unterschiedlichen Anforderungen unter wechselnden Rahmenbedingungen erfüllen zu können, braucht die QSD ein mehrsprachiges multiprofessionelles Team, das auf der Grundlage differenzierter Kommunikationsfähigkeiten mit den vielfältigen sozio-kulturellen Milieus in der Einwohnerschaft, der Verwaltung (nicht nur bei den jeweiligen Vorgesetzten) und der Zivilgesellschaft anerkannt ist. Dies erfordert von den Mitarbeiter_innen migrationsgesellschaftliche Kompetenz, verwaltungstechnisches know-how, Fähigkeiten zur Organisationsberatung, erfolgreiche Öffentlichkeitsarbeit, Kreativität, Mut, Ausdauer und die Geduld auch warten können, bis die Vorschläge der QSD von den entscheidenden Personen in Verwaltung und Politik aufgenommen werden und/oder Regeleinrichtungen um Unterstützung – z. B. bei der Kommunikation mit Geflüchteten oder im Umgang mit extremismusgefährdeten Jugendlichen – anfragen.[66]

11 Fazit

Erst durch den Zuzug einer großen Zahl von nicht deutschsprechenden Flüchtlingen in kurzer Zeit – nicht durch die bereits vorher einsetzende Migration aus (meist ärmeren) EU-Staaten – sind viele der darauf nicht vorbereiteten Kommunen unter Druck geraten, ihre noch monokulturell (ausschließlich deutschsprachig) orientierte Linienorganisation als Teilsystem der Stadtgesellschaft in einem Gesamtkonzept funktionstüchtig zu machen, d. h. ihr traditionell bürokratisch versäultes Leistungsangebot für die neue Vielfalt der einheimischen und zugezogenen Einwohnerschaft „rechtskreisübergreifend" zu integrieren. Doch spätestens wenn die neuen Geldquellen aus externen Fördertöpfen (EU, Bund, Land, Stiftungen) für Projekte mit den neuen Einwohner_innen nicht mehr fließen und deutlich wird, dass deren Inklusion durch die zentralen Funktionssysteme der Gesellschaft (Wohnen, Gesundheit, Bildung, Arbeit, Politik) vor Ort nicht überwiegend von ehrenamtlichem Engagement der neuen willkommenskulturellen Bewegung bewerkstelligt werden kann, sondern vor allem die Regelhaushalte in Anspruch genommen werden müssen, stellt sich die Frage „Wie kann sich die Kommunalverwaltung *nachhaltig* und als *gesamte* Organisation für die neue Migrationsgesellschaft öffnen?"

Die 20jährigen Erfahrungen in Essen mit der Suche nach Antworten verdeutlichen die politischen, finanziellen, verwaltungsimmanenten und personenabhängigen Grenzen einiger grundlegenden Instrumente strategischer Steuerung in diesem Bereich (deliberative Konzeptentwicklung und -umsetzung mit allen migrationsgesellschaftlich relevanten institutionellen Akteuren über die kommunalen Ressorts hinaus; Steuerung durch ein

---

66 Unter zugespitzten migrationsgesellschaftlichen Rahmenbedingungen sind die anfänglichen Kritiker_innen einer voraussegelnden Flotte in der Regel froh, wenn das gesamte Regelsystem auf entsprechende Strukturen einer „stellvertretenden IKÖ" zurückgreifen kann: Das offensichtlichste Beispiel dafür in Essen ist der 12 Jahre über den IKÖ-Fond finanzierte und seit 2017 in den Ressort-Haushalten verankerte Sprachmittler_innen-Service (www.sprint-essen.de).

Zielverantwortliches Mitglied der Verwaltungsführung und Steuerungsunterstützung durch eine QSD mit strategischen und operativen Innovationsfunktionen). Je wichtiger das Querschnittsthema „Migration und seine Folgen" für die Zukunftsfähigkeit einer jeden Kommune auch auf der Landesebene angesehen und mit Ansprüchen an die strategische Steuerung verbunden wird, desto größer, ungleichzeitiger, widersprüchlicher und vielfach auch unrealistischer werden die Erwartungen, die von verschiedenen Seiten an die Aufgabenerfüllung und die Arbeitsweise einer kommunalen QSD gerichtet sind. Diese Gemengelage aus unterschiedlichen Interessen innerhalb Politik, Verwaltung und alt- bzw. neudeutscher Zivilgesellschaft erhält noch eine zusätzliche konflikthafte Dynamik, wenn einzelne Bundesländer sinnvollerweise solche QSDs – wie in Nordrhein-Westfalen die Kommunalen Integrationszentren seit 2012 – institutionell in beträchtlichem Umfang fördern, ohne Verpflichtungen nach dem Konnexitätsprinzip eingehen zu müssen. Der damit zumindest ansatzweise unternommene Versuch, die von ihnen mitfinanzierte lokale integrationspolitische Praxis über den Bildungsbereich hinaus strategisch „am goldenen Zügel" mitzusteuern (s. Abschnitt 7), wird durch die kommunalen Selbstverwaltungsrechte (Organisationshoheit) zur Vereinnahmung von zweckbestimmten Personalkostenzuschüssen des Landes – z. B. für Kommunale Integrationszentren – begrenzt.

Auch die ambivalente Rolle eines kommunalen Sondertopfs als ursprünglich gegen Projektitis gerichtetem Innovationsmotor einerseits und Notgroschen andererseits zeigt vor allem Grenzen der nachhaltiger strategischen Steuerung unter den Bedingungen hochverschuldeter Haushalte: Dieses Steuerungsinstrument ist kein scheinbar sozialtechnologisch neutraler Roboter, der – einmal vom Gemeinderat mit den Koordinaten für Ausgangspunkt und Ziel einer migrationsgesellschaftlich kompetenten Verwaltung programmiert – sich automatisch den sperrigen Weg durch z. T. vermintes Gelände der migrationsgesellschaftlich bedeutsamen Handlungsfelder bahnt. Eine nachhaltige strategische Steuerung stößt vor allem an die Grenzen des kommunalpolitischen Alltags, der u. a. durch den für eine funktionierende Demokratie lebenswichtigen Wechsel der Entscheidungsträger in Politik und Verwaltung und deren persönlichkeitsspezifischem Umgang mit der Macht ihrer Ämter bestimmt wird.

Zur Sicherung des „state oft the art" („Verwaltungskunst") müssen zu Beginn jeder neuen Amtsperiode die potentiellen Vetomächte – neu zuständige Ratsmitglieder bzw. Beamte (Oberbürgermeister, Beigeordnete, Ressortleitungen, Schulaufsichten, Polizei und Justizbehörden) und Arbeitsmarktakteure – mit den von ihren Vorgänger_innen vereinbarten Grundprinzipien im Umgang mit den Migrationsfolgen in der Kommune vertraut werden. Trotz dieses durch das QSD zu unterstützenden Informationstransfers sind politische, fachliche, strategische und organisationskulturelle Rückschritte mit Störungen auf der Ebene des gegenseitigen Vertrauens einzukalkulieren. Die Ungleichzeitigkeit der Amtsperioden der Hauptakteure kann einen abrupten Bruch verhindern und bietet Chancen zur Kontinuität, wenn es den jeweiligen proaktiven Trägern der IKÖ/MGO innerhalb von Politik, Verwaltung und Zivilgesellschaft mit verteilten Rollen im Alltagsgeschäft gelingt, neue oder bereits bekannte Vetomächte frühzeitig mit neuen Bündnispartnern einzubinden. Dies kann gelingen, wenn sich die auf staatlich-kommunaler Ebene zentralen Akteure zusammen mit innovationsmotivierten Kräften aus der alt- und neudeutschen Zivilgesellschaft unter Moderation des/r Hauptverwaltungsbeamt_in immer wieder neu auf ein gemeinsames Verständnis von IKÖ/MGÖ sowie ihre Umsetzungsstrategien einigen. Dafür müssen einzelne Funktionsträger u. U. mehrere Jahre in wechselnden Richtungen „gegen den Wind kreuzen" und längere Fahrtzeiten einplanen. Entscheidend für die Orientierung auf diesen (Um)Wegen ist das gegenseitige Vertrauen zwischen dem Zielverantwortlichen Mitglied der Verwaltungsführung (IKÖ–Dez/HBV) und der ihm direkt unterstellten QSD.

Unter den vor Ort zu gewinnenden institutionellen Hauptakteuren spielen die migrationspolitischen Sprecher_innen der jeweiligen Mehrheitsfraktionen die zentrale Rolle. Sie können ebenso wie einzelne Mitglieder der Verwaltungsführung eine Weiterentwicklung der MGÖ verhindern, wenn sie als Entscheidungspersonen mit Verweis auf die formale Zuständigkeit und notwendige Initiative der jeweils anderen „durch Nichthandeln handeln", indem sie aus übergeordneten koalitionspolitischen und/oder persönlichen Gründen ihre potentielle Vetomacht gegenüber den Koalitionspartnern bzw. der blockierenden Fachverwaltung und dem zuständigen Verwaltungsvorstandsmitglied *nicht* einsetzen.

Deshalb kommt es wesentlich drauf an, ob der/die Chef(in) der Verwaltung. als Vorbild einer kooperativen Kommunikationskultur in der gesamten kommunalen Familie (einschließlich der Tochterunternehmen) und als Repräsentant(in) *aller* Einwohner_innen den Widerstand gegen eine grundlegende Neuorientierung innerhalb einzelner Dezernate bzw. Ressorts unterstützt, duldet oder sich stattdessen für eine konsequente MGÖ stark macht. Insofern erweist sich der vom HVB geprägte Führungsstil innerhalb einer alltäglich gelebten Organisationskultur einer Kommune als bedeutsamer Ge-/Misslingensfaktor von strategischer Steuerung der MGÖ, die vermeiden will, dass sie sich als organisierter Selbstbetrug im Gestrüpp des Alltags der Lokalpolitik und Verwaltung verheddert. Die neuen globalen Herausforderungen für die Kommunen bieten jedenfalls eine große Chance, migrationsgesellschaftlichen Grundkompetenzen in der gesamten Belegschaft den gleichen Stellenwert für die täglichen Routinen der Verwaltungsarbeit einzuräumen wie dies für IT-Kenntnisse seit längerem selbstverständlich ist.

Literatur

Aybek, Can 2009: München: Integrationspolitik nach dem NeuenSteuerungsmodell.In: Gesemann, Frank/Roth, Roland (Hrsg.): 335–350
Barthel, Marlen 2015: Analyse der Beurteilung des Feldes Migrationsgesellschaft in Essen. Unveröffentlichter Abschlussbericht. Essen
Bertelsmann-Stiftung /BMI 2005: Erfolgreiche Integration ist kein Zufall. Strategien kommunaler Integrationspolitik. Bertelsmann-Stiftung: Gütersloh
Copur, Burak/ Staller 2013: Etablierung von Willkommensstrukturen im Verfahren und in der Organisation der Zuwanderung. In: Zeitschrift für Ausländerrecht. H. 2: 58–66

Dahme, Heinz-Jürgen/Wohlfahrt, Norbert 2017: Politische Steuerung in der Stadt. In: Gesemann, Frank/Roth, Roland (Hrsg.): Handbuch lokaler Einwanderungspolitik. Migration und Integration als Herausforderung von Kommunen. VS Verlag: Wiesbaden.2.Auflage

EL-Gayar, Wael/Strunk, Katrin (Hrsg.): Integration versus Salafismus. Identitätsfindung muslimischer Jugendlicher in Deutschland. Schwalbach/Ts: Wochenschau-Verlag

Gesemann, Frank/Roth, Roland/Aumüller, Jutta. 2012: Stand der kommunalen Integrationspolitik in Deutschland. Berlin BMVBS/Bundesbeauftragte für Migration, Flüchtlinge und Integration. Berlin

Gesemann, Frank/Roth, Roland (Hrsg.) 2009: Lokale Integrationspolitik in der Einwanderungsgesellschaft. Migration und Integration als Herausforderung von Kommunen. VS Verlag: Wiesbaden, 1. Auflage

Gesemann, Frank/Roth, Roland 2016: Kommunale Flüchtlings- und Integrationspolitik – Ergebnisse einer Umfrage in Städten, Landkreisen und Gemeinden. DESI-Institut für demokratische Entwicklung und soziale Integration Berlin

Hock, Gudrun 2002: Das Essener Integrationsmodell. In: Pröhl, Marga/Hartmann,Hauke (Hrsg.): 28–33

Kiefer, Michael 2013: Dialog als Methode der Radikalisierungsprävention – Das Modellprojekt „Ibrahim trifft Abraham", In: El_Gayar,Wael/Strunk, Katrin (Hrsg.) 2013, 125–138

Krummacher, Michael/Kulbach, Roderich 2007: Integration und Interkulturelle Arbeit in der Stadt Essen. Schlussbericht des Projekts „Evaluation der Umsetzung des Konzepts für die interkulturelle Arbeit in der Stadt Essen".Bochum: FESA-Transfer

KGSt 2005: Management kommunaler Integrationspolitik. Strategie und Organisation. KGSt-Bericht 7/2005. Köln: Kommunale Gemeinschaftsstelle für Verwaltungsmanagement

Krummacher, Michael/Kulbach, Roderich 2009: Interkulturelles Konzpt Stadt Essen: Umsetzung, Erfahrungen und Anregungen zur Übertragung. In: Gesemann, Frank/Roth, Roland (Hrsg.) 383–399

Landesweite Koordinierungsstelle Kommunale Integrationszentren (LaKI) 2014: Leitlinie Integration als Querschnitt in der LaKI. Unveröffentlichtes Manuskript

Lindgens, Janet 2016: Immer mehr Essener von Hartz IV abhängig. In : NRZ Essen vom 1.12.16

Maibaum, Jörg 2017: Die kriminellen Clans im Visier nehmen (NRZ vom 16.5.2017) Ministerium für Arbeit, Soziales, Stadtentwicklung, Kultur und Sport des Landes NRW 2000: Neue Wege interkultureller Stadtpolitik: Das „Essener Modell". Düsseldorf

Pröhl, Marga/Hartmann, Hauke (Hrsg.) 2002: Strategien der Integration. Handlungsempfehlungen für eine interkulturelle Stadtpolitik. Bertelsmann-Stiftung: Gütersloh

RAA – Regionale Arbeitsstellen zur Förderung von Kindern und Jugendlichen aus Zuwandererfamilien (Hrsg.) 2005: RAA in NRW. 25 Jahre Interkulturelle Kompetenz. Essen

Reichwein, Alfred/Vogel, Stephanie 2004: Integrationsarbeit – effektiv organisiert. Ein Handbuch für Kommunen. hrsg. vom Ministerium für Gesundheit, Soziales, Frauen, und Familie des Landes Nordrhein Westfalen: Düsseldorf

Schein, Edgar 1996. Three cultures of management: The key to organizational learning. Sloan management review, 38(1): 9–20

Schweitzer, Helmuth 2000: Quartiersmanagement im städtischen Raum. In: Arbeiterwohlfahrt Bundesverband, Beiträge und Materialien zum Thema „Flucht und Asyl". Schriftenreihe Theorie und Praxis, Bonn 36–44

Schweitzer, Helmuth 2010: Das „System Modellprojekte". In: Soziale Extra H. 7/8: 14–19

Schweitzer, Helmuth 2014 Kreuzen gegen den Wind: Wie Stolpersteine bei der interkulturellen Öffnung von Ausländerbehörden zu überwinden sind. In: Bertelsmann-Stiftung (Hrsg.): Weltoffen. bürgernah und kompetent. Kommunen als Spiegel einer vielfältigen Gesellschaft. Gütersloh: 90–93

Schweitzer, Helmuth 2015: Empowerment von (jungen) Muslimen und muslimischen Organisationen als Querschnittsthema in der Kommune. In: Bundesamt für Migration und Flüchtlinge (Hrsg.): Religionssensible Dienstleistungen von und für Muslime. Nürnberg 22–32

Schweitzer, Helmuth 2016: Migration und Integration. In: Schröer, Wolfgang/Struck, Norbert/Wolff, Mechthild (Hrsg.): Handbuch Kinder- Jugendhilfe.2.Aufl. Weinheim: Beltz. 1285–1331

Schweitzer, Helmuth 2017: Wenn der Staat mit seinem Deutsch am Ende ist... – Chancen und Grenzen der neudeutschen Mehrsprachigkeit bei der Überwindung der Politik zur einsprachigen Assimilierung. In: Gesemann, Frank/Roth, Roland (Hrsg.) (2017: Handbuch lokaler Integrationspolitik in der Einwanderungsgesellschaft. Migration und Integration als Herausforderung für die Kommunen. Wiesbaden: Springer VS. 2. überarb. Aufl.: 433–458.

Stadt Essen, RAA/Büro für die interkulturelle Arbeit (Hrsg.) 1999: Konzept für die Interkulturelle Arbeit in der Stadt Essen.

Stadt Essen. RAA/Büro für die interkulturelle Arbeit (Hrsg.) 2003: Interkulturelle Orientierung Band 1. Erster und zweiter Umsetzungsbericht 2000/2001

Stadt Essen (Hrsg.) (2004–2016): Konzept für die interkulturelle Arbeit in der Stadt Essen. Sach- und Erfahrungsberichte der Maßnahmeträger 2003–2015.

Stadt Essen 2007a): Interkulturelle Orientierung Band 2. Dritter Umsetzungsbericht. Monitoring, Stand der Entwicklung nach Konzeptbausteinen und Evaluation. Essen.

Stadt Essen (2012b): Niederschrift der Sitzung des Ausschusses für Kultur und Integration vom 6.6.2011 TOP 5

Stadt Essen (2016a): Niederschrift Nr.19 des Integrationsrates der Stadt Essen vom 18.5.2016 TOP 7.

Stadt Essen (2016b): Haushaltsplan 2017/2018 (www. essen.de/ris)

Staib, Julian 2016: Land, Stadt, Migrant. In: FAZ (Hrsg.) 2016: Fluchtpunkt Deutschland- Beilage zur Konferenz der Alfred-Herrhausen-Gesellschaft und der FAZ „Denk ich an Deutschland 2016". 4f

Zaghdoud, Halima 2013: Interkultureller Dialog zur Aktivierung und Partizipation von Kindern und Jugendlichen in der Einwanderungsgesellschaft. In: EL-Gayar, Wael/Strunk, Katrin (Hrsg.): 112- 124

Interkulturelle Öffnung und Willkommenskultur in Kommunen
Erfolgsfaktoren und Herausforderungen

Bülent Arslan

1 Einleitung

Interkulturelle Öffnung und Willkommenskultur sind heute als Konzepte vielen Kommunalverwaltungen in Deutschland bekannt und haben in den vergangenen Jahren einen großen Aufschwung erlebt. Durch die demografische Entwicklung hat gerade auf kommunaler Ebene die Bedeutung des Themas zugenommen (Arslan 2014a: 140). Insbesondere die derzeitigen Migrationsbewegungen haben den Begriff der „Willkommenskultur" von der politischen Verwaltungsebene in die bürgerliche Mitte der Gesellschaft getragen.

Dabei wird die Bevölkerung der deutschen Städte und Landkreise bereits seit vielen Jahren und Jahrzehnten immer vielfältiger: Etwa 20,3 Prozent der Menschen in Deutschland verfügten im Jahr 2014 über einen Migrationshintergrund – in manchen Kommunen auch deutlich mehr.[1] Dieser Anteil nimmt infolge der Fluchtbewegungen rasant zu, sodass die kulturelle Vielfalt der deutschen Städte und Gemeinden weiter wächst. Dieser Wandel der Bevölkerungsstruktur verändert auch die Kundschaft und Zielgruppe der Verwaltungen. Angebote, Leistungen, Kompetenzen und Öffentlichkeitsarbeit müssen an diese Gegebenheiten angepasst werden. In vielen Fällen befinden sich die Kommunalverwaltungen bereits seit einigen Jahren in diesem Veränderungsprozess.

So zeigt eine Studie des Instituts für Demokratische Entwicklung und Soziale Integration, dass das Interesse der Kommunen an interkultureller Öffnung zunimmt und die Umsetzung von Einzelmaßnahmen ausgeweitet wird (vgl. Gesemann et al.: 52ff). Häufig fehlt jedoch eine ganzheitliche Strategie. Während interkulturelle Trainings mittlerweile zum integrationspolitischen Standardrepertoire gehören, mangelt es an einer Verankerung des Themas auf der Organisationsebene. Allerdings kann durch Einzelmaßnahmen der Personalentwicklung nur eine begrenzte Ausstrahlungskraft auf die gesamte Organisation entfaltet werden (ebd. 54). Eine nachhaltige interkulturelle Öffnung muss dagegen auch auf der Organisationsebene etabliert werden.

---

1 Statistisches Bundesamt, Pressemitteilung Nr. 277 vom 03.08.2015: https://www.destatis.de/DE/PresseService/Presse/Pressemitteilungen/2015/08/PD15_277_122.html

Der ganzheitliche Ansatz der interkulturellen Öffnung definiert sich daher als ein Prozess der Personal- und Organisationsentwicklung, der Organisationen in die Lage versetzen soll, ihre Strukturen, Angebote und Leistungen an eine soziale Umwelt auszurichten, die sich dynamisch durch Globalisierung und Einwanderung verändert (vgl. Ministerium für Gesundheit, Soziales, Frauen und Familie NRW 2004: 28). In diesem Prozess werden nicht einzelne Mitarbeitende, sondern die gesamte Organisation auf die Anforderungen einer zunehmend kulturell und religiös diversifizierten Gesellschaft ausgerichtet.

Darüber hinaus versucht eine steigende Anzahl an Städten und Gemeinden unter der Überschrift „Willkommenskultur", ihre Attraktivität gegenüber Neuzuwandernden zu erhöhen. Ziel ist es, eine wertschätzende Haltung gegenüber Zugewanderten zu zeigen und eine Toleranz fördernde Atmosphäre zu schaffen, die von der gesamten lokalen Gesellschaft getragen wird (vgl. DESI/imap 2014: 12). Die interkulturelle Öffnung stellt somit die Grundlage für eine gelebte Willkommenskultur dar.

Auch wenn sich heute die Konzepte noch in sehr unterschiedlichen Maßnahmen niederschlagen, wird deutlich, wie eng interkulturelle Öffnung und Willkommenskultur miteinander verwoben sind: Beides sind Zukunftskonzepte. Sie reagieren auf eine Veränderung in der Gesellschaft, antizipieren Trends der Vielfalt und projizieren diese Szenarien auf die Arbeit der Verwaltung. Während Willkommenskultur nach heutiger Praxis durch eine Verbesserung von Vernetzung, Regionalmarketing und bürgerschaftlichem Engagement stärker nach außen wirkt, zielt interkulturelle Öffnung nach innen, auf Strukturen, Prozesse und Einstellungen innerhalb der Verwaltung.

Interkulturelle Öffnung ist dabei weder ein Selbstzweck noch eine Sozialmaßnahme: Sie verfolgt das Ziel, Angebote und Leistungen passgenauer zu gestalten. Das führt nicht nur zu einer höheren Kundenzufriedenheit, sondern auch zu einer höheren Arbeitseffektivität: Missverständnisse und Konflikte erzeugen Mehraufwand und sind belastend für die Mitarbeiterschaft. Interkulturelle Öffnung befähigt die Verwaltung, ihre Aufgaben noch besser wahrnehmen zu können. Interkulturelle Öffnung ist somit ein ergänzender Baustein der kommunalen Verwaltungsentwicklung. Damit interkulturelle Öffnung und eine gelebte Willkommenskultur gelingen können, müssen Erfolgsfaktoren und Herausforderungen betrachtet werden.

2 Der IKÖ-Eisberg

Um ein besseres Verständnis von interkultureller Öffnung zu erlangen, wird an dieser Stelle das Eisbergmodell in Anlehnung an den Organisationspsychologen Edgar Schein (1985) dargestellt. Dabei lassen sich drei Ebenen unterscheiden:

- das äußerlich Sichtbare;
- Normen und Regeln;
- Grundhaltung und Kompetenzen.

Das äußerlich Sichtbare

Oberhalb der Wasseroberfläche befinden sich von außen sichtbare Merkmale, an denen sowohl Kunden als auch Mitarbeitende sehen, dass eine Verwaltung interkulturell geöffnet ist. Mitarbeitende mit Migrationshintergrund, mehrsprachige Informationsmaterialien sowie Beschilderungen, Plakataktionen oder Info-Points sind beispielsweise sichtbare Indizien der interkulturellen Öffnung.

Normen und Regeln

Unter der Wasseroberfläche bestimmen Normen sowie (implizite und explizite) Regeln, was innerhalb einer Organisation als anzustreben angesehen wird und wie Abläufe beschaffen sind. Welcher Stellenwert wird in einer Verwaltung beispielsweise der Beratung, der Anwendung von Ermessensspielräumen oder dem Beschwerdemanagement beigemessen? Ist es wichtig, dass alle Kunden sie verstehen? Ist eine kontinuierliche Weiterentwicklung entlang der Bedarfe ihrer Kunden ein Ziel der Organisation? Diese und weitere Fragestellungen spielen auf der mittleren Ebene eine wichtige Rolle und beeinflussen so die Kultur einer Organisation – nach innen und nach außen.

Grundhaltung und Kompetenzen

Auf der untersten Ebene des Eisberges befinden sich die Einstellungen und Kompetenzen – sowohl der Gesamtorganisation als auch der darin tätigen Individuen. Speziell mit dem Blick auf interkulturelle Öffnung spielen hier u. a. interkulturelle Kompetenz, Ambiguitätstoleranz, Empathie und Selbstreflexion eine wichtige Rolle. Insbesondere aus diesen Kompetenzen kann interkulturelle Öffnung als Selbstverständnis der/des Einzelnen und der Organisation insgesamt erwachsen.

Die drei Ebenen beeinflussen sich gegenseitig. Jedoch ist der Einfluss der tiefer liegenden Elemente größer: So kann eine Aufnahme von interkultureller Öffnung in das Leitbild dazu führen, dass sie auch zu einer Norm wird und schließlich sogar zum Selbstverständnis einer Verwaltung gehört. Wahrscheinlicher ist jedoch, dass dieses Leitbild ohne eine entsprechende Grundeinstellung auf der untersten Ebene im Eisberg nicht „lebt" bzw. keine Rolle spielt. Umgekehrt ist in einer Verwaltung, in der interkulturelle Öffnung zum

Selbstverständnis gehört und sich dieses wiederum in Normen und Prozessen niederschlägt, ein entsprechendes Leitbild nur noch eine Formsache.

Für eine erfolgreiche interkulturelle Öffnung sind alle drei Ebenen wichtig. In der Praxis konzentrieren sich viele Verwaltungen jedoch erfahrungsgemäß recht häufig auf das, was „oberhalb der Wasseroberfläche" ist. Daraus resultiert auch die Vorstellung, interkulturelle Öffnung könne durch ein immer gleiches Maßnahmenpaket abgearbeitet werden. Obgleich mehrsprachige Informationsmaterialien, Wegweiser oder Vernetzungstreffen mit Migrantenselbstorganisationen wichtige Maßnahmen für diese Zielsetzung sein können, wirken sie – auf sich allein gestellt – häufig nur an der Oberfläche. Da die drei Ebenen unmittelbar zusammenhängen, bedingen die auf der tiefsten Ebene vorherrschenden Elemente das, was nach außen sichtbar wird stärker als umgekehrt. Diese Interdependenz stellt eine wichtige Grundlage für das tatsächliche und langfristige Gelingen und Greifen von Maßnahmen der interkulturellen Öffnung dar. Die Orientierung an best-practice Beispielen bleibt in diesem Zusammenhang im Sinne des „voneinander Lernens" weiterhin ein sinnvolles Instrument. Da jede Verwaltung allerdings in vielerlei Hinsicht Eigenheiten mit sich bringt, sind Maßnahmen häufig auch nicht ohne weiteres von einer Kommunalverwaltung auf die andere übertragbar, insbesondere dann, wenn sich auf der tiefsten Ebene nichts verändert.

Der IKÖ-Eisberg zeigt, dass auch die Arbeit an Einstellungen und Normen wichtig ist: Erst eine Veränderung der Grundeinstellung im Sinne eines Dienstleistungsverständnisses führt zu einer langfristigen Veränderung der Arbeitspraxis. Kann hier ein echtes Umdenken erreicht werden, wird dies sowohl für die Mitarbeiterschaft als auch für die Verwaltungskundschaft spürbar. Gleichwohl sind Einstellungen und Normen schwieriger zu verändern als nach außen hin sichtbare Maßnahmen. Deshalb kann interkulturelle Öffnung nicht ausschließlich mit Hilfe eines Expertenleitfadens erreicht werden – sie braucht einen echten Veränderungsprozess.

3 Erfolgsfaktoren

Interkulturelle Öffnung als Veränderungsprozess begreifen

Ein für die dauerhafte Etablierung interkultureller Öffnung notwendiger Veränderungsprozess verfolgt drei Ziele:

- Die Organisations- und Arbeitskultur innerhalb der Verwaltung muss im Sinne einer interkulturellen Öffnung ausgerichtet werden.
- Interkulturelle Öffnung muss bei der aktuellen Arbeitspraxis und bei der Entwicklung neuer Angebote mit bedacht werden.
- Die Verwaltung muss befähigt werden, auf der Grundlage ihrer Erfahrungen passgenaue interkulturell ausgerichtete Lösungen zu entwickeln. Diese müssen sich sichtbar für Mitarbeitende und Kunden widerspiegeln.

Obwohl sich ein grundsätzlicher Umsetzungsprozess skizzieren lässt, muss jeder Prozess der interkulturellen Öffnung auf die Rahmenbedingungen vor Ort bezogen werden.

Auf der **Entscheidungsebene**, dem Verwaltungsvorstand, sollte es eine klar kommunizierte Entscheidung für eine interkulturelle Öffnung geben: Der Vorstand muss sich über die Zukunftsrelevanz einer interkulturellen Öffnung im Klaren sein und ihren Nutzen für die praktische Arbeit der Verwaltung sehen. In dieser Entscheidung sollten idealerweise auch die Rahmenbedingungen dieses Veränderungsprozesses festgehalten werden: Welche Priorität wird der interkulturellen Öffnung zugemessen, wie viele Arbeitsressourcen sollen mittelfristig auf ihre Umsetzung verwendet werden. Diese Vorgehensweise gewährleistet, dass das Thema nicht mit wenigen Einzelmaßnahmen als erledigt angesehen wird, sondern stets auf der Agenda der Verwaltung bleibt.

Um innovative, praxisnahe Wege für die Gesamtverwaltung einzuschlagen, sollte der Prozess die Entscheidungsebene in einem nächsten Schritt verlassen, um auf der Ebene der **Ideengeberinnen und -geber** konkret auf die Bedarfe der Verwaltung eingehen zu können. Dieses „Labor" der interkulturellen Öffnung umfasst verschiedene Hierarchie- und Fachebenen. Hier werden Ideen entwickelt, die auf den Ist-Stand und den Bedarf der jeweiligen Verwaltung zugeschnitten sind. Diese Ideensammlung sollte der Entscheidungsebene – zum Beispiel dem Verwaltungsvorstand – noch einmal vorgelegt werden, um als Vorgehen abgesegnet zu werden. In dieser Abstimmung erfolgt oftmals ein wichtiger Realitätscheck: Welche Vorschläge können und wollen wir umsetzen, welche Vorschläge passen nicht zu uns oder unseren anderen strategischen Zielen? Im Anschluss kann die Ideen- in die Umsetzungsphase übergehen.

Im nächsten Schritt können in ausgewählten Abteilungen erste Umsetzungsschritte vorgenommen werden. Dazu gehen die Ideengeberinnen und -geber, unterstützt durch den Verwaltungsvorstand, in Dialog mit den zuständigen **Führungskräften**. Diese stoßen dann einen Beteiligungsprozess in ihrem Arbeits- und Verantwortungsbereich an. Dabei bleiben sie im Austausch mit den Ideengeberinnen und -gebern, um das Umsetzungskonzept entsprechend den Erfahrungswerten anzupassen.

Durch die **Beteiligung und Aktivierung der Mitarbeitenden** fließen die Erfahrungen und das Wissen der Sachbearbeiterinnen und Sachbearbeiter in den Gesamtprozess mit ein. Maßnahmen werden in Arbeitspakete überführt und umgesetzt. Zur Umsetzungsphase werden die Zwischenergebnisse an das „Labor" zurückgemeldet und so auf einen Transfer auf andere Teile der Verwaltung überprüft. Der Verwaltungsvorstand wird dann noch einmal konsultiert, um über notwendige Ressourcen und Rahmenbedingungen für die Umsetzung zu entscheiden. Parallel können erste Schritte in den Abteilungen durchgeführt werden.

IKÖ-Diagnose der Organisations- und Teamkultur

Da der Umsetzungsprozess der interkulturellen Öffnung immer an die Rahmenbedingungen der jeweiligen Organisation gebunden sein sollte, muss in einem ersten Schritt eine Diagnose der Organisations- und Teamkultur erfolgen. Der Erfolg der Maßnahmen zur interkulturellen Öffnung ist maßgeblich von der Akzeptanz der Mitarbeitenden und von der Kultur der Organisation abhängig. Kulturadäquate Maßnahmen unterstützen den Veränderungsprozess.

Die mentalen Dispositionen der Mitarbeitenden hinsichtlich ihrer Veränderungsbereitschaft, Flexibilität und Offenheit haben einen enormen Einfluss auf die weitere Behandlung der interkulturellen Öffnung. Diese Dispositionen müssen auf der Organisationsebene bei der Methodenauswahl und der Konzeption des Prozesses Berücksichtigung finden. Außerdem müssen die Gewohnheiten, der Umgang miteinander und die Orientierung der Mitarbeitenden – bspw. kundenorientiert oder prozessorientiert – Eingang in die Kulturdiagnose finden.

Da Veränderungsmaßnahmen zu einer Instabilität des sozialen Systems führen, müssen die daraus entstehenden Unsicherheiten aufgefangen und berücksichtigt werden. Durch angepasste Methoden und Maßnahmen, die die Organisations- und Teamkultur im Blick behalten, kann die nachhaltige Steuerungsfähigkeit des Veränderungsprozesses gewährleistet werden.

Strategische Implementierung

Interkulturelle Öffnung muss als ein strategisches Ziel der Stadtverwaltung definiert und zur Chefsache erklärt werden. Die Entscheidung der Verwaltungsvorstandsebene für diesen Prozess ist die Grundlage aller weiteren Umsetzungsschritte. Insbesondere in kommunalen Verwaltungen erreicht ein Veränderungsprozess erst mit Unterstützung des Verwaltungsvorstandes das notwendige Gewicht. Erst dann können strukturelle Veränderungen angegangen werden.

Die Etablierung der interkulturellen Öffnung als strategisches Ziel und die punktuelle Einbindung des Verwaltungsvorstandes geben dem Prozess ein Dach und den Führungskräften und Mitarbeitenden die Rückversicherung, dass von ihnen erarbeitete Vorschläge und Konzepte gewünscht sind. Die strategische Entscheidung bildet somit den ersten, entscheidenden Veränderungsimpuls auf dem Weg zu einer interkulturellen Öffnung.

Führungskräfte

Da interkulturelle Öffnung in der Praxis häufig *top-down* initiiert wird, gilt es zunächst, die Führungskräfte für das Vorhaben zu gewinnen. Sie sind die Schlüsselfiguren, die die Durchsetzung von neuen Maßnahmen verantworten. Führungskräften kommt die wichtige Aufgabe zu, Akzeptanz für den Öffnungsprozess zu schaffen, aufkommende Konflikte zu managen und Mitarbeitende zur Umsetzung der Maßnahmen zu motivieren.

Die Aktivierung von Führungskräften kann beispielsweise in Form einer gemeinsamen Kick-off-Veranstaltung erreicht werden. Es hat sich dabei bewährt, den Führungskräften die strategische Entscheidung des Verwaltungsvorstandes zu vermitteln, einen Ausblick auf das Veränderungsvorhaben zu geben und sie durch einen klaren Kosten-Nutzenabgleich von der Sinnhaftigkeit des Öffnungsprozesses zu überzeugen. Diese Vorgehensweise hilft, interkulturelle Öffnung von einer abstrakt-strategischen Ebene in die operative Arbeit der

Verwaltung hineinzutragen. Die Erfahrung zeigt, dass Fachbereiche und Abteilungen mit einer entsprechend positiv aktivierten Führungskraft auch unter schwierigen Rahmenbedingungen interkulturelle Öffnungsprozesse anstoßen können.

Interne Promotoren

Interkulturelle Öffnung wird zwar oft „top-down" angestoßen. Wie der IKÖ-Eisberg dargelegt, muss jedoch eine Einstellungsveränderung erreicht werden. Diese lässt sich nicht von oben verordnen. Daher ist es in einem solchen Prozess wichtig, frühzeitig Identifikation – oder *Ownership* – der Mitarbeitenden herzustellen. Es bieten sich in diesem Zusammenhang zwei Strategien an, um diese Identifikation zu erreichen.

Die erste Strategie stützt sich auf die Einrichtung von internen Promotoren. Damit sind nicht notwendigerweise speziell fortgebildete Mitarbeitende gemeint – obgleich eine solche Vorerfahrung von Vorteil sein kann. Vielmehr geht es um Personen, die dem Thema der interkulturellen Öffnung positiv gegenüber eingestellt sind, darin einen Nutzen sehen und bereit sind, Ideen zur Umsetzung zu entwickeln. Sie können erstens lokal spezifische Lösungen entwickeln, die oftmals auf eine höhere Akzeptanz innerhalb ihrer Arbeitsgebiete treffen als externe Handlungsempfehlungen oder best-practice Beispiele aus anderen Kommunen. Zweitens können sie den Prozess zwischen den einzelnen Umsetzungsschritten vorantreiben.

Dabei können die internen Promotoren unterschiedliche Positionen einnehmen: Von Personen, die die interkulturelle Öffnung in ihrer Stellenbeschreibung haben und aktiv vorantreiben über motivierte Fachbereichsleiter, die die Zufriedenheit ihrer Kunden und Mitarbeitenden steigern wollen, bis hin zu Sachbearbeiterinnen und Sachbearbeitern, die Lösungen für häufige Konfliktthemen suchen. Beispielsweise können Workshops den Raum und die Möglichkeit geben, sich einzubringen und Ideen umzusetzen. In diesem Rahmen können kreative und effektive Wege gefunden werden, die bereits lange existierenden Herausforderungen zu meistern.

Mitarbeiterbeteiligung

Eine zweite Strategie zur Erreichung der Identifikation der Mitarbeiterschaft mit dem Thema der interkulturellen Öffnung ist, sie frühzeitig in einem partizipativen Prozess zu beteiligen. Im Unterschied zu dem vorausgegangenen Erfolgsfaktor geht die Beteiligung hierbei über jene Personengruppen hinaus, die dem Thema ohnehin offen gegenüberstehen. Als Veränderungsprozess kann interkulturelle Öffnung Widerstände hervorrufen – das gehört in der Regel zu einem Veränderungszyklus. Diesen muss aber begegnet werden: Die Mitarbeitenden müssen im Prozess vermittelt bekommen, dass ihre Sorgen und Bedenken ernst genommen werden. Nur so kann erreicht werden, dass sie ihre Widerstände allmählich aufgeben, sich mit dem Prozess identifizieren und produktiv zu den gesetzten Zielen beitragen können.

So kann der IKÖ-Prozess zum Beispiel mit einer aktivierenden Onlineumfrage beginnen, in der die Bedarfe, Chancen und Hindernisse interkultureller Öffnung aus der Perspektive der Mitarbeitenden erfragt werden. Diese kann dann in die Erarbeitung von Zielen und Maßnahmen speziell der entsprechenden Bereiche mit einbezogen werden. Dadurch können unterschiedliche Perspektiven zusammengetragen und der Veränderungsprozess gemeinsam gestaltet werden. Interkulturelle Öffnung wird so oftmals nicht mehr als fremdes und neues Thema, sondern als Chance für positive Veränderungen begriffen.

Durch verschiedene Beteiligungsformen kann erreicht werden, dass lokalspezifische Maßnahmen mit hoher Akzeptanz auf der Mitarbeiterseite erarbeitet werden. Auf dieser Grundlage kann Widerständen und Befürchtungen entgegengewirkt werden.

Interkulturelle Sensibilisierung

Interkulturelle Öffnung ist keine reine Prozessoptimierung. Die individuelle Haltung der Mitarbeitenden spielt eine entscheidende Rolle. Sie müssen für die vielschichtigen Bedarfe der Bevölkerung mit Migrationshintergrund sensibilisiert werden und bei Bedarf Handlungsalternativen aufgezeigt bekommen – ohne, dass dadurch neue Stereotype erzeugt werden. Der Praxistransfer muss dabei im Vordergrund stehen. Erst dadurch werden die Mitarbeitenden der Verwaltung befähigt, ihre eigenen Angebote, Strukturen und Leistungen auf ihre interkulturelle Ausrichtung hin zu überprüfen. Interkulturelle Trainings stellen daher nicht nur eine Maßnahme der interkulturellen Öffnung dar: Sie erfüllen bereits während des anlaufenden Prozesses eine wichtige Orientierungsfunktion.

Insbesondere auf der Mitarbeiterebene werden interkulturelle Schulungsmaßnahmen häufig – und fälschlicherweise – als eine Kritik an den bisherigen persönlichen Leistungen gesehen (Arslan 2014a: 142). An dieser Stelle können latente Selbstzweifel und das Gefühl fehlender Wertschätzung zum Vorschein kommen. Dementsprechend haben interkulturelle Schulungsmaßnahmen bei manchen Mitarbeitenden keinen besonders guten Ruf und können defensive, wenig konstruktive Reflexe auslösen. Interkulturelle Fortbildungen, die aus einer Fortbildungsverpflichtung bestehen, können diesen Effekt verstärken (Scheitza/Düring-Hesse 2014: 132).

Zudem verlangt interkulturelle Öffnung die selbstkritische Überprüfung vertrauter Prozesse und Strukturen – und gegebenenfalls sogar den Bruch mit diesen. Auch dies kann Widerstände hervorrufen, da die Aufgaben öffentlicher Verwaltungen häufig algorithmisch orientiert sind, d.h. eine eindeutige Handlungsvorschrift zur Lösung eines Problems existiert. Der Wunsch nach einer „Checkliste" (Scheitza/Düring-Hesse 2014: 129) zum Umgang mit Kunden mit Migrationshintergrund wird häufig bei interkulturellen Fortbildungen artikuliert. Diese Erwartung kann jedoch nicht erfüllt werden. Die mechanistische Herangehensweise an Kultur ist nicht das Ziel interkultureller Trainings. Trotz ähnlicher kultureller Sozialisationserfahrungen ist das Denken und Handeln von Personen auch immer von den persönlichen Erfahrungen und Gemütszuständen der Personen geprägt. Es geht deswegen um die Entwicklung eines Verständnisses hinsichtlich alternativer Weltsichten, welches bei Verständigungsproblemen zu einer Erweiterung der Kommunikationsmöglichkeiten und zu besseren Lösungen führen kann (Scheitza/Düring-Hesse 2014: 129). In der Regel stellen interkulturelle Schulungen den ersten Schritt noch vor der eigentlichen Maßnahmenerarbeitung dar. Auf dieser Grundlage ist es Führungskräften und Mitarbeitenden deutlich leichter möglich, in einem zweiten Schritt Ziele und Maßnahmen für die interkulturelle Öffnung ihrer eigenen Abteilung zu formulieren.

Bedeutung von „Quick-Wins"
Interkulturelle Öffnung ist ein langfristig angelegter Prozess. Er kann mit hochgesteckten Zielen verbunden sein, die im ersten Moment für die Mitarbeitenden noch schwer greifbar oder fern ihrer Arbeitsrealität erscheinen. Umso wichtiger ist es, mit kleinen Schritten zu beginnen, deren Auswirkungen für die Mitarbeitenden aber sofort spürbar sind – Quick-Wins. Diese helfen am Anfang des Prozesses die Motivation zu steigern und den versprochenen Nutzen des Öffnungsprozesses deutlich zu machen.

Nachhaltige Steuerung
Genau wie sich die Bevölkerung auch in Zukunft immer weiter verändern wird, muss sich die Verwaltung durch Veränderungsprozesse darauf einstellen. Interkulturelle Öffnung ist in diesem Sinne niemals abgeschlossen. Damit dieser Prozess am Laufen gehalten werden kann und die in ihm entwickelten Ideen auch wirklich umgesetzt werden, bedarf es einer nachhaltigen Steuerung. Das erfordert zum einen von den involvierten Personen ein hohes Maß an Selbstverpflichtung. Zum anderen müssen weitere Maßnahmen getroffen werden, um den Öffnungsprozess auch nach der Initiationsphase voranzutreiben.

Eine nachhaltige Steuerung kann durch die Anwendung verschiedener Instrumente erreicht werden: Zum einen können Steuerungsgruppen auf Führungskräfteebene gegründet werden, um die Arbeitsergebnisse aus den Teilprojekten zu evaluieren, gemeinsam Hindernisse zu beseitigen und Synergieeffekte zu identifizieren. Zum anderen können zum Teil schon zu Beginn der interkulturellen Öffnung Follow-up Workshops vereinbart werden, um den Entwicklungsstand von Umsetzungsmaßnahmen zu erfassen. Die Umsetzungsphasen können dann mit einem verschriftlichten Aktionsplan enden, in dem die beteiligten Pilotabteilungen festhalten, welche Ziele und Maßnahmen sie sich für die Zukunft setzen. Dies schafft Transparenz über den weiteren interkulturellen Öffnungsprozess.

4 Fazit

Für eine nachhaltige interkulturelle Öffnung der Kommune und die Etablierung einer Willkommenskultur bedarf es eines ganzheitlichen Ansatzes. Dabei kann ein Konzept interkultureller Öffnung nicht ohne weiteres von einer Kommunalverwaltung auf eine andere übertragen werden. Jede Organisation verfügt über eine individuelle Kultur und eigene Rahmenbedingungen. Erfolgreiche Maßnahmen einer Kommune können in einer anderen Kommune bei kulturinadäquater Umsetzung auf Widerstand stoßen. Deshalb wurden an dieser Stelle Erfolgsfaktoren definiert, die bei jedem Veränderungsprozess zu beachten sind. Bedeutend ist die Unterstützung der interkulturellen Öffnung durch die Verwaltungsspitze und die Führungskräfte. Sie bietet den Mitarbeitenden den notwendigen Rückhalt, um sich für eine interkulturelle Ausrichtung zu engagieren und sich an dem partizipativen Prozess zu beteiligen.

Neben der strategischen Entscheidung bildet die Veränderung der individuellen Haltung der Mitarbeitenden ein wesentliches Element im Prozess der interkulturellen Öffnung. Die interkulturelle Sensibilisierung der Mitarbeitenden gibt den Verwaltungsangestellten Orientierung im Veränderungsprozess und fördert eine Reflektion der eigenen Arbeitspraxis und eine Öffnung gegenüber neuen organisationalen Gestaltungsmaßnahmen. Bei Beachtung der aufgeführten Erfolgsfaktoren kann die interkulturelle Öffnung auf allen Ebenen der Kommune verinnerlicht und als Teil der Organisationsidentität umgesetzt werden.

Literatur

Arslan, Bülent 2014a: Interkulturelle Öffnung in Bundes- und Landesbehörden. In: Mayer, Claude-Hélène/ Vanderheiden, Elisabeth (Hrsg.): Handbuch Interkulturelle Öffnung. Grundlagen, Best Practice, Tools. Göttingen: Vandenhoeck & Ruprecht, S. 140–149

Arslan, Bülent 2014b: Internationale Öffnungsprozesse in internationalen Konzernen. In: Mayer, Claude-Hélène/ Vanderheiden, Elisabeth (Hrsg.): Handbuch Interkulturelle Öffnung. Grundlagen, Best Practice, Tools. Göttingen: Vandenhoeck & Ruprecht, Göttingen, S. 310–318

DESI / imap 2014: Interkulturelle Öffnung und Willkommenskultur in strukturschwachen ländlichen Regionen. Ein Handbuch für Kommunen. Autoren: Jutta Aumüller, Frank Gesemann (DESI)/ Bülent Arslan/ Derya Can (imap). Darmstadt: Schader-Stiftung

Gesemann, Frank/ Roth, Roland/ Aumüller, Jutta 2012: Stand der kommunalen Integrationspolitik in Deutschland. Studie erstellt für das Bundesministerium für Verkehr, Bau und Stadtentwicklung und die Beauftragte der Bundesregierung für Migration, Flüchtlinge und Integration. Berlin

Mayer, Claude-Hélène/ Vanderheiden, Elisabeth (Hrsg.): Handbuch Interkulturelle Öffnung. Grundlagen, Best Practice, Tools. Göttingen: Vandenhoeck & Ruprecht

Ministerium für Gesundheit, Soziales, Frauen und Familie NRW 2004: Integrationsarbeit – effektiv organisiert. Ein Handbuch für Kommunen. Düsseldorf

Schein, Edgar H. 1985: Organizational Culture and Leadership. New York. Jossey-Bass Publishers

Scheitza, Alexander/ Düring-Hesse Suse 2014: „Wieso sitze ich hier?" – Widerstände in Fortbildungen zur interkulturellen Kompetenz in Verwaltungsorganisationen. In: Uske, Hans/ Scheitza, Alexander/ Düring-Hesse, Suse/ Fischer, Sabine [Hrsg.]: Interkulturelle Öffnung der Verwaltung. Konzepte, Probleme, Beispiele. Duisburg etc.

Stuttgart. Die Interkulturelle Stadt.
ANKOMMEN.BLEIBEN.MITGESTALTEN
Integrations- und Diversitätspolitik in Stuttgart

Ayşe Özbabacan und Gari Pavkovic

> **Zusammenfassung**
>
> „Wir können alles. Außer Hochdeutsch" war wohl die erfolgreichste Länderwerbung bundesweit seit 2010. Dass die Schwaben, insbesondere in der Landeshauptstadt Stuttgart, auch Integration können, ist auch bundesweit bekannt. Das Welcome Center Stuttgart hat sich bereits einen Namen gemacht. Was die interkulturelle Stadt sonst noch macht und wie sie das angesichts der aktuellen weltpolitischen Herausforderungen meistert, soll in diesem Beitrag beispielhaft dargestellt werden.

> **Schlüsselbegriffe**
>
> Bündnis für Integration, Welcome Center Stuttgart, Wir für Flüchtlinge, interkulturelle Personalpolitik

1 Stuttgart. Die interkulturelle Stadt

Das Stuttgarter Bündnis für Integration

Mit einem Migrantenanteil von 43 Prozent ist die Landeshauptstadt Stuttgart als wirtschaftsstarke Metropole und Automobilstadt im Herzen Europas eine kulturell vielfältige Einwanderungsstadt mit Menschen aus über 180 Nationen. Bereits in 2001 hat die Stadt mit dem „Stuttgarter Bündnis für Integration" als eine der ersten deutschen Kommunen bundesweit ein integrationspolitisches Konzept als Gesamtstrategie für Verwaltung, Wirtschaft und Bürgergesellschaft entwickelt, die in der Stadt als Querschnittsaufgabe ämter- und ressortübergreifend verankert ist und fortlaufend weiterentwickelt wird.

Zuwanderung ist zwar eine Herausforderung, zugleich ist es aber auch eine Chance, die Stadt wirtschaftlich, sozial und kulturell zu bereichern. Stuttgart verfolgt daher einen inklusiven Ansatz: alle Menschen, die in unserer Stadt leben, sind Stuttgarter – unabhängig von Pass und Herkunft. Wir betonen und stärken die Gemeinsamkeiten, die für alle verbindlichen Grundrechte, aber auch die gemeinsame Verantwortung für unsere Stadtgesellschaft.

Ein Merkmal der „interkulturellen Stadt" ist die aktive Partizipation und nationalitätenübergreifende Kooperation der zivilgesellschaftlichen Akteure für das Gemeinwesen. Inklusion erfordert aber auch, dass unsere Institutionen durch interkulturelle Öffnung sprachliche, kulturelle und migrationsbedingte Barrieren abbauen müssen, um eine gleichberechtigte Teilhabe zu ermöglichen. Integrationspolitik ist somit Antidiskriminierungs- bzw. Gleichstellungspolitik. Unsere Gesellschaft ist von Diversität, d. h. Vielfalt und Verschiedenheit geprägt. Indem wir diese Vielfalt mit ihren unterschiedlichen Lebensentwürfen als Potenzial anerkennen, können wir sie als Motor für die Entwicklung unserer Gesellschaft nutzen (Diversitätspolitik). Demokratische Gleichheit, kulturelle Diversität und aktive Partizipation sind Merkmale integrativer und kreativer Stadtgesellschaften.

Vielfalt ist eine Realität, aber alleine noch keine Bereicherung. Mit Menschen aus 180 Staaten haben wir bspw. eine große Sprachenvielfalt in unserer Stadt. Wenn diese nicht gefördert und genutzt wird, sprechen wir von ungenutzten Talenten und Potenzialen. Erst wenn wir die Menschen und Gruppen mit ihren vielfältigen Kompetenzen in kreativen interkulturellen Austausch bringen, erreichen wir einen Mehrwert für alle. Deshalb binden wir Migranten aktiv in unsere Integrationsprogramme ein, nicht nur als Empfänger von Integrationsleistungen, sondern auch als Kooperationspartner oder als Beschäftigte bei der Stadtverwaltung. Dadurch verbessern wir auch die Qualität unserer kommunalen Angebote. Im Rahmen unserer Öffentlichkeitsarbeit vermitteln wir auch der alteingesessenen Bevölkerung, dass wir durch die Akzeptanz unserer Neustuttgarter und ihrer Talente alle profitieren – wirtschaftlich, kulturell, im Sport, im Alltag. Deshalb ist es der Stadt ein wichtiges Anliegen, die Menschen, die zu uns kommen so zu begleiten, damit sie hier eine neue Heimat finden und am gesellschaftlichen Leben teilhaben. Und insbesondere die Menschen, die schon da sind, zu halten und gemeinsam mit ihnen unsere Stadtgesellschaft mitzugestalten. Wie gelingt uns das und vor allem mit welchem Selbstverständnis?

Integration. Eine Daueraufgabe

Integration ist eine Daueraufgabe. Im Nationalen Integrationsplan kommt den Kommunen eine besondere Funktion zu, da die wesentlichen Integrationsleistungen „vor Ort" im alltäglichen Mit- und Füreinander erbracht werden. Kommunen verfügen über langjährige Erfahrungen, wie eine sprachlich, kulturell und religiös zunehmend heterogene Bevölkerung vor Ort erfolgreich integriert werden kann. Sie sind deshalb wichtige Kompetenzzentren für die Entwicklung von erfolgreichen Strategien für die Integration und Partizipation von Zuwanderern und ethnischen Minderheiten in die jeweilige Aufnahmegesellschaft. Gleichzeitig tragen die Kommunen aber auch die Konsequenzen für fehlgeschlagene Integrationsprozesse. Aufgrund des föderalen politischen Systems Deutschlands und Aufgabenteilung sind sie bei der Ausgestaltung zentraler integrationsrelevanter Politikfelder wie Bildung oder Zuwanderungspolitik von der Gesetzgebung auf Landes- und Bundesebene abhängig. Globale Entwicklungen und aktuelle politische Trends, aber auch lokale

Faktoren wie Größe, Struktur, Ressourcen und Organisationen, politische, institutionelle, ökonomische und soziale Rahmenbedingungen und der politische Wille bestimmen die Gestaltungsmöglichkeiten einer Kommune.

Partnerschaft. Zivilgesellschaft und Migrantenselbstorganisationen
Für eine gute und gemeinsame Integrations- bzw. Diversitätspolitik ist die Einbindung und Mitwirkung der Zivilgesellschaft mit und ohne Migrationshintergrund, Stiftungen und Vereinen als tragende Säule unverzichtbar. Sie sind es, die den Austausch zwischen den verschiedenen Gruppen in den Bereichen Bildung, Kultur, interreligiöser Dialog, Sport oder Entwicklungszusammenarbeit aktiv gestalten. Dieses vielfältige Engagement und diese Diversität gilt es sichtbar zu machen. Das Forum der Kulturen und das Deutsch Türkische Forum sind zwei Dachverbände der Migrantenorganisationen, die unseren Auftrag unterstützen, die Gemeinsamkeiten in einer heterogenen Gesellschaft zu finden und zu nutzen. Dies erleben wir derzeit auch in der Flüchtlingsarbeit: Menschen, die sich ehrenamtlich engagieren, um den geflüchteten Menschen zu zeigen, dass sie nicht allein gelassen werden. Dies erfordert die Bereitschaft die Stadt bei dieser großen Herausforderung zu unterstützen und z. B. Sprach- und Bildungsangebote anzubieten.

Partnerschaft. Austausch auf nationaler und internationaler Ebene
Gute Integrationsarbeit gelingt nur, wenn sie auch mit anderen geteilt wird. Für die Stadt ist es ein wichtiges Anliegen, von anderen Städten und zivilgesellschaftlichen Institutionen im Rahmen von nationalen und internationalen Netzwerken zu lernen, um ihre Integrationsarbeit konzeptionell, fachlich und auch finanziell weiter voranzutreiben und einen Beitrag zur Entwicklung eines gemeinsamen Integrationsrahmens zu leisten. Beispielsweise koordiniert die Stadt Stuttgart den *Arbeitskreis Kommunaler Qualitätszirkel zur Integrationspolitik*, ein Zusammenschluss von kommunalen Vertreterinnen und Vertretern aus 30 deutschen Städten und Landkreisen, mit Vertretern des Bundeskanzleramts, Bundesamts für Migration und Flüchtlinge, des Deutschen Städtetags, von wissenschaftlichen Forschungsinstituten und Stiftungen. Der Arbeitskreis erarbeitet Handlungsempfehlungen zu aktuellen Integrationsthemen, die für viele Kommunen eine wichtige Grundlage für die Fortentwicklung der Integrationsarbeit und guter Praxismodelle sind.

Auf europäischer Ebene hat die Stadt in Kooperation mit der Europäischen Stiftung zur Verbesserung der Arbeits- und Lebensbedingungen (Eurofound), dem Europarat, *Rat der Gemeinden und Regionen Europas (RGRE)* und dem Ausschuss der Regionen (AdR), im Rahmen des *European Network of Cities for Local Integration Policies (CLIP)* über sechs Jahre den Austausch von 36 kleinen, mittleren und großen europäischen Städten zur lokalen Integrationspolitik gefördert und hier im Rahmen von Fallstudien Handlungsempfehlungen für die verschieden Regierungsebenen formuliert, um neue Impulse für die Weiterentwicklung der europäischen Integrationspolitik zu setzen.

2 Welcome in the Arrival-City Stuttgart

Das weltweite Netzwerk *Cities of Migration* der Maytree Foundation (Toronto), der *Transatlantic Cities Network* der German Marshall Fund of the United States, die vielfältigen Programme der Robert Bosch Stiftung mit Sitz in Stuttgart oder Bertelsmann Stiftung im Bereich Young Leadership und Empowerment sind wichtige Partner der Stadt Stuttgart, um über den eigenen Tellerrand hinauszublicken und den regelmäßigen Austausch zu innovativen Ansätzen zu fördern.

Willkommens- und Anerkennungskultur

Nicht erst seit dem Zuwachs der Flüchtlingszahlen wird eine Willkommens- und Anerkennungskultur für Neuzuwanderer gefordert. Stuttgart gilt schon längst als Arrival-City und damit als Motor, Fachkräfte zu werben und in der Stadt zu halten.

Seit einigen Jahren erfahren wir eine verstärkte Zuwanderung aus dem Ausland nach Deutschland und hier insbesondere in die wirtschaftsstarke Region Stuttgart. Allein im Jahr 2014 zogen über 20.000 Menschen aus dem Ausland in die Landeshauptstadt. Etwa zwei Drittel von ihnen kommen aus den südlichen und östlichen Mitgliedsstaaten der Europäischen Union: Spanien, Italien, Griechenland, Rumänien, Bulgarien, Kroatien und Polen. Es handelt sich überwiegend um junge, gut ausgebildete Fachkräfte, die aufgrund der aktuellen wirtschaftlichen Krise in ihren Herkunftsländern von Arbeitslosigkeit betroffen sind. Hinzu kommen internationale Studierende aus aller Welt, die nach ihrem Studium bei uns eine Beschäftigung anstreben.

Die Erfahrungen der letzten Jahre zeigten uns, dass trotz der guten Bildungsabschlüsse der neuen Zuwanderergruppen eine berufliche und gesellschaftliche Integration in vielen Fällen nicht gelang – trotz zunehmenden Fachkräftemangels. Oder die Neubürger verloren sehr viel Zeit, bis sie die richtigen Ansprechpersonen und Einrichtungen fanden, die ihnen kompetent Rat und Unterstützung geben konnten.

Welcome Center Stuttgart

Stuttgart gilt seit Jahrzehnten als eine liberale und weltoffene Stadt. Die Einschätzung vieler Experten aus Politik, Wirtschaft, Verwaltung und Zivilgesellschaft war aber, dass eine zentrale Servicestelle fehlt, die insbesondere den Neubürgern aus dem Ausland eine Erstberatung zu allen wesentlichen Fragen anbietet: Studieren, Arbeiten, Deutsch lernen, Anerkennung von ausländischen Abschlüssen, berufliche Qualifizierung, Aufenthaltsrecht, passende Betreuungs- und Bildungsangebote für die Kinder, Wohnen und soziale Kontakte in der neuen Heimat. Konsens ist, dass die Willkommenskultur auch eine Willkommensstruktur beinhaltet. Dafür braucht es eine Anlaufstelle, die beim Ankommen und den ersten Integrationsschritten unbürokratisch Hilfestellung leistet – ein Willkommenszentrum.

Um ein solches Vorhaben zu realisieren, hat sich die Stadt Anregungen und Informationen z. B. vom Welcome Center Hamburg oder Erfurt geholt. Einige Jahre zuvor war die Stadt auch im intensiven Austausch mit Welcome Centern in Toronto oder den USA wie das Welcome

Center in Montgomery County. Auch organisierte die Stadt in Zusammenarbeit mit dem German Marshall Fund Berlin (GMF) einen Workshop zur Willkommenskultur für Verwaltungsfachleute mit David Lubell, dem Geschäftsführer der Initiative Welcoming America. Auch hier wurde deutlich, wie wichtig die Einrichtung eines Welcome Centers für Stuttgart ist, um eine Willkommens- und Anerkennungskultur nicht nur zu leben, sondern auch strukturell zu verankern.

Das Erkennen des Bedarfs führt in der integrationspolitischen Arbeit nicht immer und selten zeitnah zur Umsetzung der Handlungsempfehlungen. Wir hatten in Stuttgart das Glück, dass wir viele Bündnispartner für das Projekt „Willkommenszentrum" gewinnen konnten. Dazu gehörten neben der Fachkräfteallianz der Region Stuttgart insbesondere die Robert Bosch Stiftung und das Integrationsministerium des Landes, die uns als erste ihre Bereitschaft signalisierten, sich an der Förderung des Vorhabens zu beteiligen. Ein entscheidender Impuls kam von Oberbürgerbürgermeister Fritz Kuhn beim Ratschlag Integration im Juli 2013.

Dank mehrerer einstimmiger Beschlüsse des Gemeinderats im Herbst 2013 und im Frühjahr 2014 konnte die Aufbauphase am idealen Standort im Gebäude des Instituts für Auslandsbeziehungen am Charlottenplatz beginnen. Im Herbst 2013 ermöglichte das Finanz- und Wirtschaftsministerium des Landes mit Mitteln des Europäischen Sozialfonds (ESF) den Aufbau von mehreren regionalen Welcome Centern für internationale Fachkräfte in Baden-Württemberg. Die Wirtschaftsförderung der Region Stuttgart (WRS) bekam die Zuwendung, um im Auftrag der Fachkräfteallianz der Region Stuttgart eine solche Servicestelle einzurichten. Stadt und Region entschieden auf Leitungsebene, das Welcome Center Stuttgart in gemeinsamer Trägerschaft aufzubauen und zu betreiben. Es machte keinen Sinn, zwei Willkommenszentren einzurichten – ein städtisches für Stuttgarter Neubürger aus dem In- und Ausland und ein regionales für internationale Fachkräfte.

Somit ist das Stuttgarter Welcome Center bundesweit ein einmaliges Gemeinschaftsprojekt der kommunalen Integrationsförderung und der regionalen Wirtschaftsförderung, mit Einbindung der Migrationsdienste der freien Wohlfahrtspflege bei der persönlichen Beratung und Lotsen von allen Neubürgern, die in der Landeshauptstadt oder der Region Stuttgart leben und arbeiten möchten. Die individuelle Beratung im Welcome Center erfolgt online, telefonisch und an vier Wochentagen persönlich in Deutsch, Englisch und weiteren zehn Sprachen. Die Beratung wird von Beraterinnen der Migrationsdienste unterstützt, sodass im Team vielfältige Kompetenzen zusammengeführt werden. Weitere Mitarbeiterinnen seitens der regionalen Wirtschaftsförderung und der Stadt unterstützen die Arbeit im Hintergrund. Unterstützt wird die Arbeit der Berater von 75 ehrenamtlichen Willkommenspaten, die den Neuzugewanderten bei verschiedenen Fragen rund ums Leben und Arbeiten in Stuttgart helfen. Bisher wurden 70 „Willkommens-Tandems" gebildet.

Das Welcome Center ist nicht nur eine Servicestelle, sondern vernetzt die relevanten Akteure und die Zivilgesellschaft in der Stadt, um die Integrationsarbeit zu unterstützen und damit die gesellschaftliche Teilhabe und Partizipation nicht nur zu fördern, sondern zu beschleunigen.

Hinzu kommt, dass sich das Welcome Center in zentraler Lage unter einem Dach mit dem Verein Welthaus e. V., dem Weltcafé, dem Weltladen Stuttgart und dem Globalen Klassenzimmer befindet, ein interkultureller Ort für Begegnungen und Veranstaltungen zu den Themen fairer Handel, Entwicklungszusammenarbeit und globales Lernen. Ergänzend zur persönlichen Beratung bietet das Welcome Center im Weltcafé auch eigene Informationsveranstaltungen für Neubürger, für internationale Studierende und Fachkräfte an. Die meisten Besucher sind Fachkräfte mit Berufserfahrung oder mit einem Schul- oder Hochschulabschluss und kommen aus den Bereichen Gesundheit, Wirtschaft und Verwaltung, Dienstleistung, Bau / Architektur / Vermessung, IT / Computer. Zuwanderer von außerhalb der EU weisen dabei einen deutlich höheren Anteil an Studierenden und Hochschulabsolventen auf.

Für internationale Studierende etwa organisiert die Landeshauptstadt den „Students-Welcome-Club" und gemeinsam mit der Wirtschaftsförderung der Region Stuttgart (WRS) die Veranstaltungsreihe „Your start in Stuttgart and the region" und „Your future in Stuttgart". Jeweils alle zwei Monate bietet die WRS zudem die Formate „Leben und Arbeiten in der Region Stuttgart", „Erfolgreich Bewerben und Jobsuche in der Region Stuttgart" (zusammen mit der Agentur für Arbeit Stuttgart) sowie einen Neubürgerstammtisch.

Somit ist das Welcome Center Stuttgart auch organisatorisch ein einmaliges Vorzeigebeispiel für gelingende interdisziplinäre Zusammenarbeit. Bundesweit kommt es seitdem zum Austausch mit Kommunen aus dem In-und Ausland und interessierten Institutionen, die ebenfalls ein Welcome Center einrichten wollen.

Eine erste Zwischenbilanz der wissenschaftlichen Begleitung zeigt jedoch, dass trotz der hohen Kompetenz und Flexibilität der Mitarbeiterinnen die wachsende Nachfrage der Neubürger nur unzureichend bewältigt werden kann. Auch hier muss überlegt werden, wie der künftige Workload zu bewerkstelligen ist.

3 Interkulturelle Personalpolitik

Azubi-Kampagne „Deine Stadt – Deine Zukunft"

Die kulturelle Vielfalt ist das Markenzeichen der Stadt Stuttgart. Die interkulturelle Öffnung der Verwaltung oder neudeutsch „Diversity-Management" und interkulturelle Qualität der dort erbrachten Dienstleistungen sind Voraussetzungen für den Integrationserfolg. Dies erfordert die Angleichung der Teilhabechancen der zugewanderten an die alteingesessene Bevölkerung in Bildung, Arbeit und bei kommunalen Dienstleistungen sowie die Anerkennung, Förderung und Nutzbarmachung der kulturellen Vielfalt als Potenzial der internationalen Stadt. Wichtig ist hierbei, dass sich die städtischen Angebote an den Bedürfnissen der Migrantinnen und Migranten orientieren und diese interkulturell und nationenübergreifend angelegt sind. Der Ansatz ist folgender: Die Stadtverwaltung muss als kundenorientierter Dienstleister dafür sorgen, dass strukturell bedingte Zugangsbarrieren für Migranten abgebaut werden. Der Öffentliche Dienst hat darüber hinaus den Auftrag, eine gleichwertige Servicequalität für alle Bürgerinnen und Bürger zu gewährleisten. Dies erfordert eine Diversifizierung der Angebote. Gleichwertige Qualität bedeutet nicht gleichartige Angebote und Arbeitsmethoden für Jung und Alt, für Männer und Frauen, für Einheimische und Zugewanderte. Normative Ansprüche auf Gleichbehandlung ohne Berücksichtigung der heterogenen Lebenslagen der Bevölkerung im Verwaltungshandeln verstärken faktisch die Ungleichbehandlung. Nicht die Kunden müssen sich ändern, sondern die Art und die Qualität der institutionellen Angebote für die unterschiedlichen Bevölkerungsgruppen. Hier sprechen wir von der Notwendigkeit der interkulturellen Öffnung und Orientierung der Verwaltung bzw. von Diversity-Management. Interkulturelle Öffnung geschieht nicht automatisch. Es bedarf hier einer klaren Selbstverpflichtung der Leitung, Diversity mit dem Ziel zu fördern, eine tatsächliche Gleichbehandlung aller Zielgruppen sicherzustellen.

Dies gilt insbesondere auch für die Personalpolitik der Stadt. Die fortschreitende Internationalisierung und Globalisierung verlangen zunehmend nach Konzepten, mit denen der wachsenden Heterogenität der Gesellschaft auch im Arbeitsleben systematisch Rechnung getragen werden kann. Auch der öffentliche Dienst muss sich der Realität dieser gesellschaftlichen Entwicklung stellen und diese künftig positiv gestalten. Dies bedeutet, dass im Bereich der Personal- und Organisationsentwicklung neue Konzepte entwickelt werden müssen, die eine wachsende Heterogenität der Gesellschaft und die dadurch entstehenden Herausforderungen systematisch berücksichtigen und nutzen, um zukunftsfähige Antworten geben zu können.

Mit diesem Thema tut sich neben anderen Kommunen auch die Stadt Stuttgart schwer. Nach einer europäischen Vergleichsstudie von 2008 hatten ca. 14 Prozent der Beschäftigten der Stadt (mit Eigenbetrieben) einen ausländischen Pass. Der Migrationshintergrund lag nach Schätzungen etwas höher, konnte jedoch aus datenschutzrechtlichen Gründen nicht erhoben werden. Signifikant war, dass damals ein hoher Anteil der ausländischen Beschäftigten im hauswirtschaftlichen Bereich bzw. bei der Abfallwirtschaft oder dem Garten- und Friedhofsamt tätig war. Was den Anteil der Beschäftigten in Leitungspositionen anbelangt, bewegte sich dieser im Promillebereich. Diese Problematik wurde im Gemeinderat diskutiert und im Jahr 2010 hat die Landeshauptstadt Stuttgart die Zielsetzung formuliert, den Anteil der Auszubildenden mit Migrationshintergrund in den angebotenen Ausbildungsgängen signifikant zu erhöhen und mittelfristig die Größenordnung von 40 Prozent zu erreichen (entsprechend dem Migrantenanteil an der Stadtbevölkerung). Ausgehend von diesem Ziel wurde 2011 die Ausbildungskampagne „Deine Stadt – Deine Zukunft" aufgesetzt. Neben einer Neuausrichtung der Werbelinie mit Portraits und Statements der eigenen Azubis (mit und ohne Migrationshintergrund), war es wichtig, bei der Umsetzung die interkulturelle Öffnung der Verwaltung aktiv zu leben, so z. B. durch die direkte Ansprechbarkeit und Besuche der Ausbildungsleitungen vor Ort bei Migrantenvereinen, Konsulaten etc. Die Kooperation der zentralen Ausbildung mit der Abteilung Integration und dem Stuttgarter Bündnis für Integration war und ist dabei ein wichtiger Erfolgsfaktor. Ebenso die Einbeziehung der dezentralen Ausbildungsleitungen und Ausbilder/-innen von Beginn der Kampagne an und bei regelmäßigen Informations- und Austauschtreffen.

Fortbildungen und Workshops für Auszubildende und Ausbilder zum Thema interkulturelle Kompetenz, sowie der Ausbau der Möglichkeiten von Auslandsaufenthalten während der Ausbildung ergänzen die Kampagne sukzessive. Vor der Kampagne betrug der Migrantenanteil bei den Azubis und Studierenden ca. 20 Prozent, seit Beginn der Kampagne konnte dieser auf aktuell 40 Prozent gesteigert werden. Die Kampagne läuft seit 2011 und wurde bis zum 31. Dezember 2014 von der Pädagogischen Hochschule Schwäbisch Gmünd wissenschaftlich begleitet und evaluiert.

Dabei ging es zum einen um die Wirkung der Kampagne und der Ermittlung von Faktoren, die als Zugangshürden zum öffentlichen Dienst bestehen (u. a. beim Bewerbungsverfahren). Auch Faktoren für den positiven bzw. negativen Ausbildungsverlauf sollten ermittelt werden. Sehr positiv war dabei u. a. die hohe Zufriedenheit der Jugendlichen mit Migrationshintergrund mit der Ausbildung vor Ort und der Wahl des Berufs.

Die Erkenntnisse der jährlichen Zwischenberichte sowie der jetzt vorgelegte umfangreiche Abschlussbericht mit Handlungsempfehlungen wurden und werden in die Ausbildungsstrategie eingearbeitet. „Deine Stadt-Deine Zukunft" wurde im Oktober 2015 im Rahmen der Kampagne „Vielfalt macht bei uns Karriere" des Ministerium für Integration Baden-Württemberg als Good-Practice Beispiel ausgezeichnet. Das Konzept und die Erfahrungen in der Ausbildung bilden zudem eine wichtige Grundlage für die Weiterentwicklung einer interkulturellen Personalpolitik bei der Stadtverwaltung, was sowohl die Personalentwicklung als auch die Personalgewinnung anbelangt.

4 Der Stuttgarter Weg der Flüchtlingsarbeit

Der Stuttgarter Weg

Die Integrations- und Diversitätspolitik, Willkommens- und Anerkennungskultur gilt für alle (Neu-) Stuttgarter und damit auch für die geflüchteten Menschen, auch wenn sie vielleicht nur auf Zeit bleiben können. Die Stadt Stuttgart hat im Frühjahr 2015 in Kooperation mit Schülerinnen und Schüler der Johann-Friedrich-von-Cotta-Schule und der Firma Ströer Medien GmbH mit der Plakatkampagne „Wir für Flüchtlinge" ein wichtiges Signal gesetzt, um das Willkommensklima und das Verständnis für den Zuwachs der Flüchtlingszahlen in der Bevölkerung zu stärken.

Stuttgart hat langjährige Erfahrungen mit der Flüchtlingsarbeit. Bis Ende 1985 wurden Asylbewerber in Baden-Württemberg ausschließlich in sogenannten Sammelunterkünften der Regierungspräsidien untergebracht. Im Jahr 1986 wies das Land Baden-Württemberg erstmals Asylbewerber zur kommunalen Unterbringung zu. Mit der kommunalen Unterbringung ging die Verantwortlichkeit der Wohnraumversorgung, der sozialen Betreuung und der materiellen Versorgung an die Kommunen. In diesem Zusammenhang wurden in der Landeshauptstadt Stuttgart nach dem **„Stuttgarter Weg" der Flüchtlingsarbeit** modellhafte Kriterien zur Unterbringung und Betreuung der Flüchtlinge wie folgt festgelegt:

- Dezentrale Unterbringung mit einer adäquaten Betriebsgröße von maximal 250 Plätzen pro Unterkunft.
- Betreuung und Hausleitung aus „einer Hand" nach dem Subsidaritätsprinzip durch freie Träger der Wohlfahrtspflege.
- Der Aufbau und die Unterstützung des Ehrenamts (Gründung von Flüchtlingsfreundeskreisen).
- Die Berücksichtigung der besonderen Belange unterschiedlicher Zielgruppen.

Seit 2011 sind die Flüchtlingszahlen erheblich gestiegen. Dennoch konnte die Landeshauptstadt Stuttgart bis heute die dezentrale Unterbringung aufrechterhalten. So sind derzeit über 8.500 Flüchtlinge auf 22 von 23 Stadtbezirken in über 120 Unterkünften, darunter neue Systembauten, verteilt (Stand April 2016). Die Höchstzahl der Plätze pro Unterkunft beträgt 243, Ausnahmen sind Interimslösungen. Die Betreuung der Flüchtlinge und pädagogische Hausleitung erfolgt durch sieben freie Träger der Wohlfahrtspflege mit einem Betreuungsschlüssel von 1:136 (Arbeiterwohlfahrt Stuttgart, Arbeitsgemeinschaft Dritte Welt, Caritasverband für Stuttgart, Evangelische Gesellschaft Stuttgart, Israelitische Religionsgemeinschaft Württembergs, Malteser Hilfsdienst, Deutsches Rotes Kreuz).

Flüchtlingsfreundeskreise

Um den Ankommensprozess der Flüchtlinge in der Stadt zu begleiten, haben sich in vielen Stadtteilen Flüchtlingsfreundeskreise gegründet. Diese ehrenamtlichen Personen stellen einerseits eine Entlastung der sozialen Betreuung dar, indem sie z. B. die Flüchtlinge im öffentlichen Raum begleiten, andererseits sind sie ein wichtiges Brückenglied zum Wohnumfeld der Flüchtlingswohnheime. Die Freundeskreise leisten alleine mit dieser Funktion einen wichtigen Beitrag zur Willkommenskultur der Stadt Stuttgart. In Stuttgart gibt es mittlerweile über 40 Flüchtlingsfreundeskreise mit über 3.500 freiwillig Engagierten. Um die Arbeit der Ehrenamtlichen zu unterstützen hat die Stadt mit Unterstützung der Bürgerstiftung eine Koordinierungsstelle zur Begleitung und Qualifizierung der Freundeskreise geschaffen. Darüber hinaus verwaltet die Stadt einen Welcome-Fonds für Flüchtlingsprojekte auf Stadtteilebene, der von der Firma Daimler für drei Jahre zur Verfügung gestellt wurde.

Rückkehrberatung – Zweite Chance Heimat

Zum „Stuttgarter Weg" gehört auch eine qualifizierte Rückkehrberatung. Um eine problematische Abschiebung zu vermeiden, wird mit den Flüchtlingen ohne Bleibeperspektive eine humane Rückkehr mit Wiedereingliederungsperspektive im Herkunftsland vorbereitet und durchgeführt.

Taskforce Integration von Flüchtlingen

Die aktuelle Flüchtlingsarbeit in vielen Kommunen konzentriert sich auf die Schaffung von adäquater Unterbringung. Dabei sollte die Integrationsarbeit der geflüchteten Menschen aber nicht zu kurz kommen. Daher hat der Stuttgarter Oberbürgermeister Fritz Kuhn neben den bestehenden Gremien zur Flüchtlingsarbeit die **Taskforce Integration von Flüchtlingen** eingerichtet, um das Modell „Der Stuttgarter Weg" weiterhin zu fördern. Ziel ist ein abgestimmtes Verfahren der jeweiligen Ämter und Einrichtungen, die mit der Flüchtlingsarbeit betraut sind und damit den Austausch zwischen den relevanten Akteuren zu fördern und Doppelmaßnahmen zu verhindern. In sechs Arbeitsgruppen zu den Themen Sprache und kulturelle Werte, Arbeit und Ausbildung, Familien, Kinder und Jugendliche, Soziale Integration & Quartier, gesundheitliche Versorgung und Kommunikation werden derzeit Handlungsempfehlen erarbeitet, um die Integration von Flüchtlingen in der Stadt zu fördern.

In Stuttgart können geflüchtete Menschen an den kommunal geförderten Deutschkursen sowie am Programm „Mama lernt Deutsch" teilnehmen, die den Erwerb von Grundkenntnissen der deutschen Sprache ermöglichen. Seit September 2014 wurden die Kurse flächendeckend ausgebaut und werden von den Flüchtlingen gut angenommen. Darüber hinaus bieten zahlreiche Akteure vielfältige kulturelle und sportliche Aktivitäten für Flüchtlinge und ihre Familien an: In Stuttgart-Plieningen hat der Freundeskreis auf dem Gelände der Flüchtlingsunterkunft eine Fahrradwerkstatt errichtet und ermöglicht Flüchtlingen das Erlernen der Reparatur von Fahrrädern durch fachkundige Mitglieder des Freundeskreises. Dieses Projekt findet regen Zuspruch und dient neben der Mobilität auch der Gesundheit. In vielen Flüchtlingsunterkünften haben die Freundeskreise damit begonnen gemeinsam mit Flüchtlingen „Urban Gardening Projekte" durchzuführen, um nicht nur das Verständnis für die Herkunft und den Anbau von Nahrungsmitteln zu fördern, sondern auch das soziale Miteinander unterschiedlicher Bevölkerungsgruppen zu stärken. Ein weiteres wichtiges Gemeinschaftsprojekt ist der 1. Stuttgarter „Asylcup", der unter der Federführung des Sozialamts der Stadt Stuttgart mit dem FC Feuerbach und dem Deutschen Roten Kreuz 2014 durchgeführt wurde. 14 Mannschaften haben an diesem Fußballturnier teilgenommen. Im Sommer 2015 fand der 2. Asylcup in Zusammenarbeit mit dem VfB Stuttgart 1893 und der Beteiligung von anderen Stuttgarter Freizeit-Teams statt.[1] Im Frühjahr 2015 organisierte das Kulturamt der Stadt mit diversen Kultureinrichtungen einen Workshop zur Flüchtlingskulturarbeit, um die Partizipation der geflüchteten Menschen am kulturellen Leben zu fördern aber vor allem Flüchtlinge als Kulturschaffende einzubinden.

---

1   Weitere Informationen unter http://www.stuttgart.de/wir-fuer-fluechtlinge.

Stuttgarter Flüchtlingsdialoge

In Stuttgart gibt es zahlreiche Maßnahmen, Projekte und Initiativen zur Integration der Asylsuchenden und der Asylberechtigten. Im Rahmen dieser Aktivitäten werden auch unsere Regeln, Werte und Normen vermittelt – bspw. im Schulunterricht, in den Deutschkursen, in der Migrationsberatung und -betreuung, ebenso im persönlichen Kontakt mit den Ehrenamtlichen, im Sportverein, in der Kulturarbeit etc.

Über das Leben in Deutschland gibt es inzwischen viele mehrsprachige Publikationen für Flüchtlinge in gedruckter Form, online, als Apps oder Kurzfilme. Asylsuchende nutzen daneben sehr stark die informellen Netzwerke in ihren Muttersprachen sowie Informationskanäle aus ihren Herkunftsländern, die oft keine Hilfe sind bei der Neuorientierung in Deutschland.

Es gibt jedoch kaum Gesprächsgruppen, in welchen die Geflüchteten die für sie wichtigen Fragen zum Ankommen und Leben in Deutschland offen besprechen können. Dafür gibt es verschiedene Gründe: Sprachbarriere, fehlenden Personalressourcen und Kompetenzen für Gruppengespräche (bei denen auch Konfliktthemen angesprochen werden, die professionell moderiert werden müssen), erschwerte Zugänge zu alleinstehenden männlichen Asylbewerbern, kulturelle/religiöse/sonstige Vorbehalte der einzelnen Flüchtlingsgruppen untereinander, tlw. ein unzureichendes Verständnis für unterschiedliche kulturelle Ausdrucksformen, aber auch ein Mangel von persönlichen Begegnungen auf gleicher Augenhöhe. Diese Faktoren beeinflussen in negativer Weise das Zusammenleben der Asylsuchenden in den Flüchtlingsunterkünften, aber auch ihre Beziehungen zu den haupt- und ehrenamtlichen Ansprechpersonen und den Umgang mit anderen Bevölkerungsgruppen im öffentlichen Raum.

Um dies zu ändern hat die Stadt im April 2016 die „Stuttgarter Flüchtlingsdialoge" gestartet. Das Ziel dieses Gesprächsangebots ist die Wertevermittlung durch offene Gespräche auf Augenhöhe. Der Geist der Dialoge ist: Wir haben mit den Asylsuchenden neue Nachbarn in unserer Stadt. Wir wollen unsere neue Nachbarn kennenlernen und von ihnen erstmal erfahren, wie es ihnen geht.

Die Dialoge erfolgen mit Unterstützung von geschulten Dialogmoderatoren und Dolmetscherinnen und Dolmetschern in Unterkünften und weiteren Einrichtungen. Beteiligte sind Geflüchtete, Haupt- und Ehrenamtliche und weitere Interessierte.

Geflüchtete Menschen haben oftmals eine beschwerliche und gefährliche Reise hinter sich. Sie kommen mit Hoffnungen und hohen Erwartungen. Nicht selten sind diese überzogen, entstanden durch Fehlinformationen von Schleusern, so zum Beispiel, dass in Deutschland alles ganz schnell geht, dass man zügig eine Arbeit und eine Wohnung erhält. Dies führt häufig zu großen Enttäuschungen. In Flüchtlingsdialogen kann eine Beziehung zu den Menschen aufgebaut werden, die beteiligten Personen erfahren Wertschätzung sowie psychische Entlastung und Stabilisierung. Zudem entwickeln sie kommunikative und interkulturelle Kompetenzen, die ihren weiteren Integrationsprozess erleichtern. Auf diese Weise kann auch Wichtiges von den Asylbewerbern erfahren und Missverständnissen vorbeugt werden.

Wenn eine Vertrauensgrundlage geschaffen ist, werden auch die demokratischen Grundlagen des guten Zusammenlebens ein zentrales Thema werden. Somit sind die Dialoge ein Beitrag zur Wertevermittlung, aber nicht belehrend sondern über positive Beziehungen und eine aufrichtige Kommunikation.

Die Stuttgarter Flüchtlingsdialoge werden im Rahmen der Initiative des Landes Baden-Württemberg „Kommunale Flüchtlingsdialoge" durchgeführt.

5 Fazit

Die demographische Entwicklung allein im letzten Jahr hat unsere Stadtgesellschaft deutlich verändert. Dies ist im Hinblick auf die Zuwanderungsgeschichte der letzten zehn Jahre in den Kommunen kein neues, aber sicherlich sichtbares Phänomen, da es sich um eine Zuwanderung aus teilweise neuen Ländern und Kulturen handelt. Wie auch in den vergangenen Jahren werden die Kommunen noch bunter und vielfältiger. Damit werden auch die Anforderungen an die Integrationsbemühungen größer und differenzierter. Eins ist aber klar: Die Kommunen haben bewährte Instrumente entwickelt, die es auch weiterhin umzusetzen gilt.

Dies kann wie hier am Beispiel der Stadt Stuttgart nur gemeinsam mit den Akteuren einer sich verändernden Stadtgesellschaft gelingen. Hierzu gehört auch die Einbindung der Neuzuwanderer und geflüchteten Menschen. Viele geflüchtete Menschen bringen Potenziale und Kompetenzen mit, die es gut zu nutzen gilt: für die Fachkräftesicherung, aber insbesondere für die Unterstützung der Flüchtlingsarbeit, vor allem als Dolmetscher, Lehrkräfte oder Sozialbetreuer. Für viele Menschen, die noch auf der Flucht sind, hat angesichts der politischen Entwicklungen in der EU in den letzten Monaten das Ziel Europa/Deutschland neue Grenzen bekommen. Aber für die, die schon da sind, ist es für eine interkulturelle Stadt wie die Arrival-City Stuttgart selbstverständlich ihre Willkommens- und Anerkennungskultur nach dem Motto ANKOMMEN.BLEIBEN.MITGESTALTEN nicht nur zu leben, sondern auch weiterzuentwickeln.

Schwäbisch Gmünd – keine Insel der Seligen, doch zeigt es Flagge
„Der Gmünder Weg" der Integration und Migration in einer Mittelstadt

Dieter Lehmann

Zusammenfassung

Am Beispiel einer süddeutschen Mittelstadt (60.000 EW) wird deren Integrationsprozess, welcher auf Flüchtlinge und Migranten ausgerichtet ist, auch in schwierigen Situationen beschrieben. Auf Reaktionen der Stadtgesellschaft, notwendige Strukturen, Orte und Projekte für eine gelingende Integration wird eingegangen. Ein wesentlicher Bestandteil ist das freiwillige Engagement von Migranten. Die sieben Gelingens-Faktoren des Gmünder Wegs werden benannt. Die gemachten Erfahrungen zur kommunalen Integration von Migranten werden in allgemeine Erkenntnisse für andere Mittelstädte mit hohem Migrantenanteil und auch für Großstädte zusammengefasst.

Schlüsselbegriffe

Integrationsprozess und seine Entwicklungsphasen in einer Mittelstadt – Reaktionen der Stadtgesellschaft – Strukturen, Personal und Orte der Integration – Freiwilliges Engagement von Migranten – Gelingens-Faktoren – kommunale Ansätze, die Integration erleichtern

---

1 Einleitung

Brandstiftung, Schmierereien, kaputte Fensterscheiben und sonstige Angriffe auf Asylunterkünfte haben enorm zugenommen. Die Polizei verzeichnete allein für 2015 bis Mitte November bereits 1.610 begangene Straftaten bundesweit, welche in Zusammenhang mit der Flüchtlingsunterbringung standen. Davon waren über 80 Prozent (1.305) der Delikte rechtsmotiviert. Insgesamt stieg die Anzahl dieser Art von Straftaten 2015 im Vergleich zu 2014 (2014: 895 Delikte) um fast 80 Prozent an.[1]

Der Brandanschlag auf den Neubau des Flüchtlingswohnheims in Schwäbisch Gmünd in der Christnacht 2015 ist somit Fortschreibung dieser traurigen Statistik. Im neuen Gebäudekomplex sind rund 120 Flüchtlinge untergebracht. Da der Brand glücklicherweise schnell entdeckt wurde, hielt sich der Schaden am Bau in Grenzen. Trotz vielerlei Anstrengungen der Stadt auf dem „Gmünder Weg zur Integration von Flüchtlingen und Migranten" gerade in den letzten zehn Jahren, zeigte dieser Anschlag, dass eine Mittelstadt wie Schwäbisch Gmünd keine Insel der Seligen ist.

Doch wie reagierte die Stadt auf diese „ganz feige Tat" wie sie vom Gmünder Oberbürgermeister bezeichnet wurde? Von allen Parteien des Gmünder Gemeinderates wurde dies öffentlich als Angriff auf die grundlegenden Werte und das demokratische Selbstverständnis der Stadt verurteilt. Als Zeichen gegen Intoleranz, Fremdenfeindlichkeit und Ausgrenzung setzte der Gemeinderat über alle Parteigrenzen hinweg eine gemeinsame „Gmünder Erklärung". Die fünf Punkte dieser Erklärung (siehe Abbildung 1) wurden in einer Veranstaltung vor dem Gmünder Rathaus verlesen. Die einzelnen Fraktionen nahmen dazu öffentlich Stellung; weitere Gruppen, wie der Integrationsbeirat, die Kirchen und auch Flüchtlinge waren ebenfalls vertreten. Eingeladen waren alle Bürgerinnen und Bürger, die ein Zeichen für ein offenes und tolerantes Schwäbisch Gmünd setzen wollten.

Dieses öffentlich Flagge zu zeigen durch die Stadtgesellschaft ist einer der sieben Gelingens-Faktoren für erfolgreiche Integration und Migration in Schwäbisch Gmünd. Auf diese wird an anderer Stelle näher eingegangen.

Der Brandanschlag auf den Neubau des Flüchtlingswohnheims in Schwäbisch Gmünd in der Christnacht ist ein Angriff auf die grundlegenden Werte und das demokratische Selbstverständnis unserer Stadt. Als Zeichen gegen Intoleranz, Fremdenfeindlichkeit und Ausgrenzung setzt der Gemeinderat Schwäbisch Gmünd über alle Parteigrenzen in fünf Punkten eine gemeinsame Gmünder Erklärung:
- Die Wahrung der grundlegenden Werte, Rechte und Freiheiten unseres Grundgesetzes ist eine Selbstverständlichkeit, die von jedem einzelnen im Alltag konsequent angemahnt, eingefordert und politisch in Entscheidungen umgesetzt werden muss.
- Über diese Werte hinaus stehen die Gemeinderätinnen und Gemeinderäte für ein offenes, tolerantes und soziales Schwäbisch Gmünd, das in Nächstenliebe und Barmherzigkeit seine Verantwortung für Menschen in Not und schwerem Schicksal wahrnimmt.
- Die Stadt Schwäbisch Gmünd setzt mit Blick auf das Grundgesetz auf Solidarität und eine offene Willkommenskultur jedem einzelnen Menschen gegenüber, ungeachtet seiner religiösen, sozialen, kulturellen oder sprachlichen Herkunft.
- Der Gmünder Gemeinderat ist der Überzeugung, dass sich jeder Mensch im Rahmen seiner Fähigkeiten, Talente und seiner Kräfte positiv in die Stadtgesellschaft einbringen und an ihr teilhaben kann. Dies zu fördern und zu fordern ist gemeinsames Ziel städtischer Politik.

---

1 vgl. Antwort der Bundesregierung auf die Anfrage BÜNDNIS 90/Die Grünen zu „Straftaten gegen Asylunterkünfte", Drucksache 18/5737 des Deutschen Bundestages, Berlin, 15. Dezember 2015.

> - Eine offene Willkommenskultur kann nur von allen Bürgerinnen und Bürgern selbst gelebt werden. Der ehrenamtliche Einsatz und das Engagement dieser Menschen, die sich für andere einsetzen und für sie Verantwortung übernehmen, werden als wesentlicher Bestandteil einer modernen, demokratischen Bürgergesellschaft begrüßt und gefördert.

Abb. 1 Die Gmünder Erklärung für Toleranz und Offenheit

Um diese Gmünder Erklärung im Bewusstsein zu halten, war Schwäbisch Gmünd die erste ausgewählte Kommune in Baden-Württemberg, die im März 2016 auf Initiative der Staatsrätin für Zivilgesellschaft und Bürgerbeteiligung der Landesregierung und mit Unterstützung des Städtetages Baden-Württemberg einen solchen breit angelegten „kommunalen Flüchtlingsdialog"[2] organisierte. Diese Veranstaltung bündelte Gmünder Erfahrungen, Konzepte und Ideen aus der Praxis der Flüchtlingsarbeit. Im Sinne von „Kommunen beraten Kommunen", sollten weitere Kommunen befähigt werden, mit Ihren Bürgern über das Zusammenleben mit Flüchtlingen in einen Dialog zu treten. In dem von Sozial- und Staatsministerium gemeinsam verantworteten Landesförderprogramm „Lokale Bündnisse für Flüchtlingshilfe – Gemeinsam in Vielfalt", mit welchem in 2015/2016 68 Lokale Bündnisse finanziell unterstützt wurden und in 2016/2017 nochmals weitere 68 Bündnisse unterstützt werden, sind auch zwei Gmünder Bündnisse vertreten. In der Gmünder Oststadt wurde Ende 2014 eine weitere Gemeinschaftsunterkunft mit rund 100 Bewohnern eröffnet. Das Projekt „Runder Tisch für Flüchtlinge in der Oststadt", das beim dortigen Quartiersmanagement angesiedelt ist, schafft Orte der Begegnung und Teilhabe für Flüchtlinge im Stadtteil. Das andere örtliche Bündnis, das Gmünder „Bündnis für Menschlichkeit" vernetzt stadtweit alle Akteure, die sich mit der Flüchtlingshilfe beschäftigen.

Migranten als Quelle einer wachsenden Stadt

In Baden-Württemberg leben derzeit rund 10,7 Millionen Menschen. Etwa ein Viertel davon hat Migrationshintergrund. Schwäbisch Gmünd hat etwas mehr wie 60.000 Einwohner mit steigender Tendenz laut dem aktuellen städtischen Demografie-Bericht[3]. Die Besonderheit dabei ist, das dieser Zuwachs über Zuwanderung erfolgt und dies erfolgte in 2015 zu über 90 % durch Menschen aus dem Ausland. In 2015 betrug der Bevölkerungszuwachs in Gmünd +796 Personen und davon waren +724 aus dem Ausland. Der Ausländeranteil liegt bei 16 %, der Migrantenanteil bei über 37 Prozent aus 125 Ländern inklusive ca. 800 Flüchtlinge. [4]

Hinzu kommt, dass die Verteilung der Einwohner/-innen mit Migrationshintergrund auf das Stadtgebiet sehr unterschiedlich ist. So gibt es Stadtteile, in denen die Einwohner/-in-

---

2 vgl. https://www.baden-wuerttemberg.de/de/service/presse/pressemitteilung/pid/initiative-fuer-kommunale-fluechtlingsdialoge/
3 vgl. Stadt Schwäbisch Gmünd (Hrsg.) 2015c: Demografischer Wandel – Schwäbisch Gmünd schafft Zukunft, Demografie-Bericht 2015, Schwäbisch Gmünd, Dezember 2015
4 vgl. Stadt Schwäbisch Gmünd (Hrsg.) 2016: Integrationsbericht 2016, allgemeine Basisindikatoren, Schwäbisch Gmünd, Juli 2016

nen mit Migrationshintergrund deutlich überproportional vertreten sind. Dazu gehören die Stadtteile Hardt (68,0 %), Oststadt (61,3 %), Innenstadt (52,1 %), Südstadt (43,0 %) und Oberbettringen (40,4 %).

Damit weist Gmünd eine international wachsende und von Zuwanderung geprägte Stadtgesellschaft auf. Die Frage der Beteiligung und Teilhabe von Migranten steht daher ganz oben auf der Agenda der Stadt.

2 Integrationsbemühungen in Schwäbisch Gmünd

Schwäbisch Gmünd ist sich seiner Internationalität seit vielen Jahren bewusst und arbeitet deshalb schon lange an Konzepten oder Maßnahmen, um Menschen mit Migrationshintergrund gesellschaftlich und politisch zu beteiligen.

Integrationsarbeit hat in Schwäbisch Gmünd eine lange Tradition. Bereits Mitte der 1980er Jahre wurde die Stelle eines Ausländerbeauftragten geschaffen. Seit 2005 gibt es einen Integrationsbeirat, der den früheren Ausländerbeirat abgelöst hat. Heute gibt es in der Stadt ein politisches Gremium, das zur Aufwertung der Integrationsbemühungen in der Stadt beiträgt. Die Berufung von Migranten als sachkundige Bürger, die strukturelle Verzahnung mit der Arbeit des Gemeinderats bietet die Möglichkeit, dass die Mitglieder des Gremiums ihre Kenntnisse und Erfahrungen in den städtischen Integrationsprozess einbringen und Erfahrungen im Umgang mit Verwaltung und Politik sammeln (DESI/imap 2014: 142).

In jüngerer Zeit hat sich in Schwäbisch Gmünd die Integrationsarbeit in vier erkennbaren zeitlichen Phasen ständig weiterentwickelt.

Phase 1 – Das Gmünder Integrationskonzept

In den Jahren 2008/2009 wurde mit wissenschaftlicher Begleitung des Instituts „europäischen forum für migrationsstudien" (efms) an der Universität Bamberg ein Integrationskonzept entwickelt, das die Leitlinien der Integrationsarbeit in Schwäbisch Gmünd bis heute festlegt (Stadt Schwäbisch Gmünd 2009). Dieses Konzept wurde mit großer Bürgerbeteiligung erarbeitet. Mit dem Integrationskonzept konnten erstmalig die Weichen für eine strategisch ausgerichtete städtische Integrationspolitik gestellt werden.

Für die sechs Handlungsfelder Sprache und Bildung, Wirtschaft und Arbeit, Wohnen und Stadtentwicklung, Soziales, Gesundheit und Sport, aktives Zusammenleben und interkulturelle Öffnung der Institutionen wurden Ziele und Maßnahmen erarbeitet, um die Teilhabemöglichkeiten von Migranten, die bereits hier in Schwäbisch Gmünd leben, zu verbessern. In den Handlungsfeldern arbeiten bis heute engagierte Bürgerinnen und Bürger sowie Expertinnen und Experten aus ganz unterschiedlichen Bereichen zusammen. Die daraus resultierenden Maßnahmen sind deshalb am Bedarf der jeweiligen Zielgruppen ausgerichtet und deren Umsetzung wird aufgrund der direkten Anbindung an die Verwaltung gewährleistet.

In der Abbildung 2 ist dies der Mittelbereich (dunkelblau), der den Beginn einer nachhaltigen städtischen Integrationspolitik markiert.

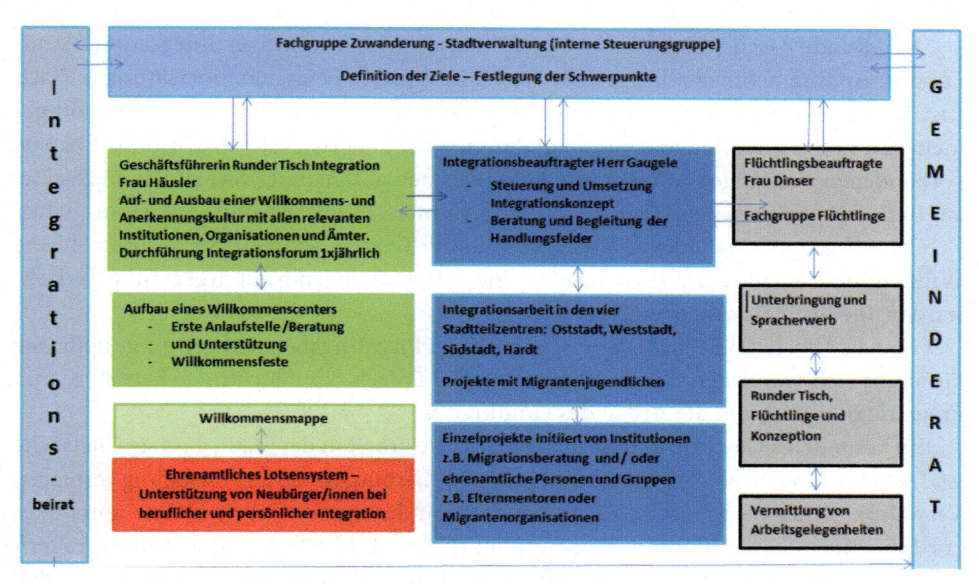

Abb. 2 Organigramm der Integrationsbereiche in Gmünd

Phase 2 – Externe Evaluation des Erreichten und Weiterentwicklung

2012 wurde mit dem Forschungs-Praxis-Projekt „Integrationspotentiale ländlicher Regionen im Strukturwandel" der Schader-Stiftung eine Bewertung der Gmünder Integrationsarbeit vorgenommen. Mit den daraus resultierenden Handlungsempfehlungen wurde der begonnene Gmünder Weg fortgesetzt, um die kommunalen Strukturen weiter zu stärken und zielgerichtet eine Willkommens- und Anerkennungskultur aufzubauen.

Zentrale Punkte der Weiterentwicklung sind danach:

- die Installierung des „Runden Tischs Integration" (siehe in der Abbildung 2 die linke, grüne Säule)
- die frühzeitige Einrichtung des neuen Arbeitsfeldes Flüchtlinge mit einer hauptamtlichen Flüchtlingsbeauftragten (siehe in der Abbildung 2 die rechte, graue Säule) sowie
- die Schaffung von Orten der Integration dezentral in den Stadtteilen (siehe in der Abbildung 2 die mittlere, blaue Säule und deren unterstes Kästchen)
- Gesteuert wird der gesamte Integrationsprozess durch die verwaltungsinterne Fachgruppe Zuwanderung (siehe Abbildung 2 hellblauer Querbereich).

Die Fachgruppe Zuwanderung ist eine verwaltungsinterne, ämterübergreifende Steuerungsgruppe unter Vorsitz des Oberbürgermeisters. Sie bewertet und steuert die einzelnen Schritte und gibt bei Bedarf Impulse und Anregungen für eine Weiterentwicklung des Integrationsprozesses insgesamt (DESI/imap 2014: 121).

Der „Runde Tisch Integration" versteht sich als Motor künftiger Integrationsbemühungen. An ihm nehmen alle mit dem Thema Integration befassten Einrichtungen Platz: Institutionen, Ämter, Verbände, Betriebe und Migrantenorganisationen. Hier soll gemeinsam eine Willkommens- und Anerkennungskultur entwickelt werden, die die bereits vorhandenen vielfältigen Angebote und Maßnahmen miteinander vernetzt und Projekte, auf Basis der gemeinsamen Zielformulierung, (weiter-)entwickelt. Aus ihm heraus haben sich Arbeitsgruppen gebildet, die sich bestimmten Themen widmen. So konnte z. B. eine Willkommensmappe für alle nationalen und internationalen Neubürger/-innen erstellt werden, die in elf Sprachen aufliegt.

Für das Arbeitsfeld Flüchtlinge wurde eine Flüchtlingsbeauftragte eingestellt. Sie kümmert sich von Seiten der Kommune um alle Fragen, die Flüchtlinge betreffen, und unterstützt so wirksam die Arbeit des Landkreises.

Ein besonderes Gewicht verleiht der Integrationsarbeit in der Stadt, dass sie Chefsache ist. Insbesondere die Flüchtlingsarbeit wird vom Oberbürgermeister vollständig gesteuert. Verwaltungsintern leitet er die Fachgruppe Zuwanderung, hat wöchentliche jours fixes zur Flüchtlingsthematik mit den operativ in diesem Feld tätigen Mitarbeitern. Extern sorgt er durch Präsenz bei der Flüchtlingsarbeit für Vertrauen und Unterstützung in den politischen Gremien, Vereinen, den Stadtteilen und der Bürgerschaft. Auf der Landes- und Bundesebene setzt er sich ein für die kommunale Aufgabe der Flüchtlingsarbeit und die anschließende Integration von Flüchtlingen in der Aufnahmekommune. Hier ist er auch immer bereit, unkonventionelle Wege der Teilhabe selbst vorzuschlagen oder solche mitzugehen, wie z. B. den ehrenamtlichen Einsatz von Flüchtlingen beim Stadtjubiläum „älteste Stauferstadt", bei der Landesgartenschau oder bei der freiwilligen Feuerwehr.

Viele engagierte Bürgerinnen und Bürger, Vereine und Organisationen sind auch auf eigene Initiative für Flüchtlinge teilweise bereits seit vielen Jahren in der Stadt im Einsatz. Beispielsweise der Arbeitskreis Asyl, der im letzten Jahr mit gutem Zulauf ein neues Projekt gestartet hat, das Weltcafé in Kooperation mit einer katholischen Kirchengemeinde oder die laufenden Fortbildungen für ehrenamtlich in der Flüchtlingsarbeit Tätige, die ökumenisch von katholischer und evangelischer Kirche durchgeführt werden.

Phase 3 – Der Gmünder Weg vom Flüchtling zum Bürger

Seit 2015 bildet die „Willkommenskultur für Flüchtlinge in Schwäbisch Gmünd – vom Flüchtling zum Bürger" (Stadt Schwäbisch Gmünd 2015a) die konzeptionelle Grundlage der Flüchtlingsarbeit als Teil des Gmünder Wegs. Dazu wurde ein 5-Stufenplan aus den praktischen Erfahrungen der Gmünder Arbeit mit Flüchtlingen entwickelt, der auch mit dem Landkreis abgestimmt ist. In diesem ist die systematische Betreuung und Förderung von Flüchtlingen und Asylbewerbern verankert. Die Stufen sind der Abbildung 3 zu entnehmen.

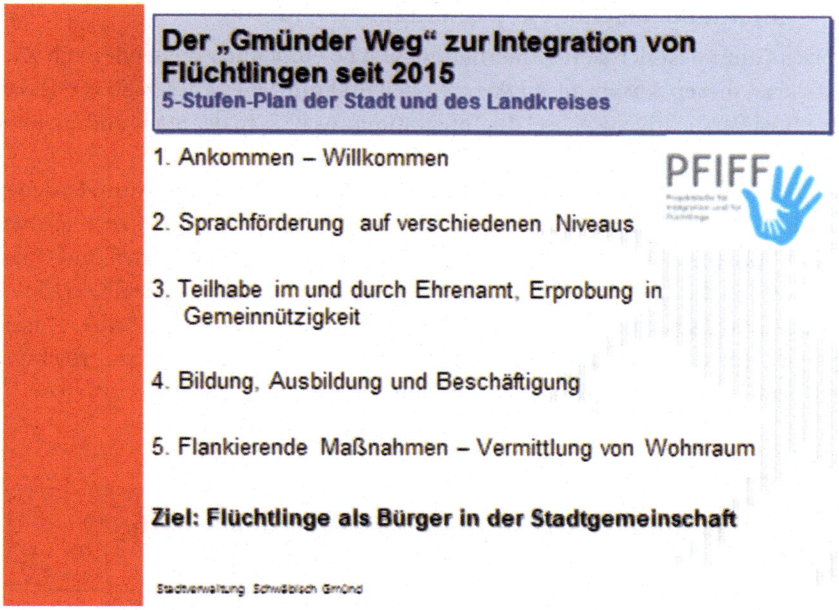

Der „Gmünder Weg" zur Integration von Flüchtlingen seit 2015
5-Stufen-Plan der Stadt und des Landkreises

1. Ankommen – Willkommen

2. Sprachförderung auf verschiedenen Niveaus

3. Teilhabe im und durch Ehrenamt, Erprobung in Gemeinnützigkeit

4. Bildung, Ausbildung und Beschäftigung

5. Flankierende Maßnahmen – Vermittlung von Wohnraum

Ziel: Flüchtlinge als Bürger in der Stadtgemeinschaft

Stadtverwaltung Schwäbisch Gmünd

Abb. 3 Der Gmünder 5-Stufenplan

Für eine optimierte Umsetzung wurde Anfang 2016 die Einrichtung „Pfiff – Projektstelle für Integration und für Flüchtlinge", eröffnet. Die Aufnahme und Integration der Menschen, die aus Krisen- und Kriegsgebieten kommen, stellt die gesamte Stadtgemeinschaft in den nächsten Jahren vor große Herausforderungen. Diese Anlaufstelle mit Mitarbeitern verschiedener Ämter unter einem Dach, soll die Menschen willkommen heißen, den Durchlauf der Flüchtlinge durch verschiedene Ämter und Institutionen optimieren und die Menschen in die Stadtgesellschaft integrieren. Dazu sind zentral am Bahnhof in einem Gebäude die einzelnen Büros verschiedener Ämter und Institutionen direkt nebeneinander angesiedelt, um schnell und kompetent den Menschen, die neu in die Stadt kommen, weiterzuhelfen. Von der Stadt sind dort Flüchtlingsbeauftragte, Amt für Familie und Soziales für das Wohnen und Integrationsbeauftragter präsent. Die Bundesagentur für Arbeit und das Jobcenter, der Arbeitskreis Asyl sowie das ehrenamtliche Projekt Lernwerkstatt HuT (Handwerk und Technik) und das Projekt NIFO-Netzwerk von Flüchtlingen in Ostwürttemberg zur Verbesserung deren Beschäftigungsfähigkeit ergänzen das Team der Anlaufstelle mit Mitarbeitern.

Unter dem Titel „eine Stadt öffnet sich – Einrichtung einer Willkommensbehörde" (Stadt Schwäbisch Gmünd 2015b) befindet sich eine weitere Neuausrichtung der Stadtverwaltung in Planung. Die Einrichtung einer zentralen Anlaufstelle für Zuwanderer wurde im Rahmen der wissenschaftlichen Begleitung des von der Schader-Stiftung koordinierten Projekts „Integrationspotenziale ländlicher Regionen im Strukturwandel" ebenfalls als eine wichtige Maßnahme zur weiteren Verbesserung der Willkommenskultur empfohlen (vgl. DESI/imap 2014).

Phase 4 – Internationale Stadt und Gmünder Weg für Alle

Schwäbisch Gmünd ist sich seiner Internationalität bewusst und arbeitet deshalb seit 2017 bewusst daran diesen Ansatz auch konzeptionell und mit Maßnahmen zu verstärken. Es geht um einen Perspektivenwechsel des Integrationsansatzes in der Stadt und einen neuen Leitbegriff „Internationale Stadt".

Im Unterschied dazu geht es bei der Integration bisher vor allem darum Menschen aus anderen Kulturen „sozial und kulturell zu begleiten". Doch es kommen auch Fachkräfte, Ingenieure, Wissenschaftler, Touristen und internationale Vertreter aus den fünf Gmünder Partnerstädten in die Stadt. D. h. die Stadt ist dafür künftig internationaler auszurichten z. B. durch Mehrsprachigkeit und „Englisch als ein Muss" in der Verwaltung, in der Kultur etc.

Die verschiedenen Ansatzpunkte, welche eine fachbereichsübergreifende Projektgruppe dazu verfolgt, sind der Abbildung 4 zu entnehmen.

Abb. 4 Diversität und Internationalisierung – Ansatzpunkte

Aufgrund der bisher gemachten positiven Erfahrungen mit Flüchtlingen, den zahlreichen Zuzügen von Migranten, allein in 2016 waren es ca. 1.700 Personen sowie den vielfältigen Anregungen des Integrationsbeirates der Stadt, wird mit Blick auf die Entwicklung der Zuzüge nach Schwäbisch Gmünd, der „Gmünder Weg für Flüchtlinge" und sein 5-Stufenplan der Integration derzeit zum „Gmünder Weg für alle (Zuwanderer)" weiterentwickelt.

3 Kristallisationsorte der Integration im Quartier

Bereits 2012 bei der externen Evaluation des Gmünder Integrationsprozesses wurde betont wie wichtig künftig auch eine sozialräumliche Ausrichtung der Integration ist.

„Die Gemeinsamkeit des Ortes … ist vielleicht die ursprünglichste der sozialen Bindungen und im Gesichtskreis seines Nachbarn leben, die einfachste Form der Gesellschaft." So drückte es Lewis Mumford bereits 1973 in einer Publikation von Bernd Hamm aus (zitiert nach Hamm 1973: 10).

Dieser Ansatz von gelebter und aktiv gestalteter Nachbarschaft in den Quartieren erscheint gerade bei der Integration von Migranten besonders wichtig.

Modellhaft für einen Ort der Integration dezentral im Stadtteil steht das Bildungs- und Familienzentrum, kurz BiKiFa genannt. Das Modellprojekt, das im Rahmens des Förderprogramms „Orte der Integration im Quartier" von Bundesministerium für Umwelt, Naturschutz, Bau und Reaktorsicherheit (BMUB) in Kooperation mit dem Bundesinstitut für Bau-, Stadt- und Raumforschung (BBSR) von September 2011 bis Juli 2014 entwickelt wurde, befindet sich im Stadtteil Hardt mit rund 2.700 Bewohnern, davon sind knapp 70 Prozent Migranten aus 30 Nationen. Dieser Stadtteil hat den höchsten Migrantenanteil in Gmünd, wobei dort zusätzlich bis zu 300 Flüchtlinge in einer Gemeinschaftsunterkunft leben.

Das Modellvorhaben stellt in enger räumlicher und konzeptioneller Verbindung mit der Grundschule (die im Projektzeitraum zur Ganztagsschule umgebaut wurde), der katholischen Kindertagesstätte und dem Familien- und Nachbarschaftszentrum einschließlich des Quartiersmanagements[5] einen neuen Kristallisationsort der Integration im Quartier dar und wurde im Projektzeitraum als Ort der Integration qualifiziert. Diese Qualifizierung durch verschiedene Maßnahmen und bauliche Aufwertungen wurde durch den Aufbau von Netzwerken und Kooperationsstrukturen, die Bündelung von Bildungsangeboten, die ressortübergreifende Zusammenarbeit in der Verwaltung sowie die Einbindung von Ehrenamt und privaten Spenden für die Einrichtung erprobt (vgl. Lehmann/Bormann 2013: 4).

Ziel des Modellvorhabens war und ist die Verbesserung der Bildungschancen durch Begleitung der Kinder auf dem Hardt von der Geburt bis zum Übergang in eine weiterführende Schule. Angesprochen werden vor allem Neugeborene, Krabbelkinder, Kindergartenkinder, Grundschulkinder und Kinder im Alter bis ca. zwölf Jahre sowie deren Eltern. Erreicht werden vor allem Migrantenhaushalte mit drei und mehr Kindern. Sie sind fast ausschließlich Mieter der beiden Wohnungsbaugesellschaften im Quartier. Ebenfalls erreicht werden Flüchtlinge, deren Kinder in großer Zahl in die KITA und die Grundschule gehen.

Die Abbildung 5 zeigt welche Zielgruppen mit welchen Instrumenten und mit welchen Akteuren vor Ort erreicht werden. Die grüne Einfärbung steht dafür, dass die Zielgruppen tatsächlich erreicht werden und welche Akteure an den Instrumenten beteiligt sind. Es fällt auf, dass Jugendliche des Stadtteils keine Zielgruppe des Projektes waren aufgrund der Ausrichtung auf KITA und Grundschule. Dies hat sich geändert. Denn nun ist der

---

5 In Gmünd wird das Quartiersmanagement Stadtteilkoordination genannt.

Jugendtreff im Stadtteil auch Teil von BiKiFa, fixiert durch eine schriftlich mit der Schule vereinbarten Bildungspartnerschaft.

Instrumente*:	Zielgruppen*:						Akteure vor Ort*			
	Kleinkinder 0-3 Jahre	Kinder 3-6 Jahre	Kinder 6-10 Jahre	Jugendliche	Eltern	Quartiersbewohner	Schule	Kita	JuFun	AhA e.V.
Aufsuchen z.H.					■	■				
Auftaktveranstaltung						■	■	■	■	■
Flyer						■				
Multiplikatorenansprache					■	■				■
persönliche Ansprache					■	■				
Sprechstunden					■					
Erziehungskurs für türkische Eltern					■					
Kurs für Multiplikatoren (Sprachvermittler)						■				■
Kurs für Elternmentoren					■	■				
Muttersprachliche Kontaktpersonen					■	■	■	■		
Begleitausschuss						■				
Krabbelgruppe	■				■					
Elterncafé	■	■			■					

Abb. 5 Zielgruppen, Akteure und Instrumente im Projekt BiKiFa
Quelle: Lehmann/Bormann 2013, S. 21

Welche Instrumente und Maßnahmen haben dazu beigetragen, einen „Ort der Integration" im Quartier zu entwickeln?- Dies sind das Netzwerk der Einrichtungen im Quartier, die gute Zusammenarbeit der Leiterinnen der Einrichtungen, die kontinuierlich arbeitende Projektgruppe und deren Zusammensetzung, die ehrenamtlichen Elternmultiplikatoren unterschiedlicher Nationalitäten mit vorgeschalteter Ausbildung, die an der Gestaltung des KITA-, Grundschul- und Familienzentrumslebens beteiligt sind, die Neugeborenen-Besuche des Quartiersmanagements gegebenenfalls auch mit muttersprachlichen Dolmetschern, die Beteiligung verschiedener Ämter am Projekt, die Projektstruktur mit seinen unterschiedlichen Gremien, die für einen strukturieren Informationsfluss und eine geregelte Abstimmung der in unterschiedlicher Form Beteiligten sorgt, die zusätzlichen finanziellen Möglichkeiten der Projektförderung und schließlich der extern angeleitete

Erfahrungsaustausch mit den sieben anderen bundesweiten Projektstandorten im Rahmen der regelmäßig durchgeführten Werkstätten während der Projektphase.

An Integrationserfolgen sind zu verzeichnen: Die neuen Angebote werden gut angenommen, eine Krabbelgruppe mit neun Müttern und ihren Kindern kommt regelmäßig zusammen, verschiedene neue AG-Angebote im Ganztagesschulbetrieb wurden durch die städtische Musikschule, den Jugendtreff und die Elternmentoren eingeführt, eine Kinderbücherei zur Nutzung durch KITA, Schule und Bewohner-Kinder wurde etabliert, es gibt Lesepaten in der KITA, der Schulchor wird nun durch KITA-Kinder verstärkt und auch der Weltgarten (urban gardening) im Quartier wird von Schule und KITA genutzt. Aus den Bewohner- und Elternversammlungen konnten Menschen zur ehrenamtlichen Mitarbeit gewonnen werden, es werden gemeinsame Schulungen der gewählten Elternvertreter von Schule und Kindertagesstätte, die überwiegend Migranten sind, zur Vorbereitung auf ihre ehrenamtliche Aufgabe angeboten und schließlich gibt es auch regelmäßig stattfindende Elterncafés als informelle Kontaktmöglichkeit der Eltern und mit Themen rund um die Kindererziehung, die mit Unterstützung eines Migrantenvereins durchgeführt werden. Das Projekt ist bis heute in der Wahrnehmung von Medien, politischen Gremien und Fachleuten positiv besetzt.

Zur Verstetigung ist BiKiFa Teil des aktuellen Bildungsentwicklungsplanes der Stadt Schwäbisch Gmünd für die Sekundarstufe. Die Schaffung von Bildungs- und Familienzentren wird darin als der weitestreichende Bildungsansatz angesehen, bei welchem durch eine enge Kooperation und gemeinsame konzeptionelle Ausrichtung von Einrichtungen versucht wird gleichzeitig Bildungs-, Betreuungs-, Familien-, Integrations- und Quartiersthemen in den Fokus zu nehmen. Die Stadt Schwäbisch Gmünd realisiert in der Weststadt ebenfalls ein Bildungs- und Familienzentrums. Ausgangspunkt war dort die Schließung der Hauptschule mangels Schülern. Dadurch werden Raumkapazitäten frei. In diesen soll eine benachbarte KITA untergebracht werden, außerdem das ebenfalls bisher an anderen Standorten im Quartier untergebrachte Quartiersmanagement und die Jugendarbeit. Auch eine Kirchengemeinde, deren Gemeindezentrum im Stadtteil aufgelöst wird, wird künftig Gottesdienste in der Schulaula durchführen.

Das BiKiFa ist Vorbild für die Stadtteile in der Kernstadt. In allen fünf dieser urban geprägten Stadtteile gibt es ein hauptamtliches Quartiersmanagement mit Treffpunkten, die Orte der Integration sind. In der Weiterentwicklung soll das Quartiersmanagement konsequent in größere Kontexte eingebunden werden, wie es bei BiKiFa der Fall ist. In der Altstadt mit ebenfalls hohem Migrantenanteil, wird gerade in Verbindung mit einem Pflegeheim ein sogenanntes Quartiershaus entwickelt, dessen zentraler Bestandteil ebenfalls ein Quartiersmanagement ist.

Die Quartiersmanagerinnen sind bzw. werden durch die Fortbildungen „Orte der Beteiligung" der Breuninger Stiftung und die Beratungsgutscheine der Allianz für Beteiligung in Bürgerbeteiligung qualifiziert. Die Stadt Schwäbisch Gmünd bietet auch selber Fortbildungen an. So wird mit der Führungsakademie Baden-Württemberg und in Kooperation mit der Pädagogischen Hochschule Schwäbisch Gmünd für Mitarbeiter/-innen aller öffentlichen Verwaltungen des Landes im Rahmen eines Fortbildungsprogrammes das

Modul „Bürgerbeteiligung und Migration" durchgeführt. Den Teilnehmern wird dabei der Gmünder Weg der Integration erläutert und durch Praxisbesuche anschaulich dargestellt.

Freiwilliges Engagement als wesentlicher Bestandteil

Grundsätzlich ist für die Integrationsbemühungen in der Stadt das freiwillige Engagement von Migranten ein wesentliches Element, das immer wieder auch für gesamtstädtische Projekte bewusst eingesetzt wird, wie z. B. bei Aufführungen der Staufersaga (2012 und 2016) und der Landesgartenschau (2014). Dieser Ansatz ermöglicht die Teilhabe am Leben der Stadtgesellschaft und fördert die Integration von Migranten, egal ob sie Flüchtlinge, EU-Bürger oder aus einer anderen der in der Stadt vertretenen Nationen kommen.

Die Beteiligung von Migranten findet auch in den fünf Stadtteilen mit Quartiersmanagement statt. Wie bereits ausgeführt, ist ein wesentlicher Bestandteil des Projektes BiKiFa das freiwillige Engagement von Bewohnern aus dem Stadtteil, insbesondere Migranten. Zur wissenschaftlichen Bewertung dieses Ansatzes erschien eine Online-Publikation (vgl. Gesemann/Roth 2015), in welcher auch der Projektbaustein „Ehrenamt und Qualifizierung von Bewohnern" thematisiert wurde. Die Bewertung dieses vielleicht wichtigsten Gmünder Integrationsansatzes in dieser Veröffentlichung steht stellvertretend für das Ehrenamt von Migranten für ihre Stadt, ihren Stadtteil. „Der Baustein [...] umfasst spezielle Angebote, die Bewohner auf ein ehrenamtliches Engagement im Stadtteil und insbesondere im Bildungs- und Familienzentrum Hardt vorbereiten" (ebd.: 48). Zu wichtigen Ergebnissen der Begleitforschung gehört, „dass die interkulturelle Öffnung des Gemeinwesens, die Förderung von freiwilligem Engagement sowie die Vernetzung von (haupt- und ehrenamtlichen) Akteuren in der Stadt bemerkenswerte Synergien ermöglicht („Die Wege kreuzen sich ständig. ... Man begegnet sich öfters, gesamtstädtisch oder ganz konkret im einzelnen Stadtteil")." [...] „Die Ermöglichung von Austausch, Beteiligung und Engagement tragen zur Bildung von sozialem Zusammenhalt in einer zunehmend vielfältiger werdenden Gesellschaft bei" (ebd.). Zum Gelingen tragen „die Verankerung von Gemeinwesenarbeit im Stadtteil, die Vernetzung und Kooperation der Bildungsakteure im Stadtteil, die Verzahnung von Konzepten und Strategien in den Bereichen Bildung, Gesundheit, Engagement, Integration und Stadtentwicklung und nicht zuletzt die Unterstützung im Rahmen des Forschungsfeldes Orte der Integration im Quartier" bei (ebd.). Soweit das Urteil der Wissenschaftler. Wie äußern sich die Migranten, Multiplikatoren und Vertreter von Migrantenvereinen selbst dazu?

In einer Gesprächsrunde mit Engagierten wurden die Engagement-Kultur und das soziale Miteinander im Stadtteil von einigen Teilnehmern selbstbewusst und auch mit Stolz hervorgehoben: „Nachdem wir eine große ehrenamtliche Gemeinschaft aufgebaut haben, sind auch andere neidisch auf den Hardt geworden. Jetzt schauen viele darauf und fragen, wie wir das gemacht haben" (zitiert nach Gesemann 2014: 13).

4 Die Situation in der Stadt und die Faktoren für ein Gelingen des Gmünder Wegs

Der IS-Terror im Nahen Osten, die schwierige politische und gesellschaftliche Lage in der Türkei und in anderen Staaten sowie die bei der Landtagswahl 2016 in Baden-Württemberg aus dem Stand erstarkte Alternative für Deutschland (AfD) (mit über 16 Prozent) haben auch Auswirkungen auf die Stimmung und die Befindlichkeiten der Menschen in der Stadt. Durch die Bildung von sogenannten Bildungspartnerschaften mit Migrantenorganisationen und der Durchführung von Jahresgesprächen ist die Stadtverwaltung in ständigem Kontakt mit den Menschen aus den Vereinen und kann so ihre Stimmungen und Probleme einschätzen. Auch sie kennen die städtische Haltung und das Bestreben um ein gemeinsames Miteinander. Zwar ist dieses Miteinander nicht konfliktfrei, wie die Ausführungen am Anfang des Artikels zeigen. Doch gelingt es bisher immer wieder, den gemeinsamen Gmünder Weg zu finden und zu gehen und adäquate Lösungen für die anstehenden Probleme und Schwierigkeiten zu finden.

Bei einer Reflektion des Gmünder Weges und seiner bei der Umsetzung gemachten Erfahrungen, ergeben sich sieben Gelingens-Faktoren (siehe Abbildung 6). Sie bilden gleichzeitig eine Art Zusammenfassung der vielfältigen Projekte, Aktivitäten, Strukturen und Feste zur Integration von Migranten in der Stadt.

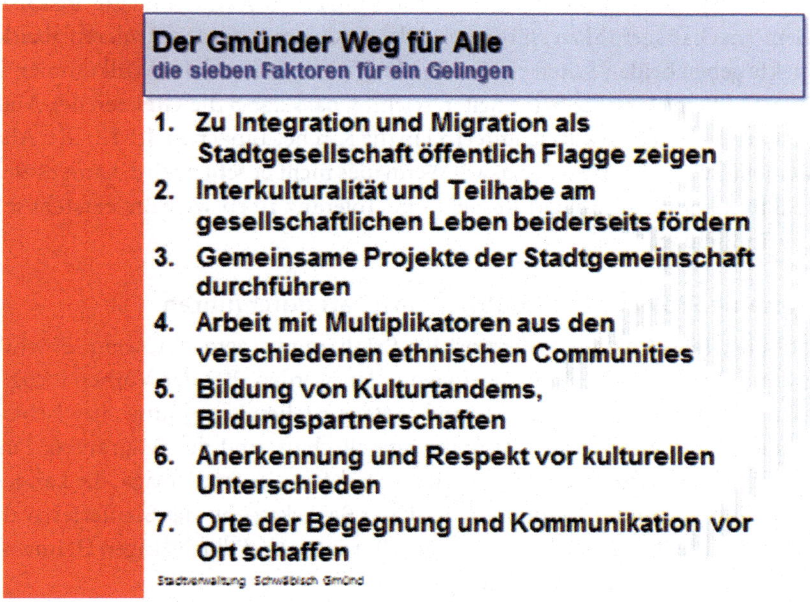

Der Gmünder Weg für Alle
die sieben Faktoren für ein Gelingen

1. Zu Integration und Migration als Stadtgesellschaft öffentlich Flagge zeigen
2. Interkulturalität und Teilhabe am gesellschaftlichen Leben beiderseits fördern
3. Gemeinsame Projekte der Stadtgemeinschaft durchführen
4. Arbeit mit Multiplikatoren aus den verschiedenen ethnischen Communities
5. Bildung von Kulturtandems, Bildungspartnerschaften
6. Anerkennung und Respekt vor kulturellen Unterschieden
7. Orte der Begegnung und Kommunikation vor Ort schaffen

Stadtverwaltung Schwäbisch Gmünd

Abb. 6 Die Gelingens-Faktoren des Gmünder Wegs

1. Zu Integration und Migration als Stadtgesellschaft öffentlich Flagge zeigen

Gemeint ist damit – wenn es Brandstiftung an einem Asylbewerberheim gibt (in 2015), dann reagiert die Stadtgesellschaft mit allen politischen Kräften und vielen Bürgern mit einer öffentlichen Veranstaltung vor dem Rathaus und einer Erklärung zu Toleranz und Offenheit der Stadt, ebenso im November 2016 mit der Aktion „Aufstehen gegen Rassismus" oder im März 2017 mit der Aktion „Gmünder Herz – gegen ungerechtfertigte Abschiebungen und ein Mitentscheiden von Kommunen" oder das jährliche öffentliche Fastenbrechen mit allen Religionsgemeinschaften auf dem Rathausplatz.

2. Interkulturalität und Teilhabe am gesellschaftlichen Leben beiderseits fördern

Die erste und wichtigste Voraussetzung für die Teilhabe am Leben des Anderen und in der Gesellschaft ist es, einander besser kennen zu lernen. Um dies wiederum zu gewährleisten ist es sehr wichtig die Kultur des Anderen zu verstehen.

Damit dies ermöglicht wird, sollten beide Seiten mehr Teilhabe am kulturellen Leben des Anderen haben. Dies beginnt damit, den Menschen mit anderem kulturellen Hintergrund, die Möglichkeit zu geben ihre Feste im öffentlichen Raum zu gestalten und zu feiern, damit die Aufnahmegesellschaft und Menschen mit anderer Kultur einen Einblick gewinnen und mitfeiern können. Auf der anderen Seite kann man auch Veranstaltungen der Aufnahmegesellschaft in Moscheen und Kulturzentren feiern bzw. veranstalten. Außerdem ist es auch wichtig, gemeinsam Feste/ Veranstaltungen zu planen und zu organisieren, um das Gemeinschaftsgefühl zu stärken und das Bild vom Fremden/Anderen abzulegen. Diese Aspekte geben beiden Seiten ein Gefühl des Vertrauens und des Willkommen seins.

Selbstverständlich ist es für beide Seiten wichtig, dass dabei die Grenzen des Anderen nicht überschritten werden (z. B. schulterfrei in die Kirche, Tanzen in der Kirche, Alkohol und Schweinefleisch in der Moschee usw.). Wenn dies nicht beachtet wird, kann es zu einer Abwehrreaktion kommen. Anstatt Respekt und Toleranz zu entwickeln, entsteht schnell Hass und Feindlichkeit.

3. Gemeinsame Projekte der Stadtgemeinschaft durchführen

In Schwäbisch Gmünd werden sehr positive Erfahrungen gemacht, wenn Flüchtlinge und Migranten in städtische Projekte eingebunden werden. Bei der Vorbereitung, aber auch der Durchführung dieser Projekte und Feste entstehen Begegnungen zwischen den „Ur-Gmündern", der sogenannten Aufnahmegesellschaft, und den Migranten. Positive Beispiele dafür sind beispielsweise das jährliche Stadtfest, die Staufersaga, die Landesgartenschau 2014, der Gmünder Sommer 2015 mit der Barockwoche, das Stauferfestival 2016 und ähnliches. Diese Projekte schaffen es, den Migranten und Flüchtlingen Heimat sowie das Dabeisein und Dazugehören zu vermitteln.

4. Orte der Integration und Beteiligung vor Ort schaffen

Ein weiterer wichtiger Aspekt ist der Veranstaltungsort. Wenn dieser zu weit entfernt ist oder an ungünstigen Orten liegt (z. B. schlechte Verkehrsanbindung), können viele Interessenten nicht kommen. Deshalb sollten die Angebote mobiler sein und (so nah wie möglich) am Wohnort angeboten werden wie beispielsweise das HuT-Projekt für Flüchtlinge. Dieses Projekt wird direkt an einer Gemeinschaftsunterkunft für Flüchtlinge angeboten, das von einem ehemaligen Berufsschullehrer und jetzigem Rentner ins Leben gerufen wurde und im Ehrenamt durchgeführt wird. Das Konzept dazu entspricht dem einer Lernwerkstatt. Der Kenntniserwerb geht vom beruflichen Ist-Stand des jeweiligen Menschen aus und wird diesem individuell für Handwerk und Technik angepasst. Ein ähnliches Projekt gibt es auch für weibliche Geflüchtete.

In jeder Gemeinde oder Ortschaft bzw. jedem Dorf sollten solche Orte zur Durchführung von Integrationsmaßnahmen vorhanden sein, die von den Migranten angenommen werden.

5. Arbeit mit Multiplikatoren aus den verschiedenen ethnischen Communities

Manchmal gibt es Angebote, die eine Zielgruppe aus verschiedenen Gründen nicht erreichen oder kein Interesse bzw. kein Vertrauen bei der Zielgruppe erwecken. Damit die Informationen besser verteilt und die Zielgruppe besser erreicht werden kann, sollten ethnische Multiplikatoren unterschiedlicher Herkunft eingesetzt werden. Man muss Menschen finden, die diese Informationen an die entsprechende Migranten-Community weitergeben. Durch die Weitergabe von Informationen über diese Vertrauenspersonen steigt die Wahrscheinlichkeit, dass Migranten die Angebote wahrnehmen.

Wenn die Teilnehmer mit der Veranstaltung zufrieden sind, hat dies einen weiteren Effekt für die Zukunft: die Menschen trauen sich, selbstständig nach weiteren Angeboten zu suchen, teilzunehmen und diese bestenfalls sogar mitzugestalten.

6. Bildung von Kulturtandems, Bildungspatenschaften

Da Migranten oft Schwierigkeiten in der Schule und bei bürokratischen Angelegenheiten haben, sind ehrenamtliche Helfer bzw. Paten für Migranten und Flüchtlinge sehr hilfreich. Das ermöglicht beiden Seiten, die andere Kultur besser kennen zu lernen und interkulturelle Freundschaften zu schließen. Dies kann jeweils zu mehr Integration und Einbindung in das kulturelle oder zumindest das gesellschaftliche Leben des Anderen führen.

7. Anerkennung und Respekt von kulturellen Unterschieden

Durch die interkulturellen Kontakte lernen beide Seiten den Respekt und die Toleranz von Unterschieden kennen. Dies trägt dazu bei, Vorurteile zu reduzieren und am Leben des Anderen mehr teilzuhaben. Dadurch kommt es zur Anerkennung von Individualität und die Handlungsweise gegenüber dem Fremden kann sich zum Positiven ändern. Diese Aspekte führen dazu, den Anderen mehr als Mensch, Mitbürger und Freund wahrzunehmen und ihn nicht mehr als Fremden zu kategorisieren.

Diese Haltung soll beispielgebend für alle Integrationsbemühungen in Schwäbisch Gmünd sein. Der Effekt kann und soll Annäherung auf allen Ebenen des Miteinanders sein. So haben z. B. die muslimische Gemeinde, die katholische und evangelische Kirche gemeinsame Friedensgebete gegen die zunehmende Gewalt und den Terror in der Welt durchgeführt und sich dazu im Gmünder Münster und in der DITIB Moschee getroffen. Dies war der Auftakt für einen intensiveren interreligiösen Dialog und weitere gemeinsame Aktionen.

Anlässlich eines Stadtteilfestes im Rahmen des interreligiösen Gottesdienstes hat sich die muslimische Gemeinde spontan bereit erklärt, einen Fahrdienst für die muslimischen Flüchtlinge in den Gemeinschaftsunterkünften zu organisieren, damit diese während der Fastenzeit Ramadan die Moschee zum Gebet besuchen können.

5 Fazit und Übertragungsmöglichkeiten

Die Integrationsbemühungen in Schwäbisch Gmünd gibt es seit rund 30 Jahren. Dabei wurde viel ausprobiert und auch wieder verworfen. Die intensivsten Integrationsansätze lassen sich den vier im Artikel beschriebenen Phasen von 2008 bis heute zuordnen. Nicht zuletzt immer wieder im Austausch mit externen Fachleuten und der Umsetzung ihrer Empfehlungen entwickelte sich das Gmünder Integrationskonzept bis heute weiter. Diese ständige Weiterentwicklung erfolgt trotz des eingeengten finanziellen Handlungsspielraums der Stadt. Die städtische Verschuldung beträgt rund 100 Millionen. Ein großer Teil der beschriebenen Integrationsansätze mit zusätzlichen Stellen und Projekten wird deshalb über Drittmittel aus unterschiedlichen Förderprogrammen und nicht über den städtischen Haushalt finanziert. Die Drittmittelakquise ist zwar mühsam, doch hat sie den Vorteil, dass sich die Stadt ständig mit neuen Entwicklungen im Integrationsbereich beschäftigen muss, um mit ihren Projektanträgen erfolgreich zu sein. Außerdem ist so ein regelmäßiger Wissenstransfer mit anderen Kommunen, Wissenschaftlern und Integrationsexperten gewährleistet.

Zum Schluss, was lässt sich aus den Gmünder Erfahrungen zur Integration von Migranten für andere Mittelstädte mit hohem Migrantenanteil, aber vermutlich auch Großstädte verallgemeinern?-

- Die Integration von Migranten in einer Stadt ist nicht das Ergebnis kurzfristiger Entwicklungen, sondern erfordert einen langen Atem und muss über mehrere Generationen hinweg konsequent bearbeitet werden. Für die Politik ist es deshalb kein Thema, mit dem schnell geglänzt werden kann. Die Integrations- und Zuwanderungspolitik in einer Stadt kann nicht einfach an Stabsstellen für Integration wegdelegiert werden, sondern es braucht für dieses kommunale Megathema der nächsten Jahrzehnte eine Stadtspitze – Oberbürgermeister und/oder Bürgermeister – für die Integration Chefsache ist. Integration muss als Querschnittsthema begriffen und bearbeitet werden. Und trotzdem

braucht es für eine adäquate Bearbeitung des Themas zusätzliche koordinierende Stellen in der Verwaltung wie Integrations- und Flüchtlingsbeauftragte, Quartiersmanager und auch Beauftragte für Bürgerschaftliches Engagement, spezielle Anlaufstellen für Migranten und Flüchtlinge, Strukturen, die alle städtischen Ämter an der Integration beteiligen, gegebenenfalls auch in die Pflicht nehmen sowie ein Mindestmaß an interkultureller Kompetenz bei allen städtischen Mitarbeitern.
- Notwendig ist eine Bürgerbeteiligung, die in besonderen Situationen speziellen Zielgruppen wie Flüchtlingen oder russischstämmigen Migranten besondere Beachtung schenkt. Gerade für die Zusammenarbeit mit schwer zugänglichen ethnischen Communities braucht es Multiplikatoren der gleichen Nationalität, die z. B. auch bereit sind, ihre Landsleute kommunalpolitisch im Integrationsbeirat zu vertreten.
- Wichtig sind dezentrale Integrationsansätze mit Orten der Integration im Quartier. Solche Kristallisationspunkte vor Ort wie Bildungs- und Familienzentren, besonders in Stadtteilen mit hohen Migrantenanteilen, können durch eine geschickte Kooperation von Einrichtungen gleichzeitig Bildungs-, Betreuungs-, Familien-, Integrations- und Quartiersthemen in den Fokus nehmen. Wie deutsche Eltern sind auch Migranteneltern meistens sehr gut über Bildung und Betreuung ihrer Kinder erreichbar.
- Bürgerschaftliches Engagement ist der soziale Kitt einer Stadtgesellschaft. Migranten und Zuwanderer sind zur ehrenamtlichen Mitarbeit an den Stadtfesten und in den Vereinen zu motivieren. Diese Mitarbeit bedeutet gesellschaftliche Teilhabe und Kennenlernen der städtischen Traditionen.
- Gepflegt werden muss auch ein Klima der Offenheit und Toleranz in der Stadtgesellschaft, das von Alteingesessenen und Zugewanderten – besonders von Kommunalpolitikern, Verwaltung, Kirchen – und Moscheevertretern, Vereinen etc. – auch in schwierigen Situationen offensiv und öffentlich vertreten wird.
- Es braucht zudem ein Miteinander von Bürgerinnen und Bürgern, ob mit deutschen oder internationalen Wurzeln, das ein gegenseitiges Fördern und Fordern von Integration beinhaltet.
- Der Blick von außen, sprich die Zusammenarbeit mit Wissenschaft und externen Beratern ist ebenfalls wichtig, um nicht im eigenen Saft zu schmoren und in Selbstgefälligkeit zu verfallen. Diese Zusammenarbeit ermöglicht eine Reflexion des Erreichten, die Benennung von Schwachpunkten und mögliche Weiterentwicklungen.
- Die beschriebenen Formen und Ansätze der Integration erfordern zusätzliche finanzielle Mittel und zusätzliches Personal. Fördermittel für Integrationsmaßnahmen aus EU-, Bundes- und Landesprogrammen oder auch von Stiftungen sind hier sehr hilfreich. Meistens beinhalten diese Programme auch eine Zusammenarbeit mit anderen Städten und deren Projekten. Daraus ergeben sich wichtige externe Anregungen für die Integrationsansätze in der eigenen Stadt.

Literatur

Bundesinstitut für Stadt-, Bau- und Raumforschung (BBSR) im Bundesamt für Bau- und Raumwesen (Hrsg.): Engagement im Quartier, Online-Publikation 04/2015, Bonn Juni 2015, S. 44

DESI/imap 2014: Interkulturelle Öffnung und Willkommenskultur in strukturschwachen ländlichen Regionen. Ein Handbuch für Kommunen. Wissenschaftliche Bearbeitung/Verfasser: Jutta Aumüller, Frank Gesemann (DESI), Bülent Arslan/Derya Can (imap). 2. Auflage. Darmstadt: Schader Stiftung

Gesemann, Frank 2014: Engagement im Quartier – „Nachdem wir eine große ehrenamtliche Gemeinschaft aufgebaut haben, sind auch andere neidisch geworden". Ergebnisse von Gesprächsrunden im Bildungs- und Familienzentrum Hardt in der Stadt Schwäbisch Gmünd am 10./11. März 2014. Berlin: DESI – Institut für Demokratische Entwicklung und Soziale Integration. http://www.desi-sozialforschung-berlin.de/wp-content/uploads/DESI_Engagement-im-Quartier_Bericht-zu-den-Gespr%C3%A4chsrunden-in-Schw%C3%A4bisch-Gm%C3%BCnd_10-11-03-2014_end_kf2.pdf [Zugriff am 12.03.2016]

Gesemann, Frank/Roth, Roland: Engagement im Quartier. BBSR-Online-Publikation, Nr. 04/2015. Bonn: Bundesinstitut für Bau-, Stadt- und Raumforschung (BBSR) im Bundesamt für Bauwesen und Raumordnung (BBR). Internet: http://www.bbsr.bund.de/BBSR/DE/Veroeffentlichungen/BBSROnline/2015/DL_ON042015.pdf?__blob=publicationFile&v=3 [Zugriff am 12.03.2016]

Hamm, Bernd: Betrifft: Nachbarschaft. Verständigung über Inhalt und Gebrauch eines vieldeutigen Begriffs, Düsseldorf 1973

Lehmann, Dieter; Bormann, Birgit: Endbericht des Modellvorhabens Bildungs- und Familienzentrum Hardt des ExWoSt Forschungsfeldes Orte der Integration im Quartier, Schwäbisch Gmünd 31.12.2013, S. 21 (unveröffentlicht)

Stadt Schwäbisch Gmünd (Hrsg.) 2009: Miteinander in Schwäbisch Gmünd – Integrationskonzept. Schwäbisch Gmünd Oktober 2009

Stadt Schwäbisch Gmünd (Hrsg.) 2015a: Willkommenskultur für Flüchtlinge in Schwäbisch Gmünd – vom Flüchtling zum Bürger, Schwäbisch Gmünd, April 2015

Stadt Schwäbisch Gmünd (Hrsg.) 2015b: eine Stadt öffnet sich – Einrichtung einer Willkommensbehörde (Konzeption), Schwäbisch Gmünd, Juli 2015 (unveröffentlicht)

Stadt Schwäbisch Gmünd (Hrsg.) 2015c: Demografischer Wandel – Schwäbisch Gmünd schafft Zukunft, Demografie-Bericht 2015, Schwäbisch Gmünd, Dezember 2015

Stadt Schwäbisch Gmünd (Hrsg.) 2016: Integrationsbericht 2016, allgemeine Basisindikatoren, Schwäbisch Gmünd, Juli 2016

Der Kommunale Qualitätszirkel zur Integrationspolitik

Gari Pavkovic und Ayşe Özbabacan

Zusammenfassung

Der kommunale Qualitätszirkel zur Integrationspolitik ist ein Zusammenschluss von Integrationsbeauftragten aus 30 Kommunen und Landkreisen und Experten der Landes- und Bundesbehörden, wissenschaftlichen Forschungsinstituten und Stiftungen, um den Informations- und Erfahrungsaustausch über innovative Maßnahmen und Initiativen zur lokalen Integrationspolitik zu fördern und damit zur Weiterentwicklung der kommunalen Integrationsarbeit beizutragen. Von 2006 bis heute hat der Arbeitskreis Handreichungen und Positionspapieren zu aktuellen Themenfeldern erarbeitet. In diesem Beitrag werden ausgewählte Materialien vorgestellt, um einen Einblick in die Praxisarbeit des Arbeitskreises zu geben und aktuelle Entwicklungen der Integrationsarbeit auf kommunaler Ebene aus verschiedenen Perspektiven zu beleuchten.

Schlüsselbegriffe

Integrationsmonitoring, interkulturelle Öffnung der Verwaltung, kommunales Bildungsmanagement, politische Partizipation, religiöser Vielfalt in Kommunen, Terminologien in der Migrations- und Integrationsdebatte

„Wir schaffen das" und „Unsere Gesellschaft wird sich verändern" lauten zwei zentrale Aussagen aus der aktuellen Debatte um die Migrations- und Integrationspolitik mit Blick auf die steigenden Flüchtlingszahlen seit August dieses Jahres. Es ist keine neue Diskussion, da es genau dieses Politikfeld ist, das im letzen Jahrzehnt viel bewegt, aber auch viele Kontroversen ausgelöst hat. „Unsere Gesellschaft wird sich verändern" – die bisherige Integrationspolitik hat aber seit Jahren zumindest einen (Begriffs) -Wandel erfahren, von der Diversitäts- bis hin zur Inklusionspolitik bzw. Politik der Vielfalt. Also hat sich unsere Gesellschaft doch bereits verändert, blickt man auf die Zusammensetzung der lokalen Gesellschaften – bunt, multikulturell, international und religiös heterogen. Ist das das neue „Wir" von dem neuerdings gesprochen wird? Welche Veränderungen bedarf es noch, damit das Zitat „Wir schaffen das" so selbstverständlich wird, ohne nach dem „Wir" bzw. welchem „Wir" zu fragen?

Mit diesen und ähnlichen gesellschaftspolitischen Fragen, wie ein Einwanderungsland positiv gestaltet werden kann, beschäftigt sich der *Arbeitskreis Kommunaler Qualitätszirkel zur Integrationspolitik*[1] nun seit dem letzten Jahrzehnt, um die Integrationsarbeit und -politik vor Ort voranzubringen.

1   Der Arbeitskreis Kommunaler Qualitätszirkel zur Integrationspolitik

Der kommunale Qualitätszirkel ist ein Arbeitskreis von Integrationsbeauftragten[2] aus 30 Kommunen und Landkreisen im Bundesgebiet, um den Informations- und Erfahrungsaustausch über innovative Maßnahmen und Initiativen zur lokalen Integrationspolitik zu fördern und damit zur Weiterentwicklung der kommunalen Integrationsarbeit beizutragen. Begleitet wird der lebendige Austausch von renommierten Vertretern aus Wissenschaft und Stiftungen.

Die Grundlage für die Zusammenarbeit bilden vorhandene und geplante Initiativen zur Entwicklung und Evaluation von Monitoringsystemen und zur Schaffung von handlungsfeldbezogenen Steuerungskreisen zur Integration. Dadurch werden die Kommunen unterstützt, ein indikatorengestütztes Integrationsmonitoring aufzubauen, das regelmäßige Bestandsaufnahmen im interkommunalen Vergleich ermöglicht, sowie Handlungsempfehlungen auf Grundlage guter Praxismodelle zu erarbeiten, die eine Orientierungshilfe im Umgang mit diesen Themen bieten aber auch Instrumente bereitstellen, um diese Themen weiterzuentwickeln.

Die Gründung des Arbeitskreises geht auf die im Jahr 2005 vom Bundesinnenministerium und der Bertelsmann Stiftung durchgeführte Wettbewerbsinitiative um erfolgreiche Integrationspolitiken unter dem Motto „Erfolgreiche Integration ist kein Zufall. Strategien Kommunaler Integrationspolitik" zurück (Bertelsmann Stiftung/Bundesministerium des Innern 2005). Über 20 Städte und Landkreise nahmen an diesem Wettbewerb teil mit dem Ziel, die Integrationsarbeit strategisch und zukunftsorientiert voranzubringen und ihren Erfahrungsschatz in unterschiedliche Handlungsfelder der Integrationsarbeit einzubringen.

Um diesen Fundus an bewährten und innovativen Integrationsstrategien zu nutzen und die beteiligten Städte und Landkreise bei der Weiterentwicklung ihrer Integrationsarbeit

---

1   http://www.stuttgart.de/item/show/385012.
2   Gemeint sind hier alle für das Thema Migration und Integration zuständigen Vertreterinnen und Vertreter der Städte und Landkreise: Integrationsbeauftragte, Ausländerbeauftragte, Dezernenten und Leitungen der Interkulturellen Büros, Stab- und Querschnittstellen für Migration und Integration.

insbesondere im Bereich Integrationsmonitoring zu unterstützen, wurde in 2005 unter der Leitung der Kommunalen Gemeinschaftsstelle für Verwaltungsmanagement (KGSt)[3] der Arbeitskreis der Integrationsbeauftragten als „Innovationszirkel Integration" ins Leben gerufen. Ziel war der Austausch zwischen Wettbewerbsstädten und weiteren Akteuren, um Kommunen bei der Weiterentwicklung ihrer Integrationspolitik zu unterstützen.

Von 2006 bis 2008 erarbeitete der Innovationszirkel die Handreichungen *Integrationsmonitoring (KGSt 2006)* und *In sieben Schritten zur Interkulturellen Öffnung der Verwaltung (KGSt 2008)*, die seitdem für viele Kommunen und Einrichtungen auf lokaler, Landes- und Bundesebene eine wichtige Grundlage für die Weiterentwicklung ihrer Integrationsarbeit bilden. Im Jahr 2009 übernahm die Landeshauptstadt Stuttgart mit Hilfe von Fördermitteln des Bundesamtes für Migration und Flüchtlinge aus dem Europäischen Integrationsfonds und später mit Unterstützung der Robert Bosch Stiftung die Koordination dieses Arbeitskreises in erweiterter Zusammensetzung mit zehn neuen Städten (insbesondere aus den neuen Bundesländern) und Vertretern verschiedener Institutionen aus Wissenschaft und Stiftungen als *Kommunaler Qualitätszirkel zur Integrationspolitik*. Seit 2011 arbeitet der Qualitätszirkel in eigener Verantwortung und wird von der Landeshauptstadt Stuttgart koordiniert.

Von 2009 bis 2015 hat der Arbeitskreis weitere Handreichungen und Positionspapiere zu aktuellen Themen für Fachleute und Entscheidungsträger/innen in Kommunen erarbeitet, um den Austausch zwischen Kommunen, innerhalb der Verwaltungen und zwischen den relevanten lokalen Akteuren, insbesondere der Zivilgesellschaft und Migrantenselbstorganisationen zu fördern. Themen waren Integrationsmonitoring, interkulturelle Öffnung der Verwaltung, Bildung, politische Partizipation und religiöse Vielfalt in Kommunen. Wichtig waren daneben auch grundlegende Fragestellungen zur Einbürgerung bzw. Optionspflicht für Drittstaatsangehörige, Antidiskriminierung und latenter Rassismus im Alltag. Aber auch die Bedeutung der Migrantenökonomie für die Entwicklung der lokalen Wirtschaft oder die Frage nach der Willkommens- und Anerkennungskultur und der dafür erforderlichen strukturellen Vorkehrungen und nicht zuletzt das Thema Terminologien in der Migrations- und Integrationsdebatte wurden behandelt. Wie lange hat eine Person einen Migrationshintergrund? Wie gestalten wir kulturelle Vielfalt? Und wie sieht eine inklusive Gesellschaft aus? Dieser Reflexionsprozess ist in die Weiterentwicklung der Arbeit in den beteiligten Kommunen eingeflossen.

Darüber hinaus hat sich der Qualitätszirkel mit weiteren aktuellen Themen wie der Sarrazin-Debatte, den Positionspapieren des Deutschen Städtetags oder den Studien des Europäischen Städtenetzwerks Cities for Local Integration Policies (CLIP)[4] beschäftigt, um auch hier neue Impulse zu erhalten und die eigene Arbeit zu reflektieren.

---

3   https://www.kgst.de/
4   http://www.eurofound.europa.eu/de/clip-european-network-of-cities-for-local-integration-policies-for-migrants

Im Jahr 2014 hat der Arbeitskreis anlässlich seines fünfjährigen Geburtstags als AK Kommunaler Qualitätszirkel zur Integrationspolitik eine Jubiläumsbroschüre[5] herausgebracht. Diese Broschüre enthält Beiträge der zahlreichen Mitglieder und Partner und dokumentiert einige Meilensteine der langjährigen Zusammenarbeit sowie grundlegende Weichenstellungen und Strategien, mit denen positive Veränderungsprozesse langfristig ermöglicht wurden, sowohl in den alten als auch in den neuen Bundesländern, die unter unterschiedlichen Voraussetzungen Integrationsarbeit betreiben.

Die Ergebnisse der Handreichungen und Positionspapiere werden von vielen Kommunen, von der Bundesregierung und der Fachszene als Orientierungshilfe aufgenommen. Der Qualitätszirkel war auch aktiv eingebunden in den NIP-Prozess (Nationaler Integrationsplan) und den darauf aufbauenden NAP-Prozess (Nationaler Aktionsplan Integration) der Bundesregierung. Darüber hinaus ist er auch Impulsgeber für Good-Practices beispielsweise für das internationale Netzwerk *Cities of Migration*, das von Toronto, Kanada, aus durch die *Maytree Foundation* koordiniert wird.[6]

2 Mitglieder des Arbeitskreises

Im Arbeitskreis sind Städte und Landkreise aus elf Bundesländern sowie Vertreter von Stiftungen und Wissenschaft unter der Koordination der Landeshauptstadt Stuttgart (siehe Karte) aktiv:

- Arbeitsstab der Beauftragten der Bundesregierung für Migration, Flüchtlinge und Integration
- Bertelsmann Stiftung
- Bundesamt für Migration und Flüchtlinge (BAMF)
- Deutsches Institut für Urbanistik (DIFU)
- Deutsche Kinder- und Jugendstiftung (DKJS)
- Deutscher Landkreistag (DLT)
- Deutscher Städtetag (DST)
- Europäisches Forum für Migrationsstudien an der Universität Bamberg (efms)
- Hochschule für Technik und Wirtschaft des Saarlandes
- Internationale Gesellschaft für Diversity Management (idm)
- Institut für Demographische Entwicklung und Soziale Integration (DESI)
- Institut für Sozialwissenschaften der Universität Hildesheim
- Kommunale Gemeinschaftsstelle für Verwaltungsmanagement (KGSt)
- Robert-Bosch-Stiftung
- Sachverständigenrat deutscher Stiftungen für Integration und Migration (SVR)

---

5 http://www.stuttgart.de/img/mdb/item/385012/95299.pdf
6 http://www.citiesofmigration.ca; siehe auch den Beitrag von Turner und Walther in diesem Band.

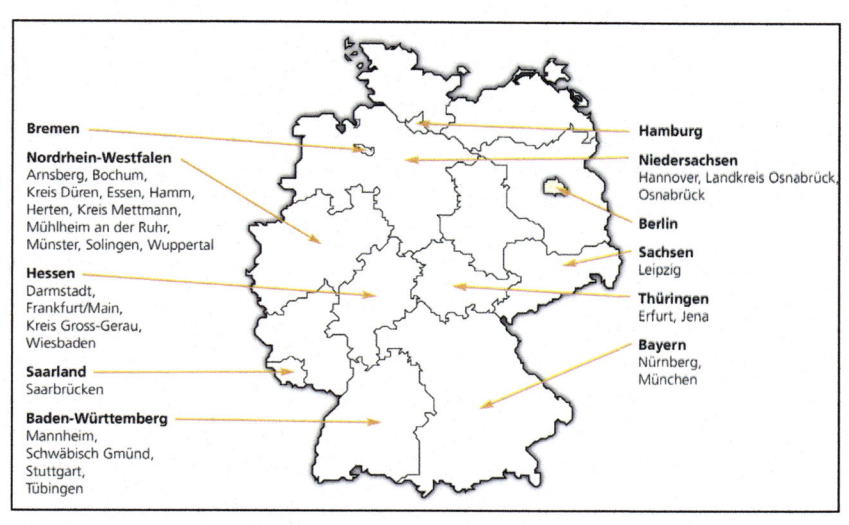

Karte Mitglieder des Arbeitskreises

3 Ausgangssituation

Integration ist ein Prozess, deshalb ist noch viel zu tun. Die Sicherstellung einer fairen Teilhabe für unsere Migrantinnen und Migranten an Bildungschancen und Erwerbsmöglichkeiten bleiben weiterhin zentrale integrationspolitische Aufgaben. Mit der Verabschiedung des Anerkennungsgesetzes für ausländische Abschlüsse ist ein wichtiger Meilenstein gesetzt worden. Auch die interkulturelle Öffnung der Verwaltung ist im Hinblick auf die interkulturelle Personalpolitik ein wichtiges Handlungsfeld im Rahmen der Umsetzung nachhaltiger Integrationsstrategien. Mit Initiativen zahlreicher Städte für die Gewinnung von mehr Migranten für den öffentlichen Dienst, als Azubis oder Polizisten sind wir auf einem guten Weg. Auch die Etablierung einer Willkommens- und Anerkennungskultur erfordert mit Blick auf die zunehmende EU-Binnenwanderung aus Süd- und Osteuropa sowie die Zuwanderung von Flüchtlingen eine differenzierte Herangehensweise und Haltung im Hinblick auf die Stadtgesellschaft von morgen.

4 Über den Tellerrand hinaus – Einblick in die Arbeit des Arbeitskreises

Der Kommunale Qualitätszirkel zur Integrationspolitik hat sich seit 2006 bis heute mit aktuellen Themenfeldern in Form von Handreichungen und Positionspapieren beschäftigt, die hier in Auszügen vorgestellt werden und einen Einblick in die Arbeit des Arbeitskreises gewähren. Die Handreichungen und Positionspapiere[7] sind aus intensiven Diskussionen und Erhebungen in Verwaltungen und Einrichtungen der beteiligten Städte, Landkreise und Kooperationspartner zu integrationspolitisch relevanten Fragen hervorgegangen, in die alle Beteiligten ihre persönlichen Erfahrungen und fachliche Expertise eingebracht haben. Dabei wurden auch in diesem Kreis unterschiedliche Einschätzungen und Wertungen zu den jeweiligen Themengebieten deutlich. Durch den interdisziplinären Austausch von Praktikern und Forschern werden aktuelle Entwicklungen aus verschiedenen Perspektiven beleuchtet und bewertet. Dieser kreative Dialogprozess bildet im Sinne des wechselseitigen Lernens den größten Mehrwert für die Weiterentwicklung der eigenen Arbeit, weil auch die Schwierigkeiten bei der Umsetzung von kommunalen Integrationsstrategien offen angesprochen werden.

In allen Materialien werden innovative Strategien und Ansätze aus den Mitgliedsstädten und der Kooperationspartner mit Praxisbeispielen dargestellt, die Einblicke in verschiedene Themen- und Handlungsfelder ermöglichen. Hier einige der zentralen Themen:

4.1 Kommunales Bildungsmanagement

> „Bildung ist der entscheidende Schlüssel zur sozialen, kulturellen und wirtschaftlichen Integration. Hier liegt eine Herausforderung, die die Zukunft unseres Landes bestimmt und die öffentlich an Ergebnissen statt an Zuständigkeitsdebatten gemessen wird. […] Unser Land braucht das Potenzial der Kinder und Jugendlichen aus Zuwandererfamilien. Ihr Bildungserfolg ist eine Investition in die Zukunft unseres Landes, denn die Menschen, die in Deutschland leben, sind unsere wichtigste Ressource. […] Das erfordert ein Bildungssystem, das Chancen eröffnet, Potenziale entwickelt und Bildungserfolge nicht von sozialer Herkunft abhängig macht" (Bundesregierung 2007: ###).

In diesem Tenor betont der Nationale Integrationsplan der Bundesregierung gute Bildung als zentrale Voraussetzung für gelingende Integration. Die Weichen für eine erfolgreiche Integration durch Bildung werden in den Familien, aber auch in Kindergärten und Schulen und damit vor Ort gestellt. In der intensiven Diskussion über die Fragen von Integration und Bildung wurde deutlich, dass kommunale Integrationsstrategien im Bereich der Bildung sich bisher fast ausschließlich auf vor- und außerschulische Bildungsarbeit beziehen, nachhaltige Erfolge bei der Verbesserung der Bildungschancen aber nur auf der Grundlage einer engagierten, personell und finanziell gut ausgestatteten Bildungs- und Erziehungsarbeit der Schulen in enger Kooperation mit kommunalen Partnern möglich sind.

Der Arbeitskreis plädiert in seinem Positionspapier daher für eine stärkere Verantwortung der Kommunen in der Bildung. Kommunale Verantwortungsträger können in direkter Zusammenarbeit mit Schulen und Schulämtern vor Ort positive Veränderungen einleiten, ohne auf den großen Wurf der Bildungspolitiker in den Ländern und im Bund

---

7   Die Handreichungen und Positionspapiere sind unter http://www.stuttgart.de/item/show/385012 abrufbar.

zu warten. „Change" ist möglich – als ein schrittweise eingeleiteter Reformprozess von unten. Dies geschieht bereits in mehreren Kommunen und Landkreisen, die im Rahmen des Projekts „Lernen vor Ort", der Initiative des Bundesministeriums für Bildung und Forschung (BMBF) und in Zusammenarbeit mit Schulbehörden der jeweiligen Länder kooperieren. Bildung findet immer vor Ort statt und kann vor Ort wirksamer gestaltet werden, wenn darüber ein Konsens in den Kommunen und Landkreisen erzielt wird. Es gilt jeden Gestaltungsspielraum zu nutzen. Dies hat auch der Deutsche Städtetag in seiner einstimmig verabschiedeten Aachener Erklärung anlässlich des Kongresses „Bildung in der Stadt" im Jahr 2007 unterstrichen:

> „Ausgangspunkt für Bildungsprozesse in den verschiedenen Lebensphasen ist die kommunale Ebene. Hier entscheidet sich Erfolg oder Misserfolg von Bildung, werden die Grundlagen für berufliche Perspektiven, gesellschaftliche Teilhabe und gleichzeitig die Zukunftsfähigkeit einer Region gelegt. Die Städte prägen mit ihren vielfältigen Einrichtungen die Bildungslandschaft Deutschlands: Kindertagesstätten, Familienzentren, Einrichtungen der Kinder- und Jugendarbeit, Schulen, Volkshochschulen und zahlreiche Kultureinrichtungen sind Eckpfeiler der öffentlichen Infrastruktur in der Bildung. Die Verantwortung der Städte in der Bildung muss deshalb gestärkt werden" (Deutscher Städtetag 2007).

Dies bedeutet vor allem, den kommunalen Schulträgern größere Spielräume und mehr Autonomie bei der Gestaltung und Suche nach neuen Formen sowie den jeweils passgenauen Lösungen zu geben. Hierzu bedarf es großer Unterstützung seitens der Länder, vor allem wenn es um die Bildung von flexiblen Schulverbünden geht, in denen Grundschulen, aber auch weiterführende Schulen zusammenarbeiten, um ein möglichst präzise auf den örtlichen Bedarf zugeschnittenes Bildungsangebot entwickeln zu können. Im Hinblick auf die wachsende Heterogenität der Schülerschaft in Deutschland ist eine Kooperation zwischen den Bund, Ländern und Kommunen unerlässlich. Hierzu gehört auch die Schulung von Fachkräften in allen zuständigen Einrichtungen, um deren interkulturelle Kompetenz zu stärken und dadurch die Qualität der schulischen und der außerschulischen Bildungsförderung in der Einwanderungsgesellschaft zu steigern.

Dass dies funktionieren kann, zeigen erfolgreiche Schulen – zuletzt die von der Bertelsmann Stiftung prämierten Schulen in Kanada oder in der Schweiz (Carl-Bertelsmann-Preis 2008), aber auch die von der Robert Bosch Stiftung und der Heidehof Stiftung mit dem Deutschen Schulpreis ausgezeichneten Schulen in Deutschland. Die von den Stiftungen ausgezeichneten Beispiele zeigen, dass nur das Zusammenspiel verschiedener Aktivitäten zu erfolgreichen und guten Schulen führt. Das sind:

- ein guter, interessanter und auf die individuellen Lernvoraussetzungen von Kindern zugeschnittener Unterricht, der auch interkulturelle Themen aufgreift,
- eine vertrauensvolle und interkulturell ausgerichtete Zusammenarbeit mit Eltern,
- ein offenes und für neue Ideen empfängliches Schulklima,
- die Einbeziehung örtlicher bzw. sozialräumlicher Hilfesysteme einschließlich der lokalen Migrantenexperten bei der Umsetzung der Lernziele,

- sinnvolle Angebote im Nachmittagsbereich einschließlich individueller Lernhilfen und Arbeitsgemeinschaften mit dem Angebot eines gemeinsamen Mittagessens und
- eine Öffnung und Vernetzung mit dem bürgerschaftlichen Engagement im Nahbereich der Schulen.

Die besonders erfolgreichen „Leuchtturm-Schulen" weisen alle diese Merkmale auf. Die genannten Reformen werden meistens von engagierten Schulleitungen initiiert, die bereit sind, auch unkonventionelle Wege zu gehen, um innovative Lernformen zu implementieren, und die fähig sind, ihr Kollegium und die Elternschaft als Mitstreiter zu gewinnen.

Jede Kommune muss in Zukunft eine Antwort auf die Frage geben, durch welche Strategien, Anreiz- und Unterstützungssysteme Reformprozesse in ihren Bildungseinrichtungen vor Ort voranbringen können. Dies betrifft nicht nur Qualitätsentwicklungsprozesse an Schulen, sondern vor allem auch in Kitas und in anderen Bildungseinrichtungen, die in primär kommunaler Zuständigkeit liegen.

In Stuttgart wird aktuell ein Positionspapier des Oberbürgermeisters zur bildungsgerechten Stadt erarbeitet. Schulbehörden des Landes, kommunale Fachämter und der Stab des Integrationsbeauftragten entwickeln dazu einen Aktionsplan. Ähnliche Strategien verfolgt u. a. die Stadt Mannheim.

Praxisbeispiel Kreis Düren

Sybille Haussmann, Kreis Düren

Umsetzbare strategische Ziele sind nur gemeinsam erreichbar

Der Kreis Düren hat sich in seinem Integrationskonzept gemeinsam mit Wohlfahrtverbänden, Kirchen, Migrantenorganisationen und weiteren Institutionen strategische Ziele im Bildungsbereich gesetzt. Zu berücksichtigen war, dass sie nur in freiwilliger und vertrauensvoller Zusammenarbeit erreichbar und die Ressourcen begrenzt sind.

Kommunen werden für schulische Entwicklung gebraucht: Zwei Beispiele

Eine Gesamtstrategie zur Integration von schulischen Seiteneinsteigern (schulpflichtige Kinder ohne Deutschkenntnisse, die aus dem Ausland zugezogen sind) mit individueller Beratung, Patenschaften und Förderklassen bei gleichzeitiger Schulentwicklung zeigt erste Erfolge. Zunehmend werden Vermittlungen in weiterführende Schulen möglich, immer mehr Schulen nehmen die Herausforderung an, Seiteneinsteiger aufzunehmen und zu fördern.

Schulen beteiligen sich am QuisS-Programm[8] und zeigen damit Bereitschaft, ein Gesamtkonzept der sprachlichen Bildung und der interkulturellen Öffnung zu entwickeln.

---

8 http://www.bezreg-koeln.nrw.de/brk_internet/organisation/abteilung04/dezernat_41/broschuere_quiss100.pdf

Das Programm wurde von der Bezirksregierung Köln entwickelt. Die Umsetzung vor Ort hat das Kommunale Integrationszentrum übernommen.

Der Schlüssel ist die staatlich-kommunale Verantwortungsgemeinschaft
Diese Entwicklungsprozesse an den Schulen im Kreis Düren haben eines gemeinsam. Sie sind möglich, weil Land und Kommune an einem Strang ziehen.

Das heißt erstens, Land und Kommune müssen dafür sorgen, dass die innovativen Schulen mit den notwendigen Lehrern versorgt sind und sie zusätzliche Ressourcen für neue Aufgaben erhalten.

Zweitens braucht es vor Ort kompetente „Kümmerer", die Überzeugungsarbeit leisten, die richtigen Partner/innen zusammen bringen und die Veränderungsprozesse begleiten. Die „Kümmerer" sind die Kommunalen Integrationszentren. Sie werden in Nordrhein-Westfalen wiederum von Land und Kommune inhaltlich und finanziell unterstützt.

Drittens ist unendlich viel Geduld und Beharrlichkeit vonnöten, denn Veränderungsprozesse müssen wachsen und brauchen viel Zeit.

4.2 Politische Partizipation von Migrantinnen und Migranten

Politische Partizipation ist eine Voraussetzung für das Ermöglichen der identifikatorischen Integration von Migranten mit unserer Gesellschaft und ihrer Rechtsordnung. Somit ist sie auch ein integraler Bestandteil der kommunalen Integrationspolitik. Darüber hinaus stärkt sie in vielen Kommunen, in der Migranten eine große Bevölkerungsgruppe bilden, die demokratische Legitimation unseres politischen Systems. Auch deshalb ist es unabdingbar, die Möglichkeiten der politischen Partizipation von Migranten zu fördern und zu verbessern. Denn die Verbundenheit der Migrantinnen und Migranten mit unserer Gesellschaft und ihrer Rechtsordnung setzt auch die aktive politische Mitgestaltung der gesellschaftlichen Verhältnisse durch diese Personengruppe voraus.

Dieses Positionspapier zeigt die verschiedenen Handlungsfelder der politischen Partizipation von Migrantinnen und Migranten auf kommunaler Ebene auf und formuliert Empfehlungen, wie das bürgerschaftliche Engagement der zugewanderten Bevölkerungsgruppen im Bereich der Kommunalpolitik verstärkt werden kann.

Empfehlungen des Arbeitskreises

1. Wir empfehlen mehr Anstrengungen zu unternehmen, um die Zahl der politischen Mandatsträger/innen mit Migrationshintergrund zu steigern. Um dieses Ziel zu erreichen ist es erforderlich, den derzeitigen Anteil der Mandatsträger/innen mit Migrationshintergrund in den politischen Gremien statistisch zu erfassen. Eine solche Statistik ist für das *Monitoring* von Integrationsprozessen von großer Bedeutung. Darüber hinaus sollte die Wahlbeteiligung von Deutschen mit Migrationshintergrund statistisch erfasst werden, um wissenschaftliche Erkenntnisse über die passive und aktive Teilnahme von Eingebürgerten an Wahlen zu gewinnen.

2. Den politischen Parteien wird empfohlen, verstärkt Führungspersonal aus den Reihen der Eingewanderten zu rekrutieren und Themen in ihren Plattformen zu integrieren, die Eingewanderte ansprechen. Migrantinnen und Migranten sollten in die Arbeit der Parteien auf allen Ebenen aktiv eingebunden werden und nicht nur als Spezialisten für Migrations- und Integrationsfragen.
3. Wir setzen uns für die gleichberechtigte politische Teilhabe aller volljährigen Bürgerinnen und Bürger in unserer Stadtgesellschaft ein. Daher befürworten wir auch ein Kommunalwahlrecht für Drittstaatsangehörige ab dem fünften Aufenthaltsjahr.
4. Wir unterstützen auf kommunaler Ebene Bemühungen um eine Steigerung der Einbürgerungszahlen durch Einbürgerungskampagnen, Einbürgerungsfeiern oder durch andere Formen der Öffentlichkeitsarbeit und begrüßen Initiativen auf der Bundesebene für erleichterte Einbürgerungen und für die Hinnahme der doppelten Staatsbürgerschaft.
5. Wir empfehlen einen Klärungsprozess in den Städten über die erwünschte Funktion der dortigen Ausländer-/Migranten(bei)räte bzw. Integrationsausschüsse. Geht es um ein demokratisch gewähltes Gremium oder Expertenkommission? Notwendig ist in jedem Fall eine aktive Unterstützung, Qualifizierung und Ausstattung mit den notwendigen Kompetenzen und Ressourcen, um die Mitwirkung der Migrant/innen in diesen Beratungsorganen erfolgreich zu gestalten. Sinnvoll ist, den politischen Auftrag dieser Gremien klar zu bestimmen und Kriterien zu entwickeln, um die Wirkung bzw. den Erfolg der politischen Mitwirkung sichtbar zu machen. Wir setzen uns dafür ein, dass in allen Städten und Kreisen kommunale Beteiligungsorgane mit sachkundigen Migrant/innen eingerichtet werden, die sich konstruktiv für die Umsetzung der gesamtstädtischen Integrationsziele engagieren.
6. Kommunen können bei der Umsetzung von Integrationsmaßnahmen Entscheidungskompetenz an Migrantenorganisationen delegieren, womit sie eine zusätzliche Möglichkeit der Steuerung und Förderung der politischen Partizipation von Migrant/innen gewinnen. Kommunen sollten an Hand klarer Kriterien entscheiden, wie und welche Migrantenorganisationen sie in gemeinsame Kooperationsstrukturen mit einbeziehen können. Eventuell können sie die Einbindung als langfristige Strategie anwenden, um die Fähigkeit der Migrantenorganisationen zur intersektoralen Kooperation zu steigern.
7. Bürgerschaftliches Engagement von Migrant/innen und ihren Organisationen benötigt qualifiziertes Personal. Dies sollte im Rahmen der Möglichkeiten vor Ort sichergestellt werden. Kommunen sollten die Professionalisierung der Migrantenorganisationen fördern um dieses Potenzial somit für die Weiterentwicklung der Stadtgesellschaft insgesamt nutzbar zu machen.
8. Politische Bildung ist Voraussetzung für eine aktive politische Beteiligung. Wir empfehlen eine Ausweitung der politischen Bildungsangebote unter Einbeziehung junger Migrant/innen in Schulen und Jugendzentren sowie in Migrantenorganisationen. Politische Bildung muss konzeptionell auf diese neue Zielgruppe ausgerichtet und für sie attraktiv gestaltet werden.

Praxisbeispiel

Gari Pavkovic, Integrationsbeauftragter

Internationaler Ausschuss des Gemeinderats der Landeshauptstadt Stuttgart
Der Internationale Ausschuss ist der beratende Ausschuss des Stuttgarter Gemeinderats; ihm gehören 13 Mitglieder des Gemeinderats sowie zwölf stimmberechtigte sachkundige Einwohnerinnen und Einwohner an.

Der Ausschuss hat die Aufgabe, den Gemeinderat bei der Erfüllung seiner Aufgaben in allen Fragen, welche die Gestaltung des Zusammenlebens in der internationalen Stadtgesellschaft und insbesondere der Integration der Stuttgarter Migrantinnen und Migranten betreffen, zu beraten. Gemäß diesem Auftrag werden die sachkundigen Ausschussmitglieder seit 2004 als Experten zu den jeweiligen Handlungsfeldern der Integrationsarbeit vom Gemeinderat bestellt und nicht mehr direkt gewählt. Dieses Verfahren hat sich in Stuttgart bewährt. Für die Politikberatung ist nicht die Herkunft der Ausschussmitglieder entscheidend, sondern ihre Sachkompetenz und ihr politisches Engagement im Sinne der integrationspolitischen Ziele der Stadt.

Im Internationalen Ausschuss sind Experten aus der sozialen Arbeit, aus dem Bildungsbereich, der Kultur und der Wirtschaft vertreten. Der Ausschuss hat seit 2005 unter anderem mit dazu beigetragen, dass Stuttgart ein abgestimmtes System von Bildung, Erziehung und Betreuung entwickelt hat (die Stuttgarter Bildungspartnerschaft), Flüchtlinge als Zielgruppe der kommunalen Integrationsarbeit anerkannt werden, Potenziale der Eingewanderten noch stärker im Fokus sind (Migrantenökonomie) und 2014 ein Willkommenszentrum für Neubürger eingerichtet wurde. Einige der sachkundigen Ausschussmitglieder sind inzwischen Stadträte oder kandidieren auf Wahllisten der Fraktionen für den Gemeinderat. Erfolgreiche politische Beratung ist somit ein Motiv für die direkte politische Beteiligung. In einigen Städten laufen Überlegungen, wie die politischen Beratungsgremien zu Migration und Integration neu ausgerichtet werden können, damit sie an Bedeutung und Wirkung gewinnen. Politische Beteiligung setzt Nachwuchsförderung durch politische Bildung junger Migrantinnen und Migranten voraus. Dafür geeignet sind interkulturelle Formate der politischen Bildung wie im Projekt „Dialog macht Schule" (Berlin und Stuttgart) sowie vergleichbare Ansätze der politischen Dialogarbeit an Schulen, in Jugendzentren und Migrantenorganisationen (Essen). Die verstärkte Zusammenarbeit zwischen Migrantenorganisationen und anderen Bürgervereinen und Initiativen (Umweltverbände, Freundeskreise für Flüchtlinge, Eine-Welt-Gruppen, Organisationen der Entwicklungszusammenarbeit) fördert ebenfalls das politische Engagement der Eingewanderten.

4.3 Religiöse Vielfalt in Kommunen

Der Umgang mit religiöser Vielfalt in den Kommunen bleibt eine große Herausforderung. Gerade beim Thema „Religion" sind alle Beteiligten auch emotional berührt. Oftmals sind die verschiedenen Haltungen und Sichtweisen auf die Welt für die jeweils anderen schwer verständlich, manchmal auch schwer auszuhalten.

Die in dieser Handreichung aufgezeigten kommunalen Beispiele und Handlungsempfehlungen zeigen, dass es nicht den einzig richtigen Weg gibt, sondern dass von allen Beteiligten Flexibilität, Ideenreichtum, Geduld und der Mut, auch einmal Fehler zu machen, gefordert sind.

Das Selbstverständnis kommunalen Handelns leitet sich aus unserem Staatsverständnis, dem Grundgesetz (GG) und den Landesverfassungen ab. Unsere Verfassung garantiert die freie Religionsausübung für alle Glaubensgemeinschaften, solange die religiöse Praxis nicht andere Artikel der Verfassung verletzt. Das Verhältnis von Staat und den Religionsgemeinschaften wird in den jeweiligen Landesverfassungen geregelt.

Durch das Grundgesetz sind alle staatlichen Einrichtungen – und in diesem Zusammenhang auch die Kommunen – verpflichtet, Äquidistanz zu allen Religionen zu wahren. Staatliches und kommunales Handeln muss vom Gleichbehandlungsgrundsatz geleitet sein, keine Religion darf bevorzugt oder benachteiligt werden. Es handelt sich allerdings um eine positive Neutralität, der Staat darf die Religionsausübung fördern, insoweit herrscht in Deutschland kein Laizismus. Es gibt kein Kooperationsverbot wie etwa in Frankreich.

Die Kommunen sind im Sinne der Daseinsvorsorge zwar im Prinzip allzuständig, sie haben aber keinen religiösen Auftrag. Auch der interreligiöse Dialog ist keine kommunale Aufgabe, sofern es um Glaubensinhalte geht. Allerdings ist es im kommunalen Interesse, diesen Dialog aktiv zu fördern. Beispiele zu religionssensiblen sozialen Dienstleistungen in Kommunen sind in einer Studie der Deutschen Islamkonferenz veröffentlicht (BAMF 2015), u. a. aus München, Essen, Stuttgart und dem Landkreis Osnabrück.

Das folgende Praxisbeispiel der Stadt Hamm zeigt, wie der interreligiöse Dialog gefördert werden kann.

Praxisbeispiel
Günther Schwibbe, Integrationsbeauftragter

Aktivitäten der Hammer Religionsgemeinschaften bei der Förderung der Teilhabe und Integration von Migrantinnen und Migranten
Die Initiierung von Aktionen zum interreligiösen und interkulturellen Dialog und der Einsatz für die Beteiligung und Integration von Migranten durch die verschiedenen Gemeinden hat in der ehemaligen Bergbaustadt Hamm eine lange Tradition.

Die erste Arbeitsgemeinschaft christlich-islamischer Gemeinden im Arbeiterstadtteil Hamm-Pelkum datiert aus den späten 1970er Jahren. Gemeinsame Gemeindefeste, Mütter- und Seniorentreffs, aber auch abrahamitische Sommercamps mit Jugendlichen unter Beteiligung der jüdischen Kultusgemeinde aus der Nachbarstadt Dortmund sind nur wenige Beispiele für die vielfältigen Aktivitäten.

Heute gibt es zwei weitere Arbeitsgemeinschaften, die sich seit Anfang der 1990er Jahre wie auch Hindus, Buddhisten, Kopten, Jesiden, etc. u. a. am „Internationalen Friedensgebet", das immer am ersten Sonntag des Jahres stattfindet, beteiligen.

Von besonderer Bedeutung ist in Hamm der nur von Freiwilligen getragene, nicht-kommerzielle Ramadanmarkt, der in Zeiten, in denen das Fastenbrechen vor 20.00 Uhr stattfindet als fünftägige Informations- und Kulturveranstaltung im Stadtzentrum, auf dem Marktplatz an der Pauluskirche, durchgeführt wird.

Auch einer der größten Hindu-Tempel in Deutschland befindet sich in Stadtteil Hamm-Uentrop. Zu den hinduistischen Feiertagen strömen bis zu 30.000 Besucher aus ganz Mitteleuropa nach Hamm und feiern gemeinsam mit der einheimischen Bevölkerung inzwischen auch ein Volksfest. Der Bau eines Informations- und Bildungszentrums zum Hinduismus ist soeben in Angriff genommen worden. Das Zentrum soll dazu dienen, nicht nur den Hinduismus, sondern die ganze Vielfalt fernöstlichen Lebens und Glaubens für die Menschen sinnlich erfahrbar zu machen.

Im Rahmen der Errichtung des Lippeparks entstand im Westen der Stadt ein Stadtpark, bei dessen Realisierung vor allem die Stärkung des interkulturellen und interreligiösen Dialogs und der Kooperation im Fokus standen.

Die Idee für die Planung und den Bau des Ortes der religiösen Begegnung wurde durch den christlich-islamischen Gesprächskreis Herringen/Pelkum an den Bürgerbeirat „Lippepark Hamm" herangetragen und gemeinsam mit Vertretern der hinduistischen Gemeinde Hamm-Uentrop, der Jüdischen Kultusgemeinde Groß-Dortmund und der Deutschen Buddhistischen Union zu einem Modell eines Begegnungsortes aller fünf Weltreligionen fortentwickelt. Der Ort der interreligiösen Begegnung ist also tatsächlich ein Ort, den Frauen und Männer aus den Gemeinden der Weltreligionen hier vor Ort initiiert, aktiv gestaltet und erarbeitet haben. Dabei wurde vielfach diskutiert und gerungen, um unterschiedliche Glaubensvorstellungen und Weltanschauungen unter ein „gemeinsames Dach" zu bringen. Am Ende hat die Zusammenarbeit im Laufe eines Jahres das Zusammengehörigkeitsgefühl der Akteure sowie das Bewusstsein für Unterschiede und Gemeinsamkeiten gestärkt.

Kern des Begegnungsortes ist ein Platz, in dessen Mitte fünf Stehpulte im Kreis angeordnet sind. Auf den Oberflächen der Pulte sind jeweils ein Symbol einer Weltreligion und eine Kernaussage ihrer Lehre zu finden. Diese „Mitte" dient als Ort des Austausches und des Gesprächs. Der Zugang zum Platz kann durch eines der fünf Stahltore erfolgen, die jeweils das Symbol einer Weltreligion tragen. Die Tore versinnbildlichen die verschiedenen Zugänge der Religionen zum Glauben, zu Gott und zum Leben. Daneben kann der Platz aber auch betreten werden, ohne eines der Tore zu durchschreiten. Die unter allen fünf Toren verlaufende stählerne Basis verdeutlicht die Gemeinsamkeit aller Religionsgemeinschaften im Glauben an Gott bzw. eine höhere Macht. Mit einer bewegenden gemeinsamen Einweihungs- und Segnungsfeier wurde der Ort den Menschen übergeben. Er kann für religiöse Rituale, aber auch für stille Einkehr und Meditation genutzt werden. Dabei ist er immer auch öffentlicher Bestandteil des Parks und zugleich Symbol für die kulturelle und religiöse Vielfalt in Hamm und ganz besonders im Stadtteil Hamm-Westen.

Das Beispiel zeigt: Dialog, Kooperation und eine gemeinsame Identität sind machbar!

4.4 Integrationsmonitoring

Diese Handreichung knüpft an den Bericht der Kommunalen Gemeinschaftsstelle für Verwaltungsmanagement (KGSt 2005) „Management kommunaler Integrationspolitik" an und beschreibt ein Indikatorenset für die Bestandsaufnahme und das Monitoring kommunaler Integrationspolitik.

Deutlich wird, dass für einzelne Handlungsfelder die Zustandsbeschreibung wegen fehlender oder unzureichend differenzierender Daten nur sehr rudimentär erfolgen kann. Daher wird in dieser Handreichung gefordert, Anstrengungen zu unternehmen, um in Zukunft bei verschiedenen Akteuren auf der Bundes- und Landesebene die Aussagekraft der Daten bezüglich der Lage von Menschen mit Migrationshintergrund (nicht nur: Ausländern) zu verbessern.

Die Zahl der Indikatoren ist gering, die Datenerhebung so einfach wie möglich. Dieses Indikatorenset kann von großen wie kleinen Kommunen angewendet werden, eine Voraussetzung für die Vergleichbarkeit der Zustände in der kommunalen Integrationspolitik.

Das Monitoring ist gegenwärtig „nur" geeignet, den Stand der Integration zu messen und Veränderungen im Zeitablauf zu dokumentieren. Damit wird allerdings die Grundlage für eine spätere Wirkungsmessung gelegt.

Das eigentliche Anliegen einer Wirkungsmessung unterschiedlicher Rahmenbedingungen, Angebote oder Leistungen ist damit noch nicht erfüllt, kann und soll aber auf dieser Grundlage weiter verfolgt werden. Kennzahlen, die auf Integrationsdefizite hinweisen, gilt es adäquat zu interpretieren (Wechselwirkung von migrationsbedingten und sozialen Faktoren).

Praxisbeispiel Wiesbaden

Klaus Burgmeier

Integrationsmonitoring
Mit der Gründung einer Integrationsabteilung Ende 2001 verbunden war in Wiesbaden der politische Anstoß zur Erstellung eines Integrationskonzepts, das das Element der Integrationsberichterstattung mit einschließen sollte. Auf der Basis der Definition des Begriffs Integration wurde 2003 ein Monitoringsystem mit Kennzahlen entwickelt. Diese wiederum waren eine wichtige Basis für die Entwicklung des gesamtstädtischen Integrationskonzeptes 2004 und sind seitdem Bestandteil der jährlichen Integrationsberichte. Die Ergebnisse lassen erkennen, wo Integrationsprozesse erfolgreich verlaufen und in welchen Bereichen Defizite bestehen. Sie bilden eine rationale Grundlage, um über konkrete wiesbadenspezifische Integrationsziele, Integrationsnotwendigkeiten und Integrationsfelder zu diskutieren und erfüllen eine Art Sensibilisierung und „Frühwarnfunktion".

Einbindung des Integrationsmonitoring in die Integrationsarbeit
Integrationsmonitoring ist das zentrale Beobachtungssystem in der öffentlichen Wahrnehmung und Diskussion. Ergänzende Monitoringsysteme wie der sozialraumbezogene

Sozialatlas und das Siedlungsmonitoring, das Bildungsmonitoring und vertiefende Analysen wie z. B. zur nationalitiätenspezifischen Integration, zur Lebenslage ältere Migranten und zu Migrantenmilieus bieten vertiefende und ergänzende Perspektiven und Erklärungen.

Schlussfolgerungen aus dem Monitoring – Beispiele

Zur Steigerung des KT Besuches wurde eine Aktion „Ab drei dabei" gestartet, die in Verbindung mit der Beitragsfreistellung für das letzte Kindergartenjahr zu einer deutlichen Verbesserung des Anteils der Kinder mit Migrationshintergrund geführt hat.

Grenzen des Monitoring

Gut geeigneten Indikatoren (Bsp. Integration in das Bildungssystem) fehlt teilweise die Differenzierung nach Migrationshintergrund. Gemessene Veränderungen bilden nur einen Ausschnitt ab und fokussieren eine Sichtweise. Aufgrund gesamtgesellschaftlicher Entwicklungen ermöglichen Indikatoren keinen zweifelsfreien direkten Rückschluss auf Effekte der Wiesbadener Integrationsarbeit (Bsp. Arbeitsmarkt). Der Integrationsbedarf auf Stadtteilebene ist stark variierend und bei einem gesamtstädtischen Integrationsmonitoring durch Einschätzungen zu Stärken und Schwächen der Integrationsarbeit vor Ort zu ergänzen. Teilweise treten Effekte erst mit Zeitverzug ein. Für die Bewertung von Erfolgen und Defiziten ist die Evaluation einzelner Projekte einschließlich des Diskurses mit Akteuren vor Ort, mit Migrantenorganisationen und für die Integrationsarbeit relevanten Ämtern, Diensten und Einrichtungen notwendig. Derzeit sind wenige bis keine Soll-Größen zu den zu erreichenden Zielen vorhanden. Zukünftig ist verstärkt an der Entwicklung einer Datenbasis zur Abbildung der mit der Zuwanderung verbundenen Potenziale zu arbeiten, um z. B. die vorhandene Mehrsprachigkeit, kulturelle Kompetenzen und im Ausland erworbene fachliche Kompetenz im Monitoring sichtbar zu machen.

4.5 Interkulturelle Öffnung

Ein wesentlicher Beitrag zum Erfolg kommunaler Integrationspolitik ist die interkulturelle Öffnung der Verwaltung. Sie hat zum Ziel, den gleichberechtigten und ungehinderten Zugang aller Einwohner, unabhängig von ihrer ethnischen oder kulturellen Zugehörigkeit, zu den Dienstleistungen der Kommune sicherzustellen. Interkulturelle Öffnung ist damit eine notwendige Voraussetzung für eine erfolgreiche Kundenorientierung aller kommunalen Dienstleistungen in Zeiten, in denen sich die Zusammensetzung der Einwohnerschaft einer Kommune wegen Wanderung und demografischer Entwicklung grundlegend verändert.

Der Bericht der Kommunalen Gemeinschaftsstelle für Verwaltungsmanagement zur interkulturellen Öffnung (KGSt 2008) bietet neben einer Begriffsklärung ein einfaches Vorgehensmodell an, das es ermöglicht, mit einem Ansatz strategischer Steuerung die bisherigen Aktivitäten zur interkulturellen Öffnung der Verwaltung einer Revision zu unterziehen und darauf aufbauend die weitere Entwicklung zu strukturieren. Dabei musst jede Kommune, abhängig von ihrer Situation und ihren Zielen, ihre eigene Strategie entwickeln.

Interkulturelle Öffnung beinhaltet eine Dimension, in der es um Organisationskultur und Verhalten geht. Prozesse dieser Art verlangen eine klare Zielorientierung und vor allen Dingen eine große Beständigkeit in der Verfolgung des Ziels. Daneben lassen sich aber auch durch einzelne praktische Maßnahmen, zum Beispiel die Vorhaltung von Informationsbroschüren in fremden Sprachen, kurzfristig sichtbare Erfolge erzielen.

Interkulturelle Öffnung geht die gesamte Kommunalverwaltung etwas an, auch die Beteiligungen und die Partner der Verwaltung. Deshalb muss der Prozess zentral angestoßen und von einem zentralen Controlling begleitet werden. Da in besonderer Weise die Management-Dimensionen Organisation, Personal und Informationstechnologie (IT) angesprochen sind, ist die zentrale Steuerungsunterstützung eine geeignete Organisationseinheit für die Übernahme der Gesamtverantwortung.

Praxisbeispiel
Dörthe Thiele, Integrationsbeauftragte

Interkulturelle Öffnung in der Stadt Jena

Der Stadtrat hat in Jena im Jahr 2008 die erste Fassung des kommunalen Integrationskonzepts verabschiedet. Nicht ohne Grund finden sich dort zahlreiche Ziele und Maßnahmen, die auf eine interkulturelle Öffnung der Verwaltung abzielen.

Eine moderne und professionell arbeitende Verwaltung muss Dienstleistungen für alle Einwohnerinnen und Einwohner bieten und Zugangsbarrieren konsequent beseitigen. Dabei gilt es *alle* Vielfaltsdimensionen zu berücksichtigen. Chancengerechtigkeit, im besten Fall Chancengleichheit zu ermöglichen, setzt einen bewussten Perspektivenwechsel und die Umverteilung von Ressourcen voraus.

In Jena sind sich Politik und Verwaltung darin einig, dass Integration, Inklusion, Gleichstellung u. a. gesamtgesellschaftliche Aufgaben sind. Der Erfolg aller Bestrebungen hängt jedoch in hohem Maße vom Verwaltungshandeln ab. Nicht nur für den einzelnen „Kunden" ist entscheidend, ob er/sie professionell behandelt wird, vielmehr wirkt der Umgang mit „Kunden" über die sprichwörtlichen Grenzen des Verwaltungsraumes hinaus – im Positiven wie im Negativen. Insofern gestaltet eine Verwaltung durch ihr Handeln auch den Diskurs in ihrer Kommune aktiv mit. An der interkulturellen Öffnung, eigentlich sollte man besser von *Qualitätsentwicklung* sprechen, führt also kein Weg vorbei.

Bestärkt durch die Mitarbeit im Qualitätszirkel hat die Stadt Jena im Jahr 2009 mit einer konsequenten interkulturellen Qualitätsentwicklung begonnen, die heute erste Früchte trägt. So finden jährlich zwei zweitägige Interkulturelle Trainings für Mitarbeiterinnen und Mitarbeiter der Kernverwaltung sowie der Eigenbetriebe statt. Nach und nach sollen auf diese Weise alle Beschäftigten weitergebildet werden. Die Nachhaltigkeit einer zweitägigen Trainingsmaßnahme muss dabei kritisch reflektiert werden. Sie stellt sich auch bei der Arbeit mit professionellen Partnern nicht automatisch ein. Deshalb hat sich die Stadt Jena entschlossen, Coachings anzubieten, in denen die Teilnehmenden ihre Kompetenzen vertiefen und in kollegialen Austausch treten können. Die Organisation dieser Maßnahmen ist inzwischen von der Integrationsbeauftragten zur Abteilung Personalentwicklung übergegangen und selbstverständlicher Teil der kommunalen Personalentwicklungsstrategie geworden.

„Interkulturelles Training" ist ein Begriff, der in der Praxis mit den unterschiedlichsten Inhalten gefüllt wird. Es ist daher ganz entscheidend, sich als Kommune darüber im Klaren zu sein, welches Konzept und welche Qualitätsstandards man vertritt bzw. was man im Umkehrschluss von seinen Vertragspartnern erwartet. Dies gilt es nach innen und außen transparent zu machen.

Die Stadt Jena hat nicht zuletzt aus diesem Grund im Jahr 2013 die Fachstelle für Interkulturelle Öffnung eröffnet, die Einrichtungen und Organisationen in der Stadt, ob in kommunaler oder anderer Trägerschaft, bei deren interkultureller Qualitätsentwicklung aktiv und passgenau begleitet. Die Fachstelle berät außerdem die Steuerungsgruppe des Jenaer Integrationsbündnisses. Auf diese Weise wird sichergestellt, dass die Interkulturelle Qualitätsentwicklung in der Gesamtstadt fachlich und politisch befördert wird. Erfolgreiche Öffnungs- und Entwicklungsprozesse würdigt die Stadt seit dem Jahr 2012 durch die Verleihung des Gütesiegels „Interkulturell orientierte Einrichtung".[9]

5 Fazit

Der frühere Innovationszirkel der Kommunalen Gemeinschaftsstelle für Verwaltungsmanagement (KGSt) und der heutige Qualitätszirkel zur kommunalen Integrationspolitik waren bzw. sind aus Sicht seiner Mitgliedsstädte und der weiteren Vertreter mit die wichtigsten Plattformen, wenn es um die Weiterentwicklung von kommunalen Integrationskonzepten geht. Die Kontinuität und die vertrauensvolle Zusammenarbeit der Mitglieder sowie das hohe Reflexionsniveau des Qualitätszirkels sind die Gründe dafür.

Aktuell setzt sich der Qualitätszirkel mit Begrifflichkeiten und den damit verbundenen Konzepten von Integration, Inklusion, Diversität und Antidiskriminierung auseinander. Dazu soll ein Bericht für Verwaltungen erstellt werden, der über ein Glossar mit Begriffsdefinitionen hinausgeht. Eine neu ausgerichtete und umfassendere Vielfalts- und Gleichstellungspolitik bedarf auch einer Neubestimmung der Begriffe, die der gesellschaftlichen Realität gerechter werden als die derzeitige Sprachregelung.

Der fachliche Austausch der kommunalen Praktiker/innen mit integrationspolitischen Akteuren in anderen Gremien und mit der Wissenschaft soll künftig noch verstärkt werden. Ein Schwerpunktthema wird dabei die Integration von Flüchtlingen sein.

---

9   http://www.awo-jena-weimar.de/fachstelle-fuer-interkulturelle-oeffnung.html

Literatur

Bertelsmann Stiftung/ Bundesministerium des Innern (Hrsg.) 2005: Erfolgreiche Integration ist kein Zufall. Strategien kommunaler Integrationspolitik. Gütersloh: Bertelsmann Stiftung

BAMF [Bundesamt für Migration und Flüchtlinge] (Hrsg.) 2015: Religionssensible soziale Dienstleistungen von und für Muslime Ein Überblick aus Kommunen und den Mitgliedsorganisationen der Bundesarbeitsgemeinschaft der Freien Wohlfahrtspflege (BAGFW). Nürnberg: Bundesamt für Migration und Flüchtlinge (BAMF)

Bundesregierung (Hrsg.) 2007: Der Nationale Integrationsplan. Neue Wege – Neue Chancen. Berlin: Presse- und Informationsamt der Bundesregierung/ Die Beauftragte der Bundesregierung für Migration, Flüchtlinge und Integration

Deutscher Städtetag 2007: Aachener Erklärung des Deutschen Städtetages anlässlich des Kongresses „Bildung in der Stadt" am 22./23. November 2007. Internet: http://www.staedtetag.de/imperia/md/content/pressedien/2007/17.pdf

KGSt [Kommunale Stelle für Verwaltungsmanagement] 2005: Management kommunaler Integrationspolitik. Köln: Kommunale Stelle für Verwaltungsmanagement

KGSt [Kommunale Stelle für Verwaltungsmanagement] 2006: Integrationsmonitoring. Köln: Kommunale Stelle für Verwaltungsmanagement

KGSt [Kommunale Stelle für Verwaltungsmanagement] 2008: Interkulturelle Öffnung. In sieben Schritten zur Interkulturellen Öffnung der Verwaltung. Köln: Kommunale Stelle für Verwaltungsmanagement

Kommunaler Qualitätszirkel zur Integrationspolitik (Hrsg.) 2014: Kommunaler Qualitätszirkel zur Integrationspolitik. Jubiläumsbroschüre. 2009 bis 2014. Einblicke – Rückblicke – Ausblicke. Stuttgart

Erfahrungen aus der Beratung von Kommunen bei der Entwicklung von Integrationskonzepten

Claudia Walther

Zusammenfassung

Wie können Städte, Kreise und Gemeinden dabei unterstützt werden, eine Integrationsstrategie zu entwickeln oder weiterzuentwickeln? Dieser Artikel reflektiert die Erfahrungen, die bei der Begleitung von Kommunen im Rahmen des Formats *Integrationsworkshops für Kommunen* gesammelt wurden. Dieser Multi-Stakeholder Ansatz verbindet Instrumente strategischer Steuerung mit partizipativen Elementen und Methoden des interkulturellen Austauschs. Am Schluss wird die Frage erörtert, ob dieser Ansatz auch auf aktuelle Fragestellungen der Willkommenskultur sowie der Flüchtlingspolitik übertragen werden kann.

Schlüsselbegriffe

Integrationsstrategie, Integrationsworkshops für Kommunen, Multi-Stakeholder Ansatz, strategische Steuerung, Flüchtlingspolitik

1 Einleitung

Am Ende dieses Artikels wird die Frage stehen, ob die Erfahrungen und Erkenntnisse aus den hier geschilderten Beratungsmethoden für kommunale Integrationspolitik auf die heutigen Herausforderungen übertragbar sind. Ob sie dabei helfen, Strategien zur Flüchtlingspolitik oder zur Willkommens- und Anerkennungspolitik in Kommunen zu entwickeln. Zunächst jedoch gilt es, einen Zeitsprung zu machen, um die hier geschilderten Erfahrungen nachvollziehen zu können. Es geht um die Ausgangssituation vor etwa zehn Jahren, also um einen Zeitsprung zurück in das Jahr 2005. Schon allein die Begrifflichkeiten haben sich im letzten Jahrzehnt in entsprechenden Debatten weiterentwickelt.

Ging es damals beispielsweise um die Ablösung des Begriffs „Ausländer" durch „Menschen mit Migrationshintergrund" oder von „Integrationsbeauftragten" statt „Ausländerbeauftragen", so geht es heute wiederum um deren Ablösung durch „Diversity" bzw. „Vielfalt" oder den Wunsch, auf eine „Etikettierung" von „Menschen mit Migrationshintergrund" ganz zu verzichten. Auch der Begriff „Integration" ist inzwischen wegen seiner vermeintlichen Nähe zur Forderung nach „Assimilation" umstritten und wird daher häufig durch „Willkommens- und Anerkennungskultur", was natürlich nicht begriffsidentisch ist, bzw. „Inklusion" ersetzt (vgl. Scherr/Inan in diesem Band).

Auch die inhaltlichen Herausforderungen waren andere. Die aktuelle Flüchtlingskrise war noch in weiter Ferne und wurde nicht einmal geahnt. Die Einwanderung vieler sogenannter Spätaussiedler aus Russland und anderen Ländern der ehemaligen Sowjetunion, die in den Neunziger Jahren erfolgte, war 2005 immer noch – zumindest von den Auswirkungen her – präsent. Die Lernerfahrungen der vergangenen zehn Jahre, um die es hier geht, lassen sich jedoch mit Sicherheit in weiten Teilen auf heutige Situation übertragen.

2 Die Zeit des Paradigmenwechsels 2000–2005

„Deutschland ist faktisch ein Einwanderungsland". Diese aus heutiger Sicht banale Erkenntnis der sogenannten „Süssmuth-Kommission"[1] begründete den politischen Konsens, der seit dem Jahr 2000 in Deutschland besteht und auch zur Verabschiedung des „Zuwanderungsgesetzes" im Jahr 2005 führte[2]. Der daraus abgeleitete politische Konsens lautete in Anlehnung daran: „Deutschland ist ein Zuwanderungsland" – der defensivere Begriff „Zu-wanderung" war hier der kleinste gemeinsame Nenner.

Diese Erkenntnis hatte weiterreichende Auswirkungen: Denn Integration wurde nun eine offizielle Aufgabe in der Zuständigkeit von Kommunen, Land und Bund. Dies und der reale Handlungsdruck in vielen Kommunen, zusammen mit der Einsicht, dass auch Spätaussiedler ähnliche Integrationsbedarfe mitbringen wie andere, bisher als „Ausländer" bezeichnete Einwanderungsgruppen und nicht zuletzt die Nachwirkungen rassistischer Anschläge zu Beginn der 90er Jahre (in Hoyerswerda, Solingen, Mölln, Rostock-Lichtenhagen u. a.) machten deutlich, dass die bisherigen Ansätze einer „Ausländerpolitik" nicht mehr ausreichten. Bis dahin waren beispielsweise „Multi-Kulti-Feste" en vogue, in denen die unterschiedlichen Kulturen und das „Bunte Miteinander" gefeiert wurden.

---

1 Die landläufig so genannte „Süssmuth-Kommission", also die Unabhängige Kommission Zuwanderung, deren Vorsitzende Rita Süssmuth war, wurde im September 2000 von dem damaligen Minister des Innern Otto Schily am 12. September 2000 eingesetzt. Die Ergebnisse dieser Arbeit wurden im Juli 2001 in Form eines Berichtes vorgelegt, der den Titel *Zuwanderung gestalten – Integration fördern* trug (Unabhängige Kommission 2001). Bereits im Vorwort wird relativ am Anfang festgestellt: „Deutschland ist faktisch ein Einwanderungsland."

2 Das Zuwanderungsgesetz (Gesetz zur Steuerung und Begrenzung der Zuwanderung und zur Regelung des Aufenthalts und der Integration von Unionsbürgern und Ausländern) wurde am 5. August 2004 verkündet und trat am 1. Januar 2005 in Kraft

Auf Grundlade des Konsenses, dass Deutschland ein „Zuwanderungsland" ist, zeichnete sich ein mehrfacher Paradigmenwechsel ab:

- **Integration als Querschnittsaufgabe** – anstelle von Ein-Punkt-Aktivitäten und Nischen-Politik, also Integration als ressortübergreifende Aufgabe, die von Bildungspolitik bis Wirtschaftsförderung alle Politik-Ressorts umfasst.
- **Integration als „two way process"**[3] – anstelle von Integration als „Einbahnstraße" (also Aufnahmegesellschaft und Migranten waren aufgerufen, an einer erfolgreichen Integration mitzuwirken).
- **Mit Migranten – statt für Migranten:** Integration sollte von nun an als partizipativer und dauerhafter Prozess verstanden werden.

In einer Reihe von Kommunen wurde bereits Anfang der 2.000er Jahre begonnen, sich im Sinne dieses Paradigmenwechsels neu aufzustellen und Integrationsstrategien zu entwickeln. Das wurde u. a. sichtbar im Rahmen des Wettbewerbs „Erfolgreiche Integration ist kein Zufall. Strategien kommunaler Integrationspolitik", den das Bundesministerium des Innern zusammen mit der Bertelsmann Stiftung (2004/2005) durchführten.[4] Einige der innovativen Kommunen wurden bei ihrer Strategieentwicklung von wissenschaftlichen Instituten nahegelegener Hochschulen unterstützt.[5] Ein Ergebnis des erwähnten Wettbewerbs waren zehn Handlungsempfehlungen, die von der Jury entwickelt worden waren und auch vom Deutschen Städtetag in ähnlicher Form publiziert wurden.[6] Die Kommunale Gemeinschaftsstelle für Verwaltungsmanagement erarbeitete etwa zeitgleich im Auftrag des NRW-Ministeriums ein Handbuch zur strategischen Steuerung der Integrationspolitik in Kommunen mit ähnlichen Schlussfolgerungen (KGSt 2005).

Doch die Mehrzahl der Kommunen blieb damals noch im alten Modus des „Weiter so". Es dominierte eine Integrationspolitik vor Ort, die vorwiegend durch Wohlfahrtsverbände organisiert wurde und weniger durch die Kommune, die *für* statt *mit* Migrant/innen we-

---

3 Impulsgeber waren hier auch die „Common basic principles on Integration" der EU von November 2004: http://www.eesc.europa.eu/resources/docs/common-basic-principles_en.pdf.

4 Die Jury des Wettbewerbs bestand aus Experten aus Wissenschaft und Praxis unter dem Vorsitz von Dr. Lale Akgün: Dr. Warnfried Dettling, Prof. Dr. Dieter Filsinger, Prof. Barbara John, Jochen Köhnke, Uwe Lübking, Dr. Alfred Reichwein, Prof. Dr. Roland Roth, Dr. jur. habil. Utz Schliesky, Cornelia Schmalz-Jacobsen, Rosi Wolf-Almanasreh. Dokumentiert sind die Ergebnisse in: Bertelsmann Stiftung und Bundesministerium des Innern (2005).

5 Beispiele: Solingen von Prof. Krummacher, FH Bochum, Stadt Osnabrück sowie die Gemeinde Belm im Landkreis Osnabrück jeweils vom IMIS Osnabrück (Michael Bommes und andere).

6 Zehn Handlungsempfehlungen für eine erfolgreiche kommunale Integrationspoltik: http://www.integration.sg.ch/home/publikationen/_jcr_content/Par/downloadlist_1/DownloadListPar/download_2.ocFile/integration_ist_kein_zufall.pdf. Der Deutsche Städtetag, der – wie auch der Deutsche Landkreistag und der Deutsche Städte- und Gemeindebund – der Jury des o. g. Wettbewerbs angehörte, publizierte die 10 Handlungsempfehlungen in ähnlichem Wortlaut: http://www.staedtetag.de/imperia/md/content/dst/integration_2007.pdf.

nig partizipativ gestaltet war und auf dem Prinzip der Einzelzuständigkeit beruhte. Wie konnte unter diesen Bedingungen dieser skizzierte mehrfache Paradigmenwechsel in der Beratung von Kommunen den handelnden Akteuren nahegebracht werden?

3 Von der Idee zum Konzept

„Papier ist geduldig", so lautet eine alte Volksweisheit. Daher schien uns damals eher der Ansatz geeignet, einen *gemeinsamen Lernprozess* der maßgeblichen Akteure in einer Stadt, einem Kreis oder einer Gemeinde zu organisieren. Hierbei wurden drei Akteursgruppen identifiziert, die als *kommunale Verantwortungsgemeinschaft* tätig werden sollten:

- Politik
- Verwaltung
- Migrant/innen und Bürger/innen bzw. Verbände

Mit drei erfahrenen Trainer/innen (Ellen Ehring, Winfried Kösters und Hans Wietert-Wehkamp) wurde ein Workshop-Format entwickelt (Bertelsmann Stiftung 2010), das folgende Ziele beinhaltete:

- Kommunen bei der Erarbeitung einer Integrationsstrategie konkret zu unterstützen – dies beinhaltet die Erarbeitung erster Projektideen
- Erfolgreiche Handlungsansätze weiterzugeben und nachhaltige Dialogstrukturen zu ermöglichen
- Einen Perspektivwechsel zu verankern: von der Nische hin zur Querschnittsaufgabe.

Lernerfahrung *Partizipation von Migrantinnen und Migranten*

Am Anfang stand für uns Veranstalter und Trainer/innen ein ernüchternder aber heilsamer Lernprozess: In einer Pilotkommune wurde der neuentwickelte Integrations-Workshop erprobt. Da unter den rund 40 Teilnehmerinnen und Teilnehmern nur ein einziger Vertreter mit Migrationshintergrund anwesend war, kam an einem emotionalen Punkt eine fast aggressive Stimmung auf, die die Stadtgesellschaft klar in „wir" und „die" teilte. Eine Ratsfrau hatte aus ihrer Sicht beschrieben, es gebe immer mehr „türkische und dunkelhaarige Jugendliche" in der Fußgängerzone, man sei gar nicht mehr sicher etc. Der selbst Türkei stämmige Integrationsratsvorsitzende kam in eine Verteidigungshaltung gegenüber 39 Vertretern aus Politik, Verwaltung, Bürgerschaft. Seine Argumentation baute darauf auf, dass es doch schließlich die „Kinder unserer ganzen Gesellschaft" seien, für die „wir alle" verantwortlich seien. Unsere Lernerfahrung mündete in der Konsequenz, dass von nun an das Kriterium, dass 30 % der Teilnehmer/innen einen Migrationshintergrund haben, als Maßstab zu gelten habe.

Lernerfahrung *Chefsache*

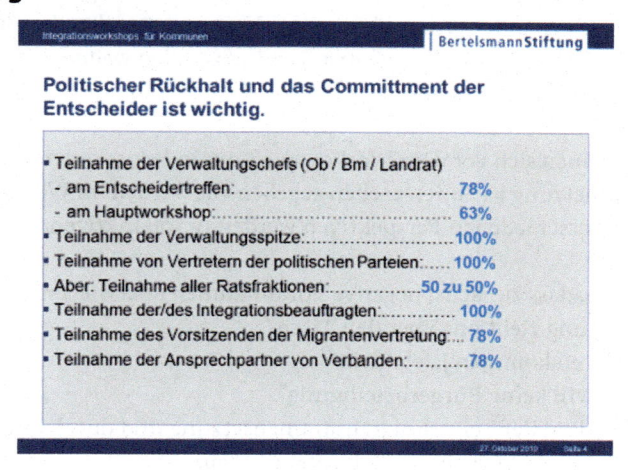

Politischer Rückhalt und das Committment der Entscheider ist wichtig.

- Teilnahme der Verwaltungschefs (Ob / Bm / Landrat)
  - am Entscheidertreffen: 78%
  - am Hauptworkshop: 63%
- Teilnahme der Verwaltungsspitze: 100%
- Teilnahme von Vertretern der politischen Parteien: 100%
- Aber: Teilnahme aller Ratsfraktionen: 50 zu 50%
- Teilnahme der/des Integrationsbeauftragten: 100%
- Teilnahme des Vorsitzenden der Migrantenvertretung: 78%
- Teilnahme der Ansprechpartner von Verbänden: 78%

Eine weitere ernüchternde Erfahrung war die Tatsache, dass der Bürgermeister im Pilotworkshop nur ganze 10 Minuten anwesend war und den Raum nach seiner Begrüßung wieder verließ. Die Frage stellte sich daher, wie ein stärkeres Committment der Verwaltungsführung und der politischen Entscheider zu erreichen wäre. So entstand die Idee, einen *Entscheiderworkshop* vorzuschalten, also einen ca. 3–4 stündigen Workshop, um mit den Entscheidern aus Politik und Verwaltung gemeinsam den Integrationsworkshop vorzubereiten. Dieser *Entscheiderworkshop* war der Rahmen für eine gemeinsame Stärken-Schwäche Analyse, für die Priorisierung von Handlungsfeldern und die Festlegung der einzuladenden Teilnehmerinnen und Teilnehmer. Zusätzlich wurde ein weiterer *Entscheiderworkshop* etwa ein halbes Jahr nach dem Integrationsworkshop eingebaut, um den Prozess auszuwerten und weiteren Handlungsbedarf zu identifizieren. Tatsächlich konnte mit dieser Konstruktion erreicht werden, dass etwa in dreiviertel der Workshops der Verwaltungschef oder jemand aus dem Verwaltungsvorstand vertreten war. Dies veranschaulicht eine Zwischenauswertung anhand von Trainerfragebögen im Oktober 2010.

4 Von der Theorie zur Praxis

Aufgrund dieser Lernerfahrungen wurde das Konzept der Integrationsworkshops entsprechend überarbeitet. In einem Train-The-Trainer-Workshop bildeten wir mit den drei Pilot-Trainer/innen einen Pool von 17 weiteren Trainerinnen und Trainern speziell für die Integrationsworkshops weiter. Der zweite Pilot-Workshop fand in Aschaffenburg statt und konnte zur großen Zufriedenheit aller erfolgreich durchgeführt werden. Anschließend wurden die Integrationsworkshops 2007 bundesweit angeboten. Da die Trainerkosten für das Gesamtpaket Integrationsworkshops von den Kommunen in Höhe von rund 6.000,-€

zu tragen waren, wurden die meisten der insgesamt rund 50 Integrationsworkshops dort durchgeführt, wo es eine Subventionierung der Kosten beispielsweise durch Landesregierungen (NRW, Hessen) gab. Die Erfahrungen in fast allen weiteren Workshops waren überwiegend positiv. Hervorzuheben ist:

- Die Akteure kennen sich vor dem Workshop oft nur teilweise untereinander. Eine systematische Vernetzung ist äußerst selten gegeben. Sie werden im Workshop in Kontakt gebracht, ihre verschiedenen Perspektiven werden in interaktiven Methoden sichtbar gemacht.
- Es wird deutlich, dass zunächst negative Vorannahmen überwiegen, wie beispielsweise
  - „*Die* Verwaltung zieht uns über den Tisch"
  - „*Die* Migranten kommen ja eh nicht"
  - „*Die* Politik will keine Bürgerbeteiligung".

  Durch die Pluralität der Teilnehmerzusammensetzung und durch interkulturelle Methoden konnten diese Vorbehalte entkräftet werden.
- Es wurde ein sehr großes Engagement, vor allem auf ehrenamtlicher Seite, deutlich.
- Durch die Entscheiderworkshops konnte ein deutliches Committment von Politik und Verwaltungsspitze gewährleistet werden.
- Eine bedeutsame Erfahrung war, dass fast alle Integrationsworkshops zu einer *Aufbruchstimmung* geführt haben.[7]

Auch, wenn im Anschluss an den jeweiligen Workshop häufig die „Mühen der Ebenen" zu einer nüchterneren Politikgestaltung führten, so wurde doch häufig eine gemeinsame Basis durch den Integrationsworkshop gelegt, auf die sich die Akteure im Nachhinein berufen konnten. Im Anschluss an den jeweiligen Integrationsworkshop wurde in der Regel ein Integrationskonzept erarbeitet, in dem die im Rahmen des Workshops erarbeiteten gemeinsamen Ziele und Maßnahmen priorisiert, systematisiert und verschriftlicht wurden. Nach rund einem Jahr erfolgte in der Regel ein Ratsbeschluss mit sehr eindeutigen Mehrheiten und häufig einstimmigen Ergebnissen.

5   Integrationsworkshops als Strategie- und Lernwerkstatt

Im Einzelnen bestehen die Integrationsworkshops aus folgenden Elementen:

a. Entscheiderworkshop

- Die Zusammensetzung der 10–20 Teilnehmer/innen wird von der jeweiligen Kommune bestimmt. Dabei sein sollten: Verwaltungschef oder jemand anderes vom Verwaltungs-

---

[7] Dokumentiert in Teilnehmerbefragungen sowie Trainerbefragungen zur Evaluation der Workshops.

vorstand, Vertreter/innen aller demokratischen Fraktionen des Gemeinderates oder Stadtrates bzw. Landkreistages, Integrationsbeauftragte/r, maßgebliche Dezernent/innen (z. B. Soziales, Wirtschaft, Kämmerer), ggf. Wohlfahrtsverbände, Integrationsrat.
- *Eine Stärken-Schwächen Analyse:*
Anhand einer Kartenabfrage bei den teilnehmenden Entscheider/innen werden an der Moderationswand die Karten den folgenden drei Kategorien zugeordnet:
  - Stärken der Integrationspolitik in....
  - Entwicklungsbedarf ...
  - Herausforderungen.

Die Karten unter *Entwicklungsbedarf* und *Herausforderungen* werden mit Überschriften geclustert. Anschließend werden 5 Überschriften mit Punkten zu *Handlungsfeldern* priorisiert.
- *Vorbereitung des Integrationsworkshops* in Hinblick auf Erwartungen, Teilnehmerliste etc.

b. Hauptworkshop

Kriterien der Zusammensetzung der rund 40 Teilnehmer/innen sind: Verwaltungsspitze, Vertreter/innen aller demokratischen Fraktionen, Integrationsbeauftragte, maßgebliche Dezernent/innen, ca. eindrittel der Teilnehmer/innen mit Migrationshintergrund – nicht nur gewählte Mitglieder des Integrationsrates (dort, wo es dieses Gremium gibt), sondern Menschen aus Einwandererfamilien, die eine Rolle in der Kommune spielen: z. B. ein Türkei stämmiger Unternehmer, ein Mitglied des spanischen Elternvereins etc., Vertreter/innen von Wohlfahrtsverbänden, VHS, Hochschule, Wirtschaft, Kultur – je nach Schwerpunktsetzung der Kommune. Es zeigte sich, dass es gerade bei der Teilnehmerzusammensetzung deutliche Unterschiede zwischen Städten und Kreisen gab. Die Kreise standen über die Einbeziehung der aufgeführten Akteursgruppen hinaus vor der Herausforderung, die Gemeinden mitzunehmen – die sich nicht selten in einer Konkurrenzsituation untereinander und gegenüber dem Kreis sahen. Zu dem potenziellen und anzustrebenden Teilnehmerkreis gehörten daher die Gemeinde-Bürgermeister/innen.

Elemente des zweitägigen Hauptworkshops sind:

- Migration als Normalfall
- Standpunkte und Perspektiven sichtbar machen
- Analyse der Situation anhand von Daten
- Gemeinsame Ziele in den jeweiligen Handlungsfeldern erarbeiten
- Jahresziele daraus ableiten
- Maßnahmen und Projektideen entwickeln

Strategischer Steuerungskreislauf

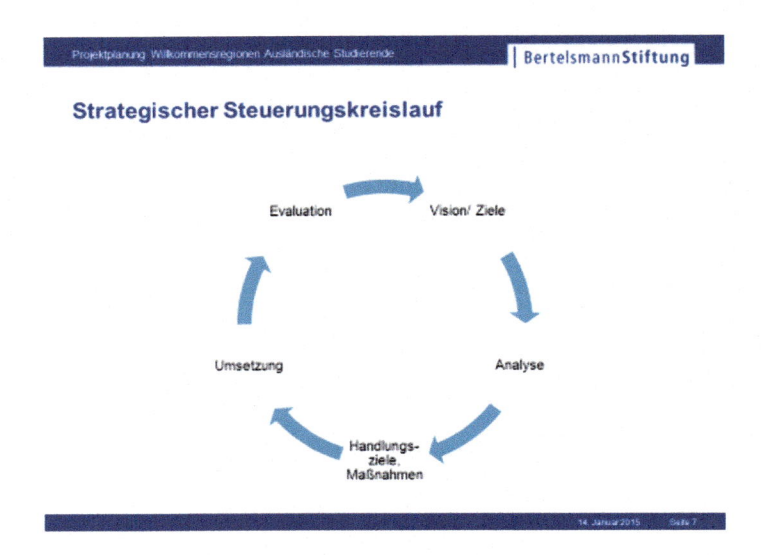

(Projektplanung Willkommensregionen Ausländische Studierende – BertelsmannStiftung)

Evaluation → Vision/Ziele → Analyse → Handlungsziele, Maßnahmen → Umsetzung → Evaluation

Dahinter steht nicht zuletzt das Verständnis der strategischen Steuerung – anhand des *Steuerungskreislaufes*: Vision -> Analyse -> Ziele -> Maßnahmen -> Evaluation ->....

Neben den Handlungsfeld-Arbeitsgruppen, die innerhalb des Workshops stattfinden, gibt es eine zusätzliche Gruppe, die sich mit *Struktur und Prozess* befasst. Wichtig ist, dass hier die Entscheider vertreten sind. Hier wird beispielsweise über die Zusammensetzung einer Steuerungsgruppe beraten, aber auch über die Zeitschiene und den weiteren Prozess im Anschluss an den Hauptworkshop.

c. Prozess im Anschluss an den Hauptworkshop

Es wäre illusorisch zu denken, der Hauptworkshop würde bereits ein Integrationskonzept hervorbringen. Allerdings kann er gemeinsame Ziele und Projektideen als Eckpunkte formulieren, die anschließend ausgearbeitet werden. In der Regel erfolgt dies in Handlungsfeld-Arbeitsgruppen, die sich teilweise nur aus Hauptamtlichen, teilweise auch aus Haupt- und Ehrenamtlichen zusammensetzen. Nicht selten wird eine/r der Trainer/innen über den Workshop hinaus mit der Begleitung dieser Gruppen betraut.

d. Nachbereitungsworkshop:

Nach etwa einem halben Jahr wird der bisherige Prozess wieder im Rahmen eines Entscheider-Workshop ausgewertet und festgestellt, was noch an Umsetzung aussteht. Ein in der Entstehung begriffenes Konzept wird als Rats- bzw. Kreistags-Vorlage vorbereitet.

6 Weiterentwicklung als „F"-Workshop

Aus der Erkenntnis heraus, dass inzwischen immer mehr Kommunen ein Integrationskonzept entwickelt haben, aber dieses fortschreiben bzw. weiterentwickeln möchten, wurde ein „F"-Workshop für „fortgeschrittene" Kommunen entwickelt. Dieser baute auf dem skizzierten Workshop-Konzept auf. Doch es stellte sich heraus, dass die Landschaft der sogenannten „F"-Kommunen wesentlich differenzierter war. Denn die „F"-Kommunen setzten inzwischen deutliche Schwerpunkte beispielsweise auf das Thema *interkulturelle Öffnung der Verwaltung* oder *ethnische Ökonomie* oder *Integration und Bildungschancen*. Je nach Thema differierten auch die Teilnehmergruppen erheblich und das Verhältnis zwischen Haupt- und Ehrenamt, was wiederum Auswirkungen auf die Tagungszeiten mit sich brachte. Letztendlich war also bei den „F"-Workshops ein wesentlich höherer Flexibilisierungsgrad nötig, um passgenau auf den Bedarf der jeweiligen Kommune eingehen zu können. Das Grundkonzept ließ sich hier jedoch ohne weiteres variieren.

7 Übertragbarkeit

Jede Zeit hat ihre eigenen Antworten. Lassen sich also die Erfahrungen aus den Integrationsworkshops und der damit häufig verbundenen Begleitung einer Kommune zur Erarbeitung oder Weiterentwicklung einer Integrationsstrategie auf andere Themen übertragen? Aktuell (2015/2016) stehen beispielsweise folgende beiden integrations- bzw. migrationspolitischen Themen für Kommunen auf der Agenda: Willkommensregionen für ausländische Studierende und die Aufnahme und Integration von Flüchtlingen.

Willkommensregionen für ausländische Studierende

Ausländische bzw. internationale Studierende gelten als eine interessante Zielgruppe, wenn es darum geht, Fachkräfte für den steigenden Fachkräftebedarf zu gewinnen. Wie kann es gelingen, ausländischen Studierenden als potenziellen „Fachkräften von morgen" den Verbleib zu ermöglichen? Eine Studie von Roland Roth im Rahmen des Projektes „Willkommensregionen für ausländische Studierende" zeigte auf, dass eine strategische Zusammenarbeit der verschiedenen Akteursgruppen an je einem Hochschulstandort nötig ist, um die Willkommenskultur für internationale Studierende zu verbessern. Folgende Akteursgruppen wurden identifiziert: Kommunen (Politik, Verwaltung inklusive Ausländerbehörde….), Hochschulen, Studentenwerk, Wirtschaft, Arbeitsagentur, Zivilgesellschaft (inklusive Migrantenorganisationen), Studierende. Als Pilotprojekt wurde der Hochschul-Standort Hannover ausgewählt, da hier bereits an vielfältige Erfahrungen und Aktivitäten zu dem Thema angeknüpft werden konnte und das Thema Fachkräftebedarf auch Relevanz hat. Projektpartner ist die „Wissenschaftsstadt Hannover" – die Region

Hannover, die u. a. im Hinblick auf das wirtschaftliche Umfeld von Interesse ist, wird jeweils mit einbezogen.

Im Vergleich zu den Integrationsworkshops zeigte sich, dass der Kreis der relevanten Akteure wesentlich breiter ist. Zudem wurde schnell deutlich, dass ein zweitägiger Hauptworkshop zeitlich nicht zu realisieren sein würde. Dennoch konnte das Instrumentarium der Integrationsworkshops genutzt werden, um am 4. Mai 2015 eine Strategiekonferenz „Willkommenskultur für internationale Studierende in Hannover" nach ähnlicher Systematik durchzuführen. Die Steuerungsgruppe, die zwei Monate vorher gebildet wurde und aus Vertreterinnen und Vertretern von Stadt, Universität/Hochschule, Studentenwerk und Arbeitsagentur besteht, hatte im Anschluss an eine Stärken- und Schwächenanalyse fünf Handlungsfelder priorisiert: 1. Wohnen, 2. Studienfinanzierung, 3. Antidiskriminierung, 4. Integration in Hochschule und Stadt, 5. „Bleiben oder gehen?" – Perspektiven im Anschluss ans Studium. Im Rahmen der Strategiekonferenz wurden in fünf Workshops zu diesen Handlungsfeldern Stärken- und Handlungsbedarfe formuliert, strategische und operative Ziele erarbeitet und Ideen für Projekte und Maßnahmen benannt. Ähnlich wie bei den Integrationsworkshops brachte auch diese Strategiekonferenz eine Art „Aufbruchsstimmung", einen „Motivationspush" – so formulierten es Mitglieder der Steuerungsgruppe. Ein Fragebogen im Rahmen der begleitenden Evaluation[8] bestätigte diese Aussagen weitgehend.

Die im Anschluss tagende Steuerungsgruppe entschied sich für den Weg, für jedes Handlungsfeld zu entscheiden, wie viele Teilnehmerinnen und Teilnehmer der Strategiekonferenz zu einer jeweiligen Arbeitsgruppe einzuladen seien. Diese hatten die Aufgabe, die Ergebnisse der Strategiekonferenz zu priorisieren und zu systematisieren. Hierbei zeigte sich, dass teilweise weitere Akteure hinzugezogen werden mussten und dass es sinnvoll erschien, drei Themen als Querschnittsthemen in die Steuerungsgruppe zu geben: Sprachförderung, Information und Beratung, koordiniertes Übergangsmanagement. Eine Überarbeitung der Handlungsfeldstrategien durch die Prozessbegleitung (Trainerin Ellen Ehring und die Bertelsmann Stiftung) steht noch aus, um die jeweiligen Ergebnisse in Ordnung (der Ziele und Maßnahmen) und Form aufeinander abzustimmen.

Aufnahme und Integration von Flüchtlingen

Ein Wesensmerkmal der derzeitigen als krisenhaft empfundenen Flüchtlingssituation ist der enorme Zeitdruck, in dem vor allem die Kommunen standen. Häufig ohne jeden Vorlauf wurden von einem Tag auf den anderen eine größere Anzahl von Flüchtlingen durch den Bund über das Land an die jeweiligen Kommunen zugewiesen. In kürzester Zeit wurde dann versucht, zumindest jedem ein „Dach über dem Kopf" zu garantieren. Dieses kurzfristige Krisenmanagement ging naturgemäß zu Lasten qualitativer Standards, zu Lasten einer vorausschauenden Kommunikation mit der Bevölkerung geschweige denn

---

8 Die Prozess-Evaluation erfolgt durch inpuncto pfänder & team: http://www.inpuncto-pfaender.de/, die strategische Begleitung durch Roland Roth.

einer koordinieren Einbeziehung von Bürgerinnen und Bürgern sowie zu Lasten von Strategien zur Integration bzw. Inklusion von Flüchtlingen in Bildung, Arbeit und Gesellschaft.

Will man vor diesem Hintergrund den oben skizzierten methodischen Ansatz der Integrationsworkshops auf ein kommunales Begleitformat zum Thema Flüchtlingsintegration übertragen, gilt es, diesen Zeitdruck zu berücksichtigen. Ein Auftaktworkshop sollte beispielsweise nicht zwei Tage dauern – sondern einen für alle potenziellen Akteure begrenzteren Zeitrahmen haben. Die Entwicklung eines Konzeptes sollte nicht auf ein bis zwei Jahre angelegt sein, sondern auf mehrere Monate. Umso mehr gilt hier, möglichst schnell erste Erfolge aufzeigen zu können, um motivierend mit den Beteiligten und mit der Öffentlichkeit kommunizieren zu können. Ein solches Format wird derzeit von der Bertelsmann Stiftung entwickelt. Zur Umsetzung liegen zum jetzigen Zeitpunkt noch zu wenig ausgewertete Erfahrungen vor. Dennoch zeigt sich bereits, wie wertvoll für die Entwicklung dieses Begleitformats zur kommunalen Flüchtlingspolitik die Erfahrungen mit dem Begleitformat der „Integrationsworkshops" sind, auf die nun in viel kürzerer Zeit aufgebaut werden kann.

Fazit

Festzuhalten ist aus unserer Sicht, dass das skizzierte Format der Integrationsworkshops geeignet ist, vor Ort eine Aufbruchstimmung zu erzeugen. Es ermöglicht die Erarbeitung von gemeinsamen Zielsetzungen und ist geeignet, die sehr verschiedenen Akteursgruppen und ihre Interessen auf relativ gleicher Augenhöhe in einen gemeinsamen Prozess zu bringen. Dies zeigt sich auch im folgenden Chart der internen Evaluation auf Grundlage der Teilnehmer-Fragebögen:

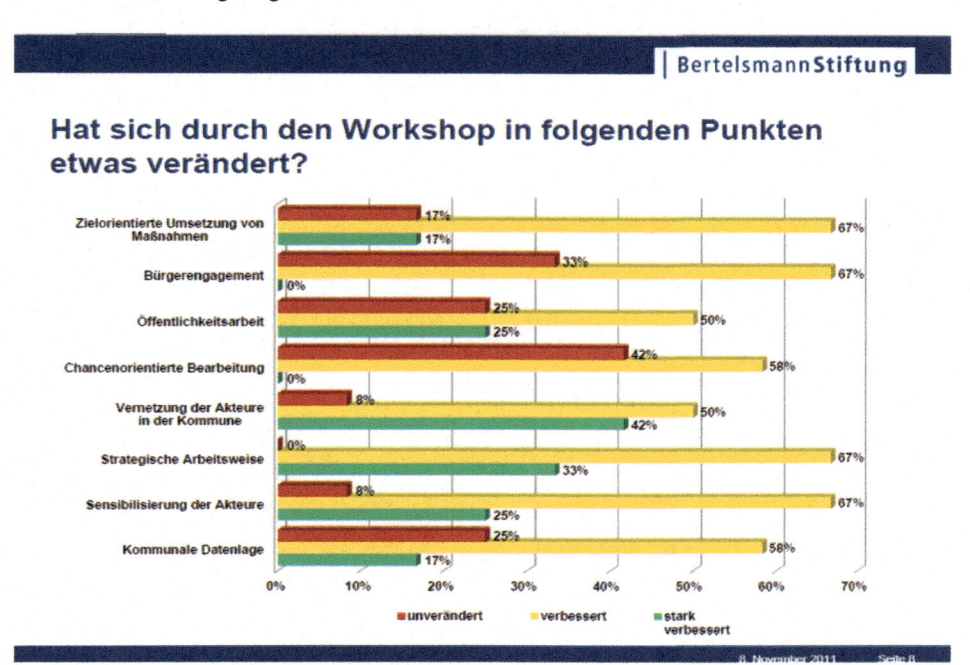

Allerdings darf dieser Prozess bei diesem Einstiegsworkshop nicht stehen bleiben, sondern muss auch über den oft mühsamen Weg im jeweiligen Handlungsfeld weiterbegleitet werden. Die Nagelprobe kommt, wenn dann die Maßnahmen konkret mit Haushaltsmitteln untersetzt werden müssen. Doch auch hier ist der in der Regel erarbeitete Konsens sowie gegebenenfalls die erzeugte Öffentlichkeit eine wichtige Voraussetzung, auch Haushaltsverhandlungen im Rat zu bestehen. Bei den derzeit aktuellen Themen der Flüchtlingssituation in den Kommunen und der Willkommenskultur für internationale Studierende zeigt sich, dass auf den Erfahrungen der Integrationsworkshops und der anschließenden Begleitarbeit innerhalb einer Kommune gut aufgesetzt werden kann.

Literatur

Bertelsmann Stiftung (Hrsg.) 2010: Integrations-Workshop in Kommunen – Auswirkungen und Perspektiven der kommunalen Integrationspolitik im Dialog. Workshop zur Unterstützung kommunaler Veränderungsprozesse. Teilnehmerhandbuch. Gütersloh: Verlag Bertelsmann Stiftung.
Bertelsmann Stiftung und Bundesministerium des Innern (Hrsg.) 2005: Erfolgreiche Integration ist kein Zufall. Strategien kommunaler Integrationspolitik. Gütersloh: Verlag Bertelsmann Stiftung.
KGSt 2005: Management kommunaler Integrationspolitik. Köln: KGSt.
Roth, Roland 2015: Willkommensregionen für ausländische Studierende. Gütersloh: Bertelsmann Stiftung
Unabhängige Kommission „Zuwanderung" 2001: Zuwanderung gestalten – Integration fördern. Bericht der Kommission. Berlin. Bundesministerium des Innern.

VII
Internationale Perspektiven

Integrationspolitik in europäischen Städten: strukturelle Konvergenz und substanzielle Differenzierung

Rinus Penninx und Blanca Garcés-Mascareñas

Zusammenfassung

Dass Integration vor Ort stattfindet, aber nationale Regierungen dafür zentrale Rahmenbedingungen setzen, gehört zu den Binsenwahrheiten der Integrationsdebatte. Übersehen wird dabei allerdings der Einfluss von transnationalen Städtenetzwerken auf lokale Konzepte und politische Strategien. Dieser Beitrag widmet sich dieser oft vernachlässigten Ebene und zeigt, wie von der EU geförderte europäische Städtenetzwerke dazu beigetragen haben, lokale Integrationspolitik konzeptionell voranzubringen. Der interkommunale Austausch und seine wissenschaftliche Begleitung haben das eigenständige Profil kommunaler Integrationspolitik geschärft und eine Konvergenz lokaler Strategien und Konzepte quer durch Europa unterstützt. Die wissenschaftlichen und praktisch-politischen Erträge dieser horizontalen Zusammenarbeit erfahren in diesem Beitrag eine kritische Würdigung.

Schlüsselbegriffe

europäische Städtenetzwerke, Integrationsdimensionen, Städtevergleiche, Mehrebenensystem, horizontale Zusammenarbeit, Konvergenzen und Divergenzen

1 Einführung

Bei der Untersuchung der Integrationspolitik war bisher die nationale Politik die vorherrschende Analyseebene. In solchen Studien wird die nationale Integrationspolitik gegenüber Neuankömmlingen oder – im Fall des Nichtvorhandenseins einer expliziten Politik – die Leistungen gesellschaftlicher Institutionen für deren Inklusion untersucht. Ihre Prämisse ist, dass ein nationaler Rahmen überall im jeweiligen Land und auf allen Ebenen Bedingungen festlegt oder sogar die Integrationsprozesse bestimmt. Es gibt eine Vielzahl solcher nationaler Fallstudien, zudem vergleichende Monitoring- und Benchmarking-Studien, die von politischen Organisationen finanziert werden.[1] Es besteht auch eine reiche Tradition von Ländervergleichen, die sich den nationalen Integrationsmodellen widmen (beginnend mit Hammar 1985; Brubaker 1992 und Castles 1995).

Obwohl sich die Integrationsforschung traditionell auf die nationale Ebene konzentriert hat, wurde in den letzten Jahrzehnten der wachsenden Bedeutung der Kommunen verstärkte Aufmerksamkeit gewidmet. Diese lokale Wende in der Integrationspolitik[2] wurde als eine Folge des Bedeutungsverlusts des Nationalstaats im Zuge von Globalisierungsprozessen (Penninx 2008), als Resultat von Dezentralisierungsprozessen (Schmidtke 2014) oder Ergebnis sozialräumlicher Prozesse gedeutet. Schließlich lassen sich die meisten Zuwanderer in urbanen Gebieten nieder und die integrationspolitischen Herausforderungen sind dort am größten (Penninx 2009). Im Kontrast zu den oft symbolischen und ideologischen Debatten auf nationaler Ebene zeichnet sich lokale Politik durch einen an konkreten Sozialräumen orientierten „bottom-up" Zugang und an pragmatischen Problemlösungen interessierten Ansatz aus (Scholten und Penninx 2015). Dieser kann in manchen Fällen zur Inklusion und in anderen zum Ausschluss führen (Mahnig 2004). Dennoch argumentieren zahlreiche Forscher, dass Kommunalpolitik mit höherer Wahrscheinlichkeit Zuwanderern chancengerechte Möglichkeiten bietet, ethnischer Vielfalt Rechnung trägt und mit Zuwanderer-organisationen zusammenarbeitet, was wiederum eine stärkere politische Teilhabe der Zuwanderer fördern würde.

Wie im Fall der nationalen Politik begann die Untersuchung der kommunalen Integrationspolitik mit vielen Einzeldarstellungen zu Städten, auf die später interessantere vergleichende Studien innerhalb nationaler Grenzen und darüber hinaus folgten. Die meisten dieser frühen vergleichenden Studien konzentrierten sich auf einen bestimmten Politikbereich und wenige Fälle. Bei den ersten Studien richtete sich die Aufmerksamkeit auf die politische Dimension von Integration und Strategien zur zivilgesellschaftlichen und politischen Teilhabe (z. B. Ireland 1994, Rex und Samad 1996, Blommaert und Martiniello 1996; Garbaye 2000, Bousetta 2001, Fennema und Tillie 2004). Bei anderen vergleichenden Studien standen Einzelaspekte der Stadtpolitik im Vordergrund wie z. B. Siedlungs- und Segregationsmuster (Musterd et al. 1998), Polizeipraxis (Body-Gendrot 2000), die Institutionalisierung des Islam (Rath et al. 2001) oder den Umgang mit Vielfalt bei der Umsetzung kommunalpolitischer Handlungskonzepte (Moore 2001). In den letzten Jahren folgte eine Diversifizierung der Themen und Fälle einschließlich Studien zu solchen Politikbereichen wie Beschäftigung (Aybek 2010, Vermeulen und Stotijn 2010), Bildung (Bruquetas-Callejo 2014) oder Deradikalisierung (Van Heelsum 2011) und die Betrachtung von Fällen jenseits der üblichen Studien über westeuropäischer Städte (Crul und Holdaway 2009; Foner et al. 2014; Schmidtke 2014).

Trotz des Umstands, dass der wachsenden Bedeutung von Kommunen seit den 1990er Jahren mehr Aufmerksamkeit gewidmet wurde, waren systematische Vergleiche zwischen

---

1 Eine Analyse des Zusammenwirkens von Politik und Forschung findet sich in Scholten et al. 2015.
2 Zum „local turn" der Integrationspolitik vgl. Caponio und Borkert 2010.

Kommunen über alle Politikbereiche hinweg bis 2003 selten. Eine der Ausnahmen war das Projekt „Modes of Citizenship and Multicultural Policies in European Cities" von UNESCO-MOST (MPMC, 1996–2004), das sich auf die politische Teilhabe von Zuwanderern konzentrierte. Dieser spezielle Schwerpunkt war jedoch in einen allgemeineren Vergleich von Städten, ihren Zuwanderern und ihrer Kommunalpolitik eingebettet. Systematische Beschreibungen liegen von 16 großen europäischen Städten und Tel Aviv vor. In zwei Buchveröffentlichungen (Rogers und Tillie 2001 sowie Penninx et al. 2004) wurden allgemeine Vergleiche von Kommunen und ihrer Politik durch eingehende Vergleiche zu ausgewählten Themen ergänzt. Alexander verwendete sein Material nicht nur um eine erste Typologie der Kommunalpolitik auszuarbeiten (2004), sondern auch um einen eingehenden Politikvergleich auf der Grundlage der Städte Amsterdam, Paris, Rom und Tel Aviv auszuarbeiten (2007).

Das Feld vergleichender Studien zur kommunalen Integrationspolitik änderte sich grundlegend nach 2003. Damals kamen drei Entwicklungen zusammen: Erstens hatten immer mehr Städte eine eigene kommunale Integrationspolitik entwickelt. Zudem hatten sie angefangen, Wissen und Erfahrungen in nationalen und internationalen Städtenetzwerken auszutauschen. Zweitens hatte die Europäische Union begonnen, ein aktiver Partner in der Integrationspolitik zu sein. Sie entwickelte starke Beziehungen zu Kommunen, förderte und finanzierte Netzwerke von Städten und stellte großzügig finanzielle Mittel für Forschungen zur Kommunalpolitik bereit. Drittens wurden die Beziehungen von Kommunen zu nationalen Akteuren und ihrer Zuwanderungs- und Integrationspolitik in dem Maße problematischer, wie die Themen Zuwanderung und Integration auf der nationalen Ebene stärker zum Gegenstand politischer Auseinandersetzungen wurden. Dies betraf z. B. die Verteilung von Zuständigkeiten, von Aufgaben und finanziellen Ressourcen für die Umsetzung politischer Handlungskonzepte. All dies ließ einen Kontext entstehen, der vergleichende politische Studien begünstigte.

In diesem Beitrag versuchen wir zwei Hauptelemente zu erfassen, die sich aus diesen Studien und insbesondere aus den vergleichenden Forschungsprojekten ergeben haben. Das erste bezieht sich auf die Frage, wie wir Integrationsprozesse und Integrationspolitik angesichts dieser Dynamik untersuchen sollten. Das zweite Element betrifft den Inhalt kommunaler Integrationspolitik: Welche Art von Politik verfolgen Kommunen, das heißt, was sind die grundlegenden politischen Maßnahmen im rechtlich-politischen, sozioökonomischen sowie kulturell-religiösen Bereich und wie kombinieren Kommunen diese unterschiedlichen Dimensionen? Wir werden auch untersuchen, wie sie ihre Politik konzipieren und „verkaufen". Wir möchten den gemeinsamen Kontext und Horizont aller Beispiele kommunaler Integrationspolitik ermitteln und gleichzeitig die Unterschiede ihrer Ansätze herausarbeiten.

Um diese Fragen systematisch zu beantworten, definieren wir im nächsten Abschnitt kurz das Integrationskonzept. Dabei führen wir eine offene, nicht normative analytische Definition ein und beschreiben die wichtigsten Dimensionen, beteiligten Akteure und Analyseebenen. In Abschnitt 3 definieren wir anschließend Integrationspolitik, ihre konzeptionellen Rahmungen und konkreten politischen Maßnahmen. In Abschnitt 4 konzentrieren wir uns auf die kommunale Integrationspolitik und beschreiben ihre Einbettung in eine Mehrebenenpolitik, die den Kommunen ihre Position im Verhältnis zur nationalen und supranationalen Politik zuweist und gleichzeitig die vergleichende Untersuchung von Kommunalpolitik enorm stärkte. Abschnitt 5 geht auf den Inhalt dieser Politik ein und analysiert die wichtigsten politischen Maßnahmen im rechtlich-politischen, sozioökonomischen und kulturell-religiösen Bereich. In den Schlussfolgerungen kehren wir zurück zu unserer einleitenden Frage: welche Art von Politik verfolgen Kommunen? Wir beschreiben konvergierende und divergierende Trends der kommunalen Integrationspolitik in Europa.

2　Die Untersuchung von Integrationsprozessen

Wir definieren Integration als „den Prozess, ein akzeptierter Teil der Gesellschaft zu werden". Diese elementare Definition ist in zwei Beziehungen bewusst offen gehalten. Erstens betont sie den Prozesscharakter von Integration, statt eine Endsituation zu definieren. Zweitens spezifiziert sie im Gegensatz zu den von politischen Theoretikern entwickelten normativen Modellen nicht a priori den Grad von oder sogar die speziellen Voraussetzungen für Akzeptanz durch die Aufnahmegesellschaft. Dies macht die Definition höchst brauchbar für die empirische Untersuchung dieser Prozesse. Zu messen, bis zu welchem Grad Zuwanderer ein akzeptierter Teil der Gesellschaft werden, wird uns ermöglichen, die Vielfalt des Prozesses beziehungsweise seiner Stufen zu erfassen. Innerhalb dieser grundlegenden Definition Definition müssen wir angeben, was gemessen werden sollte, d. h. welche Indikatoren wir benötigen und wie wir sie entwickeln können.

Wir finden Indikatoren von Integrationsprozessen in drei analytisch separaten Dimensionen, in denen Menschen akzeptierte Teile der Gesellschaft werden (oder nicht werden): (i) der rechtlich-politischen, (ii) der sozioökonomischen und (iii) der kulturell-religiösen. Die rechtlich-politische Dimension bezieht sich auf das Aufenthaltsrecht sowie politische Rechte und den politischen Status. Die grundlegende Frage lautet hier, ob und in welchem Maß Zuwanderer als vollwertige Mitglieder der politischen Gemeinschaft betrachtet werden. Die Position eines Zuwanderers oder der „Integrationsgrad" hat zwei Extrempole. Einer davon ist die Position des irregulären Zuwanderers, der im rechtlich-politischen Sinne nicht Teil der Gesellschaft des Aufenthaltslandes ist, auch wenn er vielleicht in den beiden anderen Dimensionen integriert ist. Den anderen Pol bildet die Position des Zuwanderers, der die Staatsbürgerschaft des Aufnahmelandes angenommen hat beziehungsweise eingebürgert wurde. Dazwischen gibt es eine große Formenvielfalt, die in den letzten Jahrzehnten als eine Folge von Versuchen europäischer Staaten noch zugenommen hat, die internationale Migration sowie die neuen, mit dem EU-Migrationsregime verbundenen Rechte und Statuszuweisungen (unter anderem EU-Bürger im Gegensatz zu Drittstaatsangehörigen) zu „regulieren".

Die sozioökonomische Dimension bezieht sich auf die soziale und wirtschaftliche Position von Einwohnern unabhängig von ihrer Staatsangehörigkeit. Innerhalb dieser Dimension kann die Position von Zugewanderten analysiert werden, indem ihr Zugang zu und ihre Teilhabe in Bereichen untersucht wird, die für jeden Ansässigen wichtig sind. Haben Zuwanderer den chancengleichen Zugang zu Arbeit, Wohnraum, Bildung und Gesundheitsversorgung? Nutzen sie die entsprechenden Einrichtungen? Wie sehen die Resultate der Teilhabe von Zuwanderern verglichen mit denen der Einheimischen mit gleichen oder ähnlichen Qualifikationen aus? Weil der Bedarf und die Ansprüche in diesen Bereichen relativ universell sind (dieser Grundbedarf ist weitgehend unabhängig von kulturellen Faktoren), kann der Zugang von Zuwanderern und Einheimischen zu diesen Bereichen und ihre Teilhabe daran vergleichend gemessen werden. Die Ergebnisse bieten nützliche Grundlagen für Politikkonzepte – insbesondere, wenn sie ungleich sind.

Die kulturell-religiöse Dimension betrifft den Umgang mit Unterschieden zwischen Einheimischen und Zuwanderern sowie der damit verbundenen Vielfalt. Dies schließt wechselseitige Reaktionen, Zuschreibungen und Wahrnehmungen ein. Wenn Neuankömmlinge sich selbst als anders sehen und von der Aufnahmegesellschaft als kulturell oder religiös unterschiedlich wahrgenommen werden, kann es sein, dass sie die Anerkennung ihrer Differenz in der Aufnahmegesellschaft anstreben. Die aufnehmende Gesellschaft wiederum kann kulturelle oder religiöse Vielfalt akzeptieren oder nicht. Auch hier finden wir zwei Extreme. An einem Ende des Spektrums kann neue Vielfalt abgelehnt und von Zuwanderern gefordert werden, sich in eine monokulturell und monoreligiös verstandene Gesellschaft einzugliedern. Am anderen Ende können ethnische Identitäten, Kulturen und Weltanschauungen in pluralistischen gesellschaftlichen Systemen gleichberechtigt nebeneinander akzeptiert werden. Zwischen diesen beiden Extremen gibt es wiederum viele Zwischenpositionen, wenn beispielsweise bestimmte Formen von Vielfalt im Privatbereich, aber nicht oder nur partiell in der Öffentlichkeit akzeptiert werden.

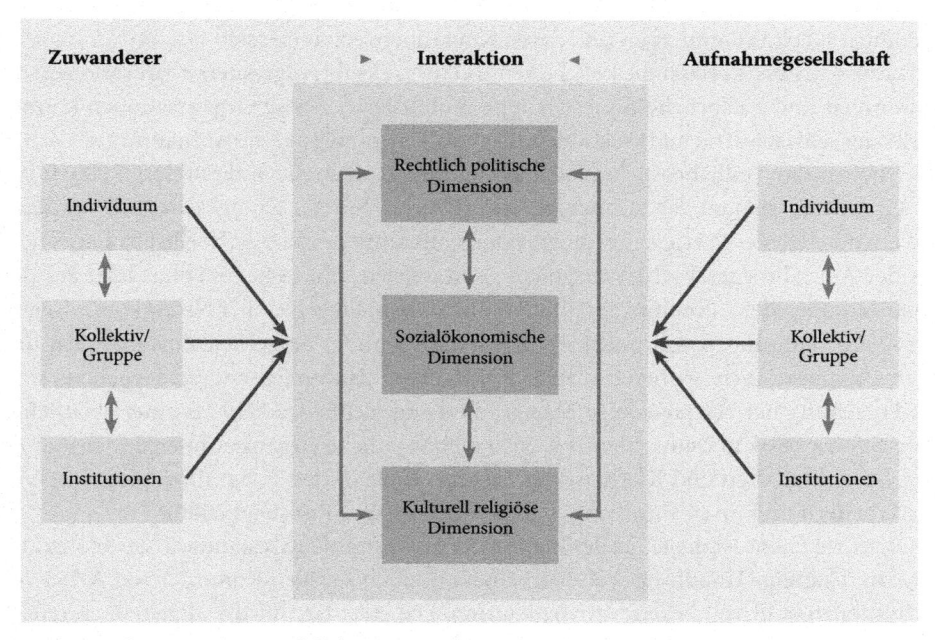

Abb. 1 Ein heuristisches Modell für empirische Untersuchungen von Integrationsprozessen

Nachdem wir die Dimensionen des Integrationsprozesses von Neuankömmlingen in eine etablierte Gesellschaft definiert haben und wie sie gemessen werden sollen, lautet die nächste Frage: Wer sind die maßgeblichen beteiligten Akteure? Erstens sind es die Zuwanderer selbst mit ihren unterschiedlichen Charakteristika, Anstrengungen und Anpassungsgraden (der linke Teil von Abb. 1). Zweitens ist es die Aufnahmegesellschaft mit ihren Merkmalen und Reaktionen auf die Neuankömmlinge (der rechte Teil von Abb. 1). Es sind jedoch die Interaktionen zwischen beiden, die Richtung und Resultate des Integrationsprozesses im Zeitverlauf bestimmen. Diese beiden „Partner" unterscheiden sich allerdings grundlegend, was ihre Macht und ihre Ressourcen betrifft. Die Aufnahmegesellschaft, insbesondere ihre institutionellen Strukturen und deren Reaktionen auf Neuankömmlinge ist in viel höherem Maße ausschlaggebend für die Resultate der Integrationsprozesse als das Verhalten der Zuwanderer selbst.

Integrationsprozesse finden auf unterschiedlichen Ebenen statt und können jeweils separat gemessen werden. Die erste Ebene ist die individuelle Ebene von Migranten und den Einheimischen der Aufnahmegesellschaft. Dabei lassen sich drei Dimensionen unterscheiden. Die erste legal-politische Dimension bezieht sich auf den rechtlichen Status und die politische Teilhabe von Migranten und die dazu vorliegenden Daten. Für die zweite sozioökonomische Dimension können wir ihre Teilhabe an den „harten" Bereichen Wohnen, Arbeit, Bildung und Gesundheit untersuchen. Für die dritte Dimension können ihre Identifikation mit einer konkreten kulturell-religiösen Gruppe und mit der Aufnahmegesellschaft sowie ihre kulturellen und religiösen Praktiken sowie deren Wertschätzung gemessen werden. Unsere Definition von Integrationsprozessen erfordert es zudem, die Einstellungen und das Verhalten (oder die Akzeptanzbereitschaft) von Einheimischen gegenüber Neuankömmlingen und deren Konsequenzen zu messen.

Die zweite Ebene erfasst die kollektiven Akteure. Es gibt Migrantenorganisationen, die Ressourcen und Ansprüche dieser Gruppe mobilisieren. Diese Organisationen können stark oder schwach sein, und sie können sich selbst vorrangig auf die Aufnahmegesellschaft (oder bestimmte Teilhabeaspekte) oder auf konkrete kulturelle und religiöse Bedürfnisse der Gruppe ausrichten. Sie können ein akzeptierter Teil der Zivilgesellschaft werden – und ein potenzieller Partner für Integrationsmaßnahmen – oder sich selbst isolieren oder von der Aufnahmegesellschaft ausgeschlossen werden. Ein weiterer Fokus liegt auf den Organisationen der Aufnahmegesellschaft. Ihre Offenheit gegenüber Neuankömmlingen, ihre Wahrnehmungen von und ihr Verhalten gegenüber einzelnen Zuwanderern und ihren Organisationen können für die Integration der Zuwanderer ausschlaggebend sein. Die Forschung hat beispielsweise gezeigt, dass angesichts des Fehlens einer staatlichen Integrationspolitik in Deutschland bis 2002 nichtstaatliche Organisationen und insbesondere Gewerkschaften und Kirchen eine wichtige Rolle in den Integrationsprozessen von Gastarbeitern und ihren Familien spielten (Penninx und Roosblad 2000).

Die dritte Ebene ist diejenige der Institutionen, verstanden als standardisierte, strukturierte und gängige Handlungsweisen in einem soziokulturellen Kontext. Zwei Arten von Institutionen sind von besonderer Bedeutung. Die erste betrifft die allgemeinen öffentlichen Institutionen der Aufnahmegesellschaft in den drei Dimensionen: institutionelle

Regelungen des politischen Systems; institutionelle Regelungen in den Bereichen Arbeitsmarkt, Wohnen, Bildung und öffentliche Gesundheit; und institutionelle Regelungen für kulturelle und religiöse Vielfalt. Gesetze, Vorschriften und Vollzugsbehörden, aber auch ungeschriebene Regeln und Praktiken sind Teile dieser Institutionen. Obwohl allgemeine Institutionen allen Bürgern in gleicher Weise dienen sollen, können sie für Zuwanderer Zugänge oder chancengleiche Resultate behindern.

Die zweite Art von Institutionen mit besonderer Bedeutung für die Integration von Zuwanderern sind spezielle Institutionen „von und für" Zuwanderergruppen wie bestimmte religiöse oder kulturelle Institutionen. Im Gegensatz zu allgemeinen Institutionen ist die Wertschätzung und Bedeutung gruppenspezifischer Institutionen auf diejenigen beschränkt, die sie freiwillig wählen und beachten. Wenngleich sie in erster Linie in der Privatsphäre angesiedelt sind, können gruppenspezifische Institutionen auch in der Öffentlichkeit zu finden sein: als Akteure der Zivilgesellschaft, wie die Geschichte von Kirchen, Gewerkschaften sowie kulturellen, freizeit- und arbeitsbezogenen Institutionen in europäischen Kommunen und Staaten zeigt. Manche migrantenspezifischen Institutionen können akzeptierte Teile der Gesellschaft mit dem gleichen Status der Institutionen einheimischer Gruppen werden. Andere können sich jedoch selbst isolieren, nicht anerkannt werden oder sogar ausgeschlossen bleiben.

3   Die Untersuchung von Integrationspolitik

Die Untersuchung von Politikfeldern unterscheidet sich grundlegend von der Untersuchung und dem Verständnis von Prozessen, auf die diese Politik abzielt. Das Wesentliche an Politik ist, dass sie Prozesse in unserer Gesellschaft leiten und steuern sollen, in unserem Fall die Integrationsprozesse von Zuwanderern. Explizite Integrationspolitik ist Teil eines politischen Prozesses mit einem normativen Charakter, wobei Integration als Problem formuliert wird. Das Problem wird in einen normativen Rahmen eingebettet, konkrete politische Maßnahmen werden entwickelt und umgesetzt, um ein gewünschtes Resultat zu erzielen. Andere Politikbereiche, die nicht speziell auf Zuwanderer ausgerichtet sind, wie die Bildungs- und Gesundheitspolitik, die Wohnungspolitik, der Arbeitsmarkt oder die öffentliche Regulierung von Religion können einen starken (positiven oder negativen) Einfluss auf die Integrationsprozesse von Zuwanderern ausüben. Deshalb sollte eine systematische Analyse von Integrationspolitik über Integrationspolitik im engeren Sinn hinausgehen.

Bei der Untersuchung von Integrationspolitik lautet die erste Frage: Wie unterschiedlich nehmen politische und soziale Akteure die Integration von Zuwanderern war, was den politischen Rahmen und die Politikwechsel angeht? Ein Rahmen besteht aus der Definition (beziehungsweise der Rekonstruktion) eines politischen Problems einschließlich der zugrunde liegenden Annahmen über seine Ursachen und die möglichen Gegenmittel. Untersucht wird zunächst, wie das Problem de facto definiert oder erklärt wird und was dagegen getan werden könnte bzw. sollte. Mit Blick auf die Problemdefinition sollte geprüft werden, wie Zuwanderung wahrgenommen wird: Wird sie als Problem oder als Chance empfunden? Wer verfügt über die moralische Legitimation und/oder einen formellen Rechtsanspruch, ein Zuwanderer zu sein bzw. zu werden? Wer sind die erwünschten und die unerwünschten Zuwanderer? Für Zuwanderer, die bereits Teil der Aufnahmegesellschaft sind, stellt sich die grundlegende Frage, ob sie als „Fremde" gelten, als „temporäre Gäste" oder als dauerhafte Mitglieder der Gesellschaft, für die der Staat die gleichen Verantwortlichkeiten übernimmt wie für einheimische Bürger, indem er dieselben Rechte garantiert und dieselben Einrichtungen bereitstellt.

Nach der Problemdefinition muss als Nächstes untersucht werden, was getan werden sollte. In manchen Fällen kann sich ein Staat oder eine Kommune dafür entscheiden, die Anwesenheit von Zuwanderern zu ignorieren und es auf diese Weise vermeiden, eine besondere Verantwortung für sie zu übernehmen. Dies ist folglich eine Entscheidung für eine Nicht-Politik, die als eine Politikvariante verstanden werden sollte (s. Hammar 1985: 277f.; Alexander 2007: 37 ff.). In anderen Fällen wird vielleicht eine neue Politik formuliert, um den Bedarf bestimmter Migranten zu decken, aber unter Berufung auf ihren angeblich befristeten Aufenthalt geschieht dies mit besonderen Auflagen. In dieser „Gastarbeiter"-Perspektive kann das Anderssein von Migranten „toleriert" und sogar gefördert werden, obwohl ihr Aufenthaltsrecht befristet ist. Schließlich kann Inklusion die zentrale Antwort sein, wenn Zuwanderer als Personen mit dauerhaftem Aufenthaltsrecht angesehen werden. Hierfür gibt es allerdings unterschiedliche Möglichkeiten. Wie im Falle der nationalen Integrationspolitik (siehe Entzinger 2000) kann sich die Integrationspolitik auch in den oben beschriebenen drei Dimensionen beträchtlich unterscheiden.

Was die rechtliche Anerkennung und die politische Teilhabe betrifft (die rechtlich politische Dimension), kann die Politik Zuwanderer als Ausländer mit dauerhaftem Aufenthaltsrecht anerkennen (in Großbritannien die so genannten denizens in der englischsprachigen Literatur) und sie in die Gesellschaft integrieren, aber ihre politischen Rechte beschränken. Oder sie kann Zuwanderer als vollwertige Staatsbürger betrachten, für deren Einbürgerung keine Hindernisse bestehen. Hinsichtlich der Gleichheit (die sozioökonomische Dimension) kann die Politik konkrete Maßnahmen vorsehen, um den spezifischen Interessen von Zuwanderern Rechnung zu tragen oder einfach im gemeinsamen Interesse von allen Staatsbürgern handeln. Schließlich können in Bezug auf Vielfalt (die kulturelle/religiöse Dimension) Politikkonzepte mit zwei sehr unterschiedlichen Prämissen formuliert werden. Eine besagt, dass Integration den Zuwanderern Anpassungs- und Lernprozesse abverlangt, aber auch beträchtliche Veränderungen im institutionellen Gefüge der Aufnahmegesellschaft erfordert. Integration wird hier als wechselseitiger Prozess verstanden, der allen Beteiligten Anpassungsleistungen zumutet. Die andere Prämisse lautet, gesellschaftliche Regeln und Strukturen einschließlich zugrunde liegender Normen und Werte sind als gegeben zu betrachten und Zuwanderer haben sich – freiwillig oder sogar verpflichtend – an sie anzupassen. Der Integrationsprozess wird als Einbahnstraße angesehen, die zur Assimilation führt.

Eine weitere Frage, die beantwortet werden muss, lautet: An wen richtet sich Integrationspolitik? Integrationskonzepte, die bestimmte Zuwanderergruppen als Zielgruppen vorsehen, unterscheiden sich von Konzepten, die sich an alle Zuwanderer wenden. Sie unterscheiden sich noch stärker von Konzepten, die sich an alle Einwohner unabhängig von ihrer Herkunft richten, oder von Integrationskonzepten, die sich in erster Linie an Einheimische, die bestehende Zivilgesellschaft und die zentralen Institutionen der Gesellschaft wenden. In der Praxis führen diese alternativen Zugänge zu sehr unterschiedlichen Politikansätzen in allen drei Dimensionen von Integration. Politische Rechte können Zuwanderern als Individuen gewährt werden, beispielsweise das Wahlrecht, oder als Mitgliedern einer Gruppe, was häufig mit der Bildung repräsentativer Organe verbunden ist. Politik kann zum Ziel haben, Chancengleichheit für alle Bürger zu fördern, was den gleichberechtigten Zugang zu Wohnraum, Bildung, Gesundheitsversorgung und dem Arbeitsmarkt einschließt, oder sogar Gleichheit in der Verteilung dieser Güter und Dienstleistungen anstreben. Schließlich kann kulturelle Vielfalt als ein individuelles oder als Gruppenrecht gefördert werden. Letzteres impliziert häufig die staatliche Unterstützung für die Organisationen von Zuwanderern und deren Einrichtungen.

Politische Rahmungen können nicht immer unmittelbar analysiert werden, sondern müssen aus Strategiedokumenten und politischen Diskursen rekonstruiert werden. Wenn eine Politik definiert wird, gibt es im Allgemeinen bereits eine explizite Formulierung eines wahrgenommenen Problems und des erwünschten Ergebnisses der konkreten Anstrengungen, die auf der Grundlage dieser Politik unternommen werden sollen. Solche verbalen, politisch debattierten Aussagen in und über Strategiedokumente enthalten die wesentlichen Elemente von politischen Rahmungen. Die wichtigsten Elemente, die untersucht und verglichen werden sollten, sind allgemeine Annahmen und Orientierungshilfen zu den Ursachen des Problems und Abhilfemaßnahmen sowie verwendete (oder explizit abgelehnte) Basiskonzepte, allgemeine Politikziele und Integrationsdimensionen und die Definition der Hauptzielgruppen.

Strategiedokumente können sich durch eine größere Nähe zum politischen Diskurs als zur politischen Praxis auszeichnen. Deshalb ist es zentral, die Untersuchung von politischen Rahmungen durch eine konkrete und detaillierte Analyse der tatsächlichen politischen Maßnahmen zu ergänzen. Dies bedeutet, konkrete Programme zu untersuchen, die durchgeführt werden, und wiederum zu ermitteln, in welchen Integrationsdimensionen sie verortet werden können, was ihre Hauptziele sind und wem sie zugutekommen sollen. Wie bereits zuvor in Bezug auf die Integrationspolitik allgemein festgestellt wurde, sollten wir uns auch hier nicht auf die Analyse expliziter integrationspolitischer Maßnahmen beschränken. Programme, die auf die gesamte Bevölkerung oder konkrete soziale Gruppen unabhängig von ihrem Migrationshintergrund ausgerichtet sind, und allgemeine institutionelle Regelungen in solchen Bereichen wie Bildung, Gesundheitsversorgung, Wohnen oder dem Arbeitsmarkt können die Integration von Zuwanderern genauso grundlegend (oder sogar grundlegender) fördern oder auch nicht. Wir sollten weder aus den Augen lassen, wie die politischen Maßnahmen in der Praxis durchgeführt werden noch in welchem Ausmaß und wie Verwaltungen, Praktiker und Fachkräfte vor Ort sie an ihre spezifischen Ziele und ihre (möglicherweise beschränkten) Ressourcen anpassen.

4 Kommunale Integrationspolitik im europäischen Mehrebenensystem

Europäische Kommunen und ihre nationalen Beziehungen

Kommunale Integrationspolitik stand immer im Schatten nationaler Integrationspolitik oder im Schatten des Fehlens Letzterer, weil die Zuwanderungspolitik, d. h. Entscheidungen darüber, wer einreisen und bleiben darf, auf der nationalen Ebene angesiedelt ist. Wenn auf die Zuwanderungspolitik eine nationale Integrationspolitik folgt, wie dies in einer frühen Phase in Schweden (ab 1975) und in den Niederlanden (ab 1980) geschah, wird kommunale Integrationspolitik dadurch angeregt und erleichtert. Aus diesem Grund weisen niederländische und schwedische Kommunen eine längere Geschichte der kommunalen Integrationspolitik auf als andere europäische Kommunen. In diesen Ländern nahm die Beziehung zwischen der Kommunalpolitik und der nationalen Politik anfangs eine spezifische Form an. Die Kommunen wurden zunächst zu Ausführungsorganen einer auf nationaler Ebene definierten Integrationspolitik. Als diese Kommunen starken Druck in zentralen Integrationsfeldern wie dem Wohnungsmarkt (durch Segregation und Zerfall von Quartieren), dem Arbeitsmarkt (durch überproportionale Arbeitslosigkeit von Zugewanderten, hohe Sozialkosten) und dem Bildungssystem (Konzentrationen von Schülern mit Migrationshintergrund in bestimmten Gebieten und Sektoren) sowie der öffentlichen Ordnung (rassistisch motivierte Übergriffe, Kriminalität, Spannungen zwischen Gruppen) registrierten, bündelten sie ihre Kräfte, um mehr Zuständigkeiten und mehr Mittel von ihren nationalen Regierungen zu fordern. Angesichts konkreter lokaler Probleme begannen diese Kommunen schließlich eigene Initiativen zu entwickeln, um die nationale Politik zu ergänzen.

Aber Zuwanderung führte in der zweiten Hälfte des 20. Jahrhunderts in Europa nicht zwangsläufig zu einer Integrationspolitik auf nationaler Ebene. Die meisten westeuropäischen Länder verzeichneten zwar eine beträchtliche Zuwanderung, aber entwickelten erst um die Jahrtausendwende eine nationale Integrationspolitik. Unabhängig davon ließen sich Migranten in Städten und Kommunen nieder, und manche von ihnen entwickelten eine eigene Integrationspolitik, obwohl eine nationale Politik nicht vorhanden war. Dies gilt z. B. für die Mehrzahl der Städte, die als integrationspolitische Pioniere von der Stadt Amsterdam 1998 zu einer der ersten Konferenzen über kommunale Integrationspolitik eingeladen wurden: Antwerpen, Berlin, Birmingham, Brüssel, Frankfurt am Main, Kopenhagen, Lüttich, London, Manchester, Madrid, Mailand, Wien und Zürich (Bestuurlijk Overleg 1998).

Schweizerische Städte sind interessante Fälle, um zu veranschaulichen, wie Städte in einem nationalen Kontext, in dem Integration nicht vorkam, eine kommunale Integrationspolitik entwickelten (D'Amato und Gerber 2005). Politikforschung spielte dabei eine wichtige Rolle: Ethnologen an Hochschulen in den Städten Zürich, Bern und Basel führten Forschung zur Integration von Zuwanderern durch und entwickelten in der zweiten Hälfte der 1990er Jahre – in Zusammenarbeit mit städtischen Behörden – so genannte

"Integrationsleitbilder" (Begert 2005; Kessler 2005; Tremp 2005). Die Städte stellten ihre Initiativen nationalen Behörden auf einer gemeinsamen Konferenz vor und regten an, dass die nationale Regierung eine Integrationspolitik ausarbeiten und Städte in ihrer Integrationspolitik unterstützen sollte. Diese Empfehlung wurde jedoch zunächst nicht aufgegriffen. Es dauerte mehrere Jahre, bis in der Schweiz auf nationaler Ebene ein Integrationskonzept und ein Budget für politische Maßnahmen eingeführt wurden.

Unabhängig von der jeweiligen Geschichte kommunaler Integrationspolitik sind im letzten Jahrzehnt überall Spannungen zwischen Kommunen und nationalen Regierungen aufgetreten oder sie haben zugenommen.[3] Eine dieser Spannungen bezieht sich auf die Umsetzung einer restriktiven Zuwanderungspolitik, insbesondere gegenüber Migranten ohne Aufenthaltstitel. Während die nationale Politik in vielen Ländern generell auf ihre Ausweisung drängt, tendiert Kommunalpolitik dazu, gegenüber allen in der jeweiligen Kommune ansässigen Personen in höherem Maß zu Pragmatismus und Inklusion bereit zu sein. Differenzen zwischen nationalen und kommunalen Behörden können auch die neuen Aufnahmekonzepte betreffen, wie z. B. Integrationskurse sowie gestiegene kulturelle Anforderungen an Aufenthaltsverlängerung oder Einbürgerung. Während die nationale Politik ideologisch fixiert und strikt bei der Anwendung solcher Regelungen sein kann, suchen Praktiker auf der kommunalen Ebene im Allgemeinen nach besseren praktischen Lösungen, die auch in Migrantenmilieus akzeptabel sind. Auch in der Frage der Finanzierung von Integrationsmaßnahmen können Spannungen zwischen Kommunen und nationalen Regierungen entstehen. Wenn die nationale Politik Kommunen verpflichtet, bestimmte Elemente der Integrationspolitik umzusetzen, stellt sich die Frage, wer diese Maßnahmen finanziert und ob die Mittelzuweisungen durch die nationalen Behörden ausreichen.

EU-Integrationspolitik und die horizontale Zusammenarbeit zwischen Kommunen

In den letzten zwei Jahrzehnten und insbesondere seit 2003 haben Kommunen in Europa wichtige neue Beziehungen außerhalb ihres nationalen Kontextes geknüpft, vor allem in der Form von Städtenetzwerken, in denen Wissen und praktische Erfahrungen mit kommunaler Integrationspolitik ausgetauscht werden. Obwohl solche Initiativen in erster Linie auf grenzüberschreitende horizontale Formen der Zusammenarbeit zwischen Kommunen zielen, haben alle diese Netzwerke enge Verbindungen zur Europäischen Kommission und erhalten von ihr finanzielle und andere Unterstützung. Damit ist eine neue Koalition innerhalb der europäischen Mehrebenenpolitik zu Migration und Integration entstanden.

Diese neue Konstellation geht zurück auf den Amsterdamer Vertrag von 1997 und den Sondergipfel der für Migrations- und Integrationspolitik zuständigen Minister im finnischen Tampere im Jahr 1999. Diese hatten gefordert, dass Asyl und Migration Gegenstand einer gemeinsamen EU-Politik, bestehende Migrationspolitiken und -praktiken harmonisiert und seit langem ansässigen Drittstaatenangehörige Rechte eingeräumt werden sollten, die

---

3 Siehe beispielsweise Scholten (2013) für die Niederlande.

denen von EU-Bürgern möglichst nahe kommen. In der ersten Phase des Tampere-Programms (1999–2004) konzentrierte sich die EU-Politik stark auf die Harmonisierung der Migrations- und Asylpolitik, während das Thema Integration weitgehend vernachlässigt wurde (Van Selm und Tsolakis 2004). De facto ging die EU-Politik bis 2003 von der impliziten Annahme aus, Integrationsprozesse könnten den gesellschaftlichen Kräften überlassen bleiben, wenn Zuwanderer den Einheimischen so weit wie möglich gleichgestellt (wie im Tampere-Programm gefordert) und geeignete Instrumente zur Bekämpfung von Diskriminierungen etabliert würden. Folglich sollte die rechtliche Integration von Drittstaatenangehörigen einerseits durch Richtlinien zur Familienzusammenführung und zur Freizügigkeit nach fünf Jahren Aufenthaltsdauer und andererseits durch Antidiskriminierungsrichtlinien sichergestellt werden.

Erst 2003 entwickelte die Europäische Kommission eine umfassendere Sichtweise auf die Integrationspolitik in ihrer Mitteilung über Einwanderung, Integration und Beschäftigung. In dieser Mitteilung wurde Integration definiert als „ein gegenseitiger Prozess basierend auf gleichen Rechten und Pflichten der rechtmäßig in einem Mitgliedstaat ansässigen Drittstaatsangehörigen und der Gesellschaft des Gastlandes [...], der auf die umfassende Partizipation der Einwanderer abzielt" (Europäische Kommission 2003). Dieser ganzheitliche Politikansatz zielt auf alle Dimensionen von Integration (wirtschaftliche, soziale und politische Rechte, kulturelle und religiöse Vielfalt, Staatsbürgerschaft und Partizipation). Im November 2004 vereinbarte der Rat der für Integration zuständigen Minister die gemeinsamen Grundprinzipien (GGP) für Integration als einen ersten Schritt zu einem gemeinsamen Rahmen für einen europäischen Ansatz zur Integration von Zuwanderern.[4]

Im Gegensatz zur EU-Migrationspolitik, der supranationale Gemeinschaftsgrundsätze zugrunde liegen (erste Säule), ist die EU-Integrationspolitik auf zwischenstaatlicher Basis angesiedelt (dritte Säule).[5] Das bedeutet, dass politische Beschlüsse im Konsens der Mitgliedstaaten gefasst werden müssen und es keine bindenden Rechtsvorschriften und Richtlinien gibt. Dies hat zwei Auswirkungen auf die Politikgestaltung: Einerseits schützen nationale Regierungen ihr souveränes Entscheidungsrecht in vielen Bereichen wie soziale Sicherheit, Bildung, Wohnen und Gesundheit, die im ganzheitlichen Konzept von Integration von Bedeutung sind. In diesem Sinn ist die EU-Integrationspolitik fraglos „weiche" Politik und auf das beschränkt, was die nationalen Regierungen ihr zugestehen. Andererseits können nationale Regierungen auch versuchen, ihre nationale Politik durch zwischenstaatliche Politikgestaltung auf die EU-Ebene zu heben. Seit 2004 haben bei-

---

4 Dieser Übergang zu einem sehr breiten Integrationskonzept war jedoch nicht von einer Verbreiterung der Zielgruppe begleitet. Die Integrationspolitik sollte ausschließlich für Drittstaatenangehörige gelten. Bei Zuwanderern, die Bürger von EU-Mitgliedstaaten sind, wird davon ausgegangen, dass sie per Definition integriert sind. Die letztgenannte Annahme wurde in der jüngeren Vergangenheit von Gebietskörperschaften in Regionen kritisiert, in denen nach den Erweiterungen von 2004 und 2007 viele neue Zuwanderer aus den Beitrittsstaaten eintrafen (Collett 2013).

5 Zur Säulenstruktur der EU und ihrer Modifizierung durch den Vertrag von Lissabon vgl. Tömmel (2014).

spielsweise einige westeuropäische Länder zunehmend ihre Anforderungen in Bezug auf die kulturelle Integration neuer Zuwanderer aus Drittstaaten in die EU-Politik „hochgeladen".[6] Die Niederlande und ihre obligatorischen Integrationskurse sind ein gutes Beispiel. Was in den 1990er Jahren als freiwillige Informationsprogramme für die Erstaufnahme auf kommunaler Ebene begann, wurde in den 2000er Jahren zuerst zu obligatorischen nationalen Integrationskursen. Diese wurden gefördert und nach 2004 dann in anderen EU-Mitgliedstaaten gängige Praxis, einschließlich Tests und Sanktionen.

Obwohl dieser konkrete Mechanismus der Politikgestaltung und -umsetzung „weich" ist – er wird „offene Koordinierungsmethode" genannt –, konnte die Europäische Kommission Einvernehmen über einige einflussreiche praktische Instrumente und Maßnahmen herbeiführen. Von 2004 bis 2006 finanzierte das INTI-Programm (zur Integration von Drittstaatsangehörigen) Aktivitäten und Forschung, gefolgt von zwei substanzielleren Fonds, die von 2007 bis 2013 liefen: erstens der Europäische Integrationsfonds (EIF) und zweitens der Europäische Flüchtlingsfonds (EFF), der insbesondere dafür konzipiert wurde, Akteure in den Mitgliedstaaten für ihre Anstrengungen bei der Aufnahme und Integration von Flüchtlingen zu entschädigen. Für die Europäische Kommission als politikgestaltendes Organ sind diese Fonds wichtig, weil durch sie Direktbeziehungen zwischen der EU und kommunalen sowie regionalen Behörden einerseits und nichtstaatlichen zivilgesellschaftlichen Partnern auf allen Ebenen andererseits entstehen.

Auf der kommunalen Ebene wurden diese Fonds in unterschiedlicher Weise genutzt. In Westeuropa ermöglichten sie die Weiterfinanzierung von seit langem etablierten politischen Maßnahmen; in Südeuropa waren sie entscheidend für den Erhalt kürzlich eingeführter Maßnahmen unter den Bedingungen einer großen Wirtschaftskrise verbunden mit drastischen Kürzungen im nationalen Sozialbudget (Caponio 2014b, 2014c); in Mittel- und Osteuropa dienten sie dazu, Maßnahmen zugunsten der Integration von Zuwanderern auf die kommunale und nationale politische Agenden zu setzen (Matusz-Protasiewicz 2014a, 2014b). Während Kommunen diese Fonds nutzten, um eine eigenständige Politik unabhängig von nationalen Regierungen oder in Opposition zu ihnen zu implementieren, setzten diese Fonds gleichzeitig bestimmte EU-Prioritäten und Zielgruppen (z. B. Drittstaatenangehörige) auf der kommunalen und der nationalen Ebene durch.

In diesem Kontext entstand nach 2003 eine neue Koalition zwischen der Europäischen Kommission und neuen Netzwerken europäischer Städte. Wir beschreiben nachstehend die vier wichtigsten Netzwerke und die Beteiligung der Forschung an diesen Initiativen (siehe auch Penninx 2015).

Das erste ist das CLIP-Netzwerk (Cities for Local Integration Policies), das 2006 vom Kongress der Gemeinden und Regionen des Europarats, der Landeshauptstadt Stuttgart

---

6   Hannelore Goeman verwendet diesen Begriff in ihrer Analyse der Konstituierung der Integrationspolitik auf der EU-Ebene: Goeman 2012. Siehe auch Guild et al. 2009.

und Eurofound gegründet wurde.[7] Es umfasst etwa 30 europäische Städte.[8] Die Grundidee des CLIP-Projekts ist, durch den Austausch von Wissen und Erfahrungen zwischen Städten zu lernen. Dieser erfolgt in einem systematischen Prozess unter Einbindung von Forschungsinstituten, die Materialien zu Integrationskonzepten in den teilnehmenden Städten sammeln. Fünf Forschungsinstitute des Exzellenznetzwerks IMISCOE[9] wurden beauftragt, Fallstudien in jeder der Städte durchzuführen und diese Fälle zu vergleichen. Das Projekt ist als eine Reihe aufeinander aufbauender Module organisiert, in denen konkrete Aspekte der kommunalen Integrationspolitik empirisch untersucht und systematisch verglichen werden. Das erste Modul betraf Wohnraum für Migranten (Bosswick et al. 2007), das zweite Diversitätspolitik in den Bereichen Beschäftigung und Dienstleistungen (Spencer 2008), das dritte die Beziehungen zwischen Gruppen (Lüken-Klassen und Heckmann 2010) und das vierte das Unternehmertum von Migranten (Rath et al. 2011). In jedem Modul wurden etwa 25 bis 30 Fallstudien, ein vergleichender Syntheseberichte und spezielle Grundlagenpapiere ausgearbeitet. An jedes Modul schloss sich eine Konferenz an, auf der Ergebnisse unter den beteiligten Städten und mit einem breiteren interessierten Publikum erörtert wurden. CLIP wurde von 2006 bis 2012 von Eurofound finanziert. Die CLIP-Materialien konzentrieren sich stark auf die politische Praxis in bestimmten Unterbereichen der Integrationspolitik. Sie ermöglichen so die Analyse der vollständigen Kette von der Politikformulierung bis zu -umsetzung und -resultaten und zeigen die häufig große Abhängigkeit solcher Politik von der Funktionsweise allgemeiner Institutionen auf der kommunalen und der nationalen Ebene. Sie liefern auch wertvolle Erkenntnisse über administrative und bürokratische Mechanismen bei der Politikgestaltung und -umsetzung.

Das zweite Netzwerk ist Integrating Cities, ein Projekt (ebenfalls seit 2006), das von Eurocities, einem großen Netzwerk von etwa 140 europäischen Großstädten, durchgeführt wird. Integrating Cities kann als ein Politikdialog zwischen Eurocities und der Europäischen Kommission betrachtet werden. Die wichtigste Dialogplattform zwischen Städten und der Europäischen Kommission sind die Integrating-Cities-Konferenzen, die zwischen 2008 und 2013 in Rotterdam, Mailand, Berlin, London, Amsterdam und Tampere stattfanden. Das Netzwerk hat als ein Programm für Kommunalverwaltungen die Eurocities-Charta „Integrating Cities" entwickelt.[10]

---

7   Die Europäische Stiftung für die Verbesserung der Arbeits- und Lebensbedingungen (Eurofound) ist eine dreigliedrige Organisation der Europäischen Union mit dem Auftrag, Wissen im Bereich der Sozial- und Arbeitspolitik bereitzustellen (www.eurofound.europa.eu).

8   Zu den deutschen Städten des Netzwerks gehören Arnsberg, Frankfurt/M und Stuttgart.

9   Die fünf an CLIP beteiligten Institute sind das Europäische Forum für Migrationsstudien (EFMS) an der Universität Bamberg, das Zentrum für Migrationspolitik und Gesellschaft (Centre on Migration Policy and Society – COMPAS) an der Universität Oxford, das Institut für Migrations- und ethnische Studien (IMES) der Universität Amsterdam, die Österreichische Akademie der Wissenschaften und das Zentrum für ethnische und Migrationsstudien (CEDEM) der Universität Lüttich.

10 An ihrer Entwicklung und Umsetzung waren aus Deutschland die Städte Berlin, Leipzig, Nürnberg und München beteiligt.

In Bezug auf die (Politik-)Forschung hat Eurocities eine Reihe von der EU finanzierter Projekte zur kommunalen Integration und Initiativen der Eurocities-Arbeitsgruppe zu Migration und Integration umgesetzt. Das älteste dieser Projekte war INTI-Cities, das über einen Zeitraum von 18 Monaten zwischen 2007 und 2009 lief. Bei dem Projekt ging es um das Benchmarking von Steuerungsstrukturen für Integration in europäischen Städten: Die Integrationspolitik europäischer Städte wurde mit Hilfe von Peer Reviews bewertet (von deutscher Seite nahm Düsseldorf daran teil). Es zielte darauf ab, durch die Messung von Politikkonzepten mit Hilfe von Experten definierter benchmarks validiertes komparatives Wissen über die kommunale Praxis in zwölf Städten aus neun EU-Mitgliedstaaten hervorzubringen. Im Abschlussbericht (Niessen und Kirchberger 2009) wurden benchmarks und Empfehlungen zusammengefasst.

Auf das INTI-Projekt folgte das DIVE-Projekt mit einem Fokus auf der Förderung von Vielfalt und Gleichheit in der Kommunalpolitik. Es untersuchte, wie Städte und Kommunen auf der Grundlage von Gleichheitsprinzipien Diversität in der Verwaltungs- und Beschäftigungspolitik wirksam umsetzen können. Das Projekt wurde vom Europäischen Integrationsfonds mitfinanziert. Mit Hilfe von Peer Reviews wurde empirische Forschung zu kommunaler Integrationspolitik in vier europäischen Großstädten (Berlin, Rom, Amsterdam und Leeds) durchgeführt. Die Ergebnisse des Projekts wurden in dem Bericht „Cities Accomodating Diversity" (Moloney und Kirchberger 2010) zusammengefasst. Sie bildeten die Grundlage für die Integrating-Cities-Konferenzen in Berlin 2009 sowie London 2010 und trugen zur Verabschiedung der Selbstverpflichtungen der „EUROCITIES Charta zu ‚Integrating Cities'" (vgl. www.integratingcities.eu) bei.

Das MIXITIES-Projekt („Making integration work in Europe's cities 2010–2012") baute auf der Arbeit des INTI- und des DIVE-Projekts auf. Es zielte auf die Entwicklung von Peer Reviews, Workshops für strukturierten Austausch und Materialiensammlungen zur Unterstützung von Städten bei der Erfüllung der Verpflichtungen, die in der Charta festgehalten sind. Das Projekt konzentrierte sich auf drei zentrale Bereiche: Antidiskriminierungspolitik, Vielfaltskompetenzen im öffentlichen Dienst und Begrüßungskurse für Neuankömmlinge. In Gent, Barcelona und Stockholm wurden 2011 Peer Reviews zu jedem dieser Themen durchgeführt. Die Ergebnisse und Empfehlungen des Projekts wurden auf der Integrating-Cities-Konferenz in Amsterdam im März 2012 vorgestellt.

Das dritte Netzwerk ist Intercultural Cities,[11] eine 2008 begonnene Gemeinschaftsaktion des Europarats und der Europäischen Kommission. Es entstand ausgehend von einem Weißbuch über interkulturellen Dialog, das der Europarat im selben Jahr für das Europäische Jahr des interkulturellen Dialogs vorgelegt hatte. Das Konzept der interkulturellen Stadt war zuvor von der britischen Denkfabrik Comedia entwickelt worden. 2004 hatte Comedia in Großbritannien, den Vereinigten Staaten, Australien, Neuseeland und Norwegen ein Forschungsprogramm mit einer zweijährigen Laufzeit zum Thema „Die interkulturelle Stadt: Vielfalt so gut wie möglich nutzen" durchgeführt. Die Agentur untersuchte kulturelle

---

11 An diesem Netzwerk beteiligen sich 93 Kommunen (Stand Anfang 2016). Aus Deutschland sind dies Berlin-Neukölln, Dortmund, Duisburg, Erlangen, Hamburg, München und Offenburg.

Vielfalt als eine Quelle von Innovation, Kreativität und Unternehmertum und suchte nach Antworten auf die Frage, wie mehr interkultureller Dialog, Austausch und interkulturelle Aktivitäten als Katalysator für einen solchen Prozess fungieren können (Wood 2009).

Die Strategie von Intercultural Cities ist eine Managementstrategie, die öffentlich für die Achtung von Vielfalt und einer pluralistischen städtischen Identität eintritt. Das Intercultural-Cities-Programm wurde in elf europäischen Städten entwickelt und zuerst angewendet. Seitdem hat es sich weiterentwickelt und einen Intercultural-Cities-Index vorgelegt, mit dem Städte ihre Politik evaluieren und verbessern können. Es organisiert internationale Konferenzen zum Erfahrungsaustausch zwischen Städten.

Das vierte Netzwerk ist eine speziellere horizontale Kooperationsinitiative, die European Coalition of Cities Against Racism (ECCAR), die 2004 auf Anregung der UNESCO ins Leben gerufen wurde (www.eccar.info). Das Ziel dieser Städtekoalition gegen Rassismus ist der Erfahrungsaustausch zur Verbesserung von Handlungskonzepten für die Bekämpfung von Rassismus, Diskriminierung und Fremdenfeindlichkeit. Seit 2008 ist ihre jährliche Generalkonferenz das Hauptinstrument für den Austausch zwischen den Städten. Mittlerweile haben sich 104 Städte aus 22 europäischen Ländern dem Netzwerk angeschlossen und den „Zehn-Punkte-Aktionsplan" angenommen (s. www.unesco.org/shs/citiesagainstracism).[12]

Alle vier beschriebenen europäischen Netzwerke verfügen über eine Organisationsstruktur und arbeiten kontinuierlich. Neben diesen gibt es jedoch zahlreiche Formen der Kooperation zwischen Kommunen, die nur für die Zeit bestanden, in der sie Mittel erhielten (überwiegend EU-Mittel). Zu den Beispielen zählt ELCI – European Local Cooperation for Integration (2010), ein über einen Zeitraum von 18 Monaten durch den Europäischen Integrationsfonds finanziertes Projekt zur Förderung von Wissen und Verständnis der wertvollen Rolle, die Migrantenorganisationen im Integrationsprozess spielen können. Ein weiteres Beispiel ist DELI – Diversity in the Economy and Local Integration, finanziert durch den Europarat und den EIF. Das Projekt konzentriert sich auf von Migranten geführte Klein- und Mittelunternehmen in der lokalen Wirtschaft. Auf der langen Liste der vom EFF, vom EIF und auch vom ESF (Europäischen Sozialfonds) geförderten Projekte sind sicherlich weitere Materialien und Kooperationen zur lokalen Integration von Migranten zu finden. Vor allem der ESF hat eine Reihe von Projekten zur Integration in den lokalen Arbeitsmarkt und zum Unternehmertum finanziert, bei denen Migranten eine wichtige Rolle spielten.

Schließlich ist das Projekt KING – Knowledge for INtegration Governance – zu erwähnen, weil es die jüngste Studie auf dem derzeitigen wissenschaftlichen Stand über kommunale Integrationspolitik durchgeführt hat, auf die wir uns in diesem Kapitel weitgehend stützen.

---

12 Zu den deutschen Kommunen des ECCAR-Netzwerks gehören Apolda, Berlin, Bonn, Celle, Darmstadt, Delmenhorst, Dortmund, Erlangen, Goslar, Gunzenhausen, Halle/Saale, Hannover, Heidelberg, Karlsruhe, Kiel, Kitzingen, Köln, Leipzig, Magdeburg, München, Nürnberg, Offenbach, Pappenheim, Potsdam, Saarbrücken, Siegen, Soest und Wolfsburg (Stand Anfang 2016).

Dieses vom EIF finanzierte Projekt unter der Leitung der ISMU-Stiftung in Mailand stellte ein interdisziplinäres Wissenschaftlerteam zusammen, das der Europäischen Kommission relevantes Wissen für ihre zukünftige Integrationspolitik bereitstellen soll. Ein Unterteam (dem die Verfasser dieses Beitrags angehören) führte eine Studie auf dem derzeitigen wissenschaftlichen Stand über kommunale Integrationspolitik in Europa, gefolgt von einer vergleichenden Analyse von acht Städten, durch: Amsterdam, Barcelona, Mailand, Prag, Stuttgart, Turin, Turku und Warschau. Zwei Hauptberichte, eine Bibliografie und acht Fallstudien finden sich auf der Website (www.king.ismu.org).

In einem kürzlich veröffentlichten Artikel stellen Dekker et al. (2015: 652) fest: „Es gibt in der Tat horizontale Netzwerke für politische Lernprozesse zwischen Kommunen in ganz Europa. Es besteht jedoch den Eindruck, dass die Wirkung horizontaler politischer Lernprozesse auf die Politikgestaltung begrenzt ist." Dies erscheint uns als eine recht oberflächliche Bewertung. Wenngleich wir einräumen würden, dass manche Kommunen die horizontale Plattform eher nutzen, um ihre Kommunalpolitik vorzuzeigen, statt zu lernen, kann nicht abgestritten werden, dass diese Netzwerke die politischen Diskurse beeinflusst und zur Verbreitung bestimmter politischer Maßnahmen geführt haben. Beispielsweise hat Intercultural Cities mehrere europäische Städte motiviert, politische Konzepte mit einer interkulturellen Ausrichtung zu entwickeln. Auf der Grundlage der Erfahrungen der französischen nichtstaatlichen Organisation LICRA (Ligue Internationale Contre le Racisme et l'Antisémitisme) und dank des ECCAR-Netzwerks entwickelten mehrere europäische Städte eine Mobiltelefon-App zur Meldung von rassistischen Übergriffen sowie zur juristischen und praktischen Unterstützung. Ein weiteres Beispiel wechselseitigen Lernens ist das Projekt C4i-Communication for Integration. Kofinanziert durch den Europarat und die Europäische Kommission und auf der Grundlage der Erfahrungen der Anti-Verleumdungs-Strategie von Barcelona zielt es darauf ab, Gerüchten, Vorurteilen und Stereotypen entgegenzuwirken, indem es evidenzbasierte Informationen bereitstellt. Derzeit wird es in elf europäischen Städten in Portugal, Spanien, Schweden, Deutschland, Irland, Polen und Griechenland durchgeführt.

Darüber hinaus fungieren Städtenetzwerke nicht nur als Plattform für horizontale politische Lernprozesse, sondern sie haben auch dazu gedient, politischen Druck von der kommunalen auf die europäische Ebene zu entfalten. Beispielsweise veröffentlichte Eurocities im Mai 2015 eine politische Erklärung zum Thema Asyl, in der die Städte die Resolution des Europäischen Parlaments über die humanitäre Krise im Mittelmeer unterstützten und mehrere Empfehlungen unterbreiteten. Diese betrafen Maßnahmen, mit denen die Integration von Asylsuchenden und Flüchtlingen auf der kommunalen Ebene erleichtert werden soll, sie betonte die gemeinsame Verantwortung und Solidarität in ganz Europa (einschließlich der Überarbeitung der Dublin-III-Regelung) und forderte mehr Mittel für Leistungen, die auf der lokalen Ebene zu erbringen sind. Diese politische Erklärung enthielt die Aussage: „Als Leistungserbringer an vorderster Front, häufig zuständig für die Betreuung von Asylsuchenden, sollten Kommunalbehörden von nationalen Institutionen und EU-Stellen unmittelbar an der Verwirklichung eines einheitlichen Europäischen Asylsystems beteiligt werden, das für die Übernahme gemeinsamer Verantwortung sorgen und eine faire Lastenverteilung auf ganz Europa gewährleisten soll" (s. www.eurocities.eu). Im Anschluss an diese Veröffentlichung wurde Eurocities eingeladen, seine Empfehlungen zu Asyl und Migration dem LIBE-Ausschuss (für bürgerliche Freiheiten, Justiz und Inneres) des Europäischen Parlaments vorzutragen. Städtenetzwerke fungieren also auch als ein „vertikaler Kanal" für Kommunalverwaltungen bei ihren Bemühungen, Politik auf der europäischen und nationalen Ebene mitzugestalten.

5   Konzepte und Inhalte kommunaler Integrationspolitik

Wie konzipieren Kommunalbehörden ihre Politik für Zuwanderer und was ist der Inhalt von Kommunalpolitik? Was tun sie genau? Wir werden versuchen, diese Fragen zu beantworten, indem wir analysieren, wie sich die drei Dimensionen (die rechtlich-politische, die sozioökonomische und die kulturell-religiöse) in der politischen Rhetorik und Praxis widerspiegeln und in welchem Verhältnis sie zueinander in den Politikkonzepten von Kommunen stehen. Auch wenn unserer Analyse das breite Feld von Städtestudien zugrunde liegt, werden wir die Ergebnisse anhand von Beispielen aus den Studien des KING-Projekts veranschaulichen, die wir 2014 durchgeführt haben.

Die rechtliche und politische Dimension

Die nationale Politik legt die Trennlinie zwischen Staatsangehörigen und Nicht-Staatsangehörigen fest und definiert den legalen Status von Zuwanderern und ihre Rechte. Auch wenn die Unterscheidungen zwischen EU-Binnenmigranten, Drittstaatsangehörigen, Flüchtlingen, Asylsuchenden und Zuwanderern ohne Aufenthaltstitel auf EU- und nationaler Ebene getroffen werden, ist es Sache der Kommunen diese unterschiedlichen Statuszuschreibungen in Rechte und Zugangschancen von verschiedenen Zielgruppen zu übersetzen. Manche wie beispielsweise EU-Bürger haben Anspruch auf die gleichen sozialen Leistungen wie Staatsangehörige, während andere am entgegengesetzten Ende des Spektrums wie Migranten ohne Aufenthaltstitel von grundlegenden Rechten ausgeschlossen werden. Wieder andere gelten als die Zielgruppe par excellence von Integrationspolitik, während noch andere erst gar nicht als Ausländer eingestuft und deshalb auch nicht als solche gezählt werden. In diesem Kontext wenden Kommunalbehörden auf der nationalen Ebene[13] definierte Verwaltungsverfahren an, erleichtern den Zugang zum Rechtsstatus und erfüllen den Anspruch von Zuwanderern auf bestimmte soziale Leistungen, Integrationsmaßnahmen und politische Rechte. In den nächsten Absätzen analysieren wir, wie Kommunen ihre Entscheidungsbefugnisse nutzen und welche eigenen Beiträge sie möglicherweise bei der Umsetzung der nationalen Politik leisten.

---

13   In föderal verfassten Staaten wie Deutschland ist auch die durchaus unterschiedliche Politik der Bundesländer zu berücksichtigen (vgl. Gesemann/Roth 2014).

Kommunen können an der Anwendung von Verwaltungsverfahren in Bezug auf Zuwanderer beteiligt sein. Diese Verfahren sind in manchen Ländern in hohem Maß zentralisiert; in anderen haben Kommunen formelle Zuständigkeiten in Flüchtlingsangelegenheiten. Am Beispiel Spanien lässt sich dies besonders gut veranschaulichen. Jede in Spanien lebende Person muss sich beim Melderegister anmelden und erhält mit dieser Anmeldung Zugang zu Bildung und Gesundheitsversorgung sowie zu bestimmten kommunalen Dienstleistungen und sozialen Leistungen. Die Kommunalbehörden bescheinigen auch die soziale Inklusion und die Wohnsituation. Erstere ist wichtig für die Verfestigung des Aufenthaltsstatus, letztere für die Familienzusammenführung. Wenngleich diese Verfahren als rein administrativ betrachtet werden, sind die gestellten Anforderungen in den Rechtsvorschriften und seinen Durchführungsbestimmungen nicht immer klar geregelt. Die unterschiedliche Praxis der Kommunen führt zu mehr oder weniger inklusiven Ergebnissen, was den Zugang zu sozialen Leistungen, das Aufenthaltsrecht und die Familienzusammenführung betrifft (siehe Garcés-Mascareñas 2014). Die Schweiz ist ein anderes Beispiel. Hier entscheiden allein die Kommunalbehörden über Einbürgerungsanträge. Dies führt ebenfalls zu unterschiedlichen Politikergebnissen, weil manche schweizerischen Kommunen höhere Ablehnungsraten aufweisen als andere (Helbling 2008 in Caponio 2014a).

Die meisten europäischen Kommunen bemühen sich, den Zugang zu legalen Aufenthaltstiteln zu erleichtern, indem sie das Bewusstsein für seine Vorteile schärfen oder Informationen über Anerkennungsverfahren bereitstellen. Was die Bewusstseinsbildung betrifft, ist das Beispiel Deutschland besonders erhellend. Weil die Zahl der Ausländer, die eine deutsche Staatsangehörigkeit erwerben, in den letzten Jahren zurückgegangen ist, haben Städte wie Berlin, Hamburg und Stuttgart (und auch Bundesländer wie Hessen) Einbürgerungskampagnen durchgeführt (Caponio 2014a). Beispielsweise startete die Landeshauptstadt Stuttgart eine Einbürgerungskampagne „PASS auf, lass Dich einbürgern!", um bei den 90.000 dort lebenden Ausländern mit Einbürgerungsanspruch für die Einbürgerung zu werben und darüber zu informieren. Dies geschah mit Hilfe von Plakaten mit Porträts von eingebürgerten Personen, die Aussagen über ihre Erfahrungen und ihre Beweggründe für die Beantragung der deutschen Staatsangehörigkeit machten. Außerdem wurden Informationsveranstaltungen durchgeführt. Innerhalb weniger Monate stieg die Zahl der Anträge um 15 % (Schwarz 2014: 15). Entweder direkt, über soziale Einrichtungen oder Migrantenorganisationen bieten Kommunen Informationen und Rechtsberatung zu Einbürgerungsverfahren, die Verlängerung der Aufenthaltsgenehmigung, Familienzusammenführung, Abschiebung, zur Eheschließung mit Einheimischen oder Hilfe bei der Wohnungssuche und andere soziale Unterstützungsleistungen. Je undurchsichtiger und unzugänglicher Behörden sind (mit unklaren Regeln und weitreichenderen Entscheidungsbefugnissen), desto notwendiger erscheint es, dass kommunale Einrichtungen Zuwanderer informieren und zwischen ihnen und nationalen Behörden vermitteln.

Die Unterschiede im Aufenthaltsstatus führen zu unterschiedlichen Rechten und einem unterschiedlichen Zugang zu sozialen Leistungen. Wenngleich dies auf der nationalen Ebene definiert wird, genießen Kommunalbehörden beträchtlichen Spielraum, um diese Abgrenzungen mehr oder weniger inklusiv zu gestalten. Dies gilt insbesondere für Personen ohne Aufenthaltstitel. Nationale Regierungen in Nordwesteuropa verfolgen eine strengere Politik gegen die irreguläre Zuwanderung und verfügen über mehr Mittel, um Kommunalbehörden zu zwingen, diese einzuhalten. In der Praxis finden viele Kommunen jedoch Wege, um solche Personen aufzunehmen und sie in einem gewissen Grad zu unterstützen. Beispielsweise subventioniert die Stadtverwaltung von Amsterdam nichtstaatliche Organisationen bei der Bereitstellung grundlegender Leistungen für Zuwanderer ohne Aufenthaltstitel, die von der Verwaltung selbst nicht bereitgestellt werden dürfen. Im jüngsten kommunalpolitischen Programm 2014–18 erklärt die Stadtverwaltung, im Haushalt Mittel vorzumerken, um ihre Pflicht zur Betreuung von Asylbewerbern zu erfüllen, deren Antrag endgültig negativ beschieden wurde, u. a. durch die Einführung eines Programms für Unterbringung, persönliche Hygiene und Verpflegung (Blom 2014). Dies unterscheidet sich de facto nicht sehr von dem, was wir in südeuropäischen Städten wie Turin und Barcelona beobachten können, wo ebenfalls nichtstaatliche Organisationen und Migrantenorganisationen Leistungen bereitstellen, die die Stadtverwaltung Zuwanderern ohne Aufenthaltstitel nicht anbieten soll. Der Hauptunterschied in südeuropäischen Städten ist, dass die Grenzen zwischen Exklusion und Inklusion fließender sind, weil Zuwanderer zwischen Illegalität und Legalität hin und her pendeln und im Falle Spaniens Zuwanderer ohne Aufenthaltstitel auf der kommunalen Ebene registriert werden und formellen Zugang zu bestimmten sozialen Leistungen genießen.

Es kann auch sein, dass bei der Definition der maßgeblichen Zielgruppen von Integrationspolitik die Kategorisierung von Zuwanderern auf der kommunalen Ebene neu ausgehandelt wird. Mehrere nordwesteuropäische Länder haben die problematische Zielgruppendefinition der Europäischen Union beklagt, die Integrationspolitik auf Drittstaatsangehörige beschränkt. Weil festgestellt wurde, dass Arbeitnehmer und Familienangehörige aus den neuen EU-Beitrittsländern Integrationseinrichtungen benötigen, haben mehrere Städte Sonderprogramme eingeführt. Beispielsweise bildete die Stadtverwaltung von Amsterdam eine spezielle Projektgruppe zur Behandlung der Probleme von EU-Migranten in der Stadt. Es ist nicht der Rechtsstatus per se, der problematisch ist, denn dem Status nach ist ihr Zugang zu Einrichtungen und Dienstleistungen dem der Einheimischen völlig gleichgestellt. Problematisch ist der Umstand, dass Institutionen, Organisationen und Individuen der aufnehmenden Kommune nur unzureichend auf die Neuankömmlinge eingestellt sind. Die Neuankömmlinge müssen deshalb verstärkt selbst Wissen und Fertigkeiten erwerben, um ihren Platz in der Aufnahmegesellschaft zu finden. Weil Kommunen keine europäischen Mittel (beispielsweise aus dem Europäischen Integrationsfonds) und häufig nicht einmal nationale Mittel für diese Zuwanderungsgruppe einsetzen können, investieren sie oft ihre eigenen Ressourcen in Integrationsaktivitäten für sie und versuchen Druck auf ihre nationalen Regierungen auszuüben, um EU-Migranten in den Kanon der Integrationspolitik aufzunehmen. In Finnland beispielsweise führte der von der Stadtverwaltung von Turku ausgeübte Druck zu einer nationalen Rechtsvorschrift für Arbeitgeber, die sie verpflichtet, Arbeitnehmer aus der EU zu melden, um sie überhaupt sichtbar zu machen (Penninx 2014).

Politische Rechte werden primär auf der nationalen Ebene definiert. In Ländern wie den Niederlanden und Finnland haben Einwohner mit ausländischem Pass das aktive und passive Wahlrecht auf der kommunalen Ebene. Im Gegensatz dazu ist dieses Recht in den vielen europäischen Ländern auf Einheimische, EU-Bürger und Bürger aus Drittstaaten mit speziellen bilateralen Vereinbarungen (beispielsweise mehreren lateinamerikanischen Ländern im Falle Spaniens) beschränkt. Wenn Ausländer Wahlrecht genießen, führt dies häufig zu einer beachtlichen Repräsentation durch Ratsmitglieder mit Migrationshintergrund. Es ist jedoch schwirig, die genaue Bedeutung solcher direkten politischen Teilhabe zu bestimmen. Beispielsweise scheinen Migranten in Turku und Amsterdam diese Art von Teilhabe als selbstverständlich zu betrachten, darin jedoch keine „Repräsentation" der Zuwanderergemeinschaft zu sehen. Gleichzeitig zeigen diese beiden Fälle auch, dass eine signifikante Repräsentation durch Ratsmitglieder mit Migrationshintergrund zu konkreten Politikinitiativen in Sachen Migration und Integration führen kann.

In allen Fällen resultieren Wahlrechte nicht automatisch in gleicher politischer Teilhabe. Die Wahlbeteiligung von Zuwanderern ist de facto systematisch niedriger. Um diesem Problem entgegenzuwirken, haben manche Kommunen Kampagnen zur Förderung der politischen Teilhabe von Zuwanderern durchgeführt. In Stuttgart beispielsweise wurden in den letzten Wahlkämpfen mehrere Informationsveranstaltungen organisiert. Weil Kommunalverwaltungen zu der Einschätzung gekommen waren, dass sie keine Kampagnen durchführen dürften, die sich speziell an Zuwanderer richteten, wurden diese interessanterweise an Organisationen von Zuwanderern delegiert. Ein Beispiel hierfür ist die Kampagne „Gehe wählen", die vom Deutsch-Türkischen Forum organisiert wurde und sich an die wahlberechtigte Gesamtbevölkerung richtete, dies aber in unterschiedlichen Sprachen, sodass indirekt diejenigen angesprochen wurden, die Deutsch nicht beherrschten (Schwarz 2014: 17).

Was die indirekte politische Inklusion betrifft, haben viele europäische Kommunen in der Vergangenheit oder in der Gegenwart in beratende Ausschüsse, Plattformen oder Räte investiert, um Akteure in der Integrationspolitik zusammenzubringen. Diese Organe unterscheiden sich jedoch in ihrer Zusammensetzung und in einem gewissen Grad auch in ihrer Funktion. Manche Ausschüsse bringen in erster Linie Zuwanderer zusammen, die zumeist aus Migrantenorganisationen kommen, um die Zielgruppe von Maßnahmen zu repräsentieren. Sie werden gebeten, als Kommunikations-, Mobilisierungs- und Evaluierungsbindeglied zwischen Zielgruppen und Politik zu fungieren. Beispiele aus Mailand, Turin und Stuttgart lassen darauf schließen, dass in der Gesamtbetrachtung solche Formen der Repräsentation – als eine Art alternativer politischer Repräsentation – recht anfällig sind und nicht lange Bestand haben. Andere Ausschüsse versammeln unmittelbar in der Integrationspolitik tätige Akteure und konzentrieren sich in erster Linie auf Mobilisierung, Politikinstrumente und die Umsetzung von Politik. Migrantenorganisationen werden als zentrale integrationspolitische Akteure beteiligt und nicht, weil sie eine Gruppe vertreten. Wie der Fall Barcelonas zeigt, ist die Mitgliedschaft in solchen Gremien eher mit der Erwartungen verbunden, dass Beiträge zur Politikgestaltung und zur Umsetzung von politischen Programmen geleistet oder Maßnahmen und die Praxis der Verwaltung kritisch hinterfragt werden.

Repräsentation und Beteiligung an der Politikgestaltung und -umsetzung können zu Spannungen zwischen Vertretern von Migrantenorganisationen und nichtstaatlichen Organisationen führen, die Interessen von Zuwanderern vertreten und Leistungen für sie erbringen. Wenn wie z. B. in Prag und Warschau in der ersten Phase der Zuwanderung starke Migrantenorganisationen fehlen, setzen sich einheimische zivilgesellschaftliche Organisationen für die Interessen von Zuwanderern ein. Entwickeln sich dann im Laufe der Zeit Migrantenorganisationen beanspruchen diese selbst solche Repräsentationsfunktionen und auch mögliche Ressourcen, die von der Regierung für solche Aufgaben und Leistungen zur Verfügung gestellt werden. Der Ausgang dieser Konkurrenz hängt zu einem großen Teil von Entscheidungen ab, die von der Kommunalpolitik gefällt werden. Anfang der 1990er Jahre wurden z. B. Migrantenorganisationen nach dem Wahlsieg der Lega Nord in Mailand zugunsten der „zuverlässigeren" und „erfahreneren" italienischen nichtstaatlichen Organisationen an den Rand gedrängt, die seit langem die meisten kommunalen Leistungen für die Aufnahme und Unterstützung von Zuwanderern erbracht hatten (Caponio 2014b).

Die sozioökonomische Dimension

Politikkonzepte zur Förderung der sozioökonomischen Integration von Zuwanderern sind in hohem Maße institutionalisiert und überwiegend eine Aufgabe nationaler Regierungen. Die meisten Herausforderungen und Probleme im Zusammenhang mit der strukturellen Eingliederung von Zuwanderern werden jedoch zuerst auf der kommunalen Ebene spürbar. Deshalb haben Kommunen auch konkrete Integrationskonzepte entwickelt. Die meisten kommunalen Konzepte im sozioökonomischen Bereich zielen nicht auf Zuwanderer per se, sondern eher auf Benachteiligte allgemein, indem sie entweder direkte Unterstützung für diese Gruppe vorsehen oder mehr öffentliche Mittel an Schulen oder Stadtteile mit höheren Anteilen von Haushalten mit niedrigem Einkommen zuweisen. Dies lässt sich besonders gut an öffentlichen Wohnungsbauprojekten, Bildungsprogrammen und Workfare- bzw. Aktivierungskonzepten ablesen, die darauf abzielen, die Abhängigkeit von Sozialhilfe durch die Förderung der Erwerbsbeteiligung zu verringern. Manche kommunalen Politikkonzepte zielen jedoch auch konkret auf Zuwanderer. Andere Konzepte konzentrieren sich wiederum auf neu eingetroffene Zuwanderer. Weitere Zielgruppen sind besonders Schutzbedürftige wie Opfer von Menschenhandel, unbegleitete Minderjährige, Flüchtlinge und Asylsuchende. Manche kommunale Strategien bemühen sich darum, einen gleichberechtigten Zugang zu garantieren, d. h. dass Migranten weder formell noch informell ausgeschlossen werden, wenn sie Sozialleistungen in Anspruch nehmen oder erwerbstätig sind. Andere wiederum zielen darauf ab, Gleichheit in der Nutzung und in den Ergebnissen kommunaler Einrichtungen und Strategien sicherzustellen.

Die Fälle süd- und osteuropäischer Städte veranschaulichen, dass die meisten kommunalen Integrationskonzepte im sozioökonomischen Bereich als Aufnahmekonzepte begannen. In Südeuropa konzentrierten sie sich vorwiegend auf neu eingetroffene Zuwanderer, entweder Personen ohne Aufenthaltstitel oder Zuwanderer mit einem unsicheren Rechtsstatus

(z. B. Personen mit einem befristeten Aufenthaltstitel). In Osteuropa waren die Hauptzielgruppen Flüchtlinge und andere spezifische Gruppen wie Roma. Willkommenskonzepte zielen darauf ab, kürzlich eingetroffenen Zuwanderern Kenntnisse und Kompetenzen zu vermitteln, die sie benötigen, um ihren Platz in der Aufnahmegesellschaft zu finden. Dies umfasst – neben der Soforthilfe – Informationen und Beratung zu rechtlichen Verfahren (beispielsweise Anerkennung von Bildungsabschlüssen und Qualifikationen, Zugang zum Gesundheitssystem oder zu Sozialwohnungen), Sprach- und Berufsbildungskurse sowie zusätzliche Bildungsprogramme. In ähnlicher Weise gewähren Kommunalbehörden häufig auch in einem bestimmten Umfang soziale Leistungen für die am stärksten Ausgeschlossenen, wie z. B. Zuwanderer ohne Aufenthaltstitel oder abgelehnte Asylbewerber. Dies kann spezifische Formen des Zugangs zur Gesundheitsversorgung, zu Sozialwohnungen oder Bildung umfassen.

Die lokale Eingliederung von Zuwanderern ohne Aufenthaltstitel und abgelehnten Asylbewerbern wurde besonders von jenen Berufsgruppen sicherbar gemacht und thematisiert, die im alltäglichen Kontakt zu Migranten stehen, wie z. B. Lehrern, Ärzten, Polizeibeamten und Mitarbeitern von Stadtverwaltung. Dazu haben auch regionale und kommunale politische Entscheidungen beigetragen, die sich um die formelle Anerkennung von Zuwanderern ohne Aufenthaltstitel als einheimische oder ortsansässige Bürger bemühen (Chauvin und Garcés-Mascareñas 2012). Solche Entscheidungen werden nicht nur aus humanitären Gründen getroffen, sondern sind auch Ergebnis von anderen politischen Prioritäten. Während nationale Regierungen sich vorwiegend mit Sicherheitsproblemen und Zuwanderungskontrolle befassen, sind Kommunalbehörden generell stärker daran interessiert, den sozialen Zusammenhalt sowie die öffentliche Sicherheit und Gesundheit zu fördern. Kommunen sind mit anderen Worten stärker daran interessiert, alle Bewohner unabhängig von ihrem Bürgerstatus in das Gesundheitssystem einzubeziehen oder irreguläre Wohnsituationen zu vermeiden, als an Fragen der Zuwanderungskontrolle, der nationalen Souveränität oder der Staatsangehörigkeit.

Garantierte Rechte bedeuten nicht automatisch Chancengleichheit. Weil gut belegt ist, dass Zuwanderer in den Bereichen Wohnen, Gesundheitsversorgung und Arbeitsmarkt mit besonderen Hindernissen konfrontiert sein können und Kinder von Zuwanderern in Schule schlechter abschneiden können, haben Kommunalbehörden auch Konzepte entwickelt, um Chancengleichheit in der Inanspruchnahme öffentlicher Einrichtungen und in den Politikergebnisse zu gewährleisten.

Wohnungspolitik ist vor allem eine kommunale Aufgabe. Die meisten Konzepte in diesem Bereich konzentrieren sich nicht speziell auf Migranten, sondern eher auf Haushalte mit niedrigem oder mittlerem Einkommen. Kommunalbehörden haben aber auch spezielle Maßnahmen entwickelt, um ethnische Diskriminierung und die Diskriminierung von Migranten auf dem Wohnungsmarkt zu überwinden oder zu minimieren. Dazu können z. B. kommunale Wohnungsvermittlungen oder spezifische Informationen für wohnungssuchende Migranten beitragen. Neben diesen Maßnahmen haben die meisten europäischen Kommunen Konzepte zu Segregation und Stadterneuerung entwickelt. Weil ethnische Segregation häufig als Problem gilt, haben Städte verschiedene Maßnahmen wie

Quoten für bestimmte Mietergruppen oder spezifische Wohnungsbau- und Siedlungsprojekte ergriffen. Eine zentrale Frage ist, ob diese Konzepte in erster Linie auf dem Prinzip des gleichberechtigten individuellen Zugangs zu Wohnraum oder eher auf Antisegregationsgedanken im Sinne der ethnischen Mischung in Stadtquartieren beruhen. Diese zwei Prinzipien können einander entgegenwirken.

Beschäftigung ist generell ein zentrales Anliegen von Kommunalbehörden. Auch hier sind die Konzepte auf die am meisten Benachteiligten ausgerichtet – in diesem Fall auf diejenigen, die vom Arbeitsmarkt ausgeschlossen sind. Weil Zuwanderer jedoch mit manchen konkreten Beschränkungen konfrontiert sein können, wählen Kommunalbehörden sie entweder für spezielle Projekte oder in der Praxis auch explizit als Zielgruppe aus. Manche Projekte bieten Berufsausbildung für schutzbedürftige Gruppen von Migranten an wie z. B. unbegleitete Minderjährige, Frauen, die Opfer von Menschenhandel wurden, oder Flüchtlinge. Bei anderen sind die Zielgruppen junge Zuwanderer oder Migranten der zweiten Generation in benachteiligten sozialen Lagen. Es gibt auch Projekte, die Beratung und Unterstützung für Eingewanderte anbieten, die ein eigenes Unternehmen gründen wollen. Andere richten sich an neu eingetroffene Zuwanderer, indem sie Sprachkurse, grundlegende Informationen über mögliche Zugänge zum Arbeitsmarkt, Unterstützung bei der Anerkennung von beruflichen Qualifikationen und Qualifizierungskurse anbieten. Der Fall Barcelonas zeigt, wie sich unter den Bedingungen einer Wirtschaftskrise spezifische Förderprogramme für Neuzuwanderer zu einer generellen Dienstleistung für Ausbildung und Beschäftigung wandeln können, die der gesamten Zuwandererbevölkerung offen steht. Untersuchungen zur Umsetzung politischer Konzepte haben auch gezeigt, dass selbst in Situationen, in denen Kommunalbehörden sich weigern, speziell etwas für Zuwanderer zu unternehmen, Praktiker dazu tendieren, ihre Programme an die Besonderheiten von Gruppen anzupassen und auf diese Weise Zuwanderer oder bestimmte Zuwanderergruppen in der Praxis fördern (Vermeulen und Stotijn 2010).

Obwohl Bildung in die Zuständigkeit nationaler oder regionaler Regierungen fällt, haben Kommunalbehörden spezielle Initiativen ergriffen, um einige der Probleme zu „reparieren", die durch nationale Konzepte entstanden sind oder nicht hinreichend beantwortet wurden. Kommunen finanzieren bisweilen Aktivitäten jenseits des Lehrplans, um Schüler mit potenziell schlechteren schulischen Leistungen oder vor kurzer Zeit eingetroffene Schüler und Studenten zu unterstützen. Manche Kommunen haben auch bestimmte Programme zur Verringerung der Konzentration von Kindern mit Migrationshintergrund in Schulen mit unterdurchschnittlichem Leistungsniveau entwickelt. Lokale nichtstaatliche Organisationen sind in diesem Politikbereich besonders aktiv. Lokale Akteure konzentrieren sie sich z. B. auf konkrete Probleme wie den Übergang von der Grundschule zur Sekundarstufe oder die Senkung der der Schulabbrecherzahlen. Weil sie in der Regel bestehende nationale Politikkonzepte eher „umgehen", statt zu versuchen, sie zu ändern, umfassen die meisten ihrer Initiativen außercurriculare Aktivitäten wie Angebote privater Nachhilfe für Schüler mit Migrationshintergrund, die Organisation von Sprachkursen für deren Eltern oder die Förderung des Zugangs von Schülern mit Migrationshintergrund zur Hochschule. Golubeva (2012: 6) zufolge sind ihre Methoden der Interessenvertretung nicht konfrontativ:

„Statt die Zusammenarbeit mit anderen Akteuren in ihren Tätigkeitsbereichen zu stören, indem sie sofortige politische Veränderungen fordern, arbeiten sie über Projekte, die auf bescheidene maßvolle schrittweise Veränderungen in der Zukunft abzielen." Gleiches kann über kommunale Politikkonzepte im Bildungsbereich gesagt werden.

Obwohl viele Berichte gezeigt haben, dass eklatante Unterschiede in den gesundheitlichen Belastungen von Migranten und Einheimischen fortbestehen und diese mit Sprache, Kommunikation, soziokulturellen Faktoren, kulturellen Unterschieden und neuen Herausforderungen zu tun haben (Norrendam und Krasnik 2011), muss festgestellt werden, dass die meisten europäischen Länder nicht über konkrete Politikkonzepte für die Gesundheitsförderung von Migranten und ihren gleichberechtigten Zugang zu Gesundheitsleistungen verfügen. Manche Kommunen haben „weiche" Maßnahmen wie Dolmetscherdienste für Arztbesuche oder Kampagnen entwickelt, um Neuankömmlinge über das Gesundheitssystem zu informieren oder Informationen über bestimmte Gesundheitsprobleme bereitzustellen. Interessanterweise konzentrieren sich die wenigen, von Kommunalbehörden in diesem Bereich ergriffenen Initiativen überwiegend auf Aufklärungs- und Kommunikationsstrategien.

Die kulturelle Dimension

Die meisten Kommunen in Europa zelebrieren kulturelle Vielfalt als Teil ihrer Identität. Kulturelle Vielfalt wird häufig als etwas für die Kommune inhärent Positives dargestellt. Weil kulturelle Vielfalt als Merkmal für Attraktivität gilt, ist sie zu einem Gemeinplatz in den meisten Kampagnen der Städtewerbung bzw. des Stadtmarketings geworden. Der andere zentrale Begriff in den meisten kommunalpolitischen Dokumenten ist Interkulturalität. Dieser Begriff bezieht sich eher auf eine (normative) Strategie als auf ein Modell, mit dem die Wirklichkeit zu beschreiben und zu analysieren wäre. Interkulturelle Politikkonzepte zielen darauf ab, durch die Förderung von gegenseitigem Wissen, Interaktion und Austausch kulturelle Vielfalt wahrnehmbar zu machen. Politische Entscheidungsträger behaupten, dass interkulturelle Politikkonzepte die Interaktion zwischen Individuen mit unterschiedlichem kulturellem Hintergrund fördern, statt – wie das ältere Konzept des Multikulturalismus – die Differenz zwischen unterschiedlichen kulturellen Gruppen zu fördern.

Interkulturelle Konzepte fördern Austauschprozesse und Beziehungen zwischen kulturell unterschiedlichen Individuen und Gruppen. Beispielsweise organisiert die Stadtverwaltung von Barcelona Maßnahmen, die von der Unterstützung von Sekundarstufenschülern zu bestimmten Themen bis zu Musik- und Sportprojekten reichen, die Beziehungen zwischen jungen Menschen unterschiedlicher Herkunft fördern, Projekte, die zur Nutzung von Büchereien ermuntern, die zum Nachdenken und zu Debatten über interkulturelle Koexistenz anregen (Garcés-Mascareñas 2014: 24). Die Stadtverwaltung von Turin möchte soziale Integration und den Zusammenhalt innerhalb von Gemeinschaften fördern, indem sie Nachbarschaftshäuser (case del quartiere) für Vereine von Zuwanderern öffnet. Sie hat auch einen „Zivildienst für junge Migranten" eingerichtet, um deren zivilgesellschaftliche Teilhabe auf der Quartiersebene zu unterstützen (Caponio 2014c: 21). In Mailand fing man im Kontext der Initiativen der Stadtverwaltung für die EXPO im Jahr 2014 an, Migrantenvereine und Kulturegruppen als eine Ressource für die internationale Außenwahrnehmung der Stadt zu betrachten. Deshalb wurden 500 Organisationen zur Teilnahme am Weltforum eingeladen, auf dem Runde Tische zu bestimmten Themen wie „Frauen und Kulturen", „Museum der Kulturen" oder „Essen und Kultur" organisiert wurden. In Stuttgart organisiert das „Forum der Kulturen" Veranstaltungen wie das „SommerFestival der Kulturen" oder Diskussionsreihen, zu denen Sprecher zu Themen wie Vielfalt und Kultur eingeladen werden. In ähnlicher Weise zielt das Deutsch-Türkische Forum nicht darauf ab, die türkischstämmige Bevölkerung in Stuttgart zu vertreten, sondern „das Deutsch-Türkische […] auszuleben", indem es Menschen in den Bereichen Kultur, Bildung und Soziales zusammenbringt (Schwarz 2014: 21). In den meisten Städten beteiligt sich die Politik an solchen Aktivitäten und Veranstaltungen nur indirekt, indem sie sozialen Organisationen und Migrantenorganisationen Ressourcen und Einrichtungen bereitstellt.

Jenseits von interkulturellen Politikkonzepten erkennen die meisten europäischen Kommunen explizit das individuelle Recht der Zugewanderten auf die eigene Sprache, Kultur und Religion an. Dieser Grundaussage werden Einschränkungen hinzugefügt, wie beispielsweise „solange diese nicht im Widerspruch zu allgemeinen Gesetzen und Vorschriften stehen". In der Praxis wird dieses Recht eher passiv anerkannt, indem Kommunalbehörden Sprache, Kultur und Religion von Zuwanderern häufig als Privatsache einstufen. Zum Beispiel werden die Muttersprachen und Religionen von Zuwanderern selten in den Lehrplänen von Grundschule und Sekundarstufe berücksichtigt. In diesem Kontext haben manche europäischen Kommunen spezielle Projekte entwickelt, um Basissprachkurse zu den Sprachen der Zuwanderer anzubieten. Ein weiteres Beispiel für das relativ geringe Engagement von Kommunalbehörden an der Förderung der Kultur von Zuwanderern ist der Umgang mit religiöser Vielfalt. So ist der Zugang zu Einrichtungen für Gottesdienste, religiöse Feste und Feiertage eine Grundvoraussetzung für das Recht auf Religionsfreiheit. Viele Kommunen wollen sich jedoch nicht daran beteiligen, indem sie das Prinzip der Trennung von Kirche und Staat betonen. In der Folge wird der Umgang mit religiöser Vielfalt häufig den weniger sichtbaren Praktiken von Professionellen überlassen, die mit dem Alltag von Migranten befasst sind und dabei kulturellen und religiösen Gewohnheiten oder Vorschriften Rechnung tragen, wenn es um den Zugang zu öffentlichen Leistungen und Einrichtungen geht. Wesentlich ist jedoch das Engagement der Zivilgesellschaft für den interkulturellen und interreligiösen Alltag.

Zusammenfassend wird deutlich, dass kulturelle Vielfalt und Interkulturalismus zwei zentrale Konzepte kommunaler Integrationspolitik sind. Wenn wir jedoch bestimmte politische Maßnahmen betrachten, sind zwei Beobachtungen anzufügen. Erstens scheint Kommunalbehörden unter dem Einfluss des interkulturellen Diskurses die Förderung interkultureller Beziehungen und die öffentliche Betonung kultureller Unterschiede im Rahmen der Bemühungen, die Kommune als Marke zu verkaufen, wichtiger zu sein als die Anerkennung und Förderung vom Kultur, Sprache und Religion der Zuwanderer. Zweitens sind trotz des Umstands, dass kulturelle Vielfalt und die Förderung interkultureller Beziehungen quasi obligatorische Elemente kommunaler Integrationspolitik sind, politische Maßnahmen in diesem Bereich im Allgemeinen sowohl zahlenmäßig als auch in ihrer finanziellen Ausstattung eher beschränkt, während sich das Gros der Anstrengungen weiterhin auf die sozioökonomische Integration der einzelnen Zuwanderer richtet.

6 Schlussfolgerungen

Diese Betrachtung der Forschungen zur kommunalen Integrationspolitik führt uns zu dem Schluss, dass die Entwicklung der vergleichenden Untersuchung kommunaler Integration am besten im Kontext der vertieften Beziehungen zwischen europäischen Kommunen im Mehrebenensystem und seinen verteilten Zuständigkeiten für die Integrationspolitik verstanden und interpretiert werden kann. Erstens ist bei Städten und Kommunen, was die Entstehung einer kommunalen Integrationspolitik betrifft, historisch die Wahrscheinlichkeit höher, dass sie eine Integrationspolitik entwickeln und Forschungsergebnisse (oder irgendeine andere Form systematischen Wissens) nutzen, um ihre Politik abzusichern, wenn sie von ihrer nationalen Regierung ermuntert und unterstützt werden. Dies zeigen die Beispiele schwedischer und niederländischer Städte seit den 1970er beziehungsweise den frühen 1980er Jahren.

Eine aktive Integrationspolitik auf der nationalen Ebene kann die Entwicklung kommunaler Integrationsstrategien und – in ihrem Kielwasser – die Forschung zu dieser Politik wahrscheinlicher machen. Wenn es eine solche nationale Politik jedoch nicht gibt, hindert dies Kommunen nicht an der Entwicklung einer kommunalen Integrationspolitik. Eine beträchtliche Zahl europäischer Kommunen hat sich darum in den 1980er und 1990er Jahren erfolgreich bemüht – oft mit wissenschaftlicher Unterstützung und durch Dialoge zwischen Forschung und Politik. Die schweizerischen Städte Zürich, Bern und Basel liefern hierfür ein gutes Beispiel.

Die zunehmende Bedeutung der Verteilung der Integrationspolitik auf mehrere Ebenen in Europa wird deutlich, nachdem die Europäische Union 2003 ihre eigene Integrationspolitik auf den Weg brachte. Wenngleich die Europäische Kommission eine sehr spezielle Definition von Integration und Zielgruppen formuliert hat (die gewiss nicht immer von Kommunen geteilt wird), ist es zunehmend zu einer direkten Zusammenarbeit zwischen der Europäischen Kommission und Kommunen unter Umgehung der nationalen Politikebene gekommen. In dieser neuen Konstellation der über mehrere Ebenen verteilten Integrationspolitik ist eine interessante Form von Dialogen zwischen Forschung und Politik entstanden: Netzwerke europäischer Städte, die ihr eigenes praktisches Wissen austauschen, unterstützt von Wissenschaftlern und finanziert von der Europäischen Kommission.

Was die Inhalte der Integrationspolitik angeht, haben wir gesehen, dass eine zentrale Orientierung der Kommunalpolitik darin besteht, Zuwanderung und Vielfalt als wichtige Ressource für die Kommune einzustufen, die es zu nutzen gilt. Die Schlüsselbegriffe in Diskurs und Rhetorik sind kulturelle Vielfalt und Interkulturalität mit der primären Bedeutung, positive Beziehungen zwischen kulturell unterschiedlichen Gruppen herzustellen und eine gemeinsame Grundlage zu schaffen.

Mit Blick auf die politischen Maßnahmen zielen die wichtigen kommunalen Initiativen jedoch weiterhin auf den sozioökonomischen Bereich und betreffen die strukturelle Integration der einzelnen Migranten. Wann immer dies möglich ist, erfolgt dies mit Hilfe allgemeiner Programme für schutzbedürftige Gruppen, wobei diese Programme bei der Durchführung an den konkreten Bedarf von Migranten angepasst werden.

Der rechtliche und der politische Bereich sind besonders wichtig, wenn nationale Gesetze politische Rechte und Teilhabe beschränken und Kommunen nach alternativen Möglichkeiten für die Teilhabe und die Einbeziehung von Zuwanderern in die Politik suchen. In Bezug auf Migranten ohne Aufenthaltstitel in Kommunen können beträchtliche Spannungen mit der nationalen Politik entstehen. Der Umstand, dass EU-Binnenmigranten gemäß den EU-Definitionen keinen Anspruch auf Integrationsmaßnahmen haben, ist ein weiteres Problem für Kommunen.

Was die kulturell-religiöse Dimension in der Praxis betrifft, erkennen Kommunen im Grundsatz individuelle kulturelle und religiöse Rechte im privaten Bereich an, solange sie mit dem geltenden Recht in Einklang bleiben. Für den öffentlichen Bereich sind diese Rechte jedoch nicht handlungsleitend. Die zentralen Begriffe kulturelle Vielfalt und Interkulturalität werden nicht als individuelle Rechte gesehen, sondern in ihren möglichen Nutzen für die wirtschaftlichen Entwicklung oder den gesellschaftlichen Zusammenhalt. Im Konzept von Interkulturalität wird eine selektive Sicht von Vielfalt, denn nicht alle Formen von Vielfalt sind positiv, mit einer Strategie kombiniert, die unterschiedliche Akteure wie öffentliche Institutionen, Wirtschaftsverbände, Medien, zivilgesellschaftliche Vereinigungen und Migrantenorganisationen mobilisiert, um Vielfalt sowohl für ökonomische Zwecke als auch für den gesellschaftlichen Zusammenhalts zu managen.

Kommunen treffen unterschiedliche Entscheidungen, sowohl was ihre Rhetorik betrifft als auch in der praktischen Auswahl politischer Maßnahmen in den drei Dimensionen von Integrationspolitik. Vergleiche kommunaler Integrationskonzepte zeigen beträchtliche Unterschiede auf, die zu einem großen Teil durch den Kontext von Kommunen und ihren Zuwanderern geprägt werden. Es handelt sich im Ergebnis nicht um Divergenzen in dem Sinn, dass die lokalen Politikkonzepte weiter auseinanderstreben. Vielmehr verhält es sich so, dass der institutionelle Kontext, in dem Migranten einen Platz finden müssen, und die Merkmale, Anstrengungen und Fähigkeit der betreffenden Migranten sich von Anfang an von Stadt zu Stadt unterscheiden.

Dagegen erkennen wir eine bestimmte Form der Konvergenz in der auf mehrere Ebenen verteilten Integrationspolitik innerhalb der EU. Zwei Elemente scheinen hier von Bedeutung zu sein. Das erste ist, dass Migrations- und Integrationsthemen zu einer Quelle von Spannungen zwischen der nationalen Politik und der Kommunalpolitik geworden sind – zwar in unterschiedlichem Maße, aber nicht bestreitbar. Das zweite ist, dass die EU-Integrationspolitik eine wichtige Rolle für die kommunale Integrationspolitik spielt, sowohl als Quelle für die Finanzierung von Maßnahmen als auch als eine Institution, die zu horizontaler Zusammenarbeit und zum Austausch von Ideen zwischen Kommunen anregt. Dies kann im Ergebnis zu einer gewissen Konvergenz in der Integrationspolitik europäischer Kommunen führen.

Literatur

Alexander, Michael 2004, „Comparing Local Policies toward Migrants: An Analytical Framework, a Typology and Preliminary Survey Results", in Rinus Penninx, Karen Kraal, Marco Martiniello, Steven Vertovec (Hrsg.), *Citizenship in European Cities. Immigrants, Local Politics and Integration Policies*, Aldershot: Ashgate, S. 57–84.

Alexander, Michael 2007, *Cities and Labour Immigration. Comparing policy responses in Amsterdam, Paris, Rome and Tel Aviv*. Aldershot: Ashgate.

Aybek, Can M. 2010, Young immigrants' low participation in the German vocational training system: how local actors in Munich and Frankfurt/Main try to make difference. In: Tiziana Caponio und Maren Borkert (Hrsg.) 2010, *The Local Dimension of Migration Policymaking*, S. 85–108. Amsterdam: Amsterdam University Press.

Begert, Ursula 2005, Städteleitbild und migrationspolitische Erfahrungen der Stadt Bern. In Gianni D'Amato und Brigitta Gerber (Hrsg.), *Herausforderung Integration. Städtische Migrationspolitik in der Schweiz und in Europa* (S. 93–99). Zürich: Seismo Verlag.

Bestuurlijk Overleg Stadsdelen Amsterdam 1998, *Ethnic minorities and local government. Report of the conference*. Amsterdam: City of Amsterdam.

Blom, Sara 2014, „Local Migration and Integration Policies in Amsterdam", Forschungsarbeitenreihe des KING-Projekts der Europäischen Kommission unter http://king.ismu.org.

Blommaert, Jan, und Marco Martiniello 1996, „Ethnic mobilization, multiculturalism and the political process in two Belgian cities: Antwerp and Liège", *Innovation* 9 (1), S. 51–73.

Body-Gendrot, Sophie 2000, *The social control of cities?* Oxford: Backwell.

Bosswick,Wolfgang, Lüken-Klaßen, Doris, und Heckmann, Friedrich 2007. *Housing and integration of migrants in Europe*. Straßburg: Europarat.

Bousetta, Hassan 2001, *Immigration, Post-immigration Policies and the Political Mobilization of Ethnic Minorities: A comparative case study of Moroccans in four European cities*. Doktorarbeit, Brüssel: KUB.

Brubaker, Roger 1992 *Citizenship and Nationhood in France and Germany*. Cambridge: Harvard University Press.

Bruquetas-Callejo, Maria 2014, *Educational Reception in Rotterdam and Barcelona*. Amsterdam: Amsterdam University Press.

Caponio, Tiziana (2014a) „The legal and political dimension of local integration", Sekundärforschungsarbeitenreihe des KING-Projekts der Europäischen Kommission unter http://king.ismu.org.

Caponio, Tiziana (2014b) „Integration Policies for Immigrants of the City of Milan, Italy", Forschungsarbeitenreihe des KING-Projekts der Europäischen Kommission unter http://king.ismu.org.

Caponio, Tiziana (2014c) „Integration Policies for Immigrants of the City of Turin, Italy", Forschungsarbeitenreihe des KING-Projekts der Europäischen Kommission unter http://king.ismu.org.

Caponio, Tiziana, und Maren Borkert (Hrsg.) 2010, *The Local Dimension of Migration Policymaking*. Amsterdam: Amsterdam University Press.

Castles, Stephen 1995 „How nation-states respond to immigration and ethnic diversity", *New Community* 21 (39): 293–308.

Chauvin, Sébastien, und Blanca Garcés-Mascareñas, B 2012, „Beyond Informal Citizenship: Exploring the New Moral Economy of Migrant Illegality", *International Political Sociology* 6 (3): 241–259.

Collett, Elizabeth 2013, *The integration needs of mobile EU citizens: Impediments and opportunities.* Brüssel: Migration Policy Institute Europe.

Crul, Maurice, und Jennifer Holdaway 2009, „Children of Immigrants in Schools in New York and Amsterdam: the Factors Shaping Attainment". In: M. Crul, J. Holdaway und C. Roberts (Hrsg.), *Educating Immigrant Youth: Pathways to Employment and Citizenship in International Perspective.* Sonderausgabe Teachers College Records.

D'Amato, Gianni, und Brigitta Gerber (Hrsg.) 2005, *Herausforderung Integration. Städtische Migrationspolitik in der Schweiz und in Europa* . Zürich: Seismo Verlag.

Dekker, Rianne, Emilsson, Henrik, Krieger, Bernhard, und Scholten, Peter 2015. A Local Dimension of Integration Policies? A Comparative Study of Berlin, Malmö, and Rotterdam. *International Migration Review* 49 (3): 633–658.

Entzinger, Han 2000, The dynamics of integration policies: A multidimensional model. In Ruud Koopmans und Paul Statham (Hrsg.), *Challenging immigration and ethnic relations politics: Comparative European perspectives* (S. 97–118). Oxford, New York: Oxford University Press.

Europäische Kommission 2003, *Mitteilung über Einwanderung, Integration und Beschäftigung*, 3. Juni.

Fennema, Meindard, und Jean Tillie 2004, „Do Immigrant Policies Matter? Ethnic Civic Communities and Immigrant Policies in Amsterdam, Liège and Zurich", in Rinus Penninx, Karen Kraal, Marco Martiniello, Steven Vertovec (Hrsg.), *Citizenship in European Cities. Immigrants, Local Politics and Integration Policies*, Aldershot, Ashgate, S. 85–106.

Foner, Nancy, Jan Rath, Jan William Duyvendak und Rogier van Reekum 2014, *New York and Amsterdam; Immigration and the New Urban Landscape.* New York: New York University Press.

Garbaye, Romaine 2000, „Ethnic Minorities, Cities and Institutions: a comparison of the modes of management of ethnic diversity of a French and a British city" in: Ruud Koopmans und Paul Statham (Hrsg.), *Challenging Immigration and Ethnic Relations Politics: comparative European perspectives.* Oxford: OUP, S. 283–311.

Garcés-Mascareñas, Blanca 2014 „Local integration policies in Barcelona", Forschungsarbeitenreihe des KING-Projekts der Europäischen Kommission unter http://king.ismu.org.

Gesemann, Frank, und Roth, Roland 2015, *Integration ist (auch) Ländersache! Schritte zur politischen Inklusion von Migrantinnen und Migranten in den Bundesländern.* Zweite überarbeitete Auflage, Berlin: Friedrich Ebert Stiftung.

Goeman, Hannelore 2012, *Integrating integration. The constitution of a EU policy domain on migrant integration.* Doktorarbeit, VUB, Brüssel.

Golubeva, Maria 2012, „Mapping European Stakeholders on Migrant Education". Zuletzt eingesehen am 23. Januar 2014 unter: http://www.eunec.eu/sites/www.eunec.eu/files/attachment/files/mapping20european20stakeholders20on20migrant20education.pdf

Guild, Elspeth., Groenendijk, Kees, und Carrera, Sergio (Hrsg.) 2009, *Illiberal liberal states: Immigration, citizenship and integration in the EU.* Farnham: Ashgate.

Hammar. Tomas (Hrsg.) 1985, *European immigration policy. A comparative study.* Cambridge: Cambridge University Press.

Helbling, Marc 2008. *Practising citizenship and heterogeneous nationhood: naturalisations in Swiss municipalities.* Amsterdam: Amsterdam University Press

Ireland, Patrick R. 1994, *The Policy Challenge of Diversity: Immigrant Politics in France and Switzerland.* Cambridge, MA: Harvard University Press.

Kessler, Thomas 2005. Das Integrationsleitbild des Kantons Basel-Stadt. In Gianni D'Amato und Brigitta Gerber (Hrsg.), *Herausforderung Integration. Städtische Migrationspolitik in der Schweiz und in Europa* (S. 104–111). Zürich: Seismo Verlag.

Lüken-Klassen, Doris, und Heckmann, Friedrich 2010, *Intercultural policies in European cities*. Straßburg: Europarat.

Mahnig, Hans 2004, „The politics of minority-majority relations: How immigrant policies developed in Paris, Berlin and Zurich" in: Rinus Penninx, Karen Kraal, Marco Martiniello und Steven Vertovec (Hrsg.), *Citizenship in European cities. Immigrants, local politics and integration policies*, S. 17–37. Aldershot: Ashgate.

Matusz-Protasiewicz, Patrycja (2014a) „Warsaw: Evolution of Integration Governance", Forschungsarbeitenreihe des KING-Projekts der Europäischen Kommission unter http://king.ismu.org.

Matusz-Protasiewicz, Patrycja (2014b) „Prague: Evolution of Integration Governance", Forschungsarbeitenreihe des KING-Projekts der Europäischen Kommission unter http://king.ismu.org.

Moloney, Theresa, und Kirchberger, Alex 2010. *Cities accommodating diversity: Findings and recommendations from the peer review project „Diversity and Equality in European Cities"*. Unter http://www.migpolgroup.com/public/docs/171.CitiesAccommodatingDiversity_DIVE_22.02.10.pdf

Moore, Damian 2001, *Ethnicité et Politique de la Ville en France et en Grande-Bretagne*, L'Harmattan, Paris.

Musterd, Sako, Wim Ostendorf and Matthijs Breebaart 1998, *Multi-Ethnic Metropolis: Patterns and Policies*. Amsterdam: Kluwer Academic Publishers.

Niessen, Jan, und Kirchberger, Alex 2009. *Strategic thinking on equality and mobility. INTI-cities: Key findings and recommendations for European-level policy makers*. Unter: http://www.archive.migpolgroup.com/public/docs/150.INTI-ities_MPG_Presentation_BenchmarkingReport_28.01.09.pdf

Nørredam, Marie und Allan Krasnik 2011, „Migrants' access to health services", in Bernd Rechel, Philipa Mladovsky, Walter Devillé, Barbara Rijks, Roumyana Petrova-Benedict und Martin Mckee (Hrsg.) 2011 *Migration and health in the European Union*. Berkshire: Open University Press.

Penninx, Rinus 2008, „Migration and the City: Local Citizenship and Integration Policies", in M.L. Fonseca (Hrsg.) *Cities in Movement: Migrants and Urban Change*, Centro de Estudos Geográficos, Universität Lissabon, Lissabon.

Penninx, Rinus 2009, „Decentralising Integration Policies – Managing Migration in Cities, Regions and Localities", *Policy Network Papers*, November: Policy Network: London.

Penninx, Rinus, S. Blom, Tiziana Caponio, Blanca Garcés-Mascareñas, Patrycja Matusz-Protasiewicz und Hannah Schwarz 2014, „European Cities and their Migrant Integration Policies. A State of the Art Study for the Knowledge for Integration Governance (KING) Project". Sekundärforschungsarbeitenreihe des KING-Projekts der Europäischen Kommission unter http://king.ismu.org.

Penninx, Rinus 2014, „Integration Policies for Immigrants of the City of Turku, Finland", Forschungsarbeitenreihe des KING-Projekts der Europäischen Kommission unter http://king.ismu.org.

Penninx, Rinus 2015, European cities in search of knowledge for their integration policies, in: P. Scholten, H. Entzinger, R. Penninx und S. Verbeek (Hrsg.) 2015, *Integrating Immigrants in Europe: Research-Policy Dialogues*, S. 99–116. Dordrecht: Springer Open. http://link.springer.com/book/10.1007/978-3-319-16256-0

Penninx, Rinus und Judith Roosblad (Hrsg.) 2000, *Trade Unions, Immigration, and Immigrants in Europe, 1960–1993: A Comparative Study of the Attitudes and Actions of Trade Unions in Seven West European Countries*. New York/Oxford: Berghahn Books.

Rath, Jan, Rinus Penninx, Kees Groenendijk und Astrid Meyer 2001, *Western Europe and Its Islam*. Leiden/Boston/Köln: Brill.

Rath, Jan, Swagerman, Anna, Krieger, Hubert, Ludwinek, Anna, und Pickering, Lisa 2011. *Promoting ethnic entrepreneurship in European cities*. At: http://www.eurofound.europa.eu/publications/htmlfiles/ef1138.htm.

Rex, John, und Yunas Samad 1996, „Multiculturalism and Political Integration in Birmingham and Bradford", *Innovation*, 9 (1): 11–31.

Rogers, Alisdair, und Jean Tillie (Hrsg.) 2001, *Multicultural Policies and Modes of Citizenship in European Cities*. Aldershot: Ashgate.

Schmidtke, Oliver 2014, „Beyond National Models? Governing migration and integration at the regional and local levels in Canada and Germany", *Comparative Migration Studies*, 2 (1): 77–99.

Scholten, Peter 2013, Agenda dynamics and the multi-level governance of migrant integration: The case of Dutch migrant integration policies. *Policy Sciences, 46*, 217–236.

Scholten, Peter, Entzinger, Han, Penninx, Rinus und Verbeek, Stijn (Hrsg., 2015), *Integrating Immigrants in Europe: Research-Policy Dialogues*. Dordrecht: Springer.

Scholten, Paul und Rinus Penninx 2015, „The multi-level governance of migration and integration", in Blanca Garcés-Mascareñas und Rinus Penninx (Hrsg.) *Integration processes and policies in Europe. Contexts, levels and actors*. Dordrecht: Springer.

Schwarz, Hannah 2014 „Local integration policies in Stuttgart, Germany", Forschungsarbeitenreihe des KING-Projekts der Europäischen Kommission unter http://king.ismu.org.

Spencer, Sarah 2008, *Equality and diversity in jobs and services: City policies for migrants in Europe*. Straßburg: Europarat.

Tömmel, Ingeborg 2014, *Das politische System der EU*. 4. Aufl. München: De Gruyter/Oldenbourg.

Tremp, Johanna 2005, Vom Integrationsleitbild zur Integrationspolitik der Stadt Zürich. In Gianni D'Amato und Brigitta Gerber (Hrsg.), *Herausforderung Integration. Städtische Migrationspolitik in der Schweiz und in Europa* (S. 87–92). Zürich: Seismo Verlag.

Van Heelsum, Anja 2011, „Local policies of European cities on de-radicalisation", Vortrag auf der IMISCOE-Konferenz, 7. – 10. September in Warschau. Unter: http://avanheelsum.socsci.uva.nl/2011%20Heelsum%20Cities%20Local%20policies%20on%20Deradicalisation.pdf

Van Selm, Joanne, und Eleni Tsolakis 2004, „EU Enlargement and the Limits of Freedom" Washington: Migration Policy Institute.

Vermeulen, Floris, und Rosanne Stotijn 2010, „Local policies concerning unemployment among immigrant youth in Amsterdam and Berlin". In Tiziana Caponio und Maren Borkert (Hrsg.) 2010 *The Local Dimension of Migration Policymaking*. Amsterdam: Amsterdam University Press.

Wood, Phil (Hrsg.). 2009. *Intercultural cities: Towards a model for intercultural integration*. Straßburg: Europarat.

Sanctuary Cities – Zufluchts-Städte

Albert Scherr und Rebecca Hofmann

Zusammenfassung

Trotz der Versuche, Einwanderung zu regulieren und aufenthaltsbeendende Maßnahmen durchzusetzen, werden Städte und Gemeinden auch von Migrant/innen bewohnt, die über keinen legalen Aufenthaltsstatus verfügen oder nur geduldet sind. Daraus resultieren besondere Handlungserfordernisse für die Kommunalpolitik, z. B. bei der Wohnraumversorgung und der schulischen Bildung. Die Frage nach einem angemessenen Umgang mit Personen ohne gesichertes Aufenthaltsrecht verweist auf ein gesamtgesellschaftliches, aber nicht zuletzt auch auf ein kommunalpolitisches Konfliktfeld zwischen Behörden, Betroffenen und zivilgesellschaftlichen Initiativen. Der vorliegende Beitrag stellt das Konzept ‚Sanctuary City' als eigenständige kommunalpolitische Antwort nordamerikanischer und britischer Städte auf diese Herausforderungen vor, eine Antwort, die auch für deutsche Städte relevant ist.

Schlüsselbegriffe

Asyl, Duldung, Flüchtlingspolitik, Illegalität, Sanctuary

1 Kommunen als eigenständige migrationspolitische Akteure

Einwanderungspolitik ist in einem Spannungsverhältnis zwischen einer an wirtschaftlichen und politischen Eigeninteressen ausgerichteten nationalstaatlichen Migrationssteuerung einerseits, völkerrechtlichen Vereinbarungen, dem EU-Recht und dem Selbstverständnis der EU als den Menschenrechten verpflichtete Wertegemeinschaft andererseits situiert. Bereits daraus resultieren rechtliche und moralische Grenzen von Bemühungen, Zuwanderung in Städte und Kommunen durch staatliche Politik interessengeleitet zu regulieren sowie aufenthaltsbeendende Maßnahmen durchzusetzen (s. Scherr 2013; Scherr/Scherschel 2015). Zudem zeigt nicht zuletzt die erheblich angestiegene Zahl der Flüchtlinge, wie sie seit dem Sommer 2015 in Deutschland und Europa zu beobachten war, dass die faktischen Erfolgsaussichten von Versuchen, Einwanderung und Aufenthalt durch rechtliche und administrative Maßnahmen umfassend zu steuern, aufgrund fortbestehender Fluchtursachen und der Eigendynamik von Migrationssystemen begrenzt sind (s. Castells 2005; Crépeau 2015). Folglich liegt es stärker denn je zuvor bei den Kommunen selbst, Lösungen für die Herausforderungen zu finden, die aus der Anwesenheit auch von Migranten ohne Aufenthaltstitel (Geduldete, Undokumentierte) resultieren. Diese Herausforderungen betreffen u. a. Fragen der Wohnraumversorgung, des Schulbesuchs, der Gesundheitsversorgung und der Arbeit in der Schattenwirtschaft. Undokumentierte befinden sich hier in einer besonders prekären Situation, da sie sich vielfach nicht auf geltendes Recht berufen können, ohne Sanktionen in der Form aufenthaltsbeender Maßnahmen zu erwarten. Zugleich artikulieren sich auf kommunaler Ebene zunehmend auch Proteste zivilgesellschaftlicher Initiativen gegen die Auswirkungen staatlicher Einwanderungspolitik, insbesondere gegen Versuche, Aufenthaltsbeendigungen von Flüchtlingen durch Abschiebungen durchzusetzen sowie gegen die Unterbringungssituation in Erstaufnahme- und Gemeinschaftsunterkünften und gegen die Restriktionen des Asylbewerberleistungsgesetzes, die mit dem Asylverfahrensbeschleunigungsgesetz im Oktober 2015 erneut verschärft wurden.

Kommunen sind auch in anderer Weise in Migrations- und Flüchtlingspolitik involviert: Die Durchsetzung nationalstaatlicher Politik und nationalen Rechts gegenüber Migrant/innen geschieht nicht nur an den Außengrenzen, sondern gerade auch im kommunalen Raum – so etwa durch Identitätskontrollen der Einwohnermeldeämter und anderer Behörden, durch polizeiliche Kontrollen im kommunalen Raum und durch die Entscheidungen von Ausländerämtern über die Verlängerung von Duldungen. Deshalb sind Kommunen ein zentraler Ort des Vollzugs der gesellschaftlichen Grenzziehung zwischen erwünschten und unerwünschten Zuwanderern (vgl. Lebuhn 2014; Walker/Leitner 2011). Von Kommunen wird die Mitwirkung an der adminstrativen Duchsetzung einer Politik erwartet, durch die nationalstaatliche Interessen gegen diejenigen Migrant/innen durchgesetzt werden, die als unerwünscht und illegitim betrachtet werden (vgl. Ellermann 2009).

Mit dem Konzept der Sanctuary Cities, wie es sich in den USA und Kanada vor dem Hintergrund religiöser und säkularer Initiativen seit den 1970er Jahren entwickelt hat,[1] gehen Städte dagegen in Distanz zu den Vorgaben nationalstaatlicher Politik. Sie reklamieren die Berechtigung, eine eigenständige Position im Konfliktfeld zwischen nationalem Einwanderungsrecht, kommunalpolitischen Gestaltungsaufgaben sowie den Forderungen von zivilgesellschaftlichen Initiativen und sozialen Bewegungen einzunehmen: Durch kommunalpolitische Beschlüsse haben sich zahlreiche Städte in den USA und Kanada, so z. B. Los Angeles, Chicago, New York, Toronto und Hamilton, sowie auch einige Städte in Großbritannien zu einer Sanctuary City – zu einer Zufluchts-Stadt – erklärt.[2] Kern dieser

---

1 Zur Geschichte des Sanctuary Movements und der Sanctuary Cities s. Lippert 2005; Villazor 2008; Lippert/Rehaag 2013; Perla/Bibler Coutin 2013; Mancina 2013; Ridgley 2013; Yukich 2013.
2 Eine aktuelle Liste der Sanctuary Cities in Nordamerika liegt hier vor: http://www.ojjpac.org/sanctuary.asp. Für Großbritannien siehe cityofsanctuary.org. Für Sanctuary Cities in Großbri-

kommunalpolitischen Programmatik ist das Interesse, alle Bewohner/innen als Stadtbürger anzuerkennen, für die die kommunale Politik und Verwaltung Veranwortung übernimmt, und dies ganz ausdrücklich unabhängig von ihrem aufenthaltsrechtlichen Status. Grundlegend für das Konzept der Sanctuary City ist damit ein Verständnis der Stadt als politische und soziale Gemeinschaft aller Bewohner/innen, deren legitime Ansprüche an Politik und Verwaltung nicht allein an die Staatsangehörigkeit und die nationalstaatlich zugewiesenen Rechte für Nicht-Staatsbürger gebunden sind (vgl. Varsanyi 2008). In der Konsequenz verpflichten sich Sanctuary Cities, ihre kommunalen Dienstleistungen allen Stadtbewohner/innen zugänglich zu machen, solange sie faktisch in der Stadt leben, ohne dass sie aufgrund ihres prekären Aufenthaltsstatus Furcht vor Sanktionen (Inhaftierung, Anschiebung) haben müssen. Zudem sollen Flüchtlinge befähigt werden, rechtliche Möglichkeiten gegen drohende Abschiebungen auszuschöpfen und deshalb gegebenenfalls auch durch Widerstände gegen staatliche Maßnahmen vor Abschiebung geschützt werden (Villazor 2009).

Damit wird auf kommunaler Ebene – und dies ist aus deutscher Perspektive zweifellos irritierend – beansprucht, die Durchsetzbarkeit nationalstaatlicher Politik durch kommunale Politik einschränken zu können:

„Die Macht, den Aufenthaltsstatus zu bestimmen, ist das Vorrecht der nationalen Regierung, städtische Behörden können dieser jedoch ausweichen, wenn sie Dienstleistungen auf der Grundlage der Residenz, nicht des rechtlichen Status zur Verfügung stellen." (Access not fear 2006: 9).

So erklärte sich etwa San Francisco zu einer Sanctuary City, in der städtische Angestellte nicht bei der Durchsetzung der nationalen Einwanderungspolitik behilflich sind und durch die keinerlei Angaben an entsprechende nationale Behörden weitergeben werden, wenn Immigrant/innen städtische Dienstleistungen in Anspruch nehmen wollen. Die Stadt argumentiert wie folgt:

„The Sanctuary Ordinance helps to maintain the stability of our communities. It keeps our communities safe by making sure all residents feel comfortable calling the Police and Fire Departments during emergencies. It keeps our families and workforce healthy by providing safe access to schools, clinics and other City services." (City and County of San Francisco 2015).

Die damit beanspruchte Eigenständigkeit kommunaler Einwanderungspolitik gegenüber nationalstaatlichen Vorgaben verweist *erstens* auf das in den USA historisch verankerte Prinzip einer starken Stellung der Kommune gegenüber den Bundesländern und dem Zentralstaat. Die Kommunen sind dort nicht nur Teil der Exekutive, sondern verfügen über eigene Möglichkeiten der Gesetzgebung in den Bereichen Steuerrecht und Strafrechtspflege (s. Würtzbacher 2008: 67ff.). *Zweitens* ist sie eine Folge der lokalen politischen Partizipation von Initiativen und sozialen Bewegungen, ihres Einflusses auf die Repräsentaten und Ins-

---

tannien s. Squire/Darling 2013a; Squire/Darling 2013b.

titutionen kommunaler Politik. Darüber hinaus reagiert die Programmatik der Sanctuary City *drittens* auch auf ordnungspolitische Eigeninteressen der Einwanderungsstädte. Denn Santuary City ist auch eine Strategie, durch die das Vertrauen zwischen kommunalen Behörden und MigrantInnen mit einem prekären Aufenthaltsstaus gestärkt werden und damit die Handlungsfähigkeit der Behörden sichergestellt werden soll (s. u.; vgl. Tramonte 2011; Garcia 2009; Harris 2005). *Viertens* beanspruchen Sanctuary Cities die Berechtigung und Verpflichtung, anwaltschaftlich für die Durchsetzung von Menschenrechten einzutreten, gerade dann, wenn diese durch nationalstaatliche Politik nicht zureichend gewährleistet werden (s. Hannan/Bauder 2015).

Im Folgenden wird das Konzept Sanctuary City näher dargestellt. Dabei legen wir den Schwerpunkt auf seine Bedeutung als Element institutionalisierter Kommunalpolitik, klammern also seine Entstehung im Kontext religiöser und säkularer Initiativen und seine Verankerung in der sozialen Bewegung des Sanctuary Movement, sowie seinen Bezug zu den dort realisierten Schutzpraktiken für undokumentierte Migrant/innen weitgehend aus (s. dazu Lippert/Rehaag 2013).[3] Aufgezeigt wird, dass die in Nordamerika entwickelten Elemente des Konzepts aufgrund folgenreicher gesellschaftlicher (historischer, politischer, rechtlicher) Unterschiede in Deutschland zwar nicht direkt adaptiert werden können. Ein Selbstverständnis als Zufluchts-Stadt und eine Beteiligung an der internationalen kommunalpolitischen Bewegung der Sanctuary Cities stellt gleichwohl auch für deutsche Städte eine mögliche Handlungsperspektive dar. Denn die Sanctuary Cities in Nordamerika zeigen Bedingungen, Möglichkeiten und Grenzen einer kommunalpolitischen Praxis auf, die auch Bürger/innen mit einem prekären Aufenthaltsstatus soziale Teilhabe ermöglicht.

Seit 2007 hat sich, ausgehend von der Deklaration Sheffields zur Sanctuary City, auch in England und Irland eine Sanctuary Cities Bewegung entwickelt (s. http://cityofsanctuary.org/). Deren zentrales Ziel ist der Aufbau einer Kultur der Gastfreundschaft für Flüchtlinge: „Wo auch immer Flüchtlinge hingehen, sollen sie sich sicher fühlen und auf Menschen treffen, die sie willkommen heißen." Ähnlich wie in Deutschland ist dort die kommunale Autonomie geringer ausgeprägt als in Nordamerika. Entsprechend ist hier ein Selbstverständnis als Basisbewegung leitend, die darauf zielt, lokale Gruppierungen aus unterschiedlichen gesellschaftlichen Teilbereichen zu vernetzen und auf das Selbstverständnis der kommunalpolitischen Institutionen einzuwirken (s. Darling/Squire 2013).

---

3 Agnes Czajka (2013) akzentuiert die Heterogenität der Akteure, Motive und Praktiken die mit dem Etikett ‚sanctuary practices' oder ‚sanctuary movement' belegt werden. In Deutschland sind diesbezüglich vor allem die Praktiken der Kirchenasyle bekannt geworden (s. dazu Just 2013; BAG Asyl in der Kirche 2015). Daneben haben sich in Städten und Gemeinden in aber auch vielfältige säkulare Projekte und Initiativen entwickelt.

2 Auf welche Problemlagen reagieren Sanctuary Cities?

Ausgangspunkt für die Entwicklung des Konzepts Sanctuary City waren spezifische Konflikte zwischen nationaler Politik und dem politischen Mehrheitswillen auf kommunaler Ebene. So erklärte sich die kalifornische Stadt Berkeley im Jahr 1971, also in der Hochphase der Proteste gegen den Vietnamkrieg, zu einer sicheren Stadt für Soldaten, die sich dem Kriegsdienst in Vietnam verweigerten (Ridgley 2013: 219 und 221–223). In den 1980er Jahren waren es in den USA dann vor allem religiöse Gemeinden, die sich für die Aufnahme von Bürgerkriegsflüchtlingen aus Zentralamerika einsetzten und sich zu einer Sanctuary-Bewegung erklärten (Mancina 2013: 205).[4] Der 1986 in den USA verabschiedete ‚Immigration Reform and Control Act (IRCA)' löste auf kommunaler Ebene eine Protestwelle gegen Razzien durch Bundesbehörden aus, mit denen undokumentierte Migrant/innen in der Schattenwirtschaft ausfindig gemacht werden sollten (Ridgley 2013: 224f.). Mitte der 2000er Jahre bildete sich dann in Reaktion auf die in der Folge von ‚9/11' verschärften Kontroll- und Ausweisungsgesetze dann die sog. neue Sanctuary-Bewegung in verschiedenen Städten (u. a. Chicago, Los Angeles, San Diego, New York und Seattle). Ausschlaggebend hierfür war die Beobachtung, dass Auswirkungen der neuen Gesetze auch Bürger/innen betreffen, die gut in das kommunale Zusammenleben integriert sind, aber nicht über einen legalen Aufenthaltstitel verfügen (s. Caminero-Santangelo 2013). Auch an diese neue Sanctuary-Bewegung haben sich kanadische Städte angeschlossen. Bereits bei der ersten Bewegung engagiert, erklärte sich Toronto im Jahr 2013 in Reaktion auf Entwicklungen der nationalen Gesetzgebung, die durch gesetzliche Verschärfungen sowie durch einen Ausbau der zuständigen nationalen Behörden zu einer verstärkten Illegalisierung undokumentierter Migrant/innen geführt haben, als erste kanadische Stadt offiziell zu einer Sanctuary City (s. Bauder/Hannan 2015: 3ff.).

Um die Bedeutung des Konzepts für die beteiligten Städte zu verstehen, ist es wichtig zu berücksichtigen, dass der Anteil der undokumentierten Migrant/innen an der Gesamtbevölkerung in den USA und Kanada erheblich höher ist als in Deutschland. Für die USA werden über 11 Millionen undokumentierte Einwanderer angenommen (PEW Research Center 2014). Schätzungen für Kanada gehen von bis zu 500.000 undokumentierten Migrant/innen aus, die sich überwiegend in wenigen Städten (Toronto, Vancouver und Montreal) aufhalten, so dass allein für Toronto ca. 200.000 Undokumentierte bei 2.6 Millionen Einwohnern angenommen werden (Solidarity City Network 2013). Dagegen werden für Deutschland nur zwischen 100.00 und 400.000 Undokumentierte geschätzt (Vogel 2012). Hinzu kommen in Deutschland aktuell ca. 160.000 Geduldete, deren Aufenthaltsstatus zwar prekär ist, die jedoch über eingeschränkte, aber gleichwohl legale Zugangsmöglichkeiten zu Wohnungen, Gesundheitsversorgung, zu schulischer Bildung und zum Arbeitsmarkt verfügen.

---

4 Motiviert war dies auch durch den Protest gegen die Eimischung der USA in die politischen Konflikte Lateinamerikas, die wiederkehrend zugunsten diktatorischer Regime erfolgte.

Der erheblich höhere Anteil Undokumentierter in den USA und in einigen Städten Kanadas verweist auf eine komplexe Gemengelage von Bedingungen und Regulierungen. Er ist u. a. durch das Fehlen eines der Duldung entsprechenden Aufenthaltsstatus in den USA und Kanada bedingt; in der Folge werden abgelehnte Asylbewerber/innen, die nicht abgeschoben werden, de facto illegalisiert (s. Bauder 2013). Zudem bestehen kaum Möglichkeiten, nach einer rechtswidrigen Einreise noch einen Asylantrag zu stellen. Der relativ hohe Anteil an Undokumentierten ist aber auch eine Folge anderer Formen der staatlichen Kontrolle der Bevölkerung: Es gibt in Kanada und in einigen Bundesstaaten der USA keine Pflicht, einen Personalausweis bei sich zu führen und auch keine dem Einwohnermeldeamt vergleichbare Institution. Damit ist das Entdeckungsrisiko für Undokumentierte geringer, und es ist insofern leichter möglich, ein Leben unter Bedingungen der Illegalität zu führen als in Deutschland, solange die Eigenversorgung durch Arbeit in der Schattenökonomie sichergestellt werden kann. Dies begünstigt wiederum die Entwicklung einer Schattenökonomie, deren Existenz – im Sinne einer selbstverstärkenden Dynamik – Einkommenschancen für Undokumentierte schafft. Darauf reagieren staatliche Behörden zwar durch Kontrollen und Sanktionen, die auf die Schattenökonomie bezogen sind. Diese führen jedoch faktisch nicht zur Auflösung der Schattenökonomie, sondern haben zur Folge, dass undokumentierte Arbeitskräfte der Willkür ihrer Arbeitgeber in der Schattenökonomie und damit verstärkter Ausbeutung ausgesetzt sind. Denn Arbeitgeber können eventuelle Sanktionen leichter ertragen als illegal Beschäftigte und deshalb deren Forderungen mit der Drohung abweisen, die zuständigen Behörden zu informieren. (Smith/Avendano/Ortega 2009)

Motiviert ist das Konzept Sanctuary City also nicht allein vom humanitären Motiv, drohende Abschiebungen von Flüchtlingen zu verzögern oder zu verhindern, sondern v. a. auch durch die problematische Situation der erheblichen Zahl von Arbeitsmigrant/innen, die als Arbeitskräfte in der Schattenwirtschaft tätig sind. Darüber hinaus wollen kommunalpolitische Institutionen Risiken des städtischen Zusammenlebens verringern, die daraus resultieren, dass etablierte Konzepte der Prävention, Kontrolle und Sanktionierung dann nicht greifen, wenn Undokumentierte den Kontakt mit Behörden (z. B. Gesundheitsämter, Polizei) aus Furcht vor Sanktionen vermeiden. Im Sinne einer programmatischen Empfehlung wird in dem von Wissenschaftler/innen und zivilgesellschaftlichen Initiativen verfassten Bericht ‚Access not fear' entsprechend formuliert:

> „Viele Städte haben durch ihre Erfahrungen gelernt, dass es zu ungesunden und unsicheren Kommunen führen kann, wenn nicht allen Bewohnern, unabhängig von ihrem rechtlichen Status, Dienstleistungen zur Verfügung stehen." (Access not fear 2006: 9)

Angesprochen ist damit die sicherheits- und ordnungspolitische Funktion des Konzepts, das an die historische Bedeutung von Sozialpolitik für die Regulierung des städtischen Zusammenlebens von Wohlhabenden und Armen anknüpft: Sozialpolitik war historisch immer auch der Versuch, angenommene Risiken der kommunalen Koexistenz von Bürgern und Armen (ansteckende Krankheiten, Kriminalität) zu verringern (de Swaan 1993: 134ff.). Entsprechend waren und sind es nicht zuletzt kommunale Polizeibehörden, die das Konzept Sanctuary City aus Gründen der Kriminalitätsbekämpfung befürworten.[5] So etwa in der Stadt Los Angeles, die sich bereits 1979 zu einer Sanctuary City erklärte: In der „Special Order 40" des Los Angeles Police Department, die auch weiterhin besteht, wird argumentiert, dass es zwingend notwendig ist, die Kooperation von Undokumentierten mit der Polizei sicherzustellen, wenn die Polizei ihre Aufgabe erfüllen soll, alle Bürger/innen (einschließlich der Undokumentierten) vor Straftaten zu schützen. (s. Tramonte 2011: 5). Dies ist aber nur dann erwartbar, wenn potenzielle Zeugen und Opfer, z. B. von häuslicher oder sexueller Gewalt, den Kontakt zur Polizei nicht aus Angst vor einer Inhaftierung und Abschiebung meiden. Um ein anderes Beispiel zu nennen: Die Polizei von Takoma Park in Maryland erklärte es zu ihrer Priorität „to gain the trust and confidence of the entire community as part of its community policing program (...). Loss of cooperation with the immigrant community threatens the health, safety, and welfare of the entire Takoma Park community" (City of Takoma Park 2007). Entsprechend haben 2006 die Polizeipräsidenten der 64 größten Städte der USA und Kanadas erklärt, dass das fehlende Vertrauen Undokumentierter in die Polizei eine Klasse schweigender Opfer schaffe sowie die Fähigkeit der Polizei schwächen würde, gegen Kriminalität vorzugehen. (ebd.: 6) In der Konsequenz haben dann 2013 führende Vertreter städtischer Polizeibehörden der Absicht des US-Kongresses widersprochen, ihre Behörde für die Durchsetzung von Einwanderungskontrollen in Anspruch zu nehmen (s. National Law Immigration Center 2013).

Mit ihrer Deklaration zu einer Sanctuary City greifen Kommunen also einerseits Forderungen aus zivilgesellschaftlichen Initiativen und sozialen Bewegungen auf und übersetzen einige dieser Forderungen in eine kommunalpolitische Programmatik. Relevant für die Entstehung und Verbreitung des Konzept der Sanctuary Cities ist jedoch andererseits – wie gezeigt – nicht nur die kommunale Verantwortungsübernahme für normativ begründete Forderungen nach einer Überwindung der Gefährdungen und Benachteiligungen, denen Flüchtlinge und Undokumentierte in unterschiedlichen gesellschaftlichen Teilbereichen unterliegen, sondern auch das ordnungspolitische Interesse an einer Ermöglichung eines sicheren kommunalen Zusammenlebens.

Das Konzept der Sanctuary Cities zielt zentral darauf ab, politisch gegen – aus kommunaler Sicht unangemessene und für das kommunale Zusammenleben problematische – Maßnahmen nationalstaatlicher Politik gegenüber Stadtbürger/innen zu protestieren. Dies geschieht zentral mittels einer deklarativen Solidarisierung: Die Kommune erklärt sich durch einen Beschluss ihrer politischen Repräsentanten zu einer sicheren Stadt, die ihre Bewohner/innen gegen aus ihrer Sicht unangemessene Maßnahmen nationalstaatlicher Politik schützen will. Darüber hinaus werden administrative Maßnahmen beschlossen, die darauf zielen, auch tatsächlich wirksamen Schutz zu gewährleisten (s. Bagelman 2008).

---

5   In Kanada und den USA existiert – anders als in Deutschland – eine kommunale Polizei, die nicht für die Durchsetzungen der Einwanderungsgesetzgebung zuständig, sondern v. a. mit dem Schutz der Bürger/innen vor Gewalt- und Eigentumsdelikten beauftragt ist. Daneben bestehen für die Durchsetzung aufenthaltsrechtlicher Vorgaben besondere nationalstaatliche Institutionen; s. dazu Wurtzbacher 2008: 67 ff.

3 Anspruch und Umsetzung des Konzepts

Die Selbstdeklaration zu einer Sanctuary City hat – da nationale Gesetze kommunal nicht außer Kraft gesetzt werden können – zunächst vor allem symbolischen Charakter. Bereits diese Symbolik aber ist politisch bedeutsam, da sie aufgrund der Beteiligung der politischen Vertretung wichtiger Großstädte auf nationaler Ebene ein wichtiges Signal setzt. Entsprechend gehen in die Programmatik der Sanctuary Cities auch Forderungen an die nationalstaatliche Politik und Gesetzgebung ein.

Für die praktische Umsetzung des Konzepts liegen in der britischen Sanctuary-Bewegung detailliert ausgearbeitete Empfehlungen vor (s. City of Sanctuary 2009). Angestrebt wird die Entfaltung einer lokalen Basisbewegung, die von einem breiten Spektrum von Akteuren getragen wird. So wird in der Darstellung der Kernprinzipien formuliert:

> „Lokale Gruppierungen bauen eine Koalition zwischen Organisationen aus allen gesellschaftlichen Teilbereichen auf (religiöse Gruppen, Freiwillige, Wirtschaft, Bildung, usw.), die sich durch eine Erklärung verpflichten, Flüchtlinge und Schutzsuchende willkommen zu heißen und in ihre gewöhnlichen Aktivitäten einzubeziehen. Lokale Arbeitsgruppen sollten unterschiedliche gesellschaftliche Teilbereiche repräsentieren, nicht nur Flüchtlingsorganisationen, und die Rolle der Kommunalpolitik sollte als Unterstützung dieser Aktivitäten verstanden werden, nicht als eine Top-down-Initiative der Kommunalpolitik." (http://cityofsanctuary. org/resources/background/principles/)

Als ein wesentliches Element wird der Aufbau persönlicher sozialer Beziehungen zwischen Bürger/innen mit Aufenthaltsberechtigung und Flüchtlingen beschrieben, um Abgrenzungen aufzubrechen und das Verständnis für die Situation von Flüchtlingen zu stärken. Weiter wird den Kommunen empfohlen, eine positive Kultur der Gastfreundschaft als Bestandteil ihres Selbstverständnisses zu begreifen und „stolz darauf zu sein, bedrohten Menschen einen sicheren Platz zu bieten". (ebd.)

In den USA und Kanada werden zur Verwirklichung des Schutzanspruchs vor allem folgende kommunale Handlungsansätze diskutiert (vgl. Sullivan 2009):

- Implementierung des Prinzips „Don't ask, don't tell": Mitarbeiter/innen kommunaler Behörden sollen bei Kontakten darauf verzichten, nach dem Aufenthaltsstatus zu fragen. So erklärt die US-amerikanische Stadt Takoma Park: „No agent, officer or employee of the City, in the performance of official duties, shall discriminate against any person on the basis of citizenship or immigration status." (City of Takoma Park 2008) Dadurch soll gewährleistet werden, dass Dienstleistungen allen zur Verfügung stehen, da keine Informationen erhoben werden, die an Landes- und Bundesbehörden weiterzugeben wären und dann zu Sanktionen führen würden.
- Zugängliche Informationen zum Aufenthaltsstatus sollen nicht an Ausländer- und Einwanderungsbehörden übermittelt werden, sofern die Migrant/innen keine schweren Straftaten begangen haben. Von Kritikern solcher Verwaltungserlasse wird oft behauptet, dies gewähre straffälligen Einwander/innen einen sicheren Zufluchtsort und führe zu

weiterer Kriminalität. Empirische Untersuchungen ergeben jedoch das Gegenteil, und Polizeibehörden erklären, „local police agencies depend on the cooperation of immigrants, legal and illegal, in solving all sorts of crimes and in the maintenance of public order". (International Association of Chiefs of Police, zitiert nach Tramonte 2011: 6)
- Für die erforderliche Identitätsfeststellung sollen – wie dies inzwischen etwa in New York City geschieht – kommunale Ersatzdokumente verwendet werden, die leicht zu beschaffen sind und nicht auf nationaler Ebene registriert werden. Neben dem Aushändigen lokaler Ausweise auch an undokumentierte Migrant/innen wird in vielen US-amerikanischen Gemeinden die mexikanische *matrícula consular* als Ausweis anerkannt (Walker/Leitner 2011: 157; Villazor 2009: 591). In vielen Fällen reicht aber schon eine lokale Adresse, um Zugang zu städtischen und kommunalen Dienstleistungen zu erhalten.
- Das Verwaltungsprinzip, nicht mit staatlichen Einwanderungsbehörden zu kooperieren, bezieht sich auch auf kommunale Dienste und Ressourcen. Diese sollen nicht zur Durchsetzung aufenthaltsbeendender Maßnahmen verwendet werden.
- Kommunale Institutionen kooperieren mit lokalen Initiativen und betreiben Öffentlichkeitsarbeit, um die Stadtbevölkerung über die Lage von Flüchtlingen und illegalisierten Migrant/innen aufzuklären und Akzeptanz für deren Unterstützung zu gewinnen.

4 Problematik und Kritik des Konzepts

Eine offenkundige Problematik des Konzepts Sanctuary Cities resultiert aus seiner begrenzten Reichweite: Auf kommunaler Ebene können – trotz des höheren Maßes an kommunaler Autonomie in den USA und in Kanada – die Lücken des rechtlichen Schutzes auf dem Arbeitsmarkt, im Bereich der Gesundheitsversorgung usw. nicht geschlossen werden, die aus den Vorgaben der nationalen Gesetzgebung resultieren. Auch können undokumentierte Migranten nicht umfassend vor drohenden Abschiebungen geschützt, sondern diese können lediglich erschwert werden. Insofern handelt es sich um ein Konzept, das weitergehende politische Forderungen an nationalstaatliche Politik – wie z. B. nach der Erleichterung legaler Arbeitsmigration und einer konsequenteren Berücksichtigung menschenrechtlicher Erfordernisse bei der Flüchtlingsaufnahme – nicht ersetzen kann. Entsprechend wird seitens der sozialen Bewegungen eine Politisierung eingefordert, die über die lokale Ebene hinausgeht und sich nicht auf das Management ordnungspolitischer Aufgaben in den Städten begrenzt. Gefordert wird nicht zuletzt die Ermöglichung eines legalen Status für alle Eingewanderten. So formuliert z. B. das Solidarity City Network Toronto:

"We oppose immigration enforcement, detentions and deportations and insist upon full and immediate immigration status for all." (Solidarity City Network 2015)

Naheliegend ist auch eine Kritik des Konzepts durch Akteure, die generell für eine restriktive Einwanderungspolitik eintreten. Diese kritisieren, dass Sanctuary Cities illegalen

Aufenthalt fördern und einen Pull-Faktor für unerwünschte Migration darstellen. Sanctuary Cities sind so betrachtet Störfaktoren bei der Durchsetzung einer konsequenten Politik der Einwanderungskontrolle. (vgl. Ridgley 2013: 226–228; Yukich 2013: 110–112; Tramonte 2011; Walker/Leitner 2011; Wells 2004: 1336)

Im Gegensatz dazu wird aus der Perspektive sozialer Bewegungen problematisiert, dass die Deklaration von Sanctuary Cities ein trügerisches Versprechen sein kann, das bei undokumentierten Migrant/innen ein falsches Gefühl der Sicherheit hervorrufen kann. Deshalb seien die wirksame Kommunikation der Reichweite und der Grenzen sowie der Protest gegen staatliche Formen der Durchsetzung von Sanktionen ein unverzichtbarer Bestandteil für die Weiterentwicklung des Konzepts.[6]

Im Sinne einer kritischen Würdigung ist die bislang kaum diskutierte Frage zu stellen, ob bzw. wie Sanctuary Cities entgegen der eigenen Absicht auch die Aufrechterhaltung einer Politik und Gesetzgebung begünstigen, die undokumentierten Migrant/innen und Migrant/innen mit prekärem Aufenthaltsstatus zureichenden Schutz verweigert. Denn dadurch, dass gravierende Folgen dieser Politik auf kommunaler Ebene aufgefangen werden, erscheint ein Leben unter Bedingungen der Illegalität erträglicher. Illegalität kann dann als weniger skandalös, sondern als ein einigermaßen erträglicher Zustand dargestellt werden, der in gewisser Weise normal und akzeptabel ist. Dies gilt insbesondere im Kontext eines Neoliberalismus, der staatliche Zuständigkeit für soziale Hilfen und die Regulierung des Arbeitsmarktes generell in Frage stellt und in der Konsequenz die Existenz einer Schattenwirtschaft die ökonomisch erwartbare Reaktion auf eine Überregulierung der legalen Arbeitsmärkte darstellt. Zu berücksichtigen ist diesbezüglich aber auch, dass ein Leben in der Illegalität für einen relevanten Teil der Migrant/innen die bessere Alternative zu einer legalen und rechtsstaatlich durchgesetzten Deportation in ihre Herkunftsländer darstellt.

Hier wird erneut sichtbar, dass die Regulierungserfordernisse von Wohlfahrtsstaaten in Bezug auf Migration durchaus ambivalent sind (s. Bommes 2011): Sie führen zu rechtlichen Ansprüchen aller, die auf dem staatlichen Territorium leben, etablieren zugleich aber eine Begrenzung von Einwanderungsmöglichkeiten. Denn je höher die staatliche Kontroll- und Regulierungsdichte, desto geringer sind die Möglichkeiten undokumentierter Immigration – und dieser Sachverhalt kann aus den durchaus heterogenen Perspektiven von staatlicher Politik, Ökonomie und betroffener Migrant/innen unterschiedlich bewertet werden.

5 Eine Perspektive für die deutsche Kommunalpolitik?

In verschiedener Hinsicht handelt es sich bei Sanctuary Cities um eine Reaktion US-amerikanischer und kanadischer Städte auf die spezifischen historischen, politischen und rechtlichen Bedingungen ihres nationalgesellschaftlichen Kontextes. Insbesondere aus

---

6   Quelle: Vortrag einer Vertreterin des Sanctuary City Networks bei einer Tagung an der Ryerson University Toronto im Mai 2015.

den unterschiedlichen Formen der Aufenthaltskontrolle, der größeren Bedeutung der Schattenwirtschaft sowie der stärkeren rechtlichen Stellung der Kommunen und ihrer Zuständigkeit für die lokale Polizei resultieren Grenzen für die Adaption des Konzepts durch die deutsche Kommunalpolitik. Im Kontext der „Flüchtlingskrise" von 2015 wurde jedoch deutlich, dass der kommunalen Ebene durchaus eine weitreichende Bedeutung bei der Umsetzung staatlicher Politik zukommt. Zudem kann mit einiger Plausibilität angenommen werden, dass die weitreichenden Einschränkungen des Asyl- und Flüchtlingsrechts für Flüchtlinge aus den sogenannt „sicheren Herkunftsstaaten" dazu führen, dass Praktiken des kommunalen Schutzes für nicht dokumentierte Migrant/innen und abgelehnte Asylbewerber/innen an Bedeutung gewinnen werden.

Somit ist das Konzept der Sanctuary Cities auch hierzulande potenziell von erheblicher Bedeutung. Der Prozess der Globalisierung hat – auch in Europa und Deutschland – nicht allein die soziokulturelle Heterogenität der Stadtbevölkerung verstärkt, sondern gleichzeitig auch die Unterschiede der Lebenslagen, die eine Folge von Staatsangehörigkeiten und Aufenthaltstiteln sind. Dies wird schon darin sichtbar, dass in Deutschland nicht alle Bürger/innen der Stadt das kommunale Wahlrecht ausüben können, sondern nur deutsche Staatsangehörige und EU-Bürger. Zur Stadtbevölkerung gehören darüber hinaus Teilgruppen, deren Aufenthaltsrecht in der Stadt prekär ist; dies betrifft in Deutschland vor allem Flüchtlinge im Asylverfahren und Geduldete nach Ablehnung ihres Asylantrags sowie Undokumentierte, wenn auch im Vergleich zu den USA und Kanada noch immer in relativ geringeren Zahlen. Bezogen auf Migrant/innen ohne legalen Aufenthaltsstatus sind in Deutschland zudem fließende Übergänge zwischen Legalität und Illegalität zu berücksichtigen. Dies betrifft u. a. EU-Staatsangehörige, die sich legal als Tourist/innen oder zum Zweck der Arbeitssuche in Deutschland aufhalten, hier dann aber einer temporären undokumentierten Tätigkeit in der Schattenwirtschaft, etwa im Bereich häuslicher Dienstleistungen oder in der Prostitution, nachgehen.

Damit stehen auch Kommunen in Deutschland vor der Frage, ob bzw. wie sie – aus normativen Gründen und/oder aufgrund ordnungspolitischer Erfordernisse – angemessen auf die Anwesenheit von undokumentierten Migrant/innen und von Migrant/innen mit prekärem Aufenthaltsstatus reagieren können. Die Handlungsebene der politischen Symbolik durch Selbstdeklarationen zu einer Sanctuary City steht dabei deutschen Städten ebenso offen wie die Anerkennung und praktische Unterstützung von lokalen Initiativen und Netzwerken. Denn auch in deutschen Städten existieren, wie sich in der jüngsten „Flüchtlingskrise" gezeigt hat, vielfältige Netzwerke, die auf die Stärkung einer lokalen Willkommenskultur für Schutzbedürftige ausgerichtet sind. Insofern kann auch in Deutschland ein Verständnis von Sanctuary Cities als lokaler Basisbewegung aufgegriffen und kommunalpolitisch unterstützt werden.

Im Rahmen ihrer freiwilligen Aufgaben verfügen die Kommunen, wie viele Beiträge dieses Bandes zeigen, über beachtliche Gestaltungsspielräume in der kommunalen Integrations- und Migrationspolitik. Dies gilt selbst für staatliche Auftragsangelegenheiten und die bei der Umsetzung von rechtlich eng gefassten Pflichtaufgaben. Erinnert sei z. B. an die Ausgestaltung der schulischen Versorgung von undokumentierten Kindern und Jugendlichen, an die Qualität der Unterstützungs- und Integrationsmaßnahmen für unbegleitete minderjährige Flüchtlinge sowie Geduldete, an Beratungsstellen und die psychosoziale Versorgung von Undokumentierten oder an die Zugänglichkeit rechtlicher Beratung für Asylbewerber/innen und Geduldete (vgl. Price/Spencer 2014).

Auch ob bzw. in welchen Fällen kommunale Institutionen (ÖPNV, Bibliotheken usw.) auf die Kontrolle der Personalien ihrer Nutzer verzichten können, ist diskutabel, ebenso wie die Frage nach den Mitwirkungspflichten städtischer Mitarbeiter/innen bei der Durchsetzung von Abschiebungen durch Landesbehörden. Eine durch Städte anzuregende Debatte über die unerwünschten Nebenwirkungen der polizeilichen Durchsetzung aufenthaltsbeendender Maßnahmen für die kommunale Sicherheit steht bislang aus. Eine weitere Option besteht in der Vernetzung deutscher Städte mit Sanctuary Cities, z. B. im Rahmen von Städtepartnerschaften, im Interesse an einem wechselseitigen Lernen aus den Erfahrungen im Umgang mit undokumentierten und Stadtbürger/innen mit prekärem Aufenthaltsstatus.

Literatur

Acces not Fear 2006: Non-Status Immigrants and City Services. (https://we.riseup.net/noii_toronto/access-not-fear-non-status-immigrants+39800)

BAG Asyl in der Kirche (2015): Zur Aktuellen Situation – Neue Bedingungen Des Kirchenasyls – Asyl in Der Kirche. (http://www.kirchenasyl.de/?portfolio=zur-aktuellen-situation-neue-bedingungen-des-kirchenasyls;letzter Zugriff 8.5.2015)

Bagelman, Jennifer 2008: Subverting the Spectacle of Sanctuary. Master Thesis, University of Victoria.

Bauder, Harald 2013: Why We Should Use the Term Illegalized Immigrant. RCIS Research Briefs. (http://www.ryerson.ca/content/dam/rcis/documents/RCIS_RB_Bauder_No_2013_1.pdf)

Hannan, Charity Ann/ Bauder, Harald 2015: Towards a Sanctuary Province: Policies, Programs, and Services for Illegalized Immigrants' Equitable Employment, Social Participation, and Economic Development. Toronto: RCIS Working Paper No. 2015/3, April 2015

Bommes, Michael 2011: Die Planung der Migration. In: IMIS-Beiträge 28/2011, Osnabrück: IMIS, S. 115–136

City and County of San Francisco 2015: Frequently Asked Questions. (http://sfgsa.org/index.aspx?page=1072; letzter Zugriff 9.6.2015)

City of Sanctuary 2009: Becoming a City of Sanctuary: a practical guide with inspiring examples. Sheffield

City of Takoma Park 2007: An Ordinance Reaffirming and Strengthening the City of Takoma Park's Immigration Sanctuary Law. Ordinance No. 2007- 58. (http://www.takomaparkmd.gov/citycouncil/ordinances/2007; letzter Zugriff 10.6.2015)

City of Takoma Park 2008: An Ordinance Making Technical Amendments to the City of Takoma Park's Immigration Sanctuary Law. Ordinance No. 2008- 7. (http://www.takomaparkmd.gov/citycouncil/ordinances/2007; letzter Zugriff 10.6.2015)

Castles, Stephen 2005: Warum Migrationsregime scheitern. In: Peripherie, H. 97/98, 25. Jg., S. 10–34

Crépeau, François 2015: From Enforced Closure to Regulated Mobility: The Need for a Paradigm Shift in Migration Policies. RCIS Working Paper No. 2015/3 (http://www.ryerson.ca/rcis/publications/rcisworkingpapers/index.html)

Darling, Jonathan/ Squire, Vicki 2013: Everyday Enactments of Sanctuary. The UK City of Sanctuary Movement. In: Sanctuary Practices in International Perspectives: Migration, Citizenship, and Social Movements. Abingdon/Oxon/New York: Routledge, S. 191–204.

de Swaan, Abraham 1993: Der sorgende Staat. Frankfurt/New York: Campus

Ellermann, Anthe 2009: States against Migrants. Cambridge: Cambridge University Press

Garcia, Michael 2009: "Sanctuary Cities": Legal Issues. 7-5700. CRS Report for Congress. Congressional Research Service

Harris, David A. 2005: Good Cops: The Case for Preventive Policing. New York: New PressJust, Wolf-Dieter 2013: The Rise and Features of Church Asylum in Germany. "I Will Take Refuge in the Shadow of Thy Wings until the Storms Are Past." In: Sanctuary Practices in International Perspectives: Migration, Citizenship, and Social Movements. Abingdon/Oxon/New York: Routledge, S. 135–147

Lebuhn, Henrik 2014: Stadtraum Als Grenzraum. In: Handbuch Kritische Stadtgeographie. Münster: Westfälisches Dampfboot, S. 228–223

Lippert, Randy 2005: Rethinking Sanctuary: The Canadian Context, 1983–2003. IMRE International Migration Review 39(2), S. 381–406

Lippert, Randy/Sean Rehaag 2013: Introduction: Sanctuary across Countries, Insitutions, and Disciplines. In Sanctuary Practices in International Perspectives: Migration, Citizenship, and Social Movements. Abingdon/Oxon/New York: Routledge. S. 1–12

Magalhaes, Lilian/Christine Carrasco/Denise Gastaldo 2010. "Undocumented Migrants in Canada: A scope Literature Review on Health, Access to Services and Working Conditions." In: Journal of Immigrant & Minority Health, 12(1), S. 132–151. (http://www.ncbi.nlm.nih.gov/pmc/articles/PMC3084189/)

Mancina, Peter 2013: The Birth of a Sanctuary-City. A History of Governmental Sanctuary in San Francisco. In Sanctuary Practices in International Perspectives: Migration, Citizenship, and Social Movements. Abingdon/Oxon/New York: Routledge, S. 205–218.

National Law Immigration Center 2013: Local Law Enforcement Leaders Oppose Mandates to Engage in Immigration Enforcement (www.nilc.org/document.html?id=964;.)

Perla, Hector/Susan Bibler Coutin 2013: Legacies and Origins of the 1980s US-Central American Sanctuary Movement. In Sanctuary Practices in International Perspectives: Migration, Citizenship, and Social Movements. Abingdon/Oxon/New York: Routledge, S. 74–91

PEW Research Center 2014: 5 facts about illegal immigration in the U.S. (http://www.pewresearch.org/fact-tank/2014/11/18/5-facts-about-illegal-immigration-in-the-u-s/)

Price, Jonathan/Sarah Spencer 2014: City-Level Responses to Migrant Families with Restricted Access to Welfare Benefits. A European Pilot Study. Oxford: COMPAS.

Ridgley, Jennifer 2013: The City as a Sanctuary in the United States. In Sanctuary Practices in International Perspectives: Migration, Citizenship, and Social Movements. Abingdon, Oxon ; New York: Routledge, S. 219–231.

Scherr, Albert 2013: Offene Grenzen? Migrationsregime und die Schwierigkeiten einer Kritik des Nationalismus. In: Prokla. Zeitschrift für kritische Sozialwissenschaft. 43. Jg., H. 171, S. 335–349

Scherr, Albert/Scherschel, Karin (Hrsg.) 2015: Flucht und Deportation. Sonderheft der Zeitschrift ‚Soziale Probleme', 26. Jg., H. 2 (im Erscheinen)

Smith, Rebecca/Avendano, Aan Ana/Ortega, Julie Martínez 2009: Iced Out: How Immigration Enforcement Has Interfered with Workers' Rights. Labor Unions. (http://digitalcommons.ilr.cornell.edu/cgi/viewcontent.cgi?article=1020&context=laborunions)

Solidarity City Network 2013: Towards a Sanctuary City: Assessment and Recommendations on Municipal Service Provisions to Undocumented Residents in Toronto. (http://solidaritycity.net/learn/report-towards-a-sanctuary-city/)

Solidarity City Network 2015: About Us. (http://solidaritycity.net/about-us/)

Squire, Vicki/Jonathan Darling (2013a): The "minor" politics of rightful presence: justice and relationality in City of Sanctuary. In: International Political Sociology, 7(1). S. 59–74.

Squire, Vicki/Jonathan Darling (2013b): Everyday Enactments of Sanctuary: The UK City of Sanctuary Movement. In: Lippert, Randy/Sean Rehaag (Hrsg.): Sanctuary Practices in International Perspectives: Migration, Citizenship and Social Movements. Abingdon/Oxon/New York: Routledge, S. 191–204.

Sullivan, Laura 2009: Enforcing Nonenforcement: Countering the Threat Posed to Sanctuary Laws by the Inclusion of Immigration Records in the National Crime Information Center Database. California Law Review 97(2), S. 567–600.

Toronto City Council 2013: Undocumented Workers in Toronto. (http://app.toronto.ca/tmmis/viewAgendaItemHistory.do?item=2013.CD18.5)

Tramonte, Lynn 2011: Debunking the Myht of "Sanctuary Cities". Community Policing Policies Protect Americans. Special Report. Immigration Policy Center. American Immigration Council.

Varsanyi, Monica W. 2008: Immigration Policing Through the Backdoor: City Ordinances, the "Right to the City," and the Exclusion of Undocumented Day Laborers. Urban Geography 29(1): 29–52.

Villazor, Rose Cuison 2009: "Sanctuary Cities'" and Local Citizenship. The Fordham Urban Law Journal. 37(2), S. 573–598.

Villazor, Rose Cuison 2008: What Is a "Sanctuary"? SMU Law Review: A Publication of Southern Methodist University School of Law. 61(1), S 133–158.

Vogel, Dita 2012: Update Report Germany. Estimate of Irregular Foreign Residents in Germany. www.irregular-migration.net

Walker, Kyle/Helga Leitner 2011: The Variegated Landscape of Local Immigration Policies in the United States. Urban Geography 32(2): 156–178.

Wells, Miriam 2004: The Grassroots Reconfiguration of U.S. Immigration Policy. International Migration Review 38(4), S. 1308–1347.

Wurtzbacher, Jens 2008: Urbane Sicherheit Und Partizipation: Stellenwert Und Funktion Bürgerschaftlicher Beteiligung an Kommunaler Kriminalprävention. Wiesbaden: VS Verlag für Sozialwissenschaften

Yukich, Grace 2013: "I Didn't Know If This Was Sanctuary". Strategic Adaptation in the US New Sanctuary Movement. In Sanctuary Practices in International Perspectives: Migration, Citizenship, and Social Movements. Abingdon/Oxon/New York: Routledge. S. 106–118.

Cities of Migration – Erfahrungen mit einem internationalen Netzwerk

Claudia Walther und Kim Turner

1 Einleitung

Migration ist ein globales Phänomen. Die aktuelle Flüchtlingssituation zeigt das einmal mehr in aller Deutlichkeit. Eine Antwort darauf ist daher eine globale Vernetzung, ein globaler Dialog zwischen Städten. Genau dies ist die Idee hinter *Cities of Migration*. Initiiert wurde dieses internationale Netzwerk im Jahr 2007 von der Maytree Foundation in Toronto in Kooperation mit fünf weiteren Stiftungen: Barrow Cadbury Trust in England, Bertelsmann Stiftung in Deutschland, The Tindall Foundation in Neuseeland, der J.M. Kaplan Fund in USA und der Fundacion Bertelsmann in Spanien. Weitere Stiftungen bieten punktuelle Unterstützungen, wie die Open Society Foundation oder sind Partner, wie der Runnymede Trust oder das Committee for Auckland.

Internationale Netzwerke gibt es bereits einige. *Cities of Migration (COM)* berücksichtigt dies und wurde so konzipiert, dass mit möglichst wenig Aufwand möglichst großer Nutzen für die Beteiligten ermöglicht werden sollte. Nach acht Jahren kann bilanziert werden, inwieweit dies gelungen ist. Ausgangspunkt ist die Annahme, dass sich die gelebte Vielfalt vor Ort abspielt und hier auch die Chancen genutzt und die Herausforderungen angenommen werden müssen, um das Zusammenleben vor Ort zu gestalten. Frei nach dem alt bewährten Motto „global denken – lokal handeln" wird hier die lokale Ebene global vernetzt.

2 Mit welcher Zielsetzung wurde Cities of Migration initiiert?

Urbanisierung und globale Migration sind „Zwillingskräfte", so heißt es im Gründungsstatement von *Cities of Migration*. Die Zwillingskräfte der Urbanisierung und der globalen Migration haben in (Groß-)Städten auf der ganzen Welt ein breites Handlungs- und Experimentierfeld zu Integrationsstrategien entstehen lassen. Hierzu heißt es auf der Website von *Cities of Migration*:

„Der Erfolg vieler dieser Großstädte hängt zu einem großen Teil damit zusammen, dass sie erfolgreich die Hoffnungen und Träume der Tausenden von Migranten wahr werden lassen konnten, die sich entschieden hatten, sich in ihnen niederzulassen. Wenn sie Erfolg haben, kann das Ergebnis eine starke Wirtschaft und ein dynamischer Kosmopolitismus sein; wenn sie scheitern, können Armut, Segregation und soziale Spannungen die Folge sein" (http://citiesofmigration.ca/uber-cities-of-migration/?lang=de).

Cities of Migration stellt also vor allem die Chancen der Migration für Kommunen in den Vordergrund. Dementsprechend lautete der Titel des 2. Kongresses von *Cities of Migration*: „Diversity drives prosperity". Hier ist der Einfluss des kanadischen Mainstreams kaum verkennbar, der in „Diversity – our strength!" als Slogan der Stadt Toronto beispielsweise seinen Ausdruck fand (bspw: http://www.yongestreetmedia.ca/focusareas/diversity.aspx). Vorrangiges Ziel von *Cities of Migration* ist der internationale Erfahrungsaustausch der Städte weltweit. Städte, insbesondere Großstädte, sollen voneinander lernen können. Hierzu soll der Kontakt zwischen vielen Akteuren, die vor Ort in Integrationsbemühungen involviert sind, hergestellt werden.

Mit dem Projekt *Cities of Migration* werden im Einzelnen die folgenden Ziele verfolgt:

- Anhand von good practice – Beispielen sollen innovative und praxisnahe Handlungsansätze präsentiert werden. Unter den Überschriften Arbeiten, Leben, Lernen, Vernetzen und Planen lernen die Nutzer positive Beispiele für die Integration von Migranten kennen. Hierbei sollen positive Auswirkungen der Migration für Wohlstand und Wachstum in Städten sichtbar gemacht werden.
- Der Informationsaustausch und Kontakt zwischen wichtigen Akteuren soll durch eine virtuelle Kontaktstelle ermöglicht bzw. intensiviert werden. Mit Hilfe von gezielt ausgewählten Ressourcen und Instrumenten für die soziale Vernetzung werden für sie Möglichkeiten geschaffen, voneinander zu lernen.
- Cities of Migration soll eine wichtige Ressource für Stiftungen, Regierungsstellen und Verwaltungen, Zivilgesellschaft und Unternehmen werden, die sich dafür einsetzen, Großstädte durch Zuwanderung zu stärken.
- Es soll Stiftungen, Großstädten und anderen wichtigen Akteuren im Bereich der urbanen Integration helfen, verbreitete Defizite zu erkennen und Überzeugungsarbeit im Hinblick auf geeignete Handlungsansätze auf subnationaler, nationaler und internationaler Ebene leisten (vgl. http://citiesofmigration.ca/uber-cities-of-migration/?lang=de).

Das Cities of Migration-Projekt befasst sich mit allgemeinen Integrationsfragen im Zusammenhang mit Migranten aus dem Ausland und ihren Familien – sowohl Zuwanderern als auch Flüchtlingen – sowie den Kindern von Migranten. Das Projekt richtet sich an alle Akteure, die im Bereich der Integration von Migranten in Städten tätig sind – einschließlich Stiftungen, Vertretern von Kommunen, Gemeinschaftsorganisationen, Schulen und Hochschulen, Arbeitgebern, Gewerkschaften, Bürgervereinigungen und Wirtschaftsverbänden sowie privaten und öffentlichen Unternehmen in allen Arbeitsfeldern (http://citiesofmigration.ca/uber-cities-of-migration/?lang=de#sthash.dlepFa1J.dpuf).

3 Was sind Methoden, Formate und Instrumente bei Cities of Migration?

In erster Linie erfolgen Information, Austausch und Vernetzung bei *Cities of Migration* über elektronische Medien. Hierzu dienen

- die **Website** (www.citiesofmigration.de) in den vier Sprachen Englisch, Französisch, Deutsch, Spanisch,
- der **E-Newsletter**, der bisher fast monatlich erscheint,
- die **Webinare** (web-basierte Seminare), etwa sechs Webinare im Jahr.

Kernstück sind hier die good practice Beispiele, bei *Cities of Migration* als „**good ideas**" bezeichnet. Der Begriff „good ideas" mutet für unsere Gewohnheiten vielleicht etwas vage an. Er hat allerdings den Vorteil, dass er nicht suggeriert, dass Beispiele guter Praxis ohne weiteres von Land zu Land und Ort zu Ort übertragen werden können. Vielmehr geht es um Anregungen, um Inspiration, um die *Adaption* guter Beispiele auf andere lokale Gegebenheiten in dann neuer, vielleicht anderer Form.

Nicht zu unterschätzen ist sicherlich auch die Social Media Nutzung von facebook über twitter bis you tube. In einer Publikationsreihe im „print on demand"-Verfahren wurden zudem *good ideas* ausführlicher vorgestellt sowie Länderreporte und Themenreporte mit Beiträgen aus Wissenschaft und Praxis vertieft (s. http://citiesofmigration.ca/publications/?lang=de). Zur Vernetzung haben bisher auch zwei internationale Konferenzen stattgefunden: die erste *Cities of Migration* Konferenz am 3.-4. Oktober 2010 in Den Haag http://conference.citiesofmigration.ca/ , die zweite internationale Konferenz am 4.-6. Juni 2014 in Berlin: http://2014conference.citiesofmigration.ca/. Am 2. März 2016 hat eine dritte Konferenz in Toronto stattgefunden, die jedoch einen klaren kanadischen Schwerpunkt hatte: http://citiesofmigration.ca/2016conference/. Ein- bis zweimal im Jahr trafen sich bisher die Vertreter/innen der Partner-Stiftungen zur internen Planung und Absprache – wenn sich dies mit anderen Gelegenheiten verbinden ließ oder zumindest zu Telefonkonferenzen. Die Koordination von COM liegt in Toronto. Im Sommer 2014 wechselten die Initiatoren in Toronto von der *Maytree Foundation* hin zur *Ryerson University,* wo das gleiche Team unter dem Label *Global Diversity Exchange (GDX)* an mehreren Projekten arbeitet.

4   Was konnte bisher erreicht werden?

In den inzwischen fast zehn Jahren, die *Cities of Migration* existiert, konnte eine eindrucksvolle Fundgrube an „good ideas" aufgebaut werden. In Toronto wird durch das *Global Diversity Exchange(GDX)*-Institut quantitativ dokumentiert und evaluiert, wie groß die Reichweite von COM ist. Einige Ergebnisse werden im Folgenden auszugsweise aufgeführt bevor auch einigen qualitativen Aspekten nachgegangen wird.

Good ideas

Insgesamt wurden bereits 275 gute Ideen aus über 170 Kommunen in 25 Ländern gesammelt und veröffentlicht. Diese sind in fünf Themen-Felder unterteilt: Work (von Arbeitsmarktintegration und Beschäftigung über Personalmanagement bis ethnisches Unternehmertum), Live (von Ankommen, über Sport bis finanzielle Integration), Learn (von Bildung und Ausbildung bis Übergang Schule Beruf), Connect (von Wahlen über Bürgerengagement bis politischer Partizipation), Plan (von Integrationsstrategien und -politik bis zur Infrastruktur). Ähnlich wie in Deutschland vor über 10 Jahren lag zunächst der Schwerpunkt auf ehrenamtlichen Aktivitäten, bis ein Fokus auf kommunale Integrationsstrategien gelegt wurde. Die good ideas stammen in erster Linie aus den Ländern der Partnerstiftungen: Kanada (18 %), Deutschland (15 %), England (13 %), aber auch USA (14 %) sowie Spanien (8 %) und Neuseeland (8 %). EU-Länder sind gut vertreten, in jüngster Vergangenheit konnten auch Städte aus Singapur, Serbien und China mit Beispielen hinzugefügt werden. Die Partnerstiftungen sind Garanten, dass neue *good ideas* ausfindig gemacht und veröffentlicht werden können. Fast zwei Drittel der *good ideas* wurden ins Deutsche übersetzt, über die Hälfte wurden jeweils ins Französische und ins Spanische übertragen.

Die Website

Die Nutzung der Website ist in den letzten Jahren stetig gestiegen: „Visitors" der Website erreichten ihre Höchstzahl mit 77.732 in dem Jahr der internationalen Cities of Migration Conference in Berlin (2014). Die Besucher der Website teilen sich ebenfalls hauptsächlich auf die Länder der Partner-Stiftungen auf (2014): Kanada (22 %), USA (15 %), Deutschland (9 %), Großbritannien (7 %), Spanien (4 %), Neuseeland (2 %). Aber auch aus anderen Ländern kommen bemerkenswert viele Besucher der Website, wie Indien (7 %), Australien (8 %), Italien (9 %) sowie Russland (8 % – Angaben für 2015). In Deutschland wiederum kommen die Nutzer der Website vor allem aus den Großstädten Berlin, Hamburg, München, Stuttgart und Frankfurt – die auch im nationalen Kontext landläufig als Vorreiter der Migrationspolitik gelten.

E-Newsletter

Inzwischen gibt es 16.000 Newsletter-Abonnenten (2016), davon öffnen etwa 25 % den Newsletter, sowie über 12.100 (2016) Twitter followers.

Webinare

Die Teilnehmerzahl bei den Webinaren ist kontinuierlich gestiegen auf 218 pro Webinar (Juni 2013- 2015). Seit März 2009 fanden 52 solcher Webinare insgesamt statt. Inzwischen werden auch sie mit GDX-Webinaren kombiniert: das heißt, das Labeling von GDX wird mehr und mehr übernommen. Hier hatte das erfolgreichste Webinar zum Thema Flüchtlingsintegration 320 Teilnehmer/innen. Ebenso viele nahmen an einer Präsentation der internationalen MIPEX-Studie teil. Bei den Webinaren ist der Anteil der registrierten Teilnehmer/innen aus Deutschland relativ gering. Das mag damit zu tun haben, dass das Instrument Webinar in Kanada, USA, aber auch England bereits wesentlich weiter verbreitet ist als hierzulande. Ein anderer Grund liegt unseres Erachtens in der Sprache: Die Webinars werden auf Englisch gehalten. Während die viersprachige Website keine sprachliche Hürde für deutsche Muttersprachler bedeuten dürfte, kann der englischsprachige Newsletter zumindest langsam gelesen werden. Das Zuhören und Lesen im Live-Tempo dürfte dagegen für viele eine Hürde darstellen. Und schließlich gibt es noch immer einen Teil der potenziellen Teilnehmerinnen und Teilnehmer aus der öffentlichen Verwaltung, die keinen selbstverständlichen Zugang zu solchen Internet-Angeboten haben. Insgesamt waren gerade mal 4 % der Registrierten aus Deutschland. Im Vergleich: 44 % kamen aus Kanada und 37 % aus den USA.

Internationale Konferenzen

Gut besucht waren bisher die beiden internationalen Konferenzen: in den Haag nahmen 2010 insgesamt 170 Personen aus 70 Städten in 22 Ländern teil. In Berlin waren es 2014 sogar 330 Teilnehmerinnen und Teilnehmer aus 120 Städten in 35 Ländern (32 % mehr als erwartet). Hauptinteresse der Teilnehmenden waren Networking/Outreach (62 %) und Good Practices (55 %). Bei beiden Konferenzen war es zudem gelungen, zum einen hochrangige Rednerinnen und Redner zu gewinnen (von Doug Saunders bis Rita Süssmuth) als auch in den Marketplace Foren sowie in einer Plenums-Session interaktiv zu diskutieren. Das Programm erhielt sehr positives Feed-Back. Interessanterweise wurden die beiden eher ungewöhnlichen Auftritte der Psychologin Mahzarin Banaji und des Theater-Duos Ravi Jain mit seiner Mutter am höchsten bewertet, was darauf hindeuten mag, dass es einen Bedarf an neuen und überraschenden Betrachtungen des Migrations-Themas gibt. Auf der Website wurde anschließend die elektronische Dokumentation der Konferenzen zur Verfügung gestellt, ergänzt durch Videos, Interviews und Fotos.

Fazit des *GDX*-Teams in Toronto zur Konferenz 2014 in Berlin: „The conference deepened our existing partnerships and community engagement and brought new partnerships and collaborations into our work, as well as the resources and funding to sustain and grow the field. In practical terms, connecting cities of peer learning is a tangible and sustainable product of the conference. Local actors increasingly are able to identify the common ground they share, city to city and the reaching across borders, language and sectors to find a way to find solutions, solve problems and incubate new ideas for future success. Policy makers are leaning and recognizing that cities have much they can learn from."[1] Ein Großteil der Teilnehmer/innen gab an, dass sie „Increased knowledge on immigrant integration issues" (88 %) erhalten haben und „good practices they could learn from" (93 %) sowie „increased networks and new professional contacts in the field" (92 %).

Metropolis Workshops

Die internationalen Metropolis Konferenzen wurden bisher in der Regel genutzt, um hier im Rahmen eines jeweiligen Workshops das Netzwerk *Cities of Migration* zu präsentieren. Die 1. Internationale Konferenz 2010 in Den Haag konnte sogar als eine Art Vorkonferenz mit der großen Metropolis Konferenz kombiniert werden, um Teilnehmer/innen beider Konferenzen Kosten zu ersparen.

Einige qualitative Aspekte

Nimmt man die Abo-Zahlen des Newsletters als Indikator, dann beträgt die Reichweite von *Cities of Migration* über 7.500 Personen weltweit. Die hohen Nutzerzahlen zeigen, dass sich das Prinzip des Informierens, Austauschens und Vernetzens auf elektronischem Weg, kombiniert mit den face-to-face Begegnungen im Rahmen der internationalen Konferenzen (wenn auch in mehrjährigem Abstand), bewährt hat. Für die Nutzer ist es eine sehr einfache, überaus günstige Möglichkeit, sich ohne Reisekosten über good practice Beispiele in anderen Städten und Ländern zu informieren oder zumindest einen ersten Eindruck zu bekommen. Bei Vertiefungsbedarf ist es ohne weiteres möglich, Kontakt aufzunehmen. Vor allem die Webinars bieten anschauliche Präsentationen mit der anschließenden interaktiven Möglichkeit, Fragen zu stellen und zu diskutieren.

Die insgesamt über 250 *good ideas* decken eine sehr breite Themenpalette ab. Sie werden als *stories* aufbereitet und sehr kompakt dargestellt. Folgende Beobachtungen sind aus unserer Sicht allerdings festzuhalten.

- *Der Erfolg von Cities of Migration steht und fällt mit der Koordination*, die in Toronto angesiedelt ist. Nicht nur die regelmäßige Veröffentlichung der Newsletter, die Pflege der Website und die Organisation der Webinars ist hier relevant, sondern auch das stetige Einfordern und Recherchieren von good practice Beispielen, das Aufbereiten der „stories", das Anstoßen neuer Aktivitäten, die Organisation der Konferenzen und Publikationen – kurz: das Zusammenhalten der Fäden ist hier unverzichtbar. Es ist sicherlich kein Zufall, dass die Zugriffszahlen in dem Moment sanken, als das Team von der Maytree Foundation zur Ryerson University wechselte und kurzzeitig andere Prioritäten im Vordergrund standen.
- *Die Sprache ist wie immer ein Schlüssel zum Erfolg.* Für deutschsprachige Nutzer ist offensichtlich das Surfen auf der viersprachigen Website wesentlich niedrigschwelli-

---

[1] Global Diversity Exchange. Paper: 2nd International Cities of Migration Conference: Migration, Diversity, Inclusion: An Agenda for Shared Prosperity, Berlin, June 4-6 2014. Conference Report. S. 10 f.

ger als die Teilnahme an einem Webinar. Nicht allen Partnern in USA, Kanada und Großbritannien ist diese Sprachbarriere bewusst. Sie muss immer wieder thematisiert werden, um Referent/innen englischer Muttersprache dazu zu ermutigen, ihre Projekte langsamer und in deutlicherer Aussprache zu präsentieren.

- *Die persönliche Ansprache ist trotz elektronischer Medien entscheidend.* Das gilt für die Identifizierung von good Ideas – trotz aller Online Recherchen sowie bei der Gewinnung von Konferenz-Telinehmerinnen und Teilnehmern. So konnte beispielsweise bei dem Aufruf, kommunale Strategien einzureichen, in Deutschland neben den eigenen Newslettern Mailings zur Verbreitung auf das bundesweite Netzwerk *Kommunaler Qualitätszirkel zur Integrationspolitik*[2] zurückgegriffen werden.

5 Gab es „Good ideas travelling?"

Im April 2012 wurde von der Maytree Foundation in einem Survey per Befragung evaluiert, inwieweit good practice Beispiele von Stadt zu Stad übertragen wurden. Das Motto lautete: „good ideas travelling". Von den 50 Befragten, die selbst good ideas angeboten hatten, und den 77 befragten Nutzern gaben 75 % an: „COM helped them identify good practices that they can use/learn from". 71 % der Anbieter von Good ideas antwortete, dass COM für internationale Aufmerksamkeit gegenüber ihre guten Ideen und ihrer Organisation gesorgt hat. Immerhin mehr als die Hälfte dieser Anbieter von good ideas gab an, dass ihre good ideas übernommen oder zumindest angefragt wurden. Bei der Frage nach realer Umsetzung sind die Zahlen allerdings etwas niedriger. So wurden 21 good ideas in einer neuen Stadt umgesetzt und 15 good ideas in einem neuen Land. Für die Zukunft erklären 76 % der User, sie wären an der Übertragung von Good ideas interessiert, bei den befragten Anbietern von good ideas erklären dies 69 %.

Es wäre nun, im Abstand von mehr als drei Jahren interessant, nachzuverfolgen, wie viele dieser 76 % bzw. 69 % tatsächlich eine (andere) good idea auf ihre lokale Praxis übertragen haben oder dies begonnen haben. Die meisten der Befragten gaben zudem an, dass sie ihre Informationen zu good ideas hauptsächlich über Face-to-face (85 %) und über die Website (85 %) austauschen. Es folgen Email (77 %), E-Newsletter (77 %) und Facebook (52 %). Die Aussagen der befragten Anbieter von Good ideas weisen zudem darauf hin, dass es nicht

---

2 Der „Kommunale Qualitätszirkel zur Integration" wird von der Stadt Stuttgart koordiniert und ist der Nachfolger des KGSt-Innovationszirkels Integration, der aus der Wettbewerbsinitiative des Bundesinnenministeriums und der Bertelsmann Stiftung „Erfolgreiche Integration ist kein Zufall. Strategien kommunaler Integrationspolitik" 2005 hervorgegangen ist. Ziel des Arbeitskreises ist, erfolgreiche Integrationsstrategien auf kommunaler Ebene weiterzuentwickeln und voranzubringen. Dies erfolgt durch einen strukturierten Austausch der Integrationsbeauftragten aus 30 deutschen Städten und Landkreisen, Vertretern des Bundesamts für Migration und Flüchtlinge, des Deutschen Städtetags und Vertretern wissenschaftlicher Forschungsinstitute und Stiftungen: http://www.stuttgart.de/item/show/385012.

reicht, eine Good idea von einem Ort zum anderen zu übernehmen. Wichtig scheint der Austausch über die *Bedingungen* des Gelingens, um auch unter anderen Rahmenbedingungen am neuen Ort erfolgreich sein zu können.

6   Fazit und Ausblick

Cities of Migration ist als internationales Netzwerk eine bestechend einfache und sehr erfolgreiche transnationale Antwort auf das globale Migrationsgeschehen. Es erreicht weltweit vor allem NGOs und Stiftungen, Akademiker, Politik und Verwaltungen, die mit dem Thema Migration befasst sind. Es bietet eine ganze Palette an nutzerfreundlichen, vorwiegend elektronischen Instrumenten, um Beispiele von good practice, insgesamt über 250 „good ideas" anschaulich vorzustellen, gegenseitige Lernerfahrungen und Informationen auszutauschen. Hierbei werden über 7.600 Abonnenten des Gratis-Newsletters erreicht. Zudem haben die beiden bisherigen internationalen Konferenzen mit einem attraktiven Programm sehr positive Resonanz erhalten. Für Nutzer bietet Cities of Migration optimale Möglichkeiten, ohne Reisekosten oder teure Abonnements gut aufbereitete kompakte Informationen zur Migrationspraxis in Städten anderer Länder zu erhalten.

Wesentliche Erfolgsfaktoren sind zudem die persönliche Ansprache über die Partnerstiftungen, verbundene Netzwerke sowie die ständige Koordination von Toronto aus. *Cities of Migration* ist zudem nicht ohne Ressourcen-Einsatz denkbar. Von der Website bis zur Übersetzung der jeweiligen good ideas fallen zusätzlich zum zeitlichen Aufwand finanzielle Kosten an, die bisher von den beteiligten Partnern übernommen wurden. Es wäre nicht vorstellbar, dass *Cities of Migration* ohne diese Investitionen alleine bestehen könnte – es sei denn, die Nutzung der einzelnen Instrumente wäre kostenpflichtig. Dann wäre allerdings auch der Rückgang der Nutzerzahlen eine absehbare Folge.

Cities of Migration kann durchaus als Erfolgsmodell gelten. Die Erfahrungen und Instrumente dieses internationalen Netzwerks sollen nun für zwei weitere Projekte genutzt werden: *Hire Immigrants* (http://www.hireimmigrants.ca/) heißt ein neues Projekt von *GDX*, das darauf zielt, Unternehmen zur Einstellung von Migranten zu ermutigen und hierbei Unterstützung durch Beratung, Coaching und Vermittlung anzubieten. In Kanada wurde dieses Projekt vor etwa zwei Jahren ins Leben gerufen, nun soll es international ausgeweitet werden. Vorbild ist hier die Arbeitsweise von *Cities of Migration*. Ein Projekt, das noch in den Startlöchern steht, heißt *Integration for all* mit Fokus auf der Integration von Flüchtlingen. In Kooperation mit dem US-Programm *Welcoming America* (http://www.welcomingamerica.org/) und der Bertelsmann Stiftung, koordiniert wiederum von *GDX*. Geplant ist der Erfahrungsaustausch bei der Begleitung von Kommunen zum Thema Flüchtlingsintegration zwischen den drei Projektpartnern sowie die gemeinsame Sammlung und Veröffentlichung von good practice Beispielen. *Cities of Migration* wird sich, zumindest für die Startphase, als Plattform anbieten.

Autorinnen und Autoren

Bülent Arslan, IMAP Institut, Düsseldorf.
arslan@imap-institut.de

Dr. Jutta Aumüller, Christliches Jugenddorfwerk Berlin-Brandenburg, Berlin.
Jutta.Aumueller@cjd-berlin.de

Prof. Dr. Michael Bommes, †

Jeffrey Butler, Bezirksamt Mitte von Berlin, Abteilung Stadtplanung, Soziales und Gesundheit.
Jeffrey.Butler@ba-mitte.berlin.de

Prof. Dr. Heinz-Jürgen Dahme, Hochschule Magdeburg-Stendal, Fachbereich Sozial- und Gesundheitswesen.
dahme-wagner@t-online.de

Michael Fedler, Landkreis Osnabrück, Referat für Strategische Planung.
Michael.Fedler@lkos.de

Prof. Dr. Dieter Filsinger, Hochschule für Technik und Wirtschaft des Saarlandes, Saarbrücken.
dieter.filsinger@htw-saarland.de

Prof. Dr. Stefan Gaitanides, Frankfurt University of Applied Sciences, Institut für Migrationsstudien und interkulturelle Kommunikation
gaita@fb4.fra-uas.de

Prof. Dr. Paul Gans, Universität Mannheim, Abteilung Volkswirtschaftlehre.
paulgans@uni-mannheim.de

Prof. Dr. Blanca Garces-Mascarenas, Universität Pompeu Fabra, Barcelona, Spanien.
blanca.garces@upf.edu

Dr. David H. Gehne, Ruhr-Universität Bochum, Zentrum für interdisziplinäre Regionalforschung (ZEFIR).
david.gehne@rub.de

Dr. Frank Gesemann, DESI – Institut für Demokratische Entwicklung
und Soziale Integration, Berlin.
Frank.Gesemann@t-online.de

Prof. Dr. Hartmut Häußermann, †

Frederike Heinke, Universität Osnabrück.
fheinke@uni-osnabrueck.de

Dr. Rebecca Hofmann, Pädagogische Hochschule Freiburg, Institut für Soziologie.
rebecca.hofmann@ph-freiburg.de

Werner Hülsmann, Landkreis Osnabrück, Fachdienst Ordnung –
Integrationsbeauftragter.
werner.huelsmann@lkos.de

Cigdem Inan, Pädagogische Hochschule Freiburg, Institut für Soziologie.
cigdem.inan@ph-freiburg.de

Felicitas Jung, Freie Hansestadt Bremen, Gesundheitsamt Bremen.
Felicitas.jung@gesundheitsamt.bremen.de

Dr. Holger Kolb, Sachverständigenrat deutscher Stiftungen für Integration
und Migration (SVR), Berlin.
kolb@svr-migration.de

Dr. Sebastian Kurtenbach, Universität Bielefeld, Institut für interdisziplinäre Konflikt-
und Gewaltforschung (IKG).
sebastian.kurtenbach@uni-bielefeld.de

Prof. Dr. Claus Leggewie, KWI – Kulturwissenschaftliches Institut Essen.
claus.leggewie@kwi-nrw.de

Dieter Lehmann, Stadtverwaltung Schwäbisch Gmünd, Amt für Familie und Soziales.
dieter.lehmann@schwaebisch-gmuend.de

Dr. Rene Leicht, Universität Mannheim, Institut für Mittelstandsforschung.
leicht@ifm.uni-mannheim.de

Monika Lelgemann, Freie Hansestadt Bremen, Gesundheitsamt Bremen.
Monika.lelgemann@gesundheitsamt.bremen.de

Dr. Hans Dietrich von Loeffelholz, Essen.
hdvloeffelholz@gmx.de

Andreas Merx, Internationale Gesellschaft für Diversity Management (idm), Berlin.
andreas.merx@idm-diversity.org

Dr. Zahra Mohammadzadeh, Freie Hansestadt Bremen, Gesundheitsamt Bremen.
Zahra.Mohammadzadeh@gesundheitsamt.bremen.de

Ayse Özbabacan, Landeshauptstadt Stuttgart, Abteilung Integrationspolitik.
Ayse.Oezbabacan@stuttgart.de

Prof. Dr. Jochen Oltmer, Institut für Migrationsforschung und Interkulturelle Studien (IMIS), Universität Osnabrück.
joltmer@uni-osnabrueck.de

Gari Pavkovic, Landeshauptstadt Stuttgart, Abteilung Integrationspolitik.
Gari.Pavkovic@stuttgart.de

Prof. Dr. Rinus Penninx, Universiteit van Amsterdam, Institute for Migration and Ethnic Studies (IMES), Niederlande.
M.J.A.Penninx@uva.nl

Prof. Dr. Sören Petermann, Ruhr-Universität Bochum, Fakultät für Sozialwissenschaften.
soeren.petermann@rub.de

Prof. Dr. Andreas Pott, Universität Osnabrück, IMIS – Institut für Migrationsforschung und Interkulturelle Studien.
andreas.pott@uni-osnabrueck.de

Prof. Dr. Oliver Razum, Universität Bielefeld.
oliver.razum@uni-bielefeld.de

Timon Perabo, Servicebüro für Sachsen, Sachsen-Anhalt und Thüringen, Deutsche Kinder- und Jugendstiftung (DKJS), Magdeburg.
Timon.Perabo@dkjs.de

Dr. Alfred Reichwein, Reichwein, Trauth & Partner, Berlin.
Reichweinberatung@outlook.de

Dr. Bettina Reimann, Deutsches Institut für Urbanistik, Arbeitsbereich Stadtentwicklung, Recht und Soziales, Berlin.
reimann@difu.de

Dr. Klaus Ritgen, Deutscher Landkreistag, Berlin.
Klaus.Ritgen@landkreistag.de

Prof. Dr. Roland Roth, Hochschule Magdeburg-Stendal, Fachbereich Sozial- und Gesundheitswesen.
roland.roth@hs-magdeburg.de

Prof. Dr. Albert Scherr, Pädagogische Hochschule Freiburg, Institut für Soziologie
scherr@ph-freiburg.de

PD Dr. Hansjörg Schmid, Schweizer Zentrum für Islam und Gesellschaft / Centre Suisse Islam et Société, Université Fribourg / Universität Freiburg, Schweiz.
hansjoerg.schmid@unifr.ch

Dr. Olaf Schnur, vhw - Bundesverband für Wohnen und Stadtentwicklung, Berlin.
oschnur@vhw.de

Prof. Dr. Karen Schönwälder, Max-Planck-Institut zur Erforschung multireligiöser und multiethnischer Gesellschaften, Göttingen.
schoenwaelder@mmg.mpg.de

Dr. Hubertus Schröer, Institut – Interkulturelle Qualitätsentwicklung München.
hubertus.schroeer@i-iqm.de

Caroline Schultz, Sachverständigenrat deutscher Stiftungen für Integration und Migration (SVR), Berlin.
schultz@svr-migration.de

Dr. Helmuth Schweitzer, bis zum 31.7.2017 Leiter des Kommunalen Integrationszentrums der Stadt Essen. Seitdem im Ruhestand.
Helmuth.Schweitzer@gmx.de

Prof. Dr. Jacob Spallek, Brandenburgische Technische Universität Cottbus-Senftenberg, Senftenberg.
jacob.spallek@b-tu.de

Prof. Dr. Dietrich Thränhardt, Universität Münster.
thranha@uni-muenster.de

Kim Turner, Senior Research Associate, Global Diversity Exchange, Ryerson University, Ontario, Kanada.
kim.turner@ryerson.ca

Claudia Walther, Bertelsmann Stiftung, Gütersloh.
claudia.walther@bertelsmann-stiftung.de

Prof. Dr. Karin Weiss, Berlin.
karin.weiss@gmx.org

Prof. Dr. Norbert Wohlfahrt, Evangelische Fachhochschule Rheinland-Westfalen-Lippe, Bochum.
wohlfahrt@evh-bochum.de

Olaf Zimmermann, Deutscher Kulturrat, Berlin.
o.zimmermann@kulturrat.de

Printed by Printforce, the Netherlands